군무원 정보직 9급/7급

이동훈 국가정보학

이기론 문제집

최신 기출문제 수록

이(理) 핵심 이(理)론
기(基) 기(基)본 개념
론(論) 최신 논(論)문

하이클래스군무원

하이클래스군무원

이동훈 국가정보학
이기론 문제집

3판 1쇄 2025년 3월 10일

편저자_ 이동훈
발행인_ 원석주
발행처_ 하이앤북
주소_ 서울시 영등포구 영등포로 347 베스트타워 11층
고객센터_ 02-6332-6700
팩스_ 02-841-6897
출판등록_ 2018년 4월 30일 제2018-000066호
홈페이지_ army.daebanggosi.com

ISBN_ 979-11-6533-547-2

정가_ 43,000원

Preface
머리말

「이동훈 국가정보학 이기론(理基論) 문제집」을 출간하면서 가졌던 목표는 행정법이나 행정학 문제집처럼 제대로 된 국가정보학 문제집을 만들어 보자는 것이었다. 이기론(理基論) 문제집은 이(理)론, 기(基)본 개념 그리고 최신 논(論)문들을 망라하는 문제집이라는 의미이다. 한자는 다르지만 원래 이기론(理氣論)은 이(理)와 기(氣)의 원리를 통해 자연 · 인간 · 사회의 존재와 운동을 설명하는 성리학의 이론체계를 일컫는 말이다. 「이동훈 국가정보학 이기론(理基論) 문제집」의 목표도 국가정보학 문제의 본질을 꿰뚫고 출제원리를 밝히는 것이었다.

본 교재의 특징 및 장점

⑴ 기출 문제에 대한 완벽한 분석

「이동훈 국가정보학 이기론(理基論) 문제집」에는 시중의 어떤 문제집보다 정확하고 풍부한 기출 문제에 대한 해설이 수록되어 있다. 저명한 교수님들의 교과서를 우선적으로 참고하여 해설하였기 때문에 정답과 해설이 풍부할 뿐만 아니라 정확하다. 「이동훈 국가정보학 이기론(理基論) 문제집」이 국가정보학 기출 문제 해석의 표준을 제시했다고 할 수 있다.

⑵ 출제 가능성이 있는 모든 주제들을 완벽하게 정리할 수 있는 문제집

「이동훈 국가정보학 이기론(理基論) 문제집」에는 출제 가능성 있는 모든 주제들이 빠짐없이 정리되어 있다. 국가정보학 문제가 아무리 어렵게 출제되더라도 완벽히 대비할 수 있는 유일한 문제집이라는 말이다. 시험에 출제될 가능성 있는 문제들을 모두 수록하였다.

⑶ 정확하고 상세하게 해설한 유일한 문제집

「이동훈 국가정보학 이기론(理基論) 문제집」은 제대로 된 해설을 담고 있는 유일한 문제집이라고 자부할 수 있다. 아무리 정답이 쉽고 명확해 보여도 반드시 저명한 교수님들의 교과서에서 그 근거를 찾으려고 노력하였다.

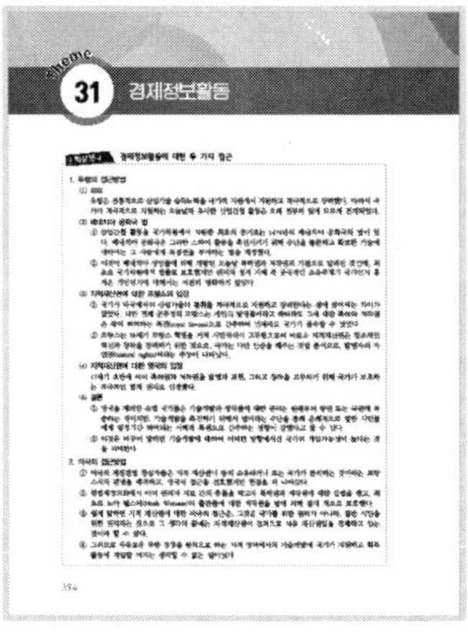

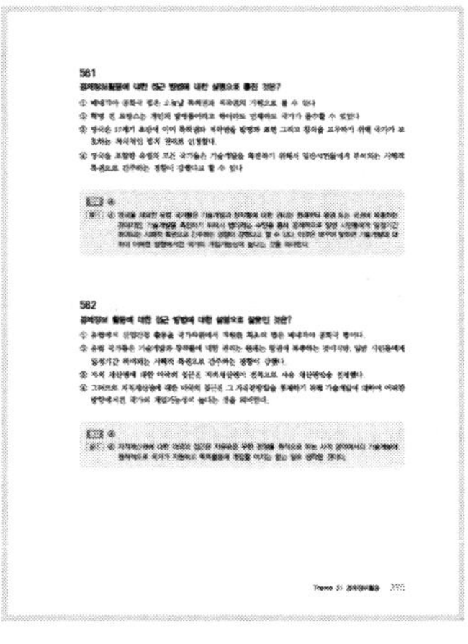

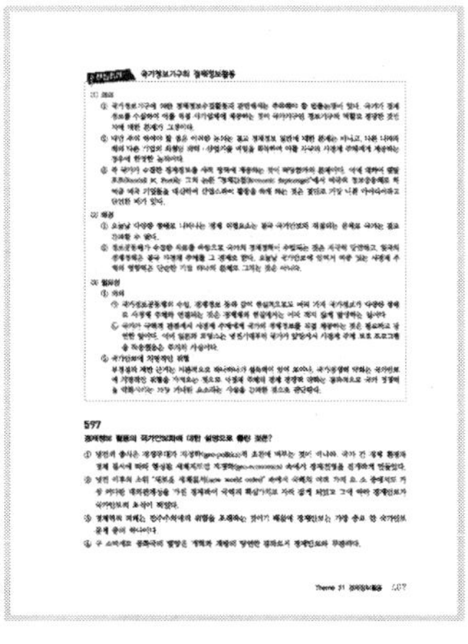

⑷ 시험에 출제 가능한 주제들이 저절로 정리되는 문제집

「이동훈 국가정보학 이기론(理基論) 문제집」은 테마별로 출제 가능한 주제들의 핵심을 정리하고 그 아래에 관련 문제들을 모두 수록하였다. 문제집을 이런 방식으로 구성하면, 각 테마의 상대적 중요성을 파악할 수 있고, 크게 힘들이지 않고도 이론 · 개념 · 법령 등 국가정보학 시험에 출제될 수 있는 모든 주제들을 완벽하게 정리할 수 있다. 시중의 국가정보학 문제집 중에 이런 방식의 문제집이 한 권도 없다는 것이 놀라웠다.

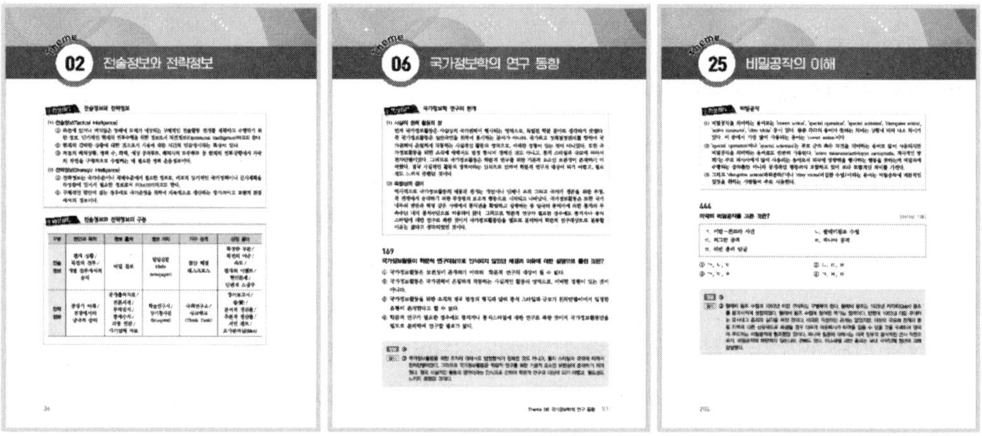

⑸ 「이동훈 국가정보학 이기론(理基論) 기본서」와의 높은 연계성

「이동훈 국가정보학 이기론(理基論) 문제집」에는 「이동훈 국가정보학 이기론(理基論) 기본서」가 그대로 녹아 있어서 문제집으로 공부할 때 일일이 기본서를 찾을 필요가 없을 뿐 아니라 문제집만 보다가 기본서를 봐도 관련 문제들을 다 떠 올릴 수 있다. 「이동훈 국가정보학 이기론(理基論) 문제집」을 본 다음에 기본서를 다시 보면 기본서의 내용을 보다 생생하게 이해할 수 있을 것이다.

감사의 말

책을 출간함에 있어 이루 열거할 수 없을 만큼 많은 분들이 조언과 도움을 주셨다. 이 자리를 빌려 진심으로 감사를 드린다. 특히 한국교육학술정보원의 최윤정 선임 연구원이 바쁜 일정 속에서도 꼼꼼하게 교정을 보아 준 것은 정말 큰 힘이 되었다. 최윤정 선임 연구원은 필자의 아내이다. 그럼에도 불구하고 남은 오류는 전적으로 필자의 몫이다. 책의 구성 단계부터 출간에 이르기까지 필요한 모든 일을 맡아 필자의 기대 이상으로 좋은 책을 만들어 준 하이앤북 편집팀과, 언제나 변함없는 마음으로 지원과 독려를 아끼지 않는 하이클래스군무원 원석주 대표님께 큰 감사의 인사를 드린다.

이 동 훈

1. 주관/시행

국방부	육군	해군	공군
국방부 정책과	인사사령부	인사참모부	인사참모부

2. 응시자격

8급 이하 18세 이상, 7급 이상 20세 이상 응시가능

3. 응시요강

(1) 시험과목

① 계급별 시험과목

9급	7급
국어, 국가정보학, 정보사회론	국어, 국가정보학, 정보사회론, 심리학

② 한국사능력검정시험 성적 필요

9급	7급
4급 이상	3급 이상

③ 영어공인인증시험 성적 필요

시험 종류	9급 응시	7급 응시
지텔프(G-TELP)	Level 2 (32점 이상)	Level 2 (47점 이상)
토익(TOEIC)	470점 이상	570점 이상
토플(TOEFL)	PBT 440점 이상 CBT 123점 이상 IBT 41점 이상	PBT 480점 이상 CBT 157점 이상 IBT 54점 이상
펠트(PELT)	PELT main 171점 이상	PELT main 224점 이상
탭스(TEPS)	400점 이상	500점 이상
플렉스(FLEX)	400점 이상	500점 이상

(2) 시험전형

1차			2차
필기시험	유형	객관식 4지선다	면접 시험
	문항수	과목당 25문항	
	시험 시간	과목당 25분(9급 75분, 7급 100분)	

4. 선발인원

매년 필요한 인원만큼 상대평가 방식으로 선발(필기합격자: 선발예정인원의 130% 범위 내로 선발)

5. 합격 후 근무처

국방부 직할부대(정보사, 기무사, 국통사, 의무사 등), 육군 · 해군 · 공군본부 및 예하부대

Contents
차례

Theme 01

정보(Intelligence)와 국가정보(national intelligence)

핵심정리 'information'과 'intelligence'

(1) Information

일반 사회에서 사용되고 있는 '정보(information)'는 정보학계에서 통용되고 있는 '정보(intelligence)'에 비하여 보다 포괄적인 개념으로서, 의미를 부여할 수 없는 상태로 존재하는 자료(data)와 그 의미의 타당성이 검증되지 않은 상태의 '첩보(information)' 그리고 그 현상의 의미가 분석 및 평가과정을 거쳐 일반적으로 인정된 내용으로 통용되는 지식(knowledge) 등을 모두 포함한다.

(2) Intelligence

① 'intelligence'는 대체로 가공된 지식, 즉 어떤 현상의 의미가 분석 및 평가과정을 거쳐 타당성이 검증된 지식(knowledge)이라고 할 수 있다.

② 그렇다고 모든 지식이 'intelligence'라고 할 수는 없고, 주로 국가정책이나 국가안전보장에 관련하여 정부기관이나 군대에서 한정적으로 사용되는 특수용어로서, 통상 군사상의 첩보나 비밀 내용을 담은 지식을 'intelligence'로 칭한다.

③ 또한 일반적인 지식 또는 학문적인 정보(information)와는 달리 'intelligence'는 '비밀성(secrecy)'을 포함하고 있는 지식이라는 점에서도 명백히 구분되는 용어이다.

1

'information'과 'intelligence'의 차이점에 관한 설명으로 옳지 않은 것은?

① 'Information'은 의미를 부여할 수 없는 상태로 존재하는 자료(data)와 그 의미의 타당성이 검증되지 않은 상태의 '첩보(information)' 그리고 그 현상의 의미가 분석 및 평가과정을 거쳐 일반적으로 인정된 내용으로 통용되는 지식(knowledge) 등을 포함한다.

② 'Intelligence'는 대체로 가공된 지식으로, 어떤 현상의 의미가 분석 및 평가과정을 거쳐 타당성이 검증된 지식을 말한다.

③ 모든 지식이 'Intelligence'라고 할 수 있으며, 주로 국가정책이나 국가안전보장에 관련하여 정부기관이나 군대에서 한정적으로 사용되는 특수 용어로서, 군사상의 첩보나 비밀 내용을 담은 지식을 'Intelligence'로 칭한다.

④ 'Intelligence'는 '비밀성(secrecy)'을 포함하고 있는 지식이라는 점에서 일반적인 지식 또는 학문적인 정보(information)와는 달리 명백히 구분되는 용어이다.

정답 ③

풀이 ① 'Information'은 포괄적인 개념으로서, 의미를 부여할 수 없는 자료(data)와 그 의미의 타당성이 검증되지 않은 상태의 '첩보(information)', 그리고 그 현상의 의미가 분석 및 평가과정을 거쳐 일반적으로 인정된 내용으로 통용되는 지식(knowledge) 등을 모두 포함한다.
② 'Intelligence'는 대체로 가공된 지식으로, 어떤 현상의 의미가 분석 및 평가과정을 거쳐 타당성이 검증된 지식을 말한다는 점은 주어진 문장에서 확인할 수 있다.
③ '모든 지식이 'Intelligence'라고 할 수는 없고, 주로 국가정책이나 국가안전보장에 관련하여 정부기관이나 군대에서 한정적으로 사용되는 특수 용어로서, 군사상의 첩보나 비밀 내용을 담은 지식을 'Intelligence'로 칭한다'라고 명시되어 있다.
④ 'Intelligence'는 '비밀성(secrecy)'을 포함하고 있는 지식이라는 점에서 일반적인 지식 또는 학문적인 정보(information)와는 달리 명백히 구분되는 용어이다.

2

정보(intelligence)와 첩보(information)에 대한 설명으로 틀린 것은?

① 첩보는 목적성을 가지고 의도적으로 수집한 자료이다.
② 첩보는 그 생산 주체와 상관없이 첩보의 타당성이 검증되면 정보가 된다.
③ 자료는 특정한 목적에 의해 평가되어 있지 않는 단순한 사실이나 기호를 의미한다.
④ 정보는 특정 목적을 달성하기 위해 첩보를 수집, 평가, 분석한 후 그 타당성을 검증한 것이다.

정답 ②

풀이 ① 첩보는 목적성을 가지고 의도적으로 수집한 자료라고 정의된다.
② 첩보의 타당성이 단순히 검증되었다고 해서 그것이 정보가 되는 것은 아니다. 개인이나 기업은 정보의 생산 주체가 될 수 없다. 정보는 전문 정보기관은 아니라도 적어도 일반 행정부처 등 정부기관에서 정책결정자의 수요에 맞게 요약되고 검증된 내용이어야 한다.
③ 자료는 특정한 목적에 의해 평가되어 있지 않는 단순한 사실이나 기호를 의미한다고 설명되어 있다. 이러한 자료는 사용하는 사람에 따라 그 가치가 달라질 수 있다.
④ 정보는 특정 목적을 달성하기 위해 첩보를 수집, 평가, 분석한 후 그 타당성을 검증한 것으로 정의된다. 이 과정을 거쳐서 비로소 확실한 정보로서의 진가를 발휘하게 된다.

3

첩보(information)와 정보(intelligence)에 대한 설명으로 옳은 것은?

① 정보는 어떻게 알게 되었는지를 불문하고 획득되어 알려진 사실 그 자체이다.

② 생자료는 별다른 분석 없이 정보로 사용될 수 있는 수준의 첩보이다.

③ 정보는 다양한 첩보를 바탕으로 수요자의 요청에 의해서 생산된 결과물이다.

④ 모든 첩보는 정보이지만 모든 정보가 첩보인 것은 아니다.

정답 ③

풀이 ① 첩보에 대한 설명이다. 첩보는 어떻게 알게 되었는지를 불문하고 획득되어 알려진 사실 그 자체를 의미한다.

② 정보성 첩보에 대한 설명이다. 정보성 첩보는 생자료 자체가 정보인 자료이며, 별다른 분석 없이 정보로 사용될 수 있는 수준의 첩보정보를 의미한다.

③ 정보는 수요자의 의도와 목적에 맞추어 좁혀진 분석생산물로, 다양한 첩보를 바탕으로 수요자의 요청에 의해서 생산된 결과물이다.

④ 로웬탈은 모든 정보는 첩보이지만 모든 첩보가 정보인 것은 아니라고 주장했다.

4

국가정보를 의미하는 intelligence와 일반 사회에서 사용되고 있는 information에 대한 설명으로 틀린 것은? [2021년 기출]

① Intelligence는 목적을 가지고 평가된 정보이다.

② 뉴스, 기사, 지식 등은 모두 Intelligence에 포함된다.

③ Intelligence는 사용목적에 따라 비밀성을 포함한다.

④ Intelligence는 Information의 한 부문이다.

정답 ②

풀이 ② 방송 뉴스, 신문기사 등은 information에 포함된다.

5

다음 중 정보에 대한 설명으로 틀린 것은? [2019년 기출]

① 정보는 정책적 목적을 가지고 분석 및 평가된 지식이다.

② 목적성을 가지고 의도적으로 수집된 사실이다.

③ 국가차원의 정책결정에 활용된다.

④ 기업이나 개인은 정보를 생산할 수 없다.

정답 ②

풀이 ② 목적성을 가지고 의도적으로 수집된 사실은 첩보이다.

6

정보(intelligence)에 대한 설명으로 틀린 것은? [2016년 기출]

① 정보는 개방성을 속성으로 가진다.

② 정보는 특수목적에 의해 수집한 가공된 지식이다.

③ 정부뿐만 아니라 기업도 정보를 생산해 경영에 활용한다.

④ 정보는 국가차원의 정책을 결정하고 집행하는 데 활용된다.

정답 ③

풀이 ① 개방성은 정보가 고정적이거나 불변하는 것이 아니라, 다양한 원천, 관점, 해석으로부터 개선되고 변경될 수 있는 특성을 가진다는 것을 의미한다. 반면에 폐쇄성은 고정된 상태를 유지하고, 변화나 개선을 허용하지 않으며 새로운 정보나 관점을 수용하지 않는 특성을 의미한다.

③ 기업은 정보생산의 주체가 될 수 없다.

7

국가정보에 대한 설명으로 틀린 것은? [2015년 기출]

① 국가정보기관만이 생산할 수 있다.

② 정보화가 진전되면서 사이버정보 수집의 중요성이 증대하였다.

③ 국가의 외교 · 국방 · 경제 · 환경 · 보건문제 등 국정 전반에 걸쳐 생산된 정보를 말한다.

④ 정치 및 군사정보뿐만 아니라 경제 및 과학기술정보에 대한 정보수집의 필요성이 증대하였다.

정답 ①

풀이 ① 국가정보활동은 정부 일반 부처보다는 정보기관에서 수행해야 효과를 극대화할 수 있어서 국가정보기구에 할당된 것이지, 결코 국가정보기구만이 할 수 있는 고유한 업무는 아니다.

8

국가정보를 의미하는 intelligence와 일반 사회에서 사용되고 있는 information에 대한 설명으로 틀린 것은? [2009년 기출]

① 개인이나 기업도 예산과 조직규모만 갖춘다면 국가정보를 다룰 수가 있다.

② 일반 정보는 기업이나 개인도 수집할 수 있지만 국가정보는 국가기관이 수집한다.

③ 국가정보는 일반 정보와 달리 국가안보와 국가이익에 관련된 다양한 국내외 정보를 종합적으로 다루게 된다.

④ 일반 사회에서는 Information을 정보라고 하는데 국가정보에서는 이를 첩보라고 하여 Intelligence와 구분한다.

정답 ①

풀이 ① 개인이나 기업은 국가정보의 생산주체가 될 수 없다.

9

정보(Intelligence)의 개념에 대한 설명으로 틀린 것은? [2009년 기출]

① 국가차원의 정책결정, 정책집행 등에 활용한다.

② 정책적 목적을 가지고 분석 · 평가된 가공된 지식이다.

③ 정보는 본질적으로 양도하게 되면 소유권과 관리권이 사라진다.

④ 정보는 '적정에 대한 보고'라는 프랑스 군사용어를 일본이 사용하다가 일제시대에 들어온 것이다.

정답 ③

풀이 ③ 정보는 무형의 재화이기 때문에 경합성이 없어서 양도한다고 헤시 소유권이나 관리권이 사라지는 것은 아니다.

10

국가정보의 바른 인식과 방향에 대한 설명으로 틀린 것은? [2022년 기출 변형]

① 국가정보기구는 정권의 기구가 아닌 국가와 국민의 정보기구이다.

② 법치주의와 민주주의 이념하에 민주적으로 기능하는 정보기구여야 한다.

③ 테러, 마약, 조직범죄 등은 행위자가 국가가 아닌 집단이라는 점에서 전통적인 안보와 구별되는 초국가적인 안보이슈이며, 오늘날 정보활동의 새로운 요소로 부각되고 있다.

④ 냉전이 종식된 이후 정보요소의 비중이 기존의 군사정보에서 경제정보 중심으로 변화하여 경제정보가 여러 가지 요소 정보 중에서 가장 커다란 비중을 차지하게 되었다.

정답 ④

풀이 ④ 냉전이 종식된 이후 정보요소의 비중이 기존의 군사정보 중심에서 경제정보의 중요성이 증가하는 등 대폭적인 변화가 있었다. 그럼에도 불구하고 여러 가지 요소 정보 중에서 가장 커다란 비중을 차지하는 것은 군사정보이다. 냉전이 종식된 이후 그 비중이 점차 줄어들기는 하였지만 앞으로도 군사정보는 요소별 정보의 가장 큰 비중을 차지할 것이다.

11

국가정보에 대한 설명으로 틀린 것은? [2022년 기출]

① 국가정보는 국가안보 및 국익과 함께 정권의 창출에도 활용될 수 있다.

② 권위주의 국가에서는 정권안보를 위한 국가통치수단으로 사용하는 경향이 있다.

③ 민주주의 국가에서의 국가정보는 국가체제의 유지와 국가안보 및 국익을 위해 사용한다.

④ 민주주의 국가에서는 국가정보의 비밀성이 우선시되므로 국민들의 알권리를 충족시켜 줄 수 있는 최소한의 내용을 공개한다.

정답 ④

풀이 ④ 민주주의 체제에서는 여론이 알 권리를 내세워 정책의 공개성과 책임성을 요구하고 있다. 하지만 안보정책 분야는 주도면밀한 계획, 전문적인 지식, 비밀보안이 요구되기 때문에 정책결정과 집행에 있어서 효율성이 떨어지는 문제가 발생할 수 있다.

12

국가정보에 대한 설명으로 틀린 것은? [2021년 기출]

① 국가정보는 유기적이고 종합적인 실용지식으로 전 방위적 성격을 지닌다.

② 국가정보활동은 국가의 이익을 위한 대외 협력을 구축하기 위해 공개적으로 수행한다.

③ 국가정보는 정보의 사용에 있어서 사용자의 판단과 집행의 효율성을 보장하는 비밀성을 지닌다.

④ 국가정보활동은 원칙적으로 합법적으로 처리했느냐가 아니라 국가이익에 얼마나 보탬이 되었는지에 대한 합목적성을 가진다.

정답 ②

풀이 ② 국가정보활동은 공개하지 않고 비밀리에 수행한다.

13

국가정보기관이 생산하는 국가정보의 궁극적인 목적으로 옳은 것은? [2011년 기출]

① 민생복지 ② 사회안정

③ 경제발전 ④ 국가안보

정답 ④

풀이 ④ 국가정보의 궁극적인 목적은 국가안보이다.

핵심정리 **국가정보의 개념**

(1) 웹스터 사전

웹스터 사전에서는 'intelligence'를 "군사적인 목적을 위해 '비밀첩보(secret information)'를 수집하는 것"으로 정의하고 있다.

(2) 리첼슨(Jeffrey T. Richelson)

① 정보를 국가안보계획에 즉각적 또는 잠재적으로 중요한 영향을 미치는 여타 국가에 관한 첩보를 수집하고 평가하는 동시에 종합, 해석하여 얻어지는 결과라고 본다.

② 정보는 현재 또는 잠재적으로 국가안보에 중요한 영향을 미칠 수 있는 국가들이나 작전지역에 대한 첩보자료들을 수집, 평가, 분석, 종합, 판단하는 일련의 과정을 거쳐서 생산된 결과물이다.

(3) 심스(Jennifer Sims)

① 정보는 정책 결정자들을 대신하여 수집된 첩보를 조직화하여 분석해 놓은 것이다.

② 정보를 "행위자 또는 정책결정자를 위해 수집, 정리, 분석된 첩보(information)"라고 보고, 정책결정자의 요구에 부응하여 수집된 자료라면 공개적이든 비밀적인 것이든 상관없이 모두 'intelligence'가 될 수 있다는 본다.

(4) Lowenthal

① 정보란 비밀을 그 속성으로 하는 것으로 국가안보와 관련하여 그 소요가 제기되고, 수집, 분석을 통해 국가안보정책에 유용하게 반영될 수 있는 하나의 투입변수이다.

② 정보활동은 단순히 정보의 산출에 그치지 않고 생산된 정보를 방첩활동을 통해 보호하는 동시에 합법적 기관에 의해 요청된 공작활동의 수행까지를 포함한다.

③ 정보란 첩보의 수집, 분석, 배포의 과정과 그 결과물, 이와 관련된 일련의 방첩 및 공작활동, 그리고 이러한 업무에 관련되어 있는 조직을 통칭하는 것이다.

(5) 슐스키(Shulsky)

① 슐스키는 심스가 정보(intelligence)를 지나치게 광의의 개념으로 정의하고 있다고 비판하고, 비밀성이 포함된 것만으로 제한해야 한다고 주장했다.

② 슐스키(Abram Shulsky)는 정보를 "근본적으로 외부 집단이 숨기려고 노력하는 첩보자료에 접근하고자 하는 것"이라고 기술했다.

(6) Murphy위원회(US Murphy Commission)

1970년대 미 의회 'Murphy위원회(US Murphy Commission)'의 보고서에서는 intelligence의 개념을 "(신문이나 잡지와는 달리) 일상생활 속에서 흔히 접하기 어려운 자료"로 제한하였다.

(7) 데이비스(Jack Davis)

데이비스(Jack Davis)는 정보는 'intelligence'가 다른 첩보(information)나 조언(advice)보다는 '비교우위'를 가질 경우 관심을 얻게 된다고 설명했다. 즉 intelligence는 다른 어떤 첩보나 조언보다 질적으로 우수해야만 한다는 것이다.

(8) 허만(Michael Herman)

허만(Michael Herman)은 1989년 정보는 정보활동과 목표의 비밀보호 노력 간의 경쟁 사이에 위치한다고 주장하면서, "정보(intelligence)는 모든 종류의 첩보자료를 활용하지만 기본적으로 끝없는 은폐와 기만으로 가득 찬 부분을 꿰뚫고자 하는 노력"이라고 정의했다.

(9) 로버트슨

정보를 제대로 정의하자면 위협(threats), 국가, 비밀, 수집, 분석, 의도(purpose) 등의 용어 들을 포함시켜야 한다. 이 중에서 가장 중요한 것은 위협이다. 왜냐하면 위협이 없다면 정보기관이 존재할 이유가 없기 때문이다. 위협이란 단순히 어떤 사람의 이익에 영향을 미치는 미지의 요소라기보다는 (실제로) 심각한 손실이나 부상을 야기할 수 있는 것이다. 정보(intelligence)는 타인의 비밀을 비밀리에 수집하는 것, 즉 비밀성을 내포한다.

(10) 정리

대부분의 학자들이 intelligence의 개념을 좁은 범위로 제한하는 경향을 보인다. 요컨대, 슐스키, 갓슨(Roy Godson), 맥카시(Shaun P. McCarthy), 로웬탈(Mark M. Lowenthal), 허만 등 정보학 분야의 저명 학자들은 대체로 'intelligence'의 개념을 국제관계, 국방, 국가안보, 비밀성에 관련되는 것으로 정의하고 있다.

14

다음 연구자들의 정보(Intelligence)에 대한 설명으로 틀린 것은?

① 리첼슨: 정보란 국가 안보이익을 증진시키고, 실제 또는 잠재적인 적의 위협에 대처하기 위한 정부의 정책 입안 및 시행에 관한 지식(information)이다.

② 로버트슨: 정보를 제대로 정의하자면 위협(threats), 국가, 비밀, 수집, 분석, 의도(purpose) 등의 용어들을 포함시켜야 하고, 이 중에서 가장 중요한 것은 위협이나.

③ 로웬탈: 정보란 비밀을 그 속성으로 하는 것으로 국가안보와 관련하여 그 소요가 제기되고, 수집, 분석을 통해 국가안보정책에 유용하게 반영될 수 있는 하나의 투입변수이다.

④ 심스: 정보란 행위자 또는 정책결정자를 위해 수집, 정리, 분석된 첩보(information)로서 정책결정자의 요구에 부응하여 수집된 자료라면 공개적이든 비밀적인 것이든 상관없이 모두 'intelligence'가 될 수 있다.

정답 ①

풀이 슐스키의 설명이다. 리첼슨은 정보를 "현재 또는 잠재적으로 국가안보에 중요한 영향을 미칠 수 있는 국가들이나 작전지역에 대한 첩보자료들을 수집, 평가, 분석, 종합, 판단하는 일련의 과정을 거쳐서 생산된 결과물"로 정의하고 있다.

15

다음 학자들이 정의한 정보(intelligence)의 내용으로 틀린 것은?

① 리첼슨(Jeffrey T. Richelson): 국가안보계획에 즉각적 또는 잠재적으로 중요한 영향을 미치는 여타 국가에 관한 첩보를 수집하고 평가하는 동시에 종합, 해석하여 얻어지는 결과이다.

② 슐스키(Shulsky): 정보란 국가 안보이익을 증진시키고, 실제 또는 잠재적인 적의 위협에 대처하기 위한 정부의 정책 입안 및 시행에 관한 지식(information)이다.

③ 데이비스(Jack Davis): 정보는 근본적으로 외부 집단이 숨기려고 노력하는 첩보자료에 접근하고자 하는 것"이라고 기술했다.

④ 허만(Michael Heiman): 정보는 모든 종류의 첩보자료를 활용하지만 기본적으로 끝없는 은폐와 기만으로 가득 찬 부분을 꿰뚫고자 하는 노력이다.

정답 ③

풀이 슐스키(Shulsky)가 주장한 내용이다. 데이비스는 정보는 다른 첩보나 조언보다는 '비교우위'를 가질 경우 관심을 얻게 된다고 설명했다.

16

다음 학자들이 정의한 정보(intelligence)의 내용으로 틀린 것은?

① 로웬탈(Lowenthal): 정보란 비밀을 그 속성으로 하는 것으로 국가안보와 관련하여 그 소요가 제기되고, 수집, 분석을 통해 국가안보정책에 유용하게 반영될 수 있는 하나의 투입변수이다.

② 리첼슨(Jeffrey T. Richelson): 현재 또는 잠재적으로 국가안보에 중요한 영향을 미칠 수 있는 국가들이나 작전지역에 대한 첩보자료들을 수집, 평가, 분석, 종합, 판단하는 일련의 과정을 거쳐서 생산된 결과물이다.

③ 심스(Jennifer Sims): 행위자 또는 정책결정자를 위해 수집, 정리, 분석된 첩보(information)이다.

④ 슐스키(Shulsky): 정보(intelligence)는 모든 종류의 첩보자료를 활용하지만 기본적으로 끝없는 은폐와 기만으로 가득 찬 부분을 꿰뚫고자 하는 노력이다.

정답 ④

풀이 허만(Michael Heiman)의 정의이다. 슐스키는 정보를 국가 안보이익을 증진시키고, 실제 또는 잠재적인 적의 위협에 대처하기 위한 정부의 정책 입안 및 시행에 관한 지식(information)으로 본다.

17

국가정보에 대한 설명으로 틀린 것은?

① 리첼슨은 정보를 국가안보계획에 즉각적 또는 잠재적으로 중요한 영향을 미치는 여타 국가에 관한 첩보를 수집하고 평가하는 동시에 종합, 해석하여 얻어지는 결과라고 본다.

② 심스는 정보를 "행위자 또는 정책결정자를 위해 수집, 정리, 분석된 첩보"라고 보고, 정책결정자의 요구에 부응하여 수집된 자료라면 공개적이든 비밀적인 것이든 상관없이 모두 '정보(intelligence)'가 될 수 있다는 본다.

③ Lowenthal은 정보가 정보활동과 목표의 비밀보호 노력 간의 경쟁 사이에 위치한다고 주장하면서, "정보(intelligence)는 모든 종류의 첩보자료를 활용하지만 기본적으로 끝없는 은폐와 기만으로 가득 찬 부분을 꿰뚫고자 하는 노력"이라고 정의했다.

④ 슐스키는 정보를 근본적으로 외부 집단이 숨기려고 노력하는 첩보자료에 접근하고자 하는 것이라고 기술했다.

정답 ③

풀이 ③ 허만의 주장이다. Lowenthal은 정보란 비밀을 그 속성으로 하는 것으로 국가안보와 관련하여 그 소요가 제기되고, 수집, 분석을 통해 국가안보정책에 유용하게 반영될 수 있는 하나의 투입변수라고 본다.

18

정보를 다음과 같이 정의한 학자의 이름으로 옳은 것은?

> 정보를 제대로 정의하자면 위협(threats), 국가, 비밀, 수집, 분석, 의도(purpose) 등의 용어들을 포함시켜야 한다. 이 중에서 가장 중요한 것은 위협이다. 왜냐하면 위협이 없다면 정보기관이 존재할 이유가 없기 때문이다. 위협이란 단순히 어떤 사람의 이익에 영향을 미치는 미지의 요소라기보다는 (실제로) 심각한 손실이나 부상을 야기할 수 있는 것이다. 정보(intelligence)는 타인의 비밀을 비밀리에 수집하는 것, 즉 비밀성을 내포한다.

① 허만
② 라쿠어
③ 슐스키
④ 로버트슨

정답 ④
풀이 정보에 대한 로버트슨의 설명이다.

19

국가정보의 중요성과 의의에 대한 설명으로 틀린 것은?

① 국가정보는 국가안보와 국가이익을 위한 기본 자료이다.
② 국가정보는 국가가 존립과 발전하기 위한 불가결한 지식이다.
③ 국가정보는 국가정책에 반영됨으로써 비로소 효력이 발휘된다.
④ 국가정보는 국가의 현재적 통치 활동에의 부합이 제1의 목표이다.

정답 ④
풀이 ④ 국가정보활동은 주권국가의 존속, 발전 그리고 위신의 확보라는 국가안보 수호를 위한 요체로서 특정 정권이 아닌 국가 그 자체를 위한 부단한 노력이다.

20

국가정보의 중요성으로 적절하지 않은 것은?

① 국가정보는 국가안보와 국가이익을 위한 기본 자료이다.
② 국가정보는 국가정책에 반영됨으로써 효력을 발휘한다.
③ 국가정보는 국가가 존립하고 발전하기 위한 불가결의 요체이다.
④ 슐스키는 보안을 국가정보의 가장 중요한 출발점이라고 보았다.

정답 ④
풀이 ④ 슐스키는 보안은 방첩의 가장 중요한 출발점이라고 주장했다.

21

다음 학자들이 정의한 정보(intelligence)의 내용으로 틀린 것은? [2023년 기출]

① 리첼슨(Richelson)은 첩보자료들을 수집, 평가, 분석, 종합, 판단하는 일련의 과정을 거쳐서 생산된 결과물로 정의하였다.
② 슐스키(Shulsky)실제 또는 잠재적인 적의 위협에 대처하기 위한 정부의 정책 입안 및 시행에 관한 지식(information)이라고 정의했다.
③ 켄트는 "정보(intelligence)란 지식 또는 첩보(information), 활동(activities) 및 조직(organizations)을 포괄하는 개념"이라고 정의하였다.
④ 로웬탈(Lowenthal)은 기본적으로 끝없는 은폐와 기만으로 가득 찬 부분을 꿰뚫고자 하는 노력이라고 정의하였다.

정답 ④
풀이 ④ 허만의 정의이다. 로웬탈은 비밀을 그 속성으로 하는 것으로 국가안보와 관련하여 그 소요가 제기되고, 수집, 분석을 통해 국가안보정책에 유용하게 반영될 수 있는 하나의 투입변수라고 정의했다.

22

다음은 로버트슨의 말이다. ㉠에 들어갈 말로 옳은 것은? [2023년 기출]

> 정보를 제대로 정의하자면 [㉠], 국가, 비밀, 수집, 분석, 의도 등의 용어들을 포함시켜야 한다. 이 중에서 가장 중요한 것은 [㉠]이다. 왜냐하면 [㉠]이/가 없다면 정보기관이 존재할 이유가 없기 때문이다.

① 위협
② 국익
③ 첩보
④ 공작

정답 ①

풀이 ① ㉠에 들어갈 말은 위협이다.

23

다음 학자들이 정의한 정보에 대한 설명으로 틀린 것은? [2019년 기출]

① 셔먼 켄트: 정보는 지식이며 조직이며 활동이다.
② 로웬탈: 정보란 정책결정자의 필요에 부응하는 지식을 말하며 이를 위해 수집되고 가공된 것이다.
③ 슐스키: 모든 정보는 첩보에서 도출되지만, 모든 첩보가 반드시 정보가 될 수는 없다.
④ 심스: 정보는 정책결정자나 정책시행자를 위해 수집되고 조직화되고, 분석된 지식이다.

정답 ③

풀이 ③ "모든 정보는 첩보에서 도출되지만, 모든 첩보가 반드시 정보가 될 수는 없다."라고 정의한 학자는 로웬탈이다.

24

다음 중 Lowenthal이 말한 정보의 정의로 옳은 것은? [2008년 기출]

① 정보는 지식이며, 조직이며 활동이다.

② 정보는 국가안보이익을 증진시키고, 실제적으로 잠재적인 위협으로부터 국가안보이익에 대한 위협에 대처하는 정부의 정책입안 및 시행에 관련된 지식이다.

③ 정보란 정책결정자의 필요에 부응하는 지식을 말하며 이를 위해 수집되고 가공된 것이다.

④ 정보는 정책결정자나 정책 시행자를 위해 수집되고 조직화되고 분석된 지식이다.

정답 ③

풀이 ①은 셔먼 켄트, ②는 슐스키, ④는 심스의 정보에 대한 정의이다.

핵심정리 **미국 「국가안보법(National Security Act of 1947)」과 「국가정보원법」**

(1) 미국 「국가안보법」 제3조

① 정보는 해외정보와 방첩정보를 포함한다.

② 해외정보는 외국정부 또는 외국조직이나 단체, 외국인 개인 또는 국제테러 활동조직들의 능력과 의도 또는 그 활동과 관련된 첩보이다.

③ 방첩정보는 자국을 보호하기 위해서 해외조직이나 외국인 또는 국제테러활동과 연관된 해외세력들의 간첩활동, 사보타주, 암살활동 기타 정보활동에 대항하여 수행되는 제반활동이나 수집된 첩보이다.

※ 그러나 미국 「국가안보법」이 정보를 해외정보와 방첩정보로 한정한 것은 결코 아니다. 국가안보와 관련된 국내정보도 미국 「국가안보법」의 정보개념에 포함된다.

(2) 「국가정보원법」은 "정보"를 개념 정의하고 있지 않다.

25

미국 「국가안보법」과 「국가정보원법」에 대한 설명으로 틀린 것은?

① 미국 「국가안보법」은 정보를 국내정보, 해외정보, 방첩정보로 구분하고 있다.

② 미국 「국가안보법」에 따르면, 해외정보는 외국정부 또는 외국조직이나 단체, 외국인 개인 또는 국제테러 활동조직들의 능력과 의도 또는 그 활동과 관련된 첩보이다.

③ 미국 「국가안보법」에 따르면, 방첩정보는 자국을 보호하기 위해서 해외조직이나 외국인 또는 국제테러활동과 연관된 해외세력들의 간첩활동, 사보타주, 암살활동 기타 정보활동에 대항하여 수행되는 제반활동이나 수집된 첩보이다.

④ 「국가정보원법」은 '정보'를 개념 정의하고 있지 않다.

정답 ①

풀이 ① 미국 「국가안보법」은 '정보는 해외정보와 방첩정보를 포함한다.'고 규정하고 있다. 이에 대해 한희원은 미국 「국가안보법」이 정보를 해외정보와 방첩정보로 한정한 것은 결코 아니고, 국가안보와 관련된 국내정보도 미국 「국가안보법」의 정보개념에 포함된다고 주장한다.

② 미국 「국가안보법」에 따르면, 해외정보는 외국정부 또는 외국조직이나 단체, 외국인 개인 또는 국제테러 활동조직들의 능력과 의도 또는 그 활동과 관련된 첩보이다.

③ 미국 「국가안보법」에 따르면, 방첩정보는 자국을 보호하기 위해서 해외조직이나 외국인 또는 국제테러 활동과 연관된 해외세력들의 간첩활동, 사보타주, 암살활동 기타 정보활동에 대항하여 수행되는 제반활동이나 수집된 첩보이다.

④ 「국가정보원법」은 '정보'를 개념 정의하고 있지 않다.

26

미국 「국가안보법(National Security Act of 1947)」에 규정된 정보에 대한 설명으로 틀린 것은?

① 「국가정보원법」이 정보를 국내정보, 해외정보, 북한정보, 방첩정보로 분리하고 있는 것과 달리 미국 「국가안보법」은 해외정보와 방첩정보를 포함한다고 규정하고 있다.

② 해외정보는 외국정부 또는 외국조직이나 단체, 외국인 개인 또는 국제테러 활동조직들의 능력과 의도 또는 그 활동과 관련된 첩보이다.

③ 학자들은 미국 「국가안보법」이 정보를 해외정보와 방첩정보로 한정한 것은 결코 아니고 국가안보와 관련된 국내정보도 미국 국가안보법의 정보개념에 포함된다고 본다.

④ 방첩정보는 자국을 보호하기 위해서 해외조직이나 외국인 또는 국제테러활동과 연관된 해외세력들의 간첩활동, 사보타주, 암살활동 기타 정보활동에 대항하여 수행되는 제반활동이나 수집된 첩보이다.

정답 ①

풀이 ① 「국가정보원법」은 "정보"를 개념 정의하고 있지 않다.

핵심정리 정보(intelligence)와 첩보(information)의 구분

(1) 의의

정보(intelligence)와 첩보(information)를 구분할 필요가 있다. 오늘날 정보라는 용어는 지식의 총칭이라고 볼 수 있으나, 정보공동체나 정보학에서는 정보라는 용어를 엄격하게 정의하고 일반 분야의 정보와는 구별되는 개념으로 사용하며, 자료(data), 첩보, 정보라는 용어를 구분하여 사용하고 있다.

(2) 자료

자료는 생자료라고도 하는데, 특정한 목적에 의해 평가되어 있지 않는 단순한 사실이나 기호를 의미한다. 자료는 사용하는 사람에 따라 그 가치가 달라지며, 일반적으로 언론자료, 인터넷자료 등 모든 공개자료와 기상관측 통계, 농산물 생산량, 국민소득 등이 여기에 속한다.

(3) 첩보

첩보는 목적성을 가지고 의도적으로 수집한 자료를 말한다. 즉 그 의미의 타당성이 검증되지는 않았지만, 분석 및 평가과정을 거치면 목적에 맞게 이용될 수 있을 것이라고 믿고 수집된 자료이므로 잠재적으로 필요한 자료 또는 지식으로 볼 수 있다. 아무리 정교한 내용이라도 일단 전문 정보기관에서 정제되지 않으면 첩보로 간주한다. 첩보라는 용어는 필요한 지식이기는 하지만 가공 처리되지 않았고 타당성이 검증되지 않았다는 점에서 정보와 구분된다. 사회에서 통용되는 정보라 하더라도 정보기관에서 검증되지 않은 자료로 취급하여 수집하면 첩보인 것이다.

(4) 정보

정보는 특정 목적을 달성하기 위해 첩보를 수집, 평가, 분석한 후 그 타당성을 검증한 것을 말한다. 수집된 첩보를 정보기관에서 정책결정자의 수요에 맞게 요약되고 검증한 내용이어야 비로소 정보가 된다. 온갖 첩보를 전문 정보기관 요원이 전문성을 발휘하여 정확하고 신뢰성 있는 내용으로 정리해 정책결정자에게 이해가 되고 도움이 될 때, 비로소 확실한 정보로서 진가를 발휘하게 된다.

구분	내용
생자료	• 생데이터(raw data) 또는 원시자료(源始資料) • 가공되지 않고 처리나 집계하기 전의 자료
첩보(information)	• 어떻게 알게 되었는지를 불문하고 획득되어 알려진 사실 그 자체 • 생자료(raw material) 자체 또는 생자료의 단순한 집적
정보(intelligence)	• 수요자의 의도와 목적에 맞추어 좁혀진 분석생산물 • 다양한 첩보를 바탕으로 수요자의 요청에 의해서 생산된 결과물 • 최종수요자인 정책담당자를 위하여 생산된 지적 산출물(knowledge)
정보성 첩보 (intelligence information)	• 생자료 자체가 정보(intelligence)인 자료 • 별다른 분석 없이 정보로 사용될 수 있는 수준의 첩보정보 • 생생한 영상첩보(IMINT)는 분석 없이 그 자체가 정제된 정보임
첩보와 정보의 관계	로웬탈은 모든 정보는 첩보이지만 모든 첩보가 정보인 것은 아니라고 보았다.

27

정보(intelligence)와 첩보(information)에 대한 설명으로 틀린 것은?

① 잠재적으로 필요한 자료 또는 지식도 첩보로 볼 수 있다.

② 첩보는 목적성을 가지고 의도적으로 수집한 자료를 말한다.

③ 생생한 영상첩보(IMINT)는 분석 없이 그 자체가 정제된 정보이다.

④ 언론자료, 인터넷자료 등 모든 공개자료와 기상관측 통계, 농산물 생산량, 국민소득 등이 모두 첩보에 속한다.

정답 ④

풀이 ④ 언론자료, 인터넷자료 등 모든 공개자료와 기상관측 통계, 농산물 생산량, 국민소득 등은 모두 자료에 속한다.

28

국가정보 용어에 대한 다음 설명 가운데 잘못인 것은?

① 국가정보에서 정보(intelligence)와 첩보(information)는 구별된다.

② 정보성 첩보(intelligence information)는 분석 전 자료에 불과한 첩보일 뿐 정보는 아니다.

③ 첩보는 어떻게 알게 되었는지를 불문하고 획득되어 알려진 사실 그 자체로 생자료 자체 또는 생자료의 단순한 집적이다.

④ 생자료(raw material), 생데이터(raw data), 원시자료 등은 가공되지 않고 처리나 집계하기 전의 자료들로 첩보를 구성하는 인자이다.

정답 ②

풀이 ② 정보성 첩보는 생생한 영상첩보(IMINT)처럼 정보분석 없이도 그 자체가 정제된 정보가 된다.

29

다음 정보용어에 대한 설명으로 잘못인 것은?

① 첩보는 생자료(raw material) 자체 또는 생자료의 단순한 집적이다.

② 첩보는 어떻게 알게 되었는지를 불문하고 획득되어 알려진 사실 그 자체를 말한다.

③ 정보학에서 그 어떤 경우에도 정보(intelligence)와 첩보(information)는 구별된다.

④ 가공하지 않고 처리하기 전의 개별 자료를 생자료(raw material), 생데이터(raw data) 또는 원시자료라고 한다.

정답 ③

풀이 ③ 정보성 첩보는 생생한 영상첩보(IMINT)처럼 정보분석 없이도 그 자체가 정제된 정보가 된다.

30

다음 정보용어에 대한 설명으로 틀린 것은?

① 국가정보에서 정보(intelligence)와 첩보(information)는 구별된다.

② 생자료(raw material), 생데이터(raw data) 또는 원시자료(原始資料)는 가공되지 않고 처리나 집계하기 전의 자료들로 첩보를 구성하는 인자이다.

③ 첩보는 어떻게 알게 되었는지를 불문하고 획득되어 알려진 사실 그 자체로 생자료 자체 또는 생자료의 단순한 집적이다.

④ 정보성 첩보(intelligence information)는 분석전의 자료로서 첩보일 뿐 정보는 아니다.

정답 ④

풀이 ④ 정보성 첩보는 생생한 영상첩보(IMINT)처럼 정보분석 없이 그 자체가 이미 정제된 정보이다.

31

정보와 첩보에 대한 설명으로 틀린 것은?

① 첩보는 특정한 목적에 의해 평가되어 있지 않는 단순한 사실이나 기호를 의미한다.
② 첩보는 그 의미의 타당성이 검증되지는 않았지만 잠재적으로 필요한 자료 또는 지식으로 볼 수 있다.
③ 정보는 특정 목적을 달성하기 위해 첩보를 수집, 평가, 분석한 후 그 타당성을 검증한 것을 말한다.
④ 수집된 첩보를 정보기관에서 정책결정자의 수요에 맞게 요약되고 검증한 내용이어야 비로소 정보가 된다.

정답 ①
풀이 자료에 대한 설명이다. 첩보는 목적성을 가지고 의도적으로 수집한 자료를 말한다.

32

정보(intelligence)와 첩보(information)에 대한 설명으로 틀린 것은?

① 정보는 최종수요자인 정책담당자를 위하여 생산된 지적 산출물이다.
② 일반적으로 언론자료, 인터넷자료 등 모든 공개자료와 기상관측 통계, 농산물 생산량, 국민소득 등이 첩보에 속한다.
③ 자료는 특정한 목적에 의해 평가되어 있지 않는 단순한 사실이나 기호를 의미한다.
④ 첩보는 어떻게 알게 되었는지를 불문하고 획득되어 알려진 사실 그 자체이다.

정답 ②
풀이 자료에 대한 설명이다.

33

다음 중 첩보(information)와 정보(intelligence)에 대한 설명으로 옳은 것은? [2016년 기출]

ㄱ. 첩보는 목적성을 가지고 의도적으로 수집한 사실(fact)이다.
ㄴ. 정보는 국가정보기관만이 수집하고 생산할 수 있다.
ㄷ. 첩보는 각종 통계자료나 장비의 신호 등을 말한다.
ㄹ. 정보는 수집된 다양한 첩보를 통해 도출한다.

① ㄱ ② ㄱ, ㄴ
③ ㄱ, ㄹ ④ ㄱ, ㄴ, ㄷ

정답 ③

풀이 ③ 정보기관만이 정보를 수집하고 생산할 수 있는 것은 아니며 일반 정부부처도 정보생산에 관여한다. 각종 통계자료나 장비의 신호 등은 첩보가 아니라 자료(data)이다.

34

다음 용어의 설명 중 옳은 것은? [2012년 기출]

ㄱ. 의미 없는 숫자나 신호 등 – Data
ㄴ. 의도를 가지고 수집한 뉴스 등 – Information
ㄷ. 정책적 목적을 가지고 분석한 것 – Intelligence

① ㄱ
② ㄴ, ㄷ
③ ㄱ, ㄴ
④ ㄱ, ㄴ, ㄷ

정답 ④

풀이 ④ 모두 자료(Data), 첩보(Information), 정보(Intelligence)에 대한 옳은 설명이다.

35

다음 중 정보에 대한 설명으로 옳은 것은? [2012년 기출]

① 단순한 사실이나 신호도 정보에 포함된다.
② 뉴스나 방송 등도 정보의 종류에 포함된다.
③ 목적성을 가지고 의도적으로 수집한 사실이다.
④ 정보는 정책적 목적을 위해 수집 · 가공된 것이다.

정답 ④

풀이 ④ 단순한 사실이나 신호는 자료이고, 뉴스나 방송 등 목적성을 가지고 의도적으로 수집한 사실은 첩보이다. 정책적 목적을 위해 수집 · 가공된 것이 바로 정보이다.

36

정보와 첩보에 대한 설명으로 틀린 것은? [2010년 기출]

① 정보는 첩보를 가공하여 종합 · 해석한 지식이다.
② 첩보는 국가적인 목적을 위해 수집되고 평가된 것이다.
③ 첩보는 목적성을 가지고 의도적으로 수집한 사실을 말한다.
④ 정보와 첩보는 사실상 혼용되어 사용되나 이론적으로 구별해야 한다.

정답 ②
풀이 ② 국가적인 목적을 위해 수집되고 평가된 것은 정보이다.

37

다음 중 정보(intelligence)의 정의에 대한 설명으로 옳은 것은? [2010년 기출]

① 목적성을 가지고 의도적으로 수집된 사실을 말한다.
② 정책적 목적을 가지고 분석 · 평가되어 가공된 지식이다.
③ 개인이나 단체들이 특정한 목적을 위해 수집한 것이다.
④ 특정 목적에 의해 평가되거나 가공되지 않은 단순한 사실을 말한다.

정답 ②
풀이 ② 목적성을 가지고 의도적으로 수집된 사실이나 개인이나 단체들의 특정한 목적을 위해 수집된 것은 첩보이고, 특정 목적에 의해 평가되거나 가공되지 않은 단순한 사실은 자료이다. 정보는 정책적 목적을 가지고 분석 · 평가되어 가공된 지식이다.

38

다음 중 정보와 첩보에 대한 설명으로 틀린 것은? [2010년 기출]

① 첩보와 정보는 공히 목적성을 가지고 있다고 볼 수 있다.
② 첩보는 적시성이 요구되지 않으나 정보는 적시성이 중요하다.
③ 첩보는 단편적인 지식이나 정보는 특정의 주제에 맞게 결합된 지식이다.
④ 첩보는 부정확한 지식을 포함하나 정보는 객관적으로 평가된 정확한 지식이다.

정답 ②
풀이 ② 첩보도 가치를 가지기 위해서는 적시성이 중요하다.

핵심정리 셔먼 켄트의 정보 3중성

(1) 정보(Intelligence)는 주로 '지식'이나 '활동'에 국한된 의미를 가지는데 반해 국가정보는 그러한 '지식'과 그러한 '활동'을 수행하기 위한 국가적 '조직'까지 포괄한다는 점에서 차이가 있다.
(2) 켄트는 "정보(intelligence)란 지식 또는 첩보(information), 활동 및 조직을 포괄하는 개념"이라고 정의하였는데, 이것이 오늘날까지 국가정보(national intelligence)의 개념을 가장 권위적으로 해석한 것으로 인정되고 있다.
(3) 다시 말해서 국가정보라(national intelligence)는 용어는 일종의 지식이며 그러한 지식을 입수하는 행위(또는 상대방의 입수행위를 저지하는 것), 그리고 입수 또는 저지 기능을 수행하는 조직 등을 포괄한다.

39

셔먼 켄트의 정보 3중성과 관련된 설명으로 틀린 것은? [2022년 기출]

① 법적 근거에 따라 국가정보를 담당하는 정부조직을 조직으로서의 정보라고 한다.
② 정보수요자의 요청에 따라 첩보가 생산되는 과정 그 자체를 활동으로서의 정보라고 한다.
③ 공개적이고 누구나 접근 가능한 자료들을 제외한 비공개적이고 일반인의 취득이 용이하지 않은 성격을 비밀로서의 정보라고 한다.
④ 일반자료가 구체적인 정보가 되는 일련의 과정을 정보순환과정이라고 하고, 분석 및 평가과정을 거쳐서 정보가 되는데 이 산출물을 지식으로서의 정보라고 한다.

정답 ③

풀이 ③ 켄트는 "정보(intelligence)란 지식 또는 첩보(information), 활동(activities) 및 조직(organizations)을 포괄하는 개념"이라고 정의하였는데, 이것이 오늘날까지 국가정보(national intelligence)의 개념을 가장 권위적으로 해석한 것으로 인정되고 있다.

40

다음 중 셔먼 켄트의 정보개념 3중성에 포함되지 않는 것은? [2020년 기출]

① 지식
② 활동
③ 무기
④ 조직

정답 ③

풀이 ③ 셔먼 켄트는 "정보는 지식이며 조직이고 활동이다."라고 정의했다. 따라서 무기와 관련이 없다.

41

다음 중 '정보는 지식이며 조직이며 활동이다.'라고 정의한 학자의 이름으로 옳은 것은? [2018년 기출]

① Mark M. Lowenthal
② Sherman Kent
③ Abram n. Shulsky
④ Jennifer Sims

정답 ②

풀이 ② Sherman Kent가 '정보는 지식이며 조직이며 활동이다.'라고 정의했고, 그는 미국 CIA 정보분석국의 체계를 수립했다.

42

정보를 지식이며, 조직이며 활동이라고 보는 포괄적인 개념으로 정의한 학자의 이름으로 옳은 것은? [2017년 기출]

① Sherman Kent
② Mark M. Lowenthal
③ Jennifer Sims
④ Jeffery T. Richelson

정답 ①

풀이 ① Sherman Kent는 CIA에 지대한 영향을 미쳤으며, 그의 이름을 딴 'Kent Intelligence School'이 있다.

43

다음 중 셔먼 켄트(Sherman Kent)가 주장한 정보의 정의에 포함되지 않는 것은? [2016년 기출]

① 지식
② 조직
③ 활동
④ 정책

정답 ④

풀이 ④ 셔먼 켄트는 정보를 "지식이고 조직이며 활동"이라고 정의했다.

44

국가정보에 대한 설명으로 틀린 것은?

① 국가정보는 국가 경영의 나침반 역할을 할 수 있다.

② 국가정보를 유용한 통치수단으로 활용하는 것은 불가능하다.

③ 국가정보는 국가가 존립하고 발전하기 위한 불가결한 요체이다.

④ 국가정보기구는 국가운영의 거의 모든 영역에서 역할을 수행할 수 있다.

정답 ②

풀이 ② 국가정보는 유용한 통치수단으로 활용될 수 있다.

45

다양한 해외세력의 정보활동에 대항하여 자국의 정보체계의 순수성 확보를 목적으로 하는 정보로 옳은 것은?

① 국내정보 ② 국외정보

③ 정책정보 ④ 보안정보

정답 ④

풀이 ④ 보안정보(Security Intelligence) 또는 방첩정보는 소위 국토 침입자로부터 국가안보를 수호하는 데 필요한 정보를 말한다.

핵심정리 국가정보의 유형

(1) 사용자의 수준에 따른 구분
우선 국가정보는 사용자의 수준에 따라서 '국가정보(national intelligence)'와 '부문정보(departmental intelligence)'로 분류될 수 있으며, 그러한 정보를 생산하는 조직을 각각 '국가정보기관(national intelligence organization)'과 '부문정보기관(departmental intelligence organization)'으로 통칭한다.

(2) 대상지역에 따른 구분
대상지역에 따라서 정보활동은 '국내정보(domestic intelligence)'와 '국외정보(foreign intelligence)'로 구분된다.

(3) 요소별 기준에 따른 구분
국가정보는 요소별 기준에 따라 '정치정보(political intelligence)', '경제정보(economic intelligence)', '군사정보(military intelligence)', '과학기술정보(scientific and technical intelligence)', '사회정보(sociological intelligence)' 등 다섯 가지로 분류된다.

(4) 시계열적 특성에 따른 구분
마지막으로 국가정보는 분석대상의 시계열적 특성에 따라 '기본정보', '현용정보', '판단정보' 등으로 구분될 수 있다. 이는 원래 켄트가 정보분석의 최종 결과물로서 정보분석보고서의 형태를 '기본정보'(basic－descriptive)', '현용정보(current－reportorial)', '판단정보(speculative－evaluative)' 등 세 가지 유형으로 분류한 데 기인한다.

핵심정리 셔먼 켄트의 사용수준에 의한 분류

(1) 장기(Long－Range) 정보
국가 전체적인 수준에서 필요한 정보

(2) 중기(Medium－Range) 정보
개별 행정부처 수준에서 필요한 정보

(3) 단기(Short－Range) 정보
현안문제 해결을 위해 담당 공무원 수준에서 필요한 정보

핵심정리 기본정보 구성 원리(BEST MAPS)

B: biographic intelligence(개인신상정보)
E: economic intelligence(경제정보)
S: sociological Intelligence(사회문제정보)
T: transportation & telecommunications intelligence(운송 · 통신정보)
M: military geographical intelligence(군사지리정보)
A: armed forces intelligence(군사력정보)
P: political Intelligence(정치정보)
S: scientific and technical intelligence(과학－기술정보)

핵심정리 현용정보

(1) 해외세력과 세계 각 지역에 대한 매일 매일의 현상에 대한 현재정보이다.
(2) 현재성과 보고성이 기본 요소(current reportorial element)이다.
(3) 속성적으로 단기 · 구체성을 지향하는 전술정보와 연결된다.
(4) 대통령 일일 브리핑(PDB), 국가일일정보(NID), 군사정보 다이제스트(MID), 국방 테러 정보요약(DITSUM), 신호정보 다이제스트(SIGINT Digest) 등이 현용정보의 대표적인 사례이다.

핵심정리 판단정보

(1) 평가정보 또는 예측정보(Speculative－estimative intelligence)라고도 한다.
(2) 사회과학적인 예측으로 미래에 대한 현재의 판단을 제시한다.
(3) 미국 국가정보장(DNI) 산하의 국가정보위원회(NIC)가 매 5년마다 15년 후의 지구 미래에 대해 생산하는 「Global Trends」가 대표적이다.

46

기본정보 구성 원리에 포함되는 정보로 틀린 것은?

① 개인신상정보
② 운송 · 통신정보
③ 지리 및 공간정보
④ 과학 · 기술정보

정답 ③

풀이 ③ geographical and geospatial intelligence가 아닌 military geographical intelligence이다.

47

국가정보의 유형에 대한 설명으로 틀린 것은?

① 국가정보는 사용자의 수준에 따라서 국가정보와 부문정보로 분류될 수 있다.
② 대상지역에 따라 정보활동은 국내정보와 국외정보로 구분된다.
③ 리첼슨은 요소별 기준에 따라 정치정보, 경제정보, 군사정보, 과학기술정보, 사회정보의 다섯 가지로 분류하였다.
④ 켄트는 분석형태에 따라 기본정보. 현용정보, 전략경보정보, 예측정보로 분류하였다.

정답 ④

풀이 ④ 켄트는 정보분석보고서의 형태에 따라 '기본정보', '현용정보', '판단정보'로 분류하였다. 분석형태에 따라 기본정보, 현용정보, 전략경보정보, 예측정보로 분류한 학자는 스택(Keven P. Stac)이다.

48

분석보고서의 형태에 따라 기본정보, 현용정보, 전략경보정보, 예측정보로 분류한 학자의 이름으로 옳은 것은?

① Sherman Kent
② Keven P. Stack
③ Jeffcry T. Richelson
④ Mark M. Lowenthal

정답 ②

풀이 Keven P. Stack에 대한 설명이다.

49

판단정보에 대한 설명으로 틀린 것은?

① 일종의 '정제된 신문'이다.
② 평가정보 또는 예측정보라고도 한다.
③ 대체로 사용자에게 제공된 첩보자료의 의미를 평가해준다.
④ 사용자의 특별한 요구에 따라 작성되며 종종 예측하는 내용이 포함된다.

정답 ①

풀이 현용정보는 최근에 무슨 일이 일어났고 현재 어떤 일이 진행되고 있는가에 관한 내용을 포함하는 것으로서 대부분의 정보분석보고서가 여기에 속한다. 현용정보보고서는 최근 소식들로 꽉 찬 일종의 '정제된 신문(a quality newspaper)'이라고 볼 수도 있다.

50

미래예측 정보에 대한 설명으로 틀린 것은?

① 정보공동체의 총합적인 역량으로 생산되는 과학적 예측정보이다.
② 추론과 평가가 중요한 요소(speculative-evaluative element)이다.
③ 외국정부 또는 외국조직이나 단체, 외국인 개인 또는 국제테러 활동조직들의 능력과 의도 또는 그 활동과 관련된 정보이다.
④ 미국 국가정보장(DNI) 산하의 국가정보위원회(NIC)가 매 5년마다 15년 후의 지구 미래에 대해 생산하는 「Global Trends」는 미래예측 정보의 대표적인 예이다.

정답 ③

풀이 ③ 국외정보(Foreign Intelligence)에 대한 설명이다. 미래 예측정보는 정보공동체의 종합적인 역량으로 생산되는 과학적 예측정보이다. 그러나 미래 판단정보는 현상에 기초한 사회과학적인 예측으로 막연한 추측과는 다르다.

51

행정부처의 담당 공무원 수준에서 구체적인 현안을 해결하기 위한 정보로 옳은 것은?

① 단기정보
② 중기정보
③ 장기정보
④ 긍정 · 명확 정보

정답 ①

풀이 ① 셔먼 켄트에 있어서 장기정보는 최고 수준의 국가정책과 외국 등에 대한 문제처럼 국가 전체적인 수준에서 필요한 정보이고, 중기정보는 개별 행정부처 수준에서의 정책 수행을 위해서 필요한 정보이다. 셔먼 켄트는 긍정 · 명확 정보를 국가안보 관련 정책을 취하기 전에 알아야 할 필요가 있는 모든 내용이라고 본다.

52

사용주체를 기준으로 분류한 국가정보에 대한 설명으로 틀린 것은?

① 국가정보는 단위 행정부분을 넘어서서 국가 전체 목적을 위해 생산된 정보를 의미한다.
② 국가정보는 단위 행정부처가 그 업무 필요성을 지원하기 위해 생산된 정보인 국가부문정보와 대비되는 개념이다.
③ 국가정보의 예로는 중앙행정부처인 국방부의 국방정보, 법무부나 국토안보부의 법집행정보, 외교통상부의 대외정보 등을 들 수 있다.
④ 개별 행정부처에 소속된 부문정보기구도 국가정보를 생산하기도 한다. 예컨대 미국 국방부 소속 기술정보기구인 국가안보국(NSA), 국가정찰실(NRO), 국가지구공간정보국(NGA)은 국가정보를 생산한다.

정답 ③

풀이 ③ 국방정보, 법집행정보, 대외정보 등은 국가부문정보에 속한다.

53

사용자 수준에 따라 정보를 분류할 때 국가정책의 뼈대를 구성하는 내용이 담긴 종합적인 정보로 옳은 것은?

① 국가정보 ② 보안정보
③ 전술정보 ④ 기본정보

정답 ①

풀이 ① 정보를 사용자 수준에 따라 정보를 분류하면 국가부문정보와 국가정보가 있다. 국가부문정보는 국가의 개별부서가 그 업무수행의 필요에 따라서 생산하는 정보이다.

54

국가정보의 범위와 유형에 대한 설명으로 틀린 것은?

① 사용자의 수준에 따라서 국가정보와 부문정보로 분류될 수 있다.
② 국내보안정보는 국내 경제, 사회, 과학기술 등 국가내부의 정책결정에 필요한 정보를 의미한다.
③ 리첼슨(Richelson)은 국가정보는 요소별 기준에 따라 대체로 정치정보, 경제정보, 군사정보, 과학기술정보, 사회정보의 다섯 가지로 분류하였다.
④ 대통령 일일 브리핑(PDB), 국가일일정보(NID), 군사정보 다이제스트(MID), 국방 테러 정보요약(DITSUM), 신호정보 다이제스트(SIGINT Digest) 등이 현용정보의 대표적인 사례이다.

정답 ②

풀이 국내정책정보에 대한 설명이다. 국내보안정보는 국내에 침투한 간첩이나 반국가 세력의 안보위협으로부터 국가의 안전을 유지하는 데 필요한 정보를 의미한다.

55

보안정보에 대한 설명으로 틀린 것은?

① 방첩정보라고도 한다.
② 국가경찰기능을 위한 정보이다.
③ 국가안전보장을 위한 정책의 수립과 집행을 지원하는 정보이다.
④ 정보 실무에서 사용하는 외사정보나 대공정보 등도 보안정보에 속한다.

정답 ③

풀이 정책정보에 대한 설명이다. 국가정보는 그 사용목적에 따라 정책정보와 보안정보로 구분된다.

56

다음 중 국가정보의 분류에 대한 설명으로 가장 적절하지 않은 것은? [2024년 기출]

① 정보목표의 대상지역에 따라 국내정보와 국외정보로 구분되는데, 오늘날 대부분의 민주국가는 국외정보에 치중하면서 국내정보활동은 법적으로 금지하는 경향이 있다.

② 사용목적에 따라 국가의 정책 수립과 집행을 지원하는 정책정보와 국가안보에 위해가 되는 간첩 · 반국가활동 세력에 관한 보안정보로 구분된다.

③ 정보의 시계열적 특성에 따라 비교적 변하지 않는 기본정보, 변화 동향 및 현재 상태의 의미 등에 관한 현용정보, 미래의 추세와 전망에 관한 판단정보로 구분된다.

④ 공작원, 협조자, 망명자 등을 이용한 인간정보, 항공기, 인공위성, 감청장치, 레이더 등 과학기술장비를 이용한 기술정보, 신문, 방송, 인터넷, 학술지 등을 이용한 공개정보로 구분하는 것은 수집방법에 의한 분류이다.

정답 ①

풀이 ① 국내정보는 '국내보안정보'와 '국내정책정보'로 구분된다. 국내보안정보는 국내에 침투한 간첩이나 반국가 세력의 안보위협으로부터 국가의 안전을 유지하는 데 필요한 정보를 의미하고 국내정책정보는 국내경제, 사회, 과학기술 등 국가내부의 정책결정에 필요한 정보를 의미한다. 국내보안정보도 국내정보에 포함되기 때문에 민주국가라고 해도 국내정보를 법적으로 금지할 수 없다.

④ 한희원은 수집활동에 따라 인간정보, 기술정보, 공개출처정보로 구분하지만 문정인은 첩보의 출처에 따라 공개 출처(overt source)와 비밀출처(covert source)로 나누고, 수집방법에 따라 인간정보(human intelligence, HUMINT)와 기술정보(technical intelligence, TECHINT)로 구별한다. 그러나 국내정보가 국내보안정보와 국내정책정보로 구분되는 이상 국내정보활동을 민주국가에서 금지하는 경향이 있다는 말은 타당하다고 할 수 없다.

57

국가정보의 유형에 대한 설명으로 옳은 것은? [2022년 기출]

① 현용정보는 동태적으로 변화하는 정보로서 국가정보판단(NIEs) 등이 여기에 포함된다.

② 판단정보는 평가정보 또는 예측정보로 추론과 평가가 중요한 요소이다.

③ 북한정보는 적대국에 대한 정보이지만 국내정보로 볼 수 있다.

④ 판단정보는 미래에 대한 사회과학적 예측정보로 국가일일정보(NID), 국방테러정보요약(DITSUM) 등은 판단정보보고서로 분류된다.

정답 ②

풀이 ① 국가정보판단(NIEs)은 판단정보보고서이다.
② 판단정보는 평가정보 또는 예측정보(Speculative-estimative intelligence)라고도 하며, 사회과학적인 예측으로 미래에 대한 현재의 판단을 제시한다.
③ 북한지역은 헌법상 대한민국의 합법적 영토이지만 현실적으로는 우리의 통치권이 미치지 못하며, 북한이 우리와 함께 UN에도 가입하여 국제사회에서 주권국가로 인정받고 있기 때문에 북한정보는 국외정보로 분류되고 있다. 그러나 우리나라에서 북한에 관한 정보의 비중이 크므로 북한정보를 일반 국외 정보와 별도로 구분하여 취급하고 있다.
④ 국가일일정보(NID)와 국방테러정보요약(DITSUM)은 현용정보이다.

58

국가정보의 유형에 대한 설명으로 틀린 것은? [2021년 기출]

① 사용목적에 따라 정책정보와 보안정보로 분류된다.
② 요소별 기준에 따라 군사정보, 민간정보로 분류된다.
③ 대상 지역에 따라 국내 정보와 해외 정보로 분류된다.
④ 사용자의 수준에 따라 국가정보와 국가 부문 정보로 분류된다.

정답 ②

풀이 ② 국가정보는 요소별 기준에 따라 '정치정보(political intelligence)', '경제정보(economic intelligence)', '군사정보(military intelligence)', '과학기술정보(scientific and technical intelligence)', '사회정보(sociological intelligence)' 등 다섯 가지로 분류된다.

59

판단정보에 대한 설명으로 틀린 것은? [2020년 기출]

① 기본정보를 정보분석의 기초로 활용한다.
② 현용정보로 판단정보를 유추할 수 있다.
③ 판단정보에는 정보분석의 결과는 포함되지 않는다.
④ 판단정보는 장기적인 정책을 수립하는 데 활용한다.

정답 ③

풀이 ③ 셔먼 켄트는 분석형태에 따라 기본정보, 현용정보, 판단정보로 분류했다. 판단정보는 정보분석 결과를 활용해 미래를 예측하는 데 활용된다.

60

정보의 분류기준에 대한 설명으로 틀린 것은? [2018년 기출]

① 국가정보는 정책결정자만이 소비할 수 있다.

② 정보의 중요도는 현재, 미래, 과거의 순이다.

③ 정보는 국가정보와 국가부문정보로 구분할 수 있다.

④ 정보의 분류기준은 시대적 상황에 따라 변할 수 있다.

정답 ①

풀이 ① 대통령 등 최고 정책결정권자, 의회, 각 행정부처, 국가안보회의(National Security Council), 정보공동체, 무기 디자이너, 비밀병기 생산자 같은 사경제 주체도 훌륭한 정보소비자이다.

61

정보를 분석보고서의 형태에 따라 기본정보, 현용정보, 판단정보로 구분한 학자의 이름으로 옳은 것은? [2014년 기출]

① Sherman Kent

② Mark M. Lowenthal

③ Keven P. Stack

④ Jeffery T. Richelson

정답 ①

풀이 ① Keven P. Stack은 분석형태에 따라 기본정보, 현용정보, 전략경보정보, 예측정보로 분류하였으며, Jeffery T. Richelson은 요소 기준에 따라 정치, 경제, 군사, 사회, 과학기술정보로 구분하였다.

62

정보의 요소별 분류에 포함되지 않는 것은? [2010년 기출]

① 정치정보

② 경제정보

③ 군사정보

④ 판단정보

정답 ④

풀이 ④ 판단정보는 Sherman Kent의 분석형태에 따른 분류에 포함된다.

63

Sherman Kent가 주장한 정보에 대한 설명으로 틀린 것은? [2009년 기출]

① 정보는 지식(Knowledge)이며, 조직(Organization)이며 활동(Activities)이다.

② 정보의 대상지역에 따라 국내정보와 국외정보로 구분했다.

③ 정보를 분석보고서의 형태에 따라 기본정보, 현용정보, 판단정보로 분류했다.

④ 요소 기준에 따라 정치, 경제, 군사, 사회, 과학기술정보로 분류했다.

정답 ④

풀이 ④ Jeffery T. Richelson이 분류한 것이다.

64

다음 정보의 종류 중 시계열적 특성에 따른 분류에 포함되지 않는 것은? [2008년 기출]

① 기본정보 ② 현용정보

③ 판단정보 ④ 정책정보

정답 ④

풀이 ④ 정보는 사용목적에 따라 정책정보와 보안정보로 분류한다.

65

다음 중 정보의 분류방법에 대한 설명으로 틀린 것은? [2008년 기출]

① 사용자의 수준에 따라 국가정보와 국가부문정보로 분류할 수 있다.

② 사용목적에 따라 정책정보와 보안정보로 분류할 수 있다.

③ Sherman Kent는 분석보고서의 형태에 따라 기본정보, 현용정보, 판단정보로 분류했다.

④ Keven P. Stack이 분류한 전략경보정보는 판단정보로 볼 수 있다.

정답 ④

풀이 ④ Keven P. Stack은 분석보고서의 형태에 따라 기본정보, 현용정보, 전략경보정보, 예측정보로 분류했다. 그가 분류한 전략경보정보는 주요 지표동향을 파악해 이상 징후를 의사결정권자에게 즉각 보고하는 것으로 엄밀하게 보면 현용정보라고 볼 수 있다.

66

다음 정보의 분류방법 중 Richelson의 요소에 따른 분류에 포함되지 않는 것은? [2007년 기출]

① 정치정보 ② 현용정보
③ 경제정보 ④ 사회정보

정답 ②

풀이 ② 현용정보는 Sherman Kent가 분석보고서의 형태에 따라 분류한 정보의 종류이다.

67

미국 정보기관의 정신적인 지주인 셔먼 켄트(Sherman Kent)는 정보를 분석보고서의 형태에 따라 분류했다. 다음 중 그가 분류한 정보의 종류에 포함되지 않는 것은? [2006년 기출]

① 기본정보 ② 정치정보
③ 판단정보 ④ 현용정보

정답 ②

풀이 ② Sherman Kent는 분석보고서의 형태에 따라 기본, 현용, 판단정보로 분류했다.

68

다음 중 정보에 대한 설명으로 틀린 것은? [2006년 기출]

① 분석보고서의 형태에 따라 셔먼 켄트는 정보를 기본정보, 정책정보, 판단정보로 분류하였다.
② 요소별 분류에는 정치, 경제, 사회, 군사, 과학정보가 있다.
③ 사용자 수준에 따라 국가정보와 국가부문정보가 있다.
④ 대상지역에 따라 국내정보와 국외정보가 있다.

정답 ①

풀이 ① 정책정보와 보안정보는 사용목적에 따른 분류이며, Sherman Kent는 분석보고서의 형태에 따라 기본정보, 현용정보 판단정보로 분류하였다. 또한 정보는 수집활동에 따라 인간정보와 기술정보로 구분할 수 있다.

핵심정리 국가정보 대상(Intelligence Targets)의 실제

(1) 초국가적 표적(Transnational targets)
① 지구상의 특정지역, 특정 국가를 넘나들고 뛰어넘는 문제이다.
② 위협이 궁극적으로 세계평화와 안전 및 인류 인권을 위태롭게 하는 내용이다.

(2) 지역표적(Regional targets)
① 한 나라를 넘어서지만, 어느 정도 특정되어 있는 지역에 대한 정보대상이다.
② 발칸반도에서의 전쟁, 중동지역의 불안 증폭, 한반도에서의 긴장관계처럼 특정지역의 내용이 다른 나라의 국가안보에 위협으로 작용될 수 있는 내용이다.
③ 군사적 긴장 이외에 경제적 문제도 지역표적이 된다.

(3) 국가표적(National targets)
① 특정 국가를 상대로 한 국가정보활동으로 전통적인 정보대상이다.
② 그러므로 국가표적은 현재에도 가장 중요한 정보의 대상이고 목표이다.
③ 냉전시대와의 차이는 현대사회에서는 우방국가든 적성국가든 특정국가의 정책 변화는 다른 나라에 영향을 미치기 때문에 국가표적의 숫자는 오히려 증대되었다는 점이다.
④ 냉전 이후에도 사회주의 이념의 러시아와 중국은 미국에게 중요한 국가표적이다.

69

다음 중 초국가적 정보 표적(transnational targets)으로 적절하지 않은 것은?

① AIDS나 신종플루 같은 치명적 질병의 확산
② 금지 오염물질의 해양 투기 같은 국제 환경문제
③ 대량 살상무기(Weapons of mass destruction, WMD) 밀매
④ 중동지역의 불안 증폭과 북한 핵실험으로 인한 한반도에서의 긴장관계

정답 ④

풀이 ④ 중동지역의 불안 증폭과 북한 핵실험으로 인한 한반도에서의 긴장관계는 지역표적에 해당한다. 초국가적 표적(Transnational targets)은 지구상의 특정지역과 특정한 국가를 넘나들고 뛰어넘는 문제들에 대한 것으로 그 위협이 궁극적으로 세계평화와 안전 및 인권을 위태롭게 하는 내용을 말한다.

핵심정리 국가정보와 법집행

(1) 전체주의 국가나 공산국가의 경우에는 정보와 법집행을 의도적으로 결합한다. 그 결과 국가정보기구가 비밀경찰과 통치수단으로 사용된다. 그러나 대부분의 민주적 정보기구는 법집행과 국가정보 영역을 의도적으로 분리한다.
(2) 하지만 오늘날 국가안보의 다원적 구조로 인한 관리요소의 확장이나 세계화의 진전과 국가 사이의 경계의 불투명성, 다양한 비국가행위자의 등장 등은 정보와 법집행을 확연히 구분하는 것에서, 결합하는 방향으로 선회하는 추세이다.
(3) 이 경우에 국가정보기구의 수사권을 확대하거나 신설하는 것이 아니라, 기존 방첩 수사기구와 국가정보 전담기구의 정보공유의 강화가 추세이다.

70

국가정보와 법집행에 대한 설명으로 틀린 것은?

① 정보와 법집행의 결합하는 추세이다.

② 민주국가에서는 법집행과 국가정보 영역을 의도적으로 분리한다.

③ 법집행 절차는 체포하여 기소한 범죄자에 대한 유죄를 증명하는 것에 집중하는 것으로 속성적으로 미래 지향적이고 사건 중심적이다.

④ 전체주의 국가나 공산권 국가의 경우 정보와 법집행을 의도적으로 결합시켜 국가정보기구를 비밀경찰의 기능을 수행하는 통치수단으로 활용한다.

정답 ③

풀이 법집행 절차는 속성적으로 과거 지향적이다.

71

민주적 정보기구의 특성과 관련하여 틀린 것은?

① 법집행과 국가정보 영역을 의도적으로 분리한다.

② 국가정보기구를 비밀경찰과 통치수단으로 사용하지 않는다.

③ 정보와 법집행의 결합 추세가 관찰되지만 국가정보기구의 수사권을 무제한으로 확대하지 않는다.

④ 국가정보기구의 수사권을 확대하거나 신설하여 국가안보의 다원적 구조로 인한 변화에 대응하는 것이 추세이다.

정답 ④

풀이 ① 민주적 정보기구는 법집행과 국가정보 영역을 의도적으로 분리한다.
② 민주적 정보기구는 국가정보기구를 비밀경찰과 통치수단으로 사용하지 않는다.
③ 정보와 법집행의 결합 추세가 있지만, 국가정보기구의 수사권이 무제한으로 확대되지 않고, 정보공유의 강화가 주가 되는 추세다.
④ 국가정보기구의 수사권이 무제한으로 확대되는 것이 아니라, 기존 방첩 수사기구와 국가정보 전담기구의 정보공유의 강화가 추세이다.

72

국가안보의 다원적 구조로 인한 변화에 대한 설명으로 틀린 것은?

① 세계화와 국가 사이의 경계의 불투명성이 증가하였다.
② 다양한 비국가행위자의 등장이 관찰되었다.
③ 정보와 법집행을 결합하는 방향으로 변화하는 추세가 있다.
④ 국가정보기구의 수사권을 확대하거나 신설하고 있다.

정답 ④

풀이 ① 세계화의 진전과 국가 사이의 경계의 불투명성이 증가하였다.
② 다양한 비국가행위자의 등장이 이루어졌다.
③ 정보와 법집행이 확연히 구분되던 것에서, 결합하는 방향으로 변화하는 추세가 있다.
④ 국가정보기구의 수사권이 무제한으로 확대되는 것이 아니라, 기존 방첩 수사기구와 국가정보 전담기구의 정보공유의 강화가 추세다.

73

국가정보와 법집행에 대한 설명으로 틀린 것은?

① 법집행 절차는 체포하여 기소한 범죄자에 대한 유죄를 증명하는 것에 집중하는 것으로 속성적으로 과거 지향적이고 사건 중심적이다.
② 국가정보와 법집행은 업무에 대한 접근방법이 다르기 때문에 서로 구분되어 차단막이 형성되어야 각자의 업무를 효율적으로 수행할 수 있다.
③ 국가정보활동은 아무리 사소하게 보이는 미세한 현상이라도 끝까지 추적하고 분석하여 미세한 점을 연결하여 전체적인 그림을 그려야 한다.
④ 전체주의 국가나 공산권 국가의 경우 정보와 법집행을 의도적으로 결합시켜 국가정보기구를 비밀경찰의 기능을 수행하는 통치수단으로 활용한다.

정답 ②

풀이 ② 오늘날 정보공동체의 도움 없이 법집행공동체만으로 국제조직범죄 등에 대처하기는 어려운 것처럼, 세계화는 정보와 법집행공동체의 협조를 요구하고 국가안보성 문제에 공동 대처할 것을 요망한다.

74

다음 중 국가정보와 법집행에 대한 설명으로 틀린 것은?

① 법집행은 강제력 있는 실정법에 기초한 국가 공권력의 행사로 모든 법집행은 국가정보기구의 정보 서비스를 전제로 성립한다.

② 정보활동은 정형이 없는 사실상의 활동으로 재판을 통한 형사처벌을 전제로 하는 것이 아니므로 형사 절차적 규정을 고려하여야 하는 것은 아니다.

③ 수사는 증거재판의 원칙 또는 엄격증거의 원칙이 지배하지만 대외적인 속성을 갖는 해외정보는 무한 경쟁의 정글에서 무정형의 적자생존의 원리가 적용된다.

④ 법집행은 다양한 실정법에 규정되어 있는 내용을 적법절차를 통해 공권력을 사용하여 실현해 나가는 과정으로 국가 법집행 업무 가운데 대표적인 것이 수사이다.

정답 ①

풀이 ① 법집행과 국가정보는 성질상 별개로 존재하며, 모든 법집행에 국가정보기구의 정보 서비스가 필연적인 전제로 요청되는 것은 아니다.

Theme 02

전술정보와 전략정보

핵심정리 전술정보와 전략정보

(1) 전술정보(Tactical intelligence)

① 목전에 있거나 머지않은 장래에 도래가 예상되는 구체적인 전술활동 전개를 계획하고 수행하기 위한 정보. 단기적인 현재의 전투수행을 위한 정보로서 작전정보(Operational Intelligence)라고도 한다.

② 현재의 긴박한 상황에 대한 것으로서 사용에 대한 시간의 민감성이라는 특성이 있다.

③ 적진의 배치상황, 병력 수, 화력, 예상 공격루트, 패퇴시의 도주루트 등 현재의 전투상황에서 자국의 작전을 구체적으로 수립하는 데 필요한 병력 운용정보이다.

(2) 전략정보(Strategic intelligence)

① 전략정보는 국가수준이나 국제수준에서 필요한 정보로, 비교적 장기적인 국가정책이나 군사계획을 작성함에 있어서 필요한 정보로서 STRATINT라고도 한다.

② 구체적인 현안이 없는 경우에도 국가운영을 위하여 지속적으로 생산하는 장기적이고 포괄적 관점에서의 정보이다.

핵심정리 전술정보와 전략정보의 구분

구분	현안과 목적	정보 출처	정보 가치	기구 성격	상징 용어
전술 정보	현재 상황 / 목전의 전투 / 개별 전투에서의 승리	비밀 첩보	일일신문 (daily newspaper)	현안 해결 태스크포스	특정한 부분 / 목전의 이슈 / 속도 / 현재의 이벤트 / 현안문제 / 단편적 스냅샷
전략 정보	중장기 미래 / 전쟁에서의 궁극적 승리	공개출처자료 / 전문서적 / 무역잡지 / 통계수치 / 각종 연감 / 사기업체 자료	학술연구서 / 장기청사진 (blueprint)	국책연구소 / 싱크탱크 (Think Tank)	장기보고서 / 질(質) / 분석적 생산물 / 추론적 생산물 / 셔먼 켄트 / 조사분석실(R&A)

75

오늘날 정보공동체의 취약점은 "이질적인 요소와 단편적인 스냅샷(snapshots)을 생산하는 데 주력하고 있어서, 다른 많은 정보자료와 함께 대비 · 대조하여 커다란 그림을 그리는 데 취약하다."라고 할 때 스냅샷이 가리키는 것으로 옳은 것은?

① Strategic Intelligence(전략정보)
② Tactical Intelligence(전술정보)
③ Security Intelligence(보안정보)
④ Foreign Intelligence(해외정보)

정답 ②

풀이 ② 정보분석 전문 컨설턴트 존 하이덴리히(Heidenrich)는 원래 CIA 창설 목적이 전략정보 생산이었다고 역설한다. 그럼에도 냉전시대를 거치면서 CIA는 전략정보 생산을 게을리하고 지나치게 전술정보 활동에 매몰되고 있다고 보았다.

76

전술정보(Tactical intelligence)와 전략정보(Strategic intelligence)에 대한 설명으로 틀린 것은?

① 전술정보는 작전정보(Operational Intelligence)라고도 한다.
② 전략정보는 상대세력에 대한 HUMINT 활동이 아니면 생산되기 어렵다.
③ 전술정보는 현재의 긴박한 상황에 대한 것으로서 사용에 대한 시간의 민감성이라는 특성이 있다.
④ 전략정보는 구체적인 현안이 없는 경우에도 국가운영을 위하여 지속적으로 생산하는 장기적이고 포괄적 관점에서의 정보이다.

정답 ②

풀이 ② 전략정보는 광범위한 공개출처 정보에 대한 체계적이고 학술적인 분석접근으로 생산이 가능하다.

77

전략정보에 대한 설명으로 틀린 것은?

① 장기적이고 포괄적인 정보이다.
② 국가 미래 설계에도 필요한 국가정책의 중요한 초석이다.
③ 전략 군사정보는 적의 잠재적인 부문까지도 포함하는 정보이다.
④ 전략정보는 현재의 작전지역 내에서 작전을 수행하는 데 필요한 정보이다.

정답 ④

풀이 ④ 목전의 사태에 대한 전술정보에 대한 설명이다.

핵심정리 국가정보와 국방정보

(1) 국방정보는 국가정보의 하위분류에 속하는 (행정)부문정보이다.
(2) 군사안보가 국가안보 자체인 시대에는 국방정보가 바로 국가정보를 의미한다.
(3) 냉전시대의 국가정보는 국가의 총체적 역량을 의미하는 국방정보였다.

핵심정리 국방전략정보와 국방전술정보

(1) 국방 전략정보
① 목전의 개별적인 전투에서가 아니라 궁극적인 전쟁 그 자체에서 승리를 달성하기 위해 필요하고 준비해야하는 예측정보를 말한다.
② 국방전략정보 역시 BEST MAPS로 작성함이 효율적이다.

(2) 국방 전술정보
① 의의
목전의 개별적인 전투에서 승리함에 즉시적으로 필요한 국방정보로, 전투정보(戰鬪情報) 또는 작전정보라고도 한다. 국방 전술정보에는 전투서열정보와 군사능력분석 정보가 있다.
② 전투서열정보
전투서열정보는 군부대의 구성(composition), 배치(disposition), 병력(strength)에 대한 정보이다.
③ 군사능력분석정보
㉠ 전략분석정보는 상대세력의 총체적 전략, 군통수권자의 목표와 실행의지를 분석한 정보이다.
㉡ 작전능력분석정보는 상대세력 부대 사이의 유기적인 협조 등 상대세력의 실제 군사전력을 분석한 정보이다.
㉢ 전술능력분석정보는 구체적인 전장(battlefield)에서의 상대세력의 작전전개를 포함한 전투능력정보로 전장지역 정보와 상대세력의 지휘 · 통제 · 통신 · 전산 · 정보체계, 즉 C4I에 대한 정보를 포함한다.

핵심정리 전투정보

(1) 의의
전투정보는 대개의 경우 전투서열정보와 군사능력정보가 주축이 되며, 기후 · 지형 등과 같은 단기 지리정보가 추가적으로 포함될 수 있다.

(2) 전투서열정보
전투정보의 핵심은 전투서열에 관한 정보와 군사능력에 관한 정보이다. 전투서열은 구성(composition), 배치(disposition), 병력(strength) 등 3개 분야로 구분된다. 구성은 군 조직에 관한 모든 요소를 의미하는데, 통상적으로 군이 가지고 있는 전차, 야포, 함정, 항공기 등과 같은 군이 보유하고 있는 장비와 무기의 종류를 말한다. 배치는 평시에 각각의 부대가 어디에 배치되어 있는가에 대한 위치정보를 말한다. 병력은 대형(隊形; military formation)을 의미하는 것으로 각각의 단위부대에 배치된 장비와 배치된 장비를 운용하는 배정된 인원의 수를 대상으로 한다.

(3) 군사능력분석

① 구성

㉠ 군사능력분석은 전쟁 혹은 선투에서의 승리나 목표물 파괴 등과 같은 특정한 목표를 달성하는 능력을 의미하는 것으로 전력구조, 현대화(modernization), 전비태세(readiness) 그리고 지속성(sustainability)의 4개로 구성된다.

㉡ 전력구조(force structure)는 사단, 여단, 함대, 비행단 등과 같은 각각의 부대 구성단위의 병력, 규모, 구성을 의미하며, 현대화는 전반적인 전력, 단위부대, 무기체계와 장비의 첨단화 정도를 의미한다.

㉢ 전비태세는 전력, 단위부대, 무기체계와 장비가 이미 설정된 목표나 결과물을 차질 없이 달성할 수 있는 능력을 의미하고, 지속성은 군사적 목표달성을 위해 작전을 일정한 수준과 기간 동안 지속할 수 있는 능력을 의미한다.

② 분류

㉠ 군사능력분석은 군사전략, 작전 그리고 전술로 구분된다.

㉡ 군사전략분석정보는 상대세력의 총체적 전략, 군통수권자의 목표와 실행의지를 분석한 정보이다.

㉢ 작전능력분석정보는 상대세력 부대 사이의 유기적인 협조 등 상대세력의 실제 군사전력을 분석한 정보이다.

㉣ 전술능력분석정보는 구체적인 전장(battlefield)에서의 상대세력의 작전전개를 포함한 전투능력정보로 전장지역 정보와 상대세력의 지휘 · 통제 · 통신 · 전산 · 정보체계, 즉 C4I에 대한 정보를 포함한다.

78

국방정보에 대한 설명으로 틀린 것은?

① 국방정보는 국가정보의 하위분류에 속하는 부문정보이다.

② 전투서열정보는 군대의 구성, 배치, 병력을 알 수 있는 정보를 말한다.

③ 군사전략분석정보는 상대세력의 총체적 전략, 군통수권자의 목표와 실행의지를 분석한 정보로서 국방전략정보에 속한다.

④ 전장지역 정보와 상대세력의 지휘 · 통제 · 통신 · 전산 · 정보체계, 즉 C4I는 전술능력분석정보에 속한다.

정답 ③

풀이 군사전략분석정보는 군사능력분석정보로서 국방 전술정보에 속한다.

79

전투정보에 대한 설명으로 틀린 것은?

① 전투정보는 단기 지리정보가 포함할 수 있다.
② 전투서열은 구성, 배치, 병력의 3개 분야로 구분된다.
③ 군사능력분석은 전력구조, 현대화, 전비 태세 그리고 지속성의 4개로 구성된다.
④ 작전능력분석정보는 상대세력의 지휘 · 통제 · 통신 · 전산 · 정보체계, 즉 C4I에 대한 정보를 포함한다.

정답 ④
풀이 전술능력분석정보에 대한 설명이다. 작전능력분석정보는 상대세력 부대 사이의 유기적인 협조 등 상대세력의 실제 군사전력을 분석한 정보이다.

80

전투정보에 대한 설명으로 틀린 것은?

① 기후 · 지형 등과 같은 단기 지리정보가 추가적으로 포함될 수 있다.
② 전투서열은 구성, 배치, 병력 등 3개 분야로 구분된다.
③ 전장지역 정보와 상대세력의 지휘 · 통제 · 통신 · 전산 · 정보체계, 즉 C4I는 작전능력분석정보에 속한다.
④ 군사능력분석은 전쟁 혹은 전투에서의 승리나 목표물 파괴 등과 같은 특정한 목표를 달성하는 능력을 의미하는 것으로 전력구조(force structure), 현대화(modernization), 전비태세(readiness) 그리고 지속성(sustainability)의 4개로 구성된다.

정답 ③
풀이 ③ C4I에 대한 정보는 전술능력분석정보에 속한다.

81

군사능력정보로 분류할 수 없는 것은?

① 지속성
② 전투서열
③ 전비태세
④ 전력구조

정답 ②
풀이 ② 전투정보의 핵심은 전투서열에 관한 정보와 군사능력에 관한 정보이다. 전투서열은 구성(composition), 배치(disposition), 병력(strength) 등 3개 분야로 구분된다. 반면에 군사능력분석은 전쟁 혹은 전투에서의 승리나 목표물 파괴 등과 같은 특정한 목표를 달성하는 능력을 의미하는 것으로 전력구조, 현대화(modernization), 전비태세(readiness) 그리고 지속성(sustainability)의 4개로 구성된다.

82

전투서열정보의 구성요소로 옳은 것은?

① 현대화 수준
② 부대의 구성과 병력
③ 전비태세
④ 지속성

정답 ②

풀이 ① 현대화 수준은 군사능력분석의 구성요소로 전반적인 전력, 단위부대, 무기체계와 장비의 첨단화 정도를 의미한다.
② 전투서열정보의 핵심 구성요소는 구성, 배치, 병력이며, 구성은 군 조직에 관한 모든 요소를 의미하는데, 통상적으로 군이 가지고 있는 전차, 야포, 함정, 항공기 등과 같은 군이 보유하고 있는 장비와 무기의 종류를 말한다.
③ 전비태세는 군사능력분석의 구성요소로 전력, 단위부대, 무기체계와 장비가 이미 설정된 목표나 결과물을 차질 없이 달성할 수 있는 능력을 의미한다.
④ 지속성은 군사능력분석의 구성요소로 군사적 목표달성을 위해 작전을 일정한 수준과 기간 동안 지속할 수 있는 능력을 의미한다.

83

전술능력분석정보가 포함해야 할 내용으로 틀린 것은?

① 전장지역 정보
② 상대세력의 작전전개 정보
③ 상대세력의 C4I 정보
④ 상대세력의 유기적인 협조 정보

정답 ④

풀이 ① 전술능력분석정보는 구체적인 전장에서의 상대세력의 작전전개를 포함한 전투능력 정보로 전장지역 정보를 포함한다.
② 전술능력분석정보는 상대세력의 작전전개 정보를 포함한다.
③ 전술능력분석정보는 상대세력의 지휘 · 통제 · 통신 · 전산 · 정보체계, 즉 C4I에 대한 정보를 포함한다.
④ 상대세력 부대 사이의 유기적인 협조 정보는 작전능력분석정보에 포함된다. 전술능력분석정보는 상대세력의 작전전개와 C4I에 대한 정보를 포함한다.

84

국방정보에 대한 설명으로 틀린 것은?

① 국방정보는 국가정보의 하위분류에 속하는 부문정보이다.
② 군사안보가 국가안보 자체인 시대에는 국방정보는 바로 국가정보를 의미했다.
③ 국방정보는 진쟁을 대상으로 하기 때문에 그 속성상 전술정보일 수밖에 없다.
④ 국방정보는 전쟁의 수행과 그 결과에 직접적으로 영향을 미치는 적대세력의 의도와 능력에 대한 제반 정보이다.

정답 ③

풀이 ③ 국방정보에도 국가정보와 마찬가지로 목전의 개별적인 전투에서가 아니라 궁극적인 전쟁 그 자체에서 승리를 달성하기 위해 필요하고 준비해야 하는 장기 미래 예측 판단정보인 국방 전략정보는 매우 중요하다.

85

전투정보에 대한 설명으로 틀린 것은?

① 전투정보에는 기후 · 지형 등과 같은 단기 지리 정보가 포함될 수 있다.
② 전투서열정보는 군대의 구성, 배치, 병력을 알 수 있는 정보를 말한다.
③ 전술정보는 주로 도서, 인터넷. 통계자료 등 공개출처를 통해서 얻을 수 있다.
④ 군사능력정보란 전력구조, 전비태세, 현대화와 지속성으로 구성되어 있다.

정답 ③

풀이 ③ 전술정보는 현안에 대한 것으로 주로 비밀정보활동 등으로 통해서 수집한다.

86

전투서열의 요소(Order of Battle)로만 짝지어진 것은?

ㄱ. 군대의 배치	ㄴ. 군대의 구성
ㄷ. 군대의 병력	ㄹ. 군대의 미래

① ㄱ
② ㄱ, ㄴ
③ ㄱ, ㄴ, ㄷ
④ ㄱ, ㄴ, ㄷ, ㄹ

정답 ③

풀이 ③ 전투서열정보(Order of Battle, OB)는 군대의 구성 · 배치 · 병력에 대한 정보이다.

87

다음 용어에 대한 설명으로 틀린 것은? [2019년 기출]

① 전략정보는 국가 차원의 장기적이고 종합적인 정보를 말한다.

② 전술정보는 부대 차원의 단기적이고 지엽적인 정보를 말한다.

③ 작전정보는 전투작전에 필요한 정보로 전술정보와 동일한 개념이다.

④ 국방정보는 국방업무를 수행하기 위해 필요한 적군에 대한 정보를 말한다.

정답 ④

풀이 ④ 국방정보는 적군 및 아군에 대한 모든 정보를 포함한다.

88

전략정보와 전술정보에 대한 설명으로 틀린 것은? [2017년 기출]

① 적국에 대한 커다란 그림은 전략정보에 해당된다.

② 적군에 대한 단순한 스냅샷은 전술정보라고 볼 수 있다.

③ 군대의 숫자, 군대의 구성 등에 관한 정보는 전술정보이다.

④ 적국을 견제하기 위한 군사정책을 수립하는 데 전술정보가 유용하다.

정답 ④

풀이 ④ 적국을 견제하기 위한 군사정책을 수립하기 위해서는 전략정보가 필요하다.

89

전략정보에 대한 설명으로 틀린 것은? [2015년 기출]

① 군사작전 지역 내에서 수행하는 작전계획도 전략정보이다.
② 적군과 전투를 준비하기 위해 필요한 군사력도 전략정보라고 볼 수 있다.
③ 전략정보는 국가안보에 밀접한 연관을 가지고 있는 포괄적인 정보를 말한다.
④ 국가부문정보기관이 임무를 수행함에 있어 기본이 되는 정보가 전략정보다.

정답 ①
풀이 ① 군사작전 지역 내에서 수행하는 작전계획은 전술정보이다.

90

전략정보(strategic intelligence) 요소에 포함되지 않는 것은? [2008년 기출]

① 군대의 전력구조에 대한 정보
② 육해공군의 군사력 등 군사정보
③ 부존자원, 주요 산업현황 등 경제정보
④ 주요 정치 인사에 대한 개인신상 정보

정답 ①
풀이 ① 군대의 전력구조에 대한 정보는 전술정보(Tactical Intelligence) 중 군사능력정보에 해당한다.

91

전투서열의 요소(Order of Battle, OB)에 포함되지 않는 것은? [2008년 기출]

① 군대의 병력(strength)
② 군 전비태세(readiness)
③ 군대의 배치(disposition)
④ 군대의 구성(composition)

정답 ②
풀이 ② 전투서열정보는 군대의 구성, 배치, 병력으로 구성된다.

92

단기적이고 지엽적인 정보를 말하며, 군사능력과 전투서열을 포함하는 정보로 옳은 것은?

[2008년 기출]

① 전투정보　　② 전술정보

③ 전장정보　　④ 전략정보

정답 ②

풀이 ② 전술정보가 단기적이고 지엽적인 반면에, 전략정보는 장기적이고 포괄적이라고 볼 수 있다.

Theme

03 정보수집의 우선순위 문제

핵심정리 국가정보목표 우선순위(PNIO)의 작성

미국의 경우 국가정보목표 우선순위(PNIO)는 국가정보장(DNI)이 작성하여, 18개 정보공동체 구성원들에게 배포하고, 한국은 국가정보원장이 작성한다.

핵심정리 정보요구 경합의 해결 기준으로의 발생가능성과 중요성

(1) 일반론적 기준은 발생가능성과 중요성이다. 발생가능성과 중요성이 가장 높은 정책 사안이 최우선적인 정보대상이 된다.

(2) 발생가능성과 중요성이 반비례하는 경우에는 '중요성 우선의 원칙'에 입각한다.

핵심정리 정보의 우선순위

(1) 정보 우선순위 결정은 정보자원, 즉 인적자산과 물적자산의 한계에서 오는 문제이다.

(2) 유능한 국가정보기구는 정책담당자의 정보신청이나 요구와 무관하게, 국가정보계획에 따라서 정책담당자들이 필요로 할 만한 사항을 제도화하여 통상임무로 수행한다.

(3) 복수 이상의 국가정보기구가 있는 경우에 정보활동 목표의 우선순위를 정한 국가정보목표 우선순위(Priority of National Intelligence Objective, PNIO)를 수립한다.

(4) 부문 정보기관들은 국가정보목표 우선순위(PNIO) 아래에서 정보활동 순위와 방향을 정한 첩보활동기본요소(Essential Elements of Information, EEI)를 수립한다.

(5) 현실세계의 급격한 정보환경의 변화에 의거해서, 정책담당자들에 의한 국가정보목표 우선순위(PNIO)와 첩보활동 기본요소(EEI)에 대한 우선 처리를 포함한 새로운 정보요구를 기타정보요청(Other Intelligence Requirements, OIR)이라고 한다.

(6) 기타정보요청(OIR)에 따른 것이든 해당 정보부서의 자체 수요에 의한 것이든 국가정보목표 우선순위(PNIO)와 첩보활동 기본요소(EEI)에 없는 특별한 첩보수집 요구를 특별 첩보요청(Special Requirements for Information, SRI)이라고 한다.

93

정보요구에 대한 설명으로 틀린 것은?

① 정보요구는 정보수요를 정책결정기구가 확인하는 과정이다.

② 정보 민주화가 된 국가일수록 정책담당자에 의한 정보요구가 많다.

③ 모든 정보요구를 충족하지 못하기 때문에 국가정보기구는 필연적으로 정보요구의 우선순위를 획정해야 한다.

④ 정보요구에는 국가정책담당자로부터의 요구, 횡적인 정보기구 상호간의 요구 그리고 정보생산자 자체 판단에 의한 요구의 3가지 형태가 있다.

정답 ①

풀이 정보요구는 정보수요를 정보기구가 확인하는 과정이다.

94

정보요구단계에 대한 설명으로 틀린 것은?

① 정보수요자가 정보기관에 필요 정보를 요구하거나 요청하는 단계이다.

② 통상 정책결정권자가 주도하여 정책의 중요성과 긴급성에 따라 국가정보목표 우선순위(PNIO)를 작성한다.

③ 첩보기본요소(EEI)는 PNIO을 바탕으로 각 부문정보기관이 정책수립이나 군의 작전계획 등을 고려하여 연간 첩보수집 계획을 작성한다.

④ 기타정보요구(OIR)는 우선순위가 낮은 새로운 정보수요가 제기되거나 정책수정으로 새로운 첩보수집을 요구하는 것이다.

정답 ②

풀이 국가정보기구는 모든 정보요구를 충족할 수 없으므로 정보요구의 우선순위를 정하고 있다. 정보요구의 우선순위를 정하는 방법으로 통상 국가정보기구가 주도하여 정책의 중요성과 긴급성에 따라 국가정보목표 우선순위(PNIO)를 작성한다.

95

정보요구가 경합할 때의 해결 방법으로 틀린 것은?

① 통상적으로는 정보공동체가 누구와 가장 긴밀한 연관관계를 갖는가에 따라서 정보우선권이 결정된다.

② 미국에서는 정보공동체에서의 정보우선순위를 포함한 정보수요의 우선순위는 국가정보장(DNI)이 결정한다.

③ 일반론적 기준은 발생가능성과 중요성으로 발생가능성과 중요성이 가장 높은 정책 사안이 최우선적인 정보대상이 된다.

④ 냉전시대 때 발발 가능성은 낮지만 중요성이 앞서는 소련의 핵무기 운용에 대한 정보업무가 CIA 등 미국 정보기구에게는 우선적으로 취급되었다.

정답 ②

풀이 ② 미국에서는 정보수요의 우선순위는 국가안보위원회(NSC)가 결정한다. 하지만 정보공동체에서의 정보우선순위의 최종 재정권자(裁定權者)는 국가정보장(DNI)이다.

96

정보의 우선순위 결정에 대한 설명으로 틀린 것은?

① 복수 이상의 국가정보기구가 있는 경우에 정보활동 목표의 우선순위를 정한 국가정보목표 우선순위(Priority of National Intelligence Objective, PNIO)를 수립한다.

② 부문 정보기관들은 국가정보목표 우선순위(PNIO) 아래에서 정보활동 순위와 방향을 정한 첩보활동 기본요소(Essential Elements of Intelligence, EEI)를 수립한다.

③ 현실세계의 급격한 정보환경의 변화에 의거해서, 정책담당자들에 의한 국가정보목표 우선순위(PNIO)와 첩보활동 기본요소(EEI)에 대한 우선 처리를 제외한 새로운 정보요구를 기타정보요청(Other Intelligence Requirements, OIR)이라고 한다.

④ 기타정보요청(OIR)에 따른 것이든 해당 정보부서의 자체 수요에 의한 것이든 국가정보목표 우선순위(PNIO)와 첩보활동 기본요소(EEI)에 없는 특별한 첩보수집 요구를 특별 첩보요청(Special Requirements for Information, SRI)이라고 한다.

정답 ③

풀이 현실세계의 급격한 정보환경의 변화에 의거해서, 정책담당자들에 의한 국가정보목표 우선순위(PNIO)와 첩보활동 기본요소(EEI)에 대한 우선 처리를 포함한 새로운 정보요구를 기타정보요청(Other Intelligence Requirements, OIR)이라고 한다.

97

PNIO에 대한 설명으로 틀린 것은?

① PNIO는 정책결정자들의 요구 문제를 해결하기 위한 국가정보 우선순위체계이다.
② PNIO는 부문 정보기관들이 정보활동 순위와 방향을 정한 첩보활동 기본요소(EEI) 위에 있다.
③ PNIO는 현실세계의 정보환경 변화에 따라 변경된다.
④ PNIO는 복수 이상의 국가정보기구가 있는 경우에 정보활동 목표의 우선순위를 정하는 것이다.

정답 ①

풀이 ① NIPF(National Intelligence Priorities Framework)에 대한 설명이다. NIPF는 정보 수집과 분석의 우선순위를 결정하고 관리하기 위한 기본적인 구조라면 PNIO는 NIPF에 의해 설정된 우선순위라고 할 수 있다. PNIO, 즉 Priority of National Intelligence Objective는 복수 이상의 국가정보기구가 있는 경우 정보활동 목표의 우선순위를 정한 국가정보목표 우선순위이다.
② 부문 정보기관들은 PNIO 아래에서 정보활동 순위와 방향을 정한 첩보활동 기본요소(EEI)를 수립한다.
③ PNIO는 현실세계의 정보환경 변화에 의해 유동적으로 변경될 수 있다.
④ 복수 이상의 국가정보기구가 있는 경우에 PNIO를 수립하는 것이 일반적이다.

98

특별 첩보요청(SRI)에 대한 설명으로 틀린 것은?

① 특별 첩보요청(SRI)은 국가정보목표 우선순위(PNIO)와 첩보활동 기본요소(EEI)에 없는 특별한 첩보수집 요구를 의미한다.
② 기타정보요청(OIR)에 따른 것이든 해당 정보부서의 자체 수요에 의한 것이든 SRI를 수립할 수 있다.
③ SRI는 정보소비자가 급격한 정세변화에 따라 정책의 변경이 필요할 경우에 작성한다.
④ SRI는 급격한 정보환경의 변화에 따른 새로운 정보요구에 대응하기 위한 것이다.

정답 ③

풀이 ① SRI는 PNIO와 EEI에 없는 특별한 첩보수집 요구를 의미한다.
② OIR에 따른 것이든 해당 정보부서의 자체 수요에 의한 것이든 SRI를 수립할 수 있다.
③ 정보소비자가 급격한 정세변화에 따라 정책의 변경이 필요할 경우에 작성하는 것은 OIR이다.
④ SRI는 급격한 정보환경의 변화에 따른 새로운 정보요구에 대응하기 위한 것이다.

99

기타정보요청(OIR)에 대한 설명으로 틀린 것은?

① 현실세계의 급격한 정보환경 변화에 따른 새로운 정보요구를 의미한다.

② PNIO와 EEI에 대한 우선 처리를 포함할 수 있다.

③ 기타정보요청(OIR)은 정책담당자들이 제시한 요구사항을 중심으로 한다.

④ 국가정보목표 우선순위(PNIO)와 첩보활동 기본요소(EEI)에 없는 특별한 첩보수집 요구이다.

정답 ④

풀이 ① 현실세계의 급격한 정보환경 변화에 따른 새로운 정보요구를 기타정보요청(OIR)이라고 한다.
② PNIO와 EEI에 대한 우선 처리를 기타정보요청(OIR)에 포함시킬 수 있다.
③ 기타정보요청(OIR)은 현실세계의 급격한 정보환경 변화로 인해 생기는 새로운 정보요구를 중심으로 한다.
④ 국가정보목표 우선순위(PNIO)와 첩보활동 기본요소(EEI)에 없는 특별한 첩보수집 요구는 특별 첩보요청(SRI)이다.

100

미국의 국가정보목표 우선순위(Priority of National Intelligence Objective) 작성권자로 옳은 것은?

① DNI

② DCI

③ CIA

④ NSC

정답 ①

풀이 ① 미국의 경우 국가정보목표 우선순위(PNIO)는 국가정보장(DNI)이 작성하여 18개 정보공동체 구성원들에게 배포하고, 한국은 국가정보원장이 작성한다.

101

정보의 우선순위에 대한 설명으로 틀린 것은?

① 미국의 경우 국가정보목표 우선순위(PNIO)는 국가정보장(DNI)이 작성하여 정보공동체 구성원들에게 배포한다.

② 국가정보장(DNI)은 국가정보목표 우선순위(PNIO) 아래에서 정보활동 순위와 방향을 정한 첩보할동 기본요소(EEI)를 수립한다.

③ 현실세계의 급격한 정보환경의 변화에 의거해서, 정책담당자들에 의한 국가정보목표 우선순위(PNIO)와 첩보활동기본요소(EEI)에 대한 우선 처리를 포함한 새로운 정보요구를 기타정보요청(OIR)이라고 한다.

④ 기타정보요청(OIR)에 따른 것이든 해당 정보부서의 자체 수요에 의한 것이든 국가정보목표 우선순위(PNIO)와 첩보활동기본요소(EEI)에 없는 특별한 첩보수집 요구를 특별첩보요청(SRI)이라고 한다.

정답 ②

풀이 ② 부문 정보기관들은 국가정보목표 우선순위(PNIO) 아래에서 정보활동 순위와 방향을 정한 첩보할동기본요소(Essential Elements of Information, EEI)를 수립한다.

102

정보수집의 기획 및 지시에 대한 설명으로 틀린 것은?

① 정보 우선순위 결정은 정보자원, 즉 인적자산과 물적자산의 한계에서 오는 문제이다.

② 국가정보기구의 정보수집과 분석 능력은 정보자산을 고정변수로 하고, 국내외적 환경을 가변변수로 하는 여러 가지 이유들로 제약을 받는다.

③ 복수 이상의 국가정보기구가 있는 경우에 정보활동 목표의 우선순위를 정한 국가정보목표 우선순위(Priority of National Intelligence Objective, PNIO)를 수립한다.

④ 국가정보목표 우선순위(PNIO)와 첩보활동 기본요소(EEI)에 대한 우선 처리를 포함한 새로운 정보요구에 따른 특별한 첩보수집 요구는 기타정보요청(OIR)이다.

정답 ④

풀이 ④ 국가정보목표 우선순위(PNIO)와 첩보활동 기본요소(EEI)에 대한 우선 처리를 포함한 새로운 정보요구가 기타정보요청이고, 기타정보요청에 따른 특별한 첩보수집 요구는 특별첩보요청(SRI)이다.

103

정보수집의 기획 및 지시에 대한 설명으로 틀린 것은?

① 정보의 요구는 기획과 지시에 의해 구체화되는 것이 원칙이지만, 정보 자산은 한정되어 있어서 정보활동은 일정한 제약을 받는다.

② 정보수집 우선순위는 원칙적으로 국가정보목표 우선순위(PNIO)와 첩보활동기본요소(EEI)에 의해 객관적으로 획정된다.

③ 특별첩보수집요청(Special Requirement of Information)은 갑작스러운 정세변화에 따라 발생한 정보수집 요구에 따른 정보계획이다.

④ 정보수집활동이 체계적인 국가정보목표우선순위에 따라 진행되면 우선순위의 알력과 배제 등 정보수집 경합의 모든 문제를 방지할 수 있다.

정답 ④

풀이 ④ 정보수집활동이 체계적인 국가정보목표우선순위에 따라 진행되는 경우에도 특별과제가 발생하여 정보활동의 우선권이 재조정되는 등 우선순위의 알력과 배제 등 정보수집 경합이 문제될 수 있다.

104

정보의 요구방법으로 틀린 것은?

① 특별첩보요청(SRI)

② 특정첩보요구(SER)

③ 첩보활동기본요소(EEI)

④ 국가정보목표 우선순위(PNIO)

정답 ②

풀이 ② 정보활동 목표의 우선순위를 정한 것이 국가정보목표 우선순위(Priority of National Intelligence Objective, PNIO)이다. 부문 정보기관들이 국가정보목표 우선순위 아래에서 정보활동 순위와 방향을 규정한 것을 첩보활동기본요소(Essential Elements of Intelligence, EEI)라고 하고, 국가정보목표 우선순위와 첩보활동 기본요소에 대한 우선 처리를 포함한 새로운 정보요구를 기타정보요청(Other Intelligence Requirements, OIR)이라고 한다. 국가정보목표 우선순위(PNIO)와 첩보활동 기본요소(EEI)에 없는 특별한 첩보수집 요구를 특별첩보요청(Special Requirements for Information, SRI)이라고 한다.

105

정보요구의 경합시의 해결 방법에 대한 설명으로 틀린 것은?

① 일반적인 기준은 발생가능성과 중요성이다.
② 발생가능성과 중요성이 가장 높은 정책 사안이 최우선적인 정보대상이 된다.
③ 발생가능성과 중요성이 반비례하는 경우에는 발생가능성 우선의 원칙에 입각한다.
④ 통상 정보공동체가 다수의 정책관계자들 중에서 누구와 가장 긴밀한 연관관계를 갖는가에 따라서 정보우선권이 결정된다.

정답 ③
풀이 ③ 발생가능성과 중요성이 반비례하는 경우에는 중요성 우선의 원칙에 입각한다.

106

갑작스러운 정세변화에 따라 발생한 정보수집 요구에 따른 첩보수집 요구로 옳은 것은?

① 국가정보목표 우선순위
② 첩보활동기본요소
③ 기타정보요청
④ 특별첩보수집요청

정답 ④
풀이 갑작스러운 정세변화에 따라 발생한 정보수집 요구가 기타정보요청(Other Intelligence Requirements, OIR)이다. 그리고 기타정보요청에 따른 특별한 수집요청은 특별첩보수집요청이다.

107

특별첩보요청(Special Requirements for Information)에 대한 설명으로 옳은 것은?

① 복수 이상의 국가정보기구가 있는 경우에 정보활동 목표의 우선순위를 정한 로드맵이다.
② 부문 정보기관들이 국가정보목표 우선순위(PNIO) 아래에서, 정보활동 순위와 방향을 규정한 로드맵이다.
③ 국가정보목표 우선순위(PNIO)와 첩보활동 기본요소(EEI)에 대한 우선 처리를 포함한 새로운 정보요구를 말한다.
④ 국가정보목표 우선순위와 첩보활동 기본요소에 없던 특별한 첩보수집 요구를 말한다.

정답 ④

풀이 ④ 복수 이상의 국가정보기구가 있는 경우에 정보활동 목표의 우선순위를 정한 것이 국가정보목표 우선순위(PNIO)이다. 부문 정보기관들이 국가정보목표 우선순위 아래에서 정보활동 순위와 방향을 규정한 것을 첩보활동 기본요소(EEI)라고 하고, 국가정보목표 우선순위와 첩보활동 기본요소에 대한 우선 처리를 포함한 새로운 정보요구를 기타정보요청(Other Intelligence Requirements, OIR)이라고 한다.

108

다음 중 '국가정보 우선순위의 행태'와 관련된 설명으로 가장 적절하지 않은 것은? [2024년 기출]

① OIR(특별정보요구, Other Intelligence Requirement): 정보사용자가 긴급한 정책수행을 위해 PNIO에 우선하여 특별히 긴급하게 요구하는 정보이다.

② EEI(첩보기본요소, Essential Element Information): OIR를 기초로 하여 국가정보기관의 각 부서 및 부문정보기관이 수집해야 할 첩보의 우선순위이다.

③ PNIO(국가정보목표 우선순위, Priority National Intelligence Objective): 국가에서 필요한 정보 요구사항을 중요도에 따라 정리한 국가정보활동 종합계획서이다.

④ SRI(특별첩보요구, Special Requirement Information): 사전 첩보수집계획에는 포함되지 않았으나 시급히 첩보를 수집해야 할 것을 요구하는 것이다.

정답 ②

풀이 ② EEI는 OIR을 기초로 하지 않는다. 부문 정보기관들은 국가정보목표 우선순위(PNIO) 아래에서 정보활동 순위와 방향을 정한 첩보활동 기본요소(Essential Elements of Intelligence, EEI)를 수립한다.

109

부문 정보기관들이 정보활동 순위와 방향을 정하여 수립하는 것으로 옳은 것은? [2023년 기출]

① PNIO ② SRI

③ OIR ④ EEI

정답 ④

풀이 ④ 첩보활동 기본요소(EEI)에 대한 설명이다.

110

국가정보목표 우선순위(PNIO)에 대한 설명으로 틀린 것은? [2021년 기출]

① PNIO는 고정된 것이 아니고 상황에 따라 연도별로 재조정될 수 있다.

② PNIO는 국가정책 수립자와 집행자의 소요에 필요한 국가정보이며 국가전체 정보기관 활동의 기본지침이 된다.

③ 한국의 PNIO는 국가안전보장회의(NSC) 의장이 작성하여 각 기관에 정보수집 지침을 전달한다.

④ PNIO는 국가안전보장이나 연간 기본정책 수행에 필요한 자료로서 1년 간 기본정보 운영지침이 된다.

정답 ③

풀이 ③ 한국의 PNIO는 국가정보원장이 작성하여 각 기관에 정보수집 지침을 전달한다.

111

국가정보목표우선순위(PNIO)에 대한 설명으로 틀린 것은? [2021년 기출]

① 한국은 국가정보원장이 수립하며 개별 정보기관은 첩보기본요소(EEI)를 작성하게 된다.

② 일본은 국가안보국(NSS)의 국장이 수립하며 국가안전보장정책을 집행하는 데 활용된다.

③ 미국은 CIA 국장의 조언을 받아 국가정보장(DNI)이 수립하며 정보공동체(IC)의 활동 지침이 된다.

④ 국가정보기관이 정보소비자인 정책결정권자가 국가 안보정책의 수립과 실행에 필요한 정보를 수집하기 위해 수립한 지침이다.

정답 ③

풀이 ③ 미국은 2004년 정보개혁법이 제정되면서 중앙정보장(DCI)의 담당하던 국가정보목표우선순위(PNIO) 수립 권한을 국가정보장(DNI)로 이관했다. CIA 국장의 조언은 받지 않는다.

112

정보소비자가 급격한 정세변화에 따라 정책의 변경이 필요할 경우에 요구하는 정보로 옳은 것은? [2021년 기출]

① OIR ② SRI

③ EEI ④ PNIO

정답 ①

풀이 ① 기타정보요구(OIR)에 대한 설명이다.

113

급변하는 외부환경으로 인해 정책의 수정이 필요할 경우에 요구하는 정보는? [2020년 기출]

① OIR ② SRI

③ EEI ④ PNIO

정답 ①

풀이 ① OIR은 기타정보요구로 정책을 수정할 필요성이 있을 때 정책결정권자가 정보기관에 요구한다.

114

다음의 정보용어에 대한 설명으로 틀린 것은? [2014년 기출]

① PDB: 과거정보자료 ② EEI: 첩보기본요소

③ OIR: 기타정보요구 ④ PNIO: 국가정보목표우선순위

정답 ①

풀이 ① PDB는 'President Daily Brief'의 약어로 「2004년 정보개혁법」을 통해 PDB 수행 책임이 CIA에서 DNI에게로 이관됨에 따라 정보공동체 내 CIA의 영향력이 약화되었다.

115

국가부문정보기관에서 처리하는 임무로 옳은 것은? [2014년 기출]

① 기타정보요구(OIR) ② 특별첩보요구(SRI)

③ 첩보기본요소(EEI) ④ 국가정보목표우선순위(PNIO)

정답 ③

풀이 ③ 국가부문 정보기관은 국가 정보기관이 수립한 국가 정보목표우선순위에 따라 첩보기본요소를 작성한다. 기타정보요구와 특별첩보요구는 정보소비자가 하는 것이다.

116

국가정보목표 우선순위(PNIO)에 대한 설명으로 옳은 것은? [2011년 기출]

① 국가정보기관이 자신의 임무에 따라 첩보활동을 위해 수립한 지침을 말한다.
② 국가안보정책의 수립과 실행에 필요한 첩보수집과 정보생산을 위해 수립한 지침을 말한다.
③ 정보소비자가 급변하는 정세에 대처하기 위해 정책을 수정하기 위해 수집하도록 요구하는 것을 말한다.
④ 특정지역에서 급작스러운 국제테러의 발발에 따라 재외국민의 보호지침을 보완하기 위해 수집하도록 요구하는 것을 말한다.

정답 ②

풀이 ① 첩보활동기본요소(EEI)에 대한 설명이다.
③ 기타정보요구(OIR)에 대한 설명이다.
④ 특별첩보요구(SRI)의 사례이다.

117

정보의 수집에 대한 설명으로 틀린 것은? [2009년 기출]

① 기술정보 수집수단을 확보하기 위해서는 막대한 예산과 오랜 시간이 소요된다.
② 인간정보는 기술정보에 비해 긴급한 정보요구에 대응하는 데 유리하다.
③ 정보목표 우선순위는 국가 최고정보기관이 다양한 정보수요를 반영하여 수립해야 한다.
④ 정책담당자가 새로운 정보를 요구하여도 기존의 정보수집 목표우선순위에 의해 시스템적으로 운용해야 한다.

정답 ④

풀이 ④ 국가정보목표우선순위(PNIO)가 절대적인 것은 아니다. 새로운 정보요구가 중요하다고 판단되면 우선순위의 조정이 가능하다.

118

국가정보목표우선순위(PNIO)에 대한 설명으로 틀린 것은? [2008년 기출]

① 한국은 국가정보원장이 작성하여 각 부문정보기관에 배포하여 정보활동 지침으로 활용한다.

② 미국은 국가정보장(DNI)이 작성하여 정보공동체에 배포하여 국가정보활동 지침으로 활용하게 된다.

③ 미국은 9/11테러 직후 국가정보목표우선순위의 재정권이 중앙정보장(DCI)의 권한에서 국가정보장(DNI)의 권한으로 변경되었다.

④ 부문 정보기관은 PNIO와 자체기관의 정보활동목표를 기초로 첩보기본요소(EEI)를 작성하게 된다.

정답 ③

풀이 ③ 미국은 2004년 「정보개혁법」의 제정으로 CIA 국장이 겸직하던 중앙정보장(DCI)의 권한에서 국가정보장(DNI)으로 권한으로 변경되었다.

119

국가정보목표우선순위(PNIO)를 기반으로 각 정보기관이 작성한 정보활동목표로 옳은 것은? [2008년 기출]

① OIR ② EEI

③ DCI ④ SRI

정답 ②

풀이 ② 첩보활동기본요소(EEI)에 대한 설명이다.

120

정보요구에서 급격한 환경의 변화에 따라 필요한 첩보를 수집하도록 요청하는 것으로 옳은 것은? [2006년 기출]

① 첩보기본요소(EEI) ② 특별첩보요구(SRI)

③ 기타정보요구(OIR) ④ 국가정보목표우선순위(PNIO)

정답 ②

풀이 ② 기타정보요구는 급변하는 정세의 변화에 따라 정책담당자들에 의한 국가정보목표 우선순위(PNIO)와 첩보활동 기본요소(EEI)에 대한 우선 처리를 포함한 새로운 정보요구이고 반면에 특별첩보요구는 돌발적인 사태로 인한 특별한 첩보수집 요구이다.

핵심정리 정보수집 단계의 주요 쟁점

(1) Zero－Sum Game
수집수단의 제한으로 다양한 현안 문제를 가지고 있는 정책결정자가 특정 이슈에 수집수단을 동원하게 되면 다른 이슈에 대해서는 첩보수집이 제한되는 현상이다.

(2) Swarm Ball
여러 정보기관이 본래의 임무와 우선순위를 무시하면서 정책결정자의 주요 관심 분야나 선호하는 정책에 필요한 정보를 제공하기 위하여 경쟁적으로 첩보수집 수단을 집중하는 현상이다.

(3) Vacuum Cleaner Issue
신호와 잡음을 구별하지 않고 공개정보, 신호정보, 영상정보 등을 무차별적으로 수집하는 것을 진공청소기에 비유한 것으로 정보기관이 방대한 자료를 수집하지만, 엄청난 양의 자료를 적절하게 처리할 수 있는 시스템이나 인원이 부족하여 수집과 처리의 균형이 맞지 않는 현상이다. 대량으로 수집된 수많은 자료가 처리되지 않고 사장(死藏)되는 경우가 많다.

(4) Wheat versus Chaff Problem
밀이 알곡처럼 유용한 첩보라면 겉겨는 쓸모없는 첩보라는 의미이다. 정보분석 및 생산과정에서 겉겨와 같은 쓸모없는 첩보는 처리하기도 곤란한 문제가 발생한다.

121

정보수집 단계의 주요 쟁점에 대한 설명으로 틀린 것은?

① Wheat versus Chaff Problem은 정보기관이 방대한 자료를 수집하지만, 엄청난 양의 자료를 적절하게 처리할 수 있는 시스템이나 인원이 부족하여 수집과 처리의 균형이 맞지 않는 현상이다.

② Swarm Ball은 여러 정보기관이 본래의 임무와 우선순위를 무시하면서 정책결정자의 주요 관심 분야나 선호하는 정책에 필요한 정보를 제공하기 위하여 경쟁적으로 첩보수집 수단을 집중하는 현상이다.

③ Vacuum Cleaner Issue는 신호와 잡음을 구별하지 않고 공개정보, 신호정보, 영상정보 등을 무차별적으로 수집하는 것을 진공청소기에 비유한 것이다.

④ Zero－Sum Game은 수집수단의 제한으로 다양한 현안 문제를 가지고 있는 정책결정자가 특정 이슈에 수집수단을 동원하게 되면 다른 이슈에 대해서는 첩보수집이 제한되는 현상이다.

정답 ①

풀이 정보기관이 방대한 자료를 수집하지만, 엄청난 양의 자료를 적절하게 처리할 수 있는 시스템이나 인원이 부족하여 수집과 처리의 균형이 맞지 않는 현상은 Vacuum Cleaner Issue이다. Wheat versus Chaff Problem은 정보분석 및 생산과정에서 겉겨와 같은 쓸모없는 첩보는 처리하기도 곤란한 문제이다.

122

"Swarm Ball"에 대한 설명으로 옳은 것은?

① 정보수집 단계에서 첩보수집이 제한되는 현상이다.

② 본래의 임무와 우선순위를 무시하고, 정책결정자의 주요 관심 분야나 선호하는 정책에 필요한 정보를 제공하기 위해 첩보수집 수단을 집중하는 현상이다.

③ 정보기관이 방대한 자료를 수집하지만, 엄청난 양의 자료를 적절하게 처리할 수 있는 시스템이나 인원이 부족한 현상이다.

④ 정보분석 및 생산과정에서 쓸모없는 첩보는 처리하기도 곤란한 문제가 발생한다.

정답 ②

풀이 ① "Zero-Sum Game"에 관한 설명이다.
② "Swarm Ball"은 여러 정보기관이 본래의 임무와 우선순위를 무시하고, 정책결정자의 주요 관심 분야나 선호하는 정책에 필요한 정보를 제공하기 위해 첩보수집 수단을 집중하는 현상을 말한다.
③ "Vacuum Cleaner Issue"에 관한 설명이다.
④ "Wheat versus Chaff Problem"에 관한 설명이다.

123

"Zero-Sum Game"에 대한 설명으로 틀린 것은?

① 특정 이슈에 수집수단을 동원하게 되면 다른 이슈에 대해서는 첩보수집이 제한되는 현상이다.

② 정책결정자가 다양한 현안 문제를 가지고 있을 때 발생하는 현상이다.

③ 여러 정보기관이 본래의 임무와 우선순위를 무시하면서 정보를 집중 수집하는 현상이다.

④ 수집수단의 제한으로 발생하는 현상이다.

정답 ③

풀이 ① "Zero-Sum Game"은 특정 이슈에 수집수단을 동원하게 되면 다른 이슈에 대해서는 첩보수집이 제한되는 현상을 말한다.
② 이 현상은 정책결정자가 다양한 현안 문제를 가지고 있을 때 발생한다.
③ 여러 정보기관이 본래의 임무와 우선순위를 무시하면서 정보를 집중 수집하는 현상은 "Swarm Ball"이다.
④ "Zero-Sum Game"은 수집수단의 제한으로 발생하는 현상이다.

124

여러 정보기관이 본래의 임무와 우선순위를 무시하면서 정책결정자의 주요 관심 분야나 선호하는 정책에 필요한 정보를 제공하기 위하여 경쟁적으로 첩보수집 수단을 집중하는 현상으로 옳은 것은?

[2022년 기출]

① TPED Issue
② Vacuum Cleaner Issue
③ Zero－sum Game
④ Swarm Ball

정답 ④

풀이 ④ Swarm Ball에 대한 설명이다.

핵심정리 선취권 잠식(Priority Creep)

(1) 정보활동의 우선권이 영향력 있는 정책담당자나 정보분석관에 의해서 박탈당하고 다른 부문이 우선권을 확보하게 되는 현상을 선취권의 잠식이라고 한다.
(2) 선취권의 잠식은 국가정보활동에 여러 가지 악영향을 끼친다.
(3) 먼저 국가정보 활동의 전체적인 균형을 잃게 할 수 있다.
(4) 애써 획정된 순위에 따라 확보되었던 정보활동 우선순위가 영원히 행사되지 못하는 경우도 발생할 수 있다.
(5) 극심한 경우에는 정보권력의 암투를 유발할 수도 있다.

125

선취권 잠식(Priority Creep)에 대한 설명으로 틀린 것은?

① 정보활동의 우선권이 영향력 있는 정책담당자나 정보분석관에 의해서 박탈당하는 현상이다.
② 애써 획정된 순위에 따라 확보되었던 정보활동 우선순위가 영원히 행사되지 못하는 경우도 발생할 수 있다.
③ 국가정보 활동의 전체적인 균형을 잃게 할 수 있고, 극심한 경우에는 정보권력의 암투를 유발할 수도 있다.
④ 특별과제가 발생했을 때, 정보활동의 우선권이 재조정되어 갑자기 발생한 특별과제가 정보활동의 우선순위가 되는 현상을 포함한다.

정답 ④

풀이 임시 특별권(ad hocs)에 대한 설명으로 선취권 잠식은 임시 특별권과 다르다.

126

"선취권 잠식(Priority Creep)"에 대한 설명으로 옳은 것은?

① 정보수집의 양을 늘리는 방식으로 수집과 처리의 균형이 맞지 않는 현상이다.

② 여러 정보기관이 본래의 임무와 우선순위를 무시하면서 정보를 집중 수집하는 현상이다.

③ 정보활동의 우선권이 영향력 있는 정책담당자나 정보분석관에 의해 박탈당하고 다른 부문이 우선권을 확보하는 현상이다.

④ 정보분석 및 생산과정에서 쓸모없는 첩보를 제거하는 과정에서 발생하는 문제다.

정답 ③

풀이 ① "Vacuum Cleaner Issue"에 관한 설명이다.
② "Swarm Ball"에 관한 설명이다.
③ "선취권 잠식(Priority Creep)"은 정보활동의 우선권이 영향력 있는 정책담당자나 정보분석관에 의해 박탈당하고 다른 부문이 우선권을 확보하는 현상을 말한다.
④ "Wheat versus Chaff Problem"에 관한 설명이다.

127

"정보활동의 임시 특별권(ad hocs)"에 대한 설명으로 틀린 것은?

① 임시 특별권이 반복되면 국가정보 운영 체계에 동요를 초래할 수 있다.

② 여러 정보기관이 본래의 임무와 우선순위를 무시하면서 정보를 집중 수집하는 현상이다.

③ 특별과제가 발생했을 때, 정보활동의 우선권이 재조정되어 갑자기 발생한 특별과제가 정보활동의 우선순위가 되는 것을 말한다.

④ 임시 특별권은 원칙적으로 정당한 사유라고 할 수 있지만 Lowenthal은 그것을 '특별권의 독재'라고 표현했다.

정답 ②

풀이 ② "Swarm Ball"에 대한 설명이다. 정보활동의 임시 특별권(ad hocs)과 관련이 없다.

128

선취권 잠식(Priority Creep)에 대한 설명으로 틀린 것은?

① 정보활동의 우선권이 박탈당하여 다른 부문이 우선권을 확보하게 되는 현상이다.

② 넓은 의미로는 정보활동의 우선권이 재조정되어 갑자기 발생한 특별과제가 정보활동의 우선순위가 되는 것을 포함한다.

③ 애써 획정된 순위에 따라 확보되었던 정보활동 우선순위가 영원히 행사되지 못하는 경우도 발생할 수 있다.

④ 국가정보 활동의 전체적인 균형을 잃게 할 수 있고, 극심한 경우에는 정보권력의 암투를 유발할 수도 있다.

정답 ②

풀이 ② 정보활동의 우선권이 재조정되어 갑자기 발생한 특별과제가 정보활동의 우선순위가 되는 것은 정보활동의 임시 특별권이다.

129

선취권의 잠식(Priority Creep)에 대한 설명으로 옳은 것은?

① 특별과제가 발생했을 때 정보활동의 우선권이 재조정되어 특별과제가 정보활동의 우선순위가 되는 현상을 말한다.

② 국가정보목표 우선순위(PNIO) 아래에서, 개별정보기구가 자신의 주된 임무와 주특기에 맞추어 정보활동을 새롭게 하는 것을 말한다.

③ 정보활동의 우선권이 영향력 있는 정책담당자나 또는 정보분석관에 의해서 우선권을 박탈당하고 다른 부문이 우선권을 확보하게 되는 현상을 말한다.

④ 정보순환절차에 있어서 특별한 상황 변화로 인해서 단계별 순서가 변경되는 것을 말한다.

정답 ③

풀이 ① 임시 특별권(ad hocs)에 대한 설명이다.

② 첩보활동 기본요소(Essential Elements of Intelligence, EEI)에 대한 설명이다.

③ 선취권 잠식은 정보활동의 우선권이 영향력 있는 정책담당자나 또는 정보분석관에 의해서 박탈당하고 다른 부문이 우선권을 확보하게 되는 현상을 말한다.

④ 기타정보요청(Other Intelligence Requirements, OIR)에 대한 설명이다. 현실세계의 급격한 정보환경의 변화에 의거해서, 정책담당자들에 의한 국가정보목표 우선순위(PNIO)와 첩보활동 기본요소(EEI)에 대한 우선 처리를 포함한 새로운 정보요구를 기타정보요청(Other Intelligence Requirements, OIR)이라고 한다.

130

선취권 잠식(Priority Creep)의 영향에 대한 설명으로 틀린 것은?

① 정보권력의 암투를 유발할 수도 있다.
② 국가정보 활동의 전체적인 균형을 잃게 할 수 있다.
③ 정보활동에 있어서 자체판단에 따른 임기응변능력을 고양할 수 있다.
④ 애써 확정된 순위에 따라 확보되었던 정보활동 우선순위가 영원히 행사되지 못하는 경우도 발생할 수 있다.

정답 ③

풀이 ③ 선취권의 잠식은 정보활동의 우선권이 영향력 있는 정책담당자나 정보분석관에 의해서 박탈당하고 다른 부문이 우선권을 확보하게 되는 현상으로 정보기관의 임기응변능력의 고양과는 관련이 없다.

핵심정리 정보활동의 임시 특별권(ad hocs)

(1) 정보활동의 임시 특별권은 특별과제가 발생했을 때, 정보활동의 우선권이 재조정되어 갑자기 발생한 특별과제가 정보활동의 우선순위가 되는 것을 말한다.
(2) 정보활동의 임시 특별권 문제는 정당하고 옹호되어야 한다는 점에서 선취권 잠식(Priority Creep)과 법적 성질을 달리한다.
(3) 임시 특별권은 원칙적으로 정당한 사유라고 할 수 있지만 Lowenthal은 그것을 '특별권의 독재(tyranny of ad hocs)'라고 표현했다.
(4) 왜냐하면 정당한 임시 특별권도 자주 반복되면 정상적인 국가정보 운영 체계에 적지 않은 동요를 초래할 수도 있기 때문이다.

131

정보활동의 임시 특별권(ad hocs)에 대한 설명으로 틀린 것은?

① 특별과제가 발생했을 때, 정보활동의 순위가 재조정되어 특별과제가 정보활동의 우선순위가 되는 것을 말한다.
② 어떤 경우에도 국가정보활동에 악영향을 끼치지는 않는다.
③ 마크 로웬탈은 임시 특별권도 특별권의 독재(tyranny of ad hocs)라고 표현했다.
④ 임시 특별권도 경우에 따라서는 정상적인 국가정보 운영의 업무체계에 적지 않은 동요를 초래할 수도 있다.

정답 ②

풀이 ② 임시 특별권은 원칙적으로 정당한 사유라고 할 수 있지만 정당한 임시 특별권도 자주 반복되면 정상적인 국가정보 운영 체계에 적지 않은 동요를 초래할 수 있다.

Theme 04 국가정보의 순환(Intelligence Cycle)

핵심정리 국가정보의 순환(Intelligence Cycle)

(1) 국가정보는 일련의 과정을 거쳐서 생산 · 배포되는데 이를 흔히 '정보순환(intelligence cycle)'이라고 일컫는다.
(2) 즉 정보기관은 정보소비자의 정보 요구에 부응하여 필요한 첩보(information)를 수집하고 이를 종합하여 분석보고서를 생산 · 배포하게 되며, 이러한 과정이 한 차례에 그치는 것이 아니고 환류(feedback)를 거쳐 순환하게 된다.
(3) 이러한 정보의 순환과정은 보다 효율적이고 정확한 정보자료의 생산과 밀접하게 관련되기 때문에 그 중요성이 강조된다.

132

국가정보의 순환(Intelligence Cycle)에 대한 설명으로 틀린 것은?

① 국가정보의 순환은 정보 수집, 생산, 분석, 배포를 포함하며 이 과정은 한 번에 끝나지 않고 환류(feedback)를 통해 계속 순환한다.

② 국가정보의 순환은 정보소비자의 정보 요구에 부응하여 필요한 정보를 수집하고 이를 종합하여 분석보고서를 생산하고 배포하는 과정이다.

③ 정보의 순환과정은 효율적이고 정확한 정보자료의 생산과 밀접하게 관련되어 있다.

④ 협의의 정보순환은 환류를 포함하여 정보순환을 단일한 순환과정으로 이해하는 개념으로 정보순환문제를 국가정보기구의 내적인 범위로 한정한다.

정답 ④

풀이 ① 국가정보의 순환은 정보 수집, 생산, 분석, 배포를 포함하며 이 과정은 한 번에 끝나지 않고 환류(feedback)를 통해 계속 순환하는 것이 맞다.
② 정보소비자의 요구에 맞추어 정보를 수집, 분석, 생산, 배포하는 과정은 국가정보의 순환에 해당한다.
③ 정보의 순환 과정은 정보 자료의 효율적이고 정확한 생산에 매우 중요하다.
④ 협의의 정보순환은 정보순환을 단일한 순환과정으로 이해하고 환류는 제외하는 개념으로 정보순환문제를 국가정보기구의 내적인 범위로 한정한다. 국가정보기구가 정보를 수집하고 생산하여 배포하기까지의 과정만을 순수한 의미의 정보순환이라고 한다.

133

정보순환의 각 단계에 대한 설명으로 틀린 것은?

① 정보요구는 정보수요를 정보기구가 확인하는 과정이다.

② 필요한 정보수집의 양은 정보를 생산하는 정보분석관에 의한 첩보요구 수준에 의해 결정된다.

③ 정보분석 단계는 정보순환의 다른 단계에 비해서 비교적 정형화되어 있다.

④ 정보배포는 최종적으로 생산정보를 정보수요자에게 전달하는 과정이다.

정답 ③

풀이 정보배포의 단계는 정보순환의 다른 단계에 비해서 비교적 정형화되어 있다.

134

정보생산에 필요한 자료를 획득하여 정보작성기관에 전달하는 단계로 옳은 것은?

① 정보의 분석

② 첩보의 수집

③ 첩보의 분류

④ 정보의 배포

정답 ②

풀이 정보작성기관인 분석관에게 필요한 자료를 획득하여 전달하는 단계는 첩보의 수집이다.

135

정보순환(Intelligence Cycle)에 대한 설명으로 틀린 것은?

① 국가정보기구의 활동에 대한 이해는 "누가, 무엇을, 누구를 위하여 하는가?(Who does what for whom?)"라는 질문에 대한 해답이다.

② 미국 중앙정보국(CIA)은 정보순환을 기획 및 지시(Planning and direction), 수집(collection), 가공(processing), 분석 및 생산(analysis and production), 배포(dissemination)의 5단계로 구분한다.

③ 정보순환이란 국가정보기구가 체계적 기획 아래에 첩보를 수집하여 정보를 생산하고 정책공동체에 정보를 배포하는 일련의 과정을 말한다.

④ 정보순환은 '순환'이라는 용어가 말해주듯이 시간 제약이 없이 무제한으로 반복되는 것으로서 정보 적시성은 핵심적인 요소가 아니다.

정답 ④

풀이 ④ 정보순환은 '순환'이라는 용어 때문에 시간제약이 없이 무제한으로 이루어질 수 있는 것으로 오해할 수 있다. 그러나 정보순환에서 적시성은 여전히 핵심적인 요소이다.

136

정보순환에 대한 설명으로 틀린 것은?

① CIA는 정보순환을 기획 및 지시에서 배포까지 5단계로 구분한다.
② 정보기구의 활동 가운데 지극히 기술적이고 가치중립적인 영역이다.
③ 무한반복 같은 순환이라는 용어에도 불구하고 적시성은 중요한 요소이다.
④ 정보의 제반 영역 가운데 정책담당자들의 소상한 이해가 요구되는 영역이다.

정답 ②

풀이 ② 정보순환은 정책공동체와 정보공동체의 연결고리 영역으로 정보와 정책의 성공에 직결된 중요한 가치판단이 개재되는 영역이다.

137

정보순환의 중요성과 기능에 대한 설명으로 틀린 것은?

① 정보순환은 정보기구 내부의 문제로서 정책공동체와는 원칙적으로 절연되어 있다.
② 정보순환은 정보기구 내부에서도 각각의 단계를 거침으로써 견제와 균형(checks and balances)을 통해서 정보업무를 올바르게 수행할 수 있게 한다.
③ 정보순환은 국가정보기구의 업무를 국정 최고책임자의 사유물 내지는 전유물이 아닌, 국가 정책적 요청에 바탕을 두고 시스템적으로 이루어지게 한다는 점에서 의의가 있다.
④ 정보담당자들은 정보순환의 전 과정을 이해함으로써, 궁극적으로 정보는 그 자체가 목적이 아니라 국가정책을 위한 것임을 인식하게 되고, 정보와 정책의 상관관계에서 업무를 체계적으로 수행하게 된다.

정답 ①

풀이 ① 정보배포는 최종적으로 생산정보를 정보수요자에게 전달하는 과정이고, 정보환류는 정보의 국가정책 종속성을 확인할 수 있는 단계로서 정보순환은 정보기구 내부의 문제라고 할 수 없다.

138

다음 중 정보의 순환체계를 순서대로 나열한 것으로 옳은 것은?

① 자료수집－분석 및 생산－정보요구－자료처리－배포－정보환류
② 자료수집－자료처리－분석 및 생산－정보요구－배포－정보환류
③ 정보요구－자료수집－분석 및 생산－자료처리－배포－정보환류
④ 정보요구－자료수집－자료처리－분석 및 생산－배포－정보환류

정답 ④

풀이 ④ 정보의 일반적인 순환체계는 '정보요구, 자료수집, 자료처리, 분석 및 생산, 배포, 정보환류'의 순으로 진행된다.

139

정보의 순환과정을 요구, 수집, 처리, 분석, 배포의 5단계로 나눌 경우, 요구와 분석에 해당하는 것을 각각 순서대로 적절하게 고른 것은? [2024년 기출]

ㄱ. 각종 정보활동을 통해 필요한 자료와 첩보를 구한다.
ㄴ. 국가정보기관이 필요한 정보수요가 있을 경우 전체계획을 수립한다.
ㄷ. 획득된 각종 첩보에 대해 분석관이 분석하기에 적합한 상태로 변환하는 작업을 수행한다.
ㄹ. 생산된 정보보고서를 정보수요자에게 전달하는 과정으로 정보생산자와 소비자 간 효율적인 소통이 요망된다.
ㅁ. 양적분석과 질적분석, 장기분석과 단기분석의 균형이 필요하며 정보관이나 정보조직 내에서의 분석이 오류를 피해야만 정보 왜곡을 최소화할 수 있다.

① ㄱ, ㄷ
② ㄴ, ㄹ
③ ㄴ, ㅁ
④ ㄷ, ㅁ

정답 ③

풀이 ③ ㄱ은 수집, ㄴ은 요구, ㄷ은 처리, ㄹ은 배포, ㅁ은 분석이다.

140

다음 중 '정보의 순환 과정'에 관한 설명으로 가장 적절한 것은? [2024년 기출]

① 전통적 정보순환 모델에 따르면 정보생산 과정에 정보기관들의 요구사항이 반영되는 경향이 있다.

② CIA는 저보 순환과정을 '기획 · 지시', '분석 · 생산', '배포"의 크게 네 단계로 나누고 있다.

③ 정보의 순환 과정은 단수화될수록 효율적이기 때문에 환류(feedback) 과정은 별로 필요하지 않다.

④ 세계 각국의 정보기관들은 선진국 모델을 참고했기 때문에 서로 유사한 운영체계를 가지고 있다.

정답 ④

풀이 ① 전통적인 정보순환 모델에서는 정보소비자 또는 사용자가 필요한 정보를 요구하고 이에 따라 정보기관이 정보를 생산 · 배포하는 것으로 묘사된다.

② 미국 CIA의 경우 정보의 순환과정을 '기획 및 지시(Planning and Direction)', '수집(Collection)', '처리(Processing)', '분석 및 생산(Analysis and Production)', '배포(Dissemination)' 등 다섯 단계로 나누고 있다.

③ 환류는 변화하는 정보사용자의 요구를 더 잘 충족시키기 위해 정보생산자의 수집 활동과 분석 과정을 조정 · 개선하는 데 매우 중요한 역할을 한다.

④ CIA의 정보순환단계는 현실을 반영하지 못한다는 비판도 있지만, 여전히 정보 순환 체계의 중심 개념이자 표준으로 언급된다.

141

정보순환단계를 요구, 수집, 처리, 분석, 배포로 구분했을 때 ㄱ~ㅁ을 순서대로 열거한 것은? [2013년 기출]

ㄱ. 정책결정자가 정보를 요구한다.
ㄴ. 정보기관이 수집된 사진을 현상한다.
ㄷ. 현상된 사진이나 분류한 신호로부터 의미 있는 정보를 추출한다.
ㄹ. 분석된 정보를 정보소비자에게 전달한다.
ㅁ. 요구한 정보를 생산하기 위해 첩보를 수집한다.

① ㅁ－ㄱ－ㄹ－ㄴ－ㄷ
② ㄱ－ㄴ－ㄷ－ㄹ－ㅁ
③ ㄱ－ㅁ－ㄴ－ㄷ－ㄹ
④ ㅁ－ㄴ－ㄷ－ㄹ－ㄱ

정답 ③

풀이 ③ 정보의 요구가 첫 단계이고, 생산한 정보를 정보소비자에게 전달하는 배포가 가장 마지막 단계이다 정보의 요구는 정책결정자, 횡적관계에 있는 정보기관 자체적인 필요 등으로 구분된다.

142

정보의 순환과정 흐름 순서로 옳은 것은? [2010년 기출]

① 정보의 요구 – 첩보의 수집 – 정보의 분석 – 정보의 생산 – 정보의 배포

② 정보의 요구 – 정보의 수집 – 정보의 분석 – 정보의 생산 – 정보의 환류

③ 첩보의 요구 – 첩보의 수집 – 정보의 분석 – 정보의 생산 – 정보의 배포

④ 첩보의 요구 – 정보의 수집 – 정보의 분석 – 정보의 생산 – 정보의 배포

정답 ①

풀이 ① 정보소비자는 정보를 요구하는 것이지 첩보를 요구하는 것이 아니다. 원칙적으로 정보소비자가 정보를 요구하게 되면 정보기관은 첩보를 수집하고 분석하여 정보를 생산하고, 생산된 정보를 정보소비자에게 배포한다.

핵심정리 협의의 정보순환

정보순환을 단일한 순환과정으로 이해하고 환류는 제외하는 개념으로 정보순환문제를 국가정보기구의 내적인 범위로 한정한다. 국가정보기구가 정보를 수집하고 생산하여 배포하기까지의 과정만을 순수한 의미의 정보순환이라고 한다.

143

협의의 정보순환에 대한 설명으로 옳은 것은?

① 정책공동체와의 의사소통을 매우 중요시하는 정보순환 개념이다.

② 정보순환을 단일한 순환과정으로 이해하고 환류와 피드백은 제외하는 개념이다.

③ 국가정책 목적을 위해 특정정보에 대한 요구에서부터 배포 그리고 사용과 평가에 대한 일련의 제반 과정을 포괄한다.

④ 제공받은 정보를 정책부서가 사용한 후에 문제점이 발견되면 재생산하는 보완과 추가적인 정보생산을 위한 과정까지를 통칭하는 개념이다.

정답 ②

풀이 ② 협의의 정보순환은 정보순환문제를 국가정보기구의 내적인 범위로 한정한 개념으로, 국가정보기구가 정보를 수집하고 생산하여 배포하기까지의 과정만을 순수한 의미의 정보순환이라고 한다.

핵심정리 **미국 CIA의 정보순환과정**

미국 CIA의 경우 정보의 순환과정을 '기획 및 지시(Planning and Direction)', '수집(Collection)', '처리(Processing)', '분석 및 생산(Analysis and Production)', '배포(Dissemination)' 등 다섯 단계로 나누고 있다. 리첼슨(Jeffrey T. Richelson)도 CIA의 분류에 따른다.

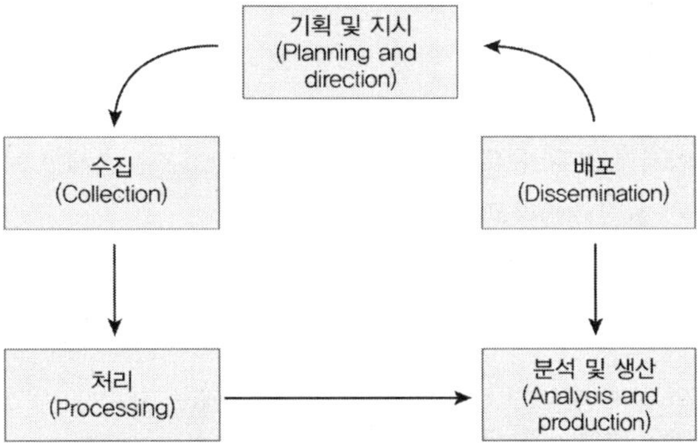

144

ODNI의 정보순환과정에 대한 설명으로 틀린 것은?

① 국가정보장실(ODNI)은 현재의 정보순환을 정보요구, 첩보수집, 처리와 개발, 분석과 생산, 배포와 소비, 환류의의 여섯 단계의 과정으로 구분한다.

② '처리와 개발'과 '분석과 생산'을 나누어서 설명하고 있지만, 실제로는 분석 및 생산과정에서 처리 및 개발업무도 함께하고 있다.

③ 정보순환모델에 대해서는 정보순환과정이 비밀공작과 방첩을 설명할 수 없고, 정보생산의 많은 과정이 동시에 일어나고, 정보순환이 연결되는 과정을 제대로 묘사하지 못한다는 비판이 있다.

④ 정보의 분석 및 생산단계는 정보의 순환단계에서 가장 핵심적인 과정으로 첩보 등 기초 자료로부터 중요한 사실관계를 확인하고 제반 자료의 유기적인 통합과 평가 그리고 데이터 처리·분석을 통해서 필요한 최종 정보를 만들어 내는 과정이다.

정답 ①

풀이 마크 로웬탈(Mark Lowenthal)의 정보 순환 단계이다. 국가정보장실(ODNI)은 현재의 정보순환을 계획과 지시, 수집, 처리와 개발, 분석과 생산, 배포, 평가의 여섯 단계의 과정으로 구분한다.

145

정보순환과정에 대한 설명으로 틀린 것은?

① ODNI는 정보순환과정을 계획과 지시, 수집, 처리와 개발, 분석과 생산, 배포, 평가의 6단계로 구분한다.

② 상시적인 요구와 일시적인 요구 사이의 긴장은 응답할 수 있는 자료보다 더 많은 수집요구가 있는 경우 Swarm Ball 현상으로 나타날 수 있다.

③ 정책결정자들의 요구 문제를 해결하기 위해 국가정보 우선순위체계(National Intelligence Priorities Framework, NIPF)를 만들기도 한다.

④ 반드시 해결해야 할 일시적 요구가 등장하면, 다른 상시적 요구는 손해를 보게 되는데, 이를 임시 특별권의 독재(tyranny of ad hocs)라고 한다.

정답 ②

풀이 ② 상시적인 요구와 일시적인 요구 사이의 긴장은 응답할 수 있는 자료보다 더 많은 수집요구가 있는 경우 Zero-Sum Game 현상으로 나타날 수 있다.

146

미국 CIA의 정보순환 모델에 대한 설명으로 틀린 것은?

① 미국 CIA의 정보순환 모델은 '기획 및 지시', '수집', '처리', '분석 및 생산', '배포'의 다섯 단계로 나뉜다.

② 미국 CIA의 정보순환 모델에서 '처리' 단계는 수집된 정보를 분석에 적합한 형태로 변환하는 작업을 의미한다.

③ 미국 CIA의 정보순환 모델에서 '기획 및 지시' 단계는 정보수집의 방향을 결정하고 정보 수집을 지시하는 단계이다.

④ 미국 CIA의 정보의 순환과정은 ODNI의 정보순환 모델과 비교하여 환류를 제외하면 기본적으로 동일하다.

정답 ④

풀이 ① CIA의 정보순환 모델은 '기획 및 지시', '수집', '처리', '분석 및 생산', '배포'의 다섯 단계로 나뉜다.
② '처리' 단계는 수집된 정보를 분석에 적합한 형태로 변환하는 단계다.
③ '기획 및 지시' 단계에서는 정보수집의 방향을 결정하고 정보 수집을 지시한다.
④ ODNI의 정보순환 모델에는 환류가 존재하지 않는다. 또한 CIA의 정보순환 과정과 달리 단순히 처리가 아니라 처리와 개발이다. 참고로 ODNI의 정보순환 모델은 기획 및 지시(Planning and Direction), 수집(Collection), 처리 및 개발(Processing and Exploitation), 분석 및 생산(Analysis and Production), 배포(Dissemination), 평가(Evaluation)의 6단계이다.

147

CIA의 정보순환 5단계는?

① 기획 및 지시－수집－가공－분석 및 생산－배포
② 요구－가공－분석－생산－배포
③ 기획 및 지시－수집－분석 및 생산－배포－소비
④ 요구－수집－분석 및 생산－배포－소비

정답 ①

풀이 ① CIA의 정보순환 5단계는 기획 및 지시(Planning and direction), 수집(Collection), 가공(processing), 분석 및 생산(analysis and production), 배포(dissemination)로 구성된다.

148

다음은 CIA의 정보순환단계이다. 괄호 안에 들어갈 내용은? [2022년 기출]

| ㉠ |－수집－처리－| ㉡ |－배포

	㉠	㉡
①	기획 및 지시	분석 및 생산
②	요구 및 지시	대조 및 평가
③	기획 및 지시	분석 및 해석
④	요구 및 관리	분석 및 평가

정답 ①

풀이 ① CIA의 정보순환 5단계는 기획 및 지시(Planning and direction), 수집(Collection), 가공(processing), 분석 및 생산(analysis and production), 배포(dissemination)로 구성된다.

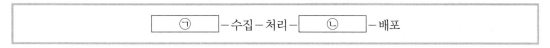

149

다음 중 정보의 순환단계에 대한 설명으로 틀린 것은? [2020년 기출]

① 정보분석은 1차적으로 처리된 첩보를 정밀 분석하는 과정이다.
② 정보의 기획은 정책결정권자가 요구하는 정보수요만으로 결정된다.
③ 첩보의 수집은 목표에 대해 수집요원이 접근하는 방식으로 행해진다.
④ 첩보의 처리는 수집된 첩보를 1차적으로 가공하여 분석이 가능하게 한다.

정답 ②

풀이 ② 정보의 기획은 정책결정권자의 요구, 횡적 정보기관의 요구, 자체 수요를 반영해 결정한다.

150

정보순환단계에 대한 설명으로 옳은 것은? [2016년 기출]

① 정보소비 다음 단계는 정보환류이다.
② 수집된 첩보를 평가하는 업무는 수집요원이 담당한다.
③ 정보의 기획은 정보소비자의 요구만을 반영해 수립한다.
④ 포커(Robert Folker)는 "정보실패의 결정적인 요인은 첩보수집의 실패에 기인한다."고 지적한 바 있다.

정답 ①

풀이 ② 수집된 첩보의 평가는 수집요원보다는 분석요원이 담당하는 것이 효율적이다.
③ 정보의 기획은 정보소비자의 요구와 자체 계획에 따라 수립해야 한다.
④ 포커(Robert Folker)는 "정보실패의 결정적인 요인은 분석의 실패에 기인한다."고 지적한 바 있다.

151

다음 중 미국 CIA의 정보순환 모델로 옳은 것은? [2014년 기출]

① 정보기획 – 첩보수집 – 처리 및 탐색 – 분석 및 생산 – 배포
② 정보요구 – 수집 – 처리 및 탐색-분석 및 생산 – 배포와 소비 – 환류
③ 정보요구 종합 – 수집 – 분석 – 배포 – 정보요구
④ 정보요청 – 수집목표 및 과제설정 – 수집 – 분석 – 배포

정답 ①

풀이 ② 로웬탈(Lowenthal)의 정보순환 모델이다.
③ 버코위즈(Berkowiz)의 정보순환 모델이다.
④ 굿맨(Goodman)의 정보순환 모델이다.

핵심정리 버코위즈와 굿맨의 정보순환과정

버코위즈와 굿맨(Bluce D. Berkowitz and Allan E. Goodman)은 '정보요구(Requirements for Information)', '수집 목표 및 과제설정(Generation of Requirements and Tasking)', '수집(Collection)', '분석(Analysis)', '배포(Dissemination of Production)' 등 다섯 단계로 구분했다.

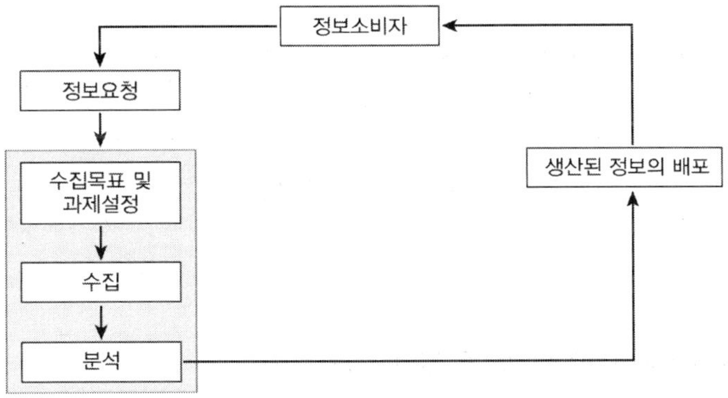

핵심정리 로웬탈(Mark M. Lowenthal)의 정보순환 모델

(1) 허만의 모델에서 지적된 단순화 문제는 로웬탈(Mark M. Lowenthal)의 모델에서 보완된다.
(2) 로웬탈은 CIA를 포함하여 기존의 학자들이 제시한 전통적인 정보순환 모델이 일차원적이고 지나치게 단순화되어 정보순환과정에서 발생하는 많은 변형들을 제대로 반영하지 못하고 있다고 지적하고, 보다 복잡한 형태의 모델을 제시했다.
(3) 로웬탈은 '정보요구(Requirements)', '첩보수집(Collection)', '처리와 개발(Processing and Exploitation)', '분석과 생산(Analysis and Production)', '배포와 소비(Dissemination and Consumption)', '환류(Feedback)' 등 여섯 단계로 나누었다.
(4) 로웬탈이 제시한 모델의 기본 골격은 CIA에서 제시한 모델과 거의 유사하다. 다만 그가 제시하는 모델에서는 정보순환과정의 어느 단계에서든 이전의 단계로 되돌아가는 것이 가능하고 때때로 필수적이라는 점을 강조한다.
(5) 예를 들어 초기 수집된 첩보가 만족스럽지 않을 경우 새로운 첩보를 요구할 수 있고, 처리와 개발, 분석과 생산 등 어떤 과정에서든 미흡하거나 문제가 발생할 경우에도 첩보수집을 재차 요구하게 된다. 로웬탈이 제시하는 모델은 각각의 정보과정에서 발생하는 복잡 다양한 상황을 반영하고 있다는 점에서 가장 현실적인 정보순환의 모델로 평가된다.

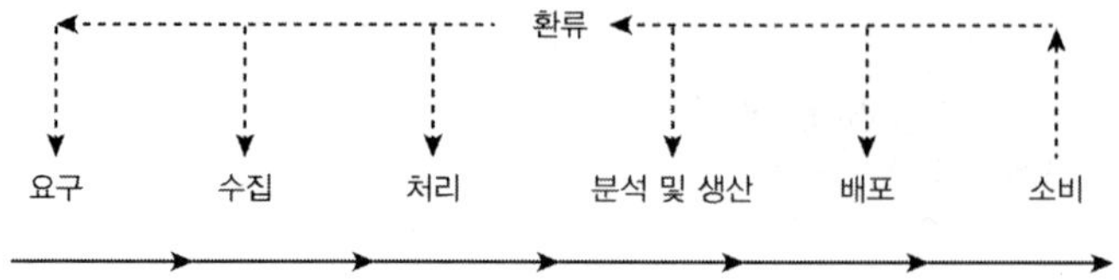

[정보순환과정: 단선형]

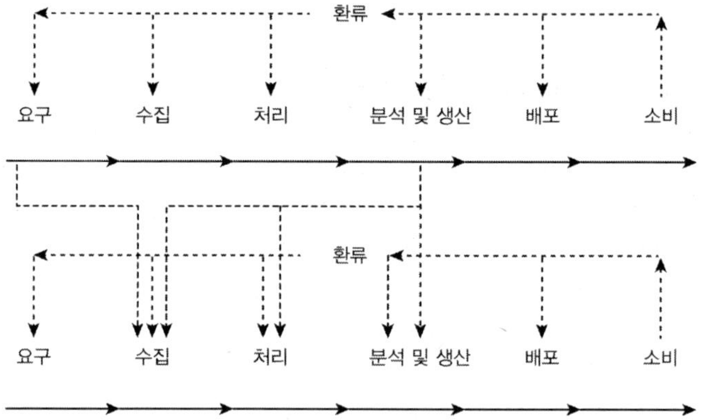

[정보순환과정: 복층형]

152

로웬탈의 정보순환 모델에 대한 설명으로 틀린 것은?

① 로웬탈의 정보순환 모델은 '정보요구', '첩보수집', '처리와 개발', '분석과 생산', '배포와 소비', '환류'의 여섯 단계로 구분한다.

② 로웬탈의 정보순환 모델은 각 단계에서 발생하는 다양한 상황을 반영하고 있다는 점에서 현실적인 모델로 평가받고 있다.

③ 로웬탈의 정보순환 모델에서 '처리와 개발' 단계는 수집된 첩보를 분석에 적합한 형태로 변환하는 단계이다.

④ 로웬탈의 정보순환 모델에서는 사실상 동일한 단계로 볼 수 있는 환류와 정보요구를 제외하면 어느 단계에서든 이전 단계로 돌아가는 것이 가능하다.

정답 ④

풀이 ① 로웬탈의 정보순환 모델은 '정보요구', '첩보수집', '처리와 개발', '분석과 생산', '배포와 소비', '환류'의 여섯 단계로 나뉜다.

② 로웬탈의 모델은 각 단계에서 발생하는 다양한 상황을 반영하고 있다는 점에서 현실적인 모델로 평가받고 있다.

③ '처리와 개발' 단계는 수집된 정보를 분석에 적합한 형태로 변환하는 단계다.

④ 로웬탈의 정보순환 모델에서는 어느 단계에서든 이전 단계로 돌아가는 것이 가능하다. 이는 모델의 유연성을 높이고 있다.

153

로웬탈의 정보순환 모델에 대한 설명으로 틀린 것은?

① 기본 골격은 CIA에서 제시한 모델과 거의 유사하다.

② 로웬탈의 정보순환 모델에서 '처리와 개발' 단계는 수집된 첩보를 분석에 적합한 형태로 변환하는 단계이다.

③ 로웬탈의 정보순환 모델은 각 단계에서 발생하는 다양한 상황을 반영하고 있다는 점에서 현실적인 모델로 평가받고 있다.

④ 기존의 정보순환 모델이 정보화시대의 변화된 현실을 제대로 반영하지 못하고 있다는 반성에서 제시되었다.

정답 ④

풀이 버코위즈와 굿맨의 새로운 정보순환 모델에 대한 설명이다.

154

로웬탈의 정보순환 모델에 대한 설명으로 틀린 것은?

① 기본 골격은 CIA에서 제시한 모델과 거의 유사하다.

② 정보순환과정의 어느 단계에서든 이전의 단계로 되돌아가는 것이 가능하고 때때로 필수적이라는 점을 강조한다.

③ 전통적인 정보순환 모델이 지나치게 단순화되어 현실을 제대로 반영하지 못하고 있다는 반성에서 제시되었다.

④ 수집 목표 및 과제설정, 첩보수집, 처리와 개발, 분석과 생산, 배포와 소비, 환류 등 여섯 단계로 나누었다.

정답 ④

풀이 ④ 로웬탈은 '정보요구(Requirements)', '첩보수집(Collection)', '처리와 개발(Processing and Exploitation)', '분석과 생산(Analysis and Production)', '배포와 소비(Dissemination and Consumption)', '환류(Feedback)' 등 여섯 단계로 나누었다. 참고로 버코위즈와 굿맨(Bluce D. Berkowitz and Allan E. Goodman)은 '정보요구(Requirements for Information)', '수집 목표 및 과제설정(Generation of Requirements and Tasking)', '수집(Collection)', '분석(Analysis)', '배포(Dissemination of Production)' 등 다섯 단계로 구분했다.

핵심정리 **버코위즈와 굿맨의 새로운 정보순환 모델**

(1) 버코위즈와 굿맨은 최신 저서에서 기존의 정보순환 모델이 정보화시대의 변화된 현실을 제대로 반영하지 못하는 전통적 모델이라고 지적하고, 이를 대체할 새로운 모델을 제시했다.

(2) 버코위즈와 굿맨이 제시하는 새로운 대안모델은 허만이 제시한 모델과 유사하게 정보생산자와 소비자 간에 긴밀한 접촉이 유지되는 모습을 보여주고 있다. 그들의 대안 모델은 정보화시대의 추세를 반영하여 공개출처의 비중을 대폭 확대하고 정보생산 과정에서 분석관과 수집관 그리고 분석관과 정보소비자 간에 직접적인 접촉이 빈번하게 이루어질 것을 강조하고 있다.

(3) 새로운 대안 모델은 공개출처자료 활용의 확대, 조직체 내부 자료의 원활한 흐름, 분석관과 정보소비자 간의 빈번한 접촉 등을 통해 정보소비자의 변화된 욕구를 적시에 반영할 수 있다는 장점을 가진다.

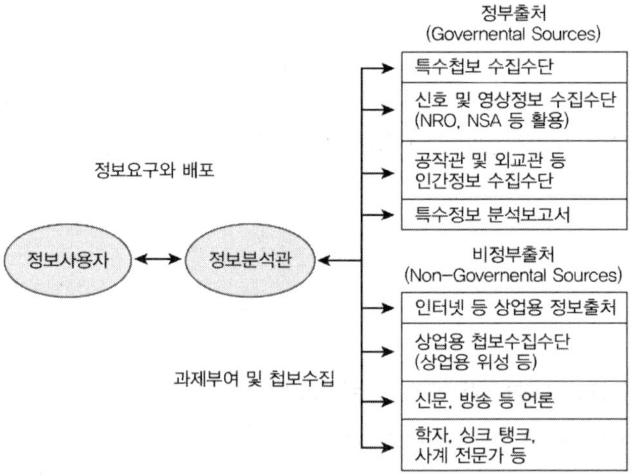

155

버코위즈와 굿맨의 새로운 정보순환 모델에 대한 설명으로 틀린 것은?

① 버코위즈와 굿맨의 새로운 모델은 첩보를 비밀출처와 공개출처로 구분한다.

② 버코위즈와 굿맨의 새로운 모델은 정보화시대의 추세를 반영하여 공개출처의 비중을 대폭 확대한다.

③ 버코위즈와 굿맨의 새로운 모델은 정보생산자와 소비자 간에 긴밀한 접촉이 유지되는 모습을 보여주고 있다.

④ 버코위즈와 굿맨의 새로운 모델은 공개출처자료 활용의 확대, 조직체 내부 자료의 원활한 흐름, 분석관과 정보소비자 간의 빈번한 접촉 등을 강조한다.

정답 ①

풀이 ① 버코위즈와 굿맨의 새로운 모델은 첩보를 정부출처와 비정부출처로 구분한다.

156

정보순환과정에 대한 설명으로 틀린 것은?

① 허만이 제시하는 정보순환 모델은 정보가 생산되어 배포되는 과정에서 정보생산자와 사용자 또는 소비자들 간에 긴밀한 교류와 접촉이 이루어지고 있는 점을 강조하고 있다.

② 심스는 CIA를 포함하여 기존의 학자들이 제시한 전통적인 정보순환 모델이 일차원적이고 지나치게 단순화되어 정보순환과정에서 발생하는 많은 변형들을 제대로 반영하지 못하고 있다고 지적하고, 보다 복잡한 형태의 모델을 제시했다.

③ 로웬탈이 제시한 모델의 기본 골격은 CIA에서 제시한 모델과 거의 유사하지만 정보순환과정의 어느 단계에서든 이전의 단계로 되돌아가는 것이 가능하다.

④ 버코위즈와 굿맨의 새로운 정보순환 모델은 공개출처자료 활용의 확대, 조직체 내부 자료의 원활한 흐름, 분석관과 정보소비자 간의 빈번한 접촉 등을 통해 정보소비자의 변화된 욕구를 적시에 반영할 수 있다는 장점을 가진다.

정답 ②

풀이 로웬탈의 주장이다.

157

정보순환과정으로 옳지 않은 것은? [2023년 기출]

① 미국 CIA의 경우 정보의 순환과정을 '기획 및 지시(Planning and Direction)', '수집(Collection)', '처리(Processing)', '분석 및 생산(Analysis and Production)', '배포(Dissemination)'의 다섯 단계로 나누고 있다.

② 로웬탈은 '정보요구(Requirements)', '첩보수집(Collection)', '처리와 개발(Processing and Exploitation)', '분석과 생산(Analysis and Production)', '배포와 소비(Dissemination and Consumption)'의 다섯 단계로 나누었다.

③ 허만(Michael Herman)은 새로운 정보 순환의 모델로서 '사용자의 반응을 고려한 정보수집 목표설정(study user reactions and adjust collection accordingly)', '수집 및 분석(collection and analysis)', '배포 및 사용자 반응 탐색(disseminate product and seek user reaction)', '사용자 수령 및 반응(users receive and react)' 등을 제시했다.

④ 버코위즈와 굿맨(Bluce D. Berkowitz and Allan E. Goodman)은 '정보요구(Requirements for Information)', '수집 목표 및 과제설정(Generation of Requirements and Tasking)', '수집(Collection)', '분석(Anlaysis)', '배포(Dessemination of Production)'의 다섯 단계로 구분했다.

정답 ②

풀이 ② 로웬탈은 '정보요구(Requirements)', '첩보수집(Collection)', '처리와 개발(Processing and Exploitation)', '분석과 생산(Analysis and Production)', '배포와 소비(Dissemination and Consumption)', '환류(Feedback)'의 여섯 단계로 나누었다.

핵심정리 **북대서양 조약기구(NATO)의 정보순환 모델**

북대서양 조약기구(NATO)는 정보순환과정을 지시(Direction), 수집(Collection), 가공(Processing), 배포(Dissemination)의 4단계로 단순 분류한다. 그리고 NATO는 가공(Processing)의 과정을 다시 5단계로 분류한다. 그 5단계에는 연관된 첩보를 그룹화 하는 대조(Collation), 첩보의 신뢰성과 상호 의존성에 대한 평가(Evaluation), 중요성과 함축성을 파악하는 분석(Analysis), 일정한 패턴과 부가되는 첩보를 인식하기 위한 종합 또는 집적(Integration), 중요성을 평가하고 사정(査定)하는 해석(Interpretation)의 과정이 포함된다.

핵심정리 **정보요구**

(1) 정보요구는 정보수요를 정보기구가 확인(identifying)하는 과정이다.
(2) 정보요구에는 국가정책담당자로부터의 요구, 횡적인 정보기구 상호간의 요구 그리고 정보생산자 자체 판단에 의한 요구의 3가지 형태가 있다.
(3) 정보 민주화가 된 국가일수록 정책담당자에 의한 정보요구가 많다.
(4) 국가정보기구의 정보수집과 분석 능력은 정보자산을 고정변수로 하고, 국내외적 환경을 가변변수로 하는 여러 가지 이유들로 제약을 받는다.
(5) 이러한 이유로 모든 정보요구를 충족하지 못하기 때문에 국가정보기구는 필연적으로 정보요구의 우선순위를 획정해야 한다.
(6) 정보요구의 획정단계에서의 가장 커다란 쟁점은 '누가 정보수요와 우선순위를 획정하고 정보공동체에 전달하는가?'라는 문제이다.

158

북대서양 조약기구(NATO)의 정보순환과정에 대한 설명으로 틀린 것은?

① 정보순환과정을 지시, 수집, 가공, 배포의 4단계로 단순 분류한다.
② 중요성을 평가하고 사정(査定)하는 과정을 해석이라고 한다.
③ 가공 단계에서 중요성과 함축성을 파악하는 분석(Analysis)이 이루어진다.
④ 수집 단계에서 일정한 패턴과 부가되는 첩보를 인식하기 위한 과정이 이루어지는 단계를 종합 또는 집적이라고 한다.

정답 ④

풀이 ④ 대조, 평가, 분석, 종합 또는 집적, 해석은 모두 가공 단계에서 이루어진다. 참고로 북대서양 조약기구(NATO)는 정보순환과정을 지시(Direction), 수집(Collection), 가공(Processing), 배포(Dissemination)의 4단계로 단순 분류한다. 그리고 NATO는 가공(Processing)의 과정을 다시 5단계로 분류한다. 그 5단계에는 연관된 첩보를 그룹화 하는 대조(Collation), 첩보의 신뢰성과 상호 의존성에 대한 평가(Evaluation), 중요성과 함축성을 파악하는 분석(Analysis), 일정한 패턴과 부가되는 첩보를 인식하기 위한 종합 또는 집적(Integration), 중요성을 평가하고 사정(査定)하는 해석(Interpretation)의 과정이 포함된다.

159

북대서양 조약기구(NATO)의 정보순환과정에 대한 설명으로 틀린 것은?

① 대조 단계에서 연관된 첩보를 그룹화한다.
② 평가 단계에서 첩보의 중요성을 판단한다.
③ 분석 단계에서 중요성과 함축성을 파악한다.
④ 종합 단계에서 일정한 패턴과 부가되는 첩보를 인식한다.

정답 ②

풀이 평가 단계에서는 첩보의 신뢰성과 상호 의존성을 판단한다. 첩보의 중요성 평가는 해석 단계에서 이루어진다.

160

북대서양 조약기구(NATO)의 정보순환 모델에 대한 내용 중 옳은 것은?

① 가공 단계에서 일정한 패턴과 부가되는 첩보를 인식하기 위한 과정을 '대조'라 한다.
② 지시, 수집, 가공, 배포의 4단계 중에서 첩보의 신뢰성과 상호 의존성에 대한 평가는 '수집' 단계에서 이루어진다.
③ 가공 단계의 5개의 하위 과정은 대조, 평가, 분석, 종합 또는 집적, 해석이다.
④ 첩보의 중요성을 사정하는 과정은 '배포' 단계에서 이루어진다.

정답 ③

풀이 ① 일정한 패턴과 부가되는 첩보를 인식하기 위한 과정은 '종합 또는 집적'이다.
② 첩보의 신뢰성과 상호 의존성에 대한 평가는 '가공' 단계에서 이루어진다.
④ 첩보의 중요성을 사정하는 과정은 '해석' 과정에서 이루어진다.

161

북대서양 조약기구(NATO)의 정보순환 모델에 대한 내용으로 틀린 것은?

① 첩보의 신뢰성과 상호 의존성에 대한 평가는 가공 단계의 '평가'에서 이루어진다.
② '해석'은 가공 단계의 하위 과정 중 하나로, 중요성을 평가하고 사정하는 작업을 포함한다.
③ 가공 단계에서 '분석'은 첩보의 신뢰성을 판단하는 과정을 포함한다.
④ '대조'는 연관된 첩보를 그룹화하는 작업을 포함한다.

정답 ③

풀이 ③ '분석'은 중요성과 함축성을 파악하는 과정을 포함하며, 첩보의 신뢰성을 판단하는 과정은 '평가'에 속한다.

162

북대서양 조약기구(NATO)의 정보순환 모델에서 가공 단계의 하위 과정에 대한 설명으로 틀린 것은?

① '대조'는 연관된 첩보를 그룹화하는 과정을 포함한다.
② '평가'는 첩보의 신뢰성과 상호 의존성을 판단하는 과정을 포함한다.
③ '분석'은 중요성과 함축성을 파악하는 과정을 포함한다.
④ '종합 또는 집적'은 첩보의 신뢰성을 판단하는 과정을 포함한다.

정답 ④

풀이 ④ '종합 또는 집적'은 일정한 패턴과 부가되는 첩보를 인식하는 과정을 포함하며, 첩보의 신뢰성을 판단하는 과정은 '평가'에 속한다.

163

정보요구에 관한 설명으로 옳은 것은?

① 정보요구는 정보기구가 정보수요를 확인하는 과정으로 국가정책담당자, 횡적 정보기구, 정보생산자의 요구를 포함한다.
② 국가정보기구의 정보수집과 분석 능력은 국내외적 환경을 고정변수로 하고 정보자산을 가변변수로 하여 제약을 받는다.
③ 정보요구의 획정단계에서의 가장 큰 쟁점은 정보공동체가 정보수요와 우선순위를 획정하고 전달하는가라는 문제이다.
④ 정보 민주화가 된 국가일수록 정책담당자에 의한 정보요구는 줄어든다.

정답 ①

풀이 ① 정보요구는 정보기구가 정보수요를 확인하는 과정으로, 국가정책담당자로부터의 요구, 횡적인 정보기구 상호간의 요구, 그리고 정보생산자 자체 판단에 의한 요구를 포함한다.

② 국가정보기구의 정보수집과 분석 능력은 정보자산을 고정변수로 하고, 국내외적 환경을 가변변수로 하여 제약을 받는다.

③ 정보요구의 획정단계에서의 가장 큰 쟁점은 '누가 정보수요와 우선순위를 획정하고 정보공동체에 전달하는가?'라는 문제이다.

④ 정보 민주화가 된 국가일수록 정책담당자에 의한 정보요구가 많다.

164

정보요구에 관한 설명으로 틀린 것은?

① 정보요구의 획정단계에서의 쟁점은 정보소비자가 정보수요와 우선순위를 획정하고 전달하는 것이다.

② 정보요구는 정보수요를 정보기구가 확인하는 과정으로, 정보생산자의 요구만 포함한다.

③ 국가정보기구의 정보수집과 분석 능력은 정보자산을 고정변수로 하고 국내외적 환경을 가변변수로 하여 제약을 받는다.

④ 정보 민주화가 된 국가일수록 정책담당자에 의한 정보요구가 많다.

정답 ②

풀이 ② 정보요구는 정보기구가 정보수요를 확인하는 과정으로, 국가정책담당자로부터의 요구, 횡적인 정보기구 상호간의 요구, 그리고 정보생산자 자체 판단에 의한 요구를 포함한다.

165

정보요구 단계에 대한 설명으로 틀린 것은?

① 정보요구는 구체적인 정보수요를 국가 정보기구가 확인하는 과정이다.

② 선진 정보민주화 국가일수록 정보생산자 자체판단에 의한 정보생산이 많다.

③ 정보요구의 획정단계에서의 가장 커다란 쟁점은 '누가 정보수요와 우선순위를 획정하고 정보공동체에 전달하는가?'하는 문제이다.

④ 일반적으로 정보요구는 국가정책담당자로부터의 요구와 횡적인 정보기구 상호간의 요구 그리고 정보생산자 자체 판단에 의한 요구의 3가지가 있다.

정답 ②

풀이 ② 정보민주화 국가일수록 정책담당자에 의한 정보요구가 많다.

166

정보순환단계에 대한 설명으로 틀린 것은? [2015년 기출]

① 정보소비자의 요구를 반영해 정보를 기획하는 것이 가장 중요하다.
② 정보의 요구는 최고 정책결정권자와 내부의 필요성만으로 구성된다.
③ 수집된 첩보를 평가하는 것은 연관성, 시급성 등을 적용하는 것이다.
④ 정보분석은 종합적인 판단을 기반으로 하며 정보보고서를 작성하기 위해 수행한다.

정답 ②

풀이 ② 정보의 요구는 최고정책결정자나 관련 부처의 책임자 등 정보소비자, 횡적관계에 있는 정보기관, 해당 정보기관 내부의 수요 등 3가지 경로를 통해 제기된다.

167

정보의 요구에 대한 설명으로 틀린 것은? [2013년 기출]

① 정보의 요구는 대통령만이 할 수 있다.
② 급변하는 정세의 변화에 대한 첩보를 요구하는 것을 특별첩보요구라고 한다.
③ 정책의 수정 필요성이 있을 경우 정보를 요구하는 것을 기타정보요구라고 한다.
④ 정보소비자의 정보요구에 대응하기 위해 국가정보기관은 가용자원을 최대한 동원해야 한다.

정답 ①

풀이 ① 국가정보기관에 정보를 요구할 수 있는 사람은 최고정책결정권자인 대통령을 비롯해 기타 정책결정권자, 횡적관계에 있는 정보기관의 수장과 직원 등으로 다양하다. 정보기관은 가용할 수 있는 자원의 효율적이고 합리적인 배분을 위해 정보요구를 적절하게 관리해야 한다.

핵심정리 정보수집(Collection)

(1) 정보수십은 인간정보(HUMINT), 기술정보(TECHINT), 공개출처정보(OSINT)를 통해서 이루어진다.
(2) 정보수집 단계에서의 주된 쟁점은 '과연 얼마만큼의 정보를 수집할 것인가?', '요구된 정보수요에 대하여 얼마만큼의 정보를 수집해야 하는가?', '수집된 정보가 많다고 해서 그만큼 정보의 질이 달라지는가?'라고 하는 문제들이다.
(3) 결론적으로 필요한 정보수집의 양은 정보를 생산하는 정보분석관에 의한 첩보요구 수준에 달렸다고 할 수 있다.
(4) 즉 국가정보 활동에 있어서 정보수집은 그 자체가 독립적 또는 편의적으로 이루어지지 않고 정보분석관의 요구에 기초하여 행해지는 것이 중요하다.
(5) 그러므로 '수집 없이 정보 없지만 분석 없이 정보가 있을 수 없다.'는 정보 경구(警句)는 매우 중요하다.
(6) 광범위하게 수집된 첩보에서 중요한 알곡과 불필요한 껍질을 구별하는 것을 '밀과 겉겨의 문제(wheat versus chaff problem)' 또는 진공청소기 쟁점(vacuum cleaner issue)이라고 한다.

핵심정리 TPED Issues

TPED는 'Tasking, Processing, Exploitation & Dissemination(착수－가공과 개발－배포)'의 약어로 미국 국가지형정보국(National Geospatial Intelligence Agency)의 전신인 국가영상지도국(National Imagery and Mapping Agency, NIMA)의 정보순환 과정을 묘사한 용어이다. 예컨대 국가지형정보국(NGA)은 고성능의 정찰위성 등으로 엄청난 양의 자료를 수집하지만 수집한 각종 정보자료들이 처리되지도 못하고 폐기되는 문제를 TPED 쟁점이라고 한다.

168

TPED 쟁점에 대한 설명으로 옳은 것은?

① 정보를 수집하는 것이 중요하다.
② 정보분석관의 첩보요구 수준에 따라 필요한 정보수집의 양이 달라진다.
③ 수집된 각종 정보자료들이 처리되지도 못하고 폐기되는 문제이다.
④ 광범위하게 수집된 첩보에서 중요한 것과 불필요한 것을 구별할 수 없는 문제이다.

정답 ③

풀이 ① TPED 쟁점은 정보수집의 중요성에 대한 문제라기보다는 수집된 정보자료들의 처리에 관한 문제이다.
② TPED 쟁점은 정보분석관의 첩보요구 수준에 따른 정보수집의 양에 대한 문제가 아니다.
③ TPED 쟁점은 수집된 각종 정보자료들이 처리되지도 못하고 폐기되는 문제를 가리킨다.
④ '밀과 겉겨의 문제'에 대한 설명이다.

169

정보가공 및 개발과 정보분석 및 생산에 대한 설명으로 틀린 것은?

① 정보가공 및 개발 단계에서는 주로 실무적으로 영상과 신호의 측정, 언어 번역, 암호 해독, 주제별 분류, 데이터 정리 등의 작업을 수행하며, 이 과정을 거치면 방대한 첩보에서 필요한 정보를 얻기 위해 최종 생신할 정보를 만드는 데 적합한 상태로 변환할 수 있다.

② 정보분석 및 생산단계는 첩보 등 기초 자료로부터, 중요한 사실관계를 확인하고 제반 자료의 유기적인 통합과 평가 그리고 데이터 분석을 통해서 필요한 최종 정보를 만들어 내는 과정이다.

③ 장기정보는 현재로서는 급박하지 않지만 그 중요성에 비추어, 언젠가는 전면에 부각될 가능성이 있는 분야에 대해 전체적인 추세와 문제점을 다루는 것으로, 이는 정보가공 및 개발 단계에서 다루는 주요 주제이다.

④ 정보분석은 정보수집의 우선순위 결정에도 큰 영향을 끼치는데, '수집 없이 정보 없지만 분석 없이 정보가 있을 수 없다.'는 말은 정보분석 업무에 추동된 정보수집이 이상적임을 나타낸다.

정답 ③

풀이 ③ 장기정보는 정보분석 및 생산단계에서 다루는 주요 주제로, 정보가공 및 개발 단계와는 별개의 과정이다. 따라서 이 선택지는 잘못된 정보를 제공하고 있다. 다른 선지들은 각 과정에 대한 정확한 설명을 제공하고 있다.

170

정보수집에 관한 설명으로 틀린 것은?

① 비공식 여행자는 인간정보가 될 수 있다.

② 기술정보는 대부분 네트워크 담당자가 인터넷으로 수집한다.

③ 기술정보는 핵정보, 전자정보, 통신정보 등을 통해 수집가능하다.

④ 기술첩보수집시스템은 TPED Issue와 같은 문제가 발생하기도 한다.

정답 ②

풀이 ② 네트워크 담당자는 첩보수집 업무를 수행하는 것이 아니라 네트워크 시스템의 설계, 구현 및 유지 보수를 담당한다. 참고로 기술정보는 사람이 아닌 기술 장비를 활용하여 첩보를 수집하는 활동 또는 그러한 활동을 통해서 생산된 지식을 의미한다.

171

정보수집(Collection) 단계에서의 쟁점으로 적절하지 않은 것은?

① 밀과 겉겨의 분제(wheat versus chaff problem)

② 얼마만큼의 정보를 수집할 것인가?

③ 임시 특별권의 독재(tyranny of ad hocs)

④ 수집된 정보가 많다고 해서 그만큼 정보의 질이 달라지는가?

정답 ③

풀이 ③ 임시 특별권의 독재(tyranny of ad hocs)는 정보요구 단계에서의 쟁점이다. 밀과 겉겨의 문제(wheat versus chaff problem)는 정보수집 단계에서 광범위한 수집 첩보에서 중요한 알곡과 불필요한 껍질을 구별하는 문제이다. 오늘날 방대한 수집첩보의 양은 그 양이 늘어난 만큼 그 속에서 참으로 중요한 정보를 발굴하는 노력도 더 많이 기울일 것을 강요하는 것이 현실이다.

172

정보생산에 필요한 자료를 획득하여 정보작성기관에 전달하는 단계로 옳은 것은?

① 정보의 분석

② 첩보의 수집

③ 첩보의 분류

④ 정보의 배포

정답 ②

풀이 ② 첩보의 수집은 정보순환 과정에서 가장 어려운 단계로서 정보작성기관인 분석관에게 필요한 자료를 획득하여 전달한다.

핵심정리 정보가공 및 개발(processing and exploitation)

(1) 실무적으로 영상과 신호의 측정이나 언어번역, 암호해독, 주제별 분류, 데이터 정리, 방대하고 복잡한 디지털 신호를 영상신호로 전환하거나 외국어로 된 문서와 녹음테이프를 해석과정을 거쳐 판독 가능한 1차 정보로 전환한다.
(2) 1차적으로 수집된 방대한 첩보에서 필요한 정보를 얻기 위해 최종 생산할 정보를 만드는 데 적합한 상태로 변환하는 작업을 정보의 가공과 개발이라고 한다.
(3) 예컨대 암호문은 해독과정이라는 처리와 가공의 과정을 거쳐야 무슨 대화인지 알 수 있다. 또한 외국어는 먼저 자국어로 번역되어야 한다.
(4) 오늘날 각국은 정보수집과 정보분석 간에 상당한 불균형이 있다. 게다가 계속 쌓이는 정보수집의 양과 수집정보의 가공과 개발의 불균형 문제로 인해서, 수집된 정보의 상당량이 전혀 활용되지 못하고 사장되는 사례가 빈번한 것으로 알려졌다.
(5) 오늘날 첩보수집에 뒤따르는 정보 가공과 개발 절차도, 상당부분 과학기술에 의존한다. 이것은 예산담당자들이 정보수집을 위한 과학 장비의 구입 시에, 그에 상응한 정보 가공과 개발을 위한 신장비의 구입도 염두에 두어야 한다는 것을 뜻한다.

173

정보순환 단계에서 우유를 치즈로 변화하는 과정에 비유되는 과정으로 옳은 것은?

① 정보분석 및 생산(analysis and production) 단계
② 정보배포(dissemination) 단계
③ 환류(feedback) 단계
④ 가공과 개발(processing and exploitation) 단계

정답 ④
풀이 ④ 1차적으로 수집된 방대한 첩보를 최종 생산할 정보를 만드는 데 적합한 상태로 변환하는 작업을 정보의 가공과 개발이라고 하고, 이것은 우유를 치즈로 변화하는 과정에 비유된다.

174

정보순환 단계에서 영상과 신호의 측정이나 언어번역, 암호해독, 주제별 분류, 데이터 정리, 방대하고 복잡한 디지털 신호를 영상신호로 전환하거나 외국어로 된 문서와 녹음테이프는 해석하는 단계로 옳은 것은?

① 정보수집 단계
② 가공과 개발(processing and exploitation) 단계
③ 정보종합(Integration) 단계
④ 정보분석 및 생산(analysis and production) 단계

정답 ②

풀이 ② 영상과 신호의 측정이나 언어번역, 암호해독, 주제별 분류, 데이터 정리, 방대하고 복잡한 디지털 신호를 영상신호로 전환하거나 외국어로 된 문서와 녹음테이프를 해석과정을 거쳐 판독 가능한 1차 정보로 전환한다. 1차적으로 수집된 방대한 첩보에서 필요한 정보를 얻기 위해 최종 생산할 정보를 만드는 데 적합한 상태로 변환하는 작업을 정보의 가공과 개발이라고 한다.

핵심정리 정보분석 및 생산(analysis and production)

(1) 정보분석 및 생산단계는 첩보 등 기초 자료로부터, 중요한 사실관계를 확인하고 제반 자료의 유기적인 통합과 평가 그리고 데이터 분석을 통해서 필요한 최종 정보를 만들어 내는 과정이다.
(2) 정보생산단계에서의 주된 쟁점은 단기정보와 장기정보 사이에 일어나는 긴장과 균형의 문제이다. 동일한 첩보자료를 가지고 분석한 경우에도 관점의 차이로 인해서 단기정보와 장기정보 사이의 정보분석 내용이 다를 수 있다.
(3) 장기정보는 현재로서는 급박하지 않지만 그 중요성에 비추어, 언젠가는 전면에 부각될 가능성이 있는 분야에 대해 전체적인 추세와 문제점을 다루는 것이다.
(4) 통상 장기분석 정보와 단기분석 정보의 비율은 50 : 50이 이상적으로 간주된다.
(5) 한편 정보분석은 정보수집의 우선순위 결정에도 큰 영향을 끼친다. '수집 없이 정보 없지만 분석 없이 정보가 있을 수 없다.'는 금언처럼 정보분석 업무에 추동된 정보수집이 이상적이다.

175

다음에 해당하는 정보생산 단계로 옳은 것은?

- 평가된 첩보를 요소별로 분류하는 단계이다.
- 평가단계에서 엄선한 첩보를 가지고 논리적 타당성을 검증하는 단계이다.

① 선택 ② 기록
③ 분석 ④ 종합

정답 ③

풀이 ③ 분류와 검증은 분석 단계에서 수행된다. 선택, 기록, 종합은 정보 가공 및 개발 단계에서 수행된다. 참고로 선택은 첩보 가운데 불필요한 내용을 제거하는 것이고, 기록은 현재 필요한 것과 필요하지 않은 것을 분류하여 관리하는 것이며, 종합은 같은 주제로 묶인 첩보를 하나의 것으로 결집하는 것이다.

176

다음 중 정보의 순환과정에서 정보의 분석 및 생산에 포함되지 않는 것은? [2008년 기출]

① 가설의 설정 및 검증 ② 자료의 처리

③ 자료의 평가 및 판단 ④ 정보의 배포

정답 ④

풀이 ④ 정보의 배포는 정보의 순환주기에서 마지막 단계로 분석 및 생산에 해당되지 않는다.

177

정보순환의 한 단계로서 첩보를 처리하고 정보보고서를 생산하는 단계로 옳은 것은? [2008년 기출]

① 정보의 기획 ② 첩보의 수집

③ 정보의 분석 ④ 정보의 배포

정답 ③

풀이 ③ 정보의 분석단계에서는 수집한 첩보를 분류, 처리하여 정보보고서를 생산하게 된다.

핵심정리 정보배포(dissemination)

(1) 의의

① 정보배포는 최종적으로 생산정보를 정보수요자에게 전달하는 과정이다.

② 정보배포 단계는 정보순환의 다른 단계에 비해서 비교적 정형화되어 있다.

③ 정형화된 정보배포체계는 '국가정보는 생산 그 자체가 목적이 아니다.'라는 점을 분명히 말해 준다.

④ 아무리 정교한 절차를 거쳐 생산된 훌륭한 정보라고 하더라도 배포되고 소비되지 않는다면 수집되지 않은 정보나 마찬가지인 것이다.

⑤ 1941년 미국정보당국은 일본이 진주만을 공격하기 하루 전에 공습 정보를 입수했다. 하지만 그 정보를 신속하게 하와이 주둔 사령부에 전달하지 못했다. 미국은 기습을 당했다.

(2) 정보배포 단계에서의 5대 쟁점

① **가치성**: 방대한 정보 가운데 무엇이 가장 중요하고 보고가치가 있는가?

② **필요성**: 어떤 정책담당자에게 배포할 것인가?

③ **시의성**: 얼마나 신속히 배포할 것인가?

④ **정밀성**: 얼마나 상세한 내용을 담을 것인가?

⑤ **타당성**: 정보배포를 위한 적당한 방식은 무엇인가?

핵심정리 구체적인 정보배포방법

(1) 보고서

서류형태의 보고서이다. 현용정보 보고서, 경고정보 보고서, 평가 및 분석정보 보고서, 결과보고서처럼 내용에 따라 다양한 제목을 가진다.

(2) 브리핑

구두설명으로 하는 정보보고이다. 많은 사람에게 보고하거나 또는 긴급 사안에 애용된다.

(3) 정기간행물

광범위하고 주기적인 정보보고를 위해 사용되는 정보배포 방법이다. 주간, 월간, 연간 간행물이 있다.

(4) 연구과제 보고서

장기간의 전략정보 등 심층적이고 학술적인 분석이 필요한 경우에 작성되는 연구논문 형태의 정보보고서이다. 미래예측 판단정보를 다루는 경우에 주로 사용한다.

(5) 메모(memorandum)

짧은 내용의 정보를 긴급히 배포할 때 이용한다.

(6) 전문(電文)

전보문의 약어이다. 해외공관에서 본국에 정보를 전달하는 경우에 활용된다.

핵심정리 정보배포의 5대 쟁점

(1) 가치성

방대한 정보 가운데 무엇이 가장 중요하고 보고가치가 있는가?

(2) 필요성

어떤 정책담당자에게 배포할 것인가?

(3) 시의성

얼마나 신속히 배포할 것인가?

(4) 정밀성

얼마나 상세한 내용을 담을 것인가?

(5) 배포방식의 타당성

정보배포를 위한 적당한 방식은 무엇인가?

178

정보배포 단계에서의 쟁점으로 틀린 것은?

① 가치성　　② 적합성

③ 정밀성　　④ 타당성

정답 ②

풀이 정보배포 단계에서의 5대 쟁점으로는 가치성, 필요성, 시의성, 정밀성, 타당성을 들 수 있다.

179

정보배포의 원칙으로 적절하지 않은 것은?

① 적시성
② 적합성
③ 계속성
④ 보안성

정답 ②

풀이 정보 배포의 5대 쟁점은 가치성, 필요성, 시의성, 정밀성, 타당성이다. 또한 정보 배포의 3대 원칙은 보안성, 계속성, 적시성이다. 적합성은 정보배포 단계의 쟁점이 아니라 분석 및 생산 단계에서 정보보고서가 갖추어야 할 기본 요건이다.

180

정보배포와 그 구체적인 방법에 대한 설명으로 틀린 것은?

① 정보배포는 최종적으로 생산정보를 정보수요자에게 전달하는 과정으로, 이 단계는 정보순환의 다른 단계에 비해 상대적으로 정형화되어 있다.
② 정보배포에서 중요한 쟁점 중 하나는 '가치성'으로, 방대한 정보 가운데 어떤 정보가 가장 중요하고 보고가치가 있는지를 판단하는 것이다.
③ 브리핑은 소수 사람에게 보고하거나 또는 긴급 사안에 애용되는 정보배포 방법으로 주로 짧은 내용의 정보를 긴급히 배포할 때 이용되며, 복잡한 내용의 정보를 전달하기에는 적합하지 않다.
④ 메모는 짧은 내용의 정보를 긴급히 배포할 때 이용하는 방식으로 정보의 정밀성에 제한이 있어, 복잡한 내용의 정보를 전달하는 데는 제한적이다.

정답 ③

풀이 ① 서류형태의 보고서는 정보배포를 실제적으로 구현하는 방식 중 하나이며, 이는 현용정보 보고서, 경고정보 보고서, 평가 및 분석정보 보고서, 결과보고서 등 다양한 제목을 가질 수 있다.
② 가치성은 정보배포에서 중요한 쟁점 중 하나이며, 이는 방대한 정보 가운데 어떤 정보가 가장 중요하고 보고가치가 있는지를 판단하는 것을 의미한다.
③ 브리핑은 많은 사람에게 보고하거나 또는 긴급 사안에 애용된다.
④ 메모는 짧은 내용의 정보를 긴급히 배포할 때 이용하는 방식이다. 이 방법은 정보의 정밀성에 제한이 있어, 복잡한 내용의 정보를 전달하는 데는 제한적이다.

181

정보배포에 대한 설명으로 틀린 것은?

① 정보배포는 최종적으로 생산정보를 정보수요자에게 전달하는 과정이다.
② 정보배포 단계는 정보순환의 다른 단계에 비해서 비교적 정형화되어 있다.
③ 정보배포체계는 '국가정보는 생산 그 자체가 목적이다.'라는 점을 분명히 말해 준다.
④ 정보배포 단계에서의 필요성은 누구에게 배포할 것인가의 문제이다.

정답 ③

풀이 ③ 정형화된 정보배포체계는 '국가정보는 생산 그 자체가 목적이 아니다.'라는 점을 분명히 말해 준다.

182

정보배포 단계에서의 5대 쟁점이 아닌 것은?

① 가치성
② 필요성
③ 시의성
④ 적합성

정답 ④

풀이 ④ 적합성은 정보배포 단계의 쟁점이 아니라 분석 및 생산 단계에서 정보보고서가 갖추어야 할 기본 요건이다.

183

정보배포 방법 가운데 해외공관에서 본국에 정보를 전달하는 경우에 활용되는 방법으로 옳은 것은?

① 보고서
② 메모(memorandum)
③ 전문(電文)
④ 현용정보 보고서

정답 ③

풀이 ③ 전문(電文)은 전보문의 약어로 해외공관에서 본국에 정보를 전달하는 경우에 활용되는 정보배포 방법이다. 메모(memorandum)는 짧은 내용의 정보를 긴급히 배포할 때 이용된다.

184

정보배포 단계에 대한 설명으로 틀린 것은?

① 정형화된 정보배포 체계는 국가정보는 생산이 목적이 아니라는 점을 말해준다.
② 정보배포는 정보생산에 필요한 자료를 획득하여 정보작성기관에 전달하는 과정이다.
③ 브리핑은 구두설명으로 하는 정보보고로서 많은 사람에게 보고하거나 또는 긴급 사안에 애용된다.
④ 정보소비 단계에서의 쟁점은 '먼저 정보소비가 구두보고와 서면보고의 어떠한 형태로 이루어지는가?'를 파악하는 것이다.

정답 ②
풀이 ② 정보생산에 필요한 자료를 획득하여 정보작성기관에 전달하는 과정은 첩보수집 단계이다.

185

정보배포의 원칙으로 적절하지 않은 것은? [2016년 기출]

① 세밀성 ② 적시성
③ 적합성 ④ 계속성

정답 ③
풀이 ③ 적합성은 정보배포 단계의 쟁점이 아니라 분석 및 생산 단계에서 정보보고서가 갖추어야 할 기본 요건이다.

186

정보배포의 원칙으로 적절하지 않은 것은? [2012년 기출]

① 적시성 ② 배포타당성
③ 계속성 ④ 비밀성

정답 ②
풀이 ② 정보배포의 원칙에는 배포타당성이 아니라 배포방식의 타당성이 포함된다.

187

정보배포의 원칙으로 적절하지 않은 것은? [2006년 기출]

① 적시성　　② 보안성

③ 계속성　　④ 일회성

정답 ④

풀이 ④ 한번 배포한 정보와 관련이 있는 정보가 입수되면, 즉시 계속하여 배포하여야 한다. 추가 입수된 정보로 인하여 이미 결심한 정책이나 전략을 수정할 필요성이 있을 수도 있기 때문이다.

188

정보배포의 고려 요소로 적절하지 않은 것은? [2009년 기출]

① 적시성　　② 계속성

③ 보안성　　④ 합법성

정답 ④

풀이 ④ 합법성은 정보배포 원칙에 포함되지 않는다.

189

정보의 배포방법에 대한 설명으로 틀린 것은? [2006년 기출]

① 각서는 수단을 전부 적는다.

② 연구과제보고서는 심층적인 분석을 통해 작성되는 보고서이다.

③ 전문은 돌발적이고 긴급을 요하는 정보 배포 시 사용하는 것이다.

④ 일일정기보고서는 매일 24시간에 걸친 중요사항을 정리한 것이다.

정답 ①

풀이 ① 각서는 긴급정보 배포 시 활용하는 짧은 형태의 보고서이다.

핵심정리 정보소비(Consumption)

(1) 정보소비자의 욕구를 충족하지 못하는 정보는 무의미하고 국가자산의 낭비이다.
(2) 정보소비 단계에서의 쟁점은 먼저 정보소비가 구두보고와 서면보고 중 어떠한 형태로 이루어지는가를 파악하는 것이 중요하다.
(3) 다음으로 정보소비가 생산한 정보의 어느 정도 비율로 이루어지는가는 국가자산의 관리 측면에서도 소중하다.

핵심정리 정보환류(Feedback)

(1) 정보의 국가정책 종속성을 확인할 수 있는 단계이다.
(2) 정보절차는 결코 한 방향으로 진행되는 일방통행의 편도선이 아니고 끊임없이 순환하는 왕복선이다.
(3) 종결된 것으로 여겨지는 정보순환의 직전 단계의 업무수행이 다시 필요하기도 한, 양방향 이상의 입체적 내용의 작용 · 반작용의 영역이다.
(4) 정보환류를 통해서 정보공동체와 정책공동체 쌍방의 대화가 이루어지게 되고, 정책부서가 최초에 제기한 정보수요가 불필요했다거나 충분하지 않았다거나 정보공동체가 제공한 정보가 만족스럽지 못했다는 것 같은 상호 반성과 평가가 뒤따를 수 있다.
(5) 또한 정책담당 부서의 실제 정보소비에서 발생한 여러 국면의 상황은 정보순환에 상당한 영향을 미칠 수 있다.

190

정보소비와 정보환류에 대한 설명으로 틀린 것은?

① 정보소비는 구두보고와 서면보고 중 어떤 형태로 이루어지는지를 파악하는 것이 중요하다.
② 정보소비는 정보공동체와 정책공동체 간의 대화를 통해 정보수요의 충족 여부를 판단하고, 필요한 경우 정보공동체의 제공 정보에 대한 반성과 평가가 이루어진다.
③ 정보환류는 종결된 것으로 여겨지는 정보순환의 직전 단계의 업무수행이 다시 필요한 영역이며, 이는 양방향 이상의 입체적인 작용 · 반작용의 영역이다.
④ 정보환류는 정보의 효율성과 적절성에 대한 평가를 가능하게 하며, 이는 실제 정보소비에서 발생한 여러 상황이 정보순환에 상당한 영향을 미칠 수 있음을 의미한다.

정답 ②
풀이 ② 정보의 국가정책 종속성을 확인할 수 있는 단계는 정보환류이다.

191

국가정보의 생산자와 소비자에 관한 내용으로 틀린 것은?

① 국가정보의 생산자는 원칙적으로 국가정보기구이며, 국가정보의 생산을 담당하는 사람이나 조직을 말한다.

② 국가정보의 소비자는 대통령 등 최고 정책결정권자, 의회, 각 행정부처, 국가안보회의, 정보공동체 등이다.

③ 비밀병기 생산자와 무기 디자이너 등 사경제 주체는 국가정보의 소비자로 분류되지 않는다.

④ 국가정보의 소비자는 국가정보의 생산자로부터 정보를 수신하고 이를 활용한다.

정답 ③

풀이 ① 국가정보의 생산자는 원칙적으로 국가정보기구이며, 국가정보의 생산을 담당하는 사람이나 조직을 말한다. 이는 제공된 자료와 일치하는 내용이다.

② 국가정보의 소비자는 대통령 등 최고 정책결정권자, 의회, 각 행정부처, 국가안보회의, 정보공동체 등이다. 이는 제공된 자료와 일치하는 내용이다.

③ 대통령 등 최고 정책결정권자, 의회, 각 행정부처, 국가안보회의(National Security Council), 정보공동체, 무기 디자이너, 비밀병기 생산자 같은 사경제 주체도 훌륭한 정보소비자이다.

④ 국가정보의 소비자는 국가정보의 생산자로부터 정보를 수신하고 이를 활용한다. 이는 일반적인 정보의 생산 및 소비 과정을 잘 나타낸 내용이다.

192

정보소비와 환류 단계에 대한 설명으로 틀린 것은?

① 정보소비자의 소비욕구를 충족하지 못하는 정보생산은 무의미하다.

② 정보절차는 정보공동체가 수집한 정보를 바탕으로 생산한 정보를 정책공동체에게 전달하는 일방통행의 편도선이다.

③ 배포 받은 정보를 소비한 정책 담당자들은 정보소비 과정에서 나타난 제반 문제점을 피드백해주는 것이 바람직하다.

④ 로웬탈은 정보순환에서 소비 단계를 고려하지 않는 것은 정보순환에 대한 정책공동체의 역할을 무시하고 간과하는 편무적인 접근이 될 것이라고 본다.

정답 ②

풀이 ② 정보절차는 결코 한 방향으로 진행되는 일방통행의 편도선이 아니다. 끊임없이 순환되는 왕복선이다. 종결된 것으로 여겨지는 정보순환의 직전 단계의 업무수행이 다시 필요한 양방향 이상의 입체적 내용의 작용 · 반작용의 영역이다.

193

정보소비와 환류(Feedback) 단계에 대한 설명으로 틀린 것은?

① 정형화된 정보배포 체계는 국가정보는 생산이 목적이 아니라는 점을 말해준다.

② 정보소비 단계에서의 쟁점은 먼저 정보소비가 구두보고와 서면보고의 어떠한 형태로 이루어지는가를 파악하는 것이다.

③ 정보와 정책의 경계선인 레드 라인(red line)을 고려하면 정보절차는 순환되는 왕복선이 될 수 없고 일방통행의 편도선이다.

④ 로웬탈은 정보순환에서 소비 단계를 고려하지 않는 것은 정보순환에 대한 정책공동체의 역할을 무시하고 간과하는 편무적인 접근이 될 것이라고 본다.

정답 ③

풀이 ③ 정보절차는 한 방향으로 진행되는 일방통행의 편도선이 아니다. 정보의 환류를 통해서 정보공동체와 정책공동체의 쌍방의 대화가 이루어지게 되고, 정책부서가 최초에 제기한 정보수요가 불필요했다거나, 충분하지 않았다거나, 정보공동체가 제공한 정보가 만족스럽지 못했다는 것과 같은 반성과 평가가 뒤따를 수 있다.

194

정보순환에 대한 설명으로 틀린 것은?

① 정책 담당자들은 주어진 정보에 입각해서만 업무를 하게 되는 자동인형이 아니다.

② 정책관계자들이 주어진 정보를 어느 정도로 활용하는지는 국가정보기구의 역량이나 활동이 정보 최종소비자인 정책담당자들에 의해 평가받게 된다는 의미도 있다.

③ 정보와 정책 사이에는 반투성(半透性)의 판막이 있기 때문에 피드백을 정보순환과정에 포함시키는 것은 부적절하다.

④ 정보의 피드백은 누구의 감독과 감시를 받지 않아 정체되기 쉬운 국가정보기구가 끊임없이 변모하고 발전할 수 있는 동인(動因)으로 작용할 수 있는 좋은 기회가 된다.

정답 ③

풀이 ③ 정보환류를 통해서 정보공동체와 정책공동체 쌍방의 대화가 이루어지게 되고, 정책부서가 최초에 제기한 정보수요가 불필요했다거나 충분하지 않았다거나 정보공동체가 제공한 정보가 만족스럽지 못했다는 것과 같은 상호 반성과 평가가 뒤따를 수 있다.

195

국가정보의 순환에서 정보의 국가정책 종속성을 확인할 수 있는 단계로 옳은 것은?

① 수집(collection) 단계

② 환류(feedback) 단계

③ 분석 및 생산(analysis and production) 단계

④ 소비(consumption) 단계

정답 ②

풀이 ② 정보환류는 정보의 국가정책 종속성을 확인할 수 있는 단계로서 정보환류를 통해서 정보공동체와 정책공동체 쌍방의 대화가 이루어지게 되고, 정책부서가 최초에 제기한 정보수요가 불필요했다거나 충분하지 않았다거나 정보공동체가 제공한 정보가 만족스럽지 못했다는 것 같은 상호 반성과 평가가 뒤따를 수 있다.

196

다음 중 정보의 환류에 대한 설명으로 틀린 것은? [2020년 기출]

① 정보의 배포와 환류는 동시에 일어난다.

② 환류가 없으면 정보기관 스스로 정보의 질을 평가하기 어렵다.

③ 정보기관과 정책결정권자 사이에 토론이 활발하지 않은 편이다.

④ 정보소비자는 너무 바쁘기 때문에 환류에 대해 고민하지 않는다.

정답 ①

풀이 ① 정보소비자가 요구한 정보를 제공받은 후 자신의 요구사항에 부합됐는지 여부를 판단해 의견을 제시하는 것이 환류(feedback)이다.

Theme

05 정보생산자와 정보수요자

핵심정리 정보생산자와 정보소비자

(1) 국가정보 생산자(Intelligence producer)

① 국가정보의 생산을 담당하는 사람이나 조직을 말한다.

② 국가정보의 생산자는 원칙적으로 국가정보기구이다.

(2) 국가정보 소비자(Intelligence consumer)

대통령 등 최고 정책결정권자, 의회, 각 행정부처, 국가안보회의(National Security Council), 정보공동체, 무기 디자이너, 비밀병기 생산자 같은 사경제 주체도 훌륭한 정보소비자이다.

핵심정리 정책결정과 정보

(1) 의의

정책결정과정에서 정보의 역할 문제는 흔히 "블랙박스(black box)"로 불리는 것으로 시스템이론이 많은 설명력을 제공하지 못하는 취약한 부분이다. 국가안보정책을 결정하는 핵심 구성원의 하나로서 정보운영자는 정보생산자를 대표하여 정치지도자들을 지원하게 된다. 정보관리자는 정보수집과 분석을 담당하는 정보요원들을 관리하고 업무를 조정 통제하면서, 정책결정자에게 정보를 전달하고 설명하면서 정책결정의 구성원으로서 중심적인 역할을 담당한다.

(2) 정보에 대한 과도한 기대

정책담당자는 정책을 결정하는 과정에서 정보수집원이나 분석과정에 대한 세부 내용에 대해서는 알지 못한다. 만약 정책담당자의 정보요구가 사전에 있었거나, 특정 지역이나 이슈가 장기간 위협 요소로 파악되고 있었다면 정보 분석과 예측은 더욱 심도 있는 것이 될 수 있다. 하지만 정보수요자는 정보기관이 정책적 우선순위가 높지 않은 이슈에 대해서도 어떤 상황에서든지 정보를 충실히 수집하고 있고, 빠른 정부요 구에 대해서도 신속하게 기대에 부응할 것으로 과도한 기대를 한다.

(3) 정책담당자의 선호

또한 정보 분석의 결과가 정책담당자가 선호한 정책을 지지하는 것이 아니라 정치적으로 반대의 입장을 강화시키는 것이라면 정보수요자가 이를 거부하거나 정보기관의 필요성에 대해 회의감을 가질 수도 있다.

(4) 정보에 대한 불신

그리고 정책담당자는 정보에 대해 근본적인 불신하거나 제한된 효용성만을 인정하는 경향이 있다. 이는 정보생산자와 정보수요자 간 활동의 구조적 특성이 다르다는 데에서 기인한다. 정보생산자는 어떤 사건과 상황의 발전 방향에 대해 명료하게 제시하는 경우가 많지 않다. 정책담당자는 이러한 정보가 정치적으로나 심리적으로 국내정치에서 국민의 신뢰와 정치적 지지를 확보하는 데 도움이 되기보다는 오히려 약화시키는 데 일조한다고 믿는 경향이 있다. 이와 같은 정책담당자들의 인식은 정보 생산자의 정보활동을 직간접적으로 압박함으로써 정보 생산자가 정보수요자의 의도를 지지하는 정보를 제공하게 하는 요인으로 작용한다.

(5) 정보생산자들의 정책담당자에 대한 비판

정보생산자는 정책담당자가 정보를 합리적이거나 객관적으로 다루지 않고, 정보의 기능과 성격을 충분히 이해하지 못한다고 비판하는 경향이 있다. 정보생산자는 정책담당자에 대해 다음과 같은 이유에서 실망하고 때로는 절망감을 느낄 수 있다. 그 이유는 다음과 같다.

① 정책담당자가 복잡한 정보분석을 회피하려는 경향이 있다.

② 정책담당자는 불확실성을 극복하기 어렵다. 정보분석의 근본적인 한계로 명확한 예측이나 설명이 어렵다는 것을 정책담당자가 쉽게 받아들이지 못하기 때문이다.

③ 정책담당자는 정보보고서를 제대로 읽지 않는다. 정책담당자는 국내정치적 지지와 유권자의 신뢰를 확보하려는 정치적 고려를 해야 하는 등 바쁜 자신들의 일정에서 정보의 심각성과 중요성을 깨닫지 못한다.

④ 정책담당자들은 정보생산자가 제공한 정보를 기억하지 못하는 경우가 많다. 당장 심각한 문제로 등장하지 않는다면, 정책담당자들은 사건이나 특정한 지역의 상황과 배경에 대해 사전적 지식을 갖추지 못한다.

⑤ 정책담당자는 정책이 실패하면 정보생산자에게 책임을 전가한다.

197

정보생산자와 정보수요자에 대한 설명으로 틀린 것은?

① 국가정보의 소비자는 사경제 주체를 포함한다.

② 국가정보의 생산자는 원칙적으로 국가정보기구이다.

③ 정책담당자들이 정보수요를 제기하지 않는 경우, 정보수요를 자의적으로 전제하고 정보활동을 수행하기도 한다.

④ 미국의 경우에는 국가정보장실(ODNI)이 정책공동체와 정보공동체를 가교하여 정보수요의 괴리를 메운다.

정답 ④

풀이 미국의 경우에는 국가안보위원회(NSC)가 정책공동체와 정보공동체를 가교하여 정보수요의 괴리를 메운다.

198

정보소비자 측면에서 발생하는 정보의 제약요인으로 틀린 것은?

① 적시성의 문제

② 정책결정자의 특별한 선호

③ 정보에 대한 과도한 기대

④ 정보의 불확실성

정답 ①

풀이 ① 더 좋은 수집 자료가 입수되기를 기다리거나 보고서를 양식에 맞춰서 산뜻하게 보이도록 만드느라 시간을 늦추는 것보다는 정책결정자에게 적시에 필요한 정보를 제공해 주는 것은 매우 중요하다는 적시성은 정보생산자 측면에서 발생하는 정보 제약 요인이다.

④ 정보생산자는 정보분석의 근본적인 한계로 명확한 예측이나 설명이 어렵다는 것을 이해하고 있다. 따라서 정보의 불확실성은 정보생산자에게는 정보의 제약 요인이 되지 않는다. 하지만 정보의 불확실성을 쉽게 받아들이지 못하는 정책담당자에게는 정보의 불확실성이 정보의 제약요인이 될 수 있다.

199

정보생산자와 정보수요자에 대한 설명으로 틀린 것은?

① 국가정보의 생산자는 원칙적으로 국가정보기구이다.

② 비밀을 속성으로 하는 국가정보의 성격상 민간인은 정보수요자가 될 수 없다.

③ 대통령 등 최고정책결정권자, 의회, 각 행정부처, 국가안보회의(National Security Council)는 주요한 정보소비자이다.

④ 국가정보는 실제로 필요한 상황에서 다른 정책요소와 경합하여, 적절히 반영되고 사용될 때 진정한 가치를 지니고 빛을 발하게 된다.

정답 ②

풀이 ② 무기 디자이너, 비밀병기 생산자 같은 사경제 주체도 정보소비자가 될 수 있다.

200

정보생산자와 정보수요자에 대한 설명으로 틀린 것은?

① 국가정보의 생산자는 원칙적으로 국가정보기구이다.

② 국가정보 생산자는 국가정보의 생산을 담당하는 사람이나 조직을 말한다.

③ 생산된 국가정보는 실제 필요한 상황에서 다른 정책요소와 경합하여 적절히 반영되고 사용될 때 진정한 가치를 지니고 빛을 발하게 된다.

④ 개방성과 민주성을 요체로 하는 민주법치국가에서 공권력 최소 침해의 원칙상 국가정보 소비자는 대통령 등 최고정책결정권자로 한정된다.

정답 ④

풀이 ④ 국가정보 소비자에는 대통령 등 최고정책결정권자 이외에도 국회, 각 행정부처, 국가안보 회의, 정보공동체, 무기 디자이너, 비밀병기 생산자 같은 사경제 주체도 훌륭하고 절실한 정보소비자이다.

201

국가안보 정책결정 주체와 정보시장의 특성에 대한 설명으로 틀린 것은?

① 대통령은 유한한 임기 동안에 공약과 관련한 정책결정권을 행사하며 정권의 역사적 업적을 고려하는 속성이 있다.

② 행정 각 부처는 업무 문화에 따라서 국가안보정책을 결정하려는 속성이 있어서, 외교부는 외교적 협상으로, 국방부는 국방력으로 문제를 해결하려는 경향이 있다.

③ 오늘날 정보의 판매시장에 인터넷 및 24시간 뉴스 같은 다양한 정보채널이 등장하여 국가정보기구의 독점적인 지위가 상실되고 따라서 "생산자 중심의 정보시장"에서 "구매자 중심의 정보시장"으로 변경되고 있다.

④ 의회는 국민의 대표기관임에도 불구하고 조직 규모가 작고 주기적인 선거에 의해 선출되기 때문에 전문화를 기대하기는 어렵다는 근본적인 한계로 인해서 궁극적인 국가 정보의 수요자라고는 할 수 없다.

정답 ④

풀이 ④ 자유민주주의 국가에서의 의회는 궁극적인 국가정보의 수요자로 미국 의회의 경우에는 대통령 못지않게 정보공동체로부터 많은 보고를 받고 정보기관에 대한 감독기구로 기능한다.

202

다음 중 정보생산자가 정보소비자에게 정보를 제공함에 있어서 고려해야 할 국가정보의 구비요건으로서 가장 적절하지 않은 것은? [2024년 기출]

① 적시성(timeliness): 적시에 필요한 정보를 제공해야 한다.

② 윤리성(morality): 불법이나 비윤리적인 행위를 예방하는 정보를 제공해야 한다.

③ 객관성(objectivity): 편견이 없는 객관적인 정보를 제공해야 한다.

④ 정확성(accuracy): 정확하고 신뢰성 있는 정보를 제공해야 한다.

정답 ②

풀이 ② 정보사용자의 수요에 부응하는 제대로 된 정보보고서가 일반적으로 갖추어야 할 기본적인 요건으로서 적시성(timely), 적합성(tailored), 간결성(digestible), 명료성(clear), 객관성(objectivity), 정확성(accuracy) 등을 들 수 있다.

203

정보생산자와 정보사용자에 대한 설명으로 틀린 것은? [2022년 기출]

① 전통적으로 정보사용자는 현용정보 위주의 단기정보를 정책에 반영하는 경향이 있다.

② 정보생산자는 정보를 생산하여 정보사용자가 잘 사용하도록 지원하는 데 있다.

③ 정보생산자와 정보사용자의 관계는 정책의 성공을 위해서 상호 적절한 협조 체제를 유지하는 것이 좋다.

④ 국가정보활동은 국가의 생존과 국가이익의 확보하기 위해 필요한 조건을 확보하기 위한 활동으로 법률로 제한할 수 없다.

정답 ④

풀이 ④ 민주법치 국가정보기구가 국가정보활동을 수행하기 위해서는 원칙적으로 법률적 근거규정이 있어야 한다.

204

정보소비자에 관련된 이슈에 대한 설명으로 틀린 것은? [2021년 기출]

① 정보소비자는 항상 바쁘지만 특정 사안에 대해 면밀하게 검토해 판단한다.

② 정보기관이 자신이 원하는 모든 정보를 제공할 것이라는 과도한 기대를 가지고 있다.

③ 자신의 정책을 지지하는 정보만 취사선택하려는 경향을 보인다.

④ 비공식 채널을 통해 확보한 정보를 신뢰할 경우에 정보기관과 대립할 수도 있다.

정답 ①

풀이 ① 정보소비자는 항상 바쁘고 다양한 정치적 현안 이슈가 있기 때문에 특정 사안을 면밀하게 검토해 판단할 시간적 여유가 없다.

205

정책과 정보에 대한 설명으로 틀린 것은? [2016년 기출]

① 국가정보기관이 국가정책을 집행한다.

② 국가의 정책은 정보기관이 수집한 정보를 바탕으로 수립한다.

③ 정보는 국가의 정책수립과정뿐만 아니라 정책평가를 할 때에도 필요하다.

④ 국가정보를 수집하는 과정에서 불법적이고 비윤리적인 행위가 용인되기도 한다.

정답 ①

풀이 ① 비밀공작 등 예외적인 경우를 제외하면 원칙적으로 국가정보기관은 국가정책을 집행하지 않는다.

206

정보생산자에 대한 설명으로 틀린 것은? [2015년 기출]

① 정보기관은 일반적으로 보수적 성향을 가진다.

② 정보생산자는 정보를 생산하는 정보기관을 지칭하는 말이다.

③ 정보생산자는 소비자를 만족시키기 위해 협력하는 경향이 있다.

④ 정보소비자가 원하는 시점에 정보를 생산해 제공하는 것은 매우 어렵다.

정답 ③

풀이 ③ 정보생산자는 대개 다수의 정보기관으로 구성되며 이들은 실적을 내기 위해 경쟁한다. 협력보다는 경쟁을 하는 편이며 동일한 사안에 대해 다수의 정보생산자가 집중하면서 정보자원의 낭비를 초래하기도 한다.

207

정보소비자 측면에서 발생하는 제약요소로 옳은 것은? [2012년 기출]

① 적시성의 문제

② 시간적 제약성

③ 형식의 적합성

④ 분석적 편견

정답 ②

풀이 ② 정보소비자는 바쁜 일정과 다수의 이슈로 인해 관련 정보를 심도 깊게 검토할 시간적 여유가 없다. 특히 정치적으로 중요하지 않은 이슈일 경우 배경지식이 부족하여 정보기관이 생산한 보고서를 이해하지도 못한다.

208

정보오류를 줄이기 위한 정보생산자와 정보소비자의 관계에 대한 설명으로 틀린 것은? [2010년 기출]

① 정보생산자는 정보의 정확성을 높이기 위해 비전문가의 참여를 배제한다.

② 정보소비자는 정보의 요구를 구체적으로 하여 명확성을 높여야 한다.

③ 정보소비자는 제공된 정보에 대해 확실한 피드백을 하도록 한다.

④ 정보생산자는 정보의 정확성을 높일 수 있도록 출처개발을 게을리해서는 안 된다.

정답 ①

풀이 ① 베츠(Richard K. Betts)는 일반적인 상식이나 고정관념을 타파하기 위해 분석 부서에서 비전문가를 활용하는 방안을 제안하였다.

209

정보생산에 대한 설명으로 틀린 것은? [2009년 기출]

① 정보의 요구는 정책집행자만이 할 수 있다.

② 정보의 생산단계에는 요구, 수집, 처리, 분석, 배포의 5단계가 있다.

③ 정보기관은 자체의 판단과 수요에 따라 정보를 생산하기도 한다.

④ 정보생산이 수요자의 요구와 시간에 적합하기란 쉽지 않다.

정답 ①

풀이 ① 정보의 요구는 정보기관 자체, 다른 정보기관, 최고정책결정자를 포함한 정부기관 등이 있다.

210

정보의 생산자 측면에서 발생하는 정보의 문제로 적절하지 않은 것은? [2007년 기출]

① 정보를 정보소비자가 원하는 시점에 제공하는 적시성의 문제

② 정보분석관의 개인적인 능력, 선호 등으로 인한 분석적 편견의 문제

③ 정보소비자가 정보에 대한 과도한 기대를 하는 문제

④ 정보분석관이 급변하는 환경에 대처하기 어려운 정보판단의 불명확성 문제

정답 ③

풀이 ③ 정보에 대한 과도한 기대는 정보소비자 측면에서 발생하는 정보의 문제이다. 정보의 생산자 측면에서 발생하는 정보의 문제로는 적시성의 문제, 분석관의 분석적 편견의 문제, 적합성의 문제 등을 들 수 있다.

211

정보소비자 측면에서 발생하는 정보의 제약요건에 포함될 수 없는 것은? [2007년 기출]

① 적시성의 문제

② 정책결정자 자신의 선호

③ 정보의 불확실성 증대

④ 정보에 대한 과도한 기대

정답 ①

풀이 ① 정보가 소비자가 원하는 시점에 제공되어야 한다는 것은 정보생산자 측면에서 발생하는 제약요건이다.

212

정보소비자 측면에서 발생하는 정보의 제약요인으로 적절하지 않은 것은? [2006년 기출]

① 시간적 제약성

② 정책결정자의 특별한 선호

③ 정보에 대한 과소한 기대

④ 정보의 불확실성 극복의 어려움

정답 ③

풀이 ③ 대부분의 정보소비자는 정보가 모든 것을 해결할 수 있다고 생각하는 경향이 있다. 즉 정보에 대한 과도한 기대를 가지고 있다. 반면에 어떤 사용자는 공식적인 정보보다 자신의 비선조직을 통한 비공식적인 정보를 더 신뢰하기도 한다.

핵심정리 **정보의 효용**

(1) **통제 효용**
정보는 정보를 필요로 하는 사람들에게 필요한 만큼 제공되도록 통제되어야 한다는 것으로 이는 차단의 원칙과 유사하다.

(2) **형식 효용**
정보는 정보사용자의 요구에 맞는 형식에 부합될 때 형식 효용이 높다는 평가를 받게 된다. 예컨대 전략정보는 정책결정자가 다루는 만큼 중요한 요소만을 축약해 놓은 형태가 보편적이고 전술정보는 상대적으로 낮은 수준의 정책결정자나 실무자에게 제공되므로 전략정보에 비해 상세하고 구체적인 형태가 바람직하다.

(3) **소유 효용**
정보는 상대적으로 많이 소유할수록 집적의 효과를 발휘할 수 있다. 즉 글자 그대로 소유에 초점이 있다. 예컨대 정보를 많이 소유한 나라가 상대적으로 그렇지 못한 나라보다 힘 있는 나라라고 여겨지는데, 이는 정보화시대에 더욱 강조되고 있다.

(4) **접근 효용**
정보는 정보사용자가 쉽게 접근할 수 있어야 한다.

(5) **시간 효용**
이는 정보사용자가 정보를 필요로 하는 시점에 제공될 때 시간 효용이 높다는 것으로 적시성과 유사한 개념이다.

213

통제 효용에 대한 설명으로 틀린 것은?

① 통제 효용은 정보가 필요한 사람들에게 필요한 만큼 정보를 제공하는 원칙이다.
② 통제 효용은 정보의 차단 원칙과 관련이 있다.
③ 통제 효용은 정보의 접근성을 최적화하는 원칙이다.
④ 통제 효용은 정보 사용자가 필요로 하는 정보만 제공받도록 하는 원칙이다.

정답 ③

풀이 통제 효용은 정보 사용자가 필요로 하는 정보만 제공받도록 하는 원칙과 차단 원칙과 관련이 있지만, 정보의 접근성을 최적화하는 것과는 직접적인 연관성이 없다.
① 통제 효용은 정보가 필요한 사람들에게 필요한 만큼 정보를 제공하는 원칙이다.
② 통제 효용은 정보의 차단 원칙과 관련이 있다.
③ 통제 효용은 정보의 접근성을 최적화하는 원칙이 아니다. 이는 접근 효용에 더 가깝다.
④ 통제 효용은 정보 사용자가 필요로 하는 정보만 제공받도록 하는 원칙이다.

214

형식 효용에 대한 설명으로 틀린 것은?

① 형식 효용은 정보가 사용자의 요구에 맞는 형태일 때 높다.
② 전략 정보는 중요한 요소만을 축약해 놓은 형태로 제공된다.
③ 전술 정보는 상세하고 구체적인 형태가 바람직하다.
④ 형식 효용은 정보의 접근성에 초점을 둔다.

정답 ④

풀이 형식 효용은 정보가 사용자의 요구에 부합하는 형태일 때 높다고 평가받게 되는 원칙이다. 이는 정보의 형태나 구조에 초점을 두는 것으로, 정보의 접근성에 초점을 두는 것은 아니다.
① 형식 효용은 정보가 사용자의 요구에 맞는 형태일 때 높다.
② 전략 정보는 중요한 요소만을 축약해 놓은 형태로 제공된다.
③ 전술 정보는 상세하고 구체적인 형태가 바람직하다.
④ 형식 효용은 정보의 접근성에 초점을 두는 것이 아니다. 이는 접근 효용에 더 가깝다.

215

소유 효용에 대한 설명으로 틀린 것은?

① 소유 효용은 정보를 많이 소유할수록 집적 효과를 발휘할 수 있다.
② 소유 효용은 정보화 시대에 더욱 강조되고 있다.
③ 소유 효용은 정보의 품질보다는 양에 초점을 둔다.
④ 소유 효용이 높은 나라는 힘 있는 나라라고 여겨진다.

정답 ③

풀이 소유 효용은 정보의 양에 초점을 둔다는 것이 맞지만, 이는 정보의 품질을 무시한다는 의미는 아니다. 정보의 양뿐만 아니라 품질도 중요한 요소이다.
① 소유 효용은 정보를 많이 소유할수록 집적 효과를 발휘할 수 있다.
② 소유 효용은 정보화 시대에 더욱 강조되고 있다.
③ 소유 효용은 정보의 양에 초점을 둔다는 것이 맞지만, 이는 정보의 품질을 무시한다는 의미는 아니다.
④ 소유 효용이 높은 나라는 힘 있는 나라라고 여겨진다.

216

시간 효용에 대한 설명으로 틀린 것은?

① 시간 효용은 정보가 사용자가 필요로 하는 시점에 제공될 때 높다.
② 시간 효용은 적시성과 유사한 개념이다.
③ 시간 효용은 정보가 신속하게 전달될 때 높다.
④ 시간 효용은 정보의 형식에 중점을 둔다.

정답 ④

풀이 시간 효용은 정보가 사용자가 필요로 하는 시점에 제공되고, 이로 인해 정보가 신속하게 전달될 때 높아진다. 그러나 이는 정보의 형식에 초점을 두는 것이 아니다.
① 시간 효용은 정보가 사용자가 필요로 하는 시점에 제공될 때 높다.
② 시간 효용은 적시성과 유사한 개념이다.
③ 시간 효용은 정보가 신속하게 전달될 때 높다.
④ 시간 효용은 정보의 형식에 중점을 둔다는 것은 아니다. 이는 형식 효용에 더 가깝다.

217

"정보는 정보를 필요로 하는 시점에 제공되어야 효용이 높아진다."는 것은 정보의 어떤 효용에 대한 내용인가?

① 통제 효용(Control Utility)
② 접근 효용(Approach Utility)
③ 시간 효용(Time Utility)
④ 형식 효용(Form Utility)

정답 ③

풀이 ③ 정보의 시간 효용(Time Utility), 즉 정보 적시성(Timeliness)에 대한 요청이다.

218

제시문에 나타난 정보의 효용에 해당하는 것으로 가장 적절한 것은? [2024년 기출]

> 다다익선(多多益善), 정보화 시대에서 정보의 양이 국가의 정보역량을 대변한다. 오늘날 강대국들은 정보전을 수행하고 있고 다양한 정보수집 매체를 통해 축적한 정보의 양이 그 국가의 영향력을 좌우한다고 해도 과언이 아니다.

① 시간효용(tme utility)
② 통제효용(control utility)
③ 접근효용(approach utility)
④ 소유효용(possession utility)

정답 ④

풀이 ④ 소유효용에 대한 설명이다.

219

정보의 효용에 포함될 수 없는 것은? [2006년 기출]

① 시간 효용 ② 역사 효용
③ 통제 효용 ④ 형태 효용

정답 ②

풀이 ② 정보의 효용에는 시간 효용, 소유 효용, 통제 효용, 접근 효용, 형태 효용이 있다.

핵심정리 정책수립 및 집행과정에의 효용

1. 의의

통상적으로 정보는 정책수립 및 집행과정에 맞추어 5가지의 단계별로 도움을 주게 된다. 정책 수립 계획에의 기여, 구체적 정책운용에서의 기여, 분쟁상태의 경우 협상과 극단적인 전쟁대처에서의 기여, 경고기능 달성으로서의 기여 그리고 조약이행의 점검에서의 효용 등이 그것이다.

2. 정책수립 단계에서의 효용

(1) 의의

① 국가정보는 국가 정책수립 단계에서부터 효용을 발휘할 수 있어야 한다. 정보의 효용에 대한 록펠러 위원회 보고서는 "정보는 정책입안자를 위해 수집된 지식으로 정책입안자들에게 선택의 범위를 알려주고, 정책입안자들이 적절히 판단할 수 있게 도와주어야 한다"라고 정보 제1의 효용가치를 명확하게 설명했다.

② 물론 양질의 정보라고 하여 반드시 훌륭한 정책을 보장하는 것은 아니지만 불확실성이 난무하는 오늘날 정확한 정보 없이 국가이익을 확보하고 국가를 방위하는 등으로 실제 상황에 적용될 수 있는 국가안보 정책을 수립하기는 힘들다.

(2) 신무기 개발과 배치

① 의의

㉠ 정보의 정책수립 단계에서의 효용은 신무기 개발과 배치분야에서 확연히 드러난다. 정보 역사는 적시의 정확하고 상세한 정보가 군사 무기개발과 배치에 결정적 요소로 작용했던 많은 사례를 보여 준다.

㉡ 1968년 일단의 소련 잠수함을 모니터링 하던 미 해군 정보당국은 어느 날 나타난 소련의 잠수함이 통상의 핵잠수함보다 훨씬 속도가 빠른, 매시간 34마일의 속도로 진행하고 있음을 확인하였다. 그 속도는 기왕에 CIA가 파악하고 있던 소련 잠수함의 속도를 훨씬 초과하는 것이었다. 이에 미국 정보당국은 영상정보 등 다른 추가 정보와 종합하여 소련이 고속의 신형잠수함을 진수했다는 결론에 도달했다.

㉢ 당시 미국 국방부는 핵잠수함 추가 건조계획을 수립하고 있었다. 그러나 원래 계획에 따른 핵잠수함은 소련의 신형 핵잠수함의 속도에는 미치지 못했던 것이었다. 결국 국방부는 해군 잠수정의 속도체계를 전면적으로 수정하고 소련의 신형 잠수함 제원에 대한 추가 내용을 획득하여 면밀히 파악한 후에 잠수함 건조 계획을 새로 수립하였다. 그것이 바로 미국의 최신형 SSN−688 잠수함 군단 진수로 소련의 추적을 확연하게 따돌려 소련이 더 이상 경쟁할 수 없도록 했던, 미 해군 역사상 가장 방대한 잠수함 건조 계획이었다. 만약 정보당국의 신속하고 정확한 정보제공이 없었다면 소련 잠수함에 미치지 못할 잠수함을 신병기라고 진수하고, 다시 새 잠수함을 건조하는 손해를 겪었을 것이다.

② 군비 개발과 무기 배치

CIA의 소련 내 첩자였던 톨카초프(Tolkachev)와 드미트리 폴야코브(Dmitri Polyakov) 등의 이중스파이를 통해서 소련의 군사무기 개발 상황과 병력배치 등에 대한 정보를 입수하여 천문학적 규모의 군비 개발비용과 무기 배치비용을 절감했다.

③ 핵무기 개발 계획

㉠ 영상정보(IMINT)의 성공사례로는, 미국의 정찰위성 계획인 암호명 코로나(CORONA)에 의해 소련의 핵미사일 등 배치 규모와 수준을 파악하여 그에 대응하는 정도로 핵무기 개발 계획을 수정하고 대응수위를 하향 조정하여, 막대한 국방예산을 절감할 수 있었던 것이 좋은 예이다.

㉡ 구체적으로 보면 1940년부터 1995년까지 미국은 핵무기 개발비용으로 총 3조 5천억 달러를 사용하였고 2001년을 기준으로 하여 핵무기를 유지하는 데에만 매년 270억 달러가 소요되었다. 핵무기를 단순히 배치하거나 관리하는 데에만 연간 10억 달러가 소요되며, 실전 상황에 대비한 실전운용 체계를 위해서는 별도의 의사소통 체계와 조기 경보를 위한 인공위성과 레이더에의 연결 그리고 별도의 정보수집과 정탐 활동이 필요한 바, 이를 위해 또한 매년 78억 달러가 소요된다. 핵무기 발사가 동체제의 유지와 관리에는 엄청난 비용이 소모되는 것이다.

㉢ 그러므로 소련의 핵무기 배치에 대한 정확한 정보 파악에 의해 실전 운용 핵무기를 상당히 줄이고, 필요한 한도로 국방정책 계획을 수립할 수 있게 함으로써 방대한 규모의 국방예산을 절감할 수 있었던 것이다.

(3) 사막의 폭풍 작전(Operation of Desert Storm)

1990년 이라크의 쿠웨이트 침공으로 이라크 격퇴를 위해 전개된 1991년 미국의 '사막의 폭풍 작전(Operation of Desert Storm)'에서도 국가정보는 국방 정책 수립에 결정적으로 기여하였다. 미국 정보공동체는 자체 정보와 이스라엘 그리고 독일 정보기관과의 정보공조를 통해서 이라크의 핵무기, 화학무기 · 생물학 무기 계획 및 사용가능성, 전자 감시망, 미사일 기지, 육군 · 공군의 전투력에 대한 면밀한 정보수집과 분석을 다하여 이라크의 공격망을 손쉽게 무력화시킬 수 있는 정보를 정책당국에 제공했다. 물론 국방부 당국은 효율적인 전투계획을 수립하고 시행함으로써 피해를 최소화하며 최단시간 내에 성공 적으로 작전을 완수하였다.

(4) 엔테베 구출작전

한편 카터 행정부 시절 많은 논란 끝에 실행했던, 이란 내 테러조직에 의해 대사관에 억류되었던 미국민들을 위한 비밀공작 '엔테베 구출작전'은 사막지대의 기후조건 등에 대한 그릇된 정보판단으로, 출동한 헬리콥터가 모래바람으로 추락하는 등으로 실패하고 말았다. 정보의 빈곤과 잘못된 정보 판단이 정책 수립 단계에서 당시 국무부장관이 반발하고 사직하는 등 많은 문제를 야기하고 결국 작전의 실패로 귀결되었던 것으로, 정책수립 단계에서의 정보실패도 적지 않다. 국가정보는 이처럼 정책수립 단계에서 정책의 향방을 결정할 수 있는 매우 중요한 요소가 된다.

3. 수립된 정책의 운용에서의 효용

(1) 의의

정보는 일단 수립된 국가정책의 실제운용에서도 그 효용을 발휘한다. 예컨대, 적절한 정보에 의해 경제제재국에 대한 유예된 경제 지원을 재개한다거나 제재 중단을 연장하는 결정을 할 수도 있고, 핵무기나 대량살상무기 확보의 일환으로 판단되는 경제거래를 중단시킬 수도 있다.

(2) 이란의 핵무기 개발

① 예컨대 1992년 미국은 이란이 지속적으로 의심스러운 물자 구매를 하는 행태를 관찰하여 최종적으로 이란이 비밀리에 핵무기 개발을 진행 중인 것으로 결론지었다. 이에 미국은 이란의 핵무기 개발에 필요한 물자들의 이동 경로를 추적하여 아르헨티나에 대해, 핵무기 개발에 연결될 수 있는 우라늄 원석의 이란에의 수출을 금지해 줄 것을 요구하여 관철시켰다.

② 또한 국가안보국(NSA)은 이란 책임자와 중국의 간부 사이의 핵무기 개발에 필요한 화학물질의 장기공급에 대한 통화를 도청한 후에 이를 중국 당국에 제시하여, 중국에 대해서도 이란에 대한 핵반응기와 화학물질의 판매 금지를 요청했다. 결국 이란의 1차 핵무기 개발 계획이 좌절되었음은 물론이다. 정책운용에서의 정보가 빛을 발휘한 좋은 사례이다.

4. 분쟁대처에 대한 정보의 효용

① 정확하고 시의적절한 국가정보는 각종 분쟁에 대한 대처와 해결을 위해서도 효용을 발휘한다. 전통적으로 전쟁을 지원하는 업무는 국가정보의 가장 중요한 임무이다.

② 전쟁 상황에서는 적국의 총전투력을 비롯해 병력이동 상황, 작전계획 등 전술정보의 수요는 간단치 않다. 전면전이 아닌 부분전의 경우에도 정보의 필요성은 말할 나위가 없다. 또한 분쟁이 예상될 수 있는 다른 나라의 군축협상이나 무역협상 그리고 국제회의 개최에 대해서도 사전 정보파악은 매우 중요하다. 그에 맞추어 유용한 대책을 강구함으로써 분쟁 발발 시에 정보가 적시에 효용을 발휘할 수 있다.

5. 국가 경고기능에 대한 정보효용

(1) 의의

① 정보는 군사작전과 테러활동 그리고 다른 적대적인 행동을 포함한 각종 위협에 대한 경고기능을 수행한다. 그러므로 국가적 경고가 발동될 위기상황에 대한 신속하고 정확하며 효율적인 정보파악은 매우 중요하다.

② 정확한 관련 정보를 정책당국에 제공하고 사전에 철저한 준비와 대비를 다하게 하여 국가충격을 방지하며, 더불어 공식적 · 비공식적 외교경로 등을 통해서 위협 조치를 사전에 차단할 수 있게 하는 것은 정보가 국가 비상사태에 대비하여 효용을 발휘해야 할 영역이다.

(2) 선제공격이론

그러한 외교효과가 발휘되지 않을 경우에는 소위 적극적 자위책이라는 이름으로 선제공격을 한 사례도 있다. 현재까지도 법률논쟁이 제기되고 있지만, 2003년 부시 행정부에 의한 이라크 침공 시에 법 이론적인 근거로 제시되었던 선제공격이론(preemption theory)이 좋은 사례이다.

(3) 사례

① 한편 1980년 CIA는 소련의 폴란드 침공계획 정보를 입수하였고, 이에 지미 카터 대통령은 소련 브레즈네프 공산당 서기장에게 강력히 경고하여 폴란드 침공을 예방하였다.

② 1991년 미국 정보당국이 이라크가 반군에게 독가스를 사용할 것이라는 정보를 입수하고, 그것이 국제법적으로 용인되지 않을 것임을 강력히 경고하여 독가스 사용을 방지한 바도 있다. 이러한 사례는 국가경고기능 발동에 대한 정보효용의 좋은 예이다.

6. 국제조약의 이행 감시에 대한 정보효용

① 국가정보는 준수의무가 부과된 국제조약에 있어서 관련 상대국의 협약 이행을 감시하고 평가하며, 위배사항을 적발하고 이를 다시 공론화하여 국제제재의 기초로 삼는 등의 방법으로 국제조약의 준수를 도모하여 규범성을 높이는 데에도 커다란 효용성이 있다.

② 강제 집행력이 결여된 국제조약의 경우에는 사실 국제기구나 국제 NGO에 의한 한정적인 모니터링 활동 이외에 마땅한 통제 와 감시 수단이 없다. 그러나 각국의 정보기구는 상대방의 조약이행을 감시하고 평가하는 임무를 수행하고 그를 통해 체결된 국제조약이 차질 없이 이행될 수 있도록 해줄 수 있다.

③ 냉전시대에 미국으로서는 특히 중국과 러시아가 무기 금수조약을 철저히 준수하고 있는지가 항상 관심사로, 조약이행에 대한 철저한 감시를 다하였다. 한편 조약위배사항을 적발한 국가는 개별국가에 의한 경제제재를 포함한 자체적인 제재 이외에 당해 조약이 정한 절차에 의해 국제법적으로 이의신청을 하거나 정치적으로 UN 총회에 공식 안건으로 상정하여 위배국가에 대한 국제사회 의 제재를 촉구하는 등의 방안을 강구하게 된다.

7. 정보효용의 극대화를 위한 정보의 일반적인 요건

① 정보의 실질적 가치는 이처럼 국가안보와 관련된 정책계획에서부터 조약이행의 점검이라는 각 영역에서 정보가 무엇을 어떻게 어느 정도 기여하였는가의 문제이다. 그러나 현실적으로 시간적 · 인적 · 물적의 다양한 요소가 혼합되고 복합작용을 거쳐 이루어지는 국가정책의 운용에 있어서 정보의 기여도만을 단독으로 분리하여 평가하기는 어렵다.

② 한편 정보효용의 극대화를 위한 정보의 일반적인 요건으로는, 정보는 현안에 대해 적합성(Relevance)과 적시성(Timeliness), 정확성(Accuracy) 그리고 객관성(Objectivity)을 갖출 것이 요구된다. 국가정책의 운용에 있어서 사안에 적합한 정보가 객관적이고 정확한 내용을 담아 적시에 제공되어야 정보의 효용을 극대화할 수 있는 것이다.

③ 정책당국자들은 정보담당자들이 제공하는, 상황에 적합하며 적시의 정확하고 객관적이며 상세한 내용을 담은 정보를 바탕으로 상대세력이 실제 행동을 취하기 전에 외교적 · 군사적 내용을 포함한 사전 경고를 하여 예방하거나, 실제 행해진 내용에 대해서는 무효화할 것을 요구하거나 국제사회의 제재를 요청하는 등으로 국가안보를 공고히 해 나갈 수 있는 것이다.

220

국가정보의 기능 중 정책 환경 진단으로 적절하지 않은 것은?

① 국익 증대를 위한 국내외 다양한 여건 진단

② 자국에 대한 잠재적국의 위협 평가

③ 자국의 국익 및 안보적 취약성 진단

④ 정책 추진에 필요한 제약 요인 검토

정답 ④

풀이 정보는 정책 추진에 필요한 제약 요인을 검토하여 정책수립과 조정과정에 요구되는 판단을 제공한다.

221

정보의 정책 환경 진단 기능으로 틀린 것은?

① 유용한 정책대안의 범위 획정
② 자국에 대한 잠재적국의 위협 평가
③ 자국의 국익 및 안보적 취약성 진단
④ 국익 증대를 위한 국내외 여건 진단

정답 ①

풀이 유용한 정책대안의 범위 획정은 정책 선택의 단계에서의 기능이다.

222

정보의 정책수립단계에서의 효용의 사례로 적절하지 않은 것은?

① 핵무기 개발 계획 수정
② 효율적인 전투계획 수립
③ 우라늄 원석의 이란에의 수출을 금지
④ 비밀공작 지역의 기후조건 등에 대한 정보 판단

정답 ③

풀이 정보는 일단 수립된 국가정책의 실제운용에서도 그 효용을 발휘한다. 예컨대, 적절한 정보에 의해 경제제재국에 대한 유예된 경제 지원을 재개한다거나 제재 중단을 연장하는 결정을 할 수도 있고, 핵무기나 대량살상무기 확보의 일환으로 판단되는 경제거래를 중단시킬 수도 있다.

223

정책집행 단계의 국가정보의 효용으로 옳은 것은?

① 정책 평가에 대한 판단 제공
② 국익 증대를 위한 국내외 여건 진단
③ 자국의 국익 및 안보적 취약성 진단
④ 유용한 정책대안의 범위 획정에 기여

정답 ①

풀이 국익 증대를 위한 국내외 여건 진단과 자국에 대한 잠재적국의 위협 평가는 정책 환경 진단 단계에서의 효용이고, 유용한 정책대안의 범위 획정에 기여는 정책 선택 단계의 효용이다.

224

국가정책을 지원하는 국가정보의 기능으로 적절하지 않은 것은?

① 국력의 효과적 사용에 기여
② 협상 상대국에 대한 정보 제공
③ 유용한 정책대안의 범위 획정에 기여
④ 정책 추진에 필요한 제약 요인 검토

정답 ②

풀이 협상 상대국에 대한 정보 제공은 협상체결 및 국제조약의 검증 기능에 속한다.

225

정책수립 계획 및 구체적 정책운용 단계에서의 국가정보 효용으로 틀린 것은?

① 관련 상대국의 협약 이행을 감시하고 평가하며, 위배사항을 적발할 수도 있도록 도와준다.
② 정책입안자들에게 선택의 범위를 알려주고, 정책입안자들이 적절히 판단할 수 있게 도와준다.
③ 적절한 정보에 의해 경제제재국에 대한 유예된 경제 지원을 재개한다거나 제재 중단을 연장하는 결정을 할 수도 있도록 도와준다.
④ 핵무기나 대량살상무기 확보의 일환으로 판단되는 경제거래를 중단시킬 수도 있도록 도와준다.

정답 ①

풀이 ① 통상적으로 정보는 정책수립 및 집행과정에 맞추어 5가지의 단계별로 도움을 주게 된다. 정책 수립 계획에의 기여, 구체적 정책운용에서의 기여, 분쟁상태의 경우 협상과 극단적인 전쟁대처에서의 기여, 경고기능 달성으로서의 기여 그리고 조약이행의 점검에서의 효용 등이 그것이다. 상대국의 협약 이행 감시는 조약이행의 점검에서의 효용으로 정책 수립 계획 및 구체적 정책운용에서의 효용으로 볼 수 없다.

226

정보의 정책수립 단계에서의 효용의 사례로 적절하지 않은 것은?

① 선제공격
② 효율적인 전투계획을 수립
③ 군비 개발비용과 무기 배치비용을 절감
④ 해군 잠수정의 속도체계에 대한 전면적 수정

정답 ①

풀이 ① 선제공격은 국가 경고기능에 대한 정보효용의 사례이다.

핵심정리 국가정보의 가치

(1) 국가정보는 생산이 목적이 아니다. 국가정보는 실제 필요한 상황에서 다른 정책요소와 경합하여 적절히 반영되고 사용될 때에 진정한 가치를 지니고 빛을 발하게 된다.
(2) 그러므로 생산한 정보를 비밀창고에 보관하고 보안조치하고 있는 것만으로는, 국가정보는 아무런 실제적인 효용을 가질 수 없다.

핵심정리 국가정보의 효용

(1) 정책 수립 계획에의 기여
(2) 구체적 정책운용에서의 기여
(3) 분쟁상태의 경우 협상과 극단적인 전쟁대처에서의 기여
(4) 경고기능 달성으로서의 기여
(5) 조약이행의 점검에서의 기여

227

국가정보의 효용과 관련된 내용 중에서 틀린 것은?

① 국가정보의 효용은 주로 국가 안보와 관련한 이슈에만 국한된다.
② 국가정보는 국가안보를 확보하는 데 중요한 임무를 수행하며, 이는 각종 분쟁에 대한 대처와 해결에서 국가정보의 효용성을 두루 보여준다.
③ 국가정보는 정확하고 시의 적절한 경고기능을 수행하며, 군사작전, 테러활동 및 다른 적대적인 행동을 포함한 모든 위협에 대해 경고를 제공한다.
④ 국가정보는 수립된 국가정책의 실제 운용에서 중요한 역할을 하며, 특정한 경제 거래의 중단 등의 결정을 내리는 데 도움을 줄 수 있다.

정답 ①

풀이 ① 국가정보의 효용은 국가 안보와 관련한 이슈뿐만 아니라, 여러 다양한 부분에서 국가의 이익을 확보하고, 불확실성을 줄이는 데 있어 중요한 역할을 한다. 따라서, 국가정보의 효용이 주로 국가 안보와 관련한 이슈에만 국한되는 것은 아니다.
② 국가정보는 국가의 국가안보를 확보하는 데 중요한 임무를 수행하며, 이는 각종 분쟁에 대한 대처와 해결에서 국가정보의 효용성을 두루 보여준다.
③ 국가정보는 정확하고 시의 적절한 경고기능을 수행하며, 군사작전, 테러활동 및 다른 적대적인 행동을 포함한 모든 위협에 대해 경고를 제공한다.
④ 국가정보는 수립된 국가정책의 실제 운용에서 중요한 역할을 하며, 특정한 경제 거래의 중단 등의 결정을 내리는 데 도움을 줄 수 있다.

228

국가정보의 효용에 관한 설명 중에서 틀린 것은?

① 국가정보는 국가의 안전을 위협하는 다양한 요소에 대한 경고 기능을 수행하며, 국가의 경고 시스템이 신속하고 정확하게 작동할 수 있도록 돕는다.

② 국가정보는 국가의 정책 수립과정에서 중요한 역할을 하며, 정책 입안자들이 적절하게 판단할 수 있도록 정보를 제공한다.

③ 국가정보는 국제 조약의 이행 감시에서 큰 역할을 하며, 관련 상대국의 협약 이행을 감시하고 평가하는 역할을 한다.

④ 국가정보는 불확실성이 많은 현대사회에서 항상 훌륭한 정책을 보장한다.

정답 ④

풀이 ① 국가정보는 국가의 안전을 위협하는 다양한 요소에 대한 경고 기능을 수행하며, 국가의 경고 시스템이 신속하고 정확하게 작동할 수 있도록 돕는다.

② 국가정보는 국가의 정책 수립과정에서 중요한 역할을 하며, 정책 입안자들이 적절하게 판단할 수 있도록 정보를 제공한다.

③ 국가정보는 국제 조약의 이행 감시에서 큰 역할을 하며, 관련 상대국의 협약 이행을 감시하고 평가하는 역할을 한다.

④ 국가정보는 불확실성이 많은 현대사회에서 항상 훌륭한 정책을 보장하지는 않지만, 정확한 정보는 좋은 정책을 수립하는 데 도움이 된다.

229

다음 중 국가안보를 위한 국가정보 또는 정보기관의 기능에 대한 설명으로 가장 적절하지 않은 것은?

[2024년 기출]

① 국가정보는 국가의 안보 목표를 달성하기 위한 중요한 수단이자 투입변수라고 볼 수 있다.

② 국가정보의 모든 조직, 활동 그리고 그것을 통한 지식의 생산은 국가안보적 이익을 증진함에 있다.

③ 국가정보는 올바른 정보를 제공해 줌으로써 정책결정권자의 선입견, 편견, 이데올로기적 독선 등을 해소시켜 주는 데 긍정적으로 기여할 수 있다.

④ 정보기관이 정책결정권자에게 최고 수준의 정보를 제공하게 되면 국가안보 목표 달성에 필요한 최선의 정책 결정이 산출된다.

정답 ④

풀이 ④ 최고 수준의 정보 제공이 반드시 최선의 정책 결정을 산출하는 것은 아니다. 아무리 정확하고 핵심을 찌르는 정보라 하더라도 정책수립의 시의성을 놓치게 되면 정보로서의 의미를 상실하게 된다. 또한 최고 수준의 정보를 제공해도 정책결정자가 이해를 못할 수도 있고 자신의 선호에 맞지 않아 무시할 수도 있다.

230

국가정보의 기능에 대한 설명으로 틀린 것은? [2021년 기출]

① 사경제 주체의 상업적 이익 증가
② 현재 및 미래 안보 위협에 대한 경고
③ 국제조약 검증 및 대외협상 능력 제고
④ 국가산업 활동을 위한 산업 경쟁력 제고

정답 ①

풀이 ① 국가정보는 국가 차원의 정책 수립에 필요하며 기업 등 사경제 주체의 활동에 이익을 주는 것을 목표로 하지 않는다.

231

정책결정에서 정보의 역할에 대한 내용으로 틀린 것은?

① 정보는 정책결정권자를 중심으로 주제를 선정한다.
② 적시의 정보제공은 정책의 영향력을 뒷받침해 준다.
③ 정보와 정책결정 사이에는 뚜렷한 연결고리가 나타난다.
④ 정책에 대해 정보기구가 계속적인 확인 과정을 통해 정책에 대한 국민의 신뢰도를 제고할 수 있다.

정답 ③

풀이 ③ 정보와 정책은 기능적 측면에서 별개로 분리된다. 행정부는 어디까지나 정책에 의해 운용되며, 정보는 정책지원 기능은 있지만 정책 선택에 있어서 어느 한쪽을 옹호하는 방향으로 작동되어서는 안 된다는 한계가 있다. 그리고 정치적, 사회경제적 요인 등이 모두 정책결정에 영향을 미치기 때문에 정보와 정책결정 사이의 뚜렷한 연결고리가 나타나기 어렵다.

232

정보와 정책의 관계에 대한 설명으로 틀린 것은?

① 정책은 국가정보기관의 정보에 종속되어야만 한다.
② 정보는 정책에 관여할 수 없지만 정책은 정보에 영향을 미칠 수 있다.
③ 정보기관의 능력이 뛰어나더라도 국가의 정책방향을 정보로만 결정할 수는 없다.
④ 정보와 정책은 상호 밀접한 관계를 가지고 있기 때문에 정보기관과 정책결정자는 상호 협력하여야 한다.

정답 ①

풀이 ① 정보는 정책에의 서비스 자료로 정보가 정책에 종속된다. 정보의 정책 종속성, 반투성 차단막, 정보와 정책의 레드라인(red line)이라는 용어가 모두 정보와 정책의 관계를 말해준다.

233

정보에 대한 모토인 "And you shall know the truth, and the truth shall make you free"에 대한 설명으로 틀린 것은?

① 미국 중앙정보국(CIA)의 모토이다.

② 여기에서 "truth"는 정보를 의미한다.

③ 진실이라는 국가정보의 속성상 정책의 정보에 대한 종속성을 말해 준다.

④ 정보의 필요성과 진리 추구라는 정보의 의미와 속성을 묘사한 금언이다.

정답 ③

풀이 ③ CIA의 모토로 정보의 진리 추구의 속성을 표현하지만, 정보가 진리 그 자체라는 의미는 아니다. 정보는 정책 수립 · 운용에 기여해야 한다는 정보의 정책 종속성을 표현한 것이다.

핵심정리 **정보수요처 불특정의 정보제공 원칙**

(1) 정보공동체는 비밀등급 분류하지 않은 이상 원칙적으로 생산한 정보의 수요자로 특정한 대상을 지정하지 않고 정보수요부처에 배포해야 한다.
(2) 정보를 제공받은 부처는 자신의 판단으로 필요한 정보를 사용하게 한다.
(3) 정보공동체는 보안 이외에 정보전달 이후의 정보사용 문제를 고민할 필요가 없다.

234

정보수요처 불특정의 정보제공 원칙에 대한 설명으로 틀린 것은?

① 정보공동체는 생산한 정보의 수요자를 특정하지 않고 모든 정보수요부처에 정보를 배포하는 것이 원칙이다.

② 정보를 제공받은 부처는 자신의 판단으로 필요한 정보를 사용하기 전에 정보공동체와 협의한다.

③ 정보공동체는 정보전달 이후의 정보사용에 대해서는 보안 문제 외에는 고려할 필요가 없다.

④ 정보공동체는 비밀등급으로 분류된 정보에 대해서는 정보수요처 불특정의 정보제공 원칙이 적용될 수 없다.

정답 ②

풀이 ② 정보를 제공받은 부처는 자신의 판단으로 필요한 정보를 사용하게 한다.

235

정보 공동체와 정책 공동체의 관계 구축에 필요한 것으로 틀린 것은?

① 국가정보의 자동 활용체계 구축

② 정보수요처 불특정의 정보제공 원칙

③ 정보와 정책영역의 레드라인(red line) 설정

④ 정보공동체와 정책공동체 쌍방향 차원에서의 장벽제거로 상호 투명한 경계막 형성

정답 ④

풀이 ④ 로웬탈의 지적처럼 정보공동체와 정책공동체 사이에는 정책공동체에서 정보공동체로 향하는 일방향의 반투성의 경계막이 형성되는 것이 필요하고 중요하다.

핵심정리 합동배치정보지원시스템(JDISS)

(1) 의의

합동배치정보지원시스템(Joint Deployable Intelligence Support System)은 미국 국방부가 개발하여 전 세계에 나아가 있는 군 현장지휘관 등 정보수요자가 컴퓨터 단말기를 통해 손쉽게, 그리고 수시로 자신이 필요로 하는 정보와 기존의 배포정보는 물론이고 정보기관의 문서보관소에 접속하여 필요한 관련 정보를 확인하고 추가적인 정보를 요청할 수 있는 정보와 정책의 자동연계 시스템이다. 합동배치정보지원시스템은 더 나아가 특정한 문제에 대한 맞춤형 정보분석까지 요구할 수 있는 것으로 알려져 있다. 필요한 정보를 정보수요자가 손쉽게 검색할 수 있다는 이점 외에도, 원거리에서도 정보에 대한 인풋(Input)과 아웃풋(Output)을 손쉽게 할 수 있다는 획기적인 정보활용 방안으로 평가된다.

(2) 기능

합동배치정보지원시스템(JDISS)은 ① 특정한 정보에 대한 요구를 간편하게 전달하고 전달받기 ② 작전구역 및 작전현장과 국가정보 데이터베이스에의 신속한 접근 ③ 디지털 영상제공 ④ 자동화된 기록 메시지 처리 시스템과 인식 및 경보 체계, 그리고 정보수집 관리시스템에의 접근 ⑤ 정보수요자의 현장의 정보자료 입력 ⑥ 음성 전자정보 산출과 영상 전자회의와 같은 멀티미디어 기능 실행을 자동적으로 할 수 있는 것으로 알려져 있다.

핵심정리 인텔링크

(1) 의의

① 인텔링크는 미국 정보공동체에서 사용하고 있는 것으로 알려진 최고의 안전도를 갖춘 정보와 정책공동체의 내부 인트라넷이다. 정보망 연결(INTELligence Link)의 철자 약어로 비밀 분류되어 있다. 인텔링크는 결국 인터넷 시스템을 활용하여 컴퓨터상으로 구성한 프레임 워크로 정보생산자와 정보수요자를 직접 연결해 정보기구가 생산한 정보를 배포하고, 필요한 정보를 교환하는 통합 정보 보급망이라고 할 수 있다.

② 인텔링크는 1994년에 인터넷의 유용성을 정보공유와 신속한 정보활용을 도모하기 위하여 구축되었다. 1994년 8월 당시 울시(Woolsey) 국장은 이것을 "모든 정보 공급을 위한 전략적 방향"이라고 선언했던 것으로 정보수요 부처와 정보생산자 간의 정보거래에 대한 절차적인 부담을 제거하고, 정보처리와 활용, 그리고 상호협조를 강화하며 정보생산과 배포체계를 현대화하려는 미국 정보 공동체의 총체적인 노력의 산물이었다. 이러한 목적을 위해 구축된 인텔링크는 극도의 보안성을 갖춘 정보와 정책 공동체 내부의 전자네트워크인 것이다. 미국의 경우 정보공동체를 중심으로 구축된 인텔링크는 행정부처 등 정책부서, 그리고 군부대 등과 연결된 것으로 알려져 있다. 인텔링크는 계속하여 진화하고 있다고 한다.

③ 인텔링크는 미국 정보공동체의 개별 정보기구가 생산한 정보를 개별 정보기구 상호간에는 물론이고 정책부서와도 손쉽게 공유하고 의사소통을 촉진함으로써 업무의 유기적인 협력관계를 구축하기 위해 1차적으로는 정보공동체의 비밀 분류된 다양한 정보 데이터베이스를 연결했다. 1999년 마틴(Fredrick Thomas Martin)은 전 세계에서 가장 방대하고 가장 안전한 네트워크라는 부제를 가진 「I 급 비밀 인트라넷: 어떻게 미국 정보공동체는 INTELINK를 구축했는가?」라는 책을 출판하여 인트라넷에 대해 알 수 없었던 비밀 정보를 소개했다. 그러나 이 책은 더 이상 출판되지 않고 있다.

(2) 인텔링크의 종류

① Intelink－U(Intelink－Unclassified Net): 주로 공개정보를 다루는 인텔링크

② Intelink－S(Intelink－Secret Net): 비밀정보를 취급하는 인텔링크

③ Intelink－TS(Intelink－SCI): 최고의 극비 비밀정보를 취급하는 인텔링크

④ Intelink－P(Intelink－Policy Net): CIA가 별도로 운용하는 것으로 백악관과 몇몇 최고위층의 정보수요자와 연결된 인텔링크

⑤ Intelink－C(Intelink－Commonwealth): 영국, 캐나다, 호주와 연결된 인텔링크.

(3) 평가

정보의 생산은 정보의 소비를 전제로 한 일국의 국력이 농축된 역동적인 활동이다. 그러한 역동적 활동의 결과물은 정책에 반영됨으로써 진정한 빛을 발휘하게 된다. 그러므로 정보의 정책에의 반영 시스템 구축은 맹목적인 정보의 수집활동보다 더욱 중요하다. 독대보고나 면전보고 그리고 서면보고서 같은 기존의 정보제공 방식 이외에 각국의 현실에 맞는 실시간 정보활용 체계와 정보공유체계의 구축은 아무리 강조해도 지나치지 않을 것이다.

236

미국의 합동배치정보지원시스템(Joint Deployable Intelligence Support System)에 대한 설명으로 틀린 것은?

① 국가정보의 자동 활용체계의 일종이다.

② 인텔링크(INTELINK)도 미국의 국가정보의 자동 활용체계의 일종이다.

③ 정보소비를 의미하는 아웃풋(Output)은 용이하지만 정보사용자가 직접 새로운 정보를 입력하는 인풋(Input)은 불가능하다.

④ 미국 국방부가 개발하여 전 세계 군 현장지휘관 등 정보수요자가 컴퓨터 단말기를 통해 손쉽게, 그리고 수시로 필요한 정보를 확인하고 추가적인 정보를 요청할 수 있는 정보와 정책의 자동연계시스템이다.

정답 ③

풀이 ③ 미국의 합동배치정보지원시스템은 정보와 정책의 자동연계 시스템으로 필요한 정보를 정보수요자가 손쉽게 검색할 수 있다는 이점 외에도, 정보에 대한 인풋(Input)과 아웃풋(Output)을 손쉽게 할 수 있는 정보 활용 방안이다.

핵심정리 정책결정과정에서의 정보의 기능

1. 정책 환경의 진단
   ① 조기경보
   ② 국익 증대를 위한 국내외 여건 진단
   ③ 자국에 대한 잠재적국의 위협 평가
   ④ 자국의 국익 및 안보적 취약성 진단
2. 정책의 수립 및 조정
   ① 정책 수립 및 조정에 유용한 지식 제공
   ② 정책 추진에 필요한 제약 요인 검토
3. 정책의 선택
   ① 유용한 정책대안의 범위 획정에 기여
   ② 국력의 효과적 사용에 기여
   ③ 미래에 전개될 새로운 상황 예측
4. 정책의 집행 및 평가
   ① 정책의 집행시기 판단에 기여
   ② 협상 상대국에 대한 정보 제공
   ③ 상대국의 조약 이행 감시
   ④ 정책 평가에 대한 판단 제공

237

국가정보의 효용에 대한 설명으로 틀린 것은? [2022년 기출]

① 국가정보는 국가 정책수립 단계에서부터 효용을 발휘할 수 있어야 한다.
② 정보는 일단 수립된 국가정책의 실제운용에서도 그 효용을 발휘한다.
③ 노사분쟁, 정당 간의 경쟁 등 각종 분쟁에 대한 대처와 해결을 위해서도 효용을 발휘한다.
④ 정보는 군사작전과 테러활동 그리고 다른 적대적인 행동을 포함한 각종 위협에 대한 경고기능을 수행한다.

정답 ③

풀이 ③ 분쟁대처에 대한 국가정보의 효용에서 말하는 분쟁은 군축협상이나 무역협상에서 예상되는 국가 간 분쟁이다. 정확하고 시의적절한 국가정보는 전쟁 상황, 군축협상, 무역협상 등에서 발생하는 국가 간 각종 분쟁에 대한 대처와 해결을 위해서도 효용을 발휘한다.

핵심정리 국가정보의 기능

1. 조기경보 기능

정보는 사전에 잠재적국의 움직임을 탐지하여 국가존립에 위협을 줄 수 있는 위협상황을 추적하여 경보기능을 수행한다. 가상 또는 실질적국의 전략, 전술, 전쟁계획, 전력구조, 군사배치, 그리고 무기체계 등에 대한 정보를 사전에 획득하여 비상시에 대비케 하는 것도 국가정보의 역할이다. 잠재적 적대국의 군사적 동향뿐만 아니라, 국제적 규모에서 발생하는 금융위기, 환경재난, 전염병, 국제범죄 등도 조기 경보의 대상이 된다.

2. 국가정책 지원

(1) 정책 환경 진단

① 국익 증대를 위한 국내외 여건 진단

정보는 국익증대를 위한 국내외의 다양한 여건을 진단한다. 오늘날 국가는 국익증대를 위해 국내외의 정치 · 경제 · 군사 · 과학기술 · 사회 등 광범위한 분야의 정보가 필요하다. 정보는 제반 정책분야에 대한 진단을 통해 정책결정자로 하여금 현재의 상황을 인식하게 한다.

② 자국에 대한 잠재적국의 위협 평가

정보는 자국에 대한 잠재적국의 위협을 평가하여 안보유지에 필요한 정책을 수립하는 데 기여한다. 잠재적국의 군사적 위협에 대한 정확한 진단은 대응정책을 수립하는 데 필요한 판단자료가 된다는 측면에서 중요한 기능이라고 할 수 있다.

③ 자국의 국익 및 안보적 취약성 진단

정보는 자국의 국익 및 안보적 취약성을 진단하는 데 기여한다. 국익적 취약성에 대한 진단이란 산업기술 · 외환 · 금융 · 통상 · 과학기술 등 국가의 전략적 분야에서 타국과의 경쟁에서 낙후되고 있는 원인과 배경에 대한 진단을 하는 데 정보가 중요한 역할을 한다는 것을 의미한다. 또한 정보는 외교 · 군사적 측면에서 자국의 안보적 취약 요소를 진단하는 데에도 기여한다. 그리고 방첩분야에서도 타국정보기관의 정보활동으로부터 취약한 부분을 진단하는 데도 정보는 중요한 역할을 한다.

(2) 정책의 수립 및 조정

① 정책 수립 및 조정에 유용한 지식 제공

㉠ 정보는 정책을 수립하고 조정하는 데 유용한 지식을 제공한다.

㉡ 정보는 관련 대상국가에 대한 다양한 국익확대 요소와 안보위협 요소 등에 대한 지식을 생산하고 제공함으로써 자국의 외교안보정책 수립에 기여한다.

㉢ 정책수립을 검토하는 과정에서 중요한 것은 정책의 성공여부와 정책 추진 시 제기되는 문제점 등을 검토하는 것이다.

㉣ 정책의 수립 및 조정은 정확한 정책환경에 대한 진단을 바탕으로 이루어지며, 정보는 정책환경의 변화로 국익증대 여건과 안보 연건이 변화되면서 발생한 현 정책의 문제점을 파악하도록 해준다.

㉤ 정보는 변화된 정책환경에 대응하기 위한 새로운 정책수립과 시행되고 있는 정책의 조정방향에 대한 필요한 판단을 제공하기도 한다.

② 정책 추진에 필요한 제약 요인 검토

㉠ 정보는 정책수립과 조정과정에서 정책 추진에 필요한 제약 요인을 검토하는 데 요구되는 판단을 제공한다.

㉡ 대외정책은 외교적, 군사적, 경제적, 심리적, 문화적 수단 등 다양한 수단의 동원을 통해 이루어진다. 이때 정보는 이러한 수단을 활용하는 데 따르는 제약요인을 평가하는 데 필요한 판단을 제공한다.

㉢ 제약요인에 대한 검토는 예산, 인력, 조직 등 내부적인 자체능력에 대한 검토를 통해 이루어지며, 주진하려는 정책에 대한 국제여론, 국민여론 등에 대해서도 검토가 필요한데 정보는 이러한 검토에 필요한 자료를 제공한다.

(3) 정책 선택

① 유용한 정책대안의 범위 획정에 기여

㉠ 정보는 정책담당자들에게 유용한 정책대안의 범위를 밝혀 주고 판단을 내릴 수 있도록 해준다.

㉡ 정책의 수단이 다양한 만큼 정책대안은 매우 다양할 수 있는데 정책선택의 범위가 클수록 당연히 정책을 선택하는 데는 많은 어려움이 따른다.

㉢ 정보는 국익과 안보를 위해 가장 효용성이 큰 다양한 정책 대안들을 검토하여 정책을 선택하는 데 필요한 판단을 제공하기도 하고 각 대안들의 장단점, 향후 파급영향 및 결과를 분석하여 비교 검토하는 데 필요한 판단을 제공한다.

㉣ 정책의 선택에 있어서 정보의 역할이 중요한 까닭에 대부분의 국가들이 수준 높은 정보를 얻기 위해 노력하는 것은 당연하다. 그러나 훌륭한 정보가 반드시 훌륭한 정책선택의 결과로 나타나는 것을 의미하는 것은 아니며, 이는 종종 중요한 정보가 정책결정자의 의지나 판단에 의해 활용 되지 않는 경우가 있기 때문이다.

② 국력의 효과적 사용에 기여

㉠ 정보는 국력을 효과적으로 사용하는 데 기여한다.

㉡ 국가가 정책을 결정한다는 것은 결국 모든 분야에 있어서 국가가 갖고 있는 능력을 가장 효과적으로 사용하여 국가의 발전을 도모하는 것을 말하는데, 정보는 이와 같이 국력을 효율적, 경제적, 집중적으로 사용하는 데 필요한 판단을 제공하는 역할을 한다.

㉢ 정보는 국력을 사용해야 할 상황을 정확하게 분석함으로써 가장 적절한 시기에 국력의 사용이 수행되도록 한다.

㉣ 모든 조건이 동일한 상태에 있을 때 불확실하고 불충분한 정보는 국력 의 낭비와 소모를 초래하여 국력의 분산 요인으로 작용될 수 있기 때문이다.

③ 미래에 전개될 새로운 상황 예측

㉠ 정보는 현재의 정책환경을 바탕으로 미래에 전개될 새로운 상황을 예측하는 데 필요한 판단을 제공한다.

㉡ 미래의 정책환경은 불확실하고 가변적인데, 정책의 선택은 이런 상황을 예측하면서 이루어지는 것으로, 미래의 변화상황에 대한 정확한 예측은 쉽지 않은 것이 사실이다.

㉢ 그러나 국익추구라는 목표와 불확실한 안보적 상황이라는 관점에 최선의 정책을 선택하기 위해서는 정확한 미래상황 예측이 필수적이다. 이는 상황변화에 따라 정책적 대응방안과 전략수립의 목표가 달라질 수 있기 때문이다.

㉣ 정보는 향후 전개될 수 있는 가능한 시나리오를 분석하고 개연성이 가장 큰 순서대로 분류한 후 전개상황에 대한 분석을 통해 미래예측에 대한 판단을 제공함으로써 합리적 정책의 선택이 이루어지는 데 기여한다.

(4) 정책집행 및 평가

① 정책의 집행시기 판단에 기여

㉠ 정보는 정책의 집행시기를 판단하는 데 기여한다.

㉡ 정책을 집행하는 데에는 적절한 시기에 대한 판단이 요구되는데 아무리 훌륭한 정책이라 할지라도 집행시기에 따라 그 결과가 달라지기 때문이다.

㉢ 정책의 집행이 정확한 시기에 이루어지지 않고 지연됨으로써 정책의 효과가 반감될 수도 있으며, 경우에 따라서는 실패를 초래할 수도 있다.

㉣ 특히 급박한 상황하에서 정책집행 시기를 잘못 판단하는 경우 엄청난 국익과 안보적 손실이 초래되기도 한다. 시의적절한 정보는 올바른 정책집행의 가장 정확한 시기를 결정하는 데 중요한 역할을 한다.

② 정책 평가에 대한 판단 제공

㉠ 정보는 정책 평가에 대한 판단을 제공한다. 정보는 현재 진행되고 있는 정 책의 문제점, 효과, 그리고 반응 등을 판단하는 데 기여한다.

㉡ 이 세상의 어느 국가나 정부도 완벽한 정책을 수립할 수는 없다. 어떤 정책이든 장점과 단점이 있기 마련이며, 그 효과 또한 긍정적 혹은 부정적 측면을 포함하고 있다.

㉢ 정보는 현재 시행되고 있는 정책이 국익과 안보에 어느 정도 기여를 하고 있는가를 평가하는 데 기여한다는 측면에서 중요하다고 하겠다.

3. 협상체결 및 국제조약 검증

(1) 협상 상대국에 대한 정보 제공

① 협상은 국가 간에 매우 중요한 외교적 수단이며 협상력의 정도는 바로 정확한 상대국에 대한 정보가 좌우한다.

② 국가 간의 군축협상, 무역협상, 국제회의 등에서 이익이 상충할 때 정보는 상대국의 양보여지, 입장수정 및 수용정도 등에 대해 알려 줄 수 있다. 협상대상국에 대한 충분한 정보는 협상을 유리하게 이끌어 국익에 도움을 줄 수 있다.

(2) 분쟁국에 대한 개입과 중재에 기여

① 국제안전도모를 위해 행해지는 분쟁국에 대한 개입과 중재 등에 있어 정보가 중요한 역할을 한다. 미국의 개입과 중재능력은 강력한 정보력에 바탕을 두고 있다.

② 미국은 분쟁중인 이집트와 이스라엘 양측에 U-2기의 영상정보를 제공함으로써 1979년 이집트와 이스라엘 간에 평화조약을 체결하는 데 기여한 바 있다.

(3) 상대국의 조약 이행 감시

① 국가정보는 국제조약에 있어서 준수의무가 부과된 관련 상대국의 조약 이행을 감시하고 평가하는 데 기여한다.

② 미국은 군축협정에 대한 구소련의 준수 여부, 핵무기확산금지조약에 대한 세계 각국의 준수 여부, 반도체협약에 대한 일본의 준수 여부 등을 검증하기 위해 정보를 사용하였다.

③ 강제 집행력이 결여된 국제조약의 경우에는 사실 국제기구나 국제 NGO에 의한 한정적인 모니터링 활동 이외에 마땅한 통제와 감시 수단이 없다. 그러나 각국의 정보기구는 상대방의 조약이행을 감시하고 평가하는 임무를 수행하고 이를 통해 체결된 국제조약이 차질 없이 이행될 수 있도록 해줄 수 있다.

④ 1960년 말 동서간의 핵무기 감축 협정 시 구소련에 의해 현장검증이 받아들여지지 않아 원거리에서의 검증을 위한 정보능력이 당시 가장 중요한 문제였다.

⑤ 결국 미국의 구소련 군사력에 대한 정보수집능력에 대한 확신으로 1960년대 말과 1970년대 초 전략무기감축협상을 시작하게 되었다. 정보수집능력은 감축의 기준을 제시하였으며, 군 감축의 형태를 결정하였다.

238

정책의 수립 및 집행 단계에서 국가정보의 효용에 해당하는 것은? [2022년 기출]

> ㄱ. 국가이익 증대를 위한 여건 분석
> ㄴ. 안보위협이나 적의 전략적 기습 등에 대한 국가위기와 관련된 정보분석지원
> ㄷ. 대외무역 협상이나 군축협정, 외국조약 등에 필요한 상대국의 정치, 경제, 안보, 상황 등에 대한 정보지원
> ㄹ. 효과적인 정책선택과 국력의 효과적 사용을 위한 예측정보지원
> ㅁ. 정책추진의 한계점 분석지원(특히 예산적 측면)
> ㅂ. 적국에 대한 위협평가 및 안보 취약성 진단

① ㄱ, ㄴ, ㄷ ② ㄴ, ㄷ, ㄹ
③ ㄱ, ㄹ, ㅁ ④ ㄷ, ㄹ, ㅁ

정답 ④

풀이 ④ 조기경보(ㄴ), 국익 증대를 위한 국내외 여건 진단(ㄱ), 자국에 대한 잠재적국의 위협 평가나 자국의 국익 및 안보적 취약성 진단(ㅂ)은 정책 환경 진단 단계에서의 효용이다.

239

정보와 정책의 관계에 대한 설명으로 틀린 것은? [2017년 기출]

① 정책은 국가정보기관의 정보에 종속되는 것이 바람직하다.
② 정보기관이 능력이 뛰어나도 국가의 정책방향을 결정해서는 안 된다.
③ 정보는 정책에 관여할 수 없지만 정책은 정보에 영향을 미칠 수 있다.
④ 정보와 정책은 상호 밀접하게 연관되기 때문에 정보기관과 정책결정자는 협력해야 한다.

정답 ①

풀이 ① 정책이 정보보다 상위의 개념이기 때문에 정보에 종속돼서는 안 된다.

240

다음 정책결정 과정의 정보 효용과 관련이 있는 것은? [2009년 기출]

주로 폭 넓은 대안을 제시하여 효용이 가장 큰 정책안을 검토하고 선택하는 데 기준을 제시하게 된다.

① 정책환경의 진단
② 정책의 수립
③ 정책의 선택
④ 정책의 집행

정답 ③

풀이 ③ 정보는 정책환경의 진단, 정책의 수립 및 조정, 정책의 선택, 정책의 집행 등 정책결정 과정에서 효용을 가질 수 있다. 대안을 제시하고 효용이 가장 큰 정책을 선택하는 데 기준을 제시하는 것은 정책의 선택에서 정보가 가지는 효용이다.

핵심정리 정보환류에서 정보와 정책의 관계에 대한 참조적 이해

(1) 전통주의(Mark Lowennthal)
① 정보와 정책의 엄격한 분리를 주장
② 정보의 정책 종속성

(2) 행동주의(Roger Hilsman)
① 환류에 따른 요청 강조
② 정보와 정책의 유기적 협조
③ 정보생산자의 정책과정에 대한 연구 강조

241

정보환류에서 정보와 정책의 관계에 대한 설명으로 틀린 것은?

① 전통주의는 정보의 정책 종속성을 강조한다.
② 전통주의는 정보생산자의 정책과정에 대한 연구를 강조한다.
③ 행동주의는 환류에 따른 요청을 강조한다.
④ 행동주의는 정보와 정책의 유기적 협조를 주장한다.

정답 ②

풀이 ② 전통주의는 정보와 정책의 엄격한 분리와 정보의 정책 종속성을 주장하며, 정보생산자의 정책과정에 대한 연구를 강조하는 것은 행동주의의 주장이다.

242

정보와 정책 사이의 관계에서 행동주의를 주장한 연구자의 이름으로 옳은 것은?

① Grotius　　② Sherman Kent

③ Roger Hilsman　　④ Mark Lowenthal

정답 ③

풀이 ③ 로저 힐스만(Roger Hilsman)은 케네디 대통령 시절에 행정부처인 국무부 정보조사국(U.S. State Department's Bureau of Intelligence and Research, INR) 국장을 역임하면서, 쿠바 미사일 위기 사태에 대한 정책결정을 주도하는 등으로 정보 책임자이면서도 정책 결정에 깊이 개입한 경험을 가지고 있는 인물이다. 미국 중앙정보국(CIA)의 역할에 대해서도 회의적인 시각을 표하기도 했다. 로저 힐스만(Roger Hilsman)은 정보생산자의 정책과정에 대한 연구를 통해 정보와 정책의 유기적 협조가 이루어져야 함을 강조했다.

243

정책과 정보의 관계에 대한 설명으로 틀린 것은?

① 정보의 정치화와 정보 조작의 방지를 위해 정보와 정책의 엄격한 분리를 주장하는 것은 전통주의의 입장이다.

② 전통주의 시각에서는 정보기관이 정책과정에 관여하여 정보와 정책 사이에 대등한 환류가 필요하다고 주장한다.

③ 첩보의 수집단계에서부터 정책담당자의 시각이 지나치게 반영될 경우에는 정보의 중립성이 훼손될 우려가 있다.

④ 포괄적이고 광범위한 외교정책을 결정할 때에는 민감한 사안들을 원만하게 해결하기 위한 종합적인 정보가 필요하다.

정답 ②

풀이 ② 정보의 순환 단계에서 전통주의 시각에서는 정보와 정책의 분리를 요청하며, 정보는 정책의 서비스 자료로 제공되는 것에 집중한다.

244

다음의 셔먼 켄트의 주장에 부합하는 견해로 옳은 것은?

> 정보는 가능한 많은 지침을 받기 위해서, 기획과 운영에 필요한 만큼 정책과 밀접해야 하지만, 판단의 객관성과 완전성을 상실할 정도로 밀접해서는 안 된다.

① 정보영역과 정책영역은 전혀 별개라는 무관계설

② 정책공동체와 정보공동체 사이의 절연과 상호간에 독립성을 주장하는 독립성설

③ 정보와 정책은 상호 영역을 넘어서서라도 긴밀한 관계를 유지해야 한다는 공생관계설

④ 정보공동체와 정책공동체는 공생관계까지는 아니지만 상호 단절된 독립관계는 아니라는 유기적 조화설

정답 ④

풀이 ④ 전통적으로 정보와 정책의 분리론자로 소개되는 셔먼 켄트도 정보와 정책의 단절을 주장한 것은 아니었다. 로웬탈도 정책입안자와 유기적인 협조 없이 생산되는 정보는 의미가 없는 것이라고 주장했다.

245

정보와 정책의 관계에 관한 학설에 대한 설명으로 틀린 것은?

① 독립성설은 정책공동체와 정보공동체 사이의 단절과 상호 간에 독립성을 주장한다.

② 힐스만(Hilsman)과 베어리(Barry)는 정보와 정책의 공생관계를 주장하면서 양자의 밀접한 협력을 강조했다.

③ 유기적 조화설은 정보공동체와 정책공동체는 공생관계까지는 아니지만 상호 절연된 독립관계는 아니라는 견해이다.

④ 정보는 궁극적으로 정책결정을 위한 방법이자 자료이므로 양자는 서로의 영역을 넘어 긴밀한 관계를 유지해야 한다는 공생관계설은 자유민주주의 국가에서의 정보와 정책의 관계에 대한 전통적인 입장이다.

정답 ④

풀이 ④ 정책공동체와 정보공동체 사이의 절연과 상호간에 독립성을 주장하는 독립성설이 자유민주주의 국가에서의 정보와 정책의 관계에 대한 전통적인 입장이다.

246

다음 중 국가정책과 정보의 관계에 대한 설명으로 적절하지 않은 것은? [2024년 기출]

① 국가정보는 국가안보, 군사작전, 외교정책을 결정하는 중요한 자료이므로 국가의 정보활동을 어떻게 계획하고 추진할 것인가 하는 정보정책은 대단히 중요하다.

② 미국의 부시 대통령이 이라크 핵개발 의혹을 뒷받침하는 CIA 정보에 기초하여 이라크 침공을 결정한 것이 정보실패인지 정책실패인지에 대한 논란이 있다.

③ 국가정보는 국가정책의 효과와 비용 등을 검토하고 예측 · 평가할 수 있다는 점에서 정책을 지원하는 것을 넘어 정책을 주도하는 기능을 할 수 있다.

④ 국가정보는 전략적 기습을 예방하는 것이 중요한 임무이며, 적대국의 역량과 전략적 · 전술적 의도를 추적하고 위협을 분석 · 평가하는 것이 필요하다.

정답 ③

풀이 ③ 정책결정자는 정보분석관에게 의견을 제시할 수 있지만, 반대로 정보분석관은 그들의 정보분석에 기초한 정책 대안을 권고할 수 없다.

247

다음 중 정보기관의 특성에 대한 설명으로 가장 적절하지 않은 것은? [2024년 기출]

① 정보기관 역시 여타 정부부처처럼 정책의 입안과 집행 등 정책결정과정을 주관한다.

② 정보기관은 타 공공 및 민간기관들과 비교하여 업무영역이 매우 광범위하고 포괄적이다.

③ 정보기관은 국가의 통제로부터 벗어나 상당한 수준의 자치를 누리며 정보독점권을 활용할 수 있다.

④ 정보기관의 조직 및 활동의 비밀성을 유지하려는 특성 탓에 외부의 변화에 대해 저항하거나 폐쇄적인 태도를 보인다.

정답 ①

풀이 ① 통상 정보와 정책은 기능적 측면에서 별개로 분리된다. 행정부는 어디까지나 정책에 의해 운용되며, 정보는 정책지원 기능은 있지만 정책 선택에 있어서 어느 한쪽을 옹호하는 방향으로 작동되어서는 안 된다는 한계가 있다. 물론 국가정보활동이 국가정책 그 자체를 실현하기 위하여 이루어지는 경우도 있다. 그러나 그러한 일들은 국가정보활동의 극히 이례적인 일들로 간주된다.

248

다음 중 정책결정자가 필요로 하는 정보에 대한 설명으로 적절하지 않은 것은? [2024년 기출]

① 경제정보, 자원개발 정보, 분쟁지역과 관련한 국가이익과 관련된 정보
② 주변국의 내부정세, 대외정책에 관한 국가 안전보장과 관련된 정보
③ 장기적인 관점에서 국제정치, 대외협상 등에 필요한 종합적인 정보
④ 정책결정자의 이념과 선호에 따른 구체적인 정책 대안과 집행에 관련된 정보

정답 ④

풀이 ④ 정책결정자의 이념과 선호에 따른 구체적인 정책 대안과 집행에 관련된 정보는 정책결정자에게 필요한 국가 정책을 지원하는 정보라고 할 수 없다.

249

정보와 정책에 대한 설명으로 틀린 것은? [2021년 기출]

① 정책결정자는 정책의 방향과 우선순위 등에 대해 정확한 지침을 주어야 하고, 정보생산자는 지적 용기를 가지고 솔직하고 정확한 정보를 제공해야 한다.
② 정보는 올바른 정책을 위한 지식으로서 정책이 제대로 기능하지 못할 경우에는 정책을 선도할 수 있다.
③ 정보와 정책은 밀접한 공생관계이기에 상호 밀접한 관계 유지가 필요하다는 행동주의의 대표적 학자는 Roger Hilsman이다.
④ Sherman Kent는 정보는 정책결정에 방향을 제시하기 위해 필요한 만큼 밀접해야 하나, 판단의 독립성을 보장하기 위해서 충분히 거리를 유지해야 한다는 전통주의 입장이다.

정답 ②

풀이 ② 정보의 정책 종속성으로 인해 정보는 정책을 선도할 수 없다. 정보와 정치의 관계는 마치 '반투과성막(semipermeable membrane)'과 같다. 즉 정책결정자는 정보분석관에게 의견을 제시할 수 있지만, 반대로 정보분석관은 그들의 정보분석에 기초한 정책 대안을 권고할 수 없다. 그런 점에서 '정보의 정치화'의 결정적인 책임은 분석관보다는 정책결정자에게 있다고 보아야 할 것이다.

250

국가정보와 정책의 관계에 대한 설명으로 틀린 것은? [2021년 기출]

① 전통주의는 정보는 정책과 거리를 둬야 하며 각종 상황을 독립적으로 판단해야 한다고 주장한다.
② 행동주의는 정보와 정책은 공생관계이기 때문에 상호 간에 밀접하게 연관돼야 한다는 입장이다.
③ 정책결정권자가 정보정책 수립에 관여하는 것은 바람직하지 않다는 주장이 다수설이다.
④ 셔먼 켄트는 정보는 정책수립, 집행 등의 단계에서 주도적인 역할을 수행해야 한다고 주장했다.

정답 ④

풀이 ④ 미국의 대표적인 정보학자인 셔먼 켄트는 정보는 보조적 수단이며 서비스 기능을 수행해야 한다고 주장했다.

251

정보와 정책이 공생관계에 있기 때문에 상호 간에 밀접하게 연결이 돼야 한다고 주장하고 있는 행동주의 관점에 대한 설명으로 옳은 것은? [2007년 기출]

① 정보는 정책결정과 적절하게 거리를 두는 것이 필요하다.
② 정책결정자에게 의미가 있는 이슈들에 대한 정보를 제공하기 위해 모든 자원이 동원돼야 한다.
③ 정보는 각종 상황에 대해 정책과는 별개의 독립적인 판단을 내려야 한다.
④ 정책결정자의 이데올로기적 편향이나 선호정책을 만족시키는 정보판단을 해서는 안 된다.

정답 ②

풀이 ② 행동주의 관점에서의 정보는 반드시 정책과 거리를 두어야 한다는 전통주의와 달리 밀접한 공생관계를 강조하고 있다.

핵심정리 국가정보 효용 극대화를 위한 국가정보의 질적 요건

(1) 적합성(Relevance), 적시성(Timeliness), 정확성(Accuracy), 객관성(Objectivity)은 정보효용의 극대화를 위한 국가정보의 질적 요건이다.
(2) 당면 과제에 적합한 정보가 객관적이고 정확한 내용을 담아서, 적시에 제공될 때에 정보효용은 극대화된다.

252

제시문에 나타난 정보의 질적 요건 두 가지를 순서대로 나열한 것으로 가장 적절한 것은?

[2024년 기출]

> 정보는 ㉠ 정책결정에 필요한 판단의 근거를 제공하는 매우 중요한 역할을 하기 때문에 생산자나 사용자의 의도에 따라 정보가 주관적으로 왜곡되어서는 안 된다. 왜곡될 경우 정보는 생산자나 사용자가 선호하는 정책을 합리화하는 도구로 전락하게 된다. 또한 ㉡ 정보의 내용이 어느 정도 사실과 부합하는가를 나타내는 것으로, 이러한 수준이 높을수록 가장 최선의 정책결정이 가능하고, 최대효용의 국가이익을 추구할 수 있다. 이는 수집된 자료의 신빙성에 달려 있다.

① ㉠ 정확성, ㉡ 적합성
② ㉠ 객관성, ㉡ 정확성
③ ㉠ 객관성, ㉡ 적합성
④ ㉠ 정확성, ㉡ 객관성

정답 ②
풀이 ② 객관성과 정확성에 대한 설명이다.

253

정보의 질적 요건에 포함될 수 없는 것은?

[2020년 기출]

① 합리성
② 적합성
③ 정확성
④ 객관성

정답 ①
풀이 ① 정보는 적합성, 적시성, 정확성, 객관성을 가지고 있어야 하나, 합리성과는 관계가 없다.

254

정보(intelligence)의 특성으로 틀린 것은? [2015년 기출]

① 정보는 사용자가 필요한 시기에 제공될 수 있어야 한다.

② 정확성이 담보되지 않는다면 필요 없는 정보가 되고 만다.

③ 특수한 목적에 의하여 수집된 자료를 바탕으로 가공된 것이다.

④ 정보의 질적 요건에 있어서 개방성도 중요한 요건에 해당한다.

정답 ④

풀이 ④ 적합성, 적시성, 정확성, 객관성은 정보효용의 극대화를 위한 국가정보의 질적 요건이다. 당면 과제에 적합한 정보가 객관적이고 정확한 내용을 담아서, 적시에 제공될 때에 정보효용은 극대화된다.

255

다음 중 정보의 질적 요건에 포함될 수 없는 것은? [2013년 기출]

① 적합성
② 적시성
③ 적응성
④ 정확성

정답 ③

풀이 ③ 적합성, 적시성, 정확성, 객관성은 정보효용의 극대화를 위한 국가정보의 질적 요건이다. 당면 과제에 적합한 정보가 객관적이고 정확한 내용을 담아서, 적시에 제공될 때에 정보효용은 극대화된다.

256

정보가 어느 정도 사실과 부합하는가를 나타내는 정보의 질적 요건으로 옳은 것은? [2009년 기출]

① 적합성
② 정확성
③ 적시성
④ 객관성

정답 ②

풀이 ② 정보가 어느 정도 관련성이 있는가를 나타내는 것이 적합성, 사실과 부합되는가를 나타내는 것이 정확성, 시간적 효용성을 나타내는 것이 적시성, 주관에 좌우되지 않고 언제 누가 보아도 그러하다고 인정되는 것이 객관성이다.

257

정보의 질(quality)적 요건에 포함될 수 없는 것은? [2007년 기출]

① 정보분석과 생산에서 이해관계인의 입장이나 주관적인 판단이 개입되지 않아야 하는 객관성
② 정보분석 내용이 어느 정도 사실과 부합되는가를 나타내는 정확성
③ 정보는 시간에 따라 그 가치가 달라지므로 수요자가 원하는 시점에 제공돼야 한다는 적시성
④ 정보는 수요자가 소비하고 만족해야 한다는 효용성

정답 ④

풀이 ④ 적합성에 대한 설명이다. 적합성은 의사결정이 필요한 사안에 있어 정보가 어느 정도 관련성이 있는가를 나타내는 것으로 정보가 의사결정에 기여하는 정도에 따라 그 적합성의 정도를 판단한다.

핵심정리 정보의 정치화 유형

(1) 정보기구 내적 문제로 인한 정치화의 위험성
이것은 정보기구에 의한 의도적 지원이나 방해 목적의 자발적 정치화이다.

(2) 정보기구 외적요인으로 인한 정치화의 위험성
정보기구에 대한 정치권의 회유와 유혹 그리고 순수하지 않은 whistler-blower 또는 Deep Throat에 의한 정보의 정치오염화이다.

핵심정리 리처드 하스(Richard Hass)

정보공동체는 소설을 만들어서는 안 된다. 결과를 도출해야 한다. 결과를 도출하기 위해서는 정책(정치)과 더 가까워져야 한다.

핵심정리 잭 데이비스(Jack Davis)

정보가 어느 정도의 정치화의 위험성을 감내하지 않는다면, 정보기구는 자신의 임무를 제대로 수행하고 있는 것이 아니다.

258

정보의 정치화에 대한 설명으로 잘못인 것은?

① 국가정보의 정치화는 경계해야 하지만 정보가 국가정책에 초연해서는 안 된다.
② 정보와 정치의 엄격한 분리를 주장한 대표적 학자로는 리처드 하스(Richard Hass)를 들 수 있다.
③ 잭 데이비스(Jack Davis)는 “정보가 어느 정도의 정치화의 위험성을 감내하지 않는다면 임무를 전혀 수행하지 않고 있는 것”이라고 주장했다.
④ 국가안보 현장에서는 정보의 정치화 위험보다는 정보가 정책 과정에 초연한 자세를 견지하며 상호 협조가 잘되지 않는 데서 많은 문제가 발생한다.

정답 ②

풀이 ② 리처드 하스(Richard Hass)는 “정보공동체는 소설을 만들어서는 안 된다. 결과를 도출해야 한다. 결과를 도출하기 위해서는 정책(정치)과 더 가까워져야 한다.”고 주장했다.

259

국가정보의 정치성 쟁점에 대한 설명으로 틀린 것은?

① 국가정보의 정치화는 경계해야 하지만 정보가 국가정책에 초연해서는 안 된다.
② 정보는 정치와 전혀 별개의 영역으로 그 어떤 경우에도 정치정보는 국가정보의 대상이 되지 못한다.
③ 잭 데이비스(Jack Davis)는 “정보가 어느 정도의 정치화의 위험성을 감내하지 않는다면 임무를 전혀 수행하지 않고 있는 것”이라고 주장했다.
④ 아무리 정보가 정책담당자 개인에 대한 봉사가 아니라고 하지만, 정치의 속성과 정치 성향을 겸유한 행정부 내 유력한 책임자의 개성이 국가안보 정책에 투영될 수밖에 없고 따라서 정보와 정치의 관계는 불가피한 긴장관계가 끊임없이 조성된다.

정답 ②

풀이 ② 국가정보학의 결론은 정보의 정치화 위험보다는 정보가 정책 과정에 초연한 자세를 견지하며 상호 협조가 잘되지 않는 데 많은 문제가 발생한다는 것이다. 로웬탈 등의 견해이다.

핵심정리 정보조작

(1) 정보조작(Intelligence manipulation)은 정책결정권자를 잘못된 판단에 이르게 하거나 특정한 행동을 유도할 목적으로, 또는 정책결정권자의 정치적 선호도 등에 부응하기 위하여 기만된 정보를 생산하고 그를 전달하는 것을 말한다. 정보조작은 진실한 정보를 공개하지 않는 부작위에 의하거나, 의도적으로 거짓정보를 생산하고 제공하는 작위적 방법에 의해 할 수 있다. 정보조작 연구의 선구자 맥코넥(McCornack)은 정보조작을, 협력적 방식으로 일하고 있다는 믿음을 위반하여 상내방을 잘못으로 인도하는 행위라고 했다.

(2) 맥코넥은 정보조작을 대화의 상대자들 간의 정보전달에 관한 일련의 합리적 기대에 대한 위반이라고 정의했다. 일반적으로 커뮤니케이션에서 상대방은 전달받는 메시지가 진실하며(truthful), 정보가치가 충분하고(informative), 관련이 있으며(relevant), 그리고 명료(clear)하다고 생각하는데 타방은 이러한 신뢰를 위반하여 정보의 양적 · 질적 연관성, 그리고 명료성의 각 차원에서 교묘하게 특정한 방법을 사용하여 정보의 내용을 변형하고 왜곡하는 것이라는 것이다. 정보조작은 궁극적으로는 정부와 국민간의 커뮤니케이션으로 나타난다. 또한 그 전 단계로 정보공동체와 정책공동체 간의 의사소통 과정에서 나타날 수 있음도 물론이다.

핵심정리 정보조작의 유형

(1) 의의

CIA 전 국장 터너(Turner)는 정보조작을 왜곡과 은폐로 나누고, 구체적인 형태로 거짓말, 과장, 반 진실, 비밀유지, 그리고 양동(兩動)반응으로 구분했다. 한편 호퍼와 벨(Hopper & Bell)은 정보조작을, 방법을 중심으로 날조, 연극, 거짓말, 범죄, 그리고 가장(masks)의 5가지로 분류했다. 기술적인 측면에서 보면 정보조작은 정보의 양을 조절하거나 정보전달의 순서를 바꾸는 등으로 쟁점과의 관계성을 혼란스럽게 하거나, 진실한 정보라고 할지라도 모호한 표현을 사용하여 명료성을 흐리게 하는 등의 직접적인 방법으로 조작할 수도 있고, 또한 정보전달에 관한 시기를 조절함으로써 정보조작의 효과를 보강하는 간접적인 방법으로도 조작할 수 있다. 메츠(Metts)는 정보조작은 일반적으로는 정보위작과 정보왜곡 그리고 정보누락으로 나누어 볼 수 있다.

(2) 정보위작(falsification)

전혀 진실에 반하는 허위내용의 정보를 만들어내는 것이다.

(3) 정보왜곡(distortion)

정보를 과장하거나 최소화하거나 또는 내용을 모호화하는 등의 방법으로 정보를 받아들이는 사람이 진실을 아는 것을 어렵게 하거나 논리적으로 잘못 해석하게 하는 방법으로 정보내용을 변질시키는 것이다.

(4) 정보누락(omission)

관련된 정보의 일부를 빠뜨리고 근거나 참고자료의 공개나 전달을 보류하는 방법으로 전체적인 상황에 대한 진실성 판단을 힘들게 만드는 것이다.

260

정보조작에 관한 설명으로 틀린 것은?

① 진실한 정보를 공개하지 않는 부작위에 의하거나, 의도적으로 거짓정보를 생산하고 제공하는 작위적 방법에 의해 할 수 있다.

② 맥코넥은 정보조작을 대화의 상대자들 간의 정보전달에 관한 일련의 합리적 기대에 대한 위반이라고 정의하였다.

③ 터너는 정보조작을 왜곡과 은폐로 나누고, 이를 다시 거짓말, 과장, 반진실, 비밀유지, 양동반응으로 구분하였다.

④ 메츠는 정보조작을, 방법을 중심으로 날조, 연극, 거짓말, 범죄, 가장의 5가지로 분류하였다.

정답 ④

풀이 ④ 호퍼와 벨(Hopper & Bell)의 분류이다. 메츠(Metts)는 정보조작을 정보위작과 정보왜곡 그리고 정보누락으로 분류하였다.

261

정보조작(Intelligence manipulation)에 대한 설명으로 틀린 것은?

① 정보실패는 정보조작의 대표적인 결과이다.

② 메츠(Metts)가 분류한 정보조작의 유형에는 정보위작(情報僞作, falsification), 정보 왜곡(distortion), 정보누락(omission)의 3가지가 있다.

③ 정책결정권자를 잘못된 판단에 이르게 하거나 특정한 행동을 유도할 목적 또는 정책결정권자의 정치적 선호도 등에 부응하기 위하여 기만된 정보를 생산하여 전달하는 것이다.

④ 맥코넥(McCornack)은 정보조작을 협력적 방식으로 일하고 있다는 믿음을 위반하여 상대방을 잘못으로 인도하는 행위라고 말하면서 대화 상대자들 간의 정보전달에 관한 일련의 합리적 기대에 대한 위반이라고 정의했다.

정답 ①

풀이 ① 정보실패와 정보조작은 구별된다. 정보실패는 정책실패로 연결되지만, 정보조작은 정책성공을 유도할 수도 있다.

262

다음 중 정보조작(Intelligence manipulation)의 사례로 볼 수 있는 것은?

① 2001년 9/11 테러공격

② 인도와 파키스탄의 핵실험

③ 2003년 이라크 전쟁에서의 미국 정보공동체의 이라크 대량살상무기 존재에 대한 정보분석

④ 9/11 테러공격 이후의 2001년 아프가니스탄 공격

정답 ③

풀이 ③ 9/11 테러와 인도와 파키스탄의 핵실험은 모두 정보실패 사례이다. 2001년 아프가니스탄 공격은 정보판단에 따른 정책적 결정이었다. 2003년 이라크 전쟁의 경우, 미국은 이라크 전쟁의 명분으로 이라크 내의 대량살상무기 존재를 삼았다. 그러나 이라크에서 대량살상무기는 발견되지 않았다. 정보분석이 결과적으로 입증되지 못했다는 이유로 정보실패로 규정하는 견해가 있다. 그러나 이라크 전쟁은 정보실패가 아니라 오히려 중동에서의 지속적인 영향력을 확보하기 위한 의도된 정보조작이 있었다는 것이 다수의 견해이다. 즉 2003년 이라크 전쟁은 의도된 정보조작으로 중동에서의 안정적인 석유수급권을 확보하기 위한 전쟁이었다.

Theme 06 국가정보학의 연구 동향

핵심정리 국가정보학 연구의 한계

(1) 사실적 권력 활동의 장

먼저 국가정보활동은 사실상의 국가권력이 행사되는 영역으로, 독립된 학문 분야로 생각하지 못했다. 즉 국가정보활동은 일반국민을 위하여 봉사하는 분야가 아니라, 국가최고 정책결정권자를 향하여 국가권력이 은밀하게 작동하는 사실적인 활동의 영역으로, 어떠한 정형이 있는 것이 아니었다. 또한 국가정보활동을 위한 조직에 대해서도 법정 형식이 정해진 것도 아니고, 통치 스타일과 규모에 따라서 천차만별이었다. 그러므로 국가정보활동은 학문적 연구를 위한 기본적 요소인 보편성이 존재하기 어려웠다. 결국 사실적인 활동의 영역이라는 인식으로 인하여 학문적 연구의 대상이 되기 어렵고, 필요성도 느끼지 못했던 것이다.

(2) 독립성의 결여

역사적으로 국가정보활동의 태동과 전개는 개인이나 단체나 조직 그리고 국가가 생존을 위한 투쟁, 즉 전쟁에서 승리하기 위한 무정형의 보조적 행동으로 시작되고 나타났다. 국가정보활동은 또한 국가 내부의 변란과 혁명 같은 사태에서 통치권을 확립하고 실행하는 등 일국의 통치자에 의한 통치의 부속수단 내지 통치수단으로 이용되어 왔다. 그러므로 학문적 연구가 필요한 경우에도 통치자나 통치 스타일에 대한 연구로 족한 것이지 국가정보활동만을 별도로 분리하여 학문적 연구대상으로 분류할 이유는 없다고 생각되었던 것이다.

263

국가정보학의 학문적 발전에 대한 설명으로 틀린 것은?

① 1955년 CIA는 켄트의 제안을 받아들여 「Studies in Intelligence」라는 학술지를 창간하였다.

② 미국에서는 1960년경부터 일반 대학에 국가정보 관련 강좌가 개설되기 시작하였다.

③ 미국에서는 1969년 4월 '국가정보연구협의회(Consortium for the Study of Intelligence)'가 설립되었다.

④ 영국에서는 앤드류(Christopher Andrew)가 1986년 국가정보에 관한 학술지 「정보와 국가안보(Intelligence and National Security)」를 창간하였다.

정답 ③

풀이 미국에서는 1979년 4월 '국가정보연구협의회(Consortium for the Study of Intelligence)'가 설립되었다.

264

1970년대의 국가정보학 발전에 대한 설명으로 적절하지 않은 것은?

① 미국에서 국가정보연구협의회가 설립되었다.

② 윈터보담(F. C. Winterbotham)은 「울트라 공작의 비밀(The Ultra Secref)」을 출간하였다.

③ 버코위즈와 굿맨(Bruce D. Berkowitz and Allan E. Goodman)은 「미국 국가안보를 위한 전략정보(Stategic Intelligence for American National Security)」를 발간하였다.

④ 마스터맨(J. C. Masterman)은 제2차 세계대전 당시 영국의 첩보활동을 다룬 「더블크로스 Double Cross System)」을 저술하였다.

정답 ③

풀이 버코위즈와 굿맨(Bruce D. Berkowitz and Allan E. Goodman)이 「미국 국가안보를 위한 전략정보(Stategic Intelligence for American National Security)」를 발간한 시기는 1989년이다.

265

국가정보학의 학문적 기원과 발전에 대한 설명으로 틀린 것은?

① 클라우제비츠는 "전쟁 중 적에 관한 대부분의 정보보고서는 거짓이거나 신뢰성이 떨어진다."고 주장하였다.

② 셔먼 켄트는 1949년 「미국 외교정책을 위한 전략정보」라는 책을 출간하였는데 이것이 오늘날 국가정보학의 학문적 효시로 인정받고 있다.

③ 1962년 덜레스(Allen Dullas)의 「진주만 기습 경고와 정책 결정(Pearl Harbor:Warning and Decision)」이 학계의 주목을 받았다.

④ 1970년대 정보기관에 대한 국민들의 비판과 더불어 불신감이 고조되는 가운데 정보기관의 불법성과 윤리성에 대한 학계의 논의가 활발히 전개되었는데, 이러한 문제를 다룬 대표적인 자료로서 리피버와 갓슨의 「The CIA and the American Ethic: An Unfinished Debate」가 있다.

정답 ③

풀이 「진주만 기습 경고와 정책 결정(Pearl Harbor:Warning and Decision)」은 월스테터(R Wolhstter)가 저술했다. CIA 국장을 역임했던 덜레스(Allen Dullas)는 1963년에 「정보활동 기법(The Craft of Intelligence)」을 저술하여 정보요구, 수집, 분석 등 일련의 과정을 거쳐 정보가 생산되고 그것이 실제로 어떻게 활용되고 있는지 그 실상을 보여주었다.

266

미국 국가정보학 연구 동향에 대한 설명으로 틀린 것은?

① 1955년 CIA는 켄트의 제안을 받아들여 「Studies in Intelligence」라는 학술지를 창간하였다.

② 1979년 국가안보 문제에 관심을 가진 다양한 학문적 배경을 가진 학자들로 구성된 국가정보연구협의회가 설립되었다.

③ 역사학자인 앤드류는 1986년 국가정보에 관한 학술지 「정보와 국가안보(Intelligence and National Security)」를 창간하였다.

④ 1990년대는 냉전이 종식되어 국가정보의 중요성에 대한 인식이 약화되었으나 냉전시기 비밀로 분류하여 일반에게 공개하지 않았던 자료들이 대폭 공개되면서 국가 정보에 대한 연구가 활성화되고 다양화된 시기라고 볼 수 있다.

정답 ③

풀이 앤드류(Christopher Andrew)는 영국의 역사학자이다.

267

국가정보학 연구의 한계에 대한 설명으로 틀린 것은?

① 국가정보활동은 사실적 국가권력이 행사되는 영역으로 보편성이 존재하지 않아서 학문적 연구의 대상이 되기 어려웠다.

② 국가정보활동은 국가최고 정책결정권자를 향하여 국가권력이 은밀하게 작동하는 영역으로 학문적 연구의 필요성을 느끼지 못하였다.

③ 국가정보활동은 통치자에 의한 통치의 부속수단으로 이용되어 왔으며, 이에 따라 국가정보활동만을 별도로 분리하여 학문적 연구대상으로 분류할 이유가 없었다.

④ 국가정보활동은 국민의 기본권 보장과 밀접한 관련이 있어서 그 조직에 대해서는 법정 형식이 정해져 있으나, 통치 스타일과 규모에 따라 천차만별이어서 학문적 연구대상이 되기 어려웠다.

정답 ④

풀이 ④ 국가정보활동을 위한 조직에 대해서도 법정 형식이 정해진 것도 아니고, 통치 스타일과 규모에 따라서 천차만별이었다. 그러므로 국가정보활동은 학문적 연구를 위한 기본적 요소인 보편성이 존재하기 어려웠다. 결국 사실적인 활동의 영역이라는 인식으로 인하여 학문적 연구의 대상이 되기 어렵고, 필요성도 느끼지 못했던 것이다.

268

국가정보활동이 학문적 연구대상으로 인식되지 않았던 배경과 이유에 대한 설명으로 틀린 것은?

① 국가정보활동은 보편성이 존재하기 어려워 학문적 연구의 대상이 될 수 없다.

② 국가정보활동은 국가권력이 은밀하게 작동하는 사실적인 활동의 영역으로, 어떠한 정형이 있는 것이 아니다.

③ 국가정보활동을 위한 조직의 경우 법정의 형식과 달리 통치 스타일과 규모가 천차만별이어서 일정한 유형이 존재한다고 할 수 없다.

④ 학문적 연구가 필요한 경우에도 통치자나 통치스타일에 대한 연구로 족한 것이지 국가정보활동만을 별도로 분리하여 연구할 필요가 없다.

정답 ③

풀이 ③ 국가정보활동을 위한 조직에 대해서도 법정형식이 정해진 것도 아니고, 통치 스타일과 규모에 따라서 천차만별이었다. 그러므로 국가정보활동은 학문적 연구를 위한 기본적 요소인 보편성이 존재하기 어려웠다. 결국 사실적인 활동의 영역이라는 인식으로 인하여 학문적 연구의 대상이 되기 어렵고, 필요성도 느끼지 못했던 것이다.

269

다른 학문 분야에 비해서 국가정보학 연구의 출발이 늦은 이유로 적절하지 않은 것은?

① 국가정보활동의 비밀성과 외경성

② 독립성의 결여

③ 연구 자료의 절대 부족

④ 보안 침해로 국가안보를 오히려 위태롭게 할 수 있다는 속성

정답 ④

풀이 ④ 국가정보활동의 비밀성과 외경성으로 공개토론과 비교분석처럼 자유로운 의견개진과 소통과 거리감이 있고, 국가정보활동은 국가존립과 발전을 위한 무정형의 보조적 행동으로 독립성의 결여로 일국의 통치자에 대한 연구로 족하다고 보았다. 또한, 국가정보활동은 은밀한 지시와 비밀스러운 수행이 대부분으로 역사적 기록이나 참고자료로 남기는 경우는 많지 않아서 연구 자료가 절대로 부족한 것이 국가정보학이 뒤늦게 출발한 커다란 요인이었다.

270

다른 학문 분야에 비해서 국가정보학 연구의 출발이 늦은 이유로 적절하지 않은 것은?

① 사실적 활동으로 학문적 연구를 위한 요소인 보편성이 존재하기 어렵다.

② 역사적 기록이나 참고자료로 남기는 경우는 많지 않았고 기록이나 자료가 존재한다고 하는 경우에도 비밀성이라는 정보의 속성상 비공개 때문에 연구의 대상이 되기 어렵다.

③ 가장 앞선다는 평가를 받는 미국의 경우에도 현재까지도 학문으로 불성립했다.

④ 공개토론과 비교분석을 통한 자유로운 의견개진 그리고 소통과 거리감이 있기 때문에 본질적으로 학문으로 성립하기가 어렵다.

정답 ③

풀이 ③ 미국에서는 1950년대 이후 주로 국제관계학을 전공하는 학자들을 중심으로 국가정보학을 연구했고, 영국에서는 국제관계사 또는 외교사를 연구하는 역사학자들이 이 분야에 대한 연구를 활발히 수행했다.

271

미국 국가정보학 연구 동향에 대한 설명으로 틀린 것은?

① 1970년대 비밀정보가 공개되어 공개되면서 학계에서 국가정보학에 대한 연구가 활발해지기 시작했다.

② CIA가 1985년부터 객원교수 파견 프로그램(Officers in Residence Program)을 운영함으로써 미국 내 전 지역으로 정보학 강좌가 확산되었다.

③ CIA는 1955년 9월 켄트의 주도하에 「정보연구(Studies in Intelligence)」라는 학술지를 창간하여 정보 관련 연구들이 발전할 수 있는 기틀을 마련하였다.

④ 2000년대 중반에는 9/11테러와 이라크 대량살상무기에 대한 정보조작 문제가 중요한 정치적 쟁점으로 부각되면서 특히 정보실패 문제가 중요한 학문적 이슈로 대두되기 시작했다.

정답 ①

풀이 비밀정보가 공개된 것은 1990년대 중반 이후이다. 1970년대에는 정보기관의 활동이 공개되었다.

272

미국 국가정보학 연구 동향에 대한 설명으로 틀린 것은? [2023년 기출]

① 1970년대 미국 정보기관의 활동이 공개되면서 학계에서 국가정보학에 대한 연구가 활발해지기 시작했다.

② 2000년대 중반 미국에서는 비밀정보가 공개되어 일반인들의 국가정보에 대한 이해가 높아졌다.

③ CIA가 1985년부터 객원교수 파견 프로그램(Officers in Residence Program)을 운영함으로써 미국 내 전 지역으로 정 보학 강좌가 확산되었다.

④ CIA는 1955년 9월 켄트의 주도하에 「정보연구(Studies in Intelligence)」라는 학술지를 창간하여 정보 관련 연구들이 발전할 수 있는 기틀을 마련하였다.

정답 ②

풀이 ② 미국 정보기관의 활동이 공개되고 학계에서 국가정보학에 대한 연구가 활발해지기 시작한 시기는 1970년대이다. 그리고 1990년대 중반 이후 비밀 해제된 많은 논문들을 CIA의 홈페이지를 통해 일반에게 공개함으로써 학계의 연구와 정보업무에 대한 일반인들의 이해 촉진에 크게 기여하였다. 2000년대 중반에는 9/11테러와 이라크 대량살상무기에 대한 정보조작 문제가 중요한 정치적 쟁점으로 부각되면서 특히 정보실패 문제가 중요한 학문적 이슈로 대두되기 시작했다.

273

국가정보학 연구가 다른 학문 분야에 비해 미진한 이유로 틀린 것은? [2022년 기출]

① 국가정보활동은 사실적인 활동의 영역으로 학문적 연구에 기본적 요소인 보편성이 존재하기 어렵다.

② 비교분석처럼 자유로운 의견개진과 소통이 가능한 학문적 연구대상으로 인식된 것은 비교적 최근의 일이다.

③ 국가정보활동은 학자적 기록이나 참고자료로 남기거나 공개하기 어렵기 때문에 학문적 접근이 쉽지 않다.

④ 역사상 대부분의 정부는 국가정보에 대한 순수한 학문적 연구를 금지시켰다.

정답 ④

풀이 ④ 미국과 영국에서는 일찍부터 학문의 한 분야로서 국가정보학을 연구하고 발전시켜 왔다. 미국에서는 1950년대 이후 주로 국제관계학을 전공하는 학자들을 중심으로 국가정보학을 연구했고, 영국에서는 국제관계사 또는 외교사를 연구하는 역사학자들이 이 분야에 대한 연구를 활발히 수행했다. 학계의 연구뿐만 아니라 미국과 영국에서는 일반 대학에서도 강좌를 개설하여 국가정보학을 강의하고 있다. 그러나 영국과 미국을 제외한 대부분의 국가에서는 국가정보학에 대한 학계의 관심이나 연구가 매우 미흡한 실정이다.

274

정보활동에 대한 학문적 차원의 연구가 부진했던 이유로 적절하지 않은 것은? [2015년 기출]

① 정보활동에 대해 엄격한 비밀성이 유지되었다.
② 정보활동에 대한 연구 자료가 절대적으로 부족했다.
③ 정보기관과 정보활동에 대한 부정적 인식이 존재했다.
④ 자료의 기본적인 체계화와 분류에 고도의 지식이 요구되었다.

정답 ④
풀이 ④ 국가정보학뿐 아니라 모든 학문의 발전에 자료의 기본적인 체계화와 분류에 고도의 지식이 요구된다.

275

정보활동에 대한 학문적 차원의 연구가 부진했던 이유로 적절하지 않은 것은? [2007년 기출]

① 정보활동에 관한 자료는 비밀로 분류되어 일반인들의 접근이 어려웠다.
② 일반인들은 물론 학계에서조차 정보기관과 정보활동에 대한 부정적 인식이 존재했다.
③ 학문적 독립성이 결여되어 있어서 방대한 자료의 기본적인 체계화와 분류가 불가능했다.
④ 냉전이 종식되기만 하면 국가정보기구는 더 이상 필요하지 않을 것이라는 인식이 존재했다.

정답 ③
풀이 ③ 독립성의 결여는 학문적 연구가 필요한 경우에도 통치자나 통치 스타일에 대한 연구로 족한 것이지 국가정보활동만을 별도로 분리하여 학문적 연구대상으로 분류할 이유는 없다는 의미이다. 그리고 정보활동은 특정한 활동에 대해 지시나 보고를 모두 구두로 하고, 문서가 생산된 경우에도 파기하는 경우도 있어서 연구 자료가 절대적으로 부족하다.

276

국가정보학에 대한 설명으로 틀린 것은?

① 국가정책의 한 분야로서 수행되고 있는 정보활동의 본질, 정보활동의 주체·객체, 정보수집활동, 방첩활동, 비밀공작활동 등을 체계적으로 연구하는 학문이다.

② 역사적 사례, 즉 케이스 스터디는 제외된다.

③ 국가의 정보활동에 대한 지식을 학문적인 차원에서 보다 체계적으로 정립한다.

④ 정보활동의 본질은 국가안보의 강화와 국가이익의 증대이다.

정답 ②

풀이 ② 역사적·사례 연구적 접근은 대표적인 국가정보를 연구하는 대표적인 접근 방법이다.

277

국가정보학에 대한 설명으로 틀린 것은? [2016년 기출]

① 국가정보학의 목적은 국가안보를 강화하기 위한 것이다.

② 정보활동에 관한 자료는 비밀로 분류되어 일반인들의 접근이 어려웠다.

③ 오랜 기간 방대한 자료가 축적되어 있어서 기본적인 체계화와 분류에 어려움이 있다.

④ 냉전이 종식되기만 하면 국가정보기구는 더 이상 필요하지 않을 것이라는 인식이 존재했다.

정답 ③

풀이 ③ 정보활동에 관한 자료는 비밀로 분류되어 일반인들의 접근이 어려웠기 때문에 학자들의 연구가 매우 미흡한 분야로 남아 있었다. 그런데 냉전의 종식과 더불어 정부 기록물들이 공개되면서 비밀정보활동에 대한·학계의 연구가 보다 활성화되었다.

278

국가정보학의 목적에 대한 설명으로 틀린 것은? [2013년 기출]

① 개별 정보기관의 임무와 역할을 합리적으로 조정할 수 있도록 한다.

② 국가정보기관의 활동에 대한 비판기능을 강화해 활동에 제약을 가한다.

③ 선진국의 성공사례와 실패사례를 연구해 국내 정보기관의 발전을 유도한다.

④ 정보이론과 실무를 연계하여 국가정보활동의 적법성과 타당성을 확보해 줄 수 있다.

정답 ②

풀이 ② 국가정보학은 국가정보활동에 합리성과 적법성을 부여함으로써 국민적 지지기반을 확보해 주고 국제법적으로도 신뢰성을 부여하여, 국가정보가 직면할 수 있는 법적 · 제도적 위협을 방지하여 진정한 발전을 도모할 수 있게 해준다.

279

국가정보학의 의의에 대한 설명으로 틀린 것은? [2009년 기출]

① 다양한 이해관계자나 시민단체의 비판적인 의견을 반영한다.
② 학제 간 연구를 통해 국가정보활동에 대한 정당성을 부여한다.
③ 국가정보학 연구는 국가정보활동에 대하여 합리성을 확보해 준다.
④ 국가정보학의 전문적인 연구를 통하여 국가정보활동을 체계화한다.

정답 ①

풀이 ① 국가정보의 대상이 되는 적국도 국가정보의 이해관계자라고 할 수 있다. 적국의 의견을 반영하는 것이 국가정보학의 목적이 될 수는 없다.

280

국가정보학에 대한 설명으로 틀린 것은? [2007년 기출]

① 국가정보학은 국가정보기구에 대한 전반적인 이해를 요구한다.
② 국가정보활동에 합리성과 적법성을 부여하여 국민적 지지기반을 확보해 준다.
③ 국가정보활동에 대한 법적 · 제도적 연구는 필수적이고 최종적인 영역이라고 할 수 있다.
④ 국가정보학은 국가안보와 국가이익을 위한 국가정책의 수립과 집행에의 기여를 본질로 하는 비실용적인 학문이다.

정답 ④

풀이 ③ 국가정보학 연구에 있어서 국가정보활동에 대한 법적 · 제도적 연구는 필수적이고 최종적인 영역이라고 할 수 있다. 국가정보학에 대한 연구성과는 궁극적으로는 입법조치와 제도개혁으로 나타나는 것이기 때문이다.
④ 국가정보학은 국가안보와 국가이익을 위한 국가정책의 수립과 집행에의 기여를 본질로 한다는 점에서 실용적인 학문이다.

281

국가정보학의 특징으로 틀린 것은?

① 정보기구에 대한 부정적인 인식으로 인하여 연구가 기피되어 왔다.
② 당면문제의 해결을 목적으로 하는 학문이다.
③ 여러 분야를 포괄하는 종합적 학문이다.
④ 국가정보에 대한 역사적 사건이 다양하여 관련 자료가 풍부하다.

정답 ④
풀이 ④ 보안 등의 이유로 관련 자료가 부족하여 체계적인 연구가 어려웠다.

282

국가정보학의 기능으로 틀린 것은?

① 국가정보활동에 대한 합리성 확보
② 국가정보활동에 이론을 제시하여 반대 비판 억제
③ 국가정보활동의 체계화를 도모하여 국가와 정보기구의 발전을 촉진
④ 국가정보활동의 민주 법치주의에의 부합 도모

정답 ②
풀이 ② 국가차원의 정보활동을 연구대상으로 하는 국가정보학은, 그동안 자료 부족, 국가정보의 비밀주의의 속성 등으로 학문적 연구가 미진한 분야였다. 또한 정보는 통치의 부속수단으로 인식되어 독립성이 결여되어 있었다. 하지만 미국을 중심으로 한 국가정보학의 학문적 성과는 결과적으로 국가정보에 기여하고, 궁극적으로 국가발전에 이바지함으로써 오늘날 구체적 성과가 있는 중요한 학문적 분야로 자리매김했다.

283

국가정보학의 기능에 대한 설명으로 틀린 것은? [2009년 기출]

① 국가정보학의 연구를 통하여 일국의 국가정보활동이 어느 부분에 집중하는 것이 필요한지를 알게 해준다.
② 정보기관이 생산하는 첩보의 취약점을 보완하고 의미 있는 정보를 만드는 데 도움을 준다.
③ 다른 나라의 사례와 발전과정에 대한 전문적인 연구를 통하여 국가정보활동의 체계화를 도모할 수 있다.
④ 국가정보의 체계적인 연구는 국가정보활동의 필요성을 역설할 수 있는 좋은 방어책도 될 수 있다.

정답 ②

풀이 ② 정보분석도 비밀리에 진행되기 때문에 국가정보학 연구자들이 첩보의 취약점을 알 수는 없다. 첩보의 취약점을 보완하고 의미 있는 정보를 만드는 것은 국가정보학 연구자들의 역할이 아니라 정보분석관의 임무이다.

284

국가정보학의 기능으로 적절하지 않은 것은? [2006년 기출]

① 국가정보활동의 발전을 촉진할 수 있다.
② 국가정보활동에 대한 비판을 억제할 수 있다.
③ 국가정보활동에 대한 합리성을 확보할 수 있다.
④ 선진국의 사례연구로 국가정보활동의 발전 방향을 제시할 수 있다.

정답 ②

풀이 ② 국가정보활동에 대한 비판을 억제하는 것이 아니라 강화한다.

285

국가정보학의 특성에 대한 설명으로 틀린 것은? [2006년 기출]

① 자료 접근의 제약을 받는다.
② 국가차원의 정보활동을 연구대상으로 한다.
③ 실용적이라기보다는 순수 학문의 성격을 가진다.
④ 국가정보활동에 대한 기술적 설명을 위주로 한다.

정답 ③

풀이 ③ 국가정보학은 실용주의적 관점에서 국가안보와 관련되는 정책결정을 지원하기 위한 하나의 수단(tool), 즉 기술(craft)을 연구한다.

286

국가정보학의 독립된 연구범위로 적절하지 않은 것은?

① 국가정보의 영역에 대한 이해
② 정보역사
③ 새로운 정보환경의 변화를 포함한 국가정보 환경에 대한 이해
④ 국가정보 규범체계

정답 ②

풀이 ② 인류 생존의 역사는 사실상 정보활동 전개의 역사이다. 모든 역사발전 단계별로 그 시대 최고의 인적 · 물적 자산을 활용한 정보활동을 전개했다. 그러므로 고대국가, 중세, 근대의 정보활동이 오늘날의 그것과 국가정보의 본질에서는 차이가 없다. 따라서 정보역사는 국가정보학의 독립된 연구영역으로 볼 수 없다.

287

국가정보학의 연구범위로 적절하지 않은 것은?

① 정보의 수집
② 비밀공작활동
③ 방첩활동
④ 테러진압

정답 ④

풀이 ④ 테러정보 수집 활동은 국가정보학의 연구범위에 들 수 있지만, 테러진압은 법 집행행위로서 원칙적으로 정보기관의 업무로 볼 수 없다.

288

국가정보학의 연구대상으로 적절하지 않은 것은? [2006년 기출]

① 첩보수집
② 비밀공작
③ 방첩활동
④ 테러진압

정답 ④

풀이 ④ 국가정보학은 정보기관의 정보활동, 방첩활동, 비밀공작활동 등을 연구한다. 테러진압은 법 집행행위로서 원칙적으로 정보기관의 업무로 볼 수 없다.

핵심정리 국가정보학의 접근방법

(1) 토마스(Stafford Thomas)

① 역사적/전기적 접근방법(historical/biographical approach)
특정 시기의 역사적 사례를 중심으로 연구하며, 이들은 주로 회고록이나 정부 공식문서 자료를 1차 자료로 활용한다.

② 기능적 접근방법(functional approach)
정보활동이나 정보가 생산되는 과정에 초점을 두고 이루어진 연구를 의미한다. 여기에서는 특정한 역사 사례를 탐구하기보다는 다소 추상적인 문제를 보다 심층적으로 다루려는 경향이 있다.

③ 구조적 접근방법(structural approach)
정보기구의 조직 구조와 문화 등을 중점적으로 분석하는 경향을 보인다.

④ 정치적 접근방법(political approach)
정보와 정책 간의 관계에 초점을 둔 연구로서 정보의 정치적 의미를 평가 또는 분석하는 내용이 주류를 이룬다.

(2) 와크(Wesley Wark)

① 문헌조사적 연구(research project)
정부 간행 공식문서에 기초하여 사실관계를 입증하는 데 중점을 둔다.

② 역사학적 연구(historical project)
역사적 사실이 일어나게 된 배경과 경위 등을 중점적으로 기술한다.

③ 개념화 연구(definitional project)
정보의 개념을 정의하고 정보가 생산되는 과정에 관해 모델을 구축하려는 시도라고 볼 수 있다.

④ 방법론적 연구(methodological project)
사회과학적 이론에 기초하여 개념적 모델을 구축하고 이를 정보활동 사례들에 적용하여 검증하려는 시도로 볼 수 있다.

⑤ 공공정책적 연구(public policy project)
정보활동 관련 책임성, 리더십, 효율성, 윤리성 등을 중점적으로 논의한다.

⑥ 기본권 연구(civil liberty project)
FBI, NSA 등 정보기관의 불법적인 도·감청과 그로 인한 개인 사생활 침해 문제들을 중점적으로 논의한다.

⑦ 저널리즘적 연구(investigative journalism project)
저널리즘적 시각에서 정보기관이나 정보활동에 대해 기술된 글을 의미한다.

⑧ 대중문화적 연구(popular culture project)
소설 또는 영화처럼 대중문화 속에서 스파이활동의 역할과 의미에 대해서 묘사한 글들을 의미한다.

(3) 스캇(Len Scott)과 잭슨(Peter Jackson)

① 첫 번째 접근방법은 일종의 사례연구로서 와크가 제시했던 문헌 조사적 연구, 역사학적 연구, 개념화 연구, 저널리즘적 연구 등 네 가지 유형을 통합한 것과 유사하다. 이 접근방법은 국제관계사를 연구하는 학자들 간에 주로 활용되고 있는 문헌조사적 연구 또는 역사학적 연구의 형태로 나타나기도 한다. 때로는 첩보가 수집되는 과정, 정보의 출처와 특징, 정책 결정에 정보가 어떻게 활용되었는지 등에 대해 초점을 둔 연구도 여기에 해당된다. 정보요원의 회고록이나 첩보활동 사례들에 대한 저널리즘적인 기사나 저술활동도 여기에 속한다고 본다.

② 두 번째 접근방법은 정보순환 과정(intelligence process)에서 발생하는 성공과 실패를 설명하기 위한 모델을 구축하는 데 관점을 두고 이루어지는 연구들이다. 여기서는 주로 정치학적 접근방법이 활용되며, 정책결정과 분석의 수준에 관심을 둔다. 연구자들은 정책결정과정에서 정보의 효과적인 활용에 장애가 되는 구조적 또는 인지적 오류들 찾아내고 분석하는 데 중점을 둔다. 이들은 정보실패를 야기하는 요인으로써 분석관의 편견이나 선입관 등 인지적 오류, 정보의 정치화, 관료주의적 병폐 등에 대해서 논의한다.

③ 세 번째 접근방법은 국가의 통제 수단으로서 정보의 국내 정치적 기능에 관점을 두고 연구한다는 점에서 특징이 있다. 과거에 정치학 또는 역사학에서 이런 종류의 연구들이 많이 수행되었다. 예를 들어 최근 소련 및 동구권 국가들에서 비밀 해제된 문서들이 공개됨에 따라 1945년 이후 국가보안기구들이 이들 나라의 정치 또는 사회생활에 어떤 역할을 수행했는가에 대한 연구들이 시도되고 있다. 역사학자들은 영국과 프랑스의 정보기관들이 과거 식민지 국가들에 대해서 어떤 역할을 수행했는지, 또는 MI5와 FBI 같은 국내보안기관들의 활동과 그것이 미국과 영국의 정치문화에 미친 영향 등 광범위한 주제에 걸쳐서 많은 연구들이 수행되고 있다.

(4) 각각의 접근방법 비교

① 토마스의 분류는 정보학 연구의 접근방법을 지나치게 단순화한 면이 없지 않지만 학계의 대표적인 연구 성향을 4개의 접근방법들로 집약하고 있다는 점에서 의미를 가진다.

② 와크의 분류는 학계의 연구물들을 세분화함으로써 연구물의 학문적 기법이나 성향을 보다 구체적으로 반영하고 있다는 장점이 있는 반면에 세분화된 만큼 중첩성이 심하다는 단점이 있다. 예를 들어 제2차 세계대전 당시 진주만 기습의 과정과 원인을 규명한 월스테터(R－Wolhstter)의 「진주만 기습: 경고와 정책결정」은 문헌조사적 연구와 역사적 연구가 혼재된 형태의 저술로서 어느 한 가지로 분류될 수 없다. 또한 정보학 분야의 연구들을 보면 개념화 연구와 방법론적 연구가 혼합된 형태로 된 저술들이 많다. 예를 들어 헨델(Michael Handel), 베츠(Betts)의 연구는 정보실패에 관한 저술로서 정보의 개념에서부터 시작하여 정보실패의 원인과 결과에 관한 이론적 모형을 만들고 이를 검증하는 과정을 제시하고 있다.

③ 스캇과 잭슨의 분류에서 제시된 두 번째와 세 번째 접근방법은 최근 정보학의 연구 동향을 잘 반영하고 있다는 장점이 있는 반면에 학계의 대표적인 연구 성향을 제대로 반영하지 못하고 있는 것으로 평가된다. 특히 첫 번째 접근방법은 와크가 제시한 네 가지 접근방법을 통합하여 단순화했지만 대표적인 특징이 없다는 점에서 단일화된 하나의 접근방법으로 인정되기 어렵다.

④ 세 가지 분류들의 장단점을 균형 있게 평가해 보았을 때 토마스가 제시한 분류가 가장 적절한 것으로 판단된다. 와크의 분류는 지나치게 세분화되어 중첩성이 많은 단점이 있고, 스캇과 잭슨의 분류는 대표성이 떨어진다. 이에 비해 토마스의 분류는 학계의 연구들을 네 가지 유형의 접근방법으로 단순화함으로써 연구물의 특성을 구체적으로 반영하지 못한다는 단점이 있지만, 지나친 세분화로 인한 중첩성을 피하면서 학계 연구의 대표적인 특성을 매우 적절히 반영하고 있다는 점에서 가장 적합한 분류로 인정된다.

289

국가정보학의 연구방법에 대한 설명으로 틀린 것은?

① 토마스(Stafford Thomas)는 국가정보학 연구에 활용되는 연구방법을 역사적 접근, 기능적 접근, 구조적 접근, 정치적 접근 등 네 가지로 분류하였다.

② 루드너(Martin Rudner)는 역사적 · 사례연구적 접근, 기능적 · 과정적 접근, 구조적 · 조직적 접근, 정치적 · 정책결정적 접근, 법적 접근으로 분류하였다.

③ 일부 학자들의 연구는 정보실패에 관한 일종의 이론적 분석틀을 구축하고 실패하게 된 원인을 규명하려는 시도를 보이기도 하는데 이 경우 기능적 접근 또는 기능적 · 과정적 접근 방법으로 분류될 수 있다.

④ 루드너(Martin Rudner)는 기능적 · 과정적 접근을 국가정보 연구의 가장 대표적인 연구방법으로 보았다.

정답 ②

풀이 ② 법적 접근은 토마스와 루드너의 분류를 바탕으로 우리나라 학자(이기덕)가 추가한 것이다.

290

국가정보학의 접근 방법에 대한 설명으로 틀린 것은?

① 역사적/전기적 접근방법(historical/biographical approach)은 주로 회고록이나 정부 공식문서 자료를 1차 자료로 활용한다.

② 기능적 접근방법(functional approach)은 정보활동이나 정보가 생산되는 과정에 초점을 두고 이루어진 연구이다.

③ 기능적 접근방법(functional approach)은 특정한 사례를 탐구하기보다는 다소 추상적인 문제를 보다 심층적으로 다루려는 경향이 있다.

④ 구조적 접근방법(structural approach)은 정보와 정책 간의 관계에 초점을 둔 연구이다.

정답 ④

풀이 ④ 정보와 정책 간의 관계에 초점을 둔 연구로서 정보의 정치적 의미를 평가 또는 분석하는 내용이 주류를 이루는 것은 정치적 접근 방법이다. 참고로 구조적 접근 방법은 정보기구의 조직 구조와 문화 등을 중점적으로 분석하는 경향을 보인다.

291

국가정보학 연구방법들에 대한 설명으로 틀린 것은?

① 토마스는 국가정보학 연구에 활용되는 연구방법을 역사적 접근, 기능적 접근, 구조적 접근, 정치적 접근 등 네 가지로 분류하였다.

② 루드너는 역사적 · 사례 연구적 접근, 기능적 과정적 접근, 구조적 · 조직적 접근, 정치적 · 정책 결정적 접근을 국가정보학 연구의 대표적인 방법으로 분류하였다.

③ 루드너(Martin Rudner)는 국가정보학 연구방법 중 대표적인 것이 구조적 · 조직적 접근이라고 설명했다.

④ 비밀공작을 수행하는 과정에서 때로는 합법성의 문제, 국회의 정보활동에 대한 감시기능에 대한 연구는 법률적 접근으로 분류할 수 있다.

정답 ③

풀이 ③ 루드너(Martin Rudner)는 역사적 · 사례 연구적 접근, 기능적 과정적 접근, 구조적 · 조직적 접근, 정치적 · 정책 결정적 접근으로 분류하고 이들 연구방법 중 대표적인 것이 기능적 · 과정적 접근이라고 설명했다.

④ 정보기구의 설립은 법적 근거를 통해서 합법성을 인정받고 있다. 정보기구의 다양한 활동과 임무, 기능 등은 법에 의해 구체적으로 규정되어 있다. 그러나 국가정보활동 중 비밀공작을 수행하는 과정에서 때로는 합법성의 문제가 제기되고 국민의 기본권이 제한받게 되는 경우가 있다. 또한 정보의 통제메커니즘은 주로 국회에 의해 이루어지고 있으며, 국회의 정보활동에 대한 감시기능은 법에 의해 규정되어 있다. 따라서 국가정보에 대한 연구는 정보기구와 정보활동과 관련된 법률적 연구가 매우 중요하다.

292

국가정보학의 연구방법으로 틀린 것은?

① 법적 · 제도적 분석 ② 체계적 분석
③ 구조 및 기능분석 ④ 비선형 회기 분석

정답 ④

풀이 ④ 국가정보학의 연구방법에는 법적 · 제도적 분석, 체계적 분석, 구조 및 기능분석, 사례연구가 있다. 비선형적 회기 분석은 국가정보학의 연구방법이 아니라 데이터마이닝에 활용되는 정보분석방법이다.

293

토마스(Stafford Thomas)가 제시한 국가정보학 연구에 활용되는 접근방법에 대한 설명으로 틀린 것은?

① 역사적 접근방법은 특정 시기의 역사적 사례를 중심으로 연구하며, 이들은 주로 회고록이나 정부 공식문서 자료를 참고로 활용한다.
② 기능적 접근방법은 정보활동이나 정보가 생산되는 과정에 초점을 두고 이루어진 연구로, 다소 추상적인 문제를 보다 심층적으로 다루려는 경향이 있다.
③ 구조적 접근방법은 정보기구의 조직 구조와 문화 등을 중점적으로 분석하며, 기능적 접근보다는 구조와 조직에 더 초점을 맞춘다.
④ 정치적 접근방법은 정보의 개념을 정의하고 정보가 생산되는 과정에 관해 모델을 구축하려는 시도라고 볼 수 있다.

정답 ④

풀이 정보의 개념을 정의하고 정보가 생산되는 과정에 관해 모델을 구축하려는 시도는 와크의 개념화 연구이다. 정치적 접근방법은 정보와 정책 간의 관계에 초점을 둔 연구로, 정보의 정치적 의미를 평가 또는 분석하는 내용이 주류를 이룬다.

294

다음은 토마스(Stafford Thomas)가 제시한 국가 정보 연구에 대한 네 가지 접근방법을 설명한 것이다. 가장 적절하지 않은 것은? [2024년 기출]

① 역사적/전기적 접근 방법: 특정시기의 역사적 자료를 1차 자료로 활용하는 것이다.
② 기능적 접근 방법: 정보활동이나 정보가 생산되는 과정에 대한 구체적 문제를 포괄적으로 다루는 것이다.
③ 구조적 접근 방법: 정보기구의 조직 구조와 문화 등을 중점적으로 분석하는 것이다.
④ 정치적 접근 방법: 정보와 정책 간의 관계에 초점을 둔 연구로서 정보의 정치적 의미를 평가하는 것이다.

정답 ②

풀이 ② 기능적 접근 방법은 특정한 역사 사례를 탐구하기보다는 다소 추상적인 문제를 보다 심층적으로 다루려는 경향이 있다.

295

국가정보학의 연구방법에 대한 설명으로 틀린 것은? [2007년 기출]

① 정보순환체계를 분석하여 연구한다.
② 정보실패나 정보성공의 요인과 문제점 및 효과를 연구한다.
③ 국가정보활동에 대한 법적 · 제도적 연구는 필수적이고 최종적인 영역이다.
④ 국가정보기구에 대한 전반적인 이해보다는 특별한 구조와 기능을 가진 기관에 대한 연구이다.

정답 ④

풀이 ④ 국가정보학은 국가정보기구에 대한 전반적인 이해를 요구한다. 국가정보기구의 탄생 배경이나, 조직구조와 기능이나 활동내용에 대한 전반적인 이해 없이는 국가정보에 대한 이해가 이루어질 수 없다.

296

국가정보학의 연구방법으로 적절하지 않은 것은? [2006년 기출]

① 정보순환 체계의 분석
② 정보기구에 대한 구조와 기능 분석
③ 국가정보활동에 대한 법적 · 제도적 분석
④ 정보기관의 국내정치에의 관여 활동 분석

정답 ④

풀이 ④ 국가정보학의 연구방법으로는 정보기구에 대한 구조와 기능 분석, 정보순환 체계의 분석, 사례 분석, 법적 · 제도적 분석을 들 수 있다. 정보기관의 국내정치에의 관여 활동 분석은 국가정보학 연구 주제는 될 수 있어도 국가정보학의 연구 방법으로 볼 수 없다.

297

국가정보기관과 정보학에 대한 연구가 활발해지고 민주화가 진전됨에 따라 정보기관에 대한 정보 공개요구가 늘어난 시기로 옳은 것은? [2009년 기출]

① 냉전기
② 탈냉전기
③ 1차 대전 이후
④ 양차 대전 이후

정답 ②

풀이 ② 탈냉전과 더불어 비밀로 분류되었던 많은 정부 기록물들이 공개되고 있고 범세계적으로 민주화가 이행되면서 정보활동의 공개성과 책임성이 보다 강조되었다.

298

「소리 없는 전쟁(Silent Warfare: Understanding the world of Intelligence)」의 저자의 이름으로 옳은 것은?

① 제프리 리첼슨(Jeffery T. Richelson)
② 에이브럼 슐스키(Abram N. Shulsky)
③ 마크 로웬탈(Mark Lowenthal)
④ 셔먼 켄트(Sherman Kent)

정답 ②

풀이 ② 미국 국방부 정보분석관과 상원정보특별위원회 국장 출신으로 시카고 대학의 방문교수를 지낸 에이브럼 슐스키(Abram N. Shulsky)의 국가정보에 대한 정의(定義)로, 동인은 정보 비밀성의 대칭으로 방첩활동의 중요성도 강조했다. 슐스키는 정보의 비밀성을 중요시하면서 정보는 국가안보 이익을 극대화하고, 실제적 또는 잠재적 적대 세력의 위협을 취급하는 정부의 정책수립과 정책집행과 연관된 자료라고 정의했다.

299

「미국 대외정책을 위한 전략정보(Strategic Intelligence for American World Policy)」의 저자에 대한 설명으로 틀린 것은?

① 정보는 국가정책 운영의 기본 자료임을 전제하면서 정보 개념 3중성 주창
② 에이브럼 슐스키(Abram N. Shulsky)
③ 정보는 국가정책 수립, 집행 등을 위한 지식(knowledge)이며 활동(activity)이고 조직(organization)이다.
④ 셔먼 켄트(Sherman Kent)

정답 ②

풀이 ② 「미국 대외정책을 위한 전략정보(Strategic Intelligence for American World Policy)」의 저자는 셔먼 켄트(Sherman Kent)이다. 셔먼 켄트(Sherman Kent)는 미국 예일 대학교의 역사학 교수를 역임했다. 에이브럼 슐스키(Abram N. Shulsky)는 미국 국방부 정보분석관 출신으로 상원정보특별위원회와 시카고 대학교 교수를 역임한 정보학자로 「소리 없는 전쟁(Silent Warfare: Understanding the world of Intelligence)」의 저자이다.

Theme 07 정보활동의 기원과 발전

300

13세기경부터 상주대사 제도를 시행하여 정보활동을 한 국가로 옳은 것은? [2016년 기출]

① 베네치아공화국 ② 피렌체

③ 바티칸 ④ 밀라노

정답 ①

풀이 ① 베네치아 공화국은 13세기경부터 상주대사 제도를 시행했으며, 15세기경에는 피렌체를 비롯한 이탈리아의 주요 국가들로 확산되었던 것으로 보인다.

핵심정리 세계에서 가장 오래된 첩보활동 기록

파라오의 명을 받아 순찰 중이던 '바눔'이라는 장군이 적정을 탐지한 내용의 기록이 고대 이집트의 신성문자(神聖文字)인 '히에로글리프(hieroglyph)'로 남아 있다. 이것은 지금으로부터 약 4,000년 전에 써진 것으로서 아마도 세계에서 가장 오래된 첩보활동 기록으로 생각된다.

301

고대국가의 정보활동의 기원에 대한 설명으로 틀린 것은? [2008년 기출]

① 기원전 2000년경 고대 이집트에서 '바눔'이라는 장수가 적군의 동향을 탐지해 파라오에게 보고 하였다는 기록이 남아 있다.

② 기원전 13세기 말 모세는 가나안 지방을 공격하기 위해 이스라엘 12개 부족장을 선발해 첩보 수집활동을 전개했다.

③ 기원전 4세기 알렉산더 대왕은 장병들이 가족들에게 서신을 보내게 한 후 서신을 개봉해 불평분자나 첩자를 색출했다.

④ 정보활동에 대한 최초의 기록은 BC 500년경에 스파르타에서 개발한 스키테일이다.

정답 ④

풀이 ④ 정보활동에 대한 최초의 기록은 책과 저자에 따라 이견이 있기는 하지만 대체적으로 지금으로부터 약 4000년 전 이집트의 상형문자인 히에로글리프(hieroglyph)로 인정된다. 스키테일(skytale)은 최초의 과학적인 암호장비라고 볼 수 있다.

핵심정리 르네상스 시대의 정보활동

(1) 외교 분야

① 유럽지역에서 상주대사 제도가 시행되면서 외교관들이 주재국에 상주하여 공식적인 외교활동과 더불어 비공식적인 정보활동을 수행하기 시작했다.

② 베네치아 공화국은 13세기경부터 상주대사 제도를 시행했으며, 15세기경에는 피렌체를 비롯한 이탈리아의 주요 국가들로 확산되었던 것으로 보인다.

③ 상주대사 제도의 시행과 더불어 외교활동은 협상을 위해서 뿐만 아니라 정보수집 활동을 위해 활용되었다.

④ 이탈리아 지역에서 피렌체는 금융과 모직 산업이 발전했고 베네치아는 해양국가로 알려졌는데, 두 국가는 각각 상대국에 첩보원을 파견하여 치열한 첩보전을 전개했던 것으로 나타난다.

⑤ 16세기와 17세기에 들어서서 유럽지역에서 이러한 종류의 외교 관례가 정착됨에 따라 외교와 정보활동이 밀접하게 연계되어 수행되었다. 그 무렵 대부분의 대사관에는 비밀정보요원이 상주했으며, 그 당시 대사는 허가받은 스파이로 여겨졌다고 한다.

(2) 왕권유지(또는 내부치안) 분야

① 영국

㉠ 16세기 후반 영국 엘리자베스 1세 당시 월싱햄 공작(Fransis Walsingham, 1537~1590)이 설립한 비밀조직은 국내외로부터 여왕 암살음모를 적발하여 왕권을 보호하고 주요국에 관한 정보를 수집하는 등의 임무를 수행했다.

㉡ 특히 월싱햄은 비밀공작활동을 효과적으로 전개하여 1588년 스페인 왕 펠리페 2세의 무적함대를 격파하는 데 결정적인 역할을 수행했던 것으로 평가된다.

② 프랑스

㉠ 프랑스에서도 루이 13세 당시인 1620년경 리슐리외 추기경이 '샹브르 누아(Chambre Noir)'라는 비밀정보기관을 창설하였다.

㉡ 샹브르 누아는 국외 정보활동을 통해 국력신장에 기여한 바도 있지만 국내 귀족들의 동향을 감시하면서 비밀리에 서신검열까지 하는 등 주로 왕권 수호 임무에 치중했던 것으로 알려졌다.

③ 러시아

㉠ 러시아에서도 1565년 폭군으로 알려진 이반 황제(Tsar Ivan IV)가 '오프리치니나(Oprichnina)'라는 비밀경찰조직을 설립하였다.

㉡ 약 6,000여 명의 요원들로 구성된 이 조직은 무소불위의 권력을 행사했으며 무고한 사람을 반역자로 몰아 집단 살상하는 등 악명을 떨쳤다.

㉢ 이들이 조직체를 갖추고 비밀첩보수집활동을 수행했다는 점에서 오늘날의 정보기관과 유사한 면이 없지 않다.

㉣ 그러나 그 규모나 활동이 아직은 초보적이었고 주로 국내정치적 목적에서 설립되어 정권안보적 차원의 왕권수호에 치중했다는 점에서 국가적 차원의 안보목표 달성에 목적을 둔 오늘날의 국가정보기관과는 많은 차이가 있다고 본다.

(3) 국방 분야

① 르네상스 이후 절대주의 국가들 간에 전쟁이 빈번하게 발발하였고, 그러한 군사적 위협에 대응하기 위해 군사정보활동이 활발히 전개된다.

② 전투상황에서 적대국의 병력 및 무기 배치 현황, 작전계획 등에 관한 정보는 전투의 승패에 결정적인 영향을 미칠 수 있는 요소로 고려되었다.

③ 16세기나 17세기 무렵부터 영국군은 야전에서 첩보활동을 수행하는 정찰대를 두었던 것으로 나타난다.

④ 18세기 영국의 말보로(1st Duke of Marlborough, 1650~1722) 장군은 전투 임무를 수행하는 데 정보를 매우 효과적으로 활용했던 인물로 알려졌다.

⑤ 또한 프러시아의 프리드리히 대제는 간첩을 일반 간첩, 2중 간첩 등 종류로 분류하기도 하였다.
⑥ 나폴레옹 전쟁(1789~1815)은 정보가 전투에 본격적으로 활용되는 계기가 되었다. 당시 프랑스와 영국군에 정찰대가 편성되어 적정에 관한 첩보수집활동을 활발하게 전개했던 것으로 나타난다.

(4) 근대적 형태의 정보기구의 태동

① 르네상스 이후 점차적으로 정보활동은 유럽 각국의 외교, 국방, 내부치안 분야에서 절대적으로 필요한 요소가 되었으며, 그러한 필요에 부응하고자 근대적 형태의 정보기구가 태동하게 되었다.
② 18세기경 영국을 비롯하여 대부분의 유럽 강대국들은 불법적으로 몰래 우편물을 개봉하고 암호를 해독하는 행위를 자행했다. 해외 우편물이나 소포의 내용물을 몰래 보려면 특수기관이 필요했고, 이것이 근대적인 보안정보기관으로 발전되는 계기가 되었다.
③ 프러시아에서는 1736~1752년까지 '블랙 캐비넷(Black Cabinet)'이라는 기관을 설립하여 우편물을 몰래 개봉해서 복사하고 다시 봉인하는 작업을 수행했던 것으로 알려졌다. 영국에서도 우편물을 중간에 가로채 복사하여 가짜 봉인을 찍고, 암호를 해독하여 왕이나 신료들에게 결과물을 보고하는 등 비밀보안활동을 하는 기관이 있었다.
④ 그러나 아직까지 정보의 수집이나 처리를 위한 상설기구가 없이 그때그때 상황을 처리하기 위해 특별히 설립된 임시기구로 운영되었기 때문에 오늘날의 보안정보기관과는 다소 거리가 있었다. 사실 우편검열은 해외 정보수집 목적보다는 주로 민중 봉기나 내란 등 내부 통치를 위해 활용되었다.
⑤ 1844년 영국에서 우편검열을 수행했던 기구가 해체되었고, 오스트리아와 프랑스에서도 1848년에 그러한 임무를 수행했던 조직이 해체되었다. 요컨대, 18세기경 유럽 국가들이 소규모 비밀조직을 설립하여 첩보를 중간에서 가로채는 일이나 암호해독 등의 활동을 수행하기도 했지만, 아직까지 독립적인 형태의 정보기관을 설립하여 보안정보활동을 본격적으로 수행했던 것은 아니었다.

302

르네상스 시대의 외교 분야에서의 정보활동에 관한 내용으로 틀린 것은?

① 베네치아 공화국은 13세기경부터 상주대사 제도를 시행하였고, 15세기에는 이탈리아 주요 국가들에 이 제도가 확산되었다.
② 피렌체와 베네치아는 각각 상대국에 첩보원을 파견하여 첩보전을 벌였다.
③ 15세기와 16세기에 들어서 유럽에서 외교와 정보활동이 밀접하게 연계되어 수행되었고, 이 시절 대부분의 대사관에는 비밀 정보 요원이 상주하였다.
④ 유럽지역에서 상주대사 제도가 시행되면서 외교관들이 주재국에 상주하여 공식적인 외교활동과 더불어 비공식적인 정보활동을 수행하기 시작했다.

정답 ③

풀이 ③ 16세기와 17세기에 들어서서 유럽지역에서 상주대사 제도와 같은 외교 관례가 정착됨에 따라 외교와 정보활동이 밀접하게 연계되어 수행되었다. 그 무렵 대부분의 대사관에는 비밀정보요원이 상주했으며, 그 당시 대사는 허가받은 스파이로 여겨졌다고 한다.

303

르네상스 시대의 정보활동에 대한 설명으로 틀린 것은?

① 베네치아 공화국은 13세기경부터 상주대사 제도를 시행했으며, 15세기경에는 피렌체를 비롯한 이탈리아의 주요 국가들로 확산되었다.

② 16세기와 17세기에 들어서서 유럽지역에서 상주대사 제도와 같은 외교 관례가 정착됨에 따라 외교와 정보활동이 밀접하게 연계되어 수행되었다.

③ 16세기나 17세기 무렵부터 영국군은 야전에서 첩보활동을 수행하는 정찰대를 두었다.

④ 18세기 영국의 말보로(1st Duke of Marlborough, 1650~1722) 장군은 전투 임무를 수행하는 데 정보를 매우 효과적으로 활용했던 인물로 정보가 전투에 본격적으로 활용되는 계기가 되었다.

정답 ④

풀이 나폴레옹 전쟁(1789~1815)은 정보가 전투에 본격적으로 활용되는 계기가 되었다. 당시 프랑스와 영국군에 정찰대가 편성되어 적정에 관한 첩보수집활동을 활발하게 전개했던 것으로 나타난다.

304

르네상스 시대의 국방 분야에서의 정보활동에 관한 내용으로 틀린 것은?

① 절대주의 국가들 간에 전쟁이 빈번하게 발생하여 군사 정보 활동이 활발히 전개되었다.

② 16세기나 17세기 무렵부터 영국군은 야전에서 첩보 활동을 수행하는 정찰대를 두었다.

③ 프러시아의 프리드리히 대제는 간첩을 일반 간첩, 2중 간첩 등으로 분류하였다.

④ 18세기 영국의 말보로(1st Duke of Marlborough, 1650~1722) 장군이 이끈 스페인 왕위 계승 전쟁은 정보가 전투에 본격적으로 활용되는 계기가 되었다.

정답 ④

풀이 ① 르네상스 시대에 절대주의 국가들 간에 전쟁이 빈번히 발생하여 군사 정보 활동이 활발히 전개되었다.
② 16세기나 17세기 무렵부터 영국군은 야전에서 첩보 활동을 수행하는 정찰대를 두었다.
③ 프러시아의 프리드리히 대제는 간첩을 일반 간첩, 2중 간첩 등으로 분류하였다.
④ 정보가 전투에 본격적으로 활용되는 계기가 되었던 전쟁은 나폴레옹 전쟁(1789~1815)이다. 당시 프랑스와 영국군에 정찰대가 편성되어 적정에 관한 첩보수집활동을 활발하게 전개했던 것으로 나타난다.

305

르네상스 시대의 정보활동으로 틀린 것은? [2023년 기출]

① 16세기와 17세기에 들어서서 유럽지역에서 상주대사 제도가 정착됨에 따라 외교활동은 협상을 위해서뿐만 아니라 정보수집 활동을 위해 활용되었다.
② 유럽지역에서 르네상스 이후 등장한 절대주의 국가들은 왕권을 보호하고 내부 치안을 유지하기 위해서 비밀조직을 설립하여 다양한 유형의 국내정보활동을 수행하게 된다.
③ 16세기 후반 영국 엘리자베스 1세 당시 월싱햄 공작은 왕권을 보호하고 내부 치안을 유지하기 위해서 비밀조직을 설립하였다.
④ 르네상스 이후 절대주의 국가들 간에 전쟁이 빈번하게 발발하였고, 그러한 군사적 위협에 대응하기 위해 군사정보활동이 활발히 전개된다.

정답 ③

풀이 ③ 16세기 후반 영국 엘리자베스 1세 당시 월싱햄 공작이 설립한 비밀조직은 국내외로부터 여왕 암살음모를 적발하여 왕권을 보호하고 주요국에 관한 정보를 수집하는 등의 임무를 수행했다. 특히 월싱햄은 비밀공작활동을 효과적으로 전개하여 1588년 스페인 왕 펠리페 2세의 무적 함대를 격파하는 데 결정적인 역할을 수행했던 것으로 평가된다.

306

중세 유럽 국가들의 정보활동에 대한 설명으로 틀린 것은? [2008년 기출]

① 17세기 초 프랑스의 루이 13세는 샤브르 누아라는 기관을 설치하여 귀족들의 동향을 감시하고 서신을 검열했다.
② 러시아는 오프리치니나라는 경찰정보조직이 황권강화에 기여했다.
③ 16세기 영국의 엘리자베스 여왕은 비공식 정보조직을 설립하여 왕권을 강화했다.
④ 15세기 이탈리아의 도시국가들은 상주공관을 설치하여 운영했다.

정답 ③

풀이 ③ 영국의 월싱햄 경은 공식조직을 설립해 왕권강화에 기여하고, 적대국에 대한 정보수집활동을 강화했다.

307

18~19세기 세계 각국의 정보활동에 대한 설명으로 틀린 것은? [2008년 기출]

① 영국의 경우 크림전쟁 이후 전쟁성 산하 '지형통계국(War Office Topographical and Statistical Department)'이 창설되었지만 활동은 미약했다.

② 프러시아의 프리드리히 대제는 간첩을 일반 간첩, 이중간첩 등의 유형으로 분류하기도 하였다.

③ 미국에서는 전투를 수행함에 있어서 적국의 정보가 매우 중요하게 활용되었고, 그러한 필요에 부응하여 육·해·공군에 초보적인 수준의 정보조직이 설립되기 시작했다.

④ 나폴레옹 전쟁은 정보가 전투에 본격적으로 활용되는 계기가 되었고, 당시 프랑스와 영국군에 정찰대가 편성되어 적정에 관한 첩보수집활동을 활발하게 전개했던 것으로 나타난다.

정답 ③

풀이 ③ 미국에서 육·해·공군에 초보적인 수준의 정보조직이 설립되기 시작한 것은 1914년 이후이다.

핵심정리 근대적 정보기관의 등장

1. 최초의 정보기구 설립

(1) 의의

① 근대적인 형태의 정보기관이 최초로 등장한 것은 대략 19세기 후반으로 추정된다. 당시 군사기술의 획기적인 발전과 더불어 전투 양상에 많은 변화가 나타났고, 그러한 변화에 대응하고자 군사분야에서 최초로 정보기구들이 설립되기에 이른다.

② 19세기 후반 무렵 육·해군에서 무기체계의 획기적인 발전이 있었다. 육군에서는 사정거리와 파괴력이 센 무기들이 개발되었고 철도를 이용해서 무기를 이동시켰으며, 무선통신이 도입되기 시작했다.

③ 해군에서도 증기기관을 장착한 군함이 건조되어 전투에 활용되었다. 예전보다 대규모 병력이 광범위한 지역에서 전투를 수행하게 됨으로써 기동성과 집중력을 동원한 전격적인 기습작전이 보다 빈번하게 전개되었고, 그것이 성공하게 될 가능성도 증가되었다. 이로 인해 전투 지휘 및 통제가 보다 복잡해졌다.

④ 이러한 변화에 대처하기 위해서는 전투를 지휘하는 야전사령관에게 부대의 이동, 전쟁 계획 등을 지원해주는 참모 조직이 필요했다. 그 대표적인 사례가 프러시아의 참모 조직인데 이 조직은 1815년 무렵부터 점진적으로 도입되기 시작했고, 1866년과 1870년 프러시아가 오스트리아와 프랑스와의 전쟁에서 승리를 거두면서 그 명성을 얻게 되었다. 적정에 대한 정보를 수집하는 일이 프러시아 참모조직의 중요한 임무였으며, 그것이 정보기구로 발전되는 중요한 전기를 이루었다.

(2) 영국

① 영국의 경우 크림전쟁 이후 전쟁성 산하 '지형통계국(War Office Topographical and Statistical Department)'이 창설되었지만 활동은 미약했다.

② 영국에서 정보활동이 본격화된 것은 1873년 전쟁성의 '정보국(War Office Intelligence Branch)'이 창설되면서부터이다.

③ 1878년에 창설된 전쟁성 정보국의 '인도지부(Indian Intelligence Branch)'와 1882년 해군에 설립된 '대외정보위원회(Foreign Intelligence Committee)' 등 군사정보활동을 수행하기 위한 기구들이 등장하기 시작했다.

④ 1887년 전쟁성 해군정보국장(the First War Office and Admiralty Director of Intelligence, DMI and DNI)이 최초로 임명되었다.

(3) 미국

① 미국에서도 1882년과 1885년 각각 해군과 육군 정보국이 창설되었다.

② 초기 정보는 단지 참모기능에 제한되었으며 아직 외국 군대를 연구 · 분석하는 수준은 아니었다. 그래서 독립적인 조직 형태로 발전되지는 않았다.

③ 그러나 점차 정보부서에서 외국 군대에 대해 집중적으로 탐구하기 시작하였다. 이전까지 야전사령관은 즉흥적이고 주관적인 판단에 의거 중요한 결정을 내렸지만, 이제는 전투를 수행함에 있어서 적국의 병참, 철도 운행시간, 무선통신 등에 관한 정보가 매우 중요하게 활용되었다.

④ 그러한 필요에 부응하여 1914년경 미국 군대의 육 · 해 · 공군에 초보적인 수준의 정보조직이 설립되기 시작했다.

2. 국내 정보활동의 필요성 증가

(1) 의의

군사정보의 필요성이 부각되는 시기에 국내 정보활동의 필요성도 증가되었다. 19세기 초 유럽 대륙의 지배세력들은 프랑스 혁명과 유사한 사태가 재발하게 될 것을 우려하여 '비밀경찰'의 필요성을 실감하게 되었다. 이에 따라 유럽지역에서 자국의 내부 국민들에 대한 감시, 첩보수집, 우편검색 등의 활동을 수행하기 위한 비밀경찰 조직이 생겨나게 되었다.

(2) 비밀경찰 조직

① 1826년 러시아에 설립된 러시아 재판소 '제3분과(the Russian Third Section of the Imperial Chancery)'가 아마도 최초의 비밀경찰 조직으로 생각된다. 이 조직은 이후 '오흐라나(Okhrana)'로 발전했다.

② 19세기 중엽 이후 유럽지역에서 민중혁명이 발생하게 될 우려는 다소 감소했지만 공산주의와 무정부주의가 당시 국가체제를 유지하는 데 심각한 위협이 되었다.

③ 한편 범죄가 빈번하게 발생하는 지역과 범죄를 저지를 가능성이 있는 사람들에 대한 정보를 수집하고 감시하기 위한 전문적인 기술이 필요하게 되었고, 그것이 경찰 업무의 전문화를 촉진시켰다. 비밀경찰 조직은 점차 제도화되었으며, 국제적인 활동을 전개하였다.

④ 1870년경 프랑스 군대는 60여 명의 전문 정보요원을 해외에 파견했으며, 1882년 파리에 오흐라나의 해외지국이 설립되었다. 1914년 이전부터 러시아의 오흐라나와 프랑스의 '수레떼(Surete)'가 각각 상대국의 수도에 외교부를 설치했고, 여기서 암호해독 등 비밀정보활동을 전개했다.

⑤ 영국은 1829년까지 국가적인 차원의 비밀경찰 조직을 두지 않았다. 영국은 1844년경 외교 문서의 불법적인 검색을 금지하는 조치를 취했다. 그러나 개인 우편에 대한 검색은 계속 수행했다.

⑥ 1883년 영국에서 아일랜드 결사조직의 폭탄테러(Fenian bombings) 사건이 발생하고 나서 '경찰국 특수분과(the Metropolitan Police's Special [Irish] Branch)'가 생겨났다.

⑦ 한편 19세기 말 영국은 자국 내부에 암약하여 활동하고 있는 외국의 간첩들에 대해 대응해야 할 필요성이 점차 증가하고 있었으며, 그러한 필요를 반영하여 1909년 마침내 '비밀정보국(Secret Service Bureau)'이 설립되었다. 당시 '비밀정보국'은 해외 공작활동도 전개했다.

3. 대간첩활동과 사보타주에 대한 대응활동의 필요성 증가

(1) 의의

① 제1차 세계대전의 발발과 함께 유럽에서 대간첩활동과 사보타주에 대한 대응활동의 필요성이 증가되었다.

② 그리고 1917년 소련에서의 볼셰비키 혁명이 발발함에 따라 유럽 내 사회주의 세력에 의한 체제 전복의 위협이 증대하게 되었다. 당시 유럽 국가들은 소련 스파이들에 대한 대간첩활동을 효과적으로 전개하는 데 많은 노력을 기울였다.

③ 또한 식민지 국가들이 독립운동의 일환으로 테러활동을 전개함에 따라 이에 대한 대응 노력을 기울여야 했다.

④ 이처럼 유럽 국가들은 단순히 내부 체제유지 필요성뿐만 아니라 대간첩활동 또는 식민지 국가들의 테러 위협에 대응하고자 국내 보안정보기구를 설립하게 되었던 것이다.

(2) 국내 비밀보안정부기구

① 국내 비밀보안기구의 예로서 영국의 '보안부(Security Service, SS, 일명 MI5)', 캐나다의 '캐나다 보안정보부(Canadian Security Intelligence Service, CSIS)', 독일의 '헌법수호청(Bundesamt fur Verfassungsschutz, BfV)', 프랑스의 '국토감시청(Direction de la Surveillance du Temtoire, DST)', 이스라엘의 '신베트(Shin Beth)' 등이 있다.

② 캐나다의 '경찰청(Royal Canadian Mounted Police)'은 1984년 CSIS가 설립되기 이전에 국내 보안정보활동을 수행했던 기구이다.

③ 유럽지역에서 비밀보안활동을 담당하는 정보기구(security intelligence)는 대체로 군사정보기구(military intelligence)와는 별도의 분리된 조직으로 설립되어 활동했다.

308

정보기관의 역사에 대한 설명으로 틀린 것은? [2021년 기출]

① 19세기 후반 유럽대륙에서 육해군 무기체계와 전투지휘 및 통신체제가 급속히 발전을 이루면서 전투를 지휘하는 야전사령관은 정보참모조직에 관심을 가지게 되었다.

② 미국 독립전쟁 당시 프랑스와 스페인이 영국의 세력을 약화시키기 위해 자국의 소행임을 드러내지 않으면서 미국의 독립운동을 은밀히 지원한 행위도 일종의 비밀공작이라고 볼 수 있다.

③ 1945년 이후 미국은 소련에 의한 위협이 부상하면서 중앙정보기구의 설립 필요성을 느끼게 되어 CIA의 전신인 중앙정보단(CIG)을 창설하게 되었다.

④ 19세기에 영국 본토 내 암약하는 독일 간첩들을 색출할 목적으로 비밀정보국(SSB)을 창설하여 초기부터 국내외 방첩활동을 수행하였다.

정답 ④

풀이 ④ 19세기 말 영국은 자국 내부에 암약하여 활동하고 있는 외국의 간첩들에 대해 대응해야 할 필요성이 점차 증가하고 있었으며, 그러한 필요를 반영하여 1909년 마침내 '비밀정보국(Secret Service Bureau)'이 설립되었다. 당시 '비밀정보국'은 해외 공작활동도 전개했다.

Theme

08 국가정보활동

핵심정리 국가정보활동의 4대 분야

오늘날 민주적인 국가정보기구의 주요한 임무 영역에는 4가지 분야가 있다. 이를 국가정보활동의 4대 분야라고 한다. 정보의 수집, 수집 정보의 분석, 비밀공작 그리고 방첩공작활동이 국가정보기구의 4대 영역이다.

309

민주국가 국가정보 활동의 원칙적인 4대 분야로 적절하지 않은 것은?

① 정보수집
② 정보분석
③ 비밀공작
④ 법집행활동

정답 ④

풀이 ④ 민주적 정보기구의 4대 임무 영역은 정보수집, 정보분석, 비밀공작, 방첩공작이다. 법집행은 수사기관이나 행정부처의 소관업무이다.

핵심정리 정책과 정보

1. 정책
   (1) 의의
   정책은 정부 또는 정치단체가 취하는 방향을 의미한다. 국가의 정책은 국책(國策)이라고도 부른다.
   (2) 정책의 주체
   국가정책은 국가의 권력을 현실적으로 담당하는 정부의 정책인 것이며, 정부의 정책은 의회 정치하에서는 그 통치권을 뒷받침하는 집권정당의 정책이다.
   (3) 정책의 수립과 그 이행의 결과
   국가안보의 확립과 국가이익의 수호는 합리적인 국가정책 수립과 그 이행의 결과라고 할 수 있다.
2. 정보활동
   (1) 의의
   ① 오늘날 민주국가에서 국가정보활동은 원칙적으로는 국가정책에의 반영을 통하여 정보활동의 목표가 달성됨이 원칙이다.
   ② 다른 말로 표현하면, 국가정보활동은 정보활동 그 자체가 국가의지의 실현이거나 국가정책인 것은 아닌 것이다.
   ③ 국가정보는 어디까지나 국가정책에 반영됨으로써 비로소 정보목적이 실현되는 것이다.

(2) 정보활동 그 자체가 국가정책이거나 정책이 구체적인 실현 방법인 경우

① 물론 국가정보활동이 국가정책 그 자체를 실현하기 위하여 이루어지는 경우도 있다.

② 비밀공작(Covert Action)과 소위 기타조항에 근거하는 등으로 최고 정책결정권자의 명을 받아 외교 · 국방 분야에서의 특정한 임무를 직접 수행하는 경우에는 정보활동 그 자체가 국가정책이거나 또는 정책의 구체적인 실현 방법이 되기도 한다.

③ 그러나 그러한 일들은 국가정보활동의 극히 이례적인 일들로 간주되고, 법적 근거도 확실하여야 한다는 것이 오늘날의 중론이다. 특별히 미국 정보공동체는 정보와 정책을 그 어느 나라보다 엄밀히 구별하는 전통을 가지고 있다.

3. 정보와 정책의 기능 차이

(1) 의의

통상 정보와 정책은 기능적 측면에서 별개로 분리된다. 행정부는 어디까지나 정책에 의해 운용되며, 정보는 정책지원 기능은 있지만 정책 선택에 있어서 어느 한쪽을 옹호하는 방향으로 작동되어서는 안 된다는 한계가 있다.

(2) 정보담당자들의 정책에 대한 선호의 중립성

① 따라서 정책담당자들을 상대하는 정보담당자들은 엄정한 객관성을 견지해야 하고, 그들이 제공하는 정보를 통해, 특별한 정책에 대한 지지나 선호를 부추겨서는 안 된다.

② 만약 정보담당자들이 어떤 정책에 대한 각별한 선호를 가지게 되면, 그들의 정보분석은 틀림없이 선입견에 의해 이루어질 것이기 때문이다.

(3) 정치화된 정보(politicized intelligence)

① 정보담당자들이 특별한 정책에 대한 지지나 선호를 가지게 되면 '정치화된 정보(politicized intelligence)', 간략히 표현하면 '정보정치'가 될 수 있는 위험성 있다.

② 미국 정보공동체에서는 정치 정보는 해당 국가정보에 대한 가장 치욕스러운 표현으로 간주된다.

310

정책과 정보에 대한 설명으로 틀린 것은?

① 국가정보활동이 국가정책 그 자체를 실현하기 위하여 이루어지는 경우도 있다.

② 정보담당자들이 어떤 정책에 대한 각별한 선호를 가지게 되면, 그들의 정보분석은 틀림없이 선입견에 의해 이루어질 위험이 있다.

③ 민주국가에서 국가정보활동은 원칙적으로 국가정책에의 반영을 통하여 정보활동의 목표가 달성됨이 원칙이다.

④ 정보담당자들이 특별한 정책에 대한 지지나 선호를 가지게 되면, 정보외적 요인에 의한 정보실패가 발생할 수 있다.

정답 ④

풀이 ① 비밀공작(Covert Action)과 소위 기타조항에 근거하는 등으로 최고 정책결정권자의 명을 받아 외교 · 국방 분야에서의 특정한 임무를 직접 수행하는 경우에는 정보활동 그 자체가 국가정책이거나 또는 정책의 구체적인 실현 방법이 되기도 한다.

④ 정보외적 요인에 의한 정보실패는 정보담당자가 자신의 선호에 부응하기 위해 정보분석 결과를 변경하는 것이 아니라 정책결정자의 선호에 맞추기 위해 정보를 조작하는 것이다.

311

국가정보활동에 대한 설명으로 틀린 것은?

① 국가정보활동은 원칙적으로 국가정책에의 반영을 통하여 정보활동의 목표가 달성된다.

② 국가안보는 국가정보활동 이외에도 경제 · 군사 · 외교적 방법으로도 달성될 수 있다.

③ 정보는 정책 종속성을 특질로 하지만 이것은 정보의 정치화와는 다른 문제이다.

④ 국가정보활동은 경쟁세력에 대한 것으로 우방국이나 동맹국에 대한 정보는 불필요하다.

정답 ④

풀이 ④ 경쟁관계가 있는 한 정보활동은 필요한 것으로, 특히 경제정보활동에서는 우방국과 동맹국의 구분이 성립되지 않는다.

312

국가안보 목적의 정보활동에 대한 설명으로 틀린 것은?

① 물리적 수색(Physical searches)은 포착할 대상물과 정보대상자에 대해 필요한 정보수집을 목적으로 주거, 물건, 기타 장소에 대해 살펴보고 조사하는 것을 말한다.

② 미국 해외정보감시법은 해외세력이 사용하는 것으로 추정되는 미국 내의 건물, 어떤 물체, 재산 등에 대한 수색을 해외정보감시법원이라 불리는 특별법원의 허가하에 광범위하게 허용하고 있다.

③ 해외정보감시법에 의하는 경우에도 수색의 대상은 특정해야 하고, 압수수색 목록도 필수적으로 작성해야 한다.

④ 미국의 경우에 케이츠(Keith) 사건 이후에 주된 목적이론(Primary purpose)이 도입되어 영장 없는 도청의 주된 목적이 해외정보수집을 위한 경우라면 비록 내국인의 전화통화 등에 대한 전자적 감청이 일부 이루어졌다고 하더라도 적법하다.

정답 ③

풀이 ③ 해외정보감시법의 경우에는 압수수색의 대상을 특정해야 할 필요도 없고, 압수수색 목록을 작성할 필요도 없다. 그만큼 국가안보 목적의 정보활동에 대한 포괄재량을 인정하고 있다.

313

국가정보활동의 필요성에 대한 설명으로 틀린 것은?

① 현재 직면한 위기의 해결

② 외국인에 의한 치안질서 훼손에 대한 대처

③ 국가존립에 위협을 줄 수 있는 위협상황에 대한 조기경보

④ 국가정책 집행 시 결과의 예측

정답 ②

풀이 ② 치안질서 유지는 경찰 등 법집행기관의 책무이다.

314

정보활동과 법규범에 대한 설명으로 틀린 것은?

① 정보수집 활동과 관련되는 법의 범주로는 자국의 국내법, 정보수집 대상국가의 국내법, 국제법의 3가지가 있다.

② 전 세계 인류지성의 확산과 민주화의 보편화에 따라 본질적으로 불법적인 요소를 포함하고 있는 해외 스파이 활동을 국제법에 위반된다고 보는 데 이론이 없다.

③ 국제질서 속에서의 정보수집 활동은 이율배반의 극치로서 국내법적으로는 사형을 포함하는 형벌로 간첩행위를 금지하면서, 해외에서는 국제관습법상의 권리로서 해외 간첩 정보활동을 적극적으로 권장하고 있다.

④ 대한민국은 「형법」 제98조와 「국가보안법」 등에서 국가적 이익에 반하는 죄의 한 유형으로 간첩죄를 규정하여 무겁게 처벌하고 있다.

정답 ②

풀이 ② 오늘날 각국은 자국 내에서의 간첩활동은 엄히 벌하면서도 해외에서의 간첩활동은 오히려 국가안보 또는 국가이익을 위한 활동으로 적극 권장한다. 그러므로 외국 정보요원들의 한국 내에서의 간첩활동은 간첩활동을 묵인하는 국제관습법의 존재에도 불구하고 적발되면 한국의 법에 따라 처벌받게 된다.

Theme

09 국가정보기구의 기능

핵심정리 정보기구의 존재 이유

(1) 전략적 충격 방지
(2) 국가에 장기적 전문지식 공급
(3) 정책과정 보좌
(4) 정보 그 자체와 정보 방법 및 원천에 대한 비밀성 유지

핵심정리 국가위기의 4가지 구성요소

(1) 기습성
(2) 파급성
(3) 위협의 크기
(4) 시간적 절박성

315

국가위기의 구성요소로 적절하지 않은 것은?

① 기습성
② 파급성
③ 시간의 절박성
④ 위협의 발생 가능성

정답 ④

풀이 위협의 발생 가능성이 아니라 위협의 크기이다.

316

국가의 위기 시 고려해야 할 요소가 아닌 것은? [2022년 기출]

① 시급성(시간의 절박성)
② 파급성
③ 위협의 성공 가능성
④ 기습성

정답 ③

풀이 ③ 위협의 성공 가능성이 아니라 위협의 크기를 고려해야 한다.

핵심정리 전략적 충격 방지

(1) 의의

① 국가정보기구 최고의 목적은 국가의 존립을 위태롭게 할 수 있는 외부세력으로부터의 위협이나 무력도발 그리고 사건과 사태의 전개를 추적하여 불측의 충격을 미연에 방지하여 국가안보를 공고히 함에 있다.

② 예컨대 1904년 일본에 의한 러시아 공격, 1941년의 독일 · 일본 등에 의한 러시아와 미국에 대한 공격, 1973년 이집트와 시리아의 이스라엘에 대한 공격은 해당 국가에 대한 불측의 전면적 선제공격이었다.

③ 그런 경우는 모두 국가정보기구가 경고기능을 제대로 수행하지 못한 것이다. 냉전시대가 종료되고 국가 간의 평화와 안정에 대한 공감대가 형성된 현대에 이르러, 개별 국가 간의 불측의 일방적 선제공격의 위험은 과거에 비해 현저히 줄어들었다. 그러나 국가 이외에 국경을 넘어 이념적으로 무장된 조직이나 단체의 빈번한 출현으로 불측의 충격에 대한 위험성은 오늘날 오히려 더욱 많아졌다.

(2) 전술적 충격(tactical surprise)과 전략적 충격(strategic surprise)

① 통상 외부 적대세력으로부터의 충격에는 전술적 충격(tactical surprise)과 전략적 충격(strategic surprise)의 2가지가 있다. 양자의 근본적 차이는 사전에 충격을 인지하였는지 여부에 의해 구분된다.

② 전술적 충격은 내용을 이미 인지하였으나 다만 예방하지 못한 경우의 충격이다. 반면에 전략적 충격은 전혀 예상을 하지 못한 충격이다.

(3) 예상하지 못하는 전략적 충격의 최소화

① 불측의 충격 방지라는 국가정보의 기능 중에서 중요한 것은 전혀 예상하지 못한 전략적 충격을 최소화하고, 어떻게 해서든지 전략적 충격을 사전에 인지하려는 노력에 집중하는 것이다. 즉 국가정보기구는 이미 발생하고 있는 전술적 충격에 대한 활동도 필요하지만 전략적 충격을 방지하기 위한 노력에 그 역량을 더욱 집중하여야 한다.

② 전략적 충격의 방지야말로 국가안보를 확립함에 있어서 국가정보기구만이 본연의 업무로 수행할 수 있는 가장 중요한 기능이다. 그러므로 반복된 전략적 충격은 일국의 정보구조 체계에 문제점이 있음을 나타내는 것으로, 개선을 요구하는 신호로 받아들여야 한다.

[전술적 충격(tactical surprise)과 전략적 충격(strategic surprise)]

구분	기준	내용	국가정보기구의 목표
전술적 충격	사전에 충격 인지	예방하지 못한 것	전략적 충격보다 후순위
전략적 충격	사전에 충격 불인지	전혀 예상하지 못했던 것으로 예방과 대처가 원초적 불가능	가장 중요

핵심정리 베츠(Richard Betts)가 제시한 사례

스미스와 존은 업무 파트너로 고객에 대한 점심접대를 함께 했다. 식사대금은 존이 대고 스미스는 사업내용을 설명했다. 그런데 존은 회사금고의 돈을 유용하여 대접 비용을 충당해 왔다. 어느 금요일, 보통 때보다 점심을 일찍 끝내고 돌아온 스미스는 때마침 존이 회사 금고에서 돈을 훔치는 것을 목격했다. 양자는 동시에 "아! 깜짝이야."라고 비명을 질렀다.

(1) 존의 충격은 전술적(tactical) 충격

왜냐하면 존은 자신의 행동이 범죄라는 것은 이미 알고 있었기 때문이다. 다만 목격되리라고는 생각하지 못한 것뿐으로, 목격되었다는 것 때문에 놀란 것이다(사전에 충격인지)

(2) 스미스의 충격은 전략적(strategic) 충격

스미스는 고객 접대에 범죄가 개입되었으리라고는 꿈에도 생각하지 못했다(사전에 충격 불인지)

317

국가정보와 국가정보기구에 대한 설명으로 틀린 것은?

① 셔먼 켄트는 국가정보를 분석형태에 따라서 기본정보, 현용정보 그리고 판단정보로 구분했다.
② 국가정보는 국가경영의 나침반 역할을 수행한다.
③ 국가정보기구를 전략정보의 산실로 보면 정보기구는 현안에 대한 Task Force Team이 된다.
④ 국가정보의 수요자에는 대통령 외에도 의회, 행정부 정책담당자, 국가안보회의, 다른 정보기구 그리고 사경제 영역의 사람들도 있다.

정답 ③

풀이 ③ 국가정보기구를 전략정보의 산실로 보면 국가정보기구는 현안에 대한 Task Force Team, 즉 전술정보의 산실이 아니라 그 나라 최고의 Think Tank가 된다.

318

전술적 충격(tactical surprise)과 전략적 충격(strategic surprise)에 대한 설명으로 틀린 것은?

① 전술적 충격은 사전에 충격을 인지한 경우이다.
② 전략적 충격은 충격을 사전에 인지했지만, 단지 예방하지 못한 경우의 충격이다.
③ 경고를 주된 기능으로 하는 국가정보는 전략적 충격의 예방에 역량을 발휘해야 한다.
④ 전략적 충격은 예방과 대처가 원초적으로 불가능했던 충격이다.

정답 ②

풀이 ② 전략적 충격은 정보기구가 사전에 충격을 전혀 인지하지 못한 경우의 충격이다.

319

베츠(Richard Betts)가 제시한 다음 사례에 대한 설명으로 틀린 것은?

> 스미스와 존은 업무 파트너로 고객에 대한 점심접대를 함께 했다. 식사대금은 존이 대고 스미스는 사업내용을 설명했다. 그런데 존은 회사금고의 돈을 유용하여 식사대접 비용을 충당했다. 어느 금요일, 보통 때보다 점심을 일찍 끝내고 돌아온 스미스는 때마침 존이 회사 금고에서 돈을 훔치는 것을 목격했고 양자는 동시에 "아! 깜짝이야."라고 비명을 질렀다.

① 존의 충격은 사전에 충격을 인지한 경우로 전술적(tactical) 충격이다.
② 스미스의 충격은 전략적(strategic) 충격이다. 전략적 충격은 충격을 사전에 인지했지만, 단지 예방하지 못한 경우의 충격이다.
③ 경고를 주된 기능으로 하는 국가정보는 전략적 충격의 예방에 역량을 발휘해야 한다.
④ 전략적 충격은 예방과 대처가 불가능했던 충격이다.

정답 ②

풀이 ② 전략적 충격은 정보기구가 사전에 충격을 전혀 인지하지 못한 경우의 충격이다.

320

국가정보기관의 존재이유로 적절하지 않은 것은? [2014년 기출]

① 재난정보전파
② 국민경제진흥
③ 정권안보강화
④ 인터넷보안강화

정답 ③

풀이 ③ 국가정보기구는 국가안보를 도모하여 국가의 영속적인 발전을 이루기 위해 존재하는 것으로, 유한한 임기를 가진 체제안보나 정권안보를 위해 존재하는 것은 아니다.

321

정보기관의 필요성에 대한 설명으로 틀린 것은? [2013년 기출]

① 국가정보기관은 국가의 미래안보위협을 미리 대비한다.
② 정책결정자들이 단기적으로 재임하기 때문에 전문성을 축적한다.
③ 정보의 획득방법과 출처를 정보소비자가 알 수 없게 관리한다.
④ 국가의 전략적, 전술적 위기를 사전에 대비할 수 있도록 방향을 제시한다.

정답 ③

풀이 ③ 정보의 획득방법과 출처를 보호하는 것은 정보소비자를 견제하기 위한 것이 아니라 정보원을 보호하고, 지속적인 정보활동체계를 유지하기 위함이다.

322

정보기관이 수집해야 하는 정보로 적절하지 않은 것은? [2012년 기출]

① 해외의 정치 관련 정보
② 해외의 군사 관련 정보
③ 국내의 방첩 관련 정보
④ 국내의 정치 관련 정보

정답 ④

풀이 ④ 국내의 정치 관련 정보는 정보기관이 수집해야 하는 정보의 대상에서 제외되기도 한다.

핵심정리 정치정보

국가안보와 직결된 국내외의 정치적 상황과 정치환경, 그 전개과정과 문제점 등 제반 정치문제에 대한 정보이다. 국내정치정보와 해외정치정보를 포함한다. 국내정치정보에는 국내의 현실적인 정치상황과 향후의 전개 예측, 민주주의의 전개과정 및 저해요소, 국민의 정치적 통합도처럼 국가안보와 직결된 정치문제로 한정된다. 반면에 해외정치정보에 대해서는 해외 정치지도자의 추문을 포함하여 제한이 없다. 이 경우의 정치정보는 우방국가나 중립국가 그리고 적성국가이건 관계없이 다른 나라들의 국내정치 상황은 모두 간과할 수 없는 주요 정치정보이다.

323

국가정보기관의 임무로 적절하지 않은 것은? [2010년 기출]

① 국가안보의 강화
② 국가정책의 선도
③ 국가경쟁력 확보
④ 산업스파이 수사

정답 ②

풀이 ② 정보는 정책입안자를 위해 수집된 지식으로 정책입안자들에게 선택의 범위를 알려주고, 정책입안자들이 적절히 판단할 수 있게 도와주는 것을 넘어 정책을 선도할 수는 없다.

Theme 10 첩보수집

핵심정리 첩보수집 방법

(1) 의의
첩보수집 방법은 크게 비밀 첩보수집(clandestine collection)과 공개 첩보수집(open-source collection)으로 분류될 수 있다.

(2) 비밀 첩보수집
① 의의: 비밀 첩보수집은 활용되는 수집 수단에 따라서 인간정보(human intelligence, HUMINT) 수집과 기술정보(technical intelligence, TECHINT) 수집으로 나뉠 수 있다.
② 인간정보(HUMINT): 인간정보(HUMINT)는 일반적으로 널리 알려진 '스파이활동(espionage)'과 유사한 의미로 인식되고 있으며, 대체로 사람을 활용하여 첩보를 수집하는 방법 또는 활동을 의미한다.
③ 기술정보(TECHINT): 기술정보(TECHINT)는 사람이 아닌 다양한 유형의 과학기술 장비들을 활용하여 첩보를 수집하는 방법 또는 활동을 의미한다.

(3) 공개 첩보수집
공개 첩보수집은 공식적인 외교활동이나 신문, 라디오, TV, 인터넷 등 공개적인 자료를 통한 수집 방법 또는 활동을 의미한다.

핵심정리 기술정보의 장점과 단점

1. 장점
(1) 원거리 임무 수행
① 기술정보는 인간정보처럼 목표에 근접할 필요 없이 원거리에서 임무를 수행할 수 있기 때문에 인간정보에 비해 위험부담이 적다는 장점이 있다.
② 유인 항공기 정찰의 경우 적의 영공을 침범하여 스파이행위를 했던 사실이 발각되면 정치적인 문제가 야기될 수 있고, 상대국의 미사일 공격으로 조종사가 생명을 잃게 될 수 있다. 그러나 오늘날 무인 항공기로 대체되면서 그러한 위험이 사라졌다.
(2) 인간정보 수집이 어려운 상황에서 효과적인 첩보수집 수단
① 기술정보는 상대국의 방첩 및 보안활동이 강화되어 인간정보 수집이 매우 어려운 상황에서 효과적인 첩보수집 수단으로 활용될 수 있다.
② 냉전시대에는 적대국의 영공을 침범할 수 없었기 때문에 국경 부근을 정찰하면서 찍은 영상사진과 신호정보를 수집하는 것이 주요한 정보활동 수단이었다. 위성이 도입되면서 적대국에 대한 첩보수집활동이 보다 용이해졌다.
(3) 광범위한 지역
① 기술정보는 인간정보에 비해 광범위한 지역에 걸쳐 수많은 대상 목표에 대해 한꺼번에 엄청나게 많은 정보를 수집할 수 있다.
② 인간정보는 인간이 직접 수행하는 만큼 첩보수집의 활동범위와 목표가 한정된다. 이에 반해 첨단 과학기술 장비를 탑재한 정찰위성이나 항공기를 동원하면 광범위한 지역에 걸쳐 다양한 목표에 대한 영상, 신호, 징후계측 정보를 수집할 수 있다.

2. 단점

(1) 의의

① 1970년대 동안 기술정보의 중요성이 지나칠 정도로 강조되었으나 최근 인간정보의 중요성이 다시 부각되고 있다.

② 특히 소련과 동구권 사회주의체제가 붕괴하면서 수집 활동이 어려운 경성목표(hard target)의 숫자가 줄어들면서 기술정보의 필요성도 감소하였다. 물론 북한처럼 폐쇄적 사회가 아직도 있기 때문에 기술정보는 여전히 필요하다.

③ 그러나 지나치게 기술정보에 편중되어 첩보수집활동이 전개될 경우 9/11 테러 또는 이라크 대량살상무기 정보판단의 왜곡 등과 같은 정보실패를 초래할 수 있다. 그런 점에서 기술정보의 미흡한 점이 무엇인지 정확히 알아볼 필요가 있다. 인간정보와 비교하여 기술정보는 대체로 다음과 같은 단점 또는 문제점을 가지고 있는 것으로 생각된다.

(2) 정보의 홍수(embarrassment of riches)로 인한 어려움

① 기술정보는 광범위한 지역에 걸쳐 수많은 목표를 대상으로 한꺼번에 엄청난 양의 첩보들을 수집할 수 있는 장점이 있는 반면에 그것이 오히려 단점으로 작용하여 지나치게 많은 첩보 즉 '정보의 홍수(embarrassment of riches)'로 인한 어려움이 있다.

② 광범위한 지역에 걸쳐 첩보수집 목표가 너무 많아서 어떤 목표가 중요하고 어떤 목표는 생략해도 되는지를 선별하기가 매우 어렵다. 그리고 수집된 첩보의 양이 워낙 많아서 그 중에서 가치있는 첩보를 찾아내는 일도 쉽지 않다.

③ 기술정보를 통해 획득한 첩보자료는 분류, 요약, 번역, 암호해독 등 여러 단계의 처리과정을 거치고 최종 분석을 마쳐야 비로소 정보보고서가 생산되는 것이다. 기술정보를 통해 수집이 필요한 목표의 설정 그리고 수집된 첩보자료의 처리 및 분석 작업은 결국 사람이 하는 것이다. 따라서 첩보자료가 너무 많으면 첩보자료의 처리 및 분석 작업을 효과적으로 수행하기가 어려워 적시에 필요한 정보가 생산되지 못할 수도 있다.

(3) 기술정보만으로 수집하기 어려운 목표들

① 기술정보만으로는 수집하기 어려운 목표들이 많다. 오늘날 가장 중요한 수집 목표로 고려되는 테러집단의 경우 고정된 시설이 아닌 광범위한 지역에서 이동하면서 활동하기 때문에 은거지가 노출되지 않고 첩보 위성으로도 이들을 탐지하기가 어렵다.

② 또한 구성원들 간 신호 교신의 범위가 매우 협소하여 원거리 신호감청만으로 이들의 존재나 활동을 탐지하기 어렵다. 따라서 테러 집단의 경우 직접 목표에 근접하여 감청 또는 관찰하거나 조직 속으로 요원을 침투시키는 인간정보 수집이 보다 효과적일 것이다.

③ 또한 오늘날 무기체계 등 관찰 대상 목표가 점차 소형화 되고 기동성 있게 움직이며 지하에 설치되기 때문에 기술정보만으로 이들에 대한 첩보수집이 더욱 어려워지고 있다.

④ 통신정보(COMINT)의 경우 무선에서 광케이블로 교체되고 있어 감청이 더욱 어려워지고 있다. 또한 암호화하여 교신하게 될 경우 해독하는 데 시간이 걸리거나 끝내 해독이 불가능하여 내용을 파악하지 못하게 될 수도 있다.

(4) 상대의 기만책

① 상대가 기만책을 쓰거나 보안대책을 강화하게 되면 기술정보활동이 무력화되거나 또는 상황을 오판하게 될 위험도 있다. 통신정보의 경우 상대방이 감청되고 있음을 알고 일부러 허위정보를 흘릴 수도 있고, 의미 없는 대화를 지속하다가 중간에 중요한 내용을 슬쩍 언급하는 방식으로 감청 노력을 무력화시킬 수도 있다.

② 원격측정정보(TELINT)의 경우 상대방이 시험 발사한 무기체계와의 교신을 암호화하거나 아예 교신하지 않고 캡슐에 기록했다가 나중에 회수하는 방식을 쓰게 되면 필요한 첩보를 수집하기가 어려울 것이다.

③ 영상정보의 경우에도 많은 국가들이 첩보 위성이나 항공정찰의 특성을 잘 알고 있기 때문에 감시가 없는 시간을 활용하여 비밀 작업을 진행하거나 감시에 노출되지 않도록 적절히 위장 또는 은폐하는 방법을 구사하면 필요한 첩보를 수집하는 것이 결코 용이하지 않다.

(5) 과다한 예산과 시간의 소요

① 기술정보는 인간정보에 비해 훨씬 더 많은 예산과 시간이 소요된다. 참고로 미국의 경우 1970년대 전체 정보예산의 90%가 수집활동에 지출되는데, 그 중에서 87%는 기술정보에 투입되었고, 나머지 13%가 인간정보에 지출되었던 것으로 알려졌다.

② 비공식 통계에 따르면 1996년 당시 미 정보공동체 총 예산이 280억 달러였는데, NSA가 신호정보(SIGINT)에 36억 달러, NRO가 첩보위성 운용에 62억 달러를 지출하는 데 비해 인간정보를 주로 하는 CIA는 31억 달러를 지출했던 것으로 추정되었다.

핵심정리 인간정보의 장점과 단점

1. 장점

(1) 적의 의도나 계획을 파악하는 데 유용

① 인간정보는 영상정보나 신호정보에 비해 매우 적은 양의 정보를 수집한다. 그러나 인간정보는 신호정보활동처럼 적의 의도나 계획을 파악하는 데 유용하게 활용될 수 있다는 장점이 있다.

② 대부분의 국가에서 정치, 군사적인 의도나 계획 등 국익이나 국가안보에 중요한 사안에 대해서는 엄격히 비밀을 유지하고 있다. 과학기술의 발전에도 불구하고 적대국 지도자의 정치적 행동, 의도, 전략적 방향 등에 관한 정보를 수집하려면 전통적인 인간정보 수집활동이 필요하다.

(2) 수집목표 설정에 중요한 역할을 수행

① 인간정보는 어떤 대상을 수집해야 하는지, 즉 수집목표 설정에 중요한 역할을 수행한다. 대부분의 기술정보 수집활동은 '정보의 홍수(embarrassment of riches)'로 인한 어려움이 있다.

② 광범위한 지역에 걸쳐서 첩보가 수집되는 한편 어떤 대상을 관찰하고 어떤 대상은 생략해도 되는지를 판단하기가 어렵다. 이러한 상황에서 인간정보는 어떤 목표를 관찰해야 하는지 또는 집중적인 관찰이 필요한 지역을 지정하는데 있어서 결정적인 역할을 수행할 수 있다.

(3) 기술정보를 통해 수집된 자료를 해석하는 데 필요한 결정적인 단서 제공

① 인간정보는 기술정보를 통해 수집된 자료를 해석하는 데 필요한 결정적인 단서를 제공해 주는 역할도 수행한다. 선명하게 찍힌 건물의 영상사진이 있더라도 그 자체만으로는 건물의 용도를 알 수 없다.

② 또한 기술정보를 통해 획득한 영상사진만으로는 적의 의도나 활동방향을 정확히 파악하기 어렵다.

(4) 기술적인 장비로 추적이 불가능한 집단들에 대한 정보를 수집하는 데 활용

① 인간정보는 테러, 마약, 국제범죄 등과 같이 기술적인 장비로 추적이 불가능한 집단들에 대한 정보를 수집하는 데 활용될 수 있는 유일한 수단이다.

② 이러한 목표들은 고정된 시설이나 통신수단을 가지고 있지 않으며 점조직 형태로 활동하기 때문에 기술정보로는 탐지하기 어렵고 인간정보를 활용하여 관찰 및 감시가 가능하다. 이 경우 누군가 이러한 조직 내부로 깊숙이 침투하거나 조직의 구성원을 협조자로 포섭하는 등 인간정보가 유용한 수단으로 활용될 수 있다.

(5) 허위정보를 유포하는 등 기만책으로 활용

① 인간정보활동은 단순히 첩보수집으로 끝나는 것이 아니고, 때로 상대국가에 공작원을 비밀스럽게 침투시켜 허위정보를 유포하는 등 기만책으로 활용될 수도 있다.

② 그 대표적인 사례로 '더블크로스 작전(Double Cross System)'을 들 수 있다. 제2차 세계대전 당시 영국 보안부(MI5)는 독일에서 보내 영국으로 침투한 간첩 138명과 영국을 상대로 첩보활동을 벌이기 위해 독일이 포섭한 20명의 스파이를 모조리 체포했다. 영국 보안부는 이들 중에서 약 40명을 이중간첩으로 활용하여 독일에 허위정보를 보내는 작전을 성공적으로 수행했다.

(6) 기술정보에 비해 저렴한 비용

① 인간정보는 기술정보에 비해 그 비용이 저렴하다. 1970년대 당시 미국에서 첩보수집 비용의 87%는 기술정보 운용에 투입되었고, 불과 13%가 인간정보활동에 지출되었던 것으로 나타난다.

② 테러, 마약, 조직범죄 집단 등과 같이 대상 목표에 대한 첩보수집 활동을 수행하는 데 위험부담이 그다지 크지 않으면서 기술정보로는 효과적인 수집이 어렵다면 구태여 값비싼 기술정보 수집용 장비를 투입할 필요가 없을 것이다. 어쨌든, 인간정보는 저렴한 비용으로 최대의 효과를 거둘 수 있는 첩보수집 수단으로서 의미를 가진다.

2. 단점

(1) 의의

인간정보는 기술정보에 비교하여 보았을 때 위험부담이 크다는 점, 첩보원의 신뢰성이 의심되는 점, 수집 대상 목표에 침투하기 어려운 점 등 여러 가지 단점들이 있다.

(2) 높은 위험 부담

① 인간정보의 가장 큰 단점은 기술정보활동과 비교해 볼 때 위험 부담이 크다는 것이다. 기술정보를 활용하면 원거리에서 합법적으로 수집이 가능하지만 인간정보 활동은 목표에 근접하지 않고는 수집이 불가능하다.

② 이 과정에서 불법적인 스파이 행위 사실이 발각되어 정치적인 문제가 야기될 수 있고, 때로 상대국 방첩기관에 첩보요원이 체포되어 생명을 잃게 되는 위험이 수반된다. 테러집단이나 국제범죄 조직의 경우 첩보원을 침투시키기도 어렵지만, 어렵게 침투시킨 첩보원의 생명이 위험에 처할 수 있다.

(3) 첩보의 신뢰성 저하

① 무엇보다도 출처로부터 제공되는 첩보의 신뢰성이 의심된다는 점이다. 출처가 제공하는 첩보의 진실에 대해서 일단 의문이 제기될 수 있고, 그 의문이 끝내 풀리지 않은 채 미궁에 빠질 수도 있다. 첩보원은 금전, 이념, 복수심 등 여러 가지 동기에서 첩보를 제공하는데 그 진의가 무엇인지를 파악하기가 사실상 쉽지 않다.

② 그렇다고 첩보원의 진의를 무작정 의심할 수도 없다. 때로 첩보원을 지나치게 의심하여 귀중한 정보를 얻을 수 있는 기회가 무산될 수도 있다.

③ 첩보원은 금전적인 동기 때문에 정보를 억지로 짜 맞추거나 자신이 상상하여 만들어 내기도 한다. 때로는 공개적으로 얻을 수 있는 자료를 마치 최고위층으로부터 입수한 극비자료인 양 꾸며대기도 한다. 이를 정보요원들 간에 쓰는 은어로 '정보위조(paper mill)'라고 불린다.

④ 정보위조보다 더욱 심각한 문제는 애써 포섭한 첩보원이 '이중간첩(double agent)' 행위를 하게 되어 낭패를 보게 되는 경우도 있다. 이중간첩은 첩보원이 체포되어 처벌받을 것이 두려워 상대국 정보기관에 협조하게 되는 경우도 있고, 자발적 첩보원처럼 주재국의 정보기관에서 은밀히 보낸 자일 수도 있다.

⑤ 한편 스파이 행위가 드러나게 될 경우 정보관이나 첩보원의 생명은 물론 그 가족들마저 목숨을 잃게 될 수 있다. 그래서 정보관은 출처를 보호하고자 하는 목적에서 분석관에게 제공하는 보고서에 출처를 구체적으로 명시하지 않는다. 이로 인해 분석관은 출처의 신뢰성을 의심하여 중요한 첩보를 무시 또는 평가 절하할 수 있다. 이와 반대로 출처의 신뢰성이 의심되는 데도 불구하고 이를 여과 없이 수용하여 낭패를 보게 될 수도 있다.

(4) 상대국의 방첩활동이 효과적으로 수행될 경우

① 상대국의 방첩활동이 효과적으로 수행될 경우 인간정보 수집활동이 어려워질 수 있다. 상대국에서 사람들의 이동, 교류, 경제활동은 물론 해외여행을 엄격히 통제하게 되면 정보관이 비공직 가장이나 불법적인 수단을 활용하여 첩보수집활동을 수행하기가 매우 어렵다.

② 공직 가장을 통해 첩보활동을 하게 되면 상대국 정보기관으로부터 집중적인 감시를 받게 되어 주재국의 시민들조차 자유롭게 만날 수 없다. 이런 나라에서 정보활동은 공직 가장을 통해서만 수행되기 때문에 정보관이 활동하는데 많은 어려움이 있는데, 이러한 목표를 미국 정보요원들은 은어로 '경성목표(hard target)' 또는 '거부 지역(denied area)'이라고 칭한다.

③ '경성 목표' 또는 '거부 지역'의 대표적인 사례로 테러집단이나 조직범죄집단을 들 수 있다. 이들 집단은 대체로 규모가 작고 극도의 보안을 유지하며 엄격히 통제되고 있기 때문에 첩보원을 침투시키기가 매우 어렵다.

(5) 윤리적 문제의 야기

① 인간정보 수집활동을 수행하는 과정에서 용납하기 어려운 윤리적 문제가 야기될 수 있다. 테러집단이나 국제범죄 조직에 첩보원 또는 공작원이 성공적으로 침투했더라도 조직의 구성원들에게 인정받기 위해 그는 테러 또는 범죄행위에 필요한 자금을 지원하든지 또는 테러 행위에 직접 가담해야 한다.

② 9/11 테러를 사전에 막지 못한 중요한 요인으로 많은 전문가들은 인간정보활동이 미흡했다고 지적하면서 이와 관련하여 소위 '도이치 규칙(Deutch rules)'의 문제점을 비판했다. 도이치(John M. Deutch)는 1995년 CIA 국장으로 재직하던 중 과거에 중대 범죄활동에 가담한 경력이 있거나 반인륜적 행위(human rights violations)를 저질렀던 공작원(assets)을 전원 해고 조치하도록 지시했다. 관련 규정이 선포됨에 따라 그러한 자를 채용하게 될 경우 본부로부터 사전 승인을 받도록 하였다. 9/11 테러 발생 이전 이 규칙 때문에 테러집단을 목표로 한 CIA의 침투 공작활동이 위축되었고 그로 인해 9/11 테러에 관한 정보를 사전에 수집하는 데 실패했다는 비난이 제기되었다.

(6) 불법적인 스파이 행위 노출 시 국가적 손실 초래

① 불법적인 스파이 행위가 노출될 경우 국가적으로 엄청난 손실을 각오해야 한다. 아마도 스파이 활동을 통해 어렵게 얻은 이득보다는 스파이 행위가 발각됨으로 인해 파생되는 손실이 더욱 클 수도 있다.

② 요컨대 스파이 행위가 발각됨으로 인해 생명을 잃게 되거나 국가적 손실을 감수하면서까지 스파이 행위를 해야 하는지 그 필요성과 가치에 대해서 재고해 볼 필요가 있다. 즉 스파이 행위가 발각됨으로 인해 받게 될 손실을 감수할 만큼 스파이활동을 통해 얻을 수 있는 이익이 얼마나 큰 것인지 이해득실을 정확히 계산해 보아야 할 것이다.

324

기술정보의 장점과 단점에 대한 설명으로 틀린 것은?

① 첩보수집의 활동범위와 목표가 한정된다.

② 원거리에서 임무를 수행할 수 있기 때문에 위험부담이 적다.

③ 통신정보의 경우 무선에서 광케이블로 교체되고 있어 감청이 더욱 어려워지고 있다.

④ 테러집단의 경우 고정된 시설이 아닌 광범위한 지역에서 이동하면서 활동하기 때문에 탐지하기가 어렵다.

정답 ①

풀이 기술정보는 인간정보에 비해 광범위한 지역에 걸쳐 수많은 대상 목표에 대해 한꺼번에 엄청나게 많은 정보를 수집할 수 있다. 인간정보는 인간이 직접 수행하는 만큼 첩보수집의 활동범위와 목표가 한정된다. 이에 반해 첨단 과학기술 장비를 탑재한 정찰위성이나 항공기를 동원하면 광범위한 지역에 걸쳐 다양한 목표에 대한 영상, 신호, 징후계측 정보를 수집할 수 있다.

325

다음은 기술정보의 장점에 대한 설명이다. 틀린 것은?

① 원거리에서 임무 수행이 가능한 기술정보는, 인간정보에 비해 위험부담이 적다.

② 방첩 및 보안활동이 강화된 상황에서 인간정보 수집이 어렵다면, 기술정보가 효과적인 첩보수집 수단으로 활용될 수 있다.

③ 기술정보는 인간정보에 비해 광범위한 지역에 걸쳐 수많은 대상 목표에 대해 한꺼번에 많은 정보를 수집할 수 있다.

④ 기술정보는 인간정보보다 신속하게 처리되며, 그 과정에서 발생하는 오류가 더 적다.

정답 ④

풀이 ④ 기술정보는 광범위한 지역에 걸쳐 수많은 목표를 대상으로 한꺼번에 엄청난 양의 첩보들을 수집할 수 있는 장점이 있는 반면에 그것이 오히려 단점으로 작용하여 지나치게 많은 첩보 즉 '정보의 홍수(embarrassment of riches)'로 인해 처리에 인간정보보다 신속하게 처리되기 어렵다.

326

기술정보 수집의 한계 및 단점에 대한 설명으로 틀린 것은?

① 기술정보 수집은 광범위한 지역에 걸쳐 엄청난 양의 첩보를 한꺼번에 수집할 수 있지만, 이로 인해 정보의 홍수(embarrassment of riches) 현상이 발생해 중요한 정보를 선별하고 가치 있는 첩보를 찾아내는 데 어려움이 있다.

② 첩보 위성이나 항공정찰의 특성을 이해하는 많은 국가들이 감시가 없는 시간을 활용하거나 감시에 노출되지 않도록 적절히 위장 또는 은폐하는 방법을 사용하면 기술정보만으로 필요한 첩보를 수집하는 것이 어렵다.

③ 상대방이 감청되고 있음을 알고 허위정보를 흘려 보안대책을 강화하는 경우, 기술정보활동이 오판하게 될 위험이 있다.

④ 기술정보는 인간정보에 비해 더 적은 예산과 시간을 소비한다.

정답 ④

풀이 ① 기술정보 수집은 광범위한 영역을 대상으로 한꺼번에 많은 정보를 수집할 수 있는 특성 때문에, 필요한 정보를 선별하고 가치 있는 정보를 찾아내는 것이 어려운 문제가 있다. 이를 '정보의 홍수' 라고 한다.

② 오늘날 많은 국가들이 첩보 위성이나 항공정찰의 특성을 이해하고 이를 활용해 감시 시간에 적절히 위장하거나 은폐하는 방법을 사용하여 기술정보의 수집을 어렵게 만드는 경우가 있다.

③ 상대방이 자신들이 감청당하고 있다는 것을 인지하고 허위정보를 흘려 보안대책을 강화하는 경우, 기술정보활동으로는 이를 알아내기 어려워 오판하게 될 위험이 있다.

④ 기술정보는 인간정보에 비해 훨씬 더 많은 예산과 시간을 소비한다.

327

첩보에 대한 설명으로 틀린 것은?

① 첩보의 출처는 공개출처와 비밀출처로 구분한다.

② 모든 첩보는 수집방법에 따라 인간정보와 기술정보로 구분된다.

③ 신문 · 잡지, 방송 · 여행자, 서적 · 지도 등은 공개출처의 인간정보이다.

④ 정보기관 간에 서로 공통관심사에 대한 정보를 교환하는 것은 일상적인 업무로 간주되고 있는데 이는 비밀출처의 기술정보에 해당한다.

정답 ④

풀이 ④ 국가 간의 정보협력도 인간정보 수집의 중요한 수단이 된다. 우방국의 정보기관 간에는 협력관계가 구성되어 있는 경우가 많으며, 정보기관 간에 서로 공통관심사 에 대한 정보를 교환하는 것은 일상적인 업무로 간주되고 있다. 대부분의 정보기관들은 상대국에 연락관(liaison officer)을 주재시켜 상호 협력하고 있다.

328

첩보수집 방법에 대한 설명으로 틀린 것은?

① 기술정보는 IMINT, SIGINT, MASINT 등으로 분류된다.

② 통화량분석(traffic analysis)은 COMINT의 활용에 해당한다.

③ 국가 간의 정보협력도 인간정보 수집의 중요한 수단이 된다.

④ 고위급 지도자들이 공식 행사에 모습을 드러내는 것을 관찰하여 권력 서열을 추정하는 것은 공개출처정보에 해당한다.

정답 ②

풀이 ② ELINT는 '통화량분석(traffic analysis)'에 활용되어 유용한 정보가 취득될 수 있도록 지원하는 기능도 수행한다. 통화량 분석은 암호를 풀지 못해 통신 내용을 파악할 수 없는 상황에서 쌍방 간 교신의 패턴(pattern)을 분석하여 유용한 정보를 생산하는 기법이다. 예를 들어 지휘본부와 예하 부대 간 통화량이 갑자기 증가하면 중요한 작전이 진행되고 있을 것으로 추정할 수 있다.

329

다음 중 기술정보수집에 대한 설명으로 적절한 것은? [2024년 기출]

① 신호정보수집에는 통신정보수집, 전자정보수집, 영상정보수집이 포함된다.

② 지리공간정보(GEOINT)를 담당하는 미국의 정보기관은 인공위성을 개발하고 수집하는 국가정찰국(NRO)과 수집첩보를 분석하는 국가지리공간정보국(NGA)이 있다.

③ 징후계측정보(MASINT) 수집을 위해서는 1978년 「해외정보감시법(FISA)」에 따라 법원의 허가를 받아야 하는데, 법원은 엄격한 조건이 충족되는 경우에만 허가를 한다.

④ 기술정보 수집의 장점은 정보관이 접근하기 어려운 지역의 첩보를 수집할 수 있고, 인간정보수집보다 상대적으로 비용도 저렴하다는 것이다.

정답 ②

풀이 ② 지리공간정보에 대한 옳은 설명이다.

330

기술정보에 대한 설명으로 틀린 것은? [2023년 기출]

① 기술정보는 인간정보처럼 목표에 근접할 필요 없이 원거리에서 임무를 수행할 수 있기 때문에 인간정보에 비해 위험부담이 적다는 장점이 있다.

② 기술정보는 상대국의 방첩 및 보안활동이 강화되어 인간정보 수집이 매우 어려운 상황에서 효과적인 첩보수집수단으로 활용될 수 있다.

③ 기술정보는 인간정보에 비해 광범위한 지역에 걸쳐 수많은 대상 목표에 대해 한꺼번에 엄청나게 많은 정보를 수집할 수 있다.

④ 기술정보는 인간정보에 비해 적은 예산과 시간이 소요된다.

정답 ④

풀이 ④ 기술정보는 인간정보에 비해 훨씬 더 많은 예산과 시간이 소요된다.

331

정보기관의 정보수집활동에 대한 설명으로 틀린 것은? [2021년 기출]

① 공개출처 정보가 많아지고 있으므로 비밀정보보다 우선해서 수집한다.
② 인간정보 수집수단은 정보수집활동이 발각 시 대상국과 분쟁의 소지가 있다.
③ 기술정보 수집수단은 장비 개발에 오랜 시간이 소요되지만 안전한 편이다.
④ 정부의 정보공개가 활발해지면서 양질의 공개출처 정보가 증가하고 있다.

정답 ①
풀이 ① 공개출처정보가 급증하고 있지만 국가정보기관은 비밀출처 정보를 수집하는 데 역량을 집중해야 한다.

332

첩보수집 수단에 대한 설명으로 틀린 것은? [2021년 기출]

① 인간정보는 상대방 의도를 파악할 수 있으므로 신뢰성이 높아서 진위 여부를 파악하기 쉽다.
② 인간정보는 대상목표에 근접 접근이 가능하기 때문에 정책 추진 과제에 대해 사전에 예측할 수 있다.
③ 기술정보는 수집되는 자료의 양이 방대해 정보분석 시 어려움이 있다.
④ 기술정보는 수집대상 목표를 단시간에 원거리에서 접근 가능하다.

정답 ①
풀이 ① 인간정보는 인간의 내면 심리와 연관되기 때문에 진위를 파악하기 매우 어렵다. 따라서 허위정보, 역정보에 대한 대비책을 수립해야 한다.

333

첩보수집에 대한 설명으로 틀린 것은? [2021년 기출]

① 첩보수집 방법은 크게 비밀첩보수집과 공개첩보수집으로 분류될 수 있다.
② 공개적으로 수집한 정보를 공개출처정보라고 한다.
③ 비밀첩보수집은 주로 인간정보와 기술정보수집 수단에 의해 이루어진다.
④ 국제사회가 개방화되면서 비밀첩보 수집활동의 필요성이 증가하였다.

정답 ④
풀이 ④ 동구권 사회주의 체제가 붕괴한 이후 북한, 쿠바 등 몇몇 국가들을 제외하고 국제사회에서 폐쇄적인 사회 또는 '거부지역(denied areas)'은 거의 사라졌다. 국제사회가 보다 개방화되면서 비밀첩보 수집활동의 필요성이 감소되었다.

334

정보의 장단점에 대한 설명으로 틀린 것은? [2017년 기출]

① 공개출처정보(OSINT)는 인간정보와 기술정보의 수집계획을 수립하는 데 기초자료로 사용할 수 있다.

② 기술정보는 수집이 용이하지만 적의 기만전략에 농락당할 위험이 높다.

③ 영상정보(IMINT)는 지속적으로 발전해 측정정보(MASINT)의 발전에 기여했다.

④ 영상정보는 광범위한 목표에 대한 수집이 가능하지만 목표물을 식별해야 하는 단점이 있다.

정답 ③

풀이 ③ 징후계측정보는 원격측정정보와 전자정보의 발전을 통해 독립된 정보수집 활동 영역으로 성립하였다.

335

정보의 수집수단에 대한 설명으로 틀린 것은? [2012년 기출]

① IMINT는 정찰기나 위성을 활용하여 수집한다.

② SIGINT는 신호정보로 통신정보, 전자정보, 원격측정정보로 분류된다.

③ HUMINT는 사람을 통해 수집하며 자국민만을 요원으로 활용한다.

④ OSINT는 최근 인터넷의 발달로 접근이 용이해졌다.

정답 ③

풀이 ③ 인간정보 수단은 자국민뿐만 아니라 적성국이나 우방국의 국민들까지 모두 포함한다. 정보수집수단이 기술이 아니라 인간이라는 점이 다르다.

336

동태적 정보를 수집하기 위한 방법으로 틀린 것은? [2009년 기출]

① 첩보위성 ② 고해상도 사진

③ 정부자료 ④ 인간정보

정답 ③

풀이 ③ 정부자료는 정태적인 정보, 즉 기본정보를 수집하는 방법이다. 이미 문서로 발간됐기 때문에 과거 정보에 해당된다.

337

정보기관의 정보수집방법에 대한 설명으로 틀린 것은? [2008년 기출]

① 인간정보 수집수단이 기술정보 수집수단에 비해 항상 비밀출처에 접근하기 자유롭기 때문에 급박한 첩보를 획득할 때 사용된다.

② 인공위성은 정찰기와 달리 대상국의 영공침범 등에 관한 논란에서 자유롭다.

③ 기술정보는 핵심정보를 제공하기 어렵더라도 광범위한 첩보수집을 통해 상세 첩보수집계획을 세우는 데 활용한다.

④ 미국, 러시아 등 일부 국가를 제외하고는 최첨단 기술정보 장비를 보유하지 못하여 인간정보에 많이 의존하는 경우가 많다.

정답 ①

풀이 ① 기술정보 수집수단도 정보원의 대한 접근로를 확보하고 있다면 안전하게 비밀출처에 접근할 수 있다. 예를 들어 주요 정책결정자의 전화를 도 · 감청할 수 있는 정비를 사전에 확보한 경우가 해당된다.

Theme 11

인간정보 (Human Intelligence, HUMINT)

핵심정리 **인간정보**

(1) 첩보의 세계에서 HUMINT라고 부르는 인간정보는 여러 가지 의미를 가진다. 일반적으로 HUMINT는 비밀리에 첩보활동을 수행하는 사람, 즉 스파이를 의미한다.
(2) 그러나 때로는 사람을 활용하여 첩보를 수집하는 활동 자체를 뜻하기도 하고, 또는 그러한 활동을 통해서 생산된 지식을 의미하기도 한다.
(3) 요컨대 인간정보란 사람을 활용하여 첩보를 수집하는 활동 또는 그러한 활동을 수행하는 사람 그리고 그러한 활동을 통해서 획득된 지식 등을 포함하는 복합적인 의미를 가진다.
(4) 물론 사람이 수집한다고 해서 모두 HUMINT라고 칭하지는 않는다. 공개정보 수집 활동은 사람을 활용했다고 할지라도 HUMINT로 인정되지 않는다. 따라서 HUMINT는 인간을 활용하여 비밀리에 수행된 첩보수집활동만을 뜻하는 것으로 한정된다.
(5) 한편 첩보수집을 위한 하나의 수단으로서 HUMINT는 적에게 스파이 행위의 사실이 노출될 위험이 있고, 첩보활동을 수행한 자가 적에게 붙잡혀서 생명을 잃게 될 수 있다.
(6) 이처럼 HUMINT는 위험 부담이 크기 때문에 공개정보 수집이나 기술정보 수집활동으로는 원하는 정보를 획득할 수 없는 특별한 경우로 제한하여 가급적 최후의 수단으로 활용되어야 할 것이다.

338

인간정보에 대한 설명으로 틀린 것은?

① 인적수단을 사용하여 수집한 첩보를 말한다.
② 국가 간의 정보협력도 인간정보 수집의 중요한 수단이 된다.
③ 인간정보수집은 정보관이 주도하는 첩보수집 활동 또는 비밀수집 활동이 중심이다.
④ 과학자, 사업가 또는 여행자 등으로부터 첩보를 입수하는 것은 비밀활동에 의한 첩보수집이다.

정답 ④

풀이 ④ 인간정보수집은 정보관이 주도하는 첩보수집 활동 또는 비밀수집 활동이 중심 이지만 일부의 공개출처 정보수집 활동도 여기에 포함된다. 예를 들면 과학자, 사업가 또는 여행자 등은 유용한 지식을 보유한 첩보출처가 될 수 있고 이들로부터 첩보를 입수하는 것은 비밀활동에 의한 첩보수집이 아니지만 인간정보수집에 해당한다.

339

인간정보의 장점에 대한 설명으로 틀린 것은?

① 인간정보는 적의 의도나 계획을 파악하는 데 유용하게 활용될 수 있다.
② 인간정보는 대상 목표를 정확히 설정하는 데 중요한 역할을 수행한다.
③ 인간정보는 기술적인 장비로 추적이 불가능한 집단들에 대한 정보를 수집하는 유일한 수단이다.
④ 인간정보는 상대국의 방첩 및 보안활동이 강화되어 기술정보 수집이 매우 어려운 상황에서 효과적인 첩보수집 수단으로 활용될 수 있다.

정답 ④

풀이 ① 인간정보는 영상정보나 신호정보에 비해 적의 의도나 계획을 파악하는 데 유용하게 활용될 수 있다. 적대국 지도자의 정치적 행동, 의도, 전략적 방향 등에 관한 정보를 수집하려면 전통적인 인간정보 수집활동이 필요하다.
② 인간정보는 어떤 대상을 수집해야 하는지, 즉 수집목표 설정에 중요한 역할을 수행한다. 이는 '정보의 홍수'로 인해 어떤 대상을 관찰하고 어떤 대상은 생략해도 되는지 판단이 어려운 상황에서 유용하다.
③ 인간정보는 테러, 마약, 국제범죄 등과 같이 기술적인 장비로 추적이 불가능한 집단들에 대한 정보를 수집하는 유일한 수단이다. 이들 집단은 고정된 시설이나 통신수단을 가지고 있지 않고 점조직 형태로 활동하기 때문에 기술정보로는 탐지하기 어렵다.
④ 기술정보는 상대국의 방첩 및 보안활동이 강화되어 인간정보 수집이 매우 어려운 상황에서 효과적인 첩보수집 수단으로 활용될 수 있다. 기술정보를 활용하면 원거리에서 합법적으로 수집이 가능하지만 인간정보 활동은 목표에 근접하지 않고는 수집이 불가능하다.

340

인간정보의 단점에 대한 설명으로 틀린 것은?

① 인간정보는 기술정보에 비해 높은 위험 부담을 가지고 있다.
② 인간정보는 비교적 첩보의 신뢰성이 높다.
③ 상대국의 방첩활동이 효과적으로 수행될 경우, 인간정보 수집활동이 어려워진다.
④ 인간정보 수집활동은 때때로 윤리적 문제를 야기한다.

정답 ②

풀이 ① 인간정보 수집은 기술정보에 비해 위험 부담이 크다. 스파이 행위가 발각되면 첩보원 뿐만 아니라 그 가족들의 생명도 위험에 처하게 된다. 이 부분은 문제에 제시된 내용과 일치한다.
② 인간정보는 첩보의 신뢰성은 높지 않다. 출처로부터 제공되는 첩보의 신뢰성에 의문이 제기되며, 그 진의를 파악하는 것이 쉽지 않다.
③ 상대국의 방첩활동이 효과적으로 수행될 경우, 인간정보 수집활동은 어렵게 된다. '경성 목표' 또는 '거부 지역'에는 첩보원을 침투시키기가 매우 어렵다.
④ 인간정보 수집활동은 윤리적 문제를 야기할 수 있다. 테러집단이나 국제범죄 조직에 첩보원이 침투하려면, 테러 행위에 직접 가담해야 할 수도 있다. 이러한 행동은 윤리적 문제를 야기한다.

341

인간정보의 현대적 의의에 대한 설명으로 틀린 것은?

① HUMINT는 상대국에 거짓정보나 역정보를 흘림으로써 기술정보수단으로는 도모할 수 없는 강력한 역공작 기회를 가질 수 있다.

② 배신과 음모의 문제가 따른다.

③ 배신과 음모의 문제와 과학기술이 획기적으로 발달한 오늘날 인간정보는 기술정보에 비해 그 중요성을 인정받지 못한다.

④ 임무가 종료된 후에도 말이 없는 기술정보 활동과 달리, 정보관과 첩보원, 협조자의 처리가 어려운 문제로 대두되기도 한다.

정답 ③

풀이 ③ 아무리 과학기술이 발달했다고 해도 심리상태까지 파악할 수 있는 기계는 없다. 그러므로 HUMINT는 상대세력의 계획이나 의도를 직접 확인할 수 있다는 불변의 이점이 있다. 또한 HUMINT는 배신과 음모의 문제를 역이용하여 상대국에 거짓정보나 역정보를 흘림으로써 기술정보수단으로는 도모할 수 없는 강력한 역공작 기회를 가질 수 있다.

342

인간정보(HUMINT)에 대한 설명 중 틀린 것은?

① 간첩 또는 스파이 활동으로 인적자산을 주요수단으로 하는 정보수집 방법이다.

② 레이건 대통령 명령 제12,333호는 언론인, 평화봉사단, 성직자로의 신분가장을 금지했다.

③ 현재 미국 정보공동체의 HUMINT 주무부서는 CIA로 구체적으로는 공작국이다.

④ 손자는 손자병법에서 5가지 간첩유형 중에서 반간을 정보활동의 꽃이라고 하였다.

정답 ③

풀이 ③ 현재 CIA의 HUMINT 담당부서는 국가비밀공작국이다. 예전의 공작국을 대신한 국가비밀공작국의 창설 입법 제안자인 상원의원 패트릭 로버츠(C. Patrick Roberts)가 지적한 것처럼, 그것은 신호정보기구인 국가안보국(NSA)이나 영상정보기구인 국가지리정보국(NGA)의 창설에 비견되는 역사적인 일로 간주된다. 실천적인 현장 정보요원들의 중요성을 강조하여 일선 정보요원들의 사기를 크게 진작시킬 수 있게 된 것이다.

343

인간정보(HUMINT)에 대한 설명으로 틀린 것은?

① 인간을 주요수단으로 하는 정보수집 활동(HUMan INTelligence)의 철자 약어이다.

② 대인접촉을 수단으로 하여 정보를 수집하는 정보수집 활동기법, 또는 인간 자산에 의해 수집된 정보 그 자체를 말한다.

③ 오늘날 미국의 HUMINT 활동은 공작국(Directorate of Operation)이 총괄한다.

④ 손자는 5가지 간첩유형 중에서도 반간(反間), 즉 이중 스파이가 가장 중요하며 정보활동의 꽃이라고 했다.

정답 ③

풀이 ③ 미국의 HUMINT 활동은 예전의 공작국(Directorate of Operation)을 대체한 국가비밀공작국(National Clandestine Service)이 담당한다.

344

인간정보(HUMINT)에 대한 설명으로 틀린 것은?

① 과학기술 문명의 획기적인 발달로 각국은 변절 등 위험성이 있는 HUMINT 대신에 최첨단 기기를 이용한 과학기술정보, 즉 TECHINT를 주요 정보활동으로 대체하는 추세로 이러한 경향은 향후에 더욱 두드러질 것으로 예상된다.

② 인간을 주요수단으로 하는 정보수집 활동(HUMan INTelligence)의 철자 약어이다.

③ HUMINT는 활동적 측면으로는 쉽게 말하면 간첩활동(espionage)이다.

④ HUMINT는 대인접촉을 수단으로 하여 정보를 수집하는 정보수집 활동기법 또는 인적자산에 의해 수집된 정보 그 자체를 말한다.

정답 ①

풀이 ① 과학기술 문명의 획기적인 발달로 과학기술정보, 즉 TECHINT도 주요한 정보활동 수단으로 등장하고 있지만, 상대세력의 의도와 능력에 대한 파악이라는 정보의 본질적인 속성으로 HUMINT의 가치는 여전히 중요하다. 이에 미국 중앙정보국은 2000년대에 이르러 미국 HUMINT의 총 본산인 국가비밀공작국을 창설했다.

345

인간정보(HUMINT)에 대한 설명으로 틀린 것은?

① 인간을 주요수단으로 하는 정보수집 활동(HUMan INTelligence)의 철자 약어이다.

② 대인접촉을 수단으로 하여 정보를 수집하는 정보수집 활동기법, 또는 인간 자산에 의해 수집된 정보 그 자체를 말한다.

③ 미국 중앙정보국(CIA)의 비밀공작 임무는 공작국(Directorate of Operation)에서 담당한다.

④ 손자병법은 공작원을 이용한 첩보활동을 설명한 것으로 HUMINT에 대한 고전이다.

정답 ③

풀이 ③ 현재는 예전의 공작국을 대체한 CIA 국가비밀공작국(National Clandestine Service)이 미국 정보공동체의 HUMINT 활동을 총괄적으로 담당한다.

346

다음 중 인간정보에 대한 설명으로 틀린 것은? [2019년 기출]

① 인류가 탄생한 때부터 인간정보활동은 시작됐다.

② 인간정보는 기술정보와 달리 신뢰하기 어렵다.

③ 망명자로부터 획득한 정보는 비밀정보에 속한다.

④ 여행자와 선교사도 좋은 인간정보원에 포함된다.

정답 ②

풀이 ② 인간정보가 무조건 신뢰하기 어렵다고 볼 수 없다. 기술정보도 기만정보를 판별해 내지 못하면 신뢰도를 확보하기 어렵다.

347

인간정보에 대한 설명으로 틀린 것은? [2016년 기출]

① 자발적 협조자로부터 수집한 인간정보는 신뢰하기 어렵다.

② 인간은 심리는 매우 복잡하고 가변적이기 때문에 관리가 어렵다.

③ 다른 정보수집 수단에 비해 상대적으로 비용이 저렴하다.

④ 정보요원이 수집한 정보를 허위로 보고하거나 변조할 위험성도 있다.

정답 ①

풀이 ① 자발적 협조자로부터 수집한 정보라고 반드시 신뢰도가 낮은 것은 아니다. 자발적 협조자 개인의 특성, 정보의 종류, 협조한 의도 등을 종합적으로 판단해 정보의 질(quality)을 평가한다.

348

인간정보(HUMINT)에 대한 설명으로 틀린 것은? [2011년 기출]

① 망명자로부터 취득한 정보는 공개출처 정보이다.
② 전쟁 포로를 심문해 취득한 정보는 비밀출처 정보이다.
③ 여행자로부터 자연스럽게 획득한 정보는 공개출처 정보이다.
④ 협조자로부터 제공받은 정보는 비밀출처 정보이다.

정답 ①

풀이 ① 망명자들이 제공하는 정보는 비밀출처인 인간정보이다.

349

인간정보(HUMINT)에 대한 설명으로 틀린 것은? [2010년 기출]

① 인간정보는 정보의 신뢰성이 가장 큰 문제로 제기된다.
② 실시간으로 목표에 접근하여 많은 정보를 수집할 수 있다.
③ 협조자나 정보원이 체포되거나 생명에 위협을 받을 수 있다.
④ 정보요원에 의해 수집된 정보가 악용될 소지가 있다.

정답 ②

풀이 ② 테러 집단의 경우 직접 목표에 근접하여 감청 또는 관찰하거나 조직 속으로 요원을 침투시키는 인간정보 수집이 보다 효과적이다. 하지만 인간정보는 실시간으로 목표에 접근하는 것이 불가능하다. 오히려 기술정보는 원거리에서 임무를 수행할 수 있어서 기술정보 수집이 가능한 경우에는 실시간으로 목표에 접근하는 것도 가능하다.

핵심정리 손자병법의 첩자

향간은 그 지방에 거주하는 자를 첩자로 이용하는 것을 말하며, 내간은 적국의 관료를 첩자로 포섭하는 것을, 반간은 적의 첩자를 포섭하여 역이용하는 것을, 사간은 자기 측 첩자에게 허위 정보를 주어 적에게 보내는 것으로서 허위로 진술한 사실이 밝혀지면 죽게 되는 것을, 생간은 적정을 탐지한 후 살아 돌아와 정보를 보고하게 하는 것을 의미한다.

핵심정리 반간의 중요성

적의 간첩이 들어와서 아군의 정세를 탐색하려 할 때는 이를 찾아내어 여러 가지 이익을 주어 매수한 다음 다시 적지로 보낸다. 이렇게 해서 반간(反間)을 이용할 수 있는 것이다. 이 반간을 통해 적국의 주민들과 관리들의 인적사항을 알 수 있으므로 향간(鄕間)이나 내간(內間)을 얻어서 부릴 수 있는 것이다. 이 반간을 통해 적정을 알 수 있으므로 능히 사간(死間)을 통해서 허위정보를 적에게 유포시킬 수 있다. 또 반간을 통해 적정을 알 수 있으므로 능히 생간(生間)을 적국 내에서 활동시켜 기일 내에 돌아와 보고하게 할 수 있다. 오간(五間)의 활동은 군주가 반드시 알고 있어야 하며, 그 일은 반드시 반간(反間)을 통해서 하니 반간은 후히 대접해 주어야 한다.

350

주재국에 파견되어 정보를 수집하는 공작관에 해당하는 손자병법의 첩자로 옳은 것은?

① 향간(鄕間) ② 내간(內間)
③ 반간(反間) ④ 생간(生間)

정답 ④

풀이 ④ 손자는 적을 미리 알기 위해서는 공작원을 이용한 첩보활동이 중요함을 강조하면서 간첩(공작원)을 5가지로 분류했다. 그 중 생간(生間)은 은밀하게 적진 깊숙이 침투해 정보활동을 하는 실전형 간첩으로 오늘날 주재국에 파견되어 정보를 수집하는 공작관에 해당된다.

351

손자가 적국과의 전쟁에서 가장 중요시한 간첩으로 옳은 것은?

① 적국의 백성을 이용하는 향간(鄕間)
② 적의 관리를 이용하는 내간(內間)
③ 적의 간첩을 역이용하는 반간(反間)
④ 허위 정보를 준 뒤 적에게 붙잡혀 죽게 하는 사간(死間)

정답 ③

풀이 ③ 손자가 적국과의 전쟁에서 가장 중요시한 간첩은 적의 간첩을 역이용하는 반간(反間)이다.

352

손자병법의 다섯 가지 유형의 첩자 중 적의 첩자를 포섭하여 역이용하는 것으로 옳은 것은?

[2023년 기출]

① 반간(反間)　② 사간(死間)
③ 내간(內間)　④ 향간(鄕間)

정답 ①

풀이 ① 반간(反間)에 대한 설명이다.

353

손자병법의 첩자 중 포섭된 적의 관리로 옳은 것은? [2019년 기출]

① 향간(鄕間)　② 내간(內間)
③ 반간(反間)　④ 생간(生間)

정답 ②

풀이 ② 적국의 관료를 첩자로 포섭하는 것은 내간(內間)이다.

354

손자병법의 용간편에서 첩자를 다각적으로 활용한다는 의미로 사용된 용어로 옳은 것은?

[2019년 기출]

① 반간　② 오간구기
③ 내간　④ 향간

정답 ②

풀이 ② 오간구기(五間俱起)는 향간, 내간, 사간, 반간, 생간 등 다섯 가지 간첩을 모두 활용한다는 의미이다.

핵심정리 손자병법의 적을 제압하기 위한 4가지 계책

손자는 전쟁에서 가장 좋은 방법은 싸우지 않고 이기는 것(不戰而屈)이라고 했다. 그 최상책이 "적의 전의(戰意)를 꺾어버리는 벌모(伐謀)"이고 그 다음이 "적의 세력을 내 편으로 끌어오는 벌교(伐交)"이며, 전쟁을 벌이는 '벌병(伐兵)'은 하책, 방어만 하는 적을 공격하는 공성(攻城)은 하지하책이라고 했다. 그러면서 간첩을 활용하는 용간(用間)으로 벌모(伐謀)와 벌교(伐交)의 비책을 제시한다. 즉 스파이 활동, 첩보전으로 인한 무혈승리를 말하는 것이다. 손자의 간첩을 이용하는 5가지 방법은 적국의 백성을 이용하는 향간(鄕間), 적의 관리를 이용하는 내간 (內間), 적의 간첩을 활용하는 반간(反間), 허위 정보를 준 뒤 적에게 붙잡혀 죽게 하는 사간(死間), 적의 정보를 수집해 돌아오는 생간(生間)이다.

355

손자병법의 적을 제압하기 위한 4가지 계책에 대한 설명으로 틀린 것은?

① 군사적 방법은 벌병(伐兵), 공성(攻城) 두 가지다.

② 최하책은 방어만 하는 적을 공격하는 공성(攻城)이다.

③ 간첩을 활용하는 용간(用間)으로 벌모(伐謀)와 벌교(伐交)이다.

④ 벌병(伐兵)은 적병의 사기를 떨어뜨리고 약화시키는 것을 말한다.

정답 ④

풀이 적병의 사기를 떨어뜨리고 약화시키는 것은 벌모(伐謀)이다.

356

손자병법의 적을 제압하기 위한 4가지 계책에 대한 설명으로 틀린 것은?

① 최상책은 벌모(伐謀)이다.

② 직접 적의 병력을 공경하는 벌병은 하책이다.

③ 적의 전의를 꺾어버리는 벌모와 전쟁을 벌이는 벌병은 군사적 대응에 해당한다.

④ 벌교는 자국의 대외정책을 지원할 목적으로 수행되는 오늘날의 비밀공작에 해당한다.

정답 ③

풀이 벌모와 벌교는 자국의 대외정책을 지원할 목적으로 수행되는 오늘날의 비밀공작에 해당하고 전쟁을 벌이는 벌병(伐兵)과 방어만 하는 적을 공격하는 공성(攻城)은 군사적 대응에 해당한다.

357

손자병법의 적을 제압하기 위한 4가지 계책에 대한 설명으로 틀린 것은?

① 손자는 전쟁에서 가장 좋은 방법은 싸우지 않고 이기는 것(不戰而屈)이라고 했다.

② 적을 제압하는 최상책은 "적의 전의(戰意)를 꺾어버리는 벌모(伐謨)이다.

③ 적을 제압하는 하책 중의 하책은 실제로 전쟁을 벌이는 '벌병(伐兵)'이다.

④ 벌모와 벌교는 자국의 대외정책을 지원할 목적으로 수행되는 오늘날의 비밀공작에 해당한다고 볼 수 있다.

정답 ③

풀이 ③ 최하책은 방어만 하는 적을 공격하는 공성(攻城)이다. 참고로 벌모는 직접적인 싸움이 아닌, 적의 계획, 전략, 정보 등을 파괴하거나 방해하여 적의 판단력과 의지력을 약화시키는 전략이다. 예를 들어, 적의 군사 계획이나 전략을 미리 알아내어 해당 계획을 방해하거나, 적의 정보 통신망을 파괴하여 적군 간의 정보 교류를 방해하는 것 등이 벌모에 해당한다. 반면, 벌병(伐兵)은 직접 적의 병력을 공격하여 승리를 얻는 것을 목적으로 한다. 참고로 '벌교(伐交)'는 자신의 적들이 협력하여 적군에 대항하는 것을 방해하고, 자신의 적들이 동맹 혹은 협력자들과의 관계가 끊어져 동맹이나 협력자들을 격리시켜서, 자신의 적들과 적군을 더욱 분열시키는 전략이다. 벌모와 벌교는 자국의 대외정책을 지원할 목적으로 수행되는 오늘날의 비밀공작에 해당하고 전쟁을 벌이는 벌병(伐兵)과 방어만 하는 적을 공격하는 공성(攻城)은 군사적 대응에 해당한다.

358

다음 중 손자병법의 적을 제압하기 위한 4가지 계책에 대한 설명으로 틀린 것은? [2016년 기출]

① 손자는 최하책은 공성(攻城)이고 최상책은 벌모(伐謀)라고 말했다.

② 군사적 방법은 벌병(伐兵), 공성(攻城) 두 가지다.

③ 벌교(伐交)는 적을 지원하는 세력을 차단하기 위한 방책을 말한다.

④ 벌병(伐兵)은 적병의 사기를 떨어뜨리고 약화시키는 것을 말한다.

정답 ④

풀이 ④ 적병의 사기를 떨어뜨리고 약화시키는 것은 벌모(伐謨)이다.

359

한국에서 북한을 위해 정보활동을 하는 탈북자에 해당하는 손자병법의 첩자로 옳은 것은?

[2016년 기출]

① 반간
② 생간
③ 내간
④ 향간

정답 ②

풀이 ② 북한 주민이 탈북자로 위장해 한국에서 정보활동을 했다면 생간에 해당된다. 탈북자는 한국 정보기관을 위하여 스파이 활동을 하고 있는 것은 아니기 때문에 이중간첩인 반간이 아니다.

360

손자병법의 첩자에 대한 설명으로 틀린 것은? [2013년 기출]

① 적의 관리를 포섭해 첩자로 활용하는 것을 내간이라고 한다.
② 사간은 적의 주민을 포섭해 죽이는 것이다.
③ 생간은 적지에서 첩보활동을 하고 돌아와 보고하는 첩보원을 말한다.
④ 향간은 적의 주민을 이용해 간첩활동을 하도록 만든 것이다.

정답 ②

풀이 ② 사간은 자기 측 첩자에게 허위 정보를 주어 적에게 보내는 것으로서 허위로 진술한 사실이 밝혀지면 죽게 되는 것을 말한다.

361

손자병법의 첩자 중 적지에 들어가 정보활동을 하다가 돌아와서 보고하는 정보관으로 옳은 것은?

[2007년 기출]

① 향간(鄕間)
② 내간(內間)
③ 사간(死間)
④ 생간(生間)

정답 ④

풀이 ④ 생간에 대한 설명이다.

핵심정리 삼십육계(三十六計)

(1) 의의

병법에 관한 36가지 계책을 가리킨다. 계책의 예시가 되는 36가지 일화의 한자성어로 구성되어 있는데, 총 6가지의 상황 분류에 각각 6가지의 계책을 제시하고 있기 때문에 36계이다. 저자는 흔히 남조 송(宋)의 명장인 단도제(檀道濟)로 알려져 있다. 때문에 흔히 단공삼십육계(檀公三十六計)라고 부르기도 한다. 정사인 남제서(南齊書)에 "단공(檀公: 단도제)의 서른여섯 가지 계책 가운데 달아나는 것이 제일이다."라는 구절이 있기 때문에 단도제가 삼십육계라는 병법으로 유명했던 것은 사실이지만 과연 현존하는 삼십육계가 진짜 단도제가 말했던 그 삼십육계인지 그리고 진짜 저자가 단도제인지는 확실치 않다.

(2) 승전계(勝戰計) – 싸우면 반드시 이겨라

① 만천과해(瞞天過海): 하늘을 속여 바다를 건넌다는 뜻으로 적이 전혀 예상하지 못한 방법을 동원해 승리를 거두는 계책이다.

② 위위구조(圍魏救趙): 조나라를 구하기 위해 위나라를 포위한다는 뜻으로 적의 예봉을 피해 급소를 찌름으로써 작전을 무력화시키는 계책이다.

③ 차도살인(借刀殺人): 남의 칼을 빌려 적을 제거한다는 뜻으로 명분과 실리를 모두 챙기는 계책이다.

④ 이일대로(以逸待勞): 적이 지칠 때까지 편안하게 기다린다는 뜻으로 강한 적을 상대할 때 사용하는 계책이다.

⑤ 진화타겁(趁火打劫): 불난 집을 약탈한다는 뜻으로 강한 무력을 배경으로 약한 적을 정복할 때 사용하는 계책이다.

⑥ 성동격서(聲東擊西): 동쪽을 공격한다고 떠든 뒤 서쪽을 친다는 뜻으로 궤사(詭詐)로 적을 헷갈리게 만들고 허를 찌르는 계책이다.

(3) 적전계(敵戰計) – 적을 철저히 기만하라

① 무중생유(無中生有): 무에서 유를 만들어낸다는 뜻으로 진실과 거짓을 뒤섞어 적의 실책을 유도하는 계책이다. 거짓으로 적을 미혹하게 만드는 것이다.

② 암도진창(暗渡陳倉): 몰래 진창을 건넌다는 뜻으로 정면에서 공격하는 척하다 우회한 뒤 적의 배후를 치는 계책이다.

③ 격안관화(隔岸觀火): 강 건너 불난 것을 구경한다는 뜻으로 적의 내부에 분란이 일어났을 때 지켜보다가 적이 자멸하면 어부지리를 취하는 계책이다.

④ 소리장도(笑裏藏刀): 웃음 속에 비수를 감춘다는 뜻으로 적의 경계심을 늦춘 후 함정에 빠뜨리는 계책이다.

⑤ 이대도강(李代桃畺): 자두나무가 복숭아를 대신해 희생한다는 뜻으로 궁극적인 승리를 거두기 위한 고육책의 일환이다.

⑥ 순수견양(順手牽羊): 가는 길에 슬쩍 양을 끌고 간다는 뜻으로 적의 허점을 노려 승리를 거두는 계책이다.

(4) 공전계(攻戰計) – 미끼를 내걸어 유인하라

① 타초경사(打草驚蛇): 막대기로 풀을 두드려 뱀을 놀라게 한다는 뜻으로 적의 속셈을 미리 알아내고자 할 때 사용하는 계책이다.

② 차시환혼(借尸還魂): 죽은 시체를 살려낸다는 뜻으로 국면을 전화시켜 주도권을 쥐는 계책이다.

③ 조호리산(調虎離山): 호랑이가 산을 떠나도록 만든다는 뜻으로 적을 현재의 유리한 상황에서 불리한 상황으로 이끌어낸 뒤 급습을 가하는 계책이다.

④ 욕금고종(欲擒故縱): 큰 적을 붙잡기 위해 짐짓 적을 풀어준다는 뜻으로 적을 크게 공략하고자 할 때 사용하는 계책이다.

⑤ 포전인옥(抛磚引玉): 옥을 얻기 위해 벽돌을 던진다는 뜻으로 작은 대가로 큰 이익을 얻는 계책이다.

⑥ 금적금왕(擒賊擒王): 적을 칠 때 적장부터 사로잡는 계책이다.

(5) 혼전계(混戰計) – 상황을 좇아 진퇴하라

① 부저추신(釜低抽薪): 솥 밑의 장작을 꺼낸다는 뜻으로 문제를 근원적으로 해결하고자 할 때 사용하는 계책이다.

② 혼수모어(混水摸魚): 물이 혼탁할 때 손을 뻗어 물고기를 잡는다는 뜻으로 혼란 중에 승리를 얻는 계책이다.

③ 금선탈각(金蟬脫殼): 매미가 허물을 벗듯 달아난다는 뜻으로 은밀히 퇴각하고자 할 때 사용하는 계책이다.

④ 관문착적(關門捉賊): 문을 모두 걸어 잠가 집 안으로 들어온 도적을 잡는 계책이다.

⑤ 원교근공(遠交近攻): 멀리 떨어진 나라와 동맹을 맺고 이웃한 나라를 치는 계책이다.

⑥ 가도멸괵(假道滅虢): 우(虞)나라의 길을 빌려 괵(虢)나라를 친다는 뜻으로 속셈을 감춘 채 적을 기습하는 계책이다.

(6) 병전계(并戰計) – 적의 세력을 약화시켜라

① 투량환주(偷梁換柱): 대들보를 빼내 기둥으로 사용한다는 뜻으로 적의 급소를 가격해 승리를 거두는 계책이다.

② 지상매괴(指桑罵槐): 뽕나무를 가리키며 홰나무를 꾸짖는다는 뜻으로 약소한 적을 제압할 때 사용하는 계책이다.

③ 가치부전(假痴不癲): 어리석은 체하면서 미친 척하지는 않는다는 뜻으로 국면을 전환시킬 때 사용하는 계책이다.

④ 상옥추제(上屋抽梯): 지붕 위로 올려놓은 뒤 사다리를 치운다는 뜻으로 적을 함정에 빠뜨리는 계책이다.

⑤ 수상개화(樹上開花): 나무 위에 꽃이 피었다는 뜻으로 적을 혼란에 빠뜨려 시비를 판정하지 못하게 만드는 계책이다.

⑥ 반객위주(反客爲主): 주인이 손님을 접대하지 못해 오히려 손님의 접대를 받는다는 뜻으로 국면을 전환시켜 주도권을 장악하는 계책이다.

(7) 패전계(敗戰計) – 전화위복의 계기를 만들라

① 미인계(美人計): 미인을 미끼로 삼아 적을 유인하는 계책이다.

② 공성계(空城計): 군사가 없는 빈 성의 문을 열어젖혀 적을 커다란 의혹에 빠뜨려 결국 퇴각하게 만드는 계책이다.

③ 반간계(反間計): 적의 첩보망을 역이용하는 계책이다.

④ 고육계(苦肉計): 적의 신임을 얻기 위해 스스로를 해치는 계책이다. 통상 사람들은 스스로를 해치지 않는다.

⑤ 연환계(蓮環計): 적이 스스로 운신을 제한하도록 만드는 계책이다.

⑥ 주위상계(走爲上計): 막강한 적을 만났을 때 곧바로 달아나는 것을 최상의 방안으로 간주하는 계책이다.

362

「삼십육계(三十六計)」에 제시된 계책으로 틀린 것은? [2018년 기출]

① 반객위주(反客爲主)
② 수상개화(樹上開花)
③ 소리장도(笑裏藏刀)
④ 경국지색(傾國之色)

정답 ④

풀이 ④ 경국지색은 36계와 관련이 없다. 반객위주(反客爲主)는 주인과 객이 바뀌게 된다는 뜻으로 기회를 만들어 준비하고 있으며 언젠가 기회가 온다는 의미이다. 수상개화(樹上開花)는 일부러 세력을 크게 부풀려 적을 물러나게 하는 것으로, 아군의 힘이 약할 때, 다른 세력이나 어떤 요인을 빌려 아군을 강하게 보이게 함으로써 적으로 하여금 두려워하게 만들어 굴복시키는 일종의 기만책이다. 반객위주와 수상개화는 병전계(竝戰計)에 속한다. 소리장도(笑裏藏刀)는 한자 그대로 해석하면 "웃음 속에 칼이 있다."라는 뜻으로 적을 방심하게 해놓고 공격하는 기본적인 전술이다. 소리장도는 적전계(敵戰計)에 속한다.

핵심정리 정보관과 첩보원

(1) 첩보활동을 수행하는 사람들은 역할에 따라 크게 두 종류, 즉 정보관(intelligence officer, 또는 handler)과 첩보원(source)으로 나뉠 수 있다. 정보관은 정보기관에 소속된 정보요원이고, 첩보원은 정보관에게 첩보를 제공하는 사람을 뜻한다.
(2) 정보관은 첩보원과 접촉을 유지하면서 본부로부터 받은 지령(instructions)을 전달해 주고, 필요한 접촉수단을 제공해 주는 등 첩보원과의 교류가 원활하게 이루어지도록 여건을 조성하는 책임을 맡고 있다.
(3) 인간정보에 활용되는 첩보원으로는 주로 외국인 관료들이 많이 활용된다. 이들은 자신의 직위를 이용하여 중요한 정보자료에 접근할 수 있기 때문이다. 이 밖에 망명객, 이주민, 포로, 여행객, 유학생, 신문기자, 상사 주재원 등 다양한 유형의 일반인들이 첩보원으로 활용된다.

363

정보활동 중 신분을 위장할 경우에 대한 설명으로 틀린 것은? [2022년 기출]

① 정보관뿐만 아니라 비정보요원의 경우에도 공직 가장과 비공직 가장의 구분이 필요하다.
② 공직 가장의 경우 정부 부처의 공무원 신분으로 위장하는 것을 말한다.
③ 비공직 가장은 민간인 신분으로 가장하는 경우이며, NOC라고 호칭된다.
④ 공직 가장 정보관은 집중적인 감시대상이 되기 쉽고 비공직 가장 정보관은 활동비용이 공직 가장에 비해 많이 필요하다.

정답 ①

풀이 ① 첩보활동을 수행하는 사람들은 역할에 따라 크게 두 종류, 즉 정보관(intelligence officer, 또는 handler)과 첩보원(source)으로 나뉠 수 있다. 정보관은 정보기관에 소속된 정보요원이고, 첩보원은 정보관에게 첩보를 제공하는 사람을 뜻한다. 첩보원을 비정보요원이라고도 한다. 공직 가장과 비공직 가장의 구분이 필요한 것은 정보관이고 첩보원은 협조자와 공작원으로 구분된다.

364

인간정보의 수단에 대한 설명으로 틀린 것은? [2012년 기출]

① 공작원(agent)은 정보기관이 임무의 필요에 따라 고용한 요원이다.
② 정보관(officer)은 국가정보기관의 공식 직원으로 공무원 신분이다.
③ 망명자와 이민자는 공식, 비공식 중요 정보제공자이다.
④ 협조자(walk－ins)는 유인된 자발적 정보제공자이다.

정답 ④
풀이 ④ 협조자는 자신의 의사에 따라 정보를 제공하려는 자를 말한다. 유인된 자발적 정보제공자는 공작원이다.

365

인간정보수집 수단인 공작원에 대한 설명으로 틀린 것은? [2012년 기출]

① 정보관(officer)은 정보기관에 공식적으로 채용된 공무원이다.
② 첩보원(agent)은 정보기관이 계약으로 고용한 정보요원이다.
③ 이중공작원(double－agent)은 약점을 잡아 협박해 확보하기도 한다.
④ 협조자(walk－ins)는 공작으로 유인해 확보한 정보요원이다.

정답 ④
풀이 ④ 협조자는 유인된 것이 아니라 스스로 정보를 제공하는 사람이다. 협조자는 정치, 종교, 신념 등의 이유로 정보를 제공한다.

366

정보수집활동이 직무에 포함되지 않는 인간정보 수단으로 옳은 것은? [2012년 기출]

① 정보관
② 공작원
③ 주재관
④ 협조자

정답 ④
풀이 ④ 협조자는 직무, 즉 직업상의 의무 자체를 갖지 않는다. 협조자는 언제라도 협조를 일방적으로 단절할 수 있다.

핵심정리 정보관

1. 의의

① 첩보활동을 수행하는 사람들은 역할에 따라 크게 두 종류, 즉 정보관(intelligence officer, 또는 handler)과 첩보원(source)으로 나뉠 수 있다. 정보관은 정보기관에 소속된 정보요원이고, 첩보원은 정보관에게 첩보를 제공하는 사람을 뜻한다.

② 정보관은 첩보원과 접촉을 유지하면서 본부로부터 받은 지령(instructions)을 전달해 주고, 필요한 접촉 수단을 제공해 주는 등 첩보원과의 교류가 원활하게 이루어지도록 여건을 조성하는 책임을 맡고 있다.

③ 인간정보에 활용되는 첩보원으로는 주로 외국인 관료들이 많이 활용된다. 이들은 자신의 직위를 이용하여 중요한 정보자료에 접근할 수 있기 때문이다. 이 밖에 망명객, 이주민, 포로, 여행객, 유학생, 신문기자, 상사 주재원 등 다양한 유형의 일반인들이 첩보원으로 활용된다.

2. 정보관의 유형: 공직 가장과 비공직 가장

(1) 의의

① 정보관은 주재국 정부로부터 주목을 받지 않도록 여러 가지 형태로 자신의 신분이나 행동을 '가장(cover)'한다.

② 예를 들어 주재국에 입국하게 된 동기, 재정적으로 자금을 어떻게 조달하고 있는지 그리고 대상 목표를 만나는 구실 등을 적절히 가장한다. 가장은 '공직 가장(official cover)'과 '비공직 가장(nonofficial cover)'으로 구분된다.

③ 공직 가장은 외교관이나 해외에 공직 직함을 가진 정부 관료로 신분을 위장하는 것을 말한다. 비공직 가장은 상사주재원, 신문기자, 여행자 등으로 신분을 위장하는 것으로서 때로 국적까지 다르게 할 정도로 철저히 신분을 가장한다.

④ 러시아에서는 이들을 각각 '합법적 정보관(legal officers)'과 '비합법적 정보관(illegal officers)'으로 칭하는데 그 의미는 다소 차이가 있다. 흔히 정보기관에서는 이들을 은어로 각각 '백색정보관(White officer)'과 '흑색정보관(Black officer)'으로 부르기도 하지만 공식적인 용어는 아니다.

(2) 공직 가장 정보관

① 공직 가장 정보관은 주재국의 대사관에서 외교관 신분으로 근무하기 때문에 국제법적으로 면책특권을 가지고 있다.

② 공식적인 외교관계가 수립되면 첩보활동도 국제법에 의해 보호된다. 따라서 스파이행위를 수행했던 사실이 드러나더라도 국제법 규정에 따라서 주재국에서 PNG 또는 국외추방 등의 조치를 취하는 것으로 해결된다.

③ 공직 가장 정보관은 공직 외교관으로서 의심받지 않고 주재국의 요인들을 자유롭게 접촉할 수 있으며, 주재국에서 활동하는 타국 외교관들과의 교류를 통해서 자연스럽게 첩보를 수집할 수 있는 등의 장점이 있다.

④ 또한 공직 가장 정보관은 외교 행낭(파우치)을 통해 본부와 공식적인 연락체계를 유지할 수 있으며, 급여 이체 등 행정적인 편의도 얻을 수 있다.

⑤ 그러나 외국 대사관에는 소수의 인원이 근무하기 때문에 주재국 방첩기관에 정보관의 신분이 쉽게 노출될 수 있다. 그가 정보관인지 여부는 미행감시, 통화감청, 아파트 도청 등 다양한 방법을 활용하여 파악할 수 있다.

⑥ 외교관으로 가장하게 될 경우 주재국의 외교관이나 안보 관련 분야에 근무하는 관료들과 접촉하는 것이 용이하지만, 외국 관료와의 접촉을 꺼리는 일부 내국인 요인들과의 접촉은 더욱 어려워질 수 있다.

⑦ 만일 주재국과의 전쟁이나 위기 상황이 발생하여 외교관계가 단절되면 외교관 신분으로 가장한 정보관들도 주재국을 떠나야하기 때문에 가장 정보가 필요한 시기에 정보를 얻을 수 없게 되는 낭패를 보게 될 뿐만 아니라 그동안 애써 구축해 놓은 첩보망이 일거에 소멸될 수도 있다.

(3) 비공직 가장 정보관(nonofficial – cover officials, NOCs)

① 비공직 가장은 공직 가장과 비교하여 정반대의 장단점을 가진다. 비공직 가장 정보관(nonofficial –cover officials, NOCs)은 사회의 다양한 계층이나 전문가로 가장할 수 있기 때문에 다양한 종류의 첩보원들(sources)을 접할 수 있다는 장점이 있다.

② 이들은 자국 국적의 지위를 유지하거나 또는 제3국 국적으로 가장하여 활동한다. 이들은 자신이 일하고 있는 정부와 관련이 없는 듯 가장함으로써 첩보원들(sources)과 밀접한 관계를 유지하는 가운데 유용한 첩보를 얻을 수 있다.

③ 주재국과의 전쟁이나 위기 상황이 발생하여 외교관계가 단절되는 상황에서도 이들은 여전히 주재국에 체류하면서 첩보활동을 지속할 수 있다는 장점이 있다. 또한 주재국 방첩기관에서도 이러한 비공직 가장 정보관의 존재를 여간해서 색출하기 어렵다.

④ 그렇지만 비공직 가장은 공직 가장에 비해 여러 가지 행정적인 어려움과 많은 비용을 수반한다. 우선 기업체나 사설기관에게 정보관을 자신의 임원으로 채용하도록 설득하는 일이 쉽지 않다. 그래서 보다 쉬운 방법으로써 정보관이 직접 기업체를 설립하든가 또는 대상 국가에 자신들이 체류하는 동기를 설득력 있게 제시할 수 있는 업무나 활동에 종사하기도 한다. 여기서 문제는 이렇게 가장하는데 너무 많은 비용이 지출될 뿐만 아니라 가장이 그럴듯하게 보이기 위해서는 많은 시간과 노력이 소요된다는 점이다. 이처럼 가장하는 데 너무 많은 시간과 노력을 소비하다 보니 정작 본연의 임무인 첩보활동에 충분한 시간과 노력을 투여할 수 없는 상황이 발생한다.

⑤ 또한 비공직 가장 정보관은 의심스러운 행동으로 인한 신분 노출을 회피하기 위해 주재국 대사관의 통신수단을 활용할 수 없다. 이 때문에 본부와의 상호 연락이 매우 어렵다는 단점이 있다. 무엇보다도 비공직 가장 정보관은 외교관 신분이 아니기 때문에 스파이 행위가 발각되어 대상국 방첩기관에 체포되면 재판에 회부되어 그에 상응한 형벌을 받거나 때로 사형을 선고받고 목숨을 잃게 될 수 있기 때문에 위험부담이 매우 크다.

367

정보관에 대한 설명으로 틀린 것은?

① 공직 가장 정보관은 의심받지 않고 주재국의 요인들을 자유롭게 접촉할 수 있다.

② 공직 가장 정보관은 주재국 방첩기관에 정보관의 신분이 쉽게 노출될 수 있다.

③ 공직 가장 정보관은 다양한 종류의 첩보원들을 접할 수 있다.

④ 비공직 가장 정보관은 가장하는 데 너무 많은 비용과 노력이 소요된다.

정답 ③

풀이 비공직 가장 정보관은 사회의 다양한 계층이나 전문가로 가장할 수 있기 때문에 다양한 종류의 첩보원들을 접할 수 있다는 장점이 있다.

368

정보관에 대한 설명으로 틀린 것은?

① 공직 가장 정보관은 국제법적으로 면책특권을 가지고 있다.
② 공직 가장 정보관은 공식적인 외교관계 수립 여부와 관계없이 첩보활동도 국제법에 의해 보호된다.
③ 비공직 가장은 공직 가장에 비해 여러 가지 행정적인 어려움과 많은 비용을 수반한다.
④ 공직 가장 정보관은 주재국과의 전쟁이나 위기 상황이 발생하면 주재국을 떠나야 한다.

정답 ②
풀이 ② 공식적인 외교관계가 수립되면 첩보활동도 국제법에 의해 보호된다. 따라서 스파이행위를 수행했던 사실이 드러나더라도 국제법에 따라서 주재국에서 PNG 또는 국외추방 등의 조치를 취하는 것으로 해결된다.

369

공직 가장 정보관에 대한 설명으로 틀린 것은?

① 국제법적으로 면책특권을 가지고 있다.
② 다양한 종류의 첩보원들(sources)을 접할 수 있다.
③ 의심받지 않고 주재국의 요인들을 자유롭게 접촉할 수 있다.
④ 외교관계가 단절되면 외교관 신분으로 주재국을 떠나야 한다.

정답 ②
풀이 다양한 종류의 첩보원들(sources)을 접할 수 있는 것은 비공직 가장 정보관의 장점이다.

370

공직 가장(Official Cover)에 대한 설명으로 잘못된 것은?

① 외교관처럼 공무원 신분으로 위장하여 파견하는 것을 말한다.
② 자신의 신분을 공식적으로 노출한 정보관을 백색정보관(White I/O)이라고 한다.
③ 아무리 공직 가장자라고 하더라도 본질적으로 정보요원이므로 외교관 면책특권이 인정되지는 않는다.
④ 공직 가장 정보관은 주재국이나 제3국의 공무원들과 공식 · 비공식적으로 접촉하며 정보를 수집할 수 있다.

정답 ③
풀이 ③ 공직가장 정보관은 국제법적으로 외교관 면책특권이 인정된다.

371

비공직 가장(Non Official Cover) 공작관에 대한 설명으로 잘못된 것은?

① 본질적으로 흑색정보관(Black I/O) 또는 흑색 까마귀(Black crow)가 될 수밖에 없다.

② 사업가, 언론인 · 교수, 선교사, 성직자, 여행자, 유학생, 무역 대표부 직원, 학술회의나 국제 NGO 회의 참석자, 여행객처럼 대상국가에 체류할 수 있는 명분을 삼아 다양한 신분으로 위장한다.

③ 오늘날 정보법치가 발달한 미국의 경우에도 비공직 가장 공작관의 신분위장을 제약하는 법 규범은 아직 없다.

④ 주재국과 외교관계가 단절되더라도 계속 체류하면서 활동할 수 있다.

정답 ③

풀이 ③ 미국은 레이건 대통령 명령 제12,333호에 의해 언론인, 평화봉사단(peace corps), 성직자 신분으로의 비공직 가장을 금지했다. 한편 주재국에 정보관 신분을 노출하지 않은 정보관은 공직 가장 정보관이든 비공직 가장 정보관이든 모두 흑색정보관(Black I/O)이라고 호칭한다.

372

외교관 신분의 정보관이 정보활동을 하다가 주재국의 방첩기관에 의해 체포되어 추방당하는 경우를 이르는 말로 옳은 것은?

① PNG(Persona Non Grata)

② Counterespionage

③ NCND

④ CSI

정답 ①

풀이 ① 라틴어 Persona non grata는 달갑지 않은 손님을 뜻하는 외교 용어로 형사처벌 대신에 국외로 추방하는 것을 뜻한다. NCND는 부인도 긍정도 하지 않는다(Neither Confirm Nor Deny)라는 의미이다. CSI는 보통 과학수사대(Crime Scene Investigation)를 의미하고, Counterespionage는 방첩(Counterintelligence, CI)을 뜻한다.

373

가장에 대한 설명으로 틀린 것은? [2023년 기출]

① 공직 가장은 외교관이나 정부 관료로 신분을 위장하는 것으로 목표에 따라 직급을 가진다.
② 공직 가장 정보관은 민감하고 핵심적인 인물들과 접촉하는 것이 용이하다.
③ 공직 가장 정보관은 다양한 종류의 첩보원들을 접할 수 있다는 장점이 있다.
④ 비공직 가장 정보관은 사회의 다양한 계층이나 전문가로 가장할 수 있다.

정답 ③
풀이 ③ 비공직 가장 정보관의 장점이다.

374

공직 가장 정보관에 대한 설명으로 틀린 것은? [2020년 기출]

① 면책특권은 공무활동 외에서도 인정을 받는다.
② 외교관의 신분으로 파견되는 정보관을 말한다.
③ 공작금 지원 등 행정상 편의로 인해 많이 파견한다.
④ 외교관계가 단절되면 주재국에 더 이상 머물 수가 없다.

정답 ①
풀이 ① 공직 가장 정보관은 외교관의 신분으로 활동하는 정보관을 말하며 공무와 연관된 범죄행위에 대해서는 면책된다.

375

정보관(officer)에 대한 설명으로 틀린 것은? [2019년 기출]

① 정보관은 정식으로 채용된 공무원이다.
② 백색정보관은 타국에서 외교관 신분을 유지하며 활동한다.
③ 정보관은 특정 임무를 수행하기 위해 임시로 정보관을 고용하기도 한다.
④ 흑색정보관은 타국에서 사업가나 이민자로 위장해 활동한다.

정답 ③
풀이 ③ 특정 임무를 수행하기 위해 임시로 고용된 사람은 첩보원(agent)이다.

376

정보관(officer)에 대한 설명으로 틀린 것은? [2018년 기출]

① 흑색정보관은 PNG 이후 현지에 주재하기 어렵다.
② 흑색정보관은 외교관계가 없는 국가에도 파견이 가능하다.
③ 백색정보관은 외교관과 같은 가장 신분을 사용한다.
④ 백색정보관은 신분이 알려져 보안당국의 감시대상에 포함된다.

정답 ①
풀이 ① PNG는 백색정보관을 국외로 추방하는 조치이다.

377

외교관 신분의 정보관이 정보활동을 하다가 주재국의 방첩기관에 의해 체포되어 추방당하는 것을 이르는 말로 옳은 것은? [2012년 기출]

① PNG(Persona Non Grata)
② Counterespionage
③ Blow back
④ Swarm Ball

정답 ①
풀이 ① PNG(Persona Non Grata)에 대한 설명이다.

378

흑색정보관에 대한 설명으로 틀린 것은? [2012년 기출]

① 주재국에 체류할 수 있는 대외적 명분이 필요하다.
② 가장에 적합한 업무를 수행해야 하므로 활동에 제약을 받는다.
③ 주재국의 방첩당국에 신분이 노출돼 감시대상이 된다.
④ 외교관계가 단절돼도 체류가 가능하다.

정답 ③
풀이 ③ 신분이 노출되고 감시대상이 되는 것은 흑색정보관이 아니라 백색정보관이다.

379

인간정보 수단인 두더지(mole)에 대한 설명으로 틀린 것은? [2012년 기출]

① 두더지는 백색정보관이라고 볼 수 있다.
② 타국의 주요 국가연구소나 기업에 정보수집목적으로 침투시킨 첩보원이다.
③ 신분이 발각될 경우 체재국의 형사처벌 대상이 될 수 있다.
④ 냉전기간 동안 동유럽 스파이들이 서방 선진국의 기업에 많이 취업했다.

정답 ①
풀이 ① 두더지는 흑색정보관이다.

380

정보활동과 외교관 면책특권에 대한 설명으로 틀린 것은? [2009년 기출]

① 비밀활동 적발 시 파견국의 형법을 적용하여 처벌할 경우 면책특권을 내세워 반발할 수 있다.
② 타국의 외교관이 불법적인 정보활동을 할 경우 적발하여 추방하는 것을 PNG(Persona Non Grata)라고 한다.
③ 자국의 외교관이 주재국으로부터 추방당할 경우 보복조치로서 자국에 주재하고 있는 대상국의 외교관을 추방하기도 한다.
④ 외교관의 모든 행위는 면책특권에 해당되므로 불법행위로 처벌되는 경우는 없다.

정답 ④
풀이 ④ 외교관의 공무와 연관된 범죄행위에 대해서만 면책된다.

381

공직 가장 정보관과 비공직 가장 정보관에 대한 설명으로 틀린 것은? [2009년 기출]

① 공직 가장 정보관은 일상적인 활동을 통해 정보원에 대한 접근이 용이하다.
② 비공직 가장 정보관은 신분 은폐가 공직 가장 정보관에 비해 용이하다.
③ 비공직 가장 정보관은 외교관계가 단절되어도 체재할 수 있으며, 통신 등 행정편의가 쉬워 많이 파견한다.
④ 공직 가장 정보관은 신분이 알려져 주재국 방첩당국의 감시대상이 쉽게 된다.

정답 ③

풀이 ③ 비공직 가장 정보관은 통신, 공작금 지급 등 행정조치가 어려운 측면이 있다. 따라서 정보강대국조차도 비공직 가장 정보관을 많이 파견하기 어렵다.

382

흑색정보관에 대한 설명으로 틀린 것은? [2007년 기출]

① 정보활동을 함에 있어 가장신분에 적합한 광범위한 접촉이 가능하다.

② 일상적인 공무활동을 통해 정보원 접근이 용이하다.

③ 가장신분 확보 및 정착에 많은 비용과 시간이 소요된다.

④ 외교관 등 공식적인 법적 보호를 받지 못해 신분상 위험이 수반되기도 한다.

정답 ②

풀이 ② 일상적인 공무활동을 통해 정보원 접근이 용이한 것은 백색정보관이다.

핵심정리 **첩보원(source)**

1. 의의

정보관에게 정보를 제공하는 사람을 일반적으로 첩보원 또는 출처(source)라고 칭한다. 정보 가치가 비교적 높은 외국의 관리들이 첩보원으로 많이 활용되지만 상황에 따라 일반인들도 첩보원으로 이용된다.

2 첩보원의 종류

(1) '협조자'와 '공작원'

① 첩보원은 때로 '협조자'와 '공작원'으로 분류하기도 하지만 사실상 그 구분이 모호하여 서로 혼용되게 용어가 사용되기도 한다. 용어를 구태여 구분하자면 협조자는 협조하는 데 필요한 경비를 지원받아 정보수집에 협조하는 사람을 의미하고, 공작원은 협조자 중에서 정보기관에 공식적으로 채용되어 일정 보수를 받고 비밀정보활동을 수행하는 사람을 뜻한다.

② 공작원은 대체로 정보관의 통제를 받지만 협조자는 정보관의 통제 하에 있지 않다. 때로 유능한 협조자는 공작원보다도 더 좋은 양질의 정보를 제공해 주기도 한다. 공작원의 경우 본인이 정보기관으로부터 보수를 받는 만큼 의식적으로 협조하게 되나 협조자의 경우 자신이 정보기관을 위해 일한다는 것을 알지 못한 채 무의식적으로 협조하는 경우도 많다.

(2) 포섭된 첩보원과 자발적 첩보원(walk-ins)

① 의의

채용되는 과정에서 첩보원은 크게 두 종류로 구분될 수 있다. 첫째, 정보관이 여러 가지 수단을 활용하여 포섭한 자가 있고, 둘째, 외국 정보기관에 자발적으로 협조하겠다고 자원한 자, 즉 '자발적 첩보원(walk-ins)'으로 분류될 수 있다. 자발적 첩보원 중에는 문자 그대로 외국 대사관으로 스스로 걸어 들어오는 경우도 있다.

② 포섭된 첩보원

정보관은 중요 정보에의 접근성을 우선적으로 고려하여 첩보원을 포섭하게 된다. 일반적으로 첩보원을 포섭하는 데 엄청나게 많은 시간과 노력이 요구되며, 갖은 노력에도 불구하고 포섭하는 데 실패하게 되는 경우도 많다. 포섭된 첩보원은 정보관이 사전에 그의 성격이나 동기를 충분히 관찰한 다음 포섭하기 때문에 대체로 신뢰도가 높다.

③ 자발적 첩보원

㉠ 자발적 첩보원은 포섭된 첩보원에 비해 신뢰성이 떨어진다. 자발적 첩보원은 자국에 관한 허위 또는 기만 정보를 유포할 목적으로 주재국의 정보기관에서 은밀히 보낸 자일 수도 있다. 주재국 정보기관에서 상대국 정보기관의 정보활동 기법을 탐색할 목적으로 은밀히 침투시키는 경우도 있다. 또는 상대국의 정보관을 체포 또는 추방시키려는 목적에서 그를 함정에 빠뜨리기 위한 미끼로서 활용되는 자일 수도 있다.

㉡ 그렇다고 자발적 첩보원에 대해서 지나치게 의심하게 되면 손쉽게 얻을 수 있는 중요한 정보를 놓칠 수 있다. 세계 첩보사에서 드러나는바, 자발적인 첩보원이 제공한 첩보를 전혀 신뢰하지 않고 무시하였는데 나중에 그것이 매우 가치 있는 정보였던 것으로 드러나는 일이 종종 있었다.

핵심정리 **비정보요원(첩보원과 협조자)**

(1) 의의

국가정보기구의 공식 직원이 아닌 비정보요원에는 정보대리인 또는 첩보원(Agent)과 협조자(Collaborator 또는 Walk-ins)가 있다. 정보의 세계에서 첩보원 또는 협조자는 다양한 용어로 불린다. 인적자산, 스파이, 간첩, 첩자, 정보요원, 정보자산, 두더지, 밀정, 제5열(第五列, Fifth column) 그리고 일본의 대가관계 첩자를 말하는 닌자(忍者) 등이 그것이다. 이들은 현지에서 자국에 대한 정보제공자로 정보관에게 발굴되어 채용됨으로써 일정한 계약 관계가 형성되어 정보활동을 하는 인간정보요원이다.

(2) 첩보원

이 경우에 정보관과 지속적인 관계를 맺는 첩보원의 입장에서는 정보관이 자신에 대한 조종관 또는 공작관이 된다. 첩보원은 자신의 지휘·통제자인 조종관에게 정보수집 활동을 지휘·감독 받게 된다.

(3) 협조자

반면에 협조자(Walk-ins)는 이념 등의 문제에서 전적으로 자유로운 신분이기 때문에 자발적으로 정보관의 정보수집 활동을 도와주는 사람이다. 그러므로 협조자는 언제라도 협조를 일방적으로 단절할 수 있다. 여하튼 첩보원과 협조자는 주로 현지인으로 모두 비공식적인 정보요원이다.

(4) 결론

첩보원이나 협조자는 정보관의 정보수집 활동을 지원하기 위해 필요한 존재들이다. 그래서 자발적이든 비자발적이든 간에 정보수집 목표에 접근할 위치와 능력이 있는 사람들 중에서 선정되어야 한다. 민간인인 경우도 적지 않지만 주재국 정부의 핵심적 지위에 근무하고 있어서 중요한 정보원천(source)에 접근할 수 있다면 매우 훌륭한 인적자산이 될 것이다.

383

첩보원에 대한 설명으로 틀린 것은?

① 첩보원은 때로 '협조자'와 '공작원'으로 분류하기도 한다.

② 공작원은 협조자 중에서 정보기관에 공식적으로 채용되어 일정 보수를 받는 정식 직원이다.

③ 정보관과 지속적인 관계를 맺는 첩보원의 입장에서는 정보관이 자신에 대한 조종관 또는 공작관이 된다.

④ 협조자(Walk－ins)는 예외 없이 자발적 첩보원(walk－ins)'으로 분류된다.

정답 ②

풀이 ② 인간정보수집 활동을 담당하는 주체는 세 종류로 나눌 수 있는데, 정보기관의 기간요원으로서 첩보수집의 중심적 역할을 수행하는 정보관(Intelligence Officer, IO)과 정보관과 계약관계에 있으면서 출처에 접근하여 수집활동을 전개하는 첩보원(agent), 그리고 정보관과 계약관계 없이 자발적으로 수집활동에 조력하거나 첩보를 제공하는 협조자(freelance agent 또는 walk－in)가 있다. 협조자는 제공하는 지식이나 자료에 대해 금전적 보상을 요구하는 경우도 있으나 대가없이 제공하는 경우도 있다. 공작원이 정보기관에 공식적으로 채용되어 일정한 보수를 받는다는 것은 정보관과 계약을 체결한다는 의미에 불과하고 공작원이 정보기관의 정식 직원이 된다는 것은 아니다.

384

첩보원(source)에 대한 설명으로 틀린 것은?

① 정보 가치가 비교적 높은 외국의 관리들이 첩보원으로 많이 활용되지만, 상황에 따라 일반인들도 첩보원으로 이용될 수 있다.

② 공작원과 협조자는 첩보원의 일종이며, 공작원은 협조자 중에서 정보기관에 공식적으로 채용되어 일정 보수를 받고 비밀정보활동을 수행하는 정보기관의 정식직원이다.

③ 포섭된 첩보원은 정보관이 여러 가지 수단을 활용하여 포섭한 자로, 사전에 그의 성격이나 동기를 충분히 관찰한 다음 포섭하기 때문에 대체로 신뢰도가 높다.

④ 자발적 첩보원은 자국에 관한 허위 또는 기만 정보를 유포할 목적으로 주재국의 정보기관에서 은밀히 보낸 자일 수도 있고, 주재국 정보기관에서 상대국 정보기관의 정보활동 기법을 탐색할 목적으로 은밀히 침투시키는 경우도 있다.

정답 ②

풀이 ② 공작원과 협조자는 첩보원의 일종이며, 공작원은 협조자 중에서 정보기관에 공식적으로 채용되어 일정 보수를 받고 비밀정보활동을 수행하는 사람을 뜻하는 것은 맞지만 정보기관의 정식직원은 아니다.

385

비정보요원에 대한 설명으로 틀린 것은?

① 국가정보기구의 공식 직원이 아니다.
② 정보관은 비정보요원을 지휘 · 통제한다.
③ 협조자는 공작원에 비해 신뢰성이 떨어진다.
④ 에임즈, 한센, 폴라드는 모두 협조자이다.

정답 ②
풀이 비정보요원 중 공작원만 정보관의 지휘 · 통제를 받는다.

386

비정보요원에 대한 설명으로 틀린 것은?

① 비정보요원에는 첩보원과 협조자가 있다.
② 정보관과 지속적인 관계를 맺는 첩보원은 국가정보기구의 공식 직원으로서 정보관에게 정보수집 활동을 지휘 · 감독 받게 된다.
③ 협조자는 이념 등의 문제에서 전적으로 자유로운 신분이기 때문에 자발적으로 정보관의 정보수집 활동을 도와주는 사람이다.
④ 현지에서 자국에 대한 정보제공자로 정보관에게 발굴되어 채용됨으로써 일정한 계약 관계가 형성되어 정보활동을 하는 인간정보요원이다.

정답 ②
풀이 ② 국가정보기구의 공식 직원이 아닌 비정보요원에는 정보대리인 또는 첩보원(Agent)과 협조자(Collaborator 또는 Walk-ins)가 있다.

387

협조자에 대한 설명으로 틀린 것은?

① 협조자는 정보관의 통제 하에 있지 않다.
② 협조자는 협조하는 데 필요한 경비를 지원받는다.
③ 협조자는 정보기관에서 은밀히 보낸 자일 수도 있다.
④ 자발적 협조자는 포섭된 협조자에 비해 신뢰성이 떨어진다.

정답 ④

풀이 협조자는 자발적 첩보원이다. 포섭된 협조자라는 말은 없다. 포섭된 첩보원이 있을 뿐이다. 포섭된 첩보원을 공작원이라고도 한다. 자발적 첩보원은 포섭된 첩보원에 비해 신뢰성이 떨어진다.

388

공작원과 협조자에 대한 설명으로 잘못된 것은?

① 정보의 속성상 불가피하게 공작 국가정보기구의 내부 정식직원으로 간주된다.
② 스파이, 간첩, 첩자, 정보요원, 정보자산, 두더지, 밀정, 제5열, 닌자라고도 한다.
③ 정보제공자로 정보관에게 발굴되어 채용됨으로써 일정한 계약관계가 형성되어 정보활동을 하는 인간정보요원을 특히 첩보원이라고도 한다.
④ 국가정보기구의 공식적인 직원이 아니라 정보관의 지휘와 통솔에 따라 정보수집을 도와주는 주재국의 시민들이다.

정답 ①

풀이 ① 공작원과 협조자는 국가정보기구의 공식적인 직원이 아니라, 정보관의 지휘와 통솔에 따라 정보수집을 도와주는 주재국의 시민들로, 공작 국가를 기준으로 할 때 결코 공무원 신분이 아니다.

389

비정보요원에 대한 설명으로 틀린 것은? [2022년 기출]

① 국가 비정보요원은 정보관과 일정한 계약관계가 형성되어 정보활동을 하는 인간정보요원이다.
② 비정요원은 첩보원과 협조자로 분류할 수 있다.
③ 협조자는 다시 자발적 협조자와 비자발적인 강제적 협조자로 구분된다.
④ 비정요원을 지칭하는 별칭은 두더지, 제5열, 넌자 등이 있다.

정답 ③
풀이 ③ 첩보원은 포섭된 첩보원과 자발적 첩보원(walk-ins), 즉 협조자로 분류할 수 있다. 협조자는 외국 정보기관에 자발적으로 협조하겠다고 자원한 자로서 강제적 협조자라는 개념은 존재할 수 없다.

390

공작원과 협조자에 대한 설명으로 틀린 것은? [2019년 기출]

① 공작원은 정보기관에 계약으로 고용된 관계이다.
② 협조자는 자발적으로 정보기관에 정보를 제공한다.
③ 공작원은 실제 사용된 경비 외에는 받지 않는다.
④ 협조자는 정보제공의 대가를 받지 않는다.

정답 ③
풀이 ③ 공작원은 실제 사용된 경비 외에도 급여나 보상금을 받는다.

391

첩보원에 대한 설명으로 틀린 것은? [2014년 기출]

① 공작원(agent)은 정보관(officer)의 정보활동을 보좌한다.
② 공작원(agent)은 협조자와 달리 실경비 이외 추가경비는 요구하지 않는다.
③ 공작원(agent)은 정보기관에 정식으로 고용된 정규직원이 아니다.
④ 공작원(agent)은 협조자와는 달리 계약을 기반으로 활동을 수행한다.

정답 ②
풀이 ② 공작원(agent)을 고용한 정보기간은 실제 경비 외에 인센티브 등을 제공한다. 반면 협조자의 경우 자발적으로 정보를 제공하기 때문에 실제 경비만 제공하는 경우가 많다.

392

협조자(walk－ins)에 대한 설명으로 틀린 것은? [2009년 기출]

① 자국에 대한 불만이나 기타 정치적인 이유로 자발적인 협조자가 생기기도 한다.

② 자발적인 협조자는 이중첩자일 가능성도 현저하게 높으므로 은밀하게 진위 여부를 확인할 필요가 있다.

③ 정보요원이 개인적인 약점을 잡아 협박하여 채용한 협조자도 있다.

④ 협조자가 제공하는 정보는 기만, 허위정보일 수도 있으므로 일정기간 정보의 진실성을 체크하여 협조자의 의도를 파악하는 과정이 필요하다.

정답 ③

풀이 ③ 협조자는 협박이나 강요에 의해 정보원 역할을 하는 것이 아니라, 자국에 대한 불만, 정치에 대한 불만, 개인적인 선호 등에 의해 정보원의 역할을 하는 사람을 말한다. 정보요원이 물색하여 고용한 것은 공작원(agents)에 해당한다.

393

정보의 출처로서 자발적인 참여를 의미하는 인간정보수단으로 옳은 것은? [2007년 기출]

① 정보관 ② 주재관

③ 전쟁포로 ④ 협조자

정답 ④

풀이 ④ 협조자를 'walk－ins'라고 하는데 이는 자발적인 의사에 따라 협조한다는 의미이다. 이에 반해 정보관과 주재관은 공식적인 정보요원이고, 전쟁포로는 준 비밀출처에 해당된다.

핵심정리 **첩보원이 되는 동기**

(1) 첩보활동은 매우 힘들고 위험하다. 그럼에도 불구하고 많은 사람들이 다양한 이유로 첩보원이 된다. 사람들이 첩보원이 되는 동기는 무엇일까? 멜톤(H. Keith Melton)은 그의 저서 「The Ultimate Spy Book」에서 첩보원이 되는 동기를 네 가지 요인으로 설명하는데, 이 네 가지 요인의 첫 글자를 모으면 'MICE(생쥐들)'가 된다.

(2) 여기서 M은 'money(돈)', I는 'ideology(이념)', C는 'compromise(타협)', E는 'ego(자존심)'를 의미한다. 즉 금전적인 탐욕(money)에 눈이 멀어서, 또는 이념(ideology)이나 종교에 사로잡혀서 첩보원이 되기도 한다. 또는 미인계로 인한 섹스 스캔들이나 기타 사생활 추문을 약점으로 잡고 협박하면 이에 굴복(compromise)하여 첩보를 제공하게 되기도 한다. 때로는 상대방이 자신의 자존심(ego)을 부추겨서 첩보를 제공하게 만들기도 한다.

(3) 네 가지 요인은 모두 사람의 마음을 교묘히 이용하는 것으로서 이를 적절히 구사하면 대부분의 사람을 포섭할 수 있다.

394

첩보원이 되는 동기와 관련하여 틀린 것은?

① 'MICE'라는 첩보원이 되는 동기를 설명하는 모델에서 'M'은 'money'를, 'I'는 'integrity'를, 'C'는 'compromise'를, 'E'는 'ego'를 의미한다.

② 이념에 사로잡혀 첩보원이 되는 경우도 있다.

③ 사생활 추문 같은 약점을 드러내게 될 경우 이에 굴복해 첩보를 제공하는 경우가 있다.

④ 첩보원이 되는 네 가지 요인은 모두 사람의 마음을 교묘히 이용하는 것으로, 이를 적절히 구사하면 대부분의 사람을 포섭할 수 있다.

정답 ①

풀이 '첩보원이 되는 동기'를 나타내는 'MICE' 모델에서 'M'은 'money(돈)'을, 'I'는 'ideology(이념)'를, 'C'는 'compromise(타협)'를, 'E'는 'ego(자존심)'를 의미한다.

① 'MICE'라는 첩보원이 되는 동기를 설명하는 모델에서 'I'는 'ideology(이념)'를 의미한다.

② 이념에 사로잡혀 첩보원이 되는 경우도 있다. 이것은 'MICE' 모델의 'I', 즉 'ideology(이념)' 부분과 일치한다.

③ 일부 사람들은 약점을 이용당하여 이에 굴복해 첩보를 제공하는 경우가 있다. 이것은 'MICE' 모델의 'C', 즉 'compromise(타협)' 부분과 일치한다.

④ 'MICE' 모델은 모두 사람의 마음을 교묘히 이용하는 것으로, 이를 적절히 구사하면 대부분의 사람을 포섭할 수 있다. 이것은 첩보원이 되는 동기를 설명하는 모델의 일반적인 해석과 일치한다.

395

첩보원에 대한 설명으로 틀린 것은?

① 정보관은 첩보원의 물색, 평가, 모집, 관리 해고의 5단계 과정을 거쳐 첩보를 운용한다.

② 채용되는 과정에서 첩보원은 크게 포섭된 첩보원과 자발적 첩보원의 두 종류로 구분될 수 있다.

③ 포섭된 첩보원은 정보관이 사전에 그의 성격이나 동기를 충분히 관찰한 다음 포섭하기 때문에 대체로 신뢰도가 높다.

④ 멜톤(H. Keith Melton)은 그의 저서 「Spy Book: The Encyclopedia of Espionage」에서 첩보원이 되는 동기를 네 가지 요인으로 설명하는데, 이 네 가지 요인의 첫 글자를 모으면 'MICE(생쥐들)'가 된다.

정답 ④

풀이 멜톤(H. Keith Melton)은 그의 저서 「The Ultimate Spy Book」에서 첩보원이 되는 동기를 네 가지 요인으로 설명하였다.

396

첩보원에 대한 설명으로 틀린 것은? [2023년 기출]

① 소련의 영국인 미국인 첩보원들은 1930년대는 이념적 이유, 1970년대는 금전적 이유로 첩보원이 되었다.

② 겔렌은 이념이나 신념으로 협조자가 된 경우보다 금전적 이익 때문에 협조자가 된 경우에 더 가치 있다고 주장했다.

③ KGB는 주로 위협과 약점을 잡아 첩보원을 포섭했다.

④ 자발적 첩보원은 자국에 관한 허위 또는 기만 정보를 유포할 목적으로 주재국의 정보기관에서 은밀히 보낸 자일 수도 있다.

정답 ②

풀이 ② 겔렌은 소련을 증오하는 독일의 반공주의자로서 이념이나 신념으로 협조한 사람들이 금전적 이익 때문에 협조자가 된 사람들보다 더 믿을 수 있다고 주장했다.

397

첩보원이 되는 동기로 잘못 연결된 것은? [2022년 기출]

① M－Money
② I－Ideology
③ E－Ethnic
④ C－Compromise

정답 ③

풀이 ③ MICE의 E는 'ego(자존심)'를 의미한다. Ethnic은 종족, 민족 등을 나타내는 말로 멜톤(H. Keith Melton)이 말하는 첩보원이 되는 동기와는 관련이 없다.

398

비밀공작원을 포섭하기 위한 가장 이상적인 방법으로 옳은 것은? [2015년 기출]

① 애국심, 종교 등의 방법으로 설득한다.

② 인간은 돈에 대한 욕심이 강하므로 돈으로 매수한다.

③ 인간은 누구나 약점이 있으므로 약점을 이용해 협박해 포섭한다.

④ 공작원을 동원해 납치한 후 전향교육을 시킨다.

정답 ①

풀이 ① 비밀공작원도 인간이기 때문에 자발적인 의사가 가장 중요하기 때문에 강압적인 방법보다는 자연스러운 설득이 효과적이다 자연스럽게 포섭된 공작원은 충성도도 높지만 여간해서 배반하지도 않는다.

핵심정리 **첩보활동**

(1) 가장(假裝)

① 또한 첩보요원은 적에게 들키지 않고 주변 사람들이 자신의 정체를 알아채지 못하도록 국적은 물론 남녀의 성까지 바꿀 정도로 자신의 신분이나 외모를 철저히 가장해야 한다.

② 첩보요원은 감시 임무 중이거나 감시당할 위험에 처하게 되었을 때 목소리, 몸짓, 언어, 태도를 변장하여 목표 대상이나 보호구역에 은밀히 접근하고, 또한 들키지 않고 몰래 탈출할 수 있어야 한다. 특히 위험 지역에서 활동하는 첩보요원은 가명이나 가짜 신분증으로 자신을 철저히 위장해야 하며, 때로 자신의 신분을 의심받지 않도록 사람들에게 가장된 신념과 행동을 보여주기도 한다.

(2) 스테가노그라피(steganography)

① 첩보요원이 일급 비밀문서나 중요한 자료를 확보했다고 임무가 종결된 것은 아니다. 첩보원이 획득한 정보는 정보관(또는 조정관) 또는 본부에 전달되어야 한다. 오늘날 카메라, 무선통신, 컴퓨터의 발달과 함께 팩스, 이메일, 휴대전화 메시지 등 비밀 메시지와 정보들을 전달할 수 있는 방법이 다양해졌다.

② 그러나 오늘날처럼 유무선 통신이 발전되기 이전의 과거에는 밀사를 통해서 중요한 정보와 메시지를 전달했다. 밀사는 적에게 들키지 않도록 전달할 메시지와 정보를 철저히 은폐 또는 위장하였다. 이처럼 메시지와 정보를 숨기는 것을 '스테가노그라피(steganography)'라고 한다.

③ 예를 들어 약 2,500년 전 그리스가 페르시아와 전쟁을 벌이는 동안에 밀사의 머리카락을 몽땅 밀어서 그 위에 비밀 메시지를 쓴 다음 다시 머리를 기르는 방법을 썼다는 기록이 전해져 오는데, 바로 스테가노그라피의 한 사례이다.

(3) '비밀문서작성(secret writing)'과 '축소화(microdots)'

① 이 밖에도 첩보요원들을 암호, 눈에 보이지 않는 은현잉크 등 여러 가지 방법을 이용해 비밀정보와 메시지를 전달해왔다. 밀사를 보내는 등 직접 사람이 접촉하지 않고 연락을 취하는 기타 고전적인 방법으로서 '비밀문서작성(secret writing)'과 '축소화(microdots)'가 있다. 이 방법은 문서 교환이 반드시 필요한데 다른 사람이 가로채서 볼 가능성이 있을 때 사용된다.

② 비밀문서작성의 한 사례로서 첩보요원은 전달할 편지지에 우선 겉으로 보기에는 무미건조한 내용의 글을 쓴다. 그런 다음 특별히 처리된 흑지(carbon paper)로 편지 윗부분에 비밀 메모를 적어 보낸다. 메모는 육안으로는 보이지 않고 정보관과 첩보원만 아는 화학물질을 처리해야만 읽을 수 있다.

③ 은현잉크(invisible ink) 역시 비밀 메시지를 전달하는 수단으로 오래 전부터 활용되었다. 20세기 들어서서 특수한 화학약품에 담그면 비밀 메시지가 보이는 은현잉크와 특수종이들이 발명되어 활용되었다.

④ 축소화(Microdots)는 현미경으로 봐야 알 수 있는 크기로 전달할 메시지를 축소시켜 글자들 가운데 끼워 넣는 방법이다. 때로 우표 밑이나 봉투 이음매 혹은 타이핑한 글자의 구두점 꼭대기 위 등에 비밀 메시지가 삽입되기도 한다. 때로 카메라를 활용하여 전달하고자 하는 사진을 현미경으로 보아야 볼 수 있도록 축소시킨 다음 일상용품으로 보이는 각종 용기에 은폐(concealment)시켜서 전달하기도 한다.

(4) '드보크' 또는 'dead drops(수수소)'

① 첩보요원들 간에 직접 만나지 않고 메시지나 정보를 전달하는 수단으로써 미리 약속한 장소에 비밀 메시지를 놓고 가는 '드보크' 또는 'dead drops(수수소)'는 고전적 방법이면서도 오늘날까지 활용되고 있다.

② 예를 들어 정보관이 공원 내 속이 비어 있는 나무 등 약속한 장소에 메모를 남기고, 몇 시간 후 첩보원이 그것을 수거해 가는 방법이 있다. 이때 어리석은 미행감시자는 이미 정보관이 첩보원과의 접촉 임무를 마쳤음에도 불구하고 그것을 알아채지 못하고 그에 대한 미행감시 활동을 계속 수행하게 된다.

(5) 무선통신

오늘날 카메라, 무선통신, 컴퓨터의 발달과 함께 비밀 메시지와 정보들을 전달할 수 있는 방법이 다양해졌다. 그 중에서 무선통신은 오늘날 가장 빈번하게 활용되는 연락수단인데 대부분 암호화되어 교신된다.

(6) 직접적인 접선

① 의의

㉠ 최근 컴퓨터와 통신망의 발달로 인터넷이 첩보요원들 간에 비밀 메시지와 정보를 전달하는 가장 중요하고도 편리한 수단으로 활용되고 있다. 이처럼 첨단 통신기기들을 활용하여 첩보요원들이 직접적인 접선이 없이도 얼마든지 필요한 시간에 중요한 메시지와 정보를 교환할 수 있게 되었다.

㉡ 그런데 중요한 문서나 물건을 전달해야 하는 등 첩보요원들 간에 불가피하게 직접적으로 접선해야 할 경우가 있다. 첩보요원들이 직접 접선하게 될 경우 주재국 방첩기관의 감시망에 노출될 수 있어 상당한 정도의 위험을 수반한다. 따라서 가급적 직접적인 접선은 삼가야 하지만 부득이 접선해야 할 경우 주재국 방첩기관의 감시망에 노출되지 않도록 각별한 주의와 함께 특별한 방책이 요구된다.

② 공직 가장 정보관의 경우

㉠ 특히 주재국의 대사관에서 활동하는 공직 가장 정보관의 경우 주재국 방첩기관은 그가 사람들을 만나고 활동하는 모습을 지속적으로 감시한다. 따라서 정보관은 그가 주재국 방첩기관으로부터 미행감시를 받고 있는지를 알아채고, 첩보원과 접선하기 전에 이를 철저히 따돌려야 한다.

㉡ 한편 외국 대사관에 근무하는 직원과 외교관들에 대한 주재국 방첩기관의 미행감시활동이 워낙 빈틈없고 치밀하여 주재국 내 첩보원과 접촉이 거의 불가능한 상황에 처해 있을 때 정보관이 아예 '공개적인' 방식으로 첩보원과 접선하는 것이 오히려 안전할 수도 있다.

(7) 신문(interrogation) 등

정보관은 전쟁 포로, 망명자, 이주민 등을 신문(interrogation)하여 중요한 첩보를 획득할 수 있다. 출처로부터 첩보를 유출해내기 위해서는 속임수(deception), 고문(torture), 최면술, 심리적 변화를 유도하는 약물사용 등 다양한 신문기법을 활용할 수 있어야 한다.

(8) 미인계(honey pot or honey trap) 수법

① 포섭 대상에게 성적으로 매력적인 여자 또는 남자를 접근시켜 유혹한 다음 그것을 미끼로 비밀첩보를 수집하는 미인계(honey pot or honey trap) 수법이 활용되기도 한다.

② 대부분의 경우 미인계의 유혹에 빠져 자발적으로 정보를 제공하게 된다. 그러나 때로는 동성연애를 비롯한 불법적인 정사 장면을 사진으로 찍어 그 사실을 폭로하겠다고 협박하여 첩보를 획득하기도 한다.

399

첩보활동과 관련하여 틀린 것은?

① 약 2,500년 전 그리스가 페르시아와 전쟁을 벌이는 동안에 밀사의 머리카락을 몽땅 밀어서 그 위에 비밀 메시지를 쓴 다음 다시 머리를 기르는 방법을 썼다는 기록이 전해져 오는데, 바로 가장의 한 사례이다.

② 스테가노그라피는 정보를 은폐 또는 위장하는 방법으로, 오늘날처럼 유무선 통신이 발전되기 이전의 과거에는 밀사를 통해 메시지와 정보를 전달할 때 주로 사용되었다.

③ 비밀문서작성은 특별히 처리된 흑지로 편지 윗부분에 비밀 메모를 적어 보낸다. 이 메모는 육안으로는 보이지 않고 정보관과 첩보원만 아는 화학물질을 처리해야만 읽을 수 있다.

④ 축소화(Microdots)는 현미경으로 봐야 알 수 있는 크기로 전달할 메시지를 축소시켜 글자들 가운데 끼워 넣는 방법이다. 때로 우표 밑이나 봉투 이음매 혹은 타이핑한 글자의 구두점 꼭대기 위 등에 비밀 메시지가 삽입되기도 한다.

정답 ①

풀이 ① 스테가노그라피의 한 사례이다. 가장(假裝)은 적에게 들키지 않고 주변 사람들이 자신의 정체를 알아채지 못하도록 국적, 남녀의 성, 신분, 외모 등을 바꾸는 것이다.

400

첩보활동에 대한 설명으로 틀린 것은?

① 메시지와 정보를 숨기는 것을 스테가노그라피라고 한다.

② Brush Pass는 사람이 붐비는 공공장소에서 마주보고 지나치면서 물건을 전달하는 방법이다.

③ 비공직 가장 정보관의 경우 주재국 방첩기관의 미행감시활동이 워낙 빈틈없고 치밀하여 아예 '공개적인' 방식으로 첩보원과 접선하는 것이 오히려 안전할 수도 있다.

④ 첩보요원들 간에 직접 만나지 않고 메시지나 정보를 전달하는 수단으로써 미리 약속한 장소에 비밀 메시지를 놓고 가는 '드보크' 또는 'dead drops(수수소)'는 고전적 방법이다.

정답 ③

풀이 외국 대사관에 근무하는 직원과 외교관들에 대한 주재국 방첩기관의 미행감시활동이 워낙 빈틈없고 치밀하여 주재국 내 첩보원과 접촉이 거의 불가능한 상황에 처해있을 때 정보관이 아예 '공개적인' 방식으로 첩보원과 접선하는 것이 오히려 안전할 수도 있다.

401

첩보활동에서 사용되는 접선 방식에 대한 설명으로 틀린 것은?

① Brush Pass는 첩보원이나 정보관이 사람이 붐비는 공공장소에서 물건을 전달하기 위해 지나치는 방식이다.

② Letter Box는 정보가 담긴 문서나 물건을 공공장소의 화물보관함에 넣어두고 이를 수령하는 방식이다.

③ Dvoke 또는 Dead Drop는 첩보원이나 정보관이 특정 장소에 중요한 문서나 물건을 숨겨 두는 방식이다.

④ 비공직 가장 정보관들에 대한 주재국 방첩기관의 미행감시활동이 치밀하여 주재국 내 첩보원과 접촉이 거의 불가능한 상황에 처해 있을 때 정보관이 아예 '공개적인' 방식으로 첩보원과 접선하는 것이 오히려 안전할 수도 있다.

정답 ④

풀이 ① Brush Pass는 사람이 붐비는 공공장소에서 직접 물건을 전달하는 방식으로, 이 방식은 주로 직접적인 접선이 필요한 경우에 사용된다.

② Letter Box는 공공장소의 화물보관함을 활용해 정보가 담긴 문서나 물건을 전달하는 방식으로, 주로 드보크 또는 Dead Drop 방식의 한 예로 볼 수 있다.

③ Dvoke는 특정 장소에 중요한 문서나 물건을 숨겨두는 방식으로, 이 방식은 드보크 또는 Dead Drop 방식에 해당한다.

④ 특히 주재국의 대사관에서 활동하는 공직 가장 정보관의 경우 주재국 방첩기관은 그가 사람들을 만나고 활동하는 모습을 지속적으로 감시한다. 따라서 정보관은 그가 주재국 방첩기관으로부터 미행감시를 받고 있는지를 알아채고, 첩보원과 접선하기 전에 이를 철저히 따돌려야 한다. 한편 외국 대사관에 근무하는 직원과 외교관들에 대한 주재국 방첩기관의 미행감시활동이 워낙 빈틈없고 치밀하여 주재국 내 첩보원과 접촉이 거의 불가능한 상황에 처해 있을 때 정보관이 아예 '공개적인' 방식으로 첩보원과 접선하는 것이 오히려 안전할 수도 있다.

402

해외에서 활동하는 정보관들이 본부로부터 지원을 받을 수 있는 구실을 마련하는 것으로 옳은 것은?

① 가장(Cover)　　② 변장(disguise)

③ 위장(camouflage)　　④ 침투(penetration)

정답 ①

풀이 ① 해외에서 활동하는 정보관들이 본부로부터 지원을 받을 수 있는 구실을 마련하는 것을 가장이라고 한다. 이에는 공직가장과 비공직가장이 있다.

403

첩보전달 방법으로 틀린 것은? [2023년 기출]

① Brush pass: 사람이 붐비는 공공장소에서 서로 무심코 지나치면서 물건을 건네는 방법이다.

② Dead drop: 특정한 장소에 물건을 보관하여 두면 수령자가 차후에 가져가는 방법이다.

③ Devoke: 사진, 편지글, 기타, 다른 매체에 메시지를 숨겨서 전달하는 방법이다.

④ Letter box: 비밀사서함이나 공공장소의 화물보관함을 활용해 정보가 담긴 문서나 물건을 주고받는 방법이다.

정답 ③

풀이 ③ Steganography에 대한 설명이다. Devoke는 특정 장소에 중요한 문서나 물건을 숨겨두는 방식이다.

404

첩보원의 비밀문서 수발방식에 대한 설명으로 틀린 것은? [2021년 기출]

① Brush Pass: 사람이 붐비는 공공장소에서 마주보고 지나치면서 물건을 전달한다.

② Letter Box: 공공장소의 화물보관함을 활용해 정보가 담긴 문서나 물건을 주고 받는다.

③ Dvoke: 전달하려는 정보를 사진, 그림 등에 메시지를 암호화한 후 숨겨서 전달한다.

④ Dead Drop: 특정 장소에 중요한 서류·물건을 보관해 두면 수령자가 차후에 가져간다.

정답 ③

풀이 ③ Dvoke는 특정 장소에 중요한 문서나 물건을 숨겨두는 방식이며, 전달하려는 정보를 사진 그림 등에 메시지를 암호화한 후 숨겨서 전달하는 것은 Steganography라고 한다.

405

비밀의 수발기술과 관련된 용어로 적절하지 않은 것은? [2015년 기출]

① 데드드랍(dead drop)

② 브러시패스(brush pass)

③ 그레이메일(grey mail)

④ 레터박스(letter box)

정답 ③

풀이 ③ 그레이메일(grey mail)은 적의 스파이혐의나 부정부패에 연루된 정보기관 직원을 방첩당국이 기소하려고 하면 재판과정에서 비밀정보를 누설하겠다고 협박하는 것을 말한다. 대부분의 정보기관이 불법이나 비윤리적 활동을 하기 때문에 그레이메일은 매우 효과적으로 작동한다.

406

비밀연락방법에 대한 설명으로 틀린 것은? [2013년 기출]

① 비밀을 전송하거나 배포하는 과정을 비밀수발이라고 말한다.

② 비밀의 수발과정에서 가장 중요한 것은 보안의 확보이다.

③ 방송 등 공개된 매체를 활용해서는 안 된다.

④ 비밀은 취급인가를 받은 인가자의 직접 접촉에 의하는 것이 원칙이다.

정답 ③

풀이 ③ 과거에도 방송매체, 신문기사 등의 기사가 중요한 메시지를 전달하는 통로로 활용되었다. 최근에는 인터넷 홈페이지의 콘텐츠나 사진 등을 통해 비밀 메시지를 전달하는 디지털 스테가노그라피(Digital Steganography)가 활성화되고 있다.

핵심정리 케임브리지 5인방(The Cambridge Five) 사건

(1) 의의

① 케임브리지 5인방은 제2차 세계대전 때부터 1950년대 중반까지 영국 정보요원이면서 소련을 위해 일한 원초적 이중 스파이 요원들이다. 그들은 독일을 위해 일하는 것처럼 가장하며 소련의 역정보를 독일 나치에 흘리는 역할도 했다. 5인방은 킴 필비(Kim Philby), 맥클린(Donald Duart Maclean), 가이 버기스(Guy Burgess), 앤서니 블런트(Anthony Blunt), 존 카이른크로스(John Cairncross)로 알려져 있다. 그들 외에도 적지 않은 동조자가 더 있었던 것으로 알려졌다. 5인방의 휴민트 활동은 정보역사상 미국과 영국 정보당국을 경악시켰고, KGB가 지휘한 서방세계 인간정보 침투의 대표적인 사건이었다.

② 그 중에서도 킴 필비는 다수의 미국과 영국 비밀 요원들의 명단을 KGB에 넘겨줘 그들이 처형되게 함으로써 미국과 영국의 정보체계에 커다란 타격을 안겨주었다. 케임브리지 5인방은 케임브리지 스파이 링(Cambridge Spy Ring)으로도 알려져 있다. 그들은 모두 영국의 최고 명문인 케임브리지 대학 출신들로서, 1930년대 대학 재학 중에 KGB에 장학생으로 포섭되었다. 그들은 대학을 졸업한 후에 영국 보안부(MI5) 등 정보기구에 진출해 성공적인 진급을 보장받았던 인물들이다.

③ 그들은 제 각각 포섭되어 장기간의 인간정보(HUMINT) 활동 계획에 따라 치밀하게 움직였다. 그들은 케임브리지 대학의 동아리 모임으로, 1820년에 창설된 비밀모임인 '케임브리지 사도(Cambridge Apostles)'의 회원이었다.

(2) 맥클린(Donald Duart Maclean) 사례

① 맥클린은 케임브리지 대학 졸업 후 영국 외교관으로 진출했다. 그 후 외교관 신분으로 영국 비밀정보부(MI6), 그리고 보안부(MI5)의 외교라인에 근무했다. 그는 영국 자유당의 당수였던 도널드 맥클린(Donald Mclean)의 아들로 KGB 요원 월터 크리비츠키(Walter Krivitsky)에게 포섭되었다. 맥클린은 영국 비밀정보부에서 일하면서 미국 트루먼 대통령과 영국 처칠 수상의 비밀 대화를 감청하여 영국과 미국의 전후 독일처리 구상을 KGB에 넘겼다.

② 스탈린은 맥클린의 뛰어난 인간정보 활동으로 서방세계 중심의 전후 구상을 사전에 알아차렸다. 덕분에 스탈린은 제2차 세계대전 중 테헤란 회담(Tehran Conferences), 전후 처리 문제를 위한 얄타 정상회담(Yalta Conference), 포츠담 선언(Potsdam)에서 치밀하게 대비할 수 있었다. 결국 소련은 미국과 영국의 일방적인 전후 구상을 배제시킴으로써 역사의 나침반을 상당 부분 후퇴시켰다.

③ 또한 맥클린은 전후 미국에 의한 서방경제복구 계획인 마셜 플랜(Marshall Plan)도 입수해서 KGB에 넘겨줬다. 마셜 플랜, 즉 유럽부흥계획(European Recovery Program, ERP)은 독일의 전쟁 배상금을 유예하고 미국의 자본주도하에 서방국가의 경제 부흥을 도모하자는 것이었다. 그러나 무역수지가 거의 없었던 소련은 독일에게 받을 전쟁 배상금이 전쟁으로 황폐화된 소련을 복구할 수 있는 유일한 재정이었다. 그래서 소련은 패전국 독일의 직접 배상을 강력히 주장했다. 소련은 결국 독일로부터 5년 동안 제조물자, 자동차, 실물 건축 등 현물로 배상한다는 약속을 받아 내 전후 급격히 경제회복을 할 수 있는 초석을 마련했다.

④ 일련의 국가안보계획의 사전 누출을 의심한 미국 정보당국은 조사에 착수했다. 1949년 연방수사국(FBI) 특별수사관 램피어(Robert Lamphere)는 간첩용의자 색출 임무를 부여받았다. 그는 1944년부터 1946년 사이에 미국 내 영국 대사관 직원들이 KGB에 많은 메시지를 전송한 사실을 발견했다.

⑤ FBI의 수사착수 직후 당시 CIA의 방첩공작 총책임자였던 앤젤톤과 각별한 사이였던 영국 MI6의 킴 필비(Kim Philby)가 CIA와 FBI 그리고 국가안보국(NSA)의 리에종(liaison), 즉 연락 총책임자로 부임했다. 그런데 케임브리지 5인방이었던 킴 필비는 리에종(liaison) 활동으로 미국 정보수사당국의 움직임을 사전에 정확히 꿰뚫고 방첩활동에 대처했다.

⑥ 영국 비밀보안부(MI6)의 고위책임자였던 킴 필비는 KGB를 위해 암약한 이중간첩으로, 그가 연락관에 자원한 것도 KGB의 지령에 따른 것이라고 한다. 한편 맥클린은 FBI의 수사망이 좁혀 오자 자신의 38번째 생일날 프랑스를 통해 러시아로 도주했다. 이 같은 맥클린의 인간정보 활동은 제2차 세계대전 중 소련을 위한 결정적인 내용의 스파이 활동으로 평가된다. 그의 간첩 활약으로 소련은 1948년 성공적으로 베를린 장벽을 완성할 수 있었고, 한국전을 개시할 수 있었다. 그는 활약에 대한 공헌으로 KGB에 의해 소련군 대령으로 추서되었다.

407

'케임브리지 5인방'과 그들의 간첩 활동에 대한 설명으로 틀린 것은?

① 맥클린(Donald Duart Maclean)은 리에종(liaison) 활동으로 미국 정보수사당국의 움직임을 사전에 정확히 꿰뚫고 방첩활동에 대처했다.

② 킴 필비(Kim Philby)는 다수의 미국과 영국 비밀 요원들의 명단을 KGB에 넘겨줘 그들이 처형되게 함으로써 미국과 영국의 정보체계에 커다란 타격을 안겨주었다.

③ 케임브리지 5인방은 모두 영국의 최고 명문인 케임브리지 대학 출신들로서, 1930년대 대학 재학 중에 KGB에 장학생으로 포섭되었다.

④ 제2차 세계대전 때부터 1950년대 중반까지 영국 정보 요원으로 소련을 위해 일한 케임브리지 5인방은 독일을 위해 일하는 것처럼 가장하며 소련의 역정보를 독일 나치에 흘리는 역할도 했다.

정답 ①

풀이 킴 필비(Kim Philby)에 대한 설명이다. 맥클린(Donald Duart Maclean)은 KGB 요원 월터 크리비츠키(Walter Krivitsky)에게 포섭되어 KGB를 위해 일하면서 미국 트루먼 대통령과 영국 처칠 수상의 비밀 대화를 감청하여 영국과 미국의 전후 독일처리 구상을 KGB에 넘겼다.

408

케임브리지 5인방(The Cambridge Five)에 대한 설명으로 틀린 것은?

① 케임브리지 5인방은 킴 필비(Kim Philby), 맥클린(Donald Duart Maclean), 가이 버기스(Guy Burgess), 앤서니 블런트(Anthony Blunt), 존 카이른크로스(John Cairncross)로 구성되어 있으며, 이들은 모두 케임브리지 대학 출신으로 1930년대 대학 재학 중에 KGB에 포섭되었다.

② 맥클린(Donald Duart Maclean)은 KGB 요원 월터 크리비츠기(Walter Krivitsky)에게 포섭되어 영국 비밀정보부(SIS)에서 일하면서 미국 트루먼 대통령과 영국 처칠 수상의 비밀 대화를 감청하여 영국과 미국의 전후 독일처리 구상을 KGB에 넘겼다.

③ 케임브리지 5인방의 활동은 제2차 세계대전 때부터 1950년대 중반까지 영국 정보 요원으로 소련을 위해 일한 소련의 인간정보요원들로 소련의 역정보를 영국에 흘리는 역할도 했다.

④ 1949년 연방수사국(FBI) 특별수사관 램피어(Robert Lamphere)가 조사를 진행한 결과, 1944년부터 1946년 사이에 미국 내 영국 대사관 직원들이 KGB에 많은 메시지를 전송한 사실을 발견했고, 이를 바탕으로 케임브리지 5인방이 사전에 미국 정보수사당국의 움직임을 꿰뚫고 대처하였다.

정답 ③

풀이 ① 케임브리지 5인방은 킴 필비(Kim Philby), 맥클린(Donald Duart Maclean), 가이 버기스(Guy Burgess), 앤서니 블런트(Anthony Blunt), 존 카이른크로스(John Cairncross)로 구성되어 있었으며, 이들은 모두 케임브리지 대학 출신으로 1930년대 대학 재학 중에 KGB에 포섭되었다.

② 맥클린은 미국 국무부에 파견되어 중요한 정보를 소련에 넘겨주었고, 그로 인해 미국의 외교 및 전략에 큰 타격을 주었다.

③ 제2차 세계대전 때부터 1950년대 중반까지 영국 정보 요원으로 소련을 위해 일한 케임브리지 5인방은 독일을 위해 일하는 것처럼 가장하며 소련의 역정보를 독일 나치에 흘리는 역할도 했다.

④ 이 이외에도 존 카이른크로스는 영국 재무부 소속으로 근무하면서 영국의 경제정책을 사전에 스탈린에게 통보했다. 또한 앤서니 블런트는 영국의 왕실 그림 제작자로서 영국 왕실의 동향을 사전에 KGB에 전달했다.

409

케임브리지 5인방(The Cambridge Five)에 대한 설명으로 틀린 것은?

① 케임브리지 5인방은 제2차 세계대전이 종료된 후부터 1950년대 중반까지 각자의 직업을 이용하여 활동하였다.

② 킴 필비는 미국과 영국의 비밀 요원 명단을 KGB에 넘겨줌으로써 미국과 영국의 정보체계에 큰 타격을 주었으며, 그 외에도 많은 정보를 넘겨준 것으로 알려져 있다.

③ 맥클린은 영국 외교관으로 근무하면서 제2차 세계대전 중 영국과 미국의 전후 독일처리 구상, 마셜 플랜 등 중요한 정보를 KGB에 넘겨주었다.

④ 존 카이른크로스는 영국 재무부 소속으로 근무하면서 영국의 경제정책을 스탈린에게 통보했으며, 앤서니 블런트는 영국 왕실의 동향을 KGB에 통보하는 역할을 했다.

정답 ①

풀이 ① 케임브리지 5인방은 1930년대 대학 재학 중에 포섭되어 제2차 세계대전 중에도 활동하였다.
② 킴 필비는 미국과 영국의 비밀 요원 명단을 KGB에 넘겨줌으로써 미국과 영국의 정보체계에 큰 타격을 주었다는 것은 사실이다. 또한, 그는 수많은 기밀 정보를 KGB에 넘겨준 것으로 알려져 있다.
③ 맥클린이 제2차 세계대전 중 영국과 미국의 전후 독일 처리 구상, 마셜 플랜 등 중요한 정보를 KGB에 넘겨준 것 역시 사실이다.
④ 존 카이른크로스는 영국 재무부 소속으로 근무하면서 영국의 경제정책을 스탈린에게 통보했고, 앤서니 블런트는 영국 왕실의 동향을 KGB에 통보하는 역할을 했다는 것도 사실이다.

410

케임브리지 스파이 링(Cambridge Spy Ring)에 대한 설명으로 틀린 것은?

① 케임브리지 5인방(The Cambridge Five) 사건이라고도 한다.
② 케임브리지 5인방은 영국 최고 명문인 케임브리지 대학교 출신들로서, 대학교 재학 중에 이미 KGB에 포섭되어 대학 졸업 후에 영국 보안부(MI5) 등 정보기구에 진출해 성공한 원시적 이중스파이들이다.
③ 결국 영국과 미국의 독일의 암호체계인 에니그마(Enigma)를 해독한 울트라(Ultra) 프로젝트에 의해 적발되었다.
④ 케임브리지 5인방의 HUMINT 활동은 KGB가 지휘한 서방세계 인간정보 침투의 대표적인 사건이다.

정답 ③

풀이 ③ 핵무기 정보를 소련으로 누설한 로젠버그(Rosenberg) 부부 스파이 사건과 케임브리지 5인방 사건을 적발한 기술정보활동은 1940년대와 1950년대 미국과 영국 정보당국이 소련 정보기구의 암호문을 체계적으로 해독한 베노나 프로젝트이다.

411

케임브리지 스파이 링(Cambridge Spy Ring)에 대한 설명으로 틀린 것은?

① 케임브리지 5인방(The Cambridge Five) 사건이라고도 하는데 가장 불투명한 회색인간으로 불리는 킴 필비도 관련되어 있다.
② 영국 케임브리지 대학교 출신들로 대학교 재학 중에 이미 KGB에 포섭되어 대학 졸업 후에 보안부(MI5) 등 정보기구의 진출에 성공한 원초적 이중스파이들이다.
③ KGB가 지휘한 서방세계 인간정보 침투의 대표적인 사건이다.
④ 결국 영국과 미국의 독일의 암호체계인 에니그마(Enigma)를 해독한 울트라(Ultra) 프로젝트에 의해 적발되었다.

정답 ④

풀이 ④ 케임브리지 5인방 사건을 적발한 기술정보활동은 1940년대와 1950년대 미국과 영국 정보당국이 소련 정보기구의 암호문을 체계적으로 해독한 베노나 프로젝트이다.

412

다음 중 케임브리지 스파이링 사건에 대한 설명으로 틀린 것은? [2012년 기출]

① 필비 등 주범들은 1950년대 영국의 방첩당국에 의해 체포되었다.

② 1930년대 영국 케임브리지대학 출신들이 사회주의 사상에 심취해 추종하면서 시작되었다.

③ 관련자들이 졸업 후 영국의 정보기관에 근무하면서 비밀정보를 소련으로 유출했다.

④ 미국의 정보기관에 교환근무하면서 미국 정보기관의 중요정보까지 소련으로 유출되었다.

정답 ①

풀이 ① 주범인 필비는 영국 방첩당국의 집요한 추적을 따돌리고 1963년 검거직전 소련으로 망명했다.

413

동독의 비밀정보기관인 슈타지의 두더지 공작에 의해 서독의 빌리브란트 수상을 사임하게 한 비서의 이름으로 옳은 것은? (2012년 기출)

① 안나 채프먼

② 귄터 기욤

③ 슐라 코헨

④ 마타 하리

정답 ②

풀이 ② 안나 채프먼은 2010년 미국에서 추방된 러시아의 첩보원이다. 슐라 코헨은 이스라엘 모사드의 첩보원으로 중동의 마타 하리로 불린다. 마타 하리는 1차 대전 중 독일의 첩보원으로 프랑스에서 활동했다.

414

자국의 정보기관 요원으로 근무하다가 소련의 정보기관을 위해 간첩활동을 한 사람의 이름으로 옳은 것은? [2011년 기출]

① Aldrich H. Ames
② Harold Kim Philby
③ Guy Burgess
④ Elie Cohen

정답 ①

풀이 ① Kim Philby와 Guy Burgess는 케임브리지 5인방의 일원이다. 케임브리지 5인방은 1930년대 대학 재학 중에 KGB에 장학생으로 포섭되었기 때문에 자국의 정보기관에서 근무하다가 소련 정보기관에 포섭된 경우에 해당하지 않는다. Elie Cohen은 이스라엘 모사드의 첩보요원으로 시리아에서 활동하다가 체포되어 처형당했다.

핵심정리 로젠버그 스파이 사건(Rosenberg spying)

(1) 로젠버그 스파이 사건은 미국 정보역사에서 오랫동안 많은 논란을 가져왔던 소련의 인간정보 사건이다. 1950년 연방수사국 FBI는 미 육군 신호정보부대의 로젠버그(1918~1953)와 그의 부인 에텔(1916~1953)을 간첩혐의로 체포했다. 로젠버그(Julius Rosenberg)와 에텔(Ethel)은 미국의 핵무기 정보자료를 소련에 넘겨줘 소련이 핵무기 개발을 성공하게 한 혐의를 받았다. 1918년 5월 2일 뉴욕 유대계 가정에서 태어난 로젠버그는 1939년 에텔과 결혼했다. 뉴욕 대학에서 전기공학을 전공한 로젠버그는 대학시절부터 젊은 공산주의 연맹(Young Communist League)의 지도자로 활약했다. 그리고 1940년부터 육군 신호정보회사(Army Signal Corps)의 레이더 장비 분야에 근무했다. 뉴욕에서 태어난 부인 에텔도 유대계 출신으로 선박회사 비서로 근무했다. 그때 노사분쟁에 연루되면서 젊은 공산주의 연맹에 가입하고 거기에서 로젠버그를 만났다. 로젠버그 부부는 1942년 노동절에 KGB에 포섭되었다. 그때부터 국가항공자문위 원회에서 획득한 각종 자료와 핵무기에 대한 정보를 KGB에 제공했다.

(2) 제2차 세계대전 중 미국과 소련은 동맹국이었지만 미국은 스탈린의 의도에 대해 상당한 의구심을 가졌다. 미국은 전쟁 중 핵무기 개발계획인 맨해튼 프로젝트(Manhattan Project)에 소련을 배제시키고 영국, 캐나다와 함께 했다. 그러나 KGB는 서방세계에 진출해 있던 다양한 인간정보 활동으로 서구의 핵무기 개발계획을 이미 알고 있었다. 그래서 KGB는 캘리포니아 버클리 대학 등지에서 맨해튼 프로젝트에 침투하려고 수많은 시도를 했다. 그 당시 맨해튼 프로젝트 참가자 중에는 새로운 사상인 공산주의와 세계대전 중 소련의 역할에 대해 감사하는 마음을 가진 젊은이가 적지 않았다. 그들은 간첩활동이라는 개념도 없이 핵개발에 대한 부분적인 정보를 KGB에 알려 주었다.

(3) 미국은 맨해튼 프로젝트에 고도의 보안조치를 했었다. 그러나 소련은 철저한 인간정보(HUMINT) 활동으로 맨해튼 프로젝트에 따라서 1945년 7월 16일 뉴멕시코주 알라모골드(Alamogold) 사막에서 인류최초로 핵실험에 성공한지 채 4년이 되지 않은 1949년 핵무기 개발에 성공했다. 미국은 핵무기를 개발하는 데 지극히 어려운 실험과정을 거쳤기 때문에, 소련의 경우 상당기간 핵무기 개발이 어려울 것이라고 판단했었다. 그런데 소련이 핵무기 개발을 조기에 성공시키자, 미국과 영국의 정보당국은 적지 않게 당황했다. 미국과 영국은 결국 소련의 핵실험 성공은 자체 개발이 아니고 국가정보 유출로 결론짓고 본격적인 수사에 착수했다. 수사결과 소련에게 맨해튼 프로젝트의 핵무기 정보를 넘겨준 사람이 여럿 있었다.

(4) 1950년 미국과 영국의 정보당국은 먼저 독일 출신 난민으로 영국을 대표해 참가한 물리학자 클라우스 푹스(Klaus Fuchs)가 핵심 자료를 소련에 제공한 혐의를 포착했다. 푹스의 자백을 통해 정보당국은 1950년 5월 23일 푹스를 소련에 연결해 준 해리골드(Harry Gold)를 체포했다. 해리 골드는 핵실험 정보를 소련에 전달하는 통로로 활동했다. 맨해튼 프로젝트 실험실 화학자로 일한 해리 골드는 스웨덴에서 태어난 유대계 러시아인으로 사회주의에 심취해 공산주의 활동에 자주 참가했다. 최고급 기밀부서였던 알모스 실험실(Los Alamos laboratory)의 기계기사 데이비드 그린글래스(David Greenglass) 역시 핵실험 정보를 소련에 넘겨준 혐의로 체포되었다. 데이비드가 바로 에텔의 친오빠였다. 에텔은 오빠로부터 남편인 로젠버그를 포섭하라는 요구를 받았고, 남편을 설득하여 성사시켰던 것이다.

(5) 로젠버그 부부는 국가방위와 관련된 정보유출을 금하는 간첩법(Espionage Act) 위반으로 1951년 3월 29일 기소되었다. 같은 해 4월 5일 사형선고를 받고 1953년 6월 19일 전기의자로 사형이 집행되었다. 핵무기를 소련에 안겨준 로젠버그 휴민트 사건은 제2차 세계대전 후 세계를 미국과 소련의 양극체제로 재편시켰고, 인류를 핵 공포의 3차 세계전쟁의 위험에 떨게 한 직접적 계기가 되었다. 인간정보의 성공이 세계의 역사를 운명 지은 결정적 계기로 작동했던 것이다. 당시 재판관 카프만(Kaufman)은 이들 부부의 인간정보 활동행위는 인류에 대한 죄악이라고 선언했다. 국가안보에 대한 간첩행위뿐만 아니라 이후 소련에 의해 야기되고 지원된 한국전쟁에서 수많은 사망자들을 낳았고, 세계에 공포를 불러일으킨 책임이 있다면서 다음과 같이 판시했다.

(6) "피고인들의 범죄는 살인 이상으로 나쁜 범죄이다. 최고의 과학적 업적이었던 핵무기기술 자료를 유출함으로써 피고인들이 저지른 반역의 대가를 치르게 되어, 소련 공산주의가 한국을 침공해 무고한 수백만의 사람들을 죽게 만들었다. 피고인들의 반역(간첩)이 세계 역사가 미국에 불리하도록 작용하게 한 사실을 의심할 여지가 없다. 또한 우리 모두로 하여금 긴장의 연속에서 살게 만들었다."

415

맨해튼 프로젝트(Manhattan Project)의 핵무기 정보자료를 소련에 넘긴 HUMINT 정보활동으로 옳은 것은?

① 케임브리지 5인방(The Cambridge Five) 사건

② 로젠버그 스파이 사건(Rosenberg spying)

③ 카오스 공작활동(Operation Chaos)

④ 노스콤(NORTHCOM) 사건

정답 ②

풀이 ② 맨해튼 프로젝트(Manhattan Project)는 인류 최초의 핵무기 개발계획이다. 케임브리지 5인방 사건은 영국의 이중스파이 사건이다. 카오스 공작활동은 CIA의 민간인 사찰사건 그리고 노스콤(NORTHCOM)은 정보와 법집행 기능을 신속히 융합하기 위해 설립된 정보기관이다.

416

FBI 요원으로 소비에트 공화국과 러시아를 위해 미국 스파이 역사상 최장기간인 21년 동안 이중 스파이 활동을 한 인물이다. 그의 스파이 활동은 미국 정보공동체 역사상 가장 최악의 재앙으로 일컬어지는 인물로 옳은 것은? [2023년 기출]

① 한센(Robert Hanssen)
② 워커(John Anthony Walker, Jr)
③ 에임즈(Aldrich Ames)
④ 폴라드(Jonathan Pollad)

정답 ①

풀이 ① 한센에 대한 설명이다.

417

FBI 요원으로 러시아를 위해 간첩행위를 하다가 체포된 인물의 이름으로 옳은 것은? [2015년 기출]

① 리차드 조르게
② 킴 필비
③ 로버트 한센
④ 알드리치 에임즈

정답 ③

풀이 ③ 로버트 한센(Robert Philp Hansen)은 25년 동안 러시아를 위해 간첩행위를 하다가 2001년 체포됐다. 에임즈(Aldrich Hanzen Ames)는 9년 동안 간첩행위를 하다가 1994년 체포된 CIA직원이며 리차드 조르게(Richard Sorge)는 2차 대전 중 일본에서 활약한 러시아 정보관이다. 킴 필비(Harold A. R. Philby)는 제2차 대전부터 1960년대 초까지 소련을 위해 간첩행위를 한 영국 MI6 직원이다.

Theme 12 기술정보 (Technical Intelligence, TECHINT)

핵심정리 기술정보(Technical Intelligence, TECHINT)

(1) 기술정보(TECHINT)란 사람이 아닌 기술 장비를 활용하여 첩보를 수집하는 활동 또는 그러한 활동을 통해서 생산된 지식을 의미한다.

(2) 기술정보는 영상정보(IMINT), 신호정보(SIGINT), 징후계측정보(MASINT) 등으로 분류된다.

(3) 기술정보 수집에 광학렌즈, 레이더, 감청장비, 음파탐지기, 지진계 등 각종 첨단 장비들이 활용되고 있으며, 이러한 장비를 장착하여 첩보수집활동을 수행하는 기지(platform)로서 인공위성, 항공기, 선박, 잠수함, 지상기지 등이 있다.

418

3대 기술정보(TECHINT)로 적절하지 않은 것은?

① 영상정보(IMINT)
② 공개출처정보(OSINT)
③ 신호정보(SIGINT)
④ 징후계측정보(MASINT)

정답 ②

풀이 ② 오신트(OSINT)는 공개출처정보(Open Source INTelligence)의 철자 약어로, 누구든지 이용할 수 있는 공개된 출처의 자료로부터 유용한 정보를 생산하는 정보수집 기법으로 기술정보수집방법이 아니다.

419

정보수집 활동에 대한 설명으로 틀린 것은?

① TECHINT(기술정보)는 많은 인력과 예산이 필요하다.
② 백두 · 금강 사업은 한국, 야코블레프(Yak－27R)는 러시아, U－2와 블랙버드는 미국의 정찰기이다.
③ 기술정보만으로는 상대세력의 의도를 파악하기 어렵다.
④ TECHINT가 발달함에 따라서 HUMINT의 수요와 중요성이 감소하고 있다.

정답 ④

풀이 ④ 인간정보는 기술정보의 단점들을 보완할 수 있다는 점에서 그 중요성이 강조된다. 인간정보는 신호정보활동처럼 적의 의도나 계획을 파악하는 데 유용하게 활용될 수 있다는 장점이 있다.

420

다음 중 기술정보와 직접적인 관련이 없는 것은?

① 긴급한 정보요구가 있을 때 가장 적합하다.

② 항공정찰은 U－2나 SR－71 등 정찰기가 동원되는 정보수집이다.

③ 핵실험이나 유도무기에 관련된 정보는 징후계측정보에 속한다.

④ 에셜론(ECHELON)은 미국과 영연방 국가들이 운영하는 전자감시 체계이다.

정답 ①

풀이 ① 긴급한 정보요구가 있을 때는 기술정보보다는 인간정보 수집수단이 우선적으로 고려된다.

421

기술정보(TECHINT)에 대한 설명으로 잘못된 것은?

① TECHINT는 기술정보수집 활동(TECHnical INTelligence)의 철자 약어로 과학기술을 이용해 첩보를 수집하는 활동을 말한다.

② 영상정보(IMINT) 수집의 대표적인 수단은 인공위성으로 1957년 10월 4일 소련의 스푸트니크(Sputniks)가 우주에 발사된 이래로 우주에는 수십 개의 정찰위성이 경쟁적으로 발사되었다.

③ 3대 기술정보(TECHINT)는 영상정보(IMINT), 인간정보(HUMINT), 징후계측정보(MASINT)이다.

④ 두 차례의 세계대전을 거치면서 본격적인 기술정보수집 활동이 이루어졌고 특히 제2차 세계대전으로 기술정보가 비약적인 발전을 이루게 되었다.

정답 ③

풀이 ③ 3대 기술정보(TKHINT)는 영상정보(IMINT), 신호정보(SIGINT), 징후계측정보(MASINT)이다.

422

ELINT의 활용으로 적절하지 않은 것은?

① 암호 해독

② 통화량 분석

③ 무선신호발신지 추적

④ 레이더의 성능과 제원 파악

정답 ①

풀이 암호해독은 COMINT의 수집 목표이다.

423

다음 중 전자정보(ELINT)에 대한 설명으로 가장 적절하지 않은 것은? [2024년 기출]

① 적의 군사장비로부터 방출되는 전자파를 추적 · 분석해서 취득하는 정보이다.

② 예셜론 프로젝트는 미국의 대표적인 ELINT이다.

③ EORSAT는 구소련 및 러시아의 대표적 ELINT이다.

④ 통화량 분석을 통해 쌍방 간 교신의 패턴을 분석함으로써 유용한 정보를 생산한다.

정답 ②

풀이 ② 에셜론(Echelon) 시스템은 통신정보 수집수단이다.

424

기술정보의 단점에 대한 설명으로 옳은 것은? [2022년 기출]

① 기술정보는 비용이 많이 든다는 것 외에는 단점이 없다.

② 초기에는 비용이 많이 들고, 개발에 장기간 소요되지만, 새로운 장비를 지속 개발 및 배치할 필요가 없다.

③ 신호정보는 크게 통신, 전자, FISINT, MASINT로 구분된다.

④ 원거리에 대한 정보수집이 가능하지만 위장 및 기만 시 수집이 제한된다.

정답 ④

풀이 ① 상대가 기만책을 쓰거나 보안대책을 강화하게 되면 기술정보활동이 무력화되거나 적의 의도나 계획을 파악하기 어렵다는 단점이 있다.
② 기술정보는 새로운 장비를 지속 개발 및 배치할 필요가 있다.
③ 징후계측정보(MASINT)는 기술정보의 일종이면서 신호정보나 영상정보와 다른 유형의 정보이다.

425

에셜론 체제(Echelon Surveillance System)의 구성원으로 옳은 것은? [2022년 기출]

① 미국, 영국, 호주, 캐나다, 뉴질랜드

② 미국, 호주, 일본, 캐나다, 영국

③ 미국, 영국, 터키, 프랑스, 캐나다

④ 미국, 캐나다, 프랑스, 한국, 영국

정답 ①

풀이 ① NSA는 영국, 캐나다, 호주, 뉴질랜드 등 영연방 국가들과 함께 비밀 감청조직인 '에셜론(ECHELON)'을 결성하여 전 세계의 무선 통신, 위성 통신, 전화, 팩스, 이메일을 감청하고 있다.

426

기술정보 생산을 위한 첩보수집 방법에 대한 설명으로 틀린 것은? [2021년 기출]

① 통신정보는 통신 내용을 감청해 생산하는 정보를 말한다.

② 레이더정보는 레이더 신호를 수집한 정보로 신호정보의 일종에 속한다.

③ 첩보의 탐색은 수집한 첩보의 내용을 분석하는 과정이다.

④ 첩보의 처리는 기술정보를 분석이 가능하도록 1차적으로 가공하는 것을 말한다.

정답 ③

풀이 ③ 첩보의 탐색(exploration)은 특정한 목표를 달성하기 위해 필요한 첩보를 수집하고 분류하는 과정이다.

427

유형이 다른 첩보수집방법은? [2020년 기출]

① 측정정보(MASINT)

② 전자정보(ELINT)

③ 핵정보(NUCINT)

④ 레이더정보(RADINT)

정답 ②

풀이 ② 전자정보(ELINT)는 신호정보이고 측정정보, 핵정보, 레이더정보는 징후계측정보이다.

428

TECHINT의 유형으로 틀린 것은? [2018년 기출]

① OSINT

② MASINT

③ SIGINT

④ IMINT

정답 ①

풀이 ① OSINT는 공개출처정보이다.

429

다음 중 기술정보와 관련이 없는 것은? [2015년 기출]

① 드보크(dwoke)　② U－2, SR－71
③ 코로나(Corona)　④ 에셜론(Echelon)

정답 ①

풀이 ① 드보크(dvoke)는 무인함을 말하며 스파이 등이 무기나 연락방법 등을 숨기는 장소를 말한다. U－2와 SR－71은 고고도 정찰기이고 코로나(Corona)는 미국의 정찰위성을 말한다. 에셜론(Echelon)은 미국, 영국, 캐나다, 오스트레일리아 등이 공동으로 운영하는 전 세계 통신감청망이다.

430

기술정보 수집방법에 대한 설명으로 틀린 것은? [2015년 기출]

① 타국의 무선통신이 국경을 넘어오면 수집안테나를 활용해 수집해 분석한다.
② 영상정보를 수집하기 위해서 고고도 정찰기나 영상위성을 활용한다.
③ 적국이 기만통신이나 위장물 등을 활용할 경우 파악이 어렵다.
④ 정보기관의 네트워크 담당자가 인터넷으로 공개정보를 수집한다.

정답 ④

풀이 ④ 정보기관의 네트워크 담당자의 임무는 내외부의 네트워크가 원활하게 운용되는지 감시하고 정상상태로 유지하는 것이다. 인터넷으로 공개정보를 수집하는 것은 수집관 또는 분석관의 임무이다.

431

시험 중인 무기로부터 전송되는 신호를 통해 수집한 정보로 옳은 것은? [2013년 기출]

① 측정정보(MASINT)　② 통신정보(COMINT)
③ 전자정보(ELINT)　④ 원격측정정보(TELINT)

정답 ④

풀이 ④ 시험 중인 무기로부터 전송되는 신호를 통해 수집한 정보는 원격측정정보(TELINT)이다. 원격측정정보(TELINT)는 외국장비신호정보(Foreign Instrument Signals Intelligence, FISINT)의 일종이다. FISINT는 외국의 각종 장비에서 방출되는 신호를 포착하여 수집하는 정보를 뜻한다.

432

㉠, ㉡에 들어갈 용어를 바르게 짝지은 것은? [2012년 기출]

지상, 선박 등의 수집기지에서 적의 항공기나 지휘부의 통신을 감청하는 것은 [㉠] 정보이고, 미사일의 발사 및 궤적에 관련된 전자신호를 수집하는 것은 [㉡] 정보이다.

	㉠	㉡		㉠	㉡
①	통신	신호	②	통신	영상
③	통신	전자	④	통신	원격측정

정답 ④

풀이 ④ 지휘부의 통신을 감청하는 것은 통신정보이고, 시험 발사된 미사일이나 항공기에서 지상 기지로 보내오는 일련의 신호를 포함하는 것은 원격측정정보이다.

433

다음 중 설명이 틀린 것은? [2012년 기출]

① 신호정보는 통신정보와 전자정보 등으로 구성된다.
② 한국은 육군, 공군, 해군, 해병대 각 군별로 정보기관이 있다.
③ 영상정보(IMINT)는 상대국의 숨겨진 의도를 파악하는 데 한계가 있다.
④ 전자정보는 '통화량분석(traffic analysis)'에 활용되어 유용한 정보가 취득될 수 있도록 지원하는 기능도 수행한다.

정답 ②

풀이 ② 육·해·공·해병대 각 군별로 정보기관이 있는 국가는 미국이다. 한국의 군정보기관은 국방부 직할이나 정보본부 산하로 편제돼 있다.

434

기술정보의 장단점에 대한 설명으로 틀린 것은? [2006년 기출]

① 적대세력에 대한 방대한 자료를 수집할 수 있다.
② 수집대상은 많으나 비용이 적게 든다.
③ 기술정보 수집계획에서 첩보수집에 들어가기까지 많은 시일이 소요된다.
④ 수집한 첩보의 의미해석과 판독이 어렵다.

정답 ②
풀이 ② 기술정보는 인간정보에 비해 훨씬 더 많은 예산과 시간이 소요된다.

435

정보수집활동에 대한 설명으로 틀린 것은? [2006년 기출]

① 인간정보수집 수요가 감소한다.
② 기술정보수집에는 많은 인력과 예산이 필요하다.
③ 기술정보는 인간의 마음을 알아내기 어렵다.
④ 인간정보가 기술정보와 상호보완적으로 시너지를 내는 경우가 많다.

정답 ①
풀이 ① 인간정보는 기술정보의 단점들을 보완할 수 있다는 점에서 그 중요성이 강조된다. 인간정보는 신호정보활동처럼 적의 의도나 계획을 파악하는 데 유용하게 활용될 수 있다는 장점이 있다.

Theme 13 영상정보 (Imagery Intelligence, IMINT)

핵심정리 **영상정보**

1. 장점

① 영상정보는 여러 가지 장점들을 가지고 있으며, 특히 위성을 통한 영상정보는 20세기 첩보사의 혁명적인 사건이라고 칭할 만큼 탁월한 첩보수집 능력을 과시한다.

② 영상정보가 제공하는 자료는 전문가의 도움 없이도 쉽게 이해될 수 있다는 장점이 있다. 일반적으로 신호정보는 전문가의 손을 거쳐 암호를 해독하거나 내용이 정리 · 분석되어야만 이해될 수 있다. 이에 비해 영상정보는 전문가가 아니라도 쉽게 이해할 수 있도록 대상 목표에 대해 흥미롭고도 생생한 장면을 제공해 준다. 정책결정권자에게 천 마디 말보다도 단 한 장의 영상사진이 효과적으로 의미를 전달해 줄 수 있다.

③ 또한 첩보위성은 항공정찰보다 더 광범위한 지역에 걸쳐 보다 많은 대상 목표에 대한 감시 및 관찰이 가능하다. 특히 정찰위성은 고정궤도를 돌고 있기 때문에 관찰범위가 다소 제한되기는 하지만 평시에도 광범위한 지역에 걸쳐 적대국의 수많은 목표들에 대해 지속적으로 관찰할 수 있다는 장점이 있다.

④ 영상정보는 적의 능력에 관한 정보를 획득하는 데 유용할 뿐만 아니라 적의 의도를 파악하는 데도 활용될 수 있다. 배치된 병력의 위치, 이동상황 그리고 그들의 능력을 보여주는 영상사진들은 적의 의도를 추정할 수 있는 중요한 단서를 제공해 줄 수 있다. 예를 들어 전투기가 공군기지 전방으로 이동하게 되는 모습은 적이 곧 공격할 가능성이 있다는 강력한 징후로 인정된다. 이와 반대로 해군 전함이 바다로 진수하는 데 실패하는 모습을 보여주는 영상자료는 앞으로 당분간 적이 공격할 계획이 없다는 것으로 해석된다.

⑤ 또한 적대국 지역 내 새로운 시설을 건설하는 모습, 건물의 형태, 군사물자 지원 등에 관한 영상자료를 통해 적의 의도나 계획을 추정해 볼 수도 있다. 예를 들어 미국 첩보위성은 2006년 10월 9일 북한의 핵실험이 있기 전 몇 주 동안 길주군 평계리 부근에서 대형 케이블이 트럭에서 하역되는 장면을 발견하고 북한의 핵실험이 임박했음을 포착했다.

2. 단점

(1) 적의 의도 파악

① 영상정보는 보이는 것에 대한 정보만을 제공한다. 숨기거나 외형적으로 존재하지 않는 것은 전혀 알려주지 못한다. 물론 영상자료를 통해 어떤 단서를 찾아낼 수는 있지만 그것으로 적의 의도를 정확히 파악할 수는 없다.

② 냉전시대 동안 영상정보는 소련의 ICBM 기지처럼 노출된 물체를 탐색하는 데는 탁월한 효과를 자랑했지만 소련의 미사일 계획처럼 눈으로 볼 수 없는 것에 대해서는 전혀 능력을 발휘하지 못했다.

③ 이처럼 영상정보 능력의 한계로 인해 미국은 1960년대 동안 소련의 미사일 무기체계 증강상황을 과소평가하는 실수를 범하게 되었던 것이다.

④ 오늘날 군사무기가 소형화되어 은닉이 용이해지고 있으며 무기체계의 외형보다는 내부의 기술적 성능향상을 위한 노력이 지속되고 있다. 이러한 상황을 감안해 볼 때 영상정보처럼 가시적인 탐색 방식만으로는 적대국의 군사무기 개발상황을 탐지하는 데 한계가 있다고 본다.

(2) 전후 상황의 변화 동향 파악

① 영상물은 특정한 시간과 장소에서 촬영된 정지된 장면을 보여주기 때문에 전후 상황의 변화 동향을 추적하는 데 미흡하다.

② 전후 상황변화를 추정하기 위해서 분석관들은 과거 촬영된 영상과 대조하여 활동이 언제 시작되었는지를 검증하는 '반증기법(negation search)'이나 컴퓨터를 활용하여 영상물의 변화를 분석하는 '자동변화추적기법(automatic change extraction)'을 활용하기도 한다. 한 개의 정지된 영상으로는 대상 목표의 변화 동향을 추적할 수 없고 여러 번의 촬영이 필요하다.

③ 위성으로 특정 대상지역의 변화 상황에 대해 보다 선명한 영상을 획득하기 위해서는 저궤도 위성을 활용하여 가급적 자주 대상 지역을 지나가야 한다. 그러나 위성은 일정한 궤도를 돌기 때문에 보통 하루에 1회 정도 대상 지역을 지나면서 관찰할 수 있다. 따라서 대상지역을 지속적으로 관찰하려면 여러 개의 위성이 동시에 동원되어야 한다.

(3) 전문 판독관의 해석이 필요한 경우

① 때로 영상물은 그 자체로는 의미를 알 수 없고 전문 판독관의 해석이 필요할 수 있다. 이로 인해 필요한 정보가 적시에 제공되지 못하거나 또는 정책결정권자가 이를 수용하지 않아 정책결정에 반영되지 못할 수도 있다.

② 영상사진은 5개의 S(size－크기, shape－형태, shadow－그림자, shade－명암 and surrounding object－주변 물체)를 기준으로 사람이 판독한다. 오늘날 컴퓨터 프로그램을 활용하여 영상물을 확대하고 목표물을 식별하는 작업이 잘 수행되지만 영상정보 분석에 있어서 인간의 직감이나 판단이 여전히 중요하게 작용한다.

③ 이처럼 전문 판독관의 분석과정을 거쳐야 되기 때문에 영상자료에 대한 최종 분석이 나오기까지 상당한 시간이 소요될 수 있다. 때로 대상 목표에 대한 영상이 너무도 생생하고 깊은 인상을 주기 때문에 정책결정권자가 경험 있는 전문 판독관의 의견을 무시한 채 지나치게 성급하고도 독단적인 정책결정을 내리게 될 위험도 있다.

(4) 상대의 기만책

① 상대의 기만책으로 인해 영상정보 수집활동을 효과적으로 수행하기가 어려우며, 그로 인해 왜곡된 판단을 내리게 될 수 있다. 많은 국가들이 첩보 위성이나 항공정찰의 특성을 잘 알고 있기 때문에 위장이나 은폐 등 기만책을 써서 영상정보 수집활동을 무력화시키려 한다.

② 예를 들어 인도는 미국 정찰 위성이 인도 지역을 통과하면서 감시하는 시간을 정확히 파악하고 이 시간을 피해서 핵실험 준비 작업을 진행했다. 그래서 미국은 최첨단 첩보 위성을 보유하고도 사전에 인도의 핵실험 진행 상황을 전혀 알 수 없었던 것이다.

③ 2006년 10월 9일 북한이 1차 핵실험을 실시한 이후 미국의 첩보 위성은 북한이 추가 핵실험을 실시하려는 여러 가지 징후들을 포착했다. 그러나 그러한 징후들이 실제 핵실험을 하기 위한 행동이라기보다는 첩보 위성에 포착되도록 의도적으로 노출시킨 기만행위로 밝혀졌다.

④ 1998년 북한 금창리 지하 핵시설 의혹도 첩보위성이 찍은 영상자료에 근거하여 제기되었으나 이후 미국 조사팀이 방문해본 결과 핵시설이라는 결정적인 증거를 찾아내지 못했다. 북한은 금창리 지하시설 방문을 허용해 준 대가로 미국으로부터 60만 톤의 식량을 얻어낼 수 있었다.

⑤ 어쨌든 최첨단 첩보 위성이라 할지라도 관찰 및 감시 능력에 한계가 있으며, 상대국은 위성의 감시를 피할 수 있는 방책 또는 기만책을 구사할 수 있다. 그리고 상대국의 기만책을 제대로 파악하지 못하게 될 경우 국가적으로 엄청난 손실이 야기될 것이다.

436

영상정보에 대한 설명으로 틀린 것은?

① 전문가의 도움 없이도 쉽게 이해될 수 있다는 장점이 있다.

② 첩보위성은 항공정찰보다 더 광범위한 지역에 걸쳐 보다 많은 대상 목표에 대한 감시 및 관찰이 가능하다.

③ 영상물은 특정한 시간과 장소에서 촬영된 정지된 장면을 보여주기 때문에 전후 상황의 변화 동향을 추적하는데 미흡하다.

④ 위성으로 특정 대상지역의 변화 상황에 대해 보다 선명한 영상을 획득하기 위해서는 여러 개의 정지위성이 동시에 동원되어야 한다.

정답 ④

풀이 위성으로 특정 대상지역의 변화 상황에 대해 보다 선명한 영상을 획득하기 위해서는 저궤도 위성을 활용하여 가급적 자주 대상 지역을 지나가야 한다. 그러나 위성은 일정한 궤도를 돌기 때문에 보통 하루에 1회 정도 대상 지역을 지나면서 관찰할 수 있다. 따라서 대상지역을 지속적으로 관찰하려면 여러 개의 위성이 동시에 동원되어야 한다.

437

영상정보에 대한 설명으로 틀린 것은?

① 숨기거나 외형적으로 존재하지 않는 것은 알려주지 못한다.

② 영상물은 그 자체로는 의미를 알 수 없고 전문 판독관의 해석이 필요할 수 있다.

③ 적의 능력에 관한 정보를 획득하는 데 유용할 뿐만 아니라 적의 의도를 파악하는 데도 활용될 수 있다.

④ 특정한 시간과 장소에 국한된 움직임을 보여주기 때문에 전후 상황의 변화 동향을 추적하는 데 미흡하다.

정답 ④

풀이 원칙적으로 영상물은 특정한 시간과 장소에서 촬영된 정지된 장면을 보여준다.

438

영상정보에 대한 설명으로 틀린 것은?

① 정찰위성은 고정궤도를 돌고 있기 때문에 항공정찰보다 관찰범위가 다소 제한적이다.

② 영상정보는 적의 능력에 관한 정보를 획득하는 데 유용할 뿐만 아니라 적의 의도를 파악하는 데도 활용될 수 있다.

③ 영상물은 특정한 시간과 장소에서 촬영된 정지된 장면을 보여주기 때문에 전후 상황의 변화 동향을 추적하는데 미흡하다.

④ 영상사진은 5개의 S(size－크기, shape－형태, shadow－그림자, shade－명암 and surrounding object －주변 물체)를 기준으로 사람이 판독한다.

정답 ①

풀이 첩보위성은 항공정찰보다 더 광범위한 지역에 걸쳐 보다 많은 대상 목표에 대한 감시 및 관찰이 가능하다. 특히 정찰위성은 고정궤도를 돌고 있기 때문에 관찰범위가 다소 제한되기는 하지만 평시에도 광범위한 지역에 걸쳐 적대국의 수많은 목표들에 대해 지속적으로 관찰할 수 있다는 장점이 있다.

439

영상정보의 장점에 대해 틀린 것은?

① 영상정보는 대상 목표에 대한 직관적인 이해를 가능하게 해주며, 신호정보와 비교했을 때 전문가의 분석이 덜 필요하다.

② 항공정찰은 고정궤도를 돌고 있는 정찰위성에 비해 보다 더 넓은 지역에 걸친 목표들에 대한 지속적인 관찰을 가능하게 한다.

③ 영상정보는 적의 능력에 관한 정보를 획득하는 데 유용할 뿐만 아니라 적의 의도를 파악하는 데도 활용될 수 있다.

④ 적대국 지역 내 새로운 시설을 건설하는 모습, 건물의 형태, 군사물자 지원 등에 관한 영상자료를 통해 적의 의도나 계획을 추정해 볼 수도 있다.

정답 ②

풀이 ① 영상정보는 신호정보와 비교했을 때, 복잡한 암호 해독 과정이 필요 없이 직관적으로 대상 목표를 이해할 수 있다는 장점이 있다.

② 첩보위성은 항공정찰보다 더 광범위한 지역에 걸쳐 보다 많은 대상 목표에 대한 감시 및 관찰이 가능하다. 특히 정찰위성은 고정궤도를 돌고 있기 때문에 관찰범위가 다소 제한되기는 하지만 평시에도 광범위한 지역에 걸쳐 적대국의 수많은 목표들에 대해 지속적으로 관찰할 수 있다는 장점이 있다.

③ 영상정보는 적의 배치된 병력의 위치, 이동상황 등을 파악하며, 이를 통해 적의 의도를 추정하는 데에 활용된다.

④ 적대국 지역 내 새로운 시설을 건설하는 모습, 건물의 형태, 군사물자 지원 등에 관한 영상자료를 통해 적의 의도나 계획을 추정해 볼 수도 있다. 예를 들어 미국 첩보위성은 2006년 10월 9일 북한의 핵실험이 있기 전 몇 주 동안 길주군 평계리 부근에서 대형 케이블이 트럭에서 하역되는 장면을 발견하고 북한의 핵실험이 임박했음을 포착했다.

440

영상정보의 단점에 관한 내용으로 틀린 것은?

① 영상정보는 가시적인 탐색 방식만을 제공하므로, 적의 의도나 은닉된 정보를 완벽하게 파악하기 어렵다.

② 영상정보는 특정한 시간과 장소에서 촬영된 정지된 장면을 보여주므로 목표들을 지속적으로 관찰하는 데 한계가 있다.

③ 영상정보는 전문 판독관의 해석이 필요하며, 이로 인해 시간이 소요되거나 정책결정권자의 빠른 의사결정에 제한이 있다.

④ 영상정보는 상대국의 기만책에 쉽게 노출되어 왜곡된 판단을 내릴 수 있다.

정답 ②

풀이 ① 영상정보는 가시적인 탐색 방식만을 제공하므로, 적의 의도나 은닉된 정보를 완벽하게 파악하기 어려운 것은 사실이다.

② 영상정보는 특정한 시간과 장소에서 촬영된 정지된 장면을 보여주므로 전후 상황의 변화 동향을 추적하는데 제한적인 것도 사실이다. 하지만 정찰위성은 고정궤도를 돌고 있기 때문에 적대국의 수많은 목표들에 대해 지속적으로 관찰할 수 있다는 장점이 있다.

③ 영상정보는 전문 판독관의 해석이 필요하며, 이로 인해 시간이 소요되거나 정책결정권자의 빠른 의사결정에 제한이 있는 것도 사실이다.

④ 영상정보는 상대국의 기만책에 쉽게 노출되어 왜곡된 판단을 내릴 수 있다.

441

영상정찰 장비의 발전에 대한 설명으로 틀린 것은?

① 초기의 장비로는 광학렌즈 카메라가 주로 사용되었으나, 이후에는 적외선 정찰 장비, 레이더 영상 장비 등이 개발되어 융통성 있고 신뢰성 있는 정찰 임무 수행이 가능하게 되었다.

② 최근에는 광학, 전자광학, 적외선, 합성개구레이더 등 다중센서를 복합적으로 운용하여 상호 취약점을 보완하고, 광역/정밀감시 및 주야간 전천후 감시능력을 동시에 갖추는 추세로 발전하고 있다.

③ 영상정찰 장비의 해상도는 과거 미터 급에서 현재 센티미터 급에 이를 만큼 획기적으로 향상되었고, 디지털 영상처리 방식을 도입하여 실시간 영상전송체계까지 구비하는 추세이다.

④ 초분광영상은 동일한 장면의 여러 파장 대역의 단색 영상을 모아 놓은 것으로 각기 다른 파장에 민감한 센서로 촬영하여 인간의 눈이 포획하지 못하는 추가 정보를 추출한다.

정답 ④

풀이 ① 영상정찰 장비의 초기에는 주로 광학렌즈 카메라가 사용되었고, 이후에는 다양한 센서들이 개발되어 왔다. 그러나 각 센서들은 각기 성능의 한계가 있어서 한 가지 센서만으로는 완벽한 정보획득이 제한된다는 점이 맞다.

② 최근에는 다양한 센서를 복합적으로 사용하여 상호 취약점을 보완하고 광역/정밀감시 및 주야간 전천후 감시능력을 동시에 갖추는 추세로 발전하고 있다.

③ 영상정찰 장비의 해상도는 과거 미터 급에서 현재 센티미터 급까지 획기적으로 향상되었다. 또한 디지털 영상처리 방식을 도입하여 실시간 영상전송체계까지 구비하는 추세이다.

④ 다분광영상에 대한 설명이다. 초분광영상은 입사되는 빛을 분광시켜 영상의 각 화소에 해당하는 지표물의 연속적이고 좁은 파장역으로 수십에서 수백 개의 분광 정보를 취득하므로 물질마다 존재하는 고유의 광학적 성질 및 물질의 흡수와 반사 특징을 분석할 수 있다.

442

영상정보에 대한 설명으로 틀린 것은?

① 영상자료를 통해 어떤 단서를 찾아낼 수는 있지만 그것으로 적의 의도를 정확히 파악할 수는 없다.

② 영상물은 특정한 시간과 장소에서 촬영된 정지된 장면을 보여주기 때문에 전후 상황의 변화 동향을 추적하는 데 미흡하다.

③ 상대의 기만책으로 인해 영상정보 수집활동을 효과적으로 수행하기가 어려우며, 그로 인해 왜곡된 판단을 내리게 될 수 있다.

④ 영상사진은 5개의 S(size, shape, sharp, shade, surrounding object)를 기준으로 사람이 판독한다.

정답 ④

풀이 ④ 영상사진은 5개의 S(size－크기, shape－형태, shadow－그림자, shade－명암 and surrounding object－주변 물체)를 기준으로 사람이 판독한다.

443

영상정보에 관한 설명으로 틀린 것은? [2023년 기출]

① 영상정보를 획득하기 위한 수집수단으로서 주로 정찰위성과 항공기가 활용되고 있다.

② 영상정보는 적 시설, 장비의 위치, 적 지형의 특징, 적의 활동사항 등에 대하여 정확한 정보를 제공한다.

③ 영상정보는 밤이나 궂은 날씨에는 관측이 불가능하다.

④ 본격적인 영상정보 수집활동은 20세기에 들어서서 시작되었다.

정답 ③

풀이 ③ 초기의 항공정찰 장비는 주로 광학렌즈 카메라가 사용되었으나, 이후 적외선 정찰 장비, 레이더 영상장비 등이 개발됨에 따라 보다 융통성 있고 신뢰성 있는 정찰 임무 수행이 가능하게 되었다. 최근에는 광학(Optics), 전자광학(EO), 적외선(IR), 합성개구레이더(Synthetic Aperture Radar, SAR) 등 다중센서를 복합적으로 운용함으로써 상호 취약점을 보완하고 있고, 광역/정밀감시 및 주 · 야간 전천후 감시능력을 동시에 갖추는 추세로 발전하고 있다.

444

영상정보에 대한 설명으로 틀린 것은? [2021년 기출]

① 영상정보 수집수단으로는 정찰위성 외에 글로벌호크와 프레데터 등 무인정찰기를 들 수 있다.
② 영상정보로 전환할 수 있는 Source에는 사진, 적외선, 레이더, 광학영상 등이 있다.
③ 영상과 같은 자료의 첩보내용은 누구나 쉽게 판독할 수 있다.
④ 영상정보는 순간을 포착하는 정보이므로 전후 관계 파악에 어려움이 있다.

정답 ③

풀이 ③ 모든 영상정보가 분석 없이 판독이 가능한 것은 아니다. 레이더 영상의 경우에는 분석 작업이 필요하다.

445

다음 중 영상정보에 대한 설명으로 틀린 것은? [2013년 기출]

① 화질이 낮을 경우 판독이 어렵다.
② 기만공작에 매우 취약하다.
③ 촬영 전후의 상황파악이 어렵다.
④ 해석 시 고도의 기술이 필요하다.

정답 ④

풀이 ④ 영상정보의 경우 사진의 형태로 제공되기 때문에 전문지식을 가지고 있지 않은 사람도 쉽게 판단할 수 있다는 장점이 있다. 물론 해상도가 떨어지거나 물체가 작을 경우 판별이 어렵지만 신호정보로 입수한 암호나 기타 신호를 해석하는 것에 비해 상대적으로 고도의 기술이 필요한 것은 아니다.

446

영상정보의 특징에 대한 설명으로 틀린 것은? [2008년 기출]

① 영상정보가 제공하는 자료는 전문가의 도움 없이도 쉽게 이해될 수 있다.
② 영상의 화질이 떨어지는 경우 해독에 어려움이 많다.
③ 수집을 회피하기 위한 위장, 모조품을 사용할 경우 판독이 매우 어렵다.
④ 특정 사물이나 지역에 대한 연속적인 영상의 확보로 상황파악이 용이하다.

정답 ④

풀이 ④ 영상물은 특정한 시간과 장소에서 촬영된 정지된 장면을 보여주기 때문에 전후 상황의 변화 동향을 추적하는 데 미흡하다.

핵심정리 항공정찰 장비의 발전

(1) 초기의 항공정찰 장비는 주로 광학렌즈 카메라가 사용되었으나, 이후 적외선 정찰 장비, 레이더 영상 장비 등이 개발됨에 따라 보다 융통성 있고 신뢰성 있는 정찰 임무 수행이 가능하게 되었다. 그러나 센서들마다 각기 성능의 한계가 있어 한 가지 센서로는 완벽한 정보획득이 제한된다.
(2) 따라서 최근에는 광학(Optics), 전자광학(EO), 적외선(IR), 합성개구레이더(Synthetic Aperture Radar, SAR) 등 다중센서를 복합적으로 운용함으로써 상호 취약점을 보완하고 있고, 광역/정밀감시 및 주·야간 전천후 감시능력을 동시에 갖추는 추세로 발전하고 있다.
(3) 해상도는 과거 미터 급에서 현재 센티미터 급에 이를 만큼 획기적으로 향상되었으며, 컴퓨터 기술을 이용한 디지털 영상처리 방식을 도입하여 실시간 영상전송체계까지 구비하는 추세이다. 향후 전자광학 및 영상 판독 능력의 지속적인 향상과 소프트웨어 개발 등으로 무인항공기를 활용한 영상정찰 임무가 점차 확대될 것으로 예상된다.

447

영상정보(IMINT)를 생산하기 위해 사용하는 영상으로 틀린 것은? [2009년 기출]

① 다분광영상
② 초분광영상
③ 광학위성영상
④ 저분광영상

정답 ④

풀이 ④ 광학위성을 통해 수집하는 영상이 다분광영상과 초분광영상이다. 다분광영상은 동일한 장면의 여러 파장 대역의 단색 영상을 모아 놓은 것으로, 서로 다른 센서로 찍은 것으로 각기 다른 파장에 민감한 센서로 촬영된다. 이러한 스펙트럼 영상화는 인간의 눈이 적색, 녹색 및 청색에 대한 수용체로 포획하지 못하는 추가 정보를 추출한다. 이에 반해 초분광영상은 입사되는 빛을 분광시켜 영상의 각 화소에 해당하는 지표물의 연속적이고 좁은 파장역으로 수십에서 수백 개의 분광 정보를 취득하므로 물질마다 존재하는 고유의 광학적 성질 및 물질의 흡수와 반사 특징을 분석할 수 있다.

핵심정리 위성 정찰

(1) 1957년 10월 4일 카자흐스탄의 사막에서 최초의 인공위성 '스푸트니크(Sputnik) 1호'가 발사됐다. 농구공 크기에 무게가 83kg 정도인 이 위성은 이듬해인 1958년 1월 4일까지 3개월 동안 지구 위 9백km 상공에서 타원궤도를 돌면서 96분마다 일정한 신호음을 지구로 보냈다.
(2) 구소련의 스푸트니크 발사 소식에 '과학기술 최강국'임을 자부했던 미국의 위신이 돌연 추락했다. 또한 위성을 쏘아 올릴 수 있는 기술력이라면 핵폭탄을 실은 대륙간 탄도미사일도 발사할 수 있다는 예상과 함께 구소련의 미사일 개발 수준이 미국을 훨씬 앞질렀다는 주장이 제기되면서 미국 내 '미사일 갭(missile gap)' 논쟁이 시작되었다.
(3) 사실 스푸트니크 발사 당시 미국도 위성 발사를 추진하고 있었다. 1955년 9월 미 해군 연구소에서 태양활동과 지구에 대한 관측을 실시하고 지구표면 지도를 작성하기 위한 '뱅가드(Vanguard) 프로젝트'가 추진되어 위성개발을 시작했다. 그런데 소련의 스푸트니크 발사에 자극받아 계획을 앞당겨 1957년 12월 6일 첫 위성 발사를 시도했으나 실패하고 말았다.

448

영상정보(IMINT)에 대한 설명으로 틀린 것은? [2021년 기출]

① 사람, 항공기, 위성 등을 통해 수집한 영상을 통해 정보를 생산한다.
② 영상의 해상도가 떨어질 경우에는 해석에 어려움을 겪기도 한다.
③ 1960년대부터 미국과 소련은 정찰위성을 개발하기 위해 치열하게 경쟁하였다.
④ 1957년 발사된 소련의 스푸트니크(Sputnik)가 세계 최초의 정찰위성이다.

정답 ④
풀이 ④ 스푸트니크(Sputnik)는 세계 최초의 인공위성이지만 정찰위성은 아니다.

449

다음 중 세계 최초의 정찰위성은? [2009년 기출]

① Sputnik ② Gambit
③ Corona ④ Zenit

정답 ③
풀이 ③ Sputnik는 세계 최초의 인공위성이고, Gambit는 2세대 미국의 정찰위성, Zenit는 2세대 소련의 정찰위성이다.

핵심정리 **미국의 위성**

(1) 의의

① 미국은 독일 출신의 저명한 로켓 과학자인 폰 브라운을 중심으로 '익스플로러(Explorer) 프로젝트'를 결성해 1958년 1월 31일 마침내 '익스플로러 1호' 위성 발사에 성공했다. 같은 해 미국은 '미항공우주국(NASA)'을 설립하고 인간의 우주탐사를 첫 번째 과업으로 추진하게 되었다. 이후 미국과 구소련 간의 우주 개발 경쟁이 본격화되었다.

② 미국의 영상정찰위성은 코로나/디스커버러(KH-1～KH-4) 시리즈로 시작됐다. 이후 지역조사(area survey)를 목적으로 하는 KH-9과 정밀관측(close look)을 목적으로 하는 KH-11로 발전했으며, 현재는 정밀성과 운용수명이 더욱 향상된 KH-12가 활용되고 있다.

(2) 코로나/디스커버러(KH-1)

① 1958년 2월 아이젠하워 대통령은 CIA에 필름회수용 정찰위성 시스템을 개발하도록 지시했다. 그리고 1960년 5월 1일 중앙정보국의 U-2기가 구소련에 의해 격추되자, 미국은 구소련의 전략무기시스템과 군사기지를 감시할 필요성이 더욱 증가했다.

② 그래서 그해 8월 31일 CIA 주도로 최초의 정찰위성인 코로나/디스커버러(KH-1)를 발사했다. 이것은 U-2기를 사용했을 때보다 훨씬 더 많은 영상데이터를 제공했다. 코로나/디스커버러는 길이 1천82m의 필름(무게 9.1kg)을 탑재했으며, 427만km를 15m 해상도로 정찰했다. 코로나/디스커버러는 1962년 초 30회 발사를 마지막으로 사라졌다.

(3) 위성 기술의 발전

① 그 뒤를 이은 코로나(KH-4)는 1972년까지 활약하면서 주로 구소련의 대륙간탄도탄기지에 대한 영상을 확보했다.

② '빅버드(Big Bird)'라는 별명으로 유명한 KH-9는 미 공군의 주 정찰위성으로서 지역조사와 특정지역을 정밀 관측하는 데 활용되었으며, 1971년부터 1986년까지 운용되었다. 이 위성은 태양궤도를 돌면서 새로운 미사일 기지의 건설 여부, 장착된 미사일의 숫자와 형태 등에 관한 변화를 살폈다.

③ '캔난(Kennan)' 또는 크리스털(Crystal)이라는 암호명으로 불리는 KH-11부터는 반도체 소자로 널리 알려진 CCD를 이용한 전자광학 카메라가 동원돼 더 이상 필름을 회수할 필요가 없어졌다.

④ KH-12는 암호명 '아이콘(Ikon)' 또는 KH-11보다 성능이 개선되었다는 의미로 '개량된 크리스털(Improved Crystal)'이라고 불리는데 1989년 8월 1호기가 발사되어 현재도 운용되고 있는 세계 최고 성능의 정찰위성이다. KH-12는 KH-11보다 수명이 길고 궤도변환 능력이 우수해 분쟁이 발생할 경우 즉각 그 지역 상공의 궤도로 이동해 정찰활동을 수행할 수 있다.

(4) 래크로스(Lacrosse)

① 과거의 첩보위성들은 악천후 때나 밤에는 영상촬영을 하지 못했다. 그러나 이 문제는 1988년 미국이 발사한 레이더 영상위성인 '래크로스(Lacrosse)'로 해결됐다.

② 래크로스는 일정 지역에 전파를 쏘아 그 반사파를 읽어내는 합성개구레이더(SAR)를 사용해 구름이나 어둠 속에서도 영상을 얻을 수 있다고 한다.

③ 이 위성은 러시아의 군사 시설 및 동향을 1m의 고해상도 영상으로 기후상태나 밤낮의 구분 없이 관측할 수 있다.

(5) 극소형 위성

또한 미국에서는 길이 50cm에 직경 41인치의 극소형 위성(microsatellites) 개발을 계획하고 있다. 극소형 위성은 일반 위성보다 수명이 길고 가벼운 만큼 변경된 목표를 감시하기 위해 각도를 변경하기가 쉽도록 설계될 것으로 알려졌다.

핵심정리 러시아의 위성

(1) 의의

① 러시아는 구소련 당시인 1957년 세계 최초의 인공위성인 '스푸트니크 1호'를 발사하여 우주시대를 열었다.

② 1996년 말까지 러시아는 영상정찰위성을 무려 8백 4회(34회 실패)나 발사했다. 1~3세대를 유지해 온 러시아의 제니트(Zenit) 정찰위성은 1962년 4월 코스모스 4호로부터 시작됐다.

③ 4세대 정밀탐사위성인 얀타르(Yantar) 위성은 1974년 12월에 처음 발사됐으며, 주기적으로 두 개의 필름 캡슐을 보내왔는데 당시 수명은 6~8주에 불과했다. '코메타(Kometa)'라고 불리는 또 다른 4세대 위성은 1981년 2월부터 발사되기 시작했으며, 주로 지도제작 임무를 수행했다.

④ 5세대 위성에 대한 공식적인 이름은 아직 알려지지 않았다. 1995년 파리 에어쇼에서 디지털 영상시스템을 탑재한 모델이 선보인 후 1995년 9월에 발사해 1년 동안 사용됐지만 1997년 중반까지 더 이상 발사되지 않았다.

⑤ 이 밖에도 6~7세대 위성과 세계 전역의 해군시설 등을 탐지하는 원자력 '로사트(RORSAT)' 프로그램이 있다.

(2) 영상사진을 취득하는 방법

① 러시아는 지금까지 영상사진을 취득하는 방법으로 필름 방식과 디지털 방식을 동시에 운용하고 있다.

② 즉 위성이 촬영한 필름 캡슐을 특정지역 지상까지 낙하시켜 필름을 회수한다. 회수한 영상은 다시 디지털화 과정을 거쳐 디지털 영상으로 만들어진다. 현재 운용중인 러시아 위성의 해상도는 최대 20cm로 알려져 있다.

③ 러시아가 이런 방식을 고수하는 것은 기술적인 한계도 있지만 해상도 면에서 디지털 방식보다 우수하며 생산가격도 상대적으로 저렴하기 때문이다.

④ 물론 필름 방식은 필름이 회수된 다음에 비로소 상황을 파악할 수 있어 실시간 확인이 불가능하다는 단점이 있다. 이를 보완하기 위해 디지털 방식으로 영상을 송신하는 아락스(Araks) 위성을 운용하고 있으나 해상도는 2~5m급으로 높지 않은 편이다.

450

미국의 정찰위성에 대한 설명으로 틀린 것은?

① 1960년 CIA 주도로 최초의 정찰위성인 코로나/디스커버러(KH-1)를 발사했다.

② KH-11부터는 반도체 소자로 널리 알려진 CCD를 이용한 전자광학 카메라가 동원돼 더 이상 필름을 회수할 필요가 없어졌다.

③ KH-12는 KH-11보다 수명이 길고 궤도변환 능력이 우수해 분쟁이 발생할 경우 즉각 그 지역 상공의 궤도로 이동해 정찰활동을 수행할 수 있다.

④ 래크로스는 일정 지역에 전파를 쏘아 그 반사파를 읽어내는 적외선 카메라를 장착하여 야간에도 지상의 열을 측정할 수 있는 적외선 관측까지 가능한 것으로 알려져 있다.

정답 ④

풀이 과거의 첩보위성들은 악천후 때나 밤에는 영상촬영을 하지 못했다. 그러나 이 문제는 1988년 미국이 발사한 레이더 영상위성인 '래크로스(Lacrosse)'로 해결됐다. 래크로스는 일정 지역에 전파를 쏘아 그 반사파를 읽어내는 합성개구레이더(SAR)를 사용해 구름이나 어둠 속에서도 영상을 얻을 수 있다고 한다. 이 위성은 러시아의 군사 시설 및 동향을 1m의 고해상도 영상으로 기후상태나 밤낮의 구분 없이 관측할 수 있다.

451

미국의 정찰 위성에 대한 설명으로 틀린 것은?

① 미국은 첫 번째 통신정보 위성 시리즈를 1960년과 1961년 두 기의 그랩(GRAB) 위성을 발사함으로써 시작하였다.

② 그랩 위성은 솔래드(SOLRAD)라는 태양을 관측하는 장비를 탑재한 과학 실험 위성으로 알려졌지만, 실제로는 공개되지 않은 탑재체를 함께 탑재하여 구소련의 대공 레이더의 위치를 탐지하는 목적도 있었다.

③ 그랩 위성의 임무는 팝피(POPPY) 위성으로 인계되어 1971년까지 발사되었고, 미국 공군은 일명 페렛(Ferret)이라고 불리는 사모스-에프(Samos-F)를 1962년부터 1971년까지 발사하였다.

④ 미국 해군은 화이트 클라우드(White Cloud) 또는 파르케(Parcae) 라고 불리는 해양감시시스템(NOSS, Naval Ocean Surveillance System)의 위성을 1972년부터 2011년까지 발사한 바 있다.

정답 ①

풀이 최초의 통신정보(COMINT) 수집용 위성은 1968년 8월 발사된 캐년(CANYON)이다. 그랩(GRAB)과 팝피(POPPY)는 전자정보(ELINT) 위성이다.

452

러시아의 위성에 대한 설명으로 틀린 것은?

① 제니트(Zenit)는 1~3세대를 유지했다.

② 코메타(Kometa)는 주로 지도제작 임무를 수행했다.

③ 얀타르(Yantar)는 정밀탐사위성으로 4세대에 속한다.

④ 러시아 최초의 신호정보 위성은 1967년에 쏘아 올린 코스모스(Cosmos) 189호 통신정보 위성이다.

정답 ④

풀이 러시아 최초의 신호정보 위성은 구소련 당시인 1967년에 쏘아 올린 코스모스(Cosmos) 189호 전자정보 위성이다. 러시아는 GRU에서 전자정보 위성을 운용하고 있는데 통신 정보 위성의 존재 여부와 운용 주체는 확실하게 알려져 있지 않다.

453

러시아의 위성에 대한 설명으로 틀린 것은?

① 1957년 세계 최초의 인공위성인 '스푸트니크 1호'를 발사하여 우주시대를 열었다.

② 1~3세대를 유지해 온 러시아의 제니트(Zenit) 정찰위성은 1962년 4월 코스모스 3호로부터 시작됐다.

③ 4세대 정밀탐사위성인 얀타르(Yantar) 위성은 1974년 12월에 처음 발사됐으며, 주기적으로 두 개의 필름 캡슐을 보내왔는데 당시 수명은 6~8주에 불과했다

④ 코메타(Kometa)라고 불리는 또 다른 4세대 위성은 1981년 2월부터 발사되기 시작했으며, 주로 지도 제작 임무를 수행했다.

정답 ②

풀이 제니트(Zenit) 정찰위성은 1962년 4월 코스모스 4호로부터 시작됐다.

454

러시아의 인공위성에 대한 설명으로 틀린 것은?

① 러시아는 구소련 당시인 1957년 세계 최초의 인공위성인 '스푸트니크 1호'를 발사하여 우주시대를 열었다.

② 1~3세대를 유지해온 러시아의 제니트(Zenit) 정찰위성은 1962년 4월 코스모스 3호로부터 시작됐다.

③ 4세대 정밀탐사위성인 얀타르(Yantar) 위성은 1974년 처음 발사됐다.

④ 러시아는 필름 방식의 단점을 보완하기 위해 디지털 방식으로 영상을 송신하는 아락스(Araks) 위성을 운용하고 있다.

정답 ②

풀이 1~3세대를 유지해온 러시아의 제니트(Zenit) 정찰위성은 1962년 4월 코스모스 4호로부터 시작됐다.

455

1957년 구소련에서 세계 최초로 발사하여 이후 미국과 구소련 간에 위성개발 경쟁을 촉발시킨 인공위성으로 옳은 것은? [2023년 기출]

① 스푸트니크　　② 제니트

③ 얀타르　　④ 아락스

정답 ①

풀이 ① 스푸트니크에 대한 설명이다.

456

미국의 첩보수집 항공기와 위성에 포함되지 않는 것은? [2019년 기출]

① U－2
② SR－71
③ Zenit
④ Big Bird

정답 ③

풀이 ③ Zenit은 소련의 첩보위성이다.

핵심정리 한국의 위성

(1) 의의

한국은 1999년 아리랑 1호에 이어 2006년 7월 28일 두 번째 다목적실용위성(KOMPSATI)인 아리랑 2호를 성공적으로 발사했다.

(2) 아리랑 2호

① 아리랑 2호의 성공으로 한국은 미국, 러시아, 프랑스, 독일, 이스라엘, 일본에 이어 세계 7번째 1m급 해상도 관측 위성 보유국이 되었다.

② 아리랑 2호는 685km 상공에서 하루에 지구를 14바퀴 반씩 돌며 1회전마다 20분간 사진을 찍어 지구로 전송하는데 한반도 상공은 평균 세 차례가량 통과한다.

③ 아리랑 2호는 레이더 위성이 없고 광학카메라만 장착하고 있기 때문에 밤 시간대 또는 구름이 끼어 있으면 촬영이 불가능하다는 약점을 안고 있다.

(3) 아리랑 3호

아리랑 3호는 해상도 70cm의 관측위성으로서 아리랑 2호(1m급)보다 2배 정밀 관측이 가능하다.

(4) 아리랑 5호

① 한국은 2012년 5월 18일 아리랑 3호에 이어 2013년 8월 22일 아리랑 5호 발사에 성공했다.

② 아리랑 5호는 국산 위성 가운데 처음으로 밤이나 궂은 날씨에도 1m급 물체를 구분할 수 있는 합성영상레이더(SAR)가 장착되어 있다.

③ 기존 아리랑 3호는 광학위성으로서 낮에만 지상을 관측할 수 있지만 아리랑 5호는 밤이나 구름이 낀 날에도 지상을 선명하게 볼 수 있다.

④ 아리랑 5호 발사 성공으로 2013년 8월 현재 우리나라가 운용중인 위성은 모두 7기로 늘었다.

(5) 아리랑 3A호

2014년에 발사되는 아리랑 3A호는 다목적 실용위성으로서 적외선 카메라를 장착하여 야간에 도 지상의 열을 측정할 수 있는 적외선 관측까지 가능한 것으로 알려져 있다.

(6) 위성 발사 계획 등

① 한국은 조만간 인공위성 자력발사 체제를 갖추어 2015년까지 과학위성 5회, 다목적 실용위성 4회, 예비발사 26회 등 모두 35회에 걸쳐 위성을 발사할 계획이다.

② 한국은 2005년 7월 국내와 미국 · 중동 일부 지역 촬영 영상은 한국항공우주산업과, 나머지 국외 지역 촬영 영상은 프랑스의 스팟 이미지와 판매대행 계약을 맺었다.

③ 2006년 현재 1m급 해상도로 가로 · 세로 15km 지역을 찍은 위성영상의 국제가격은 한 장에 약 1만 달러에 이른다. 이에 따라 항공우주연구소는 아리랑 2호가 설계 수명인 3년 동안 5,400만 달러의 영상판매 수입을 올려줄 것으로 기대하고 있다.

457

다음 중 북한이 발사한 정찰위성과 관련한 설명으로 가장 적절하지 않은 것은?

① 북한은 2003년 11월 평안북도 소재 서해위성 발사장에서 '천리마－1형' 로켓에 '만리경－1호' 정찰위성을 탑재하여 발사하였다.

② 미국, 호주, 일본, 한국은 미사일 기술을 조달한 강경일, 리성일 등 북한의 8명과 정찰총국 제3국(기술정찰국) 산하 해커조직 '김수키'에 대해 제재조치를 발표하였다.

③ 북한 '만리경－1호' 위성은 500km 고도에 안착하지 못하고 불안정한 궤적을 보이고 있어 북한은 2024년 3기의 정찰위성을 추가로 발사할 준비를 하고 있다.

④ 한국은 2023년 12월 광학 · 적외선(EO · IR) 위성에 이어 2024년 4월 전천후 감시가 가능한 영상레이더(SAR)를 탑재한 위성발사에 성공하였다.

정답 ③

풀이 ③ 북한은 2023년 11월 21일 정찰위성 '만리경－1'호를 발사했다. 발사는 오후 10시 42분, 기습적으로 실시했다. 위성을 탑재한 '천리마－1'호 우주발사체는 약 11분 45초를 비행해 위성을 지구 저궤도로 올렸다. 5월과 8월 두 차례 발사 실패 후 세 차례 만에 드디어 발사에 성공했다.

458

영상정보에 대한 설명으로 틀린 것은? [2018년 기출]

① 아리랑 5호는 합성영상레이더가 탑재되어 야간에도 촬영이 가능하다.

② 아리랑 6호는 2019년 발사할 예정이었지만 2020년 이후로 연기되었다.

③ 요즘은 군사위성보다 민간위성의 성능이 더 뛰어나다.

④ 정찰위성과 정찰항공기로 촬영한 사진을 통해 정보를 생산한다.

정답 ③

풀이 ③ 민간위성보다는 군사위성이 성능이 더 우수하다.

459

다음 중 한국의 정찰위성에 대한 설명으로 틀린 것은? [2018년 기출]

① 아리랑 3호는 2012년 5월 발사했으며 55m급 지구관측카메라를 탑재했다.

② 아리랑 5호는 2013년 8월 발사했으며 고도 550km에서 지구를 선회하고 있다.

③ 아리랑 3호는 비 오면 촬영한 영상판독이 어렵다.

④ 아리랑 5호는 합성영상레이더를 탑재해 악천후에도 운용이 가능하다.

정답 ①

풀이 ① 아리랑 3호는 해상도 70cm의 관측위성으로서 아리랑 2호(1m급)보다 2배 정밀 관측이 가능하다. 참고로 아리랑 5호는 밤이나 궂은 날씨에도 1m급 물체를 구분할 수 있는 합성영상레이더(SAR)가 장착되어 있고 아리랑 3A호는 적외선 카메라를 장착하여 야간에도 지상의 열을 측정 할 수 있는 적외선 관측까지 가능하다.

460

다음 중 중국이 발사한 위성은? [2009년 기출]

① OPEQ
② FSW
③ SPOT
④ LANDSAT

정답 ②

풀이 ② OPEQ은 이스라엘, SPOT은 프랑스, LANDSAT은 미국의 상업위성이다.

핵심정리 미국의 항공 정찰

1. RB-29

무엇보다도 미국은 소련에 대한 지도 제작 작업을 위해 항공정찰 활동을 절실히 필요로 했다. 소련에서 제작된 지도는 마을, 도시, 물리적 장애물 등을 실제와 다르게 그려 놓았기 때문에 필요시 소련에 대한 전략폭격 임무를 효과적으로 수행할 수 없었다. 그래서 미국은 보다 정확한 소련 지도 제작을 위해 제2차 세계대전 중에 사용했던 B-17과 B-29 폭격기에 많은 카메라를 탑재하도록 개조 한 RB-29를 개발하여 활용하였다.

2. 모비 딕(Moby Dick)

① 이 밖에도 미국은 소련에 대한 군사정보 수집을 위해 여러 가지 방안을 시도하였다. 예를 들어 미국은 서부 유럽지역에서 암호명 '모비 딕(Moby Dick)'이라고 하여 카메라를 장착한 풍선을 띄워 소련 영공을 관찰하는 작전을 은밀히 시행한 바 있다.

② 풍선은 서풍을 맞아 소련 영토 위를 넘어가서 일본을 거쳐 태평양으로 떠다닐 것으로 예상했다. 풍선이 일정 지점에 도달하면 무선 신호음에 반응하여 카메라 장비가 회수되고 영상 사진을 획득할 수 있을 것으로 기대했다.

③ 그러나 실상은 대부분의 풍선이 소련 영토에 떨어져 버렸다. 덕분에 소련은 미국의 카메라 장비 기술을 습득할 수 있게 되었다. 풍선에 장착된 카메라는 광범위한 소련 영토를 떠다니면서 대부분 쓸데없는 지역에 대한 영상을 촬영함으로써 미국이 애초 의도했던 정보수집에는 별 도움이 되지 못했던 것으로 알려졌다.

3. RB-36

이후에도 미국은 항공정찰용 첩보수집 수단을 개선하기 위해 많은 노력을 기울였다. 이러한 노력의 일환으로 1950년대 당시 혁명적인 항공기였던 RB-36이 전략정찰기의 주력으로 부상되었는데 이것이 1959년부터 전술정찰기로 사용되었다.

4. U-2기

(1) 의의

① 그리고 1955년 신형 항공정찰기 U-2기가 등장했다. U-2기의 최초 항속거리는 3,500킬로미터였지만 나중에 성능이 개선되어 6,000킬로미터 이상으로 늘어났다. 무엇보다도 U-2기는 소련 지대지 미사일과 전투기 공격 범위를 벗어난 2만 2천 미터 고공에서 정찰활동을 수행할 수 있었다.

② 1956년 6월 21일 아이젠하워 대통령은 비밀리에 소련 영공을 침범하여 항공정찰활동을 전개하는 U-2기의 첫 번째 임무 수행을 승인해 주었다. 이후 4년간 U-2기는 소련 영공에서 항공정찰활동을 수행하여 소련 군사시설이나 기지에 관해 많은 정보를 수집할 수 있었다.

③ 소련은 미국이 U-2기로 소련 영공을 불법적으로 침범하여 스파이활동을 벌이고 있다는 사실을 알고 있었으나 마땅히 대응할 방법을 찾지 못했다. U-2기는 워낙 고공에서 빠른 속도로 비행하기 때문에 당시 소련 대공 미사일로 격추시킬 수가 없었다. 소련은 미국에게 외교적으로 항의해 보기도 하였으나 미국이 극구 부인하는 바람에 더 이상 어쩔 도리가 없었다.

(2) U-2기 격추 사건

① 그러한 가운데 1960년 5월 1일 소련 영공을 침범하여 불법 정찰활동을 수행하고 있던 U-2기가 소련 미사일의 공격으로 기체 일부가 파손되고 조종사 게리파워즈(Francis Gary Powers)가 체포되었다.

② U-2기 격추 사건으로 인해 소련의 흐루시초프는 아이젠하워 대통령과 예정되었던 정상회담을 결렬시켰고 스파이 비행의 전모를 세계에 발표하여 미국을 궁지에 몰아넣었다.

③ 미 국무부는 소련 영공에 대한 U-2기의 불법 침입행위를 시인하면서도 그 근본적인 원인이 소련의 지나친 비밀주의 정책에 있다고 주장했다. 즉 소련이 철의 장막에 가려 있기 때문에 갑작스러운 군사공격에 대비하기 위해 소련에 대한 정보수집이 필요했고, U-2기의 소련 영공 비행은 그러한 목적에서 수행되었다고 주장했다. 이어서 미 국무부는 1955년 소련에게 상호 영공 개방(Open Skies)을 제안했는데 소련이 이를 수용했더라면 구태여 U-2기로 스파이 비행을 할 필요도 없었을 것이라고 주장했다. 어쨌든 이 사건 이후 소련 영공에 대한 U-2기의 스파이 비행이 중단되었다.

(3) 쿠바 미사일 위기

① 소련 영공에 대한 정찰활동은 중단되었지만 U-2기는 이후 여타 지역에서 중요한 임무를 수행했다. U-2기는 1962년 8월 29일 쿠바에 지대공 미사일 기지가 건설되고 있는 사진을 찍어 보냈다.

② 이어 1962년 10월 14일 미국 공군의 리차드 헤이서 소령(Mag. Richard Heyser)이 조종하는 CIA 소속의 U-2기는 쿠바 부근의 산 크리스토빌 상공을 6분 동안 비행하면서 928장의 사진을 찍었다.

③ 이 사진을 분석한 결과 소련이 쿠바에 핵탄두가 장착된 SS-4 미사일 관련 장비와 시설을 집중적으로 배치하고 있다는 증거를 확보했다. 이 사진 자료를 근거로 미국은 쿠바 미사일 위기 상황에 적절히 대응할 수 있었다.

(4) 걸프전과 코소보 사태

이후 U-2기는 1990~1991년도의 걸프전과 1990년대 코소보 사태 당시 미국을 주축으로 한 나토 연합군의 군사작전을 효과적으로 지원하는 성과를 올리기도 하였다. U-2기는 1955년 이래로 그 외관은 거의 변경 없이 유지되고 있으나 첨단 센서와 카메라를 탑재하여 소위 '예술적 경지에 이르렀다.'는 평가를 받을 정도로 정찰 시스템을 꾸준히 향상시켜 왔다.

5. SR-71

(1) 의의

1965년 U-2기의 후속기이면서 RB-36기의 임무를 계승한 전략정찰기로 SR-71이 개발되었다. 블랙버드(Black Bird)라고 불리는 SR-71은 마하 3(시속 3,360km)의 속력, 2만 4천 미터 이상의 고공 상승능력, 5,500킬로미터 이상의 항속거리 그리고 최고 비행고도에서 한 시간에 25만 9천 평방미터의 지역을 촬영할 수 있는 능력을 갖추었다.

(2) 1973년 제4차 중동전쟁

① SR-71은 첩보수집용 정찰기로서 중요한 임무를 수행했었는데, 특히 중동전에서 그 진가를 유감없이 발휘했다. 1973년 제4차 중동전쟁에서 이스라엘이 아랍국가와의 전쟁에서 곤경에 처하게 되자 제리코(Jericho) 미사일에 핵탄두를 장착, 카이로와 다마스커스를 공격하려 준비하고 있었다.

② 이러한 상황이 미국의 정찰위성에 포착되었고, 플로리다를 발진하여 한 번의 기착도 없이 이스라엘 상공을 정찰하고 귀환한 SR-71 정찰기가 촬영한 사진을 통해서도 확인되었다. 미국은 이 사실을 곧바로 소련에 통보함으로써 사태를 더 이상 악화시키지 않고 적절한 선에서 수습할 수 있었다.

6. 무인정찰기

(1) 의의

① 항공정찰기로서 최고의 성능을 자랑했던 SR-71은 1990년 전략무기감축협정에 의해 폐기되었지만, U-2기는 성능이 떨어지는 덕분에 오래 동안 활용되었다. 그러나 정찰위성의 발달과 무인정찰기 글로벌 호크의 개발로 과거 U-2기가 담당했던 영역이 점차 줄어들고 있다.

② 「연합뉴스」에 따르면 미 국방부의 '예산 결정 프로그램 720'에 따라 U-2 드래곤 레이디(Dragon Lady) 전술정찰기를 2007년 3대, 2008년 6대, 2009년 7대, 2011년 10대 순으로 퇴역시킬 계획이라고 한다. 광학기술의 발달로 정찰위성의 해상도가 점점 높아지고 있고, 보다 작은 동체에 오랜 체공시간이 가능한 무인항공기의 발달로 이제 U-2기와 같은 유인 정찰기는 사라지게 될 것으로 보인다.

(2) 무인정찰기의 장점

① 한편 무인정찰기(unmanned aerial vehicle, UAV)는 두 가지 측면에서 위성이나 유인 정찰기에 비해 장점을 가진다.

② 첫째, 지구 멀리 고고도에서 운항하는 위성에 비해 무인 정찰기는 목표지역에 근접하여 정찰활동을 수행할 수 있다.

③ 둘째, 유인 항공기는 대공 미사일 요격으로 조종사가 생명을 잃게 될 수 있지만 무인 항공기는 그런 위험이 없다. 최근 무인 정찰기에 각종 첨단 장비가 장착되어 실시간으로 매우 선명한 영상물을 제공해 주고 있어 전투에 매우 유용하게 활용되고 있다.

④ 현재 미국, 이스라엘, 남아프리카공화국 등 많은 나라에서 무인 정찰기를 개발하여 실전에 운용하고 있다. 미국에서 개발한 대표적인 무인 정찰기로서 고고도 제트추진 비행기인 RQ-4 글로벌 호크(Global Hawk)와 중고도의 RQ-1 프레데터(Predator)가 있으며, 이스라엘에서 개발하여 운용중인 헤론(Heron)도 중고도 장시간 체공 무인 정찰기로서 탁월한 성능을 인정받고 있다.

(3) 프레데터

① 프레데터는 시속 134~224km, 고공 상승능력 7,600m 이상, 전투반경 720km 그리고 16~24시간의 비행능력을 갖추고 있다.

② 프레데터는 실시간 영상을 보내줄 수 있으며, 공대지 미사일을 장착하고 있어 공격목표가 발견되면 즉시 공격할 수 있다. 특히 프레데터는 헬파이어(Hellfire) 미사일을 장착하고 즉각적인 공습이 가능하여 대테러 전쟁에 효과적으로 활용되고 있으며, 실제로 예멘을 비롯한 여러 지역에서 알카에다 집단에 대한 공습에 활용되었다.

(4) 글로벌 호크

① 글로벌 호크는 그 역할과 성능이 U-2기와 유사하여 U-2기를 대체할 수 있을 것으로 평가된다. 글로벌 호크는 시속 640km, 고공 상승능력 19.8km 이상, 전투반경 4,800km 그리고 24시간의 비행 능력을 갖추고 있어 목표지점에서 오랫동안 체공하면서 넓은 지역을 관찰할 수 있다.

② 또한 고해상도의 합성개구레이더(合成開口레이더, Synthetic Aperture Radar, SAR)를 장착하고 있어 구름층이나 폭풍우에서도 전자·광학/적외선(EO/IR) 영상을 제공할 수 있다. 무엇보다도 글로벌 호크는 ELINT와 COMINT 수집용 장비를 장착하고 있어 영상정보는 물론 신호정보도 동시에 수집할 수 있도록 설계되어 있다.

③ 글로벌 호크는 대규모 전쟁이나 지역분쟁, 위기 상황 등 다양한 범위에 걸쳐 첩보수집을 할 수 있으며, 테러 집단처럼 신속히 이동하는 목표를 감시하는 데에도 효과적으로 활용될 수 있다.

④ 최근 세계 각국에서는 2kg 이하의 소형 무인 정찰기를 대량으로 개발하고 있다. 소형 무인 정찰기는 작선 반경이나 비행시간이 짧아 전술정보 수집용으로 매우 유용하게 활용될 수 있을 것이다.

461

다음 중 1960년 소련 상공에서 정찰비행 중 격추되어 미국의 정찰위성 개발과 운용의 필요성을 절감하게 한 미국의 정찰항공기는? [2014년 기출]

① RC-135　　② U-2

③ P-3　　④ AWACS

정답 ②

풀이 ② 1960년 소련 상공에서 격추된 정찰기는 U-2기이다. 참고로 AWACS는 Airborne Warning and Control System의 약자로, 공중 경보 및 통제 시스템을 의미한다.

Theme 14 신호정보 (Signals Intelligence, SIGINT)

핵심정리 신호정보의 의의

(1) 신호정보는 각종 통신장비 및 전자장비에서 방출되는 전자기파(이를 보통 신호라고 칭한다)를 감청하여 취득되는 지식 또는 그것을 생산하기 위한 수집, 처리, 분석 등의 제반 활동을 통칭한다.
(2) 신호정보는 전자기파의 종류에 따라 통신정보(Communication Intelligence, COMINT), 전자정보(Electronic Intelligence, ELINT), 원격측정정보(Telemetry Intelligence, TELINT) 등으로 분류된다.
(3) 신호정보는 20세기 들어서서 가장 널리 활용되는 수집 수단이다. 제2차 세계대전 이래 신호정보는 암호해독과 조합을 이루어 상대방에 관한 정보를 취득하는 가장 중요한 수단으로 활용되었다.

462

신호정보의 장점과 단점에 대한 설명으로 틀린 것은?

① 눈으로 보이지 않는 적의 의도나 계획을 파악하는데 도움이 되며, 통신 내용, 목소리의 고저, 사용된 단어, 악센트 등 전반적인 통화 분위기나 기조를 통해 적에 관해 많은 정보를 얻을 수 있다.
② 신호정보 수집에 따른 법률적 문제나 대상 목표가 통신 내용을 암호화하거나 허위정보를 유포하는 등의 문제가 있을 수 있다.
③ 전자우편이나 휴대폰 같은 통신량이 많은 케이스에서 옥석을 가려낸다는 것은 쉽지 않은 일이며, 외국어 전문 인력의 부재가 문제가 될 수 있다.
④ 테러집단에 대한 정보수집에는 신호정보가 효과적이며, 이를 통해 테러집단의 신호교신의 범위를 확실히 알 수 있다.

정답 ④

풀이 ① 신호정보는 레이더나 미사일 기지, 지휘본부 등 군사시설의 위치 등 외형적으로 관찰 가능한 내용을 탐지·추적할 수 있을 뿐만 아니라, 눈으로 보이지 않는 적의 의도나 계획을 파악하는 데도 도움이 된다. 통신 내용, 목소리의 고저, 사용된 단어, 악센트 등을 통해 적에 관해 많은 정보를 얻을 수 있다.
② 신호정보 활동은 법률적 문제를 야기할 수 있고, 대상 목표가 통신 내용을 암호화하거나 허위정보를 유포할 경우 정보를 얻는 것이 어렵다.
③ 통신량이 많은 경우(예 전자우편, 휴대폰 등)에서 옥석을 가려낸다는 것은 쉽지 않은 일이다. 또한 외국어 전문 인력의 부재가 문제가 될 수 있다.
④ 테러집단에 대한 정보수집에는 신호정보가 그다지 효과적이지 않다. 테러집단은 대부분의 경우 원거리 신호감청으로는 이들의 존재나 활동을 거의 탐지할 수 없다. 그 이유는 이들이 주로 휴대폰이나 인터넷 같은 다양하고 복잡한 통신 수단을 사용하며, 필요에 따라 암호화하거나 스텔스(은밀한) 통신을 이용하기 때문이다.

463

신호정보(SIGINT)로 적절하지 않은 것은?

① COMINT
② TELINT
③ ELINT
④ IMINT

정답 ④

풀이 ④ IMINT는 영상정보이다. 신호정보(SIGINT) 안에 통신신호(COMINT), 전신신호(TELINT), 전자신호(ELINT)가 있다.

464

신호정보(SIGINT)로 적절하지 않은 것은?

① 코민트(COMmunications INTelligence, COMMINT)
② 텔린트(TELemetry INTelligence, TELINT)
③ 엘린트(ELectronic INTelligence, ELINT)
④ 레딘트(Radar Intelligence, RADINT)

정답 ④

풀이 ④ 신호정보(SIGnals INTelligence)의 철자 약어인 시긴트는 신호라는 전자통신파를 도중에 엿듣고 정보를 획득하는 정보수집 활동이다. 시긴트에는 당사자 사이의 통화내용을 도청한 코민트(COMMINT), 무기실험시의 원격측정신호(telemetry) 내용을 파악하는 텔린트(TELINT), 전자신호정보를 말하는 엘린트(ELINT), 기계 신호음을 수집해서 필요한 정보를 획득하는 피신트(FISINT)가 대표적이다. 레이더 정보를 말하는 레딘트(Radar Intelligence, RADINT)는 징후계측정보이다.

465

신호정보(SIGINT)에 대한 설명으로 틀린 것은? [2009년 기출]

① SIGINT는 TECHINT의 일종이다.
② 신호정보 수집수단에는 위성, 항공기, 함정 등이 있다.
③ 세계 각국은 신호정보를 수집하는 기지를 공유하기도 한다.
④ 아리랑 2호는 1호보다 10배의 신호정보를 더 수집할 수 있다.

정답 ④

풀이 ④ 아리랑 위성은 영상위성이고 무궁화위성이 통신위성이다.

466

통신정보(COMINT)에 관한 설명으로 가장 적절하지 않은 것은? [2022년 기출]

① 유선은 가능한 한 지하매설이나 광케이블을 사용해야 한다.
② 무선텔렉스는 국제 간 통신위성 이용으로 도청이 가능하므로 암호장비를 사용해야 한다.
③ 유선통신은 중간에 선을 절단하여 도청이 가능하기 때문에 되도록 무선통신을 해야 한다.
④ 데이터통신은 전산요원을 거쳐서 전송하기 때문에 전산요원의 보안의식을 강화해야 한다.

정답 ③

풀이 ③ 오늘날 전선을 광케이블로 교체하면서 유선 통신에 대한 보안이 보다 강화된 반면, 무선통신은 도청에 거의 무방비 상태라고 볼 수 있다. 전파가 도달할 수 있는 범위 내에 수신 장비를 설치하면 전파신호를 충분히 탐지할 수 있기 때문이다.

467

신호정보로 적절하지 않은 것은? [2022년 기출]

① 전자정보(ELINT)
② 원격측정정보(TELINT)
③ 항공사진(IMINT)
④ 통신정보(COMINT)

정답 ③

풀이 ③ 항공사진은 영상정보이다.

468

신호정보로 적절하지 않은 것은? [2020년 기출]

① 통신정보
② 전자정보
③ 핵정보
④ 원격측정정보

정답 ③

풀이 ③ 핵정보는 징후계측정보이다.

469

신호정보(SIGINT)로 적절하지 않은 것은? [2019년 기출]

① 통신정보(COMINT)
② 전자정보(ELINT)
③ 원격측정정보(TELINT)
④ 위성정보(SATINT)

정답 ④

풀이 ④ 위성전자사진(satellite electronic photography, SATINT)은 영상정보이다.

470

신호정보에 대한 설명으로 틀린 것은? [2019년 기출]

① 기술정보에는 통신정보, 전자정보, 원격측정정보 등이 있다.
② 제2차 세계대전 이래로 적 정보를 취득하는 가장 중요한 수단이 되었다.
③ 전자정보를 수집하기 위해서는 특수하게 제작된 장비가 필요하다.
④ 테러 집단의 경우 직접 목표에 근접하여 감청하기 어렵기 때문에 신호정보 수집이 보다 효과적이다.

정답 ④

풀이 ④ 테러집단의 경우 구성원들 간 신호 교신의 범위가 매우 협소하여 원거리 신호감청만으로 이들의 존재나 활동을 탐지하기 어렵다. 따라서 테러 집단의 경우 직접 목표에 근접하여 감청 또는 관찰하거나 조직 속으로 요원을 침투시키는 인간정보 수집이 보다 효과적일 것이다.

471

신호정보(SIGINT)로 적절하지 않은 것은? [2018년 기출]

① 통신정보
② 전자정보
③ 영상정보
④ 원격측정정보

정답 ③

풀이 ③ 영상정보는 기술정보에 포함되며 기술정보는 영상정보, 신호정보, 징후계측정보로 구분된다.

472

신호정보(SIGINT)로 적절하지 않은 것은? [2016년 기출]

① COMINT ② ELINT

③ TELINT ④ IMINT

정답 ④

풀이 ④ IMINT는 영상정보이다.

473

신호정보(SIGINT)로 적절하지 않은 것은? [2013년 기출]

① 통신정보(COMINT) ② 측정정보(MASINT)

③ 전자정보(ELINT) ④ 원격측정정보(TELINT)

정답 ②

풀이 ② 징후계측정보를 측정정보라고도 한다.

474

신호정보(SIGINT)에 대한 설명으로 틀린 것은? [2010년 기출]

① 통신정보는 암호를 사용할 경우 해독에 어려움이 있다.

② 전자정보도 기만을 파악하기 어려운 점이 있다.

③ 무선통신은 유선통신에 비해 도청에 취약하다.

④ 통신정보는 암호해독능력만 있다면 기만통신을 파악하기 쉽다.

정답 ④

풀이 ④ 기만통신을 파악하기 위해서는 암호해독능력 이외에도 방향 탐지, 전자정보, 암호분석 외에 오랜 분석 경험과 노하우가 필요하다. 기만통신에 대한 대책을 강구하기 위해서는 오랜 시간과 노력이 필요하다.

핵심정리 신호정보의 장점과 단점

1. 신호정보의 장점

① 영상정보는 가시적인 것, 즉 관찰 가능한 것만을 알 수 있고, 숨기거나 외형적으로 존재하지 않는 것은 알 수 없다. 그러나 신호정보는 레이더나 미사일 기지, 지휘본부 등 군사시설의 위치, 시험발사하는 무기체계의 성능 및 가동상태 등 외형적으로 관찰 가능한 내용을 탐지·추적할 수 있을 뿐만 아니라, 눈으로 보이지 않는 적의 의도나 계획을 파악하는데도 도움이 된다.

② 즉 상대국의 통신을 감청하게 되면 상대가 무슨 말을 했고, 무엇을 계획하고 있는지를 알 수 있다. 통화 내용뿐만 아니라 목소리의 고저, 사용된 단어, 악센트 등 전반적인 통화 분위기나 기조를 파악함으로써 적에 관해 많은 정보를 유출해낼 수도 있다. 예를 들어 통화하는 사람이 사용한 악센트에 따라서 그가 프랑스인인지 아랍인인지를 구분할 수 있다. 그리고 사용된 단어를 통해 그의 지식수준을 알 수 있고, 목소리 고저에 따라서 그의 심리상태를 파악할 수 있을 것이다.

2. 신호정보의 단점

(1) 의의

신호정보는 장점 이상으로 몇 가지 단점들을 가지고 있다. 여기에는 통신정보, 전자정보, 원격측정정보 등 수집 수단에 따라 나타나는 단점이 있는 한편 수집 대상 목표에 따른 단점도 드러난다. 또한 법률적 문제도 신호정보활동을 수행하는 데 중요한 장애요소로 작용하기도 한다.

(2) 수집 수단에 따른 단점

① 통신정보

㉠ 첫째, 통신정보의 경우 목표가 침묵하고 있거나 감청이 어려운 광케이블을 통해 통신이 이루어질 경우 아무런 정보도 얻을 수 없다. 또한 대상 목표가 통신 내용을 암호화할 경우 해독하는데 시간이 걸리거나 끝내 해독하지 못할 수도 있다. 목표가 감청되고 있다는 것을 알고 허위정보를 유포할 수도 있고, 별로 의미 없는 대화를 지속하다가 중간에 중요한 내용을 이야기하는 등의 기만책에 속수무책으로 당하게 될 수도 있다.

㉡ 무엇보다도 전화, 팩스, 전자우편 등 통신량이 워낙 많아서 처리하기가 어려울 수 있다. 2002년 동안 280억 대의 휴대폰과 120억 대의 일반전화를 사용하여 총 1,800억 분간의 국제전화 통화량을 기록했다. 최근에 나온 기술인 메시지 전송은 매일 5,300억 건이나 발송되고 있다. 이처럼 엄청나게 많은 양의 통화 중에서 옥석을 가려낸다는 것은 결코 쉽지 않은 일이다. 또한 통신정보 임무수행을 위해 외국어 해독 능력이 매우 중요하나 단기간에 필요한 외국어 전문 인력을 양성 또는 채용하는 데 어려움이 있다.

② TELINT와 ELINT

㉠ TELINT와 ELINT의 경우 목표에서 보안조치를 강화하면 정보를 얻기가 매우 어렵다. 예를 들어 구소련은 무기 시험발사 시 교신되는 내용을 암호화함으로써 미국이 파악하지 못하도록 조치하였다. 또는 무기체계에 캡슐을 장착하여 시험한 내용을 기록하도록 한 다음 이를 회수하는 방식으로 미국의 TELINT 수집활동을 무력화시키기도 하였다.

㉡ 일반적으로 시험 발사되는 무기체계는 지속적으로 신호를 보내게 되지만, 감청을 막기 위해 의도적으로 시험 발사되는 무기체계에서 발송되는 모든 신호를 한꺼번에 모아 단 한번만 전송하도록 하기도 한다. 또는 불규칙하게 신호를 전송함으로써 감청하기 어렵게 만들기도 한다. 이처럼 상대국의 보안조치에 따라 정보수집 여건이 언제든 악화될 수 있다.

(3) 수집 대상 목표에 따른 단점

① SIGINT는 주로 냉전시대 구소련에 관한 정보를 수집하는데 중점을 두고 발전되었기 때문에 테러집단에 대한 정보수집에는 그다지 효과적이지 못한 것으로 평가된다.

② 예컨대 테러집단은 미국의 SIGINT 능력을 잘 알고 있어 이를 무력화시키는 방법을 활용하는 등 효과적으로 대응하고 있다.

③ 또한 테러집단은 신호교신의 범위가 매우 협소하여 원거리 신호감청으로는 이들의 존재나 활동을 거의 탐지할 수 없다. 이러한 상황에서 테러집단에 대한 첩보를 효과적으로 수집하려면 첩보요원이 직접 목표에 근접하여 감청하는 방법이 효과적이다.

④ 그래서 테러집단의 경우 SIGINT만으로는 불충분하고 HUMINT와의 결합을 통해서 비로소 첩보 수집 임무를 효과적으로 수행할 수 있을 것이다.

(4) 법률적 문제

① SIGINT 활동을 수행함에 있어서 법률적 문제도 장애요소로 작용할 수 있다. 만일 SIGINT의 목표가 테러 집단인 경우 그들이 미국 내에서 활동하고 있다면 대응할 책임 소재가 NSA가 아닌 FBI에 있다.

② 미국 내에서 유선 감청을 실시하기 위해서 FBI는 영장이 있어야 한다. 외국인을 대상으로 유선 감청활동을 수행하려면 1978년에 제정된 '외국인 정보사범 감청법(Foreign Intelligence Surveillance Act, FISA)'에 따라 설립된 FISA 법원에 영장을 청구하여 허가받아야 한다.

③ 물론 이것이 감청활동을 수행하는데 큰 장애 요소로 작용하지는 않는다. 1978년 법원이 설립된 이래 FISA 법원은 13,164건의 영장을 허가했고, 단 4건만 거부했다. 그럼에도 불구하고 영장청구 등 번거로운 절차 때문에 신호정보 수집에 다소 부담이 되고 있다.

475

신호정보의 장점과 단점에 대한 설명으로 틀린 것은?

① 신호정보는 당사자가 침묵하거나, 고도의 암호 기법을 사용한다거나, 직접대면 방식을 취하는 등의 보안조치를 강구하면 작동하기 어렵다.

② 감청을 인지한 상대방이 의도적으로 거짓 정보를 송출할 위험도 있다.

③ 오늘날은 질적·양적으로 방대한 신호정보의 양이 존재한다.

④ 초국가적 안보위협세력인 테러조직에 대해서는 신호정보가 가장 중요하다.

정답 ④

풀이 ④ 테러집단의 경우 구성원들 간 신호 교신의 범위가 매우 협소하여 원거리 신호감청만으로 이들의 존재나 활동을 탐지하기 어렵다. 따라서 테러 집단의 경우 직접 목표에 근접하여 감청 또는 관찰하거나 조직 속으로 요원을 침투시키는 인간정보 수집이 보다 효과적일 것이다.

핵심정리 **신호정보 수집 위성**

(1) 그랩(GRAB)

① 미국은 첫 번째 신호정보 위성 시리즈를 1960년과 1961년 두 기의 그랩(GRAB) 위성을 발사함으로써 시작하였다.

② 그랩 위성은 솔래드(SOLRAD)라고 하는 과학실험 탑재체를 탑재한 과학 실험 위성으로 알려졌지만, 실제로는 공개되지 않은 탑재체를 함께 탑재하여 구 소련의 대공 레이더의 위치를 탐지하는 목적도 있었다.

(2) 팝피(POPPY)

① 2005년 9월 NRO가 비밀 해제한 보고서에 따르면 미국은 NRO 주도하에 1962년부터 1971년까지 암호명 '팝피(POPPY)'라는 이름으로 총 7기의 전자정보(ELINT) 위성을 발사했던 것으로 드러났다.

② 팝피 위성은 소련 지역에 설치된 레이더를 대상 목표로 하여 전자정보(ELINT) 수집활동에 중점을 두고 운용되었는데 자세한 내용은 아직도 비밀로 분류되어 밝혀지지 않고 있다.

(3) 케년(CANYON)

① 미국은 1968년 8월 '케년(CANYON)'이라는 이름의 통신정보(COMINT) 수집용 위성을 최초로 발사했다. 이 위성은 독일 '바드 아이블링(Bad Aibling)'에 있는 지상 통제소에서 관리되었다.

② 케년 위성은 소련 지역에 대한 감청활동을 지속적으로 수행하기 위해 정지궤도에 근접하여 운행되었다. 미국은 1977년까지 총 7기의 케년 위성을 발사하여 통신정보 감청활동을 수행했다.

③ 소련 시베리아 지역은 지하에 케이블 매설이 어려웠기 때문에 소련은 주로 무선 통화를 활용했고, 이를 케년 위성으로 감청할 수 있었다.

④ 케년 위성이 감청활동을 매우 성공적으로 수행하게 되자 미국은 1978년 6월과 1979년 10월 2기의 '샤렛(Chalet)'이라는 새로운 유형의 통신정보 위성을 발사했다.

(4) 샤렛(Chalet)

① 샤렛 위성은 NSA가 주도하여 운용했으며 영국 '멘위드 힐(Menwith Hill)'에 지상 통제소를 두었다.

② 샤렛 위성의 이름이 신문에 알려지면서 '보텍스(Vortex)'로 개명했고, 1987년 '보텍스'라는 이름이 세상에 알려지자 다시 '머큐리(MERCURY)'라는 이름으로 바꾸었다.

③ 1985년 이후 머큐리 위성은 중동지역까지 감청 범위를 넓혔으며, 1987년부터 1988년까지 걸프 만에서 수행했던 미 해군 작전을 효과적으로 지원하여 그 명성을 높였다. 그리고 1991년 걸프전 당시 '사막의 폭풍' 작전과 '사막의 방패' 작전을 성공적으로 수행하는 데 중요한 역할을 담당했던 것으로 알려졌다.

(5) 리욜리트(Rhyolite)

① 한편 1970년대 동안 미국은 암호명 '리욜리트(Rhyolite)'로 알려진 5기의 원격측정 정보(TELINT) 수집용 위성을 운용했다.

② 리욜리트 위성의 주요 목표는 소련의 미사일 시험발사를 감시하는 것이었지만, 아프리카, 유럽, 아시아, 중동 등 전 세계의 광범위한 지역을 대상으로 원격측정정보(TELINT)와 통신정보(COMINT) 수집활동도 수행했다.

③ 특히 리욜리트 위성은 주로 소련과 중국 지역의 VHF, UHF 및 단파 주파수를 이용하는 전화와 무선통신을 감청했고, 나아가 베트남, 인도네시아, 파키스탄, 레바논 지역에 대한 통신 감청활동도 수행했다.

④ 1975년 리욜리트 위성에 관한 기밀사항이 소련 KGB에 알려지게 되면서 NRO는 암호명을 '아쿠아케이드(AQUACADE)'로 바꿨다.

(6) 매그넘(MAGNUM)

① 신호정보 위성의 성능은 상당 부분 안테나 크기에 좌우된다. 리욜리트 위성은 우주에서 10m 길이의 안테나를 펼쳐서 운용되었다.

② 1985년 1월 25일 미국은 디스커버리 우주선(space shuttle)에서 암호명 '매그넘(MAGNUM)'으로 불리는 위성을 쏘아 올렸다. 이 위성은 나중에 암호명을 '오리온(ORION)'으로 바꾸었는데 직경 약 100m까지 펼쳐진 안테나로 원격측정신호(telemetry), VHF, 휴대폰 호출신호, 무선자료송신(mobile data links) 등을 감청했다. 안테나의 크기가 클수록 낮은 출력의 신호까지 감청할 수 있는데 미국은 현재 직경 100m가 넘는 대규모 안테나가 장착된 위성을 개발하고 있는 것으로 추측된다. 매그넘 위성은 스텔스와 교란(spoof) 대응 장치까지 갖추고 있어 소련에서 탐지하거나 전파교란(jamming)으로 방해하기도 어렵다고 한다.

(7) 점프싯(JUMPSEAT)

미국은 최초 '점프싯(JUMPSEAT)'으로 알려졌고 나중에 '트럼펫(TRUMPET)'으로 개명한 위성을 1985년과 1987년에 각각 발사하여 1980년대 말까지 운용했다. 이 위성은 타원형의 고 궤도를 돌면서 소련 북쪽 지역을 대상 목표로 하여 '머큐리'나 '오리온' 위성이 수집하지 못하는 신호정보를 감청하는 활동을 수행했다. 또한 동일 궤도를 돌고 있는 러시아 통신 위성으로 송신되는 신호를 감청하기도 하였다.

(8) 1990년 이후 미국의 신호정보 위성

① 1990년 이후 미국의 신호정보 위성 발사 현황은 정확히 알려지지 않고 있다. 다만 지상통제센터를 비롯하여 미국의 신호정보 위성 수집활동은 축소되지 않았으며 오히려 지속적으로 확대되었던 것으로 추정된다.

② 미국의 신호정보 위성에 대한 지상통제소는 콜로라도 주 소재 버클리 필드, 호주 파인 캡, 영국 맨위드 힐, 독일 바드 아이블링 등에 있다. 신호정보 위성과 수신 시설은 1기당 약 10억 달러 정도의 엄청난 비용이 소요된다.

③ 1998년 미 NRO는 비용을 절감하고 신호정보활동을 보다 효과적으로 수행하기 위해 3가지 유형의 신호정보 위성을 통합한 새로운 통합형 신호정보 위성을 개발하겠다는 계획을 발표했었는데 구체적인 추진 상황은 아직 잘 알려져 있지 않다.

(9) 구소련과 유럽의 신호정보 위성

① 미국은 위성을 활용하여 세계에서 가장 성공적으로 신호정보 감청활동을 전개하고 있다. 구소련이나 유럽도 신호정보 위성을 보유하고 있었지만 미국만큼 효과적으로 신호정보 수집활동을 전개하지는 못했던 것으로 보인다.

② 러시아 최초의 신호정보 위성은 구소련 당시인 1967년에 쏘아 올린 코스모스(Cosmos) 189호 전자정보 위성이다. 구소련은 이후 24년 동안 200기의 신호정보 위성을 우주 궤도에 진입시켜 운용하였다.

③ 러시아는 1994년과 1995년 각각 48기와 45기의 위성을 쏘아 올렸는데 그 중 50%는 군사용인 것으로 추정된다. 러시아는 GRU에서 전자정보 위성을 운용하고 있는데 통신정보위성의 존재 여부와 운용 주체는 확실하게 알려져 있지 않다.

④ 영국의 '지르콘(ZIRCON)' 계획과 프랑스의 '제논(ZENON)' 계획은 독자적인 신호정보 수집을 위해 추진되었지만 지속되지는 못했던 것으로 보인다. 1988년 이후 영국은 미국 보텍스 위성(현재 머큐리)의 도움을 받아 신호정보 수집활동을 수행하고 있다.

핵심정리 정찰기

(1) RC-135

① 현재까지 미국에서 신호정보 수집용으로 탁월한 능력을 가지고 있으며 가장 널리 활용되어온 정찰기는 RC-135이다. 1963~1964년에 RC-135B 10기가 발주된 이래 12개의 RC-135 기종이 개발되어 거의 40여 년 동안 활용되어왔다.

② RC-135는 미국이 수행했던 베트남 전쟁, 그라나다 침공, 파나마 침공, 걸프전 등 많은 전투에 활용되어 뛰어난 능력을 보여주었다. '리벳 조인트(Rivet Joint)'라는 별명의 RC-135V/W는 고도 12,375m 고도까지 상승할 수 있고, 시속 736km의 항속으로 급유 없이 10시간 동안 최대 9,100km를 비행할 수 있으며, 최대 32명의 승무원을 태우고 신호정보를 수집하는 임무를 수행한다.

③ 이 정찰기는 알래스카, 파나마, 영국, 그리스, 일본 등지에 기지를 두고 서부 유럽과 극동 지역에서는 월 평균 70회, 중앙아메리카 지역에서는 월 평균 12회의 정찰비행을 실시했었는데 현재 14기가 운용되고 있다.

④ RC-135의 일부 기종은 신호 정보 수집 능력뿐만 아니라 전자정보 또는 영상정보 수집 능력도 갖추고 있는 것으로 알려졌다. 예를 들어 '컴뱃 센트(Combat Sent)'라고 불리는 RC-135U는 적외선 영상장비를 갖추고 있으며, '코브라 볼(Cobra Ball)'이라고 불리는 RC-135S는 소련 ICBM에 관한 정보수집을 목적으로 활용되는 특수한 전자/광학정찰기로서 공해상에서 소련 ICBM 탄두의 대기권 재돌입 상황을 관측하고 동시에 미사일에서 나오는 원격측정신호(telemetry signals)를 수집한다.

(2) EC-135N

미국 NSA와 공군은 구소련 미사일 시험발사를 감시할 정찰기로 RC-135S와 더불어 EC-135N을 1985년까지 운용했으며, 이후 EC-18B가 그 임무를 계승하였다. 이 밖에 주로 영상정보 수집에 활용되는 SR-71, U-2, TR-1 등이 종종 신호정보 수집용 장비를 갖추어 영상정보와 동시에 신호정보활동을 수행했다. 글로벌 호크 등 최근 개발된 무인 정찰기들도 영상정보와 신호정보를 동시에 수집할 수 있도록 설계되어 있다.

(3) 러시아와 중국의 정찰기

① 아시아 지역에서 미국 외에 러시아, 중국, 일본, 대만, 싱가포르, 한국, 태국, 호주 등 많은 나라들이 정찰기를 활용하여 신호정보 수집활동을 전개하고 있는 것으로 알려졌다.

② 러시아의 GRU 제6국(Sixth Directorate)은 20여 종류의 항공기를 활용하여 신호정보를 수집하고 있는 것으로 알려졌다. 중국은 러시아제 Antanov An-12를 비롯하여 PS-5s, HZ-5s, Tu-154Ms 등 신호정보 수집 능력을 갖춘 여러 종류의 항공기를 보유하고 있으며, 지상기지, 선박, 잠수함, 트럭, 위성 등을 활용하여 아시아 · 태평양 지역에서 신호정보 수집활동을 적극적으로 전개하고 있는 것으로 알려졌다.

(4) 군사작전 외의 활용

① 오늘날 신호정보 수집용 정찰기는 군사작전 외에 테러, 마약 등 새로운 안보위협에도 유용하게 활용된다. 예를 들어 미군의 P-3 정찰기는 1990년대 초 컬럼비아 마약 밀매 두목 파블로 에스코바(Pablo Escobar)를 추적하는 데 많은 도움이 되었던 것으로 보도되었다.

② 미국 관세청(Customs Service)은 마약범 소탕에 4기의 P-3 항공기를 운용하고 있다. 또한 신호정보 수집용 정찰기는 위성이나 지상기지보다 기동성이 있어 첩보 수집에 유리한 점이 있다. 선박보다는 원거리의 광범위한 지역에서 고주파 신호를 수집할 수 있고, 위성보다 긴급하게 필요한 지역에 대한 정찰활동을 수행할 수 있다는 장점이 있다.

핵심정리

에셜론(ECHELON) 감청망

에셜론은 전 세계에 대한 전자적 신호정보 감청망으로 미국과 영국 등 영연방 5개 국가에 의해 운용되는 전 세계에 광범위하게 구축된 신호정보 획득을 위한 지구 정보망이다. 에셜론 사업에 참가하는 정보기관은 캐나다의 통신보안처(Communication Security Establishment, CSE), 오스트레일리아의 국방신호국(Defense Signals Directorate, DSD), 뉴질랜드의 정부통신보안국(Government Communication Security Bureau, GCSB), 영국의 정부통신본부(Government Communication Headquarters, GCHQ), 그리고 미국의 국가안보국(National Security Agency, NSA)이다. 에셜론은 전 세계의 모든 라디오와 위성통신, 전화, 팩스 그리고 이메일을 광범위하게 감청할 수 있고, 획득된 정보는 초고성능의 슈퍼컴퓨터로 자동 분류되는 데이터 마이닝 시스템을 구축하고 있다. 프랑스는 에셜론이 일반 군사안보정보뿐만 아니라 자국을 비롯한 전 세계 주요 경제정보 획득 수단으로 이용되고 있다고 비난하고 있다.

핵심정리

프렌첼론(Frenchelon) 감청망

프렌첼론(Frenchelon)은 프랑스가 앵글로-색슨의 에셜론 체계에 대한 대응으로 운용하는, 프랑스의 독자적인 신호정보(French Signal Intelligence) 감시체계이다. 주무부서는 프랑스 국방부 산하의 해외 정보기구인 대외안보총국(DGSE)이다. 실제 운용은 대외안보총국의 기술국이 관장한다. 프렌첼론은 에셜론 체계처럼 외교적, 군사적 그리고 산업통신을 광범위하게 감청하여 자동적으로 데이터베이스를 구축한다고 한다. 프랑스의 기술정보 능력을 보여주는 것으로 프랑스는 앵글로 색슨계의 에셜론 체제를 좌시하지 않겠다는 자세를 보여주고 있다고 할 수 있다. 프렌첼론은 그 존재가 공식적으로 인정되지는 않았지만, 수많은 언론인들에 의해 각종 군사정보에 기초하여 감지되어 왔다.

476

미국 정찰기에 대한 설명으로 틀린 것은?

① 1950년대 RB-36이 전략정찰기의 주력으로 부상했다.

② 1965년 U-2기의 후속기이면서 RB-36기의 임무를 계승한 전략정찰기로 SR-71이 개발되었다.

③ 컴뱃 센트라고 불리는 RC-135U는 특수한 전자/광학정찰기로서 ICBM 탄두의 대기권 재돌입 상황을 관측한다.

④ 미국 NSA와 공군은 구소련 미사일 시험발사를 감시할 정찰기로 EC-135N을 1985년까지 운용했으며, 이후 EC-18B가 그 임무를 계승하였다.

정답 ③

풀이 컴뱃 센트(Combat Sent)라고 불리는 RC-135U는 적외선 영상 장비를 갖추고 있으며, '코브라 볼(Cobra Ball)'이라고 불리는 RC-135S는 소련 ICBM에 관한 정보수집을 목적으로 활용되는 특수한 전자/광학정찰기로서 공해상에서 소련 ICBM 탄두의 대기권 재돌입 상황을 관측하고 동시에 미사일에서 나오는 원격측정신호(telemetry signals)를 수집한다.

477

신호정보위성에 대한 설명으로 틀린 것은?

① 미국은 NRO 주도하에 1962년부터 1971년까지 암호명 '팝피(POPPY)'라는 이름으로 총 7기의 전자정보(ELINT) 위성을 발사했다.

② 미국은 1968년 8월 '캐년(CANYON)'이라는 이름의 통신정보(COMINT) 수집용 위성을 최초로 발사했다.

③ 리욜리트(Rhyolite)는 1991년 걸프전 당시 '사막의 폭풍' 작전과 '사막의 방패' 작전을 성공적으로 수행하는 데 중요한 역할을 담당했다.

④ '매그넘(MAGNUM)'은 나중에 암호명을 '오리온(ORION)'으로 바꾸었는데 직경 약 100m까지 펼쳐진 안테나로 원격측정신호(telemetry), VHF, 휴대폰 호출신호, 무선자료송신(mobile data links) 등을 감청했다.

정답 ③

풀이 머큐리(MERCURY)에 대한 설명이다. 샬레(Chalet)는 NSA가 주도하여 운용했으며 영국 '멘위드 힐(Menwith Hill)'에 지상 통제소를 두었다. 샬레 위성의 이름이 신문에 알려지면서 '보텍스(Vortex)'로 개명했고, 1987년 '보텍스'라는 이름이 세상에 알려지자 다시 '머큐리(MERCURY)'라는 이름으로 바꾸었다. 한편 1970년대 동안 미국은 암호명 '리욜리트(Rhyolite)'로 알려진 5기의 원격측정 정보(TELINT) 수집용 위성을 운용했다. 리욜리트 위성의 주요 목표는 소련의 미사일 시험발사를 감시하는 것이었지만, 아프리카, 유럽, 아시아, 중동 등 전 세계의 광범위한 지역을 대상으로 원격측정정보(TELINT)와 통신정보(COMINT) 수집활동도 수행했다. 특히 리욜리트 위성은 주로 소련과 중국 지역의 VHF, UHF 및 단파 주파수를 이용하는 전화와 무선통신을 감청했고, 나아가 베트남, 인도네시아, 파키스탄, 레바논 지역에 대한 통신 감청활동도 수행했다.

478

신호정보위성에 대한 설명으로 틀린 것은? [2023년 기출]

① 미국은 NRO 주도하에 1962년부터 1971년까지 암호명 '팝피(POPPY)'라는 이름으로 총 7기의 전자정보(ELINT) 위성을 발사했다.

② '캐년(CANYON)'은 통신정보(COMINT) 수집용 위성으로 걸프전 당시 사막의 폭풍 작전에서 뛰어난 성능을 발휘하였다.

③ 러시아 최초의 신호정보 위성은 구소련 당시인 1967년에 쏘아 올린 코스모스(Cosmos) 189호 전자정보 위성이다.

④ 1970년대 동안 미국은 암호명 '리욜리트(Rhyolite)'로 알려진 5기의 원격측정 정보(TELINT) 수집용 위성을 운용했다.

정답 ②

풀이 ② 걸프전 당시 사막의 폭풍 작전에 사용된 정찰 위성은 머큐리(MERCURY)이다. 1985년 이후 머큐리 위성은 중동지역까지 감청 범위를 넓혔으며, 1987년부터 1988년까지 걸프 만에서 수행했던 미 해군 작전을 효과적으로 지원하여 그 명성을 높였다. 그리고 1991년 걸프전 당시 '사막의 폭풍' 작전과 '사막의 방패' 작전을 성공적으로 수행하는 데 중요한 역할을 담당했던 것으로 알려졌다.

479

에셜론(ECHELON)에 대한 설명으로 틀린 것은?

① NSA는 영국, 캐나다, 호주, 뉴질랜드 등 영연방 국가들과 함께 '에셜론(ECHELON)'이라는 비밀 감청 조직을 결성하였다.

② CIA와 NSA에서 컴퓨터 기술자로 일했던 스노든(Edward Joseph Snowden)이 서방 정보기관들이 전 세계 일반인들의 통화 기록과 인터넷 사용정보 등의 개인정보를 무차별적으로 수집 · 사찰해 온 사실을 폭로했다.

③ NSA의 도청 파문으로 국내외적으로 비난 여론이 고조하자 오바마 대통령은 미국 대통령으로서는 최초로 외국 정상들에 대한 도청 사실을 인정하고, NSA 첩보수집활동에 대한 재검토 작업에 착수했다.

④ 프랑스는 국내안보총국(DGSI) 기술국을 중심으로 에셜론 체계에 대응하여 독자적인 신호정보 감시 체계인 프렌첼론(Frenchelon)을 운용하고 있다.

정답 ④

풀이 프렌첼론(Frenchelon)은 프랑스가 앵글로－색슨의 에셜론 체계에 대한 대응으로 운용하는, 프랑스의 독자적인 신호정보(French Signal Intelligence) 감시체계이다. 주무부서는 프랑스 국방부 산하의 해외 정보기구인 대외안보총국(DGSE)이다. 실제 운용은 대외안보총국의 기술국이 관장한다.

480

에셜론(ECHELON)에 대한 설명으로 틀린 것은? [2023년 기출]

① NSA의 본부 지하실에는 초정밀 컴퓨터들이 있어 전 세계 첩보수집 기지에서 들어오는 엄청난 정보량을 처리한다.

② CIA와 NSA에서 컴퓨터 기술자로 일했던 스노든이 영국 일간지 가디언과 「워싱턴포스트」지를 통해 미국 NSA를 필두로 하는 서방 정보기관들이 전 세계 일반인들의 통화 기록과 인터넷 사용정보 등의 개인정보를 무차별적으로 수집·사찰해 온 사실을 폭로했다.

③ 스노든의 폭로 이후에도 미국 행정부는 도청 사실을 부인하였다.

④ NSA는 영국, 캐나다, 호주, 뉴질랜드 등 영연방 국가들과 함께 '에셜론(ECHELON)'이라는 비밀 감청 조직을 결성하여 전 세계의 무선 통신, 위성 통신, 전화, 팩스, 이메일을 감청하고 있는 것으로 알려져 있다.

정답 ③

풀이 ③ 스노든의 폭로로 미국 정부는 에셜론의 실체를 지목하지는 않았지만 사실상 도청 사실을 인정하기에 이르렀다. 제임스 클래퍼 미국 국가정보장(DNI)은 10월 29일 하원 청문회에 참석해 "외국 지도자들에 대한 감시는 전혀 새로운 것이 아니며, 이들에 대한 감시활동은 첩보의 기본"이라면서 "미국 동맹국들 역시 미국을 상대로 첩보활동을 한다."고 주장했다.

481

미국과 영국 등 영연방 5개 국가가 운용하여 전 세계의 라디오, 위성통신, 전화, 팩스, 이메일을 감청할 수 있는 전 지구적 전자적 신호정보 감청망 체계로 옳은 것은?

① 프렌첼론(Frenchelon)
② 베노나 프로젝트(VENONA Project)
③ 울트라 프로젝트(Ultra Project)
④ 에셜론(ECHELON)

정답 ④

풀이 ④ 프렌첼론은 에셜론에 대응하는 프랑스 독자적인 신호정보 감시체계이다. 울트라 프로젝트는 제2차 세계대전 중 영국의 정보당국이 독일군의 암호체계인 에니그마(Enigma)를 해독한 작전이고 베노나 프로젝트는 1940년대와 1950년대 미국과 영국 정보당국이 소련의 암호문을 체계적으로 해독한 장기 비밀 사업이다.

482

에셜론(ECHELON) 감청망에 대한 설명으로 잘못된 것은?

① 미국과 영국 등 영연방 5개 국가가 운용하는 지구를 대상으로 하는 전자적 신호정보 감청망이다.

② 대표적인 HUMINT 활동으로 대기 중의 무주물을 대상으로 하는 것으로 국제법적으로도 문제가 없는 것으로 인정된다.

③ 프랑스가 앵글로-색슨의 에셜론 체계에 대한 대응하여 운용하는 독자적인 신호정보(French Signal Intelligence) 감시체계가 프렌첼론(Frenchelon) 감청망이다.

④ 전 세계의 라디오, 위성통신, 전화, 팩스, 이메일을 감청할 수 있고, 획득된 정보는 초고성능의 슈퍼컴퓨터로 자동 분류되는 데이터 마이닝 시스템을 구축하고 있다.

정답 ②

풀이 ② TECHINT 활동이고 대기 중의 전파를 대상으로 하는 것이라고 하여도, 국경을 초월하여 경제간첩 수단으로도 이용될 수 있는 위험성으로 프랑스가 유럽인권재판소에 제소하는 등으로 국제법적으로 분쟁이 있는 문제이기도 하다.

핵심정리 **짐머만 통신감청 사건**

(1) 짐머만 전신 · 전보(Zimmermann Telegram) 사건은 신호정보 활동의 대표적인 사례의 하나이다. 그것은 영국 당국이 독일군의 신호정보를 획득하여 미국에 건네준 사건으로, 짐머만의 전신 · 전보(Zimmermann Telegram)를 대상으로 한 통신정보 감청사건이었다. 이 사건은 궁극적으로 미국이 제1차 세계대전에 참가하게 된 계기가 되었다. 짐머만 전신은 독일제국 외무부가 제1차 세 계대전이 최고조에 달한 1917년 1월 16일 멕시코 주재 독일 대사관에 전송한 암호 전신문(coded-telegram)이었다. 당시 독일제국 외무상이 짐머만(Arthur Zimmermann, 1864～1940)이었다.

(2) 영국 정보당국이 획득한 전신 내용의 요지는 독일 외무상 짐머만이 멕시코 주재 독일 대사에게 지시한 것으로, 멕시코 당국과 접촉해 멕시코와 군사동맹을 체결하라는 내용이었다. 이를 감청하여 해독한 영국당국은 그 내용을 미국에 건네주었다. 영국이 해독한 전신 내용은 멕시코가 미국 남서부 지역을 공격해 주면 독일제국이 즉각 지원하겠다는 제안내용을 담고 있었다. 미국 본토에서 멕시코가 독일을 대리하여 후방전쟁을 일으키게 해, 미국이 제1차 세계 대전에 뛰어드는 것을 막고 미국을 국내 전쟁에 잡아두겠다는 전략이었다. 또한 짐머만 전신은 필요시 일본도 미국 내의 가상전쟁에 멕시코의 동맹국으로 개입할 것이라는 암시를 담고 있었다. 독일은 멕시코가 협조해 주는 대가로, 멕시코-미국 전쟁(Mexican-American war) 때 멕시코가 미국에 빼앗긴 텍사스 주, 뉴멕시코, 애리조나, 캘리포니아, 네바다, 유타, 콜로라도 주 일부를 되찾아 주고 복구를 위한 재정적 지원을 할 것을 약속했다.

(3) 장군 출신인 멕시코 대통령 카랜자(Carranza)는 멕시코 주재 독일 대사로부터 전신 내용을 접수하고 독일의 제안 내용을 면밀히 검토했다. 그러나 그 제안은 궁극적으로 불가능하다고 결론지었다. 카랜자 대통령은 멕시코의 영토회복은 미국과의 전면전을 의미하는 것이고, 현재도 전쟁의 중심에 있는 독일의 군사적 지원 능력은 충분치 않다고 판단했다. 그리고 멕시코가 영토를 다시 회복한다고 해도 그 광범위한 영어 사용 지역을 통제한다는 것은 불가능하다고 결론지었다. 마침내 멕시코 카랜자 대통령은 짐머만 전신 제안을 약 3개월 후인 그 해 4월 14일 거절했다. 영국으로부터 이러한 감청내용을 전달받고 대단히 화가 난 미국은 결국 독일에 대해 선전포고를 하고 제1차 세계대전에 뛰어 들어 독일 등 동맹국은 패망했다.

483

미국이 제1차 세계대전에 참가하게 된 계기가 된 기술정보수집활동으로 옳은 것은?

① 짐머만 통신감청 사건(Zimmermann Telegram)

② 매직 암호해독(Magic cryptography) 작전

③ 울트라(Ultra) 프로젝트

④ 에셜론(ECHELON) 감청망

정답 ①

풀이 ① 짐머만 사건은 독일 제국 외무상인 짐머만의 전신 · 전보를 영국이 비밀리에 감청하여 미국에 건네준 통신정보 감청사건이다. 궁극적으로 미국이 제1차 세계대전에 참가하게 된 계기가 되었다.

핵심정리 매직 암호해독(Magic cryptography) 작전

(1) 매직 암호해독 작전은 제2차 세계대전 중 미국 정보당국이 일본의 암호체계인 퍼플(Purple)을 해독한 것으로 미국 정보당국의 암호해독 프로그램이었다. 매직 작전의 대상인 퍼플(Purple)은 일본이 1940년부터 사용하기 시작해 제2차 세계대전 중 외국에서 수집한 정보의 전달과 본국 지시를 전달하는 데 사용한 일본의 중추적인 암호 생성 전동기 장치였다. 처음 일본군의 움직임에 대한 암호해독 보고를 받은 루스벨트 대통령이 '마술(magic)'이라고 경탄한 것에서 매직이라는 이름이 유래되었다.

(2) 매직 암호해독 작전의 성과는 태평양 전쟁 초기인 1942년 6월 5일~6월 7일 중부 태평양 미드웨이 섬(Midway Island) 주변 해역에서 벌어진, 역사적으로 가장 강력한 해군력을 동원한 미국과 일본의 해전에서 나타났다. 1941년 12월 8일의 진주만 공격으로 엄청난 피해를 입었던 미국은 결과적으로 멋진 보복을 한 셈이었다. 미 해군당국은 매직 작전이 해독한 메시지로 일본군이 실제 목표물인 미드웨이 섬을 확보하기 위해 거짓으로 알류산 열도를 공격하는 것처럼 위장한다는 작전계획을 소상하게 파악했다. 원래 일본 연합함대 사령관 야마모토 이소로쿠 대장은 미국 항공모함을 격멸시킴과 동시에 미드웨이 섬을 초계기지로 삼아서 미국의 일본 본토에 대한 공격을 방어하려는 계획을 수립했다.

(3) 해전 참가병력은 미국이 항공모함 3척을 포함한 함정 35척, 비행기 233기 그리고 일본이 항공모함 4척을 포함한 함정 47척, 비행기 285기로 엄청난 화력이었다. 미드웨이 해전에서 미국 해군은 항공모함 1척만 침몰되었을 뿐 피해가 적었으나, 일본은 항공모함 4척과 중급순양함 1척이 침몰하고 항공모함 탑재비행기 전부를 소실했다. 이후 태평양에서 전쟁의 흐름이 변하여 미국으로 주도권이 옮겨졌다. 또한 미군은 1943년 매직 암호해독 작전으로 야마모토 제독의 솔로몬 제도 방문 일정을 정확히 파악해 그가 탄 비행기를 격추시켜 미국을 괴롭혔던 장애물을 제거했다. 매직 작전의 암호해독 성과는 미국 본토에서 FBI에 의한 1940년대 미국 서해안 지역 일본 야쿠자(Yakuza) 조직범죄에 대한 소통에도 활용되었다.

핵심정리 **울트라(Ultra) 프로젝트**

울트라 프로젝트는 제2차 세계대전 중 영국의 정보당국이 독일군의 암호체계인 에니그마(Enigma)를 해독한 작전이다. 영국 정보당국의 울트라(Ultra) 작전은 미국이 일본을 상대로 전개한 암호해독작전인 매직작전과 함께 연합군 기술정보(TECHINT)의 대표적인 개가로 손꼽힌다. 그러나 사실 독일의 에니그마 체계는 일본의 퍼플 체계와는 비교가 되지 않을 정도로 복잡해서 독일은 절대로 해독되지 않을 것이라고 자신했다고 한다. 독일군은 가로와 세로 각 30cm, 높이 15cm, 무게 30kg의 겉보기에는 둔탁한 타자기처럼 보이는 에니그마(ENIGMA)라는 암호기로, 육군과 공군 그리고 해군용으로 세 가지 키워드를 사용해 암호문을 생성했다. 영국 해군은 에니그마 암호기를 대서양 바다 한가운데에 침몰한 독일 해군의 U보트에서 목숨을 건 작전을 전개하여 획득했다. 암호해독은 철저한 수학공식의 분석으로, 영국 블리칠리 파크라는 곳에서 다수의 수학자들이 수행했다. 그중에 대표적인 수학자가 폴란드 출신의 튜링(Alan Mathison Turing)이었다. 동성애자였던 튜링은 수학에 대한 천재성으로 수학의 신 또는 수학의 모차르트라고 불렸다. 실패만 거듭하던 영국 정보당국은 튜링의 천재적 노력으로 마침내 해독에 성공하였다. 더 나아가 에니그마의 암호화 과정을 자동적으로 역추적하는 암호해독기 '폭탄(Bomb)'을 개발했다. 폭탄(Bomb)은 에니그마의 암호조립 방식을 엄청난 속도로 역추적하는 고성능의 계산기였다. 그러나 자신들의 에니그마를 철저히 신뢰한 독일 최고사령부는 전쟁이 끝날 때까지도 에니그마가 침투되었다고 믿지 않았다. 연합군 스파이에 의해 개별적인 작전 정보가 유출된 것으로만 생각했다. 울트라 작전은 극도의 보안을 유지하다가 1980년대가 되어서야 비밀 해제되어 일반에 공개되었다.

484

울트라 계획에 대한 설명으로 틀린 것은?

① 매스터맨(John Masterman)은 울트라 계획을 통해 영국은 일곱 가지 목표를 달성했다고 술회했다.

② 1944년경 영국은 암호명 '울트라 계획(Ultra Project)'을 통해 독일의 암호를 성공적으로 해독했다.

③ 울트라 계획을 통해 영국은 허위로 전달한 정보에 대해 독일이 어떤 반응을 보이는지 파악할 수 있었다.

④ 울트라 계획은 제2차 세계대전 승리의 결정적인 분수령이 되었던 노르망디 상륙작전 성공에 기여하였다.

정답 ①

풀이 당시 영국 MI5에서 공작을 직접 담당했던 매스터맨(John Masterman)은 더블크로스 시스템을 통해 영국은 독일의 간첩망에 대한 통제 등 일곱 가지 목표를 달성했다고 술회했다.

485

제2차 세계대전 중 연합국이 독일과 일본을 상대로 전개한 암호해독작전으로 옳지 않은 것은?

[2023년 기출]

① 울트라 ② 퍼플
③ 그리핀 ④ 매직

정답 ③

풀이 ③ 그리핀 작전은 제2차 세계대전 기간 영국의 MI6가 독일의 군사과학 기밀을 빼내기 위해 실행한 비밀작전이다.

486

제2차 대전 중 영국이 행한 독일의 암호해독공작으로 옳은 것은? [2012년 기출]

① 매직(Magic) ② 울트라(Ultra)
③ 인디고(Indigo) ④ 에니그마(Enigma)

정답 ②

풀이 ② 독일의 암호를 해독하기 위한 영국의 작전은 울트라 프로젝트이고, 미국의 작전은 인디고 프로젝트이다.

핵심정리 **베노나 프로젝트(VENONA Project)**

베노나 프로젝트는 1940년대와 1950년대 미국과 영국 정보당국이 소련 정보기구의 암호문을 체계적으로 해독한 장기 비밀사업이었다. 베노나 프로젝트는 소련 정보에 대해 가장 중요한 가치를 지녔던 것으로 평가되었다. 기밀을 유지하기 위해 심지어 루스벨트 대통령과 트루먼 대통령에게도 베노나 프로젝트의 존재를 보고하지 않았다고 한다. 베노나 프로젝트의 대표적인 기술정보 성공사례는 핵무기 정보를 소련으로 누설한 로젠버그(Rosenberg) 스파이 사건의 적발과 케임브리지 5인방인 맥클린과 가이 버기스 사건의 전모 파악이다. 베노나 프로젝트에 의해 기술적으로 수집된 1941년과 1945년 사이의 주로 소련에 대한 방대한 양의 첩보 자료 중 약 3,000여 개 정도만이 전부 또는 부분적으로 해독된 것으로 알려졌다. 그 해독률은 1942년 1.8%, 1943년 15.0%, 1944년 49.0%, 1945년 1.5%라고 한다. 기술정보수집의 방대성과 정보분석의 불균형을 잘 보여준다. 또한 소련 암호체계의 지독한 복잡성을 엿볼 수 있게 해 주는 단면이다. 그 방대한 양 때문에 1942년부터 1945년 사이에 획득된 정보는 베노나 계획이 취소된 후에도 계속 이어져 1980년까지 해독작업이 진행되었다.

Theme 15 징후계측정보(MASINT)

핵심정리 **징후계측정보(Measurement and Signature Intelligence, MASINT)**

1. 의의

① 징후계측정보(MASINT)는 기술정보의 일종이면서 신호정보나 영상정보와 다른 유형의 정보를 말한다. MASINT는 감지장치로부터 나오는 자료에 대한 양적 및 질적분석을 통해 획득되는 정보로서 적국 무기체계를 탐지하고 그 특징과 성능 등을 파악하는 데 활용된다.

② MASINT는 신호정보나 영상정보와 비교하여 종류는 매우 많지만 아직은 덜 발전된 정보체계로 평가된다. 과거에는 탐지 · 분류 · 추적 기능이 미흡하여 MASINT의 역할은 매우 제한적이었다. 그런데 오늘날 MASINT는 적의 공격징후 감시, 전략미사일 발사 조기 경보, 핵폭발 실험 감시 등 다양한 활동을 수행한다.

③ MASINT에 속하는 대표적인 첩보수집 수단으로서 레이더정보(Radar Intelligence, RADINT), 해저정보(Acoustic Intelligence, ACOUSTINT), 핵정보(Nuclear Intelligence, NUCINT), 레이저정보(Laser Intelligence, LASINT), 적외선정보(Infrared Intelligence, IRINT) 등이 있다. 미국의 경우 DIA(Defense Intelligence Agency)가 이 분야의 활동을 주도한다.

2. 레이저정보(Laser Intelligence, LASINT)

레이저나 유도에너지 빔(directed-energy beams)을 분석하여 획득되는 정보를 말한다. LASINT가 실제 어떻게 취득되고 활용되는지 그 구체적인 사례는 별로 알려져 있지 않다. 다만 레이저정보가 레이저 통신체계를 감시하고 우주에 레이저 무기를 개발 · 배치하는 것을 금지하는 조약 위반 여부를 검증하는데 활용되고 있을 것으로 추정된다.

3. 레이더정보(Radar Intelligence, RADINT)

레이더로 주로 적국의 항공기를 추적하여 획득되는 정보를 의미한다. RADINT는 반사되는 레이더 신호를 분석하여 차량의 종류 및 특성을 식별해낼 수 있으며, 항공기의 비행 항로를 추적하여 항공기의 성능을 판단할 수 있다. 예를 들어 알류산 열도 지역에서 미국이 운용하고 있는 코브라 데인(Cobra Dane) 레이더 장비는 캄차카 반도에서 시험 발사되는 소련 미사일의 종류 및 성능을 분석하는 데 활용되었다.

4. 적외선정보(Infrared Intelligence, IRINT)

IRINT(Infrared Intelligence)는 가시광선보다 파장이 긴 전자기파 현상으로서 적외선을 수집하여 획득되는 정보를 말한다. 이는 신호정보에 해당되는 것으로서 흔히 알려져 있는바 적외선을 이용하여 야간에 영상정보를 수집하는 것과는 다르다. 대표적인 사례로는 소련의 대륙간탄도미사일 발사를 탐지하기 위해서 미국이 활용하는 조기경보 위성을 들 수 있다. 미사일이 대기권을 통과하게 될 때 위성에 장착된 적외선 감지장치가 미사일 발사 시 나타나는 버섯구름을 탐지하는 데 활용된다.

5. 핵정보(Nuclear Intelligence, NUCINT)

(1) 의의

① 핵폭발 시 방출되는 방사선과 낙진을 수집하여 획득되는 정보를 의미한다. 대표적인 사례로서 미국의 핵폭발 감시기구는 1949년 소련이 미국에 이어 세계에서 두 번째로 핵실험을 실시했을 때 소련 본토에서 사라졌다가 태평양 부근에 생긴 버섯구름을 탐지 하였다.

② 핵폭발 시 발생되는 잔여물들을 분석해보면 핵무기의 특성과 파괴력을 추정해 볼 수 있다. 예를 들어 베라(Vela) 핵폭발 감시 장비는 핵폭발 시 발산되는 섬광의 특성 등을 분석하여 핵확산금지조약(NPT)과 부분핵실험금지조약 등의 이행 여부에 대한 감시활동을 수행한다.

(2) WC-135

① '불멸의 불사조(Constant Phoenix)'라는 별명의 WC-135는 대기 표본 수집을 통해 핵실험 여부를 확인할 수 있는 유일한 항공기로서 미 공군에서 단 2대만을 보유하고 있다.

② WC-135는 2006년 10월 3일 북한의 핵실험 실시 계획 발표 이후 연일 동해상으로 출동해 북한의 핵실험 여부를 감시해 왔다. 이 항공기는 원래 미국 플로리다 주 패트릭 공군기지에 배치되어 있지만 북한 핵실험 위기 이후 오키나와 가데나 기지로 이동 후 배치되었다.

③ 최대 33명의 승무원과 전문분석요원이 탑승하며 이들을 방사능 등으로부터 보호할 수 있는 특수여과장치가 비행기에 설치되어 있다. 1963년 제한핵실험금지조약 이행 감시를 지원하기 위해 C-135 수송기를 개조해 만들었는데 구소련의 체르노빌 원전 사고 때 방사능 유출을 추적·감시하기도 했다.

핵심정리 징후계측정보(MASINT)의 구성 정보인자

(1) 레딘트(Radar Intelligence, RADINT): 레이더 정보
(2) 어코스틴트(Acoustic Intelligence, ACOUSTINT): 음향정보
(3) 뉴씬트(Nuclear Intelligence, NUCINT): 핵 정보
(4) RF/EMPINT (Radio Frequency/Electromagnetic Pulse Intelligence): 라디오주파/전자기파 정보
(5) 일렉트로-옵틴트(Electro-optical Intelligence, ELECTRO-OPTINT): 전기광학정보
(6) 라신트(Laser Intelligence, LASINT): 레이저 정보
(7) 린트(Unintentional Radiation Intelligence,RINT): 우연한 방사정보
(8) 시빈트(Chemical and Biological Intelligence, CBINT): 화학과 생체정보
(9) 스핀트(Spectroscopic Intelligence, SPINT): 스펙트럼 분석정보
(10) 이린트(Infrared Intelligence, IRINT): 적외선 정보

487

징후계측정보(MASINT)에 대한 설명으로 틀린 것은?

① 신호정보나 영상정보와 다른 유형의 정보이다.
② 정보수집 대상목표의 위치, 이동을 확인하는 정보를 포함한다.
③ 적외선을 이용하여 야간에 영상정보를 수집하는 것과는 다르다.
④ 코브라 볼(Cobra Ball)이라 불리는 WC-135는 대기 표본 수집을 통해 핵실험 여부를 확인할 수 있다.

정답 ④

풀이 WC-135의 별명은 불멸의 불사조(Constant Phoenix)이다.

488

징후계측정보(MASINT)에 대한 설명으로 틀린 것은?

① 신호정보나 영상정보와 비교하여 종류는 매우 많지만 아직은 덜 발전된 정보체계이다.
② LASINT는 우주에 레이저 무기를 개발 · 배치하는 것을 금지하는 조약 위반 여부를 검증하는데 활용된다.
③ IRINT는 가시광선보다 파장이 긴 전자기파 현상으로서 적외선을 수집하여 야간에 영상정보를 수집한다.
④ '불멸의 불사조(Constant Phoenix)'라는 별명의 WC－135는 대기 표본 수집을 통해 핵실험여부를 확인할 수 있다.

정답 ③

풀이 IRINT는 가시광선보다 파장이 긴 전자기파 현상으로서 적외선을 수집하여 획득되는 정보를 말한다. 이는 적외선을 이용하여 야간에 영상정보를 수집하는 것과는 다르다. 대표적인 사례로는 소련의 대륙간탄도미사일 발사를 탐지하기 위해서 미국이 활용하는 조기경보 위성을 들 수 있다. 미사일이 대기권을 통과하게 될 때 위성에 장착된 적외선 감지장치가 미사일 발사 시 나타나는 버섯구름을 탐지하는 데 활용된다.

489

징후계측정보(MASINT)에 대한 설명으로 틀린 것은?

① 징후계측정보는 'Measurements And Signature INTelligence'의 철자 약어로 원래 상대세력의 무기 보유량과 화력, 제조무기 등 산업활동 실태를 파악하기 위해 개발되었다.
② 미국 정보공동체는 오늘날까지도 징후계측정보를 공식적인 정보인자로 인정하지 않는다.
③ 징후계측정보의 대상인 데이터자료에는 레이더 신호, 음향 · 지진, 자기 등의 지질물질, X-ray · 감마선 · 중성자 등 핵 방사선, 각종 물질의 분진, 파편, 스펙트럼 영상 등 다양하다.
④ 징후계측정보는 영상정보나 신호정보 등 다른 기술정보 분야와 대비하여 구성요소의 성숙도와 다양성이라는 2가지 측면에서 차이가 있다.

정답 ②

풀이 ② 미국 정보공동체는 1986년도에 이르러 징후계측정보를 공식적인 정보분야로 인정했다.

490

다음에서 설명하는 정보로 옳은 것은?

> 영상정보나 신호정보를 제외한 나머지 기술로 획득하는 정보로서 대량살상무기 감시에 적합하며 각종 국제범죄의 정보수집에도 유용하다.

① 신호정보 ② 영상정보
③ 측정정보 ④ 사진정보

정답 ③
풀이 ③ 징후계측정보(MASINT)에 대한 설명이다.

491

북한의 핵실험 상황을 탐지하기 위해 지진파를 수집해 획득한 정보의 유형으로 옳은 것은?

[2016년 기출]

① 신호정보(SIGINT) ② 징후계측정보(MASINT)
③ 인간정보(HUMINT) ④ 영상정보(IMNT)

정답 ②
풀이 ② 최근 북한이 핵실험을 자주 하고 있어 이의 성공여부나 위력 등을 파악하기 위한 정보수집활동이 활발하게 전개되고 있다. 핵실험으로 발생된 지진파, 전리층의 변화, 낙진 등을 통해 수집하는 정보는 징후계측정보(MASINT)이다.

492

측정정보(MASINT)에 대한 설명으로 옳은 것은? [2014년 기출]

① 레이더의 신호를 수집해 분석한 정보를 말한다.
② 미사일을 발사 후 미사일에서 발신하는 전파를 수집 · 분석해 획득한 정보를 말한다.
③ 적의 통신내용을 수집해 분석한 정보를 말한다.
④ 적외선 등을 이용해 적의 미사일 발사, 핵실험 등에 관해 획득한 정보를 말한다.

정답 ④
풀이 ④ 측정정보는 영상정보와 신호정보를 제외한 기술수단에 의해 획득한 정보를 말한다. 레이더 신호를 수집해 분석한 정보는 전자정보, 미사일에서 발신하는 전파를 수집 · 분석해 획득한 정보는 원격측정정보, 적의 통신 내용을 수집해 분석한 정보는 통신정보로서 모두 신호정보이다.

493

측정정보(MASINT)에 대한 설명으로 틀린 것은? [2009년 기출]

① 정보수집 대상목표의 위치, 이동을 확인하고 묘사하는 정보는 측정정보에 포함된다.

② 핵방사능, 레이더, 무선 주파수, 지진, 자기, 폭발물의 분진이나 파편을 수집하고 분석해 유용한 정보를 도출한다.

③ 국가 간의 무기감축조약의 감시와 검증에 많이 활용되고 있으나 환경파괴나 감시활동에 활용하기에는 제약조건이 많다.

④ 국제범죄, 테러, 마약감시를 위해서 측정정보를 활용하기도 한다.

정답 ③

풀이 ③ 징후계측정보는 대량살상무기(WMD)의 개발과 확산, 군축, 환경 파괴문제, 마약 거래, 우주 공간에서의 활동 그리고 정보활동에서의 기망과 역기망 현상을 파악하는 데 유용하게 활용된다.

Theme 16

공개출처정보 (Open Source Intelligence, OSINT)

핵심정리 공개출처정보(Open Source Intelligence, OSINT)

(1) 흔히 모든 정보활동은 비밀리에 수행되는 것으로 알려져 있다. 첩보수집, 분석, 방첩, 비밀공작 등 정보기관에서 수행하는 정보활동의 대부분은 철저하게 비밀을 유지하는 가운데 전개된다. 그러나 실제로 모든 정보활동이 비밀리에 수행되는 것은 아니다. 특히 첩보수집의 경우 공개적이고 합법적인 방법으로 자료를 수집하는 공개첩보수집(open-source collection)의 비중이 매우 높다.

(2) 앞에서 언급했듯이 첩보수집 방법은 크게 비밀첩보수집(clandestine collection)과 공개첩보수집(open-source collection)으로 분류될 수 있다. 비밀첩보수집은 사람이나 기술 장비를 활용하여 비밀리에 첩보를 수집하는 것을 의미한다. 이에 비해 공개첩보수집은 공식적인 외교활동이나 신문, 라디오, TV, 인터넷 등 공개적인 자료를 통한 수집방법 또는 활동을 의미한다. 공개적이고 합법적인 방법으로 획득된 자료를 일반적으로 '공개출처정보(open source intelligence, OSINT)'라고 칭한다.

(3) 전문가들에 따르면 사안에 따라 다소 차이가 있지만 OSINT는 정보기관에서 생산되는 정보의 35~90% 이상을 차지할 정도로 그 비중이 높다. 냉전의 종식과 함께 공개출처 자료가 획기적으로 증가하게 되었다. 러시아의 경우 공개출처 대 비밀자료의 비율이 냉전시대 동안에는 20:80이었는데, 이것이 오늘날 완전히 역전되었다. 동구권 사회주의 체제가 붕괴한 이후 북한, 쿠바 등 몇몇 국가들을 제외하고 국제사회에서 폐쇄적인 사회 또는 '거부지역(denied areas)'은 거의 사라졌다. 국제사회가 보다 개방화되면서 비밀첩보 수집활동의 필요성이 감소되었다.

(4) 그렇다고 비밀첩보 수집활동이 더 이상 불필요해졌다는 것은 결코 아니다. 개방화된 사회라 할지라도 대부분의 국가들이 정치, 군사적인 의도나 계획 등 국익이나 국가안보에 영향을 미치는 중요한 사안에 대해서는 엄격히 비밀을 유지하고 있다. 따라서 공개출처를 통해 수집된 자료만으로는 파악할 수 없는 사안들이 많이 있으며, 이를 위해 비밀첩보 수집 활동이 필요한 것이다. 다만, 탈냉전과 함께 공개출처 자료가 획기적으로 증가한 만큼 이를 국가정보의 생산에 적절히 활용할 수 있는 방안이 강구되어야 할 것이다.

핵심정리 정보(Intelligence)와 공개출처정보(OSINT)

(1) 의의

① '정보(Intelligence)'를 "타당성이 검증된 지식" 그리고 "비밀성이 내포된 지식"을 의미하는 것으로 해석했을 때 위에서 언급한 공개출처정보(OSINT)는 엄밀한 의미에서 '정보(intelligence)'로 인정되기 어렵다.

② 아마도 '공개출처첩보(open source information)' 또는 '공개출처자료(open source material)'라는 용어가 공개출처정보(OSINT)의 의미를 보다 정확하게 표현하고 있는 것으로 생각된다. 그래서 혹자는 '공개출처정보(OSINT)'를 '공개출처첩보(open source information)' 또는 '공개출처자료(open source material)'와 엄격히 구분하여 정의하기도 한다.

(2) 로웬탈

로웬탈은 공개출처정보(OSINT)의 개념을 수많은 '공개출처자료(open source material)'들 중에서 선별하여 정책결정권자에게 제공되는 것으로서 그 유용성과 타당성을 충분히 검토하여 작성된 지식을 의미하는 것으로 해석하기도 한다.

(3) 비판

① 그러나 이는 지나치게 협소한 해석으로 생각되며 설득력이 미흡하다. 우선 공개출처정보는 정책결정권자에게만 제공되는 것이 아니라 정보분석관을 포함하여 누구에게나 접근 가능한 자료들로서 보다 광범위한 의미로 해석된다.

② 그리고 입수된 자료들은 선별, 분류, 번역 등의 처리 및 분석과정을 거쳐서 비로소 타당성이 검증된 지식이 생산되는 것이다. 분석관이 타당성을 검증하기 위해서는 공개출처자료는 물론 비밀첩보자료와 비교하는 등의 과정을 거치게 된다. 이처럼 전문적인 정보분석의 과정을 거쳐서 작성된 자료는 이미 비밀자료와 융합된 정보로서 순수한 의미의 공개출처자료라고 볼 수가 없고 오히려 비밀출처정보에 가깝다고 본다.

③ 그런 점에서 공개출처정보(OSINT)를 공개출처자료와 엄격히 구분하여 정의하는 것은 합당하지 않다고 본다. 요컨대 공개출처정보(OSINT)는 비밀첩보활동 수단을 통해 입수된 자료와 대비되는 개념으로써 공개적이고 합법적인 수단을 통해 획득된 모든 자료들을 통칭하는 것으로 정의할 수 있다.

핵심정리 **미국의 정보공동체의 공개출처정보(OSINT) 업무를 담당하는 기구**

(1) 미국의 정보공동체에는 몇 년 전까지 OSINT를 전담하는 기구조차 설립되어 있지 않았었다. '외국방송정보서비스(Foreign Broadcast Information Service, FBIS)'는 정보공동체에서 OSINT 업무를 담당하는 가장 큰 기구인데 CIA 소속으로 되어 있었다.

(2) 이후 WMD 진상조사위원회(WMD Commission, known as the Robb-Silberman Commission)에서 2005년 3월 CIA에 '공개정보국(Open Source Center)'을 설립토록 제안했다. 이에 2005년 11월 마침내 DNI 산하에 '공개정보센터(Open Source Center)'가 설립되었다.

(3) 2015년에 공개정보센터(Open Source Center)는 CIA의 디지털혁신국(DDI)에 통합되면서 the Open Source Enterprise(OSE)로 명칭을 변경하였다.

494

미국의 정보공동체의 OSINT 업무를 담당하는 기구에 대한 설명으로 틀린 것은?

① CIA의 '외국방송정보서비스(FBIS)'가 정보공동체에서 가장 규모가 큰 OSINT 업무를 담당하는 기구였다.

② WMD 진상조사위원회는 2005년 3월 CIA에 '공개정보국' 설립을 제안하였다.

③ 2005년 11월 DNI 산하에 '공개정보센터(Open Source Center)'가 설립되었다.

④ 2015년에 공개정보센터는 명칭 변경 없이 CIA의 디지털혁신국(DDI)에 통합되었다.

정답 ④

풀이 ④ 2015년에 공개정보센터(Open Source Center)는 CIA의 디지털혁신국(DDI)에 통합되면서 the Open Source Enterprise(OSE)로 명칭을 변경하였다.

495

미국의 정보공동체의 OSINT 업무를 담당하는 기구에 대한 설명으로 틀린 것은?

① 미국의 정보공동체에는 OSINT를 전담하는 기구조차 설립되어 있지 않았었다.
② CIA 소속의 외국방송정보서비스(FBIS)가 정보공동체에서 OSINT 업무를 담당하는 가장 큰 기구였다.
③ WMD 진상조사위원회에서 2005 년 3월 CIA에 '공개정보국(Open Source Center)'을 설립토록 제안하였고, 2005년 11월 CIA에 '공개정보센터'가 설립되었다.
④ 공개정보센터(Open Source Center)는 2015년 CIA의 디지털혁신국(DDI)에 통합되면서 the Open Source Enterprise(OSE)로 명칭을 변경하였다.

정답 ③

풀이 ③ WMD 진상조사위원회(WMD Commission, known as the Robb－Silberman Commission)에서 2005년 3월 CIA에 '공개정보국(Open Source Center)'을 설립토록 제안했다. 이에 2005년 11월 마침내 DNI 산하에 '공개정보센터(Open Source Center)'가 설립되었다.

496

공개출처정보에 대한 설명으로 틀린 것은?

① 탈냉전과 함께 정보화시대에 들어서서 획득할 수 있는 공개출처자료의 범위가 획기적으로 확대되었다.
② 상업용 위성을 운용하여 획득한 영상사진도 공개출처정보에 해당한다.
③ CIA의 디지털 혁신국에 공개정보센터가 설립되기 전에는 외국방송정보서비스(FBIS)가 정보공동체에서 공개출처정보를 담당하는 가장 큰 기구였다.
④ 보안문제 및 기술적인 제약으로 인해 정보기관에서 공개출처정보의 효과적인 활용이 제한될 수 있다.

정답 ③

풀이 공개정보센터(Open Source Center)는 DNI 산하에 설립되었다.

497

공개출처정보(OSINT)에 대한 설명으로 틀린 것은?

① 비밀첩보의 해석과 평가에 유용하다.
② 인간정보와 기술정보의 수집 방향을 제시한다.
③ 정보의 양이 지나치게 많아 옥석을 가리는 데 과다한 시간과 비용을 필요로 한다.
④ 비교적 신속하게 획득할 수 있고 많은 분량의 자료들을 확보할 수 있지만 허위 정보 등 기만과 조작에 취약하다.

정답 ④

풀이 접근이 편리하고 세계 도처의 인터넷 블로거, 신문기자, TV 리포터, 전문연구자, 학자, 민간 분석 기관 등 출처가 다양하여 오히려 기만과 조작이 어렵다. 또한 정보분석관 입장에서는 출처가 명료해서 검증이 가능하다.

498

공개출처정보의 장점으로 적절하지 않은 것은?

① 비교적 신속하게 획득할 수 있다.
② 비밀 자료의 출처를 보호하는 수단으로 유용하게 활용될 수 있다.
③ 비밀첩보자료에 비해 보다 많은 분량의 자료들을 확보할 수 있다.
④ 비밀정보에 비해 내용의 명료성이 보장되어 신뢰성을 인정받을 수 있다.

정답 ④

풀이 공개출처정보는 출처의 명료성이 보장된다.

499

공개출처정보(OSINT)에 대한 설명으로 틀린 것은?

① CIA 초대 국장이었던 힐렌쾨터(Roscoe Hillenkoetter)는 1948년에 이미 CIA의 80%의 정보가 외국의 서적, 잡지, 라디오 방송 그리고 해당국가 사정에 정통한 일반인 등 공개출처 자료에서 수집된다고 했다.
② 오늘날 인터넷의 광범위한 운용과 발달로 인터넷이 오신트 활동의 중심이자 보고이다.
③ 공개출처정보 전문가인 스틸(Robert D. Steele)은 "학생이 갈 수 있는 곳에 스파이를 보내지 말라."라고 하여 정보수집 활동은 먼저 공개출처정보의 활용가능성 판단에서 시작되어야 함을 강조했다.
④ 공개출처정보의 3대 이점은 접근성, 상대적 안정성, 비용 효율성이다.

정답 ②

풀이 ② 공개출처정보는 크게 대중 매체, 공개자료, 전문 학술자료 등 세 가지 유형으로 구분될 수 있다. 대중 매체에는 신문, 잡지, 라디오, TV, 인터넷 등이 있고, 공개자료(public data)에는 정부보고서, 예산과 인구 문제를 다룬 공식적인 자료, 청문회 자료, 법률적 문제를 토의한 자료, 기자회견, 연설 등이 있으며, 전문 학술자료로는 학술회의 자료, 심포지엄 자료, 전문가 협회에서 편찬한 자료, 학술 연구논문 등이 있다.

500

공개출처정보(OSINT)에 대한 설명으로 틀린 것은?

① 미디어를 통한 자료, 공공자료, 학술자료 등이 대표적인 공개출처정보이다.

② 자료수집에 위험이 수반되지 않으며 대체로 합법적인 수집이 가능하다.

③ 인터넷의 확산에 따른 정부의 정보공개 촉진으로 공개출처정보의 양은 증가하고 있다.

④ 공개출처정보는 대부분 질적으로 보장되어 있는 정보이며 신뢰성이 높기 때문에 비밀 정보를 대체하여 직접적인 활용이 가능하다.

정답 ④

풀이 ④ 비밀첩보 수집활동이 더 이상 불필요해졌다는 것은 결코 아니다. 개방화된 사회라 할지라도 대부분의 국가들이 정치, 군사적인 의도나 계획 등 국익이나 국가안보에 영향을 미치는 중요한 사안에 대해서는 엄격히 비밀을 유지하고 있다.

501

공개출처정보(오신트, OSINT)에 대한 설명으로 틀린 것은?

① CIA 초대 국장이었던 힐렌코에터(Roscoe Hillenkoetter)는 1948년에 이미 CIA의 80%의 정보가 외국의 서적, 잡지, 라디오 방송 그리고 해당국가 사정에 정통한 일반인 등 공개출처 자료에서 수집된다고 말했다.

② 일천한 역사의 공개출처정보는 9/11 테러공격 이후에 부각된 것이다.

③ 9/11 테러공격의 입법대응으로 제정된 미국의 2004년 「정보개혁 및 테러방지법」은 공개출처정보의 중요성을 강조하여 국가정보장(DNI)으로 하여금 오신트 활동에 대한 전반적인 정보정책 결정을 하도록 법으로 요구하고 있다.

④ 정보전문가인 스틸(Robert D. Steele)이 말한 "학생이 갈 수 있는 곳에 스파이를 보내지 말라."라는 말은 정보수집 활동은 먼저 공개출처정보의 활용가능성 판단에서 시작되어야 함을 잘 설명한 말이다.

정답 ②

풀이 ② 1948년에 이미 CIA의 80%의 정보가 외국의 서적, 잡지, 라디오 방송 그리고 해당국가 사정에 정통한 일반인 등 공개출처 자료에서 수집되었다. 또한 공개출처정보는 탈냉전과 함께 획기적으로 증가하였다.

502

공개출처정보의 3대 이점이 아닌 것은?

① 접근성 ② 무상성

③ 상대적 안정성 ④ 비용 효율성

정답 ②

풀이 ② 공개출처정보는 무상이 아니다. 공개자료라고 하지만, 적시의 신속한 획득을 위해서는 적지 않은 비용이 드는 특별한 수집기법도 요구된다.

503

다음 중 공개출처정보(Open source intelligence, OSINT)의 특징과 장단점에 관한 설명으로 가장 적절하지 않은 것은? [2024년 기출]

① 신문, 잡지, 학술지, 단행본, 정부간행물, 방송, 인터넷 등 공개적인 방법으로 수집되는 자료들을 의미하며 대체로 합법적이다.

② 비공개 출처를 대상으로 하는 첩보수집 활동에 비해 별도의 수집 장비나 특정 인물 접촉이 필요 없어 비용과 시간이 절감되는 장점이 있다.

③ 오늘날 정보통신 혁명과 함께 인터넷, 데이터베이스 온라인 상용망 등을 활용한 공개출처정보 획득이 보다 용이해지고 있다.

④ 누구나 쉽게 접근하여 수집할 수 있고 비밀출처정보와 비교하여 효용성이 떨어진다.

정답 ④

풀이 ④ 수집하기 어려울수록 가치 있는 정보라는 등식은 성립될 수 없다. 공개출처자료들을 잘 활용하면 저렴한 비용으로 얼마든지 가치 있는 정보를 생산해낼 수 있다. 공개출처정보의 효용성을 강조하는 스틸(Robert David Steele)은 “학생이 갈 수 있는 곳에 스파이를 보내지 말라(Do not send a spy where a school boy can go).”라고 주장했다.

504

공개출처정보에 대한 설명으로 옳지 않은 것은? [2023년 기출]

① 공개출처정보는 인간정보에 비해 상대세력의 기만과 조작에 취약하다.

② 정보의 양이 너무 많아서 신뢰성 있는 자료를 선별하는 데 많은 비용과 시간이 소요된다.

③ 공개출처정보는 합법적인 방법으로 첩보를 수집하기 때문에 출처를 공개할 수 있고, 비밀 자료의 출처를 보호하는 수단으로 유용하게 활용될 수 있다.

④ 공개출처정보는 행정기관의 보안 문제로 접근이 어려워 활용이 제한된다.

정답 ①

풀이 ① 공개출처정보는 접근이 용이하고 다양한 출처로 인해 기만과 조작이 어렵다.
④ 보안문제 및 기술적인 제약으로 인해 정보기관에서 공개출처정보의 효과적인 활용이 제한될 수 있다. 정보기관들은 보안문제로 인해 조직체 내부 전산망으로서 인트라넷을 채택하고 있으며, 이는 일반인들이 사용하는 상용망과 별도로 분리되어 있다. 이처럼 분리된 전산망 체계로 인해 인터넷을 활용한 공개출처 자료의 활용이 제한될 수밖에 없다.

505

공개정보의 수집방법으로 적절하지 않은 것은? [2020년 기출]

① 정부기관의 정기발간 자료 수집

② 중요한 학자들을 대상으로 인터뷰

③ 정부 관료의 통신 등을 감청

④ 대학교수가 발간한 학술자료

정답 ③

풀이 ③ 정부 관료의 통신 등을 감청하여 얻은 정보는 비밀출처정보의 통신정보에 해당한다.

506

공개출처정보에 대한 설명으로 틀린 것은? [2019년 기출]

① 공개출처정보는 정보의 가치가 낮다.

② 인터넷, 방송 등으로부터 수집한다.

③ 냉전시대에는 여행자도 유용한 정보를 제공했다.

④ 민간 기업이 제공하는 정보도 공개출처에 해당된다.

정답 ①

풀이 ① 공개출처정보라고 해서 반드시 정보의 가치가 낮은 것은 아니다.

507

공개출처에 해당하는 정보원을 고른 것은? [2011년 기출]

ㄱ. 정부가 발간한 백서를 참조했다.
ㄴ. 인터넷에 올라온 신문기사를 정리했다.
ㄷ. 적성국을 방문한 여행자와 인터뷰했다.
ㄹ. 적대국 망명자를 심문했다.

① ㄱ
② ㄱ, ㄴ
③ ㄱ, ㄴ, ㄷ
④ ㄱ, ㄴ, ㄷ, ㄹ

정답 ③
풀이 ③ 망명자들이 제공하는 정보는 비밀출처의 인간정보이다.

508

최근 양적인 비중이 획기적으로 증가한 정보로 적절한 것은? [2009년 기출]

① HUMINT
② TECHINT
③ SIGINT
④ OSINT

정답 ④
풀이 ④ 탈냉전과 함께 정보화시대에 들어서서 획득할 수 있는 공개출처자료의 범위가 획기적으로 확대되었다.

509

공개출처정보(OSINT)에 대한 설명으로 틀린 것은? [2008년 기출]

① 인터넷과 매스미디어의 발달로 공개정보의 양이 폭발적으로 증가하였다.
② 정부기관이 발간하는 보고서, 백서 등도 주요한 공개출처정보이다.
③ 정부기관에서 검토 중인 보고서도 공개출처정보에 해당된다.
④ 일반에게 공개된 지도나 전화번호부도 유용한 정보를 생산하는 공개출처정보로서 가치를 가질 수도 있다.

정답 ③
풀이 ③ 아직 검토 중인 정부기관의 보고서는 비밀출처정보에 해당한다.

Theme 17

기능별 정보수집 활동 및 법적 문제점

핵심정리 **Project MK-ULTRA**

MK 울트라 계획(Project MK-ULTRA)은 냉전기였던 1960년대 미국 중앙 정보국(CIA) 등이 민간인을 대상으로 시도한 불법 세뇌 실험이다. 비슷한 성격의 실험 계획인 'MK 나오미(MK-NAOMI)'와 'MK 델타(MK-DELTA)'의 후속 계획으로서, 코드명 '울트라(ULTRA)'는 제2차 세계 대전 당시 '최고 등급의 기밀 정보'를 뜻하던 코드명이기도 했다. 당대 미국 사회에서 돌아다니던 도시전설 가운데 하나가 바로 이 "정부가 국민을 최면 · 세뇌하여 조종하려는 계획을 꾸미고 있다!"하는 레퍼토리였다. 그 말인즉슨 미국 CIA가 인간의 정신을 조종하여 사람을 맘대로 움직이는 실험을 극비리에 진행하고 있다는 것이다. 이들은 LSD를 이용해서 환각상태인 사람을 맘대로 조종할 수 있다고 믿었고, 이 프로젝트에서 손을 떼려던 연구원 프랭크 올슨(Frank Olson) 박사에게 투신자살 하도록 강요하였다는 소문도 이어졌다. 즉, 당시까지는 영화나 소설에 나올 법한 음모론 그 이상 그 이하도 아니었다. 그런데, 이런 뜬소문이나 다름없던 이야기가 1974년 뉴욕 타임스에 의해 단순 유언비어가 아니라는 사실이 폭로되었고, 이듬해 미 의회를 통해 실제로 행해진 세뇌 실험의 실체가 확인된다. 실제로 LSD 및 다른 마약류를 사용해 인간에 대한 세뇌, 조종을 실험을 통해 시도했음이 만천하에 밝혀졌다. 그 후 1990년대에 빌 클린턴 대통령 시절, 대통령의 대국민 사과와 함께 의회 청문회에서 조사가 이뤄지기도 했다.

510

MK 울트라(project MK-ULTRA)에 대한 설명으로 옳은 것은?

① 한국 전쟁에서 북한, 소련, 중국이 미국 포로들을 상대로 한 약학적 심리적 고문방법에 자극받아 1960년대 미국 중앙 정보국(CIA) 등이 민간인을 대상으로 시도한 불법 세뇌 실험이다.
② 제2차 세계대전 중 영국과 미국의 일본 정보체계 암호해독 작전이다.
③ 냉전시대 소련을 상대로 한 통신감청 공작이었다.
④ 제1차 세계대전 당시 독일 암호체계를 격파한 연합국의 통신해독 공작이다.

정답 ①

풀이 ① MK 울트라 계획(Project MK-ULTRA)은 냉전기였던 1960년대 미국 중앙 정보국(CIA) 등이 민간인을 대상으로 시도한 불법 세뇌 실험이다.

핵심정리 전자감시 활동

(1) 감시를 의미하는 'Surveillance'는 무엇인가를 '지켜보는 것(watching over)'을 의미한다. 보통 특정인의 행동을 모니터링 하는 것이다. 그러므로 정보활동을 위한 국가적 감시체계는 일반인 등 대상 객체의 활동이 국가안보와 사회치안 유지를 위해 만들어진 제반 규범에 적합한지를 체계적으로 감시하는 활동이라고 할 수 있다.

(2) 크게는 하늘에서의 감시의 눈인 정찰위성과 정찰항공에 의한 감시는 물론이고, 땅에서의 폐쇄회로 TV(closed－circuit TV)에 의한 감시, 통신 도청과 감청, 소형 녹음기를 이용한 녹음도청(bug), 범지구위성항법시스템(Global Positioning System, GPS) 추적, 인터넷과 컴퓨터 검색, 도난차량을 추적하는 데 사용하는 미끼차량(Bait car 또는 decoy car)을 이용하는 방법 등 실로 다양하다. 또한 정보활동으로서 펜－레지스터 사용, 데이터 마이닝도 감시의 일종에 속한다. 그 중에서도 전자적 장비를 사용하는 감시활동을 특히 전자감시라고 한다. 도청과 감청, 인터넷 역추적 그리고 GPS 추적이 대표적인 전자감시 활동이라고 할 수 있다. 그 가운데에서도 통상 정보기관이 많이 사용하는 전자적 감시활동은 통신제한조치, 즉 통신감청이다.

(3) 미국 본토에서 해외로 연결되는 하루 수십억 통을 대상으로, 미국 국가안보국이 자동적으로 통화 감청하는 것은 유명하다. 사무실, 주거지, 자동차, 비행기 좌석 등 비밀장소에 미리 도청장치를 설치하고 대화를 엿듣는 방법도 많이 사용된다. 미국에서는 법관의 영장 없는 전자감시 활동은 '부당한 압수수색을 금지한 제4차 수정헌법상의 기본적 인권보장에 위배되는 것은 아닌지?'하는 문제와 국정의 최고책임자로서 국가안보를 수호할 책임이 있는 대통령의 헌법 내재적 권한과의 조화의 문제로 논의되어 왔다.

(4) 전자감시가 물리적 수색과 다른 별도의 중요성을 가지는 이유는 물리적 감시는 특정한 개별적인 사안에 한정해 실행되지만, 전자감시는 대상물에 대한 시각적 · 청각적 제반 요소를 제한 없이 총괄적으로 파악할 수 있다는 것과 대상의 무정형적 광범위성에 있다. 미국은 해외정보수집 활동의 경우를 대상으로 「해외정보감시법(FISA)」을 제정했다. 그러나 우리나라를 비롯한 대부분의 국가는 일반 형사소송법 규정을 제외하고, 해외정보수집 활동의 경우뿐만 아니라 국내정보수집의 경우에도 전자감시 활동에 대한 특별한 내용을 담은 법은 존재하지 않는다.

핵심정리 펜－레지스터(Pen Registers & Trap and Trace)

(1) 펜－레지스터 (Pen Registers)는 통화 내용을 파악하기 위한 것이 아니라 통화의 외형적이고 형식적인 사실을 인식하는 통신과 통화에 대한 감지장치를 말한다. 오늘날 약간의 비용을 지불하고 부가 서비스 신청으로 걸려온 전화번호를 확인할 수 있는 '번호확인 장치(Trap and Trace Devices)'도 기계적으로 성능을 달리 하지만, 내용 파악 없이 통신과 통화의 형식적인 사실을 지득하기 위한 장치라는 점에서 펜－레지스터와 공통점이 있다. 통상 이들을 일괄해 펜－레지스터라고 지칭한다.

(2) 미국 연방법은 펜－레지스터를 '유 · 무선의 전자 통화 장치나 시설물에서 방출되는 신호정보에서 내용을 포함하지 않고 방출사실을 알려주고, 경로설정을 위해 접속하는 장치나 과정'이라고 정의했다. 이처럼 펜－레지스터는 내용까지 지득하는 도청(wiretapping)이나 감청과는 달리 통화 내용에 대한 지득 없이 외형적인 사실, 즉 통화횟수, 통화시간, 송 · 수신자의 전화번호 그리고 위치 같은 외형적 통계자료만을 인식하는 것이다. 실제로 통화가 연결되었는지도 알 수 없다는 점에서 전자감시와는 다른 법 이론이 형성되었다.

511

전자감시 활동과 펜-레지스터에 대한 설명으로 틀린 것은?

① 도청과 감청, 인터넷 역추적 그리고 GPS 추적이 대표적인 전자 감시 활동이라고 할 수 있다.
② 전자감시는 물리적 수색과 달리 대상물에 대한 시각적 · 청각적 제반 요소를 제한 없이 총괄적으로 파악할 수 있다.
③ 펜-레지스터는 통화의 외형적이고 형식적인 사실을 인식하는 동신과 통화에 대한 감지장치를 말한다.
④ 펜-레지스터는 유 · 무선의 전자 통화 장치나 시설물에서 방출되는 신호정보에서 내용을 포함한 방출사실을 알려준다.

정답 ④

풀이 미국 연방법은 펜-레지스터를 '유 · 무선의 전자 통화 장치나 시설물에서 방출되는 신호정보에서 내용을 포함하지 않고 방출사실을 알려주고, 경로설정을 위해 접속하는 장치나 과정'이라고 정의했다.

512

정보수집활동으로서의 전자감시에 대한 설명으로 틀린 것은?

① 전자적 장비를 사용하는 감시활동인 전자감시에는 하늘에서의 감시의 눈인 정찰위성과 정찰항공에 의한 감시, 땅에서의 폐쇄회로 TV에 의한 감시, 통신 도청과 감청, 범 지구 위성항법시스템(Global Positioning System, GPS) 추적, 데이터 마이닝 등이 있다.
② 통상적으로 정보기관이 많이 사용하는 전자적 감시활동은 통신제한조치이다.
③ 미국을 중심으로 전개된 전자감시에 대한 법적 쟁점은 '법관의 영장 없는 전자감시 활동은 부당한 압수수색을 금지한 제4차 수정헌법상의 기본적 인권보장에 위배되는 것은 아닌지?'하는 문제이다.
④ 슈퍼컴퓨터에 의한 자동 정보추출방법인 데이터 마이닝에는 인권침해 쟁점이 없다.

정답 ④

풀이 ④ 당사자가 설령 임의적이나 자발적으로 신상 자료를 제공한 경우에도, 데이터 마이닝이라는 가공할 만한 방법을 통해서, 전혀 생각하지도 못한 정보가 생산될 수 있다. 이때 '프라이버시에 대한 합리적인 기대 가능성(reasonable expectation of privacy)'이 있는가 하는 문제가 제기될 수 있다.

핵심정리 데이터 마이닝의 한계와 법률문제

(1) 의의

데이터 마이닝은 엄청난 양의 데이터를 확보해서 이를 슈퍼컴퓨터 등을 이용하여 수행하는 기계적이고 자동적인 정보분석기법이다. 그러므로 데이터 마이닝의 원천적 한계는 가용한 충분한 데이터의 확보이다. 즉 광범위한 데이터의 수집에 데이터 마이닝의 성패가 달려 있다. 이처럼 데이터 마이닝은 자료에 의존하여 현상을 해석하고 가치 있는 일정한 패턴(양상)을 추출하는 것이기 때문에 질적으로도 자료가 현실을 충분히 반영해야 하지만 우선 양적으로 풍부한 자료 확보가 필요하다. 충분하지 않은 자료를 가지고 정보를 추출한 모형을 개발할 경우 잘못된 모형을 구축하는 오류를 범할 수 있다.

(2) 쟁점

그런데 문제는 '당사자의 동의 없는 데이터 자료 확보가 헌법상 규정된 사생활의 비밀과 보호를 위반하는 것은 아닌가?'하는 문제가 제기된다. 또한 처음부터의 오류자료 확보나 누군가에 의한 악의적인 데이터 자료 조작에 의해 특정인이 불필요하게 감시를 받을 우려의 문제, 그리고 추출된 분석정보의 남용의 문제가 지적된다.

(3) 시너지 효과(synergic effect)

근본적으로는 당사자가 설령 임의적이나 자발적으로 신상 자료를 제공한 경우에도, 일반인 당사자는 그러한 자료들이 데이터 마이닝이라는 가공할 만한 방법을 통해서, 전혀 생각하지도 못한 정보가 생산되고 이용될 것이라고는 상상하지 못할 것이라는 점이다. 그러므로 이때 '프라이버시에 대한 합리적인 기대 가능성(reasonable expectation of privacy)'이 있는가 하는 문제가 제기될 수 있다. 데이터 마이닝을 통해서는 파편조각 같은 사소하고 미세한 데이터가 집적되어 한 사람에 대한 전혀 새로운 초상화를 그릴 수 있는 것이 현실이다. 그런데 데이터 마이닝으로 형성된 새로운 전체의 모습은 분리된 개별적 요소들의 단순한 합산보다 어떤 경우에는 상상할 수 없게 그 의미나 내용이 커질 수 있다. 그것이 소위 시너지 효과(synergic effect)이다. 이처럼 어떤 사람에 대한 개별적인 데이터가 분류되고 분석되어 통합되면 최초의 데이터 자료로는 전혀 예상하지 못하고, 알 수도 없었던 새로운 내용을 가진 사람을 창조할 수 있는 위험성을 민주주의 사회에서는 경시할 수 없다. 경우에 따라서는 남자를 여자로 창출하지 말라는 보장도 없다. 심하게 말하면 선량한 보통사람을 국가 데이터 자료는 불성실한 전과자로 오인 관리할 수도 있는 것이다.

(4) 위양성(僞陽性, false positives)

데이터 마이닝의 또 다른 위험성은 소위 거짓양성 또는 위양성(僞陽性, false positives)의 문제이다. 거짓양성은 기계의 한계에서 오는 문제이다. 예를 들어 어느 신용카드 사용자가 반복적인 기망적 거래를 계속함으로써 자료가 반복해서 축적되면 데이터 마이닝은 그러한 거래를 위험한 거래로 파악하지 못하고 유용한 거래라고 인식하는 것이다. 강심장의 반복적 불량행동을 하는 사람을 기계는 오히려 선한 사람으로 인식할 수 있는 것이다.

513

데이터 마이닝에 대한 설명으로 틀린 것은?

① 당사자가 자발적으로 신상 자료를 제공한 경우에는 데이터 마이닝의 헌법상의 기본권 침해 문제가 제기될 수 없다.

② 데이터 마이닝에는 처음부터의 오류자료나 누군가에 의한 악의적인 데이터 자료 조작에 의해 잘못된 감시를 받을 우려가 있다.

③ 데이터 마이닝을 통해 전혀 생각하지도 못한 정보가 생산될 수 있는 위험성을 시너지 효과(synergic effect)라고 한다.

④ 데이터 마이닝의 기계 한계에서 오는 위험성으로, 예컨대 강심장의 반복적 불량행동을 하는 사람을 기계는 오히려 선한 사람으로 인식할 수 있는 위험성을 거짓양성 또는 위양성(僞陽性, false positives)의 문제라고 한다.

정답 ①

풀이 ① 어떤 사람에 대한 개별적인 데이터가 분류되고 분석되어 통합되면 최초의 데이터 자료로는 전혀 예상하지 못하고, 알 수도 없었던 새로운 내용을 가진 사람을 창조할 수 있는 위험성이 있다.

핵심정리 물리적 수색 (Physical searches)

(1) 정보활동에서의 물리적 수색은 포착할 대상물과 정보대상자에 대한 필요한 정보수집을 목적으로 주거, 물건, 기타 장소에 대해 살펴보고 조사하는 것이다. 미국의 「해외정보감시법(FISA)」은 제반 통신에 대한 감청 등 전자감시 활동 외에 해외세력이 사용하는 것으로 추정되는 미국 내의 건물, 어떤 물체, 재산 등에 대한 수색을 화이자 특별법원의 허가하에 광범위하게 허용하고 있다.

(2) 지하에서 동면하다가 필요시 점조직으로 활동을 개시하는 테러범들의 특성에 맞춰 장기간 동안 끈질기고 주기적인 감시와 수색이 필요하다는 점을 고려한 것이다. 통상 수색이유를 고지하고 출입해야 하는 일반 형사법상의 압수수색 절차와 달리, 출입을 위해 사전 통지할 필요도 없고, 언제든지 그리고 비밀리에 출입하여 수색할 수 있다. 그리고 수색의 대상을 특정할 필요도 없으며 압수수색 목록을 작성할 필요도 없다. 해외정보수집을 위한 물리적 수색의 성패는 은밀성에 달려 있기 때문이다. 왜냐하면 만약 대상자가 자신이 목표가 되어 있음을 알게 되면 활동을 바꾸고, 정보기관이 지득하였을 것으로 판단되는 정보가치를 무력화하기 위해 역공조치를 행할 것이기 때문이다.

(3) 이러한 특성에 비추어 정보기관을 위한 별도의 수색기법을 인정할 현실적인 필요가 있다. 또한 정보기관의 국내정보 활동에 대해 일반 법집행기관의 사법적 심사와는 별도의 사법심사 방법, 즉 특별법원의 필요성 문제도 제기된다.

514

미국의 정보활동으로서의 물리적 수색(Physical searches)에 대한 설명으로 틀린 것은?

① 아무리 국가안보 목적의 물리적 수색인 경우에도 압수수색 목록의 작성은 필수적이다.

② 「해외정보감시법」은 해외세력이 사용하는 것으로 추정되는 미국 내의 건물, 물체, 재산 등에 대한 수색을 해외정보감시법원의 허가하에 광범위하게 허용하고 있다.

③ 「해외정보감시법」에 따르면 출입을 위해 사전에 통지할 필요도 없고, 언제든지 그리고 비밀리에 출입하여 수색할 수 있다.

④ 물리적 수색은 포착할 대상물과 정보대상자에 대한 필요한 정보수집을 목적으로 주거, 물건, 기타 장소에 대해 살펴보고 조사하는 것을 말한다.

정답 ①

풀이 ① 물리적 수색을 규정한 「해외정보감시법」에 의해 해외세력이나 그 연관세력에 대한 것인 이상 수색의 대상을 특정할 필요도 없으며 압수수색 목록을 작성할 필요도 없다.

핵심정리 제3자 거래기록(Third party records)

(1) 제3자 거래기록 또는 영업기록은 사회생활을 위한 다양한 활동에서 은행이나 보험회사 등 일방당사자가 계약에 기하였든지, 아니면 단독행위에 의한 사실상의 기록과 관리에 의해 가지고 있든지 특정인 등에 대한 거래내용과 어떤 사실이 표시되어 있는 서류나 장부 등을 의미한다. 그러한 거래정보는 거래의 실질적인 내용은 배제되어 있다고 하더라도 재정적 또는 통신적인 객관적인 거래상황을 광범위하게 나타내고 있는 것이 보통이다.

(2) 예를 들어 은행이나 전화회사, 인터넷 서비스 공급자, 신용카드회사, 보험회사, 여행사, 도서관 등은 고객의 이름, 성별, 주민등록번호, 전화번호, 주소를 가지고 있다. 그리고 사용한 일시, 장소, 이용한 여객기 종류, 도서명이나 대여기간, 차종, 이동 거리, 여행지, 여행기간, 동반자, 이용금액이나 횟수 등 실로 많은 사실적 요소들에 대한 기록도 가지게 된다. 그러나 이러한 외형적인 개별적인 사실 자료들만으로는 그 돈이 어디서 생겼는지, 무엇 때문에 여행을 가려는 것인지, 왜 그 책을 빌려보는지, 전화를 건 이유는 무엇인지 등등의 이면의 내용을 알 수는 없다.

(3) 정보학에서는 개별적으로 별다른 가치가 없는 미세한 이런 요소들을 점(dot)이라고 한다. 그러나 이러한 자료들, 즉 점이라고 하는 미세한 징후만 잘 활용하면 테러 분자들의 활동파악에도 결정적으로 유용한 것으로 나타났다. 그러나 이렇게 산만한 자료에서 정확하게 족적을 파악하는 것은 매우 어렵다. 미국 정보당국이 2001년 9/11 테러공격을 막지 못한 중요한 원인 중의 하나를 소위 '점의 연결(connecting the dots)의 실패'라고 하는 것은 이런 의미이다.

(4) 제3자 거래기록 확보는 정보활동과 관련하여 대단히 중요한 의미가 있다. 물론 이러한 제3자 거래기록을 법상의 정상적인 압수 · 수색절차에 의하면 아무런 문제가 없다. 그러나 법집행기관과 달리 정보기관의 경우는 범죄목적을 위해 자료를 파악하는 것이 아니다. 그리고 고도의 비밀유지가 성패의 관건인 정보업무의 속성상 현실적으로 법집행기관이 이용하는 것과 같은 적법한 압수 · 수색 절차를 따라서 하기는 어렵다. 그래서 미국 FBI가 애용하는 방법이 국가안보서신(National Security Letters, NSLs)이다.

(5) 그러나 국가안보 확보를 위해 중요할 수 있는 제3자 거래기록은 해당 당사자의 본질적인 프라이버시 권리가 개재된 영역으로 심각한 법률논쟁이 있다. 특히 학문의 자유와 사상의 자유를 국가발전의 원동력으로 생각하는 미국 사회는 제3자 거래기록 가운데에서도 도서관 기록은 각별한 의미를 가진 것으로 생각했다. 예를 들어 어느 도서관 이용자가 어떤 도서를 이용했다는 것을 파악하면 관심분야와 취미를 쉽게 추정할 수 있다. 더 나아가서 만약 범죄추리소설, 테러관련 그리고 무기관련 서적 등을 많이 애용하는 사실을 알게 된다면 수사 · 정보기관은 그 사람에 대해 별도의 혐의 판단을 가질 수도 있을 것이다. 거래기록에 대한 제3자의 개입은, 미국 민주사회에서는 사회적 동물인 인간 활동의 가장 자연스러운 영역에 대한 공권력의 부당한 침해로 간주되어 왔다. "당신이 도서관에서 빌려가는 책에 대해 도서관 사서가 정부에 그 사실을 알린다면, 당신은 그것이 과연 합리적이라고 기대하는가?"라는 질문을 생각해 보면 그 충격의 일단을 이해할 수 있을 것이다. 그것은 학문의 자유 그리고 사상의 자유는 물론이고 사생활의 자유를 본질적으로 위협할 수 있는 문제로 생각될 수도 있기 때문이다.

515

제3자 거래 기록에 대한 설명으로 틀린 것은?

① 특정인의 거래내용이 표시되어 있는 서류나 장부이다.

② 소위 '점의 연결의 실패'라고 할 때 점이 제3자 거래 기록이다.

③ 미국 사회에서는 학문의 자유와 사상의 자유와 관련이 있는 도서관 기록이 각별한 의미를 가진다.

④ FBI는 「해외정보감시법」에 근거하여 영장 없이 국가안보서신만으로 제3자 거래 기록을 압수, 수색할 수 있다.

정답 ④

풀이 정보기관은 원칙적으로 「해외정보감시법」에 근거하여 해외정보감시특별법원의 영장을 발부받아 제3자 거래기록을 압수, 수색 또는 검증할 수 있다. 하지만 예외적으로 법원의 영장 없이 국가안보서신만으로 제3자 거래기록을 압수, 수색 또는 검증할 수 있는 권한을 FBI에게 부여하고 있는 개별 법률들이 존재한다.

516

국가안보목적의 정보수집활동으로서의 제3자 거래기록에 대한 설명으로 잘못된 것은?

① 제3자 거래기록 또는 영업기록은 사회활동에서 은행이나 보험회사 등 일방당사자가 계약에 기하였든지, 아니면 단독행위에 의한 사실상의 기록과 관리에 의해 가지고 있든지, 특정인 등에 대한 거래내용과 어떤 사실이 표시되어 있는 서류나 장부 등을 의미한다.

② FBI는 제3자 기록 입수를 위해 국가안보서신(National Security Letters)을 활용할 수 있다.

③ 국가안보서신(NSLs)은 학문의 자유와 사상의 자유는 물론이고 사생활의 자유를 본질적으로 위협할 수 있는 위험성이 있다.

④ 미국 대법원은 법원의 영장 없이 행정서신에 지나지 않는 국가안보서신으로 제3자 거래기록의 압수하는 것은 헌법에 위배된다고 판시하였다.

정답 ④

풀이 ④ 정보기관은 원칙적으로 해외정보감시법에 근거하여 해외정보감시 특별법원의 영장을 발부받아 제3자 거래기록을 압수, 수색 또는 검증할 수 있다. 하지만 예외적으로 법원의 영장 없이 국가안보서신만으로 제3자 거래기록을 압수, 수색 또는 검증할 수 있는 권한을 FBI에게 부여하고 있는 개별 법률들이 존재한다.

핵심정리 **검문검색(檢問檢索)**

(1) 의의

① 오늘날 각국은 일반 대중이 이용하는 국가안보시설에 대해 검문검색을 실시하고 있다. 사전적 의미의 검문검색(檢問檢索)은 검사하기 위해 따져 묻고 검사하여 찾아내는 것을 말한다. 이러한 검문검색을 위해서 특정한 지역에 필요한 시설을 갖추고 실제의 검문검색을 실시하는 지점을 체크 포인트, 즉 검문검색소라고 일컫는다. 대표적인 것이 공항 검문검색소이다.

② 또한 각국은 자국으로 들어오는 외국인 등에 대해서도 입국심사를 위해 국경 검문검색소를 운용한다. 영장 없는 포괄적인 국경 검문검색은 일국이 자국 보호를 위해 실행할 수 있는 자위권의 일환으로 인정된다. 미국 의회는 거의 모든 강제적 요소가 포함되는 공권력 행사에는 영장주의에 따르도록 한다. 그러나 일찍이 국경에서의 입국심사를 위한 검문검색은 주권절대의 원칙상 영장주의의 대원칙인 '상당한 이유라는 요구'가 필요 없이 실시할 수 있다는 전제하에 세관관련 다수 입법을 통과시켰다. 국경을 포함한 국가 주요 안보 시설에 대한 검문검색은 국가안보를 위한 방첩활동, 즉 국가정보활동의 일환으로 이해한 것이다.

③ 그런데 '기소중지자를 검거하기 위한 것 등 개별적인 검문검색이 아닌 일반적인 국가적 차원의 검문검색활동이 범죄인 적발을 위한 수사목적으로 일반적으로 할 수 있는 것인가?'에 대해서는 논란이 있다. 이러한 법적 논쟁의 이해는 법치행정에 터 잡은 적법절차의 준수가 무엇인지를 이해할 수 있게 해 주는 것으로서, 그 정확한 법적 이해의 필요성에 대한 충분한 가치를 가진다.

(2) 합리성의 균형이론

① 합리성의 균형이론이란 당국은 검문검색을 위한 선택대상이 항공기에 그대로 탑승하게 되면 초래될지도 모를 위험성에 대한 가능성(probability)을 적절히 합리적으로 고려하여 검색 선별대상을 균형 있게 선별하여 짧은 시간의 정지와 수색(brief stop-and-risk)을 할 수 있다는 것을 말한다.

② 즉 승객의 안전성을 확보하기 위한 검문검색이 합리적인 방법으로 승객의 불편을 최소화하는 방법으로 이루어진다면, 승객에 대한 서비스와 안전과의 균형을 이룬 것으로 온당하다는 것이다. 그러나 이러한 법리는 1973년 '모든' 탑승객들에게 금속검색대를 통과하게 하고 소지품에 대한 x-ray검색을 하게 함으로써 그대로 유지될 수 없게 되었다.

(3) 행정 · 규제목적 이론

이에 법원은 선별적이 아닌 모든 탑승객에 대한 검문검색 실시의 법리를 기존의 합리성의 균형이론 대신에 '행정 · 규제목적 이론'으로 설명했다. 즉 항공 탑승자들 전체에 대한 영상검색은 행정목적을 위한 일반적인 규제계획(regulatory scheme)에 의한 것이라고 판결했다.

(4) 평가

① 오늘날 집단적 · 대량적으로 이루어지는 검문검색소의 법리는 행정규제목적의 법리가 타당하다고 여겨진다. 여기에서 행정목적을 위한 규제계획 이론이라고 하는 것은 대단히 중요한 의미를 가진다. 그러므로 일선 수사나 정보당국자들에게는 필히 정확한 이해가 필요한 부분이다. 그것은 이어지는 판결의 설명을 보면 명백해진다.

② 법원은 일반인을 대상으로 한 전반적인 검문검색 계획의 본질은 "무기와 폭발물 또는 그것을 소지한 사람, 즉 범죄인을 적발하거나 체포하려는 목적이 아니다."라고 했다. 즉 예방적인 검문검색소의 설치 운용은 범죄 적발목적이 아니라는 것이다. 그러면서 "그것은 단지 그러한 위험한 물건을 소지한 사람의 탑승을 제지하는 것에 있다."라고 설명했다.

③ 이러한 논리구조에는 다음과 같은 고려가 담겨 있다. 검문검색이 범죄인이나 범죄활동 적발 목적으로 실시하는 것이라면, 검문검색의 대상자가 되는 전체 승객을 용의자로 보는 데서 출발하는 것으로서, 국민이 주인인 민주국가에서는 용납될 수 없는 사고인 것이다. 그러므로 검문검색 프로그램은 철저히 행정적(行政的) 필요성에 따른 것이어야 한다.

④ 뉴욕 경찰은 지하철 탑승객들이 어떤 잘못된 일에 개재되었을 것이라는 의심이 없어도 대상자를 무작위로 선정해서 지갑부터 배낭까지 소지품 등에 대한 검색을 실시했다. 경찰은 수색장소에 무작위 선정 수색을 한다는 경고문을 부착했고, 특별한 몇몇 승강장에서는 그에 대한 사전 방송 고지도 했다. 그리고 임의로 선정된 대상자가 지하철 이용을 포기하고 돌아서면 수색을 거부하는 권한을 인정했다.

517

검문검색에 대한 설명으로 틀린 것은?

① 모든 탑승객에 대한 검문검색 실시는 합리성의 균형 이론의 법리에 따라 정당화될 수 있다.
② 행정 · 규제목적 이론에 의하면 임의로 선정된 대상자는 공공시설 이용을 포기하고 수색을 거부할 수 있다.
③ 영장 없는 포괄적인 국경 검문검색은 일국이 자국 보호를 위해 실행할 수 있는 자위권의 일환으로 인정된다.
④ 법원은 일반인을 대상으로 한 전반적인 검문검색 계획의 본질은 "무기와 폭발물 또는 그것을 소지한 사람, 즉 범죄인을 적발하거나 체포하려는 목적이 아니다."라고 판시했다.

정답 ①

풀이 합리성의 균형이론에 의하면 검색 선별 대상을 균형 있게 선별하여 짧은 시간의 정지와 수색을 할 수 있다. 모든 탑승객에 대한 검문검색 실시는 합리성의 균형 이론의 법리에 따라 정당화될 수 없다.

518

검문 · 검색소(Checkpoint search)의 정당성에 대한 설명 중에서 틀린 것은?

① 각국의 국경에서의 영장 없는 검문 · 검색소 운영은 자위권의 일종으로 합헌이다.
② 합리성의 균형이론은 위험발생가능성을 감안하여 검색될 사람을 균형 있게 선별하여 짧은 시간의 정지와 수색을 하는 것은 영장주의에 위배되지 않는다는 견해이다.
③ 행정 · 규제 목적이론은 검문 · 검색은 범인 검거를 위한 형사목적이 아니고 사고 예방이라는 행정목적이기 때문에 영장 없이 검문 · 검색을 할 수 있다는 입장이다.
④ 합리성의 균형이론이나 행정 · 규제 목적이론의 어느 것에 의하는 경우에도 일반인은 검문 · 검색 요청자의 검문을 거부하고 되돌아 갈 수는 없다.

정답 ④

풀이 ④ 법원은 검문검색의 본질은 "무기와 폭발물, 또는 그것을 소지한 사람, 즉 범죄인을 적발하거나 체포하려는 목적이 아니다."라고 했다. 그러면서 "그것은 단지 그러한 위험한 물건을 소지한 사람의 탑승을 제지하는 것에 있다."라고 설명했다. 이러한 논리구조에는 다음과 같은 고려가 담겨 있다. 첫 번째 목적, 즉 범죄인이나 범죄활동 적발 목적으로 검문검색을 실시하는 것이라면, 검문검색의 대상자가 되는 전체 승객을 용의자로 보는 데서 출발하는 것으로 국민이 주인인 민주국가에서는 용납될 수 없는 사고라는 것이다. 그러므로 검문검색 프로그램은 철저히 행정적 필요성에 따른 것이어야 한다. 따라서 검색대 인근에 있다고 해도 탑승하지 않는 사람은 검문검색을 할 수는 없다는 결론이 된다.

Theme 18 정보분석(Intelligence Analysis)

핵심정리 정보분석

(1) 정보분석이란 정보기관이 매일 산출해내는 방대한 양의 첩보를 검토, 정선하여 국가안보정책에 활용할 수 있도록 하는 작업이라 정의 내릴 수 있다.
(2) 첩보활동을 통해 수집된 자료는 대부분 단편적이며 정확성이나 신뢰성을 확신할 수 없다. 따라서 수집된 첩보에 대해 전문가의 평가와 분석의 작업이 반드시 필요하다.
(3) 미국 정보공동체의 공식적인 개념 정의에 따르면 정보분석은 정보생산과정(intelligence cycle)의 한 부분으로서 수집된 첩보로부터 의미 있는 사실이나 결정적인 결론을 도출해 내기 위해서 체계적으로 검토하는 과정이다.
(4) 정보분석은 현재 또는 장래 국가적인 위협은 물론 이익과 관련된 문제들에 대해 관료들이 보다 잘 이해하고 효과적으로 대처할 수 있도록 도와줌으로써 국가의 정책결정과정을 지원하는 데 활용된다.
(5) 따라서 정보분석이란 정보와 정책이 만나는 하나의 수렴점이라 할 수 있다. 바꾸어 말하면, 정보분석은 정책결정자들로 하여금 변화하는 상황을 보다 정확하게 숙지토록 해주는 동시에, 문제 상황의 파악과 정책선택을 보다 명료히 해 줌으로써 궁극적으로는 이를 통해 국가안보에 공헌하는 데 그 목적이 있다.
(6) 수집된 첩보의 대부분은 단편적일 뿐 아니라 검증을 요한다. 때문에 수집된 첩보에 대한 전문가의 통합, 평가, 분석 작업은 필수 불가결하다. 이러한 과정을 통해 생자료(raw data) 또는 첩보를 국가안보에 실제 활용할 수 있는 완제된 정보로 변환시킬 수 있는 것이다.

핵심정리 정보분석의 중요성

(1) 미국의 전 DCI 헬름스(Richard Helms, 1966~1973)는 재직 당시 정보활동의 관심이 주로 수집과 비밀공작에 집중되었음에도 불구하고 국가정보의 핵심적인 요소로서 분석의 중요성을 강조했다.
(2) 비밀공작 및 첩보수집의 과정을 거쳐서 정보기관에서 최종적으로 생산하는 결과물은 정보분석보고서이며, 정책결정권자는 이에 기초하여 정책 결정을 내리게 된다. 또한 첩보수집에서 오류가 있었다 할지라도 정보실패에 따른 최종적인 책임은 분석관에게 부과되는 경향이 있다.
(3) 정보학 분야의 저명 학자로 알려진 포커(Robert Folker)는 "정보실패의 결정적인 요인은 분석의 실패에 기인한다."고 지적한 바 있다.

519

정보분석에 대한 설명으로 틀린 것은?

① 정보분석은 수집한 첩보를 체계적인 검증을 통해서 정책 결정권자가 국가안보 정책에 활용할 수 있도록 필요한 국가정보를 생산하는 일련의 활동이다.

② 정보분석은 정보와 정책이 만나는 하나의 수렴점이다.

③ 정보분석을 통해서 국가안보와 관련된 현안을 포함한 중요한 사실이 새롭게 파악되거나 관계가 규명된다.

④ 게이츠(Robert Gates) 전 CIA 국장은 재직 당시 정보활동의 관심이 주로 수집과 비밀공작에 집중되었음에도 불구하고 정보분석이 국가정보의 가장 핵심적인 요소라고 주장했다.

정답 ④

풀이 ④ 미국의 전 DCI 헬름스(Richard Helms, 1966~1973)에 대한 설명이다.

520

헬름스(Richard Helms) 전 CIA 국장이 국가정보기구 4대 임무 중 가장 중요하다고 강조한 임무로 옳은 것은?

① 정보수집
② 정보분석
③ 비밀공작
④ 방첩공작

정답 ②

풀이 ② 정보분석의 중요성을 강조하여 CIA 국장을 지낸 리처드 헬름스(Richard Helms)은 정보수집과 비밀공작 그리고 방첩공작 활동을 포함한 국가정보기구의 4대 임무 중에서 정보분석이 국가정보의 가장 핵심적인 요소라고 주장했다.

521

정보분석의 개념과 특성에 대한 설명으로 틀린 것은?

① 셔먼 켄트(Sherman Kent)는 “정보실패의 결정적인 요인은 분석의 실패에 기인한다.”고 지적한 바 있다.

② 정보분석은 수집한 첩보를 체계적인 검증을 통해서 정책 결정권자가 국가안보 정책에 활용할 수 있도록 필요한 국가정보를 생산하는 일련의 활동이다.

③ ‘일국의 국가정책이 어느 정도 성공을 거둘 수 있는가.’는 얼마나 해당 분야의 정보분석이 잘 이루어져 훌륭한 정보를 생산하는가에 달려 있다.

④ 정보분석의 중요성을 강조하여, 일찍이 미국 정보공동체 수장으로 CIA 국장을 지낸 리처드 헬름스(Richard Helms)은 정보수집과 비밀공작 그리고 방첩공작 활동을 포함한 국가정보기구의 4대 임무 중에서 정보분석을 정보활동의 대들보라고 칭하였다.

정답 ①

풀이 ① 포커(Robert Folker)의 주장이다.

522

정보분석관이 첩보평가과정에서 고려해야 하는 것으로 옳은 것은?

① 첩보가 정보기관의 위상을 드높일 만한 것인지 여부

② 첩보가 민간영역에 미칠 영향력

③ 첩보가 국가미래에도 활용가능한지의 여부

④ 첩보가 분석자의 이력에 끼치는 영향이 얼마나 되는지 여부

정답 ③

풀이 ③ 정보는 목전의 현황에도 중요하지만 미래에 대한 평가에도 중요하다. 전략정보가 대표적이다.

핵심정리 분석 부서 간 견해 차이를 조정하는 방법들

(1) Backscratching(서로 등 긁어주기) and Logrollhig(협력해서 통나무 굴리기, 정치적 결탁)

일반적으로 입법 용어로 쓰이지만 정보분석에서도 많이 통용된다. 이견이 있는 양측이 서로 결탁하여 "내가 15페이지에 있는 네 주장을 수용할 터이니, 너는 38페이지에 있는 내 견해를 인정해주라."는 식이다.

(2) False Hostages(허위로 인질 삼기)

정보기관 A는 자기들이 관철시키고자 하는 이슈가 아닌 다른 이슈(정보기관 B가 주장)에 대해서 거짓으로 강력히 반대하는 듯하는 태도를 취한다. 정보기관 A는 정보기관 B가 주장하는 이슈를 수용하는 대가로 정보기관 A가 지지하는 다른 이슈를 수용하도록 상호 교환하여 합의를 이룬다.

(3) Lowest－common-denominator(최소의 공통분모)

한 정보기관은 어떤 사건이 발생할 확률이 매우 높다고 판단했고, 다른 정보기관은 확률이 낮다고 평가했다. 한쪽에서 강력하게 주장하지 않으면 서로 적정선에서 타협점을 찾는다. 이처럼 모든 구성원이 수용하기 위해서는 최소의 공통분모를 채택하게 된다.

(4) Footnote wars(주석 달기 경쟁)

정보공동체 구성원들 간에 어떤 이슈를 두고 도저히 이견을 조정할 수 없는 상황에 처하게 될 수도 있다. 이 경우 각각의 정보기관이 주석을 달아 이견을 제시한다. 때로 어떤 이슈에 대해서는 여러 정보기관이 주석을 달아 이견을 표출하기도 한다. 어떤 기관의 견해가 본문에 들어가고 어떤 기관의 주장은 주석을 달아서 이견을 표출하게 될 것인지를 두고도 정보기관들 간에 치열하게 경쟁한다.

523

분석 부서 간 견해 차이를 조정하는 방법에 대한 설명으로 잘못된 것은?

① 정보기관 A와 B가 모두 중요하게 생각하는 다른 이슈에 대해 각각 반대 의견을 가장하여, 양측의 주장을 서로 교환하는 방법을 'False Hostages(허위로 인질 삼기)'라 한다.

② 일부 정보기관들이 이슈에 대해 확실한 합의를 보기 어려울 때, 이들은 주석을 달아 이견을 제시하는 'Footnote wars(주석 달기 경쟁)'를 진행한다.

③ 서로 이견이 있는 양측이 결탁하여 "내가 네 주장을 수용하면 너는 내 견해를 인정해라."는 방식을 'Backscratching and Logrolling(서로 등 긁어주기와 협력해서 통나무 굴리기, 정치적 결탁)'이라고 한다.

④ 한 정보기관은 어떤 사건이 발생할 확률이 매우 높다고 판단했고, 다른 정보기관은 확률이 낮다고 평가했다. 이런 경우 모든 구성원이 수용하기 위해서는 'Lowest－common－denominator(최소의 공통분모)'를 채택하게 된다.

정답 ①

풀이 ① 'False Hostages(허위로 인질 삼기)'는 정보기관 A가 자신들이 중요하게 생각하는 이슈가 아닌 다른 이슈(정보기관 B가 주장하는)에 대해 거짓으로 강력히 반대하는 듯한 태도를 취한 후, 그 이슈를 수용하는 대가로 자신들이 지지하는 다른 이슈를 수용하도록 정보기관 B와 상호 교환하여 합의를 이루는 방식을 말한다. 따라서 둘 다 중요하게 생각하는 다른 이슈에 대해 반대 의견을 가지는 것이 아니다.

524

다음 분석 부서 간 견해 차이를 조정하는 방법으로 옳은 것은?

> 정보기관 A는 자기들이 관철시키고자 하는 이슈가 아닌 다른 이슈(정보기관 B가 주장)에 대해서 거짓으로 강력히 반대하는 듯하는 태도를 취한다. 정보기관 A는 정보기관 B가 주장하는 이슈를 수용하는 대가로 정보기관 A가 지지하는 다른 이슈를 수용하도록 상호 교환하여 합의를 이룬다.

① 악역 활용(Principle of Devil's Advocate)의 원칙

② 인질담보(false hostages)

③ 상부상조 방식(Back-scratching & Log-rolling)

④ 각주전쟁(footnote wars)

정답 ②

풀이 ② 인질담보(false hostages)는 협상을 위해 의도적으로 이의제기 거리를 만드는 것이다.

핵심정리 정보분석의 단계

(1) 첫째는 수집첩보의 분류, 기록단계(collation)이고, 둘째는 수집첩보원의 신빙성(reliability)과 첩보의 신뢰성(credibility)을 평가(evaluation)하는 단계이다.

(2) 세 번째는 수집된 첩보에 의미를 부여하고 이미 알려진 사실과의 대조를 통하여 일련의 결론을 도출해내는 분석(analysis)단계이다.

(3) 일반적으로 분석된 첩보들은 하나의 큰 그림으로 통합(integration)되고 마지막으로 이를 근거로 미래에 대한 예측판단을 하는 해석(analysis)단계를 들 수 있다.

(4) 엄격한 의미에서 정보분석은 이 다섯 단계를 통하여 미래의 개연성을 예측할 수 있어야 그 유용성이 높아진다고 할 수 있다.

핵심정리 정보생산물의 구분

(1) 의의

정보분석의 결과로 얻어지는 정보생산물은 크게 기초서술정보, 현용정보, 경보정보, 평가 · 판단정보로 구분할 수 있다.

(2) 기초서술(basic descriptive) 정보

기초서술정보(basic descriptive)는 대상국가 또는 조직의 역사, 지리, 경제력, 군사력과 같은 고정된 기초적 사실들을 기록해 놓은 정보이다.

(3) 현용정보(current–reportorial)

현용정보(current-reportorial)는 최근 또는 현재 발생하고 있는 상황에 대해 보고하는 정보이다.

(4) 경보정보(warning and indication)

경보정보(warning and indication)는 주요 적국의 군사 동향 등을 사전에 탐지하여 그 기습공격을 예방하거나 대비할 수 있도록 해주는 정보이다.

(5) 평가 · 판단정보(speculative evaluative)

평가 · 판단정보(speculative evaluative)는 미래 발생할 수 있는 개연성을 예측 · 판단해 주는 정보이다.

핵심정리 정보의 질을 판단할 수 있는 근거

(1) 적실성(relevancy)

국가안보정책 수립에 적실성(relevancy)이 있어야 한다. 정보분석은 학문과 다르다. 학문은 진실, 그 자체의 추구를 목적으로 하나 정보분석에 얻어내는 사실이나 진실은 올바른 국가안보정책을 수립하기 위한 도구에 지나지 않는다.

(2) 적시성(timeliness)

좋은 정보란 적시성(timeliness)이 있어야 한다. 아무리 정확하고 핵심을 찌르는 정보라 하더라도 정책 수립의 시의성을 놓치게 되면 정보로서의 의미를 상실하게 된다. 따라서 정보분석은 항상 시간적 제약을 전제로 한다는 것을 유념해야 한다.

(3) 정보소비자의 소요 요청에 부합

정보소비자의 소요 요청에 잘 부합되는(tailored) 정보분석을 할 수 있어야 한다. 아무리 생산된 정보가 깊고 광범위하다 할지라도 정보소비자의 정책수립에 도움이 되지 않는다면 정보분석의 의미는 없다. 그러나 여기서 유의할 점은 정보소비자의 요구에 부응은 하지만 분석관 스스로가 정치화하여 분석의 객관성을 상실해서는 안 된다.

(4) 간결성(digestible)과 명료성(clarity)

정보보고에서 주목해야 할 또 다른 사항은 정보보고가 간결하고 명료해야 한다는 것이다. 여기서 간결(digestible) 해야 한다는 것은 복잡한 현상을 왜곡 없이 단순화시켜 정보소비자의 이해를 도와주는 것을 의미하는 반면, 명료성(clarity)이란 알려진 사항과 알려지지 않은 사항을 명확히 하여 분석된 정보보고의 한계를 분명히 해주는 것을 의미한다.

핵심정리 분석대상의 개념적 분류

(1) 공개된 사실(known facts)

① 공개된 사실(known facts)이란 공개출처를 통해 얻어진 첩보 또는 시각적으로 확실성을 가지고 확인할 수 있는 일련의 첩보를 총괄한다.

② 전통적으로 국가정보기관은 공개출처 첩보보다는 비밀리에 수집된 첩보의 분석에 더 큰 관심을 기울여 왔다. 그러나 정보혁명과 민주화, 각 국가기관의 투명성, 그리고 민간단체의 연구수집 능력의 강화 등은 공개출처 자료 및 첩보의 중요성을 과거 어느 때보다 증대시키고 있다.

③ 한 예로 대부분의 국가정보기관들은 영국 국제전략연구소(IISS)의 「Military Balance」, 「스웨덴 평화연구소(SPRI)연감」, 그리고 「Jane's Weekly」 같은 공개출처를 통해 주요 국가에 대한 군사첩보를 수집하고 있다. 더구나 인터넷 혁명에 따른 공개정보의 확산은 거의 모든 분야에 있어서 공개정보의 중요성을 절감케 해 주고 있다. 특히, CNN, FOX NEWS와 같은 TV매체의 역할이나 New York Times 등 현안 문제에 대한 언론매체들의 심층보도는 종종 현지 파견관(intelligence officer)을 통한 첩보수집보다 그 유용성이 클 수도 있다.

④ 따라서 과거 어느 때보다 공개정보가 정보분석의 주요 대상으로 등장하고 있다. 그러나 분석관들은 공개출처 첩보를 다루는 데 있어서 신뢰성의 문제, 역정보의 위험, 그리고 주요 첩보의 선택에 각별히 신경을 써야 한다.

(2) 비밀(secret)

① 엄격히 말해 국가정보기관의 역할은 바로 비밀(secret)을 수집하고 분석하여, 이를 국가안보정책에 긴요하게 활용하는 데 있다. 비밀이라 함은 통상 외국정부가 외부에 대한 공개를 회피하고 은닉하려는 일련의 현안 문제, 상황, 그리고 정책과정을 의미한다.

② 비밀은 다분히 인위적인 성격을 띤다. 왜냐하면 국가마다 비밀분류에 관한 규정이나 법령이 있고, 이에 따라 비밀을 생산해 내기 때문이다. 북한의 경우처럼 극도로 폐쇄된 국가에 있어서는 거의 모든 것이 비밀로 분류될 수 있다. 반면에 개방된 국가일수록 비밀의 범주는 줄어들기 마련이다.

③ 그러나 일반적으로 주요 인사의 신상정보, 주요 첨단 병기의 성능 및 재원, 그리고 정보 · 보안기구의 구성, 인원, 예산 등은 비밀로 분류된다. 비밀분석에 있어서 가장 큰 애로사항은 확인상의 제약과 그에 따른 불확실성이다. 특히 폐쇄된 적대국의 경우, 수집된 첩보에 대한 체계적 검증이 지극히 제한되기 때문에 현실과의 괴리와 모호성을 염두에 두고 분석에 임해야 한다. 바로 여기서 비밀을 대상으로 하는 정보분석은 수집된 첩보를 근거로 이론과 가설을 설정하고, 연역적 또는 귀납적 유추의 과정을 거친 후 확률적인 예측, 판단을 목적으로 한다.

(3) 역정보(disinformation)

① 역정보(disinformation)도 주요한 분석 대상이 된다. 역정보란 적대국이 상대국 분석관들을 기만하고 오판케 하기 위해 의도적으로 틀린 왜곡된 정보를 지칭한다. 역정보에 관한 사례들은 호머의 일리야드에 나오는 트로이의 목마에서 제2차 세계대전의 가짜 패튼 장군, 그리고 냉전 시 유리 노셍코 사건에 이르기까지 다양하다.

② 역정보를 이용한 기만 공작에 대한 예방 및 탐지실패는 매우 심각한 정보분석의 실패를 가져올 수 있다. 왜냐하면 수집첩보의 오류에 대한 분석의 오류를 가져올 수 있을 뿐 아니라 분석부서에 대한 정책결정자들의 불신을 조장하여 한 국가의 국가안보를 크게 위태롭게 할 수 있다. 따라서 첩보출처에 대한 철저한 검증과 분석 평가의 정확성과 엄정성을 통해 기만공작과 역정보의 가능성을 철저히 가려내야 할 필요가 있다.

(4) 미스터리(mysteries)

① 일반적으로 미스터리(mysteries)라 함은 비밀정보의 수집, 분석만으로는 규명해 낼 수 없는 의문사항이나 현안을 의미한다. 미스터리가 발생하는 이유는 국가안보와 관련된 일련의 결정이나 사건들은 불확실성을 특징으로 하고 있기 때문이다. 여기서 불확실성은 바로 인간행동의 의도, 선호성, 그리고 심리구조와 밀접한 관계를 가진다. 그리고 의도, 선호성, 심리상태는 수시로 변할 수 있는 것이다. 이것은 정보분석에 있어 구조와 행위자 간의 역동적 관계를 규명해내는 것이 얼마나 어려운 것인가를 보여주는 대목이다.

② 가령 예를 들어 '대포동 2호 실험발사와 관련된 북한의 의도는 무엇인가?'라는 분석과제를 생각해보자. 현실적으로 이러한 과제에 분석관들이 정답을 줄 수는 없다. 왜냐하면 대포동 2호의 실험발사와 관련된 수많은 변수들이 복합적으로 연동되어 있고 이들을 규명한다는 것은 쉬운 일이 아니기 때문이다. 북한의 의도를 알기 위해서는 김정일의 의도, 선호성, 그리고 심리 상태를 규명해야 한다. 그러기 위해서는 미국의 정책결정자들의 의도와 선호성, 그리고 그에 대한 김정일 및 북한 지도부의 인지구조와 결정성향을 추적해야 한다. 이러한 가변적 심리변수들 간의 인과관계를 규명하여 주어진 분석 과제에 대한 정답을 제공하기란 사실 불가능하다.

③ 그러나 분석관들은 제한적이나마 개연성의 구조와 범주를 밝혀냄으로써 돌발 사건에 효과적으로 대응하게 할 수 있다. 이런 점에서 미스터리 역시 정보분석의 주요 대상이 된다.

525

미스터리(mysteries)에 대한 설명으로 틀린 것은?

① 비밀정보의 수집, 분석만으로는 규명해 낼 수 없는 의문사항이나 현안을 의미한다.
② 국가안보와 관련된 일련의 결정이나 사건들은 불확실성을 특징으로 하고 있기 때문에 발생한다.
③ 인간행동의 의도, 선호성, 그리고 심리구조와 밀접한 관계를 가진다.
④ 가변적 심리변수들 간의 인과관계를 규명하여 주어진 분석 과제에 대한 정답을 제공한다는 점에서 미스터리 역시 정보분석의 주요 대상이 된다.

정답 ④

풀이 가변적 심리변수들 간의 인과관계를 규명하여 주어진 분석 과제에 대한 정답을 제공하기란 사실상 불가능하다.

526

불가사의(mysteries)에 대한 설명으로 틀린 것은?

① 정보수집과 분석 등 모든 수단을 동원하여 노력했음에도 불구하고 도저히 해결되지 않는 문제를 의미한다.
② 불가사의에 직면한 상황에서는 주로 Contingency What If Analysis가 활용된다.
③ 발생할 확률이 거의 비슷하여 최종적으로 어떤 결과가 발생할지 전혀 확신할 수 없을 경우도 불가사의한 문제로 인정된다.
④ 정보분석으로는 도저히 밝혀낼 수 없기 때문에 분석관의 역할은 더 이상 기대할 수 없으며, 이 문제에 대해서는 결국 정책결정권자의 정치적인 판단에 맡길 수밖에 없다.

정답 ②

풀이 불가사의에 직면한 상황에서는 주로 대안 미래분석 또는 시나리오 전개기법이 활용된다. 참고로 대안 미래분석의 다른 명칭이 시나리오 전개기법이다.

527

분석 대상으로서의 미스터리(mysteries)에 대한 설명으로 틀린 것은?

① 미스터리는 비밀정보의 수집, 분석만으로는 규명해 낼 수 없는 의문사항이나 현안을 의미한다.

② 미스터리는 불확실성과 밀접한 관련을 가지는데, 불확실성은 주로 상식적으로는 이해할 수 없는 현상이나 사건 등을 뜻한다.

③ '대포동 2호 실험발사와 관련된 북한의 의도는 무엇인가?'라는 분석과제도 일종의 미스터리라고 할 수 있다.

④ 미스터리는 제한적이나마 개연성의 구조와 범주를 밝혀냄으로써 돌발 사건에 효과적으로 대응하게 할 수 있다.

정답 ②

풀이 ① 미스터리는 비밀정보의 수집, 분석만으로는 규명해 낼 수 없는 의문사항이나 현안을 의미한다. 이는 문제의 주제를 정확하게 이해하고 설명한 것이다.

② 미스터리가 발생하는 이유는 국가안보와 관련된 일련의 결정이나 사건들은 불확실성을 특징으로 하고 있기 때문이다. 여기서 불확실성은 바로 인간행동의 의도, 선호성, 그리고 심리구조와 밀접한 관계를 가진다. 그리고 의도, 선호성, 심리상태는 수시로 변할 수 있는 것이다. 이것은 정보분석에 있어 구조와 행위자간의 역동적 관계를 규명해내는 것이 얼마나 어려운 것인가를 보여주는 대목이다.

③ '대포동 2호 실험발사와 관련된 북한의 의도는 무엇인가?'라는 분석과제를 생각해보자. 현실적으로 이러한 과제에 분석관들이 정답을 줄 수는 없다. 왜냐하면 대포동 2호의 실험발사와 관련된 수많은 변수들이 복합적으로 연동되어 있고 이들을 규명한다는 것은 쉬운 일이 아니기 때문이다. 북한의 의도를 알기 위해서는 김정일의 의도, 선호성, 그리고 심리 상태를 규명해야 한다. 그러기 위해서는 미국의 정책결정자들의 의도와 선호성, 그리고 그에 대한 김정일 및 북한 지도부의 인지구조와 결정성향을 추적해야 한다. 이러한 가변적 심리변수들 간의 인과관계를 규명하여 주어진 분석 과제에 대한 정답을 제공하기란 사실 불가능하다.

④ 미스터리는 제한적이나마 개연성의 구조와 범주를 밝혀냄으로써 돌발 사건에 효과적으로 대응하게 할 수 있다.

528

정보분석의 대상으로 적절하지 않은 것은?

① 자연현상(natural phenomena)

② 비밀(secret)

③ 공개된 사실(known fact)

④ 허위정보(Disinformation)와 미스터리(Mystery)

정답 ①

풀이 ① 미스터리가 정보분석 대상이 되는 것은 속성상 미스터리는 1회적으로 끝나는 것이 아니고 자꾸 변모하며 증폭되어 사회불안을 야기하고 국가안보의 심각한 저해요소가 된다는 특성을 가지고 있기 때문이다. 자연현상은 과학기구의 소관이지 국가정보기구의 직접 소관은 아니다.

529

정보분석의 대상에 대한 설명으로 틀린 것은? [2022년 기출]

① 미스터리의 존재는 사회불안을 야기하고 사회를 혼란으로 빠트릴 수 있기 때문에 분석하여 규명하여야 한다.

② 비밀은 수집하기 어려우나 수집노력에 따라 가능한 외국의 능력이나 의도 등 공개를 회피하는 내용이다.

③ 북한 핵실험과 관련된 북한의 의도도 일종의 미스터리에 속한다.

④ 미스터리는 공개정보나 비밀정보 등을 분석하는 것으로는 해결할 수 없는 사안이다.

정답 ①

풀이 ① 미스터리는 정보수집과 분석 등 모든 수단을 동원하여 노력했음에도 불구하고 도저히 해결되지 않는 문제이다. 따라서 분석하여 규명할 수 없다. 그러나 분석관들은 제한적이나마 개연성의 구조와 범주를 밝혀냄으로써 돌발 사건에 효과적으로 대응하게 할 수 있다. 이런 점에서 미스터리 역시 정보분석의 주요 대상이 된다.

핵심정리 창조적 정보분석의 6대 원칙

(1) **지연판단의 원칙(Principle of deferred judgment)**
생성단계의 아이디어 판단과 생산된 아이디어에 대한 가치판단을 구별하여, 정보에 대한 최종판단은 가능한 모든 아이디어 도출이 끝난 연후에 실행해야 양질의 정보분석을 할 수 있다는 원칙이다. 지연판단의 원칙은 통상적으로 아이디어를 생각하고 동시적으로 평가하는 절차와 반대되는 것으로 정보분석에서 가장 중요하다고 간주된다.

(2) **다량 양질의 원칙(Principle of quantity leads to quality)**
양이 많으면 그 속에 질이 좋은 것도 있다는 것으로, 많은 아이디어 속에 최적의 아이디어가 창출될 수 있다는 원칙이다. 바꿔 말하면 정보분석에서는 최초의 아이디어가 오히려 가장 무용할 수도 있다는 것을 의미한다.

(3) **타가수정(他家受精, Principle of cross-fertilization of ideas)의 원칙**
자신의 아이디어만을 고집하지 말고 다른 아이디어와 융합 결합해 보면 필연적으로 더 좋은 아이디어가 도출된다는 아이디어 교류의 원칙이다. 창조적 판단을 위해서는 다양성이 균질성보다 유리하다는 것은 사회과학적으로 증명되어 있다.

(4) **업무 안정감 비례의 원칙(Sense of Security)**
업무의 창조성은 정보분석관이 업무에 대한 안정감, 자기만족감, 직접 밀착 감독으로부터의 해방 등에서 이루어진다는 것이다. 통상적으로 조직의 생산성은 직업 만족도(Job security)에 비례하는 것과 같은 이치이다. 따라서 정보분석관이 업무 안정감을 이룰 수 있도록 도모하는 것은 정보 관리자가 유념해야 할 문제이다.

(5) 경쟁분석의 원칙(Principle of Competitive Analysis)
정보분석의 창조성은 경쟁분석 속에서 더 높이 확보될 수 있다는 원칙이다. 그러므로 때로 모든 정보에 대해 동일한 접근권을 가진 별개의 정보분석 기구를 중첩적으로 운용하여, 분석결과를 상호 대비 평가하는 방식은 정보분석 업무의 창조성을 고양하는 좋은 방법이 된다.

(6) 악역 활용(Devil's Advocate)의 원칙
특정한 주제에 대해 고의로 반대 의견을 개진하는 팀을 배치해서 상호간에 경쟁을 유발함으로써 정보분석의 창조성을 고양할 수 있다는 원칙이다. 이 경우에 소위 심술쟁이나 악역 담당자는 끊임없이 경쟁적 · 비판적인 관점에서 상대방의 결론에 대해 부정적인 의견을 개진한다. 그러한 과정을 통해서 미진한 점이나 부족한 점을 발견하고 보완의 과정을 거쳐 최상의 정보를 생산할 수 있다.

530

다음 정보분석의 원칙으로 옳은 것은?

정보에 대한 최종판단은 가능한 모든 아이디어 도출이 끝난 연후에 실행해야 양질의 정보분석을 할 수 있다.

① 다량 양질의 원칙(Principle of quantity leads to quality)
② 타가수정의 원칙(他家受精, Principle of cross-fertilization of ideas)
③ 지연판단의 원칙(Principle of deferred judgment)
④ 악역 활용(Principle of Devil's Advocate)의 원칙

정답 ③

풀이 ③ 다량 양질의 원칙은 많은 아이디어 속에 최적의 아이디어가 창출될 수 있다는 것이고, 타가수정의 원칙은 자신의 아이디어만을 고집하지 말고 다른 아이디어와 융합해 보라는 것이다. 다양한 사람의 의견을 통해 경쟁을 유발하는 악역 활용의 원칙을 통해서도 정보분석의 창조성을 고양할 수 있다.

531

창조적 정보분석의 6대 원칙으로 적절하지 않은 것은?

① 지연판단의 원칙(Principle of deferred judgment)
② 타가수정의 원칙(他家受精, Principle of cross-fertilization of ideas)
③ 차단 분석의 원칙(Principle of block Analysis)
④ 악역 활용의 원칙(Principle of Devil's Advocate)

정답 ③

풀이 ③ 창조적 정보분석의 6대 원칙으로는 지연판단의 원칙, 다량 양질의 원칙, 타가수정의 원칙, 업무 안정감 비례의 원칙, 경쟁분석의 원칙, 악역 활용의 원칙을 들 수 있다.

핵심정리 **정보분석의 단계별 요건**

(1) 정보분석 시 문제제기 요건: 정확성, 적합성, 적시성
(2) 정보분석 시 자료 평가 기준: 정확성, 적합성, 신뢰성
(3) 정보분석의 조건: 적합성, 적시성, 정확성
(4) 정보의 질적 가치: 정확성, 적합성, 적시성, 객관성
(5) 로웬탈의 좋은 정보의 요건: 적합성, 적시성, 간결성, 명료성
(6) 정보보고서의 기본적 요건: 적합성, 적시성, 간결성, 명료성, 객관성, 정확성
(7) 입법부의 정보기관 통제 기준: 적절성, 효율성, 합법성

핵심정리 **로웬탈의 좋은 정보의 요건**

좋은 정보란 적시성(timeliness)이 있어야 한다. 아무리 정확하고 핵심을 찌르는 정보라 하더라도 정책수립의 시의성을 놓치게 되면 정보로서의 의미를 상실하게 된다. 따라서 정보분석은 항상 시간적 제약을 전제로 한다는 것을 유념해야 한다. 이와 더불어 정보소비자의 소요 요청에 잘 부합되는(tailored) 정보분석을 할 수 있어야 한다. 아무리 생산된 정보가 깊고 광범위하다 할지라도 정보소비자의 정책수립에 도움이 되지 않는다면 정보분석의 의미는 없다. 그러나 여기서 유의할 점은 정보소비자의 요구에 부응은 하지만 분석관 스스로가 정치화하여 분석의 객관성을 상실해서는 안 된다. 정보보고에서 주목해야 할 또 다른 사항은 정보보고가 간결하고 명료해야 한다는 것이다. 여기서 간결(digestible)해야 한다는 것은 복잡한 현상을 왜곡 없이 단순화시켜 정보소비자의 이해를 도와주는 것을 의미하는 반면, 명료성(clarity)이란 알려진 사항과 알려지지 않은 사항을 명확히 하여 분석된 정보보고의 한계를 분명히 해주는 것을 의미한다.

532

로웬탈의 좋은 정보의 요건에 대한 설명으로 틀린 것은?

① 적시성: 정보가 아무리 정확하더라도 그 정보가 필요한 시점을 놓친다면 그 정보는 무의미하다.
② 적합성: 정보소비자의 소요 요청에 잘 부합되어야 한다.
③ 간결성: 복잡한 현상을 왜곡 없이 단순화시켜 정보소비자의 이해를 도와주어야 한다.
④ 객관성: 분석관 스스로가 정치화하여 분석의 객관성을 상실해서는 안 된다.

정답 ④

풀이 ④ 객관성은 로웬탈의 좋은 정보의 요건에 포함되지 않는다. 참고로 로웬탈의 좋은 정보의 요건은 적시성, 적합성, 간결성, 명료성이고 명료성은 알려진 사항과 알려 지지 않은 사항을 명확히 하여 분석된 정보보고의 한계를 분명히 해주는 것을 의미한다.

533

정보분석의 요건과 고려사항으로 적절하지 않은 것은?

① 경쟁하는 다른 정보기구의 정보분석 시점과 분석내용
② 적합성(Relevancy)과 적시성(Timeliness)
③ 정보수요자의 요구와 선호도와의 연관성
④ 국가안보와 국가이익과의 연관성

정답 ①

풀이 ① 대안분석기법으로 Team A/Team B(A팀 대 B팀)를 시행하는 경우에도 경쟁하는 다른 정보기구의 정보분석 시점과 분석내용은 고려하지 않는다. 정보분석의 고려사항으로는 국가안보와 국가이익과의 연관성, 개별적 국가정책과의 연관성, 정보수요자의 요구와 선호도와의 연관성이 있다.

534

정보분석의 요건으로 적절하지 않은 것은?

① 정확성 ② 적시성
③ 적합성 ④ 객관성

정답 ④

풀이 ④ 정보분석은 정보소비자의 소요 요청에 부합되어야(tailored) 하기 때문에 객관성은 정보분석의 요건으로 볼 수 없다. 물론 지나치게 사용자의 선호에 맞춘다고 객관성을 잃거나 정치화된 정보를 제공하라는 것은 아니다.

535

로웬탈의 좋은 정보의 조건으로 적절하지 않은 것은? [2016년 기출]

① 적시성 ② 객관성
③ 이해성 ④ 명확성

정답 ②

풀이 ② 로웬탈은 좋은 정보의 조건으로 적시성, 적합성, 간결성(이해성), 명료성을 제시했다.

536

로웬탈의 좋은 정보 요건으로 적절하지 않은 것은? [2014년 기출]

① 명료성 ② 간결성
③ 적절성 ④ 적시성

정답 ③

풀이 ③ 로웬탈은 좋은 정보의 조건으로 적시성, 적합성(tailored), 간결성(이해성), 명료성을 제시했다. 적실성(relevancy)은 로웬탈의 좋은 정보의 요건이 아니다.

537

정보분석의 문제제기 단계에서 정보가 갖추어야 할 요건에 포함될 수 없는 것은? [2010년 기출]

① 객관성 ② 적실성
③ 적시성 ④ 정확성

정답 ①

풀이 ① 정보분석의 문제제기 단계에서 정보는 정확성, 적실성, 적시성의 요건을 갖추어야 한다.

538

정보분석 단계에서 자료의 평가기준에 포함될 수 없는 것은? [2006년 기출]

① 분석과제와의 관련성 ② 출처 등에 대한 신뢰성
③ 자료의 정확성 ④ 시급성에 따른 적시성

정답 ④

풀이 ④ 정보분석 단계에서 자료의 평가기준으로는 정확성, 적실성, 신뢰성을 들 수 있다. 적시성은 정보분석의 문제제기 단계에서 고려되는 요건이다.

핵심정리 정보분석 관련 문제

(1) 정보요구 관련 문제

정보판단을 정책요구 우선순위에 맞추는 것은 대단히 중요하다. 우선순위를 못 맞춘 정보분석은 아무리 훌륭해도 적절히 활용될 수 없을 뿐 아니라, 전혀 다른 분석 결과가 도출될 위험성도 있을 수 있기 때문이다. 우선순위 요구는 정보절차의 첫 단추인 계획과 지시단계에서 정책부서의 공식적인 요구로 명확하게 이루어지는 것이 제일 바람직하다.

(2) 단기 전술정보와 장기 대책정보 생산의 문제

① 단기 전술정보 생산과 전략적인 장기대책 정보의 생산문제는 정보분석 업무에서 계속적인 긴장관계를 유발한다. 실시간적으로 변화하는 현상을 중요시하는 첩보 수집파트의 근무자와 달리, 사실 대다수의 정보분석관들은 해당 분야의 전문성과 기술을 장기대책 정보를 생산하는 방향으로 숙련되어 있다.

② 현재 미국 정보공동체는 지나치다 싶을 정도로 다양한 현용정보 분석보고서를 생산하여, 현용정보 분석을 위해 너무 많은 시간과 노력을 들이고 그로 인해 사안을 보다 깊이 있게 장기적으로 분석하는 능력이 저해 받고 있다는 비판이 있다.

③ 예를 들어 CIA 정보분석국(Directorate of Intelligence, DI)을 담당한 상원 처치 위원회(Church Committee)의 어느 보고서는, CIA가 현용정보 분석 업무에 너무 집중하는 것을 현행사건 증후군(Current Events Syndrome)라고 말하며 문제의 심각성을 지적했다. 이러한 현행사건 증후군은 국가정보기구가 국가 위기경보를 발하는 업무와 장기적인 추세를 인지하는 능력에 대해서는 질적으로 부정적인 영향을 미쳤다고 한다. 현행사건 증후군에 매몰된 정보관계자들은 속성적으로 가장 최신의 단편적인 첩보에만 집착해서 정책담당자들의 관심을 끌 만한 정보생산에만 매진하고 정책입안자들의 관심을 크게 끌지 못하는 장기예측정보 생산을 소홀히 할 수 있다.

(3) 비상요구 정보와 통상적 정보활동의 균형 문제

수립되고 예정되어 있는 국가정보활동 계획에도 불구하고 비상상황에 기인한 정보수요가 정보분석의 최우선 대상이 된다. 그 경우 정보수집과 분석을 위한 자원이 한정되어 있으므로 부득불 어떤 문제는 장기간 또는 전혀 정보분석의 대상이 되지 못할 위험이 있다. 속성상 정보기구는 각광을 받고 싶은 유혹 때문에 계속 비상주제로만 관심과 노력을 집중하려고 할 수 있다. 그러므로 비상요구 정보의 비상성은 그 사안이 아무리 급박하더라도 우선순위와 중요성을 비롯한 비상성(非常性) 부여를 위한 정상성, 즉 합리성을 갖춰야 한다.

(4) 수집정보 홍수의 문제–밀과 겉겨의 문제(Wheat V. Chaff Problem)

수집되는 첩보와 실제로 분석되는 정보의 불균형은 정보기관 내부적으로 가장 주의하고 경계해야 할 문제이다. 수집첩보의 100%를 정보분석 하는 것이 이상적이고 바람직하겠지만, 현실적으로는 불가능하며 과연 어느 정도의 수집 · 분석 비율이 이상적인지에 대한 기준은 없다. 그러나 첩보수집과 정보분석의 지나친 불균형은 정보수집 활동을 무의미하게 할 뿐 아니라 정보가치의 신빙성에 도 의문을 제기할 수 있다.

(5) 개별적 분석창고 · 분석통의 문제

복수 이상의 정보기구들로 정보공동체가 형성되어 있는 경우에 각 정보기관들은 독특한 정보시각과 분석기법 등 고유한 정보문화를 형성한다. 그리고 다른 기관들이 넘보기 불가능하거나 힘들게 자신들만의 독자적 정보보관통을 가지고 있을 수 있다. 각 정보기관이 특정분야에 관심과 우선순위를 가지고 있고, 기관 특유의 분석자원과 분석기법이 있기 때문에 나타나는 현상이다. 정보분석은 이러한 개별 정보기구의 특성을 유지 발전시키면서 전체적인 정보분석의 조화를 도모해야 한다는 과제가 있다.

(6) 암시와 경고의 문제

① 정책담당자에게 중대한 사태의 발생가능성에 대해 사전적 경고를 건네주는 것은, 전략적 경악을 회피하기 위해 존재하는 국가정보 기구의 가장 중요한 임무중의 하나이다. 원래 정보기구에게 암시와 경보 기능은 정보기구가 정책 전면에 부각될 수 있는, 즉 주체가 될 수 있는 좋은 기회로 여겨졌다. 그러나 암시와 경고는 기회가 아니라 무덤도 될 수도 있음을 알아야 한다. 정보기구의 암시와 경고의 실패는 정보분석관의 잘못으로 귀결되기 때문이다. 문제는 이와 같은 암시와 경고(I&W)의 중요성을 잘 인지하면서도 실제 상황에서 기준 시점을 잘못 선택해서 정작 중요한 적시경고 기회를 놓칠 수도 있다는 것이다.

② 역으로 책임회피성에 기인해 기준시점을 낮추고 가능한 거의 모두에 대해 경고를 발하는 경향도 있을 수 있다. 암시와 경고를 남발하는 심리적 저변에는 책임회피를 하기 위한 것으로서 관료주의적 병폐 중의 하나로 밑져야 본전이라는 관념이 깔려 있는 것이기도 하다. 그러나 상시적인 경고는 정작 중요 한 사태에 대한 국민들의 경각심을 마비시키고 정책 당국자들에게는 물론 국민들에게도 정보기구 역할에 대한 불신을 초래할 수 있다. 늑대소년의 예가 아니라고 하더라도 잦은 경고는 정작 중요한 시점의 경각심을 무디게 할 수 있는 위험성을 심각하게 고려해야 한다.

(7) 수집정보의 한계와 관련된 문제

상대방이 있는 정보업무의 특성상 현안인 어떤 주제에 대해 한정된 시간 내에 모든 관련정보를 수집하는 것은 불가능하다. 따라서 해당주제에 대해 수집 자료가 충분치 않은 경우가 많고, 경우에 따라서는 자료가 거의 없는 경우도 있다. 정보자료가 부족할 경우 일부 견해는 정보분석 업무는 사실 확정이 반드시 증거를 기초로 해야 하는 법적 과정은 아니므로 정보분석관 고유 판단에 맡겨야 한다는 의견을 제시한다. 반면에 또 다른 의견은 부족한 자료에 기초하여 상상으로 작성한 정보분석 보고서는 설득력을 가질 수 없고, 진정한 의미의 정보분석은 아닌 것으로서 정보실패로 귀결될 가능성도 높을 뿐 아니라, 그러한 관행의 축적은 결국 정보판단의 정치화로 연결될 가능성이 있으므로 지양되어야 한다고 주장한다. 이런 경우에 책임회피책으로 정보분석관들은 문제의 핵심을 가로지르지 않고 주위를 맴도는 간접의견을 제시하거나, 그 간극을 자신들의 기존 경험 그리고 기교로 채운 독자적인 분석보고서를 생산할 수 있다. 그러나 이때 정보분석관의 해결방안은 명백하게 단 한 가지이다. 즉 있는 사실 그대로를 정책담당자에게 진솔하게 전달함으로써 최종 정보소비자인 정책 담당자도 진상을 알게 하는 것이다. 정보관계자가 정책담당자에게 알고 있는 사실을 전달하는 것만큼이나 모르는 사실을 모른다고 전달하는 것도 똑같이 중요하다는 점은 실상 파악을 위해 매우 중요한 태도이다. 그러나 그것은 결코 쉽지 않는 용기라고 할 수 있다. 정보기구가 만능이 아님을 인정하는 것이 되기 때문이다. 일찍이 콜린 파월(Colin Powell) 미 국무부 장관이 자신에게 보고하는 정보기관에 대해, "당신이 아는 것을 말해 달라, 당신이 모르는 바도 말해 달라, 당신의 생각을 말해 달라."라고 한 언급은 시사하는 바가 매우 크다. 그러면서 그는 첫 번째와 두 번째만 정보관계자들에게 책임이 있고, 세 번째 즉 정보관 계자의 생각을 듣고 판단해 최종적으로 결정한 정책에 대해서는 정책담당자인 자신에게 책임이 있음을 확실히 했던 것이다.

539

다음의 정보분석과정에서 발생하는 문제로 옳은 것은?

> 정보분석에 있어서 정보관계자들이 최신의 단편적인 첩보에만 집착하여 정책담당자들의 관심을 끌 만한 정보생산에만 매진하는 현상

① 밀과 겉겨의 문제(Wheat V. Chaff Problem)

② 현행사건 증후군(Current Events Syndrome)

③ 수집정보의 홍수

④ 암시와 경고의 문제

정답 ②

풀이 ② 현행사건 증후군(Current Events Syndrome)이란 처치 위원회(Church Committee) 보고서에 나타난 용어로 CIA가 현용정보 업무에 집중하는 것을 의미한다.

핵심정리 정보분석관

1. 의의

정보분석의 핵심은 분석관의 자질에 달려 있다. 아무리 수집공작을 통해서나 기술첩보를 통해 양질의 첩보를 수집한다 해도 이에 상응하는 정보분석 능력이 없을 경우, 수집된 첩보는 사장되거나 오판될 수 있다. 우수한 분석관의 충원과 지속적인 훈련은 정보분석의 필수 요소라 할 수 있다.

2. 정보분석관 충원의 유형

(1) 의의

정보분석관의 충원과 훈련은 국가마다 각기 다르다. 그 대표적인 유형으로는 미국과 같은 전문형과 영국과 같은 일반형으로 구분할 수 있다. 한국 같은 경우는 전문과 일반을 포괄하는 절충형으로 분류될 수 있을 것이다.

(2) 미국

① 미국의 경우, CIA 출범 시부터 정보분석관의 충원은 특정 학연을 중심으로 이루어졌다. 일차적으로는 CIA 전신인 OSS의 연구 · 분석 책임자로 있던 William L. Langler의 계보를 들 수 있다.

② 하버드에서 외교사를 가르쳤던 Langler는 하버드 중심으로 분석관들을 충원했었다. 그러나 CIA 분석국의 핵심인사들은 주로 예일대학 출신들로 충원되었다. 왜냐하면 CIA 분석국을 현대화시킨 장본인인 Sherman Kent가 예일대 학사, 석사, 박사를 받았을 뿐 아니라 1950년대 말 CIA 산하의 국가정보판단국(Office of National Estimates) 부책임자로 돌아올 때까지 예일대학에서 역사학 교수로 재직했기 때문이다.

③ 이렇듯 미 CIA 분석국은 하버드대와 예일대 출신을 중심으로 그 출범부터 구성되었다. 그러나 1970년대 후반 이후 미 CIA는 점차 지역이나 기능적 전문성을 가진 고급 인력들을 선택적으로 충원하기 시작했다. 이와 더불어 CIA 소속 분석관들에 대한 전문분석교육을 집중적으로 실시해왔다. 또한 이들 분석관들은 해외거점 파견 없이 분석관으로서의 전문적 보직관리를 유지케 되어있다. 지난 2000년 5월에는 분석관들에 대한 전문적 분석교육을 전담키 위해 미 CIA 산하에 Sherman Kent School for Intelligence Analysis를 신설하기에 이르렀다. 아마 정보분석의 전문적 교육을 위해 별도의 학교가 설립된 것은 이것이 처음이라 할 수 있다. 미국은 이와 같이 분석부서가 거의 독자적 영역을 유지하며 전문성을 보유한 분석요원들을 충원, 훈련하고 있는 것이다.

(3) 영국

① 미국과 대조적으로 영국은 별도의 정보분석관들을 충원하지 않는다. 주로 외교 분야에 종사하는 외교관들을 보직 변경하여 평가국(Assessment Staff) 소속 분석관으로 임명하는데 이들은 주로 외국의 제한된 정치첩보에 대한 분석에 치중하는 경향이 있다.

② 그리고 이들은 특정지역이나 기능적 사안에 대한 전문성을 갖는다기보다는 기초가 튼튼한 generalist로 분류할 수가 있다. 따라서 영국의 분석관들은 군사부문이나 비밀첩보 수집공작과 같은 정보기관 고유 사안에 대해서는 비교적 생소하다 하겠다. Michael Herman은 바로 이런 이유 때문에 영국의 정보분석기관은 군사부문을 과소평가하고 정치 부문을 과대평가하는 조기경보실패(warning failure)의 오류를 자주 범하게 된다고 지적하고 있다.

③ 그러나 미국과 마찬가지로 영국의 분석관들도 옥스포드나 캠브리지 등 유수 대학 출신들이 주종을 이루고 있다. 이 점에서 영국의 분석관들이 비록 generalist로서의 한계는 있으나 정보분석과 예측에 있어서는 아주 탁월한 업적을 내고 있다고 평가할 수 있다.

(4) 한국

① 한국의 경우는 절충형이라 할 수 있다. 앞서 지적했지만 국가정보원은 국내판단기획, 해외정보분석, 대북분석의 세 가지 주요 분석기능을 담당하고 있다. 최근 여기에 과학기술 첩보분석기능이 강화되고 있는 실정이다. 기술분석의 경우는 대부분 특별 채용의 경로를 택한다.

② 국내, 해외, 대북 분석 부서는 특별한 경우를 제외하고는 정규과정 출신으로 충원된다. 국가정보원의 정규과정은 기본적으로 generalist의 양성을 목표로 할 만큼 그 교과과정이 포괄적으로 짜여 있는 것으로 알려져 있다. 그러나 교육과정에 있어서는 정보, 보안, 수사 등으로 구분되고 정규과정에서의 전공 선정이 추후 국정원에서의 보직 관리를 결정하게 된다.

③ 대북 및 해외분석 요원들은 주로 정보 특기자들 중에서 충원되는데 미국과 같은 별도의 정보분석 훈련을 시키지는 않는 것으로 알려져 있다. 그러나 분석관의 경우, 동일 부서에 장기간 종사함으로써 상당한 수준의 전문성을 확보하고 있다. 김영삼 정부하에서 해외 및 대북 분석부서에 국내외에서 박사학위를 취득한 전문가를 특별 채용한 사례는 있으나 미국에서처럼 이 제도가 상례화되어 있지는 않는 것 같다. 미국이나 영국과 유사하게 최근 국정원 정규과정 합격생의 출신대학별 분포를 보면 서울의 유수 대학 출신들이 압도적 대다수를 차지하고 있는 것으로 집계되고 있다.

540

정보분석관에 대한 설명으로 틀린 것은?

① 정보분석관은 정보분석의 핵을 이루기 때문에 각국의 정보기구들은 정보분석관의 충원을 보안의 원칙상 내부 승진의 문제로 한정하다.

② 정보분석관은 만능플레이어로 기대되기 때문에, 정보분석관은 예컨대 '중국 문제는 파악할 수 있지만 인도 문제는 모른다.'라고 말할 권리가 없다.

③ 정보분석 파트는 업무의 성격상 계단적 승진구조를 가질 수 없는 분야이지만 창조적 분석을 위해서 중요한 문제이다.

④ 정보분석관들은 지식적인 관점 외에 실천적 경험은 그들의 업무가 책상집중형인 연유 등으로 인해 적을 수밖에 없다.

정답 ①

풀이 ① 정보분석관은 정보분석의 핵을 이룬다. 유능한 정보분석관의 능력은 운동선수, 음악가와 마찬가지로 선천적인 경우가 적지 않기 때문에 각국의 정보기구들은 신선하고 창조적인 정보분석관 충원을 위해 대학 초년생에 장학금을 지급하는 조기 발굴, 특채 절차 등 특별한 절차를 통해 행하며 대단히 중요한 임무로 운용한다.

541

정보분석관의 자질에 대한 설명으로 틀린 것은? [2021년 기출]

① 자신의 관점, 편견은 배제하고 국가정세와 이익, 정책에 대해 객관적으로 평가할 수 있는 능력이 있어야 한다.

② 상대국의 역사, 문화, 사회 등에 대한 상식적인 이해를 바탕으로 상대국의 정치, 권력, 대중문화, 사상 등에 대한 전문적인 지식이 요구된다.

③ 분석한 내용을 논리적으로 알기 쉽게 작성할 수 있는 능력이 필요하다.

④ 외국어를 한 가지 이상 숙달하여 해당국과 지역에 대한 주관적 평가를 할 수 있는 전문성을 갖추어야 한다.

정답 ④

풀이 ④ 분석관에게는 언어적 능력, 직관력 그리고 분석 업무에 관한 전문성을 바탕으로 해당국과 지역에 대한 객관적 평가를 할 수 있는 역량이 필요하다.

542

정보분석관이 갖춰야 할 능력에 대한 설명으로 틀린 것은? [2021년 기출]

① 정보생산자는 담당 분야에 대한 전문지식과 적절한 언어능력을 1개 이상 갖춰야 한다.

② 정보생산자는 정보사용자에게 쉽고 명확하게 전달될 수 있도록 간단명료하게 보고서를 작성해야 한다.

③ 심화된 지식을 기반으로 정보를 생산해야 정보소비자의 니즈를 충족시킬 수 있다.

④ 정보보고서의 작성은 전적으로 정보생산자의 재량에 속하는 사항으로 경험과 지식을 토대로 주관적으로 작성해야 한다.

정답 ④

풀이 ④ 정보생산자는 정보를 객관적으로 작성해 정치적 논란을 회피해야 한다.

543

정보분석에서 역사분석을 중시하는 국가로 옳은 것은? [2015년 기출]

① 미국　② 캐나다
③ 독일　④ 영국

정답 ④

풀이 ④ 미국의 정보기관은 정치적 접근모델을 통한 과학적 예측을 중시하지만 영국의 정보기관은 역사적인 접근 방법을 선호한다.

544

정보분석 능력을 향상시키기 위한 노력으로 틀린 것은? [2015년 기출]

① 정보조정관 제도를 운영하여 중요한 정보목표에 대해 각 정보기관 간 조율을 담당토록 한다.
② 외국의 지도자나 의사결정 그룹이 결정한 내용을 파악할 때 거울 이미지(mirror image)에 의한 왜곡 현상을 줄이기 위해 홍팀을 운영한다.
③ 국가정보기관 및 부문별 정보기관들로부터 분석관들을 충원하여, A팀과 B팀으로 나누고 동일 사안에 대해 경쟁적으로 분석케 한다.
④ 분석관의 편견이나 집단사고 등 인간의 취약한 인식과 판단에서 비롯되는 인지적 오류를 막기 위해 분석분야 업무에 비전문가를 활용한다.

정답 ①

풀이 ① 정보조정관 제도는 정보분석 능력을 향상시키기 위한 것이 아니라 정보 배포와 조직 운영 체계에서 발생하는 문제를 해결하기 위한 것이다. 예를 들어 새로운 증거자료들을 분배하고 평가하는 데는 많은 시간이 소요되어 적시에 경고정보를 발하지 못하는 사태가 발생할 수 있는데 정보조정관 제도는 이러한 문제를 해결할 수 있다.

핵심정리 Sherman Kent의 정보분석 9계명

(1) 지적으로 엄밀해야 한다.

정보판단은 사실과 신빙성 있는 제보에 근거해야 하며 모든 정보원(source)은 일관성과 신빙성에 기초하여 검토 및 평가되어야 한다. 또한 수집 첩보상의 불확실성이나 괴리를 명백히 해야 한다.

(2) 분석의 가정과 거기에서 파생된 결론을 명백히 기술하라.

설정 가정과 도출된 결론에 안주하지 말아야 한다. 어떠한 조건하에서 이들이 오류를 범하게 될 것인가를 집요하게 추적하고 불확실성이나 오류를 범할 소지가 높다면, 대안적 결과들을 식별하고 어떤 상황하에서 이들이 발생할 것인가를 규명해 내야 한다.

(3) 다른 정보판단을 고려할 수 있어야 한다.

분석관 자신의 전문성의 한계를 인정하고 자신의 견해에 대한 집착을 피해야 한다. 정보분석 과정에서 자신의 결함을 보강할 수 있는 조언을 모색해야 한다. 그리고 다른 분석관들과 아주 강한 견해차가 있을 경우, 이를 분명히 해야 한다.

(4) 정보판단에 대해 집단적 책임을 져야 한다.

자신의 정보분석에 대한 내부적 조정이 이루어질 수 있도록 충분한 시간을 허용해야 한다. 또한 CIA와 분석국(DI)의 모든 견해를 대변하고 옹호해야 한다. 개인적인 견해를 분명히 할 필요가 있지만 상부에서 요구할 때만 제시해야 한다.

(5) 언어구사를 정확히 하라.

자신의 독특하거나 새로운 식견 또는 사실을 가급적 빠르게 전달해야 한다. 활력 있는 구두 보고를 하고 가급적 짧은 문구를 사용해야 한다. 지나친 세부 묘사를 피하고 기술용어의 사용을 최소화해야 한다. 분석국(DI)의 보고서 작성 지침을 항상 참고해야 한다. 그리고 짧은 보고서가 언제나 낫다는 것을 유념해야 한다.

(6) 내부의 맹점을 대조하기 위해 외부 전문가들을 활용하라.

자신의 분석과제와 관련하여 새로운 외부 연구와 전문가들을 찾아 지속적으로 자문을 구해야 한다. 자신의 분석과 관련된 언론매체의 보도경향에 주목하고 이들로부터 얻을 것이 있는가를 고찰해야 한다. 핵심적 이슈에 관해서 외부의 반응이 자신의 생각과 일치하는지를 대조해야 한다.

(7) 분석적 과오를 인정하고 실수를 통해 배워라.

정보분석은 아주 풀기 어려운 과제들과 불확실성에 초점을 맞추기 때문에 오류를 범할 소지가 크다는 것을 인정해야 한다. 과거의 정보판단이나 해석을 주기적으로 검토하고, 그 성공과 실패의 원인과 성격은 어떠했는가를 규명해야 한다. 그리고 이전의 정보분석 라인이 적절치 못했다는 것을 발견했을 경우 즉시 정책 입안자에게 알려주고 그 사유와 함의를 설명해야 한다.

(8) 정책 입안자의 관심사항에 주목하라.

정책 입안자의 현안 문제에 적실성과 시의성이 있는 정보를 전달해야 한다. 자신의 정보분석이 미국의 정책에 어떤 함의를 가지는가를 분명히 해야 한다. 특히 정책 입안자가 위협을 다루고, 결단을 내리는 동시에 정책목적을 달성할 수 있는 실행 가능한 정보를 제공해야 한다.

(9) 분석관 자신의 정책 의제를 추구해서는 안 된다.

개인적인 정책 선호도가 정보분석의 성격을 좌우해서는 안 된다. 정책 입안자들이 정책 대안을 요청할 때, 가급적 정중하게 그러나 단호하게 이를 거부해야 한다. 정보는 정책 선택에 있어서 불확실성과 위험도를 감소시켜 주고 그 실행에 있어서 이상적 기회를 식별함으로써 정책 입안자들을 도와주는데 있지, 그를 대신하여 정책을 선택해 주는 것은 아니다.

545

셔먼 켄트의 정보분석 9계명에 포함되지 않는 것은? [2019년 기출]

① 지적으로 엄밀해야 한다.

② 언어구사를 정확하게 하라.

③ 분석적 과오를 인정하고 실수를 통해서 배워라.

④ 정보판단은 개인적으로 책임을 져야 한다.

정답 ④

풀이 ④ 정보판단의 결과는 집단적으로 책임을 져야 한다.

546

셔먼 켄트의 정보분석 9계명에 포함되지 않는 것은? [2010년 기출]

① 지적으로 엄밀해야 한다.

② 정보판단에 대해 개인적으로 책임져야 한다.

③ 언어구사를 정확히 해야 한다.

④ 분석관 자신의 정책의제를 추구해서는 안 된다.

정답 ②

풀이 ② 정보판단에 대해 집단적 책임을 져야 한다.

Theme 19 정보분석 기법과 기술적 분석

핵심정리 고대의 암호체계

(1) 기원전 5세기경 그리스의 스파르타에서 원시적인 형태의 군사용 암호통신 수단으로서 '스키테일(skytale)'이라는 것을 고안했다는 기록이 있다. 원통형의 막대기에 양피지나 파피루스 천 조각을 감은 다음 그 위에 비밀전문을 쓴다. 그리고 비밀전문이 적힌 천 조각을 풀어서 보내게 되는데 똑같은 크기의 원통형 막대에 되감기 전까지는 그 내용을 파악할 수가 없다.
(2) 기원전 4세기경 그리스의 극작가 폴리비우스(Polybius)는 아라비아 숫자와 로마자를 조합하는 방법을 활용하여 획기적인 암호체계를 고안했는데, 이후 그것이 수천 년에 걸쳐 활용되었던 것으로 나타난다.
(3) 기원전 1세기경 로마시대에도 간첩과 비밀암호체계를 활용했던 것으로 나타난다. 시저(Julius Caesar)는 키케로(Cicero) 또는 그의 친구들에게 원문의 문자를 알파벳 배열 순서에 따라서 두 글자 건너 세 번째에 위치하는 문자로 바꾸는 방식으로 – 예를 들어 A를 D로, K는 N으로 교체 – 암호화하여 편지를 보냈다고 한다.

547

문헌상 나타나는 인류 최초의 암호는?

① 중세 시대의 암호 ② 로마시대의 암호
③ 시저 암호 ④ 스키테일 암호

정답 ④

풀이 ④ 스키테일 암호는 고대 그리스 스파르타 시대의 것으로 그 내용을 일정한 너비의 종이테이프를 원통에 감아서, 테이프 위에 통신문을 기입했던 것이다.

548

BC 500년경 스파르타에서 비밀 메시지를 전달하기 위해 개발한 도구로서 최초의 암호장비라고 할 수 있는 것은? [2022년 기출]

① 스키테일(Skytale) ② 신성문자(Hieroglyph)
③ 폴리비우스(polybius)의 암호체계 ④ 로마 시저(Caesar)의 암호체계

정답 ①

풀이 ① 기원전 5세기경 그리스의 스파르타에서 원시적인 형태의 군사용 암호통신 수단으로서 '스키테일(skytale)'이라는 것을 고안했다는 기록이 있다. 원통형의 막대기에 양피지나 파피루스 천 조각을 감은 다음 그 위에 비밀전문을 쓴다. 그리고 비밀전문이 적힌 천 조각을 풀어서 보내게 되는데 똑같은 크기의 원통형 막대에 되감기 전까지는 그 내용을 파악할 수가 없다.

핵심정리 분석방법의 이론적 논의

(1) 의의

수집된 첩보를 국가안보정책에 활용할 수 있는 정보로 전환시키는 데 가장 중요한 것은 정보분석방법이다. 정보분석방법은 인식론적 요소와 방법론적 요소로 구성되어 있다.

(2) 인식론적 요소

① 인식론적 요소라 함은 분석의 이론적 시각을 지칭한다. 바꾸어 말하면 지식을 추려내어 하나의 정선된 정보를 도출해 내는 이론적 기반을 의미한다.

② 보다 구체적으로 통상 정보분석의 대상이 되는 정치변동, 정책선택, 군사행동, 경제 동향 등에 대한 이론 영역을 인식론이라 규정할 수 있는 것이다.

(3) 방법론적 요소

① 의의

㉠ 방법론이라 함은 인식론 또는 이론에 기초하여 도출된 명제나 가설을 경험적 사실에 비추어 검증(verification) 또는 위증(falsification)하는 방법을 뜻한다.

㉡ 방법론은 탐구의 논리라고도 부르는데 전통적으로 연역적, 귀납적, 변증법적 방법이 있다.

② 연역법과 귀납법

연역적 방법이란 하나의 보편적 명제를 도출하고 이를 경험적 사례에 비추어 검증하는 것을 뜻하고, 귀납적 방법은 개별적 관찰을 통해 보편적 일반화를 도출해내는 방법을 의미한다.

③ 변증법

이와 대조적으로 변증법적 방법은 마르크스주의 사회과학 방법론에서 주로 활용하는 방법으로 역사, 구조적 분석을 통해 사회변동의 흐름을 질적으로 규명해 내는 방법이다.

핵심정리 자료형 분석 기법

(1) 의의

① 전통적인 정보분석은 자료형 모자이크 이론에 기초해 왔다. 즉, 소요가 제기된 현안문제에 대해 가능한 모든 첩보를 수집하고 수집된 첩보를 바탕으로 모자이크를 하듯 큰 그림을 그려내는 것이 바로 자료형 분석방법이다.

② 이 시각에서 볼 때, 정확한 정보판단은 정확하고 완벽한 첩보를 수집했을 때만 가능하다고 보고 수집에 우선순위를 두는 경향이 있다.

③ 그 대표적인 예로는 기술첩보 옹호론자들을 들 수 있다. 영상정보, 신호정보, 그리고 징후계측정보 등 유형에 관계없이 가급적 많은 첩보를 수집해야 정확한 정보분석이 가능하다는 것이다.

(2) 환원주의 위험

① 자료형 분석의 문제점은 환원주의의 우를 범할 수 있다는 것이다. 바꾸어 말하면 주어진 현안문제에 대한 모든 첩보를 확보하기는 어렵다. 따라서 부분적 첩보를 가지고 전체 그림을 그려내야 하는 단순화의 우려가 있는 것이다.

② 그뿐만 아니라 완전한 그림을 그려내기 위해서는 끝까지 관련첩보를 수집해야 하는 무한회귀의 오류를 범할 수도 있다. 더구나 기술정보의 경우처럼, 수집첩보가 대량으로 유입될 때 이를 정보분석과 관련하여 정선, 선택하는 작업은 쉬운 일이 아니다.

핵심정리 개념형 분석 기법

1. 의의

① 전통적인 자료형 분석 방법에 대안으로 등장한 것이 개념형 방법이다. 여기서 개념형이란 분석관이 자료수집에 들어가기 전에 하나의 큰 그림을 그리고 그 그림을 근거로 세부적인 첩보수집과 분석에 임한다는 것이다.

② 이 모델의 기본가정은 어떤 사안에 있어서도 완벽한 정보란 있을 수 없기 때문에 이러한 미지수를 해결하기 위해서는 하나의 이론적 모델을 설정해야 한다는 것이다. 이와 같은 이론 모델이 설정되었을 경우, 필요 첩보수집에 한계가 있더라도 이론에 의거 추정, 예측을 할 수 있기 때문이다. 특히 여러 가지 경합이론들을 제시하고 이들을 단계적으로 검증해 나갈 때 정보분석의 정확도가 높아질 수 있다는 것이다. 최근 대부분의 정보분석기관들은 자료형 분석에서 개념형 분석으로 전이하는 경향을 보이고 있다.

2. 개념형 분석 기법의 유형

(1) 의의

개념형 분석 기법으로는 크게 내재적 접근, 보편 이론적 접근, 비교역사 모델의 세 가지로 나누어 볼 수 있다.

(2) 내재적 접근

① 상황논리에 기초한 내재적 접근이란 분석 현안에 대해 보편적 이론을 기계적으로 적용하기보다는 분석 현안의 맥락에서 분석의 방향을 잡는 것을 의미한다.

② 바꾸어 말하면 특정 지역의 주요 현안을 분석함에 있어서 지역적 특수성을 감안하여 간주관적으로 접근해야 한다는 것이다.

③ 과거 냉전기간 중 미 정보분석기관들이 소련을 분석함에 있어서 크레믈린 전문가들에게 크게 의존했던 것이 그 대표적 사례이다. 한국에서도 북한 분석과 관련, 내재적 시각이 크게 대두되어 왔다. 즉, 북한을 분석함에 있어서 북한의 시각에서 북한을 분석해야 북한의 정치, 경제, 사회, 군사 등 전 분야에 대한 보다 정확하고 객관적 인식을 할 수 있다는 것이다. 정보분석 부서 내에서도 지역 전문가들이 이러한 시각을 강력히 주장하는 경향이 있다.

(3) 보편 이론적 접근

① 보편 이론적 접근은 분석 현안에 대한 특수성을 지나치게 강조하다 보면 보편적 경향을 간과할 수 있다고 본다. 그뿐만 아니라 정치변동, 전쟁, 경제 동향 등은 일반화된 인과관계의 양상을 보이기 때문에 보편 이론의 적용이 얼마든지 가능하다는 것이다.

② 한 예로 1979년 이란의 팔레비 국왕 실각과 이슬람 혁명은 내재적 접근의 기본적 한계를 노정하고 있다. 당시 미국 정보기관의 이란 전문가들은 이란 군부의 힘을 과대평가하고 이슬람 세력을 포함한 중산층의 정치세력을 간과한데서 샤의 실각을 예측하지 못했던 것이다. 당시 이란 상황을 혁명이란 정치변동 이론에 적용했더라면 이슬람 혁명의 대두를 쉽게 예측할 수 있었을 것이다.

③ 최근 북한 붕괴론에 관해서도 두 가지 대립되는 시각이 있다. 그 하나는 내재적 시각으로 북한의 체제 내구성을 강조하는 것이고, 다른 하나는 사회주의 이행국가의 전환기 이론을 적용하여 북한의 조기 붕괴를 예측하는 시각이다. 일반적으로 1989년 탈냉전 이후 북한 사회주의 체제의 상대적 지속성을 감안할 때 내재적 접근이 더 큰 설득력을 보이는 듯하나 사회주의 국가 전환 이론의 보편적 틀을 무시할 수는 없을 것이다. 따라서 분석 사안별로 보편적 이론을 검토하고 이를 적용하는 것이 바람직하다는 것이다.

④ 특히 보편 이론은 단순한 서술을 넘어서 변수 간의 인과관계를 규명해 주고 궁극적으로는 미래 예측을 가능케 해주기 때문이다. 통상 사회과학적 연구방법론을 강조하는 분석관들이 이 모델을 선호한다.

(4) 비교역사 모델

① 비교역사 모델은 분석 현안에 대한 심층적 분석을 하고, 그와 유사한 사건들을 역사적 맥락에서 추적하는 동시에 과거의 역사적 사례가 오늘의 분석 현안에 어떠한 함의를 주는가를 추적하는 방법이다. "역사는 반복한다(History repeats itself)."는 명제가 이 역사비교 모델의 기본가정을 구성한다고 보면 무방할 것이다.

② 가령 제2차 세계대전 이후 미국의 경보정보는 일본의 진주만 기습공격이라는 역사적 사건을 반면교사로 삼아 발전되어 왔다. 최근 한국이나 일본에서 21세기 동북아 안보환경을 예측하는 데 있어서도 역사적 비교 유추방법을 많이 활용하고 있다. 즉, 미국이 동북아에서 철수했을 경우, 19세기말과 같은 상황이 재현될 수 있다는 비교 유추하에 위협 평가, 전략, 전술, 전력 구조 등을 구상하는 경향이 있다.

③ 비교역사 모델은 미 CIA 분석 부서의 오랜 전통이 되어 왔다. 그 이유는 CIA 분석국이 초기에 하버드와 예일대 역사학과 출신 중심으로 충원되었기 때문이다.

549

분석 방법의 이론에 대한 설명으로 틀린 것은?

① 인식론적 요소는 분석의 이론적 시각을 지칭하며, 이는 지식을 추려내어 하나의 정선된 정보를 도출해 내는 이론적 기반을 의미한다.

② 방법론적 요소는 인식론 또는 이론에 기초하여 도출된 명제나 가설을 경험적 사실에 비추어 검증하거나 위증하는 방법을 뜻한다.

③ 연역적 방법은 개별적 관찰을 통해 보편적 일반화를 도출해내는 방법을 의미한다.

④ 변증법적 방법은 마르크스주의 사회과학 방법론에서 주로 활용하며, 역사, 구조적 분석을 통해 사회변동의 흐름을 질적으로 규명해 내는 방법이다.

정답 ③

풀이 ③ 연역적 방법은 하나의 보편적 명제를 도출하고 이를 경험적 사례에 비추어 검증하는 것을 의미한다. 반면, 개별적 관찰을 통해 보편적 일반화를 도출해내는 방법은 귀납적 방법을 뜻한다.

550

정보분석 방법에 대한 설명으로 틀린 것은?

① 전통적인 정보분석은 자료형 모자이크 이론으로 소요가 제기된 현안문제에 대해 가능한 모든 첩보를 수집하고 수집된 첩보를 바탕으로 모자이크를 하듯 큰 그림을 그려내는 것이 바로 자료형 분석 방법이다.

② 내재적 접근은 특정 지역의 주요 현안을 분석함에 있어서 지역적 특수성을 감안하여 간주관적으로 접근해야 한다는 것으로 자료형 모자이크 이론에 속한다.

③ 개념형 정보분석은 분석관이 자료수집에 들어가기 전에 하나의 큰 그림을 그리고 그 그림을 근거로 세부적인 첩보수집과 분석에 임한다.

④ 보편 이론적 접근은 단순한 서술을 넘어서 변수 간의 인과관계를 규명하여 미래를 예측하는 정보분석방법으로 개념형 정보분석에 속한다.

정답 ②

풀이 ② 개념형 분석기법은 크게 내재적 접근, 보편 이론적 접근, 비교역사 모델의 세 가지로 구분한다.

551

자료형과 개념형 분석 기법에 대한 설명으로 틀린 것은?

① 자료형 분석은 가능한 모든 첩보를 수집하여 큰 그림을 그리는 방법이다.

② 자료형 분석의 한계는 주어진 문제에 대한 모든 첩보를 확보하는 것이 불가능하므로, 부분적 첩보를 가지고 전체 그림을 그릴 때 단순화의 위험이 있다.

③ 개념형 분석은 하나의 큰 그림을 그리고 그 그림을 근거로 첩보를 수집하고 분석하는 방법으로 완벽한 첩보 수집을 강조한다.

④ 내재적 접근은 분석 현안의 맥락에서 분석의 방향을 잡는 것으로, 특정 지역의 주요 현안을 분석함에 있어서 지역적 특수성을 감안하여 접근한다.

정답 ③

풀이 ① 자료형 분석은 가능한 모든 첩보를 수집하고, 그 첩보를 바탕으로 전체적인 그림을 그리는 방식으로, 완벽한 첩보 수집을 강조한다.

② 자료형 분석의 한계 중 하나는 전체 그림을 그리기 위해 부분적인 첩보만을 확보하게 되어, 전체를 이해하는 데에 제한이 생길 수 있다.

③ 개념형 분석의 기본가정은 어떤 사안에 있어서도 완벽한 정보란 있을 수 없기 때문에 이러한 미지수를 해결하기 위해서는 하나의 이론적 모델을 설정해야 한다는 것이다. 이와 같은 이론 모델이 설정되었을 경우, 필요 첩보수집에 한계가 있더라도 이론에 의거 추정, 예측을 할 수 있기 때문이다. 특히 여러 가지 경합이론들을 제시하고 이들을 단계적으로 검증해 나갈 때 정보분석의 정확도가 높아질 수 있다는 것이다. 최근 대부분의 정보분석기관들은 자료형 분석에서 개념형 분석으로 전이하는 경향을 보이고 있다.

④ 내재적 접근은 분석 현안의 맥락에서 분석의 방향을 잡는 것으로, 특정 지역의 주요 현안을 분석함에 있어서 지역적 특수성을 감안하여 접근한다.

552

내재적 접근과 보편 이론적 접근에 대한 설명으로 틀린 것은?

① 내재적 접근은 분석 현안에 대해 보편적 이론을 기계적으로 적용하기보다는 분석 현안의 맥락에서 분석의 방향을 잡는 것을 의미한다.

② 보편 이론적 접근은 분석 현안에 대한 특수성을 지나치게 강조하다 보면 보편적 경향을 간과할 수 있으며, 일반화된 인과관계의 양상을 보이는 현상에 대해 보편 이론의 적용이 가능하다는 접근이다.

③ 1979년 이란의 팔레비 국왕 실각과 이슬람 혁명은 보편 이론적 접근의 기본적 한계를 드러내고 있다.

④ 1989년 이후 북한 사회주의 체제의 상대적 지속성을 감안할 때, 보편 이론적 접근보다는 내재적 접근이 더 큰 설득력을 보인다.

정답 ③

풀이 ① 내재적 접근은 분석 현안의 맥락에서 분석의 방향을 잡는 것이다.

② 보편 이론적 접근은 일반화된 인과관계의 양상을 보이는 현상에 대해 보편 이론의 적용이 가능하며, 분석 현안의 특수성을 지나치게 강조하면 보편적 경향을 간과할 수 있다는 접근이다.

③ 1979년 이란의 팔레비 국왕 실각과 이슬람 혁명은 내재적 접근의 기본적 한계를 노정하고 있다. 당시 미국 정보기관의 이란 전문가들은 이란 군부의 힘을 과대평가하고 이슬람 세력을 포함한 중산층의 정치세력을 간과한 데서 샤의 실각을 예측하지 못했던 것이다. 당시 이란 상황을 혁명이란 정치변동 이론에 적용했더라면 이슬람 혁명의 대두를 쉽게 예측할 수 있었을 것이다.

④ 1989년 이후 북한 사회주의 체제의 상대적 지속성을 감안할 때, 내재적 접근이 보편 이론적 접근보다 설득력을 보이는 것은 사실이다.

553

정보분석 방법에 대한 설명으로 틀린 것은?

① 인식론적 요소라 함은 분석의 이론적 시각을 지칭한다.

② 방법론은 전통적으로 연역적, 귀납적, 변증법적 방법이 있다.

③ 전통적인 자료형 분석방법에 대안으로 등장한 것이 개념형 방법이다.

④ 1979년 이란의 팔레비 국왕 실각과 이슬람 혁명은 보편 이론적 접근의 기본적 한계를 노정하고 있다.

정답 ④

풀이 ④ 1979년 이란의 팔레비 국왕 실각과 이슬람 혁명은 내재적 접근의 기본적 한계를 노정하고 있다. 당시 미국 정보기관의 이란 전문가들은 이란 군부의 힘을 과대평가하고 이슬람 세력을 포함한 중산층의 정치세력을 간과한데서 샤의 실각을 예측하지 못했던 것이다. 당시 이란 상황을 혁명이란 정치변동 이론에 적용했더라면 이슬람 혁명의 대두를 쉽게 예측할 수 있었을 것이다.

554

질적분석 기법에 대한 설명으로 틀린 것은?

① 분기분석은 시간적 여유가 있는 경우 분석결과를 수차례에 걸쳐 재분석하여 최종 분석결과를 도출하는 방법이다.

② 목표지도작성은 도식화가 가능한 분석 주제에 대해 분석도표를 작성하여 궁극적으로 목표지도를 생성하는 분석방법이다.

③ 핵심판단 기법은 서로 모순되는 가설들에 대해 증거가 될 수 있는 첩보 자료들을 대조시켜 가장 유력한 가설을 선택하는 것이다.

④ 인과고리 기법은 분석의 대상이 되는 어떤 현상에 영향을 미쳤을 것으로 예상되는 변수들 간의 인과관계를 도식화함으로써 사태 발생의 원인을 규명하고 향후 추세를 전망하는 방법이다.

정답 ③

풀이 경쟁가설 기법에 대한 설명이다. 핵심판단 기법은 분석대상에 대해 다수의 가설을 설정하고 각각의 가설을 뒷받침할 수 있는 증거를 평가하여 몇 개의 중요한 가설로 압축한 후 이를 중심으로 핵심적인 판단을 추출해내는 방법이다.

555

다음 중 '자료형' 정보분석 기법에 대한 설명으로 가장 적절한 것은? [2024년 기출]

① 현안의 맥락에서 분석의 방향을 설정하는 내재적 접근이 여기에 포함된다.

② 특수성을 지나치게 강조하면 보편적인 경향을 간과하기 쉽다는 보편이론적 접근이 여기에 포함된다.

③ 가능한 모든 첩보를 수집하고, 이를 모자이크 구성하듯이 하나의 그림으로 완성하는 분석기법이 여기에 포함된다.

④ 자료수집 이전에 전체적인 정보구성 내용을 작성하고 정보를 맞추어 가는 기법이다.

정답 ③

풀이 ③ 자료형 정보분석 기법에 대한 설명이다. 나머지는 개념형 정보분석 기법에 대한 설명이다.

556

정보분석 기법에 대한 설명으로 틀린 것은? [2020년 기출]

① 정보기관은 비밀 자료를 수집하고 이를 활용한다는 점에서 일반 대학과 차이가 있다.
② 자료형 분석은 모자이크이론에 근거를 두고 있으며 조각그림 맞추기에 비유할 수 있다.
③ 개념형 분석은 자료형 분석에 비해 많은 시간을 투입해야 한다.
④ 질적분석 기법으로는 분기분석, 계층분석, 브레인스토밍 등을 들 수 있다.

정답 ③

풀이 ③ 자료형 분석과정보다 개념형 분석과정에 많은 시간이 소요된다고 보기 어렵다. 완전한 그림을 그려내기 위해서는 끝까지 관련첩보를 수집해야 하는 자료형 분석보다 분석관이 자료수집에 들어가기 전에 하나의 큰 그림을 그리고 그 그림을 근거로 세부적인 첩보수집과 분석에 임하는 개념형 분석이 시간적으로 더 유리할 수 있다.

557

개념형 정보분석기법에 포함될 수 없는 것은? [2008년 기출]

① 내재적 접근법
② 모자이크 기법
③ 비교역사 모델
④ 보편 이론적 접근

정답 ②

풀이 ② 모자이크 이론은 자료형 분석기법의 이론적 근거이다.

핵심정리 정보분석단계(표준 매뉴얼)

(1) 의의

휴어스(Richards J. Heuers)는 정보분석을 분석유형에 관계없이 문제설정, 가설 설정, 첩보 수집, 가설 평가, 가설 선택, 지속적인 모니터링의 여섯 단계로 구분한다.

(2) 문제 설정

① 정보분석에서 제일 먼저 고려해야 할 사항은 정확한 문제설정이다.
② 분석관 스스로가 문제를 제기할 경우는 해당되지 않지만 정책결정자가 소요를 제기할 시, 그 소요에 대해 정확히 파악, 편견이나 왜곡 없이 분석과제를 설정할 수 있어야 한다. 잘못된 문제설정은 정보분석의 전 과정을 무효화시켜 버릴 수 있다.
③ 이와 더불어 분석관들이 유의해야 할 사항은 마감시간 내에 얼마나 자세한 분석보고서를 제출해야 하는 점이다. 시간 제약 없는 정보분석보고서의 제출이란 현실적으로 존재하지 않는다.

(3) 가설 설정

① 제기된 문제에 대한 가설을 설정할 때 가급적 제기된 문제와 관련된 문헌들을 철저히 탐색하여 가용한 모든 가설들을 제시해야 한다.

② 이와 더불어 동료는 물론이거니와 외부전문가들과의 상의를 통해 모든 아이디어를 검색할 때까지 성급한 결론을 내려서는 안 된다.

③ 이렇게 모든 아이디어와 이론들을 동원하여 다양한 가설들을 설정한 후 이를 하나씩 위증화(falsification) 과정을 통해 줄여나가야 한다.

④ 여기서 유념해야 할 점은 상대방이 기만(deception)전술을 쓸 수도 있기 때문에 당장 증거가 없다고 해서 특정 가설을 포기해서는 안 된다. 오히려 검증자료를 찾지 못할수록 그 가설이 맞아 들어갈 가능성이 크다고 할 수 있다.

(4) 첩보수집

① 설정된 가설들을 검증하기 위해 관련 첩보를 수집해야 한다. 이미 수집된 첩보만을 가지고 경합 가설들을 검증할 경우, 오류를 피하기 어렵다.

② 따라서 공작 부서의 수집관, 해외거점 요원, 전문가 및 학자, 그리고 외국 저널 또는 특수 저널 등을 총망라하여 경험적 기반을 확충해야 한다.

③ 여기서 주의해야 할 사항은 분석관 스스로가 심증이 가는 가설의 검증을 위한 첩보수집은 가급적 배제해야 할 것이다.

④ 반대로 분석관이 선호하는 가설부터 하나씩 위증해 나갈 때 정보분석의 정확도가 높아지는 것이다. 그러기 위해서는 대안적 가설들을 개발해야 한다. 대안적 가설은 소수설에서 도출될 수 있기 때문에 소수설을 간과해서는 안 된다. 바꾸어 말하면 형사가 범죄사건을 수사하듯이 모든 정황을 검토하면서 사태 해결의 실마리를 찾아야 한다.

(5) 가설 평가

① 경합 가설을 평가하는 데 있어서 가장 중요한 것은 어떠한 가설도 기정사실로 받아들여서는 안 된다는 것이다.

③ 가급적이면 최선을 다해 위증의 노력을 해야 한다. 또한 가설마다의 기본가정을 각기 다른 각도에서 검토해보고 가정 설정의 변화에 따른 대안적 가설 평가 작업에 임해야 한다. 특히 평가과정에 있어서 선입견이나 분석관 자신의 기준을 분석 대상에 일방적으로 적용하는 자기반사 이미지(mirror image), 그리고 집단사고(group thinking)에 의한 획일적 인지양태는 가급적 피해야 한다.

④ 이와 더불어 주목해야 할 것은 분석 대상국의 주요 정책결정자들의 의도, 동기, 이해관계 등에 대한 심층적 파악이 선행되어야 한다는 점이다. 특히 정책결정은 합리적 사고에 의해 일사불란하게 이루어지는 것이 아니다. 분석 대상국 내의 관료정치, 국내 정치의 역동성에 의해 의도치 않은 결과를 야기시킬 수 있으며 정책 결정의 상당 부분은 오리무중일 수도 있다.

⑤ 따라서 분석관의 인지구조 못지않게 중요한 것은 분석 대상국 내부의 정치적 역동성에 대한 심층적 이해가 있어야만 경합 가설을 보다 효과적으로 평가할 수 있는 것이다.

(6) 가설 선택

① 의의

경합 가설 중 하나의 가설을 선택하는 데는 여러 가지 방법이 있다.

② Alexander George

㉠ Alexander George에 따르면 대안 중 최선의 가설보다 차선이지만 충분히 만족할 만한(satisfying) 가설을 채택하는 방법, 기존의 입장에서 크게 변하지 않는 좁은 범주내의 대안적 가설을 채택하는 점진주의(incrementalism) 방법, 분석관들 간에 최대의 지지와 합의를 구하는 합의형 모델, 과거의 성공과 실패 사례에 대비하여 가설 선택을 하는 유추(reasoning by analogy)하는 방법, 마지막으로 좋은 대안과 나쁜 대안을 구분할 수 있는 일련의 기준과 원칙을 정하고 그에 따라 가설 설정을 할 수 있다.

㉡ 이와 같은 5가지 가설 선택방법 중 정책과 관련된 가설 선택은 궁극적으로 정책결정자가 하기 마련이다. 엄격한 의미에서 분석관들은 판단을 피하고 가급적 현황 설명과 다양한 대안의 제시를 통해 정보소비자가 현명한 판단을 할 수 있도록 도와주는 것이 바람직하다.

㉢ 그러나 이 과정에 있어서 분석관은 가설 선택의 과정을 명시적으로 보여 줄 필요가 있다. 즉 여러 가지 경합 가설들을 하나씩 위증해 나가고 그 과정에서 왜 어떤 가설이 선택되고 다른 가설들은 배제되었는가를 경험적 증거로서 설명해 줄 수 있어야 한다. 여기서 분석관들은 하나의 딜레미에 봉착할 수도 있다. 즉 선택된 가설(또는 배제되지 않는 가설)의 경우, 그를 검증할 수 있는 경험적 증거가 적을 수도 있다. 따라서 이러한 가설 선택에 대해서는 설득력 있는 정당화가 필요하다. 여기서 한 가지 유의해야 할 점은 선택된 가설과 관련, 모호성을 피하기 위해 개연성의 범위를 확률로 표현해 줄 필요가 있다.

③ Sherman Kent

이와 관련 Sherman Kent는 5가지의 확률단계를 제안하고 있다. 거의 확실한(almost certain, 93%), 대체로 가능한(probable 75%), 반반의 가능성이 있는(chance almost even, 50%), 대체로 가능하지 않은(probably not, 30%), 거의 확실하지 않는(certainly not, 7%) 단계로 나누고 있다. 따라서 선택된 가설은 이러한 개연성에 기초하여 확률적으로 표현하는 것이 바람직하다.

(7) 지속적 모니터링의 필요성

가설이 선택되었다 하더라도 그 가설에서 도출된 결론이 절대적이고 최종적인 것이 될 수는 없다. 왜냐하면 국가안보관련 현실은 부단히 변화하기 때문이다. 따라서 분석 현안에 대해 지속적으로 감시하고 그에 따른 변화를 분석의 대상으로 삼아야 할 필요가 있다. 이 과정이 없이는 정보실패 확률이 높아질 수밖에 없다.

558

휴어스(Richards J. Heuers)의 정보분석 표준 매뉴얼에 대한 설명으로 틀린 것은?

① 문제 설정 단계에서 수집된 첩보를 정확히 파악해야 한다.

② 가설 설정 단계에서 가용한 모든 가설들을 제시해야 한다.

③ 가설 평가 단계에서 어떠한 가설도 기정사실로 받아들여서는 안 된다.

④ 가설 선택 단계에서 정책과 관련된 가설은 궁극적으로 정책결정자가 선택하는 것이 일반적이다.

정답 ①

풀이 휴어스(Richards J. Heuers)는 정보분석을 분석유형에 관계없이 문제설정, 가설 설정, 첩보 수집, 가설 평가, 가설 선택, 지속적인 모니터링의 여섯 단계로 구분한다. 첩보가 수집되지도 않은 상황에서 첩보를 정확히 파악할 수는 없다. 문제설정 단계에서 분석관이 정확히 파악해야 하는 것은 정책결정자의 소요이다.

559

다음 중 정보분석의 절차와 단계에 대한 설명으로 가장 적절하지 않은 것은? [2024년 기출]

① 분석과제의 정의는 정보가 필요한 이유와 분석관에게 요구하는 내용을 파악하는 것인데, 예를 들어 우크라이나 전쟁에 대한 정보요구가 있었다면 전쟁 상황파악을 요구하는 것인지, 북한의 무기제공 시태 파악을 요구하는 것인지 등을 검토하는 것이다.

② 가설설정은 분석과제와 관련하여 존재할 수 있는 모든 가능성을 고려하여 최대한 많은 가설을 도출하되, 상식적으로 수용할 수 있는 범위를 넘어서는 가설은 오히려 정상적인 분석판단에 지장을 초래할 수 있으므로 배제해야 한다.

③ 첩보수집은 수집부서에 수집을 요청하거나 축적된 데이터베이스 검색 등을 통해 이루어질 것인데, 첩보가 입수되면 우선 신뢰성 평가를 하여 기만첩보를 제거해야 한다.

④ 가설검증은 유리한 가설이라 하더라도 결정적으로 배치되는 확실한 증거자료가 있는지 확인하는 것이 중요하며, 이 과정에서 분석관의 인지적 편견을 제거하는 것이 중요하다.

정답 ②

풀이 ② 가설 설정 단계에서 가용한 모든 가설들을 제시해야 한다. 동료는 물론이거니와 외부전문가들과의 상의를 통해 모든 아이디어를 검색할 때까지 성급한 결론을 내려서는 안 되기 때문에 함부로 상식적으로 수용할 있는 범위를 넘는다고 하여 배제할 수 없다.

560

휴어스(Richards J. Heuers)의 정보분석 단계에 대한 설명 중 틀린 것은?

① 휴어스(Richards J. Heuers)는 정보분석을 분석유형에 관계없이 문제설정, 가설 설정, 첩보 수집, 가설 평가, 가설 선택, 지속적인 모니터링의 여섯 단계로 구분한다.

② 문제 설정 단계에서는 가급적 제기된 문제와 관련된 문헌들을 철저히 탐색하여 가용한 모든 가설들을 제시해야 한다.

③ 첩보수집 단계에서는 분석관이 선호하는 가설부터 하나씩 위증해 나갈 때 정보분석의 정확도가 높아지는 것이다.

④ 가설 선택 단계에서는 분석관이 왜 어떤 가설이 선택되고 다른 가설들은 배제되었는지를 경험적 증거로서 설명해 줄 수 있어야 하며, 모호성을 피하기 위해 개연성의 범위를 확률로 표현해 줄 필요가 있다.

정답 ②

풀이 ② 가설은 가설 설정 단계에서 제시된다.

561

휴어스(Richard J. Heuers)의 첩보분석 6단계에 포함되지 않는 것은? [2019년 기출]

① 문제의 정의
② 가설의 설정
③ 가설의 검증
④ 가설의 선택

정답 ③

풀이 ③ 휴어스(Richard J. Heuers)의 첩보분석 6단계는 정확한 문제 정의, 가설의 설정, 첩보의 수집, 가설의 평가, 가설의 선택, 지속적인 모니터링 순으로 진행된다.

562

휴어스(Richard J. Heuers)의 첩보분석 6단계에 포함되지 않는 것은? [2007년 기출]

① 정확한 문제의 설정
② 제기된 문제에 가설을 설정
③ 수집된 첩보의 통합
④ 가설의 평가와 선택

정답 ③

풀이 ③ 첩보분석 6단계는 정확한 문제설정, 제기된 문제에 가설을 설정, 가설을 검증하기 위한 첩보의 수집 가설의 평가, 가설의 선택, 지속적인 모니터링 순으로 이행하게 된다. 따라서 수집된 첩보의 통합은 해당되지 않는다.

563

정보기관이 종합적인 정보분석 시 사용하는 정보에 포함될 수 없는 것은? [2008년 기출]

① 통신정보
② 신호정보
③ 공개정보
④ 방첩정보

정답 ④

풀이 ④ 방첩정보는 정보기관의 정보활동이 아니라 방첩활동에 해당된다. 따라서 정보활동과는 관련성이 없다.

Theme 20 정보분석의 이론적 시각

핵심정리 정보분석의 이론적 시각

(1) 기술학파

① 기술학파의 시각에 따르면 정보분석의 기능이란 비밀리 수집된 첩보에 대한 전문가의 견해를 정책결정자들에게 전달하는 데 있다는 것이다.

② 따라서 분석관의 역할은 영상첩보나 암호첩보를 기술적으로 해석해 주고 그 의미를 정보소비자들에 전달해 주는 데 그친다는 것이다.

③ 안보정책 수립과 관련된 분석은 정책결정자들의 고유 영역에 속하며 분석가들은 단순히 기술적 조언자에 지나지 않는다. 과거 소련에서는 정보분석이 이러한 기술적 시각에서 이해되어져 왔다.

(2) 과학적 예측학파

① 과학적 예측학파의 원조는 미 CIA 분석부서를 만드는 데 큰 공헌을 한 Sherman Kent이다. Kent에 따르면 정보분석은 과거와 같이 사실들의 단순한 서술을 넘어서 사회과학적인 방법을 통해 이미 발생한 사건들의 인과관계를 규명해 내고 이를 근거로 미래에 대한 예측판단을 하는 데 그 주요 기능이 있다는 것이다.

② 또한 분석의 대상은 단순히 비밀 첩보만이 아니라 공개 자료까지도 포함해야 한다는 것이다. 특히 Kent가 강조하는 것은 정보분석관들이 정책결정자들의 요구에 주목할 필요가 있지만 너무 지나치게 그들의 요구에 부합하여, 연구결과가 정치화되고 객관성이 상실되는 일이 있어서는 안 된다는 점이다.

③ 정보분석에 대한 사회과학적 접근은 William Colby가 CIA 국장 재직 기간 중에 더욱 강조된 바 있다. Colby 국장은 모든 정보기관들이 사회화학적 방법론과 기술들을 보다 적극적으로 수용하여 미래에 대한 예측, 판단능력을 고양해야 한다고 주장해 왔다. 사실 오늘날 CIA를 포함한 미국의 정보기관들은 대부분 이와 같은 사회과학적 방법론을 정보분석에 광범위하게 적용하고 있다.

(3) 기회분석학파(opportunity–oriented analysis)

① 기회분석학파(opportunity-oriented analysis)는 일반적으로 Kendall 분석학파로도 통용된다. Kendall에 따르면 정보분석에 있어 중립성이란 있을 수 없다고 본다.

② 정보분석은 정책결정자들의 목표를 달성하기 위한 수단이기 때문에, 주요 적대국 지도자들의 위협과 취약점을 파악하고 이를 자국 정책결정자들의 정책목표를 달성하기 위한 기회로 활용해야 한다는 것이다.

③ 따라서 정보분석관은 정책결정자들과 멀리해서는 안 되며 오히려 이들의 선호성을 파악하고 이를 정보분석의 준거로 삼아야 한다고 주장한다.

(4) 미국과 한국의 정보분석의 시각

① 비교론적으로 평가할 때 미국은 일반적으로 Kent 유형의 과학적 분석 유형을 강조해 왔다. 이는 2000년 5월 CIA에 새롭게 설립된 Sherman Kent 정보분석학교의 교육지침에서도 분명히 나타나고 있다.

② 반면에 한국은 기회 분석학파 유형에 가깝다고 평가할 수 있다. 그 이유는 일차적으로 미국에 비해 한국 국가정보기관의 분석부서의 상대적 영세성과 낙후성에 기인한다 하겠다. 그러나 위협환경과 정보기관의 역사성도 크게 작용하고 있다. 한국 국가정보기관은 북한으로부터의 군사위협에 대한 조기경보체계를 확고히 하고 대통령이란 최고 지도자에 대한 보좌를 최우선적인 목적으로 하고 있기 때문에 수집뿐만 아니라 분석분야에 있어서도 정책결정자들의 선호성을 크게 반영하는 경향이 있다.

564

다음은 정보분석에 관한 '기회분석학파'의 주장이다. 주장과 거리가 가장 먼 것은? [2024년 기출]

① 정보분석에서 중립성은 있을 수 없다.

② 정보가 국가의 이슈를 적극적으로 다룰 것을 강조해야 한다.

③ 정치적 책임을 지는 정책결정자의 대외정책 목표를 설정하는 데 반드시 도움을 주어야 한다.

④ 정보분석기구는 정책입안자를 보조하는 연구 부문이다.

정답 ④

풀이 ① Kendall은 정보분석에 있어 중립성이란 있을 수 없다고 본다.

④ 기술학파에 대한 설명이다. 기술학파는 분석관의 역할을 영상첩보나 암호첩보를 기술적으로 해석해 주고 그 의미를 정보소비자들에 전달해 주는 데 그친다고 본다. 안보정책 수립과 관련된 분석은 정책결정자들의 고유 영역에 속하며 분석가들은 단순히 기술적 조언자에 지나지 않는다는 것이다.

565

기술학파에 대한 설명으로 옳은 것은?

① 셔먼 켄트가 주장한 정보분석학파이다.

② 정보분석에 정책결정자의 선호를 반영한다.

③ 실현가능한 대안이 나오도록 분석한다.

④ 정보에 대한 전문가의 견해를 가감 없이 정책결정자에게 전달한다.

정답 ④

풀이 ④ 기술학파는 정보에 대한 전문가의 견해를 정책결정자에게 전달하는 것으로 그쳐야한다는 입장이다.

566

과학적 예측학파에 대한 설명으로 틀린 것은?

① 과학적 예측학파는 Kendall 분석학파로도 불린다.

② William Colby가 CIA 국장 재직 기간 중에 더욱 강조되었다.

③ 비밀첩보만이 아니라 공개출처자료까지 분석 대상에 포함시켜 연구 결과의 객관성을 강조한다.

④ 사회화학적 방법론과 기술들을 보다 적극적으로 수용하여 미래에 대한 예측, 판단능력을 고양해야 한다고 주장한다.

정답 ①

풀이 ① 과학적 예측학파의 원조는 미 CIA 분석부서를 만드는 데 큰 공헌을 한 Sherman Kent이다. Kendall 분석학파로 불리는 학파는 기회분석학파이다.

567

다음 정보분석의 이론적 시각으로 옳은 것은?

> 정보분석은 추상적인 목표가 아니라 정책결정자들의 목표를 달성하기 위한 수단이기 때문에 정보의 최종 수요자인 정책결정자의 의도와 선호에 따라 구체적인 정책을 지원하는 실천적인 방향으로 이루어져야 한다.

① 기술학파
② 사회과학예측학파
③ 셔먼 켄트(Sherman Kent) 학파
④ 켄달(Kendall) 분석학파

정답 ④

풀이 ④ 기회분석학파(opportunity-oriented analysis)의 주장이다. 기회분석학파는 일반적으로 Kendall 분석학파로도 불린다.

568

다음 정보분석의 이론적 시각들에 대한 설명으로 틀린 것은? [2017년 기출]

① 기회분석학파는 현실주의자에 가깝다고 볼 수 있다.
② 미국 정보기관은 정보기관이 정보소비자와 밀접한 관계를 유지하지 않지만 영국 정보기관은 밀접한 관계를 유지한다.
③ 현실주의적 접근은 미국 정보기관에서만 선호하고 다른 국가의 정보기관은 선호하지 않는다.
④ 기회분석학파는 정보분석관은 정보소비자의 선호를 파악해 반영해야 한다고 생각한다.

정답 ③

풀이 ③ 기회분석학파가 정보분석에 있어서 현실주의적 접근을 하고 있는데 미국 정보기관은 주로 과학적 예측학파에 가깝다.

569

다음 정보분석의 이론적 시각으로 옳은 것은?

> 정보분석에는 중립성이 없으며 정보분석관은 정책결정자를 멀리하는 것이 아니라, 그들의 선호성을 파악하여 정보분석의 기준을 정하여야 한다.

① 과학적 예측학파
② 기회분석학파
③ 기술학파
④ 실증주의학파

정답 ②

풀이 ② 한국의 정보기관은 기회분석학파에 가깝다. 정책 결정자의 입장이나 견해를 너무 반영하면서 정치화되는 폐단이 발생하기도 한다.

Theme 21 사회과학적 기법

핵심정리 질적분석과 계량분석

질적분석과 양적분석은 연구조사방법의 두 가지 접근방법으로서, 질적분석은 어떤 현상의 인과관계를 중시하면서 내부로부터 이해하는 접근방법이고, 양적분석은 어떤 현상의 경험적·객관적인 법칙을 중시하면서 외부로부터 설명하는 접근방법이다. 양적분석은 자료를 계량화·객관화하여 법칙을 발견하는 것을 중시하는 결과 사회제도적 연구 또는 구조적 이해에 적합하고, 질적분석은 어떤 현상의 배경과 인과관계를 중시하는 결과 행위자의 주관적 의도를 파악하는 데 유용하다. 정보분석에 활용되는 질적분석 기법에는 브레인스토밍, 핵심판단 기법, 경쟁가설 기법, 인과고리 기법, 역할연기 기법, 분기분석 기법, 목표지도 작성법, 계층분석 기법, 사례연구 기법 등이 있고, 양적분석 기법에는 베이지안 기법, 폴리콘(Policon)과 팩션즈(Factions), 의사결정나무 기법, 통계분석 기법, 기타 각종 OR 기법 등이 있다.

핵심정리 질적분석 기법

(1) 의의

정보분석에서 많이 활용하고 있는 질적분석 기법으로서 브레인스토밍(Brain Storming), 핵심판단(Key Judgement), 경쟁가설(Competing Hypotheses), 인과고리(Causal Loop Diagram), 역할연기(Role Playing), 분기분석(Divergent Analysis), 목표지도작성(Objectives Mapping) 등이 있다.

(2) 브레인스토밍(Brain Storming)

브레인스토밍은 가설 검증에도 유용한 방법이지만 어떤 상황에 대한 문제 파악으로부터 대안 강구에 이르기까지 광범위하게 활용된다.

(3) 핵심판단(Key Judgement)

핵심판단 기법은 분석대상에 대해 다수의 가설을 설정하고 각각의 가설을 뒷받침할 수 있는 증거를 평가하여 몇 개의 중요한 가설로 압축한 후 이를 중심으로 핵심적인 판단을 추출해내는 방법이다.

(4) 경쟁가설(Competing Hypotheses)

경쟁가설 기법은 서로 모순되는 가설들에 대해 증거가 될 수 있는 첩보 자료들을 대조시켜 가장 유력한 가설을 선택하는 것이다.

(5) 인과고리(Causal Loop Diagram)

인과고리 기법은 분석의 대상이 되는 어떤 현상에 영향을 미쳤을 것으로 예상되는 변수들 간의 인과관계를 도식화함으로써 사태 발생의 원인을 규명하고 향후 추세를 전망하는 방법이다.

(6) 역할연기(Role Playing)

역할연기 기법은 다자간 회의나 협상 결과를 예측하는 데 매우 유용하게 활용될 수 있는데 전문가들에게 협상 당사자의 역할을 수행하도록 한 다음 그 과정과 결과를 관찰하여 분석에 활용하는 방법이다.

(7) 분기분석(Divergent Analysis)

분기분석은 시간적 여유가 있는 경우 분석결과를 수차례에 걸쳐 재분석하여 최종 분석결과를 도출하는 방법이다.

(8) 목표지도작성(Objectives Mapping)

목표지도작성은 도식화가 가능한 분석 주제에 대해 분석도표를 작성하여 궁극적으로 목표지도를 생성하는 분석방법이다.

핵심정리 계량분석 기법

(1) 의의

① CIA의 분석국을 포함한 미국의 정보공동체에서는 1950년대부터 수학이나 통계학에서 개발된 다양한 종류의 계량분석 기법들을 활용해 왔다. 정보분석에 도입되어 빈번이 활용되고 있는 대표적인 계량분석 기법들로서 베이지안 기법(Bayesian Method), 게임 이론과 합리적 선택이론에 기초한 Policon-Factions, 델파이 기법(Delphi Method)등을 들 수 있다.

② 베이지안 기법과 Policon-Factions은 OR(Operation Research)의 일종이다. 이외에도 OR 기법에는 행렬(Matrix) 분석방법, 시뮬레이션(Simulation), 게임이론 등이 있다. 또한, 정보분석에는 빈도분석(Frequency), 분산분석(ANOVA), 상관관계분석(Correlation), 회귀 분석(Regression), 요인분석(Factor Analysis) 등 다양한 통계기법들이 활용되고 있다.

③ 이 밖에 최적의 정책 대안을 찾아내는 방법으로서 의사결정나무(Decision Tree) 기법, 미래 예측에 초점을 두고 개발된 델파이(Delphi) 기법, 계량적 내용분석(Content Analysis) 등이 정보분석에 활용되고 있다.

(2) 베이지안 기법

베이지안 기법은 새로운 정보를 입수함으로써 의사결정을 바꾸어 나가는 방법이다. 즉 어떤 주제에 대해 복수의 가설을 설정하여 일단 각 가설의 실현 가능성에 대해 확률판단을 내린 다음 새로운 사건들이 발생하여 추가 정보가 입수되면 이를 베이지안 공식에 적용하여 각 가설의 확률변화 추이를 통계학적으로 추론하는 방법이다.

(3) 정세전망분석(Policon–Factions)

① Policon은 '정치적 갈등(political conflict)'의 약자로서 Policon이라는 회사가 개발한 정치전망 분석 기법이다.

② 미국 CIA는 1982년부터 1986년까지 이를 도입하여 정보분석에 활용했고, 그 후 자체 분석환경에 맞도록 수정하여 Factions이라는 프로그램으로 발전시켰다.

③ Factions는 정치적 사건의 결과 예측, 정치지도자의 행동 패턴 분석, 국가 위기 수준 및 권력구조 등을 파악하는 데 빈번히 활용되었다.

(4) 의사결정나무 기법(Decision Tree)

① 의사결정나무 기법은 의사결정규칙을 나무구조로 도표화하여 분류(classification)와 예측(prediction)하는 분석방법이다.

② 이것은 어느 집단의 의사결정에 영향을 미치는 요인들을 나뭇가지가 갈라지는 것처럼 분류해 봄으로써 어떤 요인이 중요한 역할을 하는지를 순서대로 골라내는 방법이다.

③ 분류 또는 예측의 과정이 나무구조에 의한 추론 규칙에 의해서 표현되기 때문에 분석자가 그 과정을 쉽게 이해하고 설명할 수 있다는 장점이 있다.

핵심정리 린치핀 분석(Linchpin Analysis) 기법

(1) 린치핀 분석은 CIA 정보국 부국장(1993~1996)을 역임한 맥이친(Doug MacEachin)이 도입한 분석기법이다. 핵심판단 기법이라고도 한다. 당시로서는 생소한 분석기법으로서 일반적인 학문적 용어에 대한 강력한 대체 분석용어로 전체 중에서 가장 중심적인 것이라는 의미로 린치핀(Linchpin)을 사용했다. 일명 핵심판단 기법이라고도 한다. 린치핀은 원래 차체 고정 장치를 의미하는 것으로 분석과정 자체의 정보 실수나 정책담당자들의 해석상의 오류에서 오는 위험성을 감소하는 고정 장치인 닻에 비유해 사용한 것이다.

(2) 린치핀 분석의 특징은 일종의 고정 상수(常數)를 기준으로 하는 것으로서 확실한 것이거나 아니면 명백히 불가능한 것을 탐구와 추론의 기준으로 설정하는 것이다. 추론의 결과 도출된 몇 개의 중요한 가설에서 가장 핵심적인 판단을 추출하여 그것을 바탕 또는 고정변수 수준의 기준으로 설정하여 주변적 분석을 전개해 나간다. 정보분석을 일단의 확실함 또는 불가능으로부터 출발함으로써 분석가들은 정보소비자, 동료 그리고 관리자에게 주어진 문제점은 전적으로 연구되었고, 현실에 기초해 이루어졌다는 것을 보여 줄 수 있는 강력한 효과를 가지게 된다.

570

정보분석 방법과 사회과학적 분석 방법에 대한 설명으로 틀린 것은?

① 사회과학적 분석과 정보분석방법 모두 서술, 설명, 예측, 그리고 통제를 목적으로 한다. 하지만 정보분석은 국가이익의 증대, 비공개부문의 첩보 활용, 시간적 제약이라는 특성이 강하게 나타난다.
② 정보분석 방법은 시공간에 관계없이 보편적으로 통용될 수 있는 이론이나 방법을 개발하는 것이다.
③ 정보분석의 방법은 분석대상, 최종 분석보고서의 유형에 따라 크게 달라진다.
④ 기초정보의 경우, 핵심 사실의 단순한 서술로 만족할 수 있으나, 현용, 경보, 예측 · 판단 정보 보고의 경우에는 각기 다른 분석이론과 기법을 요하게 된다.

정답 ②

풀이 ① 사회과학적 분석과 정보분석 방법 모두 서술, 설명, 예측, 그리고 통제를 목적으로 한다는 사실은 맞으며, 정보분석의 특성으로 국가이익의 증대, 비공개부문의 첩보 활용, 시간적 제약이 강하게 나타나는 것도 사실이다.
② 시공간에 관계없이 보편적으로 통용될 수 있는 정보분석 방법은 없다. 정보분석의 방법은 분석대상, 최종 분석보고서의 유형에 따라 크게 달라진다. 예를 들어 주요적대국의 군사태세나 전쟁도발 가능성을 분석하기 위해 개발된 이론이나 방법을 해당 국가의 정치 변동을 분석하기 위한 방법으로 전용할 수는 없는 일이다.
③ 정보분석의 방법은 분석대상, 최종 분석보고서의 유형에 따라 크게 달라지며, 주어진 분석 대상마다 그에 상응하는 분석이론과 방법론을 개발해야 한다. 이는 정보분석의 본질적인 특성을 잘 나타내는 내용이다.
④ 최종 분석보고서의 형태에 따라 분석 기법이 달라질 수 있으며, 기초정보와 현용, 경보, 예측 · 판단 정보 보고는 각각 다른 분석이론과 기법을 요구한다. 이 역시 정보분석방법의 핵심적인 특성 중 하나이다.

571

계량적 분석 방법에 대한 설명으로 틀린 것은?

① 귀납적 통계분석은 변수 간의 인과관계를 설명하는 데는 취약하다.
② 경제학적 방법론은 변수 간의 통계적 상관관계보다는 논리적 일관성을 중요시한다.
③ 시뮬레이션 방법은 주요 분석 대상의 결정과정을 인공지능 등 통계기법을 통해 재현한다.
④ Policon과 FACTION은 전쟁이나 군사행동에 대한 경보정보에 유익한 계량 모델이다.

정답 ④

풀이 베이지안 방법이 전쟁이나 군사행동에 대한 경보정보에 유익한 계량 모델인 반면 Policon과 FACTION은 보다 광범위한 영역에 유용하게 활용되는 계량 모델이라 할 수 있다.

572

계량적 분석 방법에 대한 설명으로 틀린 것은?

① 계량분석은 실증주의 전통에 기초하여 자연 과학적 방법을 통해 변수와 변수 간의 관계를 설명하고 예측한다.

② 베이지안 방법은 시간의 흐름에 따라 새롭게 전개되는 상황들에 대한 첩보를 수집하고 그에 의거하여 주요 사태의 발생 가능성을 계산할 수 있다.

③ 정세전망분석(Policon－Factions)은 게임 이론과 합리적 선택이론에 기초하여 정치적 사건의 결과 예측, 정치지도자의 행동 패턴 분석, 국가 위기 수준 및 권력구조 등을 파악하는 데 빈번히 활용된다.

④ 의사결정나무 기법은 수학적 모델링이나 통계 분석, 최적화 기법 등을 이용하여 복잡한 의사결정 문제에서 최적해 혹은 근사 최적해를 찾아내며, 이익, 성능, 수익 등을 최대화하거나 손실, 위험, 비용 등을 최소화하는 현실적인 문제를 해결하는 데 사용된다.

정답 ④

풀이 운용과학(Operations research, OR)에 대한 설명이다. 의사결정나무 기법은 의사결정규칙을 나무구조로 도표화하여 분류(classification)와 예측(prediction)하는 분석 방법이다.

573

계량적 분석 방법에 대한 설명으로 틀린 것은?

① 경제학적 방법론을 특징으로 하는 연역적 방법은 게임이론이 그 대표적 분석도구이다.

② 연역적 방법은 변수 간의 통계적 상관관계보다는 논리적 일관성을 중요시한다.

③ 귀납적 통계분석은 가설을 설정하고 총량자료분석을 통해 변수 간의 개연적 관계를 통계적 상관관계로 나타내는 것을 특징으로 한다.

④ 시뮬레이션(simulation) 방법은 통계적 개연성이나 논리적 일관성, 그리고 인과관계를 규명하기 위해 주요 분석 대상의 결정과정을 인공지능 등 통계기법을 통해 재현한다.

정답 ④

풀이 시뮬레이션(simulation) 방법은 통계적 개연성이나 논리적 일관성, 그리고 인과관계를 규명하기보다는 주요 분석 대상의 결정과정을 인공지능 등 통계기법을 통해 재현함으로써 자기학습적 효과가 크다 할 수 있다.

574

질적분석과 계량분석에 대한 설명 중 일부이다. 이 중 틀린 것은?

① 질적분석은 주로 사례연구나 역사분석, 또는 역사구조적 방법론을 통해 분석 사안에 대한 서술을 하고 변수간의 인과관계를 규명하고 예측하는 방법론적 경로를 가진다.

② 질적분석은 정치, 사회현상의 규칙성, 반복성, 보편성보다는 분석관의 직관과 분석 대상에 대한 풍부한 지식을 바탕으로 맥락적 특수성을 설명하는 데 중점을 둔다.

③ 계량분석은 실증주의 전통에 기초하고 있으며, 정치 · 사회현상은 자연현상과 달리 규칙성을 보이기 때문에 이를 계량화 할 수 있고, 일단 계량화가 되면 사회 과학적 방법을 통해 변수와 변수간의 관계를 설명, 예측할 수 있다는 것이다.

④ 계량분석은 크게 귀납적 통계분석, 경제학적 방법론, 시뮬레이션 방법론의 세 가지 모델로 구분할 수 있다.

정답 ③

풀이 ③ 계량분석은 실증주의 전통에 기초하고 있다. 즉 정치 · 사회현상이란 규칙성을 보이기 때문에 이를 계량화할 수 있고, 일단 계량화가 되면 자연 과학적 방법을 통해 변수와 변수간의 관계를 설명, 예측할 수 있다는 것이다.

575

계량분석의 유형에 대한 설명으로 틀린 것은?

① 귀납적 통계분석은 사회학적 방법론을 특징으로 하며, 가설 설정 후 총량자료(aggregate data) 분석을 통해 변수간의 개연적 관계를 통계적 인과관계로 나타낸다.

② 연역적 방법은 경제학적 방법론을 특징으로 하며, 게임이론이 주요 분석 도구로서 변수간의 논리적 일관성을 중요시한다.

③ 시뮬레이션 방법은 통계적 개연성, 논리적 일관성 또는 인과관계를 규명하기보다는, 주요 분석 대상의 결정 과정을 인공지능 등 통계기법을 통해 재현함으로써 자기학습적 효과가 크다.

④ 베이지안 방법이 전쟁이나 군사행동에 대한 경보정보에 유익한 계량 모델인 반면 Policon과 FACTION은 보다 광범위한 영역에 유용하게 활용되는 계량 모델이라 할 수 있다.

정답 ①

풀이 ① 사회학적 방법론을 특징으로 하는 귀납적 통계분석은 가설을 설정하고 총량자료(aggregate data)분석을 통해 변수간의 개연적 관계를 통계적 상관관계로 나타내는 것을 특징으로 한다. 이 방법론은 변수간의 인과관계를 설명하는 데는 취약하지만 많은 사례들에 대한 통계적 연구를 하는 데는 매우 적절하다 하겠다.

② 연역적 방법은 경제학적 방법론을 특징으로 하며, 게임이론이 주요 분석 도구이다. 이 방법은 변수 간의 통계적 상관관계보다는 논리적 일관성을 중요시하는 것이 맞다.

③ 시뮬레이션 방법은 통계적 개연성, 논리적 일관성 또는 인과관계를 규명하기보다는, 주요 분석 대상의 결정 과정을 인공지능 등 통계기법을 통해 재현함으로써 자기학습적 효과가 큰 것이 맞다.

④ 베이지안 방법이 전쟁이나 군사행동에 대한 경보정보에 유익한 계량 모델인 반면 Policon과 FACTION은 보다 광범위한 영역에 유용하게 활용되는 계량 모델이라 할 수 있다. 이 두 모델 모두 합리적 선택이론에 기초한다. 보다 구체적으로 사회적 선택(social choice)이론과 기대효용(expected utility) 모델에 기초하고 있다. 이 모델에 따르면 정보분석의 주요과제는 분석 대상국의 주요정책이다. 어떤 조건하에서 어떤 과정을 통해 어떠한 정책을 선택하게 되는가 하는 것이 이 모델의 주요 분석 대상인 것이다. 여기서 정책이란 지도자의 선택이다. 지도자의 선택은 자의적으로 이루어지는 것이 아니다. 해당 국가에 있어서 사회 세력들의 선호도, 그리고 그에 따른 정치연합의 구도에 의해 결정된다.

576

질적분석에 대한 설명으로 틀린 것은?

① 맥락적 특수성을 설명하는 데 역점을 둔다.
② 변수 간의 인과관계를 규명 · 예측하는 방법이다.
③ 논리적 사고를 통해 결론을 도출하는 방법이다.
④ 분석결과나 프로세스를 반복해서 활용할 수 있다.

정답 ④

풀이 양적분석에 대한 설명이다. 질적분석은 맥락적 특수성을 설명하는 데 역점을 두기 때문에 분석결과나 프로세스를 반복해서 활용할 수 없다.

577

다음 중 질적 정보 분석의 여러 기법에 대한 설명으로 가장 적절하지 않은 것은? [2024년 기출]

① 브레인스토밍: 참가자 모두가 의견을 자유롭게 개진하고 논의를 통해 최적의 아이디를 찾는다.
② 핵심판단: 다수의 가설을 설정하고 이론을 뒷받침하는 첩보와 자료를 수집 · 평가하여 주요 가설로 압축한다.
③ 분기분석: 정책을 제안할 때 목표와 정책과의 관계를 도식화하여 목표 달성을 위한 방안을 분석한다.
④ 유추법: 설명이 어려운 현상이나 대상을 평소에 알고 있는 지식이나 과거 사례를 통해 알기 쉽게 설명하고 예측한다.

정답 ③

풀이 ③ 목표지도작성(Objectives Mapping)에 대한 설명이다. 분기분석(Divergent Analysis)은 시간적 여유가 있는 경우 분석결과를 수차례에 걸쳐 재분석하여 최종 분석결과를 도출하는 방법이다.

578

질적분석 기법에 대한 설명으로 틀린 것은?

① 브레인스토밍은 어떤 상황에 대한 문제 파악으로부터 대안 강구에 이르기까지 광범위하게 활용되며, 가설 검증에도 유용한 방법이다.

② 핵심판단 기법은 분석대상에 대해 다수의 가설을 설정하고 각각의 가설을 뒷받침할 수 있는 증거를 평가하여 몇 개의 중요한 가설로 압축한 후 이를 중심으로 핵심적인 판단을 추출해내는 방법이다.

③ 분기분석은 분석결과를 수차례에 걸쳐 재분석하여 최종 분석결과를 도출하는 방법으로 주로 빠른 결정이 필요한 상황에서 사용된다.

④ 역할연기 기법은 다자간 회의나 협상 결과를 예측하는 데 매우 유용하게 활용될 수 있으며, 전문가들에게 협상 당사자의 역할을 수행하도록 한 다음 그 과정과 결과를 관찰하여 분석에 활용하는 방법이다.

정답 ③

풀이 ③ 분기분석은 시간적 여유가 있는 경우 분석결과를 수차례에 걸쳐 재분석하여 최종 분석결과를 도출하는 방법이다.

579

정보분석과정에서 다른 종류의 검증방법을 활용한 분석 기법으로 옳은 것은?

① 핵심판단(린치핀) 기법 ② 인과고리 기법

③ 의사결정나무 기법 ④ 계층분석

정답 ③

풀이 ③ 의사결정나무 기법은 의사결정규칙을 나무구조로 도표화하여 분류(classification)와 예측(prediction)하는 기법으로 계량적 분석 방법이다.

580

베이지안 방법에 대한 설명으로 틀린 것은?

① 미국의 정보기관들은 베이지안 방법을 주로 경보정보에 적용하고 있다.

② 베이지안 방법은 합리적 선택이론, 보다 구체적으로 사회적 선택 이론과 기대효용 모델에 기초하고 있다.

③ 베이지안 방법은 시간의 흐름에 따라 새롭게 전개되는 상황들에 대한 첩보를 수집하여 보다 역동적으로 주요 사태 발생의 개연성을 계산할 수 있다.

④ 베이지안 방법은 특정 분석관 1명을 대상으로 개연성 계산을 하는 것이 아니고 여러 명의 분석관들의 개연성 수치를 비교, 취합하기 때문에 종래와 같이 소수의 분석관들의 직관적 분석에 의존하는 것 보다 그 설득력이 높다.

정답 ②

풀이 Policon과 FACTION이 합리적 선택이론에 기초한다.

581

분류 또는 예측의 과정이 추론 규칙에 의해서 도표화되기 때문에 분석자가 그 과정을 쉽게 이해하고 설명할 수 있다는 장점이 있는 분석기법으로 옳은 것은?

① 시뮬레이션(Simulation)
② 의사결정나무(Decision Tree)
③ 분기분석(Divergent Analysis)
④ 목표지도작성(Objectives Mapping)

정답 ②

풀이 의사결정나무 기법에 대한 설명이다.

582

분석 기법과 검증방법의 연결이 틀린 것은?

① 분기분석 – 질적분석
② 베이지안 기법 – 양적분석
③ 시뮬레이션 – 질적분석
④ 행렬분석 – 양적분석

정답 ③

풀이 ③ 양적분석 기법에는 귀납적 통계분석, 행렬분석(Matrix), 시뮬레이션(simulation)이 동원되고, 베이지안 기법(Bayesian Method), 정세전망 기법(Policon과 Factions), 의사결정나무 기법(Decision Tree)이 대표적인 양적분석 기법이다. 그리고 시뮬레이션(simulation) 방법은 통계적 개연성이나 논리적 일관성, 그리고 인과관계를 규명하기보다는 주요 분석 대상의 결정과정을 인공지능 등 통계기법을 통해 재현하는 기법이다.

583

양적분석 방법에 해당하는 것으로 옳은 것은?

① 핵심판단(Key judgment) 기법
② 경쟁가설(Competing hypothesis) 기법
③ 의사결정나무(Decision tree) 기법
④ 인과고리(Causal loop diagram) 기법

정답 ③
풀이 ③ 의사결정나무 기법은 의사결정규칙을 나무구조로 도표화하여 분류(classification)와 예측(prediction)하는 기법으로 계량적 분석 방법이다.

584

다음 분석기법으로 옳은 것은?

> 다수의 가설을 비교하면서 상대적으로 우위에 있는 가설을 선택하는 방법이다.

① 경쟁가설
② 경합주의적 가설
③ 인과고리
④ 유추법

정답 ①
풀이 ① 다수의 가설을 비교하면서 경쟁적으로 우위에 있는 가설을 선택해 가는 기법이 경쟁가설(competing hypothesis)이다.

585

2004년 미국 「정보개혁 및 테러방지법」이 정보공동체에 법적으로 요구한 분석기법으로 옳은 것은?

① 베이지안 기법(Bayesian Method)
② 정세전망 기법(Policon과 Factions)
③ 대안분석(alternative analysis)
④ 린치핀 분석(Linchpin Analysis)

정답 ③
풀이 ③ 2004년 미국 「정보개혁 및 테러방지법」은 정보공동체에게 경쟁분석(competitive analysis)과 대안분석(alternative analysis) 양자를 요구했다.

586

2004년 「정보개혁 및 테러방지법」에 의해 국가정보국(ODNI)가 정보분석에서 의무적으로 사용해야 하는 정보분석기법으로 옳은 것은?

① 경쟁분석과 기회분석
② 대안분석과 경쟁분석
③ 경쟁분석과 협조분석
④ 린치핀 분석과 폴리콘 분석

정답 ②

풀이 ② 미국은 2004년 미국 「정보개혁 및 테러방지법」으로 정보공동체에게 경쟁분석(competitive analysis)과 대안분석(alternative analysis) 양자의 분석결과가 정책담당자들에게 제공될 수 있도록 확실한 절차를 마련할 것을 요구했다.

핵심정리 델파이 기법(Delphi Method)

(1) 의의

① 예측하려는 문제에 관하여 전문가의 견해를 유도하고 종합하여 집단적 판단으로 정리하는 일련의 절차이다.

② 일반적인 설문조사 방법과 전문가 협의 방법을 결합하여 그 장점을 극대화하도록 설계되었다.

(2) 절차

① 조사하고자 하는 영역의 전문가로 델파이 패널(Delphi panel)을 선정하고, 이들을 대상으로 관련 쟁점이나 예측하려는 문제에 대해 개방형 설문조사 진행

② 개방형 설문조사 결과를 구조화하여 설문문항을 만들고, 이에 대한 패널의견 수렴

③ 구조화된 설문조사 결과가 나오면, 그 결과와 동일한 구조화된 설문 문항을 다시 패널에게 보내, 응답 분포와 다른 전문가의 의견을 통해 자신의 의견을 수정할 기회 부여

④ 이런 과정이 반복되는 동안 패널은 자기 판단을 수정보완하며, 연구자는 패널 의견이 어느 정도로 수렴되는지 확인하고 이를 해석

(3) 특징

① 익명성을 보장한다. 이는 면대면 토의에서 명성이 높거나 독점적으로 의사 표현을 하는 특정 개인에 영향받지 않고, 자신의 의견을 충분히 개진할 수 있게 해 준다.

② 수정 기회를 제공한다. 면대면 토의에서는 논의 과정 중에 다른 전문가의 의견을 통해 자기 생각이 틀렸음을 인식해도, 과정 중에 자기 생각을 수정 발표하기는 쉽지 않을 수 있다. 전문가 의견 분포와 이유를 충분히 접하고, 자기 생각을 돌아보아 얼마든지 다른 사람을 의식하지 않고 수정할 기회를 제공해, 본래 목적인 타당한 합의 도출을 가능하게 해 준다.

③ 쟁점에 대해 합의 도출된 결론만 보이는 것이 아니라, 전반적인 인식 분포와 소수 의견까지 파악할 수 있다. 모든 전문가에게 의견을 묻고 이를 분포로 나타내기 때문에 결론뿐만 아니라, 쟁점에 대한 전반적인 인식 성향을 파악할 수 있다. 또한 수차례 조정 과정을 거치며 발생하는 전문가의 인식 변화 흐름도 감지할 수 있다. 무엇보다 전반적인 응답과 동떨어진 소수 의견에 대해서도 그 응답 이유를 볼 수 있어, 소수 의견이 탁견인지 아니면 이해가 부족해서 생긴 오해인지 판단할 기회가 주어지게 된다.

핵심정리 델파이 기법(policy delphi)의 유형

(1) 수량적 델파이(numeric delphi)는 어떤 문제에 대한 수량적 예측을 최소한의 범위까지 구체화하는 목적으로 가장 빈번하게 사용되는 방법이다.
(2) 역사적 델파이(historical delphi)는 정치, 경제, 문화 등 각 분야에서 과거에 특정한 문제가 발생했을 경우 어떻게 반응하고 대처하였겠는가를 추정하여 과거의 특정 정책결정을 재조명하거나, 그것과 다른 가능한 대안을 추구하였을지를 추정하는 방법이다 이는 특정 상황에서의 결정에 대한 새로운 조명이라는 의미로 불확실한 상황에서 정책결정자들에게 특히 의미가 크다고 할 수 있다.
(3) 정책 델파이(policy delphi)는 델파이의 기본논리를 이용하여 정책문제 해결을 위해 정책대안을 개발하고 정책대안의 결과를 예측하기 위해서 전문가나 정책결정자가 심각하게 생각하지 못했거나 전혀 생각하지 못한 것들을 주관적인 입장에 있는 정책관련자에게 서로 대립되는 의견을 표출케 하고 수렴하고자 하는 방법이다. 그리고 정책 델파이는 정책이나 의사결정을 위한 메커니즘이 아니라 정책이슈를 분석하기 위한 도구이며 의견개진을 위한 장이다. 이에 따라 정책 델파이는 개인의 이해관계나 가치판단과는 관계없이 객관적인 입장에서 지혜를 모으려는 일반적인 델파이의 목적과는 다르다.

587

델파이 기법에 대한 설명으로 틀린 것은?

① 예측하려는 문제에 관하여 전문가의 견해를 유도하고 종합하여 집단적 판단으로 정리하는 일련의 절차이다.
② 전문가들이 기명으로 자신의 의견을 개진하도록 하여 신뢰도가 높고 결과 분석에 용이하다.
③ 수정 기회를 제공하여 본래 목적인 타당한 합의 도출을 가능하게 해 준다.
④ 정책 델파이(policy delphi)는 전문가들의 서로 대립되는 의견을 표출케 하고 수렴하고자 하는 방법으로 질적분석기법에 속한다.

정답 ②

풀이 ② 델파이 기법은 익명성을 보장한다. 이는 면대면 토의에서 명성이 높거나 독점적으로 의사 표현을 하는 특정 개인에 영향받지 않고, 자신의 의견을 충분히 개진할 수 있게 해 준다.

588

정보분석 기법에 대한 설명으로 틀린 것은? [2023년 기출]

① CIA의 분석국을 포함한 미국의 정보공동체에서는 1950년대부터 수학이나 통계학에서 개발된 다양한 종류의 계량분석 기법들을 활용해 왔다.

② 베이지안 기법은 합리적 선택이론과 게임이론에 기초한 경제학적 방법론으로 정치적 사건의 결과 예측, 정치지도자의 행동 패턴 분석, 국가 위기 수준 및 권력구조 등을 파악하는데 빈번히 활용되었다.

③ 질적 분석기법은 대체로 논리적 사고를 통해 결론을 도출하는 방법으로서 계량화가 불가능한 추상적인 이슈들 또는 행위자의 주관적 의도를 판단하는 데 적합하다.

④ 의사결정 나무기법은 의사결정규칙을 분류(classification)와 예측(prediction)하는 분석방법으로 어느 집단의 의사결정에 영향을 미치는 요인들을 분류해 봄으로써 어떤 요인이 중요한 역할을 하는지를 순서대로 골라내는 방법이다.

정답 ②

풀이 ② 정세전망분석(Policon – Factions)에 대한 설명이다. 베이지안 기법은 새로운 정보를 입수함으로써 의사결정을 바꾸어 나가는 방법이다. 즉 어떤 주제에 대해 복수의 가설을 설정하여 일단 각 가설의 실현 가능성에 대해 확률판단을 내린 다음 새로운 사건들이 발생하여 추가 정보가 입수되면 이를 베이지안 공식에 적용하여 각 가설의 확률변화 추이를 통계학적으로 추론하는 방법이다.

589

양적분석 기법에 대한 설명으로 틀린 것은? [2023년 기출]

① 어떤 현상의 경험적·객관적인 법칙을 중시하면서 외부로부터 설명하는 접근방법이다.

② 양적분석 기법에는 베이지안 기법, 폴리콘(Policon)과 팩션즈(Factions), 의사결정나무 기법, 통계분석 기법, 기타 각종 OR기법 등이 있다.

③ 어떤 현상의 배경과 인과관계를 중시하는 결과 행위자의 주관적 의도를 파악하는 데 유용하다.

④ 베이지안 기법은 복수의 가설을 설정하여 일단 각 가설의 실현 가능성에 대해 확률판단을 내린 다음 각 가설의 확률변화 추이를 통계학적으로 추론하는 방법이다.

정답 ③

풀이 ③ 질적분석 기법에 대한 설명이다.

590

질적분석 기법으로 적절하지 않은 것은? [2021년 기출]

① 브레인스토밍
② 델파이
③ 계층분석
④ 게임이론

정답 ④

풀이 ④ 게임이론(Game Theory)은 양적분석 기법에 속한다.

591

정보분석에 대한 설명으로 틀린 것은? [2021년 기출]

① 정보분석은 수집된 첩보를 정보소비자에게 적합하게 평가하고 해석하는 과정이다.
② 정보분석은 양적분석기법과 질적분석 기법으로 구분하며 첩보의 종류에 따라 적용한다.
③ 양적분석은 확률과 통계를 기반으로 하기 때문에 완벽한 해답을 제시하지 못한다.
④ 질적분석은 객관적 설명이 부족하기 때문에 현장에서 활용하는 데 제약이 따른다.

정답 ④

풀이 ④ 질적분석은 주관적인 해석을 기반으로 하기 때문에 객관성이 부족한 것은 사실이다. 하지만 현장에서는 분석할 수 있는 첩보가 부족하기 때문에 양적분석보다 많이 활용된다.

592

질적분석 기법으로 적절하지 않은 것은? [2020년 기출]

① 베이지안 기법
② 인과고리 기법
③ 델파이 기법
④ 경쟁가설 기법

정답 ①

풀이 ① 베이지안 기법은 새로운 정보를 입수함으로써 의사결정을 바꾸어 나가는 방법이다. 즉 어떤 주제에 대해 복수의 가설을 설정하여 일단 각 가설의 실현 가능성에 대해 확률판단을 내린 다음 새로운 사건들이 발생하여 추가 정보가 입수되면 이를 베이지안 공식에 적용하여 각 가설의 확률변화 추이를 통계학적으로 추론하는 방법이다. 주제에 대해 복수의 가설을 설정하여 일단 각 가설의 실현 가능성에 대해 확률판단을 내린 다음 새로운 사건들이 발생하여 추가 정보가 입수되면 이를 베이지안 공식에 적용하여 각 가설의 확률변화 추이를 통계학적으로 추론하는 방법이다.

593

질적분석 기법으로 포함될 수 없는 것은? [2019년 기출]

① 역할연기
② 의사결정나무 기법
③ 경쟁가설 기법
④ 델파이 기법

정답 ②

풀이 ② 의사결정나무 기법은 의사결정규칙을 나무구조로 도표화하여 분류(classification)와 예측(prediction)하는 기법으로 계량적 분석 방법이다.

594

다음 분석 기법으로 옳은 것은? [2018년 기출]

가능한 모든 대안을 나뭇가지 형태로 도식화해서 최적의 결과를 찾아내는 방법이다.

① 브레인스토밍
② 의사결정나무 기법
③ 귀납적 통계분석
④ 사례연구

정답 ②

풀이 ② 의사결정나무 기법은 의사결정규칙을 나무구조로 도표화하여 분류(classification)와 예측(prediction)하는 기법으로 계량적 분석 방법이다.

595

질적분석 기법에 포함될 수 없는 것은? [2018년 기출]

① 경쟁가설
② 인과고리
③ 유추법
④ 정세전망

정답 ④

풀이 ④ 게임 이론과 합리적 선택이론에 기초한 정세전망 기법(Policon-Factions)은 계량적 분석 방법이다.

596

질적분석 기법에 대한 설명으로 틀린 것은? [2018년 기출]

① 베이지안 기법은 새로운 정보를 입수함으로써 의사결정을 바꾸어 나가는 방법이다.
② 역할연기는 다자간 협상전략을 준비하는데 유용하다.
③ 경쟁가설은 다수의 가설을 수립해 동시에 평가해 선택한다.
④ 인과고리는 인과관계를 추정해 미래를 예측하는 방법이다.

정답 ①
풀이 ① 베이지안 기법은 계량적 분석 기법이다.

597

정보분석에 대한 설명으로 틀린 것은? [2017년 기출]

① 질적분석 기법에는 경쟁가설, 인과고리, 분기분석 등이 있다.
② 정보분석관이 주어진 임무에 대한 첩보를 분석할 때는 주로 질적분석 기법을 이용한다.
③ 양적분석 기법은 객관적인 결론을 도출할 수 있지만 현실적으로 적용할 수 있는 사례가 많지 않다.
④ 질적분석 기법은 주관성이 개입될 수 있기 때문에 가급적 양적분석 기법을 적용하는 것이 바람직하다.

정답 ④
풀이 ④ 정보분석관이 양적분석 기법을 선택할 것인지, 질적분석 기법을 선택할 것인지는 분석 대상이 되는 첩보의 종류나 질에 따라 결정된다고 볼 수 있다.

598

양적분석 기법만을 열거한 것으로 옳은 것은? [2016년 기출]

① 베이지안, 시뮬레이션, 행렬분석
② 베이지안, 시뮬레이션, 핵심판단
③ 베이지안, 행렬분석, 인과고리
④ 베이지안, 게임이론, 계층분석

정답 ①
풀이 ① 핵심판단, 인과고리, 계층분석은 질적분석 기법에 포함된다.

599

질적분석 기법으로 틀린 것은? [2015년 기출]

① 핵심판단 기법　② 경쟁가설 기법
③ 역할연기 기법　④ 의사결정나무 기법

정답 ④

풀이 ④ 의사결정나무 기법은 의사결정규칙을 나무구조로 도표화하여 분류(classification)와 예측(prediction)하는 기법으로 계량적 분석 방법이다.

600

정보분석 기법에 대한 설명으로 틀린 것은? [2015년 기출]

① 행렬분석은 선택할 수 있는 여러 가지 대안이 있을 때 우선순위를 부여할 수 있도록 점수를 매겨 비교하는 방법이다.
② 시뮬레이션 기법은 특정사건의 연관성을 분석하기 위해 다양한 대안을 찾아서 적용한다.
③ 델파이 기법은 여러 전문가의 의견을 모아서 배분하고 다시 의견을 모으는 방법이다.
④ 의사결정나무 기법은 여러 가지 대안을 나뭇가지 형태로 분류한 후 확률을 계산해 분석한다.

정답 ②

풀이 ② 시뮬레이션 기법은 어떤 과제를 해결하기 위해 모형을 만들어 모형을 반복해 작동함으로써 문제점과 해결책을 찾는 방식이다. 특정사건의 연관성을 분석하기 위해 다양한 대안을 찾아 적용하는 것은 경쟁가설 기법이다.

601

정보분석과정에서 다른 종류의 검증방법을 활용한 분석기법으로 옳은 것은? [2014년 기출]

① 의사결정나무 기법　② 브레인스토밍
③ 인과고리 기법　④ 경쟁가설 기법

정답 ①

풀이 ① 의사결정 나무기법은 의사결정규칙을 나무구조로 도표화하여 분류(classification)와 예측(prediction)하는 기법으로 계량적 분석 방법이다.

602

실증적 분석 방법으로 옳은 것은? [2014년 기출]

① 인과고리 기법 ② 의사결정나무 기법
③ 사례연구 ④ 델파이기법

정답 ②

풀이 ② 계량적 분석 방법을 실증적 분석 방법이라고도 한다. 의사결정나무 기법은 의사결정규칙을 나무구조로 도표화하여 분류(classification)와 예측(prediction)하는 기법으로 계량적 분석 방법이다.

603

정보분석 기법에 대한 설명으로 틀린 것은? [2013년 기출]

① 베이지안 기법은 게임이론과 합리적 선택이론의 조합이다.
② 시뮬레이션은 모의전쟁을 위한 워게임을 포함한다.
③ 통계분석은 양적 분석기법으로 연역법과 귀납법이 모두 활용된다.
④ 게임이론은 국가 간의 이해충돌과정을 설명하는 데 매우 유용하다.

정답 ①

풀이 ① 게임이론과 합리적 선택이론의 조합은 정세전망 기법(Policon – Factions)이다.

604

양적분석 기법에 대한 설명으로 틀린 것은? [2012년 기출]

① 베이지안 기법은 어떤 가설을 설정한 후 추가정보가 입수되면 본래 가설의 확률을 재산정하면서 의사결정을 바꾸어 가는 방법이다.
② 시뮬레이션 기법은 어떤 과제를 해결하는 데 실제 현상의 특징을 나타낼 수 있는 모형을 만들어 문제점과 해결책을 찾아내는 방법이다.
③ 분석을 하고 나면 분석결과나 프로세스는 더 이상 활용할 수 없다.
④ 통계나 확률로 일반화하여 설명과 예측을 주도한다.

정답 ③

풀이 ③ 양적분석은 확률과 통계에 관한 것으로 수립한 모형이나 분석결과를 계속 활용할 수 있다.

605

분석기법과 검증방법의 연결이 틀린 것은? [2012년 기출]

① 브레인스토밍 – 질적분석 ② 의사결정나무 – 질적분석

③ 베이지안 – 양적분석 ④ 시뮬레이션 – 양적분석

정답 ②

풀이 ② 의사결정나무 기법은 의사결정규칙을 나무구조로 도표화하여 분류(classification)와 예측(prediction)하는 기법으로 계량적 분석 방법이다.

606

질적분석 기법에 포함될 수 없는 것은? [2010년 기출]

① 인과고리 기법 ② 사례연구 기법

③ 베이지안 기법 ④ 분기분석 기법

정답 ③

풀이 ③ 베이지안 기법은 새로운 정보를 입수함으로써 의사결정을 바꾸어 나가는 방법이다. 즉 어떤 주제에 대해 복수의 가설을 설정하여 일단 각 가설의 실현 가능성에 대해 확률판단을 내린 다음 새로운 사건들이 발생하여 추가 정보가 입수되면 이를 베이지안 공식에 적용하여 각 가설의 확률변화 추이를 통계학적으로 추론하는 방법이다. 주제에 대해 복수의 가설을 설정하여 일단 각 가설의 실현 가능성에 대해 확률판단을 내린 다음 새로운 사건들이 발생하여 추가 정보가 입수되면 이를 베이지안 공식에 적용하여 각 가설의 확률변화 추이를 통계학적으로 추론하는 방법이다.

607

정보분석 기법에 대한 설명으로 틀린 것은? [2009년 기출]

① 베이지안(Bayesian) 기법은 어떤 주제에 대한 복수의 가설을 설정하고 각 가설의 실현가능성에 대한 확률판단을 하고 추가로 입수되는 첩보를 바탕으로 확률변화 추이를 통계학적으로 추론하는 방법이다.

② Factions를 수정하여 미국 CIA가 자체 개발한 분석기법이 Policon이다.

③ 경쟁가설기법은 경쟁관계에 있는 가설과 첩보를 행렬표로 종합하여 가설과 첩보가 일치하는지 검토하는 방식이다.

④ 귀납적 통계분석은 자료의 통계를 귀납적 추론에 의하여 추세를 발견하고 이를 미래예측에 활용하는 방법으로서 분석자의 주관이 개입되지 않는다는 장점이 있다.

정답 ②

풀이 ② Policon을 수정하여 CIA가 자체 개발한 방식이 Factions이다.

608

질적분석 기법으로 틀린 것은? [2009년 기출]

① 브레인스토밍 기법 ② 인과관계 기법

③ 의사결정나무 기법 ④ 핵심판단 기법

정답 ③

풀이 ③ 의사결정나무 기법은 의사결정규칙을 나무구조로 도표화하여 분류(classification)와 예측(prediction)하는 기법으로 계량적 분석 방법이다.

609

다음 분석 기법으로 옳은 것은? [2009년 기출]

정확한 공식에 대입하여 확률을 계산하는 정보분석 기법이다.

① 베이지안 기법 ② Policon－Factions 기법

③ 분기분석 기법 ④ 인과고리 기법

정답 ①

풀이 ① 베이지안 기법은 새로운 정보를 입수함으로써 의사결정을 바꾸어 나가는 방법이다. 즉 어떤 주제에 대해 복수의 가설을 설정하여 일단 각 가설의 실현 가능성에 대해 확률판단을 내린 다음 새로운 사건들이 발생하여 추가 정보가 입수되면 이를 베이지안 공식에 적용하여 각 가설의 확률변화 추이를 통계학적으로 추론하는 방법이다. 주제에 대해 복수의 가설을 설정하여 일단 각 가설의 실현 가능성에 대해 확률판단을 내린 다음 새로운 사건들이 발생하여 추가 정보가 입수되면 이를 베이지안 공식에 적용하여 각 가설의 확률변화 추이를 통계학적으로 추론하는 방법이다.

610

다음 분석 기법으로 옳은 것은? [2009년 기출]

> 경쟁하는 여러 대안 중에서 가장 좋은 방안을 찾아내는 정보분석 기법이다.

① 계층분석 ② 목표지도작성
③ 인과고리 ④ 경쟁가설

정답 ④

풀이 ④ 경쟁가설 기법은 서로 모순되는 가설들에 대해 증거가 될 수 있는 첩보자료들을 대조시켜 가장 유력한 가설을 선택하는 것이다.

611

정보분석 기법에 대한 설명으로 틀린 것은? [2008년 기출]

① 베이지안(Bayesian) 기법은 어떤 주제에 대해 복수의 가설을 설정하고 각 가설의 실현가능성에 대한 확률판단을 하고, 추가로 입수되는 첩보를 바탕으로 확률변화 추이를 통계학적으로 추론하는 방법이다.
② Policon－Factions 기법은 어떤 국가가 선택할 국가정책을 예측하고 향후 정치적 전개방향을 전망하는 데 활용되는 방법이다.
③ 핵심판단 기법(Key Judgement)은 복잡한 과제 중에서 우선적으로 분석해야 하는 것을 추출해내는 것으로 다수의 가설설정과 첩보평가를 통해 핵심적인 판단을 하는 방법이다.
④ 인과고리 기법(Casual Loop Diagram)은 사실관계에 영향을 미치는 변수를 인과관계에 따라 도출함으로써 독립변수와 매개변수 간의 인과관계를 고려해야 한다.

정답 ④

풀이 ④ 인과고리 기법은 분석의 대상이 되는 어떤 현상에 영향을 미쳤을 것으로 예상되는 변수들 간의 인과관계를 도식화함으로써 사태 발생의 원인을 규명하고 향후 추세를 전망하는 방법이다. 그런데 인과관계는 독립변수와 매개변수 간에 존재하는 것이 아니라 독립변수와 종속변수 간에 존재한다.

612

브레인스토밍(Brain Storming)에 대한 설명으로 틀린 것은? [2008년 기출]

① 질적정보분석 방법 중의 하나이다.

② 1941년 Alex F. Osborn이 세일즈 방법개선 아이디어 도출을 위해 개발하였다.

③ 다양한 의견을 비판 없이 개진하여 아이디어를 창출한다.

④ 시간활용의 효율성을 위해 중요한 아이디어만 정리하여 활용한다.

정답 ④

풀이 ④ 중요한 아이디어만이 아니라 개진된 모든 아이디어를 편견 없이 검토하고 토론해야 한다.

613

다음 분석 기법으로 옳은 것은? [2008년 기출]

> 분석관이 주어진 문제를 해결함에 있어 보다 많은 문제점과 가능성을 도출하고 적극적인 해결방법을 창출하기 위한 집단사고의 자유연상기법이다.

① 역할연기(Role Playing) ② 핵심판단(Key Judgement)

③ 경쟁가설(Competing Hypotheses) ④ 브레인스토밍(Brain Storming)

정답 ④

풀이 ④ 브레인스토밍은 정보분석관의 고정관념을 완화시켜 주고 습관적인 업무관행을 재검토하게 하는데 특히 유용하다. 또한 새로운 아이디어를 도출해내고, 분석과제에 대해 종합적인 시각을 갖도록 하며, 불분명한 부분들이 무엇인지 가려내고, 어떤 가설에 대해 성급하게 판단하는 것을 방지할 수 있다.

614

다음 분석 기법으로 옳은 것은? [2008년 기출]

> 경쟁하는 가설을 동시에 평가하기 위해 모든 가설을 행렬표(Matrix)로 작성하고 이와 관련된 증거와의 일치여부를 판단하는 질적정보분석 기법이다.

① 시뮬레이션 기법 ② 계층분석 기법

③ 경쟁가설 기법 ④ 핵심판단 기법

정답 ③

풀이 ③ 경쟁가설분석은 분석사안에 대해 최대한 많은 가설을 도출하고 가설과 모든 증거 자료의 일치 여부를 검토하는 방법으로서, 가장 그럴듯한 가설을 입증하는 데 중점을 두는 것이 아니라 각종 증거와의 배치가 적은 가설을 중심으로 결론을 도출하는 방법이다.

615

다음 분석 기법으로 옳은 것은? [2008년 기출]

> 서로 다른 국가나 집단이 경쟁상태 혹은 이해가 상충되는 방안을 놓고 어떤 방안을 선택할 것인지 찾아내는 정보분석 기법이다.

① 게임이론　　② 행렬분석

③ 귀납적 통계분석　　④ 베이지안 기법

정답 ①

풀이 ① 게임이론은 상호 의존적인 의사 결정에 관한 이론이다. 게임이란 효용 극대화를 추구하는 행위자들이 일정한 전략을 가지고 최고의 보상을 얻기 위해 벌이는 행위를 말한다. 게임이론은 참가자들이 상호작용하면서 변화해가는 상황을 이해하는 데 도움을 주고, 그 상호작용이 어떻게 전개될 것인지, 매 순간 어떻게 행동하는 것이 더 이득이 되는지를 수학적으로 분석해 준다. 게임이론은 현실 세계의 복잡한 상황을 단순화하여 분석하는 데 사용된다. 이러한 단순화는 게임이론의 강점이자 약점이다. 게임이론의 강점은 현실 세계의 복잡한 상황을 이해하고, 합리적인 의사 결정을 내리는 데 도움을 줄 수 있다는 것이다. 그러나 게임이론의 단점은 현실 세계의 복잡한 상황을 완전히 반영하지 못한다는 것이다. 게임이론은 현실 세계의 다양한 요소들을 단순화하여 분석하기 때문에 현실 세계의 실제 결과와는 다를 수 있다.

616

질적분석에 대한 설명으로 틀린 것은? [2007년 기출]

① 주어진 이론에 따라 가설을 설정하지만, 사례연구나 역사분석, 또는 역사구조적 방법론을 통해 분석사안에 대해 서술을 하고, 변수 간의 인과관계를 규명, 예측하는 방법론적 경로이다.

② 정치, 사회현상의 규칙성, 반복성, 보편성보다는 분석관의 직관과 분석대상에 대한 전문적 지식을 바탕으로 맥락적 특수성을 설명하는 데 역점을 둔다.

③ 연구의 초점이 현상을 주관적으로 해석하는 데 맞추어져 있으나 결과에 대한 주관적인 설명이 결여되기 쉽다.

④ 의미의 탐구를 통해서 주관적인 일반화로 구성하여 이를 통해 설명과 예측을 시도하고 있어 객관성을 상실하기 쉽다.

정답 ③

풀이 ③ 질적분석 방법은 현상을 주관적으로 해석하는 데 초점을 맞추므로, 연구자의 주관적인 해석이 결과에 반영될 가능성이 높다.

617

양적분석 기법의 특징으로 틀린 것은? [2006년 기출]

① 실증주의적 패러다임　　② 가치내재적

③ 비편견적인 방법　　④ 시뮬레이션 기법

정답 ②

풀이 ② 질적분석은 어떤 현상의 인과관계를 중시하면서 내부로부터 이해하는 접근방법이고, 양적분석은 어떤 현상의 경험적·객관적인 법칙을 중시하면서 외부로부터 설명하는 접근 방법이다. 양적분석은 객관적인 데이터를 바탕으로 하기 때문에 가치중립적이고, 질적분석은 주관적인 경험이나 해석을 바탕으로 하기 때문에 가치내재적이다.

618

다음 분석 기법으로 옳은 것은? [2006년 기출]

가능한 모든 대안을 도식화하여 문제를 단순 명확하게 하는 데 유용한 정보분석 기법이다.

① 인과고리 기법　　② 경쟁가설 기법

③ 브레인스토밍 기법　　④ 의사결정나무 기법

정답 ④

풀이 ④ 의사결정나무 기법은 의사결정규칙을 나무구조로 도표화하여 분류(classification)와 예측(prediction)하는 기법으로 계량적 분석 방법이다. 가능한 모든 대안을 도식화하여 문제를 단순하고 명확하게 제시하는 것은 의사결정나무 기법의 분류(classification)에 해당한다. 분류는 주어진 데이터를 기반으로 각 데이터를 특정 범주로 구분하는 분석 기법이다.

Theme 22 대안분석 기법

핵심정리 대안분석 기법

(1) 대안분석 기법에서는 정보분석관들에게 결론에 이르게 된 기본 전제들(assumptions)에 대해 철저히 의문을 제기하고, 기존의 상식이나 고정관념에서 벗어날 것을 요구한다.
(2) 대표적인 대안분석 기법으로서 Key Assumption Checks(핵심 전제 점검), Devil's Advocacy(악마의 변론), Team A/Team B(A팀 대 B팀), Red Cell Exercises(붉은 세포 역할), Contingency 'What If' Analysis(돌발적인 사건의 출현을 가정한 분석), High−Impact/Low−Probability Analysis(가능성은 적지만 발생하면 충격이 큰 이슈 분석), Scenario Development(시나리오 전개기법) 등이 있다.
(3) 일곱 가지 대안분석 기법들은 유사한 점이 많으며 서로 중복되기도 한다. 이들은 정보분석의 불확실성을 인식시켜 주고, 정보수집상의 미흡한 부분을 밝혀낼 수 있게 한다.

핵심정리 핵심 전제 점검(Key Assumption Checks)

핵심 전제 점검은 중요한 결론을 포함하는 정보분석을 수행하는 과정에서 분석관들은 그러한 결론에 이르게 된 기본 전제들(assumption)과 그렇게 가정하게 된 중요한 요인이 무엇인지 밝혀주는 것을 의미한다. 기본 전제들(assumptions)이나 추진요소(drivers)를 명확히 보여줌으로써 분석관들은 두 변수들 간의 관계가 타당한지를 검증해 볼 수 있다.

핵심정리 악마의 변론

악마의 변론은 중요한 정보사안과 관련하여 분석방향 또는 핵심전제가 거의 결정되었으나, 간과한 검토사항이 있는지 확인하고 중요한 분석전제가 잘못되지는 않았는지 점검하기 위해 활용되는 기법이다. 전쟁 또는 군사적 공격여부를 결정하는 것과 같은 중요한 사안에 대해 이미 상당기간 동안 정보분석이 진행되어서 주류를 형성하고 있는 분석팀의 분석방향이 결정되어 있다면, 개인적 의견제시를 통해 새로운 관점을 도입하거나 분석방향을 수정하는 것은 어려운 경우가 많다. 이 경우 정보관리자가 악마의 변론기법을 도입하여 어떤 분석관 또는 분석팀에게 문제점과 새로운 관점을 발굴하도록 임무를 부여하면 생각하지 못했던 분석의 약점을 보완하고 기존 분석팀의 고정관념을 재검토할 수 있는 기회가 된다.

핵심정리 A팀 · B팀 분석

A팀 · B팀 분석은 중요한 분석사안에 대해 처음부터 두 가지 견해가 비슷한 비중을 가지고 대립할 경우에 유익하게 활용할 수 있다. 악마의 변론은 유력한 가설이 하나만 있을 때 이것을 검증하기 위한 방법인데 비해, A팀 · B팀 분석은 유력한 가설이 두 개로 나뉘어서 서로 대립할 때 이를 검증하기 위한 방법이다. 이 기법은 정책결정자에게 서로 다른 전문적 분석시각을 보여줄 수 있고, 정보기관 고위간부에게 정보분석관들 사이에 이견이 없는 최소한의 공통 분모적 의견만을 보고하는 대신 설득력 있는 상반된 주장을 보고할 수 있는 기회를 제공해 준다. 정책결정자는 두 개 팀의 핵심 가정과 이를 뒷받침하는 첩보의 차이점을 분명하게 파악하고, 스스로 장단점을 판단하거나, 정보분석관에게 추가질문을 하여 판단을 내릴 수도 있다.

핵심정리 Red Cell exercises(붉은 세포 역할)

붉은 세포 역할은 외국의 지도자나 의사결정 그룹이 결정한 내용을 파악할 때 거울 이미지(mirror image)에 의한 왜곡현상을 줄이고 최대한 실제에 가깝게 파악하기 위한 기법이다. 정보분석관들은 어떤 이슈에 대해 외국의 행위자들도 자신들과 유사하게 이해하고 같은 동기와 가치관으로 행동할 것이라고 생각하는 경향이 있다. 전통적 사고에 의하면 위협과 기회가 있을 때 외국의 지도자들도 자신과 같이 합리적으로 생각할 것이라는 전제에서 분석하였다. 그러나 역사적으로 볼 때 외국의 지도자들은 문화적, 조직적, 개인적 경험이 상이하기 때문에 정보분석관의 판단과는 다르게 반응한 경우가 많았다. 붉은 세포 역할은 분석대상인 개인 또는 그룹과 유사한 문화적, 조직적, 개인적 요소를 의식적으로 설정하고, 유사한 환경하에서 판단을 이끌어내는 방법이다.

핵심정리 Contingency 'What If' Analysis(돌발적인 사건을 가정한 분석)

일반적으로 분석관은 발생할 가능성이 가장 높은 사건이나 결과를 분석하게 되지만, Contingency 'What If' Analysis는 별로 발생할 가능성이 없는 사건의 원인과 결과를 분석하는데 초점을 둔다. 'What If' 분석기법의 장점은 분석관이 기존의 사고방식이나 고정관념에서 벗어날 수 있다는 것이다. 'Devil's advocacy'는 상대의 논리가 장점을 가지고 있더라도 무조건 반박하는 데 중점을 두지만, 'What If' 분석기법에서는 다소 엉뚱한(awkward) 의문으로 시작하여 추가적으로 필요한 의문사항들을 제기하도록 유도하는 데 중점을 둔다.

핵심정리 고위험·저확률 분석

고위험 · 저확률 분석은 실현될 가능성은 낮지만 만일 실현될 경우에는 중대한 파급영향을 초래할 가능성이 있을 때 이를 검증하는 기법이다. 이 기법은 실현가능성이 낮기 때문에 평소에는 그 파급영향에 대해 거의 검토하지 않는 사안에 대해 정책결정자에게 경고할 수 있는 기회를 제공한다. 예를 들면, 이란 팔레비 왕정몰락, 소련 붕괴, 독일 통일 등은 많은 사람들이 실현 가능성이 낮다고 생각하여 분석주제로 삼지 않았지만, 실현될 경우에 어떤 파급영향을 미치고 어떤 과정을 거쳐 실현될 것인가를 분석하였다면 많은 의미가 있는 결과를 도출할 수 있었을 것이다.

핵심정리 Scenario Development(시나리오 전개 기법)

시나리오 전개 기법은 현재 전개되고 있는 상황이 매우 복잡하고 유동적이어서 미래에 출현할 것으로 예상되는 모습이 대단히 불투명할 때 활용되는 기법으로 대안 미래분석(Alternative Future Analysis)이라고도 한다. 시나리오 전개 기법은 복잡하게 전개되는 사건이나 상황에 대해 합리적인 결과를 예측가능하게 함으로써 정보분석관이나 정책 결정자가 대책을 검토할 수 있도록 해 준다. 시나리오 전개 기법은 불확실한 미래상황을 예측하기 위해 핵심 행위자들 사이에 존재하는 요소, 추동력, 촉진제 등이 서로 어떻게 영향을 미치고 작용하는지를 파악하는 구조화된 모델화 방안을 모색한다. 미국 정보공동체의 경험에 의하면 정책결정자들은 불확실한 미래상황을 판단한 시나리오 전개 기법의 결과를 비교적 원만하게 수용하였으며 핵심적 사항을 파악하지 못할 경우에 초래될 위험에 대해서도 수월하게 이해하였다고 한다.

619

대안분석 기법에 대한 설명으로 틀린 것은?

① CIA에서는 1990년대 말부터 도입하였다.

② CIA에서는 1994년 대안분석 연구회를 구성하였다.

③ 1995년경 CIA 분석국에서는 '분석 기법 2000'이라는 이름의 연수회를 만들어 운영하였다.

④ 2000년 5월에 설립된 셔먼 켄트 정보 분석학교에서도 새로운 분석 기법 교육과정에 대안분석 기법을 포함시켜서 교육하고 있다.

정답 ②

풀이 한편 미국의 정보공동체는 1998년 인도의 핵실험을 사전에 전혀 파악하지 못함으로써 엄청난 비판을 받았다. 이에 CIA에서는 1999년 대안분석 연구회를 구성하여 대안분석 기법을 연구 · 개발하는 동시에 CIA 분석관들을 대상으로 대안분석 기법을 교육하였다.

620

미국 정보공동체의 분석 능력 향상을 위한 방안에 대한 설명으로 틀린 것은?

① 1995년 CIA 분석국에서는 '분석 기법 2000'이라는 이름의 연수회를 만들어 약 2주 동안 운영하였다.

② 1998년 중앙정보장 조지 테닛은 인도 핵실험에 대한 정보실패에 관한 진상조사위원회를 구성하였다.

③ 1999년 '대안분석 연구회'를 구성하여 대안분석기법을 연구 · 개발하는 동시에 CIA 분석관들을 대상으로 대안분석기법을 교육하였다.

④ 2001년 셔먼 켄트 정보 분석학교(Sherman Kent School of Intelligence Analysis)를 설립하여 새로운 분석 기법 교육과정에 대안분석 기법을 포함시켰다.

정답 ④

풀이 셔먼 켄트 정보 분석학교는 2000년 5월에 설립되었다.

621

대안분석 기법에 대한 설명으로 적절하지 않은 것은?

① 고위험 · 저확률 분석은 실현될 가능성은 낮지만 만일 실현될 경우에는 중대한 파급영향을 초래할 가능성이 있을 때 이를 검증하는 기법이다.

② 붉은 세포 역할은 외국의 지도자나 의사결정 그룹이 결정한 내용을 파악할 때 거울 이미지(mirror image)에 의한 왜곡현상을 줄이고 최대한 실제에 가깝게 파악하기 위한 기법이다.

③ 핵심 전제 점검은 분석대상에 대해 다수의 가설을 설정하고 각각의 가설을 뒷받침할 수 있는 증거를 평가하여 몇 개의 중요한 가설로 압축한 후 이를 중심으로 핵심적인 판단을 추출해내는 방법이다.

④ 악마의 변론은 중요한 정보사안과 관련하여 분석방향 또는 핵심전제가 거의 결정되었으나, 간과한 검토사항이 있는지 확인하고 중요한 분석전제가 잘못되지는 않았는지 점검하기 위해 활용되는 기법이다.

정답 ③

풀이 핵심판단 기법에 대한 설명이다. 핵심 전제 점검은 중요한 결론을 포함하는 정보분석을 수행하는 과정에서 분석관들은 그러한 결론에 이르게 된 기본 전제들(assumption)과 그렇게 가정하게 된 중요한 요인이 무엇인지 밝혀주는 것을 의미한다. 기본 전제들(assumptions)이나 추진요소(drivers)를 명확히 보여줌으로써 분석관들은 두 변수들 간의 관계가 타당한지를 검증해 볼 수 있다.

622

대안분석 기법에 대한 설명으로 틀린 것은?

① CIA에서는 1950년대부터 수학이나 통계학에서 개발된 다양한 종류의 계량분석 기법들을 활용하여 분석관들의 고정관념을 타파하기 위해 대안분석기법을 도입하였다.

② 경쟁가설분석은 분석사안에 대해 최대한 많은 가설을 도출하고 가설과 모든 증거 자료의 일치 여부를 검토하는 방법이다.

③ 악마의 변론은 중요한 정보사안과 관련하여 분석방향 또는 핵심전제가 거의 결정되었으나, 간과한 검토사항이 있는지 확인하고 중요한 분석전제가 잘못되지는 않았는지 점검하기 위해 활용되는 기법이다.

④ A팀 · B팀 분석은 중요한 분석사안에 대해 처음부터 두 가지 견해가 비슷한 비중을 가지고 대립할 경우에 유익하게 활용할 수 있다.

정답 ①

풀이 CIA에서는 1990년대 말부터 분석관들의 고정관념을 타파하기 위해 대안분석 기법을 도입하여 활용해 왔다. 미국의 정보공동체는 1998년 인도의 핵실험을 사전에 전혀 파악하지 못함으로써 엄청난 비판을 받았다. 이에 당시 중앙정보장(Director of Central Intelligence, DCI)이었던 조지 테닛의 지시로 진상조사위원회(The Jeremiah Commission)가 구성되어 인도 핵실험 관련 CIA의 정보분석실 내 요인을 심층적으로 검토하였다. 이어서 1998년 럼스펠드 위원회(Rumsfeld Commission)에서도 CIA 정보분석의 문제점을 평가했다. 두 위원회 보고서는 분석관의 정보판단 오류를 벗어날 수 있는 방법으로서 대안분석 기법의 도입 필요성을 강력히 권고하였다. 이에 CIA에서는 1999년 '대안분석 연구회(Alternative Analysis Workshops)'를 구성하여 대안분석기법을 연구 · 개발하는 동시에 CIA 분석관들을 대상으로 대안분석 기법을 교육하였다.

623

경쟁가설분석에 대한 설명으로 틀린 것은?

① 경쟁가설분석은 분석사안에 대해 가능한 많은 가설을 도출하고, 가설과 모든 증거 자료의 일치 여부를 검토하는 방법이다.

② 경쟁가설분석에서는 주로 증거와 가장 많이 일치하는 가설을 우선적으로 선택한다.

③ 경쟁가설분석은 분석결과에 가장 큰 영향을 미치는 중요한 증거가 잘못 해석되었거나, 기만에 의한 결과라고 할 경우 그 영향을 분석하는 절차를 포함한다.

④ 경쟁가설분석의 절차 중 하나는 결론에 포함된 모든 가설이 시간 경과에 따라 사실로 판명되거나 거짓으로 판명될 수 있는 징후를 결정하고 이를 지속적으로 점검하는 것이다.

정답 ②

풀이 ② 경쟁가설분석에서는 주로 증거와 가장 많이 일치하는 가설을 우선적으로 선택하는 것이 아니라, 증거와의 배치가 가장 적은 가설에 유의하면서 분석사안에 대한 가장 설득력 있는 가설을 판단한다.

624

악마의 변론에 관한 설명으로 틀린 것은?

① 악마의 변론은 기존의 견해가 얼마나 신뢰성 있는지를 검증하고, 지배적인 견해의 논리성이나 설득력을 강화할 수 있다.

② 악마의 변론이란 주장이나 논리에 도전하기 위해 증거 자료를 자신에게 유리한 내용만 취사선택하여 활용하는 기법이다.

③ 정보기관의 고위급 관료나 정책결정권자들은 악마의 변론을 기법을 높이 평가하고 자주 활용한다.

④ 악마의 변론은 기존 분석팀의 판단 내용과 핵심적 가정을 파악한 후, 기존 분석과 배치되는 가정을 수립하고, 기존의 분석판단과 대안가설을 지지할 수 있는 증거를 발굴한다.

정답 ③

풀이 ③ 정보기관의 고위급 관료나 정책결정권자들이 악마의 변론을 전혀 신뢰하지 않고 쉽게 무시할 수 있다는 점이 문제로 제기되었다.

625

A팀 · B팀 분석에에 대한 설명으로 틀린 것은?

① 경쟁분석이라고도 한다.
② 유력한 가설이 하나만 있을 때 이것을 검증하기 위한 방법이다.
③ 1976년 소련 전략 군사력에 대한 정보판단을 위해 A팀과 B팀을 구성한 일이 있다.
④ 조직 내 우세한 견해에 대해 합법적으로 반대 논리를 제시할 수 있는 통로로 활용될 수도 있다.

정답 ②

풀이 악마의 변론은 유력한 가설이 하나만 있을 때 이것을 검증하기 위한 방법인데 비해, A팀 · B팀 분석은 유력한 가설이 두 개로 나뉘어서 서로 대립할 때 이를 검증하기 위한 방법이다.

626

A팀 · B팀 분석에 대한 설명으로 옳은 것은?

① A팀 · B팀 분석은 두 팀이 함께 분석을 진행하며 하나의 가설을 도출한다.
② A팀 · B팀 분석은 각 팀이 독립적으로 가설을 도출한 뒤, 서로의 가설이 일치하는지 확인하는 과정을 거친다.
③ A팀 · B팀 분석은 독립적으로 가설을 도출한 뒤, 토의 단계에서 서로의 가설을 발표하며 방어하는 형태로 이루어진다.
④ A팀 · B팀 분석에서는 두 팀 모두가 같은 데이터와 정보를 기반으로 분석을 진행한다.

정답 ③

풀이
① A팀과 B팀은 함께 분석을 진행하지 않으며, 각각 독립적으로 가설을 도출한다.
② A팀 · B팀 분석에서 중요한 것은 가설이 일치하는지가 아니라, 가설을 독립적으로 도출하고 토론하는 것이다.
③ A팀 · B팀 분석은 독립적으로 가설을 도출한 뒤, 토의 단계에서 서로의 가설을 발표하며 방어하는 형태로 이루어진다.
④ A팀과 B팀은 각자의 입장과 관련된 기존 첩보를 검토하고 가설을 입증하는 데 필요한 첩보를 수집한다.

627

홍팀 분석(Red Cell Analysis)에 대한 다음의 설명 중 틀린 것은?

① 홍팀 분석은 외국 정부의 고위 관료 역할을 대행하기 위해 구성된 분석관들이, 자국의 외교안보정책적 목표 실현을 어렵게 만들 수 있는 여러 가지 행동방식들을 제시하며 그에 따른 역할을 수행한다.

② 홍팀 분석은 보다 효과적으로 활용하기 위해서 홍팀 집단은 적국의 정치체제는 물론 문화를 잘 알고 있는 지역 전문가들로 구성되는 것이 바람직하다.

③ 홍팀 구성원들은 그 문화를 체험한 사람들이어야 하고 인종적 배경을 공유하거나 비슷한 정보환경에서 활동한 사람들이어야 한다.

④ 홍팀 분석은 의견 일치에 목적이 있으며, 이를 통해 정책결정권자나 전략가들의 상상력을 자극하는 것이다.

정답 ④

풀이 ① 홍팀 분석은 자국의 외교안보정책적 목표를 실현하는데 있어 발생할 수 있는 여러 가지 어려움들을 미리 예측하고 대비하는 역할을 한다. 이를 위해 홍팀은 외국 정부의 관료 역할을 대행하며, 상대방이 취할 수 있는 다양한 행동 방식들을 분석하고 이에 따른 역할을 수행한다.

② 홍팀 분석은 적국의 정치체제와 문화를 잘 이해하고 있는 전문가들로 구성되어야 효과적인 분석을 할 수 있다. 이는 적국의 행동 방식을 더 정확하게 예측하고 이해하기 위한 필수적인 요건이다.

③ 홍팀의 구성원들은 그 문화를 체험한 사람들이어야 하며, 인종적 배경을 공유하거나 비슷한 정보환경에서 활동한 사람들이어야 한다. 이는 분석 대상의 사고방식을 더 잘 이해하고 예측하기 위한 것이다.

④ 홍팀 분석의 목적은 의견 일치를 추구하는 것이 아니다. 대신, 홍팀 분석은 정책결정권자나 전략가들의 상상력을 자극하고, 다양한 시나리오를 고려하게 하는 것이 목표다. 이를 통해 보다 독창적이고 실질적인 전략계획을 수립하는데 도움을 준다.

628

대안 미래분석와 관련된 설명으로 틀린 것은?

① 대안 미래분석은 복잡하게 전개되는 사건이나 상황에 대해 합리적인 결과를 예측가능하게 함으로써 정보분석관이나 정책 결정자가 대책을 검토할 수 있도록 한다.

② 대안 미래분석은 핵심 행위자들 사이에 존재하는 요소, 추동력, 촉진제 등이 서로 어떻게 영향을 미치는지만을 파악하는 구조화된 모델화 방안을 모색한다.

③ 대안 미래분석에서는 불확실한 요소들 중에서 2개 이상의 핵심적인 불확실 요소를 선택하여 이것을 추진요소로 설정하고 대안적 시나리오 행렬을 작성한다.

④ 대안 미래분석에서는 특별한 시나리오와 연관되는 상황변수 또는 징조를 찾아낼 수 있다.

정답 ②

풀이 ① 대안 미래분석은 복잡하게 전개되는 사건이나 상황에 대해 합리적인 결과를 예측가능하게 함으로써 정보분석관이나 정책 결정자가 대책을 검토할 수 있도록 한다.
② 대안 미래분석은 서로 어떻게 영향을 미치는지를 파악하는 것뿐만 아니라, 그 결과를 통해 불확실한 미래상황을 예측하기 위한 구조화된 모델화 방안을 모색한다.
③ 대안 미래분석에서는 불확실한 요소들 중에서 2개 이상의 핵심적인 불확실 요소를 선택하여 이것을 추진요소로 설정하고 대안적 시나리오 행렬을 작성한다.
④ 대안 미래분석에서는 특별한 시나리오와 연관되는 상황변수 또는 징조를 찾아낼 수 있다. 이것들은 향후 사건의 전개방향을 추정하는 데 중요한 정보를 제공한다.

629

대안분석 기법의 한계에 대한 설명 중 틀린 것은?

① 대안분석 기법은 분석 방법론은 명확하지만, 고위정책결정권자가 제대로 이해하지 못할 위험이 있다. 이로 인해 분석 결과를 제대로 활용하지 못하거나 간단히 무시할 수 있는 위험성이 있다.
② 대부분의 대안적 분석은 나중에 틀린 것으로 판명되어 상식적인 판단을 뒤집기보다는 최초 작성된 보고서가 결국 옳았다는 것을 재확인해 주는데 그치기 때문에 보고서에 포함될 만한 가치가 없다.
③ 대안분석 기법을 적용할 경우, 현재의 분석과 모순되는 내용을 주장하게 되어 분석관들 간의 분열을 조장할 수 있다. 이러한 이유로 대안분석 기법은 때때로 팀워크를 해칠 수 있다.
④ 대안분석 기법은 자원 집약적인 특성을 가지고 있어, 이를 지나치게 활용하면 중요하지 않은 이슈에 대한 분석에 희소한 분석자원이 낭비될 수 있다. 정보 관리관들은 대안분석 기법을 되도록 아껴서 가장 중요한 이슈에만 활용되어야 한다고 믿는다.

정답 ①

풀이 ① 대안분석 기법은 방법론적으로 모호하여 정책결정권자가 제대로 이해하지 못할 수 있다는 점이다.

630

기본 전제들(assumptions)이나 추진요소(drivers)를 명확히 보여줌으로써 분석관들은 두 변수들 간의 관계가 타당한지를 검증해 볼 수 있는 분석 기법으로 옳은 것은?

① 핵심 가정 점검 ② 변화 징후 검토
③ 경쟁 가설 분석 ④ 고위험 · 저확률 분석

정답 ①

풀이 핵심 가정 점검에 대한 설명이다.

631

핵심 가정 점검에 대한 설명으로 틀린 것은?

① 분석 기법의 유형 중 진단 기법에 속한다.

② 결론에 이르게 된 기본 전제들(assumption)과 그렇게 가정하게 된 중요한 요인이 무엇인지 밝혀준다.

③ 기본 전제들(assumptions)이나 추진요소(drivers)를 명확히 보여줌으로써 분석관들은 두 변수들 간의 관계가 타당한지를 검증해 볼 수 있다.

④ 기만가능성을 검증하는 데 유익하며, 정보분석관 또는 정보분석조직 간 의견이 대립할 때 견해차이의 원인을 객관적으로 파악할 수 있다.

정답 ④

풀이 ④ 대안적 가설을 설정하여 기만가능성을 검증하는 데 유익한 분석 기법은 경쟁가설분석이다. 경쟁가설분석은 많은 자료가 있으면서도 불확실한 상황이 지속되는 복잡한 사안을 판단하는 데 유용하며, 오판 가능성을 줄여주는 기법이다. 경쟁가설분석은 대안적 가설을 설정하여 기만가능성을 검증하는 데 유익하며, 정보분석관 또는 정보 분석 조직 간 의견이 대립할 때 경쟁가설 행렬표를 이용하여 견해차이의 원인을 객관적으로 파악할 수 있게 함으로써 주장의 비인격화와 원활한 의사소통을 가능하게 한다.

632

대안분석 기법에 대한 설명으로 틀린 것은?

① 정보분석관들에게 결론에 이르게 된 기본 전제들에 대해 철저히 의문을 제기하고, 기존의 상식이나 고정관념에서 벗어날 것을 요구한다.

② 악마의 변론은 유력한 가설이 하나만 있을 때 이것을 검증하기 위한 방법인데 비해, A팀 · B팀 분석은 유력한 가설이 두 개로 나뉘어서 서로 대립할 때 이를 검증하기 위한 방법이다.

③ 홍팀 분석은 외국의 지도자나 의사결정 그룹이 결정한 내용을 파악할 때 거울 이미지(mirror image)에 의한 왜곡현상을 줄이고 최대한 실제에 가깝게 파악하기 위한 기법이다.

④ 시나리오 전개 기법은 '수수께끼(mysteries, unknowable 전혀 알 수 없는 것)'라기보다는 '비밀(secrets, discoverable 나중에 밝혀낼 수 있는 것)'에 부닥치게 되는 상황에 처했을 때 적용될 수 있다.

정답 ④

풀이 ④ 시나리오 전개 기법은 '비밀(secrets, discoverable 나중에 밝혀낼 수 있는 것)'이라기보다는 '수수께끼(mysteries, unknowable 전혀 알 수 없는 것)'에 부닥치게 되는 상황에 처했을 때 적용될 수 있다.

633

아이디어 창출기법으로 적절하지 않은 것은?

① 브레인스토밍
② 붉은 세포 역할
③ 고위험 · 저확률 분석
④ 돌발적인 사건의 출현을 가정한 분석

정답 ③

풀이 고위험 · 저확률 분석은 검증기법이다.

634

대안분석 기법에 대한 설명으로 틀린 것은? [2023년 기출]

① CIA에서는 9/11 테러 이후 분석관들의 고정관념을 타파하기 위해 대안분석기법을 도입하여 활용해 왔다.
② 핵심 가정 점검은 결론에 이르게 된 기본 전제들과 그렇게 가정하게 된 중요한 요인이 무엇인지 밝혀 주는 것을 의미한다.
③ 붉은 세포(Red Cell)는 자국의 외교안보정책적 목표 실현을 어렵게 만들 수 있는 여러 가지 행동방식들을 제시하여 거울 이미지를 방지하기 위한 분석 기법이다.
④ 악마의 변론은 상대의 논리가 장점을 가지고 있더라도 무조건 반박하는 데 중점을 두지만, What If 분석기법에서는 다소 엉뚱한(akward) 의문으로 시작하여 추가적으로 필요한 의문사항들을 제기하도록 유도하는 데 중점을 둔다.

정답 ①

풀이 ① CIA에서는 1990년대 말부터 분석관들의 고정관념을 타파하기 위해 대안분석기법(alternative analysis)을 도입하여 활용해 왔다.

635

아이디어 창출 기법으로, 거울 이미지(mirror image)에 의 한 왜곡현상을 줄이고 최대한 실제에 가깝게 파악하기 위한 기법으로 옳은 것은? [2023년 기출]

① 악마의 변론
② Red Cell exercises(홍팀 분석)
③ 핵심가설
④ 경쟁가설

정답 ②

풀이 ② Red Cell exercises(홍팀 분석)에 대한 설명이다. 참고로 아이디어 창출기법으로는 브레인스토밍(Brainstorming), Red Cell exercises(홍팀 분석), Contingency What If Analysis(돌발적인 사건의 출현을 가정한 분석), Scenario Development(시나리오 전개기법) 등을 들 수 있다.

636

다음 대안분석 기법으로 옳은 것은? [2021년 기출]

> 집단의 의사와 상반된 입장을 피력할 전담자를 공식적으로 지정해 검증하는 분석기법이다.

① 악마의 변론 ② 경쟁가설 분석
③ 홍팀 분석 ④ 계층 분석

정답 ①

풀이 ① 악마의 변론은 중요한 판단이면서도 워낙 신뢰도가 높아 사람들의 사고에 깊이 고착된 견해를 쉽게 뒤집을 수 없는 경우에 이 기법을 활용하면 매우 효과적일 수 있다. 이 기법에서는 사람들에게 상식처럼 인정받고 있는 주장이나 논리에 도전하기 위해 의도적으로 증거 자료를 자신에게 유리한 내용만 취사선택하여 활용하기도 한다.

637

다음 대안분석 기법으로 옳은 것은? [2021년 기출]

> 정보분석관들의 사고에 깊이 고착된 견해 탓에 객관적 분석이 방해를 받을 가능성을 검증하기 위해 상식적으로 인정되는 주장이나 논리에 의도적으로 도전하는 기법이다. 예컨대 확고하게 신뢰받는 핵심 과정이나 추진 요소를 의도적으로 반박한다. 이로써 고정관념에서 자유롭게 됨에 따라 기존의 견해에 대한 신뢰성이 재검토되거나 논리성 및 지배적 견해의 설득력이 강화될 수도 있다.

① A팀 대 B팀 ② 악마의 변론
③ 붉은 세포 역할 ④ 핵심 전제 점검

정답 ②

풀이 ② 악마의 변론은 중요한 판단이면서도 워낙 신뢰도가 높아 사람들의 사고에 깊이 고착된 견해를 쉽게 뒤집을 수 없는 경우에 이 기법을 활용하면 매우 효과적일 수 있다. 이 기법에서는 사람들에게 상식처럼 인정받고 있는 주장이나 논리에 도전하기 위해 의도적으로 증거 자료를 자신에게 유리한 내용만 취사선택하여 활용하기도 한다.

638

다음 대안분석 기법으로 옳은 것은? [2021년 기출]

> 어떤 사안에 대하여 반대입장을 취하는 사람을 선정하여 분석관들과 실제 앞으로 예상되는 이슈에 대해 정반대의 의견을 들어가며 최선의 결과를 얻어내는 기법이다.

① 홍팀 분석　　② 악마의 변론
③ 붉은 세포 역할　　④ 핵심 전제 점검

정답 ②

풀이 ② 악마의 변론은 중요한 판단이면서도 워낙 신뢰도가 높아 사람들의 사고에 깊이 고착된 견해를 쉽게 뒤집을 수 없는 경우에 이 기법을 활용하면 매우 효과적일 수 있다. 이 기법에서는 사람들에게 상식처럼 인정받고 있는 주장이나 논리에 도전하기 위해 의도적으로 증거 자료를 자신에게 유리한 내용만 취사선택하여 활용하기도 한다.

639

정보분석 기법에 대한 설명으로 틀린 것은? [2020년 기출]

① 악마의 변론은 반대를 위한 반대를 통해 정보분석의 오류를 최소화하는 기법이다.
② Team A/Team B는 정보분석관을 A팀과 B팀으로 나눠 분석한 후 결과를 비교하는 기법이다.
③ 경쟁가설은 불확실한 복잡한 현상을 단순한 도표로 그려서 미래를 예측하는 방법이다.
④ 역할연기는 다자간 협상을 준비하는 데 매우 효과적이다.

정답 ③

풀이 ③ 시나리오 전개 기법에 대한 설명이다. 시나리오 전개 기법은 불확실한 미래상황을 예측하기 위해 핵심행위자들 사이에 존재하는 요소, 추동력, 촉진제 등이 서로 어떻게 영향을 미치고 작용하는지를 파악하는 구조화된 모델화 방안을 모색한다.

640

악마의 대변인(devil's advocate)에 대한 설명으로 틀린 것은? [2019년 기출]

① 내부의 반대자를 파악하기 위한 가장 효과적인 방법이다.

② 반대를 위한 반대의견을 제시하도록 유도한다.

③ 집단사고를 방어하기 위한 목적에서 수행한다.

④ 동양보다는 서양에서 효과가 높은 방법이다.

정답 ①

풀이 ① 악마의 변론은 중요한 판단이면서도 워낙 신뢰도가 높아 사람들의 사고에 깊이 고착된 견해를 쉽게 뒤집을 수 없는 경우에 이 기법을 활용하면 매우 효과적일 수 있다. 이 기법에서는 사람들에게 상식처럼 인정받고 있는 주장이나 논리에 도전하기 위해 의도적으로 증거 자료를 자신에게 유리한 내용만 취사선택하여 활용하기도 한다.

641

대안분석 기법에 포함될 수 있는 것은? [2019년 기출]

① 베이지안 기법

② 인과고리 기법

③ 델파이 기법

④ 악마의 변론

정답 ④

풀이 ④ 대표적인 대안분석기법으로서 Key Assumption Checks(핵심 전제 점검), Devil's Advocacy(악마의 변론), Team A/Team B(A팀 대 B팀), Red Cell Exercises(붉은 세포 역할), Contingency What If Analysis (돌발적인 사건의 출현을 가정한 분석), High-Impact/Low-Probability Analysis(가능성은 적지만 발생하면 충격이 큰 이슈 분석), Scenario Development(시나리오 전개 기법) 등이 있다.

642

레드팀(Red Team)에 대한 설명으로 옳은 것은? [2016년 기출]

① 최대한 실제에 가깝게 파악하기 위한 기법이다.

② 자유롭게 의견을 개진하는 브레인스토밍 기법을 말한다.

③ A팀과 B팀으로 나눈 후 서로 분석내용을 두고 경쟁하게 만든다.

④ 악마의 대변인(devil's advocate)이라고도 한다.

정답 ①

풀이 ① 홍팀 분석은 외국의 지도자나 의사결정 그룹이 결정한 내용을 파악할 때 거울 이미지(mirror image)에 의한 왜곡현상을 줄이고 최대한 실제에 가깝게 파악하기 위한 기법이다.

Theme

23 정보분석보고서: 생산과정, 유형, 특징

핵심정리 **NATO의 '정보전략(intelligence doctrine)'**

(1) 의의

NATO가 편찬한 '정보전략(intelligence doctrine)'에 따르면 최종 정보분석보고서는 대체로 대조(collation), 평가(evaluation), 분석(analysis), 종합(integration), 해석(interpretation) 등 5단계를 거쳐서 생산된다고 기술하고 있다.

(2) 대조(collation)

대조(collation)는 분석관이 새로이 입수된 첩보자료를 기존의 첩보 자료와 비교해보고 그것이 첩보적 가치가 있는 자료인지를 개략적으로 평가해보는 과정을 의미한다. 만일 첩보적 가치가 있는 자료로 판단되면 서류철 또는 컴퓨터에 분류하여 정리 · 보관하게 된다.

(3) 평가(evaluation)

① 평가(evaluation) 단계에서는 분석관이 첩보 자료 출처의 신뢰성을 판단하고, 첩보자료의 내용이 정확한지 그리고 활용할 가치가 있는지 등을 평가해 보게 된다.

② 대체로 수집부서는 출처보호를 위해 첩보 자료의 출처를 밝히지 않는다. 비록 분석관이 출처의 신원을 알 수는 없지만 분석관으로서의 전문성과 경험을 바탕으로 출처의 신뢰성에 대해서 판단할 수 있어야 한다.

③ 무엇보다도 분석관은 입수된 첩보 자료가 적국 또는 적대세력이 아군 측을 교란 또는 기만할 목적으로 유포한 기만정보(disinformation)일 가능성에 대해서 세심하고 주의 깊게 검토해 보아야 할 것이다.

(4) 분석(analysis)

분석(analysis) 단계에서는 첩보자료로부터 국가안보 또는 국가이익에 영향을 미칠 수 있는 중요한 사실을 찾아내고 이를 기존의 사실과 비교하여 결론을 도출해 보는 작업이 수행된다.

(5) 종합(integration)

① 종합(integration) 단계는 분석된 모든 첩보들을 종합하여 사안의 윤곽을 그려 보는 작업이 수행된다. 즉 신호정보(SIGINT), 영상정보(IMINT), 인간정보(HUMINT) 등 첩보 자료들을 서로 대조하여 비판적으로 평가한 다음 상황에 대한 복합적인 윤곽을 그려보게 된다.

② 특히 이 단계에서는 정보기관이 아닌 여타 정부 부처에서 수집된 공개 자료를 포함하여 모든 자료들을 참고로 활용한다. 외교전문, 방송 뉴스 보도 자료, 전시 작전 중 적과 접촉을 통해 얻어진 첩보 등 정보기관이 아닌 곳에서 수집된 모든 공개 및 비공개 자료들이 종합분석을 위한 참고자료로 활용된다.

(6) 해석(interpretation)

마지막으로, 해석(interpretation) 단계에서는 분석과 첩보종합의 단계를 거쳐서 파악된 사실관계가 국가안보 또는 국가이익에 어떤 의미를 갖게 되는지를 해석해보고 그것이 장래 어떤 파급영향을 가져올지를 판단해보게 된다.

643

NATO의 '정보전략(intelligence doctrine)'에 대한 설명으로 틀린 것은?

① 대조(collation) 단계에서 첩보 자료를 정리 · 보관한다.

② 평가(evaluation) 단계에서 첩보 자료 출처의 신뢰성을 판단한다.

③ 분석(analysis) 단계에서 중요한 사실을 찾아내고 이를 기존의 사실과 비교한다.

④ 종합(integration) 단계에서 장래 어떤 파급영향을 가져올지를 판단한다.

정답 ④

풀이 해석(interpretation)에 대한 설명이다. 종합(integration) 단계는 분석된 모든 첩보들을 종합하여 사안의 윤곽을 그려 보는 작업이 수행된다. 즉 신호정보(SIGINT), 영상정보(IMINT), 인간정보(HUMINT) 등 첩보 자료들을 서로 대조하여 비판적으로 평가한 다음 상황에 대한 복합적인 윤곽을 그려보게 된다.

핵심정리 정보분석보고서의 유형

(1) 분석의 과정을 거쳐서 생산된 결과물은 여러 가지 형태를 띠게 되는데, 통상 시계열(time series)에 따라 분류된다. 일반화된 정보분석보고서의 양식은 없지만 셔먼 켄트(Sherman Kent)는 정보분석보고서의 유형을 기본정보보고서(basic descriptive form of intelligence), 현용(現用)정보보고서(current reportorial form of intelligence), 판단정보보고서(speculative evaluative form of intelligence) 등으로 분류하여 제시했는데, 각각은 과거, 현재, 미래와 관련되어 있다고 설명하였다.

(2) 기본정보보고서는 각국의 인구, 지리, 역사, 사회문화, 정치, 경제, 군사, 과학기술 등과 같이 비교적 변화가 적은 고정적인 상황을 기술하는데 초점을 둔다. 현용정보보고서는 최근에 무슨 일이 일어났고 현재 어떤 일이 진행되고 있는가를 기술한다. 판단정보보고서는 대체로 사용자에게 제공된 첩보 자료의 의미를 평가해 주고, 장래 발생할 일에 대한 판단을 제시하는 내용들로 구성된다.

(3) 세 가지 유형의 정보보고서는 유기적으로 연계되며 상호 보완적인 특성을 가진다. 기본정보는 현용정보와 판단정보의 기초자료가 되며, 현용정보는 기본정보의 내용을 최신 자료로 개정하여 새로운 지식을 축적시킨다. 그리고 판단정보는 어떤 현상이나 국가에 관한 기본정보 또는 현용정보에 대해 새로운 해석을 제공해 준다. 대표적인 기본정보보고서로는 CIA가 발간하는 The World Factbook, 현용정보보고서로는 미국 대통령에게 매일 보고되는 대통령 일일정세브리핑(The President's Daily Brief) 그리고 판단정보보고서에는 미국 정보공동체 명의로 생산되는 국가정보판단보고서(National Intelligence Estimates)를 들 수 있다. 다음에서 세 가지 유형의 분류를 현대적인 의미로 넓혀서 해석해본다.

핵심정리 기본정보보고서

(1) 의의

① 기본정보보고서는 장기간에 걸쳐서 고정적이고 변화하지 않는 현상을 다루며, 공개 또는 비공개 자료를 기초로 작성된 방대한 양의 배경지식들(background data)을 포함하고 있다.

② 정보공동체의 공식적인 개념 정의에 따르면 기본정보란 "외국의 정치, 경제, 지리, 군사력 구조, 자원, 국가의 능력과 취약점 등에 관한 백과사전적 정보를 수집하여 작성된 것으로서 사실로 인정된 참고 자료들"이라고 기술하였다.

(2) NATO의 바르샤바(Warsaw Pact, WTO)의 군사력에 대한 평가보고서

예를 들어, 냉전시대 NATO에서 연례적으로 수행했던바 「바르샤바(Warsaw Pact, WTO)의 군사력에 대한 평가보고서」가 여기에 속한다고 본다. 이 보고서는 NATO의 능력을 어떤 수준으로 유지시킬 것인가를 정치적으로 결정함에 있어서 기초 자료로 활용되었다.

(3) 영국의 합동정보위원회의 소련의 정책결정과정에 대한 기본 자료

냉전 시대 동안 영국의 '합동정보위원회(Joint Intelligence Committee, JIC)'는 정기적으로 「소련의 정책결정과정에 대한 기본 자료」를 편찬했는데, 이를 작성함에 있어서 특정 부처의 필요 또는 정책결정에 활용될 것을 염두에 두지 않고 일반적인 참고 자료로 활용될 수 있도록 기술하였다.

(4) 미국 CIA의 「The World Factbook」

① CIA에서 매년 갱신하여 발행하는 The World Factbook의 내용을 살펴보면 지리 (geography), 인구통계(people), 정부조직(government), 경제(economy), 통신(communications), 교통(transportation), 군사(military), 초국가적 문제(transnational issues) 등 여덟 가지 대주제로 구분하고 다시 각 주제별로 세부적인 사항들을 소개하고 있다.

② 예를 들어, 정부조직과 관련하여 국가명칭과 유래, 정치체제 유형, 입법 · 행정 · 사법부의 조직구조, 법률제도, 선거제도, 정당과 지도자, 압력단체, 외교관계 등 광범위한 내용을 포함하고 있다.

(5) 국가정보원의 「세계각국편람」과 「국제기구편람」

이처럼 전 세계 모든 국가들에 관한 기초 자료들이 체계적이면서도 매우 구체적으로 정리되어 있어 정부 부처는 물론 학계에서도 참고 자료로서 유용하게 활용되고 있다. 이와 유사한 자료로서 우리나라의 국가정보원에서도 매년 「세계각국편람」과 「국제기구편람」이라는 지료를 발행하여 정부 부처는 물론 민간에도 배포하고 있다.

핵심정리 현용정보보고서

(1) 의의

① 현용정보보고서는 현재 진행 중이거나 1주 또는 2주 후에 일어날 문제에 대해 분석한 것으로서 정보공동체가 생산하는 보고서의 주종을 이룬다.

② 정보공동체의 공식적인 개념 정의에 따르면 현용정보는 사용자가 즉각적으로 필요로 하는 정보들이며, 시간적인 제약 때문에 평가, 해석, 분석, 종합 등 완벽한 검증 과정을 거치지 않은 채 사용자들에게 배포될 수도 있다.

③ 현용정보보고서는 현재 발생하고 있는 사건이나 단기 예측과 관련된 내용들을 포함하고 있어 일종의 '정제된 신문(a quality newspaper)'이라고 불리기도 한다.

④ 여기에는 전쟁이나 국가비상사태 등이 발발할 것을 사전에 예상하고 경고해주는 경고정보(warning intelligence)도 포함된다.

(2) 특징

① 현용 정보보고서는 정보사용자가 가장 빈번하게 요구하고 정보기관에서 정보사용자에게 가장 많이 제공하는 보고서이다.

② 전쟁이나 위기 시에는 전술적 차원의 정책결정이 필요하기 때문에 현용정보보고서가 특히 많이 요구된다.

③ 그런데 분석관들은 자신이 담당하고 있는 분야의 전문가로서 현용정보보다는 기간이 긴 중장기 정책판단보고서를 작성하고 싶어 한다. 그러한 중장기 정책판단보고서는 대체로 분량이 많다. 그런데 정책결정권자는 시간이나 관심이 부족하여 그것을 읽으려 하지 않는 경향이 있다.

④ 현용 정보보고서는 분량이 적어 분석관이 전문성을 발휘하여 자신의 견해를 충분히 피력할 수 없다. 그래서 정책결정권자가 읽고 싶어 하는 것과 분석관들이 제공하고 싶어 하는 것 간에 괴리가 발생하게 된다.

(3) 미국 대통령 일일정세 브리핑과 국가정보일일보고

① 대표적인 현용정보보고서로서 미국의 대통령 일일정세브리핑(President's Daily Brief)과 국가정보일일보고(National Intelligence Daily)를 들 수 있다.

② 대통령 일일정세 브리핑은 대통령이 국가안보와 관련된 임무를 수행하기 위해 꼭 알아야 할 가장 중요한 정보들이 포함되어 있으며, 대통령, 부통령 그리고 대통령이 지명한 행정부 내 소수의 고위급 관료들에게만 배포되고 있다.

③ 국가정보 일일보고는 현재 '최고관리자 정보 브리핑(Senior Executive Intelligence Brief, SEIB)'으로 명칭이 변경되어 생산되고 있다. SEIB는 하루 이틀 전에 발생했거나 또는 며칠 후 발생하게 될 국가 중대 현안들이 포함된 약 6~8건의 단문보고서로 구성되어 있다.

(4) 미 국방부와 국무부의 보고서들, 영국 JIC의 주간 'Red Book' 등

또한, 미 국방부와 국무부의 보고서들, 영국 JIC의 주간 'Red Book' 등은 국제적인 주요 사건들을 일간 또는 주간 단위로 요약한 내용들로 구성되어 있다.

핵심정리 판단정보보고서

(1) 의의

① 셔먼 켄트(Sherman Kent)가 언급했던바 판단정보보고서는 전체적으로 숫자는 가장 적지만 가장 중요한 보고서로 간주된다.

② 판단정보보고서는 사용자의 특별한 요구에 따라 작성되며 종종 예측하는 내용이 포함된다.

③ 국가적 차원의 정보판단은 주제에 대한 폭넓은 지식과 견해를 수용하는 한편 정부 특정 부처의 차원을 넘어 보다 광범위한 시각에서 논의될 것을 요한다.

(2) 정보판단의 어려움

켄트는 정보판단에 있어서 증거 자료가 중요하기는 하지만 쉽게 획득할 수 없기 때문에 오직 현명한 판단에 의존하는 수밖에 없다고 주장했다.

(3) 특징

① 정보판단보고서는 장래를 예측(predictions)하는 것이 아니고, 국가의 중대사가 앞으로 어떻게 전개될 것인지를 판단하는데 중점을 둔다.

② 때로 판단정보보고서들이 사용자의 요구로 작성된 것이 아니고, 향후 정책결정에 필요할 것이라는 자체판단에 따라 분석관이 임의로 작성한 것도 있다. 즉 분석관은 곧 군사공격이 임박했다는 경고를 내려야 할 상황 또는 국가이익이나 국가안보에 직접적인 위협이 되는 사태 등을 미리 예상하고 이에 대한 정보판단보고서를 준비한다.

③ 예를 들어, 북한의 핵실험에 대해 미국의 강경대응이 예상되는 가운데 미국이 구체적으로 어떤 조치를 취할 것이고 이에 대해 북한이 어떻게 행동할 것인지를 평가하는 내용은 정책결정에 유용하게 활용될 수 있다. 따라서 사용자의 직접적인 요구가 없더라도 분석관이 임의로 판단하여 정보판단보고서를 작성하고 이를 정책결정자에게 제공할 수 있다.

(4) 국가정보판단보고서(National Intelligence Estimates, NIEs)

① 정보판단보고서가 작성되는 과정에는 정보공동체 내 수많은 부서와 기관들이 참여한다.

② 미국의 정보공동체에서 생산하는 국가정보판단보고서(National Intelligence Estimates, NIEs)의 경우 국방부에 소속된 DIA, NSA, NRO, 육 · 해 · 공군 정보기관, 미 국무부 소속의 INR, 재무부, 에너지와 상무부 산하 정보기관들 등이 함께 관여한다.

③ NIEs는 향후 몇 년 동안 중요한 이슈가 어떤 추세로 변화될 것인지를 판단하는데 중점을 두며, 정보공동체 한 기관의 견해가 아닌 모든 기관의 공통된 견해로서 제시된다.

④ 완성된 정보판단보고서는 DNI가 최종적으로 서명한다는 점에서 정보공동체 전 기관의 공통된 견해로 인정된다.

644

다음 중 정보보고서와 관련된 아래 내용 중 가장 적절하지 않은 것은? [2024년 기출]

① 정보보고서는 시간적 특성에 따라 기본정보(basic intlligence), 현용정보(current intlligence), 판단정보(intelligence estimate)로 나눌 수 있는데, 이와 같은 분류는 셔먼 켄트(S, Kent)가 처음으로 사용한 이래 오늘날 널리 사용되고 있다.

② 판단정보는 현재의 상황파악을 기초로 앞으로 어떻게 전개될 것인가를 예측하고 선택 가능한 정책대안을 검토하는 것이다. 판단정보는 미래 예측을 바탕으로 선택 가능한 정책 대안을 제시하기도 한다.

③ 현용정보는 어떤 조직이나 사건에 대해 현재 시점의 정세나 동향을 설명하는 것이다. 일간, 주간, 월간 등의 정기 보고서는 대부분 진행 중인 사건과 현재 정세나 동향을 보고한다는 점에서 현용정보에 속한다.

④ 기본정보는 상황 또는 사물의 정적인 상태를 기술하는 것으로서 기본적 항목에 대해 기술하는 것이다. 정책결정자가 가장 관심이 있는 정보로서 적대 국가 또는 적대세력의 위협에 대해 경보정보도 기본정보에 속한다.

정답 ④

풀이 ④ 정책결정자가 가장 관심이 있는 정보는 현용정보이다. 그리고 경보정보는 현용정보에 속한다.

645

기본정보보고서에 대한 설명으로 틀린 것은?

① 기본정보보고서는 장기간에 걸쳐 고정적이며 변화하지 않는 현상을 다루며, 공개 또는 비공개 자료를 기초로 작성된다.

② 영국의 '합동정보위원회(JIC)'가 작성하는 '소련의 정책결정과정에 대한 기본 자료'는 특정 부처의 필요 또는 정책결정에 활용될 것을 염두에 두고 작성된다.

③ 미국 CIA의 'The World Factbook'은 여덟 가지 대주제를 바탕으로 세부적인 사항들을 소개하며, 매년 갱신하여 발행한다.

④ 국가정보원의 '세계각국편람'과 '국제기구편람'은 매년 발행되어 정부 부처는 물론 민간에도 배포된다.

정답 ②

풀이 ② 영국의 '합동정보위원회(Joint Intelligence Committee, JIC)'가 작성하는 '소련의 정책결정과정에 대한 기본 자료'는 특정 부처의 필요 또는 정책결정에 활용될 것을 염두에 두지 않고 일반적인 참고 자료로 활용될 수 있도록 작성된다.

646

현용정보보고서에 관한 내용으로 틀린 것은?

① 현용정보보고서는 사용자가 즉각적으로 필요로 하는 정보들로서 완벽한 검증 과정을 거치지 않고 사용자에게 배포될 수 있다.

② 현용정보보고서는 분량이 적어서 분석관이 전문성을 충분히 발휘하고 자신의 견해를 표현하는 데 한계가 있다.

③ 미국의 국가정보일일보고(National Intelligence Daily)는 미국 대통령만을 대상으로 배포되는 보고서이다.

④ 현용정보보고서는 전쟁이나 위기 시에는 특히 많이 요구되며, 그 중 일부는 사전에 예상되는 위기를 경고하는 경고정보를 포함한다.

정답 ③

풀이 ① 현용정보보고서는 사용자가 즉각적으로 필요로 하는 정보들로, 시간적 제약으로 인해 완벽한 검증 과정을 거치지 않은 채로 배포될 수 있다.

② 현용정보보고서는 보통 분량이 적어서, 분석관이 전문성을 충분히 발휘하고 자신의 견해를 표현하는데 제한적일 수 있다.

③ 미국의 국가정보일일보고(National Intelligence Daily)는 현재 '최고관리자 정보 브리핑(Senior Executive Intelligence Brief, SEIB)'으로 명칭이 변경되어 생산되고 있다. 이는 '대통령 일일정세 브리핑'과는 달리, 광범위하게 배포되는 정보이다.

④ 현용정보보고서는 전쟁이나 위기 상황에서 특히 많이 요구되며, 그 중 일부는 사전에 예상되는 위기를 경고하는 경고정보를 포함한다.

647

미국 정보공동체의 최장기 미래예측보고서로 옳은 것은?

① 군사정보 다이제스트(Military Intelligence Digest, MID)

② 고위정책 정보요약(Senior Executive Intelligence Brief, SEIB)

③ 글로벌 브리핑(Global Briefing) 또는 글로벌 트렌드(Global Trends)

③ 전기 기록(Biographies)

정답 ③

풀이 ③ 글로벌 브리핑은 미국 정보공동체의 최장기 미래예측보고서로 전 세계 상황에 대한 미래 예언서이다. 1979년 창간되어 현재는 국가정보장(DNI) 산하에 있는 국가정보위원회(NIC)가 생산한다. 매 5년마다 향후 세계 제반 상황에 대한 15년 후의 변화를 분석한 미래예측보고서이다. 2004년에 생산한 2020년의 세계 미래상황인 "세계미래 그려보기(Mapping the Global Future)"와, 2008년에 생산한 Global Trends 2025, 2017년 발표된 「Global Trends: Paradox of Progress」가 있다.

핵심정리 미국 NIEs의 작성 과정

(1) 미국의 국가정보판단보고서(National Intelligence Estimates, NIEs)는 여러 차례의 조정을 거치는 가운데 지금에 이르고 있다. 1973년까지 '국가정보판단실(Office of National Estimates, ONE)'이 정보공동체의 협력을 받아 NIE의 초안을 작성했고, '국가정보판단위원회(Board of National Estimates)'가 보고서의 최종 인가를 담당했다. 1973년 ONE가 폐기되고, 그보다는 다소 느슨한 조직 형태였던 국가정보관(National Intelligence Officers, NIOs)이 대신하게 되었다. 이후 NIO는 국가정보회의(National Intelligence Council, NIC)로 대체되었으며, '분석단(Analytic Group)'의 지원을 받아 NIEs를 생산하고 있다. NIC에서 작성된 정보판단보고서는 공식적으로 해외정보자문위원회(National Foreign Intelligence Board, NFIB)의 최종 승인을 받도록 규정되어 있다. 비록 그동안 다소 변화는 있었지만 NIE를 통한 국가정보판단의 기본 골격은 거의 변함없이 유지되었다. 수년 동안 위기 상황에 대한 정보판단은 '특별국가정보판단보고서(special NIEs 또는 SNIEs)' 형태로 나왔다. 이것이 이후 '특별정보판단보고서(Special Estimates)'라는 것으로 대체되었고, '대통령 요약보고(Presidents Summaries)'로 보완되었다.

(2) 오늘날 NIEs 초안은 CIA 분석국에서 작성하며, 국가정보회의(National Intelligence Council, NIC)에서 최종적으로 검토하게 된다. 국가정보회의는 DNI 산하 조직으로 CIA에서 분리되어 있으며, 13명의 국가정보관(national intelligence officers, NIOs)과 보좌진, 심의관 등을 포함하여 약 50여 명으로 구성되어 있다. NIEs 초안은 국가정보위원회(National Intelligence Board, NIB)에서 우선 검토된다. 국가정보위원회(National Intelligence Board)는 정보공동체 내 각 정보기관의 대표들로 구성된다. 정보공동체 내 각각의 정보기관들은 자신들 나름의 NIEs나 특별정보판단(Special National Intelligence Estimates, SNIEs)을 제시한다.

(3) 최종 보고서가 나오기까지 정보기관들 간의 이견을 조율하기 위해서 여러 차례에 걸쳐서 회의가 개최된다. DNI는 여러 정보기관에서 파견한 고위직 관료들이 참석한 최종 검토 회의를 주재하게 되며, 최종적으로 확정된 NIEs에 서명하게 된다. 과거 DCI는 자신이 동의하지 않는 NIEs의 내용을 수정할 수 있었다. 초안 작성자들은 이에 대해 불만을 갖겠지만 DCI는 합법적으로 그런 권한을 행사할 수 있었다.

(4) 1950년 최초로 NIEs가 생산되어 점차적으로 생산되는 양이 늘어났다. 1993년에는 일주일에 한 건의 NIE가 생산될 정도로 NIEs의 생산량이 급속히 늘어났다. 레이건 대통령 시절에는 연간 60~80건의 NIE를 생산했었는데 그 후 그 숫자가 점차 줄어들었다. 때로 NIEs의 생산에 소요되는 시간이 지나치게 길다는 것에 대해 비판이 제기되기도 한다. 어떤 정보판단보고서의 경우 최종보고서가 생산되는데 1년 이상이 소요되기도 한다. 반면에 지나치게 짧은 기간에 작성된 것이 문제가 되는 경우도 있다. 2002년에 작성된 이라크 대량살상무기 존재 여부에 관한 NIEs가 그러하다. 당시 한 상원의원의 요청으로 보고서가 작성되었는데 이라크에 대한 대통령의 군사력 사용을 허용하는 결의안 표결이 실시되기 전 3주 내에 완료될 수 있도록 서둘러 작성되었던 것으로 드러났다.

(5) 한 CIA 분석관에 따르면 여러 정보기관들이 공통으로 제시하는 최소 합의사항만을 반영하기 때문에 NIE 내용은 별로 가치가 없다고 주장한다. 그런 점에서 CIA에서 자체적으로 생산된 정보보고서가 NIEs에 비해 질적으로 우수하다고 평가하기도 한다. 그의 주장에 따르면 대부분의 정책결정권자들이 NIEs 보고서에 대해서 그다지 높은 평가를 주지 않으려는 경향을 보인다. 미국 상원 정보위원회에서 정보 소비자들을 대상으로 실시한 여론조사에서도 정보공동체에서 생산된 분석보고서에 대해서 실망스러운 입장을 표출하는 것으로 나타났다. 물론 다소 지나친 평가로 생각될 수도 있지만, 이러한 상황은 미국의 뿌리 깊은 부처 간 관료주의적 경쟁 실태에서 비롯된 것으로 지적된다. 핼버스탬(David Halberstam)에 따르면 NIEs의 작성 또는 검토를 위해 각급 정보기관에서 대표로 파견된 정보관들은 비록 그것이 잘못된 내용임을 알고 있으면서도 자신이 속한 기관의 견해와 반대되는 내용을 언급하지 않으려는 성향을 보였다고 한다. 왜냐하면 자신의 소속기관과 다른 견해를 제시했을 경우 평생 동안 몸담았던 기관으로부터 배신자라는 낙인이 찍혀 향후 승진이나 인사상의 불이익을 당할 수 있기 때문이다.

648

미국의 국가정보판단보고서(NIEs)에 대한 설명으로 틀린 것은?

① 정보판단보고서가 작성되는 과정에는 정보공동체 내 수많은 부서와 기관들이 참여한다.

② 미국의 정보공동체에서 생산하는 국가정보판단보고서(NIEs)의 경우 국방부에 소속된 DIA, NSA, NRO, 육·해·공군 정보기관, 미 국무부 소속의 INR, 재무부, 에너지와 상무부 산하 정보기관들 등이 함께 관여한다.

③ NIEs는 향후 몇 년 동안 중요한 이슈가 어떤 추세로 변화될 것인지를 판단하는 데 중점을 두며, 정보공동체 한 기관의 견해가 아닌 모든 기관의 공통된 견해로서 제시된다.

④ 완성된 정보판단보고서는 국가정보위원회(NIC) 위원장이 최종적으로 서명한다는 점에서 정보공동체 전 기관의 공동된 견해로 인정된다.

정답 ④

풀이 완성된 정보판단보고서는 DNI가 최종적으로 서명한다.

649

미국의 국가정보판단보고서(NIEs)에 대한 설명으로 틀린 것은?

① NIC에서 작성된 정보판단보고서는 공식적으로 해외정보자문위원회(National Foreign Intelligence Board, NFIB)의 최종 승인을 받도록 규정되어 있다.

② NIEs 초안은 정보공동체 내 각 정보기관의 대표들로 구성되는 국가정보위원회(National Intelligence Board, NIB)에서 우선 검토된다.

③ NIC는 DNI 산하조직으로 각 정보기관의 대표들과 보좌진, 심의관 등으로 구성된다.

④ DNI는 여러 정보기관에서 파견한 고위직 관료들이 참석한 최종 검토 회의를 주재하게 되며, 최종적으로 확정된 NIEs에 서명하게 된다.

정답 ③

풀이 국가정보회의는 DNI 산하조직으로 CIA에서 분리되어 있으며, 국가정보관(NIOs)과 보좌진, 심의관 등으로 구성되어 있다.

650

판단정보보고서의 설명으로 틀린 것은?

① 판단정보보고서는 전체적으로 숫자가 가장 적지만 가장 중요한 보고서로 간주되며, 주로 사용자의 특별한 요구에 따라 작성되고 예측하는 내용이 포함된다.

② 판단정보보고서는 장래를 예측하는 것이 아니라, 국가의 중대사가 앞으로 어떻게 전개될 것인지를 판단하는 데 중점을 둔다. 때로는 사용자의 요구로 작성된 것이 아니고, 향후 정책결정에 필요할 것이라는 자체판단에 따라 분석관이 임의로 작성하기도 한다.

③ 국가정보판단보고서(NIEs) 작성 과정에는 정보공동체 내 여러 기관이 참여하며, 완성된 정보판단보고서는 중앙정보장(DCI)이 최종적으로 서명하여 모든 기관의 공통된 견해로 인정된다.

④ 켄트는 정보판단에 있어서 증거 자료가 중요하기는 하지만 쉽게 획득할 수 없기 때문에 현명한 판단에 의존하는 수밖에 없다고 주장했다.

정답 ③

풀이 ③ 국가정보판단보고서(NIEs) 작성 과정에는 여러 정보공동체 기관이 참여하나, DNI(Director of National Intelligence, 국가정보국장)가 최종적으로 서명한다.

651

국가정보판단보고서(NIEs) 작성 과정에 대한 설명으로 틀린 것은?

① 1973년까지 '국가정보판단실(Office of National Estimates, ONE)'이 정보공동체의 협력을 받아 NIE의 초안을 작성하였으며, 이후 ONE가 폐기되고 국가정보관(National Intelligence Officers, NIOs)이 이를 대신하게 되었다.

② 오늘날 NIEs 초안은 CIA 분석국에서 작성하며, 국가정보회의(National Intelligence Council, NIC)에서 최종적으로 검토하게 된다.

③ 최종 보고서가 나오기까지 정보기관들 간의 이견을 조율하기 위해서 여러 차례에 걸쳐서 회의가 개최되고, DNI는 여러 정보기관에서 파견한 고위직 관료들이 참석한 최종 검토 회의를 주재하게 되며, 최종적으로 확정된 NIEs에 서명하게 된다.

④ 대통령 요약보고(Presidents Summaries)는 특별국가정보판단보고서(special NIEs 또는 SNIEs)를 대체한 것으로, 이는 위기 상황에 대한 정보판단을 제공한다.

정답 ④

풀이 ④ 대통령 요약보고(Presidents Summaries)는 특별국가정보판단보고서(special NIEs 또는 SNIEs)를 대체한 것이 아니다. 대통령 요약보고는 미국 대통령에게 제공되는 중요 정보의 요약이며, 특별국가정보판단보고서(SNIEs)는 특정 주제나 위기 상황에 대한 정보를 제공하는 보고서이다. 두 가지는 다른 목적을 가지고 있다.

652

미국의 국가정보판단보고서(NIEs) 작성 과정에 대한 설명으로 틀린 것은?

① 오늘날 NIEs 초안은 CIA 분석국에서 작성되며, 국가정보회의(National Intelligence Council, NIC)에서 최종적으로 검토한다.

② NIC는 DNI 산하조직으로 CIA에서 분리되어 있으며, 국가정보관(NIOs)과 보좌진, 심의관 등으로 구성되어 있다.

③ 최종 보고서가 나오기까지 정보기관들 간의 이견을 조율하기 위해서 여러 차례에 걸쳐서 회의가 개최된다. DNI는 여러 정보기관에서 파견한 고위직 관료들이 참석한 최종 검토 회의를 주재하게 된다.

④ 과거 DCI는 NIEs의 초안 작성 과정에 직접 참여하였고, 초안 작성자들의 불만에도 불구하고 합법적으로 NIEs의 내용을 수정할 수 있었다.

정답 ④

풀이 ④ 과거 DCI는 NIEs의 초안 작성 과정에 직접 참여한 것은 아니다. DCI가 합법적으로 NIEs의 내용을 수정할 수 있었던 것은 NIEs의 최종 승인 권한을 가지고 있었기 때문이다.

653

국가정보판단보고서(National Intelligence Estimates, NIEs)에 대한 설명으로 틀린 것은?

① NIEs 초안은 CIA 분석국에서 작성하며, 국가정보회의(NIC)에서 최종적으로 검토하게 된다.

② 국가정보회의는 DNI 산하조직으로 CIA에서 분리되어 있으며, 국가정보관(NIOs)과 보좌진, 심의관 등으로 구성되어 있다.

③ DNI는 여러 정보기관에서 파견한 고위직 관료들이 참석한 최종 검토 회의를 주재하게 되며, 최종적으로 확정된 NIEs에 서명하게 된다.

④ 정보기관들 간의 이견을 조율하기 위해서 여러 차례에 걸쳐 회의가 개최되고 DNI는 자신이 동의하지 않는 NIEs의 내용을 수정할 수 있다.

정답 ④

풀이 ④ 과거 DCI는 자신이 동의하지 않는 NIEs의 내용을 수정할 수 있었다. 초안 작성자들은 이에 대해 불만을 갖겠지만 DCI는 합법적으로 그런 권한을 행사할 수 있었다.

핵심정리 **브리핑(Briefing)**

(1) 의의

① 브리핑은 현용정보의 일종으로서 대체로 아침 시간에 가장 먼저 제공된다. 브리핑의 한 가지 장점은 정보관이 정책결정권자와 직접적으로 접촉하기 때문에 브리핑과 관련하여 정책결정권자의 선호와 반응을 즉각적으로 알 수 있다는 점이다.

② 특히 브리핑은 일주에 5~6회에 걸쳐 실시되기 때문에 고위정책결정자가 정보공동체와 가장 빈번하게 교류할 수 있는 기회가 되며, 이를 통해 정책결정자가 가장 관심을 가지고 있는 문제가 무엇인지를 쉽게 파악할 수 있다.

③ 브리핑 담당자는 정보를 정책결정권자에게 제공해 주고 정책결정권자의 정보요구나 반응을 정보기관에 알려주는 등 두 가지 역할을 동시에 수행함으로써 정보와 정책결정 간 밀접한 연계를 유지하는 데 기여한다.

(2) 단점

① 이처럼 브리핑은 정책결정권자와 분석관이 보다 밀접한 관계를 갖게 되는 여건을 제공하는 장점이 있지만 이로 인해 문제가 야기될 수 있다. 예컨대, 브리핑을 통해 분석관이 정책결정권자에게 지나치게 밀착되어 정책결정권자를 무조건적으로 지지하는 입장을 취하게 될 경우 분석의 객관성이 훼손되는 상황이 발생할 수 있다.

② 그리고 브리핑이라는 단어가 의미하는 바와 같이 아침 바쁜 시간에 수행되기 때문에 시간이 짧아서 정책결정권자에게 어떤 주제와 관련하여 구체적이고 깊이 있는 내용을 전달하기가 어렵다는 문제도 있다.

③ 또한 '대통령 일일정세보고(president's daily brief, PDB)' 준비에 너무 많은 시간과 노력이 소요됨으로써 분석업무에 장애가 야기될 수 있다는 지적도 있다. 이에 따라 분석부서에서는 PDB업무에 집중하는 것과 보다 광범위하고 깊이 있는 분석보고서를 생산해내는 것 중에서 어디에 중점을 둘 것인지 선택을 내려야 할 것이다.

④ 한편, 9/11 직후 대통령과 고위직 참모들을 대상으로 실시되었던 CIA 브리핑에 대해 비판이 제기되었다. 브리핑은 주로 CIA에서 생산한 대통령 일일정세보고(president's daily brief, PDB)를 중심으로 실시되었기 때문에 다른 정보기관은 전혀 관여하지 못하고 전적으로 CIA가 주도하였다.

⑤ 행정부나 정보공동체에도 PDB가 배포되었지만 극소수의 고위관료들로 배포선이 제한되었다. 그래서 CIA를 제외한 정보기관은 대통령이 어떤 정보를 제공받고 있는지 전혀 알 수 없었다. 그래서 여타 정보기관들이 이에 대해 시기심을 갖게 되었을 뿐만 아니라 그로 인해 정보공동체 각급 정보기관의 분석 부서들 간 협력이 이루어지지 못하고 엇박자로 운용되는 상황에 처하게 되었던 것으로 지적되었다.

⑥ 이러한 문제점을 개선하기 위한 구체적인 조치가 「2004년 정보개혁법」을 통해 제시되었고, 그에 따라 PDB의 운용방식에 변화가 있었다. 즉 '국가정보장실(Office of the Director of National Intelligence)'에서 PDB를 담당하게 되었으며, 국가정보분석차장 (deputy director of national intelligence for analysis)의 지휘를 받게 되었다. 이처럼 PDB 수행 책임이 CIA에서 DNI에게로 이관됨에 따라 정보공동체 내 CIA의 영향력이 약화된 것으로 여겨진다.

핵심정리 **미국 정보기관의 보고서 종류**

구분	기관	보고서	내용
현용 정보	DNI	대통령일일요약	DNI가 주 6회 발행하는 보고서로 대통령 등 미국 백악관의 핵심부서 32곳에만 배포되는 것으로 알려짐
	CIA	고위정책정보요약	CIA가 주관하고, NSA 등이 주 6회 발행하며, 수백 명의 고위관리들에게 제공되는 조간 정보신문이다. 내용 분량이 한 페이지 또는 그 이상인 요약(Briefs), 한 두 단락으로 된 단신(Notes), 4행 미만인 눈송이(Snowflakes)S 구성된다. PDB와 형식이 유사하고 수백 명의 정책결정자, 의회 정보위원회에 배포함.
	INR	국무장관조간요약	국무부 내 정보조사국(INR)이 주 7회 발행함.
	NGA	세계영상보고	세계 각지에서 수집된 영상정보를 비디오 형태로 생산하여 배포함.
	NSA	일일경제정보요약	NSA가 운용하는 에셜론을 통해 수집한 경제정보를 CIA가 주 5회 발행하며, 백악관을 포함하여 정부기 관 내 국장 · 차관급 등 사본을 포함하여 100여 부만 배포됨.
		신호정보요약	매일 매일의 주요 신호정보를 수록해 발행하고 있음.
	DIA	군사정보요약	1993년부터 국방부의 국방정보국(DIA)에서 잡지형태로 주 5회 발행하고 있음.
		국방정보요약항목	NSA 등 다른 정보기관이 협력, 1일 수회 발간, 국방부 내부와 전세계 군사 사령관에게 배포
		국방정보요약	NSA와 협력, 군사와 관련된 주제에 관한 정보를 국가차원의 정책결정자에게 보고
		군사정보요약	군사에 관련된 Senior Executive Intelligence Brief(SEIB)라고 볼 수 있으며, 1~2일 전과 향후 며칠 내에 발생할 사건에 초점을 맞춘 정보보고서로 국방부 정책결정자와 의회 정보위원회에 보고
		상황변화보고	국방부의 주요 경보시스템의 변화에 관련된 지표에 관한 보고서
경보 정보	CIA	경고경계목록	주간으로 작성되며 향후 6개월 내 미국의 안전과 정책에 위협 가능성을 추정함.
		주간경고전망	국가이익에 특별히 중대한 영향을 줄 수 있는 잠재적 위협을 경고하는 내용
		경고메모	향후 2주간의 잠재적 위협에 대한 내용을 바탕으로 보고서 생산
	DIA	주간정보전망	
		주간경고전망보고	향후 2주간의 잠재적 위협에 대한 경고
		분기경고전망	

판단 정보	NIC	국가정보판단	미래의 추세를 판단하기 위해 생산하는 보고서로 NIE의 초안은 몇 개월이 걸릴 수도 있고 그 이상이 걸릴 수도 있다. 이 보고서는 정보공동체(Intelligence Community)의 견해를 대변하고, 완성되어 합의를 거친 후 대통령과 고위직에 제출된다. National Intelligence Council에서 생산
		특별국가정보판단	특정국가 정책관련 압축 요약보고서, National Intelligence Council에서 생산
	CIA	특별정보보고	CIA가 생산하고 특정이슈에 관한 요약보고서
		정보메모	CIA가 생산하는 특정이슈에 관한 상세한 분석보고서
	DIA	국방정보평가	군사적으로 중요하거나 영향을 끼칠 수 있는 이슈에 대한 분석, DIA(Defence Intelligence Agency)가 생산
연합 보고 시스템 (Joint Reporting System)	DIA	국방부정보요약	정부 기관과 전투 사령관에게 배포하는 보고서로 대개 1개의 주제에 관한 보고서
		현장정보보고	중요 보고를 확인 즉시 1시간 이내에 정책결정자에게 전달하는 보고서
		일일정보요약	국가군사정보센터(DIN)의 의장에게 보고, 전날 24시간 동안 발생한 중요한 정보에 관한 보고서
		DIA 정보상황요약	미국 정보의 정책 수립과 운영에 즉각적인 영향을 미칠 해외 위기 상황과 위기를 초래할 훈련에 관한 보고

654

브리핑에 관한 내용으로 틀린 것은?

① 브리핑은 현용정보의 일종으로서 대체로 아침 시간에 가장 먼저 제공된다.

② 브리핑 담당자는 정보와 정책결정 간 밀접한 연계를 유지하는 데 기여한다.

③ 브리핑이라는 단어가 의미하는 바와 같이 아침 바쁜 시간에 수행되기 때문에 시간이 짧아서 정책결정권자에게 어떤 주제와 관련하여 구체적이고 깊이 있는 내용을 전달하기가 어렵다.

④ 2004년 「정보개혁법」이 제시된 이후에는 CIA에서만 PDB를 주도적으로 담당하였다.

정답 ④

풀이 ④ 2004년 「정보개혁법」에 따라 PDB 수행 책임이 CIA에서 DNI(국가정보장실)에게로 이관되었다. 이로 인해 정보공동체 내에서 CIA의 영향력이 약화되었다.

655

시계열에 따라 분류할 때 그 성격이 다른 정보분석보고서로 옳은 것은? [2021년 기출]

① 고위정책정보요약
② 국방정보평가서
③ 국가일일정보요약
④ 메모 또는 요약

정답 ②

풀이 ② 국방정보평가서는 판단정보보고서이고, 고위정책정보요약, 최고관리자 정보 브리핑, 국가일일정보요약, 메모 또는 요약은 현용정보보고서이다.

656

시계열에 따라 분류할 때 그 성격이 다른 정보분석보고서로 옳은 것은? [2021년 기출]

① 고위정책정보요약(SEIB)
② 국가일일정보(NID)
③ 국방정보평가(DIA)
④ 군사정보요약(MD)

정답 ③

풀이 ③ 국가정보평가는 판단정보보고서이고 나머지는 현용정보보고서이다.

657

국가일일정보(National Intelligence Daily, NID)가 다루는 정보로 옳은 것은? [2011년 기출]

① 기본정보
② 현용정보
③ 판단정보
④ 예측정보

정답 ②

풀이 ② 국가일일정보(NID)는 CIA가 주관하고 NSA 등 모든 정보기관이 공동으로 주 6회 발행하는 현용정보보고서이다.

658

미국 정보기관이 생산하는 보고서에 대한 설명으로 틀린 것은? [2006년 기출]

① 대통령일일브리핑은 현용정보로 민감한 내용을 담고 있어 한정적으로 배포된다.

② 보고서의 종류는 현용정보, 경보정보, 판단정보이다.

③ 국가정보판단 보고서는 정책관련 압축 요약된 보고서이다.

④ 주간경고전망은 경보정보 보고서로 현용정보의 일종이다.

정답 ③

풀이 ③ 특별국가정보판단(Special National Intelligence Estimates, SNIEs)에 대한 설명이다. 특별국가정보판단 보고서는 시간이 촉박한 상황하에서 특정문제에 대한 정보요구자의 요청을 충족하기 위해 전체적인 상황 파악을 위한 보고서이다. 참고로 주간경고전망은 향후 2주간의 잠재적 위협에 대한 내용을 담고 있는 경보정보 보고서이다.

핵심정리 정보사용자의 수요에 부응하기 위한 정보보고서의 요건

(1) 의의

정보보고서를 평가할 수 있는 명백한 기준은 없다. 다만 정보사용자의 수요에 부응하는 제대로 된 정보보고서가 일반적으로 갖추어야 할 기본적인 요건으로서 적시성(timely), 적합성(tailored), 간결성(digestible), 명료성(clear), 객관성(objectivity), 정확성(accuracy) 등을 들 수 있다.

(2) 적시성(timely)

① 정보보고서는 적시성(timely)을 가져야 한다. 더 좋은 수집 자료가 입수되기를 기다리거나 보고서를 양식에 맞춰서 산뜻하게 보이도록 만드느라 시간을 늦추는 것보다는 정책결정자에게 적시에 필요한 정보를 제공해 주는 것은 매우 중요하다.

② 시간이 지나면 사건의 중요성이나 관점이 바뀔 수 있기 때문이다. 예를 들어 북한이 핵실험을 이미 실시했는데 뒤늦게 제공된 북한 핵실험의 전망에 관한 보고서는 사용자의 정책결정에 전혀 도움이 되지 않는 불필요한 것이다.

(3) 적합성(tailored)

정보보고서는 사용자의 필요에 맞게(tailored) 작성되어야 한다. 정책결정자가 상대국 정부의 군사용 신무기 개발 동향에 촉각을 곤두세우고 있는 상황에서 정치나 경제 동향에 관한 보고서는 정책결정자의 필요에 전혀 부응하지 못하게 된다. 물론 지나치게 사용자의 선호에 맞춘다고 객관성을 잃거나 정치화된 정보를 제공하라는 것은 아니다.

(4) 간결성(digestible)

정보보고서는 간결해야(digestible) 한다. 정책결정자는 매우 바빠서 시간을 가지고 보고서를 읽을 여유가 충분치 않다. 따라서 짧은 시간 내 내용을 빨리 파악할 수 있도록 적절한 양식이나 분량으로 작성되어야 한다. 보고서가 짧다고 다 좋은 것은 아니고, 정책결정자에게 전달하고자 하는 메시지가 분명하게 드러나도록 일목요연하게 작성되어야 한다는 것이다.

(5) 명료성(clear)

정보보고서의 내용은 모호하지 않고 명료해야(clear) 한다. 사실로 밝혀진 것과 밝혀지지 않은 것을 명백히 구분해 주어야 한다. 제대로 된 보고서는 독자들에게 사실여부가 규명된 것(known), 규명되지 않은(unknown) 것, 분석관이 보완한 것, 자료의 신뢰성을 구분하여 밝혀준다. 특히 제공된 자료의 신뢰도를 밝혀주는 것은 매우 중요하다. 왜냐하면 정책결정자는 분석관이 정책결정자에게 제공하는 정보의 상대적인 신뢰도를 감안하여 정책에 활용하게 되기 때문이다.

(6) 객관성(objectivity)

정보보고서는 객관성(objectivity)을 갖추어야 한다. 객관성을 갖출 필요성은 너무도 중요해서 당연한 것으로 받아들여진다. 정보보고서가 객관성을 갖추지 못했다면 적시성, 간결성, 명료성 등의 조건들은 아무런 의미가 없다고 본다. 그만큼 객관성은 양질의 보고서가 되기 위한 필수조건이라는 본다.

(7) 정확성(accuracy)

① 정보보고서는 정확성(accuracy)을 갖추어야 한다. 그런데 정확성은 정보보고서를 평가하기 위한 기준으로서 모호한 측면이 있다. 분명히 어떤 정보분석관도 정보보고서에 오류가 생기는 것을 원치 않는다.

② 그렇지만 오류가 전혀 없도록 작성하는 것은 불가능하다는 점을 알고 있다. 사실 정확성의 기준을 어떤 정도로 잡아야 할지 결정하기 어렵다. 100% 정확하게 작성하는 것은 너무 높은 기준이고, 0%로 하는 것은 너무 낮다. 정확성의 수준을 대략 50~100% 사이로 결정하는 것이 합리적 기준이 아닐까 생각된다.

659

정보보고서의 요건에 포함될 수 없는 것은?

① 적시성　　② 정확성

③ 필요성　　④ 수인(受忍) 가능성

정답 ④

풀이 ④ 정책결정권자가 받아들일 수 있는지를 의미하는 수인 가능성은 정보보고서의 요건이 아니다.

660

정보보고서의 요건에 포함될 수 없는 것은? [2019년 기출]

① 명료성　　② 적실성

③ 간결성　　④ 적시성

정답 ②

풀이 ② 일반적으로 정보보고서의 요건과 정보의 요건은 구별하지 않지만, 정보보고서의 요건이 정보보고서의 작성 요건을 의미하는 경우도 있다. 이러한 입장에서는 적실성은 정보의 질적 요건이 될 수는 있지만, 정보보고서의 작성 요건은 될 수 없다.

661

정보분석보고서의 작성 요건에 포함될 수 없는 것은? [2012년 기출]

① 적시성
② 정확성
③ 적합성
④ 객관성

정답 ④

풀이 ④ 정보보고서의 작성 요건은 정보의 질적 요건과 구별해야 한다. 객관성이 좋은 정보의 조건에 포함될 수 있는가에 대해서는 논란이 있지만 정보보고서의 작성 요건은 될 수 없다.

662

정보분석보고서 작성의 요건에 포함될 수 없는 것은? [2015년 기출]

① 적시성
② 적합성
③ 명료성
④ 객관성

정답 ④

풀이 ④ 정보보고서의 작성 요건은 정보의 질적 요건과 구별해야 한다. 객관성이 좋은 정보의 조건에 포함될 수 있는가에 대해서는 논란이 있지만 정보보고서의 작성 요건은 될 수 없다.

핵심정리 미국 CIA가 준수하는 정보보고서 작성 원칙

(1) 의의

미국 CIA는 정보보고서를 작성할 때 다음과 같은 10가지 원칙을 준수하도록 하고 있다.

(2) 작성 원칙

① 전체 구도를 결정한다(Determine the big picture).
② 결론을 먼저 제시한다(Put conclusions first).
③ 논리적으로 구성한다(Organize logically).
④ 보고서 형태를 구분하여 이해한다(Understand different format).
⑤ 적합한 용어를 사용한다(Use specific language).
⑥ 단순하고 간결하게 생각 한다(Think simple and concise).
⑦ 명료하게 생각한다(Strive for clarity of thought)
⑧ 능동태를 사용한다(Use the active voice).
⑨ 스스로 검토한다(Self-edit).
⑩ 정보수요를 파악한다(Know the reader's needs).

663

미국 CIA가 정보보고서를 작성할 때 준수하는 원칙으로 틀린 것은? [2023년 기출]

① 명료하게 생각한다.

② 능동태를 사용한다.

③ 단순하고 간결하게 생각한다.

④ 미괄식으로 제시한다.

정답 ④

풀이 ④ 결론을 먼저 제시해야 한다.

Theme

24 정보분석기구

핵심정리 정보분석기구

(1) 의의

국가마다 정보분석을 담당하는 조직의 성격은 다르다.

(2) 미국

CIA 내에 분석부서(directorate of intelligence)는 수집 · 공작부서와 별도로 독자적인 영역을 갖는다. 뿐만 아니라 부문별 정보기관의 분석기능, CIA의 분석기능, 그리고 이를 총괄하여 전체 정보기관의 합의로서 나타나는 국가정보 예측판단(National Intelligence Estimates, NIE)을 작성하는 국가정보협의회(National Intelligence Council) 등 중층적 분석기구를 가지고 있다.

(3) 영국

영국도 그 규모는 작으나 수상실 직속으로 분석평가팀(Assessment Staff)을 두고 있다. 그러나 미국과는 대조적으로 단일 부서로 구성되어 있다.

(4) 한국

① 한국은 분석기능이 대부분 국가정보원에 집중되어 있다. 그러나 미국의 CIA와는 대조적으로 국정원 내의 분석기능은 분산되어 있다. 해외정보 분석국, 대북정보 분석국, 그리고 국내 판단기획국 등 해외, 대북, 그리고 국내부서로 구획되어져 있고 이들 간의 수평적 업무협의는 다소 저조한 것으로 알려져 있다.

② 국정원과는 별도로 국방정보국과 국군정보사령부가 부문별 정보기구로서 분석활동에 임하고 있으나 분석 범주는 국방부문에 한정되어 있다. 또한 미 국무성과는 대조적으로 외교통상부의 정보분석기능은 예산, 인원 면에서 지극히 제한되어 있는 실정이다.

핵심정리 정보분석기구의 유형

(1) 의의

정보분석기구는 중앙집중형, 분산형, 절충형의 세 가지 유형으로 대별될 수 있다.

(2) 분산형(confederal)

① 분산형(confederal)은 제2차 세계대전 이전 미국에서 통용되는 모델로 미국의 국무성, 육군, 그리고 해군이 각자의 수집 및 분석 기능을 가지고 부서 간 교류 없이 해당 부서의 활동에 활용되는 것이 이 모델에 속한다.

② 이 모델은 각 부처의 정책소요에 필요한 정보분석을 즉각적으로 그리고 전문적으로 제공할 수 있는 장점이 있으나 정보분석의 중복, 그리고 소요자원의 분산투자에 따른 조기경보 실패 등의 기본적 한계를 노정시킨 바 있다.

(3) 중앙집중형(centralized)

① 중앙집중형(centralized)은 분산형의 약점을 보완하기 위해 착안된 것으로 제2차 세계대전 이후 미국의 가장 중심적인 분석 모형으로 자리 잡아 왔다.

② 각 개별 정보기관의 분석보고서 대신에 국가안보정책과 관련 주요 분석 사안을 설정하고 각 부문별 정보기관의 대표들이 합의형 정보예측 · 판단보고서를 작성하는 방식이 중앙집중형의 핵심을 이룬다. 이러한 방식은 수집, 분석에 대한 중복 투자를 방지할 수 있을 뿐 아니라 모든 정보기관이 중요하다고 생각하는 사안들을 포괄적으로 다루는 강점이 있다.

③ 그러나 중앙집중형 정보분석은 이들의 정보 생산물인 즉 국가정보 예측 판단서 (NIE)가 정책결정자의 소요와는 유리된, 분석을 위한 분석으로 치중하는 경향이 있을 뿐 아니라 이들의 유용성 역시 크게 비판받아 왔다. 이러한 취약점은 합의에 의한 정보분석이란 본질적 제약에서 유래하는 것이었다. 왜냐하면 분석관들 간의 차이점은 부각되지 않고 오로지 합의 사항만 부각되는 경향을 보이기 때문이다.

(4) 절충형

① 중앙집중형의 약점을 보완키 위해 제안된 것이 경쟁적 분석(Competitive Analysis)을 특징으로 하는 절충형 모델이다.

② 절충형 모델은 집중형 분석의 합의적 성격이 지니는 단점을 보완하여, 국가정보기관 및 부문별 정보기관들로부터 분석관들을 충원, A팀과 B팀으로 나누어 동일 사안에 대해 경쟁적으로 분석케 하는 방식이다.

③ 이 모델은 냉전기간 중 소련 군사력 평가에 대한 오류를 수정하기 위해 1975년 당시 CIA국장이던 George Bush 때부터 미 정보 공동체에서 주로 활용하던 방식이다. A팀에서 소련의 군사력관련 정보예측판단서(NIE)를 작성하면 B팀에서 이에 대한 반대 의견을 각주(footnote)로 처리하여 부각시키거나 아니면 본문에 대립되는 견해를 직접 표시함으로써 정보 소비자가 보다 객관적으로 판단을 할 수 있는 장점이 있다.

(5) 평가

① 이 세 가지 유형 중 어느 모델이 더욱 유용한가에 대해서는 판단하기 어렵다. 그러나 이러한 고민은 미국 같은 정보강대국에 한정된다고 하겠다. 한국을 포함한 대부분의 국가들에 있어서 정보분석 부서들은 극히 제한된 인원으로 다량의 정보분석에 임해야 하기 때문에 합의를 거친 중앙집중형이 아니라 국가정보기관이 중심이 되는 단일 정보분석 판단에 의존하는 경향이 크다. 그러나 경쟁적 분석의 이점을 배제할 수는 없다.

② 따라서 제한적이지만 국가정보기관과 부문별 정보기관 간에 동일 사안에 대한 각기 다른 정보분석 보고서를 작성토록하고 이를 비교하여 국가안보정책에 적실성 있게 이용하는 것이 바람직할 것이다. 가령 한국의 경우, 북한 군사력에 대한 평가에 있어 국정원의 북한 분석국과 국방정보본부 간의 경쟁적 분석은 국정원의 독점적 정보생산보다는 국가이익에 보다 유익할 것으로 판단된다.

664

각국의 정보분석기구에 대한 설명으로 틀린 것은?

① 영국은 규모는 작으나 수상실 직속으로 분석평가팀을 두고 있다.

② 제2차 세계대전 이전 미국은 부문별 정보기관이 분석 기능을 가지는 분산형 모델을 채택하고 있었다.

③ 제2차 세계대전 이후 미국은 CIA 내의 분석부서가 분석 업무를 총괄하는 중앙집중형 모델을 채택하고 있다.

④ 국정원 내의 분석기능은 CIA와 달리 해외정보 분석국, 대북정보 분석국, 그리고 국내 판단기획국 등 해외, 대북, 그리고 국내부서로 구획되어져 있다.

정답 ③

풀이 미국은 부문별 정보기관의 분석기능, CIA의 분석기능, 그리고 이를 총괄하여 전체 정보기관의 합의로서 나타나는 국가정보 예측판단(National Intelligence Estimates, NIE)을 작성하는 국가정보협의회(National Intelligence Council) 등 중층적 분석기구를 가지고 있다. 각 개별 정보기관의 분석보고서 대신에 국가안보 정책과 관련 주요 분석 사안을 설정하고 각 부문별 정보기관의 대표들이 합의형 정보예측 · 판단보고서를 작성하는 방식이 중앙집중형의 핵심을 이룬다. 이러한 방식은 수집, 분석에 대한 중복 투자를 방지할 수 있을 뿐 아니라 모든 정보기관이 중요하다고 생각하는 사안들을 포괄적으로 다루는 강점이 있다.

665

각 국의 정보분석을 담당하는 조직에 대한 설명으로 틀린 것은?

① 미국은 CIA 내에 수집/공작부서와 별도로 분석부서를 두고 있다.

② 영국은 수상실 직속의 분석 평가팀과 부문별 정보기관의 분석 기능이 중층적으로 구성되어 있다.

③ 한국은 분석기능이 대부분 국가정보원에 집중되어 있으나 미국의 CIA와는 대조적으로 국정원 내의 분석기능은 분산되어 있다.

④ 한국의 경우 국가정보원과는 별도로 국방정보본부와 국군정보사령부가 부문별 정보기구로서 분석활동에 임하고 있으나 분석 범주는 국방부문에 한정되어 있다.

정답 ②

풀이 영국은 그 규모는 작으나 수상실 직속으로 분석평가팀을 두고 있다. 그러나 미국과는 대조적으로 단일 부서로 구성되어 있다.

666

제시문에 부합하는 정보분석기구의 유형으로 가장 적절한 것은? [2024년 기출]

- 제2차 세계대전 이전 미국의 각 정보기관이 개별적으로 수집 및 분석 활동을 한데서 유래함
- 부서 간 교류 없이 수집 및 분석된 정보는 해당 부서에서 활용함
- 장점: 생산부처에 필요한 정보를 신속하게 제공/부처 업무에 전문성이 있는 분석관이 분석함으로써 신뢰성 증가
- 단점: 정보분석의 중복/협업 부족으로 조기 경보 제한 요소 상존

① 혼합형(Mixed)
② 분산형(Confederate)
③ 중앙집중형(Concentant)
④ 경쟁적 분석형(Competitive Analysis)

정답 ②

풀이 ② 분산형 분석기구에 대한 설명이다.

667

정보분석기구의 유형에 대한 설명으로 틀린 것은?

① 분산형 모델은 각 부처의 정책소요에 필요한 정보분석을 즉각적으로 그리고 전문적으로 제공할 수 있는 장점이 있다.

② 중앙집중형 모델은 수집, 분석에 대한 중복 투자를 방지하며 모든 정보기관이 중요하다고 생각하는 사안들을 포괄적으로 다루는 강점이 있다.

③ 중앙집중형 모델은 분석관들 간의 차이점을 부각시키고 합의를 이루기 어려워 분석을 위한 분석으로 이들의 유용성이 크게 비판받아 왔다.

④ 절충형 모델에서는 동일 사안에 대해 경쟁적으로 분석하며, 이로써 정보 소비자가 보다 객관적으로 판단을 할 수 있는 장점이 있다.

정답 ③

풀이 ① 분산형 모델은 각 부처의 정책소요에 필요한 정보분석을 즉각적으로 그리고 전문적으로 제공할 수 있는 장점이 있다. 이는 분산형 모델의 주요 장점 중 하나로, 이러한 정보분석은 해당 부서의 활동에 즉시 활용될 수 있다.

② 중앙집중형 모델은 수집, 분석에 대한 중복 투자를 방지하며 모든 정보기관이 중요하다고 생각하는 사안들을 포괄적으로 다루는 강점이 있다. 이는 중앙집중형 모델의 특징으로, 모든 정보기관이 중요하다고 생각하는 사안을 포괄적으로 다룰 수 있다는 장점이 있다.

③ 중앙집중형 정보분석은 이들의 정보 생산물인 즉 국가정보 예측 판단서 (NIE)가 정책결정자의 소요와는 유리된, 분석을 위한 분석으로 치중하는 경향이 있을 뿐 아니라 이들의 유용성 역시 크게 비판받아 왔다. 이러한 취약점은 합의에 의한 정보분석이란 본질적 제약에서 유래하는 것이었다. 왜냐하면 분석관들 간의 차이점은 부각되지 않고 오로지 합의 사항만 부각되는 경향을 보이기 때문이다.

④ 절충형 모델에서는 동일 사안에 대해 경쟁적으로 분석하며, 이로써 정보 소비자가 보다 객관적으로 판단을 할 수 있는 장점이 있다. 이는 절충형 모델에서 경쟁적 분석이 이루어지며, 정보 소비자에게 다양한 관점을 제공한다는 장점을 강조한다.

668

분산형 정보분석기구에 대한 설명으로 틀린 것은?

① 고유한 영역에 대해서 차단성과 권위성을 가지고 있어 외부 시각에 영향을 받지 않는다.

② 각 정보기관이 각자 수집 및 분석기능을 가지고 특별한 교류 없이 활동을 하게 되며 조직의 중복과 예산의 낭비라는 측면에서 비효율적이다.

③ 첩보수집, 정보분석, 비밀공작, 방첩활동 등 정보활동을 총괄적으로 수행하는 기구로 강력한 정보력을 유지할 수 있다.

④ 정보독점 방지 및 권력남용을 차단할 수 있으며 정보기관 사이의 상호견제와 균형효과를 가져와 정치개입과 권력남용과 같은 병폐를 예방할 수 있다.

정답 ③

풀이 ③ 정보분석기구에 대한 설명이 아니라 중앙집중형 정보체계에 대한 설명이다. 참고로 중앙집중형 정보체계는 정보기관들 간의 경쟁이나 견제장치가 없기 때문에 권력집중이 심화됨으로써 정보기관이 막강한 권한을 행사하게 될 수 있다. 이는 민주주의적 견제와 균형의 원리에 역행하는 것이며, 자칫 정보기관이 권력의 도구로 악용될 소지도 있다.

Theme

25 비밀공작의 이해

핵심정리 **비밀공작**

(1) 비밀공작을 의미하는 용어로는 'covert action', 'special operation', 'special activities', 'disruptive action', 'active measures', 'dirty tricks' 등이 있다. 물론 각각의 용어가 뜻하는 의미는 상황에 따라 다소 차이가 있다. 이 중에서 가장 많이 사용되는 용어는 'covert action'이다.

(2) 'special operation'이나 'special activities'는 주로 군의 특수 작전을 의미하는 용어로 많이 사용되지만 비밀공작을 의미하는 용어로도 빈번히 사용된다. 'active measures(activinyye meropriatia, 적극적인 방책)'는 주로 러시아에서 많이 사용되는 용어로서 외국에 영향력을 행사하는 행동을 뜻하는데 비밀리에 수행되는 공작뿐만 아니라 공개적인 행동까지 포함하고 있어 보다 포괄적인 의미를 가진다.

(3) 그리고 'disruptive action(파괴공작)'이나 'dirty tricks(비겁한 수법)'이라는 용어는 비밀공작에 비판적인 입장을 취하는 사람들이 주로 사용한다.

669

비밀공작에 대한 설명으로 틀린 것은?

① 미국 CIA는 1947년 「국가안보법」에 따라 비밀공작을 본격적으로 전개하게 된다.

② 행정부의 공식경로를 통해서 수행되는 정책집행은 설사 비밀스럽게 진행되는 것이라도 비밀공작은 아니다.

③ 특수작전(special operation)은 정보요원이 아닌 제복을 입은 군인이 주도한다는 점에서 정보기관이 주도하는 비밀공작과는 분명한 차이가 있다.

④ 'active measures'는 주로 러시아에서 많이 사용되는 용어로서 외국에 영향력을 행사하는 행동을 뜻하는데 비밀리에 수행되는 공작뿐만 아니라 공개적인 행동까지 포함하고 있다.

정답 ①

풀이 미국 CIA는 1949년에 제정된 「중앙정보법」에 따라 비밀공작을 본격적으로 전개하게 된다.

670

비밀공작에 대한 설명으로 틀린 것은?

① 'Covert action'이라는 용어는 비밀공작을 가장 널리 의미하는 용어로 쓰인다.

② 'Special operation'이나 'special activities'는 군의 특수 작전을 의미하는 용어로 사용되지만 비밀공작을 의미하는 용어로도 사용된다.

③ 'Active measures'는 비밀리에 수행되는 공작만을 뜻하는 용어로, 주로 러시아에서 사용된다.

④ 'Disruptive action'이나 'dirty tricks'는 주로 비밀공작에 비판적인 입장을 취하는 사람들이 사용하는 용어이다.

정답 ③

풀이 ① 'Covert action'은 비밀공작을 가장 널리 의미하는 용어로 사용된다.
② 'Special operation'이나 'special activities'는 군의 특수 작전을 의미하는 용어로 사용되지만, 비밀공작을 의미하는 용어로도 사용된다.
③ 'Active measures'는 비밀리에 수행되는 공작뿐만 아니라 공개적인 행동까지 포함하는, 외국에 영향력을 행사하는 행동을 뜻하는 용어로, 주로 러시아에서 사용된다.
④ 'Disruptive action'이나 'dirty tricks'는 주로 비밀공작에 비판적인 입장을 취하는 사람들이 사용하는 용어이다.

671

비밀공작에 대한 DNI의 통제와 관련한 내용으로 틀린 것은?

① DNI는 2004년 「정보개혁법」에 따라 최고위직의 지위를 부여받아 비밀공작을 포함한 모든 정보활동에 대해 대통령을 보좌하는 역할을 한다.

② 공작담당자와 정책결정자 사이에서 비밀공작을 주도하려는 의견 차이가 발생할 수 있으며, 이에 따라 비밀공작의 추진 여부가 결정된다.

③ 「정보개혁법」은 DNI가 CIA의 비밀공작에 대해 직접적으로 개입할 수 있도록 규정하고 있다.

④ 비밀공작 추진과 관련하여 DNI와 CIA 국장이 서로 상반된 입장을 취하면서 갈등하는 상황이 발생할 수 있다.

정답 ③

풀이 ① 2004년 「정보개혁법」에 따라 DNI는 모든 정보활동에 대해 대통령을 보좌하는 최고위직의 지위를 부여받았으며, 이는 비밀공작도 포함한다.
② 비밀공작을 추진할지 여부는 공작담당자와 정책결정자 사이의 의견 차이에 따라 결정될 수 있다. 이는 비밀공작의 실행에 결정적인 영향을 미친다.
③ 「정보개혁법」은 DNI가 CIA의 비밀공작에 대해 직접적으로 개입할 수 있도록 규정하고 있지 않다. 따라서 DNI가 CIA의 비밀공작을 직접 통제하려면 다른 제도적 장치를 마련해야 한다.
④ 비밀공작 추진과 관련하여 DNI와 CIA 국장 사이에서 서로 상반된 입장을 취하는 경우, 이로 인해 갈등이 발생할 수 있다.

672

미국의 비밀공작을 고른 것은? [2019년 기출]

ㄱ. 이란-콘트라 사건	ㄴ. 팔레비왕조 수립
ㄷ. 피그만 공격	ㄹ. 파나마 공격
ㅁ. 라빈 총리 암살	

① ㄱ, ㄴ, ㄷ
② ㄴ, ㄷ, ㄹ
③ ㄱ, ㄷ, ㄹ
④ ㄱ, ㄹ, ㅁ

정답 ③

풀이 ③ 팔레비 왕조 수립과 1953년 이란 쿠데타는 구별해야 한다. 팔레비 왕조는 1925년 카자르(Qajar) 왕조를 붕괴시키며 성립되었다. 팔레비 왕조 수립에 참여한 국가는 영국이다. 반면에 1953년 이란 쿠데타는 모사데그 총리의 실각을 위한 것이다. 미국은 직접적인 관계는 없었지만, 이란의 국유화 정책이 중동 지역의 다른 산유국으로 파급될 경우 미국계 석유회사가 타격을 입을 수 있을 것을 우려하여 영국이 주도하는 비밀공작에 협조했던 것이다. 파나마 침공에 대해서는 미국 정부의 공식적인 군사 작전으로서, 비밀공작에 해당하지 않는다는 견해도 있다. 이스라엘 라빈 총리는 국내 극우단체 청년에 의해 암살됐다.

673

미국의 비밀공작에 대한 설명으로 틀린 것은? [2018년 기출]

① 1953년 이란의 모사데그 정부를 전복시킨 것은 정치공작 중 영향공작이다.
② 유럽에서 공산당에 대항하는 전선을 형성하고 있는 노동단체 및 정치단체에게 보조금을 지급하였다.
③ 프랑스에서 언론사에 자금지원을 통해 소련에 대한 비판을 유도했다.
④ 냉전기간 중 유럽에서 공산주의와 대항하기 위해 선전공작을 강화했다.

정답 ③

풀이 ③ 소련이 프랑스에서 언론사에 자금을 지원하여 미국을 비판하도록 유도했다.

674

비밀공작에 대한 설명으로 틀린 것은? [2018년 기출]

① 일반적으로 민주주의국가가 선택할 수 있는 정책 수단이 아니다.

② 비밀공작 수행 자체를 그럴듯하게 부인을 해야 하는 문제가 있다.

③ 정책결정자는 강압적 외교정책보다 효과적이기 때문에 선택의 유혹에 빠지기 쉽다.

④ 냉전 이후 준군사공작보다는 정치공작, 경제공작 등이 많이 활용되고 있다.

정답 ①

풀이 ① 냉전 당시 소련을 비롯하여 대부분의 나라에서 유사한 활동을 수행했지만 미국은 어느 나라보다도 가장 활발하게 비밀공작활동을 전개했던 것으로 나타난다. 그런 점에서 비밀공작은 본질적으로 미국적인 발상이라는 갓슨(Roy Godson)의 주장이 어느 정도 설득력 있게 수용된다. 또한 비밀공작에 따른 형식적인 불법 활동에도 그 내면에는 실질적인 위법성조각사유나 국가안보와 국가 이익을 도모한다는 정당화 사유가 있어서, 결과적으로 적법행위라는 논리구조 위에서 비밀공작이 전개되는 것이다.

675

비밀공작에 대한 설명으로 틀린 것은? [2014년 기출]

① 합법성에 대한 논쟁이 지속되고 있다.

② 다른 외교수단과 비교해 비용이 상대적으로 저렴한 편이다.

③ UN도 비밀공작의 불가피성에 대해 인정하고 있다.

④ 비밀공작을 성공적으로 수행하기 위해서는 수행국가의 지속적인 지원이 필요하다.

정답 ③

풀이 ③ 비밀공작은 본질적으로 주권국가에 대한 내정간섭으로서 국제법적으로 불법행위로 규정된다.

676

비밀공작을 의미하는 용어에 대한 설명으로 틀린 것은? [2009년 기출]

① 러시아는 적극공작 'active measure'라고 한다.

② 영국은 특수정치공작 'special political action'이라고 한다.

③ 미국은 제3의 방안 'the third option'이라고 한다.

④ 프랑스는 특별활동 'special activities'이라고 한다.

정답 ④

풀이 ④ 특별활동, 즉 'special activities'는 미국에서 사용되는 용어이다. 프랑스가 사용하는 용어에 대해서는 알려진 바 없다.

핵심정리 비밀공작의 계획수립

(1) 의의

비밀공작은 추진하기에 앞서 계획수립 단계에서 신중한 사전 검토가 요구된다. 즉, 비밀공작의 정당성과 공작수행능력을 검토하고 비밀공작의 위험도를 점검하고 과거에 수행되었던 유사 공작 등을 검토해야 한다.

(2) 정당성 검토

① 비밀공작의 계획을 수립하는 데 있어 가장 중요한 것은 비밀공작에 대한 정당성을 검토하는 것이다. 비밀공작의 계획은 정책결정자가 외교나 군사적 수단 등 다른 수단으로는 성취할 수 없는 특별한 정책적 목적을 완수하기 위해 선택될 때 정당성을 인정받는다. 비밀공작이 외교나 군사적 수단보다 유리한 것은 대상국의 외교적 반발이나 국제적인 비난여론을 촉발하지 않으면서 자국에 필요한 결과를 얻을 수 있기 때문이다. 그러나 현재의 국가적 위기를 비슷한 비용으로 유사한 결과를 달성할 수 있는 공개적 대안이 있다면 비밀공작은 지양되고 공개적 대안이 사용되어야 한다.

② 국가 간의 상호 의존도가 더 높아지고 있고 국제 규범이 일층 강화되고 있는 상황에서 비밀공작은 때로 득보다 실이 더 많을 수도 있다. 비밀공작이 정책적 목적과 밀접하게 일치하지 않으면 정책공동체(Policy Community)로부터 심각한 저항을 받게 된다. 공작계획관은 정책입안자들과 공작계획을 밀접하게 사전 조율해야 한다. 비밀공작을 계획하는 과정은 국가안보 이익과 목표가 위험에 처해 있음을 명백하게 규명하고, 또한 비밀공작이 특정 목표를 달성하는 데 최선의 수단이자 실행 가능한 수단이라는 점을 확신할 때 시작되어야 한다.

(3) 공작수행능력 검토

비밀공작을 추진하기 위해서는 정당성 검토와 함께 공작수행능력을 점검해야 한다. 아무리 정당성이 인정되어도 이를 실현할 수 있는 토대가 없다면 현실성이 없기 때문이다. 공작수행능력은 공작기획능력, 공작여건개척능력, 공작원 확보능력, 예산의 확보능력, 공작지원능력 등이 포함된다. 비밀공작을 수행하기 위해서는 인적 · 물적 자원이 확보되어야 한다. 즉 유능한 공작원과 협조자를 확보하여야 하며, 휴대장비, 이동수단, 위조문서, 기타 지원 물품 등이 항상 구비되어야 한다. 또한 연락공작원과 감시공작원, 무인 수수소(dead drop), 안가, 장비 및 기술지원 등 공작지원체계도 구축되어야 한다. 이러한 준비 역량을 만들고 유지하는 데에는 많은 시간과 비용이 필요하다. 수개월 또는 더 긴 시간이 걸릴지도 모르는 비밀공작을 고려할 때, 금전적 비용에 대한 고려는 매우 중요하다. 공작 추진상의 미비점과 제약요인을 사전에 철저히 파악하는 것은 무엇보다 중요하다.

(4) 비밀공작의 위험도 점검

① 정책결정자들과 정보관들은 비밀공작을 실시하기 전에 최소한 두 가지 위험성을 점검해야 한다.

② 첫째는 노출에 따른 위험도 점검이다. 비밀공작은 언젠가는 노출된다는 사실을 깨달아야 한다. 공작 수행 중에 노출되거나 활동이 종료된 직후 노출되는 비밀공작과 수년 뒤에 밝혀지는 비밀공작 간에는 명백한 차이가 있다. 하지만 오랜 기간 알려지지 않았던 비밀공작활동이 노출되는 경우에도, 정치적으로 큰 손실이 야기되는 곤란한 상황이 발생할 수 있다.

③ 둘째는 비밀공작의 실패에 따른 위험도 점검이다. 비밀공작이 실패했을 경우, 공작수행 국가와 대상국과의 외교적 문제와 국제적 비난뿐 아니라 직접적인 인명손실과 국내 정치적 위험부담도 따른다. 따라서 정책결정자들은 당면한 자국의 이익을 고려하면서 비밀공작 수행의 상대적 위험성을 평가할 수 있어야 한다. 만약 당면한 자국의 이익이 매우 중대하고 다른 대안이 없을 때에는 위험성이 수반된다 하더라도 비밀공작을 수행한다.

(5) 유사 공작 검토

새로 제안된 비밀공작을 평가하는 데 있어서 정책결정자들은 과거에 수행되었던 유사한 공작들을 검토해야 한다. 과거의 사례는 현재에 대해 많은 교훈과 지침을 주기 때문에 과거의 유사사례 연구를 통해 성공과 실패의 요인을 분석함으로써 현재 계획 중인 공작의 취약점을 보완할 수 있다. 사례연구를 통해 얻어진 지침들은 현재 계획 중이거나 추진 중인 공작의 점검 리스트로 활용할 수 있고 성공적인 지침들은 보다 발전적인 방향으로 응용할 수도 있다. 과거 공작과 비교할 때 사용될 수 있는 점검 리스트로는 '동일한 국가 혹은 동일한 지역에서 시도되었던 유사 공작이 있었는가?', '그들의 결과는 어떠했는가?', '공작 수행에 따르는 위험요소들은 그 전과 다른가?', '착수하려는 비밀공작 유형과 유사한 공작이 다른 곳에서 시도된 적은 없었는가?', '만약 있었다면, 그 결과는 어떠했는가?' 등이 있을 수 있다. 이와 같이 과거 유사 공작과 비교 및 평가해 봄으로써 계획 중인 비밀공작에 대한 교훈을 얻을 수 있다.

핵심정리

비밀공작의 결정

(1) 대통령의 승인

비밀공작은 공식적인 승인을 필요로 한다. 대통령은 제안된 공작이 국가의 구체적인 외교정책 목적을 지원하는 데 필수적이고 국가이익에 중요하다는 확신에 기초하여 승인명령에 서명한다. 미국의 경우 대통령의 승인은 법률적 의무사항이며, 반드시 서면으로 승인되어야 한다. 그러나 비상시에는 예외이나 서면기록이 보관되어야 하며, 48시간 내에 승인서가 만들어져야 한다.

(2) 의회의 예산승인 및 통제

① 대통령 승인서는 공작수행기관에 전달되며, 의회의 상 · 하원 정보위원회에 통지서(memo of notification)를 통해 전달된다. 정보공동체는 의회에 예산을 요청할 때 1년간의 비밀공작 활동계획을 함께 제출해야 하기 때문에 의회는 일반적으로 예산심의를 통해 공작의 내용을 알게 된다. 의회는 예산지원을 거부하는 방법으로 공작추진에 제동을 걸 수는 있으나 비밀공작에 대한 승인권한은 없다. 의회는 또한 반군과 테러 지원국에 대한 무기나 훈련지원을 금지하는 법이나 암살을 금지하는 대통령 명령에 위반한 비밀공작 등에 대해서는 법적으로 승인을 거부할 수 있다.

② 만약 위원회 소속의 의원들이나 참모들이 심각한 문제를 제기하면, 비밀공작 브리핑 팀은 이러한 사실을 집행부에 보고한다. 이 경우 집행부는 공작을 그대로 계속 진행시키는 결정을 하거나 의회의 우려를 고려하여 공작계획을 변경할 수 있다. 미국에서의 비밀공작에 대한 감독은 점차 강화되어 가고 있다. 1947~1974년에 이루어진 비밀공작은 느슨한 감독하에 수행되었으나, 1974년 12월 「휴즈-라이언법(Hughes-Ryan Act)」의 제정으로 비밀공작의 인가와 모니터링 과정에서 새로운 인원을 포함시켜 결정과정이 보다 공식화되었다. 그리고 1975~1980년간 의회와 행정부가 비밀공작에 대한 통제를 하였는데, 이는 1980년 「정보감독법(Intelligence Oversight Act)」이 제정되면서 더욱 강화되었다. 또한 최근 행정부의 비밀공작이 물의를 일으키면서 비밀공작에 대한 감독이 더욱 강화되고 있다.

핵심정리 비밀공작의 수행

(1) 의의

비밀공작 수행은 정보기관이 주도하고 일반적으로 담당 '공작관'이 공작원(agent)을 활용하여 추진한다. '공작원'은 공작기관 또는 공작관과의 비밀관계에 동의하고, 공작관의 지시와 통제를 받을 수 있어야 한다. 비밀공작부서에서 공작지령이 하달되면 공작담당관은 공작 수행계획을 수립하고 공작을 수행하기 위한 공작원을 획득하여 이를 조종함으로써 비밀공작을 수행하게 된다. 따라서 비밀공작의 성공을 위해서는 우수한 공작원을 획득하는 것이 무엇보다도 중요하다. 그러나 새로운 공작원을 모집할 때는 항상 위험이 따른다. 상황에 따라 모집을 시도하는 공작담당관을 난처하게 만들기도 하고 정부가 난처한 입장에 처하기도 하고 당사국을 비롯한 관계국가들 간의 관계까지도 악화시킬 수 있다. 공작원 획득의 성공률을 높이고 실패했을 경우 정부에 끼치는 피해 가능성을 최소화시키기 위해 공작원을 포섭할 때는 다음과 같은 여섯 단계의 절차를 거치게 된다.

(2) 공작원 포섭의 6단계

첫째, 목표분석(target analysis) 단계로서 공작목표인 외국의 조직이나 시설물에 관한 자료를 수집하고 평가한다. 둘째, 물색(spotting) 단계로서 공작원 후보자(agent candidate)가 될 수 있는 특정 인물들을 파악한다. 셋째, 조사(investigation) 단계로서 공작원 후보자 개인에 관한 배경첩보를 수집하고 분석한다. 넷째, 평가(assessment) 단계로서 공작원으로서 적성과 자격을 구비하고 있는지, 공작원으로서의 모집제의를 받아들이도록 설득할 수 있는지 등을 평가한다. 다섯째, 여건조성(development) 단계이다. 공작원 후보자와의 지속적 접촉을 통해 모집제의를 받아들이도록 하는 상황을 만드는 동시에 제의가 실패했을 경우 일어날지도 모를 피해를 감소시키기 위한 조치를 취한다. 끝으로, 모집(recruitment) 단계로서 공작원 후보자를 비밀조직에 가담시키고 공작 임무를 수행하도록 설득한다.

(3) 공작원 포섭 방법

공작원으로 포섭하기 위해서는 설득, 매수, 약점조성을 통한 협박 등 다양한 방법이 동원된다. 먼저 설득은 공작원 대상자와의 잦은 접촉을 통해 공작 수행국가나 공작 수행 정보기관과 협력하는 것이 대상국이나 공작원 대상자를 위해서도 유리하다는 점을 인식시켜 포섭제의를 받아들이도록 하는 것이다. 설득을 통해 이념이나 가치관을 공유함으로써 향후 배반이나 부작용을 줄일 수 있기 때문에 설득은 포섭을 위해 가장 좋은 방법이라 할 수 있다. 공작담당관은 설득에 필요한 친화력이 있어야 하며 광범위한 지식이 요구된다. 둘째, 매수는 정치적, 경제적, 사회적으로 어려운 처지에 있는 대상자를 포섭하기 위해 주로 사용되는 방법이다. 정치적으로 어려운 처지에 있는 자에게 해외망명을 주선하거나 경제적으로 어려운 대상자를 돈으로 매수하거나, 사회적으로 어려운 처지에 있는 대상자를 취업이나 승진 또는 해외 유학을 주선해 줌으로써 포섭하는 것이다. 셋째, 약점조성을 통한 협박도 효과적인 수단이 될 수 있다. 이 방법은 공작원 대상자가 설득이나 매수를 통해 포섭될 가능성이 희박한 경우에 주로 사용하는 방법이다. 각종 불법행위나 미인계를 활용한 성적 관계를 폭로하겠다고 협박하거나 신변에 위협을 주는 방법을 통해 협조를 유도하기도 한다.' 특히 공작원을 포섭하여 활용하는 경우, 대상자가 상대국가의 정보기관에 이미 포섭된 이중공작원(double agent) 여부를 철저히 확인해야 하며, 배신할 경우에 대비한 대책 등을 철저히 강구하고 수시로 점검하여야 한다.

(4) 공작원의 교육훈련

① 공작원으로 포섭이 되면 공작임무 수행에 필요한 교육훈련을 철저히 시켜야 하며, 임무가 종료되면 공작원을 해고하게 된다. 공작원을 해고할 때는 포섭할 때와 마찬가지로 세밀한 데까지 주의와 관심을 가져야 한다. 해고 시에는 공작원에게 행한 모든 약속을 지켜야 하며 가능하다면 우호적인 방식으로 이루어지도록 노력해야 한다.

② 공작 추진에 소요되는 시간은 공작수행능력을 갖추는 데 소요되는 시간에 달려 있다. 경우에 따라서는 공작원을 훈련시키는 데 많은 시간을 투자해야 한다. 또한 가장 신분의 확보, 가장업체의 설립 등 공작을 지원하는 체제를 갖추는 데도 공작여건에 따라 소요되는 시간이 달라진다. 공작여건이 양호할 경우에는 지원에 필요한 시간이 적게 소요되나, 여건이 불량할 경우에는 공작여건을 만들기 위해 많은 시간을 투자해야 한다.

(5) 비밀유지

또한 비밀공작의 수행과정에서 중요한 것은 비밀유지이다. 공작의 계획과 수행과정에서 비밀이 노출되면 이미 공작은 실패한 것이다. 비밀의 노출은 공작에 참여하고 있는 관련자들의 인명에 손상을 줄 수 있다. 따라서 비밀공작에 참여하는 관련자들에 대한 보안성 검토가 매우 중요하다. 자국 공작원의 변절이나 상대국 공작원의 침투 등에 의해 공작이 노출될 수 있기 때문에 각종 테스트 등을 통해서 공작원에 대한 점검이 이루어져야 한다. 비밀유지의 방법으로 비밀 연락기술을 사용하고, 차단의 원칙에 따라 연락망을 점조직형태로 운영하기도 한다. 또한 공작보안을 위해 관여 인원을 최소화하고 어떠한 증거물도 남기지 않는 것이 이상적이다. 그러나 민주주의 국가들의 경우, 국가정보기관의 권력남용이나 인권침해 등을 방지하기 위해 공작내용을 문서상으로 기록을 남기는 것을 의무화하고, 의회의 사후조사를 받게 하고 있는 관계로 공작 보안 유지가 어려운 것이 사실이다.

677

비밀공작의 계획수립 단계에서 검토해야 하는 사항에 대한 설명으로 틀린 것은?

① 정당성 검토: 외교나 군사적 수단 등 다른 수단으로는 성취할 수 없는 특별한 정책적 목적

② 공작수행능력 검토: 특정 목표를 달성하는 데 최선의 수단이자 실행 가능한 수단

③ 위험도 점검: 노출과 실패에 따른 위험

④ 유사 공작 검토: 과거의 유사사례 연구를 통한 성공과 실패의 요인 분석

정답 ②

풀이 특정 목표를 달성하는 데 최선의 수단이자 실행 가능한 수단인지의 여부는 정당성 검토에서 고려되는 사항이다. 참고로 공작수행능력을 검토할 때는 공작기획능력, 공작여건개척능력, 공작원 확보능력, 예산의 확보능력, 공작지원능력 등을 포함한 인적 · 물적 자원이 확보 여부를 고려한다.

678

미국의 비밀공작의 계획과 실행에 대한 설명으로 틀린 것은?

① 비밀공작 계획은 대체로 CIA, 국무부, 국방부, 또는 NSC 등 행정부처 관료집단에서 요청한다.

② 비밀공작이 가능한 대안으로서 제시되면 구체적인 실행계획은 CIA가 작성한다.

③ 비밀공작 계획 초안은 DNI로부터 권한을 위임받은 '합동위원회'에서 우선적으로 검토하게 된다.

④ 비밀공작 계획을 승인하기에 앞서 비밀공작이 일반에 노출될 위험성 비밀공작이 실패할 위험성을 검토한다.

정답 ③

풀이 합동위원회는 NSC로부터 권한을 위임받아 NSC를 대신하여 결정을 내리게 되지만, 때로 NSC조차 위원회에서 결정한 사항을 잘 모르는 경우도 있다. 이는 NSC가 위원회에 결정을 위임하기 때문에 그럴 수도 있고, 또는 비밀공작을 추진하는 과정에서 문제가 발생하게 될 경우 위원회에 모든 책임을 전가시켜 대통령의 부담을 덜어주기 위한 방편으로 활용되기도 한다.

679

비밀공작의 계획수립 단계에서 고려해야 할 사항으로 틀린 것은?

① 정당성 ② 위험도
③ 비밀유지 ④ 유사 공작

정답 ③

풀이 ③ 비밀유지는 비밀공작의 수행 단계에서 고려된다. 계획수립 단계에서는 위험도를 점검한다.

680

비밀공작의 계획 수립의 단계에서 검토해야 할 사항으로 틀린 것은?

① 정당성 ② 보안성
③ 공작수행능력 ④ 비밀공작의 위험도

정답 ②

풀이 비밀공작의 수행과정에서 중요한 것은 비밀유지이다. 공작의 계획과 수행과정에서 비밀이 노출되면 이미 공작은 실패한 것이다. 비밀의 노출은 공작에 참여하고 있는 관련자들의 인명에 손상을 줄 수 있다. 따라서 비밀공작에 참여하는 관련자들에 대한 보안성검토가 매우 중요하다.

681

비밀공작의 결정과정에 대한 설명으로 틀린 것은?

① 비밀공작 계획은 대체로 CIA, 국무부, 국방부, 또는 NSC 등 행정부처 관료집단에서 요청한다.
② 비밀공작 계획 초안은 CIA에서 작성하며, 이를 국무부, 국방부, CIA, NSC의 고위직 관료들로 구성된 합동위원회(interagency committee)에서 검토한다.
③ 합동위원회(interagency committee)는 NSC로부터 권한을 위임받아 NSC를 대신하여 결정을 내리지만, 때로 NSC조차 위원회에서 결정한 사항을 잘 모르는 경우도 있다.
④ '합동위원회(interagency committee)'는 비밀공작 계획을 승인하기에 앞서 비밀공작으로 인한 이익과 성공 가능성을 신중하게 검토하게 된다.

정답 ④

풀이 ④ 국무부, 국방부, CIA, NSC의 고위직 관료들로 구성된 일종의 '합동위원회(interagency committee)'는 비밀공작 계획을 승인하기에 앞서 두 가지 위험요소를 신중하게 검토하게 된다. 첫째, 비밀공작이 일반에 노출될 위험성이다. 비밀공작은 수행하는 도중, 종료된 직후, 또는 종료된 지 수년이 지난 후 등 여러 가지 시점에서 노출될 수 있고, 그로 인한 파장이 각기 다를 수 있다. 분명한 것은 어떤 시점에 노출되든지 일단 노출되면 외교적인 문제를 야기할 뿐만 아니라 관여된 사람들은 매우 곤란한 입장에 처하게 된다. 둘째, 비밀공작이 실패할 위험성이다.

682

비밀공작을 수행하기 전에 고려해야 하는 사항에 포함될 수 없는 것은? [2019년 기출]

① 비밀공작 수행능력의 검토

② 비밀공작이 실패할 위험

③ 비밀공작의 노출위험 평가

④ 비밀공작의 성공 이후의 정책

정답 ④

풀이 ④ 비밀공작은 추진하기에 앞서 계획수립 단계에서 신중한 사전 검토가 요구된다. 즉, 비밀공작의 정당성과 공작수행능력을 검토하고 비밀공작의 위험도를 점검하고 과거에 수행되었던 유사 공작 등을 검토해야 한다.

683

비밀공작을 수행하기 전에 고려해야 하는 사항으로 적절하지 않은 것은? [2013년 기출]

① 성공확률

② 정당성

③ 목표부합

④ 합법성

정답 ④

풀이 ④ 비밀공작은 본질적으로 주권국가에 대한 내정간섭으로서 국제법적으로 불법행위로 규정되기 때문에 합법성을 고려하지 않는다.

684

비밀공작 과정에 반드시 포함되는 단계로 적절하지 않은 것은? [2007년 기출]

① 비밀공작계획의 수립
② 비밀공작요원의 모집
③ 비밀공작활동의 결정
④ 비밀공작활동의 수행

정답 ②

풀이 ② 비밀공작의 결정 및 수행은 비밀공작의 계획수립, 비밀공작의 결정, 비밀공작의 수행 단계로 구분할 수 있다. 비밀공작의 수행 단계에서 새로운 공작원을 모집할 수도 있지만 여러 가지 어려움으로 그것이 곤란한 경우에는 공작원을 포섭하기도 한다.

685

비밀공작에 대한 설명으로 틀린 것은? [2021년 기출]

① 비밀공작은 모든 다른 수단이 불가능한 경우 가질 수 있는 최후의 수단이다.
② 비밀공작은 계획단계부터 위장부인과 관련된 내용을 고려한다.
③ 비밀공작은 기본적으로 국가의 대외정책을 지원하기 위한 하나의 수단이다.
④ 역류의 의미는 선전공작에만 한정하지 않고, 모든 유형의 비밀공작으로 인해 야기되는 부정적인 결과를 의미하는 것으로 확대 해석되고 있다.

정답 ②

풀이 ② 비밀공작은 추진하기에 앞서 계획수립 단계에서 비밀공작의 정당성과 공작수행능력을 검토하고 비밀공작의 위험도를 점검하고 과거에 수행되었던 유사 공작 등을 검토해야 한다. 특히 비밀공작의 위험도에 대해서는 노출에 따른 위험도와 실패에 따른 위험도를 점검해야 한다. 반면에 위장부인과 관련된 비밀유지는 비밀공작의 수행과정에서 고려한다.

핵심정리 비밀공작에 대한 법적 정의

(1) NSC 지침 10/2

① 미국 국가안전보장회의(National Security Council, NSC)는 1947년 12월 'NSC 지침 4'와 1948년 6월 'NSC 지침 10/2'를 통해 이탈리아 선거에 비밀리에 개입하여 공산당 세력을 저지하는 임무를 수행하는 CIA의 활동을 공식적으로 승인해 주었다.

② 특히 NSC 지침 10/2는 CIA 내부에 '미국의 안보와 세계평화를 위하여' 비밀공작을 담당하는 '새로운 부서(new covert operational branch)'를 창설하도록 지시하였다. 그리고 새로이 창설되는 부서가 추진하는 비밀공작의 내용을 열거하고 있는바, 이를 통해 당시 미국의 정책결정자들이 비밀공작의 개념을 어떻게 정의하고 있는지를 알 수 있다.

③ NSC 지침 10/2에 기술된 비밀공작(covert operations)의 의미는 "미국 정부에게 가해지는 책임 추궁을 회피할 수 있는 유형의 행위들"로서 "공개된 군사력을 동원한 무력충돌"은 아니지만, "선전; 경제전; 사보타주, 반사보타주, 파괴, 그리고 소개(evacuation) 등 다양한 종류의 예방적 행동조치들; 지하 저항운동, 게릴라, 난민해방단체 지원 등을 포함한 적대국 전복공작; 그리고 자유세계를 위협하는 국가 내부에서 자생적으로 등장한 토착 반공세력에 대한 지원 등을 포함한다."고 정의했다. 이러한 개념 정의는 문체나 언어적인 표현상의 차이점을 제외하고 핵심적인 의미에 있어서는 오늘날의 비밀공작 개념과 별다른 차이가 없는 것으로 보인다.

(2) 중앙정보법(Central Intelligence Act of 1949)

① 미국 CIA는 1949년에 신설된 「중앙정보법(Central Intelligence Act of 1949)」에 따라 비밀공작을 본격적으로 전개하게 된다.

② CIA는 비밀공작의 불법성과 비윤리성에 대해 미국 의회와 여론의 비판이 일기 시작한 1970년대 초반에 이르기까지 비밀공작활동을 활발하게 전개하게 된다.

③ 그러나 비밀공작에 대한 기본 개념은 NSC 지침 10/2에서 크게 벗어나지 않았다. 예를 들어, 1955년 3월 12일에 하달된 NSC 지침 5412/1은 이전의 NSC 지침 10/2에 비교해 보았을 때 학술적인 용어를 줄이고 기만공작(deception plans and operations)을 추가하는 등 좀 더 구체적으로 기술했다는 점에서 다소 차이가 있지만 핵심적인 내용은 동일하다.

(3) 휴즈 – 라이언 수정안(the Hughes – Ryan Amendment)

① 1970년대 들어서서 워터게이트 사건과 함께 남미지역에서 칠레 아옌데(Salvador Allende) 대통령을 암살한 배후로 CIA가 지목되는 등 CIA의 비윤리적이고 불법적인 비밀공작활동 사례들이 잇따라 드러나면서 미국 의회와 여론의 비판이 제기되었고, 이에 따라 CIA 비밀공작의 범위와 내용을 규제하려는 노력이 시도되었다.

② 1974년에 제정된 「휴즈 – 라이언 수정안(the Hughes – Ryan Amendment)」은 도를 넘어선 CIA의 비밀공작을 통제하기 위해 미 의회가 취한 최초의 조치였다. 「휴즈 – 라이언 수정안」에서는 첩보수집 등 일반적인 정보활동을 제외하고 CIA가 외국을 대상으로 수행하는 모든 '공작활동(operations)'에 대해 대통령의 공식적인 허가가 있어야 하며 그 내용을 의회에 보고하도록 규정했다.

③ 혹자는 「휴즈 – 라이언 수정안」이 비밀공작의 개념을 최초로 정의하였다고 주장하지만, 「휴즈 – 라이언 수정안」의 초점은 비밀공작을 통제하려는 데 있었지 비밀공작의 개념과 범위를 규정하는 데 두지 않았기 때문에 비밀공작의 개념을 일반화하여 정의한 것은 아니었다.

④ 1980년대 말까지 미국에서 비밀공작의 개념을 일반화하여 정의한 것은 없고 단지 대통령령이나 의회 정보감독위원회(oversight committees)의 지침을 해석하여 개별적으로 정의되곤 했다.

(4) 정보수권법(Intelligence Authorization Act of 1991)

① 비밀공작에 대한 최초의 일반화된 개념 정의는 1991년에 개정된 미국의 「정보수권법(Intelligence Authorization Act of 1991)」에서 시도된 것으로 나타난다.

② 이에 따르면 비밀공작은 "행위 주체가 사람들에게 드러나지 않으면서 타국의 정치 · 경제 · 군사적 상황에 영향을 주기 위해서 미국 정부에서 취하는 행위나 활동"을 의미하는 것으로 정의하였다.

③ 1991년 「정보수권법」에서는 비밀공작에 속하지 않는 것을 매우 세부적으로 명시하여 비밀공작의 범주를 명확히 하고자 한 점이 특히 흥미롭다. 그에 따르면 일반적인 첩보수집, 전통적인 개념의 보안과 방첩활동, 일반적인 외교 및 군사 활동, 법집행 활동, 공개적인 활동을 지원하는 행위, 국내 정치 개입 등은 비밀공작의 범주에서 제외되는 것으로 기술하고 있다. 그리고 행위 주체가 미국 정부인 것으로 드러나도록 수행된 활동은 비밀공작의 범주에 속하지 않는 것으로 규정하고 있다.

④ 「정보수권법」에서 비밀공작의 개념을 이처럼 엄격하게 정의하려고 시도한 이유는 비밀공작으로 인정되면 시행하기 전에 반드시 대통령의 승인을 받고 의회에 보고하도록 규정하고 있기 때문이다.

686

미국의 비밀공작의 관련 법령에 대한 설명으로 틀린 것은?

① NSC 지침 10/2에 따르면, 비밀공작의 의미는 미국 정부에게 가해지는 책임 추궁을 회피할 수 있는 유형의 행위들로 정의되며, 공개된 군사력을 동원한 무력충돌을 포함하지 않는다.

② 「중앙정보법(Central Intelligence Act)」은 CIA의 비밀공작을 본격적으로 전개하게 하였으나, 비밀공작의 기본 개념은 이전에 NSC 지침 10/2에서 규정된 내용에서 크게 벗어나지 않았다.

③ 「휴즈-라이언 수정법」은 비밀공작의 개념을 최초로 일반화하여 정의한 것이다.

④ 「정보수권법(Intelligence Authorization Act)」은 비밀공작을 "행위 주체가 사람들에게 드러나지 않으면서 타국의 정치 · 경제 · 군사적 상황에 영향을 주기 위해서 미국 정부에서 취하는 행위나 활동"으로 정의하였다.

정답 ③

풀이 ③ 「휴즈-라이언 수정법」은 비밀공작을 통제하는 것이 주 목표였으며, 이를 위해 CIA의 공작활동에 대한 대통령의 허가와 의회 보고를 요구했다. 그러나 이 수정법이 비밀공작의 개념을 일반화하여 정의한 것은 아니었다.

687

비밀공작에 대한 설명으로 틀린 것은?

① 정보기구 본연의 고유의 임무는 아니다.

② 미국 CIA는 1949년에 신설된 「중앙정보법」에 따라 비밀공작을 본격적으로 전개하게 된다.

③ 정보기관이 국방부에서 수행하는 특수작전을 지원해 주는 것은 비밀공작에 포함되지 않는다.

④ 비밀공작에 대한 최초의 일반화된 개념 정의는 1991년에 개정된 미국의 「정보수권법(Intelligence Authorization Act of 1991)」에서 시도되었다.

정답 ③

풀이 ③ CIA가 국방부에서 수행하는 특수작전(Special Operation)을 지원해 주는 것도 일종의 준군사공작으로 간주된다.

핵심정리 비밀공작의 특징

(1) 정보기구의 활동

먼저 비밀공작은 국가정보기구에 의한 활동이다. 행정부의 공식경로를 통해서 수행되는 정책집행은 설사 비밀스럽게 진행되는 것이라도 비밀공작은 아니다. 미국은 비밀공작, 즉 '특별활동(special activities)'을 규율하고 있는 많은 법에서 '전통적', '외교적' 또는 '군사적' 활동과 '방첩활동' 및 '법 집행활동'을 비밀공작의 범주에서 제외하고 있다.

(2) 국가정책 집행업무

비밀공작은 대상국가에 대한 지식의 습득(첩보수집)에 머무르는 것이 아니라 국가의 외교 · 국방정책상의 목적을 직접적으로 달성하는 데에 초점이 모아져 있다는 점에서 가장 큰 특징이 있다.

(3) 정보기구 본연의 고유의 임무는 아니다.

비밀공작 업무도 예외적인 사항에서 비상시적인 임무로 국가정보기구에 할당된 것이지, 결코 국가정보기구만이 할 수 있는 고유한 업무는 아니다.

(4) 비밀공작 활동은 원칙적으로 정당성을 가진다.

비밀공작에 따른 형식적인 불법 활동에도 그 내면에는 실질적인 위법성조각사유나 국가안보와 국가이익을 도모한다는 정당화 사유가 있어서, 결과적으로 적법행위라는 논리구조 위에서 비밀공작이 전개되는 것이다.

(5) 비밀공작의 보안은 일반적 정보보안과는 차이가 있다.

국가정보기구의 일반적인 정보보안이 '활동 그 자체의 비밀성 유지'에 목적 이 있는 데 비해 비밀공작에서의 보안의 중점은 공작의 배후세력(sponsor), 즉 행위주체가 누구인지를 모르게 은폐하는 데 중점이 있는 비밀활동이라는 점에서 차이가 크다.

(6) 비밀공작은 외국을 대상으로 한 국가정책의 대집행(代執行)이다.

비밀공작은 정보기구에 의한 대외적인 국가정책의 집행이다. 그러므로 비밀공작은 결코 자국민을 대상으로 실행되어서는 안 된다.

(7) 민주법치국가정보기구가 비밀공작 임무를 수행하기 위해서는 법에 근거규정이 있어야 한다.

비밀공작의 본질은 기본적으로는 국가 행정부의 집행업무이다. 이러한 연유로 국가정보기구가 비밀공작 업무를 수행하기 위해서는 법치행정의 당연한 원칙에 의해서 법의 근거를 가져야 한다. 그렇지 않은 경우에도 대통령이 명령을 발동할 기타 근거조항은 최소한 갖춰야 한다.

688

비밀공작에 대한 설명으로 틀린 것은?

① 정보관과 공작원 사이에는 정보관의 개입 사실을 은폐하기 위해 차단장치를 둔다.

② 미국의 전략 방위구상(Strategic Defense Initiative, SDI)은 경제공작으로 수행되었다.

③ 미국이 아프가니스탄의 무자헤딘에게 스팅어 미사일을 제공한 것은 준군사공작에 해당한다.

④ 파떼(Pierre－Charles)가 자금을 지원 받아 정치적 이슈를 다루는 「신세시스」(Synthesis)라는 잡지를 발행하여 소련의 국가정책을 지지한 것은 회색선전에 해당한다.

정답 ④

풀이 파떼(Pierre－Charles)가 자금을 지원 받아 소련의 국가정책을 지지한 것은 영향공작에 해당한다. 고위직 관료, 저명학자 또는 언론인 등 여론 지도자, 정계의 요인 등이 영향공작의 대상이 될 수 있는데 언론인의 가장 대표적인 사례가 파떼(Pierre－Charles)이다.

689

비밀공작의 특징에 대한 설명으로 틀린 것은?

① 비밀공작은 국가정책 집행업무이다.

② 비밀공작 활동은 원칙적으로 정당성을 가진다.

③ 비밀공작은 민주국가 정보기구의 본연의 업무에 포함된다.

④ 비밀공작은 국가정보기구에 의한 국가정책의 직접 집행이다.

정답 ③

풀이 비밀공작 업무도 예외적인 사항에서 비상시적인 임무로 국가정보기구에 할당된 것이지, 결코 국가정보기구만이 할 수 있는 고유한 업무는 아니다.

690

비밀공작의 특징에 대한 설명으로 틀린 것은?

① 비밀공작은 국가정보기구에 의한 활동으로 행정부의 공식경로를 통해서 수행되는 정책집행은 설사 비밀스럽게 진행되는 것이라도 비밀공작은 아니다.

② 비밀공작은 대상국가에 대한 지식의 습득(첩보수집)에 머무르는 것이 아니라 국가의 외교 · 국방정책상의 목적을 직접적으로 달성하는 데에 초점이 모아져 있다는 점을 가장 큰 특징으로 하는 국가정책 집행업무이다.

③ 비밀공작 업무도 예외적인 사항에서 비상시적인 임무로 국가정보기구에 할당된 것이지, 결코 국가정보기구만이 할 수 있는 고유한 업무는 아니다.

④ 비밀공작은 원칙적으로 불법활동이지만 예외적으로 국가안보와 국가이익을 도모한다는 실질적인 위법성조각사유 있는 경우 정당화될 수 있다.

정답 ④

풀이 ④ 비밀공작은 원칙적으로 정당성을 가지는 활동으로 비밀공작에 따른 형식적인 불법 활동에도 불구하고 그 내면에는 실질적인 위법성조각사유나 국가안보와 국가이익을 도모한다는 정당화 사유가 있어서, 결과적으로 적법행위라는 논리구조 위에서 비밀공작이 전개되는 것이다.

691

비밀공작의 특징에 대한 설명으로 틀린 것은?

① 행정부의 공식경로를 통해서 수행되는 정책집행도 비밀스럽게 진행되는 것이라면 비밀공작이 될 수 있다.

② 비밀공작은 대상국가에 대한 지식의 습득에 머무르는 것이 아니라, 국가의 외교 · 국방정책상의 목적을 직접적으로 달성하는 것을 목표로 한다.

③ 비밀공작에서의 보안의 중점은 공작의 배후세력, 즉 행위주체가 누구인지를 모르게 은폐하는 것에 있다.

④ 비밀공작은 국가정보기구에 의한 활동이지만, 이는 예외적인 사항에서의 비상시적인 임무로 국가정보기구에 할당된 것이며, 국가정보기구만이 할 수 있는 고유한 업무는 아니다.

정답 ①

풀이 ① 비밀공작은 국가정보기구에 의한 활동이다. 행정부의 공식경로를 통해서 수행되는 정책집행은 설사 비밀스럽게 진행되는 것이라도 비밀공작은 아니다. 미국은 비밀공작, 즉 '특별활동(special activities)'을 규율하고 있는 많은 법에서 '전통적', '외교적' 또는 '군사적' 활동과 '방첩활동' 및 '법 집행활동'을 비밀공작의 범주에서 제외하고 있다.

692

비밀공작(Covert Action)에 대한 설명으로 틀린 것은?

① 비밀공작은 국가정보기구가 국가정책 목표를 달성하고자 외국세력의 행태나 정치 · 경제 · 사회적 환경에 직접 영향을 주기 위해 취하는 제반 활동을 말한다.

② 외교부나 국방부 등 정책부서 대신에 국가정보기구가 직접 나서서 다양한 방법으로 국가정책을 집행하는 것이다.

③ 비밀공작을 공개적으로 외교부서가 시행하면 외교정책이 되고, 국방부서가 수행하면 국방정책이 된다.

④ 비밀공작은 정책부서가 절대로 담당할 수 없는 일에 대해 국가정보기구가 나서는 것이다.

정답 ④

풀이 ④ 비밀공작 업무는 예외적인 사항에서 비상시적인 임무로 국가정보기구에 할당된 것이지, 국가정보기구만이 할 수 있는 고유한 업무는 아니다. 비밀공작을 공개적으로 외교부서가 시행하면 외교정책이 되고 국방부서가 수행하면 국방정책이 된다.

693

비밀공작에 대한 설명으로 틀린 것은?

① 미국 의회는 사전에 CIA의 비밀공작 계획을 보고받고, 사후에 그 결과도 보고받는 등 비밀공작활동에 대해 전반적인 감시감독권을 행사한다.

② 비밀공작 업무는 예외적인 사항에서의 비상시적인 임무로 국가정보기구에 할당된 것이지, 결코 국가정보기구만이 할 수 있는 고유한 업무는 아니다.

③ 덜레스(Allen Dulles) 전 CIA 국장은 의회에서 자신은 비밀공작 활동에 관심이 없으며 CIA가 순수한 정보조직으로 기능하기를 희망한다고 진술했다.

④ 미국의 경우 비밀공작에 관한 입법으로 해결되어 오늘날은 비밀공작이 그 현실적인 필요성 때문에 소위 법상 5번째 기능(fifth function)으로 CIA 등 정보기구의 임무라고 인정되었다.

정답 ③

풀이 ③ CIA 초대 국장인 힐렌쾨터(Roscoe Hillenkoeter)의 진술이다.

694

비밀공작(Cover Action)에 대한 설명으로 틀린 것은?

① 비밀공작은 정보기구 본연의 고유한 임무이다.

② 비밀공작 활동은 원칙적으로 정당성을 가지지만 정보의 정치화를 초래할 위험성도 가지고 있다.

③ 다른 나라에 대한 '은밀한 내정간섭(covert intervention)'이라는 점에서 UN 헌장의 정신에 배치된다.

④ 현실적인 실행 주체는 국가정보기구이지만, 속성적으로 정책담당자의 목적과 방향에 일치해야 하며 결코 국가정책을 앞서 나가서는 안 된다는 내재적 한계를 갖는다.

정답 ①

풀이 ① 비밀공작은 자유민주국가정보기구 본연의 고유한 임무는 아니다. 민주법치국가에서 국가정보기구의 창설목적과 존재 이유는, 정보수집 활동과 정보분석을 통해서 국가정보를 생산해 정보수요자에게 배포하는 데 있고, 비밀공작은 예외적인 임무이다.

695

비밀공작을 의미하는 용어로 적절하지 않은 것은?

① 비밀활동(clandestine operation)
② 특별정치활동(special political action)
③ 특별임무(special task)
④ 적극조치(active measure)

정답 ①

풀이 ① 특별정치활동은 영국 정보기구, 특별임무는 이스라엘 모사드의 그리고 적극조치는 러시아의 비밀공작에 대한 표현이다. 비밀활동은 정보기구 활동에 대한 일반적인 표현이다.

696

정보학에서 제3의 옵션 또는 제3의 대안으로 옳은 것은?

① 방첩공작
② 비밀정보수집
③ 비밀공작
④ 외교적 협상

정답 ③

풀이 ③ 결정적인 국가이익이 걸려 있는 경우에 아무런 조치 없이 기다리거나 평화적인 외교활동으로 해결하려고 하는 것을 제1의 옵션(first option)이라 하고, 국방정책의 실행을 제2의 옵션(second option)이라고 한다. 이에 반해 제3의 옵션은 소극적인 외교정책과 적극적인 국방정책의 중간 수준의 조치로 비밀공작을 의미한다. 미국 로스쿨에서 "B플랜을 서술하라."는 문제는 대안을 논술하라는 취지이다.

697

민주국가의 국가정보활동에 대한 설명으로 틀린 것은?

① 정보수집(Intelligence Collection)
② 정보분석(Intelligence Analysis)
③ 자국민 대상 비밀공작(Covert action)
④ 방첩활동(Counterespionage)

정답 ③

풀이 ③ 국가정보활동의 4대 분야는 정보수집, 정보분석, 비밀공작, 방첩활동으로 민주법치국가에서 자국민을 대상으로 한 비밀공작(Covert action)은 국가탄생의 원인인 사회계약에도 위배되는 공권력의 남용이다.

698

민주국가의 비밀공작에 대한 설명으로 틀린 것은?

① 비밀공작은 국가의 정책을 정보기구가 대신 수행하는 측면의 것이다.

② 비밀공작을 외교부서가 수행하면 외교정책, 국방부서가 시행하면 국방정책이 된다.

③ 단기적으로는 성공한 것으로 보이는 비밀공작도 장기적으로 보아 성공한 것으로 평가할 수 없는 경우도 적지 않으므로 비밀공삭 수행에는 신중을 기하여야 한다.

④ 국가안보는 헌법도 초월하는 문제이므로 정보기구의 권한으로서의 비밀공작은 법 규범에 근거가 없어도 가능하다.

정답 ④

풀이 ④ 민주 법치국가에서 법치행정의 대원칙으로 정보공동체에 의한 정책의 대집행인 비밀공작은 원칙적으로 법의 근거를 필요로 한다.

699

비밀공작에 대한 설명으로 틀린 것은?

① 비밀공작은 정보기구 본연의 고유한 임무이다.

② 비밀공작 활동은 원칙적으로 정당성을 가지지만 정보의 정치화를 초래할 위험성도 가지고 있다.

③ 다른 나라에 대한 '은밀한 내정간섭(covert intervention)'이라는 점에서 UN 헌장의 정신에도 배치될 위험성이 농후하다.

④ 현실적인 실행 주체는 국가정보기구이지만, 속성적으로 정책담당자의 목적과 방향에 일치해야 하며 결코 국가정책을 앞서 나가서는 안 된다는 내재적 한계를 갖는다.

정답 ①

풀이 ① 비밀공작은 정보기구 본연의 고유한 임무는 아니다. 민주법치국가에서 국가정보기구의 창설목적과 존재 이유는 정보수집 활동과 정보분석을 통해서 국가정보를 생산해 배포하는 데 있다.

700

비밀공작의 특징에 대한 설명으로 틀린 것은?

① 비밀공작은 '국가정보기구'에 의한 국가정책의 직접 집행이다.

② 국가안보 목적의 비밀공작은 국·내외와 또한 내국인 외국인을 불문하고 실행된다.

③ 비밀공작 활동은 원칙적으로 정당성을 가진다.

④ 냉전이 끝난 오늘날에도 비밀공작의 필요성은 존재한다.

정답 ②

풀이 ② 미국의 관계법이 잘 말해주는 바와 같이 비밀공작은 정부의 역할이 분명하게 드러나거나 공개적으로 사실임이 인정되지 않는 가운데 전통적인 방첩활동과 외교 및 군사활동 또는 법 집행 이외의 활동을 통해서 외국의 정치 · 경제 · 군사상황에 영향을 미치려는 활동인 것이다. 비밀공작은 결코 국내에서 자국민을 대상으로 실행되는 수단이 아니다. 자국민에 대한 비밀공작은 헌법위반의 국가 공권력의 남용으로 직결된다.

701

다음 중 비밀공작(covert action) 특성을 설명한 것으로 가장 적절하지 않은 것은? [2024년 기출]

① 배후가 명백히 드러나는 행위로서 활동이나 사실 자체에 대해 철저히 비밀을 유지하고 은폐하는 데 중점을 둔다.

② 원칙적으로 외국을 대상으로 하는 활동으로 제한된다.

③ 불법적이고 비윤리적인 행위를 수반하고 있어 정보기관이 수행하는 활동 중에 가장 비난을 많이 받고 있는 영역이다.

④ 정부 일반 부처보다는 정보기관에서 수행해야 효과를 극대화할 수 있다.

정답 ①

풀이 ① 비밀공작은 타국의 내정에 간섭하는 불법행위로서 배후가 드러나면 외교적으로 심각한 문제를 야기할 수 있다. 그러므로 비밀공작은 어차피 드러날 사실 자체에 대한 은폐보다는 배후를 숨기는 데 더욱 중점을 둔다.

702

비밀공작의 특징에 대한 설명으로 틀린 것은? [2022년 기출]

① 비밀공작은 국가정책 집행업무이다.

② 비밀공작 활동은 원칙적으로 정당성을 가진다.

③ 비밀공작은 민주국가 정보기구의 본연의 업무에 포함된다.

④ 비밀공작은 국가정보기구에 의한 국가정책의 직접 집행이다.

정답 ③

풀이 ③ 비밀공작 업무도 예외적인 사항에서 비상시적인 임무로 국가정보기구에 할당된 것이지, 결코 국가정보기구만이 할 수 있는 고유한 업무는 아니다.

703

비밀공작에 대한 설명으로 옳은 것은? [2021년 기출]

① 비밀공작은 주로 해외에서 국가 대외정책의 목표를 지원하기 위해 행해지는 활동으로 정부의 역할이 불명확하거나 공개적으로 수행되도록 계획되고 실행되는 활동이다.

② 비밀공작의 목적은 공작의 배후 노출 없이 국가 대외정책목표를 달성하기 위함이며, 차후에도 정치적 목적으로 공개할 수 없다.

③ 비밀공작의 종류에는 선전공작, 정치공작, 경제공작, 전복공작, 준군사공작 등이 있다.

④ 미국은 비밀공작을 시행할 때 비밀공작 계획 및 현재의 진행 상황, 향후에 예상되는 중요한 활동에 대해서 대통령의 승인을 받은 경우 의회에 통보하지 않아도 된다.

정답 ③

풀이 ① 비밀공작은 비밀스럽게 진행된다.
② 비밀공작은 시간이 흐른 후에 정치적 목적으로 공개할 수 있다.
④ 미국의 경우 비밀공작으로 인정되면 시행하기 전에 반드시 대통령의 승인을 받고 의회에 보고하도록 규정하고 있다.

704

비밀공작의 기본원칙에 대한 설명으로 옳은 것은? [2021년 기출]

① 비밀공작은 국가의 외교, 국방, 경제 등 모든 대외정책목표에 부합해야 한다.

② 비밀공작은 정부 부처에서도 주도적으로 수행할 수 있다.

③ 비밀공작은 국가정보기관의 유일한 정보활동이다.

④ 비밀공작은 국민적 신뢰와 지지가 없어도 국익과 합치되고 성공 가능성이 있을 때 시행할 수 있다.

정답 ①

풀이 ② 비밀공작은 국가정보기구에 의한 활동이다. 행정부의 공식경로를 통해서 수행되는 정책집행은 설사 비밀스럽게 진행되는 것이라도 비밀공작은 아니다.
③ 민주적인 국가정보기구의 주요한 임무 영역에는 4가지 분야가 있다. 이를 국가정보활동의 4대 분야라고 한다. 정보의 수집, 수집 정보의 분석, 비밀공작 그리고 방첩공작 활동이 국가정보기구의 4대 영역이다.
④ 비밀공작도 국민적 신뢰와 지지에 부합해야 한다.

705

비밀공작에 대한 설명으로 틀린 것은? [2014년 기출]

① 비밀공작 활동은 원칙적으로 정당성을 가진다.
② 테러와 같은 비대칭전쟁에서 비밀공작은 가장 효과 있는 대안으로 부각되고 있다.
③ 비밀공작은 국제규범에 명백하게 위배되는 불법행위로 결코 정당성을 인정받을 수 없다.
④ 일반적인 기준으로 비밀공작의 성공과 실패를 평가하기 어렵다.

정답 ③

풀이 ③ 비밀공작은 본질적으로 주권국가에 대한 내정간섭으로서 국제법적으로 불법행위로 규정지만 그 내면에는 실질적인 위법성조각사유나 국가안보와 국가 이익을 도모한다는 정당화 사유가 있어서, 결과적으로 적법행위라는 논리구조 위에서 비밀공작이 전개되는 것이다.

706

비밀공작의 특징에 대한 설명으로 틀린 것은? [2010년 기출]

① 단순한 선전공작은 비밀공작에 포함되지 않는다.
② 오늘날에는 준군사공작보다는 경제공작이 빈번하다고 볼 수 있다.
③ 정치공작은 상대국과 외교마찰을 초래할 가능성이 높다.
④ 강대국의 준군사공작은 대상국에 대한 침략행위로 간주되기도 한다.

정답 ①

풀이 ① 단순하든 복잡하든 선전공작은 모두 비밀공작에 포함된다.

707

비밀공작에 대한 설명으로 틀린 것은? [2009년 기출]

① 비밀공작 활동은 원칙적으로 정당성을 가진다.
② 비밀공작은 국가정책집행의 한 방법이라는 시각도 있다.
③ 비밀공작은 적대국을 포함하여 외국만을 대상으로 한다.
④ 비밀공작은 약소국에게 심각한 주권의 제약을 가한다.

정답 ③

풀이 ③ 자유민주국가의 비밀공작은 외국과 외국인을 대상으로 수행되지만 권위주의국가의 비밀공작의 대상에는 내국인도 포함된다. 비밀공작은 국내법상 합법이지만 국제적으로 용인되지 않는다.

708

비밀공작에 대한 설명으로 틀린 것은? [2006년 기출]

① 정보수집과 방첩활동을 제외한 모든 활동을 말한다.

② 전복공작은 정치공작이다.

③ 대부분 비합법적인 활동인 경우가 많다.

④ 공작의 배후가 누구인지 은폐하는 데 중점을 둔 비밀활동이나.

정답 ②

풀이 ② 쿠데타를 전복공작이라고도 한다.

Theme 26 비밀공작의 유형

핵심정리 비밀공작의 유형

(1) 의의

① '비밀공작(covert action)'은 "일반적으로 정보기관의 주도하에 자국의 대외정책을 지원할 목적으로 수행되며, 외국의 정치 · 경제 · 군사 · 사회 등 여러 분야에 은밀히 개입하여 자국에게 유리한 조건을 조성하기 위한 비밀정보활동"이라고 정의하였다.

② 비밀공작은 정보기관이 주도하여 비밀리에 수행한다는 점에서 첩보수집활동과 유사한 점이 있지만 행위의 목적에서 차이가 있다. 즉 수집활동은 지식으로서의 정보를 생산할 목적으로 수행되지만, 비밀공작은 국가의 외교정책을 지원하는 데 목적을 둔다는 점에서 분명한 차이가 있다.

(2) 1948년 NSC 지침 10/2

국가의 외교정책을 지원하기 위해 활용되는 비밀공작의 기법과 수단들은 다양하게 동원될 수 있으며, 이에 관해 학계에서도 여러 가지 견해가 제시된다. 1948년 NSC 지침 10/2에서는 비밀공작(covert operations)의 유형으로써 ① 선전공작(propaganda), ② 경제전(economic warfare), ③ 사보타주, 반사보타주, 파괴, 그리고 소개(evacuation) 등 다양한 종류의 예방적 행동조치들, ④ 저항운동, 게릴라, 난민해방 단체 지원 등을 포함한 적대국 전복공작, ⑤ 국가 내부에서 자생적으로 등장한 토착 반공세력에 대한 지원 등을 들고 있다.

(3) 홀트(Holt)

홀트는 선전공작, 외국의 단체에 대한 지원, 영향공작, 준군사공작 등으로 구분하고 각각의 유형들에 대한 사례들을 들어 구체적인 설명을 제시하였다.

(4) 슐스키(Shulsky)

슐스키가 범주화(categorization)하여 제시하는 비밀공작의 유형은 다소 독특하다. 슐스키는 비밀공작의 범주를 ① 우호 정부에 대한 비밀지원, ② 외국 정부의 인식에 대한 영향공작, ③ 외국 사회의 인식에 대한 영향공작, ④ 우호적인 정치세력에 대한 지원, ⑤ 정치적 사태에 대해 폭력적 수단을 통한 영향력 행사 등 다섯 가지 유형으로 분류하고 각각의 유형에 부합되는 사례들을 들어 세부적으로 설명하였다.

(5) 로웬탈(Lowenthal)

① 의의

㉠ 이처럼 비밀공작의 기법과 유형에 대해 각기 다양한 견해들이 제시되고 있지만 아직까지 학계에서 이에 대한 포괄적 목록이 제시되지 않았으며 표준 유형도 정립되어 있지 않은 상황이다.

㉡ 이러한 가운데 로웬탈은 비밀공작의 유형을 두 가지 기준 즉 '폭력성'과 '그럴듯한 부인(plausible deniability)' 가능성에 따라 단계별로 구분하여 선전 공작, 정치공작, 경제공작, 쿠데타, 준군사공작 등으로 제시하였다.

② 폭력성 정도와 그럴듯한 부인

㉠ 즉 폭력성 정도를 기준으로 선전공작은 폭력성이 가장 낮은 반면 정치공작, 경제공작, 쿠데타 등의 순으로 폭력성이 강화되고, 준군사공작을 가장 폭력적인 행위로 규정하였다.

ⓛ 거꾸로 준군사공작은 공작의 배후가 노출될 가능성이 높아 그럴듯한 부인 가능성이 가장 낮고, 쿠데타, 경제공작, 정치공작 등의 순으로 그럴듯한 부인 가능성이 점차 높다가 선전공작의 경우에는 공작의 배후를 색출하기가 매우 어려우므로 그럴듯한 부인 가능성이 가장 높은 유형의 비밀공작으로 기술하고 있다.

③ 평가

㉠ 로웬탈이 제시하는 비밀공작의 형태는 영미 학계에서 비교적 일반화된 유형으로 인정받고 있다. 여기서 한 가지 유의할 점은 로웬탈은 비밀공작의 유형을 단계별로 분류하고 있지만 실제 비밀공작에서는 그러한 단계 또는 구분이 명확하지 않다. 대부분의 경우 여러 가지 유형의 비밀공작이 동시에 복합적으로 추진된다.

ⓛ 예를 들어, 1964년 과 1970년대 CIA는 칠레에서 친소 사회주의 성향의 아옌데 정권을 전복시키는 쿠데타 공작을 지원하는데 흑색선전, 금품살포, 사보타주 등 여러 가지 수단을 동시에 다발적으로 동원했던 것으로 드러났다. 이처럼 비밀공작의 유형을 단계별로 구분하는 것은 단순히 분류상의 편이를 위한 것으로서 실제 상황과는 차이가 있다.

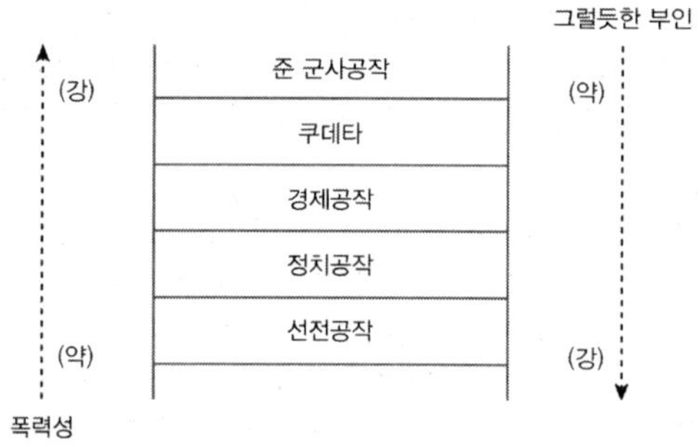

[비밀공작의 사다리(Covert Action Ladder)]

709

비밀공작을 위장부인의 정도와 폭력수준을 기준으로 선전공작, 정치공작, 경제공작, 쿠데타, 준군사공작으로 분류한 사람의 이름으로 옳은 것은?

① 슐스키(Shulsky)
② 셔먼 켄트(Sherman Kent)
③ 트레버턴(Treverton)
④ 로웬탈(Lowenthal)

정답 ④

풀이 ④ 위와 같은 분류가 소위 로웬탈의 비밀공작 사다리(Covert Action Ladder)이다.

710

비밀공작에 대한 설명으로 틀린 것은? [2021년 기출]

① 미국은 워터게이트 사건 이후 국내에서 비밀공작활동을 금지했다.

② 외국 정부나 단체의 정책에 변화를 초래할 수 있는 다양한 형태의 비밀활동을 말한다.

③ 폭력의 정도가 가장 높은 비밀공작은 준군사공작이다.

④ 위장부인의 정도가 가장 낮은 비밀공작은 선전공작이다.

정답 ④

풀이 ④ 준군사공작은 공작의 배후가 노출될 가능성이 높아 그럴듯한 부인 가능성이 가장 낮고, 쿠데타, 경제공작, 정치공작 등의 순으로 그럴듯한 부인 가능성이 점차 높아지다가 선전공작의 경우에는 공작의 배후를 색출하기가 매우 어려우므로 그럴듯한 부인 가능성이 가장 높다.

711

폭력의 정도가 가장 높은 비밀공작의 유형으로 옳은 것은? [2013년 기출]

① 선전공작

② 전복공작

③ 준군사공작

④ 경제공작

정답 ③

풀이 ③ 로웬탈은 폭력성 정도를 기준으로 선전공작은 폭력성이 가장 낮은 반면 정치공작, 경제공작, 쿠데타 등의 순으로 폭력성이 강화되고, 준군사공작을 가장 폭력적인 행위로 규정하였다.

712

폭력의 정도가 가장 낮은 비밀공작의 유형으로 옳은 것은? [2011년 기출]

① 준군사공작

② 전복공작

③ 정치공작

④ 선전공작

정답 ④

풀이 ④ 로웬탈은 폭력성 정도를 기준으로 선전공작은 폭력성이 가장 낮은 반면 정치공작, 경제공작, 쿠데타 등의 순으로 폭력성이 강화되고, 준군사공작을 가장 폭력적인 행위로 규정하였다.

713

다음의 ㄱ~ㄹ에 해당하는 비밀공작의 유형으로 옳은 것은? [2009년 기출]

> ㄱ. 지지자나 동조자를 확보하려는 목적으로 사상이나 교리를 전파하기 위한 계획적이고 조직적인 활동
> ㄴ. 상대국의 정치에 개입하여 자국에 유리한 상황을 만들기 위해 실행
> ㄷ. 영향력 있는 정치 엘리트나 고위관료를 포섭하여 활용하는 활동
> ㄹ. 정부를 전복하기 위해 군중시위, 쿠데타에 무력을 지원하는 활동

	ㄱ	ㄴ	ㄷ	ㄹ
①	선전공작	정치공작	영향공작	준군사공작
②	선전공작	경제공작	정치공작	준군사공작
③	테러공작	정치공작	기만공작	전복공작
④	테러공작	기만공작	정치공작	전복공작

정답 ①

풀이 ① 비밀공작활동은 선전공작, 정치공작, 경제공작, 전복공작, 준군사공작으로 분류되고, 영향공작은 정치공작에 포함된다.

714

비밀공작활동으로 적절하지 않은 것은? [2008년 기출]

① 선전공작활동
② 방첩공작활동
③ 경제공작활동
④ 정치공작활동

정답 ②

풀이 ② 방첩공작은 국가정보기구의 임무 영역 중 방첩에 속한다.

715

비밀공작활동으로 적절하지 않은 것은? [2007년 기출]

① 적국의 스파이를 체포하여 첩보원으로 활용하는 역용공작활동
② 적국에 그릇된 정보를 제공하는 기만공작활동
③ 적국의 중요한 비밀정보를 수집하는 정보수집활동
④ 적국의 사회 불안을 조성하기 위한 선전공작활동

정답 ③

풀이 ③ 국가정보활동의 4대 분야는 정보수집, 정보분석, 비밀공작, 방첩활동인데 정보수집활동은 비밀공작활동과 구별되는 별개의 영역이다.

핵심정리 Propaganda

(1) 선전공작을 의미하는 Propaganda는 로마 교황 그레고리 15세가 1622년에 설립한 신앙보급위원회(Congregato de Propaganda Fide)의 라틴어 명칭에서 유래하였다. 이 기구는 쉽게 풀이하면 신앙보급위원회라 할 수 있다. 이 위원회를 만든 이유는 마틴 루터의 종교개혁 운동으로 시작된 개신교의 확장과 그 비판에 대항해서 가톨릭 포교를 확산하려는 데에 있었다. 당시 독일에는 15세기 중반에 구텐베르크가 발명한 인쇄술로 대량 인쇄라는 뉴미디어가 있었으므로 위원회의 활동을 위한 간행물을 제작, 배포할 수 있었다.

(2) 그런데 프로파간다가 활발해진 것은 20세기에 들어선 뒤였다. 정치적인 목적으로 프로파간다를 이용한 효시는 러시아 혁명가 레닌이 1902년에 쓴 "무엇을 할 것인가?"라는 책자였다. 물론 공산주의 혁명을 위한 책자였다. 정부가 대량으로 선전을 이용하게 된 것은 1914년의 1차 세계대전이었다.

(3) 1917년 미국의 제1차 세계대전 참가로 대대적인 선전활동이 필요했다. 이 때 윌슨 대통령 지시로 창설된 공보위원회(Committee on Public Information)가 대대적인 활동을 시작했는데, 홍보라기보다 프로파간다에 가까웠다. 그리고 적국인 독일도 대대적인 프로파간다를 시작했다. 1930년대 초 히틀러가 집권한 뒤에는 역사상 최고의 프로파간다 전문가로 괴벨스가 이름을 날렸다.

716

프로파간다(Propaganda)에 대한 설명으로 틀린 것은? [2021년 기출]

① 선전은 정치적 불안, 경제적 난관 등의 사실에 근거할수록 그 효과가 크다.
② 선전은 우호적인 개인이나 단체를 위해 사용될 수도 있으나 잘못 사용 시 역류현상을 일으킬 수 있다.
③ Propaganda는 16세기 교황 그레고리 13세가 신앙 보급을 위해 설립한 교단의 라틴어 명칭에서 유래하였다.
④ 제2차 세계대전 및 냉전시기에 가장 많이 사용되었으며, 특별한 정치적 목적을 위해 적에게 피해를 주기 위해 사용되었던 오래된 정치적 기술이다.

정답 ③

풀이 ③ Propaganda는 로마 교황 그레고리 15세가 1622년에 설립한 신앙보급위원회(Congregato de Propaganda Fide)의 라틴어 명칭에서 유래하였다.

핵심정리 **선전공작**

(1) 의의

① 선전공작은 종종 심리전(psychological warfare)으로 불리기도 하는데 주로 자국에 적대적인 개인이나 집단을 대상으로 특별한 정치적인 목적을 관철시키기 위해 정보를 유포하는 행위이다.

② 때로 자국에게 협조적인 개인이나 집단을 지원하기 위해서 활용되기도 한다. 자국에게 적대적인 개인이나 집단을 대상으로 정치 불안이나 경제난에 대한 거짓 소문을 퍼뜨리는 행위도 여기에 해당된다.

(2) 특징

① 가장 일반적이며 많이 활용되는 기법으로서 신문이나 방송 등 언론매체에 의견이나 정보 또는 역정보를 유포하는 행위가 있다.

② 선전공작은 정치공작, 경제공작, 쿠데타 등 모든 비밀공작을 전개하는 데 기본적으로 활용되는 수단이라는 점에서 중요하다.

③ 선전공작은 폭력성이 가장 낮고 그럴듯한 부인이 상대적으로 용이하기 때문에 비밀공작 기법들 중에서 가장 많이 활용되는 것으로 나타난다.

717

선전공작에 대한 설명으로 틀린 것은?

① 선전공작은 종종 심리전(psychological warfare)으로 불리기도 하는데 주로 자국에 적대적인 개인이나 집단을 대상으로 특별한 정치적인 목적을 관철시키기 위해 정보를 유포하는 행위이다.

② 선전공작, 즉 Propaganda의 어원은 라틴어에서 비롯되는데, 로마 교황 그레고리 15세가 1622년에 설립한 "Congregato de Propaganda Fide"(Congregation for the Propaganda of Faith)에 나오는 말이다.

③ CIA에 포섭된 비밀공작 대상국의 신문기자, 방송인, 잡지 기자, 저술가 등이 CIA가 작성해 준 원고 내용을 마치 자신의 견해인 것처럼 발표하는 것은 회색선전에 속한다.

④ 흑색선전은 출처를 철저히 은폐하지만 회색선전은 출처를 완전히 은폐하지 않으면서 선전활동을 수행한다. 즉 출처가 어느 정도 노출되지만 공개적으로 인지되지는 않는 상태를 의미한다.

정답 ③

풀이 ③ 냉전시대 동안 CIA는 비밀공작 대상국의 신문기자, 방송인, 잡지 기자, 저술가 등을 공작원으로 포섭하여 목표 국가에 대한 선전공작을 활발히 전개했다. 이들은 방송이나 언론에 CIA가 작성해 준 원고 내용을 마치 자신의 견해인 것처럼 발표했다. 이는 흑색선전의 예이다. 언론매체에 원하는 기사를 게재하든지 정보기관들과 연관이 없는 것처럼 철저히 위장하여 작가나 출판사에 필요한 내용을 게재 또는 출판하도록 하는 기법은 흑색선전의 일환으로 빈번히 활용된다.

718

선전공작에 대한 설명으로 틀린 것은?

① 백색선전에 해당되는 대표적인 사례로서 냉전시대 동안 미국 정부가 United States Information Agency (USIA)라는 조직을 활용하여 공개적으로 선전공작을 전개했던 활동을 들 수 있다.

② 흑색선전에 활용되는 언론매체는 정부가 소유 또는 통제하고 있는 경우가 많다. 일반인들에게는 독립적인 언론매체로 알려져 있지만 실제로는 정부에 의해 통제되고 있는 전위단체(front group)가 여기에 해당된다.

③ 미국이 동유럽과 소련 주민들을 대상으로 1949년과 1951년에 각각 설립한 '자유 유럽 라디오(Radio Free Europe)'와 '자유 라디오(Radio Liberty)'는 CIA가 배후 조종하고 있었으면서도 마치 민간 기업체에서 운영하는 것처럼 가장하여 방송했는데 이는 일종의 회색선전 공작으로 간주된다.

④ 냉전시대 동안 CIA는 비밀공작 대상국의 신문기자, 방송인, 잡지 기자, 저술가 등을 협조자 또는 공작원으로 포섭하여 방송이나 언론에 CIA가 작성해 준 원고 내용을 마치 자신의 견해인 것처럼 발표하게 했는데 이는 회색선전에 해당한다.

정답 ④

풀이 방송이나 언론에 CIA가 작성해 준 원고 내용을 포섭한 공작원들에게 자신의 견해인 것처럼 발표하게 했는데 이는 흑색선전에 해당한다.

719

선전공작에 대한 설명으로 틀린 것은?

① 정치적 불안, 경제적 난관 등의 사실에 근거할수록 그 효과가 크다.

② 출처가 밝혀지지 않고 출처의 숨은 의도가 드러나지 않을 때 선전 내용에 대한 신뢰성을 높일 수 있다.

③ 선전공작을 의미하는 Propaganda는 16세기 교황 그레고리 13세가 신앙 보급을 위해 설립한 교단의 라틴어 명칭에서 유래하였다.

④ 백색선전은 주체나 배후를 밝히는 선전활동으로 정보기관이 아닌 외교부, 국방부 등 일반부처가 자국민을 대상으로 수행할 수 있다,

정답 ③

풀이 선전공작, 즉 Propaganda의 어원은 라틴어에서 비롯되는데, 로마 교황 그레고리 15세가 1622년에 설립한 "Congregato de Propaganda Fide"(Congregation for the Propaganda of Faith)에 나오는 말이다.

720

제시문 내용에 해당하는 비밀공작으로 가장 적절한 것은? [2024년 기출]

> 이 비밀공작은 자국에 대한 상대국의 지지자, 동조자를 확보하기 위한 목적으로 자국의 정치체제, 사상, 신념, 가치를 전파하기 위한 조직적인 활동을 의미한다. 가장 오래되고 기본적인 정치적 기술이다. 자기주장의 합리성을 강조하고 상대방은 부당하고 오류를 범하고 있다고 하며, 자기에게는 유리하도록 하면서 상대국에게는 불리하도록 조장하는 활동을 한다.

① 정치공작 ② 선전공작

③ 전복공작 ④ 준군사공작

정답 ②

풀이 ② 선전공작에 대한 설명이다.

721

KGB의 선전공작에 대한 설명으로 틀린 것은? [2018년 기출]

① 1950년대 동독이 서독을 대상으로 하는 공산주의 확산을 위한 선전공작을 지원했다.

② 1960~70년대 미국 내 대학생과 반체제 인사를 포섭해 반전운동과 반핵운동 등 반정부 시위를 주도했다.

③ 1970년대 베트남에서 월남의 반체제 인사와 월맹 동조세력을 포섭해 미군철수를 유도하는 심리전을 전개해 성공했다.

④ 1980년대 남아공에서 흑인차별 정책을 추진하는 첩보국(SASS)에 미국이 개입했다는 선전공작을 전개했다.

정답 ④

풀이 ④ 1986년 10월 23일, 「워싱턴 포스트」는 CIA가 남아공 정부의 흑인차별 정책을 지원하기 위해 SASS에 정보와 훈련을 제공하였다고 폭로하였다. 이는 KGB의 선전공작과는 관련이 없다.

722

선전공작에 대한 설명으로 틀린 것은? [2016년 기출]

① 백색선전의 경우에도 자국에서는 수행할 수 없다.

② 회색선전은 출처를 밝히지는 않지만 내용을 보면 누가 수행하는지 알 수 있다.

③ 흑색선전은 적군처럼 위장하는 선전공작으로 대상국의 혼란을 유도한다.

④ 해외에서 실행한 선전공작 내용이 국내 언론에 사실처럼 보도되는 사례도 있다.

정답 ①

풀이 ① 백색선전은 주체나 배후를 명백히 밝히고 선전활동을 수행하는 행위이다. 정부 내 홍보를 담당하는 부처 또는 외교부, 국방부 등 정부의 일반 부처에서 정부의 입장이나 견해를 홍보하는 행위도 백색선전에 해당될 수 있다. 백색선전은 공개적이며 합법적인 행위이고 정부 일반 부처에서도 수행하기 때문에 선전공작으로 인정되기 어려운 측면이 있다. 따라서 백색선전은 자국에서도 수행할 수 있다.

핵심정리 백색선전

(1) 의의

백색선전은 주체나 배후를 명백히 밝히고 선전활동을 수행하는 행위이다.

(2) 사례

백색선전에 해당되는 대표적인 사례로서 냉전시대 동안 미국 정부가 United States Information Agency(USIA)라는 조직을 활용하여 공개적으로 선전공작을 전개했던 활동을 들 수 있다. USIA는 세계 각국에 주재하고 있는 미국 대사관을 통해 정보를 제공했다. 러시아의 Radio Moscow도 여기에 해당된다.

(3) 특징 및 장점

① 백색선전은 출처를 공개하기 때문에 대체로 정확한 정보를 제공하게 되지만 때로 과장 또는 허위 정보를 유포하기도 한다. 출처를 명백히 밝히는 만큼 자국의 입장을 공개적으로 주장할 수 있다는 장점이 있다.

② 정부 내 홍보를 담당하는 부처 또는 외교부, 국방부 등 정부의 일반 부처에서 정부의 입장이나 견해를 홍보하는 행위도 여기에 해당될 수 있다. 백색선전은 공개적이며 합법적인 행위이고 정부 일반 부처에서도 수행하기 때문에 선전공작으로 인정되기 어려운 측면이 있다.

핵심정리 흑색선전

(1) 의의

① 정보기관에서 주로 수행하는 선전공작은 대부분 출처를 밝히지 않고 수행한다. 미국의 USIA가 공개적으로 선전공작을 전개했던 반면, CIA는 주로 출처를 속이면서 비밀리에 선전공작을 전개했다.

② 출처를 밝히지 않는다고 제공되는 정보가 모두 허위는 아니다. 냉전시대 CIA가 출처를 밝히지 않은 채 선전공작을 통해 제공되는 정보는 거의 사실이었으며(98%), 나머지 2%만 거짓이었던 것으로 알려졌다.

③ 출처를 철저히 은폐시키면서 선전활동을 수행하는 기법으로 흑색선전이 있다. 흑색선전은 특정 의견이나 사실의 출처를 완전히 은폐시킨 채 유포하는 행위를 말하며, 주로 허위 또는 폭로 정보 등을 제공할 때 사용한다.

(2) 사례

① 한때 소련이 아프리카인들을 대상으로 미국이 AIDS를 퍼뜨렸다는 소문을 유포했는데 일종의 흑색선전에 속한다.

② 흑색선전에 활용되는 언론매체는 정부가 소유 또는 통제하고 있는 경우가 많다. 일반인들에게는 독립적인 언론매체로 알려져 있지만 실제로는 정부에 의해 통제되고 있는 전위단체(front group)가 여기에 해당된다.

③ 슐스키는 그 대표적인 사례로 제2차 세계대전 전 영국이 미국 내에서 고립주의를 주창하는 대표적인 보수단체인 'American First'에 대응하기 위해 다수의 전위단체를 설립했다고 기술했다.

④ '국제민주변호사협회(International Association of Democratic Lawyer)'라는 단체는 1988년 중반 무렵 미국 정보기관 요원이 남미 지역의 어린아이들을 살해하여 장기이식에 활용하고 있다는 날조된 거짓말을 유포시키기도 했는데, 사실 이 단체는 KGB의 전위단체였다.

⑤ 때로 언론매체에 원하는 기사를 게재하든지 정보기관들과 연관이 없는 것처럼 철저히 위장하여 작가나 출판사에 필요한 내용을 게재 또는 출판하도록 하는 기법도 흑색선전의 일환으로 빈번히 활용된다.

723

냉전시대 CIA가 남미 과테말라에서 위장 과테말라 국영방송국을 운영한 것은 비밀공작 가운데 어느 것에 해당하는가?

① 백색선전(White propaganda)
② 회색선전(Gray Propaganda)
③ 영향공작
④ 흑색선전(Black Propaganda)

정답 ④

풀이 ④ 과테말라에서 반군을 지원한 CIA는 과테말라 국영방송국의 아나운서 목소리를 기술적으로 모방하고, 국영방송 국과 인접한 지역에서 동일한 채널을 이용해서 구즈만 정권 전복을 위해 정부정책을 비난하는 방송을 했다. 세심하지 않은 청취자들은 CIA가 운영하는 반군의 선전방송을 듣고 있었는데도 정부방송을 듣는 것으로 생각했다. 이것은 출처를 철저히 은폐하는 방식으로 전개한 선전활동인 흑색선전(Black Propaganda)에 해당한다.

핵심정리 회색선전

(1) 의의

① 출처를 은폐하는 것은 같지만 얼마나 철저히 은폐하는가에 따라서 흑색선전과 회색선전으로 구분될 수 있다.

② 흑색선전은 출처를 철저히 은폐하지만 회색선전은 출처를 완전히 은폐하지 않으면서 선전활동을 수행한다. 즉 출처가 어느 정도 노출되지만 공개적으로 인지되지는 않는 상태를 의미한다.

(2) '자유 유럽 라디오(Radio Free Europe)'와 '자유 라디오(Radio Liberty)'

① 미국이 동유럽과 소련 주민들을 대상으로 1949년과 1951년에 각각 설립한 '자유 유럽 라디오(Radio Free Europe)'와 '자유 라디오(Radio Liberty)'는 CIA가 배후 조종하고 있었으면서도 마치 민간 기업체에서 운영하는 것처럼 가장하여 방송했는데 이는 일종의 회색선전 공작으로 간주된다.

② 두 방송국에 대해 사람들은 막연하게 미국이 지원하고 있다는 것은 알고 있었지만 CIA가 배후였다는 사실은 공식적으로 밝혀지지 않았다.

③ 방송국은 뮌헨에 본부를 두고 1970년 정체가 드러날 때까지 운용되었는데, 공산권 사회 주민들의 이념과 사고방식을 변화시키는데 결정적인 역할을 수행했던 것으로 평가된다.

724

선전공작에 대한 설명으로 틀린 것은?

① 목적한 상대방에게 계획한 심리적 감정을 자극하여 자기 측의 주장이나 지식 등을 전파하는 것을 말한다.

② 백색선전은 공식적인 보도경로를 통하여 수행하기 때문에 용어사용에 제약이 있다.

③ 흑색선전은 적국 내에서도 수행이 가능하다.

④ 회색선전은 출처를 위장하는 것이 특징이다.

정답 ④

풀이 ④ 선전공작에서 회색선전은 출처를 위장하는 것은 아니고 다만 출처를 공개하지 않을 뿐이다. 출처를 위장하는 것은 흑색선전 공작의 특징이다.

725

선전공작에 대한 설명으로 틀린 것은? [2021년 기출]

① 지지자를 확보하기 위해 정치사상이나 특정 정보를 광범위하게 유포하는 조직적인 활동을 말한다.

② 기존 언론인이나 언론사를 활용하지만 정보기관이 직접 언론사를 운영하지는 않는다.

③ 흑색선전은 출처를 밝히지 않고 반체제 인사들이 수행하는 것처럼 위장한다.

④ 현재는 전단지나 삐라 살포와 같은 전통적인 방법보다는 인터넷을 주로 활용한다.

정답 ②

풀이 ② 미국 CIA는 냉전기간 동안 직접 언론사를 운영했으며, 지금도 자유아시아방송(Radio Free Asia), 미국의 소리(Voice of America)를 운영하고 있다.

726

다음 글의 내용과 관련된 비밀공작으로 옳은 것은? [2010년 기출]

Daily America, Radio Free Europe, Radio Liberty

① 선전공작
② 정치공작
③ 전복공작
④ 준군사공작

정답 ①

풀이 ① 1950~60년대 미국 CIA가 서유럽에서 동유럽을 대상으로 수행한 공작들이다.

핵심정리 정치공작

(1) 정치공작은 선전공작보다 한 단계 더 강력한 수단으로 활용되지만 때로 선전공작과 병행하여 전개되기도 한다.
(2) 정치공작은 대상국가의 정치과정에 개입하여 자국에게 유리한 정치적 상황을 조성하기 위한 행위이다. 대상국가의 정당, 시민단체, 노조, 언론 등과 같은 정치세력 중 자국에 협조적인 세력을 지원하고 반대로 자국에 대해 적대적인 세력이 정권을 장악하지 못하도록 방해하는 활동을 수행한다.
(3) 때로 대상 국가의 선거에서 개입하여 특정후보의 당선을 지원하기도 한다. 집권자의 장기집권을 돕거나 축출하기 위해 특정 정당 또는 특정 후보를 다양한 방법으로 은밀하게 지원하는 행위도 여기에 해당된다.
(4) 이와 같은 정치공작은 상대국의 정치과정에 개입하는 행위로서 국내문제에 외국이 간섭하지 말아야 한다는 내정불간섭 원칙에 위배되기 때문에 노출될 경우 외교적으로 치명적인 비난을 받을 수 있다.

핵심정리 지원공작

(1) 의의
① 지원공작은 우호적인 정부를 지원하는 데 초점을 두고 임무를 수행한다. 그런데 우호적인 정부를 지원하는 일은 공식적인 외교를 통해서도 수행될 수도 있다.
② 예를 들어, 미국이 제3세계 국가들에게 군사원조를 제공하는 것은 공식적인 외교활동의 일환으로 수행되었다. 그런 점에서 우호적인 정부를 지원하는 데 목적을 두고 수행되는 정치공작은 공식적인 외교활동과 유사하다.
③ 그러나 정치공작은 비밀리에 수행된다는 점에서 차이가 있다. 그렇다고 비밀리에 수행되는 모든 외교활동이 비밀공작으로 인정되는 것은 아니다. 비밀공작은 정보기관 고유의 활동이다. 따라서 비밀리에 수행되더라도 정보기관이 아닌 외교관이나 군인들에 의해 수행되었을 경우 비밀공작으로 인정되지 않는다.

(2) 금전적인 지원

① 지원공작에는 주로 금전적인 지원이 가장 많이 활용된다. 미국 처치위원회의 보고서에 따르면 1940년대 말 미국 CIA는 "서유럽에서 소련의 정치적 영향력을 확대하려는 공산주의자들의 노력을 무산시킬 계획을 수립하도록 지시를 받았다."

② 이 계획에는 "유럽에서 공산당에 대항하는 전선을 형성하고 있는 노동단체 및 정치단체에게 보조금을 지급하는 것"이 포함되어 있었다.

③ 이러한 계획이 실행되어 1940년대 말에는 주로 노조, 언론, 선거와 관련된 단체들을 지원했고, 1950년대와 1960년대에는 학생, 노동, 문화 활동분야에서 공산당에 대해 "대항전선 역할을 하는" 단체들을 적극적으로 지원했던 것으로 드러났다.

④ 전 세계 청소년들을 대상으로 소련이 공산주의 운동을 전개하자 이에 대응하여 CIA는 1952년부터 1967년 기간 동안 전국학생연합(the National Students Association) 예산의 80%를 지원했던 것으로 밝혀졌다.

⑤ 250명이 넘는 미국 학생들이 CIA 기금을 지원받아 모스크바, 헬싱키, 비엔나 등에서 개최되었던 청년 축제에 참가했다. 이들에게는 소련과 제3세계 요인들의 동향과 소련의 보안활동 상황 등에 대해 보고할 임무가 부여되었다.

(3) 선거에 직접 개입

① 때로 정보기관이 대상국의 선거에 직접 개입하여 상대방 후보를 비방하는 흑색선전을 전개하기도 하고, 선거 관련 중요한 정보, 전략, 자금 등을 제공하기도 한다.

② 미국 CIA는 1960년대부터 오랫동안 일본 자민당에 선거자금을 제공했으며, 1947년 말 이탈리아 선거에 깊숙이 개입하여 공산당이 집권하는 것을 저지하는 데 성공했던 것으로 알려졌다.

③ 미 상원 '처치위원회'의 보고서에 따르면 미국은 1964년 칠레 선거에 개입하여 유권자 1인당 1달러에 해당하는 300만 달러를 지원했던 것으로 드러났다. 당시 CIA는 대통령에 출마한 아옌데 후보가 승리하는 것을 막기 위해 기독사회민주당에 260만 달러를 지원했는데, 이는 당시 기독사회민주당 선거운동 자금의 절반이 넘는 엄청난 금액이었던 것으로 알려졌다.

④ 그리고 미국은 1970년부터 1973년 9월 칠레에서 군사 쿠데타가 발발하기까지 약 3년 동안 800만 달러를 은밀히 지원했으며, 1972년 회계연도 한 해에만 300만 달러 이상을 제공했던 것으로 알려졌다.

727

지원공작의 사례로 적절하지 않은 것은?

① 미국 CIA는 1960년대부터 오랫동안 일본 자민당에 선거자금을 제공했다.

② 1940년대 말 미국 CIA는 유럽에서 공산당에 대항하는 전선을 형성하고 있는 노동단체 및 정치단체에게 보조금을 지급했다.

③ 1950년대와 1960년대에는 CIA는 학생, 노동, 문화 활동분야에서 공산당에 대해 "대항전선 역할을 하는" 단체들을 적극적으로 지원했다.

④ 미국은 외국 주요 인사에 대한 경호 지원을 계속해 왔고, 소련도 쿠바의 카스트로, 리비아의 가다피, 이라크의 사담 후세인 등 친공산주의자들에 대한 경호를 지원했다.

정답 ④

풀이 외국의 주요 지도급 인사에 대한 신변경호 제공은 영향공작에 포함된다. 영향공작은 외국 정부의 정책에 영향을 미칠 수 있는 공작원을 활용하여 자국에 유리한 정책이 수립되고 실행되도록 유도하는 기법이다. 지원공작이 우호적인 세력을 직접 지원하는데 초점을 두는 반면, 영향공작은 대상국가의 정책에 영향을 미칠 수 있는 인사를 공작원으로 활용하여 필요한 목적을 수행한다는 점에서 간접적이라고 볼 수 있다.

핵심정리 영향공작

(1) 의의

영향공작은 외국 정부의 정책에 영향을 미칠 수 있는 공작원을 활용하여 자국에 유리한 정책이 수립되고 실행되도록 유도하는 기법이다.

(2) 영향공작원

① 그러한 임무를 수행하는 자를 영향공작원(agents of influence)이라고 칭하며, 그 대상으로는 대상국의 고위직 관료, 저명학자 또는 언론인 등 여론 지도자, 정계의 요인 등이다.

② 이들은 정책에 영향력을 행사하는 것뿐만 아니라 중요한 비밀첩보를 수집할 수 있는 능력도 가지고 있어 두 가지 임무를 따로 구분하기보다는 병행하여 수행하는 경향을 보인다.

(3) 로비활동(lobbying)

① 세계 각국의 정보기관들은 미국으로부터 군사원조 획득과 자국에게 유리한 정책을 유도하기 위해 미국 행정부, 의회, 언론기관 등을 대상으로 로비활동(lobbying)을 끊임없이 전개한다. 이처럼 정보기관이 배후에서 은밀히 로비활동을 전개하는 것도 일종의 영향공작이라고 볼 수 있다.

② 물론 정보기관이 아닌 개인이나 단체가 로비활동을 전개하는 것은 영향공작이 아니다. 2004년 8월 27일 CBS 특종보도에 따르면 이스라엘은 미국 내 친 이스라엘 로비단체로 활동하는 AIPAC(America Israel Public Affairs Committee, 미국 이스라엘 공공문제위원회)를 활용하여 미국의 대이란 정책이 자국에 유리 한 방향으로 결정되도록 영향력을 행사하고자 시도했을 것으로 의심을 받았다. 만일 AIPAC의 로비활동에 이스라엘 정보기관이 어떤 방식으로든 개입했다면 일종의 영향공작으로 볼 수 있겠다.

(4) 외국의 해외 망명 지도자에 대한 생계비나 활동 자금 지원

① 이 밖에 외국의 해외 망명 지도자에게 생계비나 활동 자금을 지원하는 것도 영향공작의 일환으로 볼 수 있다.

② 이러한 지원을 통해 대상국에 체류하고 있는 망명 지도자의 추종세력으로부터 협조를 얻을 수 있고, 장래 망명 지도자가 본국에 복귀하여 중요한 직책을 담당하게 될 경우 자국에게 호의적인 정책을 기대할 수 있을 것이다.

(5) 외국의 주요 지도급 인사에 대한 신변경호(physical security) 제공

① 외국의 주요 지도급 인사에 대한 신변경호(physical security)를 제공하는 것도 영향공작의 일환으로 수행된다.

② 국내정치적으로 불안정한 상황이 발생할 경우 이들은 신체상의 위협을 느끼면서 활동하게 된다. 이들을 위한 경호요원 제공, 훈련 및 장비의 지원, 경호 관련 정보의 제공 등은 우호적인 외국 지도자의 안전을 지키고, 이들 정부 및 지도자 개인과 우호관계를 증진시킬 수 있는 좋은 기회가 될 수 있다.

③ 미국은 외국 주요 인사에 대한 경호 지원을 계속해 왔고, 소련도 쿠바의 카스트로, 리비아의 가다피, 이라크의 사담 후세인 등 친공산주의자들에 대한 경호 지원을 제공했던 것으로 알려졌다.

728

영향공작으로 적절하지 않은 것은?

① 로비활동

② 선거에 직접 개입

③ 주요 지도급 인사에 대한 신변경호 제공

④ 해외 망명 지도자에 대한 생계비나 활동 자금 지원

정답 ②

풀이 정보기관이 대상국의 선거에 직접 개입하여 상대방 후보를 비방하는 흑색선전을 전개하기도 하고, 선거 관련 중요한 정보, 전략, 자금 등을 제공하는 것은 지원공작이다.

729

정치공작으로 틀린 것은?

① 자국에게 우호적인 세력들을 지원하는 것
② 제3세계 국가들에게 군사원조를 제공하는 것
③ 대상국의 선거에 직접 개입하여 상대방 후보를 비방하는 것
④ 외국의 해외 망명 지도자에게 생계비나 활동 자금을 지원하는 것

정답 ②

풀이 ② 미국이 제3세계 국가들에게 군사원조를 제공하는 것은 공식적인 외교활동의 일환으로 수행되었다.

730

지원공작에 대한 설명으로 틀린 것은?

① 지원공작은 반드시 정보기관의 요원이 수행해하는 것이 원칙이지만 정보기관이 아닌 외교관이나 군인들이 수행하더라도 지원공작으로 인정할 수 있다.
② 지원공작에는 주로 금전적 지원이 활용되며, 이는 대상이 되는 국가나 조직에 직접적인 재정적 지원을 의미한다.
③ 정보기관이 대상국의 선거에 직접 개입하는 것 또한 지원공작의 일부이다. 이는 후보를 비방하는 흑색선전을 전개하거나, 선거 관련 중요한 정보, 전략, 자금 등을 제공하는 형태로 이루어진다.
④ 미국 CIA는 1960년대부터 오랫동안 일본 자민당에 선거자금을 제공했으며, 1947년 말 이탈리아 선거에 깊숙이 개입하여 공산당이 집권하는 것을 저지하는 데 성공했던 것으로 알려졌다.

정답 ①

풀이 ① 지원공작은 우호적인 정부를 지원하는 데 초점을 두고 임무를 수행한다. 그런데 우호적인 정부를 지원하는 일은 공식적인 외교를 통해서도 수행될 수도 있다. 예를 들어, 미국이 제3세계 국가들에게 군사원조를 제공하는 것은 공식적인 외교활동의 일환으로 수행되었다. 그런 점에서 우호적인 정부를 지원하는 데 목적을 두고 수행되는 정치공작은 공식적인 외교활동과 유사하다. 그러나 정치공작은 비밀리에 수행된다는 점에서 차이가 있다. 그렇다고 비밀리에 수행되는 모든 외교활동이 비밀공작으로 인정되는 것은 아니다. 비밀공작은 국가정보기구에 의한 활동이다. 따라서 비밀리에 수행되더라도 정보기관이 아닌 외교관이나 군인들에 의해 수행되었을 경우 비밀공작으로 인정되지 않는다.

731

영향공작에 대한 설명으로 틀린 것은?

① 영향공작은 외국 정부의 정책에 영향을 미칠 수 있는 공작원을 활용하여 자국에 유리한 정책이 수립되도록 유도하는 작업이다.

② 영향공작원은 중요한 비밀정보를 수집하는 역할을 가지고 있으며, 이와 병행하여 자국에 유리한 정책을 유도하는 역할을 수행한다.

③ 영향공작은 외국의 주요 지도급 인사에 대한 신변보호를 제공하는 것을 포함한다. 이를 통해 우호적인 외국 지도자의 안전을 지키고, 이들 정부 및 지도자 개인과 우호관계를 증진시킬 수 있다.

④ 정보기관이 배후에서 은밀히 로비활동을 전개하는 것은 물론 정보기관이 아닌 개인이나 단체가 로비활동을 전개하는 것도 일종의 영향공작이라고 볼 수 있다.

정답 ④

풀이 ④ 정보기관이 배후에서 은밀히 로비활동을 전개하는 것도 일종의 영향공작이라고 볼 수 있다. 그러나 정보기관이 아닌 개인이나 단체가 로비활동을 전개하는 것은 영향공작이 아니다.

732

정치공작에 대한 설명으로 틀린 것은?

① 정치공작은 대상국가의 정치과정에 개입하여 자국에게 유리한 정치적 상황을 조성하기 위한 행위이다.

② 지원공작은 대상국가의 정부, 정당, 노동조합, 시민단체, 언론기관, 개인 등 자국에게 우호적인 세력들을 지원하는 행위를 말한다.

③ 지원공작은 우호적인 정부를 지원하는 데 초점을 두고 임무를 수행하는데 우호적인 정부를 지원하는 일은 공식적인 외교를 통해서도 수행될 수도 있다.

④ 정보기관이 대상국의 선거에 직접적인 영향을 미치기 위해 상대방 후보를 비방하는 흑색선전을 전개하기도 하고, 선거 관련 중요한 정보, 전략, 자금 등을 제공하는 것은 영향공작에 속한다.

정답 ④

풀이 ④ 정보기관이 대상국의 선거에 직접 개입하여 상대방 후보를 비방하는 흑색선전을 전개하기도 하고, 선거 관련 중요한 정보, 전략, 자금 등을 제공하기도 하는 것은 지원공작에 속한다. 영향공작은 외국 정부의 정책에 영향을 미칠 수 있는 공작원을 활용하여 자국에 유리한 정책이 수립되고 실행되도록 유도하는 기법이다.

733

비밀공작에 대한 설명으로 틀린 것은? [2023년 기출]

① 정치공작 정보관과 공작원 사이에는 정보관의 개입 사실을 은폐하기 위해 차단장치의 역할을 하는 사람을 둔다.

② 프랑스의 삐에르 샤르 파떼(Pierre-Charles Pathe)가 뉴스레터를 발간한 것은 백색선전이다.

③ 1980년대 새로운 방위개념으로 발족한 미국의 전략 방위구상(Strategic Defense Initiative, SDI)은 경제공작으로 수행되었다.

④ 1979년 소련의 아프가니스탄 침공에 대응하여 미국이 반소 무장세력에게 무기를 지원한 것은 성공한 준군사공작이다.

정답 ②

풀이 ② 첩보사에 널리 알려진 영향공작원으로 프랑스인 파떼(Pierre-Charles Pathe)를 들 수 있다. 그는 1976년 KGB로부터 자금을 지원받아 정치적 이슈를 다루는 「신세시스」(Synthesis)라는 잡지를 발행했다. 동 잡지는 한때 프랑스 하원의원의 70%가 구독할 정도로 프랑스 내 정치엘리트 층으로부터 많은 인기를 얻었었다. 동 잡지는 서방의 정책에 대해 매우 비판적이었던 반면 소련과 사회주의 국가의 정책을 지지하는 입장을 취함으로써 프랑스의 정책결정에 상당한 영향력을 미쳤던 것으로 평가된다.

734

정치공작으로 적절하지 않은 것은? [2022년 기출]

① 흑색선전 ② 경호지원

③ 영향공작 ④ 지원공작

정답 ①

풀이 ① 흑색선전은 선전공작이다.

핵심정리 **경제공작**

(1) 의의

① 민주주의 체제든 독재체제든 각국의 정치지도자들은 공통적으로 자국의 경제문제에 대해 민감한 입장이다.

② 식량난, 생필품 부족, 물가 폭등 등 경제적인 불안정은 국민들의 불만을 촉발시켜 정치적인 불안을 야기하고, 상황이 더욱 악화되면 정권이 와해될 수 있기 때문이다.

③ 냉전시대 동안 미국과 소련의 정보기관은 각각 자국에 대해 적대적인 국가의 경제체계를 약화 또는 붕괴시키는 데 초점을 두고 다양한 유형의 경제공작 활동을 전개하였다.

(2) 유형

① 위조지폐를 유통시켜 경제체제를 혼란시킨다든지 대상국가의 주요 수출품에 대한 국제가격을 고의로 폭락시켜 대상국의 교역조건을 악화시키는 행위도 여기에 포함된다.

② 노동단체의 태업 또는 사보타주를 유도하여 기업체의 산업활동을 장기간 마비시키는 행위도 여기에 해당된다.

③ 때로 대상국가에게 경제적 이익이 될 수 있는 계약이 성사되지 못하도록 정보기관이 은밀히 개입하는 경우도 있다. 극단적인 경우 적대적인 국가를 대상으로 경제봉쇄 조치를 취하여 경제체제를 와해시키는 행위도 경제공작의 일환으로 수행된다.

핵심정리 **쿠데타**

1. 의의

① 정부의 전복을 목적으로 하는 쿠데타 기도는 정치공작, 경제공작보다는 한 단계 더 강력한 유형의 비밀공작이라고 본다.

② 선전공작, 정치공작, 경제공작 등은 적대적인 국가는 물론 우호적인 국가에 대해서도 수행될 수 있지만 쿠데타 공작은 대체로 적대적인 국가만을 대상으로 수행된다는 점에서 차이가 있다.

③ 선전공작, 정치공작, 경제공작, 준군사공작은 대체로 목표라기보다는 수단이라고 볼 수 있는 반면, 쿠데타는 그러한 수단을 활용하여 달성하고자 하는 최종목표라고 볼 수 있다.

④ 어떤 유형의 비밀공작을 수단으로 활용할지는 상황에 따라 각기 다르겠지만 쿠데타에 성공하기까지 둘 또는 셋 이상의 다양한 수단 또는 기법들이 동원된다. 때로 쿠데타를 수행하는 과정에서 암살, 테러, 준군사공작 등 극단적인 폭력이 동원되기도 한다.

2. 준공사공작과의 구별

(1) 의의

쿠데타 공작과 준군사공작은 서로 밀접하게 연계되며 때로 용어상의 혼란으로 인해 구분이 모호하게 사용되기도 한다. 그럼에서 불구하고, 두 용어 간에는 몇 가지 분명한 차이가 있다.

(2) 목적과 수단

① 대체로 준군사공작은 수단으로 활용되는 반면 쿠데타는 선전공작, 정치공작, 경제공작 등 여러 가지 유형의 비밀공작을 통해 달성하고자 하는 최종 목표라고 볼 수 있다. 준군사공작의 궁극적인 목표는 정권교체 즉 쿠데타인 경우가 많다.

② 예를 들어, 1961년 미국의 피그만 침공은 무력을 동원한 준군사공작이라고 볼 수 있는 데, 그 궁극적인 목표는 쿠바의 카스트로 정권을 교체하는데 두었다는 점에서 쿠데타 기도라고 볼 수도 있다.

(3) 가담 정도

① 준군사공작은 대상국가에 비정규군을 직접 투입하여 수행되지만 쿠데타는 대상국가 내부에 있는 기존단체를 지원하거나 꼭두각시(puppet) 단체를 만들어서 지원하는 등 간접적인 방법을 활용한다는 점에서도 차이가 있다.

② 또한 준군사공작은 암살, 테러, 전투행위 등 폭력적인 수단을 직접 동원하여 수행되지만 쿠데타 공작은 폭력행위에 직접 가담하기보다는 쿠데타를 기도하는 개인이나 집단을 간접적으로 지원하든가 또는 적대적인 집단에 대해 선전공작, 정치공작, 경제공작 등 덜 폭력 적인 수단을 활용한다는 점에서 차이가 있다.

(4) 노출 위험성

마지막으로 준군사공작은 대규모 병력을 동원하기 때문에 배후가 쉽게 노출되기 쉽지만 쿠데타는 매우 은밀하게 진행되기 때문에 준군사공작에 비해 노출될 위험이 덜 하다는 특징이 있다.

735

경제공작에 대한 설명으로 틀린 것은?

① 경제공작은 냉전시대 동안 미국과 소련의 정보기관에서 자주 사용된 전략으로, 자국에 적대적인 국가의 경제체계를 약화 또는 붕괴시키는 데 초점을 두었다.

② 경제공작의 유형 중 하나는 대상국가의 주요 수출품에 대한 국제가격을 고의로 폭락시켜 대상국의 교역조건을 악화시키는 것이다.

③ 위조지폐를 유통시켜 경제체제를 혼란시킨다든지 대상국가의 주요 수출품에 대한 국제가격을 고의로 폭락시켜 대상국의 교역조건을 악화시키는 행위는 경제공작의 일환으로 볼 수 있다.

④ 전력공급 시설에 대한 공격, 통신 인프라의 파괴, 교통 시설의 방해 등 파괴행위를 포함하는 사보타주는 경제공작이 아닌 준군사공작에 해당한다.

정답 ④

풀이 ④ 사보타주는 흔히 적대적인 단체, 조직, 또는 국가에 속한 인원이 몰래 해당 단체, 조직, 또는 국가의 활동을 방해하거나, 그들의 인프라를 손상시키는 행위를 의미한다. 이는 종종 공장에서 기계를 고장내는 것이나, 통신망을 고의로 방해하는 것 등을 포함하며, 궁극적으로는 그 단체나 국가의 생산력을 저해하고 그들의 목표 달성을 방해하려는 목적이 있다. 사보타주는 또한 경제공작의 한 형태로서 사용된다.

736

쿠데타와 준군사공작에 대한 설명으로 틀린 것은?

① 준군사공작은 대체로 수단으로 활용되며, 그 궁극적인 목표는 주로 정권교체 즉 쿠데타이다.

② 쿠데타는 대상국가 내부에 있는 기존단체를 지원하는 등 준군사공작에 비해 직접적인 방법을 활용한다.

③ 준군사공작은 암살, 테러, 전투행위 등 폭력적인 수단을 동원하여 수행되지만, 쿠데타는 폭력행위에 직접 가담하기보다는 선전공작, 정치공작, 경제공작 등 덜 폭력적인 수단을 활용한다.

④ 준군사공작은 쿠데타보다 배후가 쉽게 노출될 위험이 더 크다.

정답 ②

풀이 ② 준군사공작은 대상국가에 비정규군을 직접 투입하여 수행되지만 쿠데타는 대상국가 내부에 있는 기존 단체를 지원하거나 꼭두각시(puppet) 단체를 만들어서 지원하는 등 간접적인 방법을 활용한다.

737

준군사공작을 수단으로 수행된 쿠데타 공작으로 옳은 것은?

① 1953년 이란 모사데그 정권 전복

② 1963년 도미니카 공화국 보쉬 정권 퇴진

③ 1981년 니카라과 산디니스타 정권 전복 공작

④ 1973년 칠레 아옌데 대통령 암살과 정권 교체

정답 ③

풀이 ③ 1981년 미국 레이건 대통령은 콘트라 반군에게 무장 헬리콥터, 항공기, 탱크 등의 무기를 지원하여 산디니스타 민족해방전선의 오르테가 정권을 전복하려고 시도하였지만 실패하였다.

738

다음 비밀공작 중 성격이 다른 것은? [2019년 기출]

① 암살공작 ② 납치공작

③ 전복공작 ④ 파괴공작

정답 ③

풀이 ③ 암살공작, 납치공작, 파괴공작은 준군사공작에 포함된다. 반면에 쿠데타는 전복공작이라고도 부른다.

핵심정리 준군사공작(paramilitary operation)

1. 의의

① 준군사공작은 정보기관의 주도하에 대규모의 인원을 동원하여 적대국에 대해 직접적인 군사공격을 단행하는 행위로서 가장 폭력적이고 위험이 수반되는 비밀공작의 유형이다.

② 종종 암살, 테러, 파괴 등 폭력적인 수단이 동원되며, 대부분 자국에 대해 적대적인 정권을 교체할 목적으로 수행된다.

③ 정보기관이 대상국가의 반란군이나 비정규부대에 무기, 군수물자, 전략, 작전계획, 군사훈련 등을 지원하는 행위도 준군사공작에 포함된다.

④ 준군사공작은 전투행위를 지원할 뿐만 아니라 때로 전투행위에 실제로 참여한다는 점에서 일반적인 군사행동과의 경계가 모호할 수 있다. 그러나 행위의 배후가 정규군이 아닌 정보기관이라는 점에서 정규부대가 전투 병력을 동원하여 수행하는 전쟁이나 전투 행위와는 명백히 구분된다.

2. 특수작전(direct action)과의 구별

(1) 의의

① 군에서 수행하는 '특수작전부대(special operations forces)'의 활동은 일반 군인들이 수행하는 전투와 다른 특수한 임무를 띤 작전을 비밀리에 전개한다는 점에서 준군사공작과 유사한 면이 있다.

② 미국 국방부의 군사용어사전에 따르면 군의 '특수작전(direct action)'은 "특수부대 또는 특수임무 수행 능력을 갖춘 부대가 특별히 설정한 요인이나 물자를 포획, 파괴, 원상회복 또는 손실을 야기하기 위해 수행되는 단기 공습과 기타 소규모 공격행위"라고 정의하고 있다.

③ 그런데 이러한 특수작전은 엄밀한 기준을 적용할 경우 준군사공작으로 인정되지 않는다. 무엇보다도 특수작전은 제복을 입은 군인들이 수행한다는 점에서 정보요원이 주도하는 준군사공작과는 분명히 다르다.

④ 또한, 비밀공작은 미국 정부가 공격행위 배후임을 은폐하려고 하는 반면, 특수작전은 미국 정부가 책임을 지고 공개적으로 공격행위를 취한다는 점에서도 차이가 있다. 특수 작전은 공개적인 행위로서 '그럴듯한 부인'이 어렵기 때문에 대통령이 행위의 결과에 대해 명확히 책임을 갖는다.

⑤ 따라서 행위의 배후를 은폐하는 비밀공작에 비해 윤리적인 문제가 발생할 소지가 매우 적다는 점에서도 차이가 있다. 대표적인 특수작전으로서 1980년에 이란 인질 구출작전을 들 수 있다. 당시 특수부대가 공개적으로 작전 임무를 수행했기 때문에 카터 행정부는 행위의 결과에 대해 책임추궁을 당했다.

(2) 특수작전사령부와 특수활동반

① 미국에는 '특수작전사령부(Special Operations Command, SOCOM)'라는 명칭의 특수 작전 임무를 수행하는 부대가 있다. 이와 유사한 유형의 부대로서 영국에도 'Special Air(SAS)'와 'Special Boat Services(SBS)' 등이 있다.

② 아프가니스탄에서 활동하고 있는 CIA의 준군사공작 부대는 CIA 공작국 소속의 '특수활동반(Special Activities Division)'에서 관장하고 있다.

③ 보도에 따르면 CIA 준군사공작 요원들은 아프가니스탄에 가장 먼저 도착하여 아프가니스탄 전투가 본격적으로 시작되기 전에 북부동맹(Northern Alliance)의 요원들과 교섭을 벌이고 탈레반에 대항하는 반군을 규합하여 공격 태세를 준비시키는 등의 활동을 전개했다.

(3) 준군사공작의 신속성

① CIA 요원을 투입시키는 이유는 비밀공작을 추진하기 위해서가 아니고, CIA가 공작관이나 협조자, 또는 외국 정부와의 협력을 얻어 신속히 필요한 활동을 전개할 수 있는 능력을 갖추었기 때문이다.

② 특수작전에 투입되는 부대의 기동성이 과거에 비해 많이 향상되었음에도 불구하고 작전지역에 투입하기까지는 몇 주가 소요된다. 그래서 아프가니스탄에 국방부의 특수부대를 작전지역에 배치하기에 앞서 CIA 요원을 우선적으로 투입시켰던 것이다.

3. 준군사공작의 특징

(1) '그럴듯한 부인'의 어려움

① 준군사공작은 대규모 인원이 동원되기 때문에 행위 자체는 물론 그 배후도 쉽게 노출될 수 있어 비밀공작의 여러 유형 중에서 '그럴듯한 부인'이 가장 어렵다.

② 비밀공작의 생명인 보안유지가 어려운 만큼 이러한 유형의 활동은 비밀공작의 범주에서 배제되어야 한다는 주장도 제기된다.

③ 그럼에도 불구하고 정보기관만이 은밀하고도 신속하게 그러한 임무를 수행할 수 있다는 점에서 여전히 비밀공작의 범주에 남아 있다.

(2) 정치적 부담의 증가

준군사공작은 배후가 노출됨으로 인한 정치적인 부담이 매우 크다. 따라서 대부분의 경우 처음부터 준군사공작에 착수하기 보다는 선전공작, 정치공작, 경제공작 등 덜 폭력적이고 배후를 숨기기 용이한 수단을 우선 동원하고 나서 별다른 성과가 없을 경우 마지막 수단으로 활용하게 된다.

핵심정리 준군사공작 수행 관련 부처 간 주도권 경쟁-미국의 사례

미국 내 CIA와 국방부 중 어느 부처에서 준군사공작을 주관하는 것이 바람직한 것인지를 두고 오랫동안 논란이 있었다. 미국 국방부는 준군사공작이 자신들의 영역이 아니라고 판단해서 소극적인 태도를 취했기 때문에 전통적으로 CIA가 준군사공작을 주도해 왔다. 그런데 아프가니스탄 전쟁과 대테러 전쟁이 시작되면서 비밀공작의 주도권을 차지하기 위해 CIA와 국방부 간에 갈등이 전개되었다. 럼스펠드(Donald H. Rumsfeld) 국방장관은 적국의 군대 내부에 첩자를 부식하는 등 '특수작전사령부(Special Operations Command, SOCOM)'의 역할이 보다 확대될 것을 주장했다. CIA도 '공작국(Directorate of Operations)'의 인원과 조직을 확대 개편하는 등 여러 가지 조치를 취하여 준군사공작 수행 능력을 강화하고자 노력했다. 2004년 '9/11 진상조사위원회(National Commission on Terrorist Attacks Upon the United States, 일명 the 9/11 Commission)'에서 작성한 보고서에서는 CIA 공작국과 SOCOM의 임무와 역할이 중복된다는 견해를 제시하고, SOCOM이 CIA 공작국으로부터 준군사공작 임무를 이양 받도록 권고하였다. 그런데 2005년 부시 대통령의 요청으로 수행된 연구에서는 CIA가 준군사공작의 임무를 수행해야 한다고 주장하여 이11 진상 조사위원회의 권고안과는 다른 의견이 제시되었다. 마침내 2005년 6월 부시 대통령은 CIA에 비밀공작 임무를 전담하여 수행하도록 권한을 부여했다.

739

준군사공작의 예로 적절하지 않은 것은?

① 적군의 지도자를 암살 ② 적에게 잡힌 인질을 구출

③ 적군의 중요 인프라 시설 폭파 ④ 군용 무인기를 활용한 테러단체 공격

정답 ②

풀이 준군사공작은 정보기관의 주도하에 대규모의 인원을 동원하여 적대국에 대해 직접적인 군사 공격을 단행하는 행위로서 가장 폭력적이고 위험이 수반되는 비밀공작의 유형이다. 종종 암살, 테러, 파괴 등 폭력적인 수단이 동원되며, 대부분 자국에 대해 적대적인 정권을 교체할 목적으로 수행된다. 1979년 이란 인질을 구출하기 위한 독수리 발톱 작전은 준군사공작으로 분류되기도 하지만 준군사공작의 일반적인 목표가 인질의 구출은 아니다.

740

준군사공작에 대한 설명으로 틀린 것은?

① 준군사공작의 궁극적인 목표는 정권교체, 즉 쿠데타인 경우가 많다.

② 준군사공작은 암살, 테러, 전투행위 등 폭력적인 수단을 직접 동원하여 수행된다.

③ 정보기관이 국방부에서 수행하는 특수작전(Special Operation)을 지원해 주는 것도 일종의 준군사공작으로 간주된다.

④ 준군사공작은 대상국가 내부에 있는 기존단체를 지원하거나 꼭두각시(puppet) 단체를 만들어서 지원하는 등 간접적인 방법을 활용한다.

정답 ④

풀이 ④ 준군사공작은 대상국가에 비정규군을 직접 투입하여 수행되지만 쿠데타는 대상국가 내부에 있는 기존단체를 지원하거나 꼭두각시(puppet) 단체를 만들어서 지원하는 등 간접적인 방법을 활용한다는 점에서도 차이가 있다.

741

다음 글에 나타난 비밀공작으로 적절하지 않은 것은? [2022년 기출]

- 정부 전복이라는 정치적 목적을 위해 암살, 테러 등 극단적인 폭력이 동원되기도 하는 공작활동
- 자국에 불리한 영향을 주는 상대를 제거하기 위해 그 상대에 대항하는 개인이나 단체를 지원하는 공작활동
- 파업, 전기 공급망 차단, 저장소 폭파 등을 통해 사회혼란을 조성하는 공작활동
- TV, 신문, 인터넷 등을 통해 의견이나 정보 또는 역정보를 유포하여 자국에 유리한 상황을 조성하는 공작활동

① 정치공작 ② 경제공작

③ 선전공작 ④ 준군사공작

정답 ④

풀이 ④ 위의 글에 나타난 비밀공작은 순서대로 쿠데타, 정치공작 중 지원공작, 경제공작 중 사보타주, 선전공작이다. 대체로 준군사공작은 수단으로 활용되는 반면 쿠데타는 선전공작, 정치공작, 경제공작 등 여러 가지 유형의 비밀공작을 통해 달성하고자 하는 최종 목표라고 볼 수 있다. 준군사공작의 궁극적인 목표는 정권교체 즉 쿠데타인 경우가 많다. 선지에 쿠데타가 있었으면 준군사공작인지 쿠데타 공작인지 고민해 볼 여지가 있었지만 선지에 쿠데타가 없었기 때문에 준군사공작이 답이 될 수밖에 없다. 무엇보다 정부 전복이라는 목적이 명확하기 때문에 쿠데타로 보는 것이 타당하다.

742

주요 정치인의 암살공작과 관련된 비밀공작으로 옳은 것은? [2020년 기출]

① 정치공작 ② 준군사공작
③ 전복공작 ④ 테러공작

정답 ②

풀이 ② 주요 정치인을 암살하는 공작은 준군사공작이다.

743

준군사공작에 포함될 수 없는 것은? [2014년 기출]

① 군용 무인기로 테러단체를 공격 ② 적군의 중요 인프라 시설 폭파
③ 적에게 잡힌 인질을 구출 ④ 적군의 지도자를 암살

정답 ③

풀이 ③ 준군사공작은 정보기관의 주도하에 대규모의 인원을 동원하여 적대국에 대해 직접적인 군사 공격을 단행하는 행위로서 가장 폭력적이고 위험이 수반되는 비밀공작의 유형이다. 종종 암살, 테러, 파괴 등 폭력적인 수단이 동원되며, 대부분 자국에 대해 적대적인 정권을 교체할 목적으로 수행된다. 1979년 이란 인질을 구출하기 위한 독수리 발톱 작전은 준군사공작으로 분류되기도 하지만 준군사공작의 일반적인 목표가 인질의 구출은 아니다.

744

북베트남 손타이 미군 포로 구출 작전의 유형으로 옳은 것은? [2014년 기출]

① 정치공작 ② 특수작전활동
③ 준군사공작 ④ 전복공작

정답 ②

풀이 ② IVORY COAST 혹은 KINGPIN으로 알려진 북베트남 손타이 미군 포로 구출 작전은 미합동참모본부의장의 직접 통제하에 진행되었기 때문에 준군사공작이라기보다는 특수작전이다. 작전의 위험성을 감안하여 공군과 육군의 작전부대원은 자원자로 채워졌다. 지휘관은 공군의 르로이 마너 준장과 육군의 아서 불 사이먼 대령이 맡았다.

745

암살공작이 해당하는 비밀공작의 유형으로 옳은 것은? [2007년 기출]

① 선전공작활동(propaganda)
② 정치공작활동(political activity)
③ 준군사공작활동(paramilitary operations)
④ 경제공작활동(economic activity)

정답 ③

풀이 ③ 암살공작활동은 폭력의 수준이 가장 높고 위장부인의 가능성이 가장 낮은 준군사공작활동에 해당된다.

746

다음 글에 나타난 비밀공작으로 옳은 것은? [2006년 기출]

> 미국 CIA는 아프가니스탄전쟁에서 반탈레반 성향의 북부동맹에게 무기와 재정을 제공하였다.

① 정치공작
② 경제공작
③ 전복공작
④ 준군사공작

정답 ④

풀이 ④ 정보기관이 대상국가의 반란군이나 비정규부대에 무기, 군수물자, 전략, 작전계획, 군사훈련 등을 지원하는 행위도 준군사공작에 포함된다.

Theme 27 비밀공작의 쟁점과 과제

핵심정리 정당성

1. 의의
   ① 비밀공작은 여러 가지 논란을 야기한다. 가장 근본적인 의문은 비밀공작이 정당화될 수 있는가 하는 점이다. 이에 대해서 이상주의자(idealists)와 현실주의자Realists)로 대표되는 2개의 상반된 입장이 있다.
   ② 이상주의자들은 타국의 국내 문제에 개입하는 것은 국제적인 규범으로써 주권을 침해하는 불법적인 행위라고 주장한다.
   ③ 현실주의자들은 이상주의자들의 주장을 일부 수용하면서도 국익을 위해 어쩔 수 없는 선택이라는 입장을 취한다. 현실주의자들은 수십 세기의 역사 속에서 비밀공작이 국익을 위한 최선의 선택이었음을 경험적으로 보여주고 있다고 주장한다.

2. 미국
   (1) 의의
      ① 미국은 19세기와 20세기 동안 타국의 국내정치에 개입하는 행위를 빈번히 자행했다. 그런데 대부분의 경우 군대를 동원하여 공개적으로 개입하였다. 냉전시대에 들어서서 미국은 군대를 동원한 공개적인 개입보다는 비밀공작을 적극적으로 전개했다.
      ② 냉전 시대 소련의 위협이 미국의 비밀공작을 정당화시킬 수 있는 충분한 구실이 될 수 있었다. 실제로 트루만 정부(1945～1953)와 아이젠하워 정부(1953～1961) 당시에는 소련의 위협을 심각하게 느꼈기 때문에 비밀공작의 정당성에 대해 전혀 의문을 제기하지 않았다.
      ③ 무엇보다도 냉전시대 유럽이나 아시아 지역에서 소련과의 치열한 체제경쟁으로 인해 자칫 전쟁 상황으로까지 확대되는 사태를 막는데 기여할 수 있는 대체 수단으로서 비밀공작의 정당성이 인정받을 수 있었다.
   (2) 냉전시대
      ① 1954년 아이젠하워 대통령은 외교정책의 수단으로서 비밀정치공작 수행에 관한 자문을 얻고자 위원회를 구성했다.
      ② 어쨌든, 냉전시대에는 소련이 전 세계 공산화를 목표로 선전선동을 포함한 공세적인 활동을 강화했기 때문에 이에 대응하기 위한 방편으로서 미국의 비밀공작이 정당화 될 수 있었다.
   (3) 냉전 종식 이후
      ① 그러나 냉전이 종식되고 소련이라는 적대국이 사라진 상황에서 비밀공작은 더 이상 그 정당성을 상실했다. 특히 이상주의자들이 주장하는바 비밀공작은 본질적으로 주권국가에 대한 내정간섭으로서 국제법적으로 불법행위로 규정된다. 그런 점에서 과거와 같이 무분별한 비밀공작은 용인되기 어려울 것이다.
      ② 물론 비밀공작은 군사력의 사용이나 공식적인 외교채널을 통해 달성하기 어려운 외교 정책적 목표를 효과적으로 달성할 수 있는 수단이 될 수 있다는 점에서 그 필요성 자체는 인정된다.
      ③ 특히 냉전이 종식되었음에도 불구하고 오늘날 테러리즘, 마약밀매, 대량살상무기 확산 등 새로운 안보위협에 대응할 필요성에서 다시금 비밀공작의 정당성을 주장하기도 한다.

④ 그러나 비밀공작은 기본적으로 대상국가의 주권을 침범하는 행위로서 국제법적으로 용인되지 않는다. 더욱이 암살, 테러, 파괴 행위로 인한 물리적인 피해를 야기할 뿐만 아니라 선전선동, 정치공작, 경제공작 등으로 인해 대상국가의 국민들에게 공포와 불안 등 심리적 피해를 야기하기도 한다.

⑤ 그러므로 비밀공작은 군사력이나 외교적인 수단으로 해결이 곤란한 상황에서 최후의 수단으로 활용되어야 하며, 그로 인한 피해(물질적, 경제적, 심리적)를 최소화하고자 하는 노력을 보임으로써 그 정당성을 인정받을 수 있겠다.

747

원칙적으로 합법성을 전제하는 비밀공작과 달리 처음부터 불법적 · 반인륜적인 수단과 방법을 동원하는 공작활동으로 옳은 것은?

① 흑색공작(black operation)
② 특별임무
③ 적극조치
④ 냉정한 일들

정답 ①

풀이 ① 흑색공작(black operation)은 합법성을 내재하는 비밀공작과 구별하여, 처음부터 불법적 · 반인륜적인 수단과 방법을 동원하는 공작활동이다.

748

비밀공작의 필요성에 대한 입장으로 틀린 것은?

① 전통적으로 미국인들은 비밀공작을 외교정책을 지원하기 위한 마지막 방책 또는 예외적인 수단으로 고려한다.

② 예외주의자들은 비밀공작을 공개적이고 민주적인 사회에서는 용납하기 어려운 '비겁한 수법(dirty tricks)' 또는 '더러운 전쟁(dirty wars)'으로 간주한다.

③ 일부 예외주의자들은 합법적이라면 구태여 비밀공작을 추진할 필요가 없고 합법적이지 않다면 아예 비밀공작을 하지 말아야 한다고 주장한다.

④ 코드빌라(Angelo Codevilla)는 비밀공작을 국가안보 목표를 달성하거나 그것을 지원하기 위해 수행되는 일반적인 국가정책의 수단으로 간주한다.

정답 ③

풀이 비밀공작에 반대하는 입장이다. 예외주의자들은 비밀공작을 제3의 선택(a third option)으로 고려한다.

749

비밀공작의 필요성과 한계에 대한 설명으로 틀린 것은?

① 비밀공작은 정책과 정보의 분리라는 민주주의 정보기구의 대원칙에 위배되고, 정보의 정치화를 초래할 위험성을 가지고 있다.

② 비밀공작은 원칙적으로 다른 나라에 대한 '은밀한 내정간섭(covert intervention)'이라는 점에서 UN 헌장의 정신에도 배치된다는 비판이 세기된다.

③ 비밀공작은 비밀공작을 동원하는 것이 가장 바람직하다고 판단한 정책적 고려에 따른 정책대행 수단이다.

④ 코드빌라(Angelo Codevilla)는 비밀공작이 외교적인 방법으로도 효과를 볼 수 없고 군사적인 행동을 취하기에는 위험이 따르는 특수한 상황에서만 활용될 수 있는 하나의 정책 대안이라고 주장했다.

정답 ④

풀이 ④ 예외주의자들의 입장이다. 코드빌라(Angelo Codevilla)는 비밀공작을 국가안보 목표를 달성하거나 그것을 지원하기 위해 수행되는 일반적인 국가정책의 수단으로 간주한다.

750

비밀공작의 한계에 대한 설명으로 잘못된 것은?

① 민주주의 국가에서 비밀공작의 본질적 정당성에 대한 논의가 있다.

② 이상주의자들은 비밀공작은 본질적으로 주권국가에 대한 내정간섭으로 불법이라고 본다.

③ 실용주의자들은 국가안보를 위한 정책수단으로 비밀공작은 불가피할 뿐만 아니라, 경우에 따라서는 정규전쟁을 회피한 차선책으로 세계평화에 기여하는 것이라고 주장한다.

④ 코드빌라(Angelo Codevilla)는 비밀공작을 공개적이고 민주적인 사회에서는 용납하기 어려운 '비겁한 수법(dirty tricks)' 또는 '더러운 전쟁(dirty wars)'으로 간주한다.

정답 ④

풀이 ④ 코드빌라(Angelo Codevilla)는 비밀공작은 정책을 추진하는 여러 가지 수단들 중의 하나로서 예외적인 것이 아니고, 일반적인 정책대안으로 활용될 수 있다는 입장을 취한다.

핵심정리 제임스 베리(James A. Barry)의 5가지 비밀공작 정당화 요건

(1) 사전 승인의 원칙
비밀공작은 행정부의 관련 정책부처의 사전 심의를 거치고 의회 관계자들이 완전히 인지한 가운데 대통령에 의해 명백히 승인되어야 한다.

(2) 정당성의 원칙
비밀공작의 의도와 목표가 정확히 나타나야 하고, 합리적이고 정당해야 한다.

(3) 보충성의 원칙
비밀공작은 목표달성을 위한 다른 효과적인 수단이 없을 때만 추진해야 한다.

(4) 타당성의 원칙
비밀공작은 성공할 수 있다는 적절한 근거가 있어야 한다.

(5) 수단과 목적의 비례의 원칙
비밀공작은 선택된 수단과 방법들이 공작목표에 부합되어야 한다.

751

제임스 베리의 비밀공작 정당화의 5가지 조건으로 적절하지 않은 것은?

① 정당성의 원칙 ② 보충성의 원칙
③ 편의성의 원칙 ④ 수단과 목적의 비례의 원칙

정답 ③

풀이 ③ 제임스 베리(James A. Barry)가 '비밀공작은 정당화될 수 있다(Covert Action Can Be Just)'는 논문에서 주장한 비밀공작을 정당화하기 위한 5가지의 요건은 (1) 사전승인의 원칙, (2) 정당성의 원칙, (3) 보충성의 원칙, (4) 타당성의 원칙, (5) 수단과 목적의 비례의 원칙이다.

핵심정리 비밀공작 수단으로서의 암살(Assassination)

(1) 암살에 대한 법적 규제 문제도 주로 미국을 중심으로 전개되었다. 1975년 미국 정보공동체의 정보업무의 총체적인 오·남용 사례를 조사하기 위해 구성된 의회 처치 위원회(Church Committee)는 정보공동체가 1960년대부터 1970년대 사이에 피델 카스트로 쿠바 대통령에 대한 암살시도 등 다수의 암살시도에 개입했다는 사실을 확인했다. 이에 따라 처치 위원회는 1976년부터 미국은 공식적으로 미국 당국이 직접 행하는 것이든, 외국인 등 제3자를 통한 방법이든 평화시에 암살방법 사용을 공식적으로 금지할 것을 권고했고, 그 결과 미국은 1981년 레이건 대통령이 대통령 명령 제12,333호를 발령하여 암살을 국가정책 실행의 한 방법으로 사용하는 것을 명백히 금지하여 어느 누구도 미국정부를 위해 암살 모의나 실행에 가담되지 않을 것임을 명시해, 암살을 금지했고, 간접적 암살 참가도 금지하고 있다.

(2) 한편 위의 대통령 명령에 대한 보충의견을 발표한 국방부 법률 자문 변호사 팍스(Hays Parks)는 암살 금지의 범위를 다음과 같이 명백히 했다. 전쟁 시의 공개적 무력 폭격이나 은밀한 방법에 의한 암살, 미국의 국가안보에 급박한 위협을 초래할 위험이 있는 인물에 대한 저격은 대통령 명령 제12,333호가 규제하고 금지하는 암살이 아니라고 했다.

(3) 한편 미국은 대통령 명령으로 평시 암살을 금지하고 있지만, 테러와의 전쟁을 선포하기 전인 1998년 아프가니스탄에서 알카에다(Al Qaeda) 지도자 오사마 빈 라덴(Osama bin Laden) 암살을 위한 미사일 공격을 감행했다. 클린턴 행정부는 미사일 공격의 목적은 오사마 빈 라덴과 그의 경호원을 살해하기 위한 것, 즉 암살시도라는 사실을 명백히 했다. 그럼에도 행정부 당국자는 오사마 빈 라덴을 특정 목표로 한 암살시도는 암살을 금지하는 오랜 행정부 입장에 반하는 것은 아니라고 주장했다. 국가안보회의 자문 변호사에 의해 작성된 의견서는 미국은 합법적으로 테러 조직의 인프라를 공격할 수 있는 당연한 권리를 가지고 있는데, 특정한 영토개념이 없이 이동을 주요 요소로 하는 테러조직의 특성상 오사마 빈 라덴은 테러 조직 인프라의 정점이라는 것이다. 한편 테러와의 전쟁 중인 오늘날은 반대해석의 결과로 테러분자들에 대한 암살이 적법화되어 있다고 할 수 있다.

752

미국의 암살에 대한 법적 규제에 대한 설명으로 틀린 것은?

① 1976년의 포드 대통령 행정명령 제11905호, 1978년의 카터 대통령 행정명령 제12036호, 그리고 1981년의 레이건 대통령 행정명령 제12333호를 발령하였다.

② 1978년 「국가정보 재조직 및 개혁법(National Intelligence Reorganization and Reform Act)」이 제안되었으나 부결되었다.

③ 처치 위원회는 1976년부터 미국은 공식적으로 미국 당국이 직접 행하는 것이든, 외국인 등 제3자를 통한 방법이든 평화 시에 암살방법 사용을 공식적으로 금지할 것을 권고했다.

④ 1998년 아프가니스탄에서 알카에다(Al Qaeda) 지도자 오사마 빈 라덴(Osama bin Laden) 암살을 위한 미사일 공격은 테러와의 전쟁의 일환으로 감행된 것으로 대통령 명령 제12,333호가 규제하고 금지하는 암살이 아니다.

정답 ④

풀이 1998년 아프가니스탄에서 알카에다(Al Qaeda) 지도자 오사마 빈 라덴(Osama bin Laden) 암살을 위한 미사일 공격은 테러와의 전쟁을 선포하기 전에 감행한 것이다. 국가안보회의 자문 변호사에 의해 작성된 의견서는 미국은 합법적으로 테러 조직의 인프라를 공격할 수 있는 당연한 권리를 가지고 있는데, 특정한 영토개념이 없이 이동을 주요 요소로 하는 테러조직의 특성상 오사마 빈 라덴은 테러 조직 인프라의 정점이라는 것이다.

753

비밀공작 수단으로서의 암살(Assassination)에 대한 설명으로 틀린 것은?

① 이스라엘은 공식적으로도 암살을 비밀공작의 한 수단으로 본다.

② 미국 상원의 처치 위원회는 1976년부터 미국은 공식적으로 미국 당국이 직접 행하는 것이든, 외국인 등 제3자를 통한 방법이든 평화 시에 암살방법 사용을 공식적으로 금지할 것을 권고했다.

③ 클린턴 행정부는 오사마 빈 라덴에 대한 미사일 공격은 테러와의 전쟁의 일환으로 감행된 것으로 암살을 금지하는 오랜 행정부의 입장에 반하는 것은 아니라고 주장했다.

④ 암살은 국가가 특정한 개인을 제거의 대상으로 간주하고 이를 실행하는 것은 도덕적으로도 틀린 것으로 어떤 경우에도 금지되어야 한다는 견해가 절대적 금지설이다.

정답 ③

풀이 ③ 클린턴 행정부의 오사마 빈 라덴에 대한 미사일 공격은 테러와의 전쟁 이전의 일이다. 클린턴 행정부는 미국은 합법적으로 테러 조직의 인프라를 공격할 수 있는 당연한 권리를 가지고 있는데, 특정한 영토개념이 없이 이동을 주요 요소로 하는 테러조직의 특성상 오사마 빈 라덴은 테러 조직 인프라의 정점이라고 주장했다.

754

암살공작에 대한 설명으로 틀린 것은? [2013년 기출]

① 미국은 CIA와 DIA가 암살공작을 수행한다.

② 암살공작을 적대국의 주요 정치인이나 지도자를 대상으로 한다.

③ 암살공작은 준군사공작에 해당된다.

④ 테러와의 전쟁 중인 오늘날은 반대해석의 결과로 테러분자들에 대한 암살이 적법화되어 있다고 할 수 있다.

정답 ①

풀이 ① 미국의 정보기관 중 암살공작을 수행할 수 있는 기관은 CIA뿐이다.

핵심정리 그럴듯한 부인(plausible deniability)

(1) 의의

① 비밀공작의 또 다른 문제점은 '그럴듯한 부인(plausible deniability)'에 관한 것이다.

② 대부분의 비밀공작은 대상국가의 내정에 간섭하는 행위로서 명백히 국제법에 위반되기 때문에 사실이 노출될 경우 대통령을 비롯한 최고정책결정권자가 곤란한 상황에 처하게 될 수 있다.

③ 따라서 대통령을 비롯한 최고정책결정권자는 자신이 그러한 공작을 승인했다거나 알고 있었다는 점조차 부인할 수 있어야 한다. 그는 비밀공작이 그가 알지 못했거나 승인하지 않은 상황에서 수행되었다는 점을 그럴듯하게 주장할 수 있어야 한다.

(2) 성공 요건

① 비밀 유지

㉠ 그럴듯한 부인이 성공하기 위해서는 무엇보다도 비밀공작에 관한 사항에 대해 엄격히 비밀이 유지되어야 한다.

㉡ 비밀이 노출되면 아무리 그럴듯하게 부인해도 믿어주지 않게 된다. 비밀이 노출되지 않으려면 가능한 최소한의 정부 관료들만 참석하도록 범위를 좁힌다. 비밀공작의 규모가 커지면 비밀공작에 관한 사항이 노출되어 그럴듯하게 부인하기가 어렵다.

㉢ 예를 들어, 피그만 공격이 시작된 직후 케네디 대통령은 아이젠하워 전 대통령에게 자문을 구했다. 케네디는 미국이 개입한 사실을 숨기기 위해 지상 전투 작전에 대해 공군 지원을 하지 않기로 한 자신의 결정이 옳았다면서 스스로를 변호했다. 이에 대해 아이젠하워는 피그만 작전의 성격과 규모를 감안했을 때 어떻게 미국이 개입했다는 사실을 은폐할 수 있느냐고 질의하면서 케네디의 결정을 비웃었다고 한다.

② 공식적인 절차나 승인이 기록된 문서의 부존재

㉠ 비밀공작을 승인하는 공식적인 절차나 그러한 승인이 기록된 문서가 존재하지 않아야 한다.

㉡ 문서화된 기록이 없다면 비밀공작을 누가 계획하고 승인했는지를 밝혀내기가 어렵다. 미국의 경우 1950년대와 1960년대 동안에는 비밀공작 사항에 관해 문서로 남겨두지 않았기 때문에 비밀공작을 누가 계획하고 승인했는지를 알 수 없었다.

㉢ 그래서 얼마든지 비밀공작의 책임을 회피하거나 그럴듯하게 부인할 수 있었다. 그러나 이후 대통령이 비밀공작을 명령하기 위해 각각의 공작평가서(finding)에 서명하도록 의무화하면서 이제는 그럴듯하게 부인하는 것이 매우 어렵게 되었다.

(3) 「비밀공작 실행 절차에 관한 법」

① 「비밀공작 실행 절차에 관한 법」은 1987년 레이건 행정부 당시 최초로 제정되었고, 1991년에 개정되어 지금까지 적용되고 있다.

② 동법에 따라 대통령은 비밀공작을 실행하기 전에 문서 형태의 평가보고서(written Finding)에 반드시 서명해야 한다. 이에 따라 대통령은 비밀공작에 관해 더 이상 책임을 회피할 수 없게 되었으며, '그럴듯한 부인'이 사실상 거의 불가능하게 되었다.

③ 이와 관련하여 헬름스(Richard Helms, 1966~1973) 전 중앙정보장(DCI)은 그럴듯한 부인은 비밀공작에서 절대적으로 요구되는 사항이지만 의회의 통제와 감독이 강화되면서 더 이상 유지하기 어려워졌고, 이제는 시대에 뒤떨어진 개념이 되어버리고 말았다고 술회했다.

755

비밀공작 실행 절차에 대한 설명으로 틀린 것은?

① 상황이 긴급한 경우에도 구두의 공작평가서에 대한 대통령의 승인은 허용되지 않는다.

② 비밀공작 계획의 주요 사항들이 중간에 변경될 경우 대통령의 서명을 받은 통고각서가 작성되어야 한다.

③ 공작평가서(Finding) 부본은 극비사항인 경우를 제외하고 통고 마감일 이전까지 의회에 전달되어야 한다.

④ 상황이 긴박한 경우 의회에 구두로 통보했더라도 48시간 이내 문서 형태로 작성된 공작평가서가 제출되어야 한다.

정답 ①

풀이 「비밀공작 실행 절차에 관한 법」은 비밀공작을 실행하기 전에 대통령이 '문서 형태의 평가보고서(written Finding)'에 서명할 것을 의무화했다. 예외적으로 긴급 상황에서 '구두 평가보고서(oral Finding)'를 허용하지만 가급적 빠른 시일 내 문서로 작성되어야 한다.

756

「비밀공작 실행 절차에 관한 법」에 대한 설명으로 틀린 것은?

① 1987년 레이건 행정부에서 최초로 제정되었고, 1991년 개정되어 지금까지 적용되고 있다.

② 비밀공작을 실행하기 전에 대통령이 문서 형태의 공작평가서(written Finding)에 서명할 것을 의무화했다.

③ 원칙적으로 소요 예산, 공작자산, 주변 여건, 외국의 협조 상황, 수반되는 위험의 수준 등 비밀공작 계획의 주요 사항에 관해서는 대통령의 서명을 받은 통고각서(Memorandum of Notification, MON)가 작성되어야 한다.

④ 공작평가서(Finding)와 통고각서(MON) 부본은 극비사항인 경우를 제외하고 통고 마감일 이전까지 의회에 전달되어야 한다.

정답 ③

풀이 ③ 소요 예산, 공작자산, 주변 여건, 외국의 협조 상황, 수반되는 위험의 수준 등 비밀공작 계획의 주요 사항들이 중간에 변경될 경우 대통령의 서명을 받은 '통고각서(Memorandum of Notification, MON)'가 작성되어야 한다.

757

행정부에서 작성된 비밀공작 계획에 대한 의회의 심사 과정으로 틀린 것은?

① DNI는 '공작평가서(finding)'를 첨부하여 의회의 검토를 요청하게 된다.

② 공작 계획서는 시급을 다투는 긴급한 상황을 제외하고 반드시 문서 형태로 제출되어야 한다.

③ 상황이 긴박하여 문서 형태로 제출하는 절차를 생략하고 일단 구두로 통보했더라도 48시간 이내 문서 형태로 작성된 공작평가서가 제출되어야 한다.

④ 공작 계획서에는 CIA 외에 어떤 부처에게 임무를 부여했는지 그리고 미국 정부의 통제를 받지 않는 제3자가 개입할 것인지를 명시해 주어야 한다.

정답 ①

풀이 ① 대통령은 의회에 비밀공작 계획이 미국의 외교정책 목표를 달성하기 위해 반드시 필요하고 미국의 국가안보에 중요하다는 내용의 '공작평가서(finding)'를 첨부하여 의회의 검토를 요청하게 된다.

758

미국의 비밀공작 실행 절차에 대한 설명으로 틀린 것은?

① 비밀공작을 실행하기 전에 대통령이 '문서 형태의 평가보고서(written Finding)'에 서명한다.

② 예외적으로 긴급 상황에서 '구두 평가보고서(oral Finding)'를 허용하지만 가급적 빠른 시일 내 문서로 작성되어야 한다.

③ 비밀공작 계획의 주요 사항들이 중간에 변경될 경우 대통령의 서명을 받은 '통고각서(Memorandum of Notification, MON)'가 작성되어야 한다.

④ DNI는 의회에 비밀공작 계획이 미국의 외교정책 목표를 달성하기 위해 반드시 필요하고 미국의 국가안보에 중요하다는 내용의 '공작평가서(finding)'를 첨부하여 의회의 검토를 요청하게 된다.

정답 ④

풀이 ④ 행정부에서 작성된 비밀공작 계획은 의회의 심사 과정을 거치게 된다. 대통령은 의회에 비밀공작 계획이 미국의 외교정책 목표를 달성하기 위해 반드시 필요하고 미국의 국가안보에 중요하다는 내용의 '공작평가서(finding)'를 첨부하여 의회의 검토를 요청하게 된다.

759

위장부인 또는 그럴듯한 부인의 필요성에 대한 설명으로 옳은 것은?

① 비밀공작이 노출된 경우 공작원의 위험을 방지하기 위해서이다.

② 노출된 비밀요원을 다시 공작에 투입하기 위함이다.

③ 상대국과의 외교적인 마찰을 피하기 위함이다.

④ 공작을 통해 포섭한 상대국의 고위관료나 단체가 위험할 수 있기 때문이다.

정답 ③

풀이 ③ 위장부인의 가장 큰 이유는 외교 갈등을 피하기 위함이다.

760

위장부인 또는 그럴듯한 부인의 법리에 대한 설명으로 틀린 것은?

① 위장부인은 국가나 조직에서 제기된 법적책임 문제에 대해, 최종 책임자의 법적 · 도덕적 책임을 회피하기 위해 여러 가지 이유를 대며, 직접적인 연관성을 부인하면서 책임을 회피하는 기술적인 수단이다.

② 비밀공작은 활동 자체보다는 후원자의 정체은폐가 중요하다. 만약에 어느 나라에 의해 수행되었는지를 알게 된 경우에도, 어느 수준의 책임자까지 알고 있었는지는 외교적 파장에 큰 차이가 있을 수 있다. 그 때문에 단계별로 은폐할 수 있는 장치가 중요하다. 은폐를 위한 대표적 장치가 그럴듯한 부인이다.

③ 전 CIA 로버트 게이츠(Robert Gates) 국장은 '그럴듯한 부인'은 비밀공작의 절대적인 필수 요건이라고 말했다.

④ 미국의 경우 비밀공작을 대통령이 서면 승인하도록 요구한 1974년 「휴즈－라이언 수정법」에 의해 그럴듯한 부인이 사실상 불가능하게 되었다.

정답 ③

풀이 ③ 헬름스(Richard Helms, 1966~1973) 전 중앙정보장(DCI)은 "그럴듯한 부인은 비밀공작에서 절대적으로 요구되는 사항이지만 의회의 통제와 감독이 강화되면서 더 이상 유지하기 어려워졌고, 이제는 시대에 뒤떨어진 개념이 되어버리고 말았다."고 언급했다.

핵심정리 **역류(blowback)**

(1) 의의

① 비밀공작의 또 다른 문제로서 역류(blowback) 현상을 들 수 있다.

② 원래 CIA 내부에서 사용되었던 용어로서 비밀공작이 잘못되어 자국이나 우호국의 국민들에게 의도되지 않게 부정적인 결과를 야기하는 현상을 의미한다.

(2) '역류'라는 용어의 유래

① 역류라는 용어는 1954년 3월에 작성되었는데 최근 비밀이 해제되어 공개된 CIA 보고서에서 최초로 사용되었다.

② 동 보고서에서 CIA는 1953년의 이란의 모사데그(Mohammed Mossadegh) 정권 전복공작의 결과가 잘못되어 역류 즉 부정적인 결과를 야기할 것을 우려했다. 그러한 우려는 현실로 나타났다.

③ 모사데그 정권 전복에 따른 쿠데타로 옹립된 팔레비 왕정은 25년간 독재와 폭정으로 이란 국민들을 탄압했다. 그리고 그 결과 1979년 호메이니(Aytollah Khomeini)를 수반으로 하는 이란 혁명이 발발했다. 그 해 미국은 이란 주재 미국 대사관에 50여 명의 미국인이 1년이 넘는 기간 동안 억류되는 사태를 겪기도 하였다.

④ 더욱이 미국 CIA가 1953년의 쿠데타에 개입했던 사실이 알려지면서 아랍권의 국민들 간에 반미감정이 증폭되는 계기가 되었던 것이다. 이처럼 일시적으로 성공한 비밀공작이라 할지라도 역류로 인해 오히려 자국이나 우호국에 부정적인 결과를 야기하게 되는 사례들이 빈번하다.

(3) 역류(blowback)의 의미 변화

① 일반적 의미의 역류

㉠ 일반적으로 알려진 역류의 의미는 비밀공작의 한 유형인 선전공작과 관련된다. 즉 해외에서 유포된 선전공작이 국내로 역류(blowback)되어 문제를 야기하는 경우를 들 수 있다.

㉡ CIA는 미국 국내에서 정보활동을 수행할 수 없도록 규제되어 있다. 그런데 경우에 따라서 CIA가 해외에서 선전공작의 일환으로 유포한 내용이 미국으로 유입되는 일이 생길 수 있다.

㉢ 오늘날 정보화·세계화의 흐름과 함께 지구촌 저 멀리서 일어난 사건이 실시간으로 보도되고 있는 상황을 감안했을 때 냉전시대에 비해 그러한 사례가 보다 빈번하게 발생할 수 있다.

㉣ 이처럼 CIA가 해외에 선전공작의 일환으로 유포한 내용이 미국 내 언론에 보도되었을 경우 CIA가 책임을 져야 할 것인가? 특히 CIA가 해외에 선전공작의 일환으로 유포했던 왜곡된 정보가 미국의 국내 정치에 중대한 영향을 미쳤을 경우 그 책임 소재를 두고 논란이 제기될 수 있을 것이다.

② 역류의 의미 확대

㉠ 오늘날 역류의 의미는 선전공작에만 한정하지 않고, 정치공작, 경제공작, 쿠데타, 준군사공작 등 모든 유형의 비밀공작으로 인해 야기되는 부정적인 결과를 의미하는 것으로 확대 해석되고 있다. 미국은 냉전시대 동안 전 세계 도처에서 비밀공작을 수행했는데, 그로 인해 미국 국민들이 직접적으로 피해를 입는 사태를 겪게 되었다.

㉡ 예를 들어, 파나마의 군부 독재자 노리에가(Manuel Noriega) 전 대통령, 이라크의 사담 후세인(Saddam Hussein) 전 대통령, 그리고 9/11 테러의 주범으로 지목되고 있는 오사마 빈 라덴(Osama bin Laden) 등은 사실 미국 CIA의 협조자 또는 공작자산(assets)으로 활용되었다. 한때 미국의 협조자로 활용되었던 이들이 미국에 등을 돌리면서 미국 국민들이 직접적인 피해를 입게 되었던 것이다.

761

정보활동에서 역류에 대한 설명으로 잘못된 것은?

① 역류는 '역풍(blowback)'이라고도 하는 것으로 특히 선전공작에서 나타난다.

② 외국에서 퍼뜨린 거짓 악선전이 본국에 유입되는 현상을 말한다.

③ 역류의 경우에 작전을 포기하더라도 사건의 진상을 말해 줘서 진실보도를 통한 공익 목적 달성을 도모해 줄 책임이 있는가라고 하는 헌법적인 쟁점이 따른다.

④ 역류의 의미는 선전공작에만 한정하는 데 반해 손익평가는, 정치공작, 경제공작, 쿠데타, 준군사공작 등 모든 유형의 비밀공작으로 인해 야기되는 모든 부정적인 결과를 고려한다.

정답 ④

풀이 ④ 오늘날 역류의 의미는 선전공작에만 한정하지 않고, 정치공작, 경제공작, 쿠데타, 준군사공작 등 모든 유형의 비밀공작으로 인해 야기되는 부정적인 결과를 의미하는 것으로 확대 해석되고 있다.

762

비밀공작에 대한 설명으로 틀린 것은? [2009년 기출]

① 라디오, 신문 등을 통해 자국에 유리한 정보를 흘리는 것은 선전공작활동이다.

② 환류(Feedback)는 선전공작의 부작용으로 자국 언론이 타국에서 실시한 선전공작의 기사를 재인용하는 것을 말한다.

③ 적국의 정치인에게 정치자금을 지원하거나 경호지원 등을 해주는 것은 정치공작이다.

④ 대상국의 정치체제를 바꾸기 위해 무력을 동원하는 것을 준군사공작이라고 한다.

정답 ②

풀이 ② 환류가 아니라 역류(Blowback) 현상이다.

763

자국의 선전공작활동으로 외국에 퍼트린 거짓정보가 해외소식이라는 이름으로 자국의 언론을 통해 유포되는 현상으로 옳은 것은? [2009년 기출]

① 환류 ② 유언비어

③ 역류 ④ 순환

정답 ③

풀이 ③ 일반적으로 알려진 역류의 의미는 비밀공작의 한 유형인 선전공작과 관련된다. 즉 해외에서 유포된 선전공작이 국내로 역류(blowback)되어 문제를 야기하는 경우를 들 수 있다.

핵심정리 손익평가

1. 의의

① 비밀공작을 실행함에 따라 손실과 이익이 발생하는바 이에 대한 손익 분석이 필요하다.

② 대규모 군사 또는 준군사공작을 실행하게 되는 경우를 제외하고 비밀공작을 추진함에 있어서 경제적인 비용은 그다지 많지 않다. 1964년 칠레에서 실행한 CIA의 정치 공작은 비교적 큰 규모로 전개되었는데 지출된 비용은 수백만 달러에 불과했다.

③ 경제적인 손실이 적은만큼 비밀공작의 결과로 얻게 되는 경제적인 이익도 그다지 크지 않다. 사실 비밀공작은 경제적인 목적보다는 주로 정치적인 목적을 위해 활용되는 경향을 보이기 때문이다.

2. 경제적인 손익

(1) 의의

예외적으로 경제적인 목적이 주된 동기였던 비밀공작 사례로 이란에서 시행되었던 반 모사데그(Mossadegh) 쿠데타를 들 수 있다.

(2) 전개 과정

① 이란에서 발생한 반 모사데그 쿠데타는 모사데그가 앵글로-이란 석유회사(Anglo-Iranian Oil Company)를 국유화하려 하자 이를 막기 위해 시도되었다.

② 미국은 직접적인 관계는 없었지만, 이란의 국유화 정책이 중동 지역의 다른 산유국으로 파급될 경우 미국계 석유회사가 타격을 입을 수 있을 것을 우려하여 영국이 주도하는 비밀공작에 협조했던 것이다.

③ 영국에게는 경제적으로 직접적인 이익이 되었지만, 미국은 단지 간접적인 이익을 기대했을 뿐이다.

④ 이란의 쿠데타가 성공함으로써 1973년까지 중동지역 산유국들의 국유화 시도가 억제되는 효과를 가져왔다.

⑤ 어쨌든, 미국은 이란 쿠데타를 추진한 영국 정보기관에 협조함으로써 간접적으로나마 다소의 경제적인 이득을 챙긴 것으로 평가된다.

3. 정치적인 손익

(1) 의의

① 비밀공작의 효과에 대한 경제적인 손익 계산은 어느 정도 분석이 가능하지만, 정치적인 손익을 정확히 평가하는 일은 쉽지 않다.

② 다만 비밀공작이 성공하게 될 경우 비록 정확히 계산할 수는 없을지라도 상당한 정도의 정치적인 이득을 얻을 것으로 예상된다.

(2) CIA의 이탈리아 선거 개입

① 1948년 미국 CIA는 이탈리아 선거에 개입하여 공산당이 패배하도록 비밀공작을 전개했다.

② 혹자는 CIA가 개입하지 않았더라도 공산당이 선거에서 패배했을 것이라고 주장하지만, 사실은 아무도 예측할 수 없는 불확실한 상황이었다.

③ 미국으로서는 1948년 이탈리아의 선거에 효과적으로 개입하여 유럽지역에서 공산당 세력의 팽창을 저지할 수 있었다. 그런 점에서 미국은 적은 비용으로 상당한 정도의 정치적인 성과를 얻었던 것으로 평가된다.

4. 성공과 실패의 평가 기준

(1) 의의

① 대체로 CIA 비밀공작은 사례별로 성공과 실패가 혼재된 결과를 보여준다.

② 제2차 세계대전 직후 CIA는 그리스와 이탈리아 선거에 은밀히 개입하여 공산주의 정권 등장을 성공적으로 저지했다.

③ 이어서 CIA는 1953년 이란, 1954년 과테말라, 1950년대 중남미 지역 국가들에서 친소 사회주의 성향의 정권을 전복시키는 비밀공작을 성공적으로 수행했다.

④ 또한 라오스(1963~1973), 아프가니스탄(1982~1988), 파나마(1989), 아프가니스탄과 이라크(2001~2003) 등지에서 수행된 CIA의 비밀공작활동도 성공적이었다는 평가를 받았다.

⑤ 물론 쿠바 피그만 침공과 카스트로 암살공작, 1956년 헝가리 의거, 1958년 인도네시아 수카르노 전복공작 등 실패한 사례도 많다.

(2) 평가 기준

사실 동일한 비밀공작의 사례에 대해서 어떤 기준을 적용하는가에 따라 엇갈린 평가가 내려질 수 있다. 단기적으로는 성공한 것으로 평가되지만 장기적인 관점에서는 실패로 귀결되는 사례들이 많다.

764

비밀공작의 쟁점들에 대한 설명으로 틀린 것은? [2021년 기출]

① 정당성: 한 국가의 국내 문제에 다른 국가가 공작활동으로 관여하는 것은 국제행동 규범을 침해하므로 정당화하기 어렵다는 주장

② 그럴듯한 부인: 공작에 활용된 각종 장비나 공작원의 신분을 통해 공작국을 특정할 수 있는 데도 불구하고 부정

③ 역류: 해외에서 수행한 비밀공작의 부정적인 국제 여론으로 인해 주변국과 외교적으로 고립되는 현상

④ 손익평가: 공작의 목표가 단기적으로는 성공했다고 하더라도 장기적 관점에서 국가이익을 훼손할 수 있다는 관점에서 효과를 평가

정답 ③

풀이 ③ 일반적으로 알려진 역류의 의미는 비밀공작의 한 유형인 선전공작과 관련된다. 즉 해외에서 유포된 선전공작이 국내로 역류(blowback)되어 문제를 야기하는 경우를 들 수 있다.

Theme

28 방첩의 이해

핵심정리 **미국의 국가안보법(National Security Act of 1947)상의 정의**

(1) 1947년에 제정된 미국의 국가안보법(National Security Act of 1947)에 따르면 정보(intelligence)는 기본적으로 '국외정보(foreign intelligence)'와 '방첩'을 포함하는 개념으로 정의하고 있다.
(2) 이러한 개념 정의를 분석해보면 방첩은 국외정보와 구분되는 것으로서 정보의 절반을 구성하는 것으로 해석될 수 있다. 어쨌든 방첩은 정보활동의 일환으로 수행되며, 첩보수집, 분석, 비밀공작 등 여타 정보활동과 밀접하게 연계된다.
(3) 방첩활동이 제대로 수행되지 않으면 신뢰성 있는 첩보수집이나 정보분석의 결과를 생산할 수 없으며, 비밀공작을 성공적으로 수행하기 어렵다. 그런 점에서 방첩은 첩보수집, 정보분석, 비밀공작 등 여타 정보활동과 밀접하게 연계되며, 그러한 정보활동을 효과적으로 수행하는데 필요한 핵심적인 요소로 인식된다.

핵심정리 **좁은 의미의 방첩**

1. 의의
① 적대 세력의 위협으로부터 국가를 보호하는 활동을 수행한다는 관점에서 방첩은 일반적으로 '방어적' 성격을 띠는 것으로 인식되었다.
② 그러나 이는 방첩의 개념을 좁은 의미로 해석한 것이고, 실제로 방첩은 그 보다 훨씬 광범위한 활동을 수행한다. 방첩은 적대 세력의 위협에 단지 수동적으로만 반응하는 것이 아니고, 보다 적극적이고 공격적으로 대응하는 활동도 수행하고 있다.
③ 그럼에도 불구하고, 대부분의 전문가들이 방첩의 개념을 수동적이고 방어적인 활동으로 간주하는 등 왜곡된 인식을 보여주고 있다.

2. 학설
(1) 켄트(Sherman Kent)
① 켄트(Sherman Kent)는 정보활동을 보안정보(security intelligence)와 능동적 정보(positive intelligence)로 분류하고, 방첩은 경찰 기능을 배후에서 지원하고 있다는 점에서 보안정보분야로 규정했다.
② 또한 켄트는 "방첩은 우리에게 피해를 끼치는 사악한 무리들로부터 국가와 국민 들을 보호하는 임무를 수행한다."라고 기술하고, "보안정보(security intelligence)는 방어적인 임무를 띤 경찰이 국가와 국민에게 피해를 끼치거나 그럴 의도를 가지고 있는 자에 대해 특별 행동을 취하기에 앞서 사전에 가지고 있어야 할 지식이며 활동이다."라고 설명했다.
③ 이어서 켄트는 외국에서 보낸 간첩을 색출하는 일은 가장 극적인 형태의 보안 정보활동이라고 기술했다.

(2) 랜썸(Harry Howe Ransome)
① 켄트의 견해와 유사하게 랜썸(Harry Howe Ransome)도 방첩이 기본적으로 방어적인 보안 기능을 수행한다는 입장을 피력했다. 그는 좁은 의미에서 방첩을 "적대적인 외국의 정보활동에 대응하는 활동"으로 정의했다.
② 랜썸에 따르면 방첩은 "사보타주로부터 시설물을 안전하게 보호하고, 외국 정보기관의 첩보수집활동을 차단하는 등의 임무를 수행한다는 관점에서 '기본적으로 경찰 기능'이라고 주장했다.

③ 또한 그는 방첩은 기본적으로 거부적(negative)이고 방어적인 기능을 수행하지만, 그것을 바탕으로 적의 의도와 능력은 물론 적에 대해 알지 못했던 정보를 찾아내는 능동적 정보(positive intelligence)를 생산하는 데 결정적으로 기여할 수 있는 요소라고 기술했다.

④ 랜썸은 방첩을 적에 관한 정보를 생산하는 데 활용될 수 있는 중요한 요소로 인정했다는 점에서 방첩을 단순히 수동적이고 방어적인 기능으로 정의하는 켄트의 견해와는 다소 차이를 보인다.

핵심정리 넓은 의미의 방첩

1. 의의
   ① 오늘날 방첩은 방어적 보안 기능에서 나아가 보다 적극적이고 공격적인 활동을 수행하는 차원으로 이해되고 있다.
   ② 갓슨(Roy Godson), 리첼슨(Jeffrey T. Richelson), 슐스키(Abram N. Shulsky), 홀트(Pat M. Holt) 등 많은 학자들이 이러한 입장을 피력했다.

2. 학설
   (1) 갓슨(Roy Godson)
   갓슨은 방첩을 "상대 정보활동을 규명하고, 무력화시키고, 활용하는 것이다."라고 하였다.
   (2) 리첼슨(Jeffrey T. Richelson)
   이와 유사하게 리첼슨은 방첩은 "외국 정보활동의 모든 국면을 이해하고 가능하다면 이를 무력화시키는 것과 관련이 있다."라고 하여 단순히 외국 정부의 불법적인 비밀 획득을 방지하는 임무를 수행하는 데 중점을 둔 대스파이활동(counterespionage)보다 넓은 의미임을 강조했다.
   (3) 슐스키(Abram N. Shulsky)
   슐스키도 방첩은 방어적인 보안뿐만 아니라 대스파이활동, 기만·대기만, 방첩분석 등 적극적인 활동까지 모두 포함된다고 기술했다.
   (4) 홀트(Pat M. Holt)
   홀트도 방첩을 "적대적인 외국 정보활동을 탐지하고 그들의 활동을 무력화시키는 행위"라고 정의하고, 여기에 적대적인 정보기관으로 침투하는 노력을 의미하는 대스파이활동(counterespionage), 대사보타주(countersabotage), 그리고 대전복(countersubversion) 등을 포함시켰다.
   (5) 검토
   어쨌든, 방첩을 단순히 보안 기능으로 제한하는 것은 지나치게 좁은 의미의 해석이며, 보다 광범위한 차원에서 적의 정보활동 노력을 무력화시키는 능동적인 정보활동(positive intelligence)을 전개하는 것까지 포함하는 것이 타당하다고 본다.

765

방첩을 방어적 보안 기능에서 나아가 보다 적극적이고 공격적인 활동을 수행하는 차원으로 이해하고 있는 연구자의 이름으로 틀린 것은?

① 갓슨(Roy Godson)
② 홀트(Pat M. Holt)
③ 켄트(Sherman Kent)
④ 슐스키(Abram N. Shulsky)

정답 ③

풀이 ③ 켄트(Sherman Kent)는 정보활동을 보안정보(security intelligence)와 능동적 정보(positive intelligence)로 분류하고, 방첩은 경찰 기능을 배후에서 지원하고 있다는 점에서 보안정보분야로 규정했다.

핵심정리 방첩의 목적

(1) 의의
홀트(Holt)는 방첩의 목적을 우리가 그들에게 하려는 것을 그들은 하지 못하게 만드는 것이라고 정의하기도 한다.

(2) 외국 정부 또는 집단의 정보활동
① 우리가 외국 정부나 집단을 대상으로 다양한 유형의 정보활동을 전개하듯이 외국 정부 또는 집단도 우리나라를 목표로 정보활동을 전개한다.
② 적국의 정보기관은 자국에 관한 중요 비밀을 취득하고자 기도하며, 자국이 수집한 정보를 조작함으로써 또는 중요 인물에 대해 비밀리에 영향공작을 전개함으로써 자국의 정책결정자에게 제공될 자료나 사실을 조작 또는 왜곡시킨다.
③ 또한 첩보수집활동이나 비밀공작 등 자국이 국가안보 목표 달성을 위해 수행하는 제반 활동을 탐지, 분쇄(disrupt) 그리고 대응하는 활동을 전개한다.
④ 때로 자국의 군사력이나 경제적인 이익을 증진시킬 목적으로 자국의 첨단과학기술 및 기타 관련 정보를 취득하고자 시도하기도 한다.

(3) 외국이나 외국인 집단의 정보활동에 대한 적극적 대응
외국이나 외국인 집단의 모든 정보활동과 그로 인한 위협을 파악하고 무력화시키는 것에 적극적으로 대응할 필요성이 있으며, 방첩은 그러한 필요성에 부응하기 위한 모든 활동을 포함한다. 즉 방첩은 수동적인 대응과 능동적인 대응을 모두 포괄하는 광범위한 활동을 수행한다.

766

다음 중 국가정보기관의 방첩활동 목적에 포함되는 것은? [2019년 기출]

ㄱ. 국가안보에 기여	ㄴ. 간첩색출
ㄷ. 요인암살	ㄹ. 정치사찰
ㅁ. 치안유지	ㅂ. 암호개발

① ㄱ, ㄴ, ㄷ
② ㄴ, ㄷ, ㄹ
③ ㄱ, ㄴ, ㅂ
④ ㄱ, ㄷ, ㅁ

정답 ③

풀이 ③ 외국이나 외국인 집단의 모든 정보활동과 그로 인한 위협을 파악하고 무력화시키는 것에 적극적으로 대응할 필요성이 있으며, 방첩은 그러한 필요성에 부응하기 위한 모든 활동을 포함한다. 즉 방첩은 수동적인 대응과 능동적인 대응을 모두 포괄하는 광범위한 활동을 수행한다. 하지만 요인암살, 정치사찰, 치안유지 등은 방첩활동이라고 할 수 없다.

핵심정리 방첩의 범위와 목표의 확대

(1) 의의

① 과거 방첩이라는 용어가 오로지 대스파이활동(Counterespionge)의 의미로만 해석되던 시절이 있었다. 당시 외국 정보기관의 목표는 오로지 타국의 비밀을 몰래 훔쳐오는 데 있었기 때문이다.

② 이처럼 방첩의 의미를 매우 협소하게 해석하는 전통적 방첩의 개념에 따르면 방첩의 목표와 범위가 외국 정보기관의 첩보수집활동에 대응(counter) 또는 방어(protect)하는 노력으로 제한된다.

③ 그런데 세월이 지나면서 외국의 정보기관들은 각자 비밀활동의 목표를 확대하여 첩보수집이라는 기본적인 임무 외에 암살, 테러, 정부전복, 기만, 위폐제조 등 다양한 활동을 전개해 왔다. 이에 따라 방첩의 범위와 목표도 확대되기에 이르렀다.

(2) 외국 정보기관의 테러 등 다양한 안보위협에 대응

① 오늘날 방첩은 외국 정보기관의 첩보수집 행위와 테러 등 비밀리에 조직적으로 가해지는 다양한 안보위협에 대응하는 기능으로 이해된다.

② 레이건 대통령 행정명령 제12333호에 따르면 방첩은 "외국 정부, 집단 또는 특정 인물 등에 의해 수행된 스파이 행위, 사보타주 또는 암살 등의 공작활동, 그리고 국제테러리즘 등으로부터 보호하기 위해 수집된 첩보(information) 그리고 수행된 활동(activities)을 의미한다."

③ 이러한 정의에 따르면 전통적인 방첩의 영역을 넘어서 다양한 유형의 활동을 포괄한다. 행정명령의 개념 정의는 '대응(counter)'을 특별히 강조하고 있으며, '정보(intelligence)'의 범위를 외국 정보기관이 개입했든 안했든지 간에 군사적인 차원보다는 한 단계 낮은 차원의 테러 행위, 사보타주까지도 포함하고 있다.

(3) 적의 불법적 기술이전에 대한 대응

2005년 3월에 발표된 '미국의 국가방첩전략목표'에서는 방첩활동의 범주에 적의 불법적 기술이전에 대한 대응 행위까지도 포함시켰다. 요컨대, 광의의 방첩은 전통적인 유형의 방첩뿐만 아니라 적이 취하는 모든 유형의 적대행위에 대해 대응할 목적으로 수행되는 능동적인 정보활동(positive intelligence)도 포함한다.

(4) 외국의 조직이나 외국인의 안보 위협에 대응

① 과거 방첩의 주요 목표는 외국의 정보기관이었다. 그런데 오늘날 외국 정보기관은 방첩의 주요 목표이지만 유일한 목표는 아니다. 미국 행정명령 12036에서 방첩은 "외국 정부나 조직 또는 개인에 의해 수행된 간첩, 기타 비밀 정보활동, 사보타주, 국제 테러 또는 암살 등의 행위로부터 보호하는 것"으로 정의하고 있다.

② 이에 따라서 방첩의 범위가 외국 정보기관의 정보활동에 대한 대응으로 제한되는 것이 아니고, 외국 정부, 조직, 개인 등 다양한 종류의 적대세력을 대상으로 하며 그들로부터 야기되는 기만, 파괴, 전복 등 다양한 위협 행위들에 대응하기 위한 제반 노력들을 포괄하는 것으로 확대되었다.

③ 예를 들어, 2001년 9월 11일 미국에서 발생한 테러는 국가가 아닌 오사마 빈 라덴이라는 개인, 그리고 알카에다 조직이 주도했다. 이처럼 외국 정보기관뿐만 아니라 외국의 조직이나 외국인도 국가의 안보에 심각한 위협을 야기할 수 있다. 그런 점에서 오늘날 방첩의 목표도 외국의 정보기관은 물론 외국의 조직, 외국인 등을 모두 포함되기에 이르렀다.

(5) 우호국의 첩보수집 활동에 대한 대응

① 일반적으로 방첩의 주요 목표는 적대국이나 적대세력이다. 그러나 적대국은 물론 때로 우호적인 관계를 유지하는 국가들도 방첩활동의 목표가 될 수 있다.

② 예를 들어, 영국이나 캐나다는 미국의 정보공동체와 밀접한 관계를 유지하고 있지만 미국의 CIA와 방첩기관들은 이들 국가의 정보활동 동향을 수집 및 분석한다. 비록 우호적인 관계를 유지하는 국가라 할지라도 그들에 관한 기본 지식과 동향을 파악해 둘 필요가 있기 때문이다.

③ 물론 우호국에 대한 첩보수집 활동은 우호적인 관계 유지를 감안하여 지나친 수단은 자제되어야 할 것이다.

(6) 산업스파이활동에 대한 대응

① 의의

㉠ 오늘날 적과 우호국의 구분을 떠나 세계 각국의 정보기관들과 기타 조직 또는 개인들이 무차별적으로 산업스파이활동을 전개하고 있다.

㉡ 예를 들어, 프랑스의 DGSE는 미국 IBM, Texas Instruments, Bell Textron 등 미국 회사에 침투하여 산업정보를 수집했던 것으로 드러났다.

② 미국 기업에 대한 산업정보 수집

㉠ CIA는 프랑스 정부가 작성한 문건을 입수했는데 여기에 보면 프랑스 정보기관이 미국 항공산업에 관한 비밀을 취득하기 위해 적극적인 활동을 전개했던 것으로 밝혀졌다.

㉡ 독일, 일본, 이스라엘, 한국 등도 미국 기업을 대상으로 산업스파이활동을 전개했던 것으로 알려졌다.

③ 산업보안이 방첩의 범위에 포함되는지 여부

㉠ 이러한 산업스파이활동에 대한 대응도 국가방첩의 범위에 포함되어야 하는가에 대해서는 논란이 있다.

㉡ 테러리즘이나 국제조직범죄는 국가안보 차원의 위협으로 인식되어 이에 대한 대응활동은 방첩의 범위에 포함된다. 오늘날 국가안보의 범위를 경제, 자원, 환경 등 신안보위협요소까지 확대된 개념으로 이해하면 경제안보 차원에서 산업스파이활동에 대한 대응활동, 즉 산업보안도 국가방첩의 범주에 포함될 수도 있겠다.

(7) 결론

① 코프랜드(Miles Copeland)는 방첩에 대해 학자들마다 다양한 정의들을 제시하고 있는 반면 방첩의 개념은 여전히 명확하지 않고 모호한 상태로 남아 있다고 지적했다.

② 사실 방첩은 적대국 정보기관에 침투하는 능동적 방첩과 물리적 보안을 유지하는 수동적 방첩을 포함하는 광범위한 의미로 해석된다.

③ 방첩은 한편으로는 외국 정보기관에 침투하여 교란 및 조정하는 임무를 수행하는 '대스파이활동(counterespionage)'의 의미로 간주되는 반면, 다른 한편으로는 오로지 수동적이고 방어적인 '보안(security)' 기능만을 수행하는 것으로 제한시켜 해석하기도 한다.

④ 또는 방첩을 간첩에 대한 '수사활동(investigative activity)'을 의미하는 것으로 매우 좁게 해석하는 경우도 있다.

⑤ 다만 오늘 날 국가안보의 개념이 전통적인 안보를 넘어서 초국가안보 또는 신안보 등을 포괄하도록 확대됨에 따라 정보활동의 영역도 확대되는 양상으로 전개되고 있으며, 이에 대한 대응노력으로서 방첩의 활동범위도 수동적 보안은 물론 능동적 방첩을 포괄하도록 확대되는 추세를 보이고 있다.

767

방첩에 대한 설명으로 틀린 것은?

① 능동적 방첩과 수동적 방첩이 있다.

② 외국의 정보활동에 대응하기 위한 기법 개발과 제도 개선도 방첩활동에 해당한다.

③ 우리나라의 방첩기관에는 국가정보원, 해양경찰청, 국군방첩사령부 등이 있다.

④ 우호적인 관계를 유지하는 국가들은 방첩활동의 목표가 될 수 없다.

정답 ④

풀이 ④ 일반적으로 방첩의 주요 목표는 적대국이나 적대세력이다. 그러나 적대국은 물론 때로 우호적인 관계를 유지하는 국가들도 방첩활동의 목표가 될 수 있다. 예를 들어 영국이나 캐나다는 미국의 정보공동체와 밀접한 관계를 유지하고 있지만 미국의 CIA와 방첩기관들은 이들 국가의 정보활동 동향을 수집 및 분석한다. 비록 우호적인 관계를 유지하는 국가라 할지라도 그들에 관한 기본 지식과 동향을 파악해 둘 필요가 있기 때문이다.

768

제시문에 해당하는 활동으로 가장 적절한 것은? [2024년 기출]

> 대간첩(Counter Espionage)에서 시작된 개념으로 고대 전쟁에서도 정보활동의 일환으로 중요시 되었다. 과거 인원보안 위주의 수동적 활동에서 탈냉전 이후 세계화 및 정보화로 능동적 활동으로 확대되었다. 테러, 마약, 국제범죄, 사이버테러 등 초국가적인 안보 이슈가 새로운 활동의 요소로 부각되고 있다.

① 방공
② 보안
③ 안보
④ 방첩

정답 ④

풀이 ④ 방첩에 대한 설명이다.

769

방첩에 대한 설명으로 틀린 것은? [2023년 기출]

① 방첩은 대응방식에 따라서 수동적 방첩과 능동적 방첩으로 분류될 수 있다.
② 공격적 방첩활동에는 역용, 기만, 침투공작 등이 있다.
③ 외국의 정보활동에 대응하기 위한 기법 개발과 제도 개선도 방첩활동에 해당한다.
④ 방첩의 대상에는 적성국만 해당하며 우방국은 해당하지 않는다.

정답 ④

풀이 ④ 우방국도 특히 경제간첩 영역에서는 경쟁국으로 당연히 방첩의 대상이다.

770

방첩에 대한 설명으로 틀린 것은? [2022년 기출]

① 적대국 국가정보기관의 공작에 대항해 국가 및 자국의 정보관련 행위를 보호하기 위한 정보의 수집, 분석 혹은 이와 관련해 수행하는 각종 공작활동이다.

② 주변 및 우호세력과 동맹국의 대사관, 영사관 등의 장소는 방첩의 대상이 아니다.

③ 국가안보와 국익에 반하는 상대국의 정보수집활동을 탐지하고, 견제, 차단하기 위한 모든 대응활동이다.

④ 방첩은 단순 보안기능이 아닌 보다 광범위한 차원에서 적 정보활동 노력을 무력화시키는 능동적 정보활동이다.

정답 ②

풀이 ② 일반적으로 방첩의 주요 목표는 적대국이나 적대세력이다. 그러나 적대국은 물론 때로 우호적인 관계를 유지하는 국가들도 방첩활동의 목표가 될 수 있다.

771

방첩활동에 대한 설명으로 틀린 것은? [2013년 기출]

① 불순분자의 테러를 진압한다.

② 국가안보의 개념이 확장되면서 방첩활동의 대상도 늘어나고 있다.

③ 국제범죄, 마약, 사이버테러 등도 새롭게 추가되는 영역이다.

④ 방첩활동을 강화할 경우 인권문제 등이 제기되기도 한다.

정답 ①

풀이 ① 테러에 대한 대응도 국가정보기관의 방첩활동 영역에 포함되지만 직접 진압하는 것은 방첩활동으로 볼 수 없다.

핵심정리 **제임스 올슨(James Olson)의 방첩공작 활동의 10계명**

(1) **공격적이 되라(Be Offensive).**
수동적이고 방어적인 방첩공작은 반드시 실패한다. 상대방 저 너머를 가야 한다. 적극적인 이중 스파이 공작은 필수적이다. 침투공작은 방첩공작 성공의 열쇠이다. 우방은 있지만 우호적 정보활동은 없다. 모든 외국 정보기구 활동은 잠재적으로 상대방이 된다.

(2) **자부심을 가져라(Honor Your Professionals).**
방첩공작 활동은 대중적 인기를 끌 수도 없고, 성공은 또한 실패로 평가받을 수 있다. 끊임없이 나쁜 소식만 들려오는 업무로, 스파이를 잡으면 왜 그리 늦게 잡았느냐고 말하고, 못 잡으면 무능력으로 비판받지만 사명감으로 업무에 자부심을 가져야 한다.

(3) **거리를 누벼라(Own the Street).**
현장의 중요성을 강조한 것으로 방첩공작 활동에서 가장 기본적인 중요성을 가졌으나 실제는 잘 따르지 않는다. 미국 방첩부서도 세계 각국의 수도 및 주요 지점을 외면했다는 반성을 해야 한다. 다른 정보기관들과의 맞부딪칠 현장을 스스로 포기하고 편한 방법으로 가려 해서는 안 된다.

(4) **역사를 이해하라(Know Your History).**
유능한 방첩공작관들은 과거의 성공과 실패 사례를 면밀히 검토하고 연구하면서 간접경험을 쌓을 수 있다. 그리고 그것만으로도 방첩공작 활동에서 유발될 수많은 어려움의 상당부분에 대체할 대비를 할 수 있다. 특히 과거의 성공 사례보다 실패사례에 대한 공부는 실수를 반복하지 않게 가르쳐 주는 산 스승이다. 많은 사례를 공부하는 것은 방첩공작부서 근무자의 의무라고 할 것이다.

(5) **철저히 분석하라(Do Not Ignore Analysis).**
현장 활동을 중시하는 방첩공작 활동에서는 자칫 분석을 이단아로 취급하는 경향이 있다. 그러나 미국의 경우에 한때 현장 활동자에게 분석기법을 교육해 자체 분석에 따라 행동을 하게 한 경험도 있었다. 그러나 좋은 성공을 거두지 못하고 도리어 방첩공작 분야의 체계적인 분석능력을 약화시켰다는 비난이 있었다는 점을 잊지 말아야 한다.

(6) **편협하지 말라(Do Not Be Parochial).**
정보기관 상호간의 존중과 협조는 대단히 중요하다. 우월성을 앞세운 일방 성은 편협성에 다름 아니다. 한때 CIA와 FBI는 대화 자체가 없었다고 한다. 동료 기관들의 업무도 똑같이 헌신적이고 전문적으로 심혈을 다해 애국심에 기초해 행해진다는 사실을 인식하고 존중하고 협조해야 한다.

(7) **끊임없이 학습하라(Train Your People).**
방첩공작은 단순히 논리와 상식으로 자동적으로 행할 수 있는 업무가 아니다. 특별한 관점과 분석을 끊임없이 요구한다. 방첩공작 특별 분야에 대한 끝없는 학습이 필요한 것이다.

(8) **밀리지 말라(Do Not Be Shoved Aside).**
방첩공작 활동에 대해서는 평가가 엇갈린다. 성공은 드러나지 않고 실패는 널리 알려진다. 많은 시기도 뒤따른다. 스스로 골칫거리를 조직에 만들어 주기도 한다. 업무의 성격상 자신의 것은 극도로 노출을 꺼리면서 남의 것만을 많이 알아내려는 의도와 자세에서 다른 사람, 다른 기관의 적극적이고 긍정적인 협조를 기대하기 어렵다. 이런 경우 조직 내의 상사, 방첩공작(CI)에 좋지 않은 감정으로 협조하지 않은 사람들에 의해 장애가 오더라도, 어떻게든 그들을 설득하거나 최악으로는 그들의 상사와 직접 접촉하거나 하는 등의 방법으로라도 나서야 한다. 결코 소외되어 업무를 중단해서는 안 된다. 더불어 접근이 거부된 사례, 협조거부 등의 장애는 잘 기록해 두어, 사태가 발생했을 때 대비해야 한 다. 이러한 적극적인 노력 없는 방첩공작활동은 결국 자신의 잘못으로 비난받게 되고, 어떠한 변명도 통할 수 없다.

(9) 한 곳에 오래 머무르지 말라(Do Not Stay Too Long)

① 방첩공작 활동은 생명까지 걸린 대단히 위험한 일이다. 분별 있고 생산적인 방첩공작 성공을 위해 환기와 신선한 사고의 전환이 필요하다. 비 방첩공작부 서 공작관도 주기적으로 방첩공작 활동에 투입되어야 한다. 더불어 약 2~3년간의 국내와 외국의 순환 근무는 절대적으로 필요하다.

② 해외 필드에서의 실전경험은 요원들을 새롭게 충전시키고 세련되고 무엇보다 세계 방첩공작 활동의 조류에서 뒤떨어지지 않게 해 줄 것이다. 그러나 이것이 물론 보직을 수시로 변경하라는 취지는 아니다. 방첩공작 활동에 50년이 걸릴 수도 있는 것이다. 한 사람의 방첩공작 전문가는 결코 한 순간에 만들어 지는 것은 아니다.

(10) 절대로 포기하지 말라(Never Give Up).

① 방첩공작 10계명 중 가장 중요한 계명이다. 올슨은 다음과 같은 예를 든다. 검거하는 데 10년이 걸린 KGB 이중 스파이 에임스에 대해, 만약에 9년째 되는 해에 조사를 포기했다면, 상대국에 대한 감시활동의 결과 6개월째에 이르러 비로소 단서가 포착되기 시작했는데 감시활동을 5개월 만에 멈췄다면, 상대세력도 자국의 동태를 살펴보며 지루하게 기다린다.

② 중국 정보기구는 기다림에 단련되어 있고, 상대세력이 움직일 때까지 일정하게 기다리는 것은 의무라고 한다. 또한 FBI와 미 국방부 산하 정보기관들은 1960년과 1970년대의 방첩공작 사건을 지금도 계속 추적 중이다. 올슨은 방첩 공작 게임의 다른 이름은 '고집'이라고 말했다.

772

제임스 올슨의 방첩공작 10계명 중 가장 중요한 계명으로 옳은 것은?

① 공격적이어라(Be Offensive).
② 절대로 포기하지 말라(Never Give Up).
③ 거리를 누벼라(Own the Street).
④ 밀리지 말라(Do Not Be Shoved Aside).

정답 ②

풀이 ② 올슨은 방첩공작 게임의 다른 이름은 '고집'이라고 말하면서 열 번째 계명인 '절대로 포기하지 말라(Never Give Up)'가 방첩공작에서 가장 중요한 계명이라고 했다.

773

제임스 올슨의 방첩공작 10계명 중 가장 중요한 계명으로 옳은 것은?

① 현장장악
② 인내
③ 역사의 이해
④ 끊임없는 변신

정답 ②

풀이 ② 올슨은 방첩공작 게임의 다른 이름은 '고집'이라고 말하면서 열 번째 계명인 '절대로 포기하지 말라(Never Give Up)'가 방첩공작에서 가장 중요한 계명이라고 했다.

774

제임스 올슨(James Olson)의 방첩공작 10계명 중 고집이라고 할 수 있는 계명으로 옳은 것은?

① 거리를 누벼라(Own the Street).

② 한 곳에 오래 머무르지 말라(Do Not Stay Too Long).

③ 절대로 포기하지 마라(Never Give Up).

④ 자부심을 가져라(Honor Your Professionals).

정답 ③

풀이 ③ 올슨은 방첩공작 게임의 다른 이름은 '고집'이라고 말하면서 열 번째 계명인 '절대로 포기하지 말라(Never Give Up)'가 방첩공작에서 가장 중요한 계명이라고 했다.

775

제임스 올슨의 방첩 10계명에 포함될 수 없는 것은? [2020년 기출]

① 절대 포기하지 말라.

② 끊임없이 훈련하라.

③ 가장 훌륭한 방첩은 방어적 활동이다.

④ 편협하지 말라.

정답 ③

풀이 ③ 제임스 올슨의 방첩 1계명은 '공격적이 되라(Be Offensive).'이다. 올슨은 '수동적이고 방어적인 방첩공작은 반드시 실패한다.'고 주장했다.

776

제임스 올슨(James M. Olson)의 방첩 10계명에 포함될 수 없는 것은? [2016년 기출]

① 공격적이어라.

② 역사를 알아라.

③ 포기할 때를 알아라.

④ 거리를 누벼라.

정답 ③

풀이 ③ 올슨은 방첩공작 게임의 다른 이름은 '고집'이라고 말하면서 열 번째 계명인 '절대로 포기하지 말라(Never Give Up)'가 방첩공작에서 가장 중요한 계명이라고 했다.

핵심정리 **방첩의 유형**

(1) 의의

① 방첩은 범위 또는 영역에 기초하여 전통적 방첩과 광의의 방첩으로 구분될 수 있다.

② 전통적 방첩은 타국의 정보기관들에 의해 오랫동안 수행되어 왔던 기존의 전통적인 정보활동과 안보위협들에 대한 대응을 의미한다.

③ 광의의 방첩은 산업스파이활동, 테러, 조직범죄, 사이버테러 등 적대국 정보기관이나 기타 범죄조직, 또는 개인들에 의해 야기되는 새로운 안보위협들에 대한 대응들을 포괄한다.

(2) 전통적 방첩

① 의의

전통적 방첩은 대응방식에 따라서 수동적 방첩과 능동적 방첩으로 분류될 수 있다.

② 수동적 방첩

수동적 방첩으로서 보안은 외국 또는 적대세력의 정보수집 기도를 차단 또는 제한하기 위해 취해지는 제반 조치로서 대체로 방어적이고 소극적인 대응으로 제한된다.

③ 능동적 방첩

㉠ 이에 반해 능동적 방첩으로서 대스파이활동은 외국 또는 적대세력의 정보활동과 안보위협에 대해 적극적이고 때로 공격적으로 대응하는 제반 노력을 포함한다.

㉡ 이를 위해 외국 또는 적대세력의 전략 또는 동향을 파악하는데 중점을 두며, 첩보수집, 방첩 수사, 방첩분석 그리고 방첩공작 등 다양한 활동을 수행하게 된다.

(3) 수동적 방첩

① 수동적 방첩은 적대세력이 중요한 정보나 지식에 접근하는 것을 제한 또는 차단하는 데 목적으로 두고 수행되는 활동 또는 그와 관련된 정보를 의미하며, 대체로 '보안'과 유사하다.

② 보안의 의미는 학자들마다 각기 다르게 해석되고 있으며, 때로 방첩에 포함되지 않기도 한다. 그러나 보안은 방첩과 동일한 기능을 수행하기 때문에 방첩의 일부로 고려되어야 한다는 슐스키의 견해를 수용하여 이 책에서는 보안의 의미를 '수동적 방첩'으로 해석한다.

③ 수동적 방첩으로서 보안은 보호할 목표 또는 대상에 따라 인원보안, 문서 보안, 시설보안, 자재보안, 통신보안, 컴퓨터보안 등으로 분류될 수 있다.

(4) 능동적 방첩

① 의의

능동적 방첩은 적대세력의 위협적인 활동에 적극적 · 공격적으로 대응한다는 점에서 소극적 방어에 그치는 수동적 방첩과 차이가 있다.

② 즐키(Arthur A. Zuehlke, Jr)

㉠ 즐키(Arthur A. Zuehlke, Jr)는 능동적인 방첩을 '수사활동(investigative activity)'과 '대응활동(countering activity)'으로 분류했다.

㉡ '수사활동'은 적대행위와 그러한 행위를 수행하는 사람을 탐지하는 데 목표를 두는 활동이다.

㉢ '대응활동'은 대스파이활동, 대사보타주, 대테러 등 적의 행동에 직접적으로 대응하는 공격적 방첩활동을 의미한다고 기술했다.

③ 검토

그런데 '수사활동'은 사실 '대스파이활동'을 수행하는데 필요한 요소로서 사실상 '대스파이활동'에 포함된다. 그리고 대사보타주, 대테러, 국제범죄 대응, 산업보안 등의 활동은 전통적인 방첩의 범위를 벗어난 활동으로 보는 것이 타당하다.

[방첩의 분류]

분류		내용	
대분류	소분류		
전통적 방첩	보안	• 문서보안 또는 기밀분류 • 시설보안 • 통신보안 • 기타(네트워크 보안, 암호보안 등)	• 인원보안 • 자재보안 • 컴퓨터보안
	대스파이활동	• 첩보수집 • 방첩분석	• 방첩수사 • 방첩공작: 이중간첩, 기만과 역기만
광의의 방첩	보안	산업보안	
	기타	• 대테러 • 국제범죄 대응	• 대사보타주 • 사이버테러 대응

777

전통적 방첩으로 적절하지 않은 것은?

① 첩보수집
② 방첩공작
③ 산업보안
④ 네트워크 보안

정답 ③

풀이 산업보안은 광의의 방첩으로 분류된다.

778

방첩분석 결과물이 활용되는 경우로 적절하지 않은 것은?

① 위협 평가
② 방첩활동 수행의 핵심 요소
③ 정보활동 수행의 산출 요소
④ 외국 정보기관들에 대한 백과사전적 지식 제공

정답 ③

풀이 방첩정보는 정보활동을 수행하는 데 중요한 투입요소가 될 수 있다. 적대국 정보기관과의 지속적인 접촉을 통해 방첩요원은 적대국 정보활동의 수준을 평가하고, 나아가 앞으로 그들이 어떤 의도를 갖고 어떤 행동을 취할 것인지를 추정해볼 수 있다. 예를 들어 적대국이 정보활동을 보다 활발하게 수행하게 될 경우 조만간에 군사적인 행동을 취할 위험이 있다는 신호로 유추해 볼 수 있다.

779

방첩활동에 대한 설명으로 옳은 것은? [2022년 기출]

① 공격적 방첩활동에는 역용, 기만, 침투공작 등이 있다.

② 수동적 방첩활동에는 인원보안, 시설보안, 문서보안, 감시활동 등이 있다.

③ 방첩활동의 범위는 상대국 정보기관으로만 제한한다.

④ 방첩활동에는 정보수집, 비밀공작, 방어적 방첩, 공격적 방첩활동 등이 있다.

정답 ①

풀이 ① 능동적 방첩은 적대세력의 위협적인 활동에 적극적 · 공격적으로 대응한다는 점에서 소극적 방어에 그치는 수동적 방첩과 차이가 있다. 첩보수집, 방첩수사, 방첩분석, 이중간첩과 기만과 역기만 등 방첩공작은 모두 대스파이활동, 즉 능동적 방첩이라고 할 수 있다.

② 첩보수집의 다음 단계로 수행되는 방첩수사는 엄격히 구분되지는 않지만 굳이 나누자면 감시활동과 수사활동으로 구분될 수 있고 방첩수사는 대스파이활동, 즉 능동적 방첩에 속한다.

③ 정보기관뿐 아니라 외국 정부나 조직 또는 개인에 의해 수행된 간첩, 기타 비밀 정보활동, 사보타주, 국제 테러 또는 암살 등도 방첩활동의 대상에 포함된다.

④ 1991년 미국의 「정보수권법」에서는 비밀공작을 "미국의 대외 정책을 지원할 목적으로 수행되는 행위로서 외국의 정부, 사건, 조직 또는 사람들에게 영향을 미치기 위해 계획된 활동이며, 정부가 개입한 사실이 드러나지 않는다는 점에서 방첩활동이나 군사행동 또는 사법경찰의 활동과는 명백히 구분된다."고 정의하고 있다.

780

방첩활동에 대한 설명으로 틀린 것은? [2021년 기출]

① 보안교육은 조직에 대한 충성심이 사라지지 않도록 교육하는 것이다.

② 방첩활동은 소극적 방첩과 적극적 방첩으로 구분할 수 있다.

③ 소극적 방첩은 보안활동으로 문서보안, 시설보안, 인원보안, 정보통신보안 등이 있다.

④ 적극적 방첩은 정보수집, 방어활동, 공격활동이 포함되지만 비밀공작과 명확하게 구분된다.

정답 ①

풀이 ① 보안교육은 보안에 대한 기본지식과 이해를 증진시키는 데 중점을 두고 시행되며, 보안누설에 대한 경각심을 일깨우고 국가를 위한 충성심을 제고시키는 데 매우 효과적이다.

781

다음 중 성격이 다른 방첩 관련 법령으로 옳은 것은? [2021년 기출]

① 군형법
② 국가보안법
③ 방첩업무규정
④ 보안업무규정

정답 ④

풀이 ① 「군형법」은 능동적 방첩으로 분류되는 방첩수사에 관한 법이다.
② 「국가보안법」은 능동적 방첩으로 분류되는 방첩수사에 관한 법이다.
③ 「방첩업무규정」 제2조 제1호는 '방첩이란 국가안보와 국익에 반하는 북한, 외국 및 외국인 · 외국단체 · 초국가행위자 또는 이와 연계된 내국인(이하 외국 등)의 정보활동을 찾아내고 그 정보활동을 확인 · 견제 · 차단하기 위하여 하는 정보의 수집 · 작성 및 배포 등을 포함한 모든 대응활동을 말한다.'고 규정하고 있다.
④ 「보안업무 규정」은 「국가정보원법」 제4조에 따라 국가정보원의 직무 중 보안 업무 수행에 필요한 사항을 규정함을 목적으로 하는 수동적 방첩에 관한 법이다.

782

다음 중 성격이 다른 방첩 관련 법령으로 옳은 것은? [2021년 기출]

① 국가보안법
② 국가정보보안 기본 지침
③ 방첩업무 규정
④ 테러방지법

정답 ②

풀이 ② 「국가보안법」, 「방첩업무 규정」, 「테러방지법」은 능동적 방첩에 관한 법이고, 「국가정보보안 기본 지침」은 수동적 방첩에 속하는 보안에 관한 법이다.

783

방첩업무에 대한 설명으로 틀린 것은? [2018년 기출]

① 방첩활동은 능동적 방첩과 수동적 방첩으로 구분된다.
② 수동적 방첩의 종류는 문서보안, 인원보안, 시설보안 등이 있다.
③ 방첩은 적국의 정보원이 자국의 정보를 수집하지 못하도록 방어하는 것이다.
④ 방첩은 적국의 군사정보를 수집해 공격활동을 수립하는 데 활용하는 것이다.

정답 ④

풀이 ④ 적국의 군사정보를 수집하는 것은 방첩활동이 아니라 정보활동이다.

784

방첩활동에 대한 설명으로 틀린 것은? [2007년 기출]

① 방첩활동에 필요한 정보를 수집하는 것은 적성국의 정보수집능력을 평가하기 위한 목적이다.

② 정보원에 대한 지속적인 감시활동도 능동적 방첩활동의 일환이다.

③ 수동적 방첩활동에는 문서보안, 시설보안, 인원보안 등이 있다.

④ 방첩활동에는 공격활동이 포함되지 않는다.

정답 ④

풀이 ④ 방첩활동 중에 외국 첩보원을 체포, 회유하여 역용공작에 활용할 수도 있으며, 고의적으로 기만정보를 흘리는 기만공작을 수행하기도 한다. 이러한 역용공작과 기만공작은 공격활동에 해당된다.

785

방첩에 대한 설명으로 틀린 것은? [2016년 기출]

① 방첩은 능동적 방첩과 수동적 방첩으로 구분된다.

② 적국 정보기관의 정보수집능력을 파악하는 것도 능동적 방첩활동이다.

③ 수동적 방첩은 전통적인 보안영역을 모두 포함한다.

④ 방첩대상국으로 적성국만 포함하고 우방국은 제외한다.

정답 ④

풀이 ④ 일반적으로 방첩의 주요 목표는 적대국이나 적대세력이다. 그러나 적대국은 물론 때로 우호적인 관계를 유지하는 국가들도 방첩활동의 목표가 될 수 있다.

786

능동적 방첩활동에 포함될 수 없는 것은? [2015년 기출]

① 역용공작 ② 정보통신보안

③ 기만공작 ④ 방첩정보수집

정답 ②

풀이 ② 정보통신보안은 소극적 방어에 그치는 수동적 방첩이다. 능동적 방첩은 적대세력의 위협적인 활동에 적극적 · 공격적으로 대응한다. 첩보수집, 방첩수사, 방첩분석, 이중간첩과 기만과 역기만 등 방첩공작은 모두 대스파이활동, 즉 능동적 방첩이라고 할 수 있다.

Theme

29 수동적 방첩: 보안(security)

핵심정리 수동적 방첩: 보안(security) 의의

(1) 방첩의 수동적 유형으로 분류되는 보안(security)은 외국 또는 적대세력의 정보수집 기도를 차단 또는 제한하기 위해서 취해지는 제반 조치를 의미한다.

(2) 외국 또는 적대세력은 정보 획득을 위해 자국의 문서, 인원, 자재, 시설, 통신 등 다양한 목표에 대해 접근을 시도한다. 보안은 적대세력이 이러한 목표에 접근하거나 침해하는 행위로부터 보호하기 위한 예방대책이라고 정의할 수 있다.

핵심정리 정보(intelligence)와 보안(information security)의 관계

1. 의의

① 보안이 정보기관이나 군대만의 기능이나 임무라고 볼 수 없다.

② 오늘날 보안은 정보기관이나 군대 조직만이 아니고 일반 행정부처, 민간 기업체, 심지어 개인들조차 중요 하게 고려하고 있다. 왜냐하면, 보안은 어느 개인이나 조직 또는 국가가 존립을 확보하고 경쟁에서 승리하는 데 필요한 핵심적인 요소이기 때문이다.

③ 보안이 노출될 경우 그 자체 존립이 위험해질 뿐만 아니라 금전적인 손실과 함께 경쟁에서도 매우 불리한 입장에 처하게 될 수 있다. 어쨌든, 보안은 효과적인 정보활동을 수행하는 데 필요한 핵심적인 요소이지만, 정보기관만의 고유 기능이나 활동이라고 볼 수 없다.

2. 레이건 대통령 「행정명령 제12333호」

(1) 의의

① 보안이 정보기관 고유의 활동이 아니라는 관점에서 보안을 방첩에 포함시키는 것에 대해 논란이 있다.

② 레이건 대통령 「행정명령 제12333호」에서 방첩의 개념을 정의한 다음, 방첩의 범주에 "인원, 자재, 문서, 통신 보안 등은 포함되지 않는다."고 기술했다.

③ 1947년 국가안보법에서는 명시하지 않았는데 왜 레이건 대통령의 행정명령에서 네 가지 유형의 활동을 방첩의 범주에서 제외시켰는지 유의해볼 필요가 있다.

(2) 학설

① 슐스키는 보안업무는 CIA, FBI 등 정보기관이 아닌 미국의 일반 행정부처에서도 수행하고 있기 때문이라고 설명했다.

② 허만(Michael Herman)도 보안(security)은 정보보안(information security)의 줄임말로서 주로 'information'을 보호하는 기능을 수행한다는 점에서 'intelligence'로 볼 수 없다는 입장을 취했다.

3. NATO

① NATO에서도 보안을 'information security'라고 칭하면서 정보(intelligence)의 범주에 포함시키지 않는다.

② NATO에서 보안은 정보(intelligence)와 밀접히 연계되지만 정보(intelligence)의 범주에 포함되지 않는 별도의 기능을 수행하는 것으로 기술하고 있다.

③ 사실 보안(security)은 일반 행정부처뿐만 아니라 민간 기업체에서도 수행하고 있기 때문에 정보기관 고유의 업무로 볼 수 없다는 주장이 설득력 있는 견해로 인정된다.

787

보안에 대한 설명으로 틀린 것은?

① 레이건 대통령 「행정명령 제12333호」은 방첩의 범주에 "인원, 자재, 문서, 통신 보안 등은 포함되지 않는다."고 규정하고 있다.

② NATO는 보안을 'information security'라고 칭하면서 정보(intelligence)의 범주에 포함시키지 않는다.

③ 허만, 홀트, 리첼슨, 즐키 등 대부분의 학자들은 보인을 방첩의 범주에 포함된다고 본다.

④ 보안은 업무를 수행하는 주체에 따라 개인보안, 기업 보안, 국가보안 등으로 구분될 수 있다.

정답 ③

풀이 허만은 보안(security)은 정보보안(information security)의 줄임말로서 주로 'information'을 보호하는 기능을 수행한다는 점에서 'intelligence'로 볼 수 없다는 입장을 취하고 있다.

788

정보와 보안에 대한 설명으로 틀린 것은?

① 보안은 정보기관이나 군대만의 고유 기능이나 활동으로 볼 수 없다.

② NATO는 보안을 'information security'라고 칭하면서 정보(intelligence)의 범주에 포함시키지 않는다.

③ 레이건 대통령 「행정명령 제12333호」은 방첩의 범주에 "인원, 자재, 문서, 통신 보안 등은 포함되지 않는다."고 기술했다.

④ 슐스키는 보안(security)은 정보보안(information security)의 줄임말로서 주로 'information'을 보호하는 기능을 수행한다는 점에서 'intelligence'로 볼 수 없다고 주장했다.

정답 ④

풀이 허만(Michael Heiman)의 주장이다. 슐스키는 보안업무는 CIA, FBI 등 정보기관이 아닌 미국의 일반 행정부처에서도 수행하고 있기 때문에 'intelligence'로 볼 수 없다고 주장했다.

789

정보(intelligence)와 보안(information security)의 관계에 대한 설명으로 틀린 것은?

① 정보는 적의 보안을 뚫는 것을 주 목표로 하며, 보안은 적의 정보 취득을 막는 것이 주 목표이다.
② 레이건 대통령의 「행정명령 제12333호」에서는 방첩의 범주에 보안이 포함되지 않는다고 명시했다.
③ NATO에서 보안은 정보와 밀접하게 연계되지만, 정보의 범주에 포함되지 않는 별도의 기능을 수행한다.
④ 보안은 정보기관의 고유 업무로 볼 수 있으며, 이는 일반 행정부처나 민간 기업체에서는 수행되지 않는다.

정답 ④

풀이 ④ 보안(security)은 일반 행정부처뿐만 아니라 민간 기업체에서도 수행하고 있기 때문에 정보기관 고유의 업무로 볼 수 없다.

790

정보와 보안의 관계에 대한 설명으로 틀린 것은?

① 보안은 정보기관이나 군대만의 기능이나 임무라고 볼 수 없다.
② 보안의 중요한 목표는 적의 정보 취득을 막는 것이고, 정보의 중요한 목표는 적의 보안을 뚫는 것이다.
③ 레이건 대통령 「행정명령 제12333호」는 방첩의 범주에 '인원, 자재, 문서, 통신 보안 등은 포함되지 않는다.'고 규정하고 있다.
④ NATO는 보안, 즉 'intelligence security'는 정보와 밀접히 연계되지만 정보의 범주에 포함되지 않는 별도의 기능을 수행하는 것으로 기술하고 있다.

정답 ④

풀이 ④ NATO에서도 보안을 'information security'라고 칭하면서 정보(intelligence)의 범주에 포함시키지 않는다.

핵심정리 방첩과 보안(information security)의 관계

(1) 의의

보안을 방첩의 범주에 포함시킬 것인가에 대해서는 여전히 논란이 있다.

(2) 학설

① 슐스키는 방첩을 적극적 대스파이활동과 수동적 보안으로 구분했다. 그런데 그는 보안과 방첩은 동일한 기능을 수행하기 때문에 보안은 방첩의 일부로 고려되어야 한다는 견해를 피력했다.

② 허만을 제외하고 홀트, 리첼슨, 즐키(Arthur A. Zuehlke, Jr.) 등 대부분의 학자들도 슐스키와 유사한 관점에서 보안을 방첩의 범주에 포함시킨다.

(3) 검토

① 실제로 보안과 방첩은 분리될 수 없는 불가분의 관계이며 밀접히 연계된다. 철저한 보안유지 없이 방첩임무를 성공적으로 달성할 수 없다.

② 학계의 일반적인 견해를 수용하여 보안을 방첩의 범위에 포함하여 논의하는 것이 타당하다.

핵심정리 보안의 분류

(1) 의의

보안은 여러 가지 기준에 따라 다양하게 분류될 수 있다.

(2) 업무를 수행하는 주체에 따른 구분

보안은 업무를 수행하는 주체에 따라 개인보안(personal security), 기업 보안(corporation security), 국가보안(national security) 등으로 구분될 수 있다.

(3) 업무분야에 따른 구분

업무분야에 따라서 군사에 관한 것이면 군사보안(military security), 공작에 관한 것이면 공작보안(operation security), 산업분야에 관한 것이면 산업보안(industrial security) 등으로 칭한다.

(4) 보호해야 할 대상에 따른 구분

일반적으로 보안은 보호해야 할 대상에 따라 문서, 인원, 시설, 전산, 통신 보안 등으로 분류된다.

791

다음 중 수동적 방첩활동에 포함될 수 없는 것은? [2019년 기출]

ㄱ. 통신보안	ㄴ. 컴퓨터보안
ㄷ. 정보원감시	ㄹ. 역용공작
ㅁ. 기만공작	ㅂ. 인원보안

① ㄱ, ㄴ, ㄷ　　② ㄷ, ㄹ, ㅁ

③ ㄴ, ㄷ, ㄹ　　④ ㄹ, ㅁ, ㅂ

정답 ②

풀이 ② 정보원 감시, 역용공작, 기만공작은 적극적 방첩활동에 포함된다.

792

다음 중 보안의 종류에 포함되지 않는 것은? [2019년 기출]

① 시설보안 ② 조직보안
③ 인원보안 ④ 통신보안

정답 ②

풀이 ② 수동적 방첩으로서 보안은 보호할 목표 또는 대상에 따라 인원보안, 문서 보안, 시설보안, 자재보안, 통신보안, 컴퓨터보안 등으로 분류될 수 있다.

793

보안에 대한 설명으로 틀린 것은? [2013년 기출]

① 전통적인 개념의 보안활동을 수동적 방첩활동이라고 부른다.
② 대부분의 국가는 수동적 방첩만 방첩활동으로 인정하고 있다.
③ 중요한 비밀문서를 분류, 보관, 폐기 등을 하는 것을 문서보안이라고 한다.
④ 중요인원의 선발을 위한 신원조사도 인원보안에 포함된다.

정답 ②

풀이 ② 대부분의 국가는 수동적 방첩활동을 기본으로 하면서, 능동적 방첩활동도 중요시하고 있다. 최근에는 능동적 방첩활동을 더 중요하게 취급하는 국가가 늘어나고 있다.

794

다음 중 보안에 포함되지 않는 것은? [2010년 기출]

① 문서보안 ② 첩보수집
③ 인원보안 ④ 통신보안

정답 ②

풀이 ② 첩보수집, 방첩수사, 방첩분석, 이중간첩과 기만과 역기만 등 방첩공작은 모두 대스파이활동, 즉 능동적 방첩이라고 할 수 있다.

795

보안에 대한 설명으로 틀린 것은? [2006년 기출]

① 문서보안은 기밀의 분류, 대출, 열람, 배포, 파기 등에 관한 것이다.
② 물리적 보안은 보호지역 설정, 즉 시설보안에 관한 것이다.
③ 통신보안은 보안자재, 암호, 도청방지에 관한 것이다.
④ 문서보안은 동향파악과 보안교육을 포함한다.

정답 ④

풀이 ④ 동향파악과 보안교육은 인원보안의 수단이다. 참고로 인원보안에 활용되는 수단으로는 신원조사, 동향파악, 보안교육, 서약의 네 가지를 들 수 있다.

핵심정리 문서보안

(1) 문서보안이란 문서의 생산, 수발, 보관과정에서 외부 침입으로부터 보호하기 위해 취해지는 일체의 수단과 방법을 말한다. 문서란 필요한 사항을 문장으로 적어서 나타낸 글을 뜻하는 것으로, 좁은 의미로는 문자 또는 이에 대신할 수 있는 일정한 부호를 사용해 사람의 관념 또는 의사가 표현된 서류를 말한다. 넓은 의미로는 좁은 의미의 문서 외에 그림이나 암호, 지도나 사진, 테이프, 전자기록 등을 포함한다.

(2) 문서는 어떠한 주제에 대해 내용을 확실하게 하고 반복해 사용할 수 있다는 이점이 있는 반면, 분실 또는 도난의 위험성이 있고, 문서를 복사하거나 사진 촬영하여 누설할 경우 유출 여부 자체를 알기 어려울 뿐만 아니라, 문서를 획득한 상대방은 자국의 의도와 능력에 대한 확실한 정보를 획득하게 된다는 위험성이 있다.

(3) 문서와 서류에 대한 상대국의 첩보수집 활동을 막는 가장 중요한 수동적인 보호 장치는 일정한 기준을 정해 단순하게 접근을 차단하는 것이다. 즉 정보를 가치에 따라 분류해 접근하기 어렵게 보호막으로 차단하는 것으로, 문서에 대한 차단 장치를 통상 '문서보안'이라고 일컫는다. 문서보안을 위한 첫 단계는 중요성을 파악해 어떤 정보가 보호막 안에 위치해야 하는지를 결정하는 것인데 그것이 '비밀분류'이다.

(4) 일반적으로 문서는 작성주체에 따라 공문서와 사문서로 분류된다. 국가정보 기구의 소극적 방첩활동, 즉 보안 대상으로서의 문서는 원칙적으로 공문서를 의미한다. 공문서란 공적인 목적을 위해 공공기관 또는 공무원이 그 직무상의 권한 내에서 작성하는 것으로, 각종 법규문서와 훈령이나 예규, 지시 등에 의한 문서 및 공고문과 각종 민원문서 등이 있다. 그러나 사문서라도 공적인 목적을 위해 공공기관에 보관하고 있는 문서, 즉 '공무소의 문서'는 역시 보안의 대상이 된다.

796

비밀을 관리하는 방법에 대한 설명으로 틀린 것은? [2015년 기출]

① 정보소비자의 요구에 적합한 문서를 사전계획에 따라 생산한다.
② 비밀은 취급인가를 받은 사람만 취급할 수 있다.
③ 비밀을 생산할 때 급작스러운 수요 등 만약의 상황을 대비해 여러 부 생산한다.
④ 정보소비자가 누구인가에 따라 비밀의 내용을 달리해야 한다.

정답 ③

풀이 ③ 비밀은 유출 위험을 줄이기 위해 현재 필요한 최소 수량만 생산해야 한다.

핵심정리 비밀 분류의 유의점

1. 의의

① 비밀분류의 기준이 설정되어 있지만, 무엇을 어떤 등급의 비밀로 분류해야 할지 모호한 경우가 많다.

② 비밀은 국가안보에 끼치는 손실의 정도에 따라 '일반적인 피해', '심각한 피해', '매우 심각한 피해' 등으로 구분하고 있지만 그 개념이나 의미가 명확하지 않다.

③ 이에 따라 비밀분류에 상당부분 주관성이 개입된다. 실제로 미국의 '대통령행정명령 13292'에서 보면 누가 비밀을 분류하고 어떤 등급으로 분류하는 것이 타당한지에 대해서는 아무런 언급이 없다.

④ 이에 따라 비밀을 불필요하게 과도분류(overclassification)하거나 그와 반대로 국가안보에 중요한 사항임에도 불구하고 비밀로 분류하지 않는 과소분류(underclassification)의 문제가 종종 발생할 수 있다.

2. 비밀의 과도분류

(1) 의의

① 비밀의 과도분류는 지나치게 많은 양의 정보를 높은 등급으로 분류하는 경우를 말한다. 이는 기본적으로 무엇을 비밀로 분류해야 할지 또는 어떤 등급으로 분류하는 것이 적절한지에 관한 기준이 명확하지 않는 데서 발생한다.

② 더욱이 비밀을 생산하는 기관마다 비밀분류의 기준이 다르기 때문에 비밀등급의 일관성조차 유지되기가 어렵다.

③ 과도하게 많은 양의 정보를 비밀로 분류하고 있다고 믿는 사람들은 정부 관리들이 곤란한 상황이나 질책을 모면하기 위해 비밀이 아닌 자료조차 의도적으로 비밀로 묶어 두려는 관행이 있다고 주장한다. 이들은 비밀분류가 정부 관리들의 책임회피 수단으로 활용되고 있다고 비난하기도 한다.

(2) 문제점

① 국민들이 알 필요가 있는 정보를 공개하지 않음으로써 국민들이 국가안보정책 관련 문제를 이해하고 토론할 기회가 상실될 수 있다. 이로 인해 건전한 여론형성을 통한 올바른 국가안보정책을 수립하는데 장애요인으로 작용할 위험이 있다.

② 또한 비밀분류의 엄격성이나 신뢰성이 떨어짐으로 인해 비밀분류를 무시하고 함부로 비밀을 누설하는 행동을 저지를 수 있다. 비밀을 과도하게 분류할수록 비밀보호의 필요성이나 중요성이 감소되는 반면, 비밀누설의 위험성은 증가하게 될 것이다.

③ 비밀유지의 필요성이 존중되고 가장 중요한 비밀이 보호될 수 있는 최상의 방법은 비밀을 최소로 분류하는 것이다. 비밀로 여겨지는 것들이 최소화될 때 비밀은 보다 효과적으로 보호될 수 있을 것이다.

3. 비밀의 과소분류

(1) 의의

① 비밀의 분류에 관련하여 주로 과도분류가 지적되고 있지만, 때로 국가안보에 중요한 사항이 비밀로 보호되지 않은 채 방치되는 과소분류(underclassification)의 문제점에 대해서도 관심이 요구된다.

② 주로 정부 외부에서 생산되거나 전개되고 있는 상황에 관한 정보들이 과소분류되는 경향을 보인다.

(2) 인터넷을 통한 유출

① 오늘날 정보화시대의 도래와 함께 정보의 공개성이 확대되고 엄청나게 많은 정보들이 인터넷을 통해 유통되고 있다.

② 이에 따라 국가 안보에 상당한 영향을 미칠 수 있는 만큼 비밀로 분류되어 보호가 필요함에도 불구하고 비밀로 보호되지 않고 인터넷 등을 통해 유출되는 정보가 점차 증가하는 추세를 보이고 있다.

(3) 기술정보에 관한 연구 결과 발표

① 이와 관련하여, 1982년 CIA 부국장으로 재임 중이었던 인맨(Bobby Ray Inman) 제독은 '미국과학발전협회(American Association of the Advancement of Science)'에서 행한 연설에서 비밀의 과소분류 문제를 지적했다.

② 이론 및 응용 암호학 연구에 관해 언급하면서 그는 "이러한 연구 결과들을 아무런 제한 없이 발표하는 경우 외국 정부나 단체의 주목을 받게 될 것이고, 그로 인해 미국의 국가안보에 돌이킬 수 없는 손해를 야기할 수도 있을 것이다."라고 우려를 표명했다.

③ 인맨은 기술정보에 관한 발표 활동으로 인해 국가안보에 손해가 야기될 수 있는 분야로서 컴퓨터 하드웨어와 소프트웨어, 전자장치 와 기술, 레이저, 작황 예상 등을 예로 들었다.

3. 검토

① 요컨대, 비밀은 과도하거나 과소하지 않게 적절히 분류되고 철저히 관리되어야 한다. 비밀의 양이 많으면 많을수록 누설이나 분실의 위험성이 증가한다.

② 따라서 비밀은 사전계획에 의하여 현재 필요한 최소한의 양만 생산해야 한다. 장래 소요가 증가할 것에 대비하거나 미리 예비용으로 여유 있는 부수로 생산하지 말아야 한다.

③ 비밀누설의 가능성을 최소화하기 위해 배포선을 제한해야 한다. 배포처에 따라 비밀의 내용을 제한함으로써 비밀을 보다 효과적으로 보호할 수 있을 것이다.

797

비밀 분류에 대한 설명으로 틀린 것은?

① 비밀의 과도분류는 지나치게 많은 양의 정보를 높은 등급으로 분류하는 경우를 말하며, 비밀분류가 정부 관리들의 책임회피 수단으로 활용되고 있다는 비판도 있다.

② 비밀의 과소분류는 국가안보에 중요한 사항이 비밀로 보호되지 않은 채 방치되는 문제를 말하며, 주로 정부 외부에서 생산되는 정보가 이에 해당한다.

③ 과도하게 비밀을 분류할수록 비밀보호의 필요성이나 중요성이 감소되는 반면, 비밀누설의 위험성은 증가하게 된다.

④ 비밀유지의 필요성이 존중되고 가장 중요한 비밀이 보호될 수 있는 최상의 방법은 비밀을 최대로 분류하는 것이다.

정답 ④

풀이 ④ 비밀유지의 필요성을 존중하고 가장 중요한 비밀을 보호하기 위한 최선의 방법은 비밀을 '최소'로 분류하는 것이다. '최대'로 분류하는 것이 아니다. 비밀로 여겨지는 것들을 최소화하면 비밀은 보다 효과적으로 보호될 수 있다.

798

비밀의 과도분류와 과소분류에 대한 설명으로 틀린 것은?

① 과도분류는 비밀의 분류 기준이 명확하지 않은 데서 발생한다.

② 과소분류에 의해 비밀분류의 엄격성이나 신뢰성이 떨어질 수 있다.

③ 주로 정부 외부에서 생산되거나 전개되고 있는 상황에 관한 정보들이 과소분류되는 경향을 보인다.

④ 인맨(Bobby Ray Inman) 제독은 '미국과학발전협회'에서 행한 연설에서 비밀의 과소분류 문제를 지적하였다.

정답 ②

풀이 ② 과도분류의 경우 비밀분류의 엄격성이나 신뢰성이 떨어짐으로 인해 비밀분류를 무시하고 함부로 비밀을 누설하는 행동을 저지를 수 있다. 비밀을 과도하게 분류할수록 비밀보호의 필요성이나 중요성이 감소되는 반면, 비밀누설의 위험성은 증가하게 될 것이다.

관련법조항 「국가정보원법」 관련 조문

제4조(직무)

① 국정원은 다음 각 호의 직무를 수행한다.

2. 국가 기밀(국가의 안전에 대한 중대한 불이익을 피하기 위하여 한정된 인원만이 알 수 있도록 허용되고 다른 국가 또는 집단에 대하여 비밀로 할 사실 · 물건 또는 지식으로서 국가 기밀로 분류된 사항만을 말한다. 이하 같다)에 속하는 문서 · 자재 · 시설 · 지역 및 국가안전보장에 한정된 국가 기밀을 취급하는 인원에 대한 보안 업무. 다만, 각급 기관에 대한 보안감사는 제외한다.

관련법조항 「보안업무규정」 관련 조문

제11조(비밀의 분류)

① 비밀취급 인가를 받은 사람은 인가받은 비밀 및 그 이하 등급 비밀의 분류권을 가진다.

② 같은 등급 이상의 비밀취급 인가를 받은 사람 중 직속 상급직위에 있는 사람은 그 하급직위에 있는 사람이 분류한 비밀등급을 조정할 수 있다.

③ 비밀을 생산하거나 관리하는 사람은 비밀의 작성을 완료하거나 비밀을 접수하는 즉시 그 비밀을 분류하거나 재분류할 책임이 있다.

제12조(분류원칙)

① 비밀은 적절히 보호할 수 있는 최저등급으로 분류하되, 과도하거나 과소하게 분류해서는 아니 된다.

② 비밀은 그 자체의 내용과 가치의 정도에 따라 분류하여야 하며, 다른 비밀과 관련하여 분류해서는 아니 된다.

③ 외국 정부나 국제기구로부터 접수한 비밀은 그 생산기관이 필요로 하는 정도로 보호할 수 있도록 분류하여야 한다.

제14조(예고문)

제12조에 따라 분류된 비밀에는 「공공기록물 관리에 관한 법률」 제33조제1항에 따른 비밀 보호기간 및 보존기간을 명시하기 위하여 예고문을 기재하여야 한다.

제15조(재분류 등)
① 비밀을 효율적으로 보호하기 위하여 비밀등급 또는 예고문 변경 등의 재분류를 한다.
② 비밀의 재분류는 그 비밀의 예고문에 따르거나 생산자의 직권으로 한다. 다만, 다음 각 호의 어느 하나에 해당하는 경우에는 예고문의 비밀 보호기간 및 보존기간과 관계없이 비밀을 파기할 수 있다.
1. 전시 · 천재지변 등 긴급하고 부득이한 사정으로 비밀을 계속 보관할 수 없거나 안전하게 반출할 수 없는 경우
2. 국가정보원장의 요청이 있는 경우
3. 비밀 재분류를 통하여 예고문에 따른 파기 시기까지 계속 보관할 필요가 없게 된 경우로서 해당 비밀취급 인가권자의 사전 승인을 받은 경우
③ 외국 정부나 국제기구로부터 접수된 비밀 중 예고문이 없거나 기재된 예고문이 비밀 관리에 적당하지 아니하다고 인정되는 경우에는 접수한 기관의 장이 그 비밀을 최대한 보호할 수 있는 범위에서 재분류할 수 있다.

799

「보안업무규정」의 내용으로 틀린 것은?

① 국가정보원장은 보안사고를 예방하기 위하여 국가보안시설, 국가보호장비 및 보호지역에 대하여 보안감사를 한다.
② 비밀은 적절히 보호할 수 있는 최저등급으로 분류하되, 과도하거나 과소하게 분류해서는 아니 된다.
③ 모든 비밀을 접수하거나 발송할 때에는 그 사실을 확인하기 위하여 접수증을 사용한다.
④ 보조기억매체를 비밀보관용으로 재활용할 경우에는 보안담당관의 승인을 받은 후 사용하여야 한다.

정답 ①
풀이 「국가정보원법」은 국가정보원의 보안 업무에서 보안감사를 제외하고 있다.

800

비밀 분류에 대한 설명으로 틀린 것은?

① 비밀은 적절히 보호할 수 있는 최저등급으로 분류하되, 과도하거나 과소하게 분류해서는 아니 된다.
② 중앙행정기관 등의 장은 비밀 분류를 통일성 있고 적절하게 하기 위하여 세부분류지침을 작성하여 시행하여야 한다.
③ 외국 정부나 국제기구로부터 접수한 비밀은 그 생산기관이 필요로 하는 정도로 보호할 수 있도록 분류하여야 한다.
④ 같은 등급 이상의 비밀취급 인가를 받은 사람 중 직속 상급직위에 있는 사람은 그 하급직 위에 있는 사람이 분류한 비밀등급을 조정할 수 있다.

정답 ②

풀이 중앙행정기관 등의 장이 아니라 각급기관의 장이 세부분류지침을 작성하여 시행한다.

801

전자적 수단에 의한 비밀의 관리에 대한 설명으로 틀린 것은?

① 각급기관의 장은 비밀을 전자적 수단으로 생산 · 보관 · 열람 · 인쇄하는 경우 그 기록이 유지되도록 하여야 한다.

② 각급기관의 장은 비밀을 전자적 수단으로 생산하는 경우 해당 비밀등급 및 예고문을 입력하여 열람 또는 인쇄 시 비밀등급이 자동적으로 표시되도록 하여야 한다.

③ 각급기관의 장은 모든 비밀을 접수하거나 발송할 때 그 사실을 확인하기 위하여 접수증을 사용하여야 하고 비밀을 전자적 수단으로 송수신 또는 이관하는 경우에는 전자적으로 생성된 접수증을 사용할 수 있다.

④ 각급기관의 장은 전자적 수단으로 비밀을 생산한 경우 컴퓨터에 입력된 비밀내용을 삭제하여야 한다. 다만, 업무수행을 위하여 필요한 경우에는 비밀저장용 보조기억매체를 지정 · 사용하거나 암호자재로 암호화한 후 보관하여야 한다.

정답 ③

풀이 각급기관의 장은 비밀을 전자적 수단으로 생산 · 보관 · 열람 · 인쇄 · 송수신 또는 이관하는 경우 그 기록이 유지되도록 하여야 하며, 송수신 또는 이관하는 경우에는 전자적으로 생성된 접수증을 사용하여야 한다.

802

기본분류지침표의 Ⅰ급비밀로 틀린 것은?

① 전쟁수행에 필요한 전략계획

② 국방에 중대한 과학 및 기술발전에 필요한 사항

③ 국가정보작전 및 특수적인 국내정보활동에 필요한 사항

④ 국가정책의 전환으로 외국 또는 국민 전체에 직접적인 영향이 있는 사항

정답 ②

풀이 국방에 중대한 과학 및 기술발전에 필요한 사항은 Ⅱ급비밀이다. Ⅰ급비밀은 '국방에 매우 중대한 과학 및 기술발전에 필요한 사항'이다.

803

다음 중 비밀분류의 원칙 및 지침으로 가장 적절하지 않은 것은? [2024년 기출]

ㄱ. 비밀은 그 자체의 내용과 가치의 정도에 따라 분류하여야 하며, 다른 비밀과 관련하여 분류해야 한다.
ㄴ. 비밀은 적절히 보호할 수 있는 최고등급으로 분류하되, 과도하거나 과소하게 분류하여서는 아니 된다.
ㄷ. 각급기관의 장은 비밀분류를 통일성 있고 적절하게 하기 위하여 세부 분류 지침을 작성하여 시행하여야 한다. 이 경우 세부 분류 지침은 공개하지 않는다.
ㄹ. 비밀은 그 자체의 내용과 가치의 정도에 따라 분류하여야 하며 다른 비밀과 관련하여 분류해서는 아니 된다.

① ㄱ, ㄴ
② ㄴ, ㄷ
③ ㄷ, ㄹ
④ ㄱ, ㄹ

정답 ①

풀이 ① 비밀은 그 자체의 내용과 가치의 정도에 따라 분류하여야 하며 다른 비밀과 관련하여 분류해서는 아니 되고, 적절히 보호할 수 있는 최저등급으로 분류한다.

804

다음 중 비밀의 생산과 파기 시 유의해야 할 설명으로 가장 적절하지 않은 것은? [2024년 기출]

① 사전 계획에 의해 생산한다.
② 배포처에 따라 비밀의 내용을 제한한다.
③ 배보부서별 소요인원의 비밀취급인가 등급에 따라 비밀을 구분한다.
④ 장래 소요 증가를 예측하여 예비용으로 여유 있게 생산한다.

정답 ④

풀이 ④ 비밀은 사전계획에 의하여 현재 필요한 최소한의 양만 생산해야 한다. 장래 소요가 증가할 것에 대비하거나 미리 예비용으로 여유 있는 부수로 생산하지 말아야 한다.

805

비밀세부분류지침에 대한 설명으로 틀린 것은?

① 중앙행정기관의 장은 비밀세부분류지침을 작성한다.

② 국가정보원장은 비밀세부분류지침을 각급기관에 배분한다.

③ 군사비밀 세부분류지침은 국방부장관이 따로 작성하여 배부한다.

④ 중앙행정기관의 장은 비밀세부분류지침을 변경할 필요가 있을 때 자료를 국가정보원장에게 제출하여야 한다.

정답 ①

풀이 ① 국가정보원장은 기본분류지침표에 따라 중앙행정기관의 장이 제출하는 자료를 바탕으로 비밀세부분류지침을 작성하여 각급기관에 배부한다. 다만, 군사비밀 세부분류지침은 기본분류지침표에 따라 국방부장관이 따로 작성하여 배부한다. 중앙행정기관의 장은 비밀세부분류지침을 새로 작성하거나 변경할 필요가 있다고 인정할 때에는 그 자료를 국가정보원장에게 제출하여야 한다.

806

비밀 분류에 대한 설명으로 틀린 것은? [2023년 기출]

① 비밀취급 인가를 받은 사람은 인가받은 비밀 및 그 이하 등급 비밀의 분류권을 가진다.

② 비밀을 생산하거나 관리하는 사람은 비밀의 작성을 완료하거나 비밀을 접수하는 즉시 그 비밀을 분류하거나 재분류할 책임이 있다.

③ 비밀은 분류 시 비밀 보호를 위해 최대한 비밀로 분류해야 한다.

④ 비밀 원본에 대하여 보호기간이 만료되어도 생산기관의 장은 직권으로 계속 보관할 수 있다.

정답 ③

풀이 ③ 비밀은 적절히 보호할 수 있는 최저등급으로 분류한다.

807

비밀의 분류에 대한 설명으로 틀린 것은? [2010년 기출]

① 외국정부가 생산하여 국내에 들여온 비밀은 외국과의 전략적인 관계 등을 고려하여 될 수 있으면 높은 단계의 비밀로 설정한다.

② 하급자가 생성하여 부여한 비밀등급을 상급자가 필요하다고 판단되면 상향할 수 있다.

③ 비밀을 보호할 수 있는 최저등급으로 분류하라고 하는 것은 정보의 배포를 고려한 것이라고 볼 수 있다.

④ 과거에는 비밀의 존안기간이나 등급을 자의적으로 변경한 사례가 많아 다양한 문제가 제기되기도 하였다.

정답 ①

풀이 ① 외국 정부나 국제기구로부터 접수한 비밀은 그 생산기관이 필요로 하는 정도로 보호할 수 있도록 분류하여야 한다.

관련법조항 「보안업무규정 시행규칙」 관련 조문

제10조(비밀의 취급)
비밀취급인가권이 있는 직위에 임명된 사람은 임명됨과 동시에 비밀을 수집·작성·관리·분류(재분류를 포함한다. 이하 같다) 및 접수·발송하는 행위(이하 "비밀취급"이라 한다)를 할 수 있다.

제11조(비밀취급의 한계)
① 비밀취급 인가를 받은 사람이 취급할 수 있는 비밀의 범위는 그 사람이 수행하는 관계 업무로 한정한다.
② 비밀취급 인가를 받지 아니한 사람(이하 "비인가자"라 한다)이 비밀을 취득하였을 때에는 지체 없이 해당 비밀취급 인가를 받은 사람에게 그 비밀을 인도하여야 한다.

제12조(비밀취급 인가의 제한)
① 비밀취급 인가권자는 임무 및 직책상 해당 등급의 비밀을 항상 취급하는 사람에 한정하여 비밀취급을 인가하여야 한다.
② 비밀취급 인가권자는 소속 직원의 인사기록 카드에 기록된 비밀취급의 인가 및 인가해제 사유와 임용 시의 신원조사회보서에 따라 새로 신원조사를 하지 아니하고 비밀취급을 인가할 수 있다. 다만, Ⅰ급 비밀 취급을 인가할 때에는 새로 신원조사를 하여야 한다.
③ 신원조사 결과 국가안전보장에 유해한 정보가 있음이 확인된 사람은 비밀취급 인가를 받을 수 없다.
④ 비밀취급 인가가 해제된 사람은 비밀을 취급하는 직책으로부터 해임되어야 한다.

808

비밀 보안에 대한 설명으로 틀린 것은? [2023년 기출]

① 비밀취급 인가권자는 비밀을 취급하거나 비밀에 접근할 사람에게 해당 등급의 비밀취급을 인가하고, 필요한 경우에는 인가 등급을 변경한다.
② 비밀을 저장 · 관리하였던 USB 등 보조기억매체는 보관책임자가 그 비밀의 내용을 복구할 수 없도록 완전 삭제한 후 파기하여야 하고 재활용할 수 없다.
③ 제한구역이란 비밀 또는 주요 시설 및 자재에 대한 비인가자의 접근을 방지하기 위하여 출입 시 안내가 요구되는 지역을 말한다.
④ 암호자재를 사용하는 기관은 국가정보원장이 인가하는 암호체계의 범위에서 암호자재를 제작할 수 있다.

정답 ②

풀이 ② 비밀을 저장 · 관리하였던 USB 등 보조기억매체는 보관책임자가 그 비밀의 내용을 복구할 수 없도록 완전 삭제한 후 파기하여야 한다. 다만, 보조기억매체를 비밀보관용으로 재활용할 경우에는 보안담당관의 승인을 받은 후 사용하여야 한다.

809

비밀취급에 대한 설명으로 틀린 것은? [2007년 기출]

① 비밀은 적절히 보호할 수 있는 최저 등급으로 분류하여야 한다.
② 해당 등급 비밀취급 인가를 받은 사람은 자신이 인가된 등급에 해당하는 모든 비밀에 접근할 수 있다.
③ 비밀은 세부 분류지침에 의거하여 독자적 내용에 따라 분류하여야 한다.
④ 비밀의 제목에 비밀내용이 표시되지 않도록 주의해야 한다.

정답 ②

풀이 ② 비밀취급 인가를 받은 사람이 취급할 수 있는 비밀의 범위는 그 사람이 수행하는 관계 업무로 한정된다.

관련법조항 「보안업무규정」 관련 조문

제4조(비밀의 구분)
비밀은 그 중요성과 가치의 정도에 따라 다음 각 호와 같이 구분한다.
1. Ⅰ급 비밀: 누설될 경우 대한민국과 외교관계가 단절되고 전쟁을 일으키며, 국가의 방위계획 · 정보활동 및 국가방위에 반드시 필요한 과학과 기술의 개발을 위태롭게 하는 등의 우려가 있는 비밀
2. Ⅱ급 비밀: 누설될 경우 국가안전보장에 막대한 지장을 끼칠 우려가 있는 비밀
3. Ⅲ급 비밀: 누설될 경우 국가안전보장에 해를 끼칠 우려가 있는 비밀

제7조(암호자재 제작 · 공급 및 반납)
① 국가정보원장은 암호자재를 제작하여 필요한 기관에 공급한다. 다만, 국가정보원장이 필요하다고 인정하는 암호자재의 경우 그 암호자재를 사용하는 기관은 국가정보원장이 인가하는 암호체계의 범위에서 암호자재를 제작할 수 있다.
② 암호자재를 사용하는 기관의 장은 사용기간이 끝난 암호자재를 지체 없이 그 제작기관의 장에게 반납하여야 한다.
③ 국가정보원장은 암호자재 제작 등 암호자재와 관련된 기술을 확보하기 위하여 「과학기술분야 정부출연연구기관 등의 설립 · 운영 및 육성에 관한 법률」 제8조제1항에 따라 설립된 정부출연연구기관으로 하여금 관련 연구개발 및 기술지원을 수행하게 할 수 있다.

810

비밀보호에 대한 설명으로 틀린 것은?

① 모든 비밀을 접수하거나 발송할 때에는 그 사실을 확인하기 위하여 접수증을 사용한다.
② 각급기관의 장은 보안 업무의 효율적인 수행을 위하여 필요하다고 인정되는 경우에는 해당 비밀의 보존기간 내에서 비밀의 복제가 가능하나 그 사본을 제작하여 보관할 수는 없다.
③ 각급기관의 장은 비밀의 작성 · 분류 · 접수 · 발송 및 취급 등에 필요한 모든 관리사항을 기록하기 위하여 비밀관리기록부를 작성하여 갖추어 두어야 한다.
④ Ⅱ급 비밀 및 Ⅲ급 비밀의 경우, 그 생산자가 특정한 제한을 하지 아니한 것으로서 해당 등급의 비밀 취급 인가를 받은 사람이 공용(共用)으로 사용하는 경우에는 비밀의 복제가 가능하다.

정답 ②

풀이 ② 각급기관의 장은 보안 업무의 효율적인 수행을 위하여 필요하다고 인정되는 경우에는 해당 비밀의 보존기간 내에서 비밀의 복제가 가능한 경우에 한하여 그 사본을 제작하여 보관할 수 있다.

811

비밀보호에 대한 설명으로 틀린 것은?

① 국가정보원장은 암호자재를 제작하여 필요한 기관에 공급한다.
② 비밀취급 인가를 받은 사람은 인가받은 비밀 및 그 이하 등급 비밀의 분류권을 가진다.
③ 모든 비밀을 접수하거나 발송할 때에는 그 사실을 확인하기 위하여 접수증을 사용한다.
④ 중앙행정기관 등의 장은 비밀 분류를 통일성 있고 적절하게 하기 위하여 세부 분류지침을 작성하여 시행하여야 한다.

정답 ④

풀이 각급기관의 장은 비밀 분류를 통일성 있고 적절하게 하기 위하여 세부 분류지침을 작성하여 시행하여야 한다. 이 경우 세부 분류지침은 공개하지 않는다.

812

'누설될 경우 국가안전보장에 손해를 끼칠 우려가 있는 비밀'의 등급으로 옳은 것은? [2020년 기출]

① Ⅰ급 비밀
② Ⅱ급 비밀
③ Ⅲ급 비밀
④ 대외비

정답 ③

풀이 ③ Ⅲ급 비밀은 '비밀이 누설될 경우에 국가안전보장에 손해를 끼칠 우려가 있는 비밀'이다.

813

비밀의 분류에 대한 설명으로 틀린 것은? [2019년 기출]

① 보안업무규정은 비밀을 Ⅰ, Ⅱ, Ⅲ급으로 구분하고 있다.
② Ⅰ급은 누설될 경우, 전쟁을 유발할 수 있다.
③ Ⅱ급은 누설될 경우, 국가안전보장에 막대한 지장을 초래할 수 있다.
④ Ⅲ급은 누설될 경우, 국가안보정책과 국가안전보장을 위협한다.

정답 ④

풀이 ④ Ⅲ급은 누설될 경우, 국가 안전보장에 손해를 끼칠 우려가 있는 비밀이다.

핵심정리 대외비

(1) 비밀분류와 별도로 '대외비'라는 것이 있다. 대외비란 그것이 누설되는 경우 국가안보에 손해를 끼치거나 악영향을 미치는 내용이 아니라 공정한 직무를 수행하고 이해관계자들에게 공정한 기회를 보장하기 위해 "직무수행상 특별히 보호를 요하는 사항"을 말한다.

(2) 그러한 사례로서 중요 정책의 추진계획에 관한 사항, 암행성 단속계획, 또는 특별지역 개발계획 등을 들 수 있다.

814

한국의 비밀등급에 대한 설명으로 옳은 것은? [2014년 기출]

① Ⅰ급 비밀은 국가안전보장에 절대적으로 필요한 정보이다.

② Ⅱ급 비밀은 누설될 경우 국가안보에 막대한 지장을 초래한다.

③ Ⅲ급 비밀은 누설될 경우 타국과 전쟁을 유발할 수 있다.

④ 대외비는 비밀에 포함되지 않기 때문에 비밀과는 달리 관리해야 한다.

정답 ②

풀이 ① Ⅰ급 비밀은 누설되는 경우 대한민국과 외교관계가 단절되고 전쟁을 유발하며, 국가의 방위계획 · 정보활동 및 국가방위상 필요 불가결한 과학과 기술의 개발을 위태롭게 하는 등의 우려가 있는 비밀이다.

③ 누설될 경우 타국과 전쟁을 유발할 수 있는 비밀은 Ⅰ급 비밀이다.

④ 비밀 외에 직무 수행 상 특별히 보호가 필요한 사항은 이를 "대외비"로 하며, 비밀과 같은 방법으로 관리한다.

815

다음 중 비밀의 분류와 이에 대한 설명으로 틀린 것은? [2013년 기출]

① 한국은 비밀을 Ⅰ급 비밀, Ⅱ급 비밀, Ⅲ급 비밀로 구분한다.

② 대외비는 누설 시 국가안전보장에 손해를 끼칠 수 있는 비밀이다.

③ 국가의 중요한 문서의 내용을 보호하기 위해 비밀로 분류해 관리하는 것이다.

④ 비밀 외에 직무 수행상 특별히 보호가 필요한 사항은 이를 "대외비"로 하며, 비밀과 같은 방법으로 관리한다.

정답 ②

풀이 ② 누설되었을 경우 국가안전보장에 손해를 끼칠 수 있는 비밀은 Ⅲ급 비밀이다.

관련법조항 「보안업무규정」 관련 조문

제9조(비밀 · 암호자재취급 인가권자)

① Ⅰ급 비밀 취급 인가권자와 Ⅰ급 및 Ⅱ급 비밀 소통용 암호자재 취급 인가권자는 다음 각 호와 같다.

1. 대통령
2. 국무총리
3. 감사원장
4. 국가인권위원회 위원장

4의2. 고위공직자범죄수사처장

5. 각 부 · 처의 장
6. 국무조정실장, 방송통신위원회 위원장, 공정거래위원회 위원장, 금융위원회 위원장, 국민권익위원회 위원장, 개인정보 보호위원회 위원장 및 원자력안전위원회 위원장
7. 대통령 비서실장
8. 국가안보실장
9. 대통령경호처장
10. 국가정보원장
11. 검찰총장
12. 합동참모의장, 각군 참모총장, 지상작전사령관 및 육군제2작전사령관
13. 국방부장관이 지정하는 각군 부대장

② Ⅱ급 및 Ⅲ급 비밀 취급 인가권자와 Ⅲ급 비밀 소통용 암호자재 취급 인가권자는 다음 각 호와 같다.

1. 제1항 각 호의 사람
2. 중앙행정기관등인 청의 장
3. 지방자치단체의 장
4. 특별시 · 광역시 · 도 및 특별자치시 · 특별자치도의 교육감
5. 제1호부터 제4호까지의 사람이 지정한 기관의 장

관련법조항 「국회보안업무규정」 중요 조문

제1조(목적)

이 규정은 국회의 보안업무수행에 관하여 필요한 사항을 규정함을 목적으로 한다.

제7조(비밀취급인가권자)

비밀취급인가권자는 다음과 같다.

1. 국회의장
2. 국회사무총장
3. 국회도서관장
5. 국회예산정책처장
6. 국회입법조사처장

제9조(비밀취급인가의 제한)

① 비밀취급인가권자는 임무 및 직책상 해당 등급의 비밀을 항상 사무적으로 취급하는 자에 한하여 비밀취급을 인가하여야 한다.

② 비밀취급인가권자는 소속직원의 인사기록카드에 기록된 비밀취급의 인가 및 해제사유와 임용시의 신원조사회보서에 의하여 새로 신원조사를 행하지 아니하고 비밀취급을 인가할 수 있다. 다만, Ⅰ급 비밀취급을 인가할 때에는 새로 신원조사를 실시하여야 한다.

③ 신원조사결과 국가안전보장상 유해로운 정보가 있음이 확인된 자에 대하여는 비밀취급을 인가할 수 없다.

④ 비밀취급인가가 해제된 자는 비밀을 취급하는 직책으로부터 해임하여야 한다.

관련법조항 「비밀보호규칙」 중요 조문

제1조(목적)
이 규칙은 법원이 소지하는 국가기밀에 속한 문서, 자재, 시설, 지역등의 보안업무에 관한 조정, 감독 범위, 대상기관, 절차등을 규정함을 목적으로 한다.

제2조(적용 및 책임)
① 이 규칙은 대법원과 사법연수원, 사법정책연구원, 법원공무원교육원, 법원도서관, 각급법원 및 그 소속기관에 적용한다.
② 비밀보호에 관한 책임은 각 기관의 장 또는 비밀을 직접 취급하는 자에게 있다.

제3조(비밀의 정의)
이 규칙에서 비밀이라함은 그 내용이 누설되는 경우 국가안전보장에 유해로운 결과를 초래할 우려가 있는 국가 기밀로써 이 규칙에 의하여 비밀로 분류된 것을 말한다.

제4조(비밀취급 인가권자)
① 1급 비밀 및 암호자재 취급인가권자는 다음과 같다.
  1. 대법원장
  2. 대법관
  3. 법원행정처장
② 2급 및 3급비밀취급 인가권자는 다음과 같다.
  1. 1급 비밀취급 인가권자
  2. 사법연수원장, 고등법원장, 특허법원장, 사법정책연구원장, 법원공무원교육원장, 법원도서관장
  3. 지방법원장, 가정법원장, 행정법원장, 회생법원장

816

Ⅰ급 비밀 취급 인가권자와 Ⅰ급 및 Ⅱ급 비밀 소통용 암호자재 취급 인가권자로 틀린 것은?

① 검찰총장
② 국가안보실장
③ 대통령 비서실장
④ 각 부 · 처 · 청의 장

정답 ④

풀이 ④ 중앙행정기관 등인 청의 장은 Ⅱ급 및 Ⅲ급 비밀취급 인가권자와 Ⅲ급 비밀 소통용 암호자재 취급 인가권자이다.

817

Ⅰ급 비밀취급 인가권자로 틀린 것은?

① 감사원장
② 대통령 경호처장
③ 서울특별시장
④ 육군 제2작전사령관

정답 ③

풀이 ③ 서울시장은 지방자치단체의 장으로 Ⅱ급 비밀취급인가권자이다.

818

「보안업무규정」의 Ⅰ급 비밀취급 인가권자로 틀린 것은? [2021년 기출]

① 국무총리, 국가인권위원장
② 대법원장, 국회의장
③ 각 부처의 장관
④ 검찰총장, 감사원장

정답 ②

풀이 ② 대법원장은 「비밀보호규칙」에서 Ⅰ급 비밀 및 암호자재 취급인가권자로 규정되어 있고, 국회의장은 「국회보안업무규정」에서 비밀취급인가권자로 규정하고 있는데 「국회보안업무규정」의 비밀취급인가권자는 신원조사의 실시를 조건으로 1급 비밀취급을 인가할 수 있다.

819

Ⅰ급 비밀취급 인가권자로 틀린 것은? [2019년 기출]

① 병무청장
② 국가인권위원회 위원장
③ 방송통신위원회 위원장
④ 금융위원회 위원장

정답 ①

풀이 ① 병무청장은 Ⅱ급 및 Ⅲ급 비밀 취급 인가권과 Ⅲ급 비밀 소통용 암호자재 취급 인가권을 가진다.

관련법조항 「보안업무규정」 관련 조문

제19조(출장 중의 비밀 보관)
비밀을 휴대하고 출장 중인 사람은 비밀을 안전하게 보호하기 위하여 국내 경찰기관 또는 재외공관에 보관을 위탁할 수 있으며, 위탁받은 기관은 그 비밀을 보관하여야 한다.

관련법조항 「보안업무규정 시행규칙」 관련 조문

제20조(재분류 요청 등)
① 비밀을 접수한 기관의 장이 그 비밀을 검토한 결과 그 비밀이 과도하게 분류되었다고 인정되는 때에는 그 사유를 명시하여 생산기관의 장에게 재분류를 요청한다.
② 비밀이 과소하게 분류되었다고 인정되는 때에는 적절한 상위 비밀등급으로 취급 · 보호한 후 제1항과 같이 재분류를 요청한다. 비밀로 분류되어야 할 사항이 분류되지 아니한 때에도 또한 같다.
③ 비밀의 생산기관이 불분명하여 제1항 또는 제2항에 따른 요청을 할 수 없을 때에는 접수기관의 장이 직권으로 재분류한다. 다만, I 급 비밀의 재분류는 국가정보원장에게 요청하여야 한다.
④ 다른 기관으로부터 인수한 비밀원본의 재분류 권한은 인수한 기관의 장에게 있다.

820

비밀의 관리에 대한 설명으로 틀린 것은? [2013년 기출]

① 국정원장의 I 급 비밀의 재분류권한을 국방부 장관에게 위임할 수 있다.
② 국정원장은 주요 임직원과 비밀담당 직원들의 신원조사를 할 수 있다.
③ 긴급한 경우 비밀을 보안시설을 구비한 재외공관에 맡길 수도 있다.
④ 비밀문서는 원칙적으로 복사나 복제를 해서는 안 된다.

정답 ①

풀이 ① 비밀을 접수한 기관의 장이 그 비밀을 검토한 결과 그 비밀이 과도하게 분류되었다고 인정되는 때에는 그 사유를 명시하여 생산기관의 장에게 재분류를 요청한다. 비밀의 생산기관이 불분명하여 재분류 요청을 할 수 없을 때에는 접수기관의 장이 직권으로 재분류한다. 다만, I 급 비밀의 재분류는 국가정보원장에게 요청하여야 한다.

관련법조항 「보안업무규정 시행규칙」 관련 조문

제23조(문서 등의 비밀 표시)

① 비밀문서에는 맨 앞면과 뒷면의 표지(表紙)와 각 면 위 · 아래의 중앙에 별지 제7호서식에 따른 비밀등급표를 등급에 따라 붉은색으로 표시한다.

② 제1항에도 불구하고 비밀문서를 복제 또는 복사하는 때에는 복제 또는 복사물과 동일한 색으로 비밀등급표를 표시할 수 있다. 이 경우 비밀 표시는 복제 또는 복사물의 글자보다 크고 뚜렷하게 하여야 한다.

③ 단일문서로서 면마다 비밀등급이 다를 때에는 면별로 해당 등급의 비밀 표시를 한다. 이 경우 그 표지의 양면에는 면별로 표시된 비밀등급 중 최고의 비밀등급을 표시한다.

④ 비밀등급이 다른 여러 개의 문서를 하나의 문서로 철한 경우 그 문서 표지의 양면에는 각 문서에 표시된 비밀등급 중 최고의 비밀등급을 표시한다.

⑤ 비밀문서는 철하여져 있거나 보관되어 있을 때를 제외하고 별지 제8호서식부터 별지 제10호서식까지의 비밀표지를 해당 등급에 따라 첨부하고 취급한다.

⑥ 외장형 하드디스크 등 보조기억매체는 앞면 중앙에 관리번호, 건명, 비밀등급, 사본번호 등이 표시된 스티커를 부착하여 비밀의 표시를 하여야 한다.

제24조(필름 및 사진의 표시)

① 1장으로 된 필름은 비밀 표시가 되어있는 봉투나 이에 준하는 용기에 넣어 보관한다.

② 연결되어 있는 영사필름은 처음과 끝에 해당 비밀등급을 각각 표시하고 제1항에 따라 보관한다.

③ 인화한 사진은 각 표면의 위 · 아래 및 뒷면의 중앙에 적절한 크기의 비밀등급을 표시하고 제1항에 따라 보관한다.

제25조(지도 · 괘도 등의 표시)

지도 · 항공사진 · 괘도 및 그 밖의 도안은 각 면의 위 · 아래의 중앙에 적절한 크기의 비밀등급을 표시하고, 접거나 말았을 때에도 비밀임을 알 수 있도록 그 뒷면의 적절한 부위에 비밀등급을 표시한다.

제26조(상황판 등의 표시)

① 고착식 상황판 또는 접거나 말 수 없는 현황판 등은 제25조에 따라 비밀등급을 표시하고 비밀표시를 한 가림막을 쳐야 한다. 다만, 가림막에 비밀표시를 하는 것이 오히려 비밀을 보호하는 데 해를 끼치거나 가림막이 없어도 충분히 위장된 때에는 비밀표시를 하지 아니할 수 있다.

② 제23조부터 제25조까지 및 제1항 외의 비밀인 자재 · 생산품과 그 밖의 물질은 식별이 용이하도록 적절한 크기로 비밀등급을 표시한다. 다만, 비밀등급을 표시할 수 없을 때에는 문서로 그 비밀등급을 통보한다.

821

비밀의 표지에 대한 설명으로 틀린 것은? [2008년 기출]

① 문서는 전후면 겉면과 매면 상 · 하단의 중앙에 비밀표시를 한다.

② 1장으로 된 필름은 필름의 상 · 하단 중앙에 비밀표시를 한다.

③ 지도나 괘도는 말았을 때도 비밀을 알 수 있도록 그 이면의 적당한 부문에 비밀표시를 한다.

④ 상황판 등에는 원칙적으로 가림막에 비밀표시를 해야 하나 오히려 비밀보호상 불이익을 발생한다고 판단될 때는 하지 않아도 된다.

정답 ②

풀이 ② 1장으로 된 필름은 비밀 표시가 되어있는 봉투나 이에 준하는 용기에 넣어 보관한다.

관련법조항 「보안업무규정」 관련 조문

제17조(비밀의 접수 · 발송)
① 비밀을 접수하거나 발송할 때에는 그 비밀을 최대한 보호할 수 있는 방법을 이용하여야 한다.
② 비밀은 암호화되지 아니한 상태로 정보통신 수단을 이용하여 접수하거나 발송해서는 아니 된다.
③ 모든 비밀을 접수하거나 발송할 때에는 그 사실을 확인하기 위하여 접수증을 사용한다.

관련법조항 「보안업무규정 시행규칙」 관련 조문

제31조(비밀의 접수 · 발송)
① 비밀의 접수 · 발송은 다음 각 호에 따른다. 다만, Ⅰ급 비밀 및 Ⅰ · Ⅱ급 비밀 소통용 암호자재는 제1호 또는 제2호에 따라서만 접수 · 발송할 수 있다.
  1. 암호화하여 정보통신망으로 접수 · 발송할 것
  2. 취급자가 직접 접촉하여 인계인수하되, 부득이한 경우에는 외교행낭 등 국가정보원장과 사전 협의한 방법으로 인계인수할 것
  3. 각급기관의 문서수발 계통을 통하여 접수 · 발송할 것
  4. 등기우편으로 접수 · 발송할 것
② 비밀을 발송할 때에는 별지 제11호서식의 이중 봉투로 포장하여야 한다.
③ 문서 형태 외의 비밀은 내용이 노출되지 아니하도록 완전히 포장하여야 한다.
④ 동일 기관 내에서의 비밀의 접수 · 발송 또는 전파절차(傳播節次)는 그 기관의 장이 정하되, 비밀이 충분히 보호될 수 있도록 정하여야 한다.
⑤ 다른 기관으로부터 접수한 비밀은 생산기관의 장의 승인 없이 다시 다른 기관으로 발송할 수 없다. 다만, 비밀을 이첩 · 시달하는 경우는 그러하지 아니하다.
⑥ 비밀의 접수 · 발송 업무에 종사하는 사람은 Ⅱ급 이상의 비밀취급 인가를 받은 사람이어야 한다.

제32조(접수증)
① 규정 제17조제3항에서 규정한 접수증은 별지 제12호서식에 따른다.
② 접수증은 발송문서의 내부봉투와 외부봉투 사이에 삽입하여 발송한다. 다만, 취급자가 직접 접촉하는 경우에는 직접 교부한다.
③ 접수기관은 비밀을 접수한 즉시 접수증을 생산기관에 반송(返送)하여야 한다.
④ 제3항에 따라 접수증을 반송 받은 비밀 생산기관은 그 접수증을 비밀송증에 원형대로 첨부하여 보관한다.

제37조(전자적 수단에 의한 비밀의 관리)
① 각급기관의 장은 비밀을 전자적 수단으로 생산하는 경우 해당 비밀등급 및 예고문을 입력하여 열람 또는 인쇄 시 비밀등급이 자동적으로 표시되도록 하여야 한다.
② 각급기관의 장은 비밀을 전자적 수단으로 생산 · 보관 · 열람 · 인쇄 · 송수신 또는 이관하는 경우 그 기록이 유지되도록 하여야 하며, 송수신 또는 이관하는 경우에는 전자적으로 생성된 접수증을 사용하여야 한다.
③ 각급기관의 장은 전자적 수단으로 비밀을 생산한 경우 컴퓨터에 입력된 비밀내용을 삭제하여야 한다. 다만, 업무수행을 위하여 필요한 경우에는 비밀저장용 보조기억매체를 지정 · 사용하거나 암호자재로 암호화한 후 보관하여야 한다.

822

다음 중 비밀의 접수 · 발송에 대한 설명으로 틀린 것은? [2008년 기출]

① 비밀의 접수·발송 업무에 종사하는 사람은 Ⅱ급 이상의 비밀취급 인가를 받은 사람이어야 한다.
② 비밀을 수발할 때 이를 확인하기 위해 반드시 접수증을 사용해야 한다.
③ Ⅰ급 비밀은 물론 Ⅱ급 비밀 및 Ⅲ급 비밀을 등기우편으로 수발할 경우에도 반드시 이중 봉투를 사용해야 한다.
④ 동일 기관 내의 수발절차는 해당 기관장이 정할 수가 있다.

정답 ③

풀이 ③ Ⅰ급 비밀은 등기우편으로 수발할 수 없다.

관련법조항 「보안업무규정」 관련 조문

제23조(비밀의 복제 · 복사 제한)
① 비밀의 일부 또는 전부나 암호자재에 대해서는 모사(模寫) · 타자(打字) · 인쇄 · 조각 · 녹음 · 촬영 · 인화(印畵) · 확대 등 그 원형을 재현(再現)하는 행위를 할 수 없다. 다만, 다음 각 호의 구분에 따른 비밀의 경우에는 그러하지 아니하다.
1. Ⅰ급 비밀: 그 생산자의 허가를 받은 경우
2. Ⅱ급 비밀 및 Ⅲ급 비밀: 그 생산자가 특정한 제한을 하지 아니한 것으로서 해당 등급의 비밀취급 인가를 받은 사람이 공용(共用)으로 사용하는 경우
3. 전자적 방법으로 관리되는 비밀: 해당 비밀을 보관하기 위한 용도인 경우
② 각급기관의 장은 보안 업무의 효율적인 수행을 위하여 필요하다고 인정되는 경우에는 해당 비밀의 보존기간 내에서 제1항 단서에 따라 그 사본을 제작하여 보관할 수 있다.
③ 제2항에 따라 비밀의 사본을 보관할 때에는 그 예고문이나 비밀등급을 변경해서는 아니 된다. 다만, 「공공기록물 관리에 관한 법률 시행령」 제68조제6항에 따라 비밀을 재분류하는 경우에는 그러하지 아니하다.
④ 비밀을 복제하거나 복사한 경우에는 그 원본과 동일한 비밀등급과 예고문을 기재하고, 사본 번호를 매겨야 한다.
⑤ 제4항에 따른 예고문에 재분류 구분이 "파기"로 되어 있을 때에는 파기시기를 원본의 보호기간보다 앞당길 수 있다.

관련법조항 「보안업무규정 시행규칙」 관련 조문

제33조(보관기준)
① 비밀은 일반문서나 암호자재와 혼합하여 보관하여서는 아니 된다.
② Ⅰ급 비밀은 반드시 금고에 보관하여야 하며, 다른 비밀과 혼합하여 보관하여서는 아니 된다.
③ Ⅱ급 비밀 및 Ⅲ급 비밀은 금고 또는 이중 철제캐비닛 등 잠금장치가 있는 안전한 용기에 보관하여야 하며, 보관책임자가 Ⅱ급 비밀 취급 인가를 받은 때에는 Ⅱ급 비밀과 Ⅲ급 비밀을 같은 용기에 혼합하여 보관할 수 있다.
④ 보관용기에 넣을 수 없는 비밀은 제한구역 또는 통제구역에 보관하는 등 그 내용이 노출되지 아니하도록 특별한 보호대책을 마련하여야 한다.

823

비밀에 대한 설명으로 틀린 것은?

① 비밀은 그 사본을 제작하여 보관하여야 한다.
② 비밀은 그 자체의 내용과 가치의 정도에 따라 분류하여야 한다.
③ 누설되는 경우 국가안전보장에 손해를 끼칠 우려가 있는 비밀은 Ⅲ급 비밀로 분류한다.
④ 비밀의 원본은 그 예고문에 의해 파기해야 할 경우에도 발행자는 그 직권으로 계속 보관할 수 있다.

정답 ①
풀이 ① 비밀은 원칙적으로 복제 · 복사할 수 없다.

824

비밀에 대한 설명으로 틀린 것은?

① 비밀은 일반문서나 암호자재와 혼합하여 보관할 수 있다.
② I급 비밀은 그 생산자의 허가를 받은 경우에 복제 · 복사할 수 있다.
③ II급 및 III급 비밀은 그 생산자가 특정한 제한을 하지 않은 경우에, 해당등급의 비밀 취급인가를 받은 사람이 공용(共用)으로 사용하는 경우에는 복제 · 복사할 수 있다.
④ 전자적 방법으로 관리되는 비밀은 해당 비밀을 보관하기 위한 용도인 경우에는 복제 · 복사할 수 있다.

정답 ①
풀이 ① 비밀은 일반문서나 암호자재와 혼합하여 보관할 수 없다.

825

비밀문서의 관리에 대한 설명으로 옳은 것은? [2018년 기출]

① 비밀은 기한이 만료되면 파기 또는 재분류한다.
② 비밀은 등급별로 분류해 따로 보관한다.
③ 비밀은 보호할 수 있는 최대 등급으로 분류한다.
④ 비밀은 암호나 일반문서와 같이 보관할 수 있다.

정답 ①

풀이 ② Ⅰ급 비밀은 반드시 금고에 보관하여야 하며, 다른 비밀과 혼합하여 보관하여서는 아니 된다. 하지만 Ⅱ급 비밀 및 Ⅲ급 비밀은 금고 또는 이중 철제캐비닛 등 잠금장치가 있는 안전한 용기에 보관하여야 하며, 보관책임자가 Ⅱ급 비밀 취급 인가를 받은 때에는 Ⅱ급 비밀과 Ⅲ급 비밀을 같은 용기에 혼합하여 보관할 수 있다.

③ 비밀은 적절히 보호할 수 있는 최저등급으로 분류하되, 과도하거나 과소하게 분류해서는 아니 된다.

④ 비밀은 일반문서나 암호자재와 혼합하여 보관하여서는 아니 된다.

관련법조항 「보안업무규정」 관련 조문

제24조(비밀의 열람)

① 비밀은 해당 등급의 비밀취급 인가를 받은 사람 중 그 비밀과 업무상 직접 관계가 있는 사람만 열람할 수 있다.

② 비밀취급 인가를 받지 아니한 사람에게 비밀을 열람하거나 취급하게 할 때에는 국가정보원장이 정하는 바에 따라 소속 기관의 장(비밀이 군사와 관련된 사항인 경우에는 국방부장관)이 미리 열람자의 인적사항과 열람하려는 비밀의 내용 등을 확인하고 열람 시 비밀 보호에 필요한 자체 보안대책을 마련하는 등의 보안조치를 하여야 한다. 다만, Ⅰ급 비밀의 보안조치에 관하여는 국가정보원장과 미리 협의하여야 한다.

제27조(비밀의 반출)

비밀은 보관하고 있는 시설 밖으로 반출해서는 아니 된다. 다만, 공무상 반출이 필요할 때에는 소속 기관의 장의 승인을 받아야 한다.

관련법조항 「보안업무규정 시행규칙」 관련 조문

제45조(비밀의 대출 및 열람)

① 비밀보관책임자는 보관비밀을 대출하는 때에는 별지 제15호서식의 비밀대출부에 관련 사항을 기록·유지한다.

② 개별 비밀에 대한 열람자 범위를 파악하기 위하여 각각의 비밀문서 끝 부분에 별지 제16호서식의 비밀열람기록전을 첨부한다. 이 경우 문서 형태 외의 비밀에 대한 열람기록은 따로 비밀열람기록전(철)을 비치하고 기록·유지한다.

③ 제2항에 따른 비밀열람기록전은 그 비밀의 생산기관이 첨부하며, 비밀을 파기하는 때에는 비밀에서 분리하여 따로 철하여 보관하여야 한다.

④ 비밀열람자는 비밀을 열람하기에 앞서 비밀열람기록전에 정해진 사항을 기재하고 서명 또는 날인한 후 비밀을 열람하여야 한다.

⑤ 타자, 필경 또는 발간업무에 종사하는 사람은 비밀열람기록전에 갈음하는 작업일지에 작업에 관한 사항을 기록·유지하여야 한다.

826

다음 중 문서보안에 대한 설명으로 틀린 것은? [2007년 기출]

① 비밀은 Ⅰ급부터 Ⅳ급까지 등급으로 분류해 관리한다.
② 비밀의 취급은 취급인가자만이 할 수 있다.
③ 비밀은 원칙적으로 보관하고 있는 시설 밖으로 반출할 수 없다.
④ 비밀을 열람할 때에는 반드시 비밀열람기록선에 기재를 하고 날인해야 한다.

정답 ①
풀이 ① 「보안업무규정」은 비밀을 Ⅰ급, Ⅱ급, Ⅲ급으로 구분하고 있다

핵심정리 인원보안(personnel security)

(1) 의의
① 인원보안이란 국가의 중요한 비밀에 대한 보안이 잘 유지되도록 관련되는 사람을 관리하는 것을 의미한다.
② 즉 국가의 중요한 비밀에 대한 접근 권한을 취득할 사람의 보안의식을 심사하고, 그들이 그러한 자세를 견지하도록 지도 및 감독하는 행위를 말한다.

(2) 중요성
① 문서보안이나 물리적 보안은 사물이나 기계를 대상으로 하기 때문에 효과적인 관리 체계의 구축을 통해 어느 정도 보안이 유지될 수 있다. 그러나 인원보안은 사람을 대상으로 하기 때문에 관리하기가 매우 어렵다.
② 사람은 비밀을 직접 취급하고 관리한다. 그런데 때로 실수나 부주의로 인해 보안을 누설하기도 한다. 또한 사람은 자유의지를 가지고 있기 때문에 신념이나 가치관의 변화로 인해 또는 이기적인 욕망으로 인해 자신이 속한 단체나 국가를 배신하는 행위를 자행하기도 한다.
③ 국가비밀을 취급하는 내부 구성원이 배신행위를 하게 되면 아무리 강화된 물리적 보안조치도 무용지물이 되고 만다. 그런 점에서 인원보안이 가장 중요하다고 본다.

핵심정리 인원보안의 유형

(1) 의의
인원보안에 활용되는 수단으로서 신원조사, 동향파악, 보안교육, 서약 등 네 가지를 들 수 있으며, 이에 대해서 다음에서 구체적으로 살펴본다.

(2) 신원조사
① 신원조사는 개개인들에게 '비밀취급인가권(security clearance)', 즉 비밀로 분류된 정보에 접근할 수 있는 자격이 부여될 수 있는지 그 여부를 판단하기 위해 수행되는 조사활동이라고 볼 수 있다.
② 신원조사는 주로 정보에 접근할 권한을 갖는 직위에 사람을 고용하기 전에 수행되며, 그가 비밀을 유지할 의사와 능력이 있는지를 판단하는데 중점을 둔다. 그러한 판단을 내리는데 있어서 고용될 사람의 성격, 정서적 안정성, 충성심, 의지력 등 다양한 요소를 고려하게 된다.

③ 이미 고용된 사람이라 할지라도 민감한 정보에의 접근을 계속 허용할지 여부를 결정하기 위하여 주기적으로 신원 재조사를 실시한다.

④ 철저한 신원조사(investigation) 과정을 거쳐 보안유지에 신뢰성이 있다고 판단되는 개인에게 '비밀취급인가권(security clearance)'이 부여된다. 비밀등급이 높을수록 신원조사 과정이 보다 까다롭다.

(3) 동향파악

① 신원조사 과정이나 절차가 아무리 까다롭다고 할지라도 보안유지에 문제가 있는 사람을 완벽히 선별해내는 것은 불가능하다. 따라서 신원상의 결격사유가 있음에도 불구하고 신원조사를 무사히 통과하여 비밀로 분류된 정보에 대한 접근이 허용되는 경우가 발생할 수 있다.

② 또한 고용될 당시에는 신원 상의 결격사유가 없었지만 주변 환경의 변화 또는 신념과 사상의 변화로 인해 중요한 국가비밀을 유출시키는 행위를 하는 등 자신이 속한 기관이나 국가를 배신하게 될 수 있다.

③ 따라서 이미 고용되어 근무하고 있는 사람에 대해서도 그 사람의 주변 환경변화 또는 파악하지 못한 신원정보에 대해서 지속적인 관찰과 더불어 관련되는 사항들을 수집하게 되는데 이를 동향파악이라고 한다.

(4) 보안교육

① 때로 보안의 중요성에 대해 잘 알고 있으면서도 무의식중에 부주의로 인해 보안을 누설하게 될 수 있다. 이러한 보안 사고를 사전에 예방하기 위해 반복적이고 지속적인 보안교육이 요구된다.

② 보안교육은 보안에 대한 기본지식과 이해를 증진시키는 데 중점을 두고 시행되며, 보안누설에 대한 경각심을 일깨우고 국가를 위한 충성심을 제고시키는 데 매우 효과적이다.

(5) 서약

① 서약은 지득한 비밀을 누설하지 않겠다는 다짐을 받는 것으로서 문서 또는 구두 형식으로 이루어진다.

② 서약은 심리적 압박을 주어 비밀을 보호하고자 하는 취지로 시행되며, 단체로 여러 사람이 함께 하는 것보다는 개별적으로, 그리고 구두보다는 근거가 남는 문서로 하는 것이 보다 효과적이다.

관련법조항 「보안업무규정」 관련 조문

제3조(보안책임)

다음 각 호의 어느 하나에 해당하는 사항을 관리하는 사람 및 관계 기관(각급기관과 제33조제3항에 따른 관리기관을 말한다. 이하 같다)의 장은 해당 관리 대상에 대하여 보안책임을 진다.

1. 국가 기밀에 속하는 문서 · 자재 · 시설 · 지역
2. 국가안전보장에 한정된 국가 기밀을 취급하는 인원

제36조(신원조사)

① 국가정보원장은 제3조제2호에 해당하는 사람의 충성심 · 신뢰성 등을 확인하기 위하여 신원조사를 한다.

③ 관계 기관의 장은 다음 각 호에 해당하는 사람에 대하여 국가정보원장에게 신원조사를 요청해야 한다.

1. 공무원 임용 예정자(국가안전보장에 한정된 국가 기밀을 취급하는 직위에 임용될 예정인 사람으로 한정한다)
2. 비밀취급 인가 예정자
4. 국가보안시설 · 보호장비를 관리하는 기관 등의 장(해당 국가보안시설 등의 관리 업무를 수행하는 소속 직원을 포함한다)
6. 그 밖에 다른 법령에서 정하는 사람이나 각급기관의 장이 국가안전보장을 위하여 필요하다고 인정하는 사람

827

국가정보원장이 실시하는 신원조사의 대상으로 틀린 것은?

① 각 도의 행정부지사
② 판사 신규 임용예정자
③ 국·공립대학교 총장 및 학장
④ 방위산업체 및 연구기관의 종사자

정답 ④
풀이 방위산업체 및 연구기관의 종사자의 신원조사는 국방부장관이 실시한다.

828

인원 보안으로 적절하지 않은 것은?

① 비밀의 등급별 분류
② 동향파악을 위한 거짓말탐지기 테스트
③ 비밀취급 인가 예정자에 대한 보안교육 및 서약집행
④ 비밀취급 인가를 받지 않은 사람의 비밀에 대한 접근 제한

정답 ①
풀이 ① 비밀의 등급별 분류는 문서 보안에 해당한다.
④ 비밀취급 인가를 받지 않은 사람의 비밀에 대한 접근 제한의 가장 대표적인 방법으로 신원조사를 들 수 있다. 신원조사는 개개인들에게 '비밀취급 인가권(security clearance)', 즉 비밀로 분류된 정보에 접근할 수 있는 자격이 부여될 수 있는지 그 여부를 판단하기 위해 수행되는 조사활동이라고 볼 수 있다.

829

신원조사를 실시하는 목적으로 옳은 것은?

ㄱ. 충성심	ㄷ. 대적관
ㅁ. 보안성	ㄴ. 성실성
ㄹ. 신뢰성	

① ㄱ, ㄹ
② ㄱ, ㄴ, ㄷ
③ ㄱ, ㄴ, ㄹ
④ ㄱ, ㄴ, ㄷ, ㄹ, ㅁ

정답 ①

풀이 ①「보안업무규정」 제36조 제1항은 '국가정보원장은 국가안전보장에 한정된 국가 기밀을 취급하는 인원의 충성심 · 신뢰성 등을 확인하기 위하여 신원조사를 한다.'고 규정하고 있다.

830

인원보안의 수단이란 사람을 관리하는 수단을 말한다. 다음 중 인원보안 내용과 가장 거리가 먼 것은?

[2024년 기출]

① 신원파악이란 공직자의 신분이나 중요 자격, 허가취득자 등에 대해 생활정보를 사전에 파악하는 것으로서 대표적인 것이 신원조사이고, 대상자로부터 신상명세서나 인사기록카드를 작성, 제출받거나 개별면담을 하는 것도 일종의 신원파악이다.

② 효과적인 보안관리를 하기 위해서 구성인원들이 보안의 대상에 대한 정확한 이해와 실천의지, 보안관련 직무지식을 갖는 것이 필요하다.

③ 동향파악관련, 신원파악 단계에서 신원이 안전하다는 판정을 받고 일단 임용되거나 일정한 자격을 부여받은 사람도 주변 환경과 접촉하는 사람으로부터 많은 영향을 받아 직무자세, 준법성에 문제가 있을 수 있으므로 중요 기관 또는 중요직의 대상자를 각종 불순한 기도나 유혹으로부터 보호하는 것이 매우 중요하다.

④ 보안조치란 지득한 기밀을 누설하지 않겠다는 다짐을 받는 것으로서 심리적인 압박을 주어 기밀을 철저히 보호하는 데 목적이 있으므로 개별적으로 하는 것보다 여러 명을 단체로 하는 것이 효과적이다.

정답 ④

풀이 ④ 서약에 대한 설명이다. 서약은 심리적 압박을 주어 비밀을 보호하고자 하는 취지로 시행되며, 단체로 여러 사람이 함께 하는 것보다는 개별적으로 그리고 구두보다는 근거가 남는 문서로 하는 것이 보다 효과적이다.

831

다음 중 인원보안에 포함되지 않는 것은?

[2020년 기출]

① 신원조사

② 동향파악

③ 보안서약

④ 문서보안

정답 ④

풀이 ④ 문서보안은 인원보안과 다른 별도의 보안영역이다.

832

인원보안에 대한 설명으로 틀린 것은? [2020년 기출]

① 비밀취급 인가를 받지 않은 사람의 중요한 자료에 대한 접근을 제한한다.

② 개인의 충성심을 잃지 않도록 철저하게 교육한다.

③ 고의 또는 중대한 과실로 보안사고를 저질렀거나 보안업무규정을 위반하여 보안업무에 지장을 주는 경우 반드시 비밀취급 인가를 해제해야 한다.

④ Ⅰ급비밀은 반드시 금고에 보관하여야 하며, 다른 비밀과 혼합하여 보관하여서는 아니 된다.

정답 ④

풀이 ④ 문서보안에 관한 설명이다.

833

인원보안으로 틀린 것은? [2020년 기출]

① 신원조사 ② 보안교육

③ 보안서약 ④ 심리상담

정답 ④

풀이 ④ 인원보안에 활용되는 수단으로는 신원조사, 동향파악, 보안교육, 서약의 네 가지를 들 수 있다.

834

인원보안으로 틀린 것은? [2014년 기출]

① 동향파악 ② 신원조사

③ 보안교육 ④ 비밀취급인가

정답 ④

풀이 ④ 비밀취급인가는 문서보안에 해당한다.

관련법조항 「보안업무규정」 관련 조문

제34조(보호지역)

① 각급기관의 장과 관리기관 등의 장은 국가안전보장에 관련되는 인원 · 문서 · 자재 · 시설의 보호를 위하여 필요한 장소에 일정한 범위의 보호지역을 설정할 수 있다.

② 제1항에 따라 설정된 보호지역은 그 중요도에 따라 제한지역, 제한구역 및 통제구역으로 나눈다.

③ 보호지역에 접근하거나 출입하려는 사람은 각급기관의 장 또는 관리기관 등의 장의 승인을 받아야 한다.

④ 보호지역을 관리하는 사람은 제3항에 따른 승인을 받지 않은 사람의 보호지역 접근이나 출입을 제한하거나 금지할 수 있다.

관련법조항 「보안업무규정 시행규칙」 관련 조문

제53조(보호지역의 설정 대상)

영 제34조제1항에 따라 보호지역으로 설정할 수 있는 일반적 대상은 다음 각 호와 같다.

1. 통합비밀보관실
2. 암호실
3. 중앙통제실
5. 종합상황실
6. 통신실
7. 전산실
8. 군사시설
9. 무기고
10. 그 밖에 보안상 특별한 통제가 요구되는 지역 또는 시설

제54조(보호지역의 구분)

① 영 제34조제2항에 따른 제한지역, 제한구역 및 통제구역이란 각각 다음 각 호의 지역 또는 구역을 말한다.

1. 제한지역: 비밀 또는 국 · 공유재산의 보호를 위하여 울타리 또는 방호 · 경비인력에 의하여 영 제34조제3항에 따른 승인을 받지 않은 사람의 접근이나 출입에 대한 감시가 필요한 지역
2. 제한구역: 비인가자가 비밀, 주요시설 및 Ⅲ급 비밀 소통용 암호자재에 접근하는 것을 방지하기 위하여 안내를 받아 출입하여야 하는 구역
3. 통제구역: 보안상 매우 중요한 구역으로서 비인가자의 출입이 금지되는 구역

② 보호지역에 대해서는 영 제34조제3항에 따른 승인을 받지 않은 사람의 접근이나 출입을 제한하거나 금지할 수 있는 보안대책을 수립 · 시행해야 하며, 제한구역 및 통제구역에는 그 구역의 기능 및 구조에 따라 다음 각 호의 대책이 마련되어야 한다.

1. 출입할 수 있는 사람의 지정과 비인가자에 대한 출입 통제대책
2. 주야간 경계대책
3. 외부로부터의 투시, 도청 및 파괴물질의 투척 방지 대책
4. 방화대책
5. 경보대책
6. 그 밖에 필요한 보안대책

제55조(보호지역의 설정 방침)

제한구역 및 통제구역의 설정은 필요한 최소한의 범위로 제한되어야 한다.

835

통제구역에 대한 설명으로 틀린 것은? [2016년 기출]

① 통제구역은 비인가자의 출입이 금지되는 보호지역을 말한다.

② 통제구역 안에 전산실을 설치해 보호하기도 한다.

③ 비인가자도 출입기록을 작성하고 안내를 받으면 출입할 수 있다.

④ 암호장비관리실, 상황실, 비밀보관소 등이 통제구역에 해당된다.

정답 ③

풀이 ③ 통제구역은 보안상 매우 중요한 구역으로서 비인가자의 출입이 금지되는 구역이다.

836

ㄱ, ㄴ의 보호지역으로 옳은 것은? [2014년 기출]

ㄱ. 비밀을 보호하기 위해 비인가자의 출입을 감시할 필요가 있는 지역
ㄴ. 비밀에 비인가자의 접근을 방지하기 위해 출입안내가 필요한 지역

	ㄱ	ㄴ
①	제한지역	제한구역
②	제한지역	통제구역
③	제한구역	통제구역
④	통제구역	제한지역

정답 ①

풀이 ① ㄱ은 제한지역, ㄴ은 제한구역에 대한 설명이다.

837

보호지역으로 틀린 것은? [2013년 기출]

① 제한구역 ② 제한지역

③ 통제구역 ④ 출입금지구역

정답 ④

풀이 ④ 보호지역은 제한지역, 제한구역, 통제구역으로 구분한다.

838

비인가자가 접근하는 것을 방지하기 위하여 안내를 받아 출입하여야 하는 보호지역으로 옳은 것은?

[2008년 기출]

① 제한구역 ② 제한지역
③ 통제구역 ④ 보안지역

정답 ①

풀이 ① 제한구역에 대한 설명이다.

839

보호지역 통제에 대한 설명으로 틀린 것은? [2007년 기출]

① 제한지역은 외부출입자의 동태를 감시하고 출입을 안내 혹은 통제한다.
② 제한구역은 관계직원 외 출입통제를 실시해야 한다.
③ 보호지역은 출입이 엄격하게 관리되는 곳이므로 별도의 통제와 보안이 필요하지 않다.
④ 통제구역은 상근자, 출입이 인가된 자 이외의 출입은 통제해야 한다.

정답 ③

풀이 ③ 보호지역은 제한지역, 제한구역, 통제구역으로 구분되고, 각 보호지역은 특성에 따라 별도의 통제와 보안관리가 필요하다.

관련법조항 「보안업무규정」 관련 조문

제35조(보안측정)

① 국가정보원장은 보안사고를 예방하기 위하여 국가보안시설, 국가보호장비 및 보호지역에 대하여 보안측정을 한다.

② 제1항에 따른 보안측정은 국가정보원장이 직권으로 하거나 관계 기관의 장의 요청에 따라 한다.

③ 국가정보원장은 보안측정을 위하여 관계 기관에 필요한 협조를 요구할 수 있다.

④ 보안측정의 절차 및 내용 등에 관하여 필요한 세부 사항은 국가정보원장이 정한다.

제38조(보안사고 조사)

국가정보원장은 다음 각 호의 어느 하나에 해당하는 사고가 발생한 경우 사고원인 규명 및 재발 방지 대책마련을 위하여 보안사고 조사를 한다.

1. 비밀의 누설 또는 분실
2. 국가보안시설 · 국가보호장비의 파괴 또는 기능 침해
3. 제34조제3항에 따른 승인을 받지 않은 보호지역 접근 또는 출입
4. 그 밖에 제1호부터 제3호까지에 준하는 사고로서 국가정보원장이 정하는 사고

제39조(보안감사)

중앙행정기관등의 장은 이 영에서 정한 인원 · 문서 · 자재 · 시설 · 지역 및 장비 등의 보안관리상태와 그 적정 여부를 조사하기 위하여 보안감사를 한다.

제40조(정보통신보안감사)

중앙행정기관등의 장은 정보통신수단에 의한 비밀의 누설방지와 정보통신시설의 보안상태를 조사하기 위하여 정보통신보안감사를 한다.

840

보안업무규정에 명시된 보안 관련 제도로 틀린 것은? [2011년 기출]

① 보안감사 ② 보안측정

③ 정보보호감사 ④ 정보통신보안감사

정답 ③

풀이 ③ 보안업무규정은 보안측정, 보안사고 조사, 보안감사, 정보통신보안감사에 대해서는 명문으로 규정하고 있다.

Theme

30 능동적 방첩: 대스파이활동(counterespionage)

핵심정리 능동적 방첩: 대스파이활동(counterespionage)

(1) 펠릭스(Christopher Felix)

① 펠릭스(Christopher Felix)는 '대스파이활동'과 '보안'의 의미를 대조시켜서 구분해보고자 시도했다. 그에 따르면 '보안'의 가장 중요한 목적은 적의 간첩을 체포하는 것이지 만, '대스파이활동'은 "적의 공작을 역용하여 적에 관한 정보를 획득하는 수단으로서 공격적인 활동"을 의미한다.

② 대스파이활동이 성공하기 위해서는 적 정보기관과의 관계를 유지하는 가운데 내부 동향을 지속적으로 파악하고 있어야 한다. 현실적으로 매우 어렵지만 가장 이상적인 대스파이활동은 적의 정보기관 내부로 깊숙이 침투해 들어가 동향 파악은 물론 통제력까지 행사하는 경우이다.

(2) 슐스키(Abram N. Shulsky)

① 펠릭스와 유사한 관점에서 슐스키도 대스파이활동을 공격적인 정보활동으로 정의했던 반면 보안은 "적대적인 정보기구가 정보를 수집하는 것을 막기 위해서 취하는 조치"로서 방어적이고 소극적인 정보활동을 의미하는 것으로 해석했다.

② '보안'의 차원에서는 적의 간첩활동을 간파하게 될 경우 적의 간첩을 색출하여 제거하는 것으로 그 임무를 제한한다. 반면에 '대스파이활동'의 차원에서는 적의 간첩을 색출 · 제거하는데 그치지 않고 적의 공세적인 활동을 역용하여 가치 있는 정보를 획득하는데 관심을 둔다. 그런 점에서 보안과 비교하여 대스파이활동이 보다 공격적이고 적극적인 기능을 수행하는 것으로 여겨진다.

(3) 소련 정보기관

① 사실 방첩을 대스파이활동과 보안 기능으로 구분하는 펠릭스의 분류는 세계 모든 정보기관에서 일반화되어 통용되는 것은 아니다. 예를 들어, 소련 정보기관의 경우 방첩과 관련하여 그러한 구분이 없다. KGB의 가장 중요한 임무는 반혁명분자들로부터 사회주의 정권을 보호 · 유지하는데 두었다.

② KGB의 핵심적인 활동 목표는 소련 공산당의 권력을 보호하고, 국내 또는 해외에서 당의 노선을 지원하는데 두었다. 그래서 KGB는 CPSU(소련공산당)의 "창과 방패"라는 명성을 얻었던 것이다. '창과 방패'라는 용어에서 나타나듯이 KGB는 방첩에 관련하여 공격과 방어 임무를 구분하지 않고 동시에 수행하는 것으로 알려졌다. 적어도 소련의 경우 방첩은 공격과 방어를 모두 포괄하는 개념으로 인식된다.

(4) 미국 육군

① 펠릭스의 주장처럼 '대스파이활동'이라는 용어는 대체로 공격적인 활동으로 인식되지만, 때로 보다 포괄적인 의미로 해석하는 경우도 있다.

② 미국 육군에서 펴낸 군사용어 사전(Dictionary of Military and Associated Terms, JCS Pub.1)에서 대스파이활동은 넓은 의미에서 방첩의 한 유형이라고 기술하고 있다.

③ 대스파이활동 용어에 대한 미국 육군의 개념 정의는 펠릭스가 언급한 보안 차원의 방어적인 활동과 적극적이고 공격적인 활동을 모두 포괄하고 있다. 이러한 개념 정의는 보안과 대스파이활동을 명백히 구분하고 있는 펠릭스의 개념 정의와는 분명한 차이를 보인다.

(5) 대스파이활동을 '대인간정보(counter－HUMINT)'에 한정하는 견해

① 의의

㉠ 미국 육군이 '대스파이활동'을 매우 포괄적으로 정의하고 있는 반면, '대스파이활동'의 의미를 매우 좁게 해석하여 '대인간정보(counter-HUMINT)'로 인식하는 경우도 있다.

㉡ 이는 오랜 옛날부터 주로 인간을 주요 수단으로 활용하여 스파이활동을 수행해왔기 때문이다. 이에 따르면 방첩의 의미가 단순히 간첩을 색출, 포섭, 활용하는 것으로 제한된다.

② 비판

㉠ 그런데 20세기에 들어서서 과학기술의 급속한 발달과 함께 신호정보, 영상정보 등 과학기술정보(TECHINT)가 스파이활동을 수행하는 중요 수단으로 활용되기에 이르렀다.

㉡ 대스파이활동은 대인간정보(counter-HUMINT)와 더불어 대기술정보(counter-TECHINT)도 포괄하는 의미로 해석되어야 할 것이다.

㉢ 오늘날 간첩을 활용한 첩보활동의 위협뿐만 아니라 과학기술을 활용한 첩보활동이 더욱 심각한 위협으로 작용하고 있다. 이처럼 신호, 영상 등 다양한 수단을 활용한 위협에 효과적으로 대응하기 위해 대스파이활동의 범위가 보다 확대되어야 할 것이다.

(6) 검토

① 지금까지 살펴보았던바, 일반인은 물론 학계 전문가, 또는 방첩업무를 직접 수행하는 방첩관들조차 방첩의 의미를 각기 다르게 해석하는 경향을 보인다.

② 혹자는 방첩을 공격적인 성향의 대스파이활동을 의미하는 것으로 해석한다. 또는 방첩을 단순히 방어적인 임무를 수행하는 것으로 제한하는 보안으로 인식하기도 한다. 이처럼 대스파이활동 또는 보안의 의미를 두고 학자마다 엇갈린 해석이 제시된다.

③ 그럼에도 불구하고, 일단 방첩을 대스파이활동과 보안을 모두 포괄하는 보다 광범위한 개념으로 해석되어야 한다는 데는 그다지 이견이 없는 듯하다. 그리고 대스파이활동이 공격적인 방첩을 의미하는 반면, 보안은 소극적이고 수동적인 기능을 수행한다는 데 대해서도 학자들 간에 어느 정도 일치된 견해를 보인다.

④ 방첩활동을 대스파이활동과 보안으로 애매하게 구분하여 설명하는 것보다는 "수동적-능동적"으로 구분하는 것이 보다 유용한 의미를 가지는 것으로 생각된다. 수동적 방첩은 보안을 뜻하는 것으로, 능동적 방첩으로서 대스파이활동은 첩보수집, 방첩수사, 방첩공작, 방첩분석 등을 포함하는 것으로 해석된다.

핵심정리 방첩수사(counterintelligence investigation)

(1) 첩보수집의 다음 단계로 수행되는 방첩수사는 엄격히 구분되지는 않지만 굳이 나누자면 감시활동과 수사활동으로 구분될 수 있다.

(2) 첩보수집을 통해 스파이 행위를 수행할 것으로 예상되는 목표가 발견되면 그에 대한 집중적인 감시활동(surveillance)이 전개된다. 그리고 감시활동을 통해 스파이 행위가 의심되면 용의자를 대상으로 수사하여 사실 여부를 밝혀낸다. 감시활동과 수사를 통해 획득된 자료는 방첩공작 및 방첩분석에 유용하게 활용된다.

핵심정리 감시활동

1. 의의

① 옥스퍼드 사전에 따르면 감시활동은 "범죄 용의자(a suspected person)를 밀착 관찰하는 것"을 의미한다.

② 방첩에서 감시활동은 스파이 행위를 수행할 것으로 예상되는 목표에 대해 집중적으로 관찰하는 활동을 의미한다.

2. 대상

① 여기서 감시활동의 목표는 스파이 용의자로서 사람뿐만 아니라 대사관, 영사관, 또는 외국의 상사 등 주재국에 상주하면서 스파이활동을 수행할 것으로 예상되는 시설이나 장소까지도 포함된다.

② 첩보위성, 지상 감청기지, 차량 · 항공기, 선박, 잠수함 등 기술정보수집에 활용되는 장치나 시설도 감시활동의 대상이 된다.

③ 오늘날 정보통신 시스템의 발달과 함께 인터넷을 포함한 전산망, 유무선 전화 등 스파이활동을 수행하는 공간으로 활용되는 네트워크나 시스템도 감시활동의 대상에 포함된다.

④ 한편, 과거의 감시활동은 주로 사람에 의해 수행되는 것을 의미했지만 오늘날의 감시활동은 감시카메라, 감청장비, 컴퓨터, 항공정찰기, 첩보 위성 등 다양한 종류의 첨단과학기술 장비들이 활용되고 있다.

3. 중요성

감시활동은 방첩의 근간을 이룬다는 점에서 중요하다.

4. 목적

(1) 정보 입수

감시활동은 스파이 용의자의 신원을 파악하고 그가 속한 조직의 인원구성, 성격, 임무, 회합장소, 협조자 등에 관한 정보를 입수하기 위해 수행된다.

(2) 증거 자료 확보

스파이 용의자를 감시함으로써 범죄현장을 포착하여 검거하고, 가족 등 주변 인물들에 대한 감시를 통해 범인을 추적할 수 있는 단서를 입수할 수 있으며, 나아가 사건의 전모를 규명할 수 있는 증거 자료들을 확보할 수 있다.

(3) 스파이 행위 사전 차단

① 때로 스파이 용의자의 스파이 행위를 사전에 차단할 목적으로 감시활동이 수행되기도 한다.

② 이 경우 비노출 간접활동을 기본원칙으로 하는 일반적인 감시활동과는 달리 예외적으로 근접 또는 노출 감시의 방법을 활용하게 된다.

③ 실제로 주재국의 방첩기관이 상대국의 정보활동을 억제시킬 목적으로 감시활동을 의도적으로 강화시키는 조치를 취하기도 한다.

5. 속성

(1) 수동적이며 반복적으로 수행되는 지루한 활동

감시활동은 방첩 목표를 달성하는 데 있어서 중요하고도 핵심적인 수단으로 인정되는 반면, 수동적이며 반복적으로 수행되는 지루한 활동이다.

(2) 기술적 어려움과 높은 비용 소요

① 또한, 기술적으로 매우 어려우며 비용도 많이 소요된다. 움직이는 목표를 대상으로 미행감시를 수행하게 될 경우 많은 인력이 필요하다.

② 단 1명의 방첩 용의자를 공개적으로 하루 24시간 감시하는 데 최소 6명의 인원과 3대의 차량이 소요된다고 한다. 노출시키지 않고 은밀한 방법으로 1명의 용의자를 감시하는 데는 최소 24명의 인원과 12대의 차량이 필요하다고 한다.

(3) 프라이버시와 감시활동

① 개인의 프라이버시를 법으로 엄격히 존중하는 사회의 경우 감시활동을 수행하는 데 어려움이 있다.

② 예를 들어, 미국의 '공정 신용거래법(Fair Credit Reporting Act)'에서는 FBI가 당사자에게 통보하지 않고 무단으로 개인에 대한 신용거래 내역을 조회를 하지 못하도록 규정하고 있다.

(4) 가시적인 성과를 이루기까지 많은 시간과 노력의 소요

① 이처럼 감시활동은 수행하기에 매우 어려운 임무로 간주되지만 단기간에 그 성과가 부각되기는 어려우며 가시적인 성과를 이루기까지 많은 시간과 노력이 소요된다.

② 때로 긴 시간에 걸쳐 상당한 노력을 기울였음에도 불구하고 기대했던 성과를 얻지 못할 수도 있다.

(5) 성과 판단의 어려움

① 더욱이 적대세력에 대한 방첩활동을 강화하여 그들의 정보활동을 크게 위축 또는 무력화시키는 성과를 거양했다고 하더라도 그것을 가시적으로 증명할 방법이 없다. 적대세력 내부에 침투하여 그들의 내부 동향을 파악할 수 있는 보고서 등 관련 정보를 입수하기 전까지는 방첩의 가시적인 성과를 판단할 수가 없기 때문이다. 그런 점에서 로웬탈은 방첩이 매력적이라기보다는 힘들고 고통스러운 업무라고 기술했다.

② 이와 유사한 입장에서 갓슨도 방첩은 상대 정보기관을 교란 또는 무력화시키는 것을 본연의 임무로 삼고 있는바, 결코 대중의 갈채를 받을 수도 짧은 순간의 만족감도 느낄 수 없는 활동이라고 소개했다. 어쨌든, 방첩은 힘들고 고통스러운 반면에 그 대가나 보상이 충분치 않은 분야로 인식된다.

핵심정리 방첩수사

1. 의의

① 감시활동을 통해 스파이 행위가 의심되면 용의자를 대상으로 수사하여 사실 여부를 밝혀낸다.

② 감시활동을 통해 입수된 첩보의 내용만으로는 범죄 혐의를 인정하기에 충분하지 못하지 못하기 때문에 그 진위 여부를 규명하기 위해 관련 증거자료를 수집하는 등의 조사활동이 요구된다.

③ 방첩수사는 외국의 정부, 단체 또는 개인이 저지른 스파이 행위에 대한 진위 여부를 판단하기 위해 수행된다. 방첩수사는 범죄사실을 기소하거나 행정조치를 취하는 데 필요한 증거자료로 제시될 수 있으며, 방첩공작을 수행하는 데 또는 비밀취급인가권을 부여하는 데 필요한 기초자료로도 활용될 수 있다.

2. 일반적인 범죄 수사와 방첩수사의 차이

(1) 의의

① 방첩수사는 경찰 등 법 집행기관에서 일반적인 범죄자를 수사하는 것과 유사한 절차와 과정을 거쳐서 수행되지만, 그 동기나 목적에서 분명한 차이를 보인다.

② 맥나마라(Frederick McNamara)는 "모든 정보기관의 기본적인 임무는 국가의 정책결정자를 위해 국가안보 관련 정보를 수집하는 것이지 범죄자를 추적하는 것이 아니다."라고 주장했다. 정보기관은 법을 위반했든지 아니든지 간에 국가의 안보에 위협이 되는 것에 관심을 집중한다.

③ 방첩과 관련하여 정보기관의 관심사는 단순히 스파이 행위자를 체포하는 데 있지 않다. 방첩수사는 그 이상의 목표, 즉 적대세력의 정보활동으로 인해 국가 안보에 위협을 야기하는 요소를 차단 또는 무력화시키는 데 중점을 두고 임무를 수행한다는 점에서 일반적인 범죄수사와 명백히 차이를 보인다.

(2) 첩보수집 방식에서의 차이

① 방첩수사는 첩보수집 방식에 있어서도 일반적인 범죄수사와 차이가 있다. 일반적인 범죄수사는 이미 저질러진 범죄 행위 또는 곧 범죄 행위를 하게 될 것으로 예상되는 상황에 관한 첩보를 수집하는 것으로 제한된다.

② 그러나 방첩수사는 국가안보에 심각한 위협을 야기할 수 있지만 엄밀한 의미에서 범죄 요건을 구성하지 않는 상황에 대해서도 첩보를 수집한다. 예를 들어, 외국인이 과학기술 박람회 또는 학술대회에서 공개자료를 수집하게 될 경우, 이는 불법이나 범죄 행위가 아니다.

③ 그러나 그러한 행위를 주의 깊게 관찰해보면 그가 비밀리에 첩보수집활동을 수행하고 있다는 사실을 발견할 수 있다. 비록 그는 범법자는 아니지만 차후 방첩이나 정보의 차원에서 중요한 의미를 가질 수 있는 인물로서 예의 주시해야 할 감시 대상이다.

(3) 수집된 자료의 처리 또는 활용에 있어서의 차이

① 방첩수사는 수집된 자료의 처리 또는 활용에 있어서도 일반적인 범죄수사와 차이가 있다. 법집행기관이 범죄를 수사할 경우 단순한 의심 이상으로 명백한 증거를 찾고자 노력한다. 수집된 자료는 법원에 제시된다.

② 반면에 정보기관은 많은 양의 첩보를 필요로 하며, 그 중의 일부는 법정에서는 결코 증거자료로 채택될 수 없는 소문이나 잡담(gossip)이다. 그러한 첩보는 잠재적 위협에 대한 경고 또는 징후를 제공하거나 그러한 문제를 보다 잘 파악하기 위해 수집되며, 대부분은 정보기관 내부자료로 활용될 뿐 밖으로 유출되지 않는다.

③ 법 집행기관은 사례별로 문제 해결을 시도하기 때문에 일단 재판이 종료되고 상고를 포기하게 되면 수사과정에서 수집된 정보는 더 이상 아무런 가치가 없다. 반대로 정보기관은 잠재적 적에 관한 정보를 지속적으로 필요로 하기 때문에 수집된 자료를 계속 축적하여 관리한다.

3. 범죄수사와 보안정보활동의 차이

(1) 의의

① 연방법원 판사이며 국가정보분야의 전문가로 널리 알려진 포스너(Richard A. Posner)는 FBI와 같은 범죄수사기관이 국내정보 기능을 가지는 것에 대해 비판적인 입장을 취했다. 그는 범죄수사 기능은 보안정보활동과 양립하기 어렵다고 주장했다.

② 법집행기관의 수사관은 불법행위를 예방하는 것보다는 법정에서 채택될 수 있는 증거 자료를 수집하는데 더 많은 관심과 노력을 집중한다.

③ 방첩수사관은 "곧 닥칠 위험을 예고하는 징후를 찾아내고자 발생할 동기나 확률이 거의 없어 보이는 가설에 기초하여 얼핏 관련성이 별로 없어 보이는 수많은 첩보들을 끈질기게 종합하는 한편, 의심스러운 용의자를 색출 및 감시하는 데 보다 많은 관심과 노력을 기울인다."

(2) 사후행동으로서의 범죄수사와 예방으로서의 보안정보활동

① 일반적인 범죄수사는 사후행동 즉 범법행위가 드러난 이후에 필요한 조치를 취한다. 반면에 방첩은 사전행동을 요한다. 방첩은 범죄 행위가 자행되기 전에 그것을 미리 예방하는 적극적인 활동을 수행해야 한다.

② 방첩기관은 스파이를 바로 체포하지 않고 그를 제소할 충분한 증거를 찾을 때까지는 단순히 감시하기만 한다. 그러나 용의자가 스파이 행위를 저지르는 등 기소하는 데 필요한 증거를 찾을 때까지 감시하는 임무만을 수행하는 것은 문제가 있다. 왜냐하면 스파이 행위로 인해 발생하게 될 국가 안보적 손실이 막대하기 때문이다.

③ 따라서 방첩은 그가 범법행위 즉 스파이 임무를 수행하기 전에 그를 체포함으로써 그의 스파이 행위로 인해 야기될 수 있는 국가안보 위해요소를 사전에 차단 또는 무력화시키는 임무를 수행한다.

841

방첩수사에 대한 설명으로 틀린 것은?

① 사례 중심적이고, 사후 조치에 중점을 둔다.
② 단순히 스파이 행위자를 체포하는 데 있지 않다.
③ 잠재적 적에 관해 수집된 자료를 계속 축적하여 관리한다.
④ 범죄 요건을 구성하지 않는 상황에 대해서도 첩보를 수집한다.

정답 ①

풀이 ① 범죄수사는 사례 중심적(case oriented)이고, 사후 조치(backward looking)에 중점을 두며, 기소 요건을 충족시키기 위해 매우 까다로운 조건을 요구하는 경향을 보인다. 이에 반해 정보는 전향적(forward looking)이고, 사례보다는 위협 중심적(threat oriented)이며, 자유분방한 성향(free wheeling)을 보인다.

842

다음 중 대간첩활동에 대한 설명으로 가장 적절하지 않은 것은? [2024년 기출]

① 대간첩활동을 위한 침투의 방법에는 현지 스파이, 이중스파이, 전향자 활용 등이 있는데, 자국에 침투한 적국의 스파이를 파악하는 방법으로도 유용하다.
② 대간첩활동을 위한 첩보수집은 주로 적대국 정보기관의 조직, 인물, 정보기법 등을 수집하는데 공개자료, 인간정보수집, 기술정보수집 등을 통해 수집한다.
③ 망명자가 제공하는 정보는 그가 이중스파이일 가능성을 염두에 두고 진술하는 정보의 정확성, 신뢰성 등을 객관적으로 평가하여야 한다.
④ 스파이 용의자를 발견하면 방첩수사에 착수해야 하는데 그의 스파이 활동을 차단하려고 할 때에는 철저하게 비노출 간접활동으로 감시해야 한다.

정답 ④

풀이 ④ 스파이 용의자의 스파이 행위를 사전에 차단할 목적으로 감시활동을 수행할 경우 비노출 간접 활동을 기본원칙으로 하는 일반적인 감시활동과는 달리 예외적으로 근접 또는 노출 감시의 방법을 활용하게 된다.

843

방첩수사에 대한 설명으로 틀린 것은? [2021년 기출]

① 방첩수사는 범죄성립요건이 충족되기 전까지는 수사할 수 없다.

② 방첩수사는 외국인 또는 외국인과 연계된 내국인에 의한 국가안전 및 이익 저해를 경계, 차단, 와해하기 위해 관계기관에서 수행하는 제반 대응활동이다.

③ 방첩수사는 국내에 출입하는 외국인, 외국기관 그리고 해외교포들의 입국에 따른 반국가활동으로부터 국민과 국가를 보호하기 위한 정보활동이다.

④ 형법 제98조의 간첩죄는 적국을 위하여 간첩하거나 적국의 간첩을 방조한 자로 명시되어 있어서 제3국을 위한 간첩행위를 처벌할 수 없다.

정답 ①

풀이 ① 일반적인 범죄수사는 사후행동, 즉 범법행위가 드러난 이후에 필요한 조치를 취한다. 반면에 방첩은 사전행동을 요한다. 방첩은 범죄행위가 자행되기 전에 그것을 미리 예방하는 적극적인 활동을 수행해야 한다. 방첩기관은 스파이를 바로 체포하지 않고 그를 제소할 충분한 증거를 찾을 때까지는 단순히 감시하기만 한다. 그러나 용의자가 스파이 행위를 저지르는 등 기소하는 데 필요한 증거를 찾을 때까지 감시하는 임무만을 수행하는 것은 문제가 있다. 왜냐하면 스파이 행위로 인해 발생하게 될 국가안보적 손실이 막대하기 때문이다. 따라서 방첩은 그가 범법행위, 즉 스파이 임무를 수행하기 전에 그를 체포함으로써 그의 스파이 행위로 인해 야기될 수 있는 국가안보 위해요소를 사전에 차단 또는 무력화시키는 임무를 수행한다.

핵심정리 방첩공작

(1) 방첩공작은 외국인 또는 이들과 연계된 내국인 등에 의해 자국의 국익이 침해되는 활동을 색출 · 차단 · 역용하기 위하여 주어진 목표에 대해 계획적으로 수행하는 비노출 활동이라고 할 수 있다.

(2) 첩보수집과 방첩수사가 주로 적의 정보활동을 탐지(detection)하는 데 목적으로 둔 다소 소극적인 방첩활동이라면 적의 정보활동을 무력화 또는 조종(manipulation)하는 데 중점을 두는 방첩공작은 보다 적극적인 유형의 방첩활동이라고 볼 수 있다.

(3) 물론 첩보수집과 방첩수사는 방첩공작과 밀접히 연계된다. 무엇보다도 첩보수집과 방첩수사를 통해 축적된 정보에 기초하여 상대측은 물론 우리 측의 방첩 취약 분야에 대해 정확히 파악하고 어떤 수준의 대응 즉 방첩공작이 필요한지를 결정할 수 있다.

(4) 요컨대, 첩보수집과 방첩수사는 방첩공작 목표를 효과적으로 그리고 성공적으로 달성하는 데 필요한 핵심적인 요소이다.

844

방첩공작에 대한 설명으로 틀린 것은?

① 방첩공작은 비밀공작과 달라서 정보기구의 선택적 임무사항이다.
② 방첩은 간첩활동을 방어하는 것이고 상대세력의 첩보활동에 대항하는 정보활동이다.
③ 상대세력의 정보활동이 칼이라면 그것에 대항하는 방패가 방첩활동이다.
④ 방첩은 상대세력이 '대상국가가 과연 무엇을 알고 있는지?', '무엇을 모르고 있는지?', '주어진 문제에 대해 어떻게 행동하려고 하는지?'를 알려고 하는 활동이다.

정답 ①

풀이 ① 방첩공작은 정보수집, 정보분석, 비밀공작과 함께 국가정보기구의 4대 임무 가운데 하나이다. 비밀공작의 정보적격성 논쟁과 별도로 방첩공작이 국가안보 수호를 본연의 임무로 하는 정보기구의 본질적 임무라고 함에 이견이 없다.

845

능동적 방첩에 대한 설명으로 옳은 것은? [2014년 기출]

① 역용공작은 적의 첩자에게 잘못된 정보를 유출하는 것을 말한다.
② 기만공작은 적의 첩자를 체포해 재고용하는 것을 말한다.
③ 정보활동은 방첩, 비밀공작을 위해 필요한 정보를 수집하는 것도 포함된다.
④ 능동적 방첩에 보안활동도 포함된다.

정답 ③

풀이 ①은 기만공작, ②는 역용공작에 대한 설명이다. ④ 보안활동은 소극적 방첩에 포함된다.

846

능동적 방첩에 포함될 수 없는 것은? [2012년 기출]

① 방첩분석
② 감시활동
③ 보안활동
④ 방첩정보수집

정답 ③

풀이 ③ 보안활동은 수동적 방첩에 해당된다.

핵심정리 이중간첩

1. 의의

① 적대국의 스파이활동을 무력화시키기 위해 적대국 공작원이나 협조자에 대해 체포, 기소, 또는 국외추방 등 다양한 조치가 취해질 수 있다. 그런데 적대국이 다양한 수단을 동원하여 첩보수집활동을 전개하기 때문에 이에 효과적으로 대응하기가 매우 어렵다.

② 이러한 상황에서 적대국의 첩보수집을 무력화시키는 효과적인 수단으로서 기만전략을 활용하기도 한다. 즉 보호할 필요가 있는 중요한 활동, 시설, 기술, 무기체계 등의 능력이나 의도에 관해 허위정보를 은밀히 유출시켜 적대국의 정보기관을 기만시키는 방법이 활용될 수 있다.

③ 적의 정보활동을 무력화시키는 것도 어렵지만 적의 정보활동을 자국이 의도하는 방향으로 조종하는 것은 더욱 어려운 임무이다. 그러한 임무를 효과적으로 수행할 수 있는 주요 수단으로서 이중간첩(double agent)이 활용된다. 이중간첩이란 적대국 정보기관을 위해 스파이활동을 하고 있는 것으로 가장하고 있지만 실제로는 그들이 스파이활동을 수행하도록 되어 있는 나라로부터 통제를 받고 있는 사람을 말한다.

2. 이중간첩을 활용한 공작의 유형

(1) 의의

즐키는 이중간첩을 활용한 공작은 방첩활동을 효과적으로 수행할 수 있는 가장 이상적인 방책이라면서 침투(penetration), 이중간첩(double agent) 그리고 유도된 이중간첩 공작(induced double agent operations) 등 세 가지 유형으로 구분하여 소개했다.

(2) 침투 공작

① 침투 공작은 적대국 정보기관의 내부 조직으로 침투하는 것으로서 적대국 정보기관의 구성원을 포섭하여 이중간첩으로 활용하는 것을 의미한다.

② 그는 적대국 정보기관의 요원으로 근무하면서 자국 방첩기관의 통제 하에 임무를 수행하게 된다. 이중간첩 공작은 침투공작과 다소 차이가 있다.

(3) 이중간첩 공작

① 이중간첩 공작의 경우 적대국 정보요원이 포섭을 목적으로 어떤 개인에게 접근해오고, 그가 자국 방첩기관에 그 사실을 보고한다. 방첩기관은 그가 적대국의 정보요원에게 포섭된 것처럼 가장하여 행동하도록 권고한다.

② 적대국 정보기관은 그를 포섭한 것으로 생각하지만 사실 그는 자국 방첩기관의 지시를 받고 이중간첩 임무를 수행하게 된다.

(4) 유도된 이중간첩 공작

① 유도된 이중간첩 공작은 일종의 미끼처럼 어떤 개인에게 적대국이 접근하여 포섭하도록 만드는 것을 의미한다.

② 일반적인 이중간첩 공작과 다른 점은 적대국이 그를 포섭하도록 유혹하는 보다 적극적인 방법을 사용한다는 것이다. 그런데 일단 적대국이 그를 포섭하게 되면 일반적인 이중간첩 공작과 동일한 절차와 방법을 적용하여 임무를 수행하게 된다.

3. 이중간첩 공작의 효과

(1) 의의

이중간첩 공작을 통해 두 가지 효과를 얻을 수 있다.

(2) 적대국 정보기관 정보관 파악 · 색출

① 적대국 정보기관의 정보관들을 파악 · 색출함으로써 적대국 정보기관의 정보활동을 무력화시킬 수 있다. 즉 이중간첩 공작은 적대국 정보기관의 정보관들을 파악하여 추방시키고 그들이 구축한 공작망을 와해시키는 데 매우 긴요하게 활용될 수 있다.

② 또한 이중간첩 공작은 적대국 정보관을 PNG하거나 체포, 구금, 공소하는 데 필요한 증거를 제공해 줄 수 있다.

(3) 적대국 정보활동 기술 파악

적대국의 정보활동 기술을 파악할 수 있기 때문에 적대국의 정보활동에 대해 보다 잘 대응할 수 있다. 즉 적대국의 정보활동으로 인해 야기되는 위협을 감소시키는 효과를 기대할 수 있다.

4. 적대국의 이중간첩 공작

(1) 의의

① 적대국에서 이중간첩 공작을 성공적으로 전개하게 될 경우 자국의 방첩공작이 적대국 정보기관에게 역용되는 결과를 초래하게 된다.

② 예들 들어, 적대국 정보기관이 자신의 조직에 소속된 정보관이 상대국 정보기관에 포섭되거나 이중간첩으로 활동하고 있다는 사실을 알게 되면 그를 다시 포섭하여 이중간첩으로 역용하게 될 수 있다.

③ 이 경우 적대국 정보기관은 자국의 방첩 활동으로 인해 노출될 것을 우려할 필요 없이 마음 놓고 자국에 대해 정보활동을 수행할 수 있게 될 것이다.

(2) 피그만 공격

① 미국이 시행했던 비밀공작 중에서 첩보사에서 참담한 실패로 평가되고 있는 '피그만 공격'이 실패한 결정적인 요인은 CIA가 애써 포섭한 쿠바인 첩보원들이 모두 카스트로의 비밀정보기 관에 소속된 이중간첩이었기 때문이다.

② 이처럼 방첩공작은 단 한 순간의 방심과 자만도 용납되지 않으며, 치밀하고 주도면밀한 계획과 철저한 보안을 유지함으로써 원하는바 목적을 성공시킬 수 있는 고도의 두뇌싸움 양상으로 전개된다.

847

이중간첩 공작에 대한 설명으로 틀린 것은?

① 이중간첩은 적대국 정보기관을 위해 스파이활동을 하고 있는 것으로 가장하고 있지만 실제로는 그들이 스파이활동을 수행하도록 되어 있는 나라로부터 통제를 받는 사람을 말한다.

② 이중간첩 공작은 적대국 정보기관의 내부 조직으로 침투하여, 적대국 정보기관의 구성원을 포섭하여 이중간첩으로 활용하는 것을 의미한다.

③ 이중간첩 공작에서 적대국 정보기관이 포섭하였다고 생각한 사람은 자국 방첩기관의 지시를 받고 이중간첩 임무를 수행하게 된다.

④ 유도된 이중간첩 공작은 일종의 미끼처럼 어떤 개인에게 적대국이 접근하여 포섭하도록 만드는 것을 의미한다.

정답 ②

풀이 ② 침투 공작에 대한 설명이다. 이중간첩 공작은 적대국 정보요원이 어떤 개인에게 접근해오면, 그 개인이 자국 방첩기관에 그 사실을 보고하고 이어서 그 개인이 자국 방첩기관의 지시를 받아 이중간첩 임무를 수행하게 된다.

848

이중간첩을 활용한 공작에 대한 설명으로 틀린 것은?

① 적대국 정보기관의 내부 조직으로 침투하는 침투 공작도 이중간첩을 활용한 공작에 해당한다.
② 적대국 정보기관의 구성원을 포섭하여 이중간첩으로 활용하는 것은 이중간첩 공작에 해당한다.
③ 유도된 이중간첩 공작은 일종의 미끼처럼 어떤 개인에게 적대국이 접근하여 포섭하도록 만드는 것을 의미한다.
④ 유도된 이중간첩 공작은 적대국이 포섭하도록 유혹한다는 점에서 가장 적극적인 이중간첩을 활용한 공작이라고 볼 수 있다.

정답 ②

풀이 ② 적대국 정보기간의 구성원을 포섭하여 이중간첩으로 활용하는 것은 침투공작이다. 반면에 이중간첩 공작의 경우 적대국 정보요원이 포섭을 목적으로 어떤 개인에게 접근해 오면 방첩기관은 그가 적대국의 정보요원에게 포섭된 것처럼 가장하여 행동하도록 권고한다.

849

이중스파이(Double Agents)의 가장 직접적인 효용으로 옳은 것은?

① 방첩공작활동
② 방첩방어활동
③ 정보분석 영역
④ 정보수집영역

정답 ①

풀이 ① 국가정보활동에서 이중스파이(Double Agents)는 그 성격상 다양한 효용을 가질 수 있지만 가장 직접적이고 또한 그 영향을 많이 받는 분야는 방첩공작 활동분야이다.

850

이중스파이의 직접적인 효용으로 적절하지 않은 것은?

① 자국 정보기구 내의 이중스파이, 즉 변절자에 대한 정보 파악
② 상대세력 사회문화정보의 파악
③ 상대세력의 정보분석능력 시험
④ 상대세력의 정보획득 우선순위 파악

정답 ②

풀이 ② 이중 스파이의 효용으로는 자국 정보기구 내의 이중스파이, 즉 우리 측의 변절자 파악, 상대세력의 방첩 능력과 정보분석능력 파악, 상대세력의 정보획득 우선순위 파악, 상대세력 정보기구에 대한 통제력 행사가 있다. 이중스파이는 국가 정보요원으로 임무를 충실하게 수행하는 것처럼 가장하면서, 사실은 위장된 정보수집 활동을 하는 정보원으로 결국 '통제국가 즉 자기나라에 침투하고 있는 대상국가의 스파이'이기 때문에 가능한 것이다. 상대세력의 사회문화정보 파악은 일반 비밀정보수집활동에 해당한다.

핵심정리 이중간첩 공작의 수행

(1) 의의

이중간첩 공작은 사실 수행하기가 매우 어렵다. 이중간첩 임무를 수행하는 자가 적대국 정보기관으로부터 신뢰감을 유지하려면 지속적으로 적절한 정보를 제공해 주어야 한다. 그렇지 않을 경우 적대국 정보기관에서 그를 의심하게 되고, 때로 그의 목숨이 위태롭게 될 수 있다.

(2) 닭모이(chicken feed)

① 이중간첩이 적대국 정보기관에 제공해 주는 정보를 흔히 '닭모이(chicken feed)'라고 불리는데, 겉으로 보기에는 비밀로 분류된 민감한 정보이지만 실제로는 그다지 중요한 것이 아니어야 한다.

② 이 경우 방첩공작을 수행하는 기관에서는 이중간첩이 신뢰를 유지하는 데 따른 이익이 신뢰 유지를 위해 제공되는 정보로 인해 초래될 피해보다 훨씬 커야 할 것이다. 이를 위해 적대국 정보기관의 의심을 불러일으키지 않는 범위 내에서 가능한 한 중요하지 않은 정보를 제공해야 한다.

③ '닭모이'를 적절이 활용할 경우 방첩공작 목표를 매우 효과적으로 달성할 수 있다. 즉 적대국이 잘못된 행동을 취하도록 유도하기 위해서 고안된 거짓정보를 실제 정보와 적절하게 섞어서 제공함으로써 적국의 정보수집활동은 물론 분석능력까지도 조정 또는 통제할 수 있다. 그 대표적인 사례로서 제2차 세계대전 당시 영국이 수행했던 암호명 '더블크로스 시스템(Double Cross System)'을 들 수 있다.

(3) 더블크로스 시스템(Double Cross System)

① 제2차 세계대전 당시 영국은 독일 정보기관 압베르가 사용하고 있는 암호를 해독하여 독일 측에서 영국으로 침투시킨 138명의 독일 스파이와 그 밖에 영국을 상대로 첩보활동을 벌이기 위해 독일이 포섭한 20여 명의 스파이를 모조리 체포했다.

② 영국은 이들 중 약 40여 명을 포섭하여 이중간첩으로 활용하는 암호명 '더블크로스 시스템(Double Cross System)'을 전개했다. 영국은 포섭된 이중간첩을 이용하여 거짓 정보와 실제 정보를 적절히 섞은 혼합 정보를 독일에 전달시켰다.

(4) 울트라 계획(Ultra Project)

① 제2차 세계대전이 막바지에 달하던 1944년경 영국은 암호명 '울트라 계획(Ultra Project)'을 통해 독일의 암호를 성공적으로 해독했다. 영국은 포섭한 이중간첩을 이용하여 연합군이 노르망디가 아닌 파드 칼레(Pas de Calais)로 상륙한다는 거짓 정보를 독일 측에 지속적으로 흘려보냈다.

② 울트라 계획을 통해 영국은 허위로 전달한 정보에 대해 독일이 어떤 반응을 보이는지 파악할 수 있었다. 영국이 제공한 허위정보에 속아 독일은 연합군이 파드 칼레로 상륙할 것으로 예상하여 방어 병력을 노르망디가 아닌 파드 칼레 지역에 집중시켰다.

③ 이처럼 울트라 계획과 더블크로스 시스템을 적절히 활용하여 연합군은 독일을 철저히 기만시켰고, 마침내 제2차 세계대전 승리의 결정적인 분수령이 되었던 노르망디 상륙작전을 성공시켰다.

851

닭모이(chicken feed)와 직접적인 관련이 있는 정보활동으로 옳은 것은?

① 비밀공작 활동　　② 방첩공작활동
③ 정보수집활동　　④ 정보분석활동

정답 ②

풀이 ② 이중스파이의 경우에는 그들에 대한 신뢰를 유지시키기 위해 주기적으로 어느 정도 진실한 첩보를 전달해야 하는바, 이처럼 신뢰성 유지를 위해 상대세력에 제공하는 진실첩보를 '닭모이(chicken feed) 정보'라고 한다. 한편 이중스파이는 방첩공작활동의 중요한 인적 요소이다.

852

이중간첩에 의한 기만공작과 관련이 없는 것은? [2021년 기출]

① 닭모이　　② 암호명 '더블크로스 시스템'
③ 암호명 '울트라 계획'　　④ 피그만 침공 실패

정답 ③

풀이 ③ '울트라 계획'은 2차 대전 중 독일의 통신망을 해독하기 위한 영국의 감청활동을 말한다.

853

이중간첩(Double Agents)에 대한 설명으로 틀린 것은?

① 이중간첩은 국가 정보요원으로 임무를 충실하게 수행하는 것처럼 가장하면서, 사실은 대상(target)국가 정보기구의 지령에 의해 위장된 정보수집 활동을 하는 정보요원이다.
② 이중간첩은 '통제국가, 즉 자기나라에 침투하고 있는 대상국가의 스파이'이다.
③ 이중간첩 공작은 적대국 정보기관의 내부 조직으로 침투하는 것으로서 적대국 정보기관의 구성원을 포섭하여 이중간첩으로 활용하는 것을 의미한다.
④ 이중간첩은 그들에 대한 신뢰를 유지시키기 위해 주기적으로 어느 정도 진실한 첩보를 전달해야 하는 바, 계속적인 신뢰성 유지를 위해서는 상대세력에 제공하는 진실 첩보를 속칭 '닭모이(chicken feed) 정보'라고 한다.

정답 ③

풀이 ③ 침투 공작에 대한 설명이다. 이중간첩 공작은 적대국 정보요원이 포섭을 목적으로 어떤 개인에게 접근해오고, 그가 자국 방첩기관에 그 사실을 보고한다. 방첩기관은 그가 적대국의 정보요원에게 포섭된 것처럼 가장하여 행동하도록 권고한다.

854

다음 중 이중간첩에 의한 기만공작과 관련이 없는 것은? [2021년 기출]

① 닭모이
② 울트라 작전
③ 더블크로스 작전
④ 피그만 침공 작전

정답 ②

풀이 ② 울트라 작전은 제2차 세계대전 동안 독일의 에니그마(Enigma) 암호체계를 해독하기 위한 작전이다.

855

영국이 2차 대전 중 수행한 비밀공작 중 독일의 첩자를 체포하여 역이용한 공작으로 옳은 것은? [2010년 기출]

① Double Cross System
② GUNNERSIDE
③ ULTRA
④ MINCE MEAT

정답 ①

풀이 ① '더블크로스 작전(Double Cross System)'은 제2차 세계대전 당시 영국 보안부(MI5)가 독일 스파이를 체포하여 이중간첩으로 활용한 방첩과 비밀공작의 성격을 동시에 포괄하는 개념의 작전이다. 이 작전을 통해서 영국은 노르망디 상륙작전 당시 상륙 시기 및 장소에 대해 독일을 철저히 기만할 수 있었다.

② GUNNERSIDE 작전은 1943년 노르웨이의 베르모르크 수력 발전소의 생산 시설을 폭파함으로써 핵 폭탄에 필요한 재료를 생산하려는 히틀러의 노력을 좌절시켰다.

③ 제2차 세계대전이 막바지에 달하던 1944년경 영국은 암호명 '울트라 계획(Ultra Project)'을 통해 독일의 암호를 성공적으로 해독했다.

④ MINCE MEAT 작전은 1943년 연합군의 시칠리아 침공을 위장하기 위한 영국 기만 작전이다.

핵심정리 FBI의 불법활동(코인텔프로)

1. 의의

국내정보 수집에 대한 적법한 권한을 가진 정보기구의 국내정보 수집활동 중에도 불법적인 사례가 적지 않았다. 대표적인 것이 FBI가 방첩공작 전략의 일환으로 수행했던 코인텔프로(COINTELPRO)였다. 코인텔프로는 연방수사국(FBI)의 방첩공작 프로그램(Counter Intelligence Program)의 철자 약어이다. 코인텔프로는 미국 국내의 반체제 정치적 단체에 대한 조사와 붕괴를 목적으로 FBI가 1956년부터 1971년 사이에 전개한 적극적 정보활동이었다. FBI는 미국 정부의 전복을 목적으로 정부건물 폭파 등 공격적인 활동을 전개하는 급진 좌경세력들의 단체인 웨더맨(Weatherman), 마틴 루터 킹(Martin Luther King Jr.) 목사에 의해 주도된 남부기독교지도자회의(Southern Christian Leader-ship Conference), 백인 우월 폭력단체인 KKK단(Ku Klux Klan) 그리고 미국 나치당 (American Nazi Party) 등을 목표로 무력화와 붕괴 공작 활동을 전개했다.

2. 처치 위원회의 조사

① FBI의 코인텔프로에 대해서도 상원의 처치 위원회와 하원의 파이크 위원회의 조사가 이어졌다. 사실 FBI 코인텔프로는 미국의 정보학계에서는 국내정보 수집에 있어서 정보기관에 의한 대표적인 인권유린 사례로 전해 내려온다. 코인텔프로 활동은 1950년대의 반공산주의 방첩공작 활동의 경험을 바탕으로 했던 것으로 1차적인 목표는 공산주의 집단과 사회주의 집단이었다. 이 작전은 미국 전역에서 전개되었던 바, FBI가 가장 강력하게 타격을 가한 집단은 블랙 팬서(Black Panthers)와 미국 인디아 운동(American Indian Movement) 조직이었다. 코인텔프로 작전은 어떤 수단과 방법을 동원하여서라도 조직의 저항적 활동을 분쇄함에 있었다.

② 물론 주의할 점은 있다. 처치 위원회 보고서의 내용은 불법적인 내용을 적시한 것으로 유사한 방법을 동원한 다른 사례에서는 적법성이 인정될 수도 있다는 점이다. 즉 사용된 방법이 문제가 아니라 의도된 목적이 문제라는 것이다. 형법상 위법성 조각사유로 정당한 살해행위가 죄가 되지 않을 수 있듯이 국가안보를 위한 방법에는 제한이 있을 수는 없다. 그러나 코인텔프로에서의 문제는 처음부터 잘못된 의도였던 것으로 FBI의 코인텔프로 작전이 주는 교훈은 아무리 통제와 감독이 철저한 민주주의 국가의 경우에도 국가 권력은 예측 불허의 방향으로 남용될 수 있다는 것이다.

3. 코인텔프로에 사용된 작전의 종류와 내용

(1) 감시활동

먼저 대상 단체와 조직에 대한 철저한 감시활동으로 시작된다. 도청은 물론이고 전화 감청, 우편물 검열, 사진 촬영과 주거와 건조물 · 자동차 수색 같은 물리적 방법을 총동원하여 조직에 대한 정보를 수집했다.

(2) 위장침입 · 밀고자와 협조자 활용

인간정보 활동의 일환인 위장침입 · 밀고자와 협조자 활용은 코인텔프로그램의 핵심적인 내용이다. 가족관계나 추문 같은 약점을 잡아 협박을 하거나 금전으로 매수하여 조직원 중에서 협조자를 확보하고, 이들을 다시 조직으로 침투시켜 활용한다.

(3) 불법 수색공작(black bag jobs)

불법 수색공작은 조직원들의 가택이나 건조물과 사무실, 그리고 자동차 등 점유물에 무단으로 침입하여 수색하고 사진 촬영 등으로 증거를 확보하는 활동이다.

(4) 혐의조작 공작(Bad-jacket, snitch-jacket)

① 고도의 상황조작 전략이다. 상황조작 즉 거짓 옷을 입히는 과정은 다음과 같다. 먼저 정보기관은 목표로 삼은 조직의 중추적인 구성원을 절도용의자나 강간혐의자 등의 범죄용의자로 지목한다. 그러면 조직에 침투된 밀고자는 "사실은 우리 리더가 강간혐의자로 수배를 받고 있다더라." 등으로 소문을 퍼뜨리고 조작된 증거를 조직 내부에 남긴다.

② 그러한 거짓 옷을 입힌 상황조작이 끝나면 경찰이 투입되어 지목된 중추적인 구성원에 대한 검거작전에 돌입한다. 목표로 삼은 조직 중추 구성원 등과 내부 협조자도 공범으로 함께 연행한다. 작전은 그 후에도 계속 진행된다. 함께 연행되었던 다른 공범들은 계속 구속시키면서도, 오히려 처음에 목표로 삼았던 조직 중추원은 혐의는 명백하고 증거는 충분했다는 소문과 함께 일부러 석방해준다. 즉 FBI와 모종의 타협을 했다는 혐의를 씌워 놓는 것이다. 영문을 모르는 그는 조직으로 돌아와 조직을 이끌려고 하여도 이미 조직의 중추로서의 신뢰를 상실하여 조직을 리드할 수 없게 된다.

(5) 거짓 통신(False communications)

허위내용의 각종 소문, 예컨대 조직 간부와 여성구성원들 간에 성적 추문이 있었다거나, 우두머리가 조직원 중의 누구를 마땅치 않게 생각하여 살해할 의도가 있다든가 같은 거짓 협박 유언비어를 조직 내부에 퍼뜨려 서로가 불신하게 만들고, 오히려 선수를 쳐 상대방을 살해하게 하는 등 조직 내의 극도의 분열을 유도하는 공작활동이다. 또한 외부에서 익명으로 허위내용, 그리고 누구나 볼 수 있는 카드우편 또는 포스터를 이용하여 거짓소문과 조작된 사진을 유포하기도 한다.

(6) 언론공작(Media disinformation)
정보기관에 우호적인 언론매체의 협조를 받아 조직의 활동에 대한 거짓선전을 보도하는 것이다. 예컨대 해당 조직을 급진 · 좌경, 비정상적 테러조직으로 그 성격을 호도하여 방송함으로써 일반 국민들의 분노를 불러일으키고 조직 내부에도 의심을 야기하며 신규 회원들의 영입을 저지하는 공작전략이다.

(7) 치명적 타격(Lethal force)
암살 공작이다. 핵심조직원을 기습, 검거작전 중에 고의적으로 살해하는 것이다. 검거하여 법적 절차를 거치는 등으로 후환을 남기는 것보다는 의도된 정당방위 상황을 만들어 현장에서 살해하는 작전이다. 1950년대에 60 내지 70명이 살해된 것으로 처치 위원회 보고서는 적시했다.

(8) 준군사작전(Assisting Paramilitary Death Squads)
전술한 개별 살해 공작범위를 훨씬 넘어서서 상황을 극도로 악화시킨 후 대 규모 폭동진압 명목으로 특수부대의 지원을 받아 사회치안을 넘어 국가안보 문제 등 대규모의 정당방위 상황의 형식을 취하며, 살상을 포함한 적극 공격을 하는 것이다.

4. 법적 문제점 및 비판
법집행기관이자 국내정보 수집기관인 FBI의 위와 같은 코인텔프로그램 활동이 불법적인 것이라고 하는 데는 이론이 없었다. 이에 따라 1976년 일부 시 민들은 FBI의 코인텔프로그램 작전에 대한 위법성을 근거로, FBI를 상대로 헌법상의 기본권 침해를 이유로 다수의 소송을 제기했다. 법원은 여러 사건에 서 적법한 조직을 분열하고 파괴하려는 의도 또는 조직원들을 이탈시키려는 의도 아래에서 행하여진 공권력 행사는 헌법위반이라고 판결했다.

핵심정리 **노스콤(NORTHCOM)과 탈론(TALON)**

(1) 2001년 9/11 테러 공격은 정보 영역에서의 국 · 내외의 엄격한 임무분리가 정보 공유를 어렵게 하는 등 문제점이 많았음을 인식하게 함으로써 군 정보기관의 국내에서의 역할증대를 요청하는 분위기가 자연스럽게 형성되었다. 펜타곤은 이에 노스콤(NORTHCOM)이라고 명명된 북부 사령부를 신설하여 정보와 법집행 기능을 신속히 융합하여 국제조직범죄에 효율적으로 대처하는 역할을 수행하는 정보기관을 창설했다.
(2) 노스콤은 다양한 경로로 수집한 총체적 국내정보를 국가안보국(NSA)이 보유하는 슈퍼컴퓨터를 이용하여 또 다른 다양한 경로로 획득한 법집행 데이터베이스와 결합하여 새로운 정보를 신속하게 전자적으로 추출하는 놀라운 데이터 마이닝 기술을 보유하고 있다. 이를 야전방첩활동이라고 부른다. 야전방첩활동 중의 하나가 "탈론(TALON)"이라고 불리는 요주의 인물이나 의심스러운 활동가들에 대한 "위협 · 현장목격 통지활동"이다. 용의자를 자동적으로 추출하여 지목하는 그 생생한 즉시성과 현장성으로 인하여 혹자는 이를 "마치 옆집에서 살펴보는 것 같다."고 묘사했다.
(3) 국가안보를 위한 정보에는 국경과 경계가 없다는 정보의 자유 시장 원리에 따르면 군정보기구도 국가안보 문제를 위한 것에 기여의 한계가 있을 수 없다는 주장도 있을 수 있다. 하지만 그러한 확대 논리는 결국 헌법상의 문민통치의 정신을 훼손할 위험성으로 연결될 것이다. 역시 각국의 경우 문민 정보기구의 기획과 조종 하에 활동의 근거와 방법을 지정하는 입법조치가 필요하다.

856

미국의 방첩활동에 대한 설명으로 틀린 것은? [2017년 기출]

① 2001년 9/11테러 이후 방첩활동을 강화하기 시작했다.
② 국가안보국(NSA)의 슈퍼컴퓨터를 활용해 탈론(TALON) 정보를 수집한다.
③ 테러와 사이버 범죄에 대한 대응은 FBI의 역할이다.
④ 코인텔프로(COINIELPRO)는 FBI가 벌인 조직 내부 정치싸움이다.

정답 ④

풀이 ④ 코인텔프로는 연방수사국(FBI)의 방첩공작 프로그램(Counter Intelligence Program)의 철자 약어이다.

857

다음 공작 또는 사건에 대한 설명으로 틀린 것은? [2012년 기출]

① 더블크로스: MI5의 역용공작
② 케임브리지 스파이링: MI5 내부의 간첩사건
③ 워터게이트: CIA의 불법 국내정보공작
④ 코인텔프로: FBI의 불법 국내정보공작

정답 ④

풀이 ④ 코인텔프로는 연방수사국(FBI)의 방첩공작 프로그램(Counter Intelligence Program)의 철자 약어이다. 방첩공작은 국내정보공작으로 볼 수 없다.

핵심정리 기만과 역기만

불특정의 광범위한 내용을 포괄하는 기만과 역기만을 방첩공작활동의 한 가지 작용으로 포함시킬 것인가에 대해서는 논란이 있었다. 기만은 일견 상대세력의 정보 '정책'을 대상으로 한 것이라는 점에서 방첩공작의 영역으로 간주하지 않는 학자도 있다. 저명한 정보학자 리첼슨(Richelson)은 방첩활동을 공개 또는 은밀한 방법에 의한 상대세력 정보활동과 방첩공작활동에 대한 파악, 변절평가, 상대세력의 정보기구와 방첩조직에 대한 연구와 조사, 현재 구체적으로 진행 중인 상대세력 정보활동과 방첩공작활동에 대한 저지 및 무력화를 위한 활동의 4가지의 경우로 한정해, 기만공작을 방첩공작활동으로 간주하지 않는다.

858

방첩공작활동으로서의 기만(Deception)에 대한 설명으로 틀린 것은?

① 정형이 없는 방첩공작영역에서 기만은 정책적인 성격이 있기는 하지만, 정보학적으로도 당연히 정보기구의 고유한 임무로 방첩공작의 필수적인 부분으로 간주되었다.
② 기만은 상대세력이 자국의 정치·군사·경제·사회 등 제반 분야에 대해 오류의 정보분석을 하도록 상황을 오판하게 하여, 상대세력으로 하여금 장기간에 걸쳐 기만활동을 전개하는 국가의 이해관계에 부합하도록 유도하는 것이다.
③ 기만은 상대세력의 '정보 정책'을 대상으로 한 것이다.
④ 기만은 상대세력의 제반 정보활동에 대해 장기간에 걸쳐 야심적으로 대응하려는 시도이다.

정답 ①

풀이 ① 기만은 일견 상대세력의 '정보 정책'을 대상으로 한 것이라는 점에서 방첩공작 영역인지에 대해 논쟁이 있었다. 리첼슨(Richelson)은 기만공작을 방첩공작 활동으로 간주하지 않는다.

핵심정리 앤젤톤(James Angelton) 사건

(1) 기만공작, 역기만 공작은 단순하게 상대세력의 정보활동을 저지하는 등의 방첩공작 활동을 위해서만 활용되지 않는다. 속고 있는지, 속이고 있는지 자체를 판단하기 어려운 그 혼란스러운 상황을 십분 활용해 상대세력 방첩공작 기구 내의 내분을 유발하기 위한 소리 없는 폭탄을 내부에 투하할 수도 있다. 소위 '혼란스러운 다수의 영상들(Wilderness of mirrors)'을 유발하고 상대세력 정보기구 자체에 일대 혼란을 초래하는 것이다.

(2) 예를 들어 일단 상대세력 정보기구로부터 한 명의 변절자를 확보한 후에 매파와 비둘기파의 논쟁을 유발할 수 있는 쟁점이 있는 주제에 대한 그럴듯한 거짓정보를 제공한다. 그 후 양자에 대한 일정한 보완 정보를 주기적으로 제공하면 필경 정보기구 내에는 대처방안에 대한 의견이 양분되게 된다. 물론 목적은 정보기구 지휘부 간의 강·온 대처방안에 대한 치열한 의견대립을 이끌어 내분을 만드는 데 있다.

(3) KGB가 구사한 이러한 혼란전술은 냉전시대 CIA에 최대의 분란을 초래했다. CIA 방첩국장 앤젤톤 사건이 그것이다. 1960년부터 1970년 초반까지 냉전의 와중에 CIA 내부에는 소련을 상대로 한 일반 정보수집활동, 비밀공작활동, 방첩공작활동에 있어서 끊임없는 강·온 의견대립이 치열하게 전개되었다. 강경파의 한 축에는 CIA 창설의 실질적인 공로자이자 미국 정보공동체의 방첩공작의 총책임자로, KGB가 최대의 장애로 여겼던 전설적인 인물이었던 제임스 앤젤톤(James Angelton)이 선봉에 있었다. 1941년 예일대학을 졸업하고 하버드 법과대학을 수료한 앤젤톤은 1943년 그의 아버지가 근무했던 미 군 정보기관인 해군 전략첩보국(OSS)에 특채되어 정보기구 근무를 시작했다. 당시 전략국 책임자는 후일 CIA 창설의 일등 공신인 도너반(William Joseph Donovan)이었는데, 그의 강력한 후원으로 엔젤톤은 방첩공작에 대한 교육을 받기 위해 영국 비밀정보부(M16)에 파견되었다. 앤젤톤은 영국 비밀정보부에서 이미 KGB의 이중간첩으로 암약하고 있던 킴 필비의 훈육을 받게 되었다.

(4) 당시 영국 비밀정보부는 울트라(ULTER)라는 이름의 독일 암호체계 해독 프로그램을 운영해 제2차 세계대전에서 독일을 상대로 엄청난 성공을 거두었는데, 앤젤톤은 그곳에서 암호해독 기법을 체득했다. 울트라 체험을 포함한 영국 비밀정보부에서의 다양한 공작경험으로 앤젤톤은 1947년 창설된 CIA의 초대 방첩국 총책임자로 임명되었고, 그의 CIA 경력 전부를 방첩공작 책임자로 활동하면서 냉전시대 KGB에게는 가장 두려운 전설적인 인물로 여겨졌다. 그러나 엔젤톤은 그를 정보의 세계로 안내해 주었던 영국 비밀정보부 킴 필비가 후일 소위 케임브리지 스파이 링의 일원으로 희대의 KGB 이중 스파이였다는 사실이 밝혀지자 엄청난 정신적 타격을 받았다. 엔젤톤은 그 후 더욱 주변을 의심하며 공산주의를 매우 혐오하게 되었다. 이에 KGB는 앤젤톤을 축으로 하는 강경파와의 의견대립을 유발해 내분을 일으키기 위한 고도의 기만공작에 돌입한 것으로 여겨졌다.

(5) 서로 다른 정보를 제공하는 KGB 요원으로 CIA로 전향한 이중 스파이 골리친(Golitsyn)과 노센코(Nosenko)의 동시적 등장이 그것이었다. 모두 비중 있는 이중 스파이인 이들을 취급하는 데 앤젤톤은 항상 소련을 더욱 의심하는 내용의 골리친의 정보를 보다 더 신뢰하는 입장이었다. 그리고 모든 사안을 부정적인 측면에서 바라보는 의견 때문에 앤젤톤은 CIA는 물론이고 행정부와 의회에서도 고립되어 가는 형편이 되었다. 앤젤톤은 심지어 키신저 국무장관도 KGB와 연결되었다고 주 장했다. 그러나 그는 결국 1974년 12월 온건파의 견제에 밀려 콜비(William Colby) CIA 국장으로부터 퇴직을 권유 받고 CIA를 떠나게 되었다. 당시의 CIA 내부의 치열한 논쟁은 거울도 정확히 그 영상을 표시해 주지 못할 정도로 어렵다는 취지에서, 데이비드 마틴은 '혼란스러운 다수의 영상들(wilderness of mirrors)'이라는 용어를 사용하고 그 제목을 단 책을 출간했다. 결국 방첩공작 활동의 최고수였던 앤젤톤 그 자신이 KGB 기만작전의 직접 피해 당사자가 되었던 것이다.

859

CIA 방첩국장 앤젤톤(James Angelton) 사건과 무관한 것은?

① 기만(Deception)과 역기만(Counter-deception)
② 매파와 비둘기파의 논쟁
③ 혼란스러운 다수의 영상(wilderness of mirrors)
④ 코드명 신뢰(Trust)

정답 ④

풀이 ④ 신뢰(Trust)는 반공산주의자들에 의한 소련 내 반정부 저항단체로 1921년부터 1927년까지 약 7년간 존재했다. 그러나 사실은 KGB의 전신인 체카(VChk)가 운영한 소련의 관변단체였다.

핵심정리 로버트 한센(Robert Hanssen) 사건

(1) 로버트 한센은 FBI 요원으로 소비에트 공화국과 러시아를 위해 미국 스파이 역사상 최장기간인 21년 동안 이중 스파이 활동을 한 인물이다. 그는 2001년 2월 18일 체포되었고, 본인도 유죄를 인정해 가석방 없는 무기징역형을 선고받았다. 그의 스파이 활동은 미국 정보공동체 역사상 가장 최악의 재앙으로 일컬어진다.
(2) 한센은 일리노이 주 시카고에서 경찰관의 아들로 태어나 일리노이주 크녹스 대학에서 화학과 러시아를 전공했다. 추후 경영학으로 전공을 바꿔 MBA도 취득했다. 졸업 후 회계사무실에 취직했다가 시카고 경찰국의 감찰부서에 특채되었고 1976년 FBI로 전직했다. 한센은 1981년부터 소비에트 공화국을 위해 이중 스파이 활동을 한 것으로 밝혀졌다. 한편 전술한 에임스는 1985년부터 1994년까지 약 10년간 이중 스파이 활동을 해서 상당 기간 한센의 활약기간과 중복되었다.

860

다음 중 ㉠에 들어갈 인물로 알맞은 것은?

[㉠]은/는 미국 연방수사국(FBI)의 방첩관으로 25년간 근무하면서 1985년부터 무려 15년간 미국의 기밀을 유출했으며, 미국은 2000년 10월 경 FBI 요원이 러시아에 정보를 제공해주고 있다는 내용의 러시아 정부문서를 입수하면서부터 [㉠]에 대한 수사를 착수해 2001년 간첩활동 혐의로 [㉠]을/를 체포했다.

① 킴 필비 ② 로버트 한센
③ 개리 파워 ④ 알드리히 에임스

정답 ②

풀이 ② 제시문은 FBI 방첩관 로버트 한센에 대한 설명으로, 1994년 검거된 CIA의 이중 스파이 에임스 이후 최대의 스파이로 평가받고 있다.

Theme 31 경제정보활동

핵심정리 **경제정보활동에 대한 두 가지 접근**

1. 유럽의 접근방법
   (1) 의의
   유럽은 전통적으로 산업기술 습득노력을 국가적 차원에서 지원하고 적극적으로 장려했다. 따라서 국가가 적극적으로 지원하는 오늘날과 유사한 산업간첩 활동은 오래 전부터 알게 모르게 전개되었다.
   (2) 베네치아 공화국 법
   ① 산업간첩 활동을 국가차원에서 지원한 최초의 증거로는 1474년의 베네치아 공화국의 법이 있다. 베네치아 공화국은 그러한 스파이 활동을 촉진시키기 위해 수단을 불문하고 확보한 기술에 대하여는 그 사람에게 독점권을 부여하는 법을 제정했다.
   ② 이것이 베네치아 상인들에 의해 개발된 오늘날 특허권과 저작권의 기원으로 알려진 것인데, 최초로 국가차원에서 법률로 보호했지만 권리의 성격 자체 즉 궁극적인 소유주체가 국가인지 훔쳐온 개인인지에 대해서는 여전히 명확하지 않았다.
   (3) 지적재산권에 대한 프랑스의 입장
   ① 국가가 타국에서의 산업기술의 절취를 적극적으로 지원하고 장려한다는 점에 있어서는 차이가 없었다. 다만 전제 군주정의 프랑스는 개인의 발명품이라고 하더라도 그에 대한 특허와 저작권은 왕이 허여하는 특전(royal favors)으로 간주하여 언제라도 국가가 몰수할 수 있었다.
   ② 프랑스는 18세기 프랑스 혁명을 거쳐 시민의식이 고무됨으로써 비로소 지적재산권은 창조적인 혁신과 창작을 장려하기 위한 것으로, 국가는 다만 인증을 해주는 것일 뿐이므로, 발명자의 자연권(natural rights)이라는 주장이 나타났다.
   (4) 지적재산권에 대한 영국의 입장
   17세기 초반에 이미 특허권과 저작권을 발명과 표현, 그리고 창작을 고무하기 위해 국가가 보호하는 적극적인 법적 권리로 인정했다.
   (5) 결론
   ① 영국을 제외한 유럽 국가들은 기술개발과 창작물에 대한 권리는 원래부터 왕권 또는 국권에 복종하는 것이지만, 기술개발을 촉진하기 위해서 법이라는 수단을 통해 은혜적으로 일반 시민들에게 일정기간 허여되는 시혜적 특권으로 간주하는 경향이 강했다고 할 수 있다.
   ② 이것은 바꾸어 말하면 기술개발에 대하여 어떠한 방향에서건 국가의 개입가능성이 높다는 것을 의미한다.
2. 미국의 접근방법
   ① 미국의 제정헌법 창설자들은 지적 재산권이 왕의 소유라거나 또는 국가가 관리하는 것이라는 프랑스식의 관념을 배격하고, 영국식 접근을 선호했지만 한걸음 더 나아갔다.
   ② 헌법제정의회에서 이미 권리자 서로 간의 충돌을 막고자 특허권과 저작권에 대한 입법을 했고, 최초로 노아 웹스터(Noah Webster)의 출판물에 대한 저작권을 법에 의해 절대 적으로 보호했다.
   ③ 쉽게 말하면 지적 재산권에 대한 미국의 접근은, 그것은 국가를 위한 권리가 아니라, 일반 시민을 위한 권리라는 것으로 그 생각의 끝에는 지적재산권이 전적으로 사유 재산권임을 전제하고 있는 것이라 할 수 있다.
   ④ 그러므로 자유로운 무한 경쟁을 원칙으로 하는 사적 영역에서의 기술개발에 국가가 지원하고 획득활동에 개입할 여지는 생각할 수 없는 일이었다.

861

경제정보활동의 접근방법에 대한 설명으로 틀린 것은?

① 산업간첩활동을 국가차원에서 지원한 최초의 증거로는 1474년의 베네치아 공화국의 법이 있다.
② 전제 군주정의 프랑스는 개인의 발명품이라고 하더라도 그에 대한 특허와 저작권은 왕이 허여하는 특전(royal favors)으로 간주한다.
③ 영국은 17세기 초반에 이미 특허권과 저작권을 발명과 표현 그리고 창작을 고무하기 위해 국가가 보호하는 적극적인 법적 권리로 인정했다.
④ 미국은 지적재산권이 왕의 소유라는 관념을 배격하고, 무한 경쟁의 사적 영역에서 독점의 폐해로부터 일반 시민의 권리를 보호하기 위해 국가가 개입할 여지를 마련하였다.

정답 ④

풀이 지적재산권에 대한 미국의 접근은, 그것은 국가를 위한 권리가 아니라, 일반 시민을 위한 권리라는 것으로 그 생각의 끝에는 지적재산권이 전적으로 사유 재산권임을 전제하고 있는 것이라 할 수 있다. 그러므로 자유로운 무한 경쟁을 원칙으로 하는 사적 영역에서의 기술개발에 국가가 지원하고 획득활동에 개입할 여지는 생각할 수 없는 일이었다.

862

경제정보활동에 대한 설명으로 틀린 것은?

① 경쟁정보는 기업에 보장된 정당한 윤리적 법적 활동이다.
② 경제간첩은 국가정보기구가 수행하는 경제정보수집활동으로 그것은 국가안보 목적을 위한 것이다.
③ 산업간첩활동은 국가정보기구가 아닌 사경제 주체의 간첩활동으로, 상업적 용도를 목적으로 한다.
④ 법합치적 방법에 의한 경제정보수집활동은 법을 적극적으로 활용하거나 법적인 장치를 가장하는 등의 방법에 의해 전개된다.

정답 ③

풀이 산업간첩활동은 국가정보기구나 사경제 주체 모두가 할 수 있는 간첩활동이다.

863

경제정보활동에 대한 접근 방법에 대한 설명으로 틀린 것은?

① 베네치아 공화국은 수단을 불문하고 확보한 기술에 대해 독점권을 부여하는 법을 제정하였다.

② 프랑스는 전제 군주정 시대에는 개인의 발명품에 대한 특허와 저작권을 왕이 허여하는 특전으로 간주했다.

③ 영국은 17세기 초반부터 특허권과 저작권을 발명과 표현, 그리고 창작을 고무하기 위해 국가가 보호하는 적극적인 법적 권리로 인정하였다.

④ 미국의 헌법 제정자들은 프랑스식 관념을 배격하고 영국식 접근을 선호하였으며 국가가 기술개발을 지원하였다.

정답 ④

풀이 ④ 미국의 제정헌법 창설자들은 지적 재산권이 왕의 소유라거나 또는 국가가 관리하는 것이라는 프랑스식의 관념을 배격하고, 영국식 접근을 선호했지만 한걸음 더 나아갔다. 지적 재산권에 대한 미국의 접근은, 그것은 국가를 위한 권리가 아니라, 일반 시민을 위한 권리라는 것으로 그 생각의 끝에는 지적재산권이 전적으로 사유 재산권임을 전제하고 있는 것이라 할 수 있다. 그러므로 자유로운 무한 경쟁을 원칙으로 하는 사적 영역에서의 기술개발에 국가가 지원하고 획득활동에 개입할 여지는 생각할 수 없는 일이었다.

864

경제정보활동에 대한 접근 방법에 대한 설명으로 틀린 것은?

① 베네치아 공화국 법은 오늘날 특허권과 저작권의 기원으로 볼 수 있다.

② 혁명 전 프랑스는 개인의 발명품이라고 하더라도 언제라도 국가가 몰수할 수 있었다.

③ 영국은 17세기 초반에 이미 특허권과 저작권을 발명과 표현 그리고 창작을 고무하기 위해 국가가 보호하는 적극적인 법적 권리로 인정했다.

④ 영국을 포함한 유럽의 모든 국가들은 기술개발을 촉진하기 위해서 일반시민들에게 부여되는 시혜적 특권으로 간주하는 경향이 강했다고 할 수 있다.

정답 ④

풀이 ④ 영국을 제외한 유럽 국가들은 기술개발과 창작물에 대한 권리는 원래부터 왕권 또는 국권에 복종하는 것이지만, 기술개발을 촉진하기 위해서 법이라는 수단을 통해 은혜적으로 일반 시민들에게 일정기간 허여되는 시혜적 특권으로 간주하는 경향이 강했다고 할 수 있다. 이것은 바꾸어 말하면 기술개발에 대하여 어떠한 방향에서건 국가의 개입가능성이 높다는 것을 의미한다.

865

경제정보 활동에 대한 접근 방법에 대한 설명으로 잘못인 것은?

① 유럽에서 산업간첩 활동을 국가차원에서 지원한 최초의 법은 베네치아 공화국 법이다.

② 유럽 국가들은 기술개발과 창작물에 대한 권리는 원래는 왕권에 복종하는 것이지만, 일반 시민들에게 일정기간 허여되는 시혜적 특권으로 간주하는 경향이 강했다.

③ 지적 재산권에 대한 미국의 접근은 지적재산권이 전적으로 사유 재산권임을 전제했다.

④ 지적재산권에 대한 미국의 접근은 그 자유분방함을 통제하기 위해 기술개발에 대하여 어떠한 방향에서건 국가의 개입가능성이 높다는 것을 의미한다.

정답 ④

풀이 ④ 지적재산권에 대한 미국의 접근은 자유로운 무한 경쟁을 원칙으로 하는 사적 영역에서의 기술개발에 원칙적으로 국가가 지원하고 획득활동에 개입할 여지는 없는 일로 생각한 것이다.

866

경제정보활동에 대한 유럽의 접근방법과 미국의 접근방법에 대한 설명으로 틀린 것은? [2022년 기출]

① 프랑스에서는 지적 재산권이 왕이 부여하는 특전(royal favors)으로 간주되어 언제라도 국가가 몰수할 수 있었다.

② 영국에서는 지적 재산권이 법적 권리로 인정받지 못하고 시혜적인 특권으로 간주되었다.

③ 산업간첩활동을 국가차원에서 지원한 최초의 증거로는 15세기 베네치아 공화국의 법을 들 수 있다.

④ 미국에서는 지적재산권이 전적으로 사유재산권임을 전제하고 있었다.

정답 ②

풀이 ② 17세기 초반에 이미 특허권과 저작권을 발명과 표현, 그리고 창작을 고무하기 위해 국가가 보호하는 적극적인 법적 권리로 인정했다.

핵심정리 경제정보와 산업정보

1. 경제정보

(1) 의의

① 경제, 경제체제 그리고 생산성이라는 다의적인 내용을 가지는 '경제'에 대한 제반 지식이 바로 경제정보(Economic Intelligence)이다.

② 그러므로 경제정보(EI)는 일국의 산업기술 정보를 포함하여 경제정책과 경제정책의 수행과 관리, 부존자원을 포함한 환경 지리적 정보와 그 계획정보 그리고 경제체제에 대한 정보와 생산성에 대한 정보 등 한 나라의 경제활동과 관련한 제반 지식을 의미한다.

(2) 미국 중앙정보국(CIA)의 경제정보에 대한 이해

CIA는 1995년 발간한 "정보에 대한 길라잡이(A Consumer's Guide to Intelligence)"라는 안내서에서 경제정보를, "외국의 경제자원, 경제활동, 재화와 용역의 생산 · 분배와 소비를 포함한 경제정책, 노동력, 금융, 조세, 상거래 활동 그리고 대외 경제체제 등에 대한 제반 정보"라고 정의했다.

(3) 미국 대외관계위원회의 경제정보에 대한 정의

미국 대외관계위원회(The Council on Foreign Relation)는 "정보의 세련화(Making Intelligence Smarter)"라는 연구 보고서에서 경제정보를, "무역정책, 외환보유고, 천연부존자원과 농업 생산품의 가용 정도 그리고 경제정책과 실제 활동의 제반 측면에 대한 정보"라고 정의했다.

(4) 포티우스의 경제정보에 대한 정의

캐나다 보안정보부(Canadian Security Intelligence Service, CSIS) 소속으로 경제문제 전략 분석가인 포티우스(Samuel Porteous)는 경제정보를 "정책 또는 기술적 데이터를 포함하는 상업적 경제첩보, 재정정보, 독점적인 상업 및 정부 첩보 등으로, 외국기관이 입수할 경우 그 국가의 생산성이나 경쟁력을 직접 또는 간접적으로 도울 수 있는 정보"라고 정의했다.

(5) 결론

결국 경제정보라 함은 산업 기술적 자료, 과학기술 연구자료, 국가의 금융과 재정에 대한 정보, 사기업 또는 국가의 경제활동 정보들을 포함한 경제정책이나 상업적 연관 경제자료 그리고 경제체제 및 일국의 부존자원 등 경제재에 관한 지식으로, 그러한 정보를 획득한 국가가 대상국가에 대해 상대적으로 생산성과 경쟁성을 제고하는 데 기여할 수 있는 경제문제에 관한 제반 정보를 말한다고 할 수 있다. 그러므로 경제정보는 일국이 경쟁국가와의 관계에서 경제적 안정을 확보하는 데 기본적 요소가 된다.

2. 산업정보

(1) 산업

① 산업(産業, industry)은 인간이 생계를 유지하기 위해 일상적으로 종사하는 생산적(生産的) 활동을 말한다. 산업은 물적 재화의 생산과 더불어 서비스를 생산하는 활동을 포함한다.

② 모든 종류의 산업을 체계적으로 분류한 산업 3단계 분류법에 따르면, 농림어업 부문에 속하는 업종의 산업은 1차 산업, 광공업 부문에 속하는 것은 2차 산업, 기타 서비스 부문에 속하는 업종은 3차 산업에 속한다.

(2) 산업정보

산업정보는 일국의 산업에 대한 제반 정보이다. 각국의 1차 산업, 2차 산업, 3차 산업의 내용, 분포와 구조, 생산성, 기술력, 향후 전망, 산업의 경영계획과 실적 등이 모두 중요한 산업정보이다. 결국은 해당 산업을 영위하는 기업비밀(corporation secrets)이 모두 산업정보가 된다.

3. 경제정보와 산업정보의 비교

(1) 의의

경제정보는 곧 산업정보를 포함한다.

(2) 경제체제 변동에 대한 정보

경제체제의 변동에 대한 정보는 '경제정보'는 되지만 원칙적으로 산업 자체에 대한 '산업정보'는 아니다.

(3) 국가 주도의 경제 발전 전략에 대한 정보

국가 주도의 경제 발전 전략에 대한 정보는 산업 구조의 변화와 경제 체제에 대한 정보가 혼재되어 있다. 이처럼 산업정보와 경제정보가 혼재되어 있는 경우에는 '새로운 경제정보'라고 부르는 것이 타당하다(한희원).

867

경제정보와 산업정보에 대한 설명으로 틀린 것은?

① 경제정보는 산업정보를 포함한다.

② 산업정보는 경제, 경제체제 그리고 생산성이라는 다의적인 내용을 가지는 '산업'에 대한 제반 지식이다.

③ 국가 주도의 경제 발전 전략에 대한 정보는 산업 구조의 변화와 경제 체제에 대한 정보가 혼재되어 있다.

④ CIA는 경제정보를, "외국의 경제자원, 경제활동, 재화와 용역의 생산 · 분배와 소비를 포함한 경제정책, 노동력, 금융, 조세, 상거래 활동 그리고 대외 경제체제 등에 대한 제반 정보"라고 정의했다.

정답 ②

풀이 경제정보에 대한 설명이다. 산업(産業, industry)은 인간이 생계를 유지하기 위해 일상적으로 종사하는 생산적 활동을 말하고, 산업정보는 일국의 산업에 대한 제반 정보이다.

868

경제와 산업에 대한 설명으로 틀린 것은?

① 경제는 재화(goods)와 용역(service)을 생산 · 분배 · 소비하는 산업활동 및 그와 관련되는 질서와 행위의 총체를 말한다.

② 산업(Industry)은 생계를 유지하기 위해 종사하는 생산적 활동을 말한다.

③ 칼 맑스(Karl Marx)는 경제체제를 기준으로 한 인류역사의 발달 단계를 원시 공산사회, 고대노예사회, 중세봉건사회, 근대 자본주의 사회, 공산사회주의로 분류했다.

④ 미국 대외관계위원회(The Council on Foreign Relation)는 경제정보를 "정책 또는 기술적 데이터를 포함하는 상업적 경제첩보, 재정정보, 독점적인 상업 및 정부 첩보 등으로, 외국기관이 입수할 경우 그 국가의 생산성이나 경쟁력을 직접 또는 간접적으로 도울 수 있는 정보"라고 정의했다.

정답 ④

풀이 ④ 포티우스(Samuel Porteous)의 정의이다. 미국 대외관계위원회(The Council on Foreign Relation)는 경제정보를, '무역정책, 외환보유고, 천연부존자원과 농업 생산품의 가용 정도 그리고 경제정책과 실제 활동의 제반 측면에 대한 정보'라고 정의했다.

869

경제정보와 산업정보에 대한 설명으로 틀린 것은?

① 산업정보는 경제정보를 포함한다.

② CIA는 경제정보를 "외국의 경제자원, 경제활동, 재화와 용역의 생산 · 분배와 소비를 포함한 경제정책, 노동력, 금융, 조세, 상거래 활동 그리고 경제체제 등에 대한 제반 정보"라고 정의했다.

③ 경제문제 전략 분석가인 포티우스는 경제정보를 "정책 또는 기술적 데이터를 포함하는 상업적 경제첩보, 재정정보, 독점적인 상업 및 정부첩보 등으로, 외국기관이 입수할 경우 국가의 생산성이나 경쟁력을 직 · 간접적으로 도울 수 있는 정보"라고 정의했다.

④ 미국 대외관계위원회는 경제정보를 "무역정책, 외환보유고, 천연부존자원과 농업 생산품의 가용 정도 그리고 경제정책과 실제 활동의 제반 측면에 대한 정보"라고 정의했다.

정답 ①

풀이 ① 경제정보가 산업정보를 포함한다. 따라서 산업정보이면 경제정보이기도 하다. 참고로 경제체제의 변동에 대한 정보는 경제정보는 되지만 원칙적으로 산업 자체에 대한 산업정보는 아니다.

핵심정리 경제간첩과 산업간첩

1. 경제간첩

(1) 의의

경제간첩 또는 경제스파이는 해외세력이 해당 국가의 경제적 이익을 지원하기 위하여 상대국가의 제반 '경제정보'를 은밀하고 불법적인 방법으로 수집하는 활동을 말한다.

(2) 1995년 일본과 미국의 자동차 협상

① 1995년 일본은 CIA가 일본과 미국의 자동차 협상에 대한 경제회담 내용을 도청했다고 항의했다.

② 추후 밝혀진 바에 따르면 CIA는 일본의 고급 승용차에 대한 관세율에 대하여 무역협상을 하면서 일본의 자동차회사 중역과 정부 관료들을 상대로 도청을 했다.

③ CIA는 도청 정보를 당시 미국 측 협상대표였던 무역대표부의 미키 칸토(Mickey Kantor)에게 건네주어 협상을 유리하게 이끌어 갈 수 있도록 했다는 것이다.

(3) CIA의 경제정보 활동

① 경제간첩 활동은 미국이 외국과의 무역, 금융, 환경 등 중요한 경제 협상을 함에 있어서 CIA가 전개하는 전형적인 경제정보 활동이다.

② 경제간첩 활동은 자동차 회사와 같은 미국의 사경제 주체를 위한 것이 아니라 무역협상에서 유리한 고지를 점하기 위한 미국의 국가이익을 도모하기 위한 것이다.

(4) 경제정보의 활용

① 오늘날에도 미국은 신호전문 정보기구인 국가안보국(NSA)이 외국의 경제 통신과 관련하여 획득한 경제정보나 CIA가 인간정보(HUMINT) 활동으로 수집한 경제정보는 미국이 외국과 양자 또는 다자협상을 할 때나 외국에 대한 경제정책을 수립하고 집행할 때 경제정책 결정권자에게 제공되어 중요한 정책 자료로 사용되고 있다.

② 분명히 이러한 추세는 세계화의 추세와 경제안보가 국가안보에서 차지하는 비중이 증대됨에 따라서 더욱 빈번해지고 강화될 것이다. 국가정보기구는 이처럼 외국에 대해 필요한 경제정보를 비밀스럽게, 그리고 대상국가의 입장에서는 불법적인 방법으로 수집한다.

2. 산업간첩

(1) 의의

① 산업간첩은 기업간첩(Corporate Espionage)이라고도 한다. 쉽게 말해 산업간첩은 국가안보 목적(National Security Purpose)이 아니라 상업적 목적(Commercial Purpose)으로 수행되는 국가나 사경제 주체의 경제간첩 행위를 말한다.

② 산업간첩은 원칙적으로 사경제 주체들이 자신들의 경쟁적 우위를 확보하기 위해 불법적이거나 은밀한 방법으로 정보를 수집하는 활동이다. 여기에서 원칙적이라는 의미는 국가에 따라서는 산업간첩 활동에 국가가 적극적으로 나서기도 한다는 점을 고려한 것이다.

(2) 공개출처 정보에 의존하는 스파이 활동

① 정보의 세계에서 국제적으로 사용되는 의미로서의 산업간첩은 합법적인 방법인 공개출처 정보에 의존하는 스파이 활동은 전적으로 제외된다.

② 예컨대 일단의 청년 학생 과학도들이 각종 학술지와 인터넷상의 공개자료를 이용해 원자폭탄의 시제품 제작원리를 터득한 것과 같이 공개출처정보에 의해 고도의 첨단 기술을 개발한 것은 일종의 창작으로 산업간첩 활동이 아니다.

(3) 합법적 방법에 의한 자료 수집

① 산업간첩은 기업비밀을 절취한다거나 뇌물을 공여하거나, 또는 관련자를 협박해 경제정보를 획득하거나, 또는 불법적인 영상촬영이나 도청 등 기술적 방법에 의해 경제정보를 획득하는 경제정보수집활동을 의미한다.

② 그러므로 산업간첩은 정의적으로 합법적 방법에 의한 관련자료 수집은 제외된다. 법적으로는 국가안보 목적은 불법적인 활동의 경우에도 위법성을 조각할 정당사유가 될 수 있지만, 상업적 목적은 위법성을 조각할 정당한 근거가 될 수 없기 때문이다.

(4) 국가를 상대로 하는 자료 수집

산업간첩 활동이 국가를 상대로 하여 이루어질 수 있음도 물론이다. 예컨대 해외 대형 건설 사업에 국가가 참여하는 경우에 상대국가나 경쟁업체는 대상 국가의 입찰서에 대해 산업간첩 활동을 할 수 있다.

(5) 산업간첩 활동으로 획득하는 정보

① 산업간첩 활동으로 획득하는 정보에는 고객 명단, 공급자의 조건, 연구자료, 시제품 계획 등 상대 기업의 중요한 비밀이 포함된다.

② 그러나 산업간첩의 대상이 단순하게 산업정보만을 한정한 것은 아니다. 경제정보도 산업간첩의 대상이 된다. 경제정보에는 산업정보가 포함되어 있을 뿐만이 아니라 산업 기술이 그 나라의 경제계획에서 차지하는 비중이나 향후의 경제계획을 명백하게 인지할 수 있기 때문이다.

(6) 산업간첩 개념의 확장

① 한편 산업간첩에 관여하는 기업은 자국의 정보기관과 협조하거나 또는 해외에서 자국 정부를 대신하여 활동하기도 한다.

② 오늘날 정보의 세계에서 산업간첩 또는 기업간첩의 개념은 더욱 확장되었다. 즉 단순하게 경쟁기업의 거래비밀을 불법적인 방법을 동원하여 빼 오는 것을 넘어서서 경쟁기업에 대하여 파업이나 생산파괴 활동을 유도하는 것 그리고 컴퓨터 조작 등을 통한 바이러스 감염이나 오·작동 프로그램의 실행 등으로 경쟁기업의 산업활동에 심각한 타격을 초래하는 것이 모두 산업간첩의 개념에 포함된다.

3. 경제간첩과 산업간첩의 비교

① 경제간첩과 산업간첩은 획득한 정보를 사용하는 목적과 주체에 차이가 있는 것이지, 수집활동의 객체에 차이가 있는 것은 아니다. 경제간첩이나 산업간첩은 모두 경제정보를 대상으로 한다고 할 수 있다.

② 경제간첩은 국가정보기 구가 수행하는 경제정보수집활동으로 그것은 국가안보 목적을 위한 것인 반면에, 산업간첩 활동은 국가정보기구나 사경제 주체 모두가 할 수 있는 간첩활동으로, 상업적 용도(commercial purpose)를 목적으로 한다.

870

경제간첩과 산업간첩에 대한 설명으로 틀린 것은?

① 산업간첩 활동은 국가를 상대로 하여 이루어질 수도 있다.

② 정보의 세계에서 국제적으로 사용되는 의미로서의 산업간첩은 합법적인 방법에 의존하는 스파이 활동은 전적으로 제외된다.

③ 경세간섭과 산업간첩은 획득한 정보를 사용하는 목적과 주체에 차이가 있는 것이지, 수집활동의 객체에 차이가 있는 것은 아니다.

④ 경제간첩은 국가정보기구가 수행하는 경제정보수집활동으로 그것은 국가안보 목적을 위한 것인 반면에, 산업간첩 활동은 사경제 주체의 간첩활동을 의미하고, 상업적 용도를 목적으로 한다.

정답 ④

풀이 ④ 경제간첩은 국가정보기구가 수행하는 경제정보수집활동으로 그것은 국가안보 목적을 위한 것인 반면에, 산업간첩 활동은 국가정보기구나 사경제 주체 모두가 할 수 있는 간첩활동으로, 상업적 용도를 목적으로 한다.

871

경제간첩과 산업간첩에 대한 설명으로 틀린 것은?

① 경제간첩은 상대국가의 제반 '경제정보'를 은밀하고 불법적인 방법으로 수집하는 활동이다.

② 산업간첩은 공개출처 정보에 의존하는 스파이활동을 포함한다.

③ 산업간첩은 합법적 방법에 의한 관련자료 수집은 제외된다.

④ 경제간첩과 산업간첩은 획득한 정보를 사용하는 목적과 주체에 차이가 있는 것이지, 수집활동의 객체에 차이가 있는 것은 아니다.

정답 ②

풀이 ② 정보의 세계에서 국제적으로 사용되는 의미로서의 산업간첩은 합법적인 방법인 공개출처정보에 의존하는 스파이활동은 전적으로 제외된다. 예컨대 일단의 청년 학생 과학도들이 각종 학술지와 인터넷상의 공개자료를 이용해 원자 폭탄의 시제품 제작원리를 터득한 것과 같이 공개출처정보에 의해 고도의 첨단 기술을 개발한 것은 일종의 창작으로 산업간첩활동이 아니다.

872

경제간첩과 산업간첩에 대한 설명으로 틀린 것은?

① 경제간첩은 "국가의 경제적 이익"을 위해 상대국가의 제반 '경제정보'를 은밀하고 불법적인 방법으로 수집하는 제반활동으로, 국가정보기구가 국가안보 목적(National Security Purpose)으로 간첩 노력을 다른 나라의 경제 분야에 집중하는 것이다.

② 경제간첩은 경제정보에 대한 스파이 활동, 산업간첩은 산업정보에 대한 스파이 활동이다.

③ 경제간첩과 산업간첩은 획득한 정보를 사용하는 목적과 주체에 차이가 있는 것이지 수집활동의 객체(경제정보)에 차이가 있는 것은 아니다.

④ 양자가 근본적으로 구별되는 것은 경제간첩은 국가정보기구가 국가안보 목적으로 수행하는 반면에 산업간첩은 상업적 목적, 즉 영리목적이다.

정답 ②

풀이 ② 경제간첩이나 산업간첩은 모두 경제정보를 대상으로 한다. 따라서 경제간첩은 경제정보에 대한 스파이 활동, 산업간첩은 산업정보에 대한 스파이 활동이라는 도식은 명백하게 잘못된 구분이다.

873

다음 중 국가정보기관의 산업보안(정보)활동의 필요성과 적정범위에 대한 설명으로 적절한 것은?

[2024년 기출]

① 정보기관의 산업정보활동은 이 업무를 시장의 기능이나 정부 내 타 부처가 담당하는 것보다 정보기관이 담당하는 것이 더욱 효율적이라는 것이 명백한 경우에만 정당성을 가질 수 있다.

② 정보기관의 산업정보활동이 민간 기업으로 하여금 연구개발이나 국제경재력 강화 노력을 촉진시킬 수 있는 요인이 될 수 있다.

③ 산업정보활동은 합법적인 절차를 거쳐서 수행되며 국가의 산업경쟁력 강화를 위해 반드시 필요한 수단이다.

④ 각 국 정보기관은 산업정보활동에 대해 가급적 공개하고 공식적으로 활동하는 경향을 보인다.

정답 ①

풀이 ① 정보기관은 원칙적으로 비밀정보의 수집에만 전념하도록 되어 있어 공개적인 정보나 정부 내 다른 부처의 일상적인 업무과정에서 확보할 수 있는 정보는 직접 수집하지 않는 반면, 일반 정부부처는 비밀활동을 통한 정보수집이 금지되어 있는 것이 일반적이다.

② 국가정보기관의 산업정보활동으로 민간 기업이 이득을 얻을 수는 있어도 그것이 국가정보기관의 산업정보활동이 필요한 이유는 될 수 없다. 국가정보기관의 산업정보활동은 국가안보, 경제안보를 위한 활동이다.

③ 정보의 세계에서 국제적으로 사용되는 의미로서의 산업간첩은 합법적인 방법인 공개출처정보에 의존하는 스파이활동은 전적으로 제외된다.

④ 산업간첩은 정의적으로 합법적 방법에 의한 관련자료 수집은 제외되기 때문에 산업정보활동을 공개하고 공식적으로 활동하기 어렵다.

874

경제간첩과 산업간첩에 대한 설명 중 옳은 것은? [2022년 기출]

① 상대국가의 제반 경제정보를 은밀하고 불법적인 방법으로 수집하는 활동을 경제간첩이라고 한다.

② 산업간첩은 국가안보 목적이 아니라 상업적 목적으로 수행되는 사경제 주체의 경제간첩 행위만을 말한다.

③ 민간경제부분의 확대에 따라 경제간첩에 비해 산업간첩이 국가안보에서 차지하는 비중이 증대되고 있다.

④ 외국의 사기업을 상대로 경제정보를 수집하고 수집한 경제정보를 사경제 주체에게 제공하는 것과 같은 산업간첩은 정보기관의 정보활동에서 제외된다.

정답 ①

풀이 ② 산업간첩은 국가안보 목적이 아니라 상업적 목적으로 수행되는 국가나 사경제 주체의 경제간첩 행위를 말한다.

③ 산업간첩이 국가안보에서 차지하는 비중이 증가하고 있는 것은 사실이지만 상업적 용도를 목적으로 하는 산업간첩이 국가안보를 목적으로 하는 경제간첩보다 비중이 증대될 수는 없다.

④ 국가가 국책적 관점에서 사경제 주체에게 국가의 경제정보를 직접 제공하는 것은 필요하고 당연한 일이고, 국가정보가 다양한 형태로 사경제 주체와 연결되는 것은 이미 경제계의 현실로서 산업간첩이 정보기관의 정보활동에서 제외될 수 없다.

875

경제간첩과 산업간첩에 대한 설명으로 틀린 것은? [2010년 기출]

① 경제간첩활동은 국가정보기관이 수행하는 경제정보수집활동으로 '군사안보'를 목적으로 한다.

② 산업간첩활동은 국가정보기구나 사경제 주체 모두가 할 수 있는 간첩활동으로 '상업적 용도'를 목적으로 한다.

③ 경제간첩은 국가안보 목적으로 다른 나라의 경제정보 수집에 집중하는 것이다.

④ 경제간첩과 산업간첩은 수집활동의 주체에 차이가 있다.

정답 ①

풀이 ① 경제정보는 일국이 경쟁국가와의 관계에서 경제적 안정을 확보하는 데 기본적 요소가 된다.

핵심정리 경제간첩 활동에 의한 상업적 이득의 성격

(1) 의의

① 대외적인 미국 정보정책의 기본은 국가 정보기구가 사경제 주체의 이익을 위해 정보활동을 하지 못한다는 것이다.

② 미국은 국가정보기구에 의한 경제스파이 활동으로 인한 사경제 주체들의 이득 획득을 두 가지 측면에서 설명한다. 하나는 부차적 또는 간접적 이득론이고, 두 번째는 기회균등론이다.

(2) 부차적 이득론

국가안보 목적으로 국가정보기구가 수행한 경제간첩 활동으로 인해 사적 영역에 이득이 돌아간다고 해도 그러한 이득은 국가안보 확보에 따른 반사적 이득일 뿐이라는 것이다.

(3) 기회균등론

① 기회균등론은 주로 사경제 주체가 국가정보기구의 경제간첩 활동에 의해 직접적으로 이득을 취하게 되는 경우에 그것을 정당화하기 위해 사용되는 논리로 "경제활동에서의 페어플레이" 확보라고 할 수 있다.

② 즉 경쟁하는 경제주체 사이에도 최소한 참가권을 비롯하여 기회는 서로 공평하게 가져야 하는 것으로, 그를 위해 상업적 이득이 해당 사기업에 돌아가는 경우에도, 공평성 확보를 위해 국가정보기구는 일정한 경제간첩 활동을 할 수 있다는 것을 말한다.

③ 그러므로 국가정보기구는 기회의 균등이 위태롭게 될 때는 정당하게 경제간첩 활동을 할 수 있다는 논리이다.

876

경제간첩 활동에 의한 상업적 이득에 대한 설명으로 틀린 것은?

① 경제간첩 활동은 국가안보가 목적인 것으로 원칙적으로는 사경제 주체의 영업적 이득을 도모하기 위한 것이 아니다.

② 국가정보기구에 의한 경제간첩 활동이 사경제 주체에게 막대한 이득을 가져다 준 경우에도 활동의 주된 목적은 어디까지나 국가안보를 위한 것으로서 사경제 주체가 이득을 취한 것은 반사적 이익일 뿐이라는 주장이 부차적 이득론이다.

③ 기회균등론은 경제활동에서의 페어플레이를 확보하기 위한 노력이라고 하더라도, 경제스파이 활동은 어디까지나 국가안보 목적이기 때문에 국가정보기구의 경제스파이 활동을 통해서 사경제 주체가 상업적 이득을 취득하는 것은 부당하다고 한다.

④ 애당초부터의 상업적 목적인 산업간첩과 달리 경제간첩의 경우에도 상업적 이득이 발생할 수 있다.

정답 ③

풀이 ③ 기회균등론은 경쟁하는 경제주체 사이에도 참가권을 비롯하여 기회는 서로 공평하게 가져야 하는 것으로. 그를 위해 상업적 이득이 해당 사기업에 돌아가는 경우에도 공평성 확보를 위해 국가정보기구는 일정한 경제간첩 활동을 할 수 있다는 것이다.

핵심정리 경쟁정보 활동

(1) 의의

① 경쟁정보(競爭情報)는 기업 등 조직의 운용자가 조직의 안정적인 경영과 운영을 위하여 장·단기적인 관점에서 소비자와 경쟁자에 대한 생산품, 국내 점유율, 영업계획과 활동 등을 파악하는 활동임과 동시에 그렇게 하여 획득한 정보를 말한다.

② 오늘날의 정보화 시대에서 영리를 목적으로 하는 기업이나 비영리를 목적으로 하는 단체를 막론하고 경쟁관계에 있는 상대가 존재하는 경우에, 생존과 번영을 위해 경쟁 상대방에 대한 정보파악은 필연적이라고 할 수 있다.

(2) 경제간첩 또는 산업간첩과의 구별 필요성

① 경쟁정보는 경쟁적 관계에 있는 상대방에 대한 영업비밀을 포함한 다수의 관련 정보일 수밖에 없다.

② 그런데 미국은 산업과 과학기술을 포함하여 거래비밀(trade secrets)에 대한 절취를 포함한 간첩활동, 즉 산업간첩 활동을 형사처벌 대상으로 하고 있다.

③ 정도의 차이는 있지만, 적지 않은 국가가 거래 비밀을 보호하는 민·형사 법규를 가지고 있다. 여기에 경쟁정보 활동과 경제간첩 또는 산업간첩과의 구별 필요성이 있다.

(3) 기업에 보장된 정당한 윤리적 법적 활동

① 결론적으로 경쟁정보는 위법적인 활동이 아니다. 경쟁정보는 기업에 보장된 정당한 윤리적 법적 활동이다. 기업이 기업을 경영하기 위해 정당한 활동의 일환으로 전개할 수 있다.

② 경쟁정보(CI)가 기업이 생존과 번영에 대한 불측의 충격을 회피하기 위한 중대한 요소가 됨에 따라 산업간첩에서 사용되는 수법으로도 전개된다. 게다가 글로벌 경제경쟁이 가속화됨에 따라서 기업들은 시장에서의 위치를 확고히 하고 시장 점유율을 높이기 위해 경쟁정보에 더욱 의존하게 된다.

(4) 경쟁정보와 산업간첩의 구별

① 경쟁기업의 민감한 정보나 기업의 노하우(knowhow)를 획득함에 있어서 경쟁정보는 합법적이며 윤리적인 반면에 산업간첩은 비윤리적이며 불법적이라는 점에는 이견이 없다.

② 이론적으로 경쟁정보와 산업간첩 활동을 구별할 수 있는 가장 확실한 기준은 직접적인 영리목적 즉 상업적 활용 목적이냐 아니냐에 달려 있다고 할 수 있다.

877

경쟁정보 활동에 대해 잘못 설명한 것은?

① 경쟁정보 활동은 기업 등 조직의 안정적인 경영과 운영을 위해, 장단기적인 관점에서 소비자와 경쟁자에 대한 생산품, 국내 점유율, 영업계획과 활동 등을 파악하는 활동이다. 또한, 그 결과로 획득한 정보를 의미하기도 한다.

② 경쟁정보와 산업간첩 활동을 구별할 수 있는 가장 확실한 기준은 폭력적인 수단 사용 여부이다.

③ 경쟁정보 활동은 기업이 생존과 번영을 위한 중요한 요소로, 글로벌 경제 경쟁이 가속화되면서 기업들이 더욱 의존하게 되는 추세이다.

④ 경쟁정보 활동은 적절한 방식으로 수행되는 한 경쟁기업의 민감한 정보나 기업의 노하우를 합법적이고 윤리적으로 획득할 수 있는 활동이다.

정답 ②

풀이 ② 경쟁정보는 합법적이며 윤리적인 반면에 산업간첩은 비윤리적이며 불법적이라는 점에는 이견이 없다. 이론적으로 경쟁정보와 산업간첩 활동을 구별할 수 있는 가장 확실한 기준은 직접적인 영리목적, 즉 상업적 활용 목적이냐 아니냐에 달려 있다고 할 수 있다.

878

기업 등 조직의 운용자가 조직의 안정적인 운영을 위하여 소비자와 경쟁자에 대한 생산품, 국내 점유율, 영업계획과 활동 등 필요한 정보를 파악하는 활동으로 옳은 것은?

① 산업간첩(Industrial espionage)
② 기업간첩(Corporate Espionage)
③ 경제간첩(Economic espionage)
④ 경쟁정보 활동(Competitive Intelligence)

정답 ④

풀이 ④ 기업의 경쟁정보 활동은 규범적으로도 합법적인 활동수준으로 간주되는 기업스파이 활동이다.

핵심정리 경제정보 활동

(1) 경제간첩의 대상
① 통상 경제스파이들이 목표로 하는 민감한 기업의 거래비밀 정보는 재정정보, 조직정보, 시장정보, 기술정보 그리고 과학정보의 5가지로 분류된다.
② 미국 경제간첩법은 거래비밀(trade secret)을 실질적 · 잠재적으로 경제적 가치를 가진 것으로서 영업주가 그것을 보호하기 위해 합리적인 조치를 다한 것으로 규정하고 거래비밀(trade secrets)에 대한 절취를 포함한 간첩활동, 즉 산업간첩 활동을 형사처벌 대상으로 하고 있다.

(2) 경제정보 활동 주체
① 의의
경제정보 활동의 주체는 크게 개별기업과 국가의 2가지로 구별할 수 있다.
② 개별기업
㉠ 미국의 재판에서 나타난 자료를 보면 2003년 현재까지 재판 완료된 약 49개 사안 중 2개의 사안만이 국가개입이 있었고, 나머지는 개별기업에 의한 산업스파이 사건으로 드러났다.
㉡ 법원 기록에 나타난 내용에 따르면 대개의 산업스파이 사안에서 거래비밀을 획득한 기업은 획득한 거래비밀 정보를 곧바로 자사의 경영에 반영해 활용했다.
③ 국가
개별 기업의 산업스파이 활동은 절취한 거래비밀을 즉각 경영에 반영하는 데 비해 각국 정보기구에 의한 경제간첩활동은 국가정책에 반영되거나 국가의 경쟁력으로 서서히 나타난다.

879

오늘날 각국의 적극적인 경제정보 활동의 배경으로 틀린 것은?

① 냉전의 종식과 국가안보 개념의 변화

② 연성권력(soft power)에서 경성권력(hard power)으로의 권력 변동

③ 세계화(globalization)

④ 과학 · 기술 경쟁력 증진과 정보화와 경제방첩의 필요성

정답 ②

풀이 ② 냉전의 종식으로 군사안보가 차지하는 비중은 작아졌다. 국가권력의 구성요소에도 변화가 있어 군사, 비밀정보 등 경성권력(硬性權方, hard power)이 약화된 반면에 경제, 기술, 문화 등 연성권력(軟性權方, soft power)의 중요성과 비중이 커졌다.

880

오늘날 경제정보 활동의 특색이 아닌 것은?

① 경제스파이 목표물의 다양화

② 보호 대상의 다변화에 따른 보호의 어려움

③ 경제정보 활동 주체들의 기업윤리의 제고에 따른 활동의 획일화

④ 막대한 피해액과 산정의 어려움

정답 ③

풀이 ③ 국가와 개별기업 모두 경제정보 활동의 주체가 될 수 있다. 그런데 예나 지금이나 기업의 입장에서는 산업간첩은 비용을 절감하고 시간을 단축하여 경쟁기업을 바로 따라 잡아 경쟁력을 확보할 수 있는 첩경으로 기업번영의 가장 손쉬운 방법이었다. 그러므로 사경제 주체는 지속적으로 산업스파이의 유혹을 받는다. 또한 국가의 경우에도 경제안보가 국가안보의 중심개념이 된 오늘날 필연적으로 상업목적의 산업간첩활동까지도 전개한다.

881

㉠, ㉡, ㉢에 들어갈 말로 옳은 것은? [2012년 기출]

> 산업스파이가 산업정보를 수입하기 위한 공작은 다양하다. 예를 들어 회유, 협박 등은 [㉠] 공작, 파일 절취, 도·감청 등은 [㉡] 공작, 전직, 뇌물 등은 [㉢] 공작이다.

	㉠	㉡	㉢
①	대인	금전	기업
②	대인	기술	기업
③	대인	기술	금전
④	기업	기술	금전

정답 ③

풀이 ③ 대인공작은 사람을 대상으로 회유나 협박을 하는 것이고, 기술공작은 기술을 대상으로 파일 절취나 도감청을 하는 것이고, 금전공작은 돈으로 전직이나 뇌물을 제공하는 것이다.

핵심정리 국가정보기구의 경제정보활동

(1) 의의

① 국가정보기구에 의한 경제정보수집활동과 관련해서는 주목해야 할 법률논쟁이 있다. 국가가 경제정보를 수집하여 이를 직접 사기업체에 제공하는 것이 국가기구인 정보기구의 역할로 정당한 것인지에 대한 문제가 그것이다.

② 다만 주의하여야 할 점은 이러한 논의는 결코 경제정보 일반에 대한 문제는 아니고, 다른 나라와 해외 다른 기업의 최첨단 과학·산업기술 비밀을 획득하여 이를 자국의 사경제 주체에게 제공하는 경우에 한정한 논의이다.

③ 즉 국가가 수집한 경제정보를 사적 영역에 제공하는 것이 타당한가의 문제이다. 이에 대하여 랜달 포트(Randall M. Fort)는 그의 논문 "경제간첩(Economic Espionage)"에서 미국의 정보공동체로 하여금 미국 기업들을 대신하여 산업스파이 활동을 하게 하는 것은 결단코 가장 나쁜 아이디어라고 단언한 바가 있다.

(2) 배경

① 오늘날 다양한 형태로 나타나는 경제 위협요소는 결국 국가안보와 직결되는 문제로 국가는 결코 간과할 수 없다.

② 정보공동체가 수집한 자료를 바탕으로 국가의 경제정책이 수립되는 것은 지극히 당연하고, 일국의 경제정책은 결국 사경제 주체를 그 전제로 한다. 오늘날 국가안보에 있어서 비중 있는 사경제 주체의 영향력은 단순한 기업 하나의 문제로 그치는 것은 아니다.

(3) 필요성

① 의의

㉠ 국가정보공동체의 수입, 경제정보 등과 같이 현실적으로도 여러 가지 국가정보가 다양한 형태로 사경제 주체와 연결되는 것은 경제계의 현실에서는 이미 적지 않게 발생하는 일이다.

㉡ 국가가 국책적 관점에서 사경제 주체에게 국가의 경제정보를 직접 제공하는 것은 필요하고 당연한 일이다. 이미 일본과 프랑스는 냉전시대부터 국가가 앞장서서 사경제 주체 보호 프로그램을 작동했음은 주지의 사실이다.

② 국가안보에 치명적인 위협

부정설의 제반 근거는 이론적으로 하나하나가 설득력이 있어 보이나, 국가경쟁력 약화는 국가안보에 치명적인 위협을 가져오는 것으로 사경제 주체의 경제 경쟁력 약화는 결과적으로 국가 경쟁력을 약화시키는 가장 커다란 요소라는 사실을 간과한 것으로 판단된다.

882

경제정보 활동의 국가안보화에 대한 설명으로 틀린 것은?

① 냉전의 종식은 경쟁무대가 지정학(geo-politics)적 조건에 머무는 것이 아니라, 국가 간 경제 환경과 경제 질서에 따라 형성된 세계지도인 지경학(geo-economics) 속에서 경제전쟁을 전개하게 만들었다.

② 냉전 이후의 소위 "새로운 세계질서(new world order)" 속에서 국력의 여러 가지 요소 중에서도 가장 커다란 대외관계성을 가진 경제력이 국력의 핵심가치로 자리 잡게 되었고 그에 따라 경제안보가 국가안보의 초석이 되었다.

③ 경제력의 피폐는 민주주의에의 위험을 초래하는 것이기 때문에 경제안보는 가장 중요한 국가안보 문제 중의 하나이다.

④ 랜달 포트(Randall M. Fort)는 지정학과 지경학의 단계를 넘어서서 오늘날에는 지식정보의 중요성에 기초한 지지학(地知學, geoknowledge)의 시각에서 세계지도를 그려볼 수도 있다고 주장했다.

정답 ④

풀이 ④ 피터 부르케(Peter Burke)의 주장이다. 피터 부르케(Peter Burke)는 과학 · 기술 · 정보 · 지식의 중요성이 부각되면서 세계무대에서의 진정한 강국은 전통적인 군사력 등이 아니라 지식 경쟁력을 확보한 국가이고, 21세기의 핵심적 권력자원은 국방력이 아닌 정보지식이라고 주장했다.

883

국가정보기구의 경제정보수집 활동에 대한 설명으로 틀린 것은?

① 랜달 포트(Randall M. Fort)는 미국의 정보공동체로 하여금 산업스파이 활동을 하게 하는 것은 글로벌 경쟁 환경에서 시대적 요청이라고 주장했다.

② 경제정보 활동의 기능으로는 정책담당자들에 대한 비밀 경제정보의 제공, 최첨단 과학 · 산업 기술의 모니터, 경제방첩공작 활동의 전개가 있다.

③ CIA 로버트 게이츠(Robert Gates)국장은 “우리 요원들은 조국을 위해 목숨을 바칠 준비는 되어 있지만, 포드 회사를 위해 생명을 바치려고 하지는 않는다.”라고 하여 국가정보기구의 산업 간첩활동의 부당함을 웅변했다.

④ 국가정보기구에 의한 산업간첩활동 부정론은 정보공동체가 외국의 사기업을 상대로 경제정보를 수집하고 수집한 경제정보를 사경제 주체에게 제공하는 것과 같은 일은 하지 말아야 한다는 입장이다.

정답 ①

풀이 ① '국가가 경제정보를 수집하여 이를 직접 사기업체에 제공하는 것이 국가기구인 정보기구의 역할로 정당한 것인가?'라는 문제와 관련하여 랜달 포트는 그의 논문 “경제간첩(Economic Espionage)”에서 미국의 정보공동체로 하여금 미국 기업들을 대신하여 산업스파이 활동을 하게 하는 것은 결단코 가장 나쁜 아이디어라고 단언했다.

884

안보환경의 변화에 따른 국가정보기관의 산업정보활동에 대한 설명으로 틀린 것은? [2007년 기출]

① 국가정보기관이 담당해야 하는 산업정보활동의 내용과 범위가 대폭 확장되고 있는 추세이다.

② 국가정보기관이 산업정보를 수집하기 위해 사용하는 수단과 기법이 적극화, 다양화되고 있다.

③ 우방국이라도 국가 간 산업정보활동이 발각되었을 경우 공개적으로 문제시하는 추세이다.

④ 선진국에서는 국가정보기관의 산업정보활동이 부수적인 업무에 해당한다.

정답 ④

풀이 ④ 냉전의 종식으로 경제, 기술, 문화 등 연성권력(soft power)의 중요성과 비중이 커지면서 미국, 영국 등 정보선진국의 국가정보기관들조차 산업정보활동을 공식적인 주요 임무로 설정하고 있다.

885

국가정보기관의 산업정보활동에 대한 설명으로 틀린 것은? [2007년 기출]

① 외국과의 분쟁을 염려하여 비공식적인 임무로 설정하여 활동한다.

② 산업스파이의 적극적인 활동으로 경제스파이 관련 법제를 강화하는 한편 기업과의 긴밀한 협조체제를 구축하여 산업보안을 강화하는 정책을 펴고 있다.

③ 정보수집활동의 수난과 방법이 적극화, 다양화되고 있다.

④ 공직 가장 정보관조차 비합법적인 정보활동에 개입하고 있다.

정답 ①

풀이 ① 냉전의 종식으로 경제, 기술, 문화 등 연성권력(soft power)의 중요성과 비중이 커지면서 미국, 영국 등 정보선진국의 국가정보기관들조차 산업정보활동을 공식적인 주요 임무로 설정하고 있다.

886

국가정보기관의 산업정보활동에 대한 설명으로 틀린 것은? [2006년 기출]

① 폭발적으로 증가하는 다양한 공개출처정보수집활동을 강화한다.

② 외국의 보복적 정보활동을 유발할 가능성이 있는 활동은 자제한다.

③ 순수 공공재에 가까운 국제경제나 외환시장 관련 정보를 우선적으로 수집한다.

④ 노출가능성이 높은 인간정보보다는 기술정보 수단을 활용하여 정보를 수집한다.

정답 ①

풀이 ① 공개출처정보는 민간 기업이나 다른 정부부처에서 수집하고 국가정보기관은 비공개, 비밀정보 수집에 역량을 집중하는 것이 효율적이다.

핵심정리 국가정보기구의 경제정보활동 부정론

1. 의의

정보공동체가 외국의 사기업을 상대로 경제정보를 수집하고 수집한 경제정보를 기업 즉 사경제 주체에게 제공하는 것과 같은 일은 하지 말아야 한다는 입장이다.

2. 위협이 아닌 도전의 문제

(1) 의의

그것은 먼저 설령 다른 나라의 경제간첩 행위로 인해서 사기업체의 기업 경쟁력이 약화된다고 하더라도 일국의 경제체제에 있어서 사경제 주체의 경쟁력 약화는 국가안보에 대한 '위협'은 아닌 것이며, 따라서 국가안보 문제를 취급해야 하는 국가정보기구의 임무는 아니라는 것이다.

(2) 국가안보에 대한 '위협'과 개별 기업에 대한 '도전(challenge)'

① 부정론자들은 국가안보에 대한 '위협'이라고 함은 소련의 핵무기 위협처럼, 전쟁 관련 당사국 누구도 승자가 될 수 없는 소위 제로섬 게임에 이르게 되는 국가에 대한 어떤 물리적 형태의 파괴적인 위협을 말한다고 정의한다.

② 그러나 그에 반해 기업체의 경쟁력 상실은 경영혁신을 통해 회복될 수 있는 해당 기업에 대한 어떤 '도전(challenge)'의 문제이지 제로섬을 유발하여 국가가 파멸의 길로 가게 되는 '위협'의 문제는 아니라는 것이다.

③ 즉 해당 피해기업은 살아남거나 더 많은 이윤을 남기기 위해서는 다시 최첨단 기술을 개발하여 경쟁력을 확보해야 하는 새로운 기회의 출발점이라는 것이다.

(3) 부정론의 확장

① 부정론자들의 견해는 더 확장되어 경제 경쟁력은 국가 간의 문제에 있어서도 양 국가를 함께 파멸의 길로 이끄는 제로섬 게임도 아니라는 것이다.

② 물론 거기에도 승자와 패자는 있지만 승리의 효과를 어느 한 측만 독점하는 것이 아니고 그 효과는 국가가 서로 양분할 수 있다고 본다.

③ 예컨대 가격인하와 새로운 혁신제품 개발로 국경을 넘어 결국 양측이 성공을 공유하게 된다는 것에 경제 경쟁력 전쟁의 특성이 있다는 것이다.

3. 다국적 기업으로 인한 자국 기업의 개념의 모호

(1) 의의

① 부정론자들은 또한 국가정보기구가 획득한 경제정보를 사경제 주체에 직접 제공하는 데에는 또 다른 실질적으로 곤란한 문제가 뒤따르기 때문에 국가 도덕적으로도 국가정보기구가 상업적 목적의 산업간첩 활동을 해서는 안 된다고 주장한다.

② 오늘날 다국적 기업의 시대와 광범위하고 다양한 국제거래 그리고 이득을 따라 무수히 변동 투자가 이루어지는 국제자본의 흐름에서 국영기업이나 준 국영기업을 제외하고 순수한 혈통의 자국기업을 분별한다는 것은 간단한 일이 아니다.

(2) 미국 상무부의 미국 기업에 대한 정의

미국 상무부는 대부분의 자산이 미국 내에 있고 주식의 상당부분을 미국 시민이 보유한 기업을 미국기업이라고 정의한다.

4. 경제정보 분배 기준의 불명확

① 타국기업의 구분 곤란은 결국 어느 기업을 대상으로 국가가 수집한 경제정보를 제공할 것인지의 문제에 있어서도 명백한 기준설정을 곤란하게 한다.

② 어느 기업에게 줄 것인지 하는 '누구에게의 문제'에 더하여 또한 '어떤 정보'를 '어디까지' 그리고 '언제까지' 제공해야 하는가의 문제도 있다.

5. 효용성의 한계

① 국가정보를 사경제 주체에 제공하지 말아야 하는 또 다른 이유는 효용성과 남용의 문제가 발생하기 때문이다. 손쉬운 산업간첩 행위는 기업의 혁신과 창의력을 저감할 수 있는 너무나 큰 위험성이 있는 것이다.

② 국가 정보공동체가 사경제 주체와 경제정보를 공유하는 것은 국가가 특정한 대기업들에게 불공정한 특혜를 주는 것으로 필연적으로 외국과의 외교관계 에는 오히려 악영향을 줄 수 있다.

6. 법률규정의 불비

(1) 의의

① 현행법상 어디에도 국가정보공동체가 비정부 단체에 국가의 자산인 국가정보를 제공할 법적 근거가 없다.

② 정보공동체가 수집하는 그러한 경제정보는 필연코 거래비밀(trade secret)일 것인데 미국의 경우는 경제간첩법으로 영업비밀의 취득을 범죄로 규정하고 있으므로 결국 국가가 위법을 하지 않는 한 법률적으로 불가능하다.

③ 미국 정부를 상대로 하는 세계 각지의 기업 그리고 국가들에 의한 수많은 법적 쟁송이 예상될 것으로 이것은 법 정책적으로도 바람직하지 않음을 보여 주는 결론 이 될 것이다.

(2) WTO 체제의 이념에 반하는 문제

① 부정론자들은 국가 공권력의 사경제 영역에의 직접 개입은 자유경쟁을 근간으로 하는 WTO 체제의 이념에도 반하는 것으로 결국 적은 이득을 바라다가 큰 손실을 자초할 것이라는 입장을 취하고 있다.

② 그리하여 일찍이 전 CIA 로버트 게이츠(Robert Gates)국장은 "우리 요원들은 조국을 위해 목숨을 바칠 준비는 되어 있지만, 포드 회사를 위해 생명을 바치려고 하지는 않는다."라고 말했던 것이다.

핵심정리 국가정보기구의 경제정보활동 긍정론

국가정보기구의 산업간첩 활동 즉 상업적 목적의 경제정보수집활동이 가능하고도 필요하다는 견해이다. 긍정론자들은 국가 경제정보의 사경제 영역에의 배포는 법적인 문제가 아니라 그야말로 경제적인 문제일 뿐이라는 것이다. 부정론자들이 제기하는 여러 가지 문제들은 일단 고려할 가치는 있는 기준과 내용들이지만 그러한 장애 때문에 국가안보의 초석이 될 경제정보를 사경제 주체에 양도할 수 없다는 것은 본말이 전도된 주장이라는 것이다. 한편 어느 나라도 이와 같은 긍정론적인 입장을 공개적으로 드러내 놓지는 않지만 현실적으로 대부분 국가정보기구들이 사실상 취하는 입장으로 다수설적 견해라고 할 수 있다.

핵심정리 국가정보기구의 경제정보활동 절충론

(1) 의의

① 국가의 자산인 국가정보를 전적으로 사경제 주체에 제공하는 것은 문제가 있을 수 있으므로 국가가 사경제 주체와 정보를 공유하여 경제활동을 하는 방법 즉 회사를 직접 운영하는 방법을 택하는 것이 바람직하다는 견해이다.

② 즉 부정론자들의 견해에도 일리가 있지만 국가정보기구가 획득한 최첨단의 과학 · 산업기술들을 사장시킨다는 것은 바람직하지 않고 더욱 큰 문제이기 때문에 어떻게든 그러한 경제정보를 활용하여 국가경쟁력을 제고해야 한다는 현실적인 입장에서 제기되는 주장이다.

(2) 비판

① 그러나 국가가 어떤 사경제 주체와 어떤 종류의 경제정보를 공유하여 경제 활동을 할 것인가의 문제는 더욱 간단치 않다. 이 경우에는 국민의 세금으로 운영되는 국가기관이 직접 경제운영 주체가 되게 되므로, 지속적인 발전을 위해 해당 사경제 주체와 경쟁관계에 있는 특정기업의 기술적 자료와 특별한 사업계획이나 계약서 등 영업적으로 가치가 있는 경제정보를 입수하여 제공해야 하는 문제도 발생하게 된다. 그러므로 일회적인 정보제공도 문제인데 지속적으로 특정 기업에만 정보를 제공한다는 것은 더욱 큰 문제라고 할 수 있다.

② 한편 정보기구의 속성상 정보원천과 정보방법의 비밀성 유지는 정보 조직의 생명과 같은 것인 바, 사경제 주체에 특정한 구체적 정보를 제공하고 영업을 함께 할 경우에는 정보 원천에 대한 비밀성 유지에 어려움을 겪게 되고, 반면에 추상적인 내용의 정보는 효용성이 문제될 것이라는 피할 수 없는 현실적 어려움이 있다. 또한 어떠한 형태로든지 국가와 사경제 주체의 연결은 필연적으로 기업체들이 정보기관의 감시대상으로 전락할 위험성도 있다.

887

국가정보기구에 의한 산업간첩활동 부정론자들의 근거가 아닌 것은?

① 다른 나라의 산업간첩행위는 위협이 아닌 도전의 문제이다.

② 다국적 기업으로 인한 자국 기업의 개념이 모호하다.

③ 경제정보 분배 기준이 불명확하고 법적 근거가 없다.

④ 산업간첩 활동활동에는 불법과 비윤리적인 행위가 수반될 수 있다.

정답 ④

풀이 ④ 나열된 이유 이외에 부정론자들은 국가 공권력의 사경제 영역에의 직접 개입은 자유경쟁을 근간으로 하는 WTO 체제의 이념에도 반하는 것으로 결국 적은 이득을 바라다가 큰 손실을 자초할 것이라는 입장인 것이지, 산업간첩활동의 부도덕성과는 거리가 멀다.

핵심정리 법합치적 경제정보수집활동

1. 의의

경제정보 수집활동을 내용적인 측면에서 보면 불법적인 방법이 주로 동원되지만 법을 적극적으로 활용하거나 오히려 법적인 장치를 가장하는 등의 법합치적 방법에 의해서도 많이 전개된다.

2. 유령면접(phantom interview)

(1) 의의

기업체 직원 채용을 위한 면접기회를 경제정보 획득에 활용하는 방법이다.

(2) 공식적인 면접담당자를 포섭

경쟁회사의 공식적인 면접담당자를 포섭하는 것은 불법적인 방법이다. 예컨대 경쟁회사의 영업비밀 획득을 바라는 어느 회사(A)가 경쟁회사(B)의 전문직 채용 시 외부 면접위원을 포섭하여 경쟁회사(B)의 고용의도를 파악한 후에 이를 상대방 회사에 전달한다. 더 나아가 매수된 면접위원은 고의로 충분히 합격할 자질과 능력이 되는 유능한 지원자를 탈락시키고 탈락자를 추후 경쟁회사인 A사에 취직되게 하여 경쟁적 우수 인력을 빼가기도 한다.

3. 기업합작과 인수합병

(1) 의의

① 상법상의 인수합병 등의 방법을 통하여 기업결합을 경제정보 수집을 위한 방편으로 사용하는 것이다.

② 대부분 자사보다 한 차원 높은 기술을 가진 상대기업의 기술력을 획득하기 위한 목적으로 하는 상행위이다.

(2) 방법

① 실제로는 기업합작을 할 의도는 애당초부터 없으면서 기업합작을 전제로 자산평가의 단계에서 영업비밀에 대한 가치평가 등의 과정을 통해서도 상당한 영업비밀을 알아낼 수 있는 기업 합작 시나리오가 활용된다.

② 기업 합작을 진행하다가 중도에 포기된 경우의 적지 않은 케이스가 애당초부터 거래비밀만을 파악하려는 의도에서 계획된 것이 적지 않다고 할 수 있다. 물론 경쟁기업의 뛰어난 거래비밀을 획득하기 위해 실제로 경쟁기업을 인수·합병하는 등의 방법도 많이 활용되는 방법이다.

4. NGO 단체, 간판회사(Front Companies) 이용방법

① 국가정보기구나 사기업체가 NGO 단체나 적법한 기업을 전위 기업으로 설립하여 경제정보를 수집하는 방법이다. 주지하다시피 에어로 플롯은 러시아의 전위 기업체였고, 에어 프랑스는 프랑스 국가정보기구에 적극적으로 협조했다. 신화사 통신은 직접 중국의 정보기구로 분류되어 다양한 경제정보를 수집한다.

② 정보기구의 전위기업은 경직된 국가 공조직에 비해 유연성을 가지고 용이하게 필요한 정보를 수집할 수 있을 뿐 아니라, 만약의 경우에도 전적으로 사적 단체임을 주장하기가 용이하므로 특히 정부 관련성을 부인하기 위해 전 통적으로 중국, 러시아, 일본, 프랑스 등이 애용한 방법이다.

5. 자료공개소송

(1) 의의

① 미국은 일반 시민들의 알 권리를 보장하기 위해 정보자유법(Freedom of Information Act, FOIA)을 제정하여 시행하고 있다.

② 정보자유법은 민주주의의 원칙하에 공개주의에 투철하여 국가의 활동에 대한 일반시민들의 건전한 감시를 통해서 투명성을 확보하려는 노력이다.

③ 그런데 일본과 프랑스의 국가 정보기구들은 매우 적극적으로 미국의 정보자유법을 악용하여 수많은 정보공개 소송을 제기했다. 그래서 재판과정을 통해 적지 않은 기술 정보와 거래비밀 정보 등 중요한 정보를 획득할 수 있었다.

(2) 방법

① 민주적 공개성을 지향하여 미국 시민의 알 권리를 신장하려고 했던 법의 취지에서 벗어나 산업간첩 수단으로 악용되는 이러한 폐단을 뒤늦게 깨달은 미국은, 유타 주 출신의 상원의원 해치(Orrin Hatch)의 제안에 의해 "미국의 국내 산업에 대한 정보를 획득하기 위하여 FOIA를 이용하는 외국의 요청"은 산업간첩의 일종으로 보고 외국인은 원칙적으로 동법을 활용할 수 없도록 했다.

② 그러나 외국 정보기구나 외국회사가 미국인을 내세워 공개청구를 하는 것은 여전히 가능하고 사실상 그것을 분별하는 것은 어렵기 때문에 정보자유법을 활용한 산업간첩 활동은 현재도 각광을 받는 방법이라고 할 수 있다.

③ 미국 이외에도 지역 경제공동체 예컨대 유럽연합 같은 경우에도 독점금지를 원칙으로 하는 개별법들이 있다. 그러한 법을 합법적으로 이용해서 시장에서 독점적 지위를 누리는 기업들에 대한 소송을 제기하여 경제정보를 수집할 수 있음도 물론이다.

④ 한편 이상에서 알 수 있듯이 경쟁기업을 상대로 한 소송의 제기는 실체적인 청구원인이 있는 경우도 있지만 다만 소송절차를 통해 경쟁기업의 영업비밀을 확보하기 위해 활용되기도 함을 이해해야 한다. 국가정보기구에 제반 국제관계법에 정통한 법률가가 다수 포진해야 하는 이유이다.

888

법합치적 방법에 대한 설명으로 적절하지 않은 것은?

① 법을 적극적으로 활용하거나 오히려 법적인 장치를 가장하는 방법이다.
② 경쟁회사의 공식적인 면접담당자를 포섭하는 것은 범죄로서 법합치적 방법에 포함되지 않는다.
③ 상법상의 인수합병 등의 방법을 통하여 기업결합을 경제정보 수집은 대표적인 법합치적 방법이다.
④ 중국의 정보기구로 분류되는 신화사 통신의 경제정보수집도 간판회사를 이용하는 방법에 해당하여 법합치적 방법으로 분류된다.

정답 ②

풀이 법합치적 방법은 합법적인 수단을 사용할 것을 요하지는 않는다. 불법적인 방법이라도 법적인 장치를 가장하면 법합치적 방법으로 분류된다.

889

경제정보 수집활동의 고유한 방법으로 옳은 것은?

① 인간정보(HUMINT)
② 기술정보(TECHINT)
③ 공개출처정보(OSINT)
④ 법합치적(法合治的) 정보수집활동

정답 ④

풀이 ④ 경제정보 수집활동을 내용적인 측면에서 보면 불법적인 방법이 주로 동원되지만 법을 적극적으로 활용하거나 오히려 법적인 장치를 가장하는 등의 법합치적 방법에 의해서도 많이 전개된다.

관련법조항 「산업기술보호법」 벌칙

제14조(산업기술의 유출 및 침해행위 금지)
누구든지 다음 각 호의 어느 하나에 해당하는 행위를 하여서는 아니 된다.
1. 절취·기망·협박 그 밖의 부정한 방법으로 대상기관의 산업기술을 취득하는 행위 또는 그 취득한 산업기술을 사용하거나 공개(비밀을 유지하면서 특정인에게 알리는 것을 포함한다. 이하 같다)하는 행위
2. 제34조의 규정 또는 대상기관과의 계약 등에 따라 산업기술에 대한 비밀유지의무가 있는 자가 부정한 이익을 얻거나 그 대상기관에게 손해를 가할 목적으로 유출하거나 그 유출한 산업기술을 사용 또는 공개하거나 제3자가 사용하게 하는 행위
3. 제1호 또는 제2호의 규정에 해당하는 행위가 개입된 사실을 알고 그 산업기술을 취득·사용 및 공개하거나 산업기술을 취득한 후에 그 산업기술에 대하여 제1호 또는 제2호의 규정에 해당하는 행위가 개입된 사실을 알고 그 산업기술을 사용하거나 공개하는 행위

4. 제1호 또는 제2호의 규정에 해당하는 행위가 개입된 사실을 중대한 과실로 알지 못하고 그 산업기술을 취득·사용 및 공개하거나 산업기술을 취득한 후에 그 산업기술에 대하여 제1호 또는 제2호의 규정에 해당하는 행위가 개입된 사실을 중대한 과실로 알지 못하고 그 산업기술을 사용하거나 공개하는 행위
5. 제11조제1항의 규정에 따른 승인을 얻지 아니하거나 부정한 방법으로 승인을 얻어 국가핵심기술을 수출하는 행위
6. 국가핵심기술을 외국에서 사용하거나 사용되게 할 목적으로 제11조의2제1항에 따른 승인을 받지 아니하거나 거짓이나 그 밖의 부정한 방법으로 승인을 받아 해외인수·합병등을 하는 행위

제34조(비밀유지의무)

다음 각 호의 어느 하나에 해당하거나 해당하였던 자는 그 직무상 알게 된 비밀을 누설하거나 도용하여서는 아니 된다.

1. 대상기관의 임·직원(교수·연구원·학생을 포함한다)
2. 제9조의 규정에 따라 국가핵심기술의 지정·변경 및 해제 업무를 수행하는 자 또는 제16조에 따라 국가핵심기술의 보호·관리 등에 관한 지원 업무를 수행하는 자
3. 제11조 및 제11조의2에 따라 국가핵심기술의 수출 및 해외인수·합병등에 관한 사항을 검토하거나 사전검토, 조사업무를 수행하는 자

3의2. 제11조의2제3항 및 제6항에 따른 해외인수·합병등을 진행하려는 외국인 및 외국인의 임·직원

4. 제15조의 규정에 따라 침해행위의 접수 및 방지 등의 업무를 수행하는 자
5. 제16조제4항제3호의 규정에 따라 상담업무 또는 실태조사에 종사하는 자
6. 제17조제1항의 규정에 따라 산업기술의 보호 및 관리 현황에 대한 실태조사업무를 수행하는 자
7. 제20조제2항의 규정에 따라 산업보안기술 개발사업자에게 고용되어 산업보안기술 연구개발업무를 수행하는 자
8. 제23조의 규정에 따라 산업기술 분쟁조정업무를 수행하는 자
9. 제33조의 규정에 따라 산업통상자원부장관의 권한의 일부를 위임·위탁받아 업무를 수행하는 자
10. 「공공기관의 정보공개에 관한 법률」에 따른 정보공개 청구, 산업기술 관련 소송 업무 등 대통령령으로 정하는 업무를 수행하면서 산업기술에 관한 정보를 알게 된 자

제36조(벌칙)

① 국가핵심기술을 외국에서 사용하거나 사용되게 할 목적으로 제14조제1호부터 제3호까지의 어느 하나에 해당하는 행위를 한 자는 3년 이상의 유기징역에 처한다. 이 경우 15억 원 이하의 벌금을 병과한다.
② 산업기술을 외국에서 사용하거나 사용되게 할 목적으로 제14조 각 호(제4호를 제외한다)의 어느 하나에 해당하는 행위를 한 자(제1항에 해당하는 행위를 한 자는 제외한다)는 15년 이하의 징역 또는 15억 원 이하의 벌금에 처한다.
③ 제14조 각 호(제4호·제6호·제6호의2 및 제8호는 제외한다)의 어느 하나에 해당하는 행위를 한 자는 10년 이하의 징역 또는 10억원 이하의 벌금에 처한다.
④ 제14조제4호 및 제8호의 어느 하나에 해당하는 행위를 한 자는 3년 이하의 징역 또는 3억원 이하의 벌금에 처한다.
⑤ 제1항부터 제4항까지의 죄를 범한 자가 그 범죄행위로 인하여 얻은 재산은 이를 몰수한다. 다만, 그 전부 또는 일부를 몰수할 수 없는 때에는 그 가액을 추징한다.
⑥ 제34조의 규정을 위반하여 비밀을 누설하거나 도용한 자는 5년 이하의 징역이나 10년 이하의 자격정지 또는 5천만원 이하의 벌금에 처한다.
⑦ 제1항부터 제3항까지의 미수범은 처벌한다.
⑧ 제2항부터 제4항까지의 규정에 따른 징역형과 벌금형은 이를 병과할 수 있다.

제36조의2(비밀유지명령 위반죄)

① 국내외에서 정당한 사유 없이 비밀유지명령을 위반한 자는 5년 이하의 징역 또는 5천만원 이하의 벌금에 처한다.

② 제1항의 죄는 비밀유지명령을 신청한 자의 고소가 없으면 공소를 제기할 수 없다.

제37조(예비 · 음모)

① 제36조제1항 또는 제2항의 죄를 범할 목적으로 예비 또는 음모한 자는 3년 이하의 징역 또는 3천만원 이하의 벌금에 처한다.

② 제36조제3항의 죄를 범할 목적으로 예비 또는 음모한 자는 2년 이하의 징역 또는 2천만원 이하의 벌금에 처한다.

제38조(양벌규정)

법인의 대표자나 법인 또는 개인의 대리인, 사용인, 그 밖의 종업원이 그 법인 또는 개인의 업무에 관하여 제36조제1항부터 제4항까지의 어느 하나에 해당하는 위반행위를 하면 그 행위자를 벌하는 외에 그 법인 또는 개인에게도 해당 조문의 벌금형을 과(科)한다. 다만, 법인 또는 개인이 그 위반행위를 방지하기 위하여 해당 업무에 관하여 상당한 주의와 감독을 게을리하지 아니한 경우에는 그러하지 아니하다.

890

「산업기술보호법」의 내용으로 틀린 것은?

① 산업통상자원부장관은 위원회의 심의를 거쳐 국가핵심기술로 지정할 수 있다.

② 국가핵심기술을 보유한 대상기관이 해당 국가핵심기술을 외국기업 등에 매각 또는 이전 등의 방법으로 수출하고자 하는 경우에는 산업통상자원부장관의 승인을 얻어야 한다.

③ 대상기관은 보유하고 있는 기술이 산업기술에 해당하는지에 대하여 산업통상자원부장관에게 확인을 신청할 수 있다.

④ 산업통상자원부장관 및 정보수사기관의 장은 요청을 받은 경우 또는 금지행위를 인지한 경우에는 필요한 조사 및 조치를 하여야 한다.

정답 ②

풀이 국가로부터 연구개발비를 지원받아 개발한 국가핵심기술을 보유한 대상기관이 해당 국가핵심기술을 외국기업 등에 매각 또는 이전 등의 방법으로 수출하고자 하는 경우에는 산업통상자원부장관의 승인을 얻어야 한다.

891

「산업기술보호법」에 대한 설명으로 틀린 것은?

① 대상기관은 산업기술의 유출방지 및 보호에 관한 시책을 효율적으로 추진하기 위하여 산업통상자원부 장관의 인가를 받아 산업기술보호협회를 설립할 수 있다.

② 정부는 대상기관의 산업기술의 보호를 위하여 필요한 경우에는 예산의 범위 안에서 산업기술보호협회의 사업수행에 필요한 지금을 지원할 수 있다.

③ 정부는 산업기술의 보호를 촉진하기 위하여 필요하다고 인정하면 산업기술 보안에 대한 자문을 대상기관 등에게 지원할 수 있다.

④ 지원을 받으려는 대상기관 등은 매년 9월 말까지 산업통상자원부 장관이 각각 정하여 고시하는 절차에 따라 지원 신청을 하여야 한다.

정답 ④

풀이 관계 중앙행정기관의 장과 정보수사기관의 장이 각각 정하여 고시하는 절차에 따라 지원 신청을 하여야 한다.

892

산업기술보호에 대한 설명으로 틀린 것은?

① 대상기관은 산업기술의 유출방지 및 보호에 관한 시책을 효율적으로 추진하기 위하여 산업통상자원부장관의 인가를 받아 산업기술보호협회를 설립할 수 있다.

② 정부는 대상기관의 산업기술의 보호를 위하여 필요한 경우에는 예산의 범위 안에서 산업기술보호협회의 사업수행에 필요한 자금을 지원할 수 있다.

③ 정부는 산업기술의 보호를 촉진하기 위하여 필요하다고 인정하면 대상기관 등에게 산업기술 보안에 대해 자문, 산업기술의 보안시설을 설치·운영하는 기술 등을 지원할 수 있다.

④ 정부가 대상기관을 지원하는 경우 산업통상자원부장관과 정보수사기관의 장은 그 지원 계획을 수립하여야 한다.

정답 ④

풀이 정부가 대상기관을 지원하는 경우 관계 중앙행정기관의 장과 정보수사기관의 장은 그 지원 계획을 수립하여야 한다.

893

산업기술의 유출 및 침해행위 금지에 대한 설명으로 틀린 것은?

① 비밀유지 의무 있는 자가 비밀을 누설한 경우에는 15년 이하의 징역 또는 15억 원 이하의 벌금에 처한다.

② 국내외에서 정당한 사유 없이 비밀유지명령을 위반한 자는 5년 이하의 징역 또는 5천만원 이하의 벌금에 처한다.

③ 산업기술을 외국에서 사용할 목적으로 절취한 자는 15년 이하의 징역 또는 15억 원 이하의 벌금에 처한다.

④ 기망의 방법으로 국가핵심기술을 외국에서 사용할 목적으로 취득한 자는 3년 이상의 유기징역에 처한다. 이 경우 15억 원 이하의 벌금을 병과한다.

정답 ①

풀이 비밀유지 의무 있는 자가 비밀을 누설하거나 도용한 자는 5년 이하의 징역이나 10년 이하의 자격정지 또는 5천만 원 이하의 벌금에 처한다. 반면에 산업기술을 외국에서 사용하거나 사용되게 할 목적으로 비밀유지 의무 있는 자가 비밀을 누설하거나 도용한 자는 15년 이하의 징역 또는 15억 원 이하의 벌금에 처한다.

894

다음 중 산업보안에 대한 설명으로 가장 적절하지 않은 것은? [2024년 기출]

① 미국은 소련이 붕괴한 이후 신안보위협 대응과 함께 산업보안 나아가 경제안보활동을 강화하고 있는데, 1996년에는 「산업스파이법」을 제정하였다.

② 일본은 행정부 차원에서 '지식재산보호전략'을 수립하여 대응하고 있으나 법률적 뒷받침이 없어 효율적인 산업보안 활동이 이루어지지 않고 있다.

③ 독일은 연방경제기술부가 주무부처가 되어 연방 산업보안협회, 주산업보안협회 등의 민간단체와 협조하는 등 정부와 기업 간 산업보안 협력체제가 구축되어 있다.

④ 중국은 민사상 손해배상, 형사처벌, 행정처벌 등으로 산업기술을 보호하는데, 주무관청은 공상행정관리기관이며, 국가안전부는 산업스파이를 적발한다.

정답 ②

풀이 ② 일본은 2022년 5월 「경제안전보장법」을 제정하여 2023년부터 시행하고 있다. 일본은 「경제안전보장법」 제정 이전에도 「부정경쟁방지법」과 「영업비밀보호법」을 통해 산업보안과 기술 유출에 대응해 왔다.

895

「산업기술보호법」에 대한 설명으로 틀린 것은? [2023년 기출]

① 대상기관은 해당 기관이 보유하고 있는 기술이 국가핵심기술에 해당하는지에 대한 판정을 산업통상자원부장관에게 신청할 수 있다.

② 국가핵심기술에 관한 정보는 국가의 안전보장 및 국민경제의 발전에 악영향을 줄 우려가 없는 경우에는 공개할 수 있다.

③ 국가핵심기술을 수출하고자 하는 경우에는 국가정보원장의 승인을 얻어야 한다.

④ 산업통상자원부장관은 국가핵심기술의 범위 또는 내용의 변경이나 지정의 해제가 필요하다고 인정되는 기술을 선정할 경우에는 위원회의 심의를 거쳐 변경 또는 해제할 수 있다.

정답 ③

풀이 ③ 국가로부터 연구개발비를 지원받아 개발한 국가핵심기술을 보유한 대상기관이 해당 국가핵심기술을 외국기업 등에 매각 또는 이전 등의 방법으로 수출(이하 "국가핵심기술의 수출"이라 한다)하고자 하는 경우에는 산업통상자원부장관의 승인을 얻어야 한다.

896

산업기술의 유출 및 침해행위에 대한 설명으로 틀린 것은?

① 외국에서 사용하거나 사용되게 할 목적으로 국가핵심기술을 절취한 자는 3년 이상의 유기징역과 15억 원 이하의 벌금을 병과할 수 있다.

② 외국에서 사용하거나 사용되게 할 목적으로 산업기술을 절취한 자는 15년 이하의 징역 또는 15억 원 이하의 벌금에 처한다.

③ 산업기술을 절취한 자는 10년 이하의 징역 또는 10억 원 이하의 벌금에 처한다.

④ 절취 행위가 개입된 사실을 중대한 과실로 알지 못하고 산업기술을 취득한 자는 3년 이하의 징역 또는 3억 원 이하의 벌금에 처한다.

정답 ①

풀이 ① 외국에서 사용하거나 사용되게 할 목적으로 국가핵심기술을 절취한 자는 3년 이상의 유기징역에 처한다. 이 경우 15억 원 이하의 벌금을 병과한다.

관련법조항 산업기술보호협회의 설립 등

[산업기술보호법]

제16조(산업기술보호협회의 설립 등)

① 대상기관은 산업기술의 유출방지 및 보호에 관한 시책을 효율적으로 추진하기 위하여 산업통상자원부장관의 인가를 받아 산업기술보호협회(이하 "협회"라 한다)를 설립할 수 있다.

② 협회는 법인으로 하고, 그 주된 사무소의 소재지에서 설립등기를 함으로써 성립한다.

③ 설립등기 외의 등기를 필요로 하는 사항은 그 등기 후가 아니면 제3자에게 대항하지 못한다.

④ 협회는 다음 각 호의 업무를 행한다.

1. 산업기술보호를 위한 정책의 개발 및 협력
2. 산업기술의 해외유출 관련 정보 전파
3. 산업기술의 유출방지를 위한 상담 · 홍보 · 교육 · 실태조사
4. 국내외 산업기술보호 관련 자료 수집 · 분석 및 발간

4의2. 국가핵심기술의 보호 · 관리 등에 관한 지원 업무

5. 제22조제1항에 따른 산업기술의 보호를 위한 지원업무
6. 제23조의 규정에 따른 산업기술분쟁조정위원회의 업무지원
7. 그 밖에 산업통상자원부장관이 필요하다고 인정하여 위탁하거나 협회의 정관이 정한 사업

⑤ 정부는 대상기관의 산업기술의 보호를 위하여 필요한 경우에는 예산의 범위 안에서 협회의 사업수행에 필요한 자금을 지원할 수 있다.

⑥ 협회의 사업 및 감독 등에 관하여 필요한 사항은 대통령령으로 정한다.

⑦ 협회에 관하여 이 법에 규정된 사항을 제외하고는 「민법」 중 사단법인에 관한 규정을 준용한다.

제22조(산업기술의 보호를 위한 지원)

① 정부는 산업기술의 보호를 촉진하기 위하여 필요하다고 인정하면 다음 각 호의 사항을 대상기관 등에게 지원할 수 있다.

1. 산업기술 보안에 대한 자문
2. 산업기술의 보안시설을 설치 · 운영하는 기술지원
3. 산업기술보호를 위한 교육 및 인력양성을 위한 지원
4. 그 밖에 산업기술보호를 위하여 필요한 사항

② 제1항의 규정에 따른 지원에 관하여 필요한 사항은 대통령령으로 정한다.

[산업기술보호법 시행령]

제28조(대상기관 등에 대한 지원)

① 관계 중앙행정기관의 장과 정보수사기관의 장은 법 제22조제1항 각 호의 지원을 하는 경우에는 그 지원계획을 수립하여야 한다.

② 법 제22조제1항에 따른 지원을 받으려는 대상기관 등은 매년 9월 말까지 관계 중앙행정기관의 장과 정보수사기관의 장이 각각 정하여 고시하는 절차에 따라 지원 신청을 하여야 한다.

897

산업기술보호협회에 대한 설명으로 틀린 것은?

① 대상기관은 산업통상자원부장관의 인가를 받아 산업기술보호협회를 설립할 수 있다.

② 산업기술보호협회는 산업기술의 유출방지를 위한 상담 · 홍보 · 교육 · 실태조사 등의 업무를 수행한다.

③ 협회에 관하여 「산업기술보호법」에 규정된 사항을 제외하고는 「민법」 중 사단법인에 관한 규정을 준용한다.

④ 산업기술 보안에 대한 자문 등의 지원을 받으려는 대상기관은 매년 9월 말까지 산업통상자원부장관이 정하여 고시하는 절차에 따라 지원 신청을 하여야 한다.

정답 ④

풀이 ④ 「산업기술보호법」 제22조제1항에 따른 지원을 받으려는 대상기관 등은 매년 9월 말까지 관계 중앙행정기관의 장과 정보수사기관의 장이 각각 정하여 고시하는 절차에 따라 지원 신청을 하여야 한다.

898

ㄱ과 ㄴ에 해당하는 기관으로 옳은 것은? [2022년 기출]

ㄱ. 중견 · 중소 방산업체 및 협력업체 대상 기술보호체계 및 정보보호체계 컨설팅, 정보보호 프로그램 제공, 교육 등을 통해 방산기술보호 역량 강화 지원

ㄴ. 2003년 창설된 것으로 기업체와 연구소 등이 보유하고 있는 첨단 기술과 경영 정보가 불법 유출되는 것을 막기 위해 산업간첩 색출, 보안교육 및 컨설팅 활동을 수행함

	ㄱ	ㄴ
①	국군방첩사령부	중소기업기술정보진흥원
②	한국산업기술보호협회	중소기업기술정보진흥원
③	중소기업기술정보진흥원	국가정보원 산업기밀보호센터
④	한국산업기술보호협회	국가정보원 산업기밀보호센터

정답 ④

풀이 ④ 한국산업기술보호협회는 방위산업기술을 보유 활용 중인 기업의 기술보호 수준 분석을 통해 규모별 · 업종별 기술보호 체계를 구축하고, 운영상 취약점에 대한 진단 및 대책 마련 등의 정책 수립을 지원한다. 그리고 국가정보원 산업기밀보호센터는 기업체와 연구소 등이 보유하고 있는 첨단기술과 경영상 정보가 해외로 불법 유출되는 것을 차단하기 위해 산업스파이 색출활동과 함께 산업보안 교육 및 보안 컨설팅 등 예방활동을 수행하고 있다.

899

산업기술보호와 관련된 국가의 활동에 대한 설명으로 틀린 것은? [2021년 기출]

① 산업기술은 국내외 공공 및 사기업에 대한 제반 산업기술정보를 포함한다.
② 산업통상자원부장관은 산업기술의 유출방지 및 보호를 위하여 대상기관의 임 · 직원을 대상으로 교육을 실시할 수 있다.
③ 국군방첩사령부는 첨단기술과 기업의 영업비밀 등을 해외로 불법 유출하려는 산업스파이를 적발함으로써 국부유출을 차단하고 있다.
④ 국가정보원의 산업기밀보호센터에서는 국내 기업을 대상으로 산업보안 교육 및 컨설팅을 통해 기술보호역량을 강화시켜 주고 있다.

정답 ③

풀이 ③ 국군방첩사령부의 임무는 군 및 「방위사업법」에 따른 방위산업체 등을 대상으로 한 외국 · 북한의 정보활동 대응 및 군사기밀 유출 방지이다. 첨단기술과 기업의 영업비밀 등을 해외로 불법 유출하려는 산업스파이 적발 및 국부유출 차단은 국가정보원의 임무이다.

900

한국의 산업보안활동에 대한 설명으로 틀린 것은? [2021년 기출]

① 산업통상자원부장관은 산업기술의 유출방지 및 보호에 관한 종합계획을 수립 · 시행하여야 한다.
② 국가정보원은 첨단산업기술의 해외유출차단활동을 추진하고 산업보안 설명회를 개최한다.
③ 경찰청은 산업기술유출사건을 수사하고, 산업스파이 신고도 접수한다.
④ 산업기술보호협회는 산업통상자원부의 지원을 받아 산업기술 보안에 대한 자문 등의 업무를 수행한다.

정답 ④

풀이 ④ 산업기술보호협회의 산업기술 보안에 대한 자문, 보안시설 설치 · 운영 기술지원 업무 등의 지원 주체는 산업통상자원부가 아니라 정부이고 여기서 정부는 관계 중앙행정기관의 장과 정보수사기관의 장을 의미한다. 산업기술 보안에 대한 자문, 보안시설 설치 · 운영 기술 지원 업무 주체는 국가정보원이다.

핵심정리 국가정보원의 산업기밀보호센터

(1) 의의

① 산업기밀보호센터는 2003년 10월에 설립되어 우리나라의 첨단기술을 보호하고 안전한 기업활동을 지원하는 등 산업보안활동 업무를 수행하고 있다.

② 동 기구는 설립된 이래 우리 기업이 보유한 첨단산업기술을 해외로 불법 유출하려는 산업스파이를 적발함으로써 국부유출을 차단하는 활동을 효과적으로 전개해 왔다.

(2) 첨단기술 해외유출 차단활동

① 첨단기술과 기업의 영업비밀 등을 해외로 불법 유출하려는 산업스파이를 적발함으로써 국부유출을 차단하고 있다.

② 기술유출과 관련된 정보를 사안에 따라 해당업체 또는 검찰/경찰 등 수사기관에 지원하고 있다.

(3) 방산기술 · 전략물자 불법 수출 차단활동

산업부 · 방사청 등 유관기관과 협조, 전략물자의 불법 수출과 방산 · 군사기술의 해외 유출 차단활동 등 새로운 경제안보침해행위에 대한 예방 · 색출활동도 강화하고 있다.

(4) 외국의 경제질서 교란 차단활동

외국과 연계된 투기자본 등에 의한 경제안보 침해행위와 인수합병(M&A)을 가장한 기술유출 등 위법행위에 대한 정보활동에도 주력하고 있다.

(5) 산업보안 교육/컨설팅 및 설명회 개최

기업 · 연구소 등을 대상으로 산업보안 교육 및 진단을 실시하고 있으며, 중기청 · 특허청 등 유관기관 합동으로 기업체 대상 「산업보안 설명회」를 개최하는 등 기업체의 보안의식 확산과 자율보안시스템 구축을 지원하는데 주력하고 있다.

(6) 지식재산권 침해 관련 대응 활동

해외 현지에서 특허 · 상표 · 디자인 · 저작권 등 지식재산권 피해 발생 시, 특허청 · KOTRA 해외지식재산센터(IP-desk) · 외교부 · 문화부(해외저작권센터) 등과 공조, 대응활동을 지원하고 있다.

(7) 산업스파이 신고상담소 운영

전화(국번없이 111번), 홈페이지(111 신고하기) 및 모바일 홈페이지를 통해 24시간 신고 · 상담을 받고 있으며 신고자의 신원은 어떠한 경우에도 철저히 보호된다.

901

국가정보원의 산업기밀보호센터의 업무로 적절하지 않은 것은?

① 외국의 경제질서 교란 차단활동

② 지식재산권 침해 관련 대응 활동

③ 방산기술 · 전략물자 불법 수출 차단활동

④ 기관별 보유한 산업간첩 관련 정보의 종합 및 공유

정답 ④

풀이 기관별 보유한 방첩 관련 정보의 종합 및 공유는 방첩정보공유센터의 업무이다.

902

산업기밀보호센터에 대한 설명으로 틀린 것은?

① 산업보안활동 업무를 수행하기 위해 국정원 산하에 설립되었다.
② 외국과 연계된 투기자본 등에 의한 경제안보 침해행위에 대한 정보활동에도 주력하고 있다.
③ 해외 현지에서 특허 · 상표 · 디자인 · 저작권 등 지식재산권 피해 발생 시, 대응활동을 지원하고 있다.
④ 방산기술 · 전략물자 불법 수출 차단활동은 국군방첩사령부의 임무로 첨단기술 해외유출 차단활동에서 제외된다.

정답 ④

풀이 ④ 국군방첩사령부의 임무는 군 및 「방위사업법」에 따른 방위산업체 등을 대상으로 한 외국 · 북한의 정보활동 대응 및 군사기밀 유출 방지이고, 방산기술 · 전략물자 불법 수출 차단활동은 국가정보원의 임무이다.

903

국가정보원이 수행하는 산업보안활동에 포함될 수 없는 것은? [2021년 기출]

① 산업보안 교육, 컨설팅 및 설명회 개최
② 첩보원 및 산업스파이 양성 및 교육
③ 지적재산권 침해 대응
④ 첨단기술의 해외 유출 차단 활동

정답 ②

풀이 ② 첩보원 및 산업스파이 양성 및 교육은 국가정보원의 산업정보 및 보안활동이라고 볼 수 없다.

904

산업정보활동에 대한 설명으로 틀린 것은? [2020년 기출]

① 탈냉전기 이후 산업스파이에 대한 처벌이 엄격해졌다.
② 선진국도 산업정보의 수집을 주요 임무로 격상해 활동한다.
③ 국가 간 분쟁이 최소화될 수 있는 영역에 대한 정보를 수집해야 한다.
④ 국가정보기관은 원칙적으로 개별 민간 기업에 대한 산업기술 보안에 대한 자문 등의 지원업무를 수행할 수 없다.

정답 ④

풀이 ④ 민간기업의 우수한 기술에 대한 산업스파이 활동을 방어하기 위해 국가정보기관이 방첩활동의 일환으로 산업보안을 지원하고 있다.

905

CIA가 입수한 문건에 의해 미국 항공산업에 관한 비밀을 취득하기 위해 적극적인 활동을 전개한 것으로 드러난 정보기관으로 옳은 것은? [2020년 기출]

① 러시아의 GRU
② 프랑스의 DGSE
③ 독일의 BND
④ 이스라엘의 모사드

정답 ②

풀이 ② 오늘날 적과 우호국의 구분을 떠나 세계 각국의 정보기관들과 기타 조직 또는 개인들이 무차별적으로 산업스파이활동을 전개하고 있다. 예를 들어 프랑스의 DGSE는 미국 IBM, Texas Instruments, Bell Textron 등 미국 회사에 침투하여 산업정보를 수집했던 것으로 드러났다. CIA는 프랑스 정부가 작성한 문건을 입수했는데 여기에 보면 프랑스 정보기관이 미국 항공산업에 관한 비밀을 취득하기 위해 적극적인 활동을 전개했던 것으로 밝혀졌다.

핵심정리 경제방첩 관련 법률

1. 국가정보원법

① 「정부조직법」 제17조 제1항에 국가정보원은 "국가안전보장에 관련되는 정보 및 보안에 관한 사무를 담당하기 위하여 대통령 소속으로 국가정보원을 둔다."라고 규정되어 있고, 방첩업무 수행은 국정원법 제4조 제1항 제1호 나목은 "방첩(산업경제정보 유출, 해외연계 경제질서 교란 및 방위산업 침해에 대한 방첩을 포함한다), 대테러, 국제범죄조직에 관한 정보"를 국가정보원의 직무로 규정하고 있다.

② 이 조문들은 수사를 제외한 정보 및 보안 업무 중 하나의 영역으로만 상정하고 있어서 국제화된 경제스파이 활동에 적극적으로 대처하기에는 부족하여 국가정보원 경제방첩 요원들의 적극적인 업무수행에 어려움과 제한이 많은 것이 현실이다.

2. 부정경쟁방지 및 영업비밀보호에 관한 법률

(1) 의의

선진국인 미국, 일본, 유럽 등은 국내 첨단 산업을 보호하기 위한 정책을 일찍부터 수립하여 집행해 온 반면 우리나라는 「부정경쟁방지법」을 1961년 제정하였고, 1991년 개정을 통하여 영업 비밀 보호에 대한 규정이 추가되었다.

(2) 주요 규정

① 국내에 널리 알려진 타인의 상표 · 상호 등을 부정하게 사용하는 등의 부정경쟁행위와 타인의 영업비밀을 침해하는 행위를 방지하여 건전한 거래질서를 유지함을 목적으로 한다(제1조).

② 부정한 이익을 얻거나 영업비밀 보유자에게 손해를 입힐 목적으로 그 영업비밀을 외국에서 사용하거나 외국에서 사용될 것임을 알면서 취득 · 사용 또는 제3자에게 누설한 자는 15년 이하의 징역 또는 15억 원 이하의 벌금에 처한다(제18조).

3. 산업기술 유출방지 및 보호에 관한 법률

(1) 의의

「부정경쟁방지 및 영업비밀보호에 관한 법률」만으로는 부정한 기술유출행위를 효과적으로 규제할 수 없어서 2006년 10월 산업기술의 부정한 유출을 방지하고 산업기술을 보호함으로써 국내산업의 경쟁력을 강화하고 국가의 안전 보장과 국민경제의 발전에 이바지함을 목적으로 「산업기술 유출방지 및 보호에 관한 법률」을 제정하였다.

(2) 특징

① 「산업기술 유출방지 및 보호에 관한 법률」은 「부정경쟁방지 및 영업비밀보호에 관한 법률」의 특별법으로 국가안전보장 기여를 목적으로 한다.

② '부정이익의 취득 또는 기업에 손해를 줄 목적'이라는 주관적 요건을 구성요건에서 제외하였다. 국가가 보호하여야 할 산업기술을 지정하고 승인하는 등 사기업체의 중요 산업기밀을 보호하기 위해서 국가가 직접관여 할 수 있는 장치를 마련하였다.

③ 국가핵심기술을 외국에서 사용하거나 사용되게 할 목적으로 산업기술의 유출 및 침해 행위에 대해 처벌 규정을 둔 점은 그간 형법상 간첩죄가 적국을 위한 '국가기밀'의 탐지·수집 행위만을 처벌 대상으로 하고 있어서 경제간첩을 규제하기 어려웠다는 점을 고려한 것이다.

(3) 주요 내용

① 「산업기술 유출방지 및 보호에 관한 법률」은 산업기술의 유출방지 및 보호에 관하여는 일반법(법 제4조)이지만 「부정경쟁방지 및 영업비밀 보호에 관한 법률」과의 관계에서는 특별법이다.

② 일반산업기술과 국가핵심기술의 2가지로 구분한다. 국가 핵심기술은 기술적·경제적 가치나 성장 잠재력이 높아서, 해외로 유출될 경우 국가안전 보장 및 국민경제의 발전에 중대한 악영향을 줄 우려가 있어서 지정한 산업기술이다(법 제2조 제2호).

③ 누구든지 산업기술의 유출 및 침해행위를 금지하고(법 제14조), 외국에서 사용하거나 사용되게 할 목적의 산업기술 침해 행위를 최고형의 범죄로 정하여 15년 이하의 징역 또는 15억 원 이하의 벌금에 처한다(제36조 제1항)고 규정하고 있어서 외국 정보기관이 국내 산업기술 또는 국내 핵심기술을 부정 취득하거나 수출하는 경우 처벌할 수 있다.

4. 대외무역법

(1) 의의

「대외무역법」은 대외무역을 진흥하고 공정한 거래질서를 확립하여 국제수지의 균형과 통상의 확대를 도모함으로써 국민경제의 발전에 이바지함을 목적으로 1986년 12월에 제정되어 2016년 1월 일부 개정된 법이다.

(2) 주요 내용

① 산업통상자원부장관은 관계 행정기관의 장과 협의하여 대통령령으로 정하는 국제수출통제체제의 원칙에 따라 국제평화 및 안전유지와 국가안보를 위하여 수출허가 등 제한이 필요한 물품 등을 지정하여 고시하여야 한다(법 제19조 제1항).

② 산업통산자원부장관이 지정 · 고시된 전략물자를 수출하려는 자는 대통령령으로 정하는 바에 따라 산업통상자원부장관이나 관계 행정기관의 장의 허가를 받아야 한다(법 제19조 제2항).

③ 전략물자 등의 국제적 확산을 꾀할 목적으로 수출, 경유, 환적, 중개에 해당하는 위반행위를 한 자는 7년 이하의 징역 또는 수출 · 경유 · 환적 · 중개하는 물품 등의 가격의 5배에 해당하는 금액 이하의 벌금에 처한다(법 제53조 제1항).

5. 형법

(1) 의의

형법상 국가기밀이나 개인비밀은 간첩죄, 외교상 비밀누설죄, 공무상 기밀 누설죄, 비밀침해죄 등에 의해서 보호되고 있으나 영업비밀이나 산업기술 유출 등 경제스파이 행위를 직접적으로 처벌하는 형법규정은 존재하지 않고 부정한 유출행위에 대해 간접적으로 규제하고 있다.

(2) 경제방첩 관련 주요 범죄

① 경제 간첩 관련 주요 범죄로는 업무상 배임 · 횡령죄(제355조), 증거인멸죄(제155조), 비밀누설죄(제316조), 주거침입죄(제319조), 절도죄(제329조), 장물 취득죄(제362조) 등이 있다.

② 공무원이 직무상 취득하게 된 기업체의 중요 영업비밀 등을 침해하는 경우 공무상 비밀 침해죄가 성립되며 특별한 업무에 종사하는 자에 대하여는 업무상 비밀누설죄가 성립된다.

(3) 문제점

① 영업비밀 절취에 대해서는 영업비밀이 유체물이나 관리 가능하지 못하므로 재물성이 부정되어 형법상 절도죄의 적용이 불가능하며, 산업스파이 행위로 인하여 발생하는 기업의 손해가 매우 추상적이고 특정하기가 곤란하여 업무상 배임죄의 적용도 용이하지 않다

② 특히 간첩죄(제98조)는 '적국을 위하여 간첩하거나 적국의 간첩을 방조한 자는 사형, 무기 또는 7년 이상의 징역에 처한다.'고 규정하고 있어서 적국이 아닌 외국을 위한 간첩활동에 대해서는 처벌할 수 없다.

6. 방첩업무 규정

(1) 의의

방첩업무 규정은 「국가정보원법」 제4조에 따라 국가정보원의 직무 중 방첩에 관한 업무의 수행과 이를 위한 기관 간 협조 등에 관한 사항을 규정하여 국가안보에 이바지함을 목적으로 한다.

(2) 주요 내용

① 방첩이란 국가안보와 국익에 반하는 북한, 외국 및 외국인 · 외국단체 · 초국가행위자 또는 이와 연계된 내국인(이하 외국 등)의 정보활동을 찾아내고 그 정보활동을 확인 · 견제 · 차단하기 위하여 하는 정보의 수집 · 작성 및 배포 등을 포함한 모든 대응활동을 말한다(제2조 제1호).

② 외국 등의 정보활동이란 외국 등의 정보 수집활동과 그 밖의 활동으로서 대한민국의 국가안보와 국익에 영향을 미칠 수 있는 모든 활동을 말한다(제2조 제2호).

③ 방첩기관이란 방첩에 관한 업무를 수행하는 국가정보원, 법무부, 관세청, 경찰청, 해양경찰청, 국군방첩사령부를 말한다(제2조 제3호).

④ 방첩기관 간, 방첩기관과 관계기관 간 방첩 관련 정보의 원활한 공유와 방첩업무의 효율적인 수행을 위하여 국가정보원장 소속으로 방첩정보공유센터를 두고(제4조 제1항), 국가정보원장은 방첩정보공유센터의 운영을 위하여 필요한 경우 방첩기관 및 관계기관의 장에게 소속 공무원의 파견 등 인력 지원, 외국 등의 정보활동에 관여된 인물 · 단체에 대한 정보 공유에 대한 협조를 요청할 수 있다(제4조 제3항).

⑤ 방첩기관등의 구성원이 법령에 따른 직무 수행 외의 목적으로 외국 정보기관의 구성원을 접촉하려는 경우 소속 방첩기관 등의 장에게 미리 보고하여야 하며, 해당 방첩기관등의 장은 그 내용을 국가정보원장에게 통보하여야 한다(제9조).

핵심정리 전략물자

전략물자란 재래식 무기, 대량살상 무기 그 운반수단의 제조 · 개발 · 사용 등에 이용 가능한 물품, 소프트웨어, 기술로 국제평화 및 안전유지와 국가 안보를 위하여 수출허가 등 제한이 필요한 물품 중 지정고시한 것이다. 대외무역법상 전략 물자 수출통제제도는 전략물자수출 허가에 관한사항 및 전략물자수출입관리정보시스템의 구축 · 운영에 관한 사항 등의 근거 규정만을 두고 있을 뿐, 전략물자의 수출허가에 대한 구체적 내용은 전략물자 수출입고시에 위임하고 있다. 전략물자 수출관리제도의 중요성 및 전략물자수출통제제도가 관련 기업인들의 직업의 자유 등 기본권을 제한하는 측면을 고려할 때 고시에 지나치게 의존하고 있다. 대량 살상무기(Weapons of Mass Destruction, WMD) 등 전략물자의 수출 통제는 국가 안보에 직접 관련된 군사방첩 또는 대테러 방첩분야에 속하는 것이지만, 군수용과 민수용으로 모두 이용이 가능한 이중용도(dual use)의 전략물자 거래는 대부분 대외무역 등 경제활동에 기초하여 이루어지고 있고, 또한 수출 통제를 위한 실행조치에는 국제 물류보안이 관련되어 있기 때문에 넓은 의미의 경제방첩으로 볼 수 있다. 에너지 · 자원의 경우 군사안보뿐만 아니라, 국가경제의 발전과 국민경제의 안정에 중요한 영역이므로 광의의 경제방첩에 포함될 수 있다.

906

「산업기술의 유출방지 및 보호에 관한 법률」에 대한 설명으로 틀린 것은? [2009년 기출]

① 산업기술의 부정한 유출을 방지하고 산업기술을 보호함으로써 국내산업의 경쟁력을 강화하고 국가의 안전 보장과 국민경제의 발전에 이바지함을 목적으로 2006년에 제정되었다.

② 일반산업기술과 국가핵심기술의 2가지로 구분하는데, 국가 핵심기술은 기술적·경제적 가치나 성장 잠재력이 높아서, 해외로 유출될 경우 국가안전 보장 및 국민경제의 발전에 중대한 악영향을 줄 우려가 있어서 지정한 산업기술이다.

③ 국가핵심기술을 외국에서 사용하거나 사용되게 할 목적으로 산업기술의 유출 및 침해 행위에 대해 처벌 규정을 둔 점은 그간 형법상 간첩죄가 적국을 위한 '국가기밀'의 탐지·수집 행위만을 처벌 대상으로 하고 있어서 경제간첩을 규제하기 어려웠다는 점을 고려한 것이다.

④ 부정한 이익을 얻거나 영업비밀 보유자에게 손해를 입힐 목적으로 그 영업비밀을 외국에서 사용하거나 외국에서 사용될 것임을 알면서 취득 · 사용 또는 제3자에게 누설한 자는 15년 이하의 징역 또는 15억 원 이하의 벌금에 처한다.

정답 ④

풀이 ④ 「부정경쟁방지 및 영업비밀보호에 관한 법률」의 내용이다.

Theme 32 국가정보와 테러

핵심정리 테러와 테러리즘

(1) 테러

① 사전적 의미

불특정 다수인에게 공포심을 유발한다는 의미의 테러는 인류의 역사와 함께 한 오랜 것이기는 하다. BC 1세기경의 고대 지중해를 중심으로 한 세계 공용어로 통했던 라틴어에 이미 공포, 두려움, 임박한 위험에 대한 전율을 뜻 하는 말인 테러(terror)가 있었던 것이 이를 잘 말해 준다.

② 어원

라틴어의 테러는 원래 인도-유럽어족에 근원을 둔 것으로 '끔찍한', '단념하게 하는', 그리고 '대혼란'이라는 의미를 지닌 "테르(TER)"에서 유래한 말이었다. 그것은 또한 발생한 사건 이외에 다음 단계에서는 무엇이 일어날지 모르는 것에 기인하는 점증하는 불안과 공포를 뜻한다. 이처럼 테러는 급박한 위험에 압도당한 공포 상태, 무언가 끔찍하고 소름끼치는 것 또는 그러한 상태를 유발하는 행위 자체를 의미한다.

③ 성격

정치적 · 종교적 · 사상적 목적을 달성하려고 한다는 의미에서 사실 테러도 국제관계에서 무력적 분쟁해결의 한 가지 수단으로 간주된다. 그래서 무력적으로 자신들의 의도를 관철하려는 방향으로 분쟁을 해결하려는 테러는 냉전시대부터 꾸준히 전개되었다.

(2) 테러리즘

① 의의

테러리즘(terrorism)은 테러라는 용어가 가지고 있는 커다란 공포 또는 경악감이라는 심리적인 상태를 이용하여 정치, 종교, 사상적 목적을 위해 다양한 폭력적 수단을 통해서, 공격의 대상이 된 조직이나 국가들에게 어떤 행동을 강요하거나 혹은 어떤 행동을 중단하게끔 하는 행위 자체 또는 그러한 주의나 주장을 말한다.

② 테러분자(Terrorists)

즉 어떤 정치적 목적을 달성하기 위해 직접적인 공포 수단을 이용하는 주의나 정책을 테러리즘이라고 한다. 이런 테러행위를 하는 사람을 테러분자(Terrorists)라고 한다. 테러분자들은 자신들이 믿는 이념의 큰 뜻을 이루기 위해서 간인이나 관련되지 않은 사람들의 희생도 어쩔 수 없다는 가치판단을 내리며, 자신 혹은 자신들의 동조자들의 생명 또한 희생되어도 좋다고 생각한다.

③ 어원

현재 사용하는 테러리즘이라는 용어는 1789년과 1799년의 프랑스 혁명 중에 격한 정치적 집단이었던 자코뱅 당(Jacobin Club)이 단 한 달 사이에 약 1,800명을 처형하는 등 약 4만 명의 목숨을 앗아갔던 소위 공포정치(Reign of Terror, 1793~1794)를 묘사하는 용어에 기인한다.

핵심정리 뉴테러리즘

(1) 의의

9/11 테러로 대표되는 뉴테러리즘은 여러 가지 측면에서 과거의 전통적 테러리즘과 비교된다.

(2) 불명확한 요구조건이나 공격 주체

① 과거의 테러가 뚜렷한 목적을 내세웠던 것과는 달리 뉴테러리즘은 통상 테러 목적이 추상적이며 공격 주체를 밝히지 않는다.

② 통상 테러범들은 요인 암살, 항공 테러 및 납치 등을 저지르고 나서 자신의 신분을 밝히고 정치적 요구사항을 제시했다.

③ 주로 민족주의자와 분리주의자들의 열망이나 혁명적이고 이상적인 야망에서 비롯되는 등 테러 동기가 비교적 직접적이고 명확했다.

④ 이에 비해 21세기 뉴테러리즘은 요구조건이나 공격 주체가 불분명하여 추적이 불가능한 경우가 대부분이다.

(3) 조직의 다원화

전통적인 테러조직은 위계적이고 단일화된 형태로 비교적 실체 파악이 용이하지만 뉴테러리즘의 조직은 다원화되어 있기 때문에 그 실체를 파악하기가 매우 어렵다.

(4) 전쟁 수준의 무차별 공격

비교적 피해규모가 적었던 전통적 테러리즘에 비해 뉴테러리즘은 전쟁 수준의 무차별 공격으로 인해 그 피해가 상상을 초월한다. 특히 뉴테러리즘은 핵, 화학, 생물학, 방사능 등 대량살상무기로 무차별적인 대량살상과 파괴를 시도하는 경향을 보인다.

(5) 새로운 유형의 테러 수단

사이버 공간을 이용한 사이버 테러리즘과 극단적 자살테러 등 새로운 유형의 테러 수단을 동원하고 있다는 점에서도 과거의 테러리즘과 구별된다.

(6) 테러 대상의 무차별적 확산

이슬람 과격단체에 의한 테러는 9/11 테러사건 이전까지는 주로 미국을 표적으로 했지만, 최근 그 대상이 무차별적으로 확산되는 양상으로 전개되고 있다.

907

다음 중 테러리즘의 특성이 아닌 것은?

① 테러리즘이란 정치 · 사회적인 영향력을 증대하기 위해 비합법적인 폭력을 사용하는 것을 뜻한다.

② 제한된 물량과 소규모의 희생으로 큰 효과를 거둘 수 있다.

③ 테러는 군사 활동과 유사한 정확성을 지니는 등 전술적으로도 진화했다.

④ 테러의 대상은 사람에게만 국한된다.

정답 ④

풀이 ④ 테러의 대상은 사람뿐만 아니라 각종 시설물 심지어 민간 여객기도 대상으로 한다.

908

다음 중 테러리즘에 대한 설명으로 가장 적절하지 않은 것은? [2024년 기출]

① 9·11 사건을 계기로 테러에 대한 국제적 관심이 고도되었으며, 미국은 「애국법」을 제정하고 테러조직 근절을 위해 아프가니스탄에 대한 전쟁을 개시하였다.

② 대테러 국제협력을 위해 미국은 유럽, 중동, 아시아 국가들이 회원으로 참여하는 대테러정보센터(ICTIC)를 구성하여 상호 정보협력을 강화하였다.

③ 한국은 김선일씨 피살사건을 계기로 「테러방지법」 제정의 필요성이 제기되었으나 국민의 기본권 침해 가능성 등을 이유로 아직도 제정이 이루어지지 않고 있다.

④ 오늘날 해킹기술을 이용하여 인프라를 공격하고 정보를 절취하는 사이버테러가 자행되고 있는데, 정부는 북한 해킹조직 '김수키'에 대해 2023년 독자 대부 제재를 하였다.

정답 ③

풀이 ③ 2016년 3월 「국민보호와 공공안전을 위한 테러방지법」을 제정, 국가대테러활동지침을 폐지하고 테러방지법 시행령 제11조(전담조직)에 따라 대테러 전담조직을 명시하여 법적 근거에 따라 기관별 대테러 예방과 대응활동을 실시하고 있다.

909

뉴테러리즘에 대한 설명으로 틀린 것은? [2023년 기출]

① 과거의 테러가 뚜렷한 목적을 내세웠던 것과는 달리 뉴테러리즘은 통상 테러 목적이 추상적이며 공격 주체를 밝히지 않는다.

② 사이버 공간을 이용한 사이버 테러리즘과 극단적 자살테러 등 새로운 유형의 테러 수단을 동원하고 있다는 점에서도 과거의 테러리즘과 구별된다.

③ 비교적 피해규모가 적었던 전통적 테러리즘에 비해 뉴테러리즘은 전쟁 수준의 무차별 공격으로 인해 그 피해가 상상을 초월한다.

④ 전통적인 테러조직에 비해 뉴테러리즘의 조직은 다원화되어 있어 비교적 실체 파악이 용이하다.

정답 ④

풀이 ④ 전통적인 테러조직은 위계적이고 단일화된 형태로 비교적 실체 파악이 용이하지만 뉴테러리즘의 조직은 다원화되어 있기 때문에 그 실체를 파악하기가 매우 어렵다.

910

테러에 대한 설명으로 틀린 것은? [2021년 기출]

① 전통적 재래식 무기에 의한 테러에서 일상생활에서 획득가능한 장비나 물질 이용으로 색출 및 예방에 한계가 있다.

② 국제테러 수사가 사법기관으로 이동하는 경향이 있다.

③ 테러조직이 여러 국가나 지역에 그물망식 조직으로 인터넷, 전자메일, 첨단이동통신 등 연락수단으로 삼아 활동하기 때문에 조직의 실체파악과 무력화에 어려움이 있다.

④ 테러대상이 무차별적이면서 교통, 수도, 통신, 에너지 시설 등 국가중요기간시설을 대상으로 선택하여 피해규모가 대규모로 확대되고 있다.

정답 ②

풀이 ② 국외에서 벌어진 국제테러에 대해 국내 사법기관들은 관할권도 없고 필요한 정보를 얻을 수도 없다. 그리고 국제테러조직에 관한 정보를 얻기 위해 첩보수집활동은 물론 때로 조직 내부로 협조자를 침투시키는 활동도 전개해야 한다. 국내 사법기관은 그러한 역량을 갖추지 못했기 때문에 그러한 활동을 효과적으로 수행할 수 없다.

911

9/11테러 등 현대에 발생하는 테러의 특징에 대한 설명으로 틀린 것은? [2010년 기출]

① 요구조건 및 공격주체가 불명확한 경우가 많다.

② 테러조직이 여러 국가에 분산되어 있어 발본색원이 어렵다.

③ 불특정 집단에서 북한, 시리아 등 불특정 불량국가로 전환되었다.

④ 민간인, 기업인 등 테러의 대상이 확대되었다.

정답 ③

풀이 ③ 불특정 국가에서 불특정 집단으로 테러의 주체세력이 달라졌다.

912

뉴테러리즘에 대한 설명으로 틀린 것은? [2019년 기출]

① 국가, 민족, 종교를 초월해 조직원을 구성한다.

② 수장을 잡으면 자연스럽게 해체된다.

③ 기업인, 여행자 등 소프트 타겟(soft target)을 공격한다.

④ 요구조건이나 배후를 밝히지 않는 테러가 증가한다.

정답 ②

풀이 ② 테러단체는 소규모 점조직으로 구성돼 표면적으로 드러난 지도자를 제거해도 해체되지 않는다.

핵심정리 테러의 유형

1. 방법 기준

테러의 형태는 방법을 기준으로, 농산물 등 식품을 이용한 아그로 테러리즘, 즉 농·수산물 테러(Agro terrorism), 박테리아, 바이러스 등과 같은 세균을 이용한 바이오 테러리즘 즉, 생·화학 테러(Bioterrorism), 핵무기나 방사선 무기를 이용한 뉴클리어 테러리즘 또는 핵무기 테러(Nuclear terrorism)가 있다.

2. 이념적 기초와 사상

테러의 이념적 기초와 사상을 기준으로는, 기독교 테러(Christian terrorism), 공산주의 테러(Communist terrorism), 환경결정론자들에 의한 환경 테러(eco-terrorism), 이슬람 테러(Islamist terrorism, 또는 Islamic terrorism), 일국의 마약 정책을 바꾸려는 의도를 가진 마약단체 등에 의한 마약 테러(Narcoterrorism)도 있다.

3. 역사적 유형

(1) 적색테러(Red Terror)

① 적색테러는 일반적으로 극렬 공산주의자들에 의한 테러를 말한다. 역사적으로 1918년에서 1922년 사이에 소비에트 러시아의 혁명 공산주의 세력인 볼셰비키 공산혁명 세력에 의해 행해졌던 정적들에 대한 대규모 체포, 국외추방, 그리고 처형 등을 일컫는다.

② 그러한 억압은 사법적 절차 없이 KGB의 전신인 비밀경찰 체카에 의하여 무자비하게 행해졌다. 일부에서는 적색테러를 프랑스 혁명 자코뱅 당에 의한 마지막 6주 동안의 "공포의 정치(Reign of Terror)"를 지칭하는 용어로도 사용한다.

(2) 대(大)테러 또는 공포의 테러(Great Terror)

① 대테러 또는 공포의 테러는 1930년대 소비에트 공화국의 독재자 스탈린(Joseph Stalin)에 의해 자행된 정적들에 대한 무자비한 대규모 숙청과 처형 등 스탈린의 피의 억압통치기간 중에 자행된 테러를 지칭하는 말이다.

② 1937년과 1938년 사이에 비밀경찰조직 내무인민위원부(NKVD)에 의해 유치된 사람은 1,548,367명이었고 그 중 681,692명이 처형당했다. 수감자들이 사법절차 없이 갇혀 있던 비밀 수용소가 바로 굴락(Gulag)으로, 구 소비에트 공화국의 정치적 비밀수용소는 1973~76년 파리에서 출판된 솔제니친의 저서 "수용소 군도(Arkhipelag Gulag)"를 통해 서방에 널리 알려졌다.

(3) 백색테러(White Terror)

① 백색테러는 행위주체가 극우 또는 우익으로, 좌익에 의한 테러인 "적색테러"에 대항하는 테러를 말한다. 백색테러는 또한 혁명 그룹에 대한 역 테러의 형태로 급진 혁명세력 등의 억압에 대한 보수주의자들의 반발과 대응으로 행해지는 테러를 말하기도 한다. 프랑스 혁명 중인 1795년 급진 혁명파에 대한 왕당파의 대대적인 보복이 백색테러의 역사적 기원이다.

② 한편 20세기에 세계 도처에서는 공산세력의 발호를 방지하려고 사회주의자들과 공산주의자들에 대한 백색테러가 적지 않았다. 역사적으로 유명한 사건이 1927년 4월에 시작된 중국 내전 중 장개석이 이끄는 국민당 정부에 의한 공산주의자들과 그들의 동조세력 등에 대한 중국의 백색테러였다. 그 중에 "피의 이중십자가(Bloody Double Cross)" 또는 "상하이 대학살"로 불리는 상하이의 백색테러가 대표적이다.

(4) 흑색테러(Black Terror)

나치의 유대인 학살을 지칭한다. 무정부주의 테러를 의미하기도 한다.

913

프랑스 혁명 직후에 공포정치를 자행한 혁명정부에 대한 왕당파의 공격을 가리키는 말이기도 했는데, 현재는 우익에 의한 테러를 지칭하는 테러리즘(terrorism) 유형으로 옳은 것은?

① 백색 테러리즘
② 흑색 테러리즘
③ 적색 테러리즘
④ 청색 테러리즘

정답 ①

풀이 ① 백색은 프랑스 왕권의 표장이 흰 백합이었기 때문에 붙은 이름이었다.

핵심정리 전위조직과 자발적 협력자

1. 의의

테러조직의 운영 및 구성과 관련하여 테러조직의 전위 조직과 자생 테러원의 문제도 중요하다.

2. 전위조직

① 테러조직들은 자신들의 활동을 뒷받침하기 위하여 합법적인 조직을 갖추는 경우가 적지 않다. 그것이 테러단체의 전위조직이다.

② 테러의 전위조직은 실제로는 테러 단체를 지원하기 위한 것이라는 목적을 숨기면서 테러활동에 대한 합리적인 논리를 제공하거나 테러자금을 지원하는 역할을 한다.

③ 통상 수입 · 수출의 무역회사가 가장 애용되는 형태의 전위조직이다. 예컨대 1986년 소말리아에 세워진 회사인 전화 인터넷 서비스를 포함하여 연간 매출이 약 1억 4천만 달러에 달했던 알 바라카트(Al Barakaat)사와 사우디아라비아에 있는 국제자선기금(Benevolence International Foundation)은 알카에다 테러 조직에 자금을 송금하는 창구였다.

3. 외로운 늑대

(1) 의의

① 한편 오늘날 테러의 적발과 추적을 더욱 어렵게 하는 교란요인 중의 하나가 소위 테러조직에 대한 자발적 협력자들의 문제이다.

② 미국 관련법상 '외로운 늑대(lone-wolf)'로 알려진 이들 자생 테러원은 테러단체의 활동을 동경하여 편무적으로 테러조직의 활동을 지원하기 위해 자발적으로 협조하는 자들을 일컫는다.

(2) 특징

① 테러조직의 지휘체계와 무관하게 그들을 외곽에서 지원하는 이들 자생 테러분자들을 외로운 늑대, 유령 조직원(phantom cell), 무(無)지도자 저항자(Leaderless resistance) 또는 비밀조직 요원(covert cell) 등으로 호칭한다. 이들 자발적 테러동조자들은 수사기관에 검거되었을 때 "할 말이 없다(I have nothing to say)."라는, 오직 5단어만을 말한다고 한다.

② 미국의 정보 · 수사당국은 족적을 추적하기가 난감한 이러한 자생 테러 동조세력들인 외로운 늑대들을 기존의 정규 테러조직원들보다 더 심각한 위협요소로 보고 있다. 미국은 현재 애국법에 의해 자생 테러원들도 테러분자에 준하여 처벌할 수 있도록 입법조치를 했다.

(3) 제임스 맥베이(Timothy James McVeigh)

168명의 목숨을 앗아가고 약 80명의 부상자를 만들었던 1995년 4월 19일의 오클라호마 폭탄 테러를 실행한 제임스 맥베이(Timothy James McVeigh)가 대표적인 외로운 늑대였다.

914

테러에 대한 설명으로 틀린 것은?

① 테러는 '끔찍한', '단념하게 하는', '대혼란'이라는 의미를 지닌 "테르(TER)"에서 유래한 말로, 발생한 사건의 다음 단계에서는 무엇이 일어날지 모르는 것에 기인하는 점증하는 불안과 공포를 뜻한다.

② 테러리즘은 어떤 정치적 목적을 달성하기 위해 직접적인 공포수단을 이용하는 주의나 정책을 말하고, 테러리스트는 테러리즘을 자행하는 조직이나 개인을 일컫는다.

③ 미국에서 20년간 은밀하게 문명과 첨단 과학기술의 상징인 대학 · 항공사를 대상으로 우편폭탄 테러를 자행하다 1996년 체포된 제임스 맥베이(Timothy James McVeigh)가 대표적 인물이다.

④ 테러의 발생빈도, 위협횟수, 테러위협의 직접 상대방 여부, 정책을 공유하는 우방국에 대한 테러위협 정도, 대외정책의 테러에 대한 위험도 등을 측정한 산술적인 자료는 테러라는 초국가적 안보위협에 대한 논의의 출발점이다.

정답 ③

풀이 ③ 미국에서 20년간 은밀하게 문명과 첨단 과학기술의 상징인 대학 · 항공사를 대상으로 우편폭탄 테러를 자행하다 1996년 체포된 인물은 카진스키이다. 카진스키는 유너바머(UNA Bomber)라고 불리는데 유너(UNA)는 University와 Airline을 합성하여 언론에서 붙인 명칭이다. 참고로 제임스 맥베이(Timothy James McVeigh)는 168명의 목숨을 앗아가고 약 80명의 부상자를 만들었던 1995년 4월 19일의 오클라호마 폭탄 테러를 저질렀다.

핵심정리 정치사상으로서의 허무주의

니힐리스트들은 유물론자로서 모든 종교, 미신, 형이상학 등 물질적 현실에 기반하지 않은 무언가, 과학으로 분석되지 않은 것, 실질적인 유용성을 가지지 않은 것을 부정했다. 한편으로 개인주의자로서 그들은 완전한 개인의 자유를 위하여 모든 족쇄, 의무, 그리고 가족, 사회, 관습, 규범, 신앙 등의 개인에게 부과된 전통을 부정했다. 이런 입장들이 니힐리즘의 가장 근본적인 사상이었고, 이 니힐리즘은 개인의 완전한 자유라는 신성한 권리와 불가침한 사생활을 옹호했다. 네차예프는 새로운 세계를 창조하기 위해서는 구체제를 완전히 말소해야 한다고 주장했다.

915

다음 테러리즘 중 성격이 다른 것은? [2010년 기출]

① 맑스주의 ② 무정부주의
③ 민족주의 ④ 허무주의

정답 ③
풀이 ③ 맑스주의, 무정부주의, 허무주의는 정치체제의 변화에 대한 주장을 관철하기 위한 테러이다.

핵심정리 예방적 선제공격이론(Preemptive doctrine)

(1) 의의
부시 독트린으로 2003년 이라크와의 전쟁에 대한 이론적 근거이다. 부시대통령은 2001년 9월 11일 테러 공격 이후, '미국은 향후 테러공격을 직접 자행한 테러조직과 테러조직을 지원한 국가들을 구별하지 않고 동등하게 취급하겠다. 지구상 모든 나라들은 테러조직들과 함께할 것인지, 미국과 함께 갈 것인지를 결정해야 한다.'라고 강력한 대응을 공표했다. 이처럼 선제공격은 적대세력의 공격이 임박했음을 나타내는 부인할 수 없는 증거나, 예상에 근거하여 그 공격을 사전에 봉쇄하기 위한 한발 앞선 선제적인 공격을 의미한다.

(2) 예방공격과 선제공격
예방공격은 적대세력의 침공이 임박하지는 않지만 침공을 당했을 경우에는 심대한 타격이 예상된다는 판단에 의해 예방적인 차원에서 미리 공격을 하는 것을 말한다. 임박한 상대의 공격에 대한 선제공격은 일반적인 예방공격과는 구분된다. 그러나 국제 정치학적으로는 선제공격과 예방공격이 모두 일방주의(unilateralism) 또는 제국주의적 과잉대응이라는 비난이 있다. 선제공격의 국제법적 인정여부에 대하여는 논란이 있고 미국 부시행정부는 국제법적인 정당성을 주장하고 실천한 것이다.

(3) 판례
① 2003년 2월 일단의 군인들과 의회의원들은 부시 대통령을 상대로 부시행정부가 선제공격 이론에 기초하여 이라크와의 전쟁을 수행하려고 하는 것을 금지하는 소송을 제기했다. 원고들은 부시 행정부의 이라크 전쟁 준비는 침략전쟁(offensive war)으로 위헌이라고 주장했다.

② 법원은 이라크와의 전쟁이 아직 시작되지도 않았고, 전쟁이 다른 해결방법으로 진전될 수도 있으며, UN의 무력사용 결의 등도 있을 수 있다는 점 등 다른 정황을 근거로 하여, 현 상황에서 법적 판단을 할 정도로 사안이 성숙하지 않았다면서, 사건의 성숙이론(ripeness grounds)을 이유로 원고들의 청구를 배척했다.

916

예방적 선제공격(preemption) 이론에 대한 설명으로 틀린 것은? [2016년 기출]

① 테러의 사후처리는 의미가 없기 때문에 테러리스트를 사전에 공격해야 한다는 논리이다.

② 1967년 이스라엘이 이집트와 시리아를 선제공격한 것은 예방적 공격이었다.

③ 예방적 전쟁은 약소국이 강대국을 기습할 수 있는 전쟁논리이다.

④ 아테네가 스파르타를 선제공격한 펠레폰네소스전쟁은 예방적 선제공격이었다.

정답 ③

풀이 ③ 예방적 전쟁은 강대국이 약소국을 상대로 전쟁을 시도하는 논리 중 하나다. 특히 이스라엘이 팔레스타인 지역에 대한 공격, 미국이 아프가니스탄 및 중동 지역에서 테러리스트공격 등을 정당화하는 논리로 자리 매김하고 있다.

핵심정리 테러단체 지정

(1) 의의

① 미국 국무부는 이민 및 국적법에 근거하여 이민법의 목적 달성 등을 위하여 법무부 장관과의 협의 또는 요청에 의해 테러단체를 지정할 권한을 가지고 있다. 이에 의거하여 국무부는 현재 테러추방목록(Terrorist Exclusion List, TEL)을 작성하여 관리한다.

② 국무부의 테러추방 목록에 따라서 국토안보부는 특별한 형사처벌 문제가 개재되어 있지 않다고 하는 경우에도 테러 단체로 지정된 단체들과 교류가 있는 사람들에 대하여는 그 사실만으로도 입국을 거부하거나 사후 적발자에 대한 추방을 할 수 있는 권한을 가지고 있다.

(2) 테러단체 지정 기준

미국 국무부는 어떤 조직이 ① 죽음 또는 심각한 신체적인 상해를 초래하는 의도를 나타내는 상황 아래에서의 폭력적 테러행동을 실제로 행하거나, 또는 그를 선동하거나 ② 테러활동을 준비 또는 계획하거나 ③ 테러활동의 잠재적 목표물에 대한 정보를 수집하거나 ④ 테러활동을 용이하게 하기 위해 물질적 지원을 한 사실이 인정되면 테러단체로 지정할 수 있다.

(3) 테러단체 지정 절차

① 국무부 장관은 법무부 장관과 협의하여, 또는 법무부 장관의 요청을 받아 전 항 기재의 요건이 있는 단체를 테러단체로 지정하게 된다.

② 그래서 테러단체를 지정할 필요성이 발생하면, 국무부는 법무부 그리고 정보공동체와 긴밀하게 협력하여 공개 또는 비공개된 모든 정보를 활용하여 법적 요건에 맞춘 상세한 행정기록을 작성한다.

③ 완성된 행정기록은 국무부 장관에게 보고되고 국무부 장관의 결정에 의해 테러단체로 지정된다. 지정 사실은 연방관보에 고지된다.

(4) 테러단체 지정의 효과

① 「이민 및 국적법」에 의한 테러단체 지정의 효과는 무시무시(dire)하다는 평가를 받는다. 미국 내의 자산동결은 기본적이고 지정된 테러 단체를 지원했거나 또는 그 일원으로 활동한 개인에 대해서는 기한 없이 미국 입국이 거부되고, 이미 입국한 사람은 추방된다. 그러한 조치에 대하여는 난민신청은 물론이고 사법적인 구제도 제한된다.

② 미국 시민은 어떠한 명목으로라도 국무부가 지정한 테러단체에 기부금 또는 기여금을 제공할 수 없다. 테러로 지정된 단체에 대해서는 수사 · 정보기구에 의하여 특별하게 강화된 감시를 행할 수 있고 다른 국가기관에도 테러지정 사실을 통보하게 되며, 테러지정 단체를 고립화하는 조치가 행해지게 된다.

핵심정리 **테러지원국(State Sponsors of Terrorism)**

(1) 의의

미 국무부는 79년부터 「수출통제법(Export Administration Act of 1979)」에 의거 매년 정기 또는 수시로, 테러를 사주 · 지원 · 방조하거나 은신처 · 병참 · 정보 제공 등의 행위를 하는 국가를 테러지원국으로 지정한다.

(2) 테러지원국으로 지정될 경우

① 「수출통제법」 · 「적성국교역법」 · 「대외원조법」 · 「종합테러방지법」 등이 적용된다.

② 무기 · 이중용도 품목 수출금지, 경제원조 · 미 수출입은행 보증 · 최혜국 대우 · 일반특혜관세 부여 · 국제 금융기관의 차관제공 금지 등 군사 · 경제 · 외교분야의 각종 제재를 부과한다.

③ 테러지원국 해제는 대통령이 하도록 되어있으며 최근 6개월간 국제테러 개입 · 지원 사실이 없었다는 점을 입증할 경우 규제해제를 검토할 수 있다.

④ 현재 테러지원국으로 지정된 국가는 시리아, 이란, 북한, 쿠바이다. 특히 시리아는 1979년 12월 29일 최초로 지정되고 단 한 번도 제명된 적이 없다.

핵심정리 **대테러 비협조국**

(1) 「종합테러방지법(Anti-terrorism and Effective Death Penalty Act of 1996)」은 미국의 대테러 노력에 협조하지 않는 국가를 대테러 비협조국(non−cooperative countries with US anti−terrorism efforts)으로 지정하여, 매년 5월 15일까지 의회에 통보하도록 규정하고 있다.

(2) 대테러 비협조국으로 지정될 경우에는 이중용도 품목 등 군수품 및 군수서비스에 대한 수출만 제한되나 대통령이 국익을 위해 필요하다고 판단하면 수출제재 면제가 가능하다.

917

예방적 선제공격이론에 대한 설명으로 틀린 것은?

① 부시 독트린은 예방적 선제공격 이론에 기초하고 있다.

② 예방적 선제공격이론에 대해서는 일방주의 또는 제국주의적 과잉대응이라는 비난이 있다.

③ 선제공격은 적대세력의 침공이 임박하지는 않지만 침공을 당했을 경우에는 심대한 타격이 예상된다는 판단에 의해 미리 공격을 하는 것을 말한다.

④ 법원은 사건의 성숙이론(ripeness grounds)을 이유로 이라크 전쟁 준비는 침략 전쟁으로 위헌이라며 전쟁 수행 금지에 대한 청구를 배척하였다.

정답 ③

풀이 ③ 예방공격은 적대세력의 침공이 임박하지는 않지만 침공을 당했을 경우에는 심대한 타격이 예상된다는 판단에 의해 예방적인 차원에서 미리 공격을 하는 것을 말한다. 임박한 상대의 공격에 대한 선제공격은 일반적인 예방공격과는 구분된다.

918

미국의 테러단체 지정에 대한 설명으로 틀린 것은?

① 국무부는 「자유법」에 근거하여 테러단체를 지정할 권한을 가지고 있다.
② 국무부는 현재 테러 추방 목록(Terrorist Exclusion List, TEL)을 작성하여 관리한다.
③ 법무부는 특별한 형사 문제가 없는 경우에도 테러 단체로 지정된 단체들과 교류가 있는 사람들에 대하여는 입국을 거부할 수 있는 권한을 가지고 있다
④ 국무부는 법무부와 정보공동체 등 관계 기관과 긴밀하게 협력하여 공개 또는 비공개된 모든 정보를 활용하여 법적 요건에 맞춘 상세한 행정기록을 작성한다.

정답 ③

풀이 국무부의 테러추방 목록에 따라서 국토안보부는 특별한 형사처벌 문제가 개재되어 있지 않다고 하는 경우에도 테러 단체로 지정된 단체들과 교류가 있는 사람들에 대하여는 그 사실만으로도 입국을 거부하거나 사후 적발자에 대한 추방을 할 수 있는 권한을 가지고 있다.

919

미국의 테러단체 지정 절차에 대한 설명으로 틀린 것은?

① 국무부장관은 재무부장관, 법무부장관과 협의하여 테러단체를 지정할 수 있다.(「미국 자유법」)
② 국무부장관은 외국인 단체에 대해서만 테러단체로 지정할 수 있다.(「미국 자유법」)
③ 재무부장관은 국무부장관, 법무부장관과 협의하여 테러단체를 지정할 수 있다.(「행정명령 13224호」)
④ 재무부장관은 국무부장관, 법무부장관과 협의하여 테러단체 조직원의 자산을 동결하거나 지정할 수 있다.(「미국 자유법」)

정답 ③

풀이 ③ 테러단체를 지정할 수 있는 권한과 테러단체로 지정된 단체에게 조치를 취할 수 있는 권한은 다른 것이다. 미국에서 테러단체를 지정할 수 있는 권한은 국무부장관만이 가진다.

920

다음 중 테러리즘(terrorism)에 대한 설명으로 잘못된 것은?

① 테러에 대한 개념 정의는 본질적으로 논쟁적으로, 미 육군의 테러 연구에 따르면 테러에 대한 개념정의는 약 109개에 달하고, 테러를 정의하기 위해 요구되는 공통된 개념 요소는 약 22개에 달한다고 한다.

② 대표적인 국제 테러조직의 대명사로 지목되고 있는 알카에다(Al Qaeda) 조직은 자신들은 자유의 투사이고 역으로 미국을 테러의 원흉으로 보고 있다. 이에 혹자는 '한 국가의 테러분자는 다른 국가에게는 평화의 전사'라고 말한다.

③ 테러범죄와 일반범죄의 가장 커다란 차이는 피해자와 목표물의 불일치로 테러의 피해자는 민간인이나 비전투원이다. 이처럼 테러는 무고한 일반시민들은 '더러운 존재(corrupt being)'로 테러조직의 목적달성을 위해 정조준 된다.

④ 그 논쟁적인 성격 때문에 미국은 국가정보장(DNI) 산하에 국가테러대응센터(NCTC)를 설치했고, 국제테러조직 지정도 국가정보장(DNI)이 관장한다.

정답 ④

풀이 ④ 미국 국무부는 「이민 및 국적법」에 근거하여 「이민법」의 목적 달성 등을 위하여 법무부장관과의 협의 또는 요청에 의해 테러단체를 시성할 권한을 가지고 있다. 이에 의거하여 국무부는 현재 테러추방목록(Terrorist Exclusion List, TEL)을 작성하여 관리한다.

921

미국의 테러단체 및 테러지원국 지정에 대한 설명으로 틀린 것은?

① 미국은 자국의 대테러 노력에 협조하지 않는 국가를 테러지원국으로 지정한다.

② 국토안보부는 범죄를 범하지 않은 경우에도 테러 단체로 지정된 단체들과 교류가 있다는 사실만으로도 입국을 거부할 수 있다.

③ 국무부 장관은 법무부 장관과 협의하여, 또는 법무부장관의 요청을 받아 전 항 기재의 요건이 있는 단체를 테러단체로 지정하게 된다.

④ 테러지원국 해제는 대통령이 하도록 되어있으며 최근 6개월간 국제테러 개입 · 지원 사실이 없었다는 점을 입증할 경우 규제해제를 검토한다.

정답 ①

풀이 ① 대테러 비협조국에 대한 설명이다. 테러지원국은 테러를 사주 · 지원 · 방조하거나 은신처 · 병참 · 정보제공 등의 행위를 하는 국가이다.

922

테러에 대한 미국의 대응으로 틀린 것은?

① 미국은 국가정보장(DNI)이 테러 단체를 지정한다.

② 테러문제 최고 실무기구로 국가테러대응센터(NCTC)가 창설되었다.

③ 국가테러대응센터(NCTC)는 CIA가 아닌 DNI 산하에 설치되어 있다.

④ 국가테러대응센터는 대통령, 국토안보위원회(Homeland Security Council), 그리고 국가안보회의(NSC)의 지시를 받는다.

정답 ①

풀이 ① 미국 국무부는 「이민 및 국적법」에 근거하여 「이민법」의 목적 달성 등을 위하여 법무부장관과의 협의 또는 요청에 의해 테러단체를 지정할 권한을 가지고 있다. 이에 의거하여 국무부는 현재 테러추방목록(Terrorist Exclusion List, TEL)을 작성하여 관리한다.

923

테러지원국으로 틀린 것은? [2023년 기출]

① 북한

② 수단

③ 이란

④ 시리아

정답 ②

풀이 ② 현재 테러지원국으로 지정된 국가는 시리아, 이란, 북한, 쿠바이다. 특히 시리아는 1979년 12월 29일 최초로 지정되고 단 한 번도 제명된 적이 없다.

핵심정리 대량살상무기확산안전조치(Proliferation Security Initiatives)

(1) 의의

2003년 5월 31일 부시대통령은 대량살상무기확산안전조치(PSI, 이하 안전 조치)를 선포했다. 안전조치는 11개 선진국이 합의하여 국제거래가 금지된 무기와 기술을 선적한 것으로 의심되는 선박을 비롯하여 항공, 육상교통에 대하여 회원국이 임의로 정선을 명하고 수색할 수 있는 국제협력체제를 말한다.

(2) 국제협약의 내용과 칸 네트워크의 적발

국제협약인 대량살상무기확산 안전조치는 회원 국가들에게 의심받는 수송수단의 정지를 명하고, 운송수단에 탑승하여 운송물을 검색하고 불법 운송물을 압수할 수 있는 광범위한 권한을 부여하고 있다. 칸-네트워크를 적발하게 된 2003년 가을, 리비아로 향하던 원심분리기 등이 선적된 BBC China호에 대한 정보를 미국으로부터 제공받은 이탈리아 당국이 운항을 정지시키고 수색하여, 선적물을 압수한 것은 위 안전조치(PSI)에 의한 결과였다.

(3) PSI 체결에 대한 국가정보기구의 역할

부시 대통령의 대량살상무기확산안전조치(PSI) 정책은 정보공동체의 정확한 정보판단에 따라서 정보공동체가 국제협약의 필요성을 제기하고, 그것이 국제적 협약으로 성립된 것으로서 정보가 정책에 기여한 대표적인 사례이다. 미국은 칸-네트워크에 대한 정보활동을 전개하며 동시에 국제적으로 칸네트워크를 저지할 수 있는 국제협력체계를 구축했던 것이다.

924

다음 중 대량살상무기확산안전조치(Proliferation Security Initiatives)에 대한 설명으로 잘못된 것은?

① 대량살상무기확산안전조치(PSI)는 미국의 주도로 11개 선진국이 합의하여 국제거래가 금지된 무기와 기술을 선적한 것으로 의심되는 선박을 비롯하여 항공, 육상교통에 대하여 회원국이 정선을 명하고 수색할 수 있는 국제협력 체제를 말한다.

② 부시 행정부의 국무부 등 정책공동체의 자체 판단에 따라서 국제적 협약으로 성립된 것으로서 정보공동체의 역할은 국제협약 성립 후에 사후적으로 기대되었다.

③ 2004년 안전보장이사회는 강제성 있는 결의로 회원국들에게 테러단체 등 비국가조직에 대한 대량살상무기확산을 범죄화하여, UN 회원국들은 국내 입법으로 형사 처벌규정을 마련하고 효율적인 수출통제 절차를 구축할 것을 촉구했다.

④ 대한민국 정부는 2009년 5월 25일 북한의 제2차 핵무기 실험 이후에 비로소 PSI에 전면적으로 참여하기로 했다.

정답 ②

풀이 ② 부시 대통령의 대량살상무기확산안전조치(PSI) 정책은 정보공동체의 정확한 정보판단에 따라서 정보공동체가 국제협약의 필요성을 제기하고, 그것이 국제적 협약으로 성립된 것으로서 정보가 정책에 기여한 대표적인 사례이다.

핵심정리 변칙인도

(1) 변칙인도(irregular rendition) 또는 비상인도(extraordinary rendition)는 테러용의자 조사를 위한 기법이다. 세계 도처에서 체포된 테러 용의자 등을 헌법상 고문 등이 금지된 국내로 바로 이송하지 않고, 고문이 허용되는 국가로 일단 인도하여, 고문을 통해 테러에 대한 정보를 획득하는 방편이다.

(2) 전직 CIA 요원이었던 로버트 바이어(Robert Baer)는 "테러용의자에 대하여 중요한 심문을 원하면 요르단으로, 고문을 원하면 시리아로, 다시 보고 싶지 않으면 이집트로 보내라.'라고 변칙인도의 실상을 묘사했다.

(3) 휴먼 라이츠워치는 변칙인도는 고문의 외주발주, 즉 "아웃소싱(outsourcing of torture)"이라고 지적했다. 국제사면위원회(Amnesty International)도 변칙인도는 국제법과 미국 국내법 규정에 위배된 불법행위라고 금지를 요청했다.

925

전직 CIA 요원이었던 로버트 바이어(Robert Baer)가 말한 "테러용의자에 대하여 중요한 심문을 원하면 요르단으로, 고문을 원하면 시리아로, 다시 보고 싶지 않으면 이집트로 보내라."는 문장과 관련이 있는 용어로 옳은 것은?

① 외로운 늑대(lone-wolf)
② 변칙인도(irregular rendition)
③ 적색테러(Red Terror)
④ 선제공격론

정답 ②

풀이 ② 테러 용의자 조사를 위한 새로운 기법을 묘사한 문장으로, 세계 도처에서 체포된 테러 용의자 등을, 헌법상 고문 등이 금지된 국내로 바로 이송하지 않고, 고문이 허용되는 국가로 일단 인도하여 고문을 통해 테러에 대한 정보를 획득하는 방법을 말한다.

926

전직 CIA 요원이었던 로버트 바이어(Robert Baer)가 말한 "테러용의자에 대하여 중요한 심문을 원하면 요르단으로, 고문을 원하면 시리아로, 다시 보고 싶지 않으면 이집트로 보내라."는 문장과 관련이 있는 용어들의 묶음은?

① 유령 조직원(phantom cell)
② 비상인도(extraordinary rendition)
③ 백색테러(White Terror)
④ 할 말이 없다(I have nothing to say).

정답 ②

풀이 ② 테러용의자 조사를 위한 새로운 기법을 묘사한 문장으로 세계 도처에서 체포된 테러 용의자 등을, 헌법상 고문 등이 금지된 국내로 바로 이송하지 않고, 고문이 허용되는 국가로 일단 인도하여 고문을 통해 테러에 대한 정보를 획득하는 방법을 말한다.

핵심정리 인질사건에서의 심리동화 현상

(1) 리마 증후군(Lima Syndrome)
① 인질범이 피인질자에게 정신적으로 동화되는 현상이다.
② 인질범은 시간이 지날수록 인질에게 호의를 가지게 된다.
③ 페루 일본대사관에 침입했던 투팍아마르 소속 게릴라 사건에서 유래하였다.

(2) 스톡홀름 증후군(Stockholm Syndrome)
① 피인질자들이 인질범의 정서에 감화되는 현상이다.
② 시간이 지날수록 인질들이 테러리스트들을 이해하고 옹호하게 된다.
③ 스톡홀름 은행인질 사건에서 유래하였다.

(3) 런던 증후군(London Syndrome)
통역가나 협상가가 인질범이나 인질의 생존을 자신의 직접적인 문제와 동일시하면서 협상단계에 문제를 일으키는 현상이다.

927

인질과 범인 간에 나타나는 심리적 현상에 대한 설명으로 틀린 것은?

① 스톡홀름 승후군은 테러범에 의해 피랍된 인질이 오히려 테러범을 이해하고 감정적으로 동화되는 현상이다.
② 리마 증후군은 테러범이 인질의 고통과 어려움을 이해하고 인질들과 감정적으로 동화되는 현상이다.
③ 런던 증후군은 테러범이 귀찮게 하는 인질을 먼저 살해하는 현상이다.
④ 현행사건 증후군은 테러범과 인질들이 장기적인 추세를 인지하는 능력이 떨어지고 현재 벌어지고 있는 상황에 매몰되는 현상이다.

정답 ④

풀이 ④ 현행사건 증후군은 인질과 범인 간에 나타나는 심리적 현상이 아니라 정보분석의 특성과 정보분석과정에서 발생하는 현상이다. CIA 정보분석국(Directorate of Intelligence, DI)을 담당한 상원 처치 위원회(Church Committee)의 어느 보고서는, CIA가 현용정보 분석 업무에 너무 집중하는 것을 현행사건 증후군(Current Events Syndrome)이라고 말하며 문제의 심각성을 지적했다. 이러한 현행사건 증후군은 국가정보기구가 국가 위기경보를 발하는 업무와 장기적인 추세를 인지하는 능력에 대해서는 질적으로 부정적인 영향을 미쳤다고 한다. 현행사건 증후군에 매몰된 정보관계자들은 속성적으로 가장 최신의 단편적인 첩보에만 집착해서 정책담당자들의 관심을 끌 만한 정보생산에만 매진하고 정책입안자들의 관심을 크게 끌지 못하는 장기예측정보 생산을 소홀히 할 수 있다.

928

스톡홀름 증후군에 대한 설명으로 옳은 것은?

① 인질범이 인질에게 동화되는 현상
② 인질이 인질범에게 동화되는 현상
③ 인질이 인질범에 대해 적대감을 갖는 현상
④ 인질범이 인질에 대해 적개심을 표출하는 현상

정답 ②
풀이 ② 스톡홀름 증후군은 인질이 인질범에게 동화되는 현상이다.

929

(가)~(다)에 해당하는 신드롬으로 옳은 것은? [2022년 기출]

(가) 인질이 인질범에 동화되는 것
(나) 인질범이 인질에 동화되는 것
(다) 인질이 인질범에 반항하는 것

	(가)	(나)	(나)
①	런던 증후군	리마 증후군	스톡홀름 증후군
②	런던 증후군	스톡홀름 증후군	리마 증후군
③	스톡홀름 증후군	런던 증후군	리마 증후군
④	스톡홀름 증후군	리마 증후군	런던 증후군

정답 ④
풀이 ④ (가)는 스톡홀름 증후군, (나)는 리마 증후군, (다)는 런던 증후군에 대한 설명이다.

930

테러사건에 발생하는 감정의 전이현상으로 테러범이 인질의 문화를 학습하거나 동화되는 현상으로 옳은 것은? [2016년 기출]

① 리마 증후군 ② 스톡홀름 증후군

③ 런던 증후군 ④ 스탕달 증후군

정답 ①

풀이 ① 리마 증후군은 1996년 페루 수도 리마에서 발생한 일본 대사관 점거사건에서 나타났다. 스탕달 증후군은 자아상실로 인한 정서혼란상태를 말하며 상대적 박탈감에서 일어난다.

핵심정리 미국의 대테러부대

1. 의의

① 미국은 민병대 소집법에 의거 미 육군과 공군을 영토 내 치안 방위에 투입할 수 없어서 군(국방부) 소속 부대들은 대부분 국외 대테러 작전을 담당한다.

② 국내 대테러 작전은 각 지역/주 경찰국 또는 법무부, 국토안보부 산하 사법집행기관들에 편제된 대테러 부대가 담당한다.

2. 국방부

(1) 육군

① 제1특전단 델타작전분견대

제1특전단 델타작전분견대(1st Special Forces Operational Detachment-Delta, 1SFOD-Delta)는 합동특수작전사령부(JSOC)의 지휘를 직접 받고 일명 '델타 포스(Delta Force)'로 불린다. 그러나 델타 포스의 공식적인 부대 이름은 존재하지 않으며 현재 불리는 명칭은 철저히 군의 최고 기밀사항이다.

② 제1특전사령부

제1특전사령부(1st Special Forces Command, Airborne)는 미국 통합특수작전사령부(United States Special Operations Command) 예하의 육군 특수작전사령부(Army Special Operations Command)소속으로, 일명 '그린베레(Green Berets)'라로 불린다.

(2) 해군

① 해군특수전개발단

해군특수전개발단(Naval Special Warfare DEVelopment GRoUp, DEVGRU)은 합동특수작전사령부(JSOC)의 지휘를 직접 받는다.

② 해군특전단(Naval Special Warfare Group)

해군특전단(Naval Special Warfare Group)은 합동특수작전사령부(JSOC)의 지휘를 직접 받고 일명 '네이비 씰(Navy SEALs)'로 불린다.

(3) 공군의 제24특수전술대대

제24특수전술대대(24th Special Tactics Squadron, 24STS)는 합동특수작전사령부(JSOC)의 지휘를 직접 받는다.

(4) 해병대의 해병레이더연대

해병레이더연대(Marine Raider Regiment)는 해병특수전사령부(MARSOC) 산하의 특수전 연대로 일명 '레이더스(Raiders)'로 불린다.

(5) 기타

각 군 헌병 SRT(Special Reaction Team)을 운영한다.

3. 각 지역/주 경찰국

① SWAT(Special Weapons Assault Team)는 각 지역/주 수준에서 강력 범죄에 대응하는 특수임무팀이다.

② 특히 경찰 대테러 부대의 효시가 바로 로스앤젤레스 경찰국(LAPD)의 SWAT이며, 총기 소유가 합법인 미국 특성상 압도적으로 풍부한 실전 경험을 바탕으로 국내외 대테러 부대에 큰 영향을 미치고 있다.

4. 중앙정보국(CIA)

CIA SAD/SOG(CIA Special Activities Center/Special Operation Group)은 이름 그대로 CIA의 특수활동부 특수작전그룹이다.

931

다음 설명에 해당하는 미국의 군사조직으로 대테러임무도 수행하는 조직은?

- 1977년 창설되었으며, 인질구출 및 테러진압작전을 수행한다.
- 미 합동특수작전 사령부 소속으로 기밀 유지를 위해 정확한 부대명칭은 수시로 변경된다.

① SEAL Team ② Delta Force

③ Green Berets ④ SWAT(Special Weapons And Tactics)

정답 ②

풀이 ② Delta Force에 대한 설명이다.

핵심정리 주요 테러 단체

(1) 아부 니달(ANO)

1974년 팔레스타인해방기구(PLO)에서 분리되었으며, 1985년 로마 비엔나공항 테러사건 등을 수행하였다.

(2) 옴진리교

1987년 일본인 아사하라 쇼코가 창설한 종교단체이며, 1995년 일본 동경 지하철에 신경가스의 일종인 사린가스를 살포하였다.

(3) 자유조국바스크(ETA)

1959년 결성된, 스페인 북부 바스크지방 분리 독립을 목표로 한 무장단체로 스페인 내에서 정부를 상대로 각종 테러활동을 하고 있다.

(4) 하마스(HAMAS)

1987년 결성된 팔레스타인 무장단체로서, 하마스란 '이슬람저항운동'이라는 아랍어의 첫 머리글자에서 따 온 것이다. 2006년 1월 팔레스타인 총선에서 다수당이 되어 팔레스타인 자치정부의 집권당이 되면서 합법적인 정당으로 탈바꿈하고 있다.

(5) 헤즈볼라(Hezbollah)

1980년 레바논에서 조직된 시아파 과격단체로 이스라엘의 점령지인 가자 등에서 무장활동을 하고 있다. 시리아와 이란이 무기 공급, 군사훈련, 공작금 등 배후지원을 하고 있는 것으로 파악되고 있다. 헤즈볼라가 이스라엘 병사 2명을 납치한 것에 대한 보복으로, 2006년 7월 13일 이스라엘 육군이 탱크를 이용하여 레바논의 도시를 공격하였다.

(6) 팔레스타인 인민해방전선

1967년 하반기에 아랍 민족주의자들을 중심으로 건립된 팔레스타인 해방 인민 전선은 1970년대에 들어서 마르크스-레닌주의를 표방하였고, 세속주의적, 탈이슬람적 색깔로 바뀌었다.

(7) 적군파(Japanese Red Army)

1969년 일본에서 공산주의를 신봉하는 젊은 지식인들로 결성된 단체로 1970년 하네다 공항을 출발, 일본 후쿠오카로 향하던 일본항공(JAL) 여객기를 납치하여 북한으로 간 '요도호 사건'으로 세상에 알려졌다. 1972년부터 팔레스타인 인민해방전선(PEEP)과 유대를 맺고, 1972년 이스라엘 텔아비브공항 습격사건, 1974년 쿠웨이트 일본대사관 점거사건, 헤이그 프랑스대사관 습격사건 등을 일으켰다. 2001년 5월 결성 30년 만에 조직을 공식적으로 해체하고 합법단체로 거듭날 것을 선언했다.

(8) 쿠르드 노동자당(PKK, Partiya Karkeren Kurdistan)

1978년 터키의 소수민족인 쿠르드족에 의해 구성된 좌익단체로 쿠르드 자치정부 설립을 목표로 터키와 이란, 이라크에서 무장투쟁을 하고 있다.

(9) 타밀엘람해방 타이거스(LTTE, Liberation Tigers of Tamil Eelan)

1976년 스리랑카에서 설립된 타밀 무장단체로는 제일 규모가 큰 것으로 알려져 있다. 스리랑카 북부 타밀족의 자치정부 설립과 독립을 위하여 각종 폭탄테러 및 주민살해 등의 테러활동을 하였다. 그러나 2009년 5월 반군지도자가 피살되었고 반군은 모두 항복하여 내전이 종식되었다.

(10) 알카에다(Al-Qaeda)

1988년 사우디아라비아 왕족 출신인 오사마 빈 라덴이 설립한 이슬람 무장단체로, 미국과의 성전이라는 이름으로 중동과 세계 각지에서 폭탄테러를 감행하고 있다. 2001년 9/11테러를 주도한 배후세력으로 알려졌다. 대테러전으로 수행된 같은 해의 영국의 아프가니스탄 침공으로 그 때까지 자신들이 비호하던 아프가니스탄의 탈레반 정권이 타도되어 크게 타격을 입었다. 테러요원 양성캠프가 있다는 이유로 아프간 탈레반정부에 대한 미군의 공격으로 탈레반 정부가 붕괴되기도 하였다.

(11) 이슬람국가(Islamic State)

2006년 급진 수니파 무장단체로 아부 바크로 알바그다디가 지도자이다. 2014년부터 이라크와 시리아를 중심으로 세력을 확장했지만, 미군의 대대적인 토벌작전으로 수도였던 2017년 10월 시리아의 락까가 함락된 이후 괴멸됐다. 하지만 여전히 추종세력들이 유럽과 중동 지역에서 테러행위를 자행하고 있다.

(12) 보코하람(Boko Haram)

나이지리아에서 생겨난 이슬람 극단주의 테러 조직이자 이슬람계 사이비 종교이다. 소말리아에 있는 알 샤바브와 더불어 아프리카의 '탈레반'이라고 불린다. 실제로 탈레반 및 알 카에다와도 우호적으로 서로 교류를 나누고 있다고 한다. 보코 하람은 "서양식 교육은 죄악"이라는 뜻이 된다. 이름에서부터 알 수 있듯이 서양 및 다른 대륙의 교육과 비이슬람 교육, 타 종교 문화들은 철저히 거부한다. 또한 이들은 서구 교육뿐만 아니라 거의 모든 근대 과학이나 기술도 반대한다.

(13) 약속의 날 여단

약속의 날 여단 또는 무카위문은 시아파 무장단체로 이라크에서 활동하던 반군이었다.

⑭ 알샤바브

소말리아와 케냐의 이슬람계 사이비 종교이자 이슬람 극단주의 성향의 무장단체이다. 2006년 이슬람 법정 연맹(ICU)이 붕괴되자 이 중에서도 극단적인 세력이 떨어져 나와 세워졌으며, 소말리아 남부를 점령하고 샤리아 법에 근거한 극단적인 통치를 하고 있다.

⑮ 탈레반

파슈토어로 '학생들'이라는 의미로 탈레반 조직은 파키스탄 북부 및 아프가니스탄 남부 파슈툰족 거주 지역에 산재한 이슬람 신학교의 교육 체계를 이수한 신학생들이 아프가니스탄의 내전을 무력으로 종식시키고 자신들의 단체 이름을 '학생들'이라는 의미인 '탈레반'으로 명명했기 때문이다.

핵심정리 관련 이슬람 용어

(1) 이슬람 원리주의(Islamic fundamentalism)

① 이슬람 사회가 서양사회에 예속된 원인이 이슬람교의 타락에 있다고 주장하며 코란에 충실했던 이슬람교 초창기의 순결하고 엄격한 도덕으로 되돌아 갈 것을 주장하는 순수 종교운동

② 1920년대 이집트 '무슬림 형제단'이라는 과격단체가 영국의 식민통치에서 탈피, 코란에 근거한 순수 이슬람 국가 건설을 주장하며 폭력적 수단을 가미하기 시작

③ 70년대 들어 아랍국가들이 장기집권으로 세속화되고, 서양 기독교 문화가 본격 유입되면서 테러단체들이 이슬람 원리주의 이름하에 극단적 폭력을 정당화한 이후 이슬람 테러리즘을 지칭하는 말로 의미가 변질

④ 수니파와 시아파는 이슬람교의 대표적인 양대 종파로 수니파와 시아파는 대립관계인 것으로 알려져 있음

(2) 수니파

① 수니파란 '수나'(모하메드의 언행)를 이상으로 삼는 사람들이란 뜻

② 수니파는 모하메드의 정통을 계승했다고 자처하는 파벌로 사우디아라비아를 종주국으로 요르단 · 시리아 · 리비아 · 파키스탄 · 아프가니스탄 등 대부분의 이슬람 국가에서 우세한 교세를 보유

(3) 시아파

① 시아파란 '시아트 알리'(알리의 黨)의 약칭으로 10억 이슬람 교도 중 10% 미만의 교세를 보유. 칼리프란 예언자 모하메드의 후계자

② 시아파는 모하메드의 종제이자 사위인 '알리'(4대 칼리프)의 혈통을 이어받은 인물을 모하메드의 진정한 후계자로 신봉, 이란을 종주국으로 이라크(60%)에서만 우세한 교세를 보유

(4) 무자헤딘(Mujahedin)

① 이슬람 교도들간에 '神의 戰士'를 뜻하는 말

② 아프간 戰爭(79~89년) 당시에는 舊소련군에 맞서 항전했던 이슬람 참전용사를 지칭하는 말로 사용된 바 있고 아프간 終戰 후 이슬람 테러조직에 가담 · 활동하면서 테러분자들이 자신들을 '무자헤딘'이라고 호칭.

(5) 지하드(Jihad)

① 원래 '알라의 뜻에 복종하는 삶을 살기 위해 투쟁한다.'는 종교적 색채가 짙은 의미

② 1920년대 이집트 '무슬림 형제단'이라는 과격단체가 反英 무장독립 투쟁을 '지하드'라고 주장하면서 폭력적 성향을 정당화한 이후 이슬람 과격세력들이 자신들의 테러활동을 '지하드'(聖戰)라고 주장.

(6) 인티파타(Intifada)

원래 '민중봉기, 반란, 각성' 등의 뜻을 가진 아랍어로 이스라엘에 대한 팔레스타인人들의 대규모 시위 · 테러 등 집단적인 저항운동을 의미.

(7) 이슬람/무슬림

이슬람은 아랍어로 '알라에 대한 굴복 · 순종 · 평화'라는 뜻으로 '이슬람 종교'(回教)를 일컫는 말이고, 무슬림은 아랍어로 '전적으로 순종하는 사람, 神께 복종하는 사람'이라는 뜻으로 '이슬람교도'를 일컫는 말.

(8) 이슬람 분리주의

① 비이슬람 국가로부터 분리되어 이슬람 원리주의에 근거한 독립국가 건설을 추구하는 이념

② 필리핀의 '모로 이슬람해방전선'(MILF), 인도령 카슈미르 지역의 분리독립을 주장하는 '자무-카슈미르 해방전선'(JKLF) 등이 대표적인 이슬람 분리주의 테러단체.

(9) 라마단(Ramadan)

① 의의

㉠ 아랍어로 '더운 달'을 의미하며 이슬람력인 9월 한 달간 라마단(금식) 기간으로 설정

㉡ 이슬람력은 홀수 달은 30일, 짝수 달은 29까지 있음

② 기간

㉠ 이슬람력 9월은 알라 신이 '코란'을 내린 신성한 달로 무슬림들은 한 달 동안 일출부터 일몰까지 의무적으로 금식하게 되어 있는데, 이는 빈자들의 고통을 간접 체험하기 위한 것이라 함

㉡ 여행자 · 임산부 · 환자 등은 이 의무가 면제되는 대신 후에 수일간 이 의무를 이행

③ 유래

㉠ 원래 유태교의 단식일(1.10)을 본뜬 것이나 모하메드의 '바르드의 전승'을 기념하기 위해 정한 것이며, 현재는 라마단이란 용어 자체가 단식을 의미하는 말로도 사용

㉡ '바드르 전승'은 624년 모하메드가 사우디 바드르에서 지배부족인 쿠라이쉬 부족과 전투를 벌여 대승함으로써 박해를 벗어나 교세를 확장하는 계기가 된 사건.

(10) 하왈라

① 하왈라는 '신뢰'라는 뜻으로, 채권 · 채무관계자들이 은행을 통하지 않고 신용으로 거래하는 이슬람의 전통적인 송금 시스템

② 하왈라는 원래 실크로드 교역을 하던 이슬람 대상들의 재산을 사막의 도적들로부터 보호할 목적으로 고안된 것으로, 약간의 수수료만으로 세계 어느 곳으로든 송금이 가능

③ 송금자는 전세계에 걸쳐 수천 개 이상 산재해 있는 하왈라 점포에서 송금 금액과 약간의 수수료를 내고 비밀번호를 부여받아 수취인에게 알려주면 수취인은 가까운 하왈라 점포에서 비밀번호를 대고 약속된 자금을 수령

④ 이 과정에서 담보를 설정하거나 일체의 서류도 만들지 않으며. 거래 완료가 확인되는 즉시 비밀번호를 비롯한 기본 기록마저 모두 폐기처분하기 때문에 거래자 신분 · 금액 등 증거 확보가 곤란

⑤ 이 방법은 이슬람 형제라는 믿음 아래 행해지는 신용거래로서 거래가 이행되지 않았을 경우에는 책임자가 목숨을 잃는 등 강력한 보복이 뒤따라 증거서류 이상의 강제성을 보유

⑥ 하왈라는 자금이 거의 100% 전달되는 안정성이 특징으로, 파키스탄에서만 연간 50억 달러 이상이 거래되고 있으며 이슬람권에서 음성 자금 이동의 중요한 수단으로 사용되고 있음.

(11) 우산조직

① 단일 지도체계 없이 강 · 온 · 중도파 등 많은 조직들이 느슨한 형태의 통제로 묶여 있으며, 때로는 각 조직들이 독자적인 의사결정으로도 테러를 감행하는 테러조직

② 도표로 그렸을 때 우산처럼 보인다 하여 붙여진 이름이며, PLO를 비롯하여 헤즈볼라 · 팔레스타인 이슬람 지하드(PIJ)등이 대표적인 우산 조직.

핵심정리 **팔레스타인 해방 기구**

(1) 의의

팔레스타인 해방 기구(Palestine Liberation Organization, PLO)는 1964년 독립국 팔레스타인을 수립하기 위해 세워진 기구로 유엔과 100개 이상의 국가로부터 "팔레스타인을 대표하는 유일한 법적 조직"으로 인정되고 있다. 1974년 유엔의 참관국이 되었다. 미국과 이스라엘은 팔레스타인 해방 기구를 국제 테러 조직으로 지정한 바 있으나 1991년 마드리드 조약 이후 해제하였다. 1993년 팔레스타인 해방기구와 이스라엘은 유엔 안전 보장 이사회의 결의문 제242호와 결의문 제338호를 상호 수용하였으며, 이로써 팔레스타인 해방 기구는 이스라엘의 존립권을 인정하고 이스라엘은 팔레스타인 해방 기구를 팔레스타인을 대표하는 유일한 기구로서 인정하였다.

(2) 설립

1964년 카이로 아랍 연맹 정상 회담에 모인 아랍 정상들은 게릴라전을 동반한 무장 투쟁으로 "팔레스타인 해방"을 이룰 것을 결의하였고, 이를 위한 조직으로 팔레스타인 해방 기구를 설립하였다. 팔레스타인 해방 기구는 1964년 5월 28일 헌장을 발표하여 "팔레스타인의 영토는 영국 위임통치령 팔레스타인에 준하며 이 지역 내에서 시오니즘을 표방하는 활동을 할 수 없다."고 선포하였다. 설립 당시 팔레스타인 해방 기구는 팔레스타인인에게 민족 자결권과 회복권이 있음을 선포하였지만, 팔레스타인 독립 선언은 1974년에 이루어졌다.

(3) 조직

팔레스타인 해방 기구의 명목상 법적 최고 조직은 팔레스타인 민족회의이지만, 실질적인 의사 결정은 팔레스타인 민족회의에서 선출된 18인으로 구성된 팔레스타인 해방 기구 집행위원회에서 이루어지고 있다. 팔레스타인 해방 기구는 팔레스타인의 독립을 위해 활동하는 다양한 이데올로기들을 포괄하는 비종교적 정치 조직이다. 팔레스타인 해방 기구는 현재 아랍 연맹과 유엔의 참관국이다.

(4) 정당 및 단체

① 의의

팔레스타인 해방 기구는 중앙집권적 정치 조직이 아니라 여러 정당 및 단체의 연대 조직이다. 이 때문에 팔레스타인 해방 기구는 산하 단체를 직접적으로 지도할 수는 없지만, 가입 조직들은 팔레스타인 민족회의에 참여하고 여기서 선출된 집행위원회의 결정을 존중한다.

② 팔레스타인 입법부 내 정당

㉠ 파타

파타(팔레스타인 민족 해방 운동)는 1957년 조직되어 야세르 아라파트의 지도로 팔레스타인 독립국가 건설을 위해 활동하였고, 2005년 총선에서 하마스에게 패하기 전까지 팔레스타인 해방 기구 내의 여당이었다. 비폭력적인 독립운동 단체이다.

㉡ 하마스

정당이자 준군사단체로서 이스라엘과의 평화적인 협상이 아닌 무장 투쟁을 통한 팔레스타인 해방을 목표로 한다. 2006년 2월에 있었던 팔레스타인 자치 정부 총선거에서 유권자의 지지를 받아 팔레스타인 해방 기구의 여당이 되었다. 팔레스타인 인민해방전선과는 전혀 달리 급진 이슬람 원리주의를 추구한다.

㉢ 팔레스타인 인민해방전선

1967년 하반기에 아랍 민족주의자들을 중심으로 건립된 팔레스타인 해방 인민 전선은 1970년대에 들어서 마르크스-레닌주의를 표방하였고, 세속주의적, 탈이슬람적 색깔로 바뀌었다.

932

㉠에 들어갈 말로 가장 적절한 것은?

> 원래 '알라의 뜻에 복종하는 삶을 살기 위해 투쟁한다.'는 종교적 색채가 짙은 의미를 가지는 용어로 1920년대 이집트 '무슬림 형제단'이라는 과격단체가 反英 무장독립 투쟁을 [㉠](이)라고 주장하면서 폭력적 성향을 정당화한 이후 이슬람 과격세력들이 자신들의 테러활동을 [㉠](이)라고 주장했다.

① 라마단
② 지하드
③ 인티파타
④ 무자헤딘

정답 ②

풀이 지하드(Jihad)에 대한 설명이다.

933

테러단체에 대한 설명으로 틀린 것은?

① 하마스는 1987년 결성된 팔레스타인 무장단체로서, 2006년 1월 팔레스타인 총선에서 다수당이 되어 팔레스타인 자치정부의 집권당이 되면서 합법적인 정당으로 탈바꿈하고 있다.
② 헤즈볼라는 1980년 레바논에서 조직된 시아파 과격단체로 이스라엘의 점령지인 가자 등에서 무장활동을 하고 있고, 시리아와 이란이 무기 공급, 군사훈련, 공작금 등 배후지원을 하고 있는 것으로 파악되고 있다.
③ 이슬람국가(Islamic State)는 급진 수니파 무장단체로 2014년부터 이라크와 시리아를 중심으로 세력을 확장했지만, 미군의 대대적인 토벌작전으로 수도였던 2017년 10월 시리아의 락까가 함락된 이후 괴멸되었다.
④ 팔레스타인 인민해방전선은 급진 이슬람 원리주의를 추구하면서 이스라엘과의 평화적인 협상이 아닌 무장 투쟁을 통한 팔레스타인 해방을 목표로 한다.

정답 ④

풀이 ④ 1967년 하반기에 아랍 민족주의자들을 중심으로 건립된 팔레스타인 해방 인민 전선은 1970년대에 들어서 마르크스-레닌주의를 표방하였고, 세속주의적, 탈이슬람적 색깔로 바뀌었다.

934

다음에서 설명하는 중동의 합법적인 정치조직으로 옳은 것은? [2022년 기출]

- 중동지역: 팔레스타인 가자, 서안지구 및 레바논 지역 난민 캠프
- 투쟁목표: 팔레스타인 해방 및 팔레스타인 지역에 이슬람 국가 건설
- 이념성향: 수니파 이슬람 극단주의, 민족주의

① 하마스 ② 이슬람 국가
③ 헤즈볼라 ④ 팔레스타인 해방전선

정답 ①

풀이 ① 1987년 결성된 팔레스타인 무장단체로서, 하마스란 '이슬람저항운동'이라는 아랍어의 첫 머리글자에서 따 온 것이다. 2006년 1월 팔레스타인 총선에서 다수당이 되어 팔레스타인 자치정부의 집권당이 되면서 합법적인 정당으로 탈바꿈하고 있다.
② 2006년 급진 수니파 무장단체로 아부 바크로 알바그다디가 지도자이다. 2014년부터 이라크와 시리아를 중심으로 세력을 확장했지만, 미군의 대대적인 토벌작전으로 수도였던 2017년 10월 시리아의 락까가 함락된 이후 괴멸됐다. 하지만 여전히 추종세력들이 유럽과 중동 지역에서 테러행위를 자행하고 있다.
③ 1980년 레바논에서 조직된 시아파 과격단체로 이스라엘의 점령지인 가자 등에서 무장활동을 하고 있다. 시리아와 이란이 무기 공급, 군사훈련, 공작금 등 배후지원을 하고 있는 것으로 파악되고 있다.
④ 1967년 하반기에 아랍 민족주의자들을 중심으로 건립된 팔레스타인 해방 인민 전선은 1970년대에 들어서 마르크스-레닌주의를 표방하였고, 세속주의적, 탈이슬람적 색깔로 바뀌었다.

935

다음 중 테러 단체에 대한 설명으로 가장 적절하지 않은 것은? [2024년 기출]

① 헤즈볼라(Hezbollah)는 1983년 창설된 레바논의 이슬람 시아파 무장 세력으로 중동지역 최대의 테러조직 중의 하나이다. 이스라엘이 레바논으로부터 철군한 후 레바논 정당으로 의회에까지 진출하고 있다.
② 탈레반(Taliban)은 1980년대 아프가니스탄을 침공한 소련에 저항하는 과정에서 결성된 시아파로서 현재도 중동 지역 전역에서 활동하고 있는 무장단체이다.
③ 이슬람 국가(IS)는 이라크 북부와 시리아 동부지역을 점령하고 있는 급진 수니파 무장단체로서 이슬람 국가 건설을 목적으로 활동하고 있다.
④ 하마스는 1987년 팔레스타인 민중봉기 이후 등장하여 현재는 가자지구 PLO 내 여당 정치조직으로서 이스라엘과의 전쟁을 수행하고 있다.

정답 ②

풀이 ② 무자헤딘(mujahideen)에 대한 설명이다. 탈레반은 시아파로 보기 어렵고 무엇보다 1989년 구소련이 아프가니스탄에서 철수한 이후인 1990년대 중반에 활동을 시작하였다.

936

다음 중 미국 9/11 테러를 일으켰으며 현재도 '지하드(성전)'를 촉구하고 있는 과격 이슬람 테러단체는?

[2021년 기출]

① 헤즈볼라
② 하마스
③ 이슬람국제여단(IIB)
④ 알카에다

정답 ④

풀이 ④ 알카에다는 2011년 미국 특수부대인 네이비 실에 의해 사살된 오사마 빈 라덴이 설립한 테러단체로 아프가니스탄을 중심으로 활동했다.

937

다음에서 설명하는 국제테러단체로 옳은 것은?

[2016년 기출]

- 2002년 모하메드 유수프가 서양식 민주주의와 교육체계 전면폐지를 주장하며 결성했다.
- 이슬람 샤리아 법에 의해 나이지리아 북부지역을 통치하는 것을 투쟁목표로 한다.
- 이슬람 극단주의 성향을 보이며 무장공격이 주요한 활동수법이다.

① 헤즈볼라(Hezbulah)
② 약속의 날 여단(PDB)
③ 보코하람(Boko Haram)
④ 알샤바브(AS)

정답 ③

풀이 ③ 보코하람에 대한 설명이다. 헤즈볼라는 레바논 중심의 시아파 이슬람 극단주의 단체이고, 약속의 날 여단은 이라크 내 시아파 무장단체이다. 알 샤바브(AS)는 아랍어로 '청년'을 의미하며 소말리아에 근거를 둔 이슬람 극단주의 단체이다.

938

레바논에서 조직되어 신의당, 이슬람의 지하드로 불리는 테러단체로 옳은 것은?

[2019년 기출]

① 하마스
② 이슬람국가
③ 헤즈볼라
④ 알카에다

정답 ③

풀이 ③ 헤즈볼라는 레바논에서 조직됐으며 이스라엘 서안지구(west bank)에서 주로 활동한다.

핵심정리 한국의 대테러 활동

(1) 국가대테러 활동지침

한국의 대테러조직은 1986년 아시안게임, 1988년 서울올림픽과 같은 국제적 행사에 대한 테러방지를 위하여 1982년 1월 22일 대통령훈령 제47호 국가대테러 활동지침의 제정과 함께 대통령 소속하 테러대책회의를 중심으로 테러대책기구인 상임위원회, 공항·항만 테러·보안대책회의, 지역테러대책협의회와 테러사건 대응조직인 분야별 테러사건대책본부, 현장지휘본부, 대테러특공대, 협상팀, 긴급구조대 및 지원팀, 대화생방 특수임무대, 합동조사반 등 각 기관별 테러조직을 구성하였다.

(2) 테러정보통합센터가 설립

① 2001년 9/11테러 이후에는 국가대테러활동지침으로는 테러의 예방과 대응활동의 권한과 법적 근거가 필요하다는 「테러방지법」의 제정을 촉구하는 주장이 제기되었다.

② 2005년 지침의 개정을 통해 대테러활동 중 정보활동과 국제협력을 강화하기 위해 국내외 테러 관련 정보의 수집, 분석, 작성, 배포업무를 실시하도록 국가정보원에 테러정보통합센터를 설립하였다.

(3) 「테러방지법」 제정

2016년 3월 국가대테러활동지침을 폐지하고 「국민보호와 공공안전을 위한 테러방지법」을 제정하였다. 「테러방지법 시행령」 제11조(전담조직)에 따라 대테러 전담조직을 명시하여 법적 근거에 따라 기관별 대테러예방과 대응활동을 실시하고 있다.

핵심정리 한국의 대테러 조직

(1) 의의

① 한국의 대테러 조직의 경우 대테러활동의 컨트롤타워 역할을 실시하는 회의기구인 국무총리를 위원장으로 한 국가테러대책위원회는 국가 대테러활동 기본계획 수립과 국가 대테러조직 중 가장 상위에서 결정권을 가지고 있는 조직이다.

② 실무위원회, 대테러활동에 관한 전반적인 업무와 권한을 가지고 있는 대테러센터와 테러정보수집과 전파 등 업무를 담당하는 테러정보통합센터, 공항·항만의 다양한 관계기관과의 대테러업무를 조정하기 위한 공항·항만테러대책협의회와 지자체의 대테러업무 지원과 협조를 위한 지역 테러대책협의회가 있다.

③ 대테러정보기관으로는 국가중앙정보기관인 국가정보원에서 운영하는 테러정보통합센터에서 테러정보수집, 전파, 공유 및 테러경보발령 등의 업무를 실시하고 있으며, 이외에도 국군의 보안, 방첩을 담당하는 군 정보기관인 국군방첩사령부는 군사안보지원, 군 방첩, 군 관련 첩보 수집 및 처리, 특정범죄수사 등의 임무를 담당하며, 경찰의 경우 국내치안정보를 다루는 정보국과 북한 및 안보 관련 보안정보를 다루는 보안국이 정보기관으로서 임무를 수행하고 있다.

(2) 국가테러대책위원회

① 구성

위원장은 국무총리이며, 위원은 20개 중앙부처(기획재정부, 외교부, 통일부, 법무부, 국방부, 행정안전부, 산업통상자원부, 보건복지부, 환경부, 국토교통부, 해양수산부, 금융위원회, 국가정보원, 대통령경호처, 국무조정실, 원자력안전위원회, 관세청, 경찰청, 소방청, 해양경찰청)의 장이며, 간사는 대테러센터장으로 구성되어 있다.

② 역할

대테러활동에 관한 정책의 중요사항을 심의·의결하며, 그 대상은 대테러활동에 관한 국가의 정책 수립 및 평가, 국가 대테러 기본계획 등 중요 중장기 대책 추진사항, 관계기관의 대테러활동 역할 분담·조정이 필요한 사항, 국가테러대책위원회 및 테러대책실무위원회 운영에 관한 사항, 대화생방테러 특수임무대, 대테러특공대, 군 대테러특수임무대 설치·지정, 테러경보 발령과 관련한 사항, 국가 중요행사 대테러·안전대책 기구 편성·운영, 신고포상금, 테러피해 지원금, 특별위로금 지급기준 결정 등이다.

(3) 대테러 인권보호관

국가테러대책위원회에 상정되는 관계기관의 대테러정책과 제도에 있어서 인권보호 사항에 관하여 자문하고 개선사항을 권고하고, 대테러활동에 따라 발생할 수 있는 인권침해와 관련된 민원사건 처리하고, 대테러활동을 수행하는 관계기관의 공직자를 대상으로 인권교육 등 인권보호를 위한 활동을 수행하고, 대테러활동을 수행하는 과정에서 인권침해 사항을 발견할 경우에는 이를 국가테러대책 위원회 위원장에게 보고한 후 관계기관의 장에게 시정을 권고할 수 있다. 대테러 인권보호관이 직무를 효율적으로 수행할 수 있도록 행정, 재정적 지원을 위하여 대테러 인권보호관 지원반을 설치한다.

(4) 대테러센터

국가 대테러 활동 관련 법령 제 · 개정, 국가테러대책위원회 운영, 테러경보 발령, 테러상황 관리 및 분석, 장단기 국가대테러활동 지침(표준 매뉴얼) 작성 · 배포, 관계기관 테러 대비태세 확인 · 점검 및 평가, 국가 중요 행사 대테러 안전대책 수립 · 점검 및 국제협력 등이다.

939

테러사건대책본부장이 될 수 있는 국가기관으로 틀린 것은?

① 경찰청장
② 외교부장관
③ 국방부장관
④ 국토교통부장관

정답 ③

풀이 군사시설테러사건대책본부는 국방부장관이 설치 · 운영하지만 대책본부의 장은 합동참모의장이 된다.

940

「테러방지법」의 내용으로 틀린 것은?

① 테러경보는 대테러센터가 발령한다.
② 테러단체란 국제연합(UN)이 지정한 테러단체를 말한다.
③ 테러를 기획 또는 지휘하는 등 중요한 역할을 맡은 사람은 무기 또는 7년 이상의 징역에 처한다.
④ 외국인테러전투원이란 외국인 중 국적국이 아닌 국가의 테러단체에 가입하거나 가입하기 위하여 이동 또는 이동을 시도하는 사람을 말한다.

정답 ④

풀이 외국인테러전투원이란 테러를 실행 · 계획 · 준비하거나 테러에 참가할 목적으로 국적국이 아닌 국가의 테러단체에 가입하거나 가입하기 위하여 이동 또는 이동을 시도하는 내국인 · 외국인을 말한다.

941

「테러방지법」에 대한 설명으로 틀린 것은? [2023년 기출]

① 2016년 3월 국가대테러활동지침을 폐지하고, 「국민보호와 공공안전을 위한 테러방지법」이 제정되었다.
② 대테러활동에 관한 정책의 중요사항을 심의 · 의결하기 위하여 국가테러대책위원회를 둔다.
③ 대테러활동과 관련된 사항을 수행하기 위하여 국가정보원 소속으로 관계기관 공무원으로 구성되는 대테러센터를 둔다.
④ 관계기관의 대테러활동으로 인한 국민의 기본권 침해 방지를 위하여 대책위원회 소속으로 대테러 인권보호관 1명을 둔다.

정답 ③

풀이 ③ 대테러센터는 국무총리 소속이다.

942

한국의 「테러방지법」에 대한 설명으로 틀린 것은? [2016년 기출]

① 사람을 살해하거나 사람의 신체를 상해해 생명을 위협하는 행위를 테러로 규정했다.
② 항공기, 선박, 기차 등 다양한 공간에서 발생하는 위협행위를 규제할 수 있도록 포함시켰다.
③ 국가테러대책위원회에 인권보호관을 임명해 국민의 기본권 침해를 예방하도록 조치했다.
④ 국가테러대책위원회 위원장은 국가정보원장이다.

정답 ④

풀이 ④ 국가테러대책위원회 위원장은 국무총리이다.

943

한국의 국가대테러 활동에 대한 설명으로 틀린 것은? [2019년 기출]

① 한국은 1967년 태국훈련을 시작으로 테러에 대비하기 시작했다.
② 2016년 「테러방지법」을 제정하여 국정원장을 위원장으로 한 국가테러대책위원회를 설립하였다.
③ 국정원은 2005년 테러정보통합센터를 설립했다.
④ 테러대책 실무위원회의 위원장은 대테러센터장이 된다.

정답 ②

풀이 ② 국가테러대책위원회 위원장은 국무총리이다.

944

국정원 산하 테러대응 부서로 옳은 것은? [2006년 기출]

① 테러정보통합센터　② 테러대책위원회
③ 대테러센터　④ 테러사건대책본부

정답 ①

풀이 ① 2005년 4월 1일 개소되어, 국내외 테러관련 정보를 수집 · 배포하며, 테러관련 위기평가와 경보를 발령하게 된다. 국가적인 테러종합 대책기구에 해당된다.

945

「국민보호와 공공안전을 위한 테러방지법」에 대한 설명으로 틀린 것은?

① 공중을 협박할 목적으로 운항 중인 항공기를 추락시키거나 전복 · 파괴하는 행위는 테러에 해당한다.
② 국가 및 지방자치단체는 테러로부터 국민의 생명 · 신체 및 재산을 보호하기 위하여 대책을 수립하여 시행해야 할 책무가 있다.
③ 국가테러대책위원회의 위원장은 국가정보원장이 맡는다.
④ 국가정보원장은 테러위험인물에 대하여 출입국 · 금융거래 및 통신이용 등 관련 정보를 수집할 수 있다.

정답 ③

풀이 ③ 국가테러대책위원회의 위원장은 국무총리이다(법 제5조).

946

「국민보호와 공공안전을 위한 테러방지법」에 대한 설명으로 틀린 것은?

① 공중을 협박할 목적으로 사람을 인질로 삼는 행위는 법에서 정의하는 테러에 해당한다.
② 폭행이나 협박으로 운행 중인 선박을 강탈하는 행위도 테러에 해당한다.
③ 테러단체는 국가정보원장이 지정한다.
④ 대테러활동에는 국제행사의 안전 확보도 포함된다.

정답 ③

풀이 ③ 테러단체는 UN이 지정한 단체이다(법 제2조 제2호).

핵심정리 펜트봄(PENTTBOM)

FBI는 암호명 펜트봄(Pentagon/Twin Towers Bombing Investigation, PENTTBOM)이라는 이름으로 FBI 전체 11,000명의 특별수사요원 중 7,000명을 동원한 미국 범죄수사 역사상 가장 방대하고 복잡한 수사에 착수했다. 한편 2001년 9월 16일 알자지라 아랍 방송에 나타난 오사마 빈 라덴은 9/11 테러공격은 자신이 지휘하는 알카에다 조직에 의한 것이 아니라고 부인했다. 그러나 FBI가 거듭 증거를 제시하자 12월 13일 처음으로 테러사실을 시인했다.

핵심정리 카오스 공작활동(Operation Chaos)

(1) 카오스 공작활동은 대통령 존슨(Johnson)이 미국 정부의 베트남 정책을 반대하는 월남전 반대 비판가들을 지원하거나 영향을 주는 외국과 정치단체를 파악하라는 지시에 따라 실행된 CIA의 정보수집 활동이었다. 카오스 공작은 헬름스 국장에 의해 실행되었는데 성격상 필연적으로 국내정보 활동으로 이어졌다. 미국 내에서의 공작정보 수집활동은 다양한 형태로 전개되었다.

(2) 예컨대 미국과 소련 간에 교류되는 우편물에 대한 무작위 개봉과 CIA 요주의 명단에 오른 개인과 단체의 서신 사전검열을 무제한으로 실시했다. 프로젝트 레지스탕스(RESISTANCE)라는 이름으로 전개된 활동으로는 전쟁을 반대하는 시민들의 활동 중심지에 거점 사무실을 확보한 후에 도청과 영상촬영으로 현장 정보수집활동을 전개했다. 더 나아가 프로젝트 II로 명명된 활동으로 동조자나 응원세력인 것처럼 가장한 CIA 요원들이 월남전을 반대하는 시민단체에 조직적으로 침투하여 정보를 수집했다.

(3) 이러한 활동은 정기적으로 FBI로부터 반전 활동에 대한 정보를 전달받거나 합동작전으로 실시하기도 했다. 한편 CIA와 FBI는 고도의 감청장비를 가진 국가안보국(NSA)에게도 신호정보 수집을 의뢰하여 반전단체 요주의 인물들에 대한 국제전화와 전신, 그리고 라디오 전송을 감청하는 등 광범위한 국제통신 전자감시 활동을 병행했다.

핵심정리 FBI의 코인텔프로(Counter Intelligence Program)

코인텔프로는 연방수사국(FBI)의 방첩공작 프로그램(Counter Intelligence Program)의 철자 약어이다. 코인텔프로는 미국 국내의 반체제 정치적 단체에 대한 조사와 붕괴를 목적으로 FBI가 1956년부터 1971년 사이에 전개한 적극적 정보활동이었다.

핵심정리 노스콤(NORTHCOM)과 탈론(TALON)

(1) 2001년 9/11 테러 공격은 정보 영역에서의 국·내외의 엄격한 임무분리가 정보 공유를 어렵게 하는 등 문제점이 많았음을 인식하게 함으로써 군 정보기관의 국내에서의 역할증대를 요청하는 분위기가 자연스럽게 형성되었다. 펜타곤은 이에 노스콤(NORTHCOM)이라고 명명된 북부 사령부를 신설하여 정보와 법집행 기능을 신속히 융합하여 국제조직범죄에 효율적으로 대처하는 역할을 수행하는 정보기관을 창설했다.

(2) 노스콤은 다양한 경로로 수집한 총체적 국내정보를 국가안보국(NSA)이 보유하는 슈퍼컴퓨터를 이용하여 또 다른 다양한 경로로 획득한 법집행 데이터베이스와 결합하여 새로운 정보를 신속하게 전자적으로 추출하는 놀라운 데이터 마이닝 기술을 보유하고 있다. 이를 야전방첩활동이라고 부른다. 야전방첩활동 중의 하나가 "탈론(TALON)"이라고 불리는 요주의 인물이나 의심스러운 활동가들에 대한 "위협·현장목격 통지활동"이다. 용의자를 자동적으로 추출하여 지목하는 그 생생한 즉시성과 현장성으로 인하여 혹자는 이를 "마치 옆집에서 살펴보는 것 같다."고 묘사했다.

947

2001년 9/11 테러에 대한 설명으로 틀린 것은?

① 19명의 알카에다(Al Qaeda) 조직원들에 의한 미국 본토에서의 자살 테러공격이다.

② 알카에다는 사우디아라비아 출신의 오사마 빈 라덴이 이끄는 테러 조직이다.

③ 테러범들은 단단한 소형자, 금속형 필기구와 박스용 소형칼, 최루가스(Mace), 자극성 후추 스프레이와 피부 자극제로 간단하게 1등석 승객들을 제압하고 공중 납치했다.

④ 펜트봄(Pentagon/Twin Towers Bombing Investigation)은 FBI의 9/11 테러공격을 저지하기 위한 사전 공작활동이었다.

정답 ④

풀이 ④ 펜트봄(PENTTBOM)은 9/11 테러공격 수사에 대한 FBI의 사후 수사 암호명이다. FBI 전체 11,000명의 특별수사요원 중에 약 7.000명을 동원한 미국 범죄수사 역사상 가장 방대하고 복잡한 수사였다.

948

2001년 9/11 테러와 직접 관련이 없는 것은?

① 노스콤(NORTHCOM)과 탈론(TALON)

② 점의 연결의 실패(failure connecting the dots)와 「애국법(PATRIOT Act)」

③ 카오스 공작(Operation Chaos)과 코인텔프로(COINTELPRO)

④ 펜트봄(Pentagon/Twin Towers Bombing Investigation)

정답 ③

풀이 ③ 카오스 공작활동은 대통령 존슨(Johnson)이 미국 정부의 베트남 정책을 반대하는 월남전 반대 비판가들을 지원하거나 영향을 주는 외국과 정치단체를 파악하라는 지시에 따라 실행된 CIA의 정보수집 활동이었다. 반면에 코인텔프로는 FBI의 방첩공작 프로그램(Counter Intelligence Program)의 철자 약어이다. 코인텔프로는 미국 국내의 반체제 정치적 단체에 대한 조사와 붕괴를 목적으로 FBI가 1956년부터 1971년 사이에 전개한 적극적 정보활동이었다.

핵심정리 MQ-9 Reaper

(1) MQ-9 Reaper는 MQ-1 프레데터의 공격형 모델을 재차 개량하여 만든 무인 공격기이다. 제식명칭이 MQ-9, 별칭은 '사신(死神)', '수확자'라는 뜻의 '리퍼(Reaper)'이며, 때로는 MQ-1 프레데터의 개량형이라는 의미에서 '프레데터 B(Predator B)'라고 불리기도 한다.
(2) 프레데터가 정찰 기능을 주임무로 하는 기종에 간단한 무장을 장착한 반면, 리퍼는 기체 규모의 대폭적인 확충을 통해 프레데터보다 무장 기능이 양적, 질적으로 크게 높아졌다. AGM-114 헬파이어 대전차미사일뿐만 아니라 GBU-12 페이브 웨이 레이저 유도 폭탄도 장착가능하다. 미국은 리퍼를 이용하여 ISIL의 지하디 존, 이란의 장군 카셈 솔레이마니 등을 암살했다.

949

미군이 중동과 중앙아시아 지역에서 테러와의 전쟁을 수행하면서 사용하는 무인항공기(UAV)에 대한 설명으로 틀린 것은? [2015년 기출]

① 직접 교전을 하지 않기 때문에 미군의 피해가 최소화되고 있다.
② 민간인의 피해를 막기 위해 무인항공기를 활용하는 것이다.
③ 무인항공기는 정찰, 공격 등 다양한 용도로 활용이 가능하다.
④ 공대지 미사일을 장착하고 있어 공격목표가 발견되면 즉시 공격할 수 있다.

정답 ②
풀이 ② 무인항공기를 활용하는 것은 조종사의 생명을 보호하기 위한 것으로 민간인의 피해를 막기 위한 것이 아니다.

Theme 33 통신비밀보호법

관련법조항 「통신비밀보호법」 관련 규정

제5조(범죄수사를 위한 통신제한조치의 허가요건)

① 통신제한조치는 다음 각호의 범죄를 계획 또는 실행하고 있거나 실행하였다고 의심할 만한 충분한 이유가 있고 다른 방법으로는 그 범죄의 실행을 저지하거나 범인의 체포 또는 증거의 수집이 어려운 경우에 한하여 허가할 수 있다.

1. 「형법」 제2편중 제1장 내란의 죄, 제2장 외환의 죄중 제92조 내지 제101조의 죄, 제4장 국교에 관한 죄중 제107조, 제108조, 제111조 내지 제113조의 죄, 제5장 공안을 해하는 죄중 제114조, 제115조의 죄, 제6장 폭발물에 관한 죄, 제7장 공무원의 직무에 관한 죄중 제127조, 제129조 내지 제133조의 죄, 제9장 도주와 범인은닉의 죄, 제13장 방화와 실화의 죄중 제164조 내지 제167조 · 제172조 내지 제173조 · 제174조 및 제175조의 죄, 제17장 아편에 관한 죄, 제18장 통화에 관한 죄, 제19장 유가증권, 우표와 인지에 관한 죄중 제214조 내지 제217조, 제223조(제214조 내지 제217조의 미수범에 한한다) 및 제224조(제214조 및 제215조의 예비 · 음모에 한한다), 제24장 살인의 죄, 제29장 체포와 감금의 죄, 제30장 협박의 죄중 제283조 제1항, 제284조, 제285조(제283조 제1항, 제284조의 상습범에 한한다), 제286조[제283조 제1항, 제284조, 제285조(제283조 제1항, 제284조의 상습범에 한한다)의 미수범에 한한다]의 죄, 제31장 약취(略取), 유인(誘引) 및 인신매매의 죄, 제32장 강간과 추행의 죄중 제297조 내지 제301조의2, 제305조의 죄, 제34장 신용, 업무와 경매에 관한 죄중 제315조의 죄, 제37장 권리행사를 방해하는 죄중 제324조의2 내지 제324조의4 · 제324조의5(제324조의2 내지 제324조의4의 미수범에 한한다)의 죄, 제38장 절도와 강도의 죄중 제329조 내지 제331조, 제332조(제329조 내지 제331조의 상습범에 한한다), 제333조 내지 제341조, 제342조[제329조 내지 제331조, 제332조(제329조 내지 제331조의 상습범에 한한다), 제333조 내지 제341조의 미수범에 한한다]의 죄, 제39장 사기와 공갈의 죄 중 제350조, 제350조의2, 제351조(제350조, 제350조의2의 상습범에 한정한다), 제352조(제350조, 제350조의2의 미수범에 한정한다)의 죄, 제41장 장물에 관한 죄 중 제363조의 죄
2. 「군형법」 제2편중 제1장 반란의 죄, 제2장 이적의 죄, 제3장 지휘권 남용의 죄, 제4장 지휘관의 항복과 도피의 죄, 제5장 수소이탈의 죄, 제7장 군무태만의 죄중 제42조의 죄, 제8장 항명의 죄, 제9장 폭행 · 협박 · 상해와 살인의 죄, 제11장 군용물에 관한 죄, 제12장 위령의 죄중 제78조 · 제80조 · 제81조의 죄
3. 「국가보안법」에 규정된 범죄
4. 「군사기밀보호법」에 규정된 범죄
5. 「군사기지 및 군사시설 보호법」에 규정된 범죄
6. 「마약류관리에 관한 법률」에 규정된 범죄중 제58조 내지 제62조의 죄
7. 「폭력행위등 처벌에 관한 법률」에 규정된 범죄중 제4조 및 제5조의 죄
8. 「총포 · 도검 · 화약류등의 안전관리에 관한 법률」에 규정된 범죄중 제70조 및 제71조 제1호 내지 제3호의 죄
9. 「특정범죄 가중처벌등에 관한 법률」에 규정된 범죄중 제2조 내지 제8조, 제11조, 제12조의 죄
10. 「특정경제범죄 가중처벌등에 관한 법률」에 규정된 범죄중 제3조 내지 제9조의 죄
11. 제1호와 제2호의 죄에 대한 가중처벌을 규정하는 법률에 위반하는 범죄
12. 「국제상거래에 있어서 외국공무원에 대한 뇌물방지법」에 규정된 범죄 중 제3조 및 제4조의 죄

② 통신제한조치는 제1항의 요건에 해당하는 자가 발송·수취하거나 송·수신하는 특정한 우편물이나 전기통신 또는 그 해당자가 일정한 기간에 걸쳐 발송·수취하거나 송·수신하는 우편물이나 전기통신을 대상으로 허가될 수 있다.

제6조(범죄수사를 위한 통신제한조치의 허가절차)

① 검사(군검사를 포함한다. 이하 같다)는 제5조 제1항의 요건이 구비된 경우에는 법원(軍事法院을 포함한다. 이하 같다)에 대하여 각 피의자별 또는 각 피내사자별로 통신제한조치를 허가하여 줄 것을 청구할 수 있다.

② 사법경찰관(軍司法警察官을 포함한다. 이하 같다)은 제5조 제1항의 요건이 구비된 경우에는 검사에 대하여 각 피의자별 또는 각 피내사자별로 통신제한조치에 대한 허가를 신청하고, 검사는 법원에 대하여 그 허가를 청구할 수 있다.

③ 제1항 및 제2항의 통신제한조치 청구사건의 관할법원은 그 통신제한조치를 받을 통신당사자의 쌍방 또는 일방의 주소지·소재지, 범죄지 또는 통신당사자와 공범관계에 있는 자의 주소지·소재지를 관할하는 지방법원 또는 지원(군사법원을 포함한다)으로 한다.

④ 제1항 및 제2항의 통신제한조치청구는 필요한 통신제한조치의 종류·그 목적·대상·범위·기간·집행장소·방법 및 당해 통신제한조치가 제5조 제1항의 허가요건을 충족하는 사유등의 청구이유를 기재한 서면(이하 "請求書"라 한다)으로 하여야 하며, 청구이유에 대한 소명자료를 첨부하여야 한다. 이 경우 동일한 범죄사실에 대하여 그 피의자 또는 피내사자에 대하여 통신제한조치의 허가를 청구하였거나 허가받은 사실이 있는 때에는 다시 통신제한조치를 청구하는 취지 및 이유를 기재하여야 한다.

⑤ 법원은 청구가 이유 있다고 인정하는 경우에는 각 피의자별 또는 각 피내사자별로 통신제한조치를 허가하고, 이를 증명하는 서류(이하 "허가서"라 한다)를 청구인에게 발부한다.

⑥ 제5항의 허가서에는 통신제한조치의 종류·그 목적·대상·범위·기간 및 집행장소와 방법을 특정하여 기재하여야 한다.

⑦ 통신제한조치의 기간은 2개월을 초과하지 못하고, 그 기간 중 통신제한조치의 목적이 달성되었을 경우에는 즉시 종료하여야 한다. 다만, 제5조 제1항의 허가요건이 존속하는 경우에는 소명자료를 첨부하여 제1항 또는 제2항에 따라 2개월의 범위에서 통신제한조치기간의 연장을 청구할 수 있다.

⑧ 검사 또는 사법경찰관이 제7항 단서에 따라 통신제한조치의 연장을 청구하는 경우에 통신제한조치의 총 연장기간은 1년을 초과할 수 없다. 다만, 다음 각 호의 어느 하나에 해당하는 범죄의 경우에는 통신제한조치의 총 연장기간이 3년을 초과할 수 없다.

1. 「형법」 제2편 중 제1장 내란의 죄, 제2장 외환의 죄 중 제92조부터 제101조까지의 죄, 제4장 국교에 관한 죄 중 제107조, 제108조, 제111조부터 제113조까지의 죄, 제5장 공안을 해하는 죄 중 제114조, 제115조의 죄 및 제6장 폭발물에 관한 죄
2. 「군형법」 제2편 중 제1장 반란의 죄, 제2장 이적의 죄, 제11장 군용물에 관한 죄 및 제12장 위령의 죄 중 제78조·제80조·제81조의 죄
3. 「국가보안법」에 규정된 죄
4. 「군사기밀보호법」에 규정된 죄
5. 「군사기지 및 군사시설보호법」에 규정된 죄

⑨ 법원은 제1항·제2항 및 제7항 단서에 따른 청구가 이유없다고 인정하는 경우에는 청구를 기각하고 이를 청구인에게 통지한다.

제7조(국가안보를 위한 통신제한조치)

① 대통령령이 정하는 정보수사기관의 장(이하 "情報搜査機關의 長"이라 한다)은 국가안전보장에 상당한 위험이 예상되는 경우 또는 「국민보호와 공공안전을 위한 테러방지법」 제2조 제6호의 대테러활동에 필요한 경우에 한하여 그 위해를 방지하기 위하여 이에 관한 정보수집이 특히 필요한 때에는 다음 각 호의 구분에 따라 통신제한조치를 할 수 있다.

1. 통신의 일방 또는 쌍방당사자가 내국인인 때에는 고등법원 수석판사의 허가를 받아야 한다. 다만, 「군용전기통신법」 제2조의 규정에 의한 군용전기통신(작전수행을 위한 전기통신에 한한다)에 대하여 는 그러하지 아니하다.

2. 대한민국에 적대하는 국가, 반국가활동의 혐의가 있는 외국의 기관·단체와 외국인, 대한민국의 통치권이 사실상 미치지 아니하는 한반도내의 집단이나 외국에 소재하는 그 산하단체의 구성원의 통신인 때 및 제1항 제1호 단서의 경우에는 서면으로 대통령의 승인을 얻어야 한다.

② 제1항의 규정에 의한 통신제한조치의 기간은 4월을 초과하지 못하고, 그 기간중 통신제한조치의 목적이 달성되었을 경우에는 즉시 종료하여야 하되, 제1항의 요건이 존속하는 경우에는 소명자료를 첨부하여 고등법원 수석판사의 허가 또는 대통령의 승인을 얻어 4월의 범위 이내에서 통신제한조치의 기간을 연장할 수 있다. 다만, 제1항 제1호 단서의 규정에 의한 통신제한조치는 전시·사변 또는 이에 준하는 국가비상사태에 있어서 적과 교전상태에 있는 때에는 작전이 종료될 때까지 대통령의 승인을 얻지 아니하고 기간을 연장할 수 있다.

③ 제1항 제1호에 따른 허가에 관하여는 제6조 제2항, 제4항부터 제6항까지 및 제9항을 준용한다. 이 경우 "사법경찰관(군사법경찰관을 포함한다. 이하 같다)"은 "정보수사기관의 장"으로, "법원"은 "고등법원 수석판사"로, "제5조 제1항"은 "제7조 제1항 제1호 본문"으로, 제6조 제2항 및 제5항 중 "각 피의자별 또는 각 피내사자별로 통신제한조치"는 각각 "통신제한조치"로 본다.

④ 제1항 제2호의 규정에 의한 대통령의 승인에 관한 절차등 필요한 사항은 대통령령으로 정한다.

제8조(긴급통신제한조치)

① 검사, 사법경찰관 또는 정보수사기관의 장은 국가안보를 위협하는 음모행위, 직접적인 사망이나 심각한 상해의 위험을 야기할 수 있는 범죄 또는 조직범죄등 중대한 범죄의 계획이나 실행 등 긴박한 상황에 있고 제5조 제1항 또는 제7조 제1항 제1호의 규정에 의한 요건을 구비한 자에 대하여 제6조 또는 제7조 제1항 및 제3항의 규정에 의한 절차를 거칠 수 없는 긴급한 사유가 있는 때에는 법원의 허가없이 통신제한조치를 할 수 있다.

② 검사, 사법경찰관 또는 정보수사기관의 장은 제1항의 규정에 의한 통신제한조치(이하 "긴급통신제한조치"라 한다)의 집행착수후 지체없이 제6조 및 제7조 제3항의 규정에 의하여 법원에 허가청구를 하여야 하며, 그 긴급통신제한조치를 한 때부터 36시간 이내에 법원의 허가를 받지 못한 때에는 즉시 이를 중지하여야 한다.

③ 사법경찰관이 긴급통신제한조치를 할 경우에는 미리 검사의 지휘를 받아야 한다. 다만, 특히 급속을 요하여 미리 지휘를 받을 수 없는 사유가 있는 경우에는 긴급통신제한조치의 집행착수후 지체없이 검사의 승인을 얻어야 한다.

④ 검사, 사법경찰관 또는 정보수사기관의 장이 긴급통신제한조치를 하고자 하는 경우에는 반드시 긴급검열서 또는 긴급감청서(이하 "긴급감청서등"이라 한다)에 의하여야 하며 소속기관에 긴급통신제한조치대장을 비치하여야 한다.

⑤ 긴급통신제한조치가 단시간내에 종료되어 법원의 허가를 받을 필요가 없는 경우에는 그 종료후 7일 이내에 관할 지방검찰청검사장(제1항의 규정에 의하여 정보수사기관의 장이 제7조 제1항 제1호의 규정에 의한 요건을 구비한 자에 대하여 긴급통신제한조치를 한 경우에는 관할 고등검찰청검사장)은 이에 대응하는 법원장에게 긴급통신제한조치를 한 검사, 사법경찰관 또는 정보수사기관의 장이 작성한 긴급통신제한조치통보서를 송부하여야 한다. 다만, 군검사 또는 군사법경찰관이 제5조 제1항의 규정에 의한 요건을 구비한 자에 대하여 긴급통신제한조치를 한 경우에는 관할 보통검찰부장이 이에 대응하는 군사법원 군판사에게 긴급통신제한조치통보서를 송부하여야 한다.

⑥ 제5항의 규정에 의한 통보서에는 긴급통신제한조치의 목적·대상·범위·기간·집행장소·방법 및 통신제한조치허가청구를 하지 못한 사유 등을 기재하여야 한다.

⑦ 제5항의 규정에 의하여 긴급통신제한조치통보서를 송부받은 법원 또는 군사법원 군판사는 긴급통제한조치통보대장을 비치하여야 한다.

⑧ 정보수사기관의 장은 국가안보를 위협하는 음모행위, 직접적인 사망이나 심각한 상해의 위험을 야기할 수 있는 범죄 또는 조직범죄등 중대한 범죄의 계획이나 실행 등 긴박한 상황에 있고 제7조 제1항 제2호에 해당하는 자에 대하여 대통령의 승인을 얻을 시간적 여유가 없거나 통신제한조치를 긴급히 실시하지 아니하면 국가안전보장에 대한 위해를 초래할 수 있다고 판단되는 때에는 소속 장관(국가정보원장을 포함한다)의 승인을 얻어 통신제한조치를 할 수 있다.

⑨ 제8항의 규정에 의하여 긴급통신제한조치를 한 때에는 지체없이 제7조의 규정에 의하여 대통령의 승인을 얻어야 하며, 36시간 이내에 대통령의 승인을 얻지 못한 때에는 즉시 그 긴급통신제한조치를 중지하여야 한다.

950

통신제한조치에 대한 설명으로 틀린 것은?

① 범죄수사를 위한 통신제한조치는 2개월을 초과하지 못한다.

② 범죄수사를 위한 통신제한조치의 허가요건이 존속하는 경우 2개월의 범위에서 연장을 청구할 수 있다.

③ 국가안보를 위한 통신제한조치의 기간은 4월을 초과하지 못하고, 고등법원 수석판사의 허가 또는 대통령의 승인을 얻어 4월의 범위 이내에서 기간을 연장할 수 있다.

④ 국가안보를 위한 통신제한조치의 연장을 청구하는 경우에 총 연장기간은 1년을 초과할 수 없다.

정답 ④

풀이 ④ 「통신비밀보호법」은 국가안보를 위한 통신제한조치의 연장을 청구하는 경우의 총 연장기간에 대한 제한 규정을 두고 있지 않기 때문에 정보수집의 필요성이 존속하는 한 고등법원 수석판사의 허가 또는 대통령의 승인을 얻어 계속해서 4월의 범위 이내에서 기간을 연장할 수 있다.

951

국가안보를 위한 통신제한조치에 대한 설명으로 틀린 것은?

① 정보수사기관의 장은 필요한 경우에 한하여 통신제한조치를 할 수 있다.

② 정보수사기관의 장이 통신제한조치에 관한 계획서를 국정원장에게 제출하여야 한다.

③ 국정원장은 계획의 철회를 해당 정보수사기관의 장에게 요구할 수 있다.

④ 정보수사기관의 장은 대통령에게 승인을 신청하며 그 결과를 국가정보원장에게 서면으로 통보한다.

정답 ④

풀이 ④ 국정원장은 정보수사기관의 장이 제출한 계획서를 종합하여 대통령에게 승인을 신청하며 그 결과를 해당 정보수사기관의 장에게 서면으로 통보한다.

952

국가안보를 위한 통신제한조치에 대한 설명으로 틀린 것은?

① 정보수사기관의 장이 통신제한조치를 하려는 경우에는 그에 관한 계획서를 국정원장에게 제출하여야 한다.

② 국정원장은 정보수사기관의 장이 제출한 계획서에 대하여 그 타당성 여부에 관해 심사한다.

③ 국정원장은 심사 결과 타당성이 없다고 판단되는 경우에는 계획을 철회할 수 있다.

④ 국정원장은 정보수사기관의 장이 제출한 계획서를 종합하여 대통령에게 승인을 신청하며 그 결과를 해당 정보수사기관의 장에게 서면으로 통보한다.

정답 ③

풀이 국정원장은 정보수사기관의 장이 제출한 계획서에 대하여 그 타당성 여부에 관한 심사를 하고, 심사 결과 타당성이 없다고 판단되는 경우에는 계획의 철회를 해당 정보수사기관의 장에게 요구할 수 있다.

953

국가안보를 위한 통신제한조치에 대한 설명으로 틀린 것은?

① 통신의 일방 또는 쌍방당사자가 내국인인 때에는 고등법원 수석판사의 허가를 받아야 통신제한조치를 할 수 있다.

② 군용전기통신(작전수행을 위한 전기통신에 한한다)에 대하여는 대통령의 승인을 얻어야 통신제한조치를 할 수 있다.

③ 대한민국에 적대하는 국가의 구성원의 통신인 때에는 서면으로 대통령의 승인을 얻어야 통신제한조치를 할 수 있다.

④ 국가안보를 위한 통신제한조치의 총 연장기간은 1년을 초과할 수 없다.

정답 ④

풀이 ④ 국가안보를 위한 통신제한조치의 경우 총 연장기간의 제한이 없다.

954

「통신비밀보호법」에 대한 내용 중 틀린 것은?

① 통신이라 함은 전기통신을 말한다.

② 검열은 우편물에 대하여 당사자의 동의 없이 이를 개봉하거나 기타의 방법으로 그 내용을 지득 또는 채록하거나 유치하는 것을 말한다.

③ 누구든지 공개되지 아니한 타인 간의 대화를 녹음하거나 전자장치 또는 기계적 수단을 이용하여 청취할 수 없다.

④ 불법검열에 의하여 취득한 우편물이나 그 내용 및 불법감청에 의하여 지득 또는 채록된 전기통신의 내용은 재판 또는 징계절차에서 증거로 사용할 수 없다.

정답 ①

풀이 ① 통신이라 함은 우편물 및 전기통신을 말한다.

955

국가안보를 위한 통신제한조치에 대한 설명으로 틀린 것은?

① 일방 또는 쌍방당사자가 내국인인 경우 고등법원 수석판사의 허가를 받아야 한다.

② 외국인의 통신인 경우 서면으로 대통령의 승인을 얻어야 한다.

③ 작전수행을 위한 군용전기통신인 경우에는 국방부 장관의 승인을 얻어야 한다.

④ 정보수사기관의 장이 대통령의 승인을 얻을 시간적 여유가 없는 경우에는 소속 장관의 승인을 얻어야 한다.

정답 ③

풀이 ③ 군용전기통신(작전수행을 위한 전기통신에 한한다)에 대한 통신제한조치의 경우에는 서면으로 대통령의 승인을 얻어야 한다.

956

범죄수사를 위한 통신제한조치에 대한 설명으로 틀린 것은? [2021년 기출 변형]

① 통신제한조치의 기간은 2개월을 초과하지 못한다.

② 통신제한조치의 허가 요건이 존속하는 경우에는 2개월의 범위에서 통신제한조치기간의 연장할 수 있다.

③ 통신제한조치의 총 연장기간은 원칙적으로 1년을 초과할 수 없다.

④ 「국가보안법」에 규정된 죄의 경우에는 통신제한조치의 총 연장기간이 2년을 초과할 수 없다.

정답 ④

풀이 ④ 「국가보안법」에 규정된 죄, 「군사기밀보호법」에 규정된 죄, 「군사기지 및 군사시설보호법」에 규정된 죄, 「형법」과 「군형법」의 내란의 죄, 반란의 죄 등의 경우에는 통신제한조치의 총 연장기간이 3년을 초과할 수 없다.

957

통신제한조치에 대한 설명으로 틀린 것은? [2021년 기출]

① 대한민국에 적대하는 국가, 반국가활동의 혐의가 있는 외국의 기관·단체와 외국인, 대한민국의 통치권이 사실상 미치지 아니하는 한반도내의 집단이나 외국에 소재하는 그 산하단체의 구성원의 통신인 때에는 서면으로 대통령의 승인을 얻어야 한다.

② 검사, 사법경찰관 또는 정보수사기관의 장은 긴급통신제한조치의 집행착수 후 지체없이 법원에 허가청구를 하여야 하며, 그 긴급통신제한조치를 한 때부터 36시간 이내에 법원의 허가를 받지 못한 때에는 즉시 이를 중지하여야 한다.

③ 사법경찰관이 긴급통신제한조치를 할 경우에는 미리 검사의 지휘를 받아야 한다. 다만, 특히 급속을 요하여 미리 지휘를 받을 수 없는 사유가 있는 경우에는 긴급통신제한조치의 집행착수 후 지체 없이 검사의 승인을 얻어야 한다.

④ 검사, 사법경찰관 또는 정보수사기관의 장이 국가안보를 위협하는 음모행위, 직접적인 사망이나 심각한 상해의 위험을 야기할 수 있는 범죄 또는 조직범죄등 중대한 범죄의 계획이나 실행 등 긴박한 상황에 있고 대통령의 승인을 얻을 시간적 여유가 없다고 판단되는 때에는 소속 장관의 승인을 얻어 통신제한조치를 할 수 있다.

정답 ④

풀이 ④ 「통신비밀보호법」 제7조제1항제2호에 해당하는 자에 대한 긴급통신제한조치의 주체는 '검사, 사법경찰관 또는 정보수사기관의 장'이 아니라 '정보수사기관의 장'이다.

958

국가안보를 위한 통신제한조치에 대한 설명으로 틀린 것은? [2017년 기출 변형]

① 정보수사기관의 장은 일방 또는 쌍방당사자가 내국인인 경우 고등법원 수석판사에 대하여 그 허가를 청구할 수 있다.

② 정보수사기관의 장은 쌍방당사자 모두 외국인인 경우 서면으로 대통령의 승인을 얻어 통신제한조치를 할 수 있다.

③ 정보수사기관의 장이 대통령의 승인을 얻을 시간적 여유가 없는 경우에는 소속 장관의 승인을 얻어야 한다.

④ 정보수사기관의 장이 통신제한조치를 하려는 경우에는 그에 관한 계획서를 국정원장에게 제출하여야 한다.

정답 ①

풀이 ① 정보수사기관의 장은 고등검찰청 검사에 대하여 통신제한조치에 대한 허가를 신청하고, 고등검찰청 검사는 고등법원수석판사에 대하여 그 허가를 청구할 수 있다.

959

인원보안에 대한 설명으로 틀린 것은? [2008년 기출 변형]

① 신원조사는 개개인들에게 비밀취급인가권(security clearance)이 부여될 수 있는지 그 여부를 판단하기 위해 수행되는 조사활동이다.

② 신원조사에서 고용될 사람의 성격, 정서적 안정성, 충성심, 의지력 등 다양한 요소를 고려하게 된다.

③ 이미 고용되어 근무하고 있는 사람에 대해서도 그 사람의 주변 환경변화 또는 파악하지 못한 신원정보에 대해서 지속적인 관찰과 더불어 관련되는 사항들을 수집하게 되는데 이를 동향파악이라고 한다.

④ 서약은 심리적 압박을 주어 비밀을 보호하고자 하는 취지로 시행되며, 단체로 여러 사람이 함께 하는 것보다는 개별적으로 그리고 구두보다는 근거가 남는 문서로 하는 것이 보다 효과적이고 최근 거짓말탐지기(polygraph) 테스트가 빈번히 활용되고 있다.

정답 ④

풀이 ④ 거짓말탐지기(polygraph) 테스트는 동향파악에 활용되고 있다.

960

「보안업무규정」에 대한 설명으로 틀린 것은? [2008년 기출 변형]

① 국가정보원장은 인원 · 문서 · 자재 · 시설 · 지역 및 장비 등의 보안관리 상태와 그 적정 여부를 조사하기 위하여 보안감사를 한다.

② 국가정보원장은 보안사고를 예방하기 위하여 국가보안시설, 국가보호장비 및 보호지역에 대하여 직권 또는 관계 기관의 장의 요청에 따라 보안측정을 한다.

③ 국가정보원장은 보안사고가 발생한 경우 사고원인 규명 및 재발 방지 대책마련을 위하여 보안사고 조사를 한다.

④ 국가정보원장은 필요하다고 인정할 때에는 각급기관의 장에게 보안측정 및 보안사고 조사와 관련한 권한의 일부를 위탁할 수 있다.

정답 ①

풀이 ① 중앙행정기관 등의 장은 이 영에서 정한 인원 · 문서 · 자재 · 시설 · 지역 및 장비 등의 보안관리 상태와 그 적정 여부를 조사하기 위하여 보안감사를 한다. 「국가정보원법」은 국가정보원의 보안 업무에서 각급 기관에 대한 보안감사를 제외하고 있다.

961

통신제한조치의 기간에 대한 설명으로 틀린 것은? [2008년 기출 변형]

① 범죄수사를 위한 통신제한조치의 기간은 2개월을 초과하지 못한다.

② 범죄수사를 위한 통신제한조치의 허가요건이 존속하는 경우에는 2개월의 범위에서 연장할 수 있다.

③ 국가안보를 위한 통신제한조치의 기간은 4월을 초과하지 못하고, 고등법원 수석판사의 허가 또는 대통령의 승인을 얻어 4월의 범위 이내에서 그 기간을 연장할 수 있다.

④ 국가안보를 위한 통신제한조치의 총 연장기간은 원칙적으로 1년을 초과할 수 없고, 중대 범죄의 경우에는 총 연장기간이 3년을 초과할 수 없다.

정답 ④

풀이 ④ 범죄수사를 위한 통신제한조치의 총 연장기간에 대한 설명이다. 「통신비밀보호법」은 범죄수사를 위한 통신제한조치와 달리 국가안보를 위한 통신제한조치에 대해서는 총 연장기간을 제한하지 않고 있다.

962

「통신비밀보호법」의 벌칙에 대한 설명으로 틀린 것은? [2007년 기출 변형]

① 「통신비밀보호법」의 규정을 위반하여 우편물의 검열 또는 전기통신의 감청을 하거나 공개되지 아니한 타인 간의 대화를 녹음 또는 청취한 자는 1년 이상 10년 이하의 징역과 5년 이하의 자격정지에 처한다.

② 「통신비밀보호법」의 규정을 위반하여 우편물의 검열 또는 전기통신의 감청을 하거나 공개되지 아니한 타인 간의 대화를 녹음 또는 청취하여 알게 된 통신 또는 대화의 내용을 공개하거나 누설한 자는 2년 이상의 징역과 10년 이하의 자격정지에 처한다.

③ 「통신비밀보호법」의 규정을 위반하여 단말기기 고유번호를 제공하거나 제공받은 자는 3년 이하의 징역 또는 1천만원 이하의 벌금에 처한다.

④ 「통신비밀보호법」의 규정을 위반하여 긴급통신제한조치를 즉시 중지하지 아니한 자는 3년 이하의 징역 또는 1천만원 이하의 벌금에 처한다.

정답 ②

풀이 ② 「통신비밀보호법」의 규정을 위반하여 우편물의 검열 또는 전기통신의 감청을 하거나 공개되지 아니한 타인 간의 대화를 녹음 또는 청취하여 알게 된 통신 또는 대화의 내용을 공개하거나 누설한 자는 1년 이상 10년 이하의 징역과 5년 이하의 자격정지에 처한다.

963

다음 중 「군사기밀보호법」에 규정된 내용과 다른 것은? [2024년 기출]

① 군사기밀은 그 내용과 가치 정도에 따라 적절히 보호할 수 있는 최저등급으로 지정하여야 한다.

② 군사기밀의 관리 · 취급 · 표시 · 고지 그 밖에 군사 기밀의 보호조치와 군사보호구역의 설정 등에 필요한 사항은 국방부 장관이 정한다.

③ 군사기밀은 그 내용이 누설되는 경우 안전보장에 미치는 정도에 따라 Ⅰ, Ⅱ, Ⅲ급비밀로 등급을 구분한다.

④ 검사는 피의자가 불법으로 구속된 것이라고 의심할 만한 상당한 이유가 있으면 즉시 피의자에 관한 사건을 검찰에 송치할 것을 명하여야 한다.

정답 ②

풀이 ② 「군사기밀보호법」 제5조 제3항은 '군사기밀의 관리 · 취급 · 표시 · 고지, 그 밖에 군사기밀의 보호조치와 군사보호구역의 설정 등에 필요한 사항은 대통령령으로 정한다.'고 규정하고 있다.

Theme 34 국가정보와 사이버 안보

핵심정리 **사이버 정보**

사이버 정보(Cyber Information)는 인터넷 등 전자혁명에 의해 탄생된 가상 공간(cyber space)에서 생성되고 수집되는 정보를 말한다. Information은 가공과 분석 평가를 하기 전의 생(raw)자료를 의미한다. 이러한 생자료가 가공 · 분석되어 종합적인 가치를 부여받아 최종정보(intelligence)가 되는 것으로, Information은 통상 가공 · 분석 전의 첩보라고 일컬어진다. 그러나 실시간적으로 무수한 변동이 일어나는 사이버 공간상에서 Information은 그 자체가 최종적인 분석정보(Intelligence)의 가치를 가진다고 할 수 있기 때문에 이를 사이버 정보라고 별도로 호칭한다.

964

다음 중 사이버 정보에 대한 설명으로 잘못된 것은?

① 통상 국가정보학에서 인포메이션(Information)은 가공과 분석 전의 생(raw) 자료를 의미하고 그러한 생자료가 가공 · 분석되어 정보(intelligence)가 된다.

② 실시간적으로 무수한 변동이 일어나는 사이버 공간상에서는 Information은 그 자체가 최종적인 분석정보(Intelligence)의 가치를 가진다고 할 수 없다.

③ 사이버 정보는 인터넷 등 사이버 공간상에서 발생하는 각종 데이터에서 자료축적을 하고, 그중에서 가치 있고 의미 있는 내용을 정보로 추출한다.

④ 사이버 정보는 사이버 공간에서 획득한 지식 이상의 커다란 가치를 가진다. 오늘날 각국은 사이버상의 정보 자체가 별도의 특별한 고유 가치를 창출하는 국익의 새로운 영역이라고 인정하는 데 주저하지 않는다. 사이버 정보는 그 자체가 중요한 국가 자산이면서 전쟁무기이다.

정답 ②

풀이 ② Information은 통상 가공 · 분석 전의 첩보라고 일컬어진다. 그러나 실시간적으로 무수한 변동이 일어나는 사이버 공간상에서 Information은 그 자체가 최종적인 분석정보(Intelligence)의 가치를 가진다고 할 수 있기 때문에 이를 사이버 정보라고 별도로 호칭한다.

핵심정리 사이버 공격의 유형

1. 의의

사이버 공격에는 다양한 종류의 무기가 활용되는데, 크게 컴퓨터 하드웨어 공격과 소프트웨어 공격으로 분류된다.

2. 컴퓨터 하드웨어 공격

(1) 의의

① 컴퓨터 하드웨어가 가진 약점을 노리는 대표적인 방법으로는 TEMPEST(누설전자파), EMI(전자기 간섭), EMC(전자기 호환) 등이 있다.

② 이러한 무기들은 주로 컴퓨터 시스템이 내는 전자파를 수집해 컴퓨터가 수행하는 작업의 내용을 유출해내는 방법을 활용한다.

(2) 작동 원리

① 컴퓨터가 배출하는 전자파는 일정한 규칙을 가지고 있어 컴퓨터시스템이 입력하거나 출력할 때 내는 주파수와 파장을 분석하면 컴퓨터 파일의 내용을 복구할 수 있다고 한다.

② 이 무기는 전산망을 파괴하지 않고 적국의 비밀정보를 몰래 수집하는 스파이활동에 많이 동원된다. 또한, 전파방해(electronic jamming)는 오래 전부터 사용되어 온 방법이다. 적국의 시스템에서 송/수신하는 전파의 흐름을 방해해서 전달하고자 하는 정보를 없애거나 가짜정보를 중간에 삽입하여 통신망을 교란하는 행위이다.

③ 치핑(chipping)은 시스템 하드웨어를 설계할 때 칩 속에 고의로 특정코드를 삽입시켰다가 필요 시 시스템을 공격할 때 사용하는 방법이다.

(3) 사용 무기

고에너지를 가지는 전자기파를 이용하여 정보시스템 및 정보통신망의 기능을 마비시키는 무기로서 '고출력 전자파 공격무기(Electro-Magnetic Pulse Bomb, 일명 'EMP'탄)', 정보시스템을 구성하는 특정부품(전자회로기판 등)을 찾아 파괴함으로써 기능을 마비시키는 초미세형 로봇(Nano Machine), 정보시스템을 구성하는 특정성분(실리콘 등)을 인지하여 부식 · 파괴함으로써 기능을 마비시키는 전자적 미생물(Microbes) 등 다양한 무기들이 활용되고 있다.

3. 컴퓨터 소프트웨어 공격

(1) 의의

① 컴퓨터 소프트웨어가 가진 취약점을 공격하는 것으로서 일반적으로 알려진 컴퓨터 해킹(hacking)이 있다.

② 해킹은 컴퓨터와 통신 관련 지식을 가진 해커가 전산망에 침투해 컴퓨터 바이러스를 삽입하거나 데이터베이스를 파괴시키는 방법이다.

(2) 논리폭탄

컴퓨터 바이러스와 유사한 종류로 '논리폭탄'이라는 것이 있다. 논리폭탄은 컴퓨터시스템에 일시적으로 오류가 발생하도록 시스템 내부 코드를 바꾸는 것이다.

(3) 트랩도어(Trap Door 혹은 Back Door)

① 그리고 전 세계 컴퓨터 프로그램의 70-80%를 생산하는 미국이 쉽게 이용할 수 있는 방법으로 '트랩도어(Trap Door 혹은 Back Door)'라는 것이 있다.

② 트랩도어는 시스템 내부를 설계할 때부터 프로그램에 실수나 고의로 장치된 침입로를 일컫는다. 개발자만 알 수 있는 이 트랩도어를 이용하면 언제든지 쉽게 시스템 내부에 침투해 전산망을 마비시킬 수 있다고 한다.

(4) '트로이목마(Trojan House)'와 '스니퍼(Sniffer)'

시스템 관리자 권한을 취득할 목적으로 작성한 불법 프로그램으로서 '트로이목마(Trojan House)'라는 것이 있고, 정보통신망에 전송되는 중요 정보를 획득할 목적으로 작성한 불법 프로그램으로서 '스니퍼(Sniffer)'라는 것도 있다.

(5) 객체이동가상무기(Autonomous Mobile Cyber Weapon, AMCW)

① 컴퓨터 바이러스 중 가장 강력한 파괴력을 가진 무기로 알려진 '객체이동가상무기(Autonomous Mobile Cyber Weapon, AMCW)'라는 것이 있다.

② AMCW는 공격 목표지점에 정확하게 도달해 적국의 기간 통신망이나 방공망 같은 중요 전산망을 파괴하거나 교란시키는 무기로 알려졌다. 이 무기는 마치 스마트 탄처럼 정해진 공격목표에 정확하게 도달하는 순항 능력을 가지고 있다고 한다.

③ 이 무기는 전산망에 침입하면 복제 과정을 통해 무한대로 성장하며 생물처럼 변이를 일으켜 제거하기도 힘들다고 한다. 또한 침투 흔적이 전혀 없어 전산망이 거의 완전히 파괴될 때까지 침투된 사실조차 모르는 경우가 대부분이라고 한다.

④ 문제는 이 무기를 합법 또는 비합법적인 방법으로 누구든지 구입할 수 있다는 것이다. 그래서 범죄단체나 테러리스트들이 AMCW 활용하게 되면 국가의 정보기반구조를 일시에 파괴시켜 엄청난 피해를 야기하게 될 것이다. 예를 들어 AMCW가 국내 방공망 통제시스템에 침투되면 전투기 한 대도 띄우지 못한 채 국내 상공은 적의 공습에 무방비 상태가 되고 전국이 불바다가 될 수 있다.

(6) 서비스거부(denial of service, DoS)

① 최근 전 세계적으로 빈번히 발생하여 상당한 피해를 야기해온 서비스거부(denial of service, DoS)라는 것이 있다. 이는 네트워크 또는 전산시스템에 과도한 부하를 유발하여 정상적인 정보통신 서비스를 중단시키거나 성능을 떨어지게 하는 행위이다.

② 이에 해당되는 전형적인 수법으로서 분산 서비스거부(distributed denial-of-service, DDoS) 공격이 있는데, 공격자가 인터넷으로 원격조종이 가능한 컴퓨터들을 수백 또는 수천 대 규모로 미리 확보한 후에 특정 기관에 동시에 접속하도록 명령하여 대상 기관의 정보통신 서비스를 마비시키는 행위를 말한다.

③ 2000년 2월 세계적인 인터넷 서비스 업체인 야후(Yahoo), 온라인 쇼핑몰 이베이 등이 서비스거부 공격으로 인해 피해를 입은 바 있다. 앞서 언급했듯이, 한국에서도 2009년 7월 7일 분산서비스거부(DDoS) 공격으로 엄청난 피해를 입은데 이어서 2011년 3월 4일 또다시 DDoS 공격을 당했다.

(7) 스턱스넷(Stuxnet)

① 역사상 최초로 발견된 악성 코드 무기로서 이란의 원심분리기 1000여 기를 파괴해서 이란의 핵 프로그램을 연기시켰다.

② 웜이지만, 동시에 트로이목마이자 바이러스이기도 한 악성코드 복합체이다.

(8) APT(Advanced Persistent Threat)

① 특정 목표대상에 대해 취약점을 파악하고 지속적으로 다양한 방법을 이용하여 공격하는 방법이다.

② 일률적인 공격법이 아니라 대상과 상황에 따라 적절한 공격을 시도하므로 탐지 및 차단이 어렵다. 공격 기술이 아닌 공격 절차이기에 단편적인 기술로 대응할 수 없다.

핵심정리 사이버 무력 공격

「유엔헌장」 제2조 제4항은 무력사용의 금지를 규정하고 있다. 「유엔헌장」 제51조는 무력사용이 심각하여 가장 중대한 유형인 무력공격에 이른 경우 자위권 차원에서 무력을 행사할 수 있다고 한다. 한편 제2조 제4항에서 금지되는 무력 사용에는 타국의 반란 단체에 대한 무장과 훈련, 병참 지원이나 기지 제공 등 간접적인 것도 포함된다. 따라서 다른 국가의 컴퓨터 네트워크에 대한 악성코드 유포, 해킹에 의한 데이터의 삭제나 변경, 군사 장비의 운영에 관련된 컴퓨터 통제시스템의 무력화 등은 무력 사용에 포함될 수 있을 것으로 보인다. 그렇지만 사이버 공격으로 인하여 신체적 혹은 재산적 손해가 발생하거나 발생이 예상되고, 그 손해가 무력 공격의 결과로 발생하는 피해와 일치하거나 일치할 것으로 예측되는 경우 해당 사이버 공격은 무력공격과 동가치성을 갖는 것으로 볼 수 있을 것이다. 무력공격에 해당하는 사이버 공격에 대해서는 일반적으로 자위권 행사가 가능하다고 여겨지고 있다.

핵심정리 사이버 공격의 대응

(1) 미국은 「컴퓨터 보안법(Computer Security Act of 1987)」, 「문서작업감축법(Paperwork Reduction Act of 1995)」, 「통신법(Telecommunication Act of 1996)」, 「국가정보기반보호법(National Information Infrastructure Protection Act of 1996)」 등 사이버테러 대비 관련법을 꾸준히 정비 중에 있다.
(2) 2001년의 9/11 테러 이후 미국은 테러 관련 22개 부처를 통합하여 국토안보부를 설립하였으며, 국토안보부의 5개 부문 중 하나로 '정보분석정보보호(IAIPP)' 차관실을 두고, 그 산하에 사이버테러 대응을 총괄하는 사이버안보국(NCSD)을 설치하였다.
(3) 현재 사이버안보국은 산하에 민·관 분야의 사이버위협 예방 및 대응을 위한 정부침해 대응기구인 US-CERT를 구성, 2006년 초부터 국가 차원의 사이버위협 예·경보 체계를 운영하고 있다.
(4) 2009년 1월 오바마 대통령 취임 이후 사이버안보에 대한 강한 의지를 표명하면서 백악관에 사이버안보보좌관을 신설했다. 이어서 2010년 5월 메릴랜드 주 포트 미드(Fort Meade)에 근거지를 둔 사이버사령부를 출범시켰다.

핵심정리 해킹 방법

(1) DDoS(Distribute Denial of Service)
분산 서비스 거부 또는 분산 서비스 거부 공격으로, 여러 대의 공격자를 분산 배치하여 동시에 동작하게 함으로써 특정 사이트를 공격하는 해킹방식이다.

(2) 스니핑(Sniffing)
네트워크상의 한 호스트에서 그 주위를 지나다니는 패킷들을 엿보는 것으로 다른 사람의 계정과 패스워드를 알아내기 위해 자주 쓰이는 방법이다.

(3) 스누핑(Snooping)
네트워크상에서 남의 정보를 염탐하여 불법으로 가로채는 행위. 소프트웨어 프로그램(스누퍼)을 이용하여 원격으로 개인적인 메신저 내용, 로그인 정보, 전자우편 등 정보를 몰래 획득하거나 네트워크 트래픽을 분석하기 위해서 사용, 스니핑(sniffing) 유사어로 사용된다.

(4) 백도어와 트로이 목마(Backdoor & Trojan Vundo)
정상적인 프로그램으로 가장하여 프로그램 내에 숨어서 의도하지 않은 기능을 수행하는 것으로 바이러스나 웹에서 주로 사용하는 메커니즘이다.

(5) 스푸핑(Spoofing)
속이는 방법을 통해서 해킹을 하는 것으로 마치 로그인 화면 같은 프로그램을 통해 패스워드·계정을 입력하게 하는 패스워드 해킹방법이다.

(6) 버퍼 오버플로(Buffer Overflow)
실행 프로그램에서 메모리버퍼를 넘치게 해 프로그램을 이상 작동하도록 함으로써 프로그램 내의 보호되지 않는 영역을 활용해 원래의 목적을 벗어난 이상 동작을 유발한다.

(7) 봇넷(botnet)
악성 프로그램에 감염되어 나중에 악의적인 의도로 사용될 수 있는 다수의 컴퓨터들이 네트워크로 연결된 형태로 해킹 또는 악성 프로그램에 감염된 컴퓨터를 네트워크로 연결하고, 해커는 봇넷에 연결된 컴퓨터를 원격 조정해 개인정보 유출, 스팸 메일 발송, 다른 시스템에 대한 공격 등 악성행위를 하는 방법이다.

(8) 엑스플로잇(Exploits)
시스템 취약점을 이용하여 IT 시스템의 보안을 위협하는 방법으로 서비스 거부 공격, 원격 명령어 실행 버퍼 오버플로 공격 등이 이에 해당된다.

(9) 기타 취약성을 이용한 공격
기타 취약성을 이용한 공격으로 프로그램에 존재하는 버그를 이용하는 방법 등이 있다.

965

사이버 공격의 유형에 대한 설명으로 틀린 것은?

① 사이버 테러는 정책변경을 목적으로 하는 사이버 공간에서의 테러공격이다.
② 사이버 전쟁은 국가소멸을 목적으로 사이버 공간에서 실전적 형태로 전개하는 전쟁이다.
③ 작전보안은 사이버상에서의 공개정보를 유사시에는 이용하지 못하도록 삭제하는 등의 통제를 말한다.
④ 전자전쟁은 현실의 물리적인 세계에서 수행되는 공격이라는 점에서 사이버 공간에서 전개되는 사이버 전쟁과 구별된다.

정답 ④

풀이 전자전쟁은 사이버 공간은 물론이고, 현실의 물리적인 세계에서 전자장치를 사용하여 전자기장이 형성되는 전자기기를 대상으로 수행되는 공격이다.

966

사이버 공격의 유형에 대한 설명으로 틀린 것은?

① 사이버 테러는 정책변경을 목적으로 하는 사이버 공간에서의 테러공격이다.
② 사이버 전쟁은 국가소멸을 목적으로 사이버 공간에서 실전적 형태로 전개하는 전쟁을 말한다.
③ 전자전쟁은 사이버 공간이 아닌 현실의 물리적인 세계에서 전자장치를 사용하여 전자기장이 형성되는 전자기기를 대상으로 수행되는 공격이다.
④ 정보작전은 정보우위 달성을 목적으로 가용 활동과 능력을 통합, 동시화하여 아군의 정보 및 정보 체계는 방어하거나 보호하면서 적의 정보 및 정보체계를 공격하거나 영향을 주기 위한 전·평시 군사 및 군사관련 작전 활동이다.

정답 ③

풀이 전자전쟁은 사이버 공간은 물론이고, 현실의 물리적인 세계에서 전자장치를 사용하여 전자기장이 형성되는 전자기기를 대상으로 수행되는 공격이다.

967

다음 중 사이버 공간의 확대가 초래한 첩보환경의 변화에 대한 설명으로 가장 적절하지 않은 것은?

[2024년 기출]

① 사이버 공격은 해킹, 악성 프로그램 등을 통한 사이버 범죄 수준을 넘어 국가안보에 직접 위협을 가하는 것이다.

② 국제사회는 사이버 공격이 전쟁행위를 구성한다는 점에 공감하고 있다.

③ 사이버 공격 능력을 가장 괄목하게 증진시킨 국가로 러시아, 중국, 북한, 이란이 손꼽힌다.

④ 사이버 범죄, 사이버 간첩 행위, 재산권 도용 등의 사이버 사건들이 곧 사이버 무력 공격의 조건을 갖추는 것은 아니다.

정답 ①

풀이 ① 「사이버안보 업무규정」 제2조 제2호는 '"사이버공격 · 위협"이란 해킹, 컴퓨터 바이러스, 서비스거부(DDoS, Distributed Denial of Service), 전자기파 등 전자적 수단에 의하여 정보통신기기, 정보통신망 또는 이와 관련된 정보시스템을 침입 · 교란 · 마비 · 파괴하거나 정보를 위조 · 변조 · 훼손 · 절취하는 행위 및 그와 관련된 위협을 말한다.'고 규정하고 있다. 사이버 공격은 사이버 범죄, 사이버 테러, 사이버 전쟁 등 사이버 공간에서 이루어지는 악의적인 행위를 포괄하는 개념이다.

④ 「유엔헌장」 제2조 제4항은 무력사용의 금지를 규정하고 있다. 「유엔헌장」 제51조는 무력사용이 심각하여 가장 중대한 유형인 무력공격에 이른 경우 자위권 차원에서 무력을 행사할 수 있다고 한다. 한편 제2조 제4항에서 금지되는 무력 사용에는 타국의 반란 단체에 대한 무장과 훈련, 병참 지원이나 기지 제공 등 간접적인 것도 포함된다. 따라서 다른 국가의 컴퓨터 네트워크에 대한 악성코드 유포, 해킹에 의한 데이터의 삭제나 변경, 군사 장비의 운영에 관련된 컴퓨터 통제시스템의 무력화 등은 무력 사용에 포함될 수 있을 것으로 보인다. 그렇지만 사이버 공격으로 인하여 신체적 혹은 재산적 손해가 발생하거나 발생이 예상되고, 그 손해가 무력 공격의 결과로 발생하는 피해와 일치하거나 일치할 것으로 예측되는 경우 해당 사이버 공격은 무력공격과 동가치성을 갖는 것으로 볼 수 있을 것이다. 무력공격에 해당하는 사이버 공격에 대해서는 일반적으로 자위권 행사가 가능하다고 여겨지고 있다.

968

다음 중 해킹메일 유포 예방대책으로 정보담당관이 조치해야할 사항으로 가장 적절하지 않은 것은?

[2024년 기출]

① 의심메일 수신 시 발송자에게 동일 메일로 발송여부 확인 후 열람
② 기관 내부에서 사용메일 · 메신저 · P2P · 소셜 네트워크 사이트 접속 차단
③ 인터넷 PC에 업무용 USB 메모리 연결금지 및 비인가 USB 메모리 차단
④ 운영체제 및 문서편집기 최신 보안패치 및 백신 업데이트

정답 ①

풀이 ① 피싱(phishing)은 전자우편 또는 메신저를 사용해서 신뢰할 수 있는 사람 또는 기업이 보낸 메시지인 것처럼 가장함으로써, 비밀번호 및 신용카드 정보와 같이 기밀을 요하는 정보를 부정하게 얻으려는 소셜 엔지니어링(social engineering)의 한 종류이다. 피싱이란 용어는 fishing에서 유래하였으며 프라이빗 데이터(private data)와 피싱(fishing)의 합성어이다. 동일 메일로 발송 여부를 확인하면 기밀이 유출될 수 있다.

969

컴퓨터 하드웨어 공격으로 적절하지 않은 것은?

① EMC
② EMI
③ AMCW
④ TEMPEST

정답 ③

풀이 객체이동가상무기(Autonomous Mobile Cyber Weapon, AMCW)는 소프트웨어 공격에 해당한다. AMCW는 컴퓨터 바이러스 중 가장 강력한 파괴력을 가진 무기로서 공격 목표지점에 정확하게 도달해 적국의 기간 통신망이나 방공망 같은 중요 전산망을 파괴하거나 교란시키는 무기로 알려져 있다. 이 무기는 마치 스마트 탄처럼 정해진 공격목표에 정확하게 도달하는 순항 능력을 갖고 있다고 한다.

970

소프트웨어 공격수단만을 나열한 것으로 옳은 것은? [2022년 기출]

① 트랩도어(Trap door), 재밍(jamming)

② 웜(Worm), 논리폭탄(logic bomb)

③ 지능형 지속공격(APT), 치핑(chipping)

④ 스턱스넷(Stuxnet), EMP 폭탄

정답 ②

풀이 ② 재밍(jamming), 치핑(chipping), EMP 폭탄은 컴퓨터 하드웨어 공격이다.

971

성질이 다른 사이버 공격의 유형으로 옳은 것은? [2021년 기출]

① 스푸핑

② 전자폭탄

③ 랜섬웨어

④ 트로이목마

정답 ②

풀이 ② 전자폭탄은 하드웨어 사이버 공격에 해당하는 무기이고 나머지는 소프트웨어 사이버 공격에 활용되는 무기들이다.

972

시스템 내부를 설계할 때부터 프로그램에 설치한 침입로를 이용하는 사이버 공격으로 옳은 것은? [2021년 기출]

① 악성코드

② 백 도어

③ 리버스엔지니어링 공격

④ 소셜엔지니어링 공격

정답 ②

풀이 ② 컴퓨터의 침입 루트를 파악한 후에 다시 침입하는 방식은 백 도어(back door) 공격이다.

973

다음 중 사이버 테러의 유형에 대한 설명으로 틀린 것은? [2019년 기출]

① 디도스 공격으로 서버를 다운시켜 정상적인 서비스를 방해한다.

② 스턱스넷이라는 악성코드를 심어 중요한 시스템의 작동을 중지시킨다.

③ 기업의 중요한 컴퓨터시스템을 해킹해 정보를 위·변조한다.

④ EMP폭탄을 투하해 제반 전자기기 전자장치의 전기회로를 파괴한다.

정답 ④

풀이 ④ 전자기장 무기(EMP)는 주로 사이버 전쟁에 사용되는 무기로서 사이버 테러의 유형으로 볼 수 없다.

974

전산시스템에 과도한 부하를 일으켜 정상적인 시스템 작동을 방해하는 사이버 공격 기법으로 옳은 것은? [2013년 기출]

① 해킹

② 서비스의 거부(DoS)

③ 피싱

④ 스니핑

정답 ②

풀이 ② 서비스 거부(denial of service, DoS)는 네트워크 또는 전산시스템에 과도한 부하를 유발하여 정상적인 정보통신 서비스를 중단시키거나 성능을 떨어지게 하는 행위이다.

핵심정리 해커

(1) 의의

① 컴퓨터 또는 컴퓨터 프로그래밍에 뛰어난 기술자로 네트워크의 보안을 지키는 사람으로 1950년대 말 미국 매사추세츠공과대학(MIT)의 동아리 모임에서 유래하였다.

② 컴퓨터 시스템 내부구조와 동작 따위에 심취하여 이를 알고자 노력하는 사람으로서 대부분 뛰어난 컴퓨터 및 통신 실력을 가진 사람들이다.

(2) 해커의 종류

① 순수하게 공부와 학업을 목적으로 해킹하는 사람으로 정보보안전문가

② 서버의 취약점을 연구해 해킹 방어 전략을 구상하는 화이트(White) 해커

③ 악의적인 해커로 다른 컴퓨터에 불법으로 침입해 자료의 불법 열람, 변조, 파괴 등 행위를 하는 공격자로 블랙(Black) 해커 혹은 크래커(Cracker)

핵심정리 사이버 범죄

(1) 의의

① 사이버 공간은 컴퓨터 네트워크를 통해 접할 수 있는 공간으로 시간적 · 공간적 제약 없이 접속의 기회가 무한하다. 경계 없이 어떠한 정보에 접근할 수 있는 자유로운 공간, 가상세계로 구성되어 사이버 공간에서 발생하는 범죄를 총칭하여 사이버 범죄라고 한다.

② 사이버 범죄는 원인의 규명이 비교적 어렵고 그 피해범위가 넓고 피해 정도가 크다는 면에서 일반 범죄와 다른 특성을 지닌다.

③ 국경을 초월하는 인터넷을 통해 확산되기 때문에 그 전파속도가 빠르고 광범위하다. 컴퓨터 시스템에 무단 침입하여 비행을 저지르는 온라인 불량배나 해커 등 하이테크 지혜와 기지(機智)를 발휘하여 인터넷을 휘젓고 다니는 사람들을 사이버 펑크(cyberpunk)라고 한다. 이는 사이버 공간과 비행 청소년 또는 불량배를 뜻하는 펑크의 합성어로 윌리엄 깁슨(William Gibson)의 소설 「뉴로맨서」(Newromance)에서 유래하였다.

(2) 사이버 범죄의 특성

비대면성 · 익명성, 가치규범의 부재, 용이성, 광역성, 국제성, 전문기술성 등

(3) 사이버 범죄의 유형

① 제1유형

컴퓨터시스템이나 정보통신기반을 침해하는 범죄군으로 '사이버 테러'형으로 해킹, 폭탄메일, 바이러스 유포 등

② 제2유형

사이버 공간을 이용한 전통적 범죄군으로 온라인사기, 인터넷 게임 관련 사기(사용자 도용, 아이템 사기), 불법복제물 제작판매(음란물, 상용프로그램), 불법사이트 운영(음란사이트, 사이버 도박), 개인정보 침해 및 명예훼손(개인, 기업체), 인터넷 사기 공모, 전자기록 등 정보 조작 행위 등

③ 제3유형

사이버 공간에서만 존재하는 신종 범죄군으로 게임 아이템 절도, 아바타 인격권 침해 등

핵심정리 사이버 범죄의 분류

		전통적 범죄 유형	새로운 범죄 유형
해킹과의 관련성	유	개인신용정보의 도용	사이버절도(게임아이템 등), 전자문서의 도용 · 변조 · 파괴
	무	전자상거래범죄 · 인터넷 사기, 사이버성희롱 · 성폭행, 사이버스토킹, 허위사실유포 · 명예훼손, 사생활 유포, 인신공격 · 언어폭력 · 협박	컴퓨터바이러스, 스팸메일

975

해킹과 관련이 있는 범죄로 옳은 것은?

① 사이버 절도
② 인터넷 사기
③ 사생활 유포
④ 컴퓨터 바이러스

정답 ①

풀이 해킹은 컴퓨터 시스템, 네트워크 시스템 등의 취약점을 통해 시스템 내부로 침입하고 해당 시스템의 설계자, 개발자, 관리자 또는 운영자가 의도하지 않은 동작을 하도록 하거나 침입자가 지정된 권한 이상의 정보를 열람하고 복사하고 변경하는 행위를 의미한다.

976

해킹과 관련이 있는 범죄로 틀린 것은? [2023년 기출]

① 바이러스 유포
② 개인정보 도용
③ 사이버 절도
④ 전자문서 도용

정답 ①

풀이 ① 「정보통신기반 보호법」은 전자적 침해행위를 해킹, 컴퓨터 바이러스, 논리 · 메일폭탄, 서비스거부 또는 고출력 전자기파 등의 방법으로 정의한다. 즉 컴퓨터 바이러스 유포와 해킹은 구별된다. 참고로 해킹은 컴퓨터 시스템, 네트워크 시스템 등의 취약점을 통해 시스템 내부로 침입하고 해당 시스템의 설계자, 개발자, 관리자 또는 운영자가 의도하지 않은 동작을 하도록 하거나 침입자가 지정된 권한 이상의 정보를 열람하고 복사하고 변경하는 행위를 의미하고, 컴퓨터 바이러스 등 악성프로그램은 정보시스템의 정상적인 작동을 방해하기 위하여 고의로 제작 · 유포되는 모든 실행 가능한 컴퓨터 프로그램을 의미한다.

977

네트워크 또는 전산시스템에 과도한 부하를 유발하여 정상적인 서비스를 중단시키거나 방해하는 컴퓨터 소프트웨어 공격으로 옳은 것은? [2008년 기출]

① 해킹(Hacking)
② 서비스의 거부(Denial of Service)
③ 스파이웨어(Spyware)
④ 스니핑(Sniffing)

정답 ②

풀이 ② 서비스를 거부하는 공격을 DoS공격이라고 하며 최근에는 분산된 공격자가 동시에 한 목표를 공격하는 방법을 채택하는데 이를 DDoS(Dirstributed DoS)라고 한다.

핵심정리 사이버 테러와 사이버 전쟁

(1) 정치적 의도를 관철하기 위해 공포와 혼란을 초래하려는 사이버 테러의 범위를 넘어서서 실제로 정부를 전복하려고 하거나 한 국가를 궤멸시키려는 의도 아래에 시도되는 사이버 전쟁과 전자전쟁은 그 심각성이 사이버 테러와 또 다르다고 할 수 있다.
(2) 그러므로 그러한 사이버 전쟁에 대응하기 위한 사이버 정보활동은 단순한 공개출처자료에서의 정보를 수집하는 공개출처 정보수집활동(OSINT)의 문제가 아니라 사이버 전쟁에 대비한 실전적인 정보활동이라는 점에서 차이가 있다. 따라서 미국 국방부는 그것을 정보공작과 사이버 전쟁(Information Operation and Cyberwar)이라고 불가분적으로 호칭하기도 한다.

핵심정리 사이버 전쟁의 이해

1. 의의
① 사이버 전쟁은 정보전쟁(Information warfare), 정보 공작(Information Operations, IO), 네트전(net war) 등으로 불린다. 이것은 결국 사이버 영역에서의 상대세력에 대한 정보적 우위를 확보하는 것이라고 할 수 있다.
② 그리하여 정보(information) 자체가 파괴하거나 정복할 가치가 있는 전략적 자산으로 전개되는 전쟁양상이 되어 적의 정보, 정보처리 과정, 정보체계 그리고 컴퓨터 네트워크를 교란시킴으로써 정보의 우위를 확보하는 것이 필수 요소가 된다.

2. 범위
(1) 의의
이러한 사이버 정보전은 물리적 혹은 전자적 방식으로 적의 지휘 통제 체계를 파괴하거나 레이더망의 교란, 감지장치 우회 그리고 적의 컴퓨터 망에 불법으로 침입하는 것을 모두 포함한다. 이러한 정보공작을 바로 사이버 전쟁이라고 할 수도 있지만 엄밀하게 보면 정보공작(Information Operations, IO)은 사이버 전쟁을 주도하기 위한 공작활동을 포함한 정보활동으로 사이버 전쟁의 수행에 핵심적인 수단이라고 할 수 있다.
(2) 상대방의 정보 네트워크에 대한 공격
① 그러므로 사이버 정보공작은 사이버 전쟁과 관련하여 아국의 네트워크 정보 시스템의 순수성은 확보하고 유지하면서, 상대세력의 정보 네트워크와 정보의 순수성에 심대함 타격을 가하는 활동으로 전개된다.
② 그 중점은 물론 상대방의 네트워크 정보운용을 붕괴시키거나 정책결정에 결정적 영향을 끼치려는 데에 있다. 상대방의 정보 네트워크에 대한 공격은 다양한 방법이 있을 수 있다.
③ 예를 들면, 바이러스 침투나 전자무기를 사용하여 상대방의 컴퓨터 속도를 저감시키는 것, 반도체 등을 이용한 상대방의 복잡한 현대적 무기의 회로소자 등에 과부하가 걸리게 하여 군사무기를 사용하지 못하게 하는 것, 강력한 신호정보를 방출해 허위영상을 불러일으켜 반도체와 컴퓨터 회로를 사용하는 상대방의 레이더를 오작동시키는 방법은 대표적인 방법이다.
(3) 상대방의 선전활동의 무력화
그 이외에도 TV와 라디오를 이용한 선전활동에서 상대방의 선전활동은 전자적 방법 등으로 왜곡되게 하거나 무력화시켜 상대방의 일반 여론을 아국이 원하는 방향으로 형성해 가는 방법이 동원될 수도 있다.
(4) 상대세력 지휘부의 통신시설 장악
또한 상대세력 지휘부의 통신시설을 장악하여 작전 명령 지휘체계를 불가능하게 하는 것 등이 모두 네트워크 정보공작이다.

3. 특징

(1) 의의

정보공작은 재래식 군사력을 동원하거나 핵무기를 쓰는 전쟁에 비해 훨씬 저렴하기 때문에 현대의 군지휘관들에게는 전면전에 대한 효과적인 대안이 되고 있으며, 역설적으로 그 치명적 피해에도 불구하고 오히려 전쟁에 대한 도덕 불감증을 초래해 전쟁을 손쉽게 생각할 위험성도 있다.

(2) 정보보안의 필요성

① 첨단 정보네트워크의 구축에 앞선 나라일수록 외부세력이 전자적으로 침입할 경우에는 일시에 국가정보네트워크가 붕괴될 수도 있기 때문에 정보보안의 문제는 정보화 시대의 국가안보에 있어서는 매우 중요한 의미를 지닌다.

② 현재 세계에서 첨단 과학기술과 정보력에 있어서 압도적 우위를 차지하고 있는 미국이 오히려 각종 테러집단 및 적대적 해커들로부터의 침입 가능성에 촉각을 곤두세우고 있는 것은 바로 이러한 이유에서이다.

4. 정보혁명과 사이버전

(1) 의의

① 현재의 정보혁명의 추세는 국제관계의 역학 결정이 어느 나라가 정보의 우위를 점하느냐에 따라 좌우될 것이라고 함에 이론이 없다. 즉 정보혁명은 정보 그 자체를 새로운 왕국으로 만들어 국제관계의 중요한 상품이자 무기가 되게 한 것이다.

② 이는 마치 과거에 군사력의 사용과 위협이 국제체제에서 중심적인 힘의 원천이었던 것과 마찬가지이다. 단지 미래에는 정보가 군사력의 역할을 대신할 개연성이 그만큼 크다는 것을 의미한다.

(2) 정보작전 수행능력의 중요성

① 정보혁명의 또 다른 결과 중 하나는 전통적으로 군사력의 비교 기준이었던 병력 수와, 화력의 크기와 양의 비교가 무의미해진다는 점이다. 즉 정보화에 힘입은 군사분야 혁명은 단순한 미사일 수의 비교보다는 어느 누가 우수한 전자적인 정보작전 수행능력을 가졌는가가 더 중요해졌다는 점을 의미하는 것이다.

② 고도의 사이버 공작 기술과 능력만 갖춘다면 미래의 전쟁은 더 이상 화력이 우세한 현재 강대국들의 전유물이 절대로 아니라는 것을 뜻한다. 곧 기술적으로 우위를 갖춘 나라가 얼마든지 세계 역학질서의 중심역할을 할 수 있다는 것을 의미하는 것이다.

(3) 평상시의 정보공작

① 오늘날 실제의 정보공작은 평시에도 사이버 공간에서 다양하게 일어나고 있다. 국가 간의 해킹과 사이버 테러에 의해 일어나기도 하고, 틀린 정보를 사이버 공간에 흘리기도 함으로써 혼란을 유도하기도 하며 지독한 사이버 심리전을 전개하기도 한다.

② 이러한 정보공작의 파괴력은 엄청나서 한 나라가 거의 파괴되기도 한다. 또 개인이 온 세계를 상대로 컴퓨터 바이러스를 퍼뜨리는 일도 정보공작에 속한다. 한 개인에 의해 수억 인구가 피해를 입을 수도 있게 된다는 것이다.

978

사이버 테러(Cyberterrorism)와 사이버 전쟁(Cyberwar)의 차이점으로 옳은 것은?

① 사이버 전쟁에서는 사이버 방첩공작활동이 중요하지만 사이버 테러에서는 그러하지 않다.

② 사이버 테러는 정책변경을 목적으로 하는 사이버 공간에서의 테러공격이고, 사이버 전쟁은 국가소멸을 목적으로 사이버 공간에서 전개하는 전쟁이다.

③ 사이버 테러는 사이버 선전(Propaganda)을 병행하지만 사이버 전쟁은 사이버 심리공작을 전개하지는 않는다.

④ 웹 반달리즘(Web vandalism)은 오직 사이버 테러에 특유한 공격방법이다.

정답 ②

풀이 ② 사이버 테러와 사이버 전쟁의 근본적인 차이는 "국가소멸이나 정부전복 목적인가 아니면 단지 정책변경 목적인가?"에 차이가 있는 것으로서 양자는 모두 사이버 공격에 해당하는 것으로서 그 수단이나 방법에서 차이가 있는 것은 아니다.

979

사이버 전쟁에 대한 설명으로 틀린 것은?

① 정치적 의도를 관철하기 위해 공포와 혼란을 초래하려는 사이버 공간에서의 공격이다.

② 사이버 전쟁은 정보전쟁, 정보 공작, 네트전 등으로 불린다.

③ 사이버 정보전은 물리적 혹은 전자적 방식으로 적의 지휘 통제 체계를 파괴하거나 레이더망의 교란, 감지장치 우회 그리고 적의 컴퓨터 망에 불법으로 침입하는 것을 모두 포함한다.

④ 정보(information) 자체가 파괴하거나 정복할 가치가 있는 전략적 자산으로 적의 정보, 정보처리 과정, 정보체계 그리고 컴퓨터 네트워크를 교란시킴으로써 정보의 우위를 확보하는 것을 필수 요소로 한다.

정답 ①

풀이 ① 정치적 의도를 관철하기 위해 공포와 혼란을 초래하려는 사이버 테러의 범위를 넘어서서 실제로 정부를 전복하려고 하거나 한 국가를 궤멸시키려는 의도 아래에 시도되는 사이버 전쟁과 전자전쟁은 그 심각성이 사이버 테러와 또 다르다고 할 수 있다.

980

전자전쟁에 대한 설명으로 틀린 것은?

① 전자폭탄과 전자총 등의 전자무기를 사용하여 전개하는 군사작전이다.

② 새로운 패러다임의 전쟁양상을 선보였던 1991년의 걸프전쟁은 전자전쟁의 서막으로 전개되었다.

③ 사이버 전쟁이 사이버 공간에서의 전쟁을 말한다면 전자전쟁은 사이버 공간 이외의 실제 사회생활 공간에서도 전개된다는 점에서 차이가 있다.

④ 전자적으로 여론의 우위를 점하는 것 그리고 상대방의 레이더 시스템, 전자전쟁 무기, 무인 정찰 장비나 로봇 등을 파괴하거나 오작동을 유발하는 내용을 모두 포함하고 있다.

정답 ②

풀이 ② 1991년 걸프전쟁은 최초의 사이버전이다. 전자전쟁의 서막은 단 3주 만에 종료된 2003년의 이라크 전쟁이다.

981

다음의 개념에 대한 설명으로 옳은 것은? [2022년 기출]

> 컴퓨터 네트워크를 통해 바이러스 침투나 전자무기를 사용하여 적의 정보체계를 교란, 거부, 통제, 파괴하는 등의 공격과 이를 방어하는 활동이다. 공격주체의 측면에서 국가의 개입이 확인되거나 추정되는 경우, 그리고 군사 및 비군사작전의 일환으로 사이버 공간에서 발생하는 교전 행위를 말한다.

① 대상은 개인, 집단, 국가이고 사이버 수단을 통해 정책 변경을 모색하는 것이다.
② 대상은 개인, 집단, 국가이고, 사이버 범죄 수단을 통해 개인 및 집단 이익을 도모하는 것이다.
③ 대상은 적대국 국가 및 집단이고, 사이버 무기를 통해 해당 국가 및 단체소멸을 추구하는 것이다.
④ 대상은 적대적 국가 및 집단이고, 총체적 정보수단을 통해 총체적 정보우위를 달성하는 것이다.

정답 ③

풀이 ③ 사이버 전쟁은 사이버 진주만 공습, 사이버 제3차 세계대전 등 국가소멸을 목적으로 사이버 공간에서 실전적 형태로 전개하는 전쟁을 말한다. 사이버 전쟁은 필연적으로 전쟁 수행에 필요한 정보활동을 요구하게 되는바, 그것이 사이버 정보공작(Information Operation)이다. 정치적 의도를 관철하기 위해 공포와 혼란을 초래하려는 사이버 테러의 범위를 넘어서서 실제로 정부를 전복하려고 하거나 한 국가를 궤멸시키려는 의도 아래에 시도되는 사이버 전쟁과 전자전쟁은 그 심각성이 사이버 테러와 또 다르다고 할 수 있다.

982

사이버전(cyber warfare)에 대한 설명으로 틀린 것은? [2021년 기출]

① 미래형 전쟁으로 사이버 공간에서 적국의 전산 및 정보자산을 공격하는 전쟁을 말한다.
② 재래식 전쟁에 비해 최소의 노력과 금전적 투자로 효과를 극대화할 수 있어서 약소국들이 주로 선택한다.
③ 기존의 조기경보체제와 공격체제를 개선하지 않으면 사이버안보 역량이 취약해진다.
④ 미국이 수행한 1991년 걸프전쟁은 인류 최초의 사이버전이라고 불린다.

정답 ②

풀이 ② 미국, 중국, 러시아 등 강대국들이 오히려 사이버전 기술 개발에 심혈을 기울이고 있다.

983

사이버 테러의 도구로 적절하지 않은 것은? [2019년 기출]

ㄱ. 해킹	ㄴ. DoS
ㄷ. EMP 폭탄	ㄹ. GPS 교란
ㅁ. 전자우편폭탄	ㅂ. AMCW

① ㄱ, ㄴ, ㄷ
② ㄴ, ㄷ, ㄹ
③ ㄷ, ㄹ, ㅁ
④ ㄷ, ㄹ, ㅂ

정답 ④

풀이 ④ EMP폭탄, GPS교란, AMCW는 사이버전쟁에 사용되는 무기이다.

984

사이버 전쟁의 공격기법으로 적절하지 않은 것은? [2016년 기출]

① 디도스(DDoS) 공격
② 해킹(Hacking)
③ 파밍(Pharming)
④ 스머핑(Smurfing)

정답 ③

풀이 ③ 파밍(Pharming)은 사용자의 컴퓨터를 악성코드에 감염시켜 정상 홈페이지에 접속하여도 피싱 사이트로 유도하는 고도화된 피싱 방법으로 사이버 범죄의 수단은 될 수 있어도 사이버 전쟁의 공격기법으로 볼 수 없다. 악성코드가 사용자 PC에 설치되어 있는 경우, 사용자가 웹 브라우저에서 특정사이트의 홈페이지 도메인 주소를 입력하면 악성코드가 정상 사이트가 아닌 피싱 사이트 IP 주소로 유도하여 사용자는 자기도 모르게 피싱 사이트에 접속한다.

985

사이버 전쟁의 공격기법으로 적절한 것은? [2015년 기출]

① 정보 격차
② 정보의 과다이용
③ 사이버 불링
④ 정보접근의 거부

정답 ④

풀이 ④ 서비스거부(denial of service, DoS)는 네트워크 또는 전산시스템에 과도한 부하를 유발하여 정상적인 정보통신 서비스를 중단시키거나 성능을 떨어지게 하는 행위이다. 서비스 거부를 통해 접근을 차단하기 때문에 정보접근의 거부라고도 한다.

986

2개 이상의 국가가 사이버 공간에서 대립하는 현상을 나타내는 용어로 옳은 것은? [2014년 기출]

① 해킹　　② 네트워크전쟁

③ 사이버테러리즘　　④ 사이버전

정답 ④

풀이 ④ 사이버전에 대한 설명이다.

987

사이버전에 대한 설명으로 틀린 것은? [2013년 기출]

① 적대적인 단체나 범죄 집단이 국가를 상대로 수행하는 사이버공격을 포함한다.

② 2003년 이라크전쟁에서 미군이 활용했다.

③ 재래식 무기에 비해 개발비용이 저렴하기 때문에 많은 국가가 개발에 투자를 늘리고 있다.

④ 방어능력을 개발하지 못한 국가의 경우 국가지휘체계의 취약성을 노출하고 있다.

정답 ①

풀이 ① 적대적인 단체나 범죄 집단이 국가를 상대로 수행하는 사이버 공격은 사이버 테러이다. 사이버전은 국가기관과 국가정보기관이 주체가 되어 수행한다.

988

정보전의 대상에 포함될 수 없는 것은? [2010년 기출]

① 국가기관의 홈페이지 해킹　　② 군대의 통신망 교란

③ 주요 기업의 데이터베이스 해킹　　④ 은행, 통신 등 주요 기간망 해킹

정답 ③

풀이 ③ 기업의 데이터베이스는 사이버 테러의 대상은 될 수 있어도 정보전의 대상은 될 수 없다.

989

다음 중 설명과 용어가 올바르게 연결된 것은? [2009년 기출]

ㄱ. 컴퓨터와 인터넷을 범행의 도구 및 수단으로 이용한 범죄
ㄴ. 적국의 정보와 그 기능이 원활하게 활용되지 못하도록 하는 정보기관의 공격활동
ㄷ. 특정 단체나 개인이 특정 국가의 정보능력의 원활한 작동을 방해하는 활동

	ㄱ	ㄴ	ㄷ
①	사이버 범죄	사이버 테러	사이버전
②	사이버 범죄	사이버전	사이버 테러
③	사이버 테러	사이버전	사이버 범죄
④	사이버 테러	사이버 범죄	사이버전

정답 ②

풀이 ② 사이버 범죄, 사이버 테러, 사이버 범죄는 모두 온라인 공간에서 일어난다는 공통점을 가지고 있지만, 사이버 범죄와 테러는 개인이나 단체가 수행하고 사이버전은 국가정보기관이 수행한다.

990

사이버 테러 공격 기법에 포함될 수 없는 것은? [2008년 기출]

① 전자전 무기 ② 해킹
③ 바이러스 유포 ④ 서비스의 거부

정답 ①

풀이 ① 잼머(jammers), 디스에이블러(disablers), 전자기장 무기(EMP) 등은 전자전쟁에 활용되는 비역학성 무기이다.

991

사이버 테러에 대한 설명으로 틀린 것은? [2007년 기출]

① 사이버 테러는 국가정보기관의 적극적 정보활동에 포함된다.
② 사이버 테러의 대상은 국가, 집단, 개인을 불문한다.
③ 개인적인 해커나 범죄 집단이 수행한다.
④ 정치적, 민족적, 종교적 목적을 달성하기 위해 감행하는 경우도 있다.

정답 ①
풀이 ① 국가정보기관이 수행하는 것은 사이버 테러가 아니라 정보전이다.

핵심정리 **전통적 전쟁과 사이버전 특성 비교**

구분	전통적 전쟁	사이버 전쟁
공격무기	소총, 포탄 등 물리적 수단	컴퓨터 바이러스, 해킹, 전자우편 폭탄, 고출력 전자파 공격, 논리폭탄 등
공격목표	건물 · 교량 파괴 및 인구 살상	국가 정보시스템의 마비 또는 교란
피아식별	적/우군 구별 명확	적/우군 식별 불가, 침투 사실 불명확
전쟁영역	물리적 공간에서 전투 수행	컴퓨터와 네트워크로 구성된 무한정 사이버 공간
사전예측	사전 징후 포착 가능	은밀한 공간 전투 수행으로 사전예측 곤란
비용/효율	고비용, 제한적 효율	최소의 노력과 금전적 투자로 테러효과 극대화

992

정보전의 특징으로 적절하지 않은 것은? [2014년 기출]

① 전문성
② 은밀성
③ 저비용
④ 효율성

정답 ①
풀이 ① 전문성은 정보전만의 특징이라고 할 수 없다.

핵심정리 국가안보 대통령 명령 제16호

2003년 부시 행정부는 의회의 정식 입법조치 전에 국가안보 대통령 명령 제16호(National Security Presidential Directive 16)를 발령했다. 동 대통령 명령은 미국이 언제, 그리고 어떻게 상대국의 컴퓨터와 네트워크에 공격을 할 수 있는지의 기준을 제시한 국가차원의 가이드라인이라고 할 수 있다. 그 내용이 비밀분류되어 있지만 상대국의 사이버 공간에서의 어떠한 행위를 사이버 전쟁에 따른 공격으로 간주하고, 따라서 어떠한 조건에서 상대방에 대해 정당한 대응 공격을 할 수 있는지와, 그것을 누가 결정할 것인지 법적인 기준을 제시하고 있다고 한다. 쉽게 말하면 촌각을 다투는 사이버 전쟁의 선포 가이드라인을 준비한 것이라고 할 수 있다.

핵심정리 탈린 매뉴얼

탈린 매뉴얼(Tallinn Manual on the International Law Applicable to Cyber Warfare)은 사이버 전쟁에서 적용되는 국제법을 담은 지침서를 말한다. NATO 협동사이버방위센터(CCDCOE)에서 발간하였고 에스토니아 수도 탈린에서 기초되어 탈린 매뉴얼이라고 불린다. 주요 내용을 사이버 공격을 받았을 경우 주변 피해를 최소화할 것을 요구하고 있으며 해킹시 디지털 공격으로 보복은 가능하나 실제의 공격은 사이버 공격으로 실제의 사망 · 부상자가 있을 경우에만 허용하도록 하고 있다. 이 매뉴얼은 구속력은 없고 지침서의 형식을 취하고 있다.

핵심정리 미국의 네트워크 전쟁을 위한 기능적 합동부대(JFCCNW)

(1) 미 국방부 보고에 따르면 미국은 21세기 최첨단 특수부대로 "네트워크 전쟁을 위한 기능적 합동부대(Joint Functional Component Command for Network Warfare, JFCCNW)"를 창설해 운용 중이라고 한다.
(2) 동 부대는 정규군 조직으로 사이버 전쟁을 목적으로 창설되었지만, 구체적인 임무는 철저히 비밀 분류되어 있다. 군 관계자들에 따르면 막강한 사이버 전쟁을 수행할 능력을 갖추고 있음은 틀림없지만 어떠한 경우에도 선제적 사이버 공격을 시도하지는 않는다고 한다.
(3) 많은 컴퓨터 보안 전문가들도 미국의 네트워크 전쟁을 위한 기능적 합동부대는 상대세력의 네트워크를 궤멸할 수도 있고 적국의 컴퓨터와 네트워크에 침입해 정보를 절취하거나 조작해 정보를 새롭게 임의적으로 배치하거나 지휘 통제 시스템을 붕괴시킬 수 있는 역량이 있다고 판단한다. 한편 동 특수 사이버 전쟁부대에는 CIA, NSA, FBI 전문 요원을 비롯해 우방국의 민간인과 군 대표자도 일부 참가하고 있다고 알려졌다.

993

사이버 전쟁(Cyberwar)에 대한 설명으로 틀린 것은?

① 1993년 클린턴 행정부는 의회의 정식 입법조치 전에 사이버 전쟁에 대한 법적 기준으로 국가안보 대통령 명령 제16호를 발령했다.

② 미국은 21세기 최첨단 사이버 특수부대로 "네트워크 전쟁을 위한 기능적 합동사령부(Joint Functional Component Command for Network Warfare)"를 창설했다.

③ 미국의 기능적 합동사령부(JFCC－NW)는 "어떤 적대세력 컴퓨터 네트워크도 원하면 파괴한다. 어느 순간, 어느 컴퓨터에도 침투할 수 있다. 상대방의 어떤 보안이 확보된 지휘체계도 불능화시킬 수 있다."라고 하는 것처럼 무한경쟁의 활동이다.

④ 국가정보기구의 전자적 정보역할로는 경쟁국과 적대세력의 사이버 공격 의도와 능력 파악, 전자전쟁 신병기의 과학기술 추이 추적 및 파악, 국제 사이버 규범의 파악과 분석 그리고 민간영역에 대한 보안과 교육이 중요하다.

정답 ①

풀이 ① 2003년 부시 행정부는 의회의 정식 입법조치 전에 국가안보 대통령 명령 제16호(National Security Presidential Directive 16)를 발령했다. 동 대통령 명령은 미국이 언제, 그리고 어떻게 상대국의 컴퓨터와 네트워크에 공격을 할 수 있는지의 기준을 제시한 국가차원의 가이드라인이라고 할 수 있다. 그 내용이 비밀분류되어 있지만 상대국의 사이버 공간에서의 어떠한 행위를 사이버 전쟁에 따른 공격으로 간주하고, 따라서 어떠한 조건에서 상대방에 대해 정당한 대응 공격을 할 수 있는지와, 그것을 누가 결정할 것인지 법적인 기준을 제시하고 있다고 한다. 쉽게 말하면 촌각을 다투는 사이버 전쟁의 선포 가이드라인을 준비한 것이라고 할 수 있다.

994

탈린 매뉴얼에 대한 설명으로 틀린 것은?

① NATO 협동사이버방위센터(CCDCOE)에서 발간하였다.

② 사이버 전쟁에서 적용되는 국제법을 담은 지침서이지만 구속력은 없다.

③ 탈린 매뉴얼 2.0은 사이버전으로 분류될 수는 없는 사이버 범죄 활동에까지 범위를 넓혔다.

④ 해킹으로 인해 사망·부상자가 발생하지 않았을 때 실제 보복 공격이 가능한 경우를 상세하게 규정하고 있다.

정답 ④

풀이 ④ 사이버 공격을 받았을 경우 주변 피해를 최소화할 것을 요구하고 있으며 해킹 시 디지털 공격으로 보복하는 것은 가능하나 실제의 공격은 사이버 공격으로 실제의 사망 부상자가 있을 경우에만 허용하도록 하고 있다.

핵심정리 네트전(Netwar)

1. 의의

① 오늘날 네트워크 전쟁의 주체인 인종주의자, 테러리스트, 범죄자, 혹은 사회적 네트워크 전쟁 주창자들은 네트워크를 구축함으로써 네트워크 전쟁을 수행하려는 데 관심을 두고 있다. 이들은 서로 조정하고 구성원들을 충원함으로써 자신들의 정체성을 확립하고자 하며, 자신들의 의도를 일반인들에게 전달하고자 한다. 이들은 자신들의 적에 관한 정보를 수집하고자 하며, 이를 위해 인터넷과 그 밖의 최신 통신서비스(휴대폰, 문자메시지 등)를 사용한다.

② 알카에다와 같은 테러조직은 전 세계에 산재한 테러조직이나 같은 뿌리의 종교적 신념을 바탕으로 하는 개인 및 조직을 네트워크화 하여 새로운 형태의 테러리즘을 자행하고 있다. 이것이 바로 네트워크 전쟁을 수단으로 하여 이루어지는 새로운 수법의 뉴테러리즘인 것이다

2. 특징

(1) 의의

네트워크 전쟁은 네트워크 조직 등장의 결과이다. 그리고 네트워크 조직은 부분적으로 정보혁명의 소산이다. 그러나 네트워크 전쟁은 정보통신의 기술이 반드시 전제되는 것이 아니다. 아날로그 시대에도 네트워크 전쟁은 존재해왔다. 그 시대의 네트워크 전쟁은 매우 지엽적이고 전쟁 행위자의 행동반경이 넓지 못했다. 그러나 유비쿼터스시대의 오늘날 다양하게 분포되어있는 잠재적 전쟁 행위자들이 인터넷과 각종의 정보통신의 기술을 매개로하여 전쟁행위의 결성사항을 명령받고 시행한다. 따라서 전장의 범위가 전세계화 될 수 있다.

(2) 전술적 특징

① 네트워크 전쟁에서 전술적 특징은 스와밍(Swarming)능력이 매우 중요하다. 스와밍(Swarming)은 인터넷을 통하여 많은 무리를 모아 On Line 혹은 Off line에서 국가나 특정단체에 저항하는 수법을 의미한다.

② 공격과 수비 영역의 구분이 모호하다는 것이다. 네트워크 전쟁을 시도하는 네트워크화된 조직은 공격 및 수비 모두에서 특별한 장점을 지닌다. 공격 측면에서 네트워크는 기회와 도전을 통해 적응, 유연성, 변신이 쉽다. 이것은 특히 일련의 행위자들이 스와밍할 때 나타난다.

995

네트전(Netwar)에 대한 설명으로 틀린 것은?

① 네트워크 전쟁은 정보통신의 기술이 반드시 전제되는 것이 아니다.

② David Ronfeldt는 네트워크 전쟁의 특징으로 강한 군사적 성격과 고강도 분쟁을 들고 있다.

③ 네트워크 전쟁을 시도하는 네트워크화된 조직은 공격 및 수비 모두에서 특별한 장점을 지닌다.

④ 네트워크 전쟁 행위자들은 그 범위에 있어서 국가 아래 단계이거나 국가를 초월한 단계 등 2가지로 분류할 수 있다.

정답 ②

풀이 David Ronfeldt는 사이버전의 특징으로 강한 군사적 성격, 정보기관이나 군대의 수행, 고강도 분쟁을 들고 있다.

996

네트전(Netwar)에 대한 설명으로 옳은 것은? [2020년 기출]

① 개인이나 집단이 정치적 목적으로 수행한다.

② 전통적으로 군사적 성격이 강한 정보전을 말한다.

③ 국가정보기관이나 군대가 수행하는 정보전이다.

④ 고강도 분쟁(High Intensity Conflict)이라고 한다.

정답 ①

풀이 ① David Ronfeldt는 사이버전의 특징으로 강한 군사적 성격, 정보기관이나 군대의 수행, 고강도 분쟁을 들고 있다.

997

네트전(Netwar)에 대한 설명으로 틀린 것은?

① 네트워크 전쟁은 국가뿐만 아니라 정치 단체나 개인들도 주체가 될 수 있다.

② 네트워크 전쟁은 네트워크 조직 등장의 결과이고, 네트워크 조직은 부분적으로 정보혁명의 소산이다.

③ 네트워크 전쟁은 정보통신의 기술을 전제로 하지 않기 때문에 정보사회 이전에도 존재했다.

④ 네트워크 전쟁에서 전술적 특징은 스와밍(Swarming)능력으로 인터넷을 통하여 많은 무리를 모아 On Line 혹은 Off line에서 국가나 특정단체에 저항한다.

정답 ①

풀이 ① 네트워크 전쟁 행위자들은 그 범위에 있어서 국가 아래 단계이거나 국가를 초월한 단계 등 2가지이다. 대개 임시적 하이브리드와 공생관계를 특징으로 한다. 테러리스트 및 범죄조직 등과 같은 악질 행위자들 중에는 국가의 이익을 위협하는 경우도 있고, 그렇지 않은 경우도 있다. 실제 많은 다국적 NGO들이 네트워크 전쟁 전략과 전술을 사용하여 건전한 자유라는 결과를 거두기도 하였다. 어떤 행위자들은 파괴를 목적으로 한다. 그러나 대부분의 네트워크 전쟁은 분열과 혼란을 목적으로 한다.

③ 네트워크 전쟁은 네트워크 조직 등장의 결과이다. 그리고 네트워크 조직은 부분적으로 정보혁명의 소산이다. 그러나 네트워크 전쟁은 정보통신의 기술이 반드시 전제되는 것이 아니다. 아날로그 시대에도 네트워크 전쟁은 존재해 왔다. 그 시대의 네트워크 전쟁은 매우 지엽적이고 전쟁 행위자의 행동반경이 넓지 못했다. 그러나 유비쿼터스시대의 오늘날 다양하게 분포되어있는 잠재적 전쟁 행위자들이 인터넷과 각종의 정보통신의 기술을 매개로하여 전쟁행위의 결정사항을 명령받고 시행한다. 따라서 전장의 범위가 전세계화 될 수 있다.

998

네트전(Netwar)의 특징으로 옳은 것은? [2020년 기출]

ㄱ. 저강도 분쟁	ㄴ. 종교적 목적의 사이버 공격
ㄷ. 군대가 수행한 사이버 공격	ㄹ. 국가 인프라에 대한 사이버 공격

① ㄱ, ㄴ　　② ㄱ, ㄷ

③ ㄱ, ㄹ　　④ ㄴ, ㄹ

정답 ①

풀이 ① ㄷ과 ㄹ은 사이버전의 특징이다.

999

사이버 테러에 대한 설명으로 틀린 것은? [2020년 기출]

① 테러조직의 수직적 위계구조를 가진다.

② 각국의 국가정보기관들은 사이버 테러 대응 역량을 강화하고 있다.

③ 정보화의 진전으로 사이버 테러에 대한 취약성이 높아지고 있다.

④ 디도스(DDoS) 공격으로 주요 기관의 홈페이지를 마비시킬 수 있다.

정답 ①

풀이 ① 테러조직은 수평적 네트워크(network) 조직으로 다수의 지휘부로 구성된다.

핵심정리 한국의 사이버 공격에 대한 대응

(1) 의의

① 우리나라에서도 일찍부터 사이버 테러에 대응하기 위해 다양한 노력을 기울여왔다. 우선, 컴퓨터 범죄 및 해킹에 대한 피해에 대응하기 위해 정부의 관련 부처에서 각각 정보보호 담당기관을 설립하여 운영하고 있다.

② 국가정보원의 '국가사이버안보센터', 과학기술정보통신부 한국인터넷진흥원 산하의 '사이버침해 대응본부', 국방부의 '국방사이버상황실' 및 '국방정보전대응센터', 대검찰청의 '과학수사부 사이버수사과', 경찰청의 '사이버테러대응과' 등이 있다.

(2) 국가사이버안보센터(NCSC)

① '국가사이버안보센터'는 2003년 1.25 인터넷대란을 계기로 사이버 공격에 대한 국가차원의 종합적 · 체계적인 예방 및 대응을 위해 2004년 2월 국가정보원 산하에 설치되었다가 2021년 국가사이버안보센터로 기관 명칭이 변경되었다.

② NCSC는 국가 사이버안전 정책 수립, 국가사이버안전 전략회의 및 대책회의 운영, 사이버위기 경보 발령, 사고 조사 · 분석 및 대응 복구 등 사이버안전 총괄기관으로서의 역할을 담당하고 있다.

③ 또한 공공 · 민간 등 분야별 정보공유 활성화와 공조체제 강화를 위해 NCSC 내 유관기관이 참여하는 '민 · 관 · 군 사이버위협 합동대응팀'을 운영하고 있으며, 종합판단 · 정보공유 · 합동분석 · 합동조사 등 4개 분야에 대한 합동업무를 수행하고 있다.

④ 요컨대, 국가정보원은 국가 전반의 사이버안전 업무를 총괄 조정하는 임무를 수행하며, 대규모 사이버공격 발생 등 위기상황 발생 시 민 · 관 · 군을 총괄하여 관계 기관과 함께 대응하는 체계를 갖추고 있다.

(3) 정보보호에 관한 기술 및 정책을 연구하고 개발하는 전문기관

① 이 밖에 정보보호에 관한 기술 및 정책을 연구하고 개발하는 전문기관으로 국가보안기술연구소(NSRI), 한국인터넷진흥원(KISA), 한국전자통신 연구원(ETRI) 등이 있다.

② 그리고 국방관련 정보전에 대비하여 국방과학연구소, 한국국방연구원 등에서 대응방안 및 공격무기에 관한 연구를 수행 중에 있는 것으로 알려졌다.

(4) 사이버 테러에 대응하기 위한 관련법과 제도

① 사이버 테러에 대응하기 위해 관련법과 제도도 꾸준히 마련해 왔다. 2001년 사이버 테러로부터 국가 주요 정보통신기반 시설을 보호하기 위한 「정보통신기반 보호법」이 제정 · 공포되었다.

② 2001년 7월 10일 「정보통신기반 보호법 시행령」이 국무회의에서 의결되어 정보통신부와 국가정보원을 중심으로 해킹, 컴퓨터 바이러스 등 전자적 침해행위로부터 통신, 금융, 교통, 전력 등 주요 사회기반 시설과 관련된 정보시스템을 보호하기 위한 업무가 본격적으로 추진되었다.

③ 2005년 국가안보를 위협하는 해킹, 컴퓨터 바이러스 등 사이버 공격으로부터 국가정보 통신망을 보호하기 위하여 사이버 안전에 관한 조직 및 운영에 관한 사항을 체계적으로 정립한 '국가사이버안전관리규정'이 대통령 훈령으로 발령되었다.

(5) 국가사이버안보 종합대책

① 한편, 2013년도에는 '3.20 사이버 테러', '6.25 사이버 공격' 등 북한의 대규모 사이버 공격이 연이어 발생했다.

② 국가안보를 위협하는 사이버 공격이 현실화됨에 따라 기존의 사이버안보업무 수행체계의 보완 등 범국가 차원의 종합적인 대책방안 마련을 위해 유관부처 합동으로 '국가사이버안보 종합대책'을 수립하였다.

③ 동 종합대책은 '선진 사이버안보 강국 실현'을 목표로 사이버위협 대응체계 즉응성 강화, 유관기관 스마트 협력체계 구축, 사이버공간 보호대책 견고성 보강, 사이버안보 창조적 기반조성 등 4대 전략을 담고 있다.

④ 오늘날 정보통신 기술의 발전과 함께 빠르게 변화하는 정보화의 속도만큼 그에 따른 역작용도 빠르게 확산되는 추세에 부응하여 관련 법제를 신속히 정비 및 보완하는 노력이 필요하다.

핵심정리 국방사이버방호태세(Cyberspace Protection Conditions, CPCON)

이 작전개념은 한반도에서 위기가 발생할 경우 한미 연합사령관이 발령하는 전투준비태세인 '데프콘'에서 따온 개념으로, '인포콘(INFOCON)'이라고 불리며, 2001년 4월1일부터 시행되었다. 정보전 징후가 감지되면 합동참모본부 의장이 단계적으로 인포콘을 발령하게 된다. 인포콘은 ▲정상(통상적 활동) ▲알파(증가된 위험) ▲브라보(특정한 공격위험) ▲찰리(제한적 공격) ▲델타(전면적인 공격) 등 5단계로 구분돼 단계적으로 조치된다. 인포콘이 발령되면 국방부 및 각군 본부, 군단급 부대에 편성된 정보전대응팀(CERT)이 비상 전투준비태세에 돌입, 방호벽을 설치하고 경우에 따라서는 적의 사이버 공격 행위에 대응하게 된다. 2021년 CPCON으로 변경되었다.

1000

국방사이버방호태세(CPCON)에 대한 설명으로 틀린 것은?

① 징후가 감지되면 합동참모본부 의장이 단계적으로 발령하게 된다.

② 정상(통상적 활동), 알파(증가된 위험), 브라보(특정한 공격위험), 찰리(제한적 공격), 델타(전면적인 공격) 등 5단계로 구분돼 단계적으로 조치된다.

③ 국방부 및 각군 본부, 군단급 부대에 편성된 정보전대응팀(CERT)은 물론 방송국, 은행 등 공공기관에 발령한다.

④ 방송국, 은행 등 민간 기구를 포함한 군대에 대한 사이버 공격의 위협 수준에 비례하여 사이버방호태세를 강화한다.

정답 ③

풀이 국방사이버방호태세(CPCON)는 국방부 및 각군 본부, 군단급 부대에 편성된 정보전대응팀(CERT)에 발령된다.

1001

국방사이버방호태세에 대한 설명으로 틀린 것은?

① 2021년 CPCON에서 INFOCON으로 변경되었다.

② 정보전 징후가 감지되면 합동참모회의 의장이 단계적으로 발령한다.

③ 한반도에서 위기가 발생할 경우 한미 연합사령관이 발령하는 전투준비태세인 '데프콘'에서 따온 개념이다.

④ 정상(통상적 활동), 알파(증가된 위험), 브라보(특정한 공격위험), 찰리(제한적 공격), 델타(전면적인 공격)의 5단계로 구분되어 있다.

정답 ①

풀이 ① 이 작전개념은 한반도에서 위기가 발생할 경우 한미 연합사령관이 발령하는 전투준비태세인 '데프콘'에서 따온 개념으로, '인포콘(INFOCON)'이라고 불리며, 2001년 4월1일부터 시행되다가 2021년 CPCON (Cyberspace Protection Conditions)으로 변경되었다. CPCON이 발령되면 국방부 및 각군 본부, 군단급 부대에 편성된 정보전대응팀(CERT)이 비상 전투준비태세에 돌입, 방호벽을 설치하고 경우에 따라서는 적의 사이버 공격 행위에 대응하게 된다.

1002

인포콘(INFOCON)에 대한 설명으로 틀린 것은? [2023년 기출]

① 한반도에서 위기가 발생할 경우 한미 연합사령관이 발령하는 전투준비태세인 '데프콘'에서 따온 작전 개념으로, 2001년 4월 1일부터 시행되었다

② 정보전 징후가 감지되면 합동참모본부 의장이 단계적으로 인포콘을 발령하게 된다.

③ 인포콘은 정상(통상적 활동), 알파(증가된 위험), 브라보(특정한 공격위험), 찰리(제한적 공격), 델타(전면적인 공격)의 5단계로 구분돼 단계적으로 조치된다.

④ 국방부 및 각군 본부, 군단급 부대에 편성된 정보전대응팀(CERT)과 방송국, 은행 등 민간 분야에 대해서도 발령한다.

정답 ④

풀이 ④ 인포콘은 국방부 및 각군 본부, 군단급 부대에 편성된 정보전대응팀(CERT)에 발령되고 인포콘이 발령되면 비상 전투준비태세에 돌입, 방호벽을 설치하고 경우에 따라서는 적의 사이버 공격 행위에 대응하게 된다. 2021년 CPCON으로 변경되었다.

1003

다음 중 우리나라 사이버전 대응책에 대한 설명으로 가장 적절하지 않은 것은? [2024년 기출]

① 중앙행정기관, 지방자치단체 및 공공기관의 정보통신망은 「사이버안전관리규정」에 의거, 주요 정보통신기반시설은 「정보통신기반보호법」에 의거, 군사분야 정보통신망은「정보통신망 이용 촉진 및 정보보호 등에 관한 법률」에 의거하여 각각 사이버전 대응 체제를 구축하고 있다.

② 사이버 공격에 대한 국가차원의 체계적인 대응을 위하여 국가정보원장 소속하에 '국가사이버안전센터'를 설립하여 국가공공기관 정보통신망에 대한 관제 업무를 수행하고 있다.

③ 중앙행정기관의 장은 사이버 공격으로 인한 사고의 발생 또는 징후를 발견할 경우에 피해를 최소화하는 조치를 취하고 그 사실을 국가정보원장에게 통보하며, 국가정보원장은 그 피해가 심각하다고 판단되는 경우에 범정부적인 사이버 위기 대책 본부를 구성, 운영할 수 있다.

④ 민간부문 정보통신망은 한국인터넷진흥원 소속 '인터넷침해사고대응지원센터'가 실시간 모니터링을 실시하여 사이버공격을 탐지하고 이에 대응하고 있다.

정답 ①

풀이 ① 우리나라는 「군용전기통신법」을 제정하여 군용전기통신설비의 관리와 운용 및 설치에 관한 사항을 정하고 군사통신의 기능을 보전하고 있다.

1004

사이버 테러 대응기관으로 틀린 것은? [2023년 기출]

① 과기부 – 사이버침해대응본부
② 국정원 – 국가사이버안보센터
③ 경찰청 – 사이버테러대응과
④ 국방부 – 사이버작전사령부

정답 ④

풀이 ④ 사이버작전사령부는 국방 사이버공간에서의 사이버작전 시행 및 그 지원에 관한 업무를 관장한다. 정치적 의도를 관철하기 위해 공포와 혼란을 초래하려는 사이버 테러의 범위를 넘어서서 실제로 정부를 전복하려고 하거나 한 국가를 궤멸시키려는 의도 아래에 시도되는 사이버 전쟁과 전자전쟁은 그 심각성이 사이버 테러와 또 다르다고 할 수 있다. 또한 테러의 피해자는 민간인이나 비전투원이다.

1005

한국의 사이버 공격 대응에 대한 설명으로 틀린 것은? [2021년 기출]

① 국가안보를 위협하는 사이버 공격으로부터 국가정보통신망을 보호하기 위해 2005년 국가사이버안전관리규정을 제정하였다.
② 국가정보원 산하에 2004년 국가사이버안전센터가 설치되었다가 2021년 국가사이버안보센터로 기관 명칭이 변경되었다.
③ 사이버작전사령부는 군 주요 정보통신기반시설에 대한 보호대책, 침해사고 예방 및 복구 등의 기술 지원 업무를 수행한다.
④ 인포콘이란 국방 정보화 체계에 사이버 공격이 가해질 경우 이에 효과적으로 대응하기 위해 2001년 4월부터 시행한 한국군의 정보작전 방호태세로서 합참의장이 발령한다.

정답 ③

풀이 ③ 주요 정보통신 기반시설 중 국방 분야 주요정보통신기반시설의 보호 지원은 국군방첩사령부의 업무이다.

핵심정리 국가보안기술연구소(NSR)

(1) 목적
① 국가 사이버안전 대응기술 등
② 국가차원의 정보보안기술 개발

(2) 연혁
2000년 1월 1일 설립

(3) 기능
① 국가보안시스템 연구개발
② 국가사이버안전기술 연구개발
③ 국가보안 기반기술 연구
④ 국가보안업무 기술지원 등
⑤ 기타 기술정책 수립의 지원, 인력양성, 기술사업화 등 정부, 민간, 법인, 단체 등이 위탁하는 사업 및 연구소의 임무 달성을 위하여 필요한 사업의 수행

1006

2000년에 설립된 대한민국의 정보보호 전문 연구기관으로 옳은 것은? [2012년 기출]

① 국가보안기술연구소(NSR)
② 한국인터넷진흥원(KISA)
③ 한국정보보호진흥원(KISA)
④ 방송통신위원회(KCC)

정답 ①

풀이 ① 국가보안기술연구소는 2000년에 설립된 ETRI산하 정보보호 전문연구소이다.
② 한국인터넷진흥원은 1996년 설립된 한국정보보호진흥원, 1999년 설립된 인터넷진흥원, 2002년 설립된 정보통신국제협력 진흥원이 2007년 통합된 것이다.

1007

한국의 사이버범죄 대응에 대한 설명으로 틀린 것은? [2008년 기출]

① 2005년 국가사이버안전관리규정이 제정되었다.
② 경찰청은 정보보안 119 서비스를 실시하고 있다.
③ 국정원은 국가사이버안보센터를 설치하여 운용하고 있다.
④ 대검찰청은 과학수사부를 신설하고 사이버수사과를 정식 직제화하였다.

정답 ②

풀이 ② 경찰청은 사이버테러대응과를 설치하여 운용하고 있다. 정보보안 119는 과거 국정원에 설치되어 있던 국가기관 전산망 보안사고 처리전담반이다.

1008

한국의 사이버 공격 대응에 대한 설명으로 틀린 것은? [2018년 기출]

① 2016년 「사이버테러방지법」을 제정하였다.

② 2001년 인포콘(INFOCON)이란 작전 개념을 도입하였다.

③ 2010년 국방정보본부 산하에 사이버사령부를 창설하였다.

④ 2004년 국가정보원 산하에 국가사이버안전센터를 설치하였다.

정답 ①

풀이 ① 「사이버테러방지법」은 2006년 발의된 이후 통과되지 못하고 있다. 2016년에는 대통령의 통과 요구가 있었다.

1009

인포콘(INFOCON)에 대한 설명으로 틀린 것은? [2015년 기출]

① 합동참모본부는 2001년 사이버 테러에 대응하기 위해 인포콘을 운영하고 있다.

② 인포콘은 5단계로 구성돼 있으며 1단계가 가장 높은 전면적인 공격에 해당된다.

③ 2016년 초부터 북한의 핵실험 등이 재개되면서 인포콘이 지속적으로 격상되고 있다.

④ 한국 군대에 대한 공격이 아니면 합참의 인포콘이 격상되지 않는다.

정답 ④

풀이 ④ 합참은 한국 군대에 대한 공격뿐만 아니라 방송국, 은행 등 민간 기구에 대한 공격이 활성화되어도 인포콘을 격상해 대응조치를 하고 있다. 인포콘은 2021년 CPCON으로 그 명칭이 변경되었다.

1010

한국의 사이버 공격 대응에 설명으로 틀린 것은? [2014년 기출]

① 국정원은 국가사이버안보센터를 운영한다.

② 경찰청은 사이버 안전교육센터를 운영한다.

③ 한국인터넷진흥원은 사이버침해대응본부를 운영한다.

④ 국방부는 직할 부대로 사이버작전사령부를 두고 있다.

정답 ②

풀이 ② 경찰청은 사이버 안전교육 센터가 아니라 사이버테러대응과에서 사이버범죄를 다룬다.

1011

분산된 정부의 정보정책을 통합하기 위해 1995년에 제정된 법률로 옳은 것은? [2009년 기출]

① 정보화촉진법 ② 전기사업자법

③ 정보통신망법 ④ 통신비밀보호법

정답 ①

풀이 ① 「정보화촉진 기본법」은 정보화를 촉진하고 정보통신산업의 기반을 조성하며 정보통신기반의 고도화를 실현함으로써 국민생활의 질을 향상하고 국민경제의 발전에 이바지함을 목적으로 1995년 제정되었다. 정보화촉진기본법은 2009년에 「국가정보화 기본법」으로, 2020년에 「지능정보화 기본법」으로 개정되었다.

관련법조항 「정보통신기반 보호법」 주요 조문

제1조(목적)

이 법은 전자적 침해행위에 대비하여 주요정보통신기반시설의 보호에 관한 대책을 수립·시행함으로써 동 시설을 안정적으로 운용하도록 하여 국가의 안전과 국민생활의 안정을 보장하는 것을 목적으로 한다.

제2조(정의)

이 법에서 사용하는 용어의 정의는 다음과 같다.

1. "정보통신기반시설"이라 함은 국가안전보장·행정·국방·치안·금융·통신·운송·에너지 등의 업무와 관련된 전자적 제어·관리시스템 및 정보통신망 이용촉진 및 정보보호 등에 관한 법률 제2조제1항제1호에 따른 정보통신망을 말한다.
2. "전자적 침해행위"란 다음 각 목의 방법으로 정보통신기반시설을 공격하는 행위를 말한다.
   가. 해킹, 컴퓨터바이러스, 논리·메일폭탄, 서비스거부 또는 고출력 전자기파 등의 방법
   나. 정상적인 보호·인증 절차를 우회하여 정보통신기반시설에 접근할 수 있도록 하는 프로그램이나 기술적 장치 등을 정보통신기반시설에 설치하는 방법
3. "침해사고"란 전자적 침해행위로 인하여 발생한 사태를 말한다.

제3조(정보통신기반보호위원회)

① 제8조에 따라 지정된 주요정보통신기반시설(이하 "주요정보통신기반시설"이라 한다)의 보호에 관한 사항을 심의하기 위하여 국무총리 소속하에 정보통신기반보호위원회(이하 "위원회"라 한다)를 둔다.

② 위원회의 위원은 위원장 1인을 포함한 25인 이내의 위원으로 구성한다.

③ 위원회의 위원장은 국무조정실장이 되고, 위원회의 위원은 대통령령으로 정하는 중앙행정기관의 차관급 공무원과 위원장이 위촉하는 사람으로 한다.

④ 위원회의 효율적인 운영을 위하여 위원회에 공공분야와 민간분야를 각각 담당하는 실무위원회를 둔다.

⑤ 위원회 및 실무위원회의 구성·운영 등에 관하여 필요한 사항은 대통령령으로 정한다.

제6조(주요정보통신기반시설보호계획의 수립 등)

① 관계중앙행정기관의 장은 제5조제2항에 따라 제출받은 주요정보통신기반시설보호대책을 종합·조정하여 소관분야에 대한 주요정보통신기반시설에 관한 보호계획(이하 "주요정보통신기반시설보호계획"이라 한다)을 수립·시행하여야 한다.

② 관계중앙행정기관의 장은 전년도 주요정보통신기반시설보호계획의 추진실적과 다음 연도의 주요정보통신기반시설보호계획을 위원회에 제출하여 그 심의를 받아야 한다. 다만, 위원회의 위원장이 보안이 요구된다고 인정하는 사항에 대하여는 그러하지 아니하다.

③ 주요정보통신기반시설보호계획에는 다음 각호의 사항이 포함되어야 한다.

1. 주요정보통신기반시설의 취약점 분석 · 평가에 관한 사항
2. 주요정보통신기반시설 및 관리 정보의 침해사고에 대한 예방, 백업, 복구대책에 관한 사항
3. 그 밖에 주요정보통신기반시설의 보호에 관하여 필요한 사항

④ 과학기술정보통신부장관과 국가정보원장은 협의하여 주요정보통신기반시설보호대책 및 주요정보통신기반시설보호계획의 수립지침을 정하여 이를 관계중앙행정기관의 장에게 통보할 수 있다.

⑤ 관계중앙행정기관의 장은 소관분야의 주요정보통신기반시설의 보호에 관한 업무를 총괄하는 자(이하 "정보보호책임관"이라 한다)를 지정하여야 한다.

⑥ 주요정보통신기반시설보호계획의 수립 · 시행에 관한 사항과 정보보호책임관의 지정 및 업무 등에 관하여 필요한 사항은 대통령령으로 정한다.

제7조(주요정보통신기반시설의 보호지원)

① 관리기관의 장이 필요하다고 인정하거나 위원회의 위원장이 특정 관리기관의 주요정보통신기반시설보호대책의 미흡으로 국가안전보장이나 경제사회전반에 피해가 우려된다고 판단하여 그 보완을 명하는 경우 해당 관리기관의 장은 과학기술정보통신부장관과 국가정보원장등 또는 필요한 경우 대통령령으로 정하는 전문기관의 장에게 다음 각 호의 업무에 대한 기술적 지원을 요청할 수 있다.

1. 주요정보통신기반시설보호대책의 수립
2. 주요정보통신기반시설의 침해사고 예방 및 복구
3. 제11조에 따른 보호조치 명령 · 권고의 이행

② 국가안전보장에 중대한 영향을 미치는 다음 각 호의 주요정보통신기반시설에 대한 관리기관의 장이 제1항에 따라 기술적 지원을 요청하는 경우 국가정보원장에게 우선적으로 그 지원을 요청하여야 한다. 다만, 국가안전보장에 현저하고 급박한 위험이 있고, 관리기관의 장이 요청할 때까지 기다릴 경우 그 피해를 회복할 수 없을 때에는 국가정보원장은 관계중앙행정기관의 장과 협의하여 그 지원을 할 수 있다.

1. 도로 · 철도 · 지하철 · 공항 · 항만 등 주요 교통시설
2. 전력, 가스, 석유 등 에너지 · 수자원 시설
3. 방송중계 · 국가지도통신망 시설
4. 원자력 · 국방과학 · 첨단방위산업관련 정부출연연구기관의 연구시설

③ 국가정보원장은 제1항 및 제2항에도 불구하고 금융 정보통신기반시설 등 개인정보가 저장된 모든 정보통신기반시설에 대하여 기술적 지원을 수행하여서는 아니된다.

1012

전자적 침해행위에 대비하여 주요정보통신기반시설의 보호에 관한 대책을 수립 · 시행 위한 노력으로 틀린 것은?

[2009년 기출]

① 「정보통신기반 보호법」이 2001년 제정되었다.

② 정보통신기반보호위원회의 위원장은 국무총리가 된다.

③ 관계중앙행정기관의 장은 주요정보통신기반시설보호계획을 수립 · 시행하여야 한다.

④ 국가안전보장에 중대한 영향을 미치는 주요정보통신기반시설에 대한 기술적 지원을 요청하는 경우 국가정보원장에게 우선적으로 그 지원을 요청하여야 한다.

정답 ②

풀이 ② 위원회의 위원장은 국무조정실장이 되고, 위원회의 위원은 대통령령으로 정하는 중앙행정기관의 차관급 공무원과 위원장이 위촉하는 사람으로 한다.

관련법조항 「정보통신망 이용촉진 및 정보보호 등에 관한 법률」 주요 조문

제11조(정보통신망 응용서비스의 개발 촉진 등)

① 정부는 국가기관 · 지방자치단체 및 공공기관이 정보통신망을 활용하여 업무를 효율화 · 자동화 · 고도화하는 응용서비스(이하 "정보통신망 응용서비스"라 한다)를 개발 · 운영하는 경우 그 기관에 재정 및 기술 등 필요한 지원을 할 수 있다.

② 정부는 민간부문에 의한 정보통신망 응용서비스의 개발을 촉진하기 위하여 재정 및 기술 등 필요한 지원을 할 수 있으며, 정보통신망 응용서비스의 개발에 필요한 기술인력을 양성하기 위하여 다음 각 호의 시책을 마련하여야 한다.

1. 각급 학교나 그 밖의 교육기관에서 시행하는 인터넷 교육에 대한 지원
2. 국민에 대한 인터넷 교육의 확대
3. 정보통신망 기술인력 양성사업에 대한 지원
4. 정보통신망 전문기술인력 양성기관의 설립 · 지원
5. 정보통신망 이용 교육프로그램의 개발 및 보급 지원
6. 정보통신망 관련 기술자격제도의 정착 및 전문기술인력 수급 지원
7. 그 밖에 정보통신망 관련 기술인력의 양성에 필요한 사항

제52조(한국인터넷진흥원)

① 정부는 정보통신망의 고도화(정보통신망의 구축 · 개선 및 관리에 관한 사항은 제외한다)와 안전한 이용 촉진 및 방송통신과 관련한 국제협력 · 국외진출 지원을 효율적으로 추진하기 위하여 한국인터넷진흥원(이하 "인터넷진흥원"이라 한다)을 설립한다.

② 인터넷진흥원은 법인으로 한다.

③ 인터넷진흥원은 다음 각 호의 사업을 한다.

1. 정보통신망의 이용 및 보호, 방송통신과 관련한 국제협력 · 국외진출 등을 위한 법 · 정책 및 제도의 조사 · 연구
2. 정보통신망의 이용 및 보호와 관련한 통계의 조사 · 분석
3. 정보통신망의 이용에 따른 역기능 분석 및 대책 연구
4. 정보통신망의 이용 및 보호를 위한 홍보 및 교육 · 훈련
5. 정보통신망의 정보보호 및 인터넷주소자원 관련 기술 개발 및 표준화
6. 정보보호산업 정책 지원 및 관련 기술 개발과 인력양성
7. 정보보호 관리체계의 인증, 정보보호시스템 평가 · 인증, 정보통신망연결기기등의 정보보호인증, 소프트웨어 개발보안 진단 등 정보보호 인증 · 평가 등의 실시 및 지원
8. 「개인정보 보호법」에 따른 개인정보 보호를 위한 대책의 연구 및 보호기술의 개발 · 보급 지원
9. 「개인정보 보호법」에 따른 개인정보침해 신고센터의 운영
10. 광고성 정보 전송 및 인터넷광고와 관련한 고충의 상담 · 처리
11. 정보통신망 침해사고의 처리 · 원인분석 · 대응체계 운영 및 정보보호 최고책임자를 통한 예방 · 대응 · 협력 활동

12. 「전자서명법」 제21조에 따른 전자서명인증 정책의 지원
13. 인터넷의 효율적 운영과 이용활성화를 위한 지원
14. 인터넷 이용자의 저장 정보 보호 지원
15. 인터넷 관련 서비스정책 지원
16. 인터넷상에서의 이용자 보호 및 건전 정보 유통 확산 지원
17. 「인터넷주소자원에 관한 법률」에 따른 인터넷주소자원의 관리에 관한 업무
18. 「인터넷주소자원에 관한 법률」 제16조에 따른 인터넷주소분쟁조정위원회의 운영 지원
19. 「정보보호산업의 진흥에 관한 법률」 제25조제7항에 따른 조정위원회의 운영지원
20. 방송통신과 관련한 국제협력 · 국외진출 및 국외홍보 지원
21. 제1호부터 제20호까지의 사업에 부수되는 사업
22. 그 밖에 이 법 또는 다른 법령에 따라 인터넷진흥원의 업무로 정하거나 위탁한 사업이나 과학기술정보통신부장관 · 행정안전부장관 · 방송통신위원회 또는 다른 행정기관의 장으로부터 위탁받은 사업

④ 인터넷진흥원이 사업을 수행하는 데 필요한 경비는 다음 각 호의 재원으로 충당한다.
1. 정부의 출연금
2. 제3항 각 호의 사업수행에 따른 수입금
3. 그 밖에 인터넷진흥원의 운영에 따른 수입금

⑤ 인터넷진흥원에 관하여 이 법에서 정하지 아니한 사항에 대하여는 민법의 재단법인에 관한 규정을 준용한다.

⑥ 인터넷진흥원이 아닌 자는 한국인터넷진흥원의 명칭을 사용하지 못한다.

⑦ 인터넷진흥원의 운영 및 업무수행에 필요한 사항은 대통령령으로 정한다.

1013

「정보통신망 이용촉진 및 정보보호 등에 관한 법률」의 지원 대상으로 틀린 것은? [2009년 기출]

① 국가기관 ② 지방자치단체
③ 공공기관 ④ 각급 학교

정답 ④

풀이 ④ 정부는 국가기관 · 지방자치단체 및 공공기관이 정보통신망을 활용하여 업무를 효율화 · 자동화 · 고도화하는 응용서비스(이하 "정보통신망 응용서비스"라 한다)를 개발 · 운영하는 경우 그 기관에 재정 및 기술 등 필요한 지원을 할 수 있다.

1014

「정보통신망 이용촉진 및 정보보호 등에 관한 법률」에 의거하여 정부가 정보통신망의 고도화와 안전한 이용 촉진 및 방송통신과 관련한 국제협력 · 국외진출 지원을 효율적으로 추진하기 위하여 설립한 기관으로 옳은 것은? [2009년 기출]

① 한국정보보호진흥원
② 한국인터넷진흥원
③ 방송통신위원회
④ 한국보안기술연구소

정답 ②

풀이 ② 한국인터넷진흥원은 「정보통신망 이용촉진 및 정보보호 등에 관한 법률」 제52조를 근거로 2009년 7월 23일 기존 한국정보보호진흥원, 한국인터넷진흥원, 정보통신국제협력진흥원이 통합되어 설립되었다.

1015

「개인정보 보호법」에 대한 설명으로 틀린 것은? [2023년 기출]

① 거짓이나 그 밖의 부정한 수단이나 방법으로 다른 사람이 처리하고 있는 개인정보를 취득한 후 이를 영리 또는 부정한 목적으로 제3자에게 제공한 자와 이를 교사 · 알선한 자는 5년 이하의 징역 또는 5천 만 원 이하의 벌금에 처한다.
② 국가와 지방자치단체는 만 14세 미만 아동이 개인정보 처리가 미치는 영향과 정보주체의 권리 등을 명확하게 알 수 있도록 만 14세 미만 아동의 개인정보 보호에 필요한 시책을 마련하여야 한다.
③ 개인정보처리자는 정보주체의 동의를 받은 경우에는 정보주체의 개인정보를 제3자에게 제공(공유를 포함한다. 이하 같다)할 수 있다.
④ 정보주체는 자신의 개인정보처리와 관련하여 개인정보의 처리 여부를 확인하고 개인정보에 대한 열람(사본의 발급을 포함한다) 및 전송을 요구할 권리를 가진다.

정답 ①

풀이 ① 거짓이나 그 밖의 부정한 수단이나 방법으로 다른 사람이 처리하고 있는 개인정보를 취득한 후 이를 영리 또는 부정한 목적으로 제3자에게 제공한 자와 이를 교사 · 알선한 자는 10년 이하의 징역 또는 1억 원 이하의 벌금에 처한다.

핵심정리 보안적합성 검증 절차

(1) 국가 · 공공기관은 검증 대상 제품 도입 즉시, 국가정보원에 보안적합성 검증을 신청하여야 한다.
(2) 국가정보원은 신청을 접수한 후 검증대상 제품의 국가용 보안요구사항 만족 여부 확인을 위해 국가보안기술연구소에 시험을 의뢰하고 국가보안기술연구소는 시험결과를 국가정보원에 제출한다.
(3) 국가정보원은 시험결과 및 보안대책을 검토하여 신청 기관에 보안적합성 검증 결과를 통보한다.
(4) 국가 · 공공기관은 보안적합성 검증결과에 따라 발견된 보안 취약점을 제거한 후, 정보보호시스템 · 네트워크 장비를 운용하여야 한다.

1016

공인된 시험기관으로부터 보안기능 시험을 거쳐 '보안기능 확인서'를 발급받는 경우 국가 공공기관 도입 시 국정원의 보안적합성 검증을 생략할 수 있다. '보안기능 확인서'를 발급할 수 있는 공인된 시험기관으로 틀린 것은?

[2009년 기출]

① 국가보안기술연구소(NSR)
② 한국아이티평가원(KSEL)
③ 한국시스템보증(KOSYAS)
④ 한국기계전기전자시험연구원(KTC)

정답 ①

풀이 ① 국가보안기술연구소는 국정원이 보안적합성 검증을 위해 시험을 의뢰하는 기관이다. '보안기능 확인서'를 발급할 수 있는 기관으로는 한국시스템보증(KOSYAS), 한국아이티평가원(KSEL), 한국정보통신기술협회(TTA), 한국정보보안기술원(KOIST), 한국기계전기전자시험연구원(KTC), 한국화학융합시험연구원(KTR)이 있다.

핵심정리 국가사이버안보센터

(1) 국가사이버안전 정책 총괄
① 국가사이버안전 정책기획 · 조율
② 국가사이버안전 관련 제도 · 지침 수립
③ 국가사이버안전 대책회의 운영
④ 民 · 官 · 軍 정보공유체계 구축 · 운영

(2) 사이버위기 예방활동
① 각급기관 전산망 보안컨설팅 및 안전측정
② 보안적합성 · 암호모듈 검증
③ 사이버위기 대응훈련
④ 정보보안 관리실태 평가
⑤ 정보보안 공공분야 주요정보통신 기반시설 보안관리

(3) 사이버공격 탐지활동
① 24시간 365일 각급기관 보안관제
② 단계별 사이버위기 경보발령
③ 각급기관 보안관제센터 운영 및 교육 지원
③ 신종 해킹 탐지기술 개발 · 지원

(4) 사고조사 및 위협정보 분석
① 해킹사고 발생 시 사고조사 및 원인규명
② 사이버위협정보 및 취약점 분석
③ 국내외 유관기관과 협력체계 구축
④ 유가치 사이버위협 신고 포상 및 보안권고문 배포

1017

국가사이버안보센터에 대한 설명으로 틀린 것은? [2009년 기출]

① 국가사이버안전 정책기획 · 조율
② 각급기관 전산망 보안컨설팅 및 안전측정
③ 신종 해킹 기술 개발 · 지원
④ 해킹사고 발생 시 사고조사 및 원인규명

정답 ③
풀이 ③ 해킹 기술이 아니라 해킹 탐지기술을 개발 · 지원한다.

핵심정리 **사이버 위기 경보 발령**

(1) 국가정보원장은 중앙행정기관 등에 대한 사이버공격 · 위협에 체계적으로 대응 및 대비하기 위하여 파급영향 및 피해규모 등을 고려하여 단계별로 경보를 발령할 수 있다. 이 경우 국가 안보실장과 미리 협의해야 한다.
(2) 국가정보원장과 국방부장관이 협의하여 정하는 기관에 대해서는 국방부장관이 경보를 발령한다. 이 경우 국가안보에 필요하다고 판단되거나 국가정보원장의 요청이 있는 경우에는 관련 내용을 국가정보원장에게 통보해야 한다.
(3) 국가정보원장, 국방부장관 및 다른 법령에 따라 사이버공격 · 위협에 대응 및 대비하기 위한 경보를 발령하는 중앙행정기관의 장은 국가 차원에서의 효율적인 경보 업무를 수행하기 위하여 경보 관련 정보를 경보 발령 전에 상호 교환해야 한다.

핵심정리 **사이버 위기 경보 단계**

등급	내용
관심	• 웜 · 바이러스, 해킹기법 등에 의한 피해발생 가능성 증가 • 해외 사이버공격 피해확산, 국내유입 우려 • 정보유출 등 사이버공격 시도 탐지 • 국내외 정치 · 군사적 위기상황조성 등 사이버안보 위해 가능성 증가 • 상기 유형과 유사한 수준의 사이버위기
주의	• 다수기관의 정보통신망 및 정보시스템 장애 발생 • 다수기관의 정보유출 등 침해사고 확산 가능성 증가 • 국내외 정치 · 군사적 위기발생 등 사이버안보 위해 가능성 고조 • 상기 유형과 유사한 수준의 사이버위기
경계	• 복수 ISP망 또는 기간망에 피해 발생 • 대규모 피해 확산 가능성 증대 • 정보유출 등 대규모 침해사고 발생 • 복수분야에서 광범위한 피해가 발생하는 등 대규모 피해로 확대될 가능성이 높아 다수기관의 공조대응이 필요한 경우 • 상기 유형과 유사한 수준의 사이버위기
심각	• 전국적인 네트워크 및 정보시스템 사용 불가능 • 주요 핵심기반시설의 피해로 국민혼란 발생 • 정보유출 등 대규모 침해사고가 전국적으로 발생 • 국가적 차원의 평가와 조치가 필요하다고 판단되는 사고 발생

1018

사이버 위기 경보 발령에 대한 설명으로 옳은 것은?

① 국방분야에 대해서는 국방부장관이 경보를 발령한다.

② 민간분야에 대해서는 과학기술정보통신부장관이 경보를 발령한다.

③ 국가정보원장은 중앙행정기관 등에 대한 사이버 위기 경보를 발령할 경우 국가안보실장과 미리 협의해야 한다.

④ 국가정보원장, 국가안보실장, 과학기술정보통신부장관 및 국방부장관은 경보 발령 전에 경보 관련 정보를 상호 교환해야 한다.

정답 ③

풀이 ① 국가정보원장과 국방부장관이 협의하여 정하는 기관에 대해서는 국방부장관이 경보를 발령한다. 이 경우 국가안보에 필요하다고 판단되거나 국가정보원장의 요청이 있는 경우에는 관련 내용을 국가정보원장에게 통보해야 한다.

④ 국가정보원장, 국방부장관 및 다른 법령에 따라 사이버공격 · 위협에 대응 및 대비하기 위한 경보를 발령하는 중앙행정기관의 장은 국가 차원에서의 효율적인 경보 업무를 수행하기 위하여 경보 관련 정보를 경보 발령 전에 상호 교환해야 한다.

1019

「사이버안보 업무규정」에 대한 설명으로 틀린 것은?

① 국가정보원장은 사이버안보 기본대책에 따라 해당 기관의 특성 및 보안수준 등을 반영하여 해당 기관을 대상으로 한 사이버안보 세부대책을 수립 · 시행해야 한다.

② 국가정보원은 사이버공격예방 · 대응업무를 수행할 때 해당 중앙행정기관 등의 정보통신망이 「정보통신기반 보호법」에 따른 주요정보통신기반시설인 경우에는 「정보통신기반 보호법」을 우선 적용해야 한다.

③ 국가정보원장은 중앙행정기관 등에 대한 사이버공격 · 위협에 체계적으로 대응 및 대비하기 위하여 파급영향 및 피해규모 등을 고려하여 단계별로 경보를 발령할 수 있다.

④ 국가정보원은 사이버정보업무를 수행할 때 중앙행정기관 등 외의 기관에 대해서는 개별 법령에 근거가 있거나 해당 기관의 명시적인 요청 또는 동의가 있는 경우를 제외하고는 해당 기관의 정보통신망에 대한 접근 시도나 사이버안보 관련 정보의 수집 등의 행위를 하면 안 된다.

정답 ①

풀이 중앙행정기관 등의 장은 사이버안보 기본대책에 따라 해당 기관의 특성 및 보안수준 등을 반영하여 해당 기관을 대상으로 한 사이버안보 세부대책을 수립 · 시행해야 한다.

Theme

35 국제범죄 대응

핵심정리 칸 네트워크(Khan network)

(1) 파키스탄 핵 개발의 대부로 불리는 압둘 칸 박사는 2003년 2월 4일 이미 칸 네트워크(Khan network)라고 불리는 국제조직을 통하여 핵무기 개발에 필요한 원심분리기와 부품 그리고 육불화 우라늄을 북한에 제공하였다.

(2) 칸 네트워크는 파키스탄이 보유하고 있는 우라늄을 농축하는 원심분리기 설계도면으로부터 핵무기 디자인과 부품 및 원심 분리기 등 핵무기 제조기술을 핵무기 개발을 원하는 국가 등에게 비밀리에 제공하기 위하여 압둘라 칸 박사의 주도하에 1970년대에 만든 국제 핵무기 밀거래 조직을 말한다.

(3) 미국 CIA는 2003년 10월 리비아로 향하는 독일 국적의 BBC China호에서 우라늄 농축 원심분리기와 각종 부품을 압수함으로써 칸 네트워크의 전모를 밝힐 수 있었다.

1020

칸 네트워크(Khan network)와 국제조직범죄에 대한 설명으로 틀린 것은?

① 칸 네트워크(Khan network)는 압둘 칸 박사가 1970년대에 만든 국제 핵무기 밀거래 조직이다.

② CIA의 노력으로 2003년 10월 리비아로 향하는 독일 국적의 BBC China호에서 핵관련 부품을 압수함으로써 칸 네트워크의 전모를 밝힐 수 있었다.

③ 미국은 칸 네트워크에 대한 정보활동을 전개하며 동시에 국제적으로 칸 네트워크를 저지할 수 있는 국제협력체계를 구축하였다.

④ 클린턴 대통령의 대량살상무기확산안전조치(PSI) 정책은 정보공동체의 정확한 정보판단에 따라서 정보공동체가 국제협약의 필요성을 제기하고, 그것이 국제적 협약으로 성립된 것으로서 정보가 정책에 기여한 대표적인 사례이다

정답 ④

풀이 ④ 대량살상무기확산안전조치(PSI)는 2003년 부시 대통령이 선포하였다.

핵심정리 국제범죄조직의 실태

(1) 의의

① 이들 국제범죄조직은 테러조직과는 달리 이념보다는 경제적 이익만을 추구하며, 수직적 권력구조에 따른 엄격한 위계질서를 갖추고 있다.

② 또한 이들은 첨단 과학장비로 무장하고, 위장 및 증거 인멸 등 매우 지능적이고 전문적으로 범죄활동을 전개한다.

③ 특히 이들은 2개국 이상 국제적으로 연계하여 정보기관에 버금가는 비노출활동을 전개한다. 따라서 그들의 신원, 소재지, 그리고 활동 실태를 파악하는 것이 결코 용이하지 않다.

④ 일반인들에게 흔히 알려져 있는 주요 국제범죄조직으로서 일본의 야쿠자, 중국의 삼합회, 러시아 마피아 등이 있으며, 그 밖에도 세계 도처에 수많은 범죄조직들이 활동하고 있는 것으로 알려져 있다.

(2) 일본 야쿠자

① 일본 야쿠자는 18세기 중반 보부상 집단과 전문 도박집단을 모체로 출현하였다. 20세기 초 일본의 극우 군국주의자들과 결탁하여 급성장했으며, 제2차 세계대전을 전후하여 일본 내 불량청년 집단을 흡수하여 세력을 확대했다.

② 야쿠자는 현재 약 3,300여 개의 조직에 8만 5천여 명이 활동 중이다. 이들은 주로 기업 M&A, 건설업, 카지노 운영, 운수업 등 합법적인 사업체를 운영하기도 하고, 마약밀매, 매춘, 도박 등 불법 활동에 개입하기도 한다. 연간 수입이 약 1조 엔 규모에 이를 정도로 막강한 경제력을 과시한다.

(3) 중국 삼합회(Triad)

① 중국 삼합회(Triad)는 청나라 시대인 17세기 말 중국 소림사 승려 5명이 주축이 되어 '반청복명(反晴復明)' 즉 명나라 복원을 명분으로 조직된 비밀결사체인 천지회(天地會)에 뿌리를 두고 있는 것으로 알려져 있다. 19세기 말 가로회(哥老會), 삼합회 등으로 이어지다가 20세기 들어 청방(靑幇), 선방(線幇), 홍방(紅幇) 등 조합 형태의 범죄 조직으로 변모해 왔다.

② 1949년 중국 본토에 공산정권이 수립되자 본거지를 홍콩과 대만 등으로 이동하여 암약하다가 1978년 중국 정부의 개방정책 실시 이후 본토로 진출하여 세력을 확대해 왔다. 현재 삼합회 조직의 규모는 중국 본토의 흑사회(黑社會 또는 黑幇) 15만 명, 홍콩 신의안(新義安, Sun Yee On) 5~6만 명, 대만의 죽련방(竹聯幇) 2만 명 등 4천여 개 조직에 100만여 명이 활동하고 있는 것으로 알려져 있다.

③ 최근 삼합회는 중국, 대만 정부의 강력한 단속을 피해 활동 거점을 주변국(태국, 미얀마), 북미(미국, 캐나다), 중남미(파라과이, 파나마, 볼리비아, 페루, 브라질 등)는 물론 유럽의 벨기에, 네덜란드, 체코 등지로까지 진출을 확대시키고 있다.

(4) 마피아(Mafia)

① 의의

㉠ 마피아(Mafia)는 13~19세기에 걸쳐 이탈리아 시칠리아 섬 서부지역의 대지주들이 강도로부터 농지 보호를 위해 만든 소규모 사병조직인 마피에(MAFIE)에 뿌리를 두고 있다.

㉡ 마피아는 '복종과 침묵의 규칙'(오메르타), CAPO(두목)을 정점으로 하는 피라미드 조직, '고세'라는 패밀리 단위로 운영되며, 이탈리아 혈통이 아니면 정식 조직원이 될 수 없는 매우 폐쇄적인 성향의 조직이다.

② 이탈리아 마피아

이탈리아 마피아는 4대 조직에 1만 8천여 명이 활동하며, 마약밀매, 공공사업, 강도, 절도, 기업체에 대한 공갈 사기, 도박, 밀수 등을 통해 연간 30조 리라(약 1억 3천만 달러)의 불법 수입을 취득하고 있는 것으로 알려져 있다.

③ 미국 마피아

미국 마피아는 19세기 말 미국 동부로 이주한 시칠리아 출신 범죄자와 그 후예들이 조직한 '흑수회(Black Hand Societies)'에 기원을 두고 있으며, 현재 24개 패밀리와 10만여 명의 조직원을 거느린 대규모 연합 범죄조직이다. 이들은 마약밀매, 도박, 무기밀매, 매춘, 고리대금업 등을 통해 막대한 규모의 불법 수입을 취득하고 있는 것으로 알려져 있다.

④ 러시아 마피아

㉠ 러시아 마피아는 1980년대 말 구소련 공산체제가 무너지면서 공권력이 이완되고 경제 질서가 문란해지는 과정에서 등장한 범죄단체이다.

㉡ 이들은 정부 재산의 민영화 과정에서 각종 이권에 개입하여 경제적 부를 축적함으로써 세력을 확장하였다. 이들은 주로 군수물자, 수산물 밀거래 등 경제적 이득을 취하는 데 몰두하는 성향을 보여 '경제 마피아'라고 불리기도 한다.

㉢ 러시아 전 지역을 장악하는 통일된 조직은 없고, 도시별 또는 민족별로 조직을 이루어 상호 독립성을 유지하고 있다. 현재 약 8천여 개 조직에 12만여 명이 조직원으로 활동 중이며, 이들 중에는 전 KGB 요원, 공산당 간부, 전직 관료, 군인, 지역 유지 등도 있다.

㉣ 1980년대 중반부터 마약밀매, 위폐유통, 무기밀매, 자금세탁 등의 활동을 통해 엄청난 규모의 불법이득을 취하고 있다. 러시아 내무부 통계에 따르면 부패 공직자들과 결탁하여 러시아 전체의 30%에 해당되는 4만여 개의 기업 및 은행을 운영하고 있으며, 러시아 총생산의 약 4042%에 이르는 규모의 지하경제를 장악하고 있는 것으로 알려져 있다.

(5) 남미 마약 카르텔

① 남미 마약 카르텔은 콜롬비아 및 멕시코를 근거지로 약 1천여 개 조직에 2만 5천여 명이 활동하고 있는 것으로 알려져 있다.

② 최근 메데인, 칼리카르텔 등 거대 마약 카르텔 이 와해되면서 군소 마약조직들이 마약사업에 개입하는 양상을 보이고 있다.

(6) 아프리카 범죄조직

아프리카 범죄조직들은 나이지리아, 가나, 남아공화국 등 국가들을 중심으로 1만 5천여 명이 활동하고 있으며, 중남부 지역에서 생산된 대마 등 마약류를 유럽이나 미국, 일본 등지로 공급하는 불법행위를 자행하고 있다. 특히 나이지리아 범죄조직들은 전 세계를 대상으로 금융사기를 일으키는 주범으로 유명하다.

1021

삼합회에 대한 설명으로 틀린 것은? [2018년 기출 변형]

① 홍콩을 기점으로 성장했지만 개혁개방정책 이후 중국 본토에서 거점을 확보했다.

② 전통적인 사업영역은 매춘, 마약밀매, 도박, 위조상품 판매이다.

③ 최근 삼합회는 북미, 중남미는 물론 유럽 등지로까지 진출을 확대하고 있다.

④ 삼합회의 조직 규모는 중국 본토의 죽련방, 홍콩 신의안, 대만의 흑사회 등을 중심으로 4천여 개 조직에 100만여 명이 활동하고 있다.

정답 ④

풀이 ④ 삼합회의 조직 규모는 중국 본토의 흑사회, 홍콩 신의안, 대만의 죽련방 등을 중심으로 4천여 개 조직에 100만여 명이 활동하고 있다.

1022

국제범죄 대한 설명으로 틀린 것은? [2008년 기출 변형]

① 조직적 체계와 시간적 연속성을 가진 집단이 2개국 이상의 국민과 지역에 관련되어 저지르는 범죄를 국제범죄라고 한다.

② 국제금융규제가 완화되어 국제 범죄조직이 불법적으로 벌어들인 이익금의 자금세탁이 쉬워졌다.

③ 국제범죄조직이 연예기획, M&A, 부동산 투자, 금융 대부업 등 합법적 기업으로 위장하여 사업을 하는 사례가 많아 단속하기 어려운 측면이 있다.

④ 유엔협약은 국제범죄조직을 한 가지 이상의 중대한 범죄를 자행할 의도를 가지고 동일 기간에 연계하여 활동한 2명 또는 그 이상의 사람들로 구성된 집단으로 정의한다.

정답 ④

풀이 ④ 국제범죄조직은 3명 또는 그 이상의 사람들로 구성된 집단이다. 유엔협약은 국제범죄조직을 '재정적 또는 기타 물질적 이익을 직 · 간접으로 획득하기 위해 한 가지 이상의 중대한 범죄 또는 이 협약에 상응하는 규정위반을 자행할 의도를 가지고 동일 기간에 연계하여 활동한 3명 또는 그 이상의 사람들로 구성된 집단'으로 정의하고 있다.

Theme 36 마약

관련법조항 「마약류 관리에 관한 법률」 중요 조문

제1조(목적)
이 법은 마약·향정신성의약품(向精神性醫藥品)·대마(大麻) 및 원료물질의 취급·관리를 적정하게 함으로써 그 오용 또는 남용으로 인한 보건상의 위해(危害)를 방지하여 국민보건 향상에 이바지함을 목적으로 한다.

제2조(정의)
이 법에서 사용하는 용어의 뜻은 다음과 같다.

1. "마약류"란 마약·향정신성의약품 및 대마를 말한다.
2. "마약"이란 다음 각 목의 어느 하나에 해당하는 것을 말한다.
   가. 양귀비: 양귀비과(科)의 파파베르 솜니페룸 엘(Papaver somniferum L.), 파파베르 세티게룸 디시(Papaver setigerum DC.) 또는 파파베르 브락테아툼(Papaver bracteatum)
   나. 아편: 양귀비의 액즙(液汁)이 응결(凝結)된 것과 이를 가공한 것. 다만, 의약품으로 가공한 것은 제외한다.
   다. 코카 잎[엽]: 코카 관목[(灌木): 에리드록시론속(屬)의 모든 식물을 말한다]의 잎. 다만, 엑고닌·코카인 및 엑고닌 알칼로이드 성분이 모두 제거된 잎은 제외한다.
   라. 양귀비, 아편 또는 코카 잎에서 추출되는 모든 알카로이드 및 그와 동일한 화학적 합성품으로서 대통령령으로 정하는 것
   마. 가목부터 라목까지에 규정된 것 외에 그와 동일하게 남용되거나 해독(害毒) 작용을 일으킬 우려가 있는 화학적 합성품으로서 대통령령으로 정하는 것
   바. 가목부터 마목까지에 열거된 것을 함유하는 혼합물질 또는 혼합제제. 다만, 다른 약물이나 물질과 혼합되어 가목부터 마목까지에 열거된 것으로 다시 제조하거나 제제(製劑)할 수 없고, 그것에 의하여 신체적 또는 정신적 의존성을 일으키지 아니하는 것으로서 총리령으로 정하는 것[이하 "한외마약"(限外麻藥)이라 한다]은 제외한다.
3. "향정신성의약품"이란 인간의 중추신경계에 작용하는 것으로서 이를 오용하거나 남용할 경우 인체에 심각한 위해가 있다고 인정되는 다음 각 목의 어느 하나에 해당하는 것으로서 대통령령으로 정하는 것을 말한다.
   가. 오용하거나 남용할 우려가 심하고 의료용으로 쓰이지 아니하며 안전성이 결여되어 있는 것으로서 이를 오용하거나 남용할 경우 심한 신체적 또는 정신적 의존성을 일으키는 약물 또는 이를 함유하는 물질
   나. 오용하거나 남용할 우려가 심하고 매우 제한된 의료용으로만 쓰이는 것으로서 이를 오용하거나 남용할 경우 심한 신체적 또는 정신적 의존성을 일으키는 약물 또는 이를 함유하는 물질
   다. 가목과 나목에 규정된 것보다 오용하거나 남용할 우려가 상대적으로 적고 의료용으로 쓰이는 것으로서 이를 오용하거나 남용할 경우 그리 심하지 아니한 신체적 의존성을 일으키거나 심한 정신적 의존성을 일으키는 약물 또는 이를 함유하는 물질
   라. 다목에 규정된 것보다 오용하거나 남용할 우려가 상대적으로 적고 의료용으로 쓰이는 것으로서 이를 오용하거나 남용할 경우 다목에 규정된 것보다 신체적 또는 정신적 의존성을 일으킬 우려가 적은 약물 또는 이를 함유하는 물질

마. 가목부터 라목까지에 열거된 것을 함유하는 혼합물질 또는 혼합제제. 다만, 다른 약물 또는 물질과 혼합되어 가목부터 라목까지에 열거된 것으로 다시 제조하거나 제제할 수 없고, 그것에 의하여 신체적 또는 정신적 의존성을 일으키지 아니하는 것으로서 총리령으로 정하는 것은 제외한다.

4. "대마"란 다음 각 목의 어느 하나에 해당하는 것을 말한다. 다만, 대마초[칸나비스 사티바 엘(Cannabis sativa L)을 말한다. 이하 같다]의 종자(種子) · 뿌리 및 성숙한 대마초의 줄기와 그 제품은 제외한다.
가. 대마초와 그 수지(樹脂)
나. 대마초 또는 그 수지를 원료로 하여 제조된 모든 제품
다. 가목 또는 나목에 규정된 것과 동일한 화학적 합성품으로서 대통령령으로 정하는 것
라. 가목부터 다목까지에 규정된 것을 함유하는 혼합물질 또는 혼합제제

마약류	분류	종류: 성분	비고
마약	천연 마약	양귀비, 아편: 모르핀, 코데인	일부 의약품으로 사용
		코카엽: 코카인	
	반합성 마약	헤로인	
	합성 마약	페치딘, 메사돈, 펜타닐, 옥시코돈	일부 의약품으로 사용
향정신성의약품	가목	LSD, 메스케치논, JWH-018 등	
	나목	메탐페타민, 암페타민, MDMA 등	제한적 의약품 사용
	다목	바르비탈산류	일부 의약품으로 사용
	라목	벤조디아제핀류, 졸피뎀, 펜터민	
대마	가목	대마초와 수지: 테트라하이드로칸나비놀	
	나목	가목을 원료로 제조한 모든 물질	

핵심정리 **마약의 종류**

(1) 코카인(Cocaine)

① 코카인은 가장 오래된 대표적인 마약으로 직접 두뇌에 영향을 미치는 강력한 흥분 물질이다. 속칭 블로우(Blow), 노우즈 캔디(nose candy), 스노볼(snowball), 토네이도(tornado) 등으로도 불린다. 코카인 마약의 원료물질인 코카나무 잎사귀는 수천 년 전부터 인류가 섭취했고, 코카인 화학물질도 100년 전부터 애용되었 다. 코카나무 잎사귀는 19세기 중반부터 페루와 볼리비아 등지에서 대량 재배되었다. 코카인은 원래 피로 회복제로 쓰였던 것인데, 그 강력한 습관성 중독증으로 복용자에게는 강렬한 행복을 가져다주는 약이다.

② 자연 재배에 의한 순수한 작황 증대, 이용하기 쉬운 다양한 형태의 출현 그리고 거리에서 손쉽게 이용할 수 있는 편의성 때문에 법집행기관과 보건의료 정책당국 양자에게 커다란 부담을 주는 마약이다. 분말형태의 코카인은 수용성으로 물에 타서 먹을 수도 있고 주사도 가능하다. 코카인은 중독성이 강한 마약으로, 필연적으로 반복적으로 그리고 점점 과다 복용하게 만들고 그 결과 의학적으로는 안절부절못하는 감정과 경솔함, 게다가 망상증을 유발하고 편집증적 정신병을 유발한다고 보고되어 있다.

(2) 헤로인(Hemin)

① 헤로인은 양귀비 씨앗 꼬투리에서 추출한 아편으로부터 가공된 것으로 전형적으로 하얗거나 갈색의 파우더 또는 검은색의 끈적끈적한 형태로 팔린다. 풍미, 향기를 뜻하는 스맥(Smack), 천둥(thunder), 지옥의 분말(hell dust), 점비약(nose drops) 그리고 대문자 'H' 등으로 불린다. 기도로 흡입될 수 있지만 주사바늘 등으로 투여함으로써 주사도구들을 공유하게 되어 후천성 면역결핍증의 전파와 같은 부차적인 문제를 불러일으키기도 한다.

② 원래 헤로인은 1874년도 모르핀으로부터 처음으로 합성되어 새로운 통증완화 의약품으로서 1898년부터 상업적으로 생산되기 시작하였다. 처음에는 의료인들도 그 중독 가능성에 대해 잘 알지 못해 특별한 규제 없이 광범위하게 허용되었으나, 오늘날 헤로인은 의료분야에서 쓰이지 않는 불법적인 물질이다. 헤로인 주사는 정맥주사나 근육주사 모두 가능하고 정맥주사를 이용하면 주사 후 7~8초 안에 마약의 쾌감을 바로 경험할 수 있으며 코로 흡입하면 10~15분 안에 최고조에 달한다. 현재 헤로인의 국제적 주산지는 남미의 콜롬비아와 멕시코, 동남아시아의 미얀마, 서남아시아의 아프가니스탄 등지로 알려져 있다. 남미와 멕시코산 헤로인은 대부분 미국에 공급된다. 멕시코산 헤로인은 일명 블랙 타르(black tar)라고 불리며 미국 서부에서 주로 밀거래된다.

(3) 엑스터시(MDMA－Ecstasy)

① 엑스터시는 화학적 약품의 마약으로 정신활성합성약이다. 소위 "파티용 마약(party drug)"으로 불리며 사춘기와 젊은이들이 도취감, 친밀감, 공감, 성욕을 높이고 억압을 줄이기 위해 애용한다. 1980년대부터 통제물질로 분류되어 MDMA, XTC, 콩(Beans), 아담스(Adams), 포옹 마약(Hug Drug), 디스코 비스켓(Disco Biscuit), '고(Go)' 등 다양한 이름으로 불린다.

② 동물 실험 연구결과 엑스터시는 노출과 감정, 생각, 판단과 관련된 신경조직 손상으로 연결된다. 영장류에 대한 실험결과 단 4일간의 엑스터시에의 노출이 6~7 년 후에 혈액 · 뇌 속에 있는 혈관수축물질인 세로토닌(serotonin)에 명백한 신경 말단 손상을 보여 주었다. 현재 엑스터시의 대표적인 소비국가인 미국에서 압류된 엑스터시는 대개 네덜란드와 벨기에의 비밀 연구실에서 생산되고 있다.

(4) 마리화나(Marijuana)

① 마리화나는 인도 산 대마초인 캐너비스(Cannabis)라는 식물의 꽃, 줄기, 씨앗과 잎의 건조한 녹색 · 갈색의 파편 혼합물로 미국에서 가장 흔하게 남용되는 불법적인 약물이다. 대마초로 더 잘 알려진 마약이다. 대마, 마, 또는 삼이라고 하는 식물의 잎과 꽃을 말려서 담배처럼 피울 수 있게 만든 것이다. 더욱 농축시켜 해쉬시(hashish)라고 불리는 끈적거리는 검은 액체형태의 수지식품화 시키기도 한다. 마리화나는 약물 중독성이 높고 안전성이 전혀 보장되지 않아, 현재 미국에서는 치료 목적으로도 허용되지 않는다. 밀거래자들 사이에서는 목초(Grass), 항아리(pot), 잡초(weed), 꽃봉오리(bud), 메리(Mary), 제인(Jane), 하이드로(hydro)라는 속칭으로 불린다.

② 마리화나를 정기적으로 피우는 사람은 흡연자처럼 반복되는 기침과 가래, 잦은 급성 흉통, 폐 감염에의 높은 위험, 호흡기의 폐쇄성 경향과 똑같은 호흡기 문제들을 가질 수 있고, 담배보다 50~70% 더 많은 발암성 탄화수소를 함유하고 있어서 폐를 비롯한 호흡기계의 암 발생이 크게 증가될 수 있다.

(5) 옥시콘틴(Oxycontin)

옥시콘틴은 중한 상해, 활막염, 탈구, 골절, 신경통, 관절염과 하부통증, 암과 관련된 중중의 통증을 경감하기 위해 사용되는 진통제로 원래 임상적으로 널리 사용된 약물이다. 옥시콘틴의 가장 심각한 위험은 죽음에까지 이르게 할 수 있는 호흡저하 문제이다. 옥시콘틴은 정상적인 약품구입을 가장한 다양한 경로로 구매된다. 가장 흔한 형태는 처방이 필요한 합법적인 질병을 가지고 있는 것으로 위장하여 의사를 찾는 "의료구매(doctor shopping)"방식이다.

(6) 메트암페타민(Methanwhetamine)

메트암페타민은 오늘날 가장 사용 증가율이 높은 마약물질로 높은 중독성의 약물이다. 한때 비만 치료제로도 남용되는 등 현재까지 주된 남용약물이다. 메트암페타민은 각국의 비밀실험실에서 불법 생산되고 있다. 속칭 스피드(speed), 메쓰(meth) 아이스(Ice), 크리스탈(Crystal), 초크(Chalk), 가난한 사람의 코카인(Poor man's cocaine), 닭 모이(Chicken feed), 쓰레기(Trash) 그리고 황금 각성제를 뜻하는 옐로우 뱀(Yellow Bam) 등으로 불린다. 메트암페타민은 매우 작은 양으로도 강력한 자극을 주어 각성과 육체활동을 증가시키고, 동물 실험결과 독성 효과를 가지고 있어서 신경말단을 파괴시킨다.

(7) 인헤일런트(Inhalant)

① 인헤일런트는 제반 중독성 흡입물질을 총칭하며 오늘날 청소년들에게는 가장 위험한 마약으로 간주된다. 각종 흡입제는 생활용품점에서 간단히 구입할 수 있으며 평상시에 안전하게 쓰이는 가정용품들도, 호기심을 가지고 있는 청소년들에게는 강력한 환각제로 사용된다는 데에 그 위험성이 있다. 현재까지 알려진 흡입제로 간단하게 이용 가능한 용품에는 본드, 가정용 세제, 매직펜, 페인트 시너, 드라이클리닝 액, 고무풀 접착제, 매니큐어 액, 페인트, 부탄가스 라이터, 각종 스프레이 제품, 프로판가스, 에어컨 냉각제, 자동차 가솔린, 공 기청정제, 방향제 등 일상생활 주위에 무수히 널려 있다.

② 이러한 흡입제 남용은 법으로 엄격히 규제되는 통제물질인 코카인, 헤로인 등과 달라서 법적으로는 마약으로 구분되지 않기 때문에 소위 감춰진 비밀의 마약 문제로 여겨지고 있다. 더불어 대다수의 부모들은 주위에 널려 있는 단순한 가정용품이 자녀들이 처음으로 접하는 마약이 될 수도 있다는 것을 인식하지 못하는 것도 그 위험성을 가중시키고 있다. 한편 어린 시절에 각종 흡입제를 경험한 아동들의 다수가 성장해서는 불법 마약에 노출되는 자연스러운 악순환의 고리에 빠져들게 된다.

③ 많은 청소년들이 흡입제를 사용하는 이유는 이러한 제품이 저렴하면서도 주위에서 합법적으로 쉽게 구할 수 있으며 또한 취한 듯한 기분 좋은 환각 상태를 유발하고 적당한 음주 효과도 낼 수 있어서 음주를 하지 않았다는 정당성을 가지게 하여 오히려 그다지 나쁜 일이 아니라고 생각하기 때문이기도 하다.

④ 2005년 조사통계에 의하면 미국의 8학년 학생들의 17.1%, 10학년 학생들의 13.1%, 12학년 학생들의 11.4%가 각종 흡입물질 경험이 있었다고 하여 그 심각성을 보여 주고 있다.

(8) 스테로이드(Steroids)

① 미국 가정의학회(American Academy of Family Physicians)지에서는 "미국의 12세에서 17세 사이의 청소년 약 100만 명이 위험의 소지가 있는 체력 증강 보조제와 약물을 오용해 왔다."고 보고했다. 현재까지 100여 종이 넘는 스테로이드 제제가 개발되어 있다. 스테로이드는 동화작용으로 알려진 것처럼 원래 체력 증강 약물로 골격근의 성장과 남성적 특징의 발달을 촉진한다. 합성 스테로이드는 이러한 남성호르몬이 자연적으로 충분히 생성되지 않는 남성들을 치료할 목적으로 1930년대에 최초로 개발되었다.

② 1950년대부터는 암시장에서 스테로이드를 구할 수 있게 되었으며 야심을 품은 운동선수들이 경기력 향상을 목적으로 스테로이드를 복용하기 시작하였다. 1990년대부터 여성의 스테로이드 오용이 상당히 증가했으며, 일부 여성들은 더 강하고 더 빠른 운동선수가 되기 위해서 스테로이드를 사용하기도 하지만, 대다수의 여성들은 그러한 약물 덕분에 자신도 모델들과 영화배우들이 과시하는 날씬하고 탄력 있는 몸매를 갖게 될 거라는 희망을 품고 스테로이드 약물을 사용해 왔다.

③ 그러나 스테로이드 남용의 위험성은 적지 않아 심장 마비, 간 기능 부전, 신장 기능 부전 및 심각한 정신 질환을 겪을 가능성이 높다는 것이 실험결과로 나타났다. 또한 스테로이드를 사용하는 여성은 월경 불순, 체모 성장 증대, 남성형 탈모증, 목소리가 영구적으로 굵어지는 현상이 나타나며, 남성의 경우에는 고환 수축이 나타날 수 있고 남녀 모두 공격적인 성향을 분출하게 될 수 있다고 한다. 역설적이게도 스테로이드를 청소년기에 사용하면 성장이 저해될 수 있다. 현재 스테로이드는 멕시코와 유럽 등지의 국제 암거래 시장에서 다량으로 밀거래되고, 일부는 합법 처방을 위조하여 구매되기도 하는 바 각국의 비밀 실험실에서 자체 제조된다고 미국정보당국은 파악하고 있다.

(9) 엘에스디(LSD)

LSD는 1938년 스위스 산토스 실험실에서 일하던 화학자 알버트 호프만(Chemist Albert Hofmann)이 합성에 성공한 약물이다. 현재 시중에서 타블릿, 정제 등 알약 또는 캡슐 그리고 물약 형태로 판매된다. 산(Acid), 창유리(window pane) 등으로 불려진다. 내성이나 심리적 의존현상은 있지만 신체적 금단증상은 일으키지 않는다고 알려져 있다. LSD의 특별한 효과 중 플래시백 효과라는 것이 있는데, 이것은 일부 남용자들의 경우 LSD를 사용하지 않는데도 환각을 반복 경험하게 되는 것을 말한다.

구분	종류		특성	작용	주산지
천연 마약	아편계	양귀비	• 키 1~1.5m 식물 • 백색, 적색, 자색 꽃		황금삼각지대 (미얀마, 태국, 라오스), 황금초생달지역 (이란, 파키스탄, 아프간) 중심 온대, 아열대 등 거의 세계전역
		아편	• 설익은 꽃봉우리에 생채기를 내어 우유빛 즙을 담아두면 암갈색 타르화(생아편) • 응고하면 딱딱한 왁스형 • 달콤하고 톡쏘는 향, 건초향	• 고통완화, 졸린 듯한 상태에서 편안, 황홀 • 의존성, 내성, 변비, 얼굴 창백, 신경질적, 식욕·성욕상실, 구토, 동공수축, 호흡장애	
		몰핀	• 아편으로 몰핀 제조(10 : 1), 무취, 쓴맛 • 백색, 갈색, 커피색 분말, 캡슐, 주사약	• 의약용으로 사용 • 진통 강력, 도취, 수면 • 아편보다 강한 중독성, 호흡억제, 구토, 발한, 변비	
		헤로인	• 몰핀량 1/2로 동일효과 • 백색, 황백색, 회색, 연갈색 설탕형태 미세결정 • 무취, 쓴맛, 몰핀에 무수초산을 가한 제조로 밀조품은 강한 식초냄새	• 쾌감 쇄도 후 졸음, 도취 • 몰핀보다 강한 중독성, 변비, 동공수축, 호흡감소, 무감각, 내분비계통 퇴화, 자아 통제 불능	황금삼각지대, 황금초생달지역, 중미(멕시코,콜롬비아)
		코데인	• 몰핀으로부터 분리 • 주사, 캡슐, 정제	• 의약용으로 사용 • 진통, 진해 특효	
	코카계	코카인	• 코카엽에서 추출 • 솜털같은 백색결정분말 • 코흡입, 주사, 구강투여	• 효과 신속 일시적, 대뇌 흥분, 동공확장, 심박증가 • 심장장애, 호흡곤란, 경련, 공격적, 과대망상, 정신착란	남미(콜롬비아, 볼리비아, 페루)
		크랙	• 코카인에 베이킹소다, 물 넣고 가열하여 제조 • 작은 돌과 같은 결정체 • 워터파이프로 흡연	• 효과 신속 강렬, 황홀 • 코카인보다 중독위험 심각, 투약간편, 저렴 • 부작용 코카인 유사	
합성 마약	페티딘계		• 몰핀 대용, 3~6시간 지속, 주사, 정제, 캡슐(중국명: 도냉정)	• 진통, 진정 • 졸립고 멍청, 호흡감소, 경련, 내성, 의존성	
	메타돈계		• 몰핀 대용, 24시간 지속, 주사, 정제, 캡슐	• 아편계 중독치료 • 내성, 의존성	

구분	종류		특성	작용	주산지
향정신성의약품	환각제	LSD	• 무색, 무미, 무취 결정분말 • 투명액, 정제, 각설탕, 캡슐형, 이쑤시개 · 아스피린 · 종이 · 사탕빵 등에 흡착 • 소량(1회 0.1mg)으로 6~12시간 환각상태	• 환각, 자기모습 제3자 입장 관찰, 음악의 색 · 맛 감상, 광범위한 감정체험, 감지 · 판단력 감소, 자기통제력 상실 • 동공확대, 홍조, 체온저하, 발한, 현기증, 혈압상승, 재발성 환각질환	북미, 유럽 동남아
		MDMA (엑스터시)	• 암페타민류 합성마약 • 로고 각인 정제, 캡슐	• 도취, 식욕상실 • 변비, 혼수, 자아통제 불능	유럽, 미국
		메스칼린	• 멕시코 선인장 페이오트(Peyote)에서 추출 • 분말, 캡슐, 용액	• 환상, 환각	
	각성제	암페타민류	• 원료: 염산에페드린 • 백색, 회색, 황색 분말 또는 크리스탈 덩어리 • 약간의 신맛, 물에 잘 녹음 • 주사, 코 흡입, 술이나 음료에 타서 남용	• 기관지확장, 혈압상승, 심박증가, 동공확대, 혈당증가, 근력증가 • 황홀, 공복감상실, 상쾌, 자신감, 식욕억제, 피로억제, 정신적의존성, 내성 • 불안, 흥분, 환각, 망상, 불면, 정신착란, 플래시백	중국, 필리핀, 대만, 홍콩, 태국, 미국(히로뽕), 유럽(암페타민)
		YABA	• 암페타민류 25% 함유 • 작은 정제(1알: 0.2g)	• 도취, 흥분, 환각, 공격성 • 우울증, 정신착란, 공포	태국, 미얀마
	억제제	진정수면제	• 바르비탈제제 등 • 알콜과 남용시 치명적	• 생리기능 억제, 불안, 긴장, 불면 치료 • 의존성, 내성, 호흡곤란, 심기능 저하, 동작 · 사고 둔화, 기억력 장애	
		신경안정제	• 알콜과 남용시 치명적	• 불안, 긴장 완화 • 의존성, 내성, 운동실조, 착란, 졸림	
대마류	대마초		• 연녹색, 황색, 갈색 잎 • THC(Tetra Hydro Canabinol) 성분이 도취 · 환각 유발	• 흥분과 억제 두 가지 작용, 초조, 풍족, 이완, 꿈꾸는 느낌, 공복감, 단 것 먹고 싶은 느낌, 감각 미묘 변화 • 공중에 뜨는 느낌, 빠른 감정변화, 변비, 환각, 심박증가, 공포, 불안, 사고 및 기억 단절, 집중력 상실, 자아상실감, 영상왜곡, flashback(중단 후 환각 재현)	온대, 열대(아시아, 아프리카, 미주)
	대마수지 (해시시)		• 대마초 300kg로 해시시 1kg 제조 • 갈색, 흑색의 수지 • THC 2~10% 함유		
	대마오일 (해시시오일)		• 해시시 3~6kg로 해시시오일 1kg 제조 • 암록색, 흑색의 기름 형태 • THC 10~30% 함유		

1023

「마약류 관리에 관한 법률」에 대한 설명으로 틀린 것은?

① 파파베르 솜니페룸 엘(Papaver somniferum L.)은 양귀비과에 속하는 마약이다.

② 아편은 양귀비의 액즙(液汁)이 응결(凝結)된 것과 이를 가공한 것으로 의약품으로 가공한 것도 포함한다.

③ 대마는 대마초와 그 수지(樹脂) 등을 말하는데, 대마초의 종자(種子) · 뿌리 및 성숙한 대마초의 줄기와 그 제품은 제외한다.

④ 향정신성의약품은 인간의 중추신경계에 작용하는 것으로서 이를 오용하거나 남용할 경우 인체에 심각한 위해가 있다고 인정되는 것이다.

정답 ②

풀이 ② 아편은 양귀비의 액즙(液汁)이 응결(凝結)된 것과 이를 가공한 것이다. 다만, 의약품으로 가공한 것은 제외한다.

1024

마약문제에 대한 설명으로 틀린 것은?

① 마약문제는 기본적으로 국내문제이다.

② 마약문제는 국가소멸이 아닌 개인 착취의 문제이다.

③ 마약문제의 핵심은 개개인의 치료 · 교정이다.

④ 국가정보기구가 마약 문제에 관여하게 된 것은 오늘날 마약이 국가안보 문제로까지 승화되었기 때문이다.

정답 ④

풀이 ④ 미국과 남미처럼 마약 문제가 국가안보 문제로까지 승화된 나라도 적지 않다. 그러나 국가안보 쟁점 인지에 대하여는 국가별로 그 사정이 일률적이지는 않다. 오늘날 마약이 국가안보 문제가 되었는지와 무관하게, 오히려 입법정책에 입각한 통치적 결정에 따라 국가정보기구가 마약 문제에 관여하게 되었다고 볼 수 있다.

1025

마약류에 관한 설명으로 옳은 것은?

① 마약류란 마약 · 향정신성의약품 및 대마를 말한다.
② 생아편은 설익은 꽃봉오리에 상처에서 채집한 우윳빛 즙을 건조시켜 덩어리로 만든 것이다.
③ 한외마약은 다른 약물이나 물질과 혼합되어 마약을 다시 제조할 수 없고, 신체적 또는 정신적 의존성을 일으키지 아니하는 마약이다.
④ 몰핀은 아편을 주요 성분으로 하는 마약성 진통제로 중추 신경계(CNS)에 직접 작용하여 통증 자극을 전달하는 신경전달물질의 분비를 억제하여 통증을 줄이는 데에 사용할 수 있다.

정답 ①

풀이 ① 마약류란 마약 · 향정신성의약품 및 대마를 말한다.

1026

헤로인에 대한 설명으로 틀린 것은?

① 1949년 독일에서 식욕 감퇴제로 개발되었다.
② 스피드 볼(Speedball)은 헤로인과 코카인을 합성하여 만든 것이다.
③ 헤로인은 몰핀에 비해 독성이 강하고 금단증상 또한 매우 강하다.
④ 헤로인이 몰핀보다 독성이 10배 이상 강하다.

정답 ①

풀이 ① 1949년 독일에서 식욕감퇴제로 개발된 것은 엑스터시이다.

1027

다음에서 설명하는 마약으로 옳은 것은? [2009년 기출]

식욕 감퇴제로 개발되었으나 기분 좋아지는 약, 포옹마약, 클럽 마약, 도리도리 등으로 지칭되는 환각제

① 헤로인 ② 엑스터시
③ 코카인 ④ 크랙

정답 ②

풀이 ② 헤로인은 아편을 정제한 마약이고, 코카인은 코카나무 잎에서 추출한 마약이다. 크랙은 코카인을 응결시킨 마약의 일종으로 중독성이 코카인보다 강하다.

Theme 37 정보기관과 정보활동

핵심정리 통합형과 분리형 정보기구

1. 의의

오늘날 전 세계 대부분의 국가들이 정보기구를 두고 있지만, 정보기구의 조직체계, 수행 임무, 활동방향 등은 각각 다르다. 이는 국가마다 안보상황, 이데올로기, 정치문화, 국내정치 구조, 대외관계, 역사적인 경험 등이 각기 다른 데 기인한다. 세계 각국 정보기관들의 유형은 크게 통합형과 분리형, 국가정보기구 대 부문정보기구 등으로 분류될 수 있다.

2. 통합형과 분리형 정보기구

(1) 통합형 정보기구

① 정보기구는 첩보수집, 정보분석, 비밀공작, 방첩활동 등 모든 정보활동을 단일 정보기관에서 수행하는 통합형과 기능별로 한 가지 특정분야 임무를 수행하는 분리형으로 구분된다.

② 통합형 정보기구의 대표적인 사례로는 구소련의 KGB, 중국의 국가안전부 그리고 우리나라의 국가정보원 등을 들 수 있다.

(2) 분리형 정보기구

① 미국, 영국, 이스라엘, 그리고 대부분의 유럽 국가들은 신호정보, 영상정보 등 기능별로 구분하여 단일 임무를 수행하는 분리형 정보기구를 운용하고 있다.

② 예를 들어, 미국의 국가안전국(NSA), 영국의 정보통신본부(GCHQ)는 신호정보를 전문적으로 수행하며, 미국의 국가정찰국(NRO)은 영상정보 수집활동을 담당하는 정보기관이다.

3. 통합형 정보기구

(1) 장점

① 일반적으로 정보기관은 비밀주의와 차단의 원칙을 고수하기 때문에 정보기관들 간의 정보 공유 또는 협력이 매우 어렵다.

② 통합형 정보기구의 경우 정보활동에 대한 중앙집권적인 통제가 용이하여 보다 효율적으로 임무를 수행할 수 있다는 장점을 가진다.

(2) 단점

① 그러나 정보기관들 간의 경쟁이나 견제장치가 없기 때문에 권력집중이 심화됨으로써 정보기관이 막강한 권한을 행사하게 될 수 있다. 이는 민주주의적 견제와 균형의 원리에 역행하는 것이며, 자칫 정보기관이 권력의 도구로 악용될 소지도 있다.

② 또한 정보조직의 역동성이 떨어지고 조직이 관료화되어 전문성이나 경쟁력이 저하될 수 있다는 단점이 있다.

4. 분리형 정보기구

(1) 장점

① 분리형 정보기구의 경우 한 가지 임무를 전문적으로 수행하기 때문에 그 분야 업무에 관한 한 최고의 전문성을 발휘할 수 있다는 장점이 있다.

② 또한 정보기관들 간 경쟁하는 가운데 상호 견제가 이루어지기 때문에 특정 정보기관으로 권력이 집중되거나 권한의 남용을 막을 수 있다.

(2) 단점

① 반면에 정보기관의 배타적인 조직 속성으로 인해 정보기관들 간 정보의 공유 및 협력이 원활하게 이루어지지 않음으로써 정보활동의 효율성이 저하될 수 있다는 단점이 있다.

② 미국이 2001년 9/11 테러를 사전에 파악하지 못했던 결정적인 요인은 CIA, FBI, NSA 등을 비롯한 16개 정보기관들 간의 정보 공유 및 협력이 원활하게 이루어지지 않음으로써 종합적인 정보판단을 내리지 못했기 때문이었던 것으로 분석된다.

핵심정리 **수행 기능별 분류**

(1) 통합형 정보기구

국내정보와 해외정보를 총괄하여 단일기관이 임무를 수행하는 정보기구이다. 구소련의 KGB, 중국의 국가안전부(MSS)가 대표적이다. 한국의 국가정보원도 이에 속한다.

(2) 분리형 정보기구

국내정보 분야와 해외정보 분야가 분리되어 있는 경우의 국가정보기구를 말 한다. 미국은 CIA는 해외, FBI는 국내정보를 담당하고, 영국 비밀정보부(MI6)는 해외, 보안부(MI5)는 국내정보를 담당한다. 러시아는 해외정보부(SVR)와 참모부 정보총국(GRU)이 해외정보를, 연방보안부(FSB)가 국내정보를 담당하고, 프랑스는 대외안보총국(DGSE)이 해외, 중앙국내정보총국(DCRI)이 국내 정보를 담당한다. 독일은 연방정보국(BND)이 해외정보를 담당하고, 헌법수호청(BfV)이 국내정보를 담당하며, 이스라엘은 모사드(MOSSAD)가 해외정보를, 샤박(Shabak)이 국내정보를 담당한다. 인도는 조사분석청(RAW)이 해외정보를, 정보국(IB)이 국내정보를 담당한다.

핵심정리 **활동 방법별 분류**

(1) 의의

첩보수집의 주된 방법에 의한 분류이다. 통상적으로 국가정보 활동은 인적 요소와 물적 · 기술적 요소가 결합되어 이루어지지만, 맨 파워 즉 인적 요소를 정보활동의 주된 수단으로 하는 인간정보기구와, 정보수집에 있어 과학기술과 장비를 주로 이용하는 기술정보기구로 나눌 수 있다.

(2) 인간정보기구

인적 자원을 정보활동의 주된 요소로 하는 정보기구이다. 오늘날 대다수의 국가중앙정보기구들은 인간정보활동과 과학기술정보활동을 병행하여 국가정보 활동을 하는 것이 보통이다. 과학기술의 발달은 오히려 휴민트의 요소 없이 과학 · 기술에 기초한 정보기구들을 다수 만들고 있다. CIA가 대표적인 인간정보기구이다. 미국은 다른 정보기구에 산재되어 있는 휴민트 업무를 CIA의 국가비밀부(NCS)가 총괄하여 미국 정보기구의 모든 스파이 활동은, 소속은 다르지만 CIA가 조종 · 감독하고 있다. 오늘날 인간정보 활동의 중요성은 다시 강조되고 있는 추세이고, 국가정보가 상대세력의 의도와 능력을 파악하는 것을 본질적인 정보요소로 하는 이상 변할 수 없는 명제라고 할 수 있다.

(3) 과학기술정보기구

과학기술정보기구에는 매우 다양한 내용들을 포함하지만 오늘날 대표적인 것은 신호정보기구와 영상정보기구가 있다. 미국의 국가안보국(NSA), 국가정찰실(NRO), 국가지구공간정보국(NGA), 영국의 정부통신본부(GCHQ), 일본의 초베츠(Chobetsu), 독일의 연방정보보호청(BSI)이 대표적인 과학기술정보기구이다.

핵심정리 중앙집중형(Central and Converged) 정보체계

중앙집중형 정보체계의 특징은 중앙정보기관을 중심으로 부문정보기관들이 일사불란하게 조직되어 있기 때문에 강력한 정보통합을 통해 신속한 정보전달과 전파가 가능하다는 것이며 정보의 중복문제 없이 효율성을 기대할 수가 있다는 것이다. 이런 정보체계의 장점은 기본적으로 정보의 통합성과 신속성을 보장할 수 있다는 것이며 정보기관 간 중복현상이나 차단문제가 없어 정보의 효율성을 살릴 수 있다는 것이다. 우리나라의 경우가 이에 해당되며 대부분의 중동 이슬람국가들과 동유럽 국가들이 이런 유형의 정보체계를 지향하고 있다.

핵심정리 분리조정형(Divided yet Coordinated) 정보체계

대부분의 서구 민주국가들은 "분리조정형 시스템"을 채택하고 있다. 영국의 경우에도 미국과 같은 국가정보장(DNI) 같은 직제 대신에 모든 정보기관의 관리와 업무협의를 위해 총리 산하 「합동정보위원회(Joint Intelligence Committee, JIC)」가 있어 중간에서 정보조정기능을 수행하고 있다. 프랑스의 경우에도 대외안보총국이 국방부산하에 편제되어 있어 국방부로 편향되어 있는 느낌이 있지만 해외정보와 국내정보가 분리된 상태에서 그 위에 합동정보위원회가 부처 정보기관들의 정보활동이 중복되지 않고 효율적으로 이루어지도록 조정 및 감독하는 역할을 수행하고 있다. 영국의 경우에는, MI6와 정부통신본부(GCHQ)가 외무성 산하이고 MI5가 내무성 산하이며 국방정보부(DI)가 국방성 산하에 편제되어 있으며 이들을 총리 산하의 합동정보위원회인 JIC가 업무조정을 하고 있다는 점에서 일종의 분리조정형(Dispersed yet coordinated) 체계에 가깝다.

핵심정리 분산통합형(Dispersed yet Integrated) 체계

분산통합형 체계의 특징은 산하 정보기구들이 서로 다른 분야에서 정보활동을 수행하지만, 이들 정보기구들의 담당 분야가 명확하게 구분되지 않으며 각자 자신의 업무를 하되 최종적으로 정보공동체를 총괄하는 직제가 산하 정보기구들의 업무를 통합하고 관리하는 역할을 수행하는 것이다. 이 경우, 특히 일반정보활동과 국방정보활동 간에 그리고 해외 정보활동과 국내 정보활동 간에 경계가 명확하게 구분되지 않고 각자 자신의 업무와 관련되는 것으로 인식하고 수행하는 경우가 많은데 미국의 정보공동체가 대표적이다. 미국의 경우 이러한 정보활동과 범위의 불명확성은 상호 경쟁을 통해서 정보활동의 공간을 유연하게 보장하려는 정보기구들의 의도된 결과이지만 일반적인 정보활동을 수행하는 CIA와 국방 정보활동을 담당하는 DIA 간 그리고 해외 정보활동과 국내 정보활동을 각각 담당하게 되어 있는 CIA와 FBI 간 갈등의 원인으로 작용하기도 한다. 이런 분산통합형 체제의 장점은 방대한 정보공동체의 중첩적인 정보활동을 통해 정보공백을 차단하고 정보의 상호 검증체계가 가능하다는 것이다.

1028

Peter Gill의 '고어-텍스 국가' 이론에 대한 설명으로 틀린 것은?

① '고어-텍스 국가'는 보안정보기관이 국내 사회로 깊숙이 침투하는 사례를 설명하는 비유이다.

② 이 이론에서는 정보기관이 국가의 정책결정에 직접적으로 관여하지 않는 것이 바람직하다고 주장한다.

③ '고어-텍스 국가'는 정보가 오직 한 방향, 즉 정보기관으로부터 국가나 사회로만 흐르는 상황을 설명한다.

④ 정보기관은 국가의 통제로부터 벗어나 상당한 수준의 자치를 누리며 정보 독점권을 활용하여 국가의 정책에 영향을 미칠 수 있다고 이 이론에서 주장한다.

정답 ③

풀이 ① '고어-텍스 국가'는 보안정보기관이 국내 사회로 깊숙이 침투하는 사례를 설명하는 비유이다.
② 이 이론에서는 정보기관이 국가의 정책결정에 직접적으로 관여하지 않는 것이 바람직하다고 주장한다.
③ '고어-텍스 국가'에서 정보는 오직 한 방향, 즉 정보기관으로만 흐른다. 정보기관으로부터 국가나 사회로는 정보의 흐름이 차단되어 있다.
④ 이 이론에서는 정보기관이 국가의 통제로부터 벗어나 상당한 수준의 자치를 누리며, 정보 독점권을 활용하여 국가의 정책에 영향을 미칠 수 있다고 주장한다.

1029

정보체계에 대한 설명으로 틀린 것은?

① 중동 이슬람국가들은 중앙집중형 정보체계를 지향하고 있다.
② 대부분의 서구 민주국가들은 분리조정형 시스템을 채택하고 있다.
③ 분산통합형 체계는 정보공동체를 총괄하는 직제가 역할을 수행하는 것을 특징으로 한다.
④ 영국의 경우 합동정보위원회(JIC)가 정보조정기능을 수행하고 있다는 점에서 일종의 분산통합형 체계에 가깝다.

정답 ④

풀이 영국의 경우에는, MI6와 GCHQ가 외무부 산하이고 MI5가 내무부 산하이며 국방정보부가 국방부 산하에 편제되어 있으며 이들을 총리 산하의 합동정보위원회인 JIC가 업무조정을 하고 있다는 점에서 일종의 분리조정형 체계에 가깝다.

1030

정보기구의 유형에 대한 설명으로 틀린 것은?

① 통합형 정보기구는 정보활동에 대한 중앙집권적인 통제가 용이하여 보다 효율적으로 임무를 수행할 수 있다.
② 분리형 정보기구의 경우 한 가지 임무를 전문적으로 수행하기 때문에, 그 분야 업무에 관한 한 최고의 전문성을 발휘할 수 있으나, 정보기관의 배타적인 조직 속성으로 인해 정보기관들 간 정보의 공유 및 협력이 원활하게 이루어지지 않아 정보활동의 효율성이 저하될 수 있다.
③ 통합형 정보기구의 경우 정보기관들 간의 경쟁이나 견제장치가 없기 때문에 권력집중이 심화됨으로써 정보기관이 막강한 권한을 행사하게 될 수 있다. 이는 민주주의적 견제와 균형의 원리에 역행하는 것이며, 자칫 정보기관이 권력의 도구로 악용될 소지도 있다.
④ 2001년 9/11 테러를 사전에 파악하지 못했던 결정적인 요인은 미국의 통합형 정보기관들 간의 정보 공유 및 협력이 원활하게 이루어지지 않음으로써 종합적인 정보판단을 내리지 못했기 때문이었다.

정답 ④

풀이 ④ 9/11 테러를 사전에 파악하지 못한 원인은 미국의 분리형 정보기구들, 즉 CIA, FBI, NSA 등을 비롯한 여러 정보기관들 간의 정보 공유 및 협력이 원활하지 않아 발생한 것이다.

1031

정보분석기구의 유형에 대한 설명으로 틀린 것은?

① 분산형(confederal)은 제2차 세계대전 이전 미국에서 통용되는 모델로 미국의 국무성, 육군, 그리고 해군이 각자의 수집 및 분석 기능을 가지고 부서 간 교류 없이 해당 부서의 활동에 활용되는 것이 이 모델에 속한다.

② 중앙집중형(centralized)은 분산형의 약점을 보완하기 위해 착안된 것으로 제2차 세계대전 이후 미국의 가장 중심적인 분석 모형으로 자리 잡아 왔다.

③ 각 개별 정보기관의 분석보고서 대신에 국가안보정책과 관련 주요 분석 사안을 설정하고 각 부문별 정보기관의 대표들이 합의형 정보예측·판단보고서를 작성하는 방식이 중앙집중형의 핵심을 이룬다.

④ 절충형 정보분석에 대해서는 합의에 의한 정보분석이란 본질적 제약으로 인해 국가정보판단보고서(NIE)가 정책결정자의 소요와는 유리된 분석을 하여 유용성이 떨어진다는 비판이 있다.

정답 ④

풀이 ④ 중앙집중형 정보분석에 대한 비판이다. 절충형 정보분석은 중앙집중형의 약점을 보완키 위해 제안된 것이 경쟁적 분석(Competitive Analysis)을 특징으로 한다. 절충형 모델은 집중형 분석의 합의적 성격이 지니는 단점을 보완하여, 국가정보기관 및 부문별 정보기관들로부터 분석관들을 충원한 후, A팀과 B팀으로 나누어 동일 사안에 대해 경쟁적으로 분석케 하는 방식이다.

1032

정보체계의 특징에 대해 잘못 설명한 것은?

① 중앙집중형 정보체계는 중앙정보기관을 중심으로 부문정보기관들이 일사분란하게 조직되어 있어, 정보의 통합성과 신속성을 보장하며 정보기관 간 중복현상이나 차단문제가 없어 정보의 효율성을 살릴 수 있다.

② 분리조정형 정보체계는 영국이 대표적인 예로, 각 정보기관들이 독립적으로 운영되며 총리 산하의 합동정보위원회(JIC)가 정보의 조정과 관리를 담당한다.

③ 분산통합형 정보체계는 미국이 대표적인 예로, 정보기관들이 각자 자신의 업무를 수행하되 경계가 명확하지 않아 갈등이 발생하기도 하지만, 이는 정보활동의 공간을 유연하게 보장하려는 의도된 결과이다.

④ 영국의 경우 총리 산하 합동정보위원회(JIC)가 모든 정보기관의 관리와 업무조정을 하고 있다는 점에서 일종의 분산통합형 체계에 가깝다.

정답 ④

풀이 ④ 영국의 경우에는, MI6와 정부통신본부(GCHQ)가 외무성 산하이고 MI5가 내무성 산하이며 국방정보부(DI)가 국방성 산하에 편제되어 있으며 이들을 총리 산하의 합동정보위원회인 JIC가 업무조정을 하고 있다는 점에서 일종의 분리조정형(Dispersed yet coordinated) 체계에 가깝다.

1033

국내보안정보기관의 유형에 대한 설명으로 틀린 것은?

① 길(Peter Gill)은 자본주의, 사회주의 등 경제체제의 속성에 따라 국내보안정보기관을 분류하였다.

② 국내정보국형 정보기관은 국가안보에 저촉되는 범죄 행위에 관한 정보만을 수집하는 것으로 업무 영역이 제한되며, 자국민을 대상으로 비밀공작을 전개하지 않는다.

③ 정치경찰형 정보기관은 상당한 정도의 자치권을 가지며, 집권여당이나 정치지도자에게만 충성하며, 국내 반정부세력을 정치적으로 탄압하는데 대부분의 역량을 집중한다.

④ 독립적 보안국가형 정보기관은 입법부와 사법부의 감시나 통제를 전혀 받지 않으며, 국내 사회로 깊숙이 침투하여 무소불위의 막강한 권력을 휘두르는 국가에 주로 나타난다.

정답 ①

풀이 ① 길(Peter Gill)은 권위주의, 민주주의 등 국가체제의 속성에 따라 국내보안정보기관을 몇 가지 유형으로 분류하였다. 길에 따르면 정보기관이 보유하고 있는 권력의 정도, 외부의 정치적인 통제나 감독으로부터 자유로운 정도, 즉 자치권의 수준, 사회 내부 속으로 얼마나 깊숙이 침투하고 있는지 등 세 가지 척도를 기준으로 정보기관을 '국내정보국형(Bureau of Domestic Intelligence)', '정치경찰형(Political Police)', '독립적 보안국가형(Independent Security State)' 등 세 가지 유형으로 분류하였다.

1034

정보체계의 유형에 대한 설명으로 틀린 것은?

① 중앙집중형 정보체계의 특징은 신속한 정보전달과 전파가 가능하다는 것이며 정보의 중복문제 없이 효율성을 기대할 수가 있다는 것이다.

② 대부분의 서구 민주국가들은 "분리조정형 시스템"을 채택하고 있으며, 대표적인 예로 미국의 국가정보장(DNI) 직제, 영국의 합동정보위원회(JIC) 등을 들 수 있다.

③ 분산통합형 체계에서는 산하 정보기구들이 서로 다른 분야에서 정보활동을 수행하지만, 이들 정보기구들의 담당 분야가 명확하게 구분되지 않는다.

④ 분산통합형 체제의 장점은 방대한 정보공동체의 중첩적인 정보활동을 통해 정보공백을 차단하고 정보의 상호 검증체계가 가능하다는 것이다.

정답 ②

풀이 ② 미국의 정보공동체는 분산통합형 체계에 속한다.

1035

중앙집중형 정보체계에 대한 설명으로 틀린 것은?

① 정보기관 간 차단문제가 없어 정보의 효율성을 살릴 수 있다.

② 중앙정보기관을 중심으로 부문정보기관들이 일사불란하게 조직되어 있다.

③ 강력한 정보통합을 통해 신속한 정보전달과 전파가 가능하지만 정보의 중복문제가 발생한다.

④ 우리나라의 경우가 이에 해당되며 대부분의 중동 이슬람국가들과 동유럽 국가들이 이런 유형의 정보체계를 지향하고 있다.

정답 ③

풀이 ③ 중앙집중형 정보체계의 특징은 중앙정보기관을 중심으로 부문정보기관들이 일사불란하게 조직되어 있기 때문에 강력한 정보통합을 통해 신속한 정보전달과 전파가 가능하다는 것이며 정보의 중복문제 없이 효율성을 기대할 수가 있다는 것이다.

1036

활동지역별로 분류할 때 그 성격이 다른 정보기구로 옳은 것은?

① MI5 ② 공안조사청

③ BND ④ Shabak

정답 ③

풀이 ③ BND는 해외정보기구이다.

1037
활동지역별로 분류할 때 그 성격이 다른 정보기구로 옳은 것은?

① 중앙정보국(CIA)
② 대외안보총국(DGSE)
③ 샤박(Shabak) 또는 신베트(Shin Beth)
④ 국무부 정보조사국(INR)

정답 ③
풀이 ③ 샤박(Shabak) 또는 신베트(Shin Beth)는 국내정보기구이다.

1038
수행기능별로 분류할 때 그 성격이 다른 정보기구로 옳은 것은?

① 구소련의 KGB
② 국가안전부(MSS)
③ 중앙정보국(CIA)
④ 국가정보원(NIS)

정답 ③
풀이 ③ CIA는 분리형 정보기구이다.

1039
정보기구의 수행기능에 대한 설명으로 틀린 것은?

① 비밀정보부(SIS)는 해외정보, 보안부(SS)는 국내정보를 담당한다.
② 헌법수호청(BfV)은 국내정보, 연방정보부(BND)은 해외정보를 담당한다.
③ 신베트(Shin Beth)는 해외정보, 모사드(MOSSAD)는 국내정보를 담당한다.
④ 대외안보총국(DGSE)은 해외정보, 국내안보총국(DGSI)은 국내정보를 담당한다.

정답 ③
풀이 ③ 샤박(Shabak) 또는 신베트(Shin Beth)는 국내정보, 모사드(MOSSAD)는 해외정보를 담당한다.

1040

소속별로 분류할 때 그 성격이 다른 정보기구로 옳은 것은?

① 모사드(MOSSAD)
② 국가안전부(MSS)
③ 국가정보원(NIS)
④ 중앙정보국(CIA)

정답 ④

풀이 ④ 중국의 국가안전부(MSS)는 국무원 소속, 이스라엘의 모사드(MOSSAD)는 총리 직속, 한국 국가정보원은 대통령 직속으로 행정수반 직속의 정보기구이다. CIA는 독립 중앙정보기구이다.

1041

소속별로 분류할 때 그 성격이 다른 정보기구로 옳은 것은?

① 내각정보조사실(CIRO)
② 정부통신본부(GCHQ)
③ 국방정보부(DI)
④ 연방헌법수호청(BfV)

정답 ①

풀이 ① 일본의 내각정보조사실(CIRO)은 총리 산하로 행정수반 직속 정보기구이다. 한편 영국의 비밀정보부(MI6)와 정부통신본부(GCHQ)는 외무부, 보안부(MI5)는 내무부, 국방정보부(DI)는 국방부 소속이다. 독일 연방헌법수호청(BfV)은 내무부 소속이다.

1042

업무의 담당수준별로 분류할 때 그 성격이 다른 정보기구로 옳은 것은?

① 모사드(MOSSAD)
② 국가정찰국(NRO)
③ 국가지리정보국(NGA)
④ 미국 법무부 마약단속국(DEA)

정답 ④

풀이 ④ 미국 법무부 마약단속국(DEA)은 부문정보기구이다.

1043

행정 영역별로 분류할 때 그 성격이 다른 정보기구로 옳은 것은?

① 방위성 정보본부(DIH) ② 아만(Aman)

③ 국군방첩사령부(DCC) ④ 연방수사국(FBI)

정답 ④

풀이 ④ 정보기구는 행정 영역별로 구분하여 민간부문 정보기구와 군정보기구로 분류된다. FBI는 민간부문 정보기구이다.

1044

활동방법별로 분류할 때 그 성격이 다른 정보기구로 옳은 것은?

① 중앙정보국(CIA) ② 국가안보국(NSA)

③ 정부통신본부(GCHQ) ④ 국가지리정보국(NGA)

정답 ①

풀이 ① 정보기구는 첩보수집의 주된 방법인 활동방법별로 분류하여, 인간정보기구와 과학기술정보기구로 분류할 수 있다. CIA가 대표적인 인간정보기구로 다른 정보기구에 산재되어 있는 HUMINT 업무를 CIA의 국가비밀공작국(NCS)이 총괄하여 미국 정보기구의 모든 스파이 활동은 CIA가 조종 · 감독한다.

1045

수행 기능별로 분류할 때 그 성격이 다른 정보기구로 옳은 것은?

① 중앙정보국(CIA) ② 비밀정보부(SIS)

③ 해외정보부(SVR) ④ 국가정보원(NIS)

정답 ④

풀이 ④ 정보기구를 수행 기능별로 국내정보와 해외정보를 총괄하여 단일기관이 수행하는 통합형과, 국내정보와 국외정보를 분리하는 분리형 정보기구로 구분할 수 있다. 한국의 국가정보원은 대표적인 통합형 정보기구이다.

1046

총리 직속의 독일의 해외정보기구로 옳은 것은?

① 헌법보호청(BfV)　　② 연방정보부(BND)
③ 군 정보부(MAD)　　④ 슈타지(Stasi)

정답 ②
풀이 ② 연방정보부에 대한 설명이다.

1047

이스라엘의 핵개발 보안 유지를 위해 창설된 과학기술정보기구로 옳은 것은?

① 라캄(Lakam)　　② 아만(Aman)
③ 모사드(Mossad)　　④ 샤박(Shabak)

정답 ①
풀이 ① 라캄은 1957년 당시 핵개발을 목적으로 설립되었는데, 이후 군사 부문의 과학기술 정보를 수집하는 활동을 담당하게 되었다.

1048

각국의 정보기구에 대한 설명으로 틀린 것은? [2009년 기출]

① BfV는 독일의 헌법수호청으로 방첩활동을 담당한다.
② BND는 독일의 연방정보부로 해외정보를 담당한다.
③ NSA는 미국 국가안보국으로 암호개발과 보호업무도 수행한다.
④ NGA는 미국 국토안보부 산하의 국가지리정보국으로 테러 관련 정보도 수집·분석한다.

정답 ④
풀이 ④ NGA는 국방부 소속이다.

1049

다음 중 각국의 국방부에 소속된 정보기관이 아닌 것은? [2024년 기출]

① 미국의 NSA
② 프랑스의 DGSE
③ 독일의 BfV
④ 영국의 DI

정답 ③

풀이 ③ 독일의 BfV는 내무부 소속이다.

1050

각 정보기관이 속한 행정부처에 대한 설명으로 틀린 것은? [2009년 기출]

① 프랑스의 DGSE는 국방부 소속 정보기구이다.
② 미국 NRO는 소속이 없는 독립된 정보기관이다.
③ 독일의 BND는 총리실 직속 정보기구이다.
④ 영국의 MI5는 내무부 소속 정보기구이다.

정답 ②

풀이 ② 국가정찰국(NRO)는 국방부 소속이다.

1051

ㄱ~ㄹ의 국가정보기구의 유형을 바르게 짝지은 것은? [2022년 기출]

ㄱ. 정보활동에 대한 중앙집권적 통제가 용이하다.
ㄴ. 정보기관들 간의 경쟁으로 인해 조직의 비대화가 초래된다.
ㄷ. 정보의 독점 및 은폐로 인한 정보실패의 가능성이 증가한다.
ㄹ. 정보조직의 역동성이 떨어지고 조직이 관료화되어 경쟁력이 저하된다.

	ㄱ	ㄴ	ㄷ	ㄹ
①	통합형	분리형	통합형	통합형
②	통합형	분리형	통합형	분리형
③	분리형	통합형	분리형	통합형
④	분리형	통합형	분리형	분리형

정답 ①

풀이 ① 통합형 정보기구의 경우 정보활동에 대한 중앙집권적인 통제가 용이하여 보다 효율적으로 임무를 수행할 수 있다는 장점을 가진다. 분리형 정보기구의 경우 한 가지 임무를 전문적으로 수행하기 때문에 그 분야 업무에 관한 한 최고의 전문성을 발휘할 수 있다는 장점이 있다.

1052

각 국가의 정보기구로 틀린 것은? [2022년 기출]

① 러시아－GRU
② 프랑스－MID
③ 영국－GCHQ
④ 호주－ASIS

정답 ②

풀이 ② 프랑스의 대표적인 군 정보기관으로는 군사정보부(DRM)와 국방보안국(DPSD)을 들 수 있다. 참고로 군사정보부(Military Intelligence Division, MID)는 중국의 연합참모부 2부로서 중국의 가상적국 및 주변국을 중심으로 전 세계 주요 국가들의 군사전략, 군사동향, 병력 규모, 무기체계, 주요 군 인사 등 군사정보를 수집하고 나아가 군사 분야의 대간첩활동을 총괄 지휘하는 임무를 수행하고 있다.

④ 오스트레일리아 비밀정보국(Australian Secret Intelligence Service, ASIS)은 영국 비밀정보부(SIS)와 미국 중앙정보국(CIA)에 대응한다.

1053

중앙 집약적이고 강력한 권한을 갖는 안보 및 정보체계가 확립된 국가로 적절하지 않은 것은? [2021년 기출]

① 중국
② 미국
③ 일본
④ 러시아

정답 ③

풀이 ③ 일본의 내각정보국이 대규모 인원과 막강한 영향력을 가진 경찰청과 방위성의 정보조직을 조정 · 통제하는 중앙정보기관으로서의 역할을 성공적으로 수행할 수 있을 것으로 기대되었으나 경찰청과 방위성 내 기존 정보기관들의 견제로 인해 설립이 무산되었다.

1054

국가정보원과 같은 중앙 집약적이고 강력한 권한을 갖는 정보기관이 존재하는 국가로 적절하지 않은 것은? [2021년 기출]

① 중국　　② 미국

③ 러시아　　④ 일본

정답 ④

풀이 ④ 일본의 내각정보국이 대규모 인원과 막강한 영향력을 가진 경찰청과 방위성의 정보조직을 조정 · 통제하는 중앙정보기관으로서의 역할을 성공적으로 수행할 수 있을 것으로 기대되었으나 경찰청과 방위성 내 기존 정보기관들의 견제로 인해 설립이 무산되었다.

1055

국방부 소속의 정보기관으로 틀린 것은? [2021년 기출 변형]

① 미국의 NSA　　② 러시아의 GRU

③ 중국의 공안부　　④ 프랑스의 DGSE

정답 ③

풀이 ③ 중국의 공안부는 국무원 소속이다.

핵심정리 이란의 정보기구

(1) 베바크(VEVAK)

① 이란의 대표적인 대외정보기관은 국가정보보안부(VEVAK 또는 MOIS)이다. 이 기관의 전신(前身)은 1957년 팔레비 왕정시절에 창설된 사바크(SAVAK)이다. 미국 중앙정보국(CIA)의 지원을 받았던 사바크는 체제유지를 위해 반정부 인사와 단체들을 탄압했으며, 소련을 견제하기 위한 활동을 해왔다. 이후 이란은 1984년 사바크를 베바크로 개칭하고 요원들을 완전히 물갈이했다.

② 베바크는 모사드와 마찬가지로 외국에서 암살과 테러를 벌여 왔지만 정확한 활동 내용은 알려지지 않고 있다. 베바크의 소행으로 추정되는 대표적인 사건은 1994년 7월 18일 아르헨티나 수도 부에노스아이레스의 이스라엘－아르헨티나 친선협회(AMIA) 건물에서 발생한 폭탄테러로, 당시 85명이 사망하고 300여 명이 부상했다. 이 사건은 지금까지 중남미 최악의 폭탄테러 사건으로 기록돼 있다.

(2) 사바마(SAVAMA)

이란 혁명수비대 내부 보안기관으로, 국내 인터넷과 통신 네트워크를 모니터링하고, 이란 내부의 정치적, 경제적, 문화적인 활동을 감시하며, 국내 및 국제적인 테러리즘과 사이버 공격에 대비하기 위한 정보수집과 분석을 담당한다.

(3) 알 쿠드스(Al Quds)

① 이란의 최정예 군사조직인 혁명수비대도 해외공작을 전담하는 '알 쿠드스(Al Quds)'라는 조직을 두고 있다. 알 쿠드스는 아랍어로 '예루살렘'을 뜻한다. 알 쿠드스 부대는 세계에서 가장 비밀스러운 특수부대 중 하나이다. 이 부대의 활동은 매우 은밀하게 이루어지고 있기 때문에 한 번도 대외적으로 제대로 알려진 적이 없다.

② 미국 정보기관에 따르면 이 부대는 1992년 보스니아 전쟁 때 무슬림에게 무기와 자금을 지원했다. 또 수단 정부가 반군인 기독교민병대를 진압하는 데 필요한 무기를 지원하고 병사들을 훈련시킬 수 있는 교관들을 파견했다. 특히 이 부대는 헤즈볼라와 밀접한 관계를 맺어 왔다. 헤즈볼라는 1982년 이스라엘의 레바논 침공 과정에서 이란의 지원으로 창설되었다. 당시 호메이니는 헤즈볼라 대원의 군사훈련을 위해서 혁명수비대 교관 1500명을 레바논에 파견하는 등 지원을 아끼지 않았다. 혁명수비대는 이후 모두 철수했지만 알 쿠드스 부대는 아직도 레바논에서 암약하고 있다.

③ 이 부대는 또 팔레스타인의 하마스와 이슬람 지하드, 아프가니스탄의 탈레반과도 밀접한 관계를 유지하고 있다. 이 부대의 병력은 장교 800명을 포함해 2000여 명으로 구성됐다는 설이 있는가 하면, 5만 명이라는 말도 있다. 현재 이 부대의 해외 조직이 있는 곳은 이라크는 물론 레바논, 팔레스타인, 요르단, 아프가니스탄, 파키스탄, 인도, 터키 등과 수단 등 북부 아프리카, 중앙아시아 및 유럽 지역이다.

1056

이란의 정보기관에 대한 설명으로 틀린 것은?

① SAVAK는 CIA의 지원을 받았다.

② 1984년 SAVAK는 VEVAK로 개칭되었다.

③ Al Quds는 혁명수비대의 정보기관으로 해외공작을 전담한다.

④ SAVAMA는 혁명수비대의 국내보안정보기관으로 VEVAK를 견제하고 반체제 인사 등을 감시한다.

정답 ④

풀이 VEVAK 또는 MOIS는 SAVAMA의 이전 명칭으로 VEVAK와 SAVAMA는 동일한 기관으로 혁명수비대 소속이 아니다.

1057

알 쿠드스에 대한 설명으로 틀린 것은?

① 알 쿠드스는 아랍어로 '신성한 행위'라는 의미이다.

② 이란의 최정예 군사조직인 혁명수비대의 해외공작을 전담하는 조직이다.

③ 헤즈볼라는 1982년 이스라엘의 레바논 침공 과정에서 알 쿠드스의 지원으로 창설되었다.

④ 팔레스타인의 하마스와 이슬람 지하드, 아프가니스탄의 탈레반과도 밀접한 관계를 유지하고 있다.

정답 ①

풀이 알 쿠드스는 아랍어로 "신성한 곳"이라는 의미이며, 예루살렘을 가리킨다.

1058

통합형 정보기구로 틀린 것은? [2019년 기출]

① 소련의 KGB

② 미국의 CIA

③ 한국의 국가정보원(NIS)

④ 이란의 SAVAMA

정답 ②

풀이 ② 미국의 CIA는 분리형 정보기관이다. 참고로 이란의 SAVAMA는 이란 혁명수비대(IRGC) 내부 보안기관으로, 국내 인터넷과 통신 네트워크를 모니터링하고, 이란 내부의 정치적, 경제적, 문화적인 활동을 감시하며, 국내 및 국제적인 테러리즘과 사이버 공격에 대비하기 위한 정보수집과 분석을 담당한다.

1059

국방부 소속 정보기관으로 틀린 것은? [2019년 기출]

① 러시아의 GRU

② 이스라엘의 AMAN

③ 독일의 MAD

④ 중국의 MPS

정답 ④

풀이 ④ 중국의 공안부(MPS)는 국무원 소속이다.

1060

각 정보기관들의 권한에 대한 설명으로 틀린 것은? [2019년 기출]

① 동독의 슈타지는 경찰집행권한을 보유하고 있었다.

② 일본의 공안조사청은 압수수색을 진행할 수 없다.

③ 러시아의 FSB는 독자적인 감옥을 운영하고 있다.

④ 미국의 FBI는 CIA와 달리 수사권이 없고 조사권만 보유하고 있다.

정답 ④

풀이 ④ FBI는 각종 범죄에 대한 수사권을 가지고 있다.

1061

대테러를 주된 임무로 하는 정보조직으로 적절하지 않은 것은? [2019년 기출]

① FBI ② 공안부

③ 공안조사청 ④ MI6

정답 ④

풀이 ④ 9/11 테러 이후 SIS는 대테러 업무에 따른 국제적 공조에 보다 역점을 두고 정보활동을 수행하고 있다. 다만 대테러업무를 주된 임무로 수행한다고 보기는 어렵다. 참고로 중국 공안부(MPS)는 사회 공공치안을 담당하는 주무 부서로서 타국의 일반 경찰 기관과 유사한 임무와 기능을 수행한다. 또한 사회치안 유지, 경호 · 경비 업무, 국가 대테러 업무, 범죄 수사 및 예방활동, 보안활동, 교통 · 철도 · 소방업무, 특수업종 및 무기류 관리, 호적 · 국적 · 출입국 · 외국인 체류 · 여행 관련 업무 등을 수행하고 있다. 또한 일본의 공안조사청은 경찰청과 더불어 국내보안, 방첩, 대테러 등의 업무를 중점적으로 수행하고 있다.

1062

각 정보기관에 대한 설명으로 틀린 것은? [2018년 기출 변형]

① 미국의 국가안보국(NSA)은 신호정보를 담당하는 국방부 소속의 국가정보기구이다.

② 프랑스의 대외안보총국(DGSE)은 해외정보를 담당하는 국방부 소속의 국가정보기구이다.

③ 영국의 비밀정보부(SIS)는 해외정보를 담당하는 외무부 소속의 국가정보기구이다.

④ 독일의 헌법보호청(BfV)은 내무부 소속의 부문정보기구로서 그 장은 차관보급이다.

정답 ④

풀이 ④ 독일 헌법보호청(BfV)의 장은 차관급이다. 참고로 차관보는 중앙행정기관 각 부의 장관과 차관을 보좌하는 1급상당의 별정직 공무원이다.

1063

각 정보기관에 대한 설명으로 옳은 것은? [2018년 기출]

① 2차 대전 이후 창설된 OSS는 CIA의 전신이 되었다.

② 영국의 SIS는 보안기관이다.

③ 독일의 압베르(Abwehr)는 군 방첩기관이다.

④ KGB는 러시아의 보안기관이다.

정답 ③

풀이 ① 루스벨트 대통령은 COI를 대체하여 1942년 6월 13일 '전략정보국(Office of Strategic Service, OSS)'을 설립하였다.

② 영국의 보안기관은 SS이다.

③ '압베르'란 명칭은 방첩기관이라는 의미를 가지고 있으며, 주로 인간정보 수단을 활용하여 군사정보를 수집하는 임무를 수행했다.

④ KGB는 구소련의 통합형 정보기구이다.

1064

각 국가의 정보기구로 틀린 것은? [2018년 기출]

① 미국－NSA

② 중국－국가안전부

③ 러시아－DRM

④ 영국－MI5

정답 ③

풀이 ③ 프랑스의 군사정보부(DRM)은 미국의 군 정보기관인 DIA(국방정보국)와 유사하게 군사정보를 종합적으로 분석하여 보고서를 생산하는 기능을 담당한다. 군사정보부(Direction du Renseignement Militaire, DRM)는 1992년 6월에 창설된 군 정보기관으로서 군 참모총장의 지휘감독을 받는다. 반면에 국방보안국(Direction de la Protection et de la Securite de la Defense, DPSD)은 한국의 국군방첩사령부와 유사한 군 보안기관으로서, 군 방첩활동 및 군내 정치동향 감시, 군의 정치적 중립성 등에 대한 감시활동을 담당한다. DGSE와 더불어 국방부 산하기관으로서 국방부장관에게 직접 보고한다.

1065

통합형 정보기구로 옳은 것은? [2018년 기출]

① 이란－SAVAMA
② 미국－CIA
③ 프랑스－DGSE
④ 러시아－FSB

정답 ①

풀이 ① SAVAMA(이란 이슬람 공화국의 정보부)는 VAJA로도 알려져 있으며 이전에는 VEVAK 또는 MOIS라고 도 불렸다. 샤(Shah)의 정보기관 SAVAK를 인수한 SAVAMA는 해외정보수집과 국내방첩활동을 모두 담당하는 통합형 정보기구이다.

1066

각 국가의 군 정보기관으로 틀린 것은? [2017년 기출]

① 미국－DIA
② 프랑스－DRM
③ 일본－DIH
④ 독일－GRU

정답 ④

풀이 ④ GRU는 러시아의 군 정보기관이다. 참고로 독일의 군 정보기관은 MAD이다.

1067

현존하는 통합형 정보기구로 옳은 것은? [2017년 기출]

① 한국의 국정원
② 러시아의 KGB
③ 중국의 MPS
④ 미국의 CIA

정답 ①

풀이 ① KGB는 1991년 해체됐고 중국의 공안부(MPS)는 사회 공공치안을 담당하는 주무 부서로서 타국의 일반 경찰 기관과 유사한 임무와 기능을 수행하는 기관으로 통합형 정보기구로 볼 수 없다. 또한 CIA도 해외정보수집과 해외비밀공작활동을 전담하는 부문정보기관이다.

1068

각 국가의 정보기구로 틀린 것은? [2016년 기출]

① 러시아－국가보안위원회(KGB) ② 중국－국가안전부(MSS)
③ 미국－중앙정보국(CIA) ④ 일본－내각정보조사실(CIRO)

정답 ①

풀이 ① 구소련이 붕괴됨에 따라 구소련 사회주의 체제를 지탱하는 핵심 역할을 수행해 왔던 국가보안위원회(KGB)가 1991년 12월 공식적으로 폐기되었다.

1069

미국의 정보기관으로 틀린 것은? [2015년 기출 변형]

① NGA ② INR
③ NSS ④ NRO

정답 ③

풀이 ③ 영국의 국가안보보좌관(the National Security Adviser, NSA)은 안보, 정보, 국방 및 외교 정책에 관한 총리 및 내각의 중앙 조정관이자 고문이다. 내각 사무처(Cabinet Office) 소속으로 정부의 우선순위에 맞는 일관된 국가 안보 전략을 수립하기 위해 관련 부처와 협의한다.NSA는 NSC 장관이며 국가안보사무국(NSS)을 이끌고 있다. NSA의 직위는 국가 안보에 관한 조정 능력을 강화하기 위해 2010년 NSC와 함께 설립되었다. NSA는 기존의 자문 및 조정 기능을 결합한 안보 자문 기구이다. 이전의 외교 정책 보좌관, 해외 및 국방 정책 사무국 국장, 정보 코디네이터, 내각 장관들과 JIC 위원장의 감독 기능 중 일부가 포함되었다.

1070

군 정보기관으로 틀린 것은? [2014년 기출]

① DI ② MAD
③ DST ④ AMAN

정답 ③

풀이 ③ 국토감시청(DST)은 1899년 5월에 창설된 내무부 소속의 '사법조사 관리총국'에 뿌리는 두고 있다. 사법조사 관리총국은 제1차 세계대전이 발발하기까지 방첩업무를 관장했던 것으로 알려졌다. DST는 1937년 내무부 산하기관으로 창설되었으며, 1942년 프랑스가 독일에 점령되자 독일군에 의해 해체되었다. 이후 독일군이 물러가고 프랑스가 해방되면서 재창설되어 1944년에 오늘날의 명칭인 국토감시국(DST)으로 개칭되었다.

1071

대통령이나 수상 등 행정수반 직속 정보기구로 틀린 것은? [2014년 기출]

① SVR ② BfV

③ CIRO ④ Mossad

정답 ②

풀이 ② BfV는 내무부 소속이다.

1072

동일한 수행 기능 또는 활동 방법을 가지는 정보기구로 옳은 것은? [2013년 기출]

① 미국의 NSA－영국의 GCHQ ② 이스라엘의 MOSSAD－영국의 MI5

③ 러시아의 SVR－독일의 BfV ④ 중국의 MSS－프랑스의 DGSI

정답 ①

풀이 ① 미국의 국가안보국(NSA), 국가정찰국(NRO), 국가지형정보국(NGA), 영국의 정부통신본부(GCHQ), 일본의 초베츠(Chobetsu), 독일의 연방정보보호청(BSI)이 대표적인 과학기술정보기구이다.

1073

미국과 영국의 해외정보를 담당하는 정보기구로 옳은 것은? [2012년 기출]

① FBI, SS ② NSA, SS

③ CIA, SIS ④ DEA, GCHQ

정답 ③

풀이 ③ 미국은 CIA, 영국은 SIS(MI6)가 해외정보 수집업무를 담당한다.

1074

각 정보기구가 속한 행정부처로 틀린 것은? [2012년 기출]

① DGSE – 국방부 ② SIS – 내무부

③ BND – 수상실 ④ FBI – 법무부

정답 ②

풀이 ② 영국의 해외정보기관인 SIS는 외무부 소속이다.

1075

주된 임무가 국내 방첩활동인 정보기구로 틀린 것은? [2012년 기출]

① FBI ② MI5

③ BfV ④ MSS

정답 ④

풀이 ④ 국가안전부(MSS)는 중국의 대표적인 국가정보기관으로서 국내외 정보수집부서였던 공안부 산하 방첩기구와 중국 공산당 중앙위원회 조사부의 일부 기능이 통합되어 1983년 6월에 설립되었다.

1076

각 정보기구가 속한 행정부처로 틀린 것은? [2011년 기출]

① 미국 FBI – 내무부 ② 프랑스 DGSE – 국방부

③ 영국 MI6 – 외무부 ④ 일본 공안조사청 – 법무부

정답 ①

풀이 ① 미국의 FBI는 법무부 소속 정보기관으로 연방의 방첩활동과 주의 경계를 넘어선 범죄수사를 담당한다.

1077

미국의 각 행정부처에 속한 정보기구로 틀린 것은? [2011년 기출]

① 국방부－NSA
② 국무부－INR
③ 국방부－NRO
④ 국토안보부－DEA

정답 ④

풀이 ④ 마약단속국(DEA)은 FBI와 더불어 법무부에 소속된 정보기관으로서 해외와 국내에서 마약단속 업무를 전담하며, 현재 정보공동체의 공식적인 구성원으로 되어 있다. 국토안보부 산하에는 정보와 분석국(Intelligence and Analysis, IA)과 해안경비대(Coast Guard Intelligence)가 있다.

1078

각 국가의 해외정보기관으로 틀린 것은? [2010년 기출]

① 미국－CIA
② 프랑스－DGSI
③ 러시아－SVR
④ 영국－MI6

정답 ②

풀이 ② 프랑스의 국내안보총국(DGSI)은 2014년 국내중앙정보국(DCRI)의 조직과 기능을 확대 · 개편한 내무부 소속의 국내정보기구이다.

1079

국내정보기관으로 틀린 것은? [2010년 기출]

① FBI
② FSB
③ MI5
④ BND

정답 ④

풀이 ④ BND는 독일의 해외정보기관이다.

1080

통신정보를 수집하는 기관으로 옳은 것은? [2010년 기출]

① CIA ② SVR
③ GCHQ ④ Mossad

정답 ③

풀이 ③ GCHQ는 영국의 정보기관으로 통신정보를 수집하는 임무를 수행한다. 미국의 NSA와 같이 에셜론 프로젝트를 수행 중이다.

1081

각 국가의 국내정보기관과 해외정보기관으로 틀린 것은? [2009년 기출]

① 미국-FBI, CIA ② 영국-MI5, MI6
③ 프랑스-DGSI, DST ④ 러시아-FSB, SVR

정답 ③

풀이 ③ 프랑스의 해외정보 및 비밀공작은 DGSE가 담당한다.

1082

각국의 정보기관에 대한 설명으로 틀린 것은? [2009년 기출]

① BfV는 독일의 헌법보호청으로 국내 방첩활동을 담당한다.
② BND는 독일의 연방정보부로서 해외정보수집업무를 담당한다.
③ NRO는 미국의 국가정찰국으로서 첩보위성의 개발 및 운용을 담당한다.
④ NGA는 미국 국토안보부 산하의 국가지구공간정보국으로 테러범 관련 정보를 수집, 분석한다.

정답 ④

풀이 ④ NGA(National Geospatial Intelligence Agency)는 미국 국방부 산하 정보기관으로 주요 임무는 지구상의 각종 영상자료를 분석 · 평가하여 국가정책결정자와 군에 적시에 정확한 정보를 제공하는 데 있다. 9/11 테러 이후에는 임무를 확대하여 국토안보부는 물론 국내 보안시설에 관한 지도와 사진을 제공해줌으로써 국토안보를 방어하는 데 중요한 역할을 담당하고 있다. 또한 NGA가 제공하는 영상정보는 미국은 물론 해외에서 허리케인, 쓰나미, 지진 등 자연재해 발생에 따른 재난구호활동에도 긴요하게 활용되고 있다.

1083

각국의 정보기관에 대한 설명으로 틀린 것은? [2009년 기출]

① 프랑스의 DGSE는 국방부 소속 정보기관이다.
② 미국의 NRO는 독립 정보기관이다.
③ 독일의 BND는 수상 직속 정보기관이다.
④ 영국의 MI5는 내무부 소속 정보기관이다.

정답 ②
풀이 ② 미국의 NRO는 국방부 소속정보기관이다.

1084

국가정보기관과 국가부문정보기관에 대한 설명으로 틀린 것은? [2009년 기출]

① 국가정보기관은 국가 최고정책결정자가 필요한 정보를 생산한다.
② 국가부문정보기관은 각 정부부처가 필요한 정보를 생산한다.
③ 국가정보기관과 국가부문 정보기관 간의 알력이 발생하여 효율성이 떨어지기도 한다.
④ 검사와 판사 신규 임용예정자의 신원조사 기관은 경찰청이다.

정답 ④
풀이 ④ 검사와 판사 신규 임용예정자의 신원조사 기관은 국가정보원장이다.

1085

각국의 정보기관으로 옳은 것은? [2007년 기출]

① 영국－BfV
② 프랑스－DGSE
③ 독일－ISIS
④ 이스라엘－SIS

정답 ②
풀이 ② DGSE(Direction Generalede la Securite Exterieure)는 프랑스의 대표적인 국가정보기관이면서도 대통령 직속이 아닌 국방부 소속으로 되어 있다. DGSE는 해외에서의 첩보수집 및 비밀공작을 담당하며, 수집된 첩보를 종합하여 분석하는 기능도 수행하고 있다. 여타 정보기관과 다른 점으로서 DGSE는 국가안보에 위협이 되는 간첩, 반국가사범 그리고 테러범에 대한 수사권을 가지고 있으며, 소속 직원들의 범죄에 대한 수사도 담당한다. 원칙적으로 해외 부문은 DGSE가 담당하고, 국내정보 및 수사권은 내무부 산하의 국내안보총국(DGSI)이 가지고 있다. 그러나 추적권의 필요성이 고려되어 국내 소재 외국공관, 국제공항, 외국인 숙박 호텔, 국제항만 등은 DGSE의 활동 영역으로 인정되고 있다.
③ 'Israeli Secret Intelligence Service(ISIS)'는 모사드의 정식 명칭이다.

1086

미국의 정보기관으로 틀린 것은? [2006년 기출]

① 국토감시국 ② 중앙정보국
③ 국가안보국 ④ 국토안보부

정답 ①

풀이 ① 국토감시국(DST)은 내무부 산하 정보기관으로서 국내보안 및 방첩활동을 담당했던 과거 프랑스의 정보기관이다.

1087

각 정보기구가 속한 행정부처로 틀린 것은? [2006년 기출]

① 중국의 국가안전부(MSS) – 국무원 ② 러시아의 해외정보부(SVR) – 외무부
③ 독일의 헌법수호청(BfV) – 내무부 ④ 일본의 내각정보조사실(CIRO) – 내각관방

정답 ②

풀이 ② 해외정보부(SVR)는 1991년 10월 구 KGB의 해외정보 담당 부서인 제1총국을 기반으로 창설되었다. 해외정보부(SVR)는 대통령 직속의 국가정보기관으로서 해외정보의 수집 및 분석을 담당하며, 대통령으로부터 직접 지시를 받고 보고한다.

1088

각국의 정보기관으로 틀린 것은? [2006년 기출]

① 영국 – SIS ② 프랑스 – DGSE
③ 이스라엘 – Shin Bet ④ 독일 – ISIS

정답 ④

풀이 ④ 'Israeli Secret Intelligence Service(ISIS)'는 모사드의 정식 명칭이다.

1089

통합형 정보기구로 옳은 것은? [2006년 기출]

① 한국의 국가정보원
② 미국의 중앙정보국
③ 영국의 비밀정보부
④ 러시아의 해외정보부

정답 ①

풀이 ① 국내정보와 해외정보를 총괄하여 단일기관이 임무를 수행하는 정보기구이다. 구소련의 KGB, 중국의 국가안전부(MSS), 한국의 국가정보원, 이란의 SAVAMA 등이 대표적이다.

Theme

38 미국 정보기구의 기원과 발전

핵심정리 미국 정보기구의 기원

(1) 의의

① 미국의 정보기구는 다른 나라들에게 일종의 모델이자 경쟁 상대이다. 미국의 정보 기구는 러시아와 더불어 전 세계에서 가장 큰 규모의 조직으로 구성되어 있으며, 아마도 가장 모범적이며 막강한 영향력을 미치는 것으로 여겨진다. 따라서 미국의 정보기구가 어떻게 형성되어 발전해 왔고, 어떤 조직구조와 운영체계를 갖추고 있으며, 현재 어떤 활동을 수행하고 있는지 등에 대해 보다 많은 이해가 필요하다.

② 영국, 프랑스, 독일, 러시아 등 유럽의 강대국들과 비교하여 미국의 정보활동 역사는 매우 짧은 편이다. 영국은 엘리자베스 세 당시인 16세기 후반부터, 그리고 프랑스를 비롯한 대부분의 유럽 국가들은 17세기 초부터 비밀정보조직을 설립하여 정보활동을 수행했던 것으로 알려졌다.

(2) 워싱턴 대통령

① 미국의 경우 영국과 독립전쟁(1775~1783년)을 수행하는 동안 영국군 관련 정보를 수집하는 등 정보활동을 활발히 전개했다.

② 특히 독립전쟁 당시 미국 대륙군(the Continental Army)의 사령관이었던 워싱턴(George Washington) 장군은 영국군의 이동 및 작전 상황을 파악하는 데 첩자들을 빈번히 활용했으며, 이를 통해 여러 번의 전투에서 승리할 수 있었다.

③ 독립전쟁이 종료된 이후 미국의 초대 대통령으로 취임한 워싱턴은 영수증 없이도 정보활동에 사용되는 비용을 지출할 수 있는 '비밀 정보 활동비(the Secret Service Fund)'라는 명목의 예산 신설을 의회에 요청했고, 이를 의회가 승인해 주었다.

④ 동 예산은 신설 첫해 4만 달러 수준에서 2년 후 100만 달러 이상으로 증액되었는데, 이는 당시 연방정부 총 예산의 12%에 달하는 엄청난 액수였다. 워싱턴 대통령은 동 예산을 활용하여 비밀정보활동을 활발히 전개했고, 후임 대통령들도 그러한 선례를 따랐다.

(3) 비밀경호국(SS)

① 남북전쟁이 종료될 무렵인 1865년 링컨 대통령은 재무부 산하에 위조화폐 단속을 주요 임무로 하는 '비밀경호국(Secret Service, SS)'을 설립했다.

② 비밀경호국(SS)은 1894년 클리블랜드(Grover Cleveland) 대통령 암살 음모를 적발하는데 공을 세웠고, 그것을 계기로 몇 년 후 대통령 경호 업무를 담당하는 기구로 탈바꿈했다.

③ 비밀경호국(SS)은 미국 최초의 연방 법집행기관으로 출범했지만, 사실 정보활동과는 관련성이 적었다. 이 무렵 군에서는 전투임무 수행을 지원하기 위해 또는 적에 관한 첩보수집을 목적으로 소규모 정보조직이 설립되기 시작했다.

(4) 해군정보처(ONI)와 군 첩보부대(MID)의 설립

1882년 외국의 함선 건조 기술을 습득할 목적으로 해군 항해국(Bureau of Navigation) 소속의 '해군정보처(Office of Naval Intelligence, ONI)'가 설립되었고, 이어서 1885년 육군에 '군 첩보부대(Military Information Division, MID)'가 설치되었다.

(5) FBI의 설립

① 한편, 주(州) 경계를 초월하여 각종 범죄들이 횡행함에 따라 연방정부 차원의 수사 기구 설립 필요성이 대두되었다. 이에 따라 1908년 시어도어 루스벨트 대통령 당시 보나파르트(Charles Bonaparte) 법무장관 주도로 '수사국(Bureau of Investigation, BI)'이 창설되었다.

② 창설 당시 수사국은 재무부의 '비밀경호국(SS)'에서 차출한 9명의 요원들로 구성되었다. 이후 수사국은 미국 내 암약하는 독일 첩보망을 일망타진하는 등의 수훈을 세웠고, 1935년 연방수사국(Federal Bureau of Investigation, FBI)으로 개칭되어 오늘에 이르고 있다.

(6) 2차 세계대전 이전의 미국 정보기구의 특징

① 미국의 경우 1776년 영국의 식민지로부터 독립한 이후로부터 1940년대에 이르기까지 영국, 프랑스, 독일 등 유럽 국가들에 비해 다소 소극적이고 미미한 수준에서 정보활동이 수행되었던 것으로 평가된다.

② 비록 19세기 말경 재무부 산하에 또는 육군 및 해군 산하에 정보조직이 설립되어 정보활동을 수행했지만 국가적인 차원에서 본격적인 정보활동을 전개하게 된 것은 제2차 세계대전 이후로 본다.

③ 유럽 국가들과 비교하여 미국이 오랫동안 대외 정보활동에 소극적이었던 이유는 지정학적 요인에서 비롯된다. 미국은 대서양을 사이에 두고 유럽대륙으로부터 멀리 떨어져 있었기 때문에 유럽 강대국들로부터 공격받을 위험성이 그다지 크지 않았다. 이처럼 심각한 안보위협이 부재한 상황에서 굳이 국가적 차원에서 정보활동을 수행할 필요성을 인식하지 못했던 듯하다.

④ 게다가 미국은 자유민주주의적 가치를 건국의 이념으로 신봉하는 전통에 따라 합법성과 공개성의 원칙이 강조되는 사회적 분위기에 젖어 있었다. 이에 따라 미국의 지도자들은 비밀주의와 비윤리적인 속성을 가진 정보활동에 대해서 대체로 부정적인 태도를 취했던 것으로 보인다. 예를 들어, 후버 행정부의 스팀슨(Hemy L. Stimson) 국무 장관은 "신사는 남의 편지를 훔쳐보지 않는다(Gentlemen do not read each other's mail)."라는 유명한 말을 남기며 미국 내 최초로 암호전문을 감청하고 해독하는 등의 활동을 성공적으로 수행해왔던 '블랙 체임버(Black Chamber)'를 즉각 폐쇄하도록 명령했다.

핵심정리 CIA의 연혁

1. 정보협력관실(COI) 설립

① 1940년대에 이르러 미국의 정보활동은 새로운 국면을 맞이하게 되었다. 제2차 세계대전의 발발과 함께 행정부와 의회의 정책결정자들은 정보를 국가안보의 중요한 요소로 인식하게 되었다.

② 루스벨트(Franklin D. Roosevelt) 대통령은 1941년 7월 도노반(William J. Donovan)을 책임자로 하는 '정보협력관실(Office of Coordinator of Information, COI)'을 신설하였다. COI는 국무부와 전쟁부의 정보를 통합·조정하고 보다 종합적인 국가정보 생산을 목표로 하여 설립되었으나, 1941년 12월 7일 일본의 진주만 기습을 제 때에 예측하지 못하는 등 문제점이 지적되었다.

2. 전략정보국(OSS) 설립

① 이에 따라 루스벨트 대통령은 COI를 대체하여 1942년 6월 13일 '전략정보국(Office of Strategic Service, OSS)'을 설립하였다.

② OSS의 설립은 단일 정보기관이면서 복합적인 정보활동임무를 수행하는 미국 최초의 국가정보기구이면서 국가정보를 생산하는 데 민간 학자들을 활용했다는 점에서 미국 첩보사에서 혁명적인 사건으로 기록된다.

③ 공식적으로 CIA의 전신으로 알려진 OSS는 전쟁을 지원하는 데 목적을 두고 설립된 정보기구로서 제2차 세계대전 중 해외에 많은 요원을 파견하여 첩보수집과 파괴공작을 전개했으며, 중요한 전략정보를 생산하여 정책결정자에게 제공하는 등의 임무를 수행했다. OSS는 형식상으로는 군 합동참모본부(JCS)의 지시를 받도록 되어 있었지만 실제로는 대통령의 직접적인 통제 하에 임무를 수행했다.

④ OSS는 제2차 세계대전이 종료되면서 전쟁 지원이라는 애초의 설립 목적이 소멸됨에 따라 트루먼 대통령의 지시로 1945년 10월 해체되었다. OSS가 맡았던 첩보수집 기능은 전쟁부 및 육군으로, 조사·분석 기능은 국무부로 이관되었다.

3. 중앙정보국(CIA)의 탄생

(1) 의의

① 1945년 이후 소련에 의한 위협이 부상하면서 이에 효과적으로 대응하기 위해 모종의 '중앙정보기구' 설립 필요성을 느끼게 되었다. 이에 따라 국무부, 전쟁부 등 정부 관료들을 중심으로 새로이 설립될 기구의 성격과 형태에 관해 다양한 아이디어들이 제시되었다.

② 반면에 트루먼(Hany Truman) 대통령을 포함하여 상당수의 정부 고위 관료들, 그리고 상 · 하원 의원들의 대다수가 '중앙정보기구'를 설립하게 될 경우 정보독점, 권력 확대, 그리고 중앙집권화 등으로 인한 경찰국가의 출현 위험성에 대해 심각한 우려를 표명하였다.

(2) 중앙정보단(CIG) 창설

① 새로이 출범할 중앙정보기구에 관해 미국 내 행정부, 의회, 여론 등에서 각기 상반되는 아이디어들이 제기되는 가운데 트루먼(Harry Truman) 대통령은 1946년 1월 과도기적 중앙정보기구로서 '중앙정보단(Central Intelligence Group, CIG)'을 창설하였다.

② CIG는 국무부, 전쟁부, 해군의 최고 수뇌들로 구성된 '국가정보국(National Intelligence Authority, NIA)'의 지휘를 받아 분산된 정보 기능을 통합 · 조정하는 역할을 수행하게 되었다.

(3) 중앙정보국(CIA)

① 1947년 7월 '국가안전보장법(National Security Act)'이 의회에서 통과됨에 따라 CIG는 오늘날의 '중앙정보국(Central Intelligence Agency, CIA)'으로 재탄생하게 되었다.

② CIA는 대통령 직속기관이면서 국가안전보장회의(National Security Council, NSC)의 산하기관으로서 NSC의 지휘를 받게 되었다.

③ CIA 국장은 미국 정보공동체 내 각급 정보기관의 정보활동을 조정 · 통합하는 역할을 수행하는 '중앙정보장(Director of Central Intelligence, DCI)' 직위를 겸하게 되었다.

1090

미국의 1947년 「국가안보법」에 대한 설명으로 틀린 것은?

① CIA와 NSC 설립의 근거 법률이다.

② '정보'를 '국내 · 외정보'와 '방첩업무'를 포함하는 개념으로 정의하고 있다.

③ 방첩을 지식으로서의 '정보'와 수행하는 '활동'을 모두 포괄하는 것으로 기술하고 있다.

④ CIA와 DCI가 NIEs 생산을 위해 부문정보기관들 간의 정보 업무를 조정하고, 정보공동체의 공동이익을 추구하는 임무를 수행하도록 규정하고 있다.

정답 ②

풀이 '정보'를 '국외정보'와 '방첩업무'를 포함하는 개념으로 정의하고 있다.

1091

다음 중 미국 정보기관의 발전에 대한 설명으로 가장 적절하지 않은 것은? [2024년 기출]

① 조지 워싱턴(George Washington)은 독립전쟁 과정에서 정보의 중요성을 인식하고 컬퍼 스파이조직(Culper Spy Ring)을 활용하는 등 많은 노력을 하였으나 전문성이 부족하였다.

② 남부전쟁 당시 링컨(Abraham Lincohn) 대통령은 사설 탐정 핑거튼(Allna Pinkerton)을 고용하였고, 터브먼(Harrit Tubman)은 북부군 스파이로서 몽고메리(William Motgomery) 대령과 협력하여 비밀작전을 수행하였다.

③ 미국은 제1차 대전 이후 일본의 통신을 감청하고 해독하기 위해 매직(Magic)이라는 프로그램을 운영하였으나 2~5명의 적은 인원만 배치하였기 때문에 진주만 공격을 사전에 파악하는 데 실패하였다.

④ 프랭클린 루즈벨트(Frangklin Roosevelt) 대통령은 1942년 도노반(William Donovan)을 수반으로 하는 전략정보국(OSS)을 설립하였고, 전략정보국은 제2차 대전 종전을 앞두고 CIA로 개편되어 작전기간 중요한 역할을 수행하였다.

정답 ④

풀이 ③ 진주만 공격을 사전에 파악했는지에 대해서는 논란의 여지가 있지만 전략정보국(OSS) 해체는 제2차 세계대전 종료 후이다.

④ OSS는 제2차 세계대전이 종료되면서 전쟁 지원이라는 애초의 설립 목적이 소멸됨에 따라 트루먼 대통령의 지시로 1945년 10월 해체되었다. 트루먼(Harry Truman) 대통령이 과도기적 중앙정보기구로서 '중앙정보단(Central Intelligence Group, CIG)'을 창설한 것도 1946년 1월이다.

1092

미국의 정보기구 역사에 대한 설명으로 틀린 것은? [2022년 기출]

① 미국의 정보기관은 국내적인 이슈에 의해서만 개혁 및 발전이 이루어졌다고 할 수 있다.

② 미국은 1947년 「국가안보법」에 의해서 CIA, DCI, NSC의 창설계기가 되었다.

③ 미국은 9/11 테러 이후 대테러 예방활동을 강화하고 있으며 스노든의 폭로 이후 테러용의자들에 대한 교신내용 파악에 어려움이 있었지만 대체로 대테러 예방에 성공하고 있다.

④ 세계화의 퇴보와 미, 중/러 신냉전 구도로 인하여 다자간, 지역 간 동맹체제로 강화되고 있는 추세이다.

정답 ①

풀이 ① 전략정보국(OSS)은 전쟁을 지원하는 데 목적을 두고 설립된 정보기구로서 제2차 세계대전 중 해외에 많은 요원을 파견하여 첩보수집과 파괴공작을 전개했으며, 중요한 전략정보를 생산하여 정책결정자에게 제공하는 등의 임무를 수행하고, 제2차 세계대전이 종료되면서 전쟁 지원이라는 애초의 설립 목적이 소멸됨에 따라 트루먼 대통령의 지시로 1945년 10월 해체되었다.

1093

미국 정보기구의 기원에 대한 설명으로 틀린 것은?

① 루스벨트(Franklin D. Roosevelt) 대통령은 1941년 '정보협력관실(Office of Coordinator of Information, COI)'을 신설하였다.

② 루스벨트 대통령은 1942년 6월 13일 '전략정보국(Office of Strategic Service, OSS)'을 설립하였다.

③ 트루먼(Harry Truman) 대통령은 1946년 1월 과도기적 중앙정보기구로서 '중앙정보단(Central Intelligence Group, CIG)'을 창설하였다.

④ 1947년 7월 「중앙정보국법(Central Intelligence Agency Act)」이 의회에서 통과됨에 따라 '중앙정보국(Central Intelligence Agency, CIA)'이 설립되었다.

정답 ④

풀이 ④ CIA는 1947년 「국가안보법(National Security Act of 1947)」에 기초하여 설립되었으며, 1949년 「중앙정보법(Central Intelligence Act)」에 의해 비밀공작을 본격적으로 전개하게 된다.

1094

제2차 대전 종료 후 설립된 OSS의 조사, 분석기능이 국무부로 이관되면서 창설된 정보기구로 옳은 것은? [2008년 기출]

① OWI(Office of War Information)

② OSS(Office of Strategic Office)

③ INR(Bureau of Intelligence and Research)

④ NRO(National Reconnaissance Office)

정답 ③

풀이 ③ OSS의 조사분석국(Research and Analysis Branch)이 국무부로 이관되었다.

핵심정리 9/11 테러와 정보공동체의 개혁

1. 의의

① 9/11 테러 사건은 미국 사회에 엄청난 충격을 주었다. 9/11 테러 이후 부시 대통령은 대테러 활동을 강화하는 데 중점을 두고 정보공동체의 조직과 운영 방향에 일대 개혁을 단행하게 된다.

② 우선, 대테러 업무를 총괄하는 조직으로서 국토안보부(the Department of Homeland Security)를 창설하였을 뿐만 아니라 백악관 내 국가안전보장회의(NSC)와 유사한 형태의 '국토안보회의(the Homeland Security Council)'를 설립하였다.

③ 또한, 테러위협통합센터(Terrorist Threat Integration Center)'를 설립하여 국내외 테러문제를 종합적으로 분석하는 임무를 수행토록 하였다. 또한, FBI의 주요 활동 목표를 테러 공격을 막는데 두도록 기구와 운영 방향을 개혁하였다.

④ 그리고 미국 전역에 걸쳐 테러리스트들의 활동을 무력화시키기 위한 연방정부의 대응노력을 지원해 주고, 테러 행위를 예방하고 조사 · 공소하는 데 필요한 법적인 조치를 강화하는 내용을 골자로 하는 「애국법(USA PATRIOT Act)」을 제정하였다.

2. 9/11 진상조사위원회의 제안

(1) 의의

의회는 2002년 11월 '9/11 진상조사위원회(National Commission on Terrorist Attacks upon the United States, 일명 9/11 Commission)'를 구성하여 테러 대응 실패의 원인을 규명하고 개선 방안을 모색하였다.

(2) 최종보고서

① 2004년 7월 발표된 9/11 최종보고서는 9/11 테러를 사전에 예방하지 못한 요인으로서 첫째, 납치한 '항공기 자체를 무기화'하리라고 예상치 못한 '상상력 결핍', 둘째, 각급 정보기관 간 정보공유 미흡 및 정보 통합관리 능력의 부재, 셋째, 고위층에서부터 일선 근무자에 이르기까지 총체적인 대테러 마인드 부족 등을 지적했다.

② 동 보고서는 그러한 문제점을 해소하기 위해 정보기관들 상호간 수평적인 정보 공유의 영역을 확대하고, 현재의 중앙정보장(DCI) 직을 '국가정보장(Director of National Intelligence, DNI)'으로 대체하여 정보공동체에 대한 통제권을 강화할 것 등을 제안하였다.

(3) 정보개혁법(Intelligence Reform Act)

① 9/11 최종보고서에서 제시한 권고안에 기초하여 의회는 2004년 12월 '정보개혁법(Intelligence Reform Act)'을 제정하였다.

② 정보개혁법에 따라 CIA, FBI 등 정보공동체 소속 16개 정보기관의 예산과 인력을 총괄 조정하는 권한을 가진 장관급의 국가정보장(Director of National Intelligence, DNI)' 직위가 신설되었다.

③ 이외에 정보개혁 법에 근거하여 '합동정보공동체 위원회(Joint Intelligence Community Council)'가 설립되어 정보공동체를 감독하는 기능을 수행하게 되었다.

핵심정리 2004년의 「정보개혁법」에 규정된 DNI의 권한과 역할

객관적인 정보의 시의 적절한 제공, 정보의 수집, 분석, 배포와 관련된 목표와 우선순위 설정, 정보공동체 내에서의 정보에 대한 접근성과 활용성 극대화, 효율적인 정보 예산의 편성과 집행, 외국 정부 및 국제기구와의 정보 및 안보협력 관계 감독, 정보기관들 간의 공동 정보활동 수행능력 증진과 정보공동체 운영기능 촉진을 위한 인사정책 및 프로그램 개발, 국가안보 증진과 관련된 모든 측면이 고려되는 정확한 정보분석 그리고 주된 정보활동 체계를 마련하는 데 있어서 비용, 진행계획, 수행목표 및 프로그램 관련 주요 이정표 설정 등을 포함하는 프로그램 운영계획의 개발 및 시행 등이다.

핵심정리 합동정보공동체위원회(Joint Intelligence Community Council)

1. 의의

JICC는 2004년 정보개혁법(Intelligence Reform and Terrorism Prevention Act of 2004)에 의해 정보공동체의 집행감독기구로 설립된 국가정보 협의체이다.

2. 국가정보 협의체

국가정보 협의체는 정보기관을 비롯하여 행정기관 및 법집행기관이 포함한 기관들의 협의체로서, 국가안보 위협 평가 및 공유, 정보소비자들의 정보 요구 사항 협의, 국가정보활동(수집, 분석, 공작, 방첩)우선 순위 확정, 정보 예산의 규모, 적정성 및 사용처 등 협의 업무를 수행한다.

3. 조직

(1) 의의

국가정보장(DNI)은 JICC의 의장이 되고, 감독기구의 다른 구성원을 포함한다.

(2) 구성원

① 국가정보장
② 국무장관
③ 재무장관
④ 국방부 장관
⑤ 법무장관
⑥ 에너지 장관
⑦ 국토안보부 장관
⑧ 기타 대통령이 지명하는 자

4. 기능

(1) 의의

JICC는 국가안보를 위한 공동의 통일된 국가정보 노력을 개발하고 집행함에 있어서 국가정보장(DNI)을 보좌한다.

(2) 자문

정보요구, 예산, 재정, 정보의 활동성에 대한 감독과 평가에 대해 자문한다.

(3) 정책 및 지침의 적시 실행 보장과 감독

국가정보장에 의해 수립된 프로그램, 정책 및 지침의 적시 실행을 보장하고 감독한다.

5. 회의

국가정보장이 적절하다고 판단하는 때에 합동정보공동체위원회를 소집하고 그 회의를 주재한다.

6. 위원장 이외의 위원의 조언 및 의견

① JICC 구성원(의장 제외)은 국가정보장(DNI)이 대통령이나 국가안보위원회(NSC)에 제출한 조언에 더하여 이견을 포함한 조언이나 의견을 제출할 수 있다.
② 구성원이 그러한 조언이나 의견을 제출하는 경우, 의장은 경우에 따라 의장의 조언을 대통령 또는 국가안보위원회(NSC)에 제시하는 동시에 해당 회원의 조언이나 의견을 제시하여야 한다.
③ 의장은 다른 구성원의 개별적인 조언이나 의견 제출로 인하여 의장의 대통령 또는 국가안보위원회(NSC)에 대한 의견 제출이 부당하게 지연되지 않도록 절차를 수립하여야 한다.

7. 의회에 대한 권고

JICC의 모든 구성원은 정보공동체와 관하여 의회에 권고할 수 있다.

1095

미국의 9/11 테러와 정보공동체의 개혁에 대한 설명으로 틀린 것은?

① 대테러 업무를 총괄하는 조직으로서 국토안보부를 창설하였다.

② 백악관 내 국가안전보장회의(NSC)와 유사한 형태의 '합동정보공동체위원회(Joint Intelligence Community Council)'를 설립하였다.

③ 테러 행위를 예방하고 조사·공소하는 데 필요한 법적인 조치를 강화하는 내용을 골자로 하는 '애국법(USA PATRIOT Act)'을 제정하였다.

④ 정보개혁법에 따라 CIA, FBI 등 정보공동체 소속 15개 정보기관의 예산과 인력을 총괄 조정하는 권한을 가진 장관급의 국가정보장(Director of National Intelligence, DNI)' 직위가 신설되었다.

정답 ②

풀이 ② 국토안보회의(the Homeland Security Council, HSC)에 대한 설명이다. 참고로 '합동정보공동체 위원회(Joint Intelligence Community Council)'는 정보개혁법에 근거하여 설립된 정보공동체 감독기구이다.

1096

9/11 테러 이후 미국 정보공동체의 개혁에 대한 설명으로 틀린 것은? [2020년 기출]

① 테러리스트의 국내 잠입을 막기 위해 국토안보부(DHS)를 설립했다.

② 정보기관 간의 알력을 통제하기 위해 국가정보장(DNI)를 임명했다.

③ 9/11테러를 막지 못한 FBI를 질책하기 위해 CIA의 권한을 강화했다.

④ 테러리스트의 암살공작에 NGA와 같은 군사정보기관도 동원하고 있다.

정답 ③

풀이 ③ 국가정보장(DNI) 체제로 변하면서 CIA의 임무 범위와 역할이 축소되었다.

핵심정리 ODNI

1. 의의

이전의 DCI가 CIA라는 독립 정보기관을 운영하며 지원을 받는 가운데 정보공동체를 이끄는 역할을 수행했던 반면, 어느 정보기관도 직접 운영하지 않으면서 정보공동체의 통합적 운영을 통한 정보활동의 효율 증진을 책임지는 DNI의 역할을 지원하기 위해 ODNI는 산하에 아래와 같은 여섯 개의 조직을 두고 있다.

2. 국가정보위원회(National Intelligence Council, NIC)

국가정보위원회(National Intelligence Council, NIC)는 DNI가 정보공동체를 이끄는 일을 보좌하고, 정보공동체의 중장기 전략정보 활동계획 수립을 담당한다. 학계 및 민간 영역 전문가들의 견해를 참고하여 미국 정보공동체가 생산하는 가장 권위 있는 정보 생산물인 국가정보평가서(National Intelligence Estimates, NIE)를 작성한다.

3. 고급정보기술연구사업단(Intelligence Advanced Research Projects Activity, IARPA)

현재로서는 가능성이 크지 않고 개발하는 데에 비용이 많이 들지만 성공할 경우 미국에게 압도적인 정보 우위를 제공할 수 있는 연구사업을 수행한다. 직접적인 정보활동을 수행하지는 않는다. 산하에 핵심분석실(Office of Incisive Analysis), 안전공작실(Office of Safe & Secure Operations) 그리고 스마트 수집실(Office of Smart Collection)을 두고 각각 정보분석, 비밀공작, 정보수집과 관련된 연구를 담당하도록 하고 있다.

4. 정보공유환경육성단(Information Sharing Environment, ISE)

정보공동체 구성기관 및 법 집행, 공공 안전, 국방, 외교 분야의 업무 담당자들에게 테러, 대량살상 무기 등 안보 관련 정보를 통합적으로 제공하고 이러한 정보가 이들 간에 성공적으로 공유될 수 있도록 하며, 이러한 환경을 지속적으로 증진시키는 작업을 수행한다. 민간 부문 협력자 및 우방들과 정보를 공유하는 업무도 담당한다.

5. 국가방첩 · 보안센터(National Counterintelligence and Security Center, NCSC)

(1) 의의

국가방첩관(NCIX)은 국가방첩 · 보안센터(National Counterintelligence and Security Center, NCSC)의 장을 겸임한다. NCSC는 국가방첩관실(ONCIX)을 보안평가센터, 특별보안센터 및 국가내부자위협태스크포스와 통합하여 방첩 및 보안 임무 영역을 효과적으로 조정하기 위해 설립되었다.

(2) 국가방첩관실(Office of the National Counterintelligence Executive, ONCIX)

방첩 활동과 관련하여 DNI를 보좌하고 정보공동체 내에서의 방첩활동이 통합적이고 효율적으로 이루어질 수 있도록 지휘한다. 국가방첩관(NCIX)은 국가방첩정책위원회(National Counterintelligence Policy Board)의 의장으로서 정보공동체의 방첩정책 및 절차를 개발하는 과정을 주관한다. 2010년 특별보안센터(Special Security Center, SSC)를 흡수 통합한 이후부터는, 정보공동체가 수집하고 공유하는 정보를 보호하는 역할과 관련하여 DNI를 보좌함은 물론, 보안관련 연구 및 교육을 담당하며, 보안정책을 마련하고 시행을 평가하여 DNI에 보고하는 역할도 수행한다.

6. 국가테러대응센터(National Counterterrorism Center, NCTC)

국내외 테러 관련 모든 정보를 통합 분석 공유하는 주무 부서이다. 대통령과 DNI의 지휘하에 정부 부처들 및 정보기관들에서 충원된 전문가들이 공동으로 테러 관련 정보를 분석하고 테러 대응활동 계획을 세우고 수행하며, 이와 관련하여 정보공동체를 이끄는 역할을 수행한다. 정보공동체 구성기관 및 정부 부처와 군 관계자들이 항상 테러 관련 정보에 접근할 수 있도록 보안이 설정된 웹사이트(NCTC Online)를 운영한다. 산하에 기관간위협평가협력단(Interagency Threat Assessment and Coordination Group, ITACG)과 테러리스트신원정보자료원(Terrorist Identities Datamart Environment, TIDE)을 두고 있는데, ITACG는 정보기관들 간의 테러 관련 정보 공유를 원활하게 하는 역할을 수행하며, TIDE는 국제 테러리스트들의 신원 정보 보관소로서 정보요원들이 필요할 때 언제든지 관련 정보를 활용할 수 있도록 하는 역할을 수행한다.

7. 국가대량살상무기확산방지센터(National Counterproliferation and Biosecurity Center)
생화학 무기, 방사능 무기, 핵무기 등 대량살상무기의 확산과 관련하여 정보공동체가 수집 · 분석한 정보를 통합하고 이에 대한 해결책을 발전시키며, 대량살상 무기 확산으로 인해 제기되는 장기적인 위협을 파악하고 정보공동체가 이에 대처할 수 있도록 대책을 강구하는 업무를 담당한다.

1097

국가정보장(DNI)을 보좌하는 정보기관으로 옳은 것은? [2019년 기출]

① CIA ② NIC

③ NSC ④ NSA

정답 ②

풀이 ② 국가정보위원회(National Intelligence Council, NIC)는 국가정보장(DNI)이 정보공동체를 이끄는 일을 보좌하고, 정보공동체의 중장기 전략정보 활동계획 수립을 담당한다. 학계 및 민간 영역 전문가들의 견해를 참고하여 미국 정보공동체가 생산하는 가장 권위 있는 정보 생산물인 국가정보평가서(National Intelligence Estimates, NIE)를 작성한다.

Theme 39 미국의 정보공동체

핵심정리 **미국의 정보공동체**

(1) 의의

현재 미국의 정보공동체는 국가정보장(DNI)을 정점으로 18개의 기관으로 구성되어 있다. 이들 중 CIA와 ODNI는 독립적으로 운영되는 정보기관이고, 기타의 정보기관은 특정 행정 부처에 속해 있으면서 정보 업무를 담당하는데, 법무부 소속의 FBI와 마약단속국(Drug Enforcement Administration, DEA), 국토안보부 소속의 정보와 분석국(Office of Intelligence & Analysis, I&A) 및 해안경비대(Coast Guard Intelligence, CGI), 국무부 산하의 INR, 에너지부 산하의 정보방첩실(Office of Intelligence and Counterintelligence, OICI), 재무부 산하의 정보분석실(Office of Intelligence and Analysis, OIA), 국방부 산하의 DIA, NSA, NRO, 국가지형정보국(National Geospatial Intelligence Agency, NGA) 등과 같다. 이외에 육군, 해군, 공군, 해병, 우주군에도 각각의 정보업무를 담당하는 조직이 있다. 이들을 총괄하는 국가정보장실(ODNI)을 제외하면 현재 총 17개의 정보기관이 미국 정보공동체를 구성하고 있다고 할 수 있다.

(2) 정보공동체의 구성원

정보공동체 구성원들은 ① 수행하는 정보활동의 성격에 따라 특정 담당분야에서 정보활동을 수행하면서, 관련 정보활동의 계획, 예산운영, 평가와 관련하여 DNI를 보조하는 역할을 수행하는 일종의 프로그램 운영자(program manager)의 역할을 수행하는 정보기관(정보프로그램 운영기관) ② 소속 행정 부처와 연계되어 각 부처에서 필요로 하는 정보활동을 수행하는 정보기관(부문정보기관) 그리고 ③ 군 조직의 일원으로 군 관련 정보활동을 수행하는 정보기관(안보서비스기관)(CGI와 각군 정보부대)으로 구분될 수도 있다.

(3) 정보프로그램 운영기관(intelligence Program Manager)

미국 정보공동체를 구성하는 정보기관 중에서 소속 행정 부처와 관련된 정보업무 이외에 여러 행정부처와 관련된 국가차원의 정보업무를 수행하는 기관을 정보프로그램 운영기관(intelligence Program Manager)이라고 한다. 여기에는 외교 · 통상 · 에너지 · 국방 · 군축 · 핵 프로그램 등 다양한 해외정보를 수집 · 분석 · 공작하는 CIA, 방첩 · 테러 · 사이버범죄 · 국제범죄 · 마약 수사 등을 담당하는 FBI, 글로벌 군사전략 · 국방전략 · 대테러 전쟁 등의 업무를 담당하는 DIA, 각종 신호정보를 수집하고 정부차원의 통신보안 업무를 담당하는 NSA, 인공위성을 운영하면서 각종 영상첩보를 수집하는 NRO 그리고 인공위성이나 항공기 등을 통해 수집된 영상첩보를 기초로 지리공간정보를 분석 · 생산하는 NGA가 있다. NSA, NRO, NGA는 조직상 국방부 산하의 기관이며 최고책임자도 군 출신들이 주로 맡지만, 수행하는 업무의 성격상 이들의 활동은 국방관련 정보활동에 국한되지 않고 담당 기술 분야인 신호, 항공 및 우주 정찰 자료 그리고 지구 관련 정보를 생산하여 전체 정보공동체에 공급하는 역할을 담당한다. 이들 정보기관들은 각각 서로 다른 분야에서 정보활동을 수행하지만, 이들의 역할은 순수한 정보 관련 업무에 한정되며 정책 제안을 하지는 않는다는 점을 공통된 특징으로 한다.

핵심정리 DNI와 ODNI

미국은 18개의 상호 독립적인 정보기관들을 운영하는 분산형 정보체제를 갖추고 있으며, 현재 미국 정보공동체의 구성 및 운영상의 특징은 정보공동체의 통합 운영을 전담하는 DNI를 정점으로 정보활동을 수행한다는 측면에서 찾아 볼 수 있다. 정보공동체를 통합 운영하는 역할은 ODNI가 창설되기 전부터 이미 DCI에 의해 수행되고 있었다. 현재의 DNI 중심의 정보공동체 운영이 이전의 DCI 통제하의 정보공동체 운영과 다른 점은 정보공동체를 이끌어 가는 역할을 정보기관들 중 어느 한 기관을 이끌어 가는 사람에게 맡기기 보다는 어느 정보기관과도 직접 관련이 없는 내각 수준의 직위를 새로이 만들고 그 직위에 명목상의 권한이 아닌 실질적인 권한을 부여하고 있다는 점에서 찾아볼 수 있다. 과거 정보공동체를 이끌던 DCI는 독립 정보기관인 CIA의 책임자로서의 직위를 병행하고 있었던 반면, ODNI의 경우는 기존의 어떤 정보기관과도 직접적인 연관이 없는 부처 직원들로 구성된 독립된 내각 수준의 기관으로 창설되었다. 이와 함께 이전의 DCI에게 주어졌던 권한은 명목적인 권한의 성격이 강했던 반면, DNI에게는 실질적으로 정보공동체를 이끌어 갈 수 있는 권한이 주어졌다는 점도 이전의 DCI 중심의 정보공동체 운영과 차이가 나는 점이다. 예를 들면 이전의 DCI의 경우와는 달리, DNI에게는 해안경비대나 FBI와 같이 다른 행정 부처에 속해 있는 정보기관의 경우도 소속 행정 부처의 책임자를 통하지 않고 직접적으로 통제할 수 있는 권한이 부여되어 있다. 이러한 권한에 부분적인 예외가 존재하는 분야는 군사 정보활동과 관련된 분야이다. 정보기관들이 수행하는 정보활동은 기본적으로 DNI와 각 정보기관 또는 행정부처의 장 간에 협의하여 이루어지지만, 국방부 산하 정보기관들에 대해서는 국방장관의 직접 통제를 받는 정보담당 국방차관(Under Secretary of Defense for Intelligence)을 통해서 통제한다. 이러한 예외가 존재하는 이유는 DNI가 군사 작전의 실패에 대한 책임을 감안하면서 국방부 산하의 정보기관들이 수행하는 정보활동을 적극적으로 통제하려 할 가능성은 크지 않다는 측면에서 이해할 수 있다. ODNI를 탄생시킨 2004년 법안에서도 군 정보활동 관련 주된 정보활동 체계를 마련하는 것과 관련된 프로그램 운영 계획의 계발 및 시행은 국방부 장관과 공동으로 추진하도록 규정하고 있다.

핵심정리 미국정보공동체의 기능별 분류

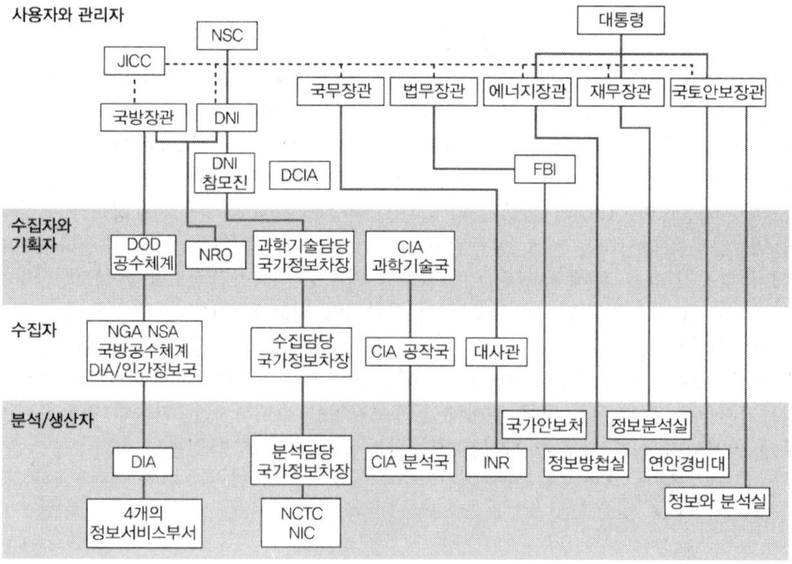

핵심정리 **비밀공작에 대한 DNI의 통제**

(1) 비밀공작의 주도권 논쟁

① 한편 미국에서는 CIA와 국방부 중에서 어디서 비밀공작의 주도권을 가져야 할지를 두고 논쟁이 지속되어 왔다.

② 9/11 보고서에서는 CIA의 비밀공작을 국방부가 수행하는 것이 바람직하다는 견해를 제시했었다.

③ 논란이 지속된 끝에 2005년 6월 부시 대통령은 CIA에 '국가비밀공작국(National Clandestine Service)'을 신설하고 여기서 비밀공작 임무를 총괄하도록 권한을 부여하는 것으로 최종 결론을 지었다.

(2) 정보개혁법

① 2004년 「정보개혁법」에 따라 DNI 직위가 신설되면서 누가 비밀공작을 지휘·통제할 것인지를 두고 의문이 제기되고 있다. DNI는 비밀공작을 포함하여 모든 정보활동에 대해 대통령을 보좌하는 최고위직의 지위를 부여받았다. 그런데 CIA는 비밀공작을 직접 수행하는 부서로 남아 있다.

② 2004년의 「정보개혁법」에 따르면 CIA 국장은 DNI에게 지휘보고 하도록 되어 있지만 그 구체적인 범위와 내용은 규정하지 않고 있다. 정보개혁법 어디에도 DNI가 CIA가 추진하는 비밀공작을 직접 지휘·통제하도록 규정하지는 않고 있다.

③ 법적으로는 DNI가 CIA의 비밀공작에 대해 직접적으로 개입할 여지가 없기 때문에 DNI가 CIA의 비밀공작을 지휘통제하기 위해서는 다른 제도적인 장치를 마련해야 할 것이다. 앞으로 비밀공작 추진과 관련하여 DNI와 CIA 국장이 서로 상반된 입장을 취하면서 갈등하는 상황이 발생할 수도 있다.

1098

국가정보장(DNI)과 직접 관련이 있는 내용으로 적절하지 않은 것은?

① 정보개혁 및 테러방지법(Intelligence Reform and Terrorism Prevention Act)

② 국가정보위원회(National Intelligence Council)

③ 국가대테러센터(National Counterterrorism Center, NCTC)

④ 국가비밀공작국(National Clandestine Service)

정답 ④

풀이 ④ 국가비밀공작국(NCS)은 미국 정보공동체의 HUMINT 활동의 총본산으로 예전의 공작국(Directorate of Operations)을 확대·개편한 세계 비밀의 손으로 통하는 CIA의 핵심조직이다. DNI는 비밀공작을 포함하여 모든 정보활동에 대해 대통령을 보좌하는 최고위직의 지위를 부여받았다. 그런데 CIA는 비밀공작을 직접 수행하는 부서로 남아 있다. 2004년의 정보개혁법에 따르면 CIA 국장은 DNI에게 지휘보고 하도록 되어 있지만 그 구체적인 범위와 내용은 규정하지 않고 있다. 2005년 6월 부시 대통령은 CIA에 '국가비밀공작국(National Clandestine Service)'을 신설하고 여기서 비밀공작 임무를 총괄하도록 권한을 부여하는 것으로 최종 결론을 지었다. DNI 산하 과학기술담당 차장이 첩보수집 기획자로서의 임무를 수행하고, DNI 산하 수집담당 국가정보차장은 첩보수집 임무를 수행한다. 뿐만 아니라 DNI 산하 국가정보위원회(NIC)는 정보분석 및 생산 기능을 수행한다. 반면에 비밀공작에 대해서는 어떤 권한도 구체적으로 규정하고 있지 않다.

1099

DNI의 권한과 임무로 적절하지 않은 것은?

① 국가안보 정보에 대한 총괄 접근권 ② 정보우선순위 결정권
③ 정보공동체 업무조종 · 감독권 ④ 신호정보의 수집

정답 ④

풀이 ④ 이전의 DCI가 CIA라는 독립 정보기관을 운영하며 지원을 받는 가운데 정보공동체를 이끄는 역할을 수행했던 반면, DNI는 어느 정보기관도 직접 운영하지 않으면서 정보공동체의 통합적 운영을 통한 정보활동의 효율 증진을 책임지고 있다.

1100

DNI에 대한 설명으로 틀린 것은? [2013년 기출]

① 9/11 테러 이후 국가정보장이 신설되었다.
② 9/11 테러 이전까지 정보공동체는 총 14개의 정보기관들로 구성되어 있었다.
③ CIA의 국장이 겸직하며 대통령과 국가안보회의 그리고 국토안보회의에 국가안보와 관련된 조언 및 보좌 등의 일정한 책무와 권한을 가지고 있다.
④ 정보공동체의 예산이나 인사에 대해 보다 강력하고도 실질적인 권한을 행사할 수 있도록 제도화되었다.

정답 ③

풀이 ② 국토안보부(DHS)는 2002년, ODNI는 2004년, 마약단속국(DEA)은 2006년, 우주군 정보부대(SFI)는 2021년에 정보공동체 회원으로 가입했다.
③ 과거 정보공동체를 이끌던 DCI는 독립 정보기관인 CIA의 책임자로서의 직위를 병행하고 있었던 반면, ODNI의 경우는 기존의 어떤 정보기관과도 직접적인 연관이 없는 부처 직원들로 구성된 독립된 내각 수준의 기관으로 창설되었다.

1101

DNI의 권한으로 틀린 것은? [2009년 기출]

① 정보공동체(IC)의 예산을 편성하고 각 정보기관의 예산을 정부에 제출하기 전에 승인한다.

② 정보수집 요구와 우선순위에 대한 조정역할을 수행한다.

③ 외국 정보기관과 정보공동체와의 협력을 조정한다.

④ 국방부 산하 주요 정보기관장의 임명에 관해 대통령에게 조언한다.

정답 ④

풀이 ④ 정보기관들이 수행하는 정보활동은 기본적으로 DNI와 각 정보기관 또는 행정부처의 장 간에 협의하여 이루어지지만, 국방부 산하 정보기관들에 대해서는 국방장관의 직접 통제를 받는 정보담당 국방차관(Under Secretary of Defense for Intelligence)을 통해서 통제한다. 따라서 국방부 산하 주요 정보기관장의 임명에 관해서는 DNI가 간여할 수 없다. 반면에 CIA 국장과 같은 민간 부문 정보기관장의 경우에는 국가안보보좌관, DNI의 추천을 고려하여 상원의 인준을 받아 대통령이 임명한다.

1102

9/11 테러 이후 미국의 정보공동체의 예산과 인력을 조정하기 위해 신설된 국가기관으로 옳은 것은? [2006년 기출]

① 국가정보장(DNI)

② 국토안보부(DHS)

③ 국방정보국(DIA)

④ 국가정보위원회(NIC)

정답 ①

풀이 ① 「정보개혁법」에 따라 CIA, FBI 등 정보공동체 소속 17개 정보기관의 예산과 인력을 총괄 조정하는 권한을 가진 장관급의 국가정보장(Director of National Intelligence, DNI) 직위가 신설되었다.

④ 국가정보위원회(National Intelligence Council, NIC)는 DNI가 정보공동체를 이끄는 일을 보좌하고, 정보공동체의 중장기 전략정보 활동계획 수립을 담당한다. 학계 및 민간 영역 전문가들의 견해를 참고하여 미국 정보공동체가 생산하는 가장 권위 있는 정보 생산물인 국가정보평가서(National Intelligence Estimates, NIE)를 작성한다. 최종 보고서가 나오기까지 정보기관들 간의 이견을 조율하기 위해서 여러 차례에 걸쳐서 회의가 개최된다. DNI는 여러 정보기관에서 파견한 고위직 관료들이 참석한 최종 검토 회의를 주재하게 되며, 최종적으로 확정된 NIEs에 서명하게 된다. 과거 DCI는 자신이 동의하지 않는 NIEs의 내용을 수정할 수 있었다. 초안 작성자들은 이에 대해 불만을 갖겠지만 DCI는 합법적으로 그런 권한을 행사할 수 있었다.

핵심정리 미국의 정보기구

1. 국가정보장(Director of National Intelligence, DNI)

(1) 연혁과 특성

국가정보장(DNI)은 미국 정보공동체(IC)를 통솔하는 수장으로 2004년 정보개혁법에 의거하여 탄생했다. 기존의 중앙정보국장(DCI) 체제를 대체한 것으로 요체는 수하에 어떤 집행정보기구도 거느리지 못하게 한 것이다.

(2) 권한과 임무

① 국가정보의 생산과 배포
② 국가안보 정보에 대한 총괄 접근권
③ 정보우선순위 결정권
④ 정보공동체 업무조종 · 감독권
⑤ 정보기구 장(長) 임면에 대한 동의권과 예산배분권

2. 중앙정보국(Central Intelligence Agency, CIA)

① 2차 세계대전 당시의 군 전략정보국(OSS)의 후신으로 1947년 국가안보법에 의해 창설되었다.
② '회사(Company)' 또는 '기관(Agency)'으로 불린다. 정보요원에 대한 일반적인 비하적인 말로 '유령(Spook)', 그리고 CIA 요원들만을 지칭하는 용어로는 본부 소재지를 빗대 '버지니아 촌놈(Virginia farmboys)'이라고 호칭된다.
③ 국가정보장(DNI) 체제로 변하면서 CIA의 임무 범위와 역할이 상당히 축소되었다고 하지만, 여전히 인간정보활동(HUMINT)을 총괄하는 책임을 맡고 있다. 사안에 따라서는 DNI를 거치지 않고 대통령에게 직접보고 할 수 있다. 오늘날에도 CIA는 국가안보와 국가이익을 수호하는 세계 '비밀의 손'으로 통한다.

3. 국가안보국(National Security Agency, NSA)

① 국방부 산하의 신호정보 전문 정보기구로, 가장 방대한 조직과 예산을 사용한다.
② 획득정보를 자체적으로 활용하는 공작활동은 하지 않고, CIA나 FBI 등 다른 정보기구에 제공하는 지원역할을 한다.
③ 존재 자체가 비밀로 분류되어 있어 "그런 기관은 없다(No Such Agency)" 또는 "입에 담지 마라(Never Say Anything)"라고도 말해진다.
④ NSA는 지구 도처에서 발산되고 통신되는 신호정보를 지구상에서 현존하는 가장 강력한 슈퍼컴퓨터를 이용한 데이터마이닝 기법으로 정보를 생산한다.
⑤ NSA는 다양한 고객을 위하여 소비자 중심의 주문 제작형 정보를 제공한다. NSA는 미국의 국책연구기관으로 미국 미래의 초석이라는 평가를 받는다.

4. 국가지리정보국(National Geospatial – Intelligence Agency, NGA)

① 국가지리정보국(NGA)은 지구공간의 지질학적 정보를 생산하는 정보기구이다.
② 비전은 "지구를 알고, 길을 인도하라(Know the Earth, Show the Way)"로 '현재, 다음 그리고 다음의 다음(Now, Next and After Next)'에 대한 정보생산이 목표이다.
③ 지구 공간에 대한 '총괄적 정보생산자'이자 '정보매니저'로 평가된다.

5. 국가정찰국(National Reconnaissance Office, NRO)

① 영상정보기구이다. 신호정보기구인 국가안보국(NSA)이 '지구의 귀'라고 한다면 국가정찰국은 '지구의 눈'으로 평가된다.
② 국가정찰국이 수집한 자료는 '국가기술자산(National Technical Means, NTM)'으로 분류하여 국가비밀로 관리된다.
③ 국가정찰국은 인류 최초의 원자폭탄 개발계획인 맨해튼 프로젝트에 비견되는 차세대 정찰인공위성 프로젝트인 미래화상체제(Future Imagery Architecture)를 구축했다.

④ 국가정찰국이 운용하는 미래화상체제는 평시에는 위성자료를 통해 적대세력의 잠재적 군사 공격 가능성을 사전에 파악하고, 대량살상무기의 전개와 이동을 감시하며, 테러분자들의 활동을 추적한다. 군축합의와 국제조약에 따른 환경의무를 잘 이행하는지를 점검하고 인재(人災)와 천재(天災)의 영향을 측정 · 평가하는 역할도 담당한다고 한다.

6. 국방정보국(Defense Intelligence Agency, DIA)

① 군사정보를 생산하고 총체적으로 관리하는 국방부 산하 정보기구로 CIA, 국무부 정보조사국(INR)과 함께 3대 종합정보분석기구이다.

② 국방정보국은 러시아의 정보총국(GRU), 영국의 국방정보부(Defence Intelligence, DI), 이스라엘의 아만(Aman)에 비견된다.

③ 국방정보국의 산하에 석 · 박사과정을 운용하는 합동군사정보대학(Joint Military Intelligence College)이 있다.

7. 육군정보부대(Army Intelligence and Security Command)

① 육군정보부대는 전 세계의 미군 기지를 바탕으로 24시간 미국과 우방의 이익에 대한 위협을 추적하여 관련정보를 수집하고 분석하는 종합 정보기구이다.

② 생산되는 정보분석보고서가 '위협 평가보고서'로 국방정책결정자들은 물론이고 미국 정보공동체와 무기개발 및 전투체계 개발자에게도 제공된다.

③ 미국 정보공동체에서 육군정보부대의 중요성은 그 맨 파워에 있다. 즉 일반 민간부문 정보요원들은 활동하기 어려운 전투현장에서 전투에도 직접 참가하며 정보를 획득할 수 있다는 데에 필요성과 강점이 인정된다.

8. 해군정보실(Office of Naval Intelligence)

해군정보실(ONI)은 1882년 3월 23일 창설되어, 미국 정보기구 가운데 가장 오랜 정보역사를 가지고 있다. 국토가 광대한 바다로 싸인 자연적 조건으로, 해상에 대한 안전 확보가 국가존립의 당면한 과제였다. 해상전쟁 수행과 항해의 자유권을 확보하고 외국의 공격을 저지하는 것을 목적으로 하여 해양 관련 정보를 제공함을 기본임무로 한다.

9. 공군정보감시정찰대(Air Force Intelligence Surveillance & Reconnaissance)

① 공군정보감시정찰대(AFISR)는 공군의 독자적인 정보기구이면서도, 기능적 체제상 국가안보국(NSA) 내의 한 기구로 기능한다. 독립적 정보기구라는 성격과 함께 국가안보국(NSA)을 중심으로 정보협력체를 형성하는 이중적 지위를 가진다.

② 강점은 지구상에서 가장 빠르게 현장에 접근할 수 있는 정보기구로 단순한 참모부서가 아닌 8번째 공군력(Eighth Air Force)이라 불리는 실전형 전투부대이다.

10. 해병정보대(Marine Corps Intelligence Activity, MCIA)

① 미국 해병대는 육군, 공군, 해군, 해안경비대와 더불어 5대 정규군이다. 해병정보대는 해병대의 CIA로 '군대 내의 비밀의 손'으로 통한다. 해병정보대는 독립된 정보기구임에도 스스로를 '협력자(Corporate enterprise)'라고 부른다.

② 미국 정보공동체에서 해병정보대의 가치는 그 맨 파워(man-power)로 인해 능력을 인정받는다. 즉 과학 장비가 한계가 있는 영역에서 막강한 전투력을 갖춘 인적능력을 활용해 언제, 어떤 조건. 어떤 곳에서도 성공적으로 필요한 정보활동을 수행해 낼 수 있다고 평가받는다.

③ 그래서 해병정보대는 원정 · 탐험 정보부대라고도 불린다. 남들보다 먼저 투입되어 상황을 파악하여 전투에 사용할 정보를 획득하고, 위험을 무릅쓴 전투현장에서의 기동 활동과 정보활동을 병행 수행하는 것에서 붙여진 이름이다.

11. 에너지부 정보방첩실(Office of Intelligence & Counterintelligence, OICI)

① 에너지부 정보방첩실(OICI)은 약칭하여 에너지부 정보실(IN)로 불린다. 활동기원은 제2차 세계대전 후에 핵무기 개발 계획인 맨해튼 프로젝트의 진행과정에서 시작되었다.

② 정보실(IN)의 임무는 시대상황을 반영하여 1970년대 국제 에너지 위기상황에서는 에너지의 안정적 수급문제에 대한 정보수집과 분석에서 전문성을 발휘했다. 1990년대 핵무기 확산 문제가 국제적 이슈로 대두되면서 핵무기 확산방지와 핵무기 테러에 대한 방지에 임무의 방점이 옮겨가 있다.

③ 오늘날은 핵무기 개발문제, 핵확산 문제, 평화적인 원자력 이용 문제, 방사성 폐기물 및 에너지 확보분야에 대한 정부수집과 분석이 주된 임무이다.

12. 국무부 정보조사국(Bureau of Intelligence and Research, INR)

① 정보조사국(INR)은 제2차 세계대전 당시의 전략정보국(Office of Strategic)의 단위부서였던 조사분석실(R&A)을 바탕으로 1946년에 창설되었다.

② 국무부 소속 국 단위의 작은 기관이지만 정보분석 생산물은 정보공동체의 보고서 중에서 가장 권위 있는 것 중의 하나로 의회도 높이 평가한다.

③ 정보물이 권위를 인정받는 이유는 외교업무의 연장선에서 수시로 각국의 외교담당 고위 관계자, 심지어는 외국 최고정책결정권자의 의중을 직접 확인할 수 있다는 것이 여타의 다른 정보획득 기법으로는 수집할 수 없는 좋은 정보원천이 된다.

④ 매년 국내 · 외 공식회의를 개최하여 저명한 외부 전문가의 아이디어를 청취하는 기회를 가짐으로써 또 다른 중요한 정보획득의 기회도 갖는다.

13. 재무부 정보분석실(Office of Intelligence and Analysis, OIA)

① 재무부 정보분석실(OIA)은 테러그룹과 대량살상무기확산그룹 등에 대한 재정지원을 포함한 원조네트워크에 대한 정보와 금융정보를 생산한다.

② 글로벌 정보기구인 금융활동특별조사단(FATF)과 유기적 협조를 맺으며, 소위 불량국가(Rogue Regimes)들에 대한 재정루트 차단과 경제제재 임무도 수행한다.

14. 마약단속국(Drug Enforcement Administration, DEA)

① 마약단속국(DEA)은 연방경찰 업무도 수행하는 법무부 산하의 법집행기관이다. 1973년 7월 1일 리처드 닉슨 대통령은 기존의 마약관련 부서를 모두 통합하고 마약에 대한 총괄적 대책기구로 법무부에 마약단속국(DEA)을 창설했다.

② 마약단속국은 2006년 16번째로 정보공동체의 정식 멤버에 편입했다. 이것은 그 동안 사회치안 문제로만 인식되어 오던 마약문제를 정보공동체의 정보협력으로 범국가적으로 대처하여야 할 국가안보 문제로 인식하였다는 것을 의미한다.

15. 연방수사국(Federal Bureau of Investigation, FBI)

① 1908년 7월 보나파르트 법무부 장관은 연방수사국(Bureau of Investigation)을 창설했다. 수사국(BI)이 1935년 후버(J. Edgar Hoover) 국장에 의해 연방수사국(FBI)으로 확대 개편되었다. 1924년 제 6대 수사국장으로 취임한 에드거 후버 국장은 FBI의 초대국장으로 취임하여 1972년 사망할 때까지 총 48년간 국장으로 재직했다.

② FBI는 첫 글자인 '충성(Fidelity), 용기(Bravery), 성실(Integrity)'을 복무방침으로 하여 연방범죄에 대한 최고 수사기구이자 방첩 기구이다. 세계 각국은 수사 · 방첩정보기구를 구축함에 있어서 FBI를 본받으려고 노력해왔다.

③ FBI는 56개의 국내 지역사무소와 50개 해외지부가 있는 기구로 엄밀하게는 국내정보와 해외 정보를 모두 담당하는 종합정보기구이다. 국가안보처(National Security Branch, NSB)이 정보업무를 총괄한다. 주된 임무는 연방범죄 수사와 방첩임무이다.

④ 전통적으로 미국은 정보와 수사를 엄격히 구분했다. 그러나 9/11 위원회 조사에서 나타난 것처럼 현실은 정보와 수사의 유기적 융합을 통해서만 테러범죄에 효율적으로 대처할 수 있음이 드러났다.

⑤ 또한 현실적으로 기동화 · 조직화 · 국제화되어가는 테러 등 국제 범죄에 대해서는, 정보와 수사의 공조 없이는 궁극적인 처벌로 연결시킬 수 없으므로 양자의 결합은 필연적이라고 할 수 있다.

⑥ 이에 법은 FBI에 수사업무와 법집행업무 담당자 사이에 유기적 관계를 구축할 수 있도록 했다. FBI 내에서의 정보와 수사의 장벽도 철폐했다. 정보와 수사 결합의 강화추세는 FBI 조직 내에서뿐만 아니라 국토안보부(DHS)와의 공조에도 이어졌다.

16. 국토안보부(Department of Homeland Security)의 2개 정보기구

① 국토안보부(DHS)는 2001년 9/11 테러 공격 이후 창설된 조직이다. 국방부(DOD), 원호부(Department of Veterans Affairs)에 이어 미국의 행정부처 가운데 3번째로 큰 부처이다.

② 국토안보부 정보와 분석실(Office of Intelligence and Analysis)과 국토안보부 해안경비대정보실(Coast Guard Intelligence)의 2개 기구가 정보공동체의 멤버이다. 해안경비대정보실은 정보기능과 함께 법집행 기능도 수행한다.

17. 우주군 정보부대(Space Force Intelligence, SFI)

2021년 1월 우주군 정보부대(Space Force Intelligence, SFI)가 우주군을 대표하여 정보공동체의 18번째 구성원이 되었다.

1103

미국 정보공동체에 대한 설명으로 틀린 것은?

① 대통령은 정보사용자이지만 정보관리자는 아니다.
② 장관들은 정보사용자이면서 동시에 정보관리자 기능도 수행한다.
③ NGA, 국방부 공수체계, DNI 산하 과학기술담당 차장, CIA 과학기술부 등은 첩보수집 기획자로서의 임무를 수행한다.
④ 완성된 정보를 생산하는 주요 기관으로서 CIA의 정보분석국, DIA의 정보분석국, 국무부의 정보조사국(INR) 등이 있다.

정답 ③

풀이 NRO, 국방부 공수체계, DNI 산하 과학기술담당 차장, CIA 과학기술부 등은 첩보수집 기획자로서의 임무를 수행한다.

1104

미국 연방수사국(FBI)에 대한 설명으로 틀린 것은?

① 국가안보처(NSB)는 DNI 산하기관이면서도 FBI 국장의 지휘·감독을 받는다.
② FBI 국장은 임기 10년으로 대통령이 지명하고, 상원의 인준 절차를 거쳐서 임명된다.
③ FBI는 국내 방첩활동을 수행하는 외에 각급 정보기관의 방첩활동을 조정하는 권한도 갖고 있다.
④ FBI는 해외로 업무 영역을 확장하려는 시도를 계속했으며, 이로 인해 해외정보 부문의 주무기관인 CIA와의 갈등이 지속되었다.

정답 ①

풀이 NSB는 FBI 산하기관이면서도 DNI의 지휘 감독을 받게 된다는 특징을 갖고 있으며, 무엇보다도 미국의 오랜 전통이 되어 온 국내와 국외 정보활동의 장벽을 허물기 위한 목적으로 창설되었다는 데 큰 의미를 가진다.

1105

국가안보처(National Security Branch, NSB)에 대한 설명으로 틀린 것은?

① FBI 산하기관이면서도 DNI의 지휘 감독을 받는다.

② 국내와 국외 정보활동의 장벽을 허물기 위해 창설되었다.

③ NSB의 장을 임명할 경우 반드시 DNI의 승인을 받아야 한다.

④ NSB의 활동에 필요한 예산도 '국가정보프로그램(National Intelligence Program)'에 따라 배정받도록 하여 의회의 NSB에 대한 예산통제권을 확립하였다.

정답 ④

풀이 예산을 국가정보프로그램(National Intelligence Program)에 따라 배정받도록 한 것은 DNI의 NSB에 대한 예산통제권을 확립하기 위한 것이다.

1106

미국 에너지부의 정보방첩실(OICI)에 대한 설명으로 틀린 것은?

① 1977년 에너지부가 신설되면서 원자력위원회(AEC)의 정보 관련 활동은 에너지부로 이관되었다.

② 2006년 정보국과 방첩국으로 구성되는 '정보방첩실(OICI)'이 설립되어 오늘에 이르고 있다.

③ 방첩국은 산하에 반테러단, 에너지 안보단 등을 두고 있다.

④ 정보국 산하의 핵정보분석단은 1990년 걸프전쟁 당시 미 합참과 DIA에 이라크의 핵무기 프로그램에 대한 평가 보고서를 제출했다.

정답 ③

풀이 정보국은 산하에 핵정보분석단, 반테러단, 에너지 안보단, 과학기술단 등을 두고 있다.

1107

미국 정보기관의 예산 출처에 따른 분류에 대한 설명으로 틀린 것은?

① NIP는 국가적 차원에서 정보활동을 수행하는 프로그램을 의미한다.

② JMIP는 전술적 차원에서 군사정보를 지원하는 임무를 수행하는 프로그램이다.

③ DIA의 경우 NIP와 JMIP를 동시에 수행하고 있다.

④ NIP에 관련되는 기능을 수행하는 정보조직으로서 CIA, INR, FBI 등이 있다.

정답 ②

풀이 ② 미국의 정보기관은 예산 출처에 따라 각각 국가정보 프로그램(National Intelligence Program, NIP), 합동군사정보프로그램(Joint Military Intelligence Program, JMIP), 전술정보프로그램(Tactical Intelligence and Related Activities, TIARA) 등으로 분류된다. 일반적으로 NIP는 국가적 차원에서 정보활동을 수행하는 프로그램을 의미하며, JMIP는 전략적 차원에서, TIARA는 전술적 차원에서 군사정보를 지원하는 임무를 수행하는 프로그램을 말한다.

1108

국가지형정보국(NGA)에 관한 설명으로 틀린 것은?

① 국가지형정보국은 초기에 국가영상지도국(NIMA)으로 창설되었으며, 이후 지형정보 생산 기능의 중요성을 인식하여 국가지형정보국으로 이름을 변경하였다.

② NIMA는 국방부 산하의 '국가사진판독본부(NPIC)', '국방지도국(DMA)', '중앙영상실(CIO)', '국방보급계획국(DDPO)' 등의 모든 기능을 포괄하여 설립되었다.

③ 국가지형정보국은 상업용 위성이 발전하며, 고해상도의 영상정보를 공개적으로 획득할 수 있게 되었고 이를 통해 영상정보 획득 비용을 대폭 절감하였다.

④ 9/11 테러 이후 NGA는 국토안보부는 물론 국내 보안시설에 관한 지도와 사진을 제공해 줌으로써 국토안보를 방어하는 데 중요한 역할을 담당하고 있다.

정답 ②

풀이 ② NIMA는 CIA 소속의 '국가사진판독본부(National Photographic Interpretation Center, NPIC)', 국방부 산하의 '국방지도국(Defense Mapping Agency, DMA)', '중앙영상실(Central Imagery Office, CIO)', '국방보급계획국(Defense Dissemination Program Office, DDPO)' 등의 모든 기능을 포괄하여 설립되었다.

1109

제시문의 내용에 부합하는 미국 국가정보기구의 명칭과 주요 임무를 바르게 짝지은 것은?

[2024년 기출]

> 1957년 아이젠하워(Dwight Davi Eisenhower) 대통령 당시 소련이 최초로 스푸트니크 인공위성을 발사, 위기를 느낀 아이젠하워 대통령이 통합된 군정보기구를 주문했다. 이에 각군별 통합을 반대하였지만, 맥나마라 국방장관의 지시로 1961년 통합된 이 기구가 설립되었다.

① 국방정보국(DIA): 미국 정부기관이 사용하는 암호와 암호기구를 제작하여 암호보안을 유지한다.

② 국가안보국(NSA): 각 군(육 · 해 · 공 · 해병 · 우주군)의 정보기구들의 통합과 협조, 지원 등의 임무를 적극적으로 조정 · 통제한다.

③ 국가안보국(NSA): 전 세계를 대상으로 신호정보를 수집 · 분석하고 미국의 정보시스템을 보호하며 외국 암호체계를 해독한다.

④ 국방정보국(DIA): 외국의 군사능력에 관련한 정치 · 경제 · 산업 · 지형 · 의무 및 건강에 관한 정보를 수집, 분석하여 국방부 장관 및 합참에 보고한다.

정답 ④

풀이 ① NSA가 수행하는 신호정보활동의 범주에는 외국의 암호체계를 해독하고, 미국정부기관이 사용하는 암호와 암호기를 제작하여 자국의 암호보안을 유지하는 기능이 포함된다.
② 국방부 산하 정보기관들의 활동을 통합 · 조정하는 것은 DIA의 임무이다.
④ DIA는 외국군 및 외국 지형에 관한 기본정보의 수집 및 분석, 군사와 관련된 과학기술정보의 수집 및 전파 그리고 잠재적 적국 및 동맹국의 능력, 취약점, 의도에 관한 정보판단 등의 임무를 수행한다.

1110

에너지부의 정보방첩실(OICI)에 대한 설명으로 틀린 것은?

① 1977년 에너지부가 신설되면서 원자력위원회(AEC)의 정보 관련 활동은 에너지부로 이관되었다.

② 에너지부 산하의 정보 관련 부서는 몇 차례의 조직개편과 명칭변경을 거쳤고, 2006년 '정보방첩실(OICI)'이 설립되었다.

③ 방첩국 산하에 핵정보분석단, 반테러단, 에너지 안보단, 과학기술단 등을 두고 있다.

④ 핵정보분석단은 1990년 걸프전쟁 당시 미 합참과 DIA에 이라크의 핵무기 프로그램에 대한 평가 보고서를 제출했다.

정답 ③

풀이 '정보방첩실'은 산하에 정보국(Intelligence Directorate)과 방첩국(Counterintelligence Directorate)을 두고 있다. 정보국 산하에 핵정보분석단, 반테러단, 에너지 안보단, 과학기술단 등을 두고 있다. 반면에 방첩국은 에너지부의 산업스파이 위험성 등 방첩 취약성에 대해 평가하는 기능을 수행한다.

1111

NGA에 대한 설명으로 틀린 것은? [2023년 기출]

① NGA의 주요 임무는 지구상의 각종 영상자료를 분석 · 평가하여 국가정책결정자와 군에 적시에 정확한 정보를 제공하는 데 있다.

② 과거 영상정보는 거의 대부분 NRO를 통해 제공되었는데, 비밀로 분류되어 있어 생산 및 배포가 매우 제한적이었다.

③ 오늘날 상업용 위성의 발달로 고해상도의 영상정보를 공개적으로 획득할 수 있게 되었고, 이러한 상업용 위성들을 통해 생산되는 영상정보를 활용함으로써 영상정보 획득에 소요되는 비용을 대폭 절감하면서 필요한 기관에 유용한 영상정보를 제공하고 있다.

④ CIA 소속의 '국가사진판독본부(NPIC)', 국방부 산하의 '국방지도국(DMA)', '중앙영상실(CIO)', '국방보급계획국(DDPO)' 등의 모든 기능을 포괄하여 설립된 NIMA로 존재하다가 국토안보부 소속으로 확대 개편되었다.

정답 ④

풀이 ④ NGA는 국방부 산하의 정보기관이다.

1112

미국 연방수사국(FBI)에 대한 설명으로 틀린 것은? [2023년 기출]

① 제2차 세계대전이 종료된 직후 후버 국장이 FBI의 영역을 더 확대시키려는 계획을 제시했지만 1947년 CIA가 설립되면서 FBI의 활동 범위는 국내로 축소되었고, 해외주재 미국 대사관에 파견되는 FBI 대표부도 폐지되었다.

② FBI 국장은 임기 10년으로 대통령이 지명하고, 상원의 인준 절차를 거쳐서 임명된다.

③ FBI는 법무부 산하기관으로서 연방정부의 경찰인 동시에 미국 내 대테러임무를 수행한다.

④ 9/11 테러 이후 국가안보처(National Security Branch, NSB)가 창설되었고, NSB는 FBI 산하기관이면서도 DNI의 지휘 감독을 받게 된다는 특징을 가진다.

정답 ①

풀이 ① CIA가 설립된 이후 1970년까지 10여 개국의 미국 대사관에 FBI 요원을 파견하여 해외정보 수집활동 및 FBI 본부와의 연락업무를 수행했다. 1970년에는 해외 주재 미국 대사관에 파견되는 FBI 대표부가 20여 개국으로 확대되었으나 후버 국장이 사망하고 FBI의 전횡이 폭로되면서 해외로 업무 영역을 확장하려는 FBI의 계획이 종결되었으며, 해외주재 미국 대사관에 파견되는 FBI 대표부도 15개국으로 축소되었다.

1113

CIA의 임무로 적절하지 않은 것은? [2009년 기출]

① 국가안보와 관련한 정보로 국가안전보장회의에 자문한다.

② 미국의 국가이익을 위해 국내외에서 비밀공작을 수행한다.

③ 해외에 정보관을 파견해서 중요 군사, 정치정보를 수집한다.

④ 국가안보 관련 정보를 분석·평가하여 대통령 등 주요기관에 배포한다.

정답 ②

풀이 ② 해외정보기구인 CIA는 미국 국내에서 비밀공작을 수행하지는 않는다.

1114

암호해독 및 슈퍼컴퓨터를 통한 전자감시 임무를 수행하는 정보기구로 옳은 것은?

① CIA ② NSA

③ DHS ④ FBI

정답 ②

풀이 ② 지구의 귀로 통하는 미국 국가안보국(NSA)의 임무이다.

1115

"No Such Agency", "Never Say Anything"의 경구로 대변되는 정보기구로 옳은 것은?

① 국가정찰국(NRO) ② 마약단속국(DEA)

③ 국가안보국(NSA) ④ 국가비밀공작국(NCS)

정답 ③

풀이 ③ 수년 동안 존재 자체가 비밀로 분류되어 미국 국가안보국(NSA)에 붙여진 경구이다.

1116

미국의 정보기구로 틀린 것은?

① FBI ② JIC

③ NSA ④ DNI

정답 ②

풀이 ② 합동정보위원회(Joint Intelligence Committee, JIC)는 1936년 '대영제국 국방위원회(Committee of Imperial Defence)'의 분과로 출범했으며, 1939년 영국 '합동정보위원회(JIC)'라는 명칭으로 개편되었고, 1957년 '내각사무처' 소속으로 이전되어 현재까지 존속되고 있다. 정보공동체의 조정기구로서 영국 내 정보기관들의 첩보수집과 정보 분석활동을 총괄 · 조정 · 지휘 · 감독하는 기능을 수행하고 외국 정보기관과의 연락을 적절하게 유지하여 관련 정보를 공유한다.

1117

미국의 국방부 소속의 정보기구로 틀린 것은?

① INR ② NSA

③ NRO ④ NGA

정답 ①

풀이 ① INR은 미국 국무부 소속 정보조사국이다.

1118

미국에서 인간정보(HUMINT)를 담당하는 정보기관으로 옳은 것은?

① NGA ② NSA

③ CIA ④ NRO

정답 ③

풀이 ③ CIA의 국가비밀공작국(NCS)이 HUMINT를 담당한다. 국가비밀공작국은 2004년 「정보개혁법」에 따라 CIA 산하의 공작국(Directorate of Operation, DO)을 확대 개편하여 신설된 조직으로서 CIA, FBI, 국방부와 육 · 해 · 공군 및 해병대 등 여러 정보기관에서 개별적으로 수행했던 비밀공작 기능을 통합하여 총괄 조정하는 권한을 가진다.

1119

미국의 정보기관에 대한 설명으로 틀린 것은? [2015년 기출]

① DNI는 정보공동체의 수장으로서 산하 정보기관장의 임면권을 가지고 있다.

② CIA는 해외정보수집, FBI는 국내방첩을 담당하고 있다.

③ NSA는 육해군 신호정보 조직이 통합되어 출범한 군안보청(AFSA)이 한국전쟁을 계기로 확대 · 개편된 것이다.

④ NRO는 1960년 고고도정찰기인 U－2가 소련 상공에서 격추되면서 설립이 추진됐다.

정답 ①

풀이 ① 정보기관장에 대한 임면권은 원칙적으로 대통령의 권한이다.

③ 국회정보위원회의 위탁을 받아 국가안보전략연구원이 작성한 연구보고서는 NSA의 연혁에 대해 다음과 같이 설명하고 있다. "제2차 세계대전 후 1949년 육해군 신호정보 조직이 통합되어 출범한 군안보청(AFSA)이 한국전쟁을 계기로 확대되어 1952년 11월 4일에 국가안보국(NSA)이 설립되었다."

1120

다음 미국의 정보기관 중 가장 나중에 설립된 기관으로 옳은 것은? [2012년 기출]

① NRO ② FBI

③ DEA ④ NGA

정답 ④

풀이 ③ 마약단속국(DEA)은 1973년 7월 1일 설립되었고, 2006년 정보공동체에 가입하였다.

④ 1996년 10월에 제정된 '국가영상지도법'(National Imagery Mapping act of 1996)에 기초하여 '국가영상지도국(National Imagery and Mapping Agency, NIMA)'이 창설되었고, 2003년 '국가지형정보국(National Geospatial Intelligence Agency, NGA)'으로 확대 · 개편되었다.

1121

NSA의 임무로 적절하지 않은 것은? [2009년 기출]

① 미국 정보기관이 사용하는 암호와 암호기계 제작

② 외국 정부가 사용하는 암호를 해독하는 암호 전문기관

③ 첩보위성 개발 및 제작의뢰

④ 전 세계 모든 종류의 통신 및 전자신호를 수집, 분석

정답 ③

풀이 ③ 첩보위성의 개발 및 제작의뢰는 NRO가 담당한다.

1122

인간정보(HUMINT)를 총괄하는 미국의 정보기관으로 옳은 것은? [2009년 기출]

① CIA
② DHS
③ NSA
④ FBI

정답 ①

풀이 ① 국가비밀공작국은 2004년 정보개혁법에 따라 CIA 산하의 공작국(Directorate of Operation, DO)을 확대 개편하여 신설된 조직으로서 CIA, FBI, 국방부와 육 · 해 · 공군 및 해병대 등 여러 정보기관에서 개별적으로 수행했던 비밀공작 기능을 통합하여 총괄 조정하는 권한을 가진다.

1123

9/11 테러 이후 미국 본토의 방어와 국가안보의 취약점을 보완하기 위해 설립한 기관으로 옳은 것은? [2008년 기출]

① 국토안보부(DHS)
② 중앙정보국(CIA)
③ 연방수사국(FBI)
④ 국가안보국(NSA)

정답 ①

풀이 ① 국토안보부(DHS)는 2001년 9월 11일 발생한 테러사건 이후 미국 행정부 내의 각 부처에 분산된 대테러 기능을 통합할 목적으로 설립되었다. 2002년 11월 25일 부시 대통령이 서명한 '국토안보법(Homeland Security Act of 2002)'에 근거하여 2003년 1월 24일 '국토안보부'가 공식 출범하게 되었다. 이는 1947년 전쟁부와 해군부를 통합해 국방부를 창설한 이후 가장 큰 규모의 정부조직 개편으로서 기존의 22개 정부 조직에서 17만 명을 흡수하였으며, 당시 연간 예산이 380억 달러에 달하는 공룡부서로 등장했다.

1124

국방부 산하 정보기관으로 틀린 것은? [2008년 기출]

① NSA(국가안보국)
② CGI(해안경비대 정보실)
③ ONI(해군 정보실)
④ NGA(국가지구공간 정보실)

정답 ②

풀이 ② 해안경비대는 1966년 10월 창설된 이래 교통부 소속 기관이었는데, 2001년 12월 국토안보부 소속으로 바뀌었다. 해안경비대는 해상에서의 불법 마약 거래, 밀입국, 불법 조업 등을 단속하고 항만의 안전 확보, 수색 및 구조 업무, 해양 자원 보호 등의 업무를 수행한다. 해안경비대는 군사력을 갖춘 무장조직으로서 경찰 업무 및 정보활동을 병행하여 수행한다는 점이 특징적이다.

1125

DNI에 대한 설명으로 틀린 것은? [2008년 기출]

① 국가정보위원회(NIC)는 각 정보공동체 수장들로 구성되어 있으며 NSC를 위해 조언하는 역할을 담당한다.
② 국가안보와 관련된 정보문제를 대통령, NSC 등에 조언하는 역할을 수행한다.
③ 정보공동체(Intelligence community) 18개 정보기관의 최고 수장역할을 한다.
④ 국가정보프로그램을 감독하고 지시하게 된다.

정답 ①

풀이 ① DNI가 NSC에 조언을 하고, NIC는 DNI를 보좌하는 역할을 수행하게 된다. DNI는 정보공동체 수장들로 구성된 것이 아니라 기존의 어떤 정보기관과도 직접적인 연관이 없는 부처 직원들로 구성된다.

1126

DNI 산하 정보기관으로 틀린 것은? [2008년 기출]

① DIA
② DEA
③ SS
④ INR

정답 ③

풀이 ③ SS(Security Service)는 영국의 국내보안정보기관이다.

1127

9/11테러 이후 설립된 정보기관으로 틀린 것은? [2007년 기출]

① 국토안보부(DHS) ② 국가정보장(DNI)

③ 중앙정보장(DCI) ④ 국가정보위원회(NIC)

정답 ③

풀이 ③ 중앙정보장은 과거 CIA 국장이 겸직하던 정보공동체의 수장역할을 하였으나, 9/11 테러 이후 국가정보장(DNI)이 신설되면서 폐지되었다.

1128

"너희가 진리를 구하면, 진리가 너희를 자유롭게 하리라."라는 모토로 설립된 정보기관으로 옳은 것은? [2006년 기출]

① 미국의 CIA ② 미국의 FBI

③ 이스라엘의 Mossad ④ 영국의 SIS

정답 ①

풀이 ① CIA의 모토이다.

핵심정리 U-2기 격추 사건

U-2기 사건은 1960년 5월 1일 미국의 고성능 정찰기 록히드 U-2기가 정보수집을 목적으로 최고도를 유지하며 소련 영공을 침범했다가 소련의 방공망에 걸려 우랄 산맥 스베르들롭스크(현재의 러시아 예카테린부르크) 상공 약 70,000 피트(21,336m) 지점에서 소련군의 S-75 미사일에 맞아 격추된 사건을 말한다. 조종사 프랜시스 개리 파워스는 낙하산으로 탈출했으며, 소련군에 생포되었다. 이 사건으로 1960년 5월은 미국 대통령 아이젠하워와 소련 공산당 서기장 흐루시초프의 정상회담 취소되었다. 이에 따라 미국은 소련 영토를 합법적으로 관찰할 새로운 방안을 모색하게 되었다. 1961년 9월 6일 당시 NRO는 CIA와 공군 간 상호 정찰업무를 협조하기 위한 기구로 설립되었지만, 31년이 지난 1992년 처음으로 그 존재를 시인할 정도로 오랜 기간 동안 이름조차 공개되지 않았던 비밀조직이다. NRO는 정찰위성 및 탐지기기의 연구개발 지원·감독, 우주 및 지상기지 건설, 발사장치 선별, 수집자료 전송 등 우주정찰 시스템을 관리·운용하는 임무를 수행하고 있다. NRO는 국방·정보·우주통신 분야의 관련 조직과 협력관계를 유지하고 있으며, 특히 NSA, NGA, CIA, DIA 등의 정보기관과 군 우주사령부 등 여러 기관들과 밀접하게 연계되어 임무를 수행하고 있다.

1129

U-2기 격추 사건과 관련이 있는 사람으로 적절하지 않은 것은? [2012년 기출]

① 흐루시초프 ② 아이젠하워
③ 게리 파워스 ④ 케네디

정답 ④

풀이 ④ 1960년 5월 1일 소련상공에서 격추된 U-2 조종사가 게리 파워스였고, 당시 소련의 서기장은 흐루시초프, 미국의 대통령은 아이젠하워였다.

1130

소련의 영공에서 미국의 정찰기인 U-2기 격추 후 케네디 대통령이 설립한 국방부 산하 영상정보를 담당하는 정보기구로 옳은 것은? [2008년 기출]

① NRO ② NSA
③ DIA ④ ONI

정답 ①

풀이 ① U-2기 격추 사건으로 1960년 5월은 미국 대통령 아이젠하워와 소련 공산당 서기장 흐루시초프의 정상회담 취소되었다. 이에 따라 미국은 소련 영토를 합법적으로 관찰할 새로운 방안을 모색하게 되었다. 1961년 9월 6일, 케네디 대통령은 NRO를 CIA와 공군 간 상호 정찰업무를 협조하기 위한 기구로 설립하였다. NRO는 정찰위성 및 탐지기기의 연구개발 지원 · 감독, 우주 및 지상기지 건설, 발사장치 선별, 수집자료 전송 등 우주정찰 시스템을 관리 · 운용하는 임무를 수행하고 있다. NRO는 국방 · 정보 · 우주통신 분야의 관련 조직과 협력관계를 유지하고 있으며, 특히 NSA, NGA, CIA, DIA 등의 정보기관과 군 우주사령부 등 여러 기관들과 밀접하게 연계되어 임무를 수행하고 있다.

핵심정리 국가지형정보국(National Geospatial Intelligence Agency, NGA)

1. 의의

1996년 10월에 제정된 '국가영상지도법'(National Imagery Mapping act of 1996)에 기초하여 '국가영상지도국(National Imagery and Mapping Agency, NIMA)'이 창설되었고, 2003년 '국가지형정보국(National Geospatial Intelligence Agency, NGA)'으로 확대 · 개편되었다.

2. NIMA

① NIMA는 CIA 소속의 '국가사진판독본부(National Photographic Interpretation Center, NPIC)', 국방부 산하의 '국방지도국(Defense Mapping Agency, DMA)', '중앙영상실(Central Imagery Office, CIO)', '국방보급계획국(Defense Dissemination Program Office, DDPO)' 등의 모든 기능을 포괄하여 설립되었다.

② NIMA는 창설 당시 영상정보 분석임무를 수행했던 2,000명의 요원과 7,000명의 국방지도국(DMA) 요원을 흡수하여 약 9,000명의 직원으로 구성되었다. 2003년 11월 24일 NIMA는 사진, 지도, 차트, 환경 등의 자료를 종합하여 '지형정보(geospatial intelligence)'를 생산하는 기능을 수행하고 있는 조직체의 특성을 고려하여 기관의 명칭을 '국가지형정보국(NGA)'으로 변경하게 되었다.

3. 임무

(1) 의의

① NGA의 주요 임무는 지구상의 각종 영상자료를 분석 · 평가하여 국가정책결정자와 군에 적시에 정확한 정보를 제공하는 데 있다.

② 과거 영상정보는 거의 대부분 NRO를 통해 제공되었는데, 비밀로 분류되어 있어 생산 및 배포가 매우 제한적이었다.

(2) 상업용 위성을 통해 생산된 영상 정보의 활용

오늘날 상업용 위성의 발달로 고해상도의 영상정보를 공개적으로 획득할 수 있게 되었다. NGA는 이러한 상업용 위성들을 통해 생산되는 영상정보를 활용함으로써 영상정보 획득에 소요되는 비용을 대폭 절감하면서 필요한 기관에 유용한 영상정보를 제공하고 있다.

(3) 9/11 테러 이후 임무의 확대

① 9/11 테러 이후 NGA는 국토안보부는 물론 국내 보안시설에 관한 지도와 사진을 제공해 줌으로써 국토안보를 방어하는 데 중요한 역할을 담당하고 있다.

② 또한 NGA가 제공하는 영상정보는 미국은 물론 해외에서 허리케인, 쓰나미, 지진 등 자연 재해 발생에 따른 재난구호활동에도 긴요하게 활용되고 있다.

1131

미국 정보기구에 대한 설명으로 틀린 것은? [2022년 기출]

① NGA는 신호정보와 영상정보를 수집하고 정찰위성을 관리한다.

② NSA는 전 세계 공중의 모든 종류의 통신 및 전자신호 정보를 수집한다.

③ DNI는 대통령이 상원의 동의를 얻어서 직접 임명한다.

④ FBI는 대간첩 및 대테러를 임무를 수행한다.

정답 ①

풀이 ① 신호정보와 영상정보를 수집하고 정찰위성을 관리하는 정보기관은 NRO이다. NRO는 정찰위성 및 탐지기기의 연구개발 지원 · 감독, 우주 및 지상기지 건설, 발사장치 선별, 수집자료 전송 등 우주정찰 시스템을 관리 · 운용하는 임무를 수행하고 있다. NRO는 국방 · 정보 · 우주통신 분야의 관련 조직과 협력 관계를 유지하고 있으며, 특히 NSA, NGA, CIA, DIA 등의 정보기관과 군 우주사령부 등 여러 기관들과 밀접하게 연계되어 임무를 수행하고 있다. 참고로 NGA(National Geospatial Intelligence Agency)는 미국 국방부 산하 정보기관으로 주요 임무는 지구상의 각종 영상자료를 분석 · 평가하여 국가정책결정자와 군에 적시에 정확한 정보를 제공하는 데 있다. 9/11 테러 이후에는 임무를 확대하여 국토안보부는 물론 국내 보안시설에 관한 지도와 사진을 제공해 줌으로써 국토안보를 방어하는 데 중요한 역할을 담당하고 있다. 또한 NGA가 제공하는 영상정보는 미국은 물론 해외에서 허리케인, 쓰나미, 지진 등 자연 재해 발생에 따른 재난구호활동에도 긴요하게 활용되고 있다.

1132

성격이 다른 정보기관으로 옳은 것은? [2019년 기출]

① NSA ② NGA
③ DMA ④ NIMA

정답 ①

풀이 ① 1996년 10월에 제정된 「국가영상지도법(National Imagery Mapping act of 1996)」에 기초하여 '국가영상지도국(National Imagery and Mapping Agency, NIMA)'이 창설되었고, 2003년 '국가지형정보국(National Geospatial Intelligence Agency, NGA)'으로 확대 개편되었다. NIMA는 CIA 소속의 '국가사진판독본부(National Photographic Interpretation Center, NPIC)', 국방부 산하의 '국방지도국(Defense Mapping Agency, DMA)', '중앙영상실(Central Imagery Office, CIO)', '국방보급계획국(Defense Dissemination Program Office, DDPO)' 등의 모든 기능을 포괄하여 설립되었다.

1133

NGA에 대한 설명으로 틀린 것은? [2015년 기출]

① NGA는 CIA와 국방부의 하부조직을 통합해 창설했다.
② NRO, 국방부 등이 위성을 통해 수집한 영상을 통해 영상정보를 생산한다.
③ NGA의 장은 DNI의 추천을 받아 국방부장관이 임명한다.
④ 미국 항공기나 선박이 해외로 이동할 경우에도 영상정보를 제공한다.

정답 ③

풀이 ① 1996년 10월에 제정된 「국가영상지도법(National Imagery Mapping act of 1996)」에 기초하여 '국가영상지도국(National Imagery and Mapping Agency, NIMA)'이 창설되었고, 2003년 '국가지형정보국(National Geospatial Intelligence Agency, NGA)'으로 확대 개편되었다. NIMA는 CIA 소속의 '국가사진판독본부(National Photographic Interpretation Center, NPIC)', 국방부 산하의 '국방지도국(Defense Mapping Agency, DMA)', '중앙영상실(Central Imagery Office, CIO)', '국방보급계획국(Defense Dissemination Program Office, DDPO)' 등의 모든 기능을 포괄하여 설립되었다.
③ NGA의 장은 DNI의 제청으로 대통령이 임명한다.

1134

미국 정보기구에 대한 설명으로 틀린 것은? [2018년 기출]

① CIA는 대통령 직속 정보기관이다.

② NSA는 대통령 직속 정보기관이다.

③ FBI는 법무부 산하 정보기관이다.

④ DIA는 국방부 산하 정보기관이다.

정답 ②

풀이 ② NSA는 국방부 소속 정보기관이다.

1135

미국 정보기관 중 기술정보를 수집하는 정보기관으로 틀린 것은? [2017년 기출]

① NSA ② CIA

③ NRO ④ NGA

정답 ②

풀이 ② 미국 최고 국가정보기관인 CIA는 인간정보를 담당한다. 다른 정보기관들은 모두 기술정보를 담당한다. NSA는 통신정보, NRO와 NGA는 영상정보를 처리한다.

Theme 40 일본의 정보기구

핵심정리 일본의 정보기구

(1) 내각정보조사실(Cabinet Intelligence and Research office)
내조(內調)는 총리를 보좌하는 관방장관 산하에 소속되어, 총리에게 직접 보고하는 중앙정보기구이다. 군 정보기관을 포함한 모든 정보기관들의 업무를 조종하고 조율하는 총괄기능을 수행한다. 내조는 내각소속이라는 권위와 막대한 자금력을 바탕으로 일본방송 협회, 세계정경조사회, 국제문제연구회 등 약 25개에 달하는 외곽 단체의 인건비와 사업비를 지원하면서 그들을 십분 활용하는 것으로 알려져 있다.

(2) 공안조사청(Public Security Investigation Agency, PSIA)
법무성 소속의 현장 활동 정보기구이다. 1952년 7월 21일 제정된 파괴활동방지법과 공안조사청법에 근거하여 정부전복 활동에 대한 예방 · 조사와 통제를 임무로 한다. 국가 안보 문제와 관련한 국내 · 외 정보를 수집하고 극좌와 극우 그리고 공산당을 모두 대상으로 하는 방첩기능을 수행한다. 재일 조선인들과 조총련 활동에 대한 감시도 한다.

(3) 외무성 정보분석실(Intelligence and Analysis Service)
해외정보 수집 및 분석업무를 담당한다. 외무성 정보분석실의 특기할 정보수집 활동 중의 하나가 세계 현지에 파견된 일본 특파원들을 적극 활용하여 정보수집을 한다는 점이다.

(4) 방위성 정보본부(Defense Intelligence Headquarters)
1997년 1월부로 탄생했다. 미 국방부 국방정보국(DIA)의 일본판으로 불린다.

(5) 초베츠(Chobetsu)
1958년에 설립된 신호정보 전문기관이다. 북한군 지휘관들의 음성도 식별한다고 한다. 감청 능력은 러시아 동쪽, 중국, 북한, 대만, 남아시아 그리고 남중국해까지 미친다.

(6) 일본 자위대(Self-Defense Force) 각 군 정보기구
통합 · 집중형의 방위성 정보본부의 창설에도 불구하고 일본 자위대 각 군 부문정보기구는 고유한 주특기를 살려 전술정보의 수집과 분석에 탁월한 능력을 발휘한다. 일부에서는 방위성 정보본부에 이관된 정보업무 자체가 오히려 극히 일부에 지나지 않는다고 말한다.

(7) 일본무역진흥회(Japan External Trade Organization, JETRO)
1958년 수출 증진을 위하여 창설된 독립법인이다. 그러나 미국은 기능상 일본의 주요한 정보기구로 간주하고 감시의 끈을 늦추지 않는다. 제트로(JETRO)도 FBI와 CIA의 그들에 대한 감시활동을 잘 알고 미국 법을 준수하며 주로 공개자료를 통해 경제정보를 획득하지만 비상수단의 정보수집 활동도 전개하는 것으로 알려져 있다.

1136

일본의 정보기구에 대한 설명으로 틀린 것은?

① 내각정보회의는 내각관방장관이 주재하는 관계부처 차관급 회의이다.
② 내각합동정보회의는 일본 내 정보분야를 실질적으로 관장하는 최고 의결기구로서 연 2회 개최된다.
③ 내각정보조사실은 내각관방 소속의 중요 정책 관련 정보의 수집, 분석과 기타 조사업무를 담당한다.
④ 국가방첩센터는 방첩기능을 강화할 목적으로 2008년 내각정보조사실 산하에 내각정보관을 센터장으로 하여 설치되었다.

정답 ②

풀이 내각합동정보회의는 일본 내 정보분야를 실질적으로 관장하는 최고 의결기구로서 1986년 7월에 내각에 설치되었다. 이 기구는 상설기관이 아니고 총리관저에서 부정기적으로 개최되는 협의체 회의이다.

1137

일본의 국가안보에 관한 정책의 기획 · 입안 · 종합 · 조정을 담당하는 기관으로 옳은 것은?

① 합동정보회의
② 내각정보회의
③ 내각정보조사실
④ 국가안전보장국

정답 ④

풀이 2013년에 국가안전보장회의(NSC)를 창설한 이후, 국가안보에 관한 정책의 기획 · 입안 · 종합 · 조정은 NSC 산하 국가안전보장국에서 담당하고, 내각저보조사실은 해외 · 국내 · 방첩 관련 정보수집 및 분석 중심의 역할을 담당하는 형태로 변화하였다.

1138

경찰청과 더불어 국내보안, 방첩, 대테러 등의 업무를 중점적으로 수행하는 일본의 정보기관으로 옳은 것은?

① 공안조사청
② 외무성 정보분석실
③ 방위성 정보본부
④ 내각정보조사실

정답 ①

풀이 ① 공안조사청은 일본 정보기구로서는 특이하게 인간정보 수집 활동을 적극적으로 수행하고 있는 것으로 알려졌다. 공안조사청은 수사권이 없고 조사 권한만 갖는다.

1139

공안조사청에 대한 설명으로 틀린 것은? [2019년 기출]

① 한국전쟁 중 설립됐으며 한국 내 좌익세력의 색출임무를 수행했다.
② 극우와 극좌세력의 사회불안 행위를 예방한다.
③ 국제범죄, 테러 등에 대한 정보를 수집한다.
④ 경찰과 달리 체포, 가택수색 등의 권한은 없다.

정답 ①

풀이 ① 일본의 정보기관인 공안조사청이 한국 내 좌익세력의 색출 임무를 수행할 수는 없다.

1140

일본 총리의 비서실인 내각관방에 소속되어 있으며, 내각의 중요 정책에 관련된 정보의 수집, 분석과 기타 조사업무를 담당하는 정보기관으로 옳은 것은? [2014년 기출]

① 내각조사실
② 정보본부
③ 공안조사청
④ 경찰청

정답 ①

풀이 ① 내각정보조사실은 1952년 8월 총리부설치령에 따라 내각관방소속의 내각조사실로 출범했으며, 1986년 12월 내각법에 따라 내각정보조사실(이하 내조실)로 명칭이 변경되어 오늘에 이르고 있다. 내각정보조사실은 일본총리의 비서실인 내각관방(Cabinet Secretary)에 소속되어 있으며, 내각의 중요 정책에 관련된 정보의 수집, 분석과 기타 조사업무를 담당한다. 내각정보조사실은 일본 국가정보체계의 중추적인 기구로서 총리 직속의 공안위원회와 경찰청, 법무성 산하의 공안조사청 그리고 방위성 정보본부 등과 긴밀히 협의하여 정보조정임무를 담당한다.

1141

일본의 자위권 행사에 대한 설명으로 틀린 것은? [2014년 기출]

① 일본 정부는 헌법해석을 변경해 집단적 자위권 행사를 강화하려 하고 있다.
② 중국과 센카쿠열도에 대한 영토분쟁을 확대하고 있다.
③ 한반도 전쟁 발발 시 자동으로 개입할 수 있다.
④ 동맹국을 돕기 위한다는 명분으로 자위권을 확대해석하고 있다.

정답 ③

풀이 ③ 중국은 「조중 우호협력 및 상호원조조약」을 근거로, 미국은 「한미상호방위조약」을 근거로 한반도 전쟁 발발 시 자동으로 개입할 수 있지만 일본이 개입할 국제법적 근거는 없다.

1142

일본의 정보기관으로 틀린 것은? [2012년 기출]

① 내각조사실
② 공안조사청
③ 대외연락부
④ 정보본부

정답 ③

풀이 ③ 대외연락부는 중국의 정보기관이다. 대외연락부는 당의 대외관계를 담당하는 부서로서 냉전체제 동안 주로 사회주의 국가, 전세계 공산당, 좌파 정당 및 단체와의 관계를 유지 · 발전시키는데 목표를 두고 임무를 수행했다. 냉전체제 종식 이후 앙골라, 세네갈, 나이지리아를 비롯한 아프리카 국가들의 공산당, 사회당 또는 우당(friendly party)과의 연합전선을 통해 중국의 영향력을 확장하는 활동을 수행했다. 최근에는 석유자원 확보에 중점을 두고 정보활동을 수행하고 있는 것으로 알려졌다.

1143

방첩활동을 주도하는 일본의 정보기관으로 옳은 것은? [2012년 기출]

① 내각조사실
② 공안조사청
③ 경찰청
④ 정보본부

정답 ②

풀이 ② 일본의 공안조사청(Public Security Investigation Agency, PSIA)은 법무성 외청으로 국내 보안업무를 담당한다. 내각조사실이 정보의 분석 · 평가 · 조정의 기능을 관장하는 국가정보기관이라면 공안조사청은 일선 현장에서 직접 손과 발로 뛰는 활동기관이다. 공안조사청은 일본정보기구로는 특이하게 인간정보(HUMINT)를 수집한다. 미국의 FBI나 영국의 MI5와 유사한 기관으로 국내에서 방첩업무를 담당한다. 공안조사청은 경찰과 같은 사법행정 기관은 아니므로 조사 대상 조직이나 단체에 대한 강제수사권이 없다. 공안조사청이 처분 청구를 실시한 후에 그 처분을 심사 · 결정하는 기관으로서 공안심사 위원회가 설치되어 있다. 조사 대상 조직이나 대상국가 내부에 협력자(스파이)를 만들어, 이것을 통해서 관련 정보를 입수하는 것을 목표로 하여 공작활동을 실시한다.

1144

다음은 일본 정보기관의 역할에 대한 설명이다. 설명과 정보기구의 연결이 옳은 것은?

[2009년 기출]

ㄱ. 총리직속으로 해외 정보를 수집하는 임무를 수행한다.
ㄴ. 재일 조선인 조직인 '조총련'에 대한 감시 등 방첩활동을 한다.
ㄷ. 자위대가 필요한 군사정보의 수집 및 분석업무를 담당한다.

	ㄱ	ㄴ	ㄷ
①	경찰청	공안조사청	정보본부
②	내각정보조사실	정보조사실	공안조사청
③	경시청	내각정보조사실	정보본부
④	내각정보조사실	공안조사청	정보본부

정답 ④

풀이 ④ 내각정보조사실, 공안조사청, 정보본부에 대한 설명이다. 참고로 방위성 정보본부는 방위성 내 첩보수집 업무를 담당하는 조직으로는 방위국 내의 조사과, 통합막료회의 산하의 사무국, 각 육 · 해 · 공 막료감부의 조사부 등이 있으며, 정보본부는 방위성 산하 모든 정보기구의 정보 업무를 통합 · 조정하는 중추적인 기관이다. 정보본부는 자체적으로 인간정보, 영상정보, 신호정보, 공개정보 등 다양한 출처로부터 정보를 수집하며, 이를 방위성 각 기관 및 타부서로부터 제공되는 정보들과 융합하여 방위성과 자위대가 필요로 하는 전략정보를 생산하는 데 중점을 둔다.

1145

일본의 정보기구에 대한 설명으로 틀린 것은?

[2008년 기출]

① 경찰청 – 국내 치안정보수집
② 공안조사청 – 사회불안 조장세력 조사 등 방첩활동
③ 내각정보조사실 – 국내 정치정보수집
④ 정보본부 – 군사정보수집

정답 ③

풀이 ③ 내각정보조사실은 국내 정치정보를 수집할 수 있는 인간정보 수단을 가지고 있지 않다. 내각정보조사실은 내각정보관을 수장으로 하여 차장, 총무부문, 국내부문, 국제부문, 경제부문, 내각정보집약센터, 내각정보분석관, 내각위성 정보센터, 국가방첩센터 등으로 구성되어 있다. 총리 직속의 공안위원회와 경찰청, 법무성 산하의 공안조사청 그리고 방위성 정보본부 등과 긴밀히 협의하여 정보조정 임무를 담당한다. 내각정보 분석관은 특정지역이나 특정분야에 관한 업무 중 특히 고도의 분석이 요구되는 업무를 수행하고, 내각 위성정보센터는 국가 안전의 확보, 대규모 재해에 대응하기 위한 영상정보 수집의 임무를 담당하고 있다.

핵심정리 일본의 신호정보(SIGINT) 기관

1. 방위성 정보본부 전파부

(1) 연혁

① 일본의 정보기구는 형식적으로 내조실이 먼저 출범하였으나 정보다운 정보를 담당하는 부서로 탄생한 것은 잠재적 적국의 통신정보를 감청하는 신호정보기관이었다.

② 최초의 신호정보기관은 내조실과 깊은 관련을 맺으면서 육상자위대내에 설치되었고 육막(陸幕) 제2부 베시츠(別室)로 통칭 니베츠(二別)라 불렸다.

③ 니베츠는 1977년 육막 개편에 따라 조사부별실(調別, 초베츠), 1996년 정보본부 창설에 따라 전파부로 명칭이 바뀌었다.

(2) 조직

① 초기 니베츠의 활동에 대해서는 대부분의 방위관료와 자위대 간부들도 그 내용을 몰랐다. 당시 방위사무차관을 역임한 인사는 "타부서는 접근조차 어려운 별세계였다."라고 회상한다.

② 미소 냉전 중 니베츠는 조직을 대폭 확대하여 1970년대에는 정원이 약 1,000명을 초과하였으며 특히 일본 열도의 남북에 걸쳐 9개소의 감청시설을 운영할 정도로 성장하였다.

③ 특히 소련, 중국, 북한의 군사 관련 전파를 감청하기 쉬운 장소에 통신소가 설치되었다. 이러한 일본의 신호정보 역량 강화 및 확대 현상은 사실 미군의 지도로 진행되었다.

(3) 임무

① 일본을 포함한 동아시아 지역 안보문제를 주도하는 미국은 일본의 군사 및 정보 관련 기지를 적극적으로 활용하여 적국들의 정보, 특히 군사정보를 획득하였던 것이다.

② 대표적인 일본 내 미군의 신호정보 기지로는 아오모리현 미사와 공군기지로 알려지고 있으며, 약 1,000단위의 분석 요원들이 활동하는 것으로 보인다.

③ 각종 정보를 장악하고 있는 최대의 정보기관인 정보본부 내에서도 가장 중요한 역할을 담당하고 있는 곳은 전파부와 영상지리부이다. 그 중에서도 전파부의 역할과 기능이 압도적으로 중시되어 정보본부 전체 직원의 약 7할 정도가 전파부 또는 각 통신소에서 활동하고 있다.

④ 이러한 통신소 중 북한 및 한반도 관련 전파정보수집의 중요한 거점은 지리적으로 한반도와 인접한 니가타(新潟) 코부나토(小舟渡), 도토리(鳥取) 미호(美保), 후쿠오카(福岡) 타치아라이(大刀洗) 통신소이며 그 역사, 규모와 성능에서 가장 뛰어난 사이타마(埼玉) 오이(大井) 통신소도 중요한 역할을 수행할 것으로 보인다.

(4) 주요 업적과 실패

① 방위성 정보본부 전파부의 주요한 업적은 소련의 아프가니스탄 침공(1979)을 사전에 탐지하여 이를 미국에 통지하고 미국이 이 사실을 공개하였고, 이후 일본은 소련의 사후 대항조치로 고전하였으며, 소련 전투기에 의한 대한항공기 격추(1983.9)시 조종사와 모스크바 간의 교신 내용을 홋카이도의 와카나이 통신소가 파악해 미국에 제공하였으며, 김일성 사망 후 의사단의 묘향산 이동(1994.7)을 탐지한 바 있다.

② 반면에 일본 SIGINT의 대표적인 실패 사례로는 해막(海幕)의 정보기구가 북한의 미사일 발사와 관련해 실제상황 같이 파악해 보도했으나 사실은 지휘소 주관의 연습적 훈련이었다. 이는 훈련과 실제적 상황을 분간하지 못한 결과였다. 이러한 실수를 경험한 자위대는 귀(감청, 신호정보)만으로는 불충분하며, 영상정보가 절대적으로 필요함에 따라 정찰위성의 필수성을 강조하기에 나섰다.

2. 경찰청 경비국 외사정보부 외사과

(1) 의의

① 북한에 의한 납치사건과 국제테러조직에 의한 테러 등의 외부위협에 대처하는 일본의 대표적인 치안기관은 경찰이다.

② 경찰은 외국 간첩, 국제적인 테러리스트를 적발하기 위해 고도의 정보수집과 분석을 하는 외사경찰 부문을 가지고 있다. 외사경찰은 경비국 하위에 외사정보부에서 업무를 맡는다.

③ 경비국장은 내각 합동정보회의에 참가하는 정식 구성원이기 때문에 외사경찰이 수집하는 중요한 정보가 일본의 중요한 외교·안보정책 과정에 자연스럽게 투영·반영되는 것이다.

④ 외사정보부는 외사과와 국제테러리즘대책과로 나뉘는데 북한과 상대적으로 관련이 많은 부서는 외사과라고 볼 수 있다.

(2) 조직

① 외사과는 납치문제대책실, 한반도담당, 중국담당, 러시아담당, 분석담당, 서무담당 등과 독립된 부서로 제2무선통신소(일명 야마)를 가지고 있다.

② 야마 통신소와 관련된 사항은 별로 알려져 있지 않으나 대체로 도쿄도 히노시에 본부를 두며 전국에 13개소의 지방통신소를 가지고 전파 감청을 하는 것으로 알려졌다.

(3) 감청 대상

① 외사경찰이 독자적인 감청활동을 하고 있는데, 그 대상은 북한발 통신전파, 단파방송의 감청, 분석과 관동지역에 잠복하고 있는 북한공작원의 무선통신이다.

② 외사경찰의 감청 대상에서 알 수 있듯이 경찰은 일본 내의 통신을 주된 대상으로 하는 것 같다. 이에 비해 방위성 정보본부는 북한 내의 통신을 대상으로 하고 있어 장거리 탐지의 시설 및 장비를 갖추고 있다고 볼 수 있다.

③ 그러나 외사경찰은 북한공작선의 통신을 감청하기 위해 동해 연안은 더욱 엄중하게 커버하고 있을 것으로 보인다.

④ 과거에도 몇 차례 걸쳐 경찰이 공작선 발신 전파를 알아낸 사실이 이를 입증한다고 볼 수 있다.

1146

일본의 신호정보기관에 대한 설명으로 틀린 것은?

① 최초의 신호정보기관은 육상자위대내에 설치되었고 육막(陸幕) 제2부 베시츠(別室)로 통칭 니베츠(二別)라 불렸다.

② 니베츠는 1977년 육막 개편에 따라 조사부별실(調別, 초베츠), 1996년 정보본부 창설에 따라 전파부로 명칭이 바뀌었다.

③ 일본의 정보본부는 미국의 신호정보 주체인 국가안보국(NSA)과 긴밀한 협조 관계를 유지하고 있다.

④ 정보본부 전파부는 그 탄생이 북한에 의한 납치사건과 국제테러조직에 의한 테러 등의 외부위협에 대처하기 위해 설치된 조직이므로 경찰청과 깊은 관계를 맺고 있다.

정답 ④

풀이 ④ 일본의 대표적인 신호정보수집기관인 방위성 정보본부 전파부는 그 탄생이 내조실의 업무적 필요성 때문에 설치된 조직이기 때문에 내조실과 깊은 관련을 맺고 있다. 초기 내각조사실 관계자들은 사이타마시 오이 통신소의 시설을 일부 빌려서 임무를 수행하기도 하였다. 그리고 북한에 의한 납치사건과 국제테러조직에 의한 테러 등의 외부위협에 대처하는 일본의 대표적인 치안기관은 경찰이다.

1147

일본 국내외 주변의 통신정보를 수집하는 정보기관으로 옳은 것은? [2022년 기출]

① 국제정보통괄관 ② 초베츠
③ 공안조사청 ④ 내각정보조사실

정답 ②

풀이 ② 일본의 신호정보기관은 내조실과 깊은 관련을 맺으면서 육상자위대내에 설치되었고 육막(陸幕) 제2부 베시츠(別室)로 통칭 니베츠(二別)라 불렸다. 니베츠는 1977년 육막 개편에 따라 조사부별실(調別, 초베츠), 1996년 정보본부 창설에 따라 전파부로 명칭이 바뀌었다.

핵심정리 일본의 국가안전보장회의(NSC)와 국가안전보장국

(1) 일본의 국가안전보장회의(NSC)

2013년 11월 27일 통과한 일본의 국가안전보장회의(NSC) 설치법에 따르면 총리, 관방장관, 외상, 방위상으로 구성된 4대신 회의를 신설하여 주기적(1회/2주)으로 안전보장 문제를 토의하고 중요과제에 대한 정책과 기본방침 등을 신속하게 결정토록 하였으며, 주요 긴급사태에 관한 중요사항을 협의하기 위해 총리, 관방장관, 총리지정 대신들이 참여하는 긴급사태 대신회의를 별도로 신설하였다. 긴급사태 대신회의 관련 총리가 지정하는 각료는 긴급사태에 따라 달라진다. 영해침입이나 불법상륙 사태 시에는 법상 · 외상 · 국토교통상 · 방위상 · 국가공안위원장 등이 참석하며, 대량 피난민 사태 시에는 법상 · 외상 · 재무상 · 후생노동상 · 농수상 · 국토교통상 · 방위상 · 국가공안위원장 등이 참석토록 한다는 것이다. 신설된 국가안전보장 담당 내각총리보좌관은 정치인 상설직으로 총리를 직접 보좌하고 국회와의 업무조정 등을 담당하면서 NSC 회의에 참석하여 의견을 제시토록 하였다. 기존의 안전보장회의는 9대신회의로 전환하여 자위대 파견 및 방위계획대강 등 포괄적인 외교안보정책을 심의토록 하였다.

(2) 국가안전보장국

NSC를 지원하기 위한 내각관방장관 예하 기존부서도 대폭 개편 보강하였다. NSC 사무국인 국가안전보장국을 내각관방에 신설하여 NSC의 제반사무와 회의에 필요한 자료와 정보 등을 통합관리토록 하였다. 설치법에 따르면 국가안전보장에 관한 외교 방위정책의 기본방침 등에 관한 사무, 회의사무, 이들 사무에 관련된 정보의 종합정리를 담당한다. 초대 국가안전보장국장은 아베 총리의 조언자로써 밀사의 역할을 담당하는 일도 있을 정도로 총리의 신뢰가 두터운 야치 쇼타로가 임명되었고 예하에 특별직 공무원으로 2명의 차장을 임명하여 위기관리와 외정업무를 각각 담당토록 하였다. 국가안전보장국의 조직은 총괄, 동맹 · 우호국, 중국 · 북한, 기타지역, 전략, 정보 등 6개 반으로 구분하여 자위대간부, 외무 및 경찰관료, 민간인 등이 참여하는 60여명 규모로 구성되어 외교 · 안보 · 테러 · 치안 등과 관련한 핵심 정보와 자료를 종합적으로 정리해서 NSC에 보고토록 하였다. 또한 동법에 따르면 외무성, 방위성, 자위대, 경찰청 등 각 관계 행정기관은 제반 자료와 정보를 적시에 NSC에 제공하고 각 회의체는 각 행정기관에 회의를 위한 자료 등을 요구할 수 있도록 의무화하였다.

1148

국가별 정보공동체의 임무 조정하는 기관으로 틀린 것은? [2019년 기출]

① 미국 – 국가정보장
② 영국 – 국가안보보좌관
③ 한국 – 국정원
④ 일본 – 국가안전보장회의

정답 ④

풀이 ② 국가안보보좌관(NSA)의 직위는 국가 안보에 관한 조정 능력을 강화하기 위해 2010년 NSC와 함께 설립되었다. NSA는 기존의 자문 및 조정 기능을 결합한 안보 자문 기구이다. 이전의 외교 정책 보좌관, 해외 및 국방 정책 사무국 국장, 정보 코디네이터, 내각 장관들과 JIC 위원장의 감독 기능 중 일부가 포함되었다.
④ 국가안전보장회의가 아니라 국가안전보장국이다.

Theme

41 중국의 정보기구

핵심정리 **중국의 정보기구**

(1) 국가안전부(Ministry of State Security, MSS)

국가안전부(MSS)는 중국에서 가장 크고 활발한 활동을 하는 국가중앙정보기구다. 다른 정보기구들을 기획·조정하며 국내정보와 해외 정보를 모두 담당하는 종합정보기구이다. 정치 불만세력에 대한 감시활동도 병행하여 중국의 비밀경찰로 지칭된다. 1997년 조직 책임자 조우 지하우(Zou Jiahua)는 "전방에서의 특별한 임무에 대하여 경의를 표하며"라는 제하의 연설에서 "수만 명의 이름 없는 영웅들이 어려운 환경의 전 세계 170여개 특별한 위치에서 조용히 일하고 있다(Tens of Thousands of Them Scattered Over 170Odd Cities Worldwide)."라고 격려하여 인해전술의 규모를 짐작케 한 바가 있다.

(2) 공안부(Ministry of Public Security, MPS)

공안부(MPS)는 국가경찰조직이자 국내보안 기구이다. 인민의 생활영역에 관여함으로써 서구의 경찰보다 광범위한 책무를 가지고 있다. 수사, 체포, 심문은 물론이고, 인민의 출생, 사망, 결혼, 이혼관계를 조사하며 가구에 대한 불시 방문도 실시한다. 숙박시설 통제권과 운송수단과 총기에 대한 규제업무를 실시한다. 인민이 대도시로 이주하는 경우에 주거지 변경 통제 임무와 인터넷 사용자에 대한 등록제, 속칭 인터넷 검열제도 담당한다.

(3) 신화사(New China News Agency, NCNA)

신화사(NCNA)는 외국의 최신정보를 제공하는 정보기능을 수행한다. 국무원 산하 기구로 세계에서 가장 큰 선전 방송사이자, 중국의 가장 큰 정보수집기구이다. 중국 공산당의 선전을 여과 없이 바로 국내·외에 전달하고 전 세계 지부를 통해 각국의 정보를 직 접 수집하고 각국에 중국의 공식 정보를 배포하는 일을 담당한다. '참고자료'라는 이름의 일일 발간물과 신화사 통신 국제부가 일주일에 두 번씩 전 세계에 걸친 내용으로 '국제 정세에 대한 국내참고'라는 이름의 정보문건을 생산하는 것으로 알려져 있다.

(4) 군정보기구

① 중앙보안부대(Central Security Regiment, 8341부대)

8341부대는 최고실권자를 경호하기 위한 목적으로 군 정예요원으로 구성된, 특수경호 및 정보부대이다. 북경 보안부대로도 호칭된다.

② 총참모부(General Staff Department) 산하 군 정보기구

2000년 사이버공격 및 정보교란 모의훈련을 임무로 하는 전자전 부대인 'NET Force'를 창설했으며 '홍커(red hacker)'라고 불리는 약 100만 명의 해커들이 활동하고 있다.

③ 총정치부 산하 군 정보기구

중국 인민해방군 총정치부 산하의 군정보기구로는 국제연락부(International Liaison Department)가 있다. 중국 국제우호협회(China Association for International Friendly Contacts)라고도 알려져 있다.

핵심정리 중국 정보기구의 기원과 발전

1. 의의

① 대부분의 경우 국가가 수립되고 나서 당, 군대, 정보조직 등이 설립되는 반면, 중국은 특이하게도 1949년 국가가 수립되기 이전에 당과 군이 창설되었다.

② 1921년에 중국 공산당이 조직되었고, 1927년에 인민해방군이 창설되었다. 이에 따라 정보체계도 당, 군, 국가의 순서로 설립·운영되어 왔다.

③ 중국의 경우 국가 수립 이전까지 정보기관이 별도로 설립된 것이 아니고 당 또는 군의 산하 일부 조직에서 정보활동 임무를 수행하였다.

④ 정보조직은 비밀지하 조직으로 설립된 중국 공산당의 생존을 보장하기 위해 활용되었고, 무장혁명 조직으로 창설된 인민해방군의 전투임무 수행을 지원했다.

2. 중국정보기관의 발전

(1) 의의

1949년 국가가 수립되고 나서 정보조직은 반혁명 분자 색출 등 국가체제 유지에 필요한 핵심적인 도구로 활용되었다.

(2) 1920년대 정보활동

① 1920년대 중국의 정보활동은 중국 공산당 산하 기구에서 수행되었다. 1925년 말 중국 공산당 산하 기구로서 중앙군사부(中央軍事部), 1926년 당 중앙군사위원회, 1927년 11월 중앙특별공작위원회(中央特別工作委員會, 일명 中央特委) 산하 중앙특과(中央特科, 일명 '보위부') 등이 설립되었고, 이들 기구 내 정보조직이 설치되어 운영되었다.

② 정보활동은 당 업무의 일환으로 수행되었기 때문에 '당무(黨務)'와 정보업무(情報業務)의 구별이 없었다. 예를 들어, 중앙특과의 주 임무는 "총무(總務), 정보(情報), 행동(行動) 및 통신(通信)"으로서 정보활동은 당 업무의 일환으로 수행되었다.

(3) 1930년대 말에서 1940년대 말까지의 정보활동

① 1930년대 말 기존의 특과(보위부)를 흡수하여 설립된 중앙사회부(中央社會部)는 중국 건국 이전까지 정보 업무를 총괄적으로 수행했다.

② 1930년대 말에서 1940년대 말까지 중국은 항일 투쟁 및 국민당 군과의 내전을 치렀던 시기로서 중앙사회부는 당 지도 부의 대외정세 판단에 필요한 해외정보의 수집, 국민당의 내부 상황 및 군 정보 입수, 반당 및 변절자 처리 등 다양한 유형의 정보활동을 전개했다.

③ 당시 정보조직은 당내 군사조직, 특히 당 중앙군사회원회 내에 설치·운영되었기 때문에 '당통(黨統)'과 '군통(軍統)'의 구별 없이 당·군 지도부의 지휘통제를 받았다.

④ 정보조직에 대한 당과 군의 장악은 1949년 국가가 수립된 이후에도 관행으로 남아 있었다.

(4) 건국 직후

① 중국의 건국 직후인 1950년대 초까지 정부(국무원)가 설립되지 않았기 때문에 정보 조직은 당과 군에만 존재하였다.

② 당내에는 내사 및 내부 안전을 담당하는 중앙조사부(中央調査部, 전 중앙사회부), 공산권 국가들 간의 정보협력을 담당하는 중앙대외연락부(中央對外聯格部), 그리고 '책반' 및 국내외 침투활동 조직인 중앙통일전선공작부(中央統一戰線工作部, 약칭 統戰部)가 설치·운영되었다.

③ 군에는 총참모부 정보부와 중앙군사위원회 총정보부를 통합하여 총참모부 2부를 신설하였다. 중앙군사위원회 3국과 총참모부 기술부가 총참모부 3부로 통합되었으며, 총정치부 연락부가 설치되었다.

④ 그리고 1954년 9월 정부조직인 국무원이 정식 출범하게 됨에 따라 중국은 비로소 당·정·군 체계를 갖추게 되었으며, 정보조직도 당·정·군 모두에 설치·운영되었다.

(5) 문화혁명 기간(1966~1976년)

① 한편, 문화혁명 기간(1966~1976년) 동안 대부분의 당 · 정 · 군 정보조직이 모택동의 부인 강청과 사인방(四人幇)에 의해 와해되었으며, 해외정보 업무도 대부분 마비되거나 중단되었다. 중앙조사부의 경우 조직이 완전히 해체되어 그 기능과 활동은 총참모부 2부로 이관되었다.

② 1971년 임표(林彪)의 사망 이후 주은래 총리가 중앙조사부, 총참 2부 및 총참 3부 등을 재건했으나 1970년대 전반기에는 극심한 국내 권력투쟁으로 인해 정보조직도 파벌 간 정쟁에 휩싸이게 되었다.

③ 1976년 모택동 사망 이후 화국봉(華國鋒) 등 모택동 추종파인 '범시파(凡是派)'는 당 중앙조사부의 역할 및 권한 증대를 통해 개인 및 파벌의 세력 확대를 추구하기도 하였다.

(6) 1970년대 후반 이후

① 1970년대 후반 등소평이 실권을 장악하고 1980년대 들어서서 개혁개방을 본격적으로 추진했다. 이에 따라 중국에 대한 외국의 정보활동이 증가했다.

② 대외개방에 따라 국내 체제유지에 많은 어려움이 야기되었고, 외국에 관해 보다 많은 정보가 요구되었다. 이러한 대내외 안보환경의 변화에 대응하기 위해 정보활동을 보다 강화할 필요성이 증가하였으며, 이에 부응하여 마침내 1983년 6월 국가안전부(國家安全部)가 신설되었다.

③ 국가안전부는 공안부의 기존 방첩단위(1~4국), 중앙조사부의 일부 기능 및 군 총참모부의 일부 인력을 통합하여 설립되었다.

1149

1920년대 중국의 정보활동을 담당했던 공산당 산하 정보기구로 틀린 것은?

① 중앙특과 ② 중앙사회부

③ 중앙군사부 ④ 중앙군사위원회

정답 ②

풀이 1930년대 말 기존의 중앙특과를 흡수하여 설립된 중앙사회부(中央社會部)는 중국 건국 이전까지 정보 업무를 총괄적으로 수행했다.

1150

중국의 정보기구에 대한 설명으로 옳은 것은? [2008년 기출]

① 현대 중국의 정보기구는 공산당 직속으로 되어 있다.

② 1930년대 국민당과의 투쟁 와중에 중국 공산당 산하 기구로서 중앙군사부, 당 중앙군사위원회, 중앙특별공작위원회 산하 중앙특과 등이 설립되었다.

③ 1950년대 정부수립과 더불어 국가안전부를 설립하여 해외정보 수집업무를 강화하였다.

④ 1960년대 문화혁명기간 중 모택동의 부인 강청 등 소위 4인방에 의해 정보조직의 권한이 약화되었다.

정답 ④

풀이 ① 1954년 9월 정부조직인 국무원이 정식 출범하게 됨에 따라 중국은 비로소 당 · 정 · 군 체계를 갖추게 되었으며, 정보조직도 당 · 정 · 군 모두에 설치 · 운영되었다.

② 중국 공산당 산하 기구로서 중앙군사부, 당 중앙군사위원회, 중앙특별공작위원회 산하 중앙특과 등이 설립된 시기는 1920년대이다. 항일 투쟁 및 국민당 군과의 내전을 치렀던 시기인 1930년대 말에서 중국 건국 이전까지 정보 업무를 총괄적으로 수행한 정보기관은 기존의 특과(보위부)를 흡수하여 설립된 중앙사회부이다.

③ 1970년대 후반 등소평이 실권을 장악하고 1980년대 들어서서 개혁개방을 본격적으로 추진했다. 이에 따라 중국에 대한 외국의 정보활동이 증가했다. 대외개방에 따라 국내 체제유지에 많은 어려움이 야기되었고, 외국에 관해 보다 많은 정보가 요구되었다. 이러한 대내외 안보환경의 변화에 대응하기 위해 정보활동을 보다 강화할 필요성이 증가하였으며, 이에 부응하여 마침내 1983년 6월 국가안전부(國家安全部)가 신설되었다.

④ 문화혁명 기간(1966~1976년) 동안 대부분의 당 · 정 · 군 정보조직이 모택동의 부인 강청과 사인방(四人幇)에 의해 와해되었으며, 해외정보 업무도 대부분 마비되거나 중단되었다. 중앙조사부의 경우 조직이 완전히 해체되어 그 기능과 활동은 총참모부 2부로 이관되었다. 1971년 임표(林彪)의 사망 이후 주은래 총리가 중앙조사부, 총참 2부 및 총참 3부 등을 재건했으나 1970년대 전반기에는 극심한 국내 권력투쟁으로 인해 정보조직도 파벌 간 정쟁에 휩싸이게 되었다. 1976년 모택동 사망 이후 화국봉(華國鋒) 등 모택동 추종파인 '범시파(凡是派)'는 당 중앙조사부의 역할 및 권한 증대를 통해 개인 및 파벌의 세력 확대를 추구하기도 하였다.

핵심정리 당 산하 정보기구

1. 의의

당 산하 정보기구로서 당 중앙정법위원회, 당 중앙통일전선공작부, 당 중앙대외연락부 등이 있다.

2. 당 중앙정법위원회

(1) 의의

당 중앙정법위원회의 전신은 중앙법제위 · 중앙정법영도소조 등이다. 문화혁명 종료 이후인 1980년 1월 24일 당 중앙정법위원회로 부활하였다.

(2) 조직

정법위원회는 서기 1명, 위원 6명, 비서장 1명 등으로 구성되어 있다. 위원은 국가안전부장, 공안부장, 사법부장, 최고 인민법원장, 최고인민검찰장, 총정치부 부주임, 중앙기율검사위원회 등이 포함되며, 위원의 숫자가 고정된 것은 아니다.

(3) 운영

① 당 중앙정법위원회는 매년 12월에 개최되는 '전국정법공작회의(全國政法工作會議)'를 통해 다음해 정법활동의 주요 목표를 발표하며, 5년 단위로 정법목표를 추진한다. 예를 들어 1996~2000년 간 정법활동의 주요 목표는 정치 · 사회의 지속적 안정, 중대 형사사건 발생 증가의 억제 및 처리, 치안질서 확립, 사회주의 시장경제에 부응하는 법률 보장 및 지원 등이었다.

② 당 · 정 · 군의 각 조직 하급단위에서 수집된 첩보들이 취합되고 분석의 과정을 거쳐 생산된 정보들은 최종적으로 당 중앙정법위원회에 보고된다. 그런 점에서 당 중앙정법위원회가 당 · 군 · 정의 정보 및 보안 업무를 총괄 · 조정하는 최상위 기관으로서의 역할을 수행한다.

3. 당 중앙통일전선공작부

① 당 중앙통일전선공작부(이하 통일전선부)는 중국의 통일전선공작을 담당하는 주무 부서로서 국가 수립 이전인 1930년대부터 중국 공산당 내에 설치되어 운영되어 왔다.

② 통일전선부는 오랫동안 설치·운용되어 왔음에도 불구하고 극도의 보안이 유지되어 대외활동이 잘 드러나지 않는 조직이다. 통일전선부는 부장 1명, 부부장 5명, 비서장 1명 등이 포함되어 있다.

③ 통일전선부는 대(對)대만 통일전선공작을 주 임무로 하면서 홍콩, 마카오, 대만 등 중화권 국가들의 경제통합을 촉진하는 정보수집, 분석, 비밀공작 등의 활동도 수행하고 있다.

4. 당 중앙대외연락부

(1) 의의

당 중앙대외연락부(이하 대외연락부)는 1930년대 중앙연락국(中央聯格局)으로 운영되었다가 국가 수립 이후 현재의 명칭으로 개칭되었다.

(2) 임무

① 의의

대외연락부는 당의 대외관계를 담당하는 부서로서 냉전체제 동안 주로 사회주의 국가, 전세계 공산당, 좌파 정당 및 단체와의 관계를 유지·발전시키는데 목표를 두고 임무를 수행했다.

② 냉전체제 종식 이후

㉠ 그러나 구소련과 동유럽 등 사회주의 체제가 붕괴되고 국제공산주의 운동이 쇠퇴하면서 공산권과의 연대 활동은 과거에 비해 대폭 축소되었다.

㉡ 냉전체제 종식 이후 앙골라, 세네갈, 나이지리아를 비롯한 아프리카 국가들의 공산당, 사회당 또는 우당(friendly party)과의 연합전선을 통해 중국의 영향력을 확장하는 활동을 수행했다.

㉢ 최근에는 석유자원 확보에 중점을 두고 정보활동을 수행하고 있는 것으로 알려졌다.

(3) 조직

대외연락부는 전 세계를 8개 지역으로 나누어 각 지역에 관한 첩보수집임무를 수행하는 지역국을 두고 있는데, 구체적인 활동 내용은 외부에 잘 알려져 있지 않고 있다.

1151

중국의 정보기구에 대한 설명으로 틀린 것은? [2018년 기출]

① 보위사령부와 국가안전부는 국무원 소속 정보기관이다.

② 통일전선공작부는 당 소속 정보기관이다.

③ 공안부는 방첩을 담당하며 국무원 소속이다.

④ 중앙군사위원회 산하에 총참모부와 총정치부가 소속돼 있다.

정답 ①

풀이 ① 보위사령부는 북한에 존재했던 군 방첩기관이다. 중국 군 산하에도 정치공작부 보위부가 존재했으나 현재는 폐지되었다.

1152

중국의 정보기관에 대한 설명으로 틀린 것은? [2013년 기출]

① 중국 청나라 때 제국익문사가 정보기관으로 활약했다.

② 중국의 당 소속 정보기구는 중앙정법위원회, 대외연락부, 통일전선공작부가 있다.

③ 중화인민공화국의 설립 이후 정보기관을 체계적으로 정비했다.

④ 중국의 정보기관은 당, 정, 군으로 구분되어 있으며 당 정치국이 통제한다.

정답 ①

풀이 ① 제국익문사는 우리나라 최초 근대적 형태의 비밀정보기관으로 기밀유출을 막는 방첩활동과 함께 국권 수호를 위한 정보활동을 전담하였다. 비밀정보기관이라는 사실을 은폐하고자 대외적으로는 매일 사보(社報)를 발간해 일반 국민들에게 배포하고 때때로 국가에 긴요한 서적을 인쇄하는 등 현대판 통신사 기능도 담당했다.

핵심정리 국무원 산하 정보기구

국무원 산하 정보기구로서 국가안전부, 공안부, 신화사(新華社) 등이 있다.

1. 국가안전부(MSS)
   (1) 의의
   국가안전부(MSS)는 중국의 대표적인 국가정보기관으로서 국내외 정보수집부서였던 공안부 산하 방첩 기구와 중국 공산당 중앙위원회 조사부의 일부 기능이 통합되어 1983년 6월에 설립되었다.
   (2) 임무
   ① 국가안전부는 공산당 체제유지, 방첩, 국내외 반혁명주의자 및 반체제 인물 감시, 해외 첩보수집 및 공작활동 등 다양한 임무를 수행한다.
   ② 국가안전부는 국내 보안 및 방첩활동, 해외정보의 수집 및 공작활동, 신호정보 수집, 국내외 정보분석 등 복합적인 업무를 한 개의 기관에서 수행한다는 점에서 구소련의 KGB와 유사한 통합형 정보기관으로 분류된다.
   ③ 특히, 국가안전부는 일반 경찰처럼 국가안보 위해 용의자에 대해서 체포 또는 구금할 수 있어 세계 어떤 정보기관과 비교하여도 그 권한이 막강하다.
   ④ 국가안전부의 재직 인원이나 예산에 대해서는 어떤 자료에서도 나타난 바가 없어 정확한 숫자나 규모는 알 수 없지만 아마도 엄청난 인원이 재직하고 있을 것으로 추정된다.
2. 공안부(MPS)
   (1) 의의
   공안부(MPS)는 사회 공공치안을 담당하는 주무 부서로서 타국의 일반 경찰 기관과 유사한 임무와 기능을 수행한다.
   (2) 임무
   ① 공안부는 국가 공안업무를 총괄하는 기관으로서 각급 공안기관의 소관 업무를 지휘 · 감독하는 역할을 수행한다.

② 또한 사회치안 유지, 경호 · 경비 업무, 국가 대테러 업무, 범죄 수사 및 예방활동, 보안활동, 교통 · 철도 · 소방업무, 특수업종 및 무기류 관리, 호적 · 국적 · 출입국 · 외국인 체류 · 여행 관련 업무 등을 수행하고 있다.

③ 이처럼 공안부는 일반적인 경찰업무 외에 잡다한 업무를 수행하고 있는데 이는 중국에서 '공공안전'의 의미를 확대 해석하고 있기 때문인 것으로 분석된다.

3. 신화사

(1) 의의

신화사는 중국 내 또는 전 세계로 뉴스를 보도하는 통신사 기능을 수행하면서 동시에 중국 지도부에 정보를 제공하는 임무를 수행한다.

(2) 임무

① 신화사는 전 세계로부터 수집된 뉴스를 번역, 요약, 분석하여 중국 내 독자들에게 제공해 주는 등 일반적인 신문사와 유사한 기능을 수행한다.

② 신화사는 국가안전부 등 정보기관 요원의 대외파견 시 신분을 위장하는 수단으로 활용되기도 한다. 실제로 국가안전부 소속으로서 홍콩 지부에 파견된 일부 비밀요원은 신화사 소속으로 신분을 가장하여 '비밀 부서(covert section)'에서 근무하기도 한다.

(3) 조직

① 신화사는 당 중앙선전부의 지휘 · 감독 하에 국내 31개 지부, 국외 140개 지국을 운영하고 있으며, 고용 인원은 1만 명이 넘는 것으로 알려졌다.

② 신화사 사장은 '인민일보(人民日報)' 사장과 마찬가지로 국무원 부장(장관)급에 해당되는 대우를 받고 있다.

1153

중국 공안부에 대한 설명으로 틀린 것은? [2019년 기출]

① 중앙정법위원회 소속으로 국가 공안업무를 총괄한다.

② 소수민족의 분리 독립운동을 진압하기도 한다.

③ 사회 치안 범죄에 관련된 정보를 수집한다.

④ 국경감시, 출입국 업무를 담당하고 있다.

정답 ①

풀이 ① 국무원 산하 공안부는 사회 공공치안을 담당하는 주무 부서로서 타국의 일반 경찰 기관과 유사한 임무와 기능을 수행한다. 또한 국가 공안업무를 총괄하는 기관으로 각급 공안기관의 소관 업무를 지휘 · 감독하는 역할을 수행한다. 사회치안 유지, 경호 · 경비 업무, 국가 대테러 업무, 범죄 수사 및 예방활동, 보안활동, 교통 · 철도 · 소방업무, 특수업종 및 무기류 관리, 호적 · 국적 · 출입국 · 외국인 체류 · 여행 관련 업무 등을 수행하고 있다. 이처럼 공안부는 일반적인 경찰업무 외에 잡다한 업무를 수행하고 있는데 이는 중국에서 '공공안전'의 의미를 확대 해석하고 있기 때문인 것으로 분석된다.

핵심정리 **인민무장경찰(the Chinese People's Armed Police Force)**

(1) 1983년 4월에 설립되어 각종 소요진압 및 치안유지를 담당하는 '인민무장경찰(the Chinese People's Armed Police Force)'도 공안부 소속이다.
(2) 1989년 천안문 사태를 진압하는데 인민무장경찰이 동원되었던 것으로 알려졌으며, 그 숫자는 110만 명 이상으로 추정된다.
(3) 평화 시 이들은 공안부의 통제하에 사회치안, 경호, 국토건설 등의 임무를 수행하는 반면, 전시에는 군사령부의 통제하에 전투지역 방호(security), 해안경비, 대침투방어(anti-infiltration) 등의 활동을 수행한다.
(4) 2017년까지는 평시에는 공안부, 전시에는 중앙군사위원회의 지휘를 받는 이중 지휘체계를 가지고 있었으나 2018년 개혁으로 중앙군사위원회 소속으로 변경되었다.

1154

중국의 인민무장경찰에 대한 설명으로 틀린 것은?

① 1983년 4월 공안부 소속으로 설립하였다.
② 1989년 천안문 사태를 진압하는 데 동원되었다.
③ 평화 시 사회치안, 경호, 국토건선 등의 임무를 수행한다.
④ 전시에는 중앙군사위원회의 지휘를 받는 이중 지휘체계를 가지고 있다.

정답 ④
풀이 2017년까지는 평시에는 공안부, 전시에는 중앙군사위원회의 지휘를 받는 이중 지휘체계를 가지고 있었으나 2018년 개혁으로 중앙군사위원회 소속으로 변경되었다.

1155

중국의 인민무장경찰의 소속기관으로 옳은 것은? [2010년 기출]

① 국가안전부 ② 대외연락부
③ 공공안전부 ④ 중앙군사위원회

정답 ④
풀이 ④ 2017년까지는 평시에는 공안부, 전시에는 중앙군사위원회의 지휘를 받는 이중 지휘체계를 가지고 있었으나 2018년 개혁으로 중앙군사위원회 소속으로 변경되었다.

1156

해외정보 수집업무를 담당하고 있는 중국 국무원 산하 정보기관으로 옳은 것은? [2008년 기출]

① 국가안전부 ② 공안부
③ 대외연락부 ④ 통일전선공작부

정답 ①

풀이 ① 국가안전부는 공산당 체제유지, 방첩, 국내외 반혁명주의자 및 반체제 인물 감시, 해외 첩보수집 및 공작활동 등 다양한 임무를 수행한다. 국가안전부는 국내 보안 및 방첩활동, 해외정보의 수집 및 공작활동, 신호정보 수집, 국내외 정보분석 등 복합적인 업무를 한 개의 기관에서 수행한다는 점에서 구소련의 KGB와 유사한 통합형 정보기관으로 분류된다.

핵심정리 군 산하 정보기구

군 산하 정보기구로서 군 연합참모부 2부, 3부, 4부가 있고, 군 정치공작부 소속의 연락부 등이 있다.

1. 연합참모부 2부
   (1) 의의
   연합참모부 2부는 군 정보활동의 총괄부서로서 '군사정보부' 또는 '군정보부'로 불리기도 한다.
   (2) 임무
   ① 중국의 가상적국 및 주변국을 중심으로 전 세계 주요 국가들의 군사전략, 군사동향, 병력 규모, 무기체계, 주요 군 인사 등 군사정보를 수집하고 나아가 군사분야의 대간첩활동을 총괄 지휘하는 임무를 수행하고 있다.
   ② 군사정보활동을 위해 외국으로 몰래 흑색요원을 잠입시키기도 하고 해외 주재 중국대사관에 무관들을 파견하기도 한다.
   ④ 주로 인간정보 수단을 활용한 군사정보 수집활동에 중점을 두지만, 인간정보, 신호정보, 영상정보 등 비밀출처와 공개출처를 융합하여 최종적으로 정보분석보고서를 생산하고 이를 중국군 사령부 등 관련 부서에 배포하기도 한다.
2. 연합참모부 3부
   (1) 의의
   연합참모부 3부는 '통신정보부' 또는 '기술정찰부'라고 불리며, 신호정보 수집, 암호 해독, 위성정찰 사진 판독 등의 임무를 중점적으로 수행하고 있다.
   (2) 임무
   ① 연합참모부 3부는 중국 주재 외국 공관에 대한 통신감청 업무도 수행하고 있다.
   ② 또한 중국의 각 지역 및 부대 단위에 지상 기지국, 선박, 항공기 등 다양한 유형의 신호정보 수집시설을 설치 · 운용하고 있다.
   ③ 동 부서에는 약 2만여 명의 요원이 근무하고 있는 것으로 알려졌다.

3. 연합참모부 4부

(1) 의의

연합참모부 4부는 전자부라고도 하며, 1993년에 설립되어 국내의 전자산업, 전자전을 담당하는 부서로서 중국의 전자정보 관리를 담당한다.

(2) 임무

대전자 대책을 포함한 전자전 관련 연구, 전자정보 수집 및 분석, 대레이더 교란, 대적외선 교란 및 대적 기만작전 설계 등의 임무를 담당하면서 국내 전자산업 및 전자정보(ELINT)도 관리한다.

4. 정치공작부

(1) 의의

정치공작부는 중국 군대의 최상부에서부터 최하위 단위에 이르기까지 모든 조직에 편성되어 중국 군부의 내부 동향을 감시하고, 군인들에게 공산주의 사상을 세뇌 · 교화시키는 등의 임무를 수행하고 있다.

(2) 정치공작부 소속의 연락부

① 의의

정치공작부 연락부는 과거 국민당 군내 '침투 · 모반 · 책동 및 심리전'을 담당했던 '백군공작부(白軍工作部)'에 뿌리를 두고 있으며, 한 때 '대적공작부(對敵工作部, 줄여서 敵工部)'라는 명칭을 사용했었다.

② 조직

㉠ 정치공작부 연락부는 '연락국', '조사연구국', '변방국', '대외선전국' 등 4개 국과 상해 및 광주에 분국을 운영하고 있다.

㉡ 연락국은 대만의 정세파악, 대만 군에 대한 심리전 그리고 요원의 대만 파견 등의 활동을 수행한다.

㉢ 조사연구국은 '중국인민대외국제우호연락회(中國人民對外國際友好聯格會)'라는 위장명칭을 사용하면서 중국 주재 외국대사관을 주요 공작대상으로 하여 첩보수집활동을 전개한다.

㉣ 변방국은 베트남에 대한 침투공작, 대외선전국은 군의 선전활동을 주관하고 있는 것으로 알려졌다.

1157

'통신정보부' 또는 '기술정찰부'라고 불리며, 신호정보 수집, 암호 해독, 위성정찰 사진 판독 등의 임무를 중점적으로 수행하고 있는 중국의 군 정보기관으로 옳은 것은?

① 정치공작부　　② 연합참모부 제2부

③ 연합참모부 제3부　　④ 연합참모부 제4부

정답 ③

풀이 연합참모부 제3부에 대한 설명이다.

1158

중국의 정보기구에 대한 설명으로 틀린 것은? [2020년 기출]

① 연합참모부 1부는 연락업무를 담당한다.
② 연합참모부 2부는 정보수집 업무를 담당한다.
③ 연합참모부 3부는 통신정보를 담당한다.
④ 연합참모부 4부는 전자정보를 담당한다.

정답 ①

풀이 ① 중국의 군 산하 정보기구로는 군 연합참모부 2부, 3부, 4부가 있고, 군 정치공작부 소속의 연락부가 있다. 연락업무는 정치공작부 소속 연락부가 담당한다.

핵심정리 중앙보안부대(Central Security Regiment, 8341부대)

8341부대는 최고실권자를 경호하기 위한 목적으로 군 정예요원으로 구성된 특수경호 및 정보부대이다. 북경에 소재하면서 인민해방군의 법집행도 담당하는 방첩부대로, 8341부대 또는 북경 보안부대로 호칭된다. 수년간 마오쩌뚱을 포함한 최고 정치지도자들의 경호업무를 담당했으며, 공산당 수뇌부에 대한 음모와 변란을 초기부터 차단하기 위하여 전국적 정보망을 구축하고 있다. 8341부대는 마오쩌뚱의 지시에 따라서 정적들에 대한 도청 등 전자 감시활동, 임의 가택 및 사무실 수색 등 무소불위의 비밀감시 활동을 수행하였었다. 그러나 역설적으로 1976년 마오쩌뚱의 미망인 강청 등 4인방1213의 체포에 8341부대가 동원되었다.

1159

중국의 중앙보안부대(Central Security Regiment)에 대한 설명으로 틀린 것은?

① 최고실권자를 경호하기 위한 목적으로 군 정예요원으로 구성된 특수경호 및 정보부대이다.
② 북경에 소재하면서 인민해방군의 법집행도 담당하는 방첩부대로, 8341부대로 불린다.
③ 공산당 수뇌부에 대한 음모와 변란을 초기부터 차단하기 위하여 전국적 정보망을 구축하고 있다.
④ 덩샤오핑의 지시에 따라 보안부대로 설립되었지만 최고실권자들의 정적에 대한 비밀감시 활동에 악용되기도 하였다.

정답 ④

풀이 ④ 8341부대는 마오쩌뚱의 지시에 따라서 정적들에 대한 도청 등 전자 감시활동, 임의 가택 및 사무실 수색 등 무소불위의 비밀감시 활동을 수행하였다.

1160

중앙보안부대(8341부대)에 대한 설명으로 틀린 것은? [2022년 기출]

① 최고실권자를 경호하기 위한 목적으로 구성된 특수경호 및 정보부대이다.

② 민군정예요원으로 구성된다.

③ 인민해방군의 법 집행을 담당한다.

④ 일명 북경 보안부대로 호칭된다.

정답 ②

풀이 ② 최고실권자를 경호하기 위한 목적으로 군 정예요원으로 구성된 특수경호 및 정보부대이다.

Theme 42 러시아의 정보기구

핵심정리 러시아의 정보기구

(1) 해외정보부(Foreign Intelligence Service, SVR)

해외정보부는 '역사 문제와 세계에서 가장 강력한 비밀정보에 대한 전문가적인 견해를 제공한다." 라고 선포하여 정보기구임과 동시에 국책연구기구를 지향한다. 비밀공작, 경제간첩, 정부요인 경호, 전자감시 활동, 변절자 암살공작도 전개한다. 여행사, 금융기관, 언론사, 무역회사 등 다수의 물적 자산을 운용한다. 에어로 플롯(Aeroflot)이 대표적이다.

(2) 연방보안부(Federal Security Service, FSB)

① 국내 보안·수사기관이다. 법적 근거는 1995년 4월 3일 제정된 "러시아내의 연방보안기구에 대한 법률"이다. 방첩, 대테러, 조직범죄, 밀수, 부패사범, 불법자금세탁, 불법이민, 불법무기, 마약유통, 무장폭동에 대한 정보수집 및 방첩활동을 수행한다.

② 미국 연방수사국(FBI), 국가안보국(NSA), 국토안보부의 세관 및 국경경비대, 마약수사국(DEA) 업무를 총괄한 것과 같은 대규모 정보·수사 조직이다. 산하에 특수부대를 설치하고 부장에게는 육군소장 계급을 부여한다.

③ 원칙적으로 러시아의 국내보안기구이지만 해외 전자감시 업무도 수행하며, 과거 소비에트 연방 영역은 자유롭게 출입할 수 있다. 이에 순수한 국내정보기구는 아니다. 연방보안부장 출신의 푸틴 대통령은 연방정보부를 초강력 종합 행정집행기구화했다.

④ 소련 붕괴 후 신흥귀족으로 부상한 독점재벌 세력인 올리가르히(Oligarchy)는 연방보안부의 비호를 받으며 마피아의 재정적 후원자 겸 실질적 몸통으로, 대통령 선거에도 영향력을 행사하며 국가경제를 장악하고 있다고 한다.

⑤ 그를 위해 연방보안부는 펠이라는 전위조직을 조직하거나 비밀후원조직인 크리샤(Krysha)가 되어 신흥 올리가르히 귀족 집단의 뒤를 돌보아 주기도 한다고 한다.

(3) 참모부 정보총국(Organization of the Main Intelligence Administration, GRU)

① 참모부 정보총국(GRU)은 러시아 정보공동체 중에서 가장 규모가 큰 정보기구이다. 미 육군의 델타포스(Delta Force)나 해군의 네이비실(Navy Seal)과 유사한 특수부대인 스페츠나즈(Spetsnaz)를 운영한다.

② KGB와 달리 창설 후, 한 번도 분리되지 않고 유구한 전문성을 이어가는 강력한 정보기구이다. 국내 군사정보는 물론이고, 해외정보를 수집하고, 비밀공작 임무도 수행하며 해외 거주 러시아 사람들을 대상으로 정보활동을 한다.

③ 쿠바 로우르데스(Lourdes) 기지국과 중국에 대한 정탐활동을 한 베트남 캄란 기지(Cam Rahn Bay) 등 세계에 막강한 신호정보 기지국을 설치하여 미국과 서유럽에 대한 광범위한 신호정보 수집활동을 한다고 한다.

1161

해외정보활동을 담당하는 러시아 정보기관으로 옳은 것은?

① 정보총국(GRU)
② 국가보안위원회(KGB)
③ 해외정보부(SVR)
④ 연방보안부(FSB)

정답 ③

풀이 ③ 해외정보부(SVR)는 세계 각국의 군사, 정치, 경제, 과학기술 등 일반적인 정보목표는 물론 대량살상무기의 확산, 불법 무기거래, 마약 거래, 조직범죄 등 다양한 유형의 초국가적 안보위협 요소들에 관한 첩보 수집 및 정보분석 업무를 수행하고 있다. SVR은 미국의 CIA와 유사하게 해외 비밀공작활동을 수행하는데, 미국과는 달리 러시아 대통령은 러시아 의회의 승인이나 통제 없이 언제든 비밀공작임무를 지시할 수 있다. SVR은 대테러활동 등 세계 도처의 각국 정보기관들과 정보협력을 담당하는 창구로서의 역할을 수행하기도 한다. 또한 해외주재 러시아 공관과 해외여행 중인 러시아 시민들을 보호하는 임무도 수행한다. 해외정보부의 모토는 '요원은 차가운 두뇌와 뜨거운 가슴과 깨끗한 손을 가져야 한다.'이다.

핵심정리 국가보안위원회(KGB)

(1) 창설

스탈린이 사망한 이후 1954년 'KGB(Komitet Gosudarstvennoy Bezopanosti)'가 창설되었다.

(2) 역사

① 호루시초프의 KGB 개혁 실패

흐루시초프는 KGB의 힘을 약화시키는 방향으로 개혁을 시도했으나 KGB 내부로부터 상당한 반감을 일으켰고, 그로 인해 그가 실각하게 되었던 것으로 알려졌다.

② KGB의 위상 강화

㉠ 흐루시초프의 실각에서 교훈을 얻은 브레즈네프는 KGB의 위상을 강화시키고 정치적 반대세력을 탄압하기 위한 도구로 활용했다.

㉡ 브레즈네프 시대 동안 KGB가 공산당 보다 우위에서 당을 압도한 것은 아니었지만 막강한 조직과 권한을 가지고 소련 사회 전반에 걸쳐 광범위한 기능을 행사했다.

(3) 활동

① KGB는 방첩 및 해외정보의 수집·분석 등과 같은 보편적 정보 업무뿐만 아니라 군사보안, 국경방위와 같은 특수 보안 업무 및 국가원수 경호의 기능도 수행했다.

② 무엇보다도 KGB는 정권안보의 수단으로 활용되어 소련 사회 내 체제에 불만을 가진 수많은 주민들을 감시·색출하고 숙청했던 것으로 악명을 떨쳤다.

③ 이를 위해 KGB는 정부 각 부처는 물론 국영기업들에도 1인 이상의 KGB 요원들로 구성된 부서를 두어 정부 관리나 고용인들에 대해 정치적 감시 활동을 전개했다.

(4) 규모

① 구소련 당시 KGB는 인원과 규모 면에서 세계 최대의 정보기관으로 인정되지만, 정확한 인력이나 예산은 공개되지 않았기 때문에 알 수 없다.

② 다만, 70년대 중반 경 약 70만 명, 1980년대에는 약 40만 명의 인력이 KGB에 근무했던 것으로 추정되고 있다.

③ 소련 예산회계제도의 특수성과 철저한 보안조치 때문에 KGB 예산이 어느 정도인지 대략적인 추정조차 불가능하다. 다만, 1960년대 중반 미국 FBI의 후버 국장이 미 하원에서 증언한 내용에 따르면 당시 소련의 해외정보활동비가 15억 달러 이상이라고 하였다.

④ 그리고 미국 CIA는 1975년 당시 KGB 총 예산 중 해외공작 예산만 연간 50억 달러로 추산했다.

(5) 조직

내부 조직 역시 잘 알려지지 않았으나 1980년대 후반 경 4개의 '주무국(chief directorate)'과 그보다 규모가 작은 10여 개의 부서(directorate) 및 다양한 행정 및 기술지원과(department)들이 있었던 것으로 전해진다.

핵심정리 국가보안위원회(KGB)의 쿠데타

KGB 내부에서는 개방정책을 반대하는 기류가 형성되었다. 서열 2위의 리가초프 등 내부 불만의 목소리는 높아졌다. KGB는 1991년 8월 21일 알파(Alpha)부대를 동원하여 고르바초프 대통령을 가택연금하고 러시아 의사당을 포위하여 독립운동 주동자인 옐친 러시아 대통령의 검거에 나서는 소위 "KGB 쿠데타"를 단행했다. 그러나 민중의 편에 선 KGB 일부 책임자들과 일선 알파부대 지휘관들의 명령 불복종으로 KGB 쿠데타는 실패했다. 1991년 10월 24일 고르바초프는 KGB를 폐지하는 공식 문건에 서명했다. KGB의 후계자는 해외정보 임무를 인수한 해외정보부(SVR)와 보안기능을 인수한 연방보안부(FSB)이다.

핵심정리 국가보안위원회(KGB)의 해체

(1) 의의

① 구소련이 붕괴됨에 따라 구소련 사회주의 체제를 지탱하는 핵심 역할을 수행해 왔던 KGB가 1991년 12월 공식적으로 폐기되었다.

② KGB의 조직과 인력은 러시아 공화국 관할로 이관되었다. 이에 앞서 1991년 8월 러시아의 초대 대통령에 당선된 옐친은 정보기관의 권력 집중에 따른 폐해를 차단하고자 KGB를 몇 개의 조직으로 분리시키는 구상을 추진했다.

(2) 해외정보부(Foreign Intelligence Service, SVR)의 분리 · 독립

과거 KGB 내 해외 업무를 전담하던 제1총국은 1991년 10월 해외정보부(Foreign Intelligence Service, SVR)로 분리 · 독립되었다.

(3) 보안부(Ministry of Security, MB) 설립

이어서 1992년 1월 KGB의 제2총국을 비롯한 국내 담당부서들을 통합하여 '보안부(Ministry of Security, MB)'가 설립되었다.

(4) 연방정보통신국(FAPSI) 창설

1993년 2월 보안부 내 구 KGB의 제8총국과 16총국을 기반으로 미국의 NSA와 유사하게 신호정보 기능을 수행하는 '연방정보통신국(Federal Agency for Government Communication and Information, FAPSI)'이 창설되었다.

(5) 연방방첩부(FSK) 신설과 연방국경수비대(Federal Border Service) 분리 · 독립

① 1993년 12월 옐친은 보안부를 해체하고 대신 권한이 훨씬 축소된 연방방첩부(Federal Counterintelligence Service, FSK)를 신설했다.

② 이때 보안부 산하에 있던 국경수비대(Border Guards)는 연방국경수비대(Federal Border Service)로 분리 · 독립시켰다.

(6) 연방보안부(Federal Security Service, FSB) 설립

① 이후 1995년 4월 연방방첩부(FSK)를 확대 · 개편하여 연방보안부(Federal Security Service, FSB)가 설립되었다. 보안부에서 FSK로 재편 시에는 기구의 축소와 권한의 약화를 목적으로 하였으나 FSB로 개편되면서 그 권한이 대폭 강화되었다.

② 2003년 3월 FSB는 연방국경수비대에 이어 FAPSI까지 흡수 통합함으로써 구소련 당시 KGB가 보유했던 수준에 버금가는 막강한 조직과 권한을 보유하게 되었다.

핵심정리 **연방정보통신국(FAPSI)**

(1) 의의

① 소련 연방이 해체됨에 따라 1991년 12월 24일 KGB의 제8총국(정부통신)과 16총국(전자정보)의 핵심부서가 대통령 비서실의 정보국(Administration of Information Resources)으로 편입되었다.

② 이 조직은 1994년 2월 러시아 대통령 직속의 연방정보통신국(Federal Agency of Government Communications and Information, FAPSI)으로 대체되었다.

③ 한때 '경호국(Main Guard Directorate, GUO)'과 FSK(이후 FSB)는 FAPSI의 기능을 자신들의 관할로 흡수하려고 경합을 벌였었다. 그 결과 FAPSI 기능 중 일부가 독립되어 GUO 관할 하에 이른바 대통령통신 시스템(Presidential Communications System)이 설립되기도 하였다.

④ 2003년 3월 11일 FAPSI는 FSB 산하의 '특수통신정보국(Service of Special Communications and Information, Spetsviaz)'으로 개편되었다.

⑤ 그리고 2004년 8월 7일 특수통신정보국(Spetsviaz)은 연방경호부(Federal Protective, Service, FSO)에 흡수 · 통합되었다.

(2) 신호정보활동 수행 기구

① FAPSI는 미국의 NSA와 유사하게 신호정보활동을 수행하는 기구이다. 보다 구체적으로 러시아 정보통신 시스템과 텔레커뮤니케이션 라인을 유지 · 관리하고, 암호해독을 전담했었다.

② 전 세계를 대상으로 전자정보(Electronic Intelligence, ELINT)활동을 수행했으며, 러시아 정부의 인터넷 네트워크 관리도 담당했다.

③ 또한 FAPSI는 정보통신 산업분야에 대한 국가규제 업무도 수행했다. 최근 급증하고 있는 전자금융 및 증권거래 그리고 전자암호체계(encryption system) 등을 관리하는 업무도 담당했다.

④ FAPSI는 러시아의 보안기구들 중에서 가장 은밀한 기구였으며, 그 인원이 FSB와 SVR의 요원을 합친 숫자를 초과할 만큼(약 10만여 명 이상) 러시아의 여타 정보기관들 중에서 규모가 가장 컸었던 것으로 알려졌다.

1162

러시아 정보기구에 대한 설명으로 틀린 것은?

① 구소련 당시 KGB를 비롯한 여타 정보기관들과 마찬가지로 SVR도 외교관, 무역대표부 직원, 특파원, 상사원 등으로 신분을 위장하여 해외정보활동을 수행한다.

② FSB는 필요시 러시아에 있는 법집행기관을 제외한 모든 정보기관들에 대한 지휘 · 통제권을 행사할 수 있어 러시아 연방 내 최고 정보기관으로서의 위상을 과시한다.

③ GRU는 전략 · 전술적인 군사기밀과 군사과학 기술에 관한 정보수집을 주 임무로 하지만, 때로 해외에서 산업스파이활동이나 게릴라전에 관여하기도 한다.

④ FSO는 영장 없이 수색, 미행 감시, 체포할 권한을 가질 뿐만 아니라 여타 정부 부처에 명령을 내릴 수 있는 등 막강한 권한을 가진 권력기관으로 알려져 있다.

정답 ②

풀이 FSB는 필요시 러시아에 있는 모든 법집행기관과 정보기관들에 대한 지휘 · 통제권을 행사할 수 있어 러시아 연방 내 최고 정보기관으로서의 위상을 과시한다.

1163

러시아의 연방정보통신청(FAPSI)에 대한 설명으로 틀린 것은?

① 1991년 KGB의 핵심부서가 대통령 비서실의 정보국으로 편입되었다.

② 1994년 러시아 대통령 직속의 연방정보통신청으로 확대 · 개편되었다.

③ 연방정보통신청의 기능 중 일부가 보안부(FSK) 관할하의 대통령통신시스템으로 독립하였다.

④ 2003년 FSB 산하의 특수통신정보국(Spetsviaz)으로 개편되었다가 2004년 연방경호부(FSO)에 흡수 통합되었다.

정답 ③

풀이 경호국(GUO)과 FSK(이후 FSB)는 FAPSI의 기능을 자신들의 관할로 흡수하려고 경합을 벌였었다. 그 결과 FAPSI 기능 중 일부가 독립되어 GUO 관할하에 이른바 대통령통신시스템이 설립되기도 하였다. 참고로 1996년 GUO가 확대 · 개편되어 연방경호부(FSO)가 설립되었다.

1164

러시아의 정보기관에 대한 설명으로 틀린 것은? [2017년 기출]

① KGB는 해체되기 전에 국내 방첩임무도 담당했다.

② MAD는 군사정보기관으로 해외에 무관을 파견한다.

③ FSB는 KGB의 주요 계승자로서 러시아의 국내 보안정보활동을 주관하는 정보기관이다.

④ FAPSI는 KGB의 8국과 16국이 통합돼 설립됐으며 통신정보를 담당하다가 2003년 FSB 산하의 특수정보통신국으로 개편되었다가 2004년 연방경호부에 흡수 통합되었다.

정답 ②

풀이 ② MAD는 독일 연방 국방부 산하의 군 방첩기구인 MAD는 연합군과 독일 정부 간 연락사무소에 뿌리를 두고 1956년 창설되었다. 1986년까지는 연방군 보안국(Amt fur Sicherheit der Bundeswehr, ASBw)으로 알려졌었는데, 1990년 군사보안국(MAD)으로 개칭하고 활동 영역도 확장하였다. MAD는 외국 스파이 및 국내 안보 위해 극단주의(주로 좌익) 세력의 연방군에 대한 침투공격을 차단하고, 군사분야 활동 요원들에 대한 보안감사 및 감찰활동 등을 주요 임무로 수행하고 있다.

1165

러시아 정보기구에 대한 설명으로 틀린 것은? [2023년 기출]

① FSB는 러시아의 엘리트 집단으로 연방통신업무까지 수행한다.

② SVR은 자체 위성 운용하여 전화, 팩스, 컴퓨터 통신에 대한 광범위한 감청활동을 수행한다.

③ SVR은 해외 근무 러시아 인과 그 가족 보호임무를 수행한다.

④ 레닌의 특별지시로 트로츠키가 창설한 참모부 정보총국(GRU)은 모든 군사정보를 총괄하였다.

정답 ②

풀이 ① FSB는 미국의 FBI, 관세청(Immigration and Custom Enforcement, ICE), 경호실(the Secret Service), 연방보호국(the Federal Protective Service), NSA, 해안경비대(United States Coast Guard), DEA 등을 합친 것에 버금가는 수준의 권한과 기능을 가지고 있는 것으로 평가된다.

② 러시아는 1994년과 1995년 각각 48기와 45기의 위성을 쏘아 올렸는데 그 중 50%는 군사용인 것으로 추정된다. 러시아는 GRU에서 전자정보 위성을 운용하고 있는데 통신 정보 위성의 존재 여부와 운용 주체는 확실하게 알려져 있지 않다.

1166

러시아의 정보기관에 대한 설명으로 틀린 것은? [2015년 기출]

① SVR은 KGB 제1총국의 해외업무 기능을 승계해 1991년 10월 신설되었다.

② KGB는 1991년 8월 반고르바초프 쿠데타를 일으켰다가 실패해 해체됐다.

③ FSB는 테러 문제와 관련하여 자체적으로 대테러 특수부대인 스페츠나즈를 운영하고 있다.

④ GRU는 군사정보를 담당하고 있으며 해외공관에 요원을 파견해 비밀공작 등의 임무도 수행하고 있다.

정답 ③

풀이 ③ 연방보안부(FSB)는 테러 문제와 관련하여 단순히 첩보 수집이나 대책 수립의 범위를 넘어서 자체적으로 대테러 특수부대인 '알파'를 운영하고 있다. FSB는 미국의 FBI, 관세청, 경호실, 연방보호국, NSA, 해안경비대, DEA 등을 합친 것에 버금가는 수준의 권한과 기능을 가지고 있는 것으로 평가된다. FSB는 독자적인 감옥체계를 운영하며, 법원의 재가하에 일반 서신을 검열하고 전화를 도청할 수 있는 권한을 가진다. 또한 경우에 따라 영장 없이 수색할 수 있는 권한도 가지고 있다.

핵심정리 러시아 정보기구의 기원

1. 오프리치니나(Oprichnina)

(1) 의의

러시아 정보기관은 폭군으로 알려진 모스크바 대공국의 왕 이반 황제(Tsar Ivan IV)가 1565년에 설립한 '오프리치니나(Oprichnina)'에 뿌리를 두고 있다.

(2) 활동

① 그러나 오프리치니나는 엄격한 기준으로 보면 정보기관이라기보다는 비밀경찰 조직에 가깝다. 짜르의 직속기관으로서 오프리치니나는 1572년 해체될 때까지 주로 반역자 색출 임무를 수행했다.

② 무려 6,000여 명에 달하는 오프리치니나의 요원들은 무고한 사람들을 반역자로 몰아 집단 살상하는 등 악명을 떨쳤다.

2. 프리오브라젠스키 프리카즈(Preobrazhensky Prikaz)

이후 17세기 말 피터 대제(Peter the Great)에 의해 설립된 '프리오브라젠스키 프리카즈(Preobrazhensky Prikaz)' 역시 일종의 비밀경찰 조직으로서 오프리치니나보다는 규모는 작았지만 국가 봉사를 회피하는 귀족이나 술에 취해 짜르에 대해 농담하는 주정꾼까지 처벌했는데 피터 대제가 죽기 직전 해체되었다.

3. 러시아 재판소 제3분과(the Russian Third Section of the Imperial Chancery)

(1) 의의

이후 1825년 12월 러시아 최초로 반체제 운동인 '데카브리스트(Decembrist) 봉기'가 발발하자 니콜라이(Nikolai) 1세는 반정부 운동을 억압하기 위해 1826년 '러시아 재판소 제3분과(the Russian Third Section of the Imperial Chancery)'라는 비밀경찰조직을 설립했다.

(2) 세계 최초의 비밀경찰조직

제3분과는 아마도 세계 최초의 비밀경찰조직이었을 것으로 추정되는데, 반체제 인사들을 감시하고 여론 동향을 파악하는 등의 임무를 수행했다.

4. 오흐라나(Okhrana)

(1) 의의

이후 19세기 후반에 들어서서 반정부활동이 고조됨에 따라 이에 대처하기 위해 알렉산더 2세(Tsar Alexander Ⅱ) 당시 '오흐라나(Okhrana)'라는 비밀정보조직이 설립되었다.

(2) 활동

① 오흐라나는 1900년경 요원이 약 10만 명에 달할 정도로 조직이 대폭 확대되었다. 오흐라나는 반역자 색출을 통한 왕권보호 등 국내 보안정보활동에 역점을 두었지만, 종종 런던, 베를린, 로마 등지에 요원들을 파견하여 국외 정보수집활동을 전개하기도 하였다.

② 이들은 때때로 외교정책을 지원하기 위한 비밀공작활동을 수행하기도 했으며, 무선감청, 암호해독 등 신호정보활동을 매우 효과적으로 전개했던 것으로 알려졌다.

(3) 특징

① 오흐라나는 국가 주도로 설립되어 일정한 조직체를 갖추고 비밀첩보수집활동을 수행했다는 점에서 오늘날의 정보기관들과 유사한 면이 없지 않다.

② 그러나 애초 국내정치적 목적에서 설립되어 주로 정권안보적 차원의 왕권수호에 치중했다는 점에서 국가적 차원의 안보목표 달성에 목적을 둔 오늘날의 국가정보기관과는 다소 차이가 있다고 본다.

1167

러시아의 정보기구의 발전에 대한 설명으로 틀린 것은?

① 러시아 정보기관은 모스크바 대공국의 왕 이반 황제(Tsar Ivan IV)가 1565년에 설립한 '오흐라나(Okhrana)'에 뿌리를 두고 있다.

② 니콜라이(Nikolai) 1세는 반정부 운동을 억압하기 위해 1826년 '러시아 재판소 제3분과(the Russian Third Section of the Imperial Chancery)'라는 비밀경찰조직을 설립했다.

③ 러시아 혁명 발발 직후인 1917년 12월 20일 KGB의 원조격인 '비상위원회(VChK는 베체카 또는 체카로 불린다.)'가 창설되었다.

④ 과거 KGB 내 해외 업무를 전담하던 제1총국은 1991년 10월 해외정보부(Foreign Intelligence Service, SVR)로 분리 · 독립되었다.

정답 ①

풀이 ① 러시아 정보기관은 폭군으로 알려진 모스크바 대공국의 왕 이반 황제(Tsar Ivan IV)가 1565년에 설립한 '오프리치니나(Oprichnina)'에 뿌리를 두고 있다. '오흐라나(Okhrana)'는 19세기 후반에 들어서서 반정부 활동이 고조됨에 따라 이에 대처하기 위해 알렉산더 2세(Tsar Alexander II)가 설립하였다.

1168

제정 러시아의 이반 4세가 조직한 정보기관으로 옳은 것은? [2012년 기출]

① 오프리치니나
② 프리오브라젠스키 프리카즈
③ 오흐라나
④ 체카

정답 ①

풀이 ① 오프리치니나는 1565년 이반 4세가 설립한 정보기관으로 엄격한 기준으로 보면 정보기관이라기보다는 비밀경찰 조직에 가깝다. 짜르의 직속기관으로서 오프리치니나는 1572년 해체될 때까지 주로 반역자 색출 임무를 수행했다. 무려 6,000여 명에 달하는 오프리치니나의 요원들은 무고한 사람들을 반역자로 몰아 집단 살상하는 등 악명을 떨쳤다.

1169

러시아의 정보기구 역사에 대한 설명으로 틀린 것은? [2008년 기출]

① 러시아 정보기구 역사에서 최초의 비밀정보기관은 이반 4세가 설립한 오프리치니나이다.

② 니콜라이(Nikolai) 1세는 러시아 재판소 제3분과를 설치하여 정치범죄를 제도적으로 단속하였다.

③ 오흐라나는 17세기 피터 대제에 의해 설립되었으며 귀족, 농민을 불문하고 광범위한 감시활동을 수행하였다.

④ 1880년에 내무부 산하에 경찰부가 신설되어 제3국을 대체하게 되었다.

정답 ③

풀이 ③ 오흐라나는 알렉산더 2세(Tsar Alexander II)가 설립하였으며, 피터 대제(Peter the Great)는 프리오브라젠스키 프리카즈(Preobrazhensky Prikaz)라는 정보기관을 설립하였다.

핵심정리 **러시아 혁명 발발 직후의 정보기구**

1. 비상위원회(VChK)
   ① 러시아 혁명 발발 직후인 1917년 12월 20일 KGB의 원조격인 '비상위원회(VChK는 베체카 또는 체카로 불린다.)'가 창설되었다.
   ② 초대 위원장으로 레닌의 절친한 친구였던 제르진스키(Felix Dzerzhinsky)가 임명되었으며, 1922년 해체될 때까지 즉결심판권 등 초법적인 권한을 가지고 반혁명분자를 색출하는 과정에서 수많은 인명을 살상했다.
2. 통합국가정치국(OGPU)
   체카가 해체된 이후 그 기능이 '국가정치부(GPU)'로 이전되었다가 소련 정권이 설립되면서 GPU는 '인민위원회(Council of People's Commissars)' 산하의 '통합국가정치국(OGPU)'으로 개편되었다.
3. 국가내무위원회(NKVD)
   이후 1934년 OGPU는 '국가안보국(GUGB)'으로 개편되었다가 '국가내무위원회(NKVD)'에 통합되었다. NKVD는 사회적 불순분자를 처결할 수 있는 초법적 권한을 가지고 1930년대 스탈린 대숙청의 주요 도구로 활용됨으로써 악명을 떨쳤다.

1170

소련의 최초 정보기관으로 볼셰비키 혁명 성공 이후 펠릭스 제르진스키가 설립한 비밀정보기관으로 옳은 것은? [2008년 기출]

① 체카(VChK)
② 국가보안위원회(KGB)
③ 정보총국(GRU)
④ 연방보안부(FSB)

정답 ①

풀이 ① 러시아 혁명 발발 직후인 1917년 12월 20일 KGB의 원조격인 '비상위원회(VChK는 베체카 또는 체카로 불린다.)'가 창설되었다. 초대 위원장으로 레닌의 절친한 친구였던 제르진스키(Felix Dzerzhinsky)가 임명되었으며, 1922년 해체될 때까지 즉결심판권 등 초법적인 권한을 가지고 반혁명분자를 색출하는 과정에서 수많은 인명을 살상했다.

Theme

43 영국의 정보기구

핵심정리 영국의 정보기구

(1) 보안부(Security Service, SS 또는 MI5)

「보안서비스법(Security Service Act 1989)」이 근거법으로 내무부 장관 소속이다. 과거 중앙정보부가 '남산'으로 호칭했던 것처럼 사서함 주소를 따라서 'BOX 500' 또는 단순히 'Five'라고 지칭된다. 개정 보안서비스법은 법집행기구들을 지원하도록 보안부의 역할을 확대했다. 중대범죄, 분리운동, 테러리즘, 간첩활동에 대한 대처가 주된 임무이다.

(2) 비밀정보부(Secret Intelligence Service, SIS 또는 MI6)

「정보서비스법」에 근거한 외무부 장관 소속의 해외정보기구이다. 창설자인 스미스 커밍 경에서 연원하여 '커밍부'나 '코드명 C'로도 불린다. 소재지 우편함 번호를 따서 '박스 850'라고도 한다. CIA가 회사 또는 집단을 의미하는 '컴퍼니(Company)'로 호칭되는 반면에 비밀정보부(SIS)는 기업을 뜻하는 "Firm'으로 불리고, 다른 정보기관들에게는 '친구(Friends)'로 호칭된다. 정보서비스법은 비밀정보부의 목적이 국가안보이익, 경제복지이익, 중대범죄의 적발 또는 예방을 지원하기 위함이라고 규정하고 있다.

(3) 정부통신본부(Government Communications Headquarters, GCHQ)

비밀정보부(SIS)와 함께 외무부 장관 산하의 정보기구이다. 전신은 1919년 창설된 정부암호학교(Government Code and Cipher School)이다. 정부암호학교는 제2차 세계대전 중 독일의 극비 암호체계인 에니그마(ENIGMA)를 해독하여 전쟁 상황을 연합국에 유리하게 이끄는 데에 지대한 공로를 세웠다. 전쟁종료 후인 1946년 정부통신본부로 확대 개편되었다. 2003년 도넛(Doughnut) 형태의 최신 건물로 이전하여 애칭이 '도넛(Doughnut)'이다. 지구상 최대의 전자 감시 장치인 에셜론(ECHELON) 운용의 영국 담당이다.

(4) 합동테러분석센터(Joint Terrorism Analysis Centre)

보안부(MI5) 산하에 테러방지 임무를 수행하며 국가 모든 테러관련 정보에 접근 가능한 합동테러분석센터(JTAC)가 있다. 합동테러분석센터는 보안부와 별도로 정보공동체의 공식구성원으로 독립 정보기구로 평가받는다.

(5) 국방정보부(Defence Intelligence, DI)

군사정보 이외에도 지구상의 정치적 분쟁문제 , 테러관련정보, 대량살상무기 관련정보를 수집한다. 생산한 정보를 국방부는 물론이고 국무부, 내각의 유관부서, 북대서양방위기구(NATO), 유럽 연합(EU) 그리고 영연방국가에도 제공한다.

(6) 특별수사대(Special Branch)

영국 경찰의 특별조직이다. 2005년 스코틀랜드 야드(Scotland Yard)라고 불리는 런던 경시청 특별수사대는 '대테러사령부(Counter Terrorism Command)'로 재창설되었다. 재창설의 중요한 이유는 '요원의 현장화'였다.

핵심정리 영국 정보기구의 기원

1. 월싱햄의 비밀조직
   (1) 의의
   영국 정보기구의 기원은 엘리자베스 1세 당시인 1573년 월싱햄 경(Fransis Walsingham, 1537~90)이 설립한 비밀조직에서 찾을 수 있다.
   (2) 활동
   ① 월싱햄 공작은 옥스퍼드와 케임브리지 대학 출신의 우수한 인력들을 선발하여 이들에게 암호학과 첩보기술을 훈련시켰다.
   ② 엄격한 훈련과 전문성을 갖춘 엘리트 요원으로 구성된 월싱햄의 비밀조직은 국내외로부터 여왕 암살음모를 적발하여 왕권을 보호하고 주요국에 관한 정보를 수집하는 등의 임무를 성공적으로 수행했다.
   ③ 특히 월싱햄은 비밀공작 활동을 효과적으로 전개하여 1588년 스페인 왕 펠리페 2세의 무적함대를 격파하는 데 결정적인 역할을 수행했던 것으로 평가된다.
   (3) 특징
   ① 과거 어떤 비밀조직보다도 정보활동을 체계적이고 효과적으로 수행했다는 점에서 세계 역사상 최초로 등장한 근대적인 형태의 정보기관으로 인정받기도 한다.
   ② 당시 프랑스, 독일, 러시아 등 대부분의 유럽 국가들에서 단순히 왕권보호를 위해 비밀조직을 설치·운용했던 반면, 월싱햄의 비밀조직은 최초 왕권보호를 목적으로 설립되었지만 점차 국가적 차원의 안보를 위한 정보활동을 활발히 전개했다는 점에서 분명한 차이를 보였다.
   ③ 무엇보다도 월싱햄의 비밀조직은 이후 영국의 정보기구가 지향해야 할 하나의 롤 모델이 되었다는 점에서 중요한 의미를 가진다.

2. 19세기 후반 정보기구
   (1) 의의
   ① 19세기 후반 무렵 유럽 대륙에서 육·해군 무기체계의 급속한 발전이 있었고, 이로 인해 전쟁 양상이 획기적으로 변화했다.
   ② 예전보다 대규모 병력이 광범위한 지역에서 전투를 수행하게 됨으로써 기동성과 집중력을 동원한 전격적인 기습작전이 보다 빈번 하게 전개되었으며, 이로 인해 전투 지휘 및 통제가 보다 복잡해졌다.
   ③ 이러한 변화에 대처하기 위해서는 전투를 지휘하는 야전사령관에게 부대의 이동, 전쟁 계획 등을 지원해주는 참모조직이 필요해졌다.
   (2) 지형통계국(War Office Topographical and Statistical Department)
   영국의 경우 크림전쟁 이후 전쟁성 산하 '지형통계국(War Office Topographical and Statistical Department)'이 창설되었지만 활동은 미약했다.
   (3) 전쟁성의 '정보국(War Office Intelligence Branch)' 창설
   ① 영국에서 군사정보분야의 활동이 본격화된 것은 1873년 전쟁성의 '정보국'이 창설되면서부터이다.
   ② 1878년 전쟁성 정보국 산하에 설립된 '인도 지부'(Indian Intelligence Branch)와 1882년 해군에 설립된 '대외정보위원회(Foreign Intelligence Committee)' 등은 군사정보활동을 전문적으로 수행하는 정보조직이었다.

3. 비밀정보국(Secret Service Bureau)
   (1) 의의
   1909년 주로 영국 본토 내 암약하는 독일 간첩들을 색출할 목적으로 '비밀정보국(Secret Service Bureau)'이 설립되었는데, 아마도 이것이 영국 최초 국가적 수준의 정보기관으로 인정된다.
   (2) '국내과(Home Section)'와 '해외과(Foreign Section)'
   ① 초기 비밀정보국은 육군과 해군으로 분리되었다가 1년도 지나지 않아 '국내과(Home Section)'와 '해외과(Foreign Section)'로 재편되었다.

② 국내과는 육군성 소속 하에 영국 연방 및 본토 내에서의 방첩 및 수사활동 임무를 수행했으며, 국외과는 해군성의 관할권 하에 유럽 국가들에 공작관들을 파견하여 군사동향에 관한 첩보수집활동을 전개했다.

(3) 'MI5'와 'MI6'

① 1916년 국내과와 국외과는 '군사정보국(Directorate of Military Intelligence)'의 일부로 편입되면서 각각 'MI5'와 'MI6'라는 명칭을 부여받았다.

② 1921년 MI6의 업무가 외무부로 이전된 다음 '비밀정보부(Secret Intelligence Service, SIS)'로 개명되었으며, MI5는 1931년 내무부 관할의 '보안부(Security Service, SS)'로 개명되었다.

4. 정보통신본부(Government Communication Headquarters, GCHQ)

(1) MI8과 Room40

① 제1차 세계대전 당시 유럽에서 무선감청은 주로 육군이나 해군에서 수행되었다. 영국의 경우 육군은 'MI8', 해군은 'Room40'이라는 암호부대를 운용하고 있었다.

② 해군의 Room40는 '짐머만의 전보(Zimmerman's Telegram)'를 해독함으로써 제1차 세계 대전에서 미국의 참전을 유도하는데 결정적인 역할을 하였다.

(2) 암호학교(Government Code and Cypher School, GCCS)

① 1919년 Room40과 MI8의 일부 인원이 브레츨리 파크(Bletchley Park) 소재 정부 '암호학교(Government Code and Cypher School, GCCS)'에 통합되었다.

② GCCS는 제2차 세계대전 동안 독일의 에니그마(Enigma) 암호체계를 해독하기 위한 '울트라 작전(Ultra Project)'을 비밀리에 추진했고, 마침내 암호해독에 성공함으로써 제2차 세계대전에서 연합군이 승리하는데 결정적으로 기여했다.

(3) 정보통신본부(Government Communication Headquarters, GCHQ)

GCCS는 1946년 '정보통신본부(Government Communication Headquarters, GCHQ)'로 개편되어 오늘날까지 존속되고 있다.

5. 합동정보위원회(British Joint Intelligence Committee, JIC) 설립

(1) 의의

제1차 세계대전의 경험을 통해 영국은 전쟁을 수행함에 있어서 국가적 차원의 정보분석기구가 필요하다는 인식이 생기게 되었다. 특히, 1930년대부터 적대국인 독일의 군사력이나 전쟁 계획 등에 대한 종합적인 분석의 필요성이 증대되었다.

(2) 종합적인 분석 기능을 수행하는 정보기구

① 당시 영국에 부문정보기구들이 있었지만 이들의 능력으로는 종합적인 분석 임무를 적절히 수행할 수 없다고 판단했다.

② 그래서 1939년 부문정보기관에서 제공되는 단편적인 정보를 종합하는 기능을 수행하는 정보기구로서 '합동정보위원회(British Joint Intelligence Committee, JIC)가 설립되었다.

③ JIC는 제2차 세계대전 중 전쟁 임무를 효과적으로 수행하여 명성을 얻었다. 이 기구를 통해 영국은 제2차 세계대전 동안 적의 육군, 해군, 공군, 정치, 경제 등 모든 요소들을 종합적으로 분석하는 '국가평가(national assessment)'가 가능했다.

6. 결론

① 월싱햄의 비밀조직에서 시작된 영국 정보기구의 발전과정은 세계 첩보사에서 중요한 의미를 가진다. 최초 왕권보호 차원에서 설립된 영국의 정보기구는 점차 국가안보를 위한 목적에 부응하는 방향으로 발전했다.

② 제1, 2차 세계대전을 거치면서 SS, SIS, GCHQ 등 영국의 정보기관들은 전쟁에서 승리하는데 결정적인 역할을 수행했다.

③ 또한 독일의 게슈타포처럼 정보기관이 정권안보의 수단으로 전락되지 않도록 정보기관의 권력집중을 통제하는 방향으로 '분리형 정보체계'를 발전시켰다. 영국 정보체계의 조직, 임무, 기능, 활동 등은 미국은 물론 여타 국가들의 정보기구 형성 및 발전에 긍정적인 영향을 끼쳤다.

1171

영국의 정보기구의 발전에 대한 설명으로 틀린 것은?

① 영국의 경우 크림전쟁 이후 전쟁성 산하 '지형통계국(War Office Topographical and Statistical Department)'이 창설되었지만 활동은 미약했다.

② 1916년 비밀정보국(Secret Service Bureau) 국내과와 국외과는 '군사정보국(Directorate of Military Intelligence)'의 일부로 편입되면서 각각 'MI5'와 'MI6'라는 명칭을 부여받았다.

③ 해군의 Room40는 제2차 세계대전 동안 독일의 에니그마(Enigma) 암호체계를 해독하기 위한 '울트라 작전(Ultra Project)'을 비밀리에 추진하였다.

④ 1939년 부문정보기관에서 제공되는 단편적인 정보를 종합하는 기능을 수행하는 정보기구로서 '합동정보위원회(British Joint Intelligence Committee, JIC)가 설립되었다.

정답 ③

풀이 ③ 해군의 Room40는 '짐머만의 전보(Zimmerman's Telegram)'를 해독함으로써 제1차 세계 대전에서 미국의 참전을 유도하는 데 결정적인 역할을 하였다. 제2차 세계대전 동안 독일의 에니그마(Enigma) 암호체계를 해독하기 위한 '울트라 작전(Ultra Project)'을 비밀리에 추진한 정보기관은 암호학교(Government Code and Cypher School, GCCS)이다.

1172

영국의 근대적 정보기구에 대한 설명으로 틀린 것은?

① 크림전쟁 이후 전쟁성 산하 '지형통계국'이 창설되었지만 활동은 미약했다.

② 영국에서 정보활동이 본격화된 것은 1873년 전쟁성의 '정보국'이 창설되면서부터이다.

③ 1878년에 창설된 전쟁성 정보국의 '인도지부'와 1882년 합참의장 산하에 통합된 군사계획기구를 설립하는 등 군사정보활동을 수행하기 위한 기구들이 등장하기 시작했다.

④ 19세기 말 영국은 자국 내부에 암약하여 활동하고 있는 외국의 간첩들에 대해 대응해야 할 필요성이 점차 증가하고 있었으며, 그러한 필요를 반영하여 1909년 마침내 '비밀정보국(Secret Service Bureau)'이 설립되었다.

정답 ③

풀이 영국에서 합참의장 산하에 합된 군사계획기구를 설립한 것은 1930년대이다. 1882년에 설립된 것은 해군의 '대외정보위원회'이다.

1173

영국의 근대적 정보기관에 대한 설명으로 틀린 것은?

① 영국에서 정보활동이 본격화된 것은 1873년 전쟁성의 '정보국(War Office Intelligence Branch)'이 창설되면서부터이다.

② 영국은 1829년까지 국가적인 차원의 비밀경찰 조직을 두지 않았고, 영국은 1844년경 외교 문서의 불법적인 검색을 금지하는 조치를 취했다.

③ 1887년 전쟁성 해군정보국장(the First War Office and Admiralty Director of Intelligence, DMI and DNI)이 최초로 임명되었다.

④ 19세기 말 영국은 자국 내부에 암약하여 활동하고 있는 외국의 간첩들에 대해 대응해야 할 필요성이 점차 증가하고 있었으며, 그러한 필요를 반영하여 1889년 마침내 '비밀정보국(Secret Service Bureau)'이 설립되었다.

정답 ④

풀이 ④ 19세기 말 영국은 자국 내부에 암약하여 활동하고 있는 외국의 간첩들에 대해 대응해야 할 필요성이 점차 증가하고 있었으며, 그러한 필요를 반영하여 1909년 마침내 '비밀정보국(Secret Service Bureau)'이 설립되었다. 당시 '비밀정보국'은 해외 공작활동도 전개했다.

1174

다음에서 설명하는 영국의 정보기관으로 옳은 것은?

미국의 국가안보국(NSA)처럼 암호나 비밀 등을 보호하며 개발을 담당한다.

① 정부통신본부 ② 보안부

③ 국토감시국 ④ 비밀정보부

정답 ①

풀이 ① 영국 정부통신본부(GCHQ)에 대한 설명이다. 1919년 Room40과 MI8의 일부 인원이 '정부 암호학교(Government Code and Cypher School, GCCS)'에 통합되었다. GCCS는 제2차 세계대전 동안 독일의 에니그마(Enigma) 암호체계를 해독하기 위한 '울트라 작전(Ultra Project)'을 비밀리에 추진했고, 마침내 암호해독에 성공함으로써 제2차 세계대전에서 연합군이 승리하는 데 결정적으로 기여했다. GCCS는 1946년 '정부통신본부(Government Communication Headquarters, GCHQ)'로 개편되어 오늘날까지 존속되고 있다.

1175

MI6가 SIS로 명칭을 바꾼 시기로 옳은 것은? [2018년 기출]

① 1차 대전 중
② 1차 대전 이후
③ 2차 대전 중
④ 2차 대전 이후

정답 ②

풀이 ② 1909년 비밀정보국(Secret Service Bureau)이 설립되고, 1916년 비밀정보국 해외과는 MI6라는 명칭을 부여받았다. 1921년 MI6의 업무가 외무부로 이전되면서 '비밀정보부(Secret Intelligence Service, SIS)'로 확대 · 개편되었다.

1176

범죄 현장에서 발생한 증거들을 수집, 분석하고 해석하여 범죄 사건을 해결하는 과정(Crime Scene Investigation, CSI)을 담당하는 영국의 정보기관으로 옳은 것은? [2012년 기출]

① MI5
② GCHQ
③ NCA
④ DI

정답 ③

풀이 ③ 국가범죄청(National Crime Agency, NCA)은 2013년 10월 설립된 국가 범죄 수사 기관이다. NCA는 국가 안보와 경제 안보를 위해 국가적 범죄 수사와 범죄 예방에 초점을 맞추고 다양한 범죄 유형, 예를 들면 마약, 성매매, 사이버 범죄, 인신매매, 부정부패, 테러리즘 등을 수사하고 있다.

1177

미국의 NSA와 공동으로 전 세계 통신망을 감청하는 역할을 수행하는 영국의 정보기관으로 옳은 것은? [2008년 기출]

① 비밀정보부(MI6)
② 보안부(MI5)
③ 정부통신본부(GCHQ)
④ 국방정보부(DI)

정답 ③

풀이 ③ 영국 정부통신본부(GCHQ)에 대한 설명이다. 1919년 Room40과 MI8의 일부 인원이 '정부 암호학교(Government Code and Cypher School, GCCS)'에 통합되었다. GCCS는 제2차 세계대전 동안 독일의 에니그마(Enigma) 암호체계를 해독하기 위한 '울트라 작전(Ultra Project)'을 비밀리에 추진했고, 마침내 암호해독에 성공함으로써 제2차 세계대전에서 연합군이 승리하는 데 결정적으로 기여했다. GCCS는 1946년 '정부통신본부(Government Communication Headquarters, GCHQ)'로 개편되어 오늘날까지 존속되고 있다.

1178

MI6의 다른 명칭으로 옳은 것은? [2008년 기출]

① SS ② DI

③ SIS ④ ISIS

정답 ③

풀이 ③ 1909년 비밀정보국(Secret Service Bureau)이 설립되고, 1916년 비밀정보국 해외과는 MI6라는 명칭을 부여받았다. 1921년 MI6의 업무가 외무부로 이전되면서 '비밀정보부(Secret Intelligence Service, SIS)'로 확대 · 개편되었다.

Theme 44 프랑스의 정보기구

핵심정리 프랑스의 정보기구

(1) 대외안보총국(General Directorate of External Security, DGSE)

① 대외안보총국(DGSE)은 국방성 소속의 해외정보기구로 모토는 "필요성이 있는 모든 곳에 우리가 있다(In every place where necessity makes law)"이다.

② 군사전략정보, 전자감시, 국외에서의 방첩공작 임무, 국가이익에 반하는 활동을 하는 사람들에 대한 물리적 저지(action homo, 암살)를 포함한 비밀공작업무를 수행한다.

③ 대외안보총국의 암호명은 'CAT'으로 본부는 파리에 위치한다. 인근에 프랑스 수영협회가 있는 관계로 대외적으로는 '수영장'이라고 불린다. 소위 '그럴듯한 부인'의 전범(典範)으로 여겨지는 레인보우 워리어, 일명 "마왕(魔王)의 작전(Operation Satanic)"이 대외안보총국의 작품이었다.

(2) 국내안보총국(General Directorate of Internal Security, DGSI)

① 2014년 5월 12일 DCRI의 조직과 기능을 확대 · 개편하여 내무부 장관 직속의 국내정보기구로서 국내안보총국(DGSI)이 설립되었다.

② 중앙국내정보국(DCRI)은 기존의 국가경찰조직 중앙정보총국(RG)을 국토감시청(DST)에 흡수 통합하여 2008년 7월 1일 창설된 국내정보기구이다. 대간첩, 대테러, 사이버범죄와 제반 잠재적 위협세력에 대한 감시활동이 주된 임무이다.

③ 중앙정보총국(RG)은 나치 독일의 괴뢰국이었던 비시 정부(Vichy France)에서 탄생한 경찰조직으로 폐지하고 일반 경찰화하거나 국토감시청(DST)에 통합시키자는 주장이 끊이지 않고 제기되어 왔었다.

④ 중앙국내정보국(DCRI)의 전신인 국토감시청(DST)은 국내 보안 · 방첩공작기구로 1944년도에 창설되어 대표적인 경제정보기구로 활약했다. 커다란 성공의 하나가 암호명 '페어웰(Farewell)'로 잘 알려진 KGB 요원 블라디미르 페트로프의 전향공작이었다. 그동안 국토감시청은 미국 · 소련과 중국을 포함한 주요 국가의 정보기관 중에서 유일하게 외부침투를 당하지 않은 정보기관으로도 알려져 있다.

(3) 군사정보부(DRM)

군사정보부(DRM)는 1992년 6월에 창설된 군 정보기관으로서 군 참모총장의 지휘감독을 받는다. 미국의 군 정보기관인 DIA(국방정보국)와 유사하게 군사정보를 종합적으로 분석하여 보고서를 생산하는 기능을 담당한다.

(4) 국방보안국(DPSD)

국방보안국(DPSD)은 DGSE와 더불어 국방부 산하기관으로서 국방부장관에게 직접 보고한다. DPSD는 한국의 국군방첩사령부와 유사한 군 보안기관으로서, 군 방첩활동 및 군내 정치동향 감시, 군의 정치적 중립성 등에 대한 감시활동을 담당한다.

1179

군 정보기관으로 틀린 것은? [2010년 기출]

① DI　　② DGSE

③ GRU　　④ DIA

정답 ②

풀이 ② DGSE(Direction Generalede la Securite Exterieure)는 프랑스의 대표적인 국가정보기관이면서도 대통령 직속이 아닌 국방부 소속으로 되어 있다. DGSE는 해외에서의 첩보수집 및 비밀공작을 담당하며, 수집된 첩보를 종합하여 분석하는 기능도 수행하고 있다. 여타 정보기관과 다른 점으로서 DGSE는 국가안보에 위협이 되는 간첩, 반국가사범 그리고 테러범에 대한 "수사권"을 가지고 있으며, 소속 직원들의 범죄에 대한 수사도 담당한다. 기본적으로 해외 부문은 DGSE가 담당하고, 국내정보 및 수사권은 내무부 산하의 국내안보총국(DGSI)이 가지고 있다. 그러나 추적권의 필요성이 고려되어 국내 소재 외국공관, 국제공항, 외국인 숙박 호텔, 국제항만 등은 DGSE의 활동 영역으로 인정되고 있다. 참고로 프랑스의 군 정보기관으로는 군사정보부(DRM)와 국방보안국(DPSD)이 있다.

Theme 45 독일의 정보기구

핵심정리 독일의 정보기구

(1) 슈타지(STASI)

동독의 비밀경찰 겸 정보·보안기구로 복무 방침은 '당의 방패와 창(Shield and Sword of the Party)'이었다. 즉 목적 자체가 공산당에 대한 충성이었다. 슈타지는 1989년을 기준으로 주민 50명당 1명의 요원이 존재했다. 이러한 수치는 역사상 최고 수준의 주민 감시 체제라는 평가를 받았다. 동독 멸망에 임박하여 1989년과 1990년 사이에 슈타지는 상당한 비밀서류들을 파쇄했지만 CIA는 이미 뒷거래와 절취 등으로 슈타지의 상당한 비밀서류를 확보했던 것으로 알려졌다. 그것은 CIA가 독일 여러 지도자의 신상 비밀 그리고 동독이 서독에 대하여 파악하고 있는 정치·경제·사회·문화의 제반 분야에 대해서 어느 나라도 알지 못하는 비밀자료를 확보하고 있다는 것을 의미한다.

(2) 헌법수호청(Protection of the Constitution, BfV)

① 독일은 역사적 경험으로 헌법질서 파괴는 그 자체가 국가파괴로 연결되고 헌법수호에 관한 노력은 많으면 많을수록 국가발전에 이로우며, 다수의 기관에 의한 헌법수호 노력은 더 이상 독일을 인류 참상의 현장으로 내몰지 않을 것이라는 것을 깨달았다. 연방 헌법수호 청과 16개의 주 헌법수호청이 있다.

② 방첩정보기구인 헌법수호청은 1993년까지 377개의 반체제와 이적단체, 극렬분자 단체를 찾아내 이들 조직을 해체하고 재산을 모두 몰수했다. 또 1986년까지 공무원이 되려는 사람 350여만 명에 대해 '헌법 충성도'를 심사하여 2250명을 탈락시켰다. 현직 공무원과 교사에 대해서도 '헌법 충성도'를 조사해 2000여 명을 중징계하고 256명을 파면시켰다. 독일이 이렇게 반체제자들을 가혹하게 탄압하는 이유는 헌법체제 자체를 부정하는 이들 은 사회적 통합의 대상이 아니라고 판단하는 것이다.

(3) 연방정보부(Federal Intelligence Service, BND)

총리실 직속으로 해외정보기구이다. 연방정보국의 전신은 겔렌(Gehlen) 장군이 이끌었던 동부군 정보국(German eastern military intelligence agency)이다. 미국에 의해 전범에서 사면을 받은 겔렌은 미국의 후원 하에 1946년 7월 '겔렌조직(Gehlen Organization)'이라는 비밀정보조직을 창설했다. 겔렌조직은 미국 정보공동체의 하부조직으로서 냉전시대 소비에트 블록에 대한 지상의 눈과 귀로 소련에 대한 수많은 정보를 미국과 나토에 제공했다. 이 겔렌 조직이 1956년 연방정보부(BND)로 탄생했다. 겔렌은 1968년까지 연방정보국의 초대 국장을 역임했다.

(4) 군 보안부(Military Protective Service, MAD)

독일군 보안부(MAD)는 1956년 창설된 군정보기구로, 헌법수호청, 연방정보부와 함께 독일의 3대 정보기구이다. 군 방첩 활동, 군 관련 정보수집과 분석, 군대 내에서의 반 헌 법적 활동과 적대국에 대한 비밀정보 활동 그리고 독일과 동맹국의 안보상황에 대한 정보업무를 수행한다. 연방헌법수호청의 군대 내 조직으로 비유된다.

(5) 연방정보보호청(Federal Office for Information Security, BSI)

컴퓨터와 통신보안에 대한 주무 정보기구이다. 미국의 국가안보국(NSA)과 영국의 정부 통신본부(GCHQ)와 유사한 임무를 수행한다.

1180

독일 연방정보부(BND)에 대한 설명으로 틀린 것은?

① 수상 직속기구로서 해외정보활동을 수행하는 독일의 대표적인 국가정보기관이다.

② 해외정보활동을 수행하면서 민간 부문은 물론 군사 분야의 첩보들도 수집하고 있다.

③ BND 첩보지원국은 영상정보, 지구공간정보, 공개출처정보, 신호정보 등을 수집하는 임무를 수행한다.

④ BND 정보협력국은 NATO 국가들을 포함하여 외국 정보기관들과의 정보협력 업무를 수행하며, 빈확산국은 핵무기, 화학무기, 생물무기의 확산 방지 업무를 수행한다.

정답 ③

풀이 ③ 신호정보는 신호정보국이 수집을 담당한다.

1181

군 정보기관으로 옳은 것은? [2020년 기출]

① 영국의 GCHQ

② 러시아의 FSB

③ 독일의 MAD

④ 이스라엘의 Mossad

정답 ③

풀이 ③ 독일의 군 정보부(MAD)는 연방 국방부와 육 · 해 · 공군 등 각 군 정보기관의 협력을 얻어 군사 부문 정보활동을 수행하고 있다.

Theme 46 이스라엘의 정보기구

핵심정리 시오니즘(Zionism)

(1) 의의

① 오늘날의 이스라엘 정보기구가 창설되는 계기는 유태인들의 '시오니즘(Zionism)'과 밀접히 관련된다.

② '시온(Zion)'은 유대교의 신전이 있는 예루살렘 동쪽에 위치한 '오펠(Opel)' 언덕을 말한다. 그러므로 '시오니즘'이란 '시온 언덕으로 돌아가자.'는 사상이며 운동을 의미한다.

(2) 시오니즘 탄생의 결정적인 계기

① AD 70년 이스라엘이 로마에 의해 멸망한 이후 유태인들은 세계 각지로 흩어져 거의 2천년 동안 박해와 고난을 받아 왔다.

② 시오니즘이 탄생하게 된 결정적인 계기는 1882년 러시아에서의 조직적인 유태인 학살에서 찾을 수 있다.

③ 당시 유대인들 간에 자신들의 생명과 재산을 보호해 줄 수 있는 국가건설이 필요하다는 인식이 싹트게 되었고 그것이 시오니즘 사상으로 발전하게 되었다.

(3) 발포어 선언(Balfouer Declaration)

① 시오니즘은 한동안 이상 또는 사상에 불과했으나, 1917년 11월 영국 발포어 수상이 '발포어 선언(Balfouer Declaration)'을 통해 팔레스타인 지역에 유태인 민족국가 건설을 약속함으로써 현실적인 운동으로 촉발되기에 이르렀다.

② '발포어(Balfouer) 선언'에 따라 팔레스타인 지역으로 유태인들의 이주가 시작되었고, 얼마 지나지 않아 팔레스티나 지역에 거주하던 유대인들이 아랍인들의 공격을 받게 되었다.

1182

이스라엘 정보기구에 대한 설명으로 틀린 것은? [2018년 기출]

① 모사드는 시오니즘을 바탕으로 민족재결합프로젝트를 추진하고 있다.

② 영국의 발포선언으로 유대국가 독립의 기틀이 마련됐다.

③ 신베트는 점령지 등 국내 방첩활동을 담당한다.

④ 라캄은 1957년 국방부 직속으로 설립됐으며 군사정보 수집을 담당했다.

정답 ④

풀이 ④ 라캄은 핵시설의 보안과 군사 부문의 과학기술정보를 수집했다.

핵심정리 이스라엘 정보기구의 기원과 발전

(1) 하쇼메(Hashomer)

유대인의 증가는 팔레스타인 아랍 원주민들과 대립을 불가피하게 만들었고 아랍인들은 새로운 침입자들에 대하여 테러와 습격을 감행했다. 이 결과 유태인들 역시 1909년부터는 집단농장의 경비부대인 하쇼메(Hashomer)란 자위기구를 발족하였다.

(2) 하가나(Hagana)

① 유태인들 스스로 아랍인들과의 무력충돌에 대비하여 촌락별로 자체 방위대를 조직하였는데, 이것이 후일 이스라엘 군의 기초를 이루는 '하가나(Hagana)'이다.

② 하가나는 Hashomer(지키는 사람)에서 비롯되었다. Hashomer는 의용심으로 자기 자신들과 유태인 부락과 농장을 방어한다는 뜻을 내포하고 있다. 제1차 세계대전을 전후하여 유태인이 아랍인으로부터 공격을 받게 되자 Hashomer의 개념은 Haganah(방위)의미로 전환하였다.

(3) 쉐이(SHAI)

하가나는 그 휘하에 '쉐이(SHAI)'라는 정보조직을 가지고 있었는데, 이것이 오늘날의 이스라엘 정보기관으로 발전하게 되었다.

(4) 이민협회 B(Institute of Immigration B)

① 한편 제2차 세계대전 중 팔레스티나 지역을 위임 통치했던 영국은 아랍세계를 자신들의 지지 세력으로 확보하기 위해 유태인들의 팔레스타인 귀환운동(이민사업)을 극도로 억제하는 정책을 추진했다.

② 이를 타개하고자 하가나는 1937년 '모사드 르 알리야 베트(Mossad le Aliyah Bet)', 즉 '이민협회 B(Institute of Immigration B)'를 조직하여 유대인들을 팔레스타인으로 이주하는 비합법적인 이민사업을 전개했다.

(5) 팔마(Palmach)

① 의의

㉠ 제2차 세계대전이 격화된 1941년 5월 하가나는 '팔마(Palmach)'라는 군대조직을 설립하였다.

㉡ 팔마는 팔레스타인 거주 유태인들이 자위의 수단으로 자기들 스스로가 조직한 이스라엘 최초의 군대였으며, 그 간부들은 오늘날 이스라엘 군의 주축이 되었다. 팔마의 아랍과(課)에서는 유태인 젊은이들이 아랍사회 속에서 아랍인처럼 생활하고 활동할 수 있도록 그들을 훈련시켰다.

② 팔리암(Palyam)

팔마의 해상파견대 '팔리암(Palyam)'에서는 팔마 요원들을 불법 이민선의 항해사로 배치하여 선장을 감시하고 배신자가 생기지 않도록 조치를 취하는 등의 임무를 수행했다. 후일 팔리암은 이스라엘 해군 정보부대의 기초를 이루었다.

1183

이스라엘 정보기구의 발전에 대한 설명으로 틀린 것은?

① 1909년부터는 집단농장의 경비부대인 하쇼메(Hashomer)란 자위기구를 발족하였다.

② 하가나(Hagana)는 촌락별로 조직된 자체 방위대로서 이스라엘 군의 기초를 이루었다.

③ 하가나는 그 휘하에 '쉐이(SHAI)'라는 정보조직을 가지고 있었는데, 이것이 오늘날의 이스라엘 정보기관으로 발전하게 되었다.

④ 팔리암(Palyam)은 팔레스타인 거주 유태인들이 자위의 수단으로 자기들 스스로가 조직한 이스라엘 최초의 군대였다.

정답 ④

풀이 ④ 팔마(Palmach)에 대한 설명이다. 팔마의 해상파견대 '팔리암(Palyam)'에서는 팔마 요원들을 불법 이민선의 항해사로 배치하여 선장을 감시하고 배신자가 생기지 않도록 조치를 취하는 등의 임무를 수행했다. 후일 팔리암은 이스라엘 해군 정보부대의 기초를 이루었다.

1184

이스라엘의 정보기관에 대한 설명으로 틀린 것은? [2020년 기출]

① 모사드(Mossad)에는 샤박(Shabak)이라는 부대를 운영하고 있다.

② 아만(Aman)은 독자적인 군 정보기구이다.

③ 1909년 집단농장의 경비부대인 하쇼메(Hashomer)란 자위기구를 발족하였다.

④ 쉐이(SHAI)는 독립 이전 자위대인 하가나(Hagana) 산하의 첩보부대였다.

정답 ①

풀이 ① 샤박 또는 신베트(Security Service, Shabak, 또는 Shin Bet)는 방첩공작 임무를 수행하는 국내 보안기구로 이스라엘의 FBI로 불린다. 모사드와 함께 총리실 산하에 있다. 샤박의 모토는 '눈에 보이지 않는 수호자'이다. 방첩공작, 극우 · 극좌세력의 정부전복활동과 사보타주, 대(對)테러를 담당한다. 이스라엘을 주기적으로 방문하는 요주의 방문객과 그들과 접촉하는 내 · 외국인들은 샤박의 조사를 받을 수 있다.

핵심정리 이스라엘의 정보기구

(1) **모사드(The Institute for Intelligence and Special Tasks, Mossad)**
총리 직속의 해외정보기구이다. 모사드(Mossad)는 히브리어로 '조직(Institute)'이라는 뜻으로 미국 CIA, 영국 MI6 등과 비견된다. 군 정보기관인 아만, 국내 보안기구인 샤박과 함께 이스라엘의 3대 정보기구이다. 부훈(部訓)은 '조언자가 없으면 멸망한다, 다수의 조언자가 있으면 안전하다.'이다. 모사드는 암살을 포함하여 특별한 비밀공작활동도 전개하고 해외의 유대인을 본국으로 안내하여 정착하는 업무도 담당한다.

(2) **샤박 또는 신베트(Security Service, Shabak, 또는 Shin Bet)**
샤박은 방첩공작 임무를 수행하는 국내 보안기구로 이스라엘의 FBI로 불린다. 모사드와 함께 총리실 산하에 있다. 샤박의 모토는 '눈에 보이지 않는 수호자'이다. 방첩공작, 극우 · 극좌세력의 정부전복활동과 사보타주, 대(對)테러를 담당한다. 이스라엘을 주기적으로 방문하는 요주의 방문객과 그들과 접촉하는 내 · 외국인들은 샤박의 조사를 받을 수 있다.

(3) 아만(Military Intelligence, Aman)

아만은 군정보기구이다. 이스라엘 군 자체와 동격의 독립적인 전투형 군정보기구로서 전쟁에서 이스라엘의 존립을 지켜낸 정보기구이다. 산하에 신호정보 8200부대가 있다.

(4) 외무부 정치연구센터(Center for Political Research of Ministry of Foreign Affairs)

각국의 정치정보를 수집 · 분석하고 평가하며 전 세계에 이스라엘의 미션에 대한 설명 및 안내를 한다. 해외 유대인 거주지인 '디아스포라 공동체(Diaspora communities)'와 관계를 증진하며 해외 이스라엘 국민들의 권익보호에도 책임이 있다.

핵심정리 **메사다(Metsada)와 키돈(Kidon)**

메사다(Metsada)라는 이름으로 알려진 모사드의 특수공작부서(Special Operations Division)는 이스라엘 정부의 묵시적인 승인 하에 이스라엘의 안보를 위협하는 세력을 대상으로 암살 또는 사보타주, 준군사공작, 심리전 등 매우 위험하고 민감한 임무들을 수행한다. 그리고 특히 메사다 휘하에는 암살을 전문적으로 수행하는 키돈(Kidon)과가 활동하고 있다.

1185

모사드에 대한 설명으로 틀린 것은? [2013년 기출]

① 군과 정부 간 업무 협력을 담당하고 있다.
② 해외정보수집과 비밀공작을 담당한다.
③ 해외거주 유태인의 모국 귀환을 돕고 있다.
④ 암살공작을 전담하는 키돈이라는 조직을 운용하고 있다.

정답 ①

풀이 ① 군과 정부 간 업무 협력을 담당하는 정보기관은 아만이다. 아만은 국가정보판단보고서를 생산하여 수상과 내각에 제공하며, 이 밖에도 일일정보보고서 와 전쟁위험평가 보고서도 생산하고, 민간 정보기관과 군 정보기관들 간 정보의 흐름을 조정하는 역할도 수행한다.

1186

모사드에 대한 설명으로 틀린 것은? [2012년 기출]

① 이스라엘의 해외 정보수집을 담당하는 국가정보기관이다.
② 요인암살과 같은 비밀공작을 수행한다.
③ 해외 거주 유대인의 국내정착활동을 지원한다.
④ 샤박(Shabak)은 모사드 산하 방첩기관이다.

정답 ④

풀이 ④ 샤박 또는 신베트(Security Service, Shabak, 또는 Shin Bet)는 방첩공작 임무를 수행하는 국내 보안기구로 이스라엘의 FBI로 불린다. 모사드와 함께 총리실 산하에 있다. 샤박의 모토는 '눈에 보이지 않는 수호자'이다. 방첩공작, 극우 · 극좌세력의 정부전복활동과 사보타주, 대(對)테러를 담당한다. 이스라엘을 주기적으로 방문하는 요주의 방문객과 그들과 접촉하는 내 · 외국인들은 샤박의 조사를 받을 수 있다.

1187

참모본부의 정보부로 출발하여 지역사령부, 해군, 공군과 같은 독립조직으로 격상한 이스라엘의 군 정보기구로 옳은 것은? [2008년 기출]

① Shin Bet ② Mossad

③ Aman ④ Lakam

정답 ③

풀이 ③ 아만은 국가정보판단보고서를 생산하여 수상과 내각에 제공하며, 이 밖에도 일일정보보고서와 전쟁위험평가 보고서도 생산한다. 또한 아만은 군과 정부 간 업무 협력을 담당하고 있으며, 민간 정보기관과 군 정보기관들 간 정보의 흐름을 조정하는 역할도 수행한다.

1188

아랍 국가들과의 전쟁에서 승리할 수 있도록 해외정보를 담당하고 있는 이스라엘의 국가정보기관으로 옳은 것은? [2006년 기출]

① MOSSAD(ISIS) ② AMAN

③ Shin Bet(ISA) ④ SHAI

정답 ①

풀이 ④ 유대인의 증가는 팔레스타인 아랍 원주민들과 대립을 불가피하게 만들었고 아랍인들은 새로운 침입자들에 대하여 테러와 습격을 감행했다. 이 결과 유태인들 역시 1909년부터는 집단농장의 경비부대인 하쇼메(Hashomer)란 자위기구를 발족하였다. 유태인들 스스로 아랍인들과의 무력충돌에 대비하여 촌락별로 자체 방위대를 조직하였는데, 이것이 후일 이스라엘 군의 기초를 이루는 '하가나(Hagana)'이다. 하가나는 그 휘하에 '쉐이(SHAI)'라는 정보조직을 가지고 있었는데, 이것이 오늘날의 이스라엘 정보기관으로 발전하게 되었다.

1189

이스라엘 군사정보국 아만(Aman)에 대한 설명으로 틀린 것은?

① 이스라엘 내 가장 큰 규모의 정보기관이다.

② 9900부대는 공중정찰기 등의 첨단장비를 운용하여 신호정보를 수집한다.

③ 군대테러 특수부대인 Sayeret Maktal(504부대)의 지휘권한을 가지고 있다.

④ 수상과 내각에는 국가정보판단보고서를 이스라엘 방위군(IDF)에는 일일정보보고서와 전쟁위험평가 보고서를 제공한다.

정답 ②

풀이 ② 8200부대는 공중정찰기 등의 첨단장비를 운용하여 신호정보(SIGINT)를 수집하고 9900부대는 드론과 위성이 보내는 엄청난 양의 이미지에서 유용한 군사정보를 추출하여 지리 공간 데이터, 위성 이미지, 고고도 감시 이미지를 분석한다.

핵심정리 라캄(LAKAM)

(1) 의의

① 라캄은 1957년 당시 핵개발을 목적으로 국방부 산하에 설립되었는데, 이후 군사 부문의 과학기술 정보를 수집하는 활동을 담당하게 되었다.

② 해외에서의 과학기술 정보수집을 위해 미국과 유럽의 대사관과 영사관에 '과학담당관(Science Attaches)'을 두었으며, 때로 위장 업체를 설립하기여 정보수집활동을 전개하기도 하였다.

③ 라캄은 1967년 6일 전쟁 직후 프랑스 미라주 폭격기의 중요 부분에 관한 설계도를 획득하는 데 성공하는 등의 성과를 올리기도 하였다.

④ 1985년 당시 미국의 뉴욕, 보스턴, 로스앤젤레스 등지의 이스라엘 영사관에 라캄의 사무실이 설치되어 있었으며, 그 곳에서 군사과학기술분야의 정보수집활동을 매우 활발하게 수행했던 것으로 알려졌다.

(2) 라캄의 해체

① 의의

라캄은 폴라드(Jonathan J. Pollad) 사건으로 인해 돌연 해체되었다.

② 폴라드(Jonathan J. Pollad) 사건

㉠ 폴라드는 미 해군 정보국 소속의 정보요원이었다. 그는 워싱턴 소재 미 해군 반테러경보센터(Naval AntiTerrorist Alert Center)에 근무하면서 워싱턴 소재 이스라엘 대사관에서 활동 중이던 라캄 소속 공작원에게 꽤 많은 분량의 군사과학기술 관련 기밀문서들을 전달했다. 그리고 그 대가로 상당한 수준의 금전적 보상을 제공받았다.

㉡ 1986년 미 정보기관의 추적으로 그의 스파이행위가 밝혀졌고, 그는 체포되어 종신형을 받았다. 이와 관련하여 이스라엘 정부는 미국에서는 스파이활동을 하지 않는 것을 기본원칙으로 삼고 있다고 강조하면서, 이 사건은 정부 공식적인 방침을 무시한 개인들의 빗나간 행동이라고 주장했다.

㉢ 이후 이스라엘 정부는 이 사건에 전혀 개입하지 않았음을 일관되게 주장했지만, 그러한 의혹이 완전하게 해소되지 못했던 듯하다. 결국 그 사건으로 인해 1986년 라캄이 해체되었고, 그 임무와 기능이 과학기술국과 국방부로 이관되었다.

핵심정리 **블룸버그(Binyamin Blumberg)와 라피 아이탄(Rafi Eitan)**

라캄은 초대 책임자 블룸버그(Binyamin Blumberg)의 지도 아래 프랑스 미라지(Mirage) 전투기에 대한 기술 습득 성공 등 탄탄한 기초를 만들고 1981년 그 책임을 라피 아이탄(Rafi Eitan)에게 넘겨 주었다. 아이탄은 화력위주의 라캄의 경제정보 분야가 다른 분야처럼 세련되지 못하다고 판단하고 전문성 제고와 업무의 체계화를 위해 일대 개혁을 단행했다. 아이탄은 일선에서의 세련된 경제공작 활동의 중요성을 극히 강조했다. 더 많은 고급두뇌의 경제 · 과학 전문가를 채용하고 활동을 집약하며 세련된 경제공작 활동을 전개하여 1986년 라캄이 공식적으로 해산될 때까지 재직하면서 라캄의 경제스파이 역량을 질적인 측면에서 10배 이상 증진시켰다는 평가를 받았다. 아이탄의 성공전략 중의 하나가 보안과 방첩의 측면에서 소위 "강성목표(hard target)"인 미국 위주에서 "연성목표(soft target)"인 유럽 등으로 다변화한 것에 있었다.

핵심정리 **이스라엘 전투기 사업의 개발과 발전**

라캄이 초기에 거둔 가장 커다란 성과는 미국이 아닌 스위스에서 이루어졌다. 라캄은 스위스에 소재하는 프랑스 미라지(Mirage) 전투기의 엔진제조 회사에 침투했다. 6일 전쟁 후 프랑스는 이스라엘의 선제 침공을 비난하며 프랑스의 이스라엘에 대한 모든 무기에 대한 금수조치를 단행했다. 이에 이스라엘은 자주국방을 기치로 내걸고 자체 전투기 개발에 착수했으며, 대상을 프랑스 미라지기의 전투기 기술 획득으로 삼았다. 라캄은 스위스 핵심 엔지니어인 알프레드 프라우엔크네흐트(Alfred Frauenknecht)의 포섭에 성공하고 미라지(Mirage) 전투기에 대한 청사진과 엔진 설계도면 등 다량의 서류를 건네받았다. 프라우엔크네흐트는 1971년 4월 23일 체포되었으나 6개월 후 이스라엘 최초의 전투기 네셔(Nesher), 1975년에는 주력 전투기인 크필(Kfir), 1982년에는 주력기인 라비(Lavi)의 개발에 성공하였다.

1190

라캄(Bureau of Scientific Relations)에 대한 설명으로 틀린 것은?

① 이스라엘 국방부 산하의 과학기술 정보만을 전문적으로 다루는 정보기구였다.

② 2대 책임자인 아이탄의 성공전략 중의 하나가 연성목표에서 강성목표로 다변화한 것에 있었다.

③ 이스라엘 핵무기 개발의 선봉이었다.

④ 네셔(Nesher), 크필(Kfir), 라비(Lavi)로 이어지는 이스라엘 전투기 생산의 개척자였다.

정답 ②

풀이 ② 아이탄은 "강성목표(hard target)"인 미국 위주에서 "연성목표(soft target)"인 유럽 등으로 다변화하였다.

1191

현재 운영되고 있는 이스라엘의 정보기관으로 틀린 것은? [2020년 기출]

① 모사드(MOSSAD) ② 샤박(Shabak)

③ 라캄(RAKAM) ④ 아만(AMAN)

정답 ③

풀이 ③ 라캄(RAKAM)은 1986년 공식적으로 해체되었다.

핵심정리 커트 시트(Kirt Sitte) 교수 사건

시트 교수는 핵물리학자이며 하이파(Haifa)의 과학기술연구소에서 근무하였다. 1954년 하이파 연구소에 근무하기 전에 체코 정보부의 첩자가 되었다. 시트 교수는 체코와 소련에 정보제공을 해오다가, 1961년 체포되어 5년형을 선고받았다.

핵심정리 아론 코헨(Aharon Cohen)

아론 코헨(Aharon Cohen)은 좌파적인 마팜(Mapam)당의 중동전문가로 일해 왔다. 코헨은 14개월간 간첩 행위를 했다는 죄목으로 1962년 체포되어 5년형을 선고받았다.

핵심정리 이스라엘 비어(Israel Beer) 사건

비어는 아만의 차장과 국방부의 정보연락장교로 근무하였고, 벤-구리온 총리와도 각별한 사이였다. 이스라엘 보안당국은 비어를 소련의 스파이로 의심하고 있었으나 확실한 물증이 없는 상태에서 총리와 절친한 인물을 체포할 수는 없었다. 그러나 1959년에 KGB요원이던 미하일 골레니우스키(Mikhhail Goleniewski)가 서방으로 망명 와서 소련 KGB 스파이망에 대한 많은 정보를 제공했다. 골레니우스키는 비어가 소련 스파이임을 증명하는 많은 단서를 제공했다. 또한 비어가 베를린을 방문했을 때 보고 없이 동베를린에 잠입했던 사실을 서독의 BND가 이스라엘에 제공했다. 결국 1962년 3월 비어는 소련 외교관에 비밀문서를 제공하다 체포되었다. 비어는 10년형을 선고받고 복역하다 1966년에 사망했다. 하지만 비어의 진짜 신분에 대해서는 확실히 밝혀지지 않았다. 비어는 자신의 경력을 오스트리아 출신의 유태인 사회주의자로 스페인 내전에 국제여단의 일원으로 참전하였고, 히틀러의 박해를 피해 팔레스타인으로 이주한 것으로 꾸몄다. 하지만 조사결과 이 사실은 모두 거짓인 것으로 드러났다. 이스라엘은 비어를 1938년 스페인 내전에서 실종된 진짜 비어의 신원을 도용한 소련의 비밀침투요원(mole)이라고 간주하였지만 비어가 침묵을 지켰기 때문에 영원히 미제로 남게 되었다.

핵심정리 피터 풀만(Peter Fulman)

1972년 11월에는 이스라엘로 이주해 온 독일전자공학자인 피터 풀만(Peter Fulman)이 레바논을 위한 첩보활동 죄목으로 체포되었다.

1192

이스라엘 정보기구인 신베트의 방첩활동으로 틀린 것은? [2018년 기출]

① 1961년 체코와 소련에 정보를 제공한 혐의로 핵물리학자인 커트 시트를 체포하였다.

② 1962년 좌파 마팜당의 중동전문가로서 간첩행위를 한 혐의로 아론 코헨을 체포하였다.

③ 1962년 모사드 차장으로 동베를린에서 소련에 비밀문서를 제공한 혐의로 비어를 체포하였다.

④ 1972년 독일 전자공학자인 피터 풀만을 레바논을 위해 첩보활동을 한 혐의로 체포하였다.

정답 ③

풀이 ③ 비어는 아만의 차장과 국방부의 정보연락장교로 근무하였고, 벤-구리온 총리와도 각별한 사이였다. 이스라엘 보안당국은 비어를 소련의 스파이로 의심하고 있었으나 확실한 물증이 없는 상태에서 총리와 절친한 인물을 체포할 수는 없었다. 비어가 베를린을 방문했을 때 보고 없이 동베를린에 잠입했던 사실을 서독의 BND가 이스라엘 제공했다. 결국 1962년 3월 비어는 소련 외교관에 비밀문서를 제공하다 체포되었다.

핵심정리 엘리 코헨(Elie Cohen)

시리아 고위층과의 교류를 통하여 코헨은 막대한 정보를 입수할 수 있었다. 코헨이 획득한 정보에는 소련 고문단이 작성한 이스라엘 공격계획, 또한 골란고원의 시리아군 배치도, 그리고 소련이 시리아에 제공한 무기들의 사진, 이스라엘의 물 공급을 단절하려는 시라아의 단수계획 등이었다. 이중에서도 골란고원의 시리아군 배치도는 1967년 6일 전쟁에서 이스라엘군이 승리하는 데 커다란 기여를 하였다. 코헨은 수집한 정보를 초단파를 통하여 모사드에 보고하였다. 하지만 코헨이 사용한 초단파는 인도 대사관의 무선통신을 방해하게 되었고, 인도 대사관은 이에 대해 시리아 정부에게 항의를 하였다. 시리아 방첩부대는 처음에는 그 원인을 알 수 없었으나, 소련으로부터 공여 받은 탐지기를 통하여 전파의 발신지를 추적하여, 1965년 1월 코헨을 체포하였다. 이스라엘 정부의 구명노력에 도 불구하고 코헨은 5월 18일 다머스커스의 순교자 광장에서 교수형에 처해졌다.

핵심정리 볼프강 로츠(Wolfgang Lotz)

로츠가 획득한 정보에는 이집트의 미사일 개발에 참여하고 있는 독일과학자들의 명단, 주소, 가족상황 그리고 미사일 전자통제시스템에 대한 정보 등이 포함되었다. 또한 로츠는 오즈만 장군의 안내로 이집트의 지대공 미사일 기지와 시나이 반도에 설치되어 있는 미사일 발사대를 볼 수 있어 여기에 대한 첩보도 모사드로 보고할 수 있었다. 로츠는 목욕탕에 설치된 송신기로 수집한 첩보들을 모사드에 보고해 왔다. 이집트 방첩부대는 그 전파를 탐지하게 되었고 1965년 2월에 로츠를 체포할 수 있었다. 하지만 이집트 방첩당국은 로츠를 자발적인 이스라엘 협조자로 잘못 파악했기 때문에 로츠는 사형을 면할 수 있었다. 종신형으로 수감 중이던 로츠는 6일전쟁 후에 500명의 이집트 포로와 교환되었다.

핵심정리 슐라 코헨(Shula Cohen)

모사드의 여성 정보요원으로는 "중동의 마타하리"(Mata Hari of the Middle East)라고 불린 슐라미트 키사크-코헨(Shulamit Kishak-Cohen)을 들 수 있다. 슐라 코헨으로도 알려진 이 여인은 베이루트에 사는 일곱 명의 자녀를 가진 유태인 주부였다. 이미 1940년대부터 코헨은 상인이었던 남편의 반대를 무릅쓰고 많은 유태인 난민을 팔레스타인으로 이송하는 일을 해왔다. 1950년대 초반에 코헨은 모사드 요원이 되었고 암호명 '진주'(Pearl)로 활동하기 시작하였다. 대가족을 부양하면서 코헨은 사교활동을 통해 레바논과 시리아로부터 획득한 정부 및 정치 관련 문서를 모사드에 제공하였다. 코헨이 제공한 정보는 매우 유용했고 모사드는 그녀에게 많은 활동자금을 지원했다. 그러나 코헨의 첩보망은 유능한 레바논 정보장교에 의해 침투받기 시작했고, 결국 코헨을 포함한 첩자들이 모두 체포되었다. 코헨은 유죄판결을 받고 교수형을 선고받았으나, 7년형으로 감형되었다. 1967년 6일 전쟁 이후 레바논 포로들과 코헨과 그 가족들은 교환되었다.

1193

시리아에서 정보활동 중 체포돼 사형당한 이스라엘의 정보원의 이름으로 옳은 것은? [2014년 기출]

① 슐라 코헨 ② 볼프강 로츠

③ 엘리 코헨 ④ 아론 코헨

정답 ③

풀이 ③ 아론 코헨은 이스라엘에 대한 이적행위로 방첩기관인 신베트가 체포한 인물이다.

1194

중동의 마타하리라 불리던 여자의 이름으로 옳은 것은? [2008년 기출]

① 슐라 코헨 ② 엘리 코헨

③ 조나단 폴라드 ④ 볼프강 로츠

정답 ①

풀이 ① 엘리 코헨은 시리아에서 활동한 이스라엘 첩보원으로 6일전쟁의 승리에 결정적인 정보를 제공하였다. 조나단 폴라드는 유태계 미국인으로 이스라엘 과학관계국(LAKAM)에 정보를 제공한 자발적 협조자(walk-ins)였으며, 볼프강 로츠는 이집트에서 활동한 이스라엘 첩보원이었다.

Theme

47 북한의 정보기구

핵심정리 **김정은 시대 북한의 정보기구 체계**

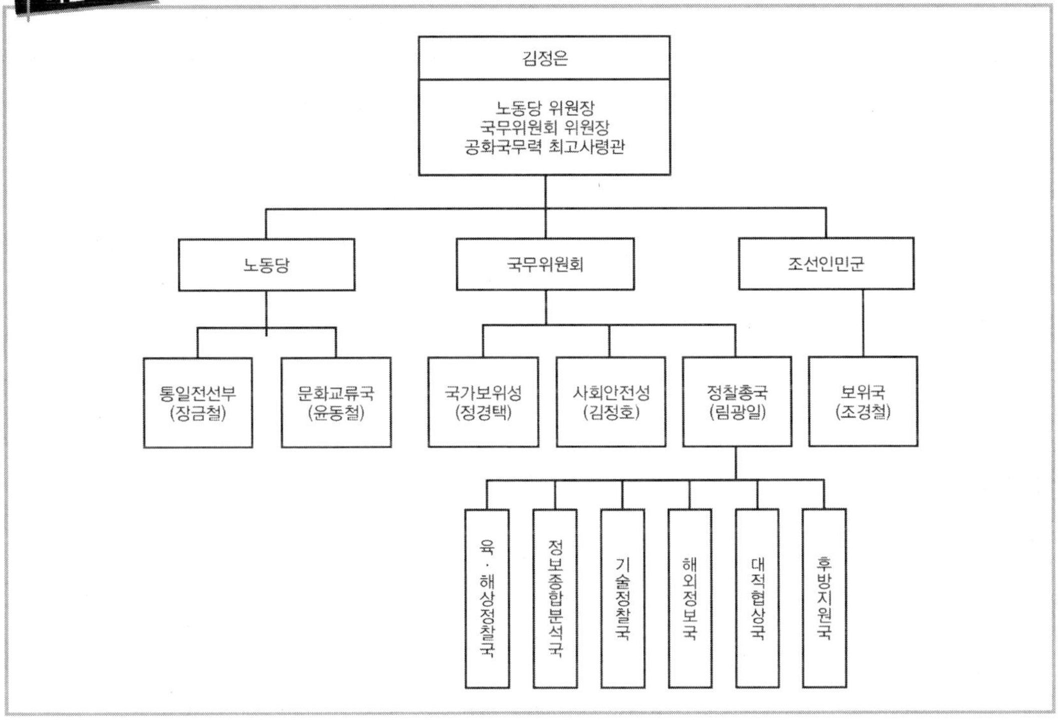

1195

북한의 국가보위성에 대한 설명으로 틀린 것은?

① 북한의 대내외 정보업무를 통합적으로 수행하는 기관이다.
② 북한의 최고 정보사찰기관으로서 과거 소련의 KGB 운용 시스템을 모델로 하고 있다.
③ 김정은의 특별지시를 받아 업무영역을 노동당 본부와 군 핵심 인물들에게까지 확대하고 있다.
④ 구체적 임무는 수령 옹호 보위, 당과 정권 보안사업의 옹호보위, 인민의 생명·재산 보호, 사회질서 유지 등이라고 할 수 있다.

정답 ④
풀이 사회안전성에 대한 설명이다.

1196

북한 국가보위성에 대한 설명으로 틀린 것은?

① 북한의 대내외 정보업무를 통합적으로 수행하는 기관으로 우리의 국가정보원과 유사한 기능을 수행한다.

② 정치사찰을 주요 업무로 하고 있으며, 원활한 업무수행을 위해 정치 사상범에 대한 체포·구금·처형 등을 법적 절차를 거치지 않고 임의대로 결정하는 권한을 가지고 있다.

③ 군부를 포함한 고위층에 대한 휴대전화 도청과 감청을 시행하고 있고, 군 보위국에 대해서도 주요 사건의 경우 국가보위성에 보고하도록 함으로써 군부와 보위국에서 불만을 토로하고 있다.

④ 김정은 시대 들어 해외대열보위국 중국처를 중심으로 탈북자 색출·송환, 위장 탈북자 양성, 한국인 대상 정보수집·포섭, 탈북자를 활용한 한국 내 반북인사 테러 등 대남 정보활동에 직접 개입하고 있다.

정답 ④

풀이 해외대열보위국은 해외방첩을 주요 임무로 하고 있어 대남 정보활동에 직접 개입하기보다는 방첩 차원에서 탈북자와 직접 연관된 활동에만 개입하고 있다.

1197

북한의 국가보위성에 대한 설명으로 틀린 것은?

① 주민들의 사상동향 감시, 반체제 인물색출, 정치범수용소(농장) 관리, 반탐, 해외정보수집·공작, 국경경비·출입국 관리 등의 임무를 수행한다.

② 정치사찰을 주요 업무로 하고 있으며, 원활한 업무수행을 위해 정치 사상범에 대한 체포·구금·처형 등을 법적 절차를 거치지 않고 임의대로 결정하는 권한을 가지고 있다.

③ 사건 수사에 필요하다고 판단되는 경우 김정은의 특별지시를 받아 업무영역을 노동당 본부와 군 핵심 인물들에게까지 확대하여 군부를 포함한 고위층에 대한 휴대전화 도청과 감청을 시행하고 있다.

④ 국가보위성의 대남공작은 탈북자로 가장하고 잠입하는 위장간첩의 형태로 나타나고 있는데, 1996년 체포된 '무하마드 깐수'로 유명한 간첩 정경학(정수일), 2009년 적발된 간첩 이병진 등은 정찰총국은 물론 국가보위성도 적극적으로 개입한 것으로 드러났다.

정답 ④

풀이 ④ 1978년 최은희·신상옥 납치, 1987년 8월 KAL 858기 공중 폭파, 1996년 7월 방글라데시, 태국, 필리핀 등으로 국적세탁을 하며 입국했다가 체포된 '무하마드 깐수'로 유명한 간첩 정경학(정수일), 2009년 적발된 간첩 이병진 등은 정찰총국 제5국 해외정보국의 활동이다.

1198

북한 국가보위성에 대한 설명으로 틀린 것은?

① 노동당 직속 기관으로 국무위원장인 김정은이 직접 관장하고 있다.
② 노동당 조직지도부는 8과를 통해 당 생활 장악·통제를, 검열 2과를 통해 검열을 진행하고 있다.
③ 국가보위성 정치국은 당 생활지도, 조직, 인사 등의 기능을 수행하고 있으며, 조직부, 선전부, 간부부, 총무부, 근로단체부, 청년부 등으로 구성되어 있다.
④ 정보부문은 작전종합지도국, 반탐정국, 수사국, 검찰국, 예심국, 중앙기관보위국, 보안기관보위국, 원자력총국보위국, 북남대화보위국, 해외대열보위국, 철도보위국, 농장관리국(정치범수용소 관리) 등이다.

정답 ①

풀이 ① 국가보위성은 국무위원회 직속 기관으로 국무위원장인 김정은이 직접 관장하고 있고, 국가보위성을 지도·감독하는 노동당 조직지도부는 8과를 통해 당 생활 장악·통제를, 검열 2과를 통해 검열을 진행하고 있다.

1199

정찰총국 정보종합분석국(구 정찰국 포함)의 대남 공작활동으로 틀린 것은?

① 124 군부대 청와대 기습사건
② 아웅산 묘소 폭파사건
③ KAL 858기 공중 폭파
④ 강릉 잠수함 무장공비 침투사건

정답 ③

풀이 KAL 858기 공중 폭파는 해외정보국(구 35호실)의 활동이다.

1200

북한의 정찰총국에 대한 설명으로 틀린 것은?

① 2009년 2월 국방위원회 산하에 설립되었다.
② 총참모부 소속으로 편제되어 있으나 총참모장이 아닌 국무위원장 김정은의 직접 지휘를 받는 독립부서로 볼 수 있다.
③ 주요 핵심부서들은 과거 부서인 작전부, 35호실, 정찰국, 6·15국의 정보활동 임무 및 역할을 담당한다.
④ 테러, 납치, 폭파 등 공작업무는 육·해상정찰국, 간첩침투와 양성교육기관 운영은 정보종합분석국, 사이버테러는 기술정찰국, 대남·해외정보는 해외정보국이 담당한다.

정답 ④

풀이 ④ 정찰총국은 간첩침투와 양성교육기관을 운영하는 육 · 해상정찰국(1국), 테러, 납치, 폭파 등 공작업무를 담당하는 정보종합분석국(2국), 사이버테러와 공작 장비 개발을 담당하는 기술정찰국(3국), 대남 · 해외 정보를 수집하는 해외정보국(5국), 대남 군사회담을 담당하는 대적협상국(6국), 보급지원을 담당하는 후방지원국(7국) 등 모두 6개국으로 구성되어 있다.

1201

북한 정찰총국에 대한 설명으로 틀린 것은?

① 군의 정찰국과 6 · 15국 및 노동당의 35호실과 작전부 등 기존의 4개 부서를 통합한 대남 · 해외 정보 기구이다.

② 정찰총국은 과거 대남 · 해외 정보활동을 총괄 · 지도하기 위해 설립된 대남사업총국과 유사한 기구라고 볼 수 있다.

③ 업무의 효율성 추구와 역할 및 기능의 재조정을 통해 대남 · 해외 공작과 정보수집 업무를 강화하려는 의도로 볼 수 있다.

④ 정찰총국 신설의 목적은 테러, 납치, 암살 등에 특화된 기관들을 '군'에서 '정'으로 이동시킴으로써 김정은 후계체제 구축을 안정적으로 추진하려는 데 있었다.

정답 ④

풀이 ④ 정찰총국 신설의 목적은 테러, 납치, 암살 등으로 악명 높았던 기관들을 '당'에서 '군'으로 이동시킴으로써 국제사회에서 노동당의 이미지 개선 효과를 가져 오려는 의도도 포함되어 있었고, 김정은 후계체제 구축을 안정적으로 추진하려는 데 있었다.

1202

문화교류국의 활동으로 적절하지 않은 것은?

① 1968년 통일혁명당

② 1992년 조선노동당 중부지역당

③ 1996년 '무하마드 깐수'

④ 1999년 민족민주혁명당

정답 ③

풀이 ③ 1996년 방글라데시인, 태국인, 필리핀인 등으로 국적세탁을 하며 입국했다가 체포된 '무하마드 깐수'로 유명한 간첩 정경학(정수일)은 35호실(현 정찰총국)의 활동이다.

1203

다음에서 설명하는 북한의 정보기관으로 옳은 것은? [2023년 기출]

> 2009년 2월 당과 군에 흩어져 있던 대남 · 해외 정보기관들을 통 · 폐합하여 신설되었다. 노동당의 작전부와 35호실, 군 총참모부의 정찰국과 총정치국의 6 · 15국을 통합하여 대남 공작은 물론 해외 공작 권한까지 모두 장악하였다.

① 정찰총국 ② 국가보위성
③ 보위국 ④ 문화교류국

정답 ①
풀이 ① 정찰총국에 대한 설명이다.

1204

북한 김정은 체제에서 최고 지도자가 직접 감독하는 정보기관으로 옳은 것은? [2021년 기출]

> ㄱ. 통일전선부 ㄴ. 정찰총국
> ㄷ. 문화교류국 ㄹ. 해외연락부

① ㄱ, ㄴ, ㄷ ② ㄱ, ㄴ, ㄹ
③ ㄱ, ㄷ, ㄹ ④ ㄴ, ㄷ, ㄹ

정답 ①
풀이 ① 해외연락부라는 정보기관은 존재하지 않으며 노동당 소속의 대외연락부는 문화교류국으로 명칭이 변경되었다.

1205

북한의 정보기구로 적절하지 않은 것은? [2019년 기출]

① 국가보안위원회 ② 국가보위성
③ 호위사령부 ④ 문화교류국

정답 ①
풀이 ① 국가보안위원회(KGB)는 구소련의 정보기구이다.

1206

현재 북한의 최고 권력자인 김정은의 직책으로 적절하지 않은 것은? [2012년 기출]

① 노동당 위원장 ② 국무위원회 위원장
③ 국방위원회 위원장 ④ 공화국 무력 최고사령관

정답 ③
풀이 ③ 국방위원회는 2016년 폐지되었다.

핵심정리 **북한 정보기구의 기원**

1. 보안국 창설과 변화
 (1) 의의
 북한 정보기구의 역사는 소련 군정 시절로부터 시작하여 북한의 정권 수립과 함께 변화하여 현재에 이르고 있다. 북한의 정보기구는 해방 직후 북한에 진주한 소련군이 창설한 보안국에 기원을 두고 있다.
 (2) 북조선 5도 행정국 창설
 소련군은 1945년 10월 28일 '북조선 5도 행정국'을 창설했으며, 북조선 5도 행정국은 교육국, 교통국, 농림국, 보건국, 보안국, 사법국, 산업국, 상업국, 재정국, 체신국 등 10국으로 구성되었다.
 (3) 보안국의 업무
 ① 당시 정보기구 역할을 담당했던 부서는 보안국으로 치안업무 이외에도 정보업무, 국방경비 업무, 대남공작 업무 등을 수행하였다.
 ② 보안국의 정보처에서 정보업무를 수행하였으며, 보안국 산하의 정보공작대에서 군 관련 정찰과 정보업무를 수행했다.
 (4) 기능 변화
 ① 보안국은 '북조선 임시인민위원회'가 1946년 2월 8일 출범하면서 기능 변화를 겪게 된다.
 ② 당시 북조선 임시인민위원회 산하의 보안국은 치안 및 국경경비 업무를 담당하였으며, 그 산하에 경비, 감찰, 호안(경호), 소방 등의 조직과 대남공작·정보를 담당하는 정치보위부를 두었다.
 ③ 북한은 정치보위부 구성 이후 1946년 5월 11일 보안국에 무장조직인 보안독립여단을 신설하였다.
2. 내무국과 민족보위국
 (1) 내무국 신설
 북한은 1947년 2월 27일 '북조선인민위원회'를 출범시키면서 보안국을 내무국으로 개칭하였다.
 (2) 민족보위국 신설과 내무국 기능의 축소
 그러나 국방업무를 담당하는 민족보위국이 1948년 2월 7일 신설되면서, 내무국은 경찰과 비밀경찰 업무를 그리고 민족보위국은 국방과 군 관련 정보업무를 담당하는 업무분장을 하게 된다.

핵심정리 한국전쟁 중 대남 정보기구의 개편

(1) 의의

대남 정보기구 역시 한국전쟁을 거치면서 개편 과정을 겪게 된다. 당시 대남정보기구 개편의 핵심은 대남 정보활동의 지휘부서인 노동당 조직부내의 연락부를 독립된 부서로 분리시키는 것이었다.

(2) 조직

① 연락부 산하에는 기요과, 연락과, 정보과, 유격지도과, 선전교양과, 조직지도과를 두었으며, 직속부대로 '526군부대'와 공작원 양성을 위한 '금강정치학원'을 두었다.

② 노동당 연락부의 독립부서로의 승격은 전쟁 후반기에 접어들면서 게릴라 부대와 지하당 공작을 배합시키는 북한의 전술 변화에 따른 것으로 볼 수 있다.

1207

북한 대남 정보기구의 변화에 대한 설명으로 틀린 것은?

① 한국 전쟁을 거치면서 노동당 조직부 내의 연락부를 독립된 부서로 분리시켰다.

② 한국 전쟁 중 연락부 산하에 직속부대로 '526군부대'와 공작원 양성을 위한 '강동정치학원'을 두었다.

③ 1970년대에 접어들면서 대남정책의 결정권을 인민무력성에서 노동당으로 이전하고 통일전선부를 설치하였다.

④ 2009년 노동당의 작전부와 35호실, 군 참모부의 정찰국과 총정치국의 6·15국을 통합하여 정찰총국을 신설하였으며, 노동당의 대외연락부는 내각의 225국으로 이전하였다.

정답 ②

풀이 1951년 강동정치학원을 노동당 연락부 산하의 금강정치학원으로 개편하고 이것을 모체로 대남 정보기구를 발전시켰다.

1208

북한의 대남 정보기구에 대한 설명으로 틀린 것은?

① 한국전쟁을 거치면서 대남 정보활동의 지휘부서인 노동당 조직부 내의 연락부가 독립된 부서로 분리되었다.

② 4·19 혁명을 기점으로 내무성과 민족보위성의 정보기구들을 노동당 연락국으로 통합되었다.

③ 한국군의 베트남 파병을 계기로 대남 군사공작을 담당했던 124부대와 283부대를 제8군단이라는 특수군단으로 통합하였다.

④ 김정일이 노동당 조직비서 사업을 시작하면서 당을 중심으로 대남정책의 결정과 집행이 이루어졌고, 이러한 과정에서 1977년 통인전선부가 신설되었다.

정답 ③

풀이 124부대와 283부대를 제8군단으로 통합된 것은 인민무력부 중심의 대남도발이 실패로 돌아간 이후 정보기구를 개편하는 과정에서 단행되었다. 참고로 1964년 한국군의 월남 파병을 계기로 북한의 정보활동은 군사도발 공작을 중심으로 이루어졌으며 인민무력부가 주도하였다. 인민무력부는 작전국 산하 적공국을 내세워 대남공작, 대남침투, 대남도발, 대남심리전 등을 주관하였다. 그러나 1967년 283부대의 게릴라 활동 및 1968년 1월 124부대의 청와대 기습사건과 11월 삼척 · 울진의 무장간첩 남파사건이 실패로 돌아가자 책임자였던 허봉학 등 군사파를 숙청하고 정보기구의 개편을 단행하였다. 북한은 당시 정보활동을 총괄하고 있던 대남사업총국을 폐지하고, 당 중앙위원회 비서국이 관장하게 하였다. 비서국은 산하에 연락부, 문화부, 조사부를 두었으며, 인민무력부 정찰국 업무와 조선총련 공작사업 등 대남 정보활동을 통제하였다. 또한 대남 군사공작을 담당했던 124부대와 283부대를 제8군단이라는 특수군단으로 통합시켰다.

1209

북한의 정보기구에 대한 설명으로 틀린 것은? [2022년 기출]

① 1951년 강동정치학원을 노동당 연락부 산하의 금강정치학원으로 개편하고 이것을 모체로 대남 정보기구를 발전시켰다.

② 2009년 정찰총국을 신설하여 당과 군에 흩어져 있던 대남 · 해외 정보기관들을 통 · 폐합하였다.

③ 국가보위성은 북한의 대내외 정보업무를 통합적으로 수행하는 기관으로 우리의 국가정보원과 유사한 기능을 수행한다.

④ 정찰총국은 안정적인 김정은 후계체제 구축을 위해 국방위원회에서 국무위원회 소속으로 개편되었다.

정답 ④

풀이 ④ 정찰총국은 총참모부 소속으로 편제되어 있으나 총참모장이 아닌 국무위원장 김정은의 직접 지휘를 받는 독립부서로 볼 수 있다.

1210

1974년 김일성이 시행한 정책으로 적절한 것은? [2016년 기출]

① 온 사회의 주체사상화와 유일사상 체계 확립의 10대 원칙을 선포하였다.

② 3대 세습정당화를 위한 주민들의 행동강령을 제정하였다.

③ 사상, 기술, 문화 등 3대 혁명소조운동을 전개하기 시작하였다.

④ 7 · 4 남북공동성명을 발표하여 독재체제를 확립하였다.

정답 ①

풀이 ② 백두산 정신으로 명명된 북한 주민의 행동 강령이 제정된 시기는 1966년이다.
③ 3대 혁명소조운동은 1972년 헌법에 명시된 이후 1973년부터 시작되었다.
④ 7 · 4 남북공동성명은 1972년 7월 4일, 박정희의 대한민국 제3공화국과 김일성의 조선민주주의인민공화국이 발표한 공동성명이다.

핵심정리 대남정보 기구의 변화

(1) 의의

1960년대에 들어서면서 북한의 대남정보 기구는 크게 세 차례의 변화를 겪게 된다.

(2) 대남 정보활동을 강화

① 북한은 4 · 19 혁명을 기점으로 대남 정보활동을 강화하였으며, 1961년 제4차 당대회를 통해 지하당 조직 확대와 반미 통일전선 형성 및 남북의 통일전선 결합을 통한 공산화 통일 방침을 결정하였다.

② 이러한 대남 전술의 변화에 따라 정보기구의 개편을 추진하였으며, 내무성과 민족보위성의 정보기구들을 노동당 연락국으로 통합시켰다.

(3) 3대 혁명역량 강화

① 1964년 2월 27일에 개최된 당중앙위원회 제4기 8차 전원회의에서 '3대 혁명역량 강화'의 제시와 함께 정보기구를 개편하였다.

② 북한의 3대 혁명역량 강화는 북한 사회주의 혁명역량 강화, 남한 혁명역량 강화, 국제 혁명역량과의 단결 강화 노선이다.

③ 3대 혁명역량 강화는 김일성이 1965년 4월 14일에 인도네시아의 알리아르함 사회과학원에서 행한 연설인 '조선민주주의인민공화국에 있어서의 사회주의 건설과 남조선혁명에 대하여'를 통해 대외적으로 알려졌다.

④ 북한은 3대 혁명역량 강화를 위해 대남 정보활동을 지휘하고 있던 노동당 연락국을 대남사업 총국으로 개칭하고 그 규모를 확대하는 한편 정보활동의 활성화를 위해 정보요원들을 대폭 증원시켰다.

(4) 군사도발 공작을 중심으로 정보활동 재편

① 1964년 9월 한국군의 월남 파병을 계기로 북한의 정보활동은 군사도발 공작을 중심으로 이루어졌으며 인민무력부가 주도하였다.

② 인민무력부는 작전국 산하 적공국을 내세워 대남공작, 대남침투, 대남도발, 대남심리전 등을 주관하였다. 그러나 1967년 283부대의 게릴라 활동 및 1968년 1월 124부대의 청와대 기습사건과 11월 삼척 · 울진의 무장간첩 남파사건이 실패로 돌아가자 책임자였던 허봉학 등 군사파를 숙청하고 정보기구의 개편을 단행하였다.

③ 북한은 당시 정보활동을 총괄하고 있던 대남사업총국을 폐지하고, 당 중앙위원회 비서국이 관장하게 하였다. 비서국은 산하에 연락부, 문화부, 조사부를 두었으며, 인민무력부 정찰국 업무와 조선총련 공작사업 등 대남 정보활동을 통제하였다.

④ 또한, 대남 군사공작을 담당했던 124부대와 283부대를 제8군단이라는 특수군단으로 통합시켰다.

1211

북한이 통일혁명당을 남한에 조직하기로 결정하게 된 사건으로 옳은 것은? [2014년 기출]

① 4 · 19 학생운동 ② 5 · 16 군사쿠데타

③ 부마민주항쟁 ④ 광주민주화운동

정답 ①

풀이 ① 통일혁명당 사건은 1968년, 부마사태는 1979년, 광주민주화운동은 1980년에 발생하였다.

핵심정리 **국가보위성**

1. 의의

① 국가보위성은 북한의 대내외 정보업무를 통합적으로 수행하는 기관으로 우리의 국가정보원과 유사한 기능을 수행한다.

② 국가보위성은 북한의 최고 정보사찰기관으로서 과거 소련의 KGB 운용 시스템을 모델로 하고 있다.

2. 연혁

(1) 내무성 정치보위국과 사회안전부 정치보위국

국가보위성은 1952년 내무성 정치보위국으로 출발하였으며, 1962~1973년 4월까지는 사회안전부 정치보위국으로 운영되었다.

(2) 국가정치보위부 신설

① 북한은 1973년 5월 사회안전부로부터 정치보위 기능을 독립시켜 국가정치보위부를 신설하였으며, 이때부터 국가보위성이 독자적인 정보기관으로 활동을 시작하였다.

② 국가정치보위부의 설립 배경은 1967년 갑산파 사건 이후 전문 감찰기구의 필요성 증대에 따른 조치라고 볼 수 있으며, 김정일로의 권력세습이 가시화되는 시대적 배경과도 연결되어 있다. 국가정치보위부는 출범 이후 김정일 후계체제 구축을 위협하는 장애요인들을 적발 · 색출 · 제거하는 데 앞장섰다.

(3) 국가안전보위부로 명칭 변경

국가정치보위부는 1982년 정무원 산하에서 독립하면서 국가보위부로 개칭되었으며, 1993년부터 국가안전보위부로 명칭이 다시 바뀌었다.

(4) 국가보위성으로 개칭

그리고 그 이후 국가안전보위성(1996) → 국가안전보위부(2010) → 국가보위성(2016)으로 개칭되어 오늘에 이르고 있다.

3. 임무

(1) 의의

① 국가보위성은 김일성이 남포의 보안 간부 훈련소를 현지 지도했던 1945년 11월 19일을 창립일로 하고 있다.

② 국가보위성은 북한의 최고지도자인 김정은과 노동당 및 국가의 제도 보위를 최우선 임무로 삼고 있다. 국가보위성은 북한 정권과 사회주의 체제 유지의 첨병으로써 국무위원장인 김정은의 직접적인 지시를 받아 사업을 진행하고 있다.

③ 그리고 이를 위해 주민들의 사상동향 감시, 반체제 인물색출, 정치범수용소(농장) 관리, 반탐, 해외정보수집 · 공작, 국경경비 · 출입국 관리 등의 임무를 수행하고 있다.

(2) 정권과 체제 보위

① 김일성은 국가정치보위부 설립 당시 "국가정치보위부는 당의 한 개 부서이며 나에게 직접 복종한다."고 선언하면서, "종파분자와 계급의 원수는 그가 누구이건 3대에 걸쳐 씨를 없애야 한다."고 지시했다.

② 김일성의 언급은 국가보위성이 정권과 체제 보위를 위해 설립되었다는 것을 증명하고 있다. 이러한 차원에서 본다면 김정은 정권 출범 이후 권력세습의 안정과 공고화를 위한 국가보위성의 기능과 역할 강화는 필연적이었다고 볼 수 있다.

(3) 정치사찰

① 국가보위성은 정치사찰을 주요 업무로 하고 있으며, 원활한 업무수행을 위해 정치 사상범에 대한 체포 · 구금 · 처형 등을 법적 절차를 거치지 않고 임의대로 결정하는 권한을 가지고 있다.

② 북한의 형사소송법 제46조는 "반국가 및 반민족적 범죄 사건의 수사는 안전보위기관의 수사원이 한다."고 명시하고 있다. 즉 북한에서 치안유지와 관련된 일반범죄는 사회안전성에서 관할하고 있지만, 북한 체제와 결부된 국가안보 사안은 국가보위성이 담당하고 있다.

(4) 김정은의 취약한 정치적 안정성을 확보하기 위한 수단으로 활용

① 김정은 정권 출범 이후 국가보위성이 적발한 반국가사범의 경우에는 형사소송 절차를 거치지 않고 즉결 처형 또는 관리소 처리로 결정 · 집행하는 사례가 자주 발생하였다.

② 특히 김원홍이 2012년 4월 국가안전보위 부장으로 임명된 이후 국가안전보위부의 재량이 확대되고, 중앙당의 고위층 인사들로까지 수사가 확대되면서 형사소송 절차를 거치지 않는 결정 · 집행 사례가 증가하였다.

③ 김정일의 급사로 인해 충분한 후계수업을 받지 못한 김정은이 취약한 정치적 안정성을 확보하는 수단으로 국가보위성을 동원한 결과이다.

(5) 업무영역을 노동당 본부와 군 핵심 인물들에게까지 확대

① 국가보위성은 사건 수사에 필요하다고 판단되는 경우 김정은의 특별지시를 받아 업무영역을 노동당 본부와 군 핵심 인물들에게까지 확대하고 있다.

② 국가보위성은 김정은의 수령과 정권에 대한 보위강화 지시를 빌미로 군부를 포함한 고위층에 대한 휴대전화 도청과 감청을 시행하고 있다.

③ 그리고 군 보위국에 대해서도 주요 사건의 경우 국가보위성에 보고하도록 함으로써 군부와 보위국에서 불만을 토로하고 있다. 반면, 국가보위성의 해외정보수집 및 공작업무는 정찰총국의 업무와 일부 중복된다고 볼 수 있다.

④ 그러나 국가보위성의 해외 활동은 주로 해외 방첩 및 체제 보위와 관련된 정보수집 및 공작 기능에 주력하고 있어 정찰총국의 해외정보국 기능과는 구분된다.

(6) 대남공작 활동의 증가

① 김정은 시대 들어 국가보위성의 대남공작 활동이 증가하고 있으며, 이는 대부분 탈북자와 관련되어 있다. 먼저, 국가보위성의 대남공작은 최근 탈북자로 가장하고 우리사회에 잠입하는 위장간첩의 형태로 나타나고 있다.

② 2008년 원정화, 2010년 김미화, 2012년 이경애가 탈북자로 위장한 국가보위성 소속의 공작원으로 드러났다. 2003년부터 2013년 간 체포된 간첩 49명 중 약 40%가 탈북자로 위장 침투했다는 연구가 있으며, 이를 통해 정찰총국은 물론 국가보위성도 탈북자 공작에 적극적으로 참여하는 것을 알 수 있다.

③ 또한, 국가보위성은 중국에 숨어 있는 탈북자에 대한 첩보 수집 및 송환 활동도 주요 업무로 다루고 있다. 국가보위성의 대남정보 활동은 방첩활동의 기초인 수비를 넘어서는 적극적 또는 공세적 방첩으로 볼 수 있다.

4. 김정은 시대 들어 국가보위성은 조직 측면에서 몇 가지 변화

(1) 의의

김정은 시대 들어 국가보위성은 조직 측면에서 몇 가지 변화를 가져온다.

(2) 국가보위성 특별군사재판소 신설

① 김정은 정권 출범 이후 장성택 처형과 관련하여 '국가보위성 특별군사재판소'라는 조직이 새로 등장하였다.

② 특별군사재판소는 국가 보위성이 장성택 사건에 대해 형사적 절차를 거치지 않고 조기에 처리하려는 의도에서 임시조직(특별조직)으로 설립한 것으로 볼 수 있다.

③ 이미 국가보위성에는 반국가사범을 판결하는 재판국이 존재하고 있기 때문이다. 국가보위성 특별군사재판소의 설립 일자는 정확히 알려지지 않았지만, 장성택 재판 직전인 2013년 12월경으로 추측할 수 있다.

(3) 국경경비총국을 예하 부대로 흡수

국가보위성은 김정은 시대 들어 국경경비총국을 예하 부대로 흡수하였다. 국가보위성은 2012년 4월 대량 탈북 문제를 해결하기 인민무력성 소속이었던 국경경비총국을 이관받았으며, 그 결과 국경경비와 탈북자 단속은 이전보다 훨씬 더 강화되었다.

(4) 해외대열보위국을 중심으로 탈북자 관련 정보활동 증가

① 해외대열보위국을 중심으로 탈북자 관련 정보활동이 증가하였다. 과거 해외대열보위국은 대남 관련 업무에 대해서는 통전부나 작전부의 지시에 따라 움직일 뿐 독자적인 작전권을 보유하지 않았다.

② 그러나 김정은 시대 들어 해외대열보위국 중국처를 중심으로 탈북자 색출 · 송환, 위장 탈북자 양성, 한국인 대상 정보수집 · 포섭, 탈북자를 활용한 한국 내 반북인사 테러 등의 업무를 수행하고 있다. 이러한 차원에서 김창환 선교사 암살, 김정욱 선교사 억류, 김국기 · 최춘길 유인납치, 한충렬 목사(중국 국적 조선족 목사) 암살 등을 실행한 것으로 알려져 있다.

③ 해외대열보위국은 해외방첩을 주요 임무로 하고 있어 대남 정보활동에 직접 개입하기보다는 방첩 차원에서 탈북자와 직접 연관된 활동에만 개입하고 있다.

1212

북한 국가보위성에 대한 설명으로 틀린 것은?

① 국가보위성은 노동당의 직속 기관으로 노동당 위원장인 김정은이 직접 관장하고 있다.

② 북한의 최고지도자인 김정은과 노동당 및 국가의 제도 보위를 최우선 임무로 삼고 있다.

③ 국가보위성은 1952년 내무성 정치보위국으로 출발하였으며, 1962에서 1973년까지는 사회안전부 정치보위국으로 운영되었다.

④ 주민들의 사상동향 감시, 반체제 인물색출, 정치범수용소(농장) 관리, 반탐, 해외정보수집 · 공작, 국경경비 · 출입국 관리 등의 임무를 수행하고 있다.

정답 ①

풀이 ① 국가보위성은 국무위원회 직속 기관으로 국무위원장인 김정은이 직접 관장하고 있고, 국가보위성을 지도 · 감독하는 노동당 조직지도부는 8과를 통해 당 생활 장악 · 통제를, 검열 2과를 통해 검열을 진행하고 있다.

1213

북한 국가보위성의 기능에 대한 설명으로 틀린 것은? [2021년 기출]

① 남북대화 및 교류 업무를 주관하는 대남사업의 핵심부서이다.

② 해외정보 수집 및 공작, 탈북자 감시 및 체포 임무를 수행한다.

③ 최고 통치권자의 권력을 보위, 방첩, 반당, 반혁명, 반사회주의 요소를 색출한다.

④ 정치사찰, 민간 사찰 및 정치사상범을 검거하는 임무를 수행한다.

정답 ①

풀이 ① 통일전선부에 대한 설명이다. 통일전선부는 남북회담, 해외교포 공작사업, 대남심리전 및 통일전선 사업 등 대남전략 및 전술 업무를 총괄하고 있는 대남부서이자, 대외적으로는 통일외교기관의 역할을 하는 노동당의 대남 · 해외 정보기관이다.

1214

다음 글의 북한의 정보기구로 옳은 것은? [2021년 기출]

> 이 기관의 대남 정보활동은 탈북자와 직접적인 연관성을 지니고 있다. 탈북자 관련 정보활동은 위장 탈북 및 국내 정착 북한이탈주민들에 대한 재입북 공장으로 이뤄지고 있다.

① 국가보위성 ② 문화교류국

③ 사회안전성 ④ 정찰총국

정답 ①

풀이 ① 김정은 시대 들어 국가보위성의 대남공작 활동이 증가하고 있으며, 이는 대부분 탈북자와 관련되어 있다. 먼저, 국가보위성의 대남공작은 최근 탈북자로 가장하고 우리사회에 잡입하는 위장간첩의 형태로 나타나고 있다. 2008년 원정화, 2010년 김미화, 2012년 이경애가 탈북자로 위장한 국가보위성 소속의 공작원으로 드러났다. 2003년부터 2013년 간 체포된 간첩 49명 중 약 40%가 탈북자로 위장 침투했다는 연구가 있으며, 이를 통해 정찰총국은 물론 국가보위성도 탈북자 공작에 적극적으로 참여하는 것을 알 수 있다. 또한, 국가보위성은 중국에 숨어 있는 탈북자에 대한 첩보 수집 및 송환 활동도 주요 업무로 다루고 있다. 국가보위성의 대남정보 활동은 방첩활동의 기초인 수비를 넘어서는 적극적 또는 공세적 방첩으로 볼 수 있다.

1215

다음 중 북한의 국가보위성에 대한 설명으로 틀린 것은? [2021년 기출]

① 국가보위성은 반당·반혁명·반사회주의적 요소를 색출하여 제거하는 국가보안, 방첩기능을 주 임무로 한다.

② 국가보위성은 주요 부서로 특별군사재판소, 반탐정국, 원자력총국보위국 등이 있다.

③ 국가보위싱은 남북대화와 교류협력에도 관여한다.

④ 국가보위성은 김정은 체제의 출범과 함께 국무위원장 직속 국가정보기관으로 격상되었다.

정답 ④

풀이 ② 국가보위성 행정부서 35개국 중 반탐, 수사, 통신국 등이 핵심부서라고 할 수 있다. 국가보위성의 정보부문에는 작전종합지도국, 반탐정국, 수사국, 검찰국, 예심국, 중앙기관보위국, 보안기관보위국, 원자력총국보위국, 북남대화보위국, 해외대열보위국, 철도보위국, 농장관리국(정치범수용소 관리) 등이 있다. 또한 김정은 정권 출범 이후 장성택 처형과 관련하여 '국가보위성 특별군사재판소'라는 조직이 새로 등장하였다. 특별군사재판소는 국가 보위성이 장성택 사건에 대해 형사적 절차를 거치지 않고 조기에 처리하려는 의도에서 임시조직(특별조직)으로 설립한 것으로 볼 수 있다.

③ 국가보위성 북남대화보위국은 대남사업 부문에 대한 감시·통제를 전문으로 하고 있으며, 대남사업과 관련된 대화 및 접촉에 참여하는 북한 인원들에 대한 대열보위사업을 진행하고 있다. 북남대화보위국은 남북 행사 현장에서 북한 인원들에 대한 감시·장악·통제역할을 진행하는 동시에 북한 인원과 접촉하는 남한사람들을 통하여 우리 정부의 대북정책과 관련한 내부동향을 파악하는 업무를 담당하고 있으며, 산하기관으로는 금강산관광 보위부와 개성공단 보위부가 있다.

④ 국가보위성은 김일성 시대부터 북한의 최고 정보사찰기관으로서 구소련의 KGB 운용 시스템을 모델로 하고 있다. 김정일 시대에도 국가안전보위부는 국방위원회 소속이었다. 국방위원회에서 국무위원회로 그 소속이 변경되고, 국가안전보위부에서 국가보위성으로의 명칭이 변경되었다고 해서 국가보위성의 정보기구로의 위상이 격상된 것으로 볼 수 없다. 다만 김정은 시대에 들어오면서 국가보위성을 활용한 대남 정보활동을 강화하고 있다.

핵심정리 북한의 2009년 정보기구 개편

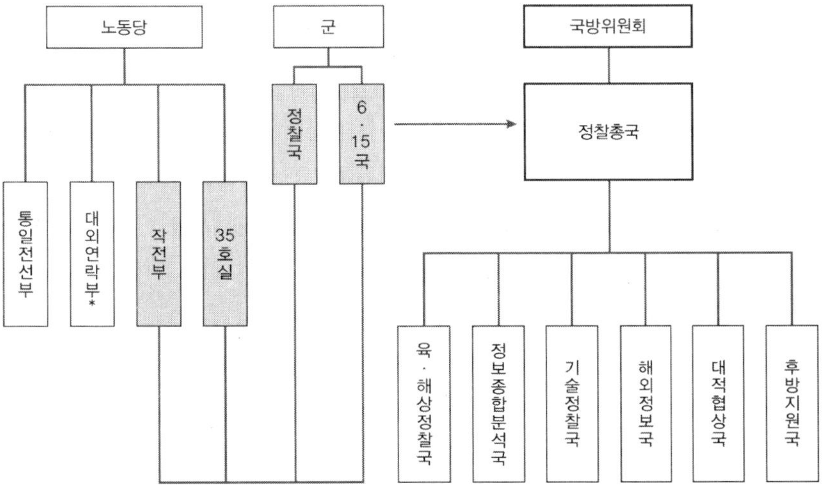

*대외연락부는 내각으로 이동하여 225국으로 명칭을 변경.

1216

2009년 4월 북한 최고인민위원회 12차 1기 전당대회에서 새로 임명된 국방위원으로 틀린 것은?

[2009년 기출]

① 주상성 인민보안상 ② 김정각 총정치국 제1부국장

③ 우동측 국가안전보위부 수석 부부장 ④ 전병호 당 군수공업부장

정답 ④

풀이 ④ 전병호 당 군수공업부장은 기존 국방위원이고, 이외에도 장성택 노동당 행정부장, 주규창 당 군수공업부 제1부부장 등이 있다.

핵심정리 정찰총국

1. 기관의 성격

정찰총국은 대남·해외 정보기관으로 군사첩보 수집, 요인암살, 테러, 무장간첩 남파, 중요 전략 시설물 파괴 등을 주요 임무로 하고 있으며, 미국의 CIA와 유사하다.

2. 구체적인 활동

① 정찰총국은 무기 수출, 마약 제조 및 거래, 위조지폐 등 불법행위도 수행하는 것으로 알려져 있다.

② 최근에는 우리의 주요 국가기반시설에 대한 디도스(DDos) 공격과 함께 주요 산업시설의 전산망을 해킹하는 등 사이버공격을 주도하고 있다.

3. 연혁

(1) 신설

북한은 2009년 2월 국방위원회 산하에 정찰총국을 신설하고 노동당의 작전부와 35호실, 군 총참모부의 정찰국과 총정치국의 6·15국을 통합하였다.

(2) 편제

정찰총국은 총참모부 소속으로 편제되어 있으나 총참모장이 아닌 국무위원장 김정은의 직접 지휘를 받는 독립부서로 볼 수 있다.

(3) 업무

통일전선부가 대화와 협상 등 정치공작을 위주로 하는 대남·해외사업 부서라면 정찰총국은 물리력을 기반으로 하는 대남·해외 공작업무를 담당하고 있다.

(4) 정찰총국이 주도한 대남 도발

정찰총국은 설립 이후 천안함 폭침(2010.3), 연평도 포격(2010.11), 디도스 공격(2009.7, 2011.3), 황장엽 암살 시도(2010.4, 10), 농협 전산망 해킹(2011.4), GPS 교란(2012.4~5.13) 등 크고 작은 대남도발을 주도하였으며, 2017년 2월 말레이시아에서 발생한 김정남 암살사건 역시 정찰총국의 소행으로 볼 수 있다.

4. 조직

(1) 의의

① 정찰총국은 북한의 대남·해외 정보활동의 핵심 기관으로 본부는 평양시 형제산 구역에 있으며, 예하 부대는 북한 전역에 산재해 있다.

② 정찰총국은 간첩침투와 양성교육기관을 운영하는 육·해상정찰국(1국), 테러, 납치, 폭파 등 공작업무를 담당하는 정보종합분석국(2국), 사이버테러와 공작 장비 개발을 담당하는 기술정찰국(3국), 대남·해외정보를 수집하는 해외정보국(5국), 대남 군사회담을 담당하는 대적협상국(6국), 보급지원을 담당하는 후방지원국(7국) 등 모두 6개국으로 구성되어 있다.

③ 정찰총국 산하 부서들의 구체적 임무와 조직 및 역할 등에 대해서는 아직까지 자세히 알려지지 않고 있다. 그럼에도 불구하고 주요 핵심부서들은 과거 부서인 작전부, 35호실, 정찰국, 6·15국의 정보활동 임무 및 역할과 유사할 것으로 보인다.

(2) 육·해상정찰국

① 육·해상정찰국(구 작전부)은 공작원들에 대한 기본 교육훈련, 침투공작원 호송·안내·복귀, 대남 테러공작 및 대남 침투루트 개척 등을 주요 임무로 하고 있다. 그리고 남한의 주요 군사기지와 산업시설을 파괴하는 전투적 임무도 필요에 따라 부여되고 있다.

② 육·해상 정찰국 인원은 5천여 명으로 추정되며, 육상처, 해상처, 지원본부 등 3개 부서로 편제돼 있다.

③ 1990년대 경제난이 악화된 이후로는 공작자금 마련을 위해 무기거래, 위조화폐, 마약거래 등을 통해 '외화벌이'에 적극적으로 개입하였다.

④ 육·해상정찰국은 남파 공작원과 전투원(간첩안내원 및 공작선요원) 양성소로 '김정일정치군사대학'을 설치·운영하고 있으며, 남파 공작원과 호송 전투원들에 대한 기본교육 훈련과정을 담당하고 있다.

⑤ 육·해상정찰국의 과거 주요활동은 속초 잠수정 침투(1998.6), 동해시 해안 무장간첩 사체(1998.7), 여수 해안 반잠수정 침투(1998.12) 등을 들 수 있다. 그리고 1987년 대한항공(KAL) 858기 폭파사건을 일으킨 김현희를 비롯한 많은 공작원이 육·해상정찰국 소속 김정일정치군사대학에서 교육을 받은 것으로 알려져 있다.

(3) 정보종합분석국

① 정보종합분석국(구 정찰국)은 무장공비 양성·남파, 요인암살, 파괴·납치, 게릴라 활동, 군사정찰 등을 주요 임무로 하고 있다.

② 과거 정찰국은 총참모부 소속이나 김정일 국방위원장의 직접적인 관장 하에 거의 독자적으로 남한의 군사정보 수집과 정찰활동을 담당해 왔으며, 남한 정부 내 요인암살 및 주요 군사기지와 산업시설을 파괴하는 임무도 수행하였다.

③ 정보종합분석국의 과거 주요 대남 공작활동은 124 군부대 청와대 기습사건(1968.1), 울진－삼척지역에서의 무장 게릴라 침투사건(1968.10), 미얀마(버마) 아웅산 묘소 폭파사건(1983.10), 강릉 잠수함 무장공비 침투사건(1996.9) 등을 들 수 있다. 또한, 2010년 탈북자로 위장하여 황장엽 암살지령을 수행하기 위해 탈북자로 위장해 잠입한 공작원도 이 부서 소속이다.

(4) 기술정찰국

① 기술정찰국은 사이버테러, 해커양성, 암호통신 분석, 통신감청, 침투 장비 및 기술개발 등을 담당하고 있다.

② 기술정찰국은 산하에 해킹을 전담하는 '110연구소'를 두고 있으며, 31소(해킹 프로그램 개발), 32소(군 관련 프로그램 개발), 56소(지휘통신프로그램 개발) 등을 운영하고 있다.

③ '110연구소'는 121소(일명 기술정찰조)와 100연구소가 통합된 부서로서, 사이버 공간을 활용하여 한국, 미국 등에 대한 전략정보 수집, 댓글 공작 등 사이버심리전, 디도스 공격, 사이버테러 등을 전담하고 있다.

④ 북한의 주요 해킹조직들은 기술정찰국 소속으로 알려져 있다. 미국 재무부 해외자산통제국(OFAC)은 '라자루스 그룹(Lazarus Group)', '블루노로프(Bluenoroff)', '안다리엘(Andariel)'로 칭해온 북한의 3개 해킹그룹을 제재하면서, "이들은 미국과 유엔의 제재대상이자 북한의 중요 정보당국인 정찰총국의 통제를 받고 있다"고 밝혔다.

⑤ 기술국 요원들은 사이버공작 전문양성기관인 김일성군사종합대학, 지휘자동화대학(일명 미림대학, 현 김일정치군사대학), 모란봉대학 등을 졸업하고 사이버 전사로 활동하게 된다.

⑥ 기술정찰국에 의한 대남 사이버공격 활동은 2009년 7월 7일의 디도스(DDos) 공격을 시작으로 디도스 공격(2011), 농협 전산망 해킹(2011), 선거관리위원회 디도스 공격(2011), 중앙일보 전산망 해킹(2012), 2012년 3월과 2013년 3월～6월에 이어진 사이버공격 등이 있다. 그리고 2014년 11월의 미국 소니픽쳐스사에 대한 사이버공격과 12월의 한국수력원자력(주) 원자력발전소 설계도 유출 해킹사건도 기술정찰국에 의해 이루어진 것으로 볼 수 있다.

(5) 해외정보국

① 해외정보국(구 35호실)은 주로 해외에서 주재국의 대남 관련 정보수집과 남한에 대한 우회 침투와 요인 납치 및 테러 등의 특수임무를 수행하는 북한의 해외정보기관이다.

② 1960년대 초 노동당 조사부로 출발한 35호실은 1980년대 들어 대외 정보조사부와 작전부로 분리되었고 그 후 대외정보조사부는 다시 35호실로 개칭되었다. 그리고 2009년 2월 정찰총국 신설과 함께 흡수되어 해외정보국으로 개칭되었다. 노동당 35호실은 조사부라는 명칭에서 나타나듯이 대외 · 대남사업 부서이지만 노동당 조직지도부의 직접지도를 받는 기구로서 과거 노동당 대남부서들의 사업을 검증 · 감독하는 역할도 수행했다.

③ 이 기관의 요원들은 해외에서 대사관 직원이나 태권도 사범, 무역상사원, 학술교류 요원 등의 신분으로 위장하고 있으며, 주재국의 대남 관련 정보를 수집하면서 남한에 대한 우회 침투와 테러공작을 담당하고 있다.

④ 이러한 업무 특성 때문에 35호실은 2009년 정찰총국으로 이관되기 전까지는 통일전선부 · 작전부 · 대외연락부 등 3개의 노동당 대남공작부서가 모여 있던 3호 청사 내에 있지 않고 노동당 본부 청사에 사무실을 두고 있었다.

⑤ 해외정보국의 활동으로는 1978년 최은희 · 신상옥 납치, 1987년 8월 KAL 858기 공중 폭파, 2006년 7월 방글라데시 → 태국 → 필리핀인 등으로 국적세탁을 하며 입국했다가 체포된 '무하마드 깐수'로 유명한 간첩 정경학(정수일), 2009년 적발된 간첩 이병진 등이 있다. 특히 2017년 2월 말레이시아에서 발생한 김정남 암살사건도 해외정보국이 개입했을 가능성이 크다.

(6) 대적협상국

① 대적협상국(구 6 · 15국)은 2000년 6 · 15 선언 이후 남북 군사회담에 대비해 만든 총정치국 산하 '6 · 15국'을 흡수 · 통합한 조직이다.

② 6 · 15국은 대남 군사정책 및 군사회담과 관련한 전략을 수립하였으며, 대남 군사 관련 담화 및 성명서를 발표할 때는 '국방위원회 정책국' 명의를 활용하였다.

③ 현재 대적협상국은 남북 군사 대화 관련 협상 기술개발 및 회의 조정 등의 역할을 수행하고 있다.

1217

북한의 정찰총국에 대한 설명으로 틀린 것은?

① 정찰총국은 대남·해외 정보기관으로 군사첩보 수집, 요인암살, 테러, 무장간첩 남파, 중요 전략 시설물 파괴 등을 주요 임무로 하고 있으며 미국의 CIA와 유사하다.

② 북한은 2009년 2월 국방위원회 산하에 정찰총국을 신설하고 노동당의 작전부와 35호실, 군 총참모부의 정칠국과 총정치국의 6·15국을 통합하였다.

③ 정찰총국은 조선인민군 총정치국 소속으로 편제되어 있으나 총정치국장이 아닌 국무위원장 김정은의 직접 지휘를 받는 독립부서로 볼 수 있다.

④ 정찰총국은 무기 수출, 마약 제조 및 거래, 위조지폐 등 불법행위도 수행하는 것으로 알려져 있고, 최근에는 우리의 주요 국가기반시설에 대한 디도스(DDos) 공격과 함께 주요 산업시설의 전산망을 해킹하는 등 사이버공격을 주도하고 있다.

정답 ③

풀이 ③ 정찰총국은 총참모부 소속으로 편제되어 있으나 총참모장이 아닌 국무위원장 김정은의 직접 지휘를 받는 독립부서로 볼 수 있다.

1218

다음에 해당하는 북한의 정보기관으로 알맞은 것은?

> 북한의 대남해외공작을 총괄 지휘하는 이 기관은 2009년에 기존 조직이 통합되면서 신설되었다. 인민무력부 산하의 이 기관은 해외정보국, 작전국, 정찰국 등의 부서로 구성되어 있으며, 국방위원장에 게 직접 보고하는 것으로 알려져 있다.

① 국가보위성　　② 정찰총국

③ 통일전선부　　④ 사회안전성

정답 ②

풀이 ② 북한은 2009년 2월 국방위원회 산하에 정찰총국을 신설하고 노동당의 작전부와 35호실, 군 총참모부의 정찰국과 총정치국의 6·15국을 통합하였다.

1219

다음의 북한 국가정보기구로 옳은 것은? [2022년 기출]

> • 대한민국 및 해외의 공작활동을 총괄하는 기관으로 공작원의 양성, 침투, 파괴, 암살, 납치, 테러, 정보수집 등 다양한 임무를 수행함
> • 주요 공작활동 사례는 천안함 폭침(2010. 3), 연평도 포격도발(2010. 11) 등

① 국가보위성 ② 사회안전성
③ 통일전선부 ④ 정찰총국

정답 ④

풀이 ④ 정찰총국은 대남 · 해외 정보기관으로 군사첩보 수집, 요인암살, 테러, 무장간첩 남파, 중요 전략 시설물 파괴 등을 주요 임무로 하고 있으며, 미국의 CIA와 유사하다. 정찰총국은 설립 이후 천안함 폭침(2010.3), 연평도 포격(2010.11), 디도스 공격(2009.7, 2011.3), 황장엽 암살 시도(2010.4, 10), 농협 전산망 해킹(2011.4), GPS 교란(2012.4~5.13) 등 크고 작은 대남도발을 주도하였다.

1220

북한의 정보기구에 대한 설명으로 틀린 것은? [2021년 기출]

① 통일전선부는 이산가족 상봉, 경제협력 등과 같은 남북 교류업무를 담당한다.
② 문화교류국은 대외연락부가 개칭한 기관으로 남한 내 지하당 구축을 추진한다.
③ 정찰총국은 대남 무력도발을 담당하며 천안함 폭침사건을 주도했다.
④ 해외정보국은 과거 노동당 35호실을 말하며 공작원 호송 및 교육을 담당한다.

정답 ④

풀이 ④ 조선인민군 총참모부 소속 정찰총국 해외정보국은 주로 해외에서 주재국의 대남 관련 정보수집과 남한에 대한 우회 침투와 요인 납치 및 테러 등의 특수임무를 수행한다. 공작원들에 대한 기본 교육훈련, 침투 공작원 호송 · 안내 · 복귀, 대남 테러공작 및 대남 침투루트 개척 등은 육 · 해상정찰국이 담당한다.

1221

노동당 35호실(현 정찰총국 해외정보국)이 주도한 사건으로 틀린 것은? [2019년 기출]

① 영화감독 신상옥 납치
② KAL 858 폭파
③ 아웅산 묘소 테러
④ 무하마드 깐수 사건

정답 ③

풀이 ③ 미얀마 아웅산 묘소 폭파사건(1983.10)은 군 정찰국(현 정찰총국 정보종합분석국)이 주도했다. 노동당 35호실(현 정찰총국 해외정보국)의 활동으로는 1978년 최은희 · 신상옥 납치, 1987년 8월 KAL 858기 공중 폭파, 1996년 7월 방글라데시 → 태국 → 필리핀인 등으로 국적세탁을 하며 입국했다가 체포된 '무하마드 깐수'로 유명한 간첩 정경학(정수일), 2009년 적발된 간첩 이병진 등이 있다.

1222

노동당 35호실(현 정찰총국 해외정보국)에 대한 설명으로 틀린 것은? [2015년 기출]

① 해외정보를 수집해 남한에 대한 공작계획을 수립하도록 지원한다.
② 1983년 미얀마 아웅산 국립묘지 폭파사건을 주도했다.
③ 1987년 KAL 858기 폭파해 한국의 대통령 선거에 혼란을 초래했다.
④ 10년간 국내에서 간첩활동을 하다가 1996년 체포된 무하마드 깐수도 해외정보국 소속이다.

정답 ②

풀이 ② 1983년 미얀마 아웅산 국립묘지 폭파사건은 군 정찰국(현 정찰총국 정보종합분석국)이 주도한 사건이다.

1223

북한 정보기관의 활동에 대한 설명으로 틀린 것은? [2015년 기출]

① 국가보위성이 천안함 폭침사건과 연평도 포격을 주도했다.
② 보위국은 군대 내에 반체제 사상이 유입되는 것을 방지한다.
③ 문화교류국은 남한 내 지하당을 건설해 통일전선을 구축하는 임무를 수행한다.
④ 노동당 35호실은 명칭이 해외정보국으로 변경되어 정찰총국에 통합되었다.

정답 ①

풀이 ① 2010년 3월 발생한 천안함 폭침사건과 2010년 11월 연평도 포격사건은 정찰총국 정보종합분석국이 주도했다.

1224

1987년 대한항공(KAL)의 항공기 폭파를 자행한 북한의 정보기관으로 옳은 것은? [2014년. 기출]

① 문화교류국 ② 국가보위성
③ 정찰총국 ④ 해외정보국

정답 ④

풀이 ④ 1987년 11월 29일에 발생한 KAL 858기 폭파사건은 노동부 산하 35호실이 자행했으며, 정찰총국으로 소속이 변경된 후 해외정보국으로 명칭이 변경되었다.

1225

한국의 디도스(DDOS)대란, 농협해킹, 황장엽 암살을 주도한 북한의 정보기관으로 옳은 것은? [2014년 기출]

① 정찰총국 ③ 보위국
② 사회안전성 ④ 국가보위성

정답 ①

풀이 ① 정찰총국은 육·해상정찰국(구 작전부), 정보종합분석국(구 정찰국), 기술정찰국, 해외정보국(구 35호실), 대적협상국(구 6·15국)으로 구성되어 있다. 디도스(DDOS)대란과 농협해킹은 기술정찰국이 주도했고, 2010년 황장엽 암살지령을 수행하기 위해 탈북자로 위장하여 잠입한 공작원은 정보종합분석국(구 정찰국) 소속이다.

1226

노동당 35호실(현 정찰총국 해외정보국)에 대한 설명으로 옳은 것은? [2014년 기출]

① 노동당 5과로 설립된 대외연락부의 전신이다.

② 노동당 조사부로 설립되어 1980년대 35호실로 명칭이 변경되었다.

③ 남북교류협력 등의 업무를 관장한다.

④ 일본에 거주하고 있는 재일조선인총연합회 활동을 지휘하고 있다.

정답 ②

풀이 ① 대외연락부는 내각으로 이동하여 225국으로 명칭이 변경되었다가 2012년 말 대남공작 전문부서인 225국을 내각에서 노동당 통일전선부 산하로 다시 재편입하였으며, 2015년에는 노동당 통일전선부의 225국을 문화교류국으로 명칭을 변경하였다.

② 1960년대 초 노동당 조사부로 출발한 35호실은 1980년대 들어 대외 정보조사부와 작전부로 분리되었고 그 후 대외정보조사부는 다시 35호실로 개칭되었다. 그리고 2009년 2월 정찰총국 신설과 함께 흡수되어 해외정보국으로 개칭되었다. 노동당 35호실은 조사부라는 명칭에서 나타나듯이 대외 · 대남사업 부서이지만 노동당 조직지도부의 직접지도를 받는 기구로서 과거 노동당 대남부서들의 사업을 검증 · 감독하는 역할도 수행했다.

③ 통일전선부는 남북회담, 해외교포 공작사업, 대남심리전 및 통일전선 사업 등 대남전략 및 전술 업무를 총괄하고 있는 대남부서이자, 대외적으로는 통일외교기관의 역할을 하는 노동당의 대남 · 해외 정보기관이다.

④ 통일전선부 산하 부서들로는 대남정책을 생산 · 기획하는 정책과 · 대남과, 남북 · 해외 교류를 지도 · 관리하는 교류 1 · 2과, 남북 당국 및 민간대화를 담당하는 회담 1 · 2과, 남한 · 해외교포 중에서 북한에 연고가 있는 대상들을 포섭하는 연고자과, 일본과 중국의 총련 등을 담당하는 재일총련과 · 재중총련과, 조직지도부의 통제하에 통일전선부 각종 조직을 지도 · 관리하는 간부과 · 조직과 등이 있다.

1227

2009년 정찰총국 설립 이후 파견한 남파간첩이 일으킨 사건으로 옳은 것은? [2012년 기출]

① 황장엽 암살
② 원정화 사건
③ 일심회
④ 무하마드 깐수

정답 ①

풀이 ① 2010년 황장엽 암살 시도는 정찰총국 정보종합분석국이 주도했다.

② 간첩 원정화(2008년)는 국가보위성 소속 공작원이다.

③ 일심회 간첩단(2006년) 사건은 문화교류국이 주도했다.

④ 1996년 7월 방글라데시 → 태국 → 필리핀인 등으로 국적세탁을 하며 입국했다가 체포된 '무하마드 깐수'로 유명한 간첩 정경학(정수일)은 정찰총국 설립 이전 35호실 소속이다.

1228

2010년 황장엽 암살을 시도한 북한의 정보기관으로 옳은 것은? [2010년 기출]

① 정찰총국 ② 문화교류국
③ 국가보위성 ④ 통일전선부

정답 ①
풀이 ① 2010년 황장엽 암살 시도는 정찰총국 정보종합분석국이 주도했다.

1229

1987년 KAL858기 폭파공작을 수행한 북한의 정보기관으로 옳은 것은? [2009년 기출]

① 정찰총국 ② 작전국
③ 해외정보국 ④ 통일전선부

정답 ③
풀이 ③ KAL858기 폭파공작은 노동당 35호실(현 정찰총국 해외정보국)이 주도하였다.

1230

1983년 미얀마 아웅산 국립묘지 테러사건을 주도한 북한 정보기관으로 옳은 것은? [2008년 기출]

① 정찰총국 ② 문화교류국
③ 국가보위성 ④ 해외정보국

정답 ①
풀이 ① 인민무력부 정찰국은 1968년 1월 21일 청와대 기습사건, 1968년 11월 울진삼척지구 무장공비 침투 사건도 주도하였다. 이후 1983년 전두환 대통령의 미얀마 방문 시 아웅산 국립묘지를 폭파하여 한국의 주요 인사들을 암살하였다. 인민무력부 정찰국은 정찰총국에 통합되면서 정보종합분석국으로 명칭을 변경하였다.

핵심정리 보위국

1. 기관의 성격

보위국은 군대 내 간첩, 불순분자, 사상적 동요자 색출뿐만 아니라 살인, 절도, 무단 탈영, 성폭행 등 모든 군사 범죄에 대한 수사 · 예심 · 처벌을 집행하는 북한군의 정보기관으로서 우리의 국군방첩사령부와 유사한 기능을 수행하고 있다.

2. 구체적 임무

보위국의 구체적 임무는 군부대 내 반당 · 반혁명 · 반국가 행위자들의 색출 · 검거, 능동적 · 독자적 방첩임무, 최고지도자의 군부대 현지지도 시 경호, 군대의 주민등록 사업, 일반 범죄자들의 색출 · 처리 등이다.

3. 연혁

(1) 안전기관

① 보위국은 1948년 2월 8일 인민군 창설 초기 반탐조직으로 만들어진 안전기관에 기원을 두고 있다. 당시 북한은 이 기관에 내무성 특수정보처 요원들로 안전군관(장교)을 파견하고 정치국(당시 문화부)의 소속으로 배속시켜 정치사찰 및 반탐업무를 수행하게 하였다.

② 한국전쟁 기간에는 인민군 내의 간첩과 반당 · 반혁명 분자 색출업무를 담당하였으며, 전쟁 이후에는 군대 내에 정치안전군관을 대폭 증원하면서 그 기능과 역할을 강화하여 갔다.

(2) 정치안전국

① 보위국이 현재와 같은 독립부서로 등장한 것은 1968년 정치안전국의 출범으로 볼 수 있다.

② 정치안전국의 출범은 1956년과 1968년의 군사쿠데타 적발로 인한 김창봉 · 허봉학 등의 숙청에 대한 공로와 연관되어 있으며, 김정일의 후계체제를 군부 내에서 실현시키려는 의도도 포함되어 있었다.

(3) 보위사령부로 확대 · 개편

이후 정치안전국은 1970년대 초에 보위국으로 명칭을 변경하였으며, 1995년 10월에는 국방위원회 직속 기관인 보위사령부로 확대 · 개편되었다.

4. 김정은 시대의 보위국

(1) 의의

김정은 시대에 들어서면서 북한은 2016년에 보위사령부를 보위국으로 다시 명칭을 변경하였다.

(2) 배경

① 북한이 보위사령부를 보위국으로 명칭을 변경한 것은 김정일 시대의 '선군정치'에서 김정은 시대의 '선당정치'로 변화하는 과정과 연결되어 있다고 볼 수 있다.

② 김정은 시대 북한은 노동당 중심의 통치체제를 구축하고 있으며, 당-국가체제를 지향하는 사회주의 정상국가화를 추구하고 있기 때문이다.

③ 따라서 보위사령부의 보위국으로의 명칭 변경은 위상 하락보다는 군부의 조직 개편 차원에서 이루어진 것으로 볼 수 있다.

(3) 김정일 시대의 보위사령부

① 과거 보위사령부는 김정일 시대에 선군정치와 맞물려 권한 강화가 이루어졌으며, 군인뿐만 아니라 민간인들까지 감시와 통제의 영역을 확대하였다.

② 그리고 국가보위성과 인민보안성 등 다른 정보기관의 활동까지 감시하는 역할을 수행하기도 하였다.

③ 김정은이 후계자로 등장한 이후인 2011년 5월경에는 노동당 39호실과 김정일 직속의 능라 888 무역회사를 감찰하였으며, 당시 군 기관이 당의 외화벌이 부서들을 감찰하는 현상은 매우 이례적인 일이었다.

(4) 김정은 집권 이후 보위국

① 김정은 집권 이후에도 보위국은 인민무력상, 총정치국장, 총참모장 등 군부 내 주요 간부와 군사지휘관 및 정치 군인들의 동향을 수시로 파악하며 전화 도청 · 감청, 미행 등을 시행하였다.

② 김정은 시대의 보위국장은 2003년부터 2010년까지 김원홍이 보위사령관직을 수행하였으며, 2010년 9월에 그 후임으로 조경철 대장이 임명되어 현재까지 직책을 수행하고 있다.

1231

북한의 군대 내 방첩활동을 담당하는 기관으로 옳은 것은? [2020년 기출]

① 국가보위성 ② 보위국

③ 사회안전성 ④ 정찰총국

정답 ②

풀이 ② 군대 내 반체제 인사를 감시하고 군 관련 민간인의 동태를 관리하는 것은 보위국이다.

1232

군대 내의 반체제 사상과 동향을 감시하고 군과 관련된 민간인의 동태를 사찰하는 북한 정보기관으로 옳은 것은? [2008년 기출]

① 정찰총국 ② 국가보위성

③ 보위국 ④ 사회안전성

정답 ③

풀이 ③ 보위국에 대한 설명이다.

핵심정리 통일전선부

1. 의의

통일전선부는 남북회담, 해외교포 공작사업, 대남심리전 및 통일전선 사업 등 대남전략 및 전술 업무를 총괄하고 있는 대남부서이자, 대외적으로는 통일외교기관의 역할을 하는 노동당의 대남 · 해외 정보기관이다.

2. 연혁

(1) 문화부

① 통일전선부는 1956년 문화부로 출범한 이후 문화연락부(1974.5) → 문화부(1974.10) → 문화부 폐지(1975.11)를 거쳐 1977년 10월에 등장하였다.

② 통일전선부의 모태인 문화부는 1956년 대남 선전 · 선동 업무를 수행하기 위해 노동당의 부서로 신설되었다.

③ 문화부는 대남심리전을 전개하기 위해 방송 · 전단 등의 제작 · 살포, 재일조선인총연합회에 대한 지도, 남한정세 분석과 대책 수립 등에 대한 임무를 수행하였다.

④ 당시 북한 내부에서는 부서 명칭과 관련하여 문화부와 대남선전부를 놓고 경합이 있었으나 김일성이 문화부로 결정했다.

⑤ 출범 초기 문화부는 남조선연구소, 대남방송총국, 재북평화통일촉진협의회, 방송대학 등 대남연구기관들과 선전기구들을 보유하고 있었다.

(2) 문화부 폐지

① 북한은 1974년 5월에 문화부와 연락부를 통합하여 문화연락부를 신설하였다. 그러나 당시 대남사업담당 비서였던 김중린 문화연락부장의 독선적 업무처리로 인해 동년 10월 다시 문화부와 연락부로 분리되었다. 그러나 이후 김정일의 후계구축과정에서 문화부는 폐지의 길을 걷게 된다.

② 김정일 후계체제 구축의 일환으로 북한은 1975년 6월부터 약 6개월 동안 대남부서에 대한 검열을 실시하였다. 검열 결과 동년 11월 노동당의 대남조직과 지도체계를 개편하고 대남부서 책임자들을 김정일 측근으로 교체하면서 문화부를 폐지하고 연구소로 전환시켰다.

③ 김정일은 문화부의 대남 연구사업 분야는 따로 분리하여 남조선연구소의 명칭을 달아 업무를 전환시켰으며, 기존의 남조선연구소는 강남문화사로 이름을 변경하였다.

④ 문화부에서 관장하던 조총련 및 해외동포들과의 사업 부분은 국제부로 이관하였으며, 남북대화 등의 업무는 외교부가 그리고 우회공작 등 대남공작과 관련된 일부 업무는 연락부가 담당하였다.

3. 통일전선부 신설

(1) 의의

① 북한의 정보기구에서 사라졌던 문화부가 통일전선부의 명칭으로 다시 부활한 시점은 1977년 10월이다.

② 김정일은 이 시점에 남북회담 및 통일 전선 공작 임무를 담당하는 통일전선부를 신설하였으며, 과거 문화부를 해체할 때 노동당 국제부와 연락부에 이관했던 업무를 다시 복원시켰다.

③ 그리고 남조선연구소의 기능을 통일전선부에서 다시 흡수하도록 하고 기존에 남조선연구소였다가 강남문화사로 개칭했던 것을 다시 남조선연구소 명칭으로 환원시켰다.

(2) 특징

① 통일전선부는 2000년 남북정상회담 이후 남북대화 · 교류가 확대되면서 공개적인 대남사업을 진행하는 부서의 특성으로 다른 대남기관들에 비해 역할이 강화되었다.

② 그러나 2009년 정보기구 개편과 더불어 국방 위원회의 정찰총국 신설로 대남 정보기구가 통폐합되면서 그 위상과 역할이 약화 · 축소되었다고 볼 수 있다.

(3) 통일전선부 부장 및 요원

① 김정은 시대의 첫 통일전선부 부장은 김양건으로 2006년 임동옥 사망 이후 부장에 임명되었으며, 2015년 말 의문의 교통사고로 사망하였다.

② 그 후임으로는 당시 정찰총국장이던 김영철이 통일전선부 부장 겸 노동당 부위원장으로 임명되었다. 김영철은 2016~2019.3월까지 통일전선부 부장을 역임했으며, 그 후임인 장금철이 현재 통일전선부 부장으로 있다.

③ 북한의 대남 정보기관 중에서 통일전선부 요원들만이 다른 기관의 요원들과는 달리 신분을 공개적으로 드러내어 활동하고 있다.

④ 통일전선부장을 포함하여 과거 남북대화 · 교류 협력에 자주 등장한 김용순, 박영수, 원동연, 전금철(본명: 전금진), 안병수(본명: 안경호), 이종혁 등이 통일전선부 간부로 우리에게 알려져 있다.

4. 조국평화통일서기국

(1) 의의

통일전선부의 조국평화통일서기국(이하 조평통서기국)은 2016년 6월 29일 개최된 최고인민회의 제13기 제4차 회의를 통해 조국평화통일위원회(이하 조평통위원회)가 국가기구가 되면서 노동당에서 내각으로 이동한 것으로 보인다.

(2) 업무 및 조직

① 조평통서기국은 통전부의 모든 기능과 역할을 함축시켜 일명 '어머니 연락소'로 불렸으며, 주로 남북회담과 관련한 연구 및 실행, 정보수집, 인물포섭 등을 전담하였다.

② 조평통서기국은 정치 · 경제 · 사회 · 군사 · 국제 담당 연구부서와 회담과 · 회담분석과 · 교류과 · 대남정책과 · 대남심리전과 · 관리과 · 기밀실 · 기요실 · 간부과 · 조직과 등이 있으며, 별도의 통일전선부 직속 참사실도 보유하였다.

5. 조평통위원회

(1) 의의

① 조평통위원회는 1961년 5월 13일 결성된 노동당의 외곽단체로 당의 통일 · 대화노선 관철과 정책수행 및 통일전선 형성 임무를 맡고 있다.

② 북한은 4 · 19혁명 직후 우리사회에서 통일논의가 분출되자 이를 대남혁명전략에 활용하고자 하였다.

③ 북한은 내부의 정당 · 사회단체와 각계 인사들을 망라하여 조평통위원회를 설립하고 '평화통일과 남북교류'를 표방하였다.

④ 조평통위원회는 국내인사와 해외동포 대상의 통일전선 형성, 우리사회 내부의 친북여론 조성을 위한 선전공세 등을 주요 임무로 하고 있으며, 우리의 주요 사건 · 사고와 대북정책에 대한 북한의 입장을 대변하는 역할을 수행해왔다.

(2) 국가기구로 승격

① 국가기구 이전의 조평통위원회는 산하 부서가 존재하지 않는 조직으로, 실질적으로는 통일전선부의 통제 하에 있었다.

② 그러나 조평통위원회가 통일전선부 산하의 당 외곽단체에서 국가기구로 승격되면서 조평통 서기국을 흡수하는 모양새를 갖추었으나, 실질적으로는 조평통서기국의 이전으로 볼 수 있다.

③ 조평통위원회의 국가기구 승격은 과거 장관급 회담이 '격' 문제로 이루어지지 않은 것에서 기인한 것으로 볼 수 있다.

④ 조평통위원회는 국가기구 승격에도 불구하고 통일전선부의 지도와 감독을 받는 것으로 보는 것이 타당하다.

1233

북한의 정보기관에 대한 설명으로 틀린 것은? [2019년 기출]

① 통일전선부는 대남공작 및 주요 인사 암살을 수행한다.

② 국가보위성은 반탐활동을 담당한다.

③ 정찰총국은 대남 비밀공작을 수행한다.

④ 보위국은 군대 내 방첩활동을 담당한다.

정답 ①

풀이 ① 통일전선부가 대화와 협상 등 정치공작을 위주로 하는 대남 · 해외사업 부서라면 정찰총국은 물리력을 기반으로 하는 대남 · 해외 공작업무를 담당하고 있다.

1234

남북교류와 대남공작을 총괄하는 북한 정보기구로 옳은 것은? [2012년 기출]

① 민화협
② 통일전선부
③ 조평통
④ 아 · 태평화위

정답 ②

풀이 ② 통일전선부는 노동당 중앙위원회 19개 전문부서 중 하나로, 통일전선 공작과 남북대화 · 교류 사업을 실질적으로 주관하는 기관이다. 통일전선부는 산하에 조국통일연구원(남조선연구소)과 해외동포영접총국을 두고 있으며, 공개적인 대남사업을 위한 외곽단체로 조국통일민주주의전선(조국전선), 반제민족민주전선(반제민전), 조선아시아태평양평화위원회(아 · 태평화위), 민족화해협의회 등을 두고 있다.

1235

통일전선부 소속 기관으로 틀린 것은? [2011년 기출]

① 조국평화통일위원회
② 한국민족민주전선
③ 김정일 정치군사대학
④ 해외동포위원회

정답 ③

풀이 ③ 김정일 정치군사대학은 정찰총국 육 · 해상정찰국(구 작전부) 소속이다. 참고로 통일전선부는 산하에 조국통일연구원(남조선연구소)과 해외동포영접총국을 두고 있으며, 공개적인 대남사업을 위한 외곽단체로 조국통일민주주의전선(조국전선), 반제민족민주전선(반제민전), 조선아시아태평양평화위원회(아 · 태평화위), 민족화해협의회 등을 두고 있다.

1236

통일전선부 외곽 단체로 적절하지 않은 것은? [2009년 기출]

① 민족경제협력위원회 ② 조선아시아태평양평화위원회
③ 조국통일범민족연합회 ④ 민족화해협의회

정답 ③

풀이 ③ 조국통일범민족연합회는 1990년 문익환 목사 등 당시 여러 민주화, 통일 운동가들이 만든 단체이다. 통일전선부 외곽 단체인 조국평화통일위원회(조평통)와 남한의 전국민족민주운동연합(전민련)이 1990년 독일 베를린에서 남·북한·해외동포 3자 회담을 개최하고 범민련을 결성하였다.

1237

남북회담, 해외교포 공작사업, 대남심리전 등을 담당하는 북한의 정보기관으로 옳은 것은? [2008년 기출]

① 통일전선부 ② 문화교류국
③ 국가보위성 ④ 해외정보국

정답 ①

풀이 ① 남북회담, 해외교포 공작사업, 대남심리전 및 통일전선 사업 등 대남전략 및 전술 업무를 총괄하고 있는 대남부서이자, 대외적으로는 통일외교기관의 역할을 하는 노동당의 대남·해외 정보기관은 통일전선부이다.

핵심정리 문화교류국

1. 의의

(1) 기관의 성격

① 문화교류국은 간첩(공작원) 남파, 공작원 밀봉교육, 한국 내 고정간첩 관리, 지하당 구축 공작, 해외공작 등 정통적인 정보·공작업무를 담당하는 정보기관이다.

② 문화교류국은 노동당 연락부의 후신으로 북한 내에 존재하는 대남 정보기구 가운데 가장 역사가 오래된 부서이며 원조라고 할 수 있는 기관이다.

③ 통일전선부가 노동당의 선전선동부에 해당한다면 문화교류국은 조직지도부에 해당한다고 볼 수 있을 정도로 중요한 기관이다.

(2) 구체적 임무

① 문화교류국은 공작원을 남파시켜 남한에 지하당을 만든 뒤 혁명의 결정적 시기에 지하당을 매개로 남한 체제를 전복하는 것을 활동 목표로 삼고 있다.

② 문화교류국은 전투원이 아닌 대남간첩 교육 및 파견을 담당하고 있으며, 재일본조선인총연합회(조총련)가 보내는 자금도 관리하고 있다.

2. 연혁

(1) 명칭의 변경

1946년 북로당 산하 '서울공작위원회'가 모태가 되어 1947년 북조선 노동당 5과로 출발한 문화교류국은 이후 연락부(1975.9) → 사회문화부(1988.11) → 대외연락부(1998.1)로 변화해 왔으며, 2009년 2월 대남정보기구 개편과 함께 내각으로 이동하면서 225국으로 개칭되었다.

(2) 김정은 시대의 문화교류국

① 2012년 말에 통일전선부로 통합되었으며, 김정은 시대에 들어 2016년 4월 문화교류국으로 개칭하였다.

② 내각 산하였던 225국은 대외연락부의 대남공작 및 조총련 업무를 전부 그대로 관장한 채 내각으로부터 독립적으로 활동하였다.

③ 문화교류국 역시 통일전선부 산하에 있으나 독립적 활동을 전개하는 것으로 알려져 있다.

3. 주요 활동

① 문화교류국의 활동으로는 1968년 7월의 통일혁명당 사건과 1990년대 이후 지하당 사건인 조선노동당 중부지역당(1992), 민족민주혁명당(1999), 일심회 간첩단(2006) 등을 들 수 있다.

② 그리고 2011년에 적발된 북한 지하당 조직 왕재산도 문화교류국의 정보활동에 따라 우리 정치권과 사회단체의 동향과 군사 자료 등을 수집 · 보고하였다.

4. 조직

① 문화교류국은 공작원들에게 남한정세와 정보수집 및 포섭공작 활동에 관해 장기간에 걸쳐 교육하고 있으며, 공작원들을 남파시킨 후 남한 내 활동을 지도하고 있다.

② 이러한 임무 수행을 위해 문화교류국은 공작원 교육을 위한 초대소와 공작원들의 파견과 귀환을 위한 연락소를 운영하고 있다.

③ 문화교류국 산하조직으로는 공작원 양성을 전담하는 봉화정치학원과 함께 남한 자료 연구와 위조 신분증 제작 등 공작 장비 연구 · 조달 등을 담당하는 314 연락소가 있다.

④ 또한, 평양시 교외에 남파 공작원이나 침투 요원들에게 남한 실상을 알려주기 위해 터널을 뚫고 그 내부에 남한의 거리와 시설물 등을 실물처럼 만들어 놓은 남조선환경관 역시 문화교류국이 관장한다.

⑤ 문화교류국은 북한에 유럽의 명품과 사치품을 대고 있는 싱가포르 회사 '신사'를 운영하고 있으며, 신사를 통해 노동당 39호실이 운영하는 평양의 북새상점과 류경상점에 사치품을 공급하고 있다.

5. 국장과 공작원

① 문화교류국의 전신인 대외연락부의 부장은 강관주(일명 강주일)였다. 강관주는 1997년부터 대외연락부의 부장으로 활동해 왔으며, 내각 산하의 225국으로 변경된 이후에도 유임되었다.

② 현재 문화교류국장은 오랫동안 문화교류국에서 대남 정보활동에 종사해온 윤동철이며, 2016년 4월 225국에서 문화교류국으로 개칭하면서 임명된 것으로 알려져 있다.

③ 한편, 북한에서 '선생'이라는 호칭을 듣는 문화교류국 공작원들은 남한의 정치 · 경제 · 국제 · 문화에 해박하고 '뼛속'까지 공산주의 이념으로 무장된 공작원 중에서 선발하고 있다.

1238

북한의 정보기관에 대한 설명으로 틀린 것은?

① 국가보위성은 비밀경찰 및 정보기관으로 김정은 직속의 초법적 기관이다.
② 국가보위성은 북한군 내 반체제활동을 감시하고 군사 쿠데타를 방지 임무를 수행한다.
③ 정찰총국은 남북 군사 대화 관련 협상 기술개발 및 회의 조정 등 역할을 수행한다.
④ 문화교류국은 대한민국과의 교류업무를 수행하고 있다.

정답 ④

풀이 ③ 정찰총국 대적협상국은 2000년 6 · 15 선언 이후 남북 군사회담에 대비해 만든 총정치국 산하 '6 · 15국'을 흡수 · 통합한 조직이다. 6 · 15국은 대남 군사정책 및 군사회담과 관련한 전략을 수립하였으며, 대남 군사 관련 담화 및 성명서를 발표할 때는 '국방위원회 정책국' 명의를 활용하였다. 현재 대적협상국은 남북 군사 대화 관련 협상 기술개발 및 회의 조정 등의 역할을 수행하고 있다.
④ 문화교류국은 간첩(공작원) 남파, 공작원 밀봉교육, 한국 내 고정간첩 관리, 지하당 구축 공작, 해외공작 등 정통적인 정보 · 공작업무를 담당하는 정보기관이다.

1239

북한 정보기관에 대한 설명으로 틀린 것은? [2017년 기출]

① 국방성 정찰총국은 군사정보 수집과 해외정보를 수집한다.
② 국가보위성은 국내의 정치사찰, 방첩 관련 업무를 수행한다.
③ 문화교류국은 남한 반체제 단체와 교류업무를 수행하고 있다.
④ 보위국은 군내 반체제활동을 감시하고 군 관련 민간인도 사찰한다.

정답 ③

풀이 ③ 문화교류국은 간첩(공작원) 남파, 공작원 밀봉교육, 한국 내 고정간첩 관리, 지하당 구축 공작, 해외공작 등 정통적인 정보 · 공작업무를 담당하는 정보기관이다. 남북회담, 해외교포 공작사업, 대남심리전 및 통일전선 사업 등 대남전략 및 전술 업무를 총괄하고 있는 대남부서이자, 대외적으로는 통일외교기관의 역할을 하는 노동당의 대남 · 해외 정보기관은 통일전선부이다.

Theme 48 한국의 정보기구

1240

삼국시대의 국가정보활동에 대한 설명으로 잘못된 것은?

① 우리나라 첩자의 역사는 법과 강제력을 가진 고대 삼국시대에 이미 절정에 이르렀다.
② 삼국사기와 삼국유사에는 첩자 활동 사례들을 유추할 수 있는 내용이 적지 않다.
③ 고구려, 백제, 신라 모두 정보활동을 활발하게 전개했다.
④ 삼국시대의 정보활동은 국가체계 확립을 위한 정보수집과 수집첩보 분석이 중심이었다.

정답 ④

풀이 ④ 국가체계 확립을 위한 정보수집과 수집첩보 분석이 정보활동의 중심이었던 시기는 고려시대이다. 삼국시대의 정보활동은 당시 급변하는 동아시아 지역의 국제정세를 보다 정확하게 파악하고 자국의 생존을 확보하기 위한 것이었다.

1241

근대 이전 우리나라 정보활동에 대한 설명으로 틀린 것은?

① 우리나라 첩자의 역사는 고대 삼국시대에 이미 절정에 이르렀다.
② 삼국유사에 「高句麗 諜者浮屠德昌」이라고 하여 첩자(諜者)라는 용어가 나타난다.
③ 고려시대는 새로운 문물과 기술개발에 대한 정보활동이 두드러졌다.
④ 국가정보원은 열하일기를 '박지원의 대중국 첩보보고서'라고 표현했다.

정답 ②

풀이 ② 「高句麗 諜者浮屠德昌」는 삼국유사가 아니라 삼국사기 김유신 편에 나오는 간첩용어이다.

1242

고려시대의 정보활동에 대한 설명으로 잘못된 것은?

① 고려시대에는 통일국가 체제를 완비하고 왕권유지를 위한 정보활동이 활발했다.

② 정보활동은 군사정보 이외에 서적이나 새로운 문물에 대한 사회 · 정치 · 문화적 정보, 농업 신품종이나 기술개발에 대한 산업–경제정보 등 국가존립과 발전을 위한 것이었다.

③ 고려시대 역시 외부의 적들에 대한 첩보활동보다는 주로 왕권유지 및 귀족들 간의 세력다툼을 위해 첩자들이 활용되었다.

④ 조선시대와 구별되는 고려시대 정보활동의 특징은 중국 대륙의 송나라를 비롯하여 거란, 여진, 몽고 등의 북방 민족에 대한 첩보활동을 전개했다는 점이다.

정답 ④

풀이 ④ 고려시대에 당시 중국 대륙의 송나라 또는 북방 지역의 거란족, 여진족, 몽고족 등을 대상으로 첩보활동이 적극적으로 수행되었다는 기록은 없다. 고려시대의 정보활동에서 가장 중요한 사건은 최무선 장군의 화약제조 기법 입수와 문익점의 목화씨 반입이다. 이것은 국방력의 강화와 의복혁명을 일으켜 준 것으로 오늘날의 전문 경제 정보활동에 비견할 수 있는 역사적 사건이다. 고려사, 고려사절요, 태종실록 등 문헌은 최무선 장군의 화약제조 정보수집 노력을 잘 서술하고 있다.

1243

조선시대의 정보활동에 대한 설명으로 잘못된 것은?

① 국가정보원은 열하일기를 '박지원의 대중국 첩보보고서'라고 표현했다.

② 삼국시대나 고려시대와 달리 체계적인 국가정보기구가 설립되었다.

③ 전국망을 갖춘 장돌뱅이와 보부상은 유사시 조정의 명을 받아 특수한 임무를 수행했다.

④ 암행어사제도, 상소제도, 신문고, 격쟁 제도 등 민심 동향 파악이 정보활동의 일환으로 전개되었다.

정답 ②

풀이 ② 대한제국의 제국익문사가 설립되기 전에는 조선시대에도 여전히 전문적인 정보수집기관이 존재하지 않았다. 사신, 통신사, 상인 등이 비공식적으로 정보를 수집했다.

1244

다음 중 한국의 정보기관에 포함되지 않는 것은? [2016년 기출]

① 군국기무처 ② 기무사

③ 보안사 ④ 육군 특무부대

정답 ①

풀이 ① 군국기무처는 조선 말기 갑오개혁을 추진하였던 최고 정책결정 기관이다. 1894년 6월 21일 일본군이 경복궁을 점령하면서 친일파 정권이 수립되자 제도개혁과 신정권 탄생에 따른 정치적 문제를 해결하기 위해 설치되었다. 합의체 형식으로 구성된 초정부적 입법 · 정책결정기구로서 최고집권자의 회의체 기능을 수행했다.

핵심정리 **제국익문사**

1. 의의
   ① 구한말 외국 열강의 침탈과 국내 지도자들의 내분으로 국가가 존망의 위기에 처해 있었다.
   ② 19세기 말에서부터 20세기가 시작되는 무렵 일본은 갖은 수단을 동원하여 한반도를 강탈하려는 가운데 정부의 고위관리들은 친일파 또는 친러파 등으로 분열되어 국가기밀을 팔아먹었다.
   ③ 특히 고종황제의 어전회의에서 비밀리에 논의된 중요한 정보가 일본 공관에 곧바로 유출되는 사례가 빈번히 발생했다고 한다.
2. 우리나라 최초 근대적 형태의 비밀정보기관
   (1) 의의
   ① 기밀유출을 막는 방첩활동과 함께 국권수호를 위한 정보활동을 전담할 전문 정보기관이 필요하였고, 이에 부응하여 1902년 6월 고종의 지시로 '제국익문사'가 설립되었다.
   ② 제국익문사는 우리나라 최초 근대적 형태의 비밀정보기관으로 여겨진다.
   (2) 비밀정보기관
   제국익문사는 비밀정보기관이라는 사실을 은폐하고자 대외적으로는 매일 사보(社報)를 발간해 일반 국민들에게 배포하고 때때로 국가에 긴요한 서적을 인쇄하는 등 현대판 통신사 기능을 담당했다.
3. 임무
   (1) 의의
   제국익문사는 고종 황제 직속의 비밀정보기관으로서 외국과 유착된 정부 고위관리들을 찾아내어 단속하고 외국인들의 국내 체류 동향과 출입국 내용을 파악하는 등의 임무를 수행했다.
   (2) 한국정미정변사(韓國丁未政變史)
   ① 1907년 고종 황제 강제 퇴위 사건을 다룬 나라사키 게이엔의 「한국정미정변사(韓國丁未政變史)」에서 "고종 황제가 평소 내각의 친일 대신들을 의심해서 3~4인의 밀정을 붙여 모든 기밀을 탐지하게 했고, 많은 일들이 이 밀정에 의해 결정되었다."고 비판하는 내용이 기록되어 있다.
   ② 이로 미루어 보아 제국익문사가 오늘날 각국의 정보기관과 유사한 종류의 방첩활동을 은밀히 수행했던 것으로 추정된다.

(3) 제국익문사비보장정(帝國益聞社秘報章程)

① 그동안 제국익문사의 실체에 대해서 거의 알려진 바가 없었으나 1996년 11월 '제국익문사비보장정(帝國益聞社秘報章程)'이 발견되면서 비로소 제국익문사의 조직체계와 임무에 관한 자세한 사항이 알려지게 되었다.

② 그 외 총23개 조로 구성된 '비보장정'에는 제국익문사의 조직과 기능, 활동범위 등을 자세하게 기록하고 있다. 동 책자에 따르면 제국익문사의 설립목적을 "황제가 국가를 경영하는데 필요한 정보를 제 때에 정확하고도 완전하게 공급하는데 있다."고 기술하고 주 임무는 "매일 비밀보고서를 작성해 오로지 황제에게 보고함으로써 황제의 총기 (聰氣)를 보필하는데 있다."고 규정하였다.

4. 조직

(1) 의의

제국익문사의 조직 역시 규모는 작지만 오늘날의 정보조직과 유사한 체계를 갖추고 있었던 것으로 보인다.

(2) 독리(督理)와 임원

오늘날의 정보기관 수장에 해당되는 총책임자로서 '독리(督理)'를 두었고, 그 밑에 '사무(司務)', '사기(司記)', '사신(司信)' 등 3명의 임원을 두었다.

(3) 통신원

① 그리고 독리와 임원의 지휘하에 '통신원'이라는 명칭의 활동요원들 두었다. 이들은 각 분야 및 요소에 따라 '상임통신원', '보통통신원', '특별통신원', '외국통신원' 그리고 '임시 통신원' 등으로 구분되었으며, 총 인원은 61명이었다.

② 한편, '비보장정'에는 각 통신원들이 수집해야 할 과제들이 매우 구체적으로 명시되어 있었는데, 그 중에서도 일본 정부와 일본인들의 동향을 파악하는 사항이 가장 많은 부분을 차지하고 있었다.

③ 이와 함께 각 통신원들은 정부 고위관리들이 외국과 내통하는지 여부, 국가전복을 기도하는 자들의 움직임, 외국 정부의 정치 및 군사 동향, 국내 외국인들의 특이 행동 등 다양한 과제들을 대상으로 수집활동을 전개했던 것으로 추정된다.

5. 보안

① 당시 제국익문사 요원들은 통신원, 밀정, 밀사 등 다양한 신분으로 위장하여 철저히 보안을 유지하는 가운데 비밀임무를 수행했던 것으로 보인다.

② 예를 들어, 중요한 자료를 황제에게 보고할 때는 '화학비사법(化學秘寫法)'으로 보고서를 작성토록 제한함으로써 황제 외에 다른 사람이 알아보지 못하도록 하였다.

③ 또한 비밀보고서를 넣은 봉투에 '성총보좌(聖聰補佐)'라는 문양을 새겨 넣어 황제 외에 다른 사람이 보지 못하도록 일종의 보안관리 조치도 취하였다.

6. 활동

제국익문사의 요원들은 일본의 삼엄한 감시를 받던 상황에서도 미국, 영국, 러시아, 프랑스, 독일 등 각국에 을사조약이 무효임을 선언하는 고종 황제의 친서를 전달하고, 나아가 이에 대해 세계 각국의 여론에 호소하는 활동을 막후에서 지원하기도 하였다.

7. 해체

그러나 국권회복을 위한 요원들의 모든 노력이 수포로 돌아갔고, 제국익문사는 1907년 고종이 퇴위하면서 결국 해체되고 말았다.

핵심정리 임시정부

1. 의의

① 1919년 4월 중국 상해에서 임시정부가 창설되었다. 임시정부는 민족의 대표기구이자 독립운동을 지휘할 최고기구로서의 위상과 역할을 인정받기 위해 무엇보다도 국민적 지지기반을 확보해야 했다.

② 이를 위해 임시정부는 '연통제', '교통국', '특파원', '지방선전부'등 여러 가지 유형의 기구를 조직하여 국내와 연계된 활동을 수행했다.

2. 연통제

'연통제'는 1919년 7월 임시정부의 내무부 주관하에 도(道)－부(附)－군(郡)－면(面)에 책임 자를 임명하여 설치된 비밀행정체계였다.

3. 교통국

'교통국'은 1919년 8월 교통부 관할 하에 국내와의 통신연락을 위해 설치된 기구였다. 임시정부는 이러한 행정조직을 활용하여 국내의 실정을 조사·보고하도록 하였다.

4. 특파원

'특파원'은 특수임무를 띠고 국내로 파견되는 요원을 뜻한다.

5. 지방선전부

(1) 의의

1920년 3월에 조직된 '지방선전부'는 기존의 연통제, 교통국, 특파원 등을 통해 이루어지고 있던 비밀정보활동을 총괄하는 임시정부의 정보기구라고 할 수 있다.

(2) 선전대

① 임시정부 내 '지방선전부'가 조직되고 산하에 행동기구로서 '선전대'가 설치되면서 1920년 6월부터 선전대원들이 국내로 파견되었다.

② 일종의 정보요원으로서 선전대원 들은 '총독부의 정책 및 관리의 행동', '국민의 민심 상태', '국내의 독립운동 상황' 등을 조사·보고하는 임무가 주어졌고, 진충보국(盡忠報國)한다는 자세와 상관의 지휘명령을 반드시 수행해야 한다는 등 엄격한 행동규정이 요구되었다.

③ 이 밖에도 선전대원들은 유력인물의 국외탈출, 국내 독립운동 단체의 결성, 독립시위운동 유도, 독립자금 전달, 일제 통치시설 파괴, 요인 암살 등 다양한 유형의 정보활동을 비밀리에 수행했다.

④ 또한 일종의 선전공작으로서 「독립신문」, 「임시정부 공보(公報)」, 「신한청년(新韓靑年)」, 「신대한(新大韓)」등의 신문·잡지, 그리고 임시정부에서 발표하는 각종 포고문 등의 선전물들을 발간하여 국내외에 배포하기도 하였다.

핵심정리 의열단과 한인애국단

1. 의의

① 일제시대 동안 임시정부와 더불어 항일 무장투쟁을 전개했던 대표적인 독립운동 단체로서 '의열단'과 '한인애국단'을 들 수 있겠다.

② 이들은 항일 독립운동의 일환으로 첩보수집 및 비밀공작 등 정보활동 임무를 수행했다.

2. 의열단

① '의열단'은 1919년 11월 만주 길림에서 김원봉 등이 결성한 단체로서 일본인과 친일 매국노 암살, 일제 시설 파괴, 폭동 등 일제의 통치에 항거하는 활동을 벌였다.

② 의열단이 주도했던 부산경찰서 폭탄투척(1920년 9월 14일), 밀양경찰서 폭탄투척(1920년 12월 27일), 조선총독부 폭탄투척(1921년 9월 21일), 상해 황포탄 부두에서의 일본 대장 다나까 기이치 암살시도(1922년 3월 28일), 동양척식주식회사 폭탄투척(1926년 12월 28일) 등은 오늘날 정보기관에서 수행하는 준군사공작과 흡사하다.

3. 한인애국단

(1) 의의

① '한인애국단'은 1931년 10월 임시정부 국무령이었던 김구의 책임 하에 특무공작임무를 수행하기 위해 설립된 항일독립운동 단체이다.

② 김구는 「백범일지」에서 "나는 정부 국무회의에서 '한인애국단'을 조직해 암살, 파괴 등의 공작을 실행하게 되었다."고 기술했다.

(2) 특무공작기관

① 임시정부를 국가기관으로 보고 애국단을 '특무공작기관'으로 보았을 때 애국단의 이러한 활동은 비밀공작의 한 유형인 준군사공작에 해당된다.

② 임시정부가 애국단을 조직하여 비밀공작이라는 항일투쟁 방식을 선택하게 된 것은 최소의 비용으로 효과를 극대화하려는 전략에서 비롯된 것으로 보인다.

(3) 규모

① 비밀활동을 위해 요원들의 신분을 철저히 위장했기 때문에 애국단의 정확한 규모는 알 수 없다.

② 다만, 당시 일제 정보기관이 파악하여 기록한 바에 따르면 안공근, 엄항섭, 김동우, 이수봉 등 10여 명을 핵심단원으로 하여 총 인원은 약 80여 명으로 추정된다.

(4) 활동

애국단은 이봉창의 일본천황 폭탄투척(1932년 1월), 윤봉길의 상해 홍구공원 폭탄투척(1932년 4월) 등의 항일투쟁을 전개하여 한국인의 독립의지를 전 세계에 알리는 데 크게 기여했다.

핵심정리 광복군

1. 의의

1940년 9월 17일 임시정부는 광복군을 창설하여 무장 세력을 갖추고 항일 독립운동을 전개했다.

2. 대적선전공작 임무 수행

① 광복군은 대원들 중에서 일부 인원을 선발하여 영국군과 공동으로 대적선전공작 임무를 수행하기도 하였다.

② 이들은 인도에서 일본과 접전을 벌이고 있는 영국군의 최전선에 투입되어 일본군에 대한 대적방송, 적 문서 번역, 전단 제작 및 살포 그리고 포로 심문 등을 담당했다.

3. 국내 진입작전 추진

(1) 의의

① 광복군은 미국의 전략첩보기구인 OSS(Office of Strategic Services)와 합작하여 국내 진입작전을 추진했다.

② OSS는 한반도에 대한 전략 적 가치를 중요시하면서 이 지역에서의 첩보활동에 한국인들을 이용하려 했다.

(2) 독수리계획(Eagle Project)

① OSS의 비밀정보국은 광복군 대원들을 국내로 진입시켜 적(일본군)의 후방에서 비밀공작을 전개하는 일명 '독수리계획(Eagle Project)'을 입안했다.

② 동 계획은 1945년 4월 3일 김구 주석과 광복군 총사령관 지청천의 최종 승인을 얻어 실행되기에 이르렀다.

③ 광복군 대원들은 1945년 5월부터 3개월간 OSS의 훈련을 마치고 8월 중 국내에 진입하여 비밀공작을 전개하려 계획했다.

④ 그러나 8월 10일 저녁 일본이 포츠담선언에서 요구한 무조건 투항을 받아들였다는 소식과 함께 일제의 항복 소식이 전해지면서 안타깝게도 광복군의 국내 진입작전은 실행에 옮겨지지 못했다.

1245

우리나라 최초의 정보기관인 제국익문사에 대한 설명으로 틀린 것은?

① 1899년 6월 고종의 지시로 '제국익문사'가 설립되었다.
② 기밀유출을 막는 방첩활동과 함께 국권수호를 위한 정보활동을 전담한 전문 정보기관이다.
③ 비밀정보기관이라는 사실을 은폐하고자 대외적으로는 매일 사보(社報)를 발간하였다.
④ 오늘날의 정보기관 수장에 해당되는 총책임자로서 '독리(督理)'를 두었고, 그 밑에 '사무(司務)', '사기(司記), '사신(司信)' 등 3명의 임원을 두었다.

정답 ①
풀이 1902년 6월 고종의 지시로 '제국익문사'가 설립되었다.

1246

대한관찰부에 대한 설명으로 틀린 것은?

① 남한 최초의 비밀공작 기관이다.
② 미국 방첩부대(CIC)의 민간부분을 이양받기 위해 1948년 7월 창설되었다.
③ 1949년 1월부터 사정국(司正局)이라는 명칭으로 개칭되었다.
④ 정치적 목적을 위한 도구로 악용될 가능성이 많다는 비판을 받고 예산 배정이 거부되어 1949년 10월 해체되었다.

정답 ①
풀이 ① 남한 최초의 비밀 민간부문 공작 기관이다. 남한 최초의 비밀공작기관은 1945년 11월 미군정법령 제28호에 의거 설치된 국방사령부이다.

1247

우리나라 최초 근대적 형태의 비밀 정보기관으로 옳은 것은?

① 제국익문사　　② 교통국과 연통제
③ 지방선전부　　④ 대한관찰부

정답 ①

풀이 ① 제국익문사가 고종이 창설한 대한제국 최초의 정보기구였다. 표면적으로는 출판사로 위장했다. 통신원, 밀정, 밀사 등의 이름으로 정보원이 정부 고관과 서울 주재 외국 공관원의 동정, 반국가 행위 등을 탐지해 고종황제에게 직보하는 고종황제 직속의 국가정보 활동 기구였다. 그것은 조정 대신들이 일본에 매수되거나 협박당해 어전회의 내용이 빈번하게 유출되자 비밀 정보기관의 필요성을 절감하고 창설한 것이었다. 교통국과 연통제는 상해임시정부의 비밀정보활동 기구이고, 대한관찰부는 광복 이후 대한민국 이승만 정부에서의 민간부문 비밀공작 기관이었다.

1248

다음 중 제국익문사(帝國益聞社)에 대한 설명으로 적절하지 않은 것은? [2024년 기출]

① 고종황제 직속으로 1902년 설립되어 정보기관 역할을 수행했다.
② 표면적으로 사보 발간 및 국가의 서적 인쇄 등 현대판 통신사 기능을 하면서 내면적으로는 정보활동을 수행했다.
③ 일본에 대한 테러 및 파괴 공작 활동을 은밀히 전개했다.
④ 미국, 영국, 러시아, 프랑스, 독일 등 을사조약이 무효임을 선언하는 친서를 전달하는 활동을 전개했다.

정답 ③

풀이 ③ 제국익문사의 요원들은 일본의 삼엄한 감시를 받던 상황에서도 미국, 영국, 러시아, 프랑스, 독일 등 각국에 을사조약이 무효임을 선언하는 고종 황제의 친서를 전달하고, 나아가 이에 대해 세계 각국의 여론에 호소하는 활동을 막후에서 지원하기도 하였지만 일본에 대한 테러 및 파괴 공작 활동을 전개하지는 않았다.

1249

한국 정보기구의 기원과 발전에 대한 설명으로 틀린 것은? [2023년 기출]

① 제국익문사는 우리나라 최초의 근대적 형태의 비밀정보기관으로 1902년 6월 고종의 지시로 설립되어 1945년 해방될 때까지 존속하였다.

② '의열단'은 1919년 11월 만주 길림에서 신채호 등이 결성한 단체로서 일본인과 친일 매국노 암살, 일제 시설 파괴, 폭동 등 일제의 통치에 항거하는 활동을 벌였다.

③ '한인애국단'은 1931년 10월 임시정부 국무령이었던 김구의 책임하에 특무공작임무를 수행하기 위해 설립된 항일독립운동 단체이다.

④ 광복군은 대원들 중에서 일부 인원을 선발하여 영국군과 공동으로 대적선전공작 임무를 수행하기도 하였다.

정답 ①

풀이 ① 제국익문사는 1907년 고종이 퇴위하면서 해체되었다.

1250

한국의 정보기구에 대한 설명으로 틀린 것은? [2020년 기출]

① 일본의 요구로 우리나라 최초 근대적 형태의 정보기관이라고 할 수 있는 제국익문사가 설립되었다.

② 1961년 5.16 직후 혁명 사업을 이행할 전위조직으로 중앙정보부가 설립되었다.

③ 일제시대 동안 의열단과 한인애국단이 준군사공작 등의 임무를 수행하였다.

④ 국군기무사령부 정보전대응센터는 사이버작전사령부로 확대 · 개편되었다.

정답 ①

풀이 ① 제국익문사는 중요한 정보가 일본 공관에 곧바로 유출되는 사례가 빈번히 발생하여 기밀유출을 막는 방첩활동을 위한 전문 정보기관으로 일본의 요구에 의해 설립된 것이 아니다.

1251

일제통치하의 비밀 정보활동 조직으로 적절하지 않은 것은?

① 교통국과 연통제
② 의열단과 한인애국단
③ 지방선전부
④ 조선사편수회

정답 ④

풀이 ④ 조선사편수회는 1925년 일제가 한국사를 연구 편술하기 위해 조선총독부 부설로 설치한 한국사 연구기관으로 한국사의 왜곡과 원활한 식민통치 수행을 위해 식민사관에 입각한 「조선사」를 편찬, 보급하였다.

1252

1932년 4월의 윤봉길 의사의 상해 홍커우공원 폭탄투척 사건에 대한 설명으로 틀린 것은?

① 오늘날의 준군사공작에 해당한다.
② 의열단 활동의 대표적인 사례이다.
③ 임시정부 독립운동의 새로운 방법에 따라서 전개된 활동이다.
④ 중국 장제스 총통은 윤봉길 의사의 상해 홍커우공원 폭탄투척 사건에 대해 "4억 중국인이 해내지 못한 위대한 일을 한국인 한 사람이 해냈다."고 격찬했다.

정답 ②

풀이 ② 1932년 1월 이봉창 의사의 일본 천황에 대한 폭탄투척 사건과 같은 해 4월의 윤봉길 의사의 상해 홍커우공원 폭탄투척 작전은 임시정부 국무령 김구가 1926년 중국 상해에서 조직한 항일독립운동 단체로 임시정부 산하의 특무공작기관인 한인애국단의 대표적인 활동이다.

1253

한국의 정보기구에 대한 설명으로 틀린 것은? [2012년 기출]

① 제국익문사는 고종이 설립한 우리나라 최초 근대적 형태의 비밀 정보기관이다.
② 의열단은 1919년 만주 길림성에서 결성된 독립운동단체로 출발했다.
③ 한인애국단은 해방 이후 대한민국을 건립한 주체세력이 되었다.
④ 한국광복군은 중국 장제스 정부의 협조를 받아 항일전쟁을 주도했다.

정답 ③

풀이 ③ 한인애국단은 1931년 중국 상하이에서 조직된 독립운동단체이다.

1254

1931년 대한민국임시정부가 대외적, 대내적인 혼란을 타개하고자 특무활동기구로 설립한 독립운동 단체로 옳은 것은? [2009년 기출]

① 한국광복군 ② 한인애국단

③ 의열단 ④ 흥사단

정답 ②

풀이 ② 한국광복군은 1940년 9월 중경에서 창설되었으며 의열단은 1919년에 설립, 흥사단은 1913년 미국 샌프란시스코에서 도산 안창호가 설립한 민족운동단체이다.

1255

제국익문사에 대한 설명으로 틀린 것은? [2006년 기출]

① 우리나라 최초 근대적 형태의 비밀정보기관이다.

② 「제국익문사비보장정」에 비밀활동지침을 규정하였다.

③ 외국 공관원과 외국인의 간첩행위를 탐지하였다.

④ 대한제국 영토 내로 활동이 제한되었다.

정답 ④

풀이 ④ 「제국익문사비보장정」에 의하면 제국익문사는 1902년에 설립되었으며 총 61명의 요원이 한반도는 물론 일본, 중국, 러시아까지 활동하였다.

핵심정리 광복 직후 한국의 정보기구

1. 미 제24군단

1945년 8월 15일 해방과 함께 남북이 분단되어 미 · 소 양군이 각각 진주하게 되었다. 1945년 9월 9일 미 제24군단이 한국에 진입하여 미군정이 실시되었다.

2. G－2와 CIC(Counter Intelligence Corps)

(1) 의의

주한 미 24군단 예하에는 두 그룹이 정보활동임무를 수행했다. 하나는 7개의 일반참모부 중의 하나인 G-2(정보참모부)였고, 다른 하나는 CIC(Counter Intelligence Corps)로 일컫는 방첩대였다.

(2) G－2

G－2는 주로 군사분야의 정보를 수집하는데 중점을 두었다.

(3) CIC

① CIC는 본래 임무인 방첩업무 외에 미군정체제 운영에 필요한 정보수집, 북한 정보수집, 그리고 대북공작 업무까지 수행했다.

② '민간정보통신대(Civil Communications Intelligence Group)'를 운영하면서 통신감청 및 우편물 검열 등의 임무도 수행했다.

3. 국방사령부와 조선경비대 총사령부 정보국

① 대한민국 정보기구의 뿌리는 미군정 시절로 거슬러 올라간다. 미군정 당시인 1945년 11월 중순 미군정법령 제28호에 의거 '국방사령부'가 설치되었다.

② 1946년 1월 군정청 국방사령부 산하에 정보과가 발족되었고, 그것이 1946년 8월 조선경비대 총사령부 정보국으로 개편되었다가 1948년 8월 15일 대한민국 정부 수립 이후 육군본부 정보국 소속으로 개편되었다.

4. 육본 정보국

① 1948년 8월 대한민국 정부수립과 함께 주한 미 CIC가 수행했던 업무의 대부분은 육군본부 정보국이 인수하였다. 육본 정보국은 정부 수립부터 중앙정보부가 설립되기까지 한국의 중추적인 정보기구로서의 임무를 수행했다.

② 당시 육본 정보국은 방첩대(CIC)와 첩보대(HID)를 직접 지휘했고, 대한민국 정보비 전체 예산의 절반 이상을 사용했던 것으로 알려졌다.

③ 정보참모부로 개편

육군 정보국은 1959년 1월 1일 육군본부에 일반참모부장 제도가 도입되면서 일반참모부 산하 정보참모부로 개편되었다.

5. 한국의 근대적인 정보 · 보안체계의 기원

(1) 의의

① 육군 정보국은 한국의 근대적인 정보 · 보안체계의 기원을 이루는 것으로 인정되고 있다. 육군 정보국은 한국군 정보체계의 근간을 형성하고 있을 뿐만 아니라 이후 민간 정보기관으로 설립된 중앙정보부의 핵심인력이 이곳 출신들이다.

② 당시 해 · 공군도 존재했지만 군의 주력이 육군이라는 점에서 육군 정보국이 군 정보체계의 중추적 역할을 수행했다. 박정희, 김종필, 이후락, 박종규 등 1961년 5.16 군사정변과 이후 창설된 중앙정보부의 중추세력이 대부분 육군 정보국 출신들이었던 것으로 나타난다.

(2) 숙군작업

① 육군 정보국은 1948년 10월 19일 발생한 여순반란사건을 계기로 시작된 숙군작업을 벌여 군 내 좌익세력을 제거함으로써 대한민국 국가체제의 안정화를 유지하는 데 결정적으로 기여했다.

② 육군 정보국은 군사정보는 물론 민간 부문에까지 광범위하게 정보활동을 전개함으로써 정부수립 초기 가장 강력한 정보기관으로서의 위상을 가졌다.

핵심정리 **대한관찰부**

(1) 원래 미국 방첩부대(CIC)의 한국 이승만 정부에 대한 이양은 군부문과 함께 민간부문에 의하여서도 동시에 추진됐었다. 그래서 이승만 대통령은 1948년 7월 대통령령 제61호로 민간부문에서 대한관찰부(Korea Research Bureau)라는 정보기구를 창설했다.

(2) 대한관찰부는 국무총리 이범석의 주도로 창설된 남한 최초의 비밀 민간부문 공작 기관이었다. 당시 정부조직법상 "부(部)"를 사용할 수 없다는 지적에 따라서 1949년 1월부터 사정국(司正局)이라는 명칭으로 개칭했다.

(3) 사정국은 군경을 동원할 수도 있었다. 그러나 사정국은 이승만 대통령 암살을 위장한 수원청년단 사건을 조작하여 민간인 100여 명을 체포 · 고문하는 등의 극심한 권력남용이 문제되어 국회에서 이승만 대통령의 정치적 목적을 위한 도구로 악용될 가능성이 많다는 비판을 받고 예산 배정이 거부되어 1949년 10월 해체됐다. 결과적으로 육군본부 정보국이 모든 국가정보를 관장하게 되었다.

1256

남한 내 미군정을 지원하는 정보활동을 주도한 정보기관으로 옳은 것은?

① 미국 방첩부대(Counter Intelligence Corps)

② 육군본부 정보국 특별조사과(Special Intelligence Section)

③ 육군본부 특무부대(CIC-Korea)

④ 대한관찰부(Korea Research Bureau)

정답 ①

풀이 ① 1945년 8월 15일 해방과 동시에 남북이 분단된 상황에서 남한 내 미군정을 지원하는 정보활동을 주도한 정보기관은 미국 방첩부대(CIC)였다. 대한관찰부(Korea Research Bureau)는 미국 방첩부대(CIC) 업무가 한국 정부에 이양되면서 군과 민간부문에 동시에 추진되자, 국무총리 이범석의 주도로 창설한 최초의 비밀 민간부문 공작 기관이었다.

1257

해방 이후의 정보기구에 대한 설명으로 틀린 것은?

① 1945년 8월 15일 해방과 동시에 남북이 분단된 상황에서, 미군정을 지원하는 정보활동을 주도한 정보기관은 미국 방첩부대(CIC)였다.

② 육군본부 정보국은 1948년 산하에 특별조사과(Special Intelligence Section)를 설치하여 미국 방첩부대(CIC)의 업무를 인수했다.

③ 한국 전쟁 발발 후 대공 · 방첩업무가 폭증하자 특별조사과(SIS)를 독립시켜, 육군본부 직할로 국군기무사령부의 전신인 육군본부 특무부대(CIC-Korea)를 창설했다.

④ 대한관찰부(Korea Research Bureau)와 사정국(司正局)도 군 비밀정보기구였다.

정답 ④

풀이 ④ 미국 방첩부대(CIC) 업무의 한국 정부에 대한 이양은 군과 민간부문에서 동시에 추진되었다. 이에 따라서 국무총리 이범석 주도로 창설한 최초의 민간부문 비밀공작 기관이 대한관찰부이다. 대한관찰부는 1949년 1월 사정국으로 개편되었다. 그러나 사정국은 이승만 대통령 암살을 위장한 수원 청년단 사건을 조작하는 등 극심한 권력남용이 문제되어 국회에서 예산 배정이 거부되어 1949년 10월 해체됐다.

1258

군 정보기구 가운데 다음의 계보를 잇는 정보기구로 옳은 것은?

> 육군본부 특별조사과 – 육군본부 특무부대(방첩대) – 육군보안사령부 – 국군보안사령부 – 국군기무사령부

① 국군방첩사령부
② 정보사령부
③ 국방정보본부
④ 777부대

정답 ①

풀이 ① 국군방첩사령부는 조선경비대 정보처 특별조사과로 출발하여 군사안보지원사령부를 거쳐 오늘에 이르고 있다. 참고로 국군방첩사령부는 군 보안업무, 군 방첩업무, 군 관련 정보의 수집 · 작성 및 처리 업무, 군사법원법 소정의 범죄수사업무 그리고 각종 지원업무를 수행한다.

1259

한국의 정보기구에 대한 설명으로 틀린 것은? [2018년 기출]

① 정보사령부는 1948년 설립된 HID에 뿌리를 두고 있다.
② 중앙정보부는 5 · 16 군사정변 이후 1961년 창설되었다.
③ 정보본부는 1981년 합동참모본부 제2국을 확대 개편해 창설하였다.
④ 국군방첩사령부는 국방정보본부의 지휘를 받는다.

정답 ④

풀이 ③ 1981년 합동참모본부의 제2국을 모체로 국방정보본부설치령을 근거로 국방정보본부를 발족시켜 정보업무를 총괄하도록 했다.
④ 국군방첩사령부는 국방부장관 직할부대로 정보본부 소속이 아니다.

1260

한국의 역대 방첩기관으로 적절하지 않은 것은? [2014년 기출]

① 특무부대 ② 방첩대
③ 국군보안사령부 ④ 정보사령부

정답 ④
풀이 ④ 정보사령부는 국방정보본부 예하부대로 군 관련 정보수집활동을 전담한다.

핵심정리 제1공화국 중앙정보부

(1) 의의

① 냉전이 극단으로 치닫던 1950년대 중반 미 CIA는 한국과 협력하여 소련의 대외팽창을 저지하는 임무를 수행하고자 하였고, 이를 위해 이승만 대통령에게 중앙정보기구의 창설을 요청했다.
② 이승만 대통령이 이를 수용하여 1959년 1월 이후락을 책임자로 하여 육·해·공군에서 선발된 40여 명의 장교와 사병들로 구성된 '중앙정보부'가 설립되었다.

(2) 임무

① 국방장관 직속기관으로서 명칭은 '중앙정보부'였지만 사실상 수행하는 임무는 CIA와의 정보협력 창구에 불과했던 것으로 추정된다.
② 중앙정보부의 주요 임무는 각 군 정보부대서 올라오는 정보를 정리하는 일과 CIA에서 제공해 주는 정보를 정리해 매일 국방장관에게 보고하는 것이었다.
③ 그리고 미 CIA의 정보제공에 상응하여 CIA측에 우리가 수집한 북한정보를 제공해 주었다. 중앙정보부는 이승만 정부의 몰락과 함께 해체되었다.

핵심정리 중앙정보연구회

(1) 의의

① 1960년 4.19 혁명으로 장면 총리가 집권하자 당시 CIA의 한국 지부장이었던 실버(Peer de Silva)가 장면 총리에게 중앙정보기구의 설립을 강력히 요청했다.
② 이에 장면 정부는 1961년 1월 '중앙정보연구위원회'라는 이름의 기관을 설립하고 총 책임자인 '중앙정보연구실장' 직위에 이후락을 임명했다.

(2) 조직

① 중앙정보연구위원회는 총리 직속 기구로서 소수의 대령 급 정보장교와 서울대를 졸업한 20여 명의 요원들로 구성되었다.
② 제1공화국 중앙정보부가 국방장관 산하 조직이었던 데 비해 중앙정보연구위원회는 총리 직속으로 격상되었지만 중앙정보기구로서의 위상이나 기능을 전혀 부여받지 못했다.
③ 특히 국회의 견제로 인해 법적 근거를 마련하지 못했으며, 공식적으로 편성된 예산조차 없어서 총리실로부터 예산을 지원받았다.

(3) 임무
① 매주 1회 정도 총리에게 해외정보를 보고하는 외에 제대로 된 정보활동이나 기능을 수행하지 못했다.
② 이후 중앙정보연구위원회는 1961년 5.16 군사정변 이후 중앙정보부가 설립되면서 중앙정보부 산하 해외담당 부서로 흡수되었다.

핵심정리 **중앙정보부의 설치 근거 및 권한**

(1) 중앙정보부 설치 근거는 「국가재건최고회의법」 제18조에 명시되어 있는바, "공산세력의 간접 침략과 혁명과업 수행의 장애를 제거하기 위해 국가재건최고회의에 중앙정보부를 둔다."라고 밝히고 있다.
(2) 이에 따라 중앙정보부에는 순수한 정보 업무 외에 수사기능도 부여되는 등 막강한 권한을 부여받았다. 1961년 6월 10일 공포된 「중앙정보부법」 제4조에 따르면 중앙정보부장이 정보수사에 관해 국가의 타 기관 소속 직원을 지휘 · 감독하도록 규정되어 있는바, 중앙정보부장에게 군 정보수사기관 및 검 · 경에 관한 지휘 · 감독 권한까지 부여되었던 것이다.

1261

한국의 역대 중앙정보기구로 적절하지 않은 것은?

① 중앙정보부
② 국가안전기획부
③ 국가정보원
④ 국군기무사령부

정답 ④
풀이 ④ 국군기무사령부는 군정보기구이다.

1262

민간 국가중앙정보기구의 창설 배경과 의의에 대한 설명으로 틀린 것은?

① 대한민국 정부수립 이후의 국가정보 활동은 개별 정부부처나 군 조직을 중심으로 운영되었다.
② 이로 인해 정보활동이 기관별로 분산되고 제한적으로 이루어져 업무중복이나 과당경쟁은 물론이고 그릇된 판단을 유발하는 사례도 발생했다.
③ 이러한 문제점을 극복하기 위해 국가 차원의 통합 정보기구의 필요성이 논의되기 시작하였고, 1961년 「중앙정보부법」 공포와 함께 중앙정보부가 창설되었다.
④ 육본 정보국의 민간 부문에 관한 활동 제약으로 인해 국가적 차원의 전략정보 기능을 수행하는 데는 한계가 있었다.

정답 ④
풀이 ④ 육본 정보국이 군사정보는 물론 민간 부문에까지 광범위하게 정보활동을 전개했지만 국방부에 소속되어 있어 국가적 차원의 전략정보 기능을 수행하는 데는 한계가 있었다.

1263

한국의 국가중앙정보기구의 변화에 대한 설명으로 틀린 것은?

① 5 · 16 군사정변 직후 설치된 국가재건최고회의 임시조직을 국가조직으로 편입하여 1961년 6월 10일 중앙정보부가 창설되었다.

② 1963년 개정 「중앙정보부법」에 근거하여 국회에 정보위원회가 설치되었다.

③ 1979년 10월 26일 중앙정보부장 김재규의 박정희 대통령 시해 사건으로 중앙정보부는 폐지되고 1981년 국가안전기획부로 개편되었다.

④ 국가사이버안보센터와 테러정보통합센터는 국가정보원에 설치되었다.

정답 ②

풀이 ② 국회정보위원회는 김영삼 정부(1994년)의 개정된 「국가안전기획부법」에 근거하여 설치되었다.

1264

다음 중 대한민국 정보기구의 부훈에 대한 설명으로 잘못된 것은?

① 중앙정보부의 부훈은 "우리는 陰地에서 일하고 陽地를 指向한다!"였다.

② 국가안전기획부는 부훈이 없었다.

③ "情報는 國力이다."와 "自由와 眞理를 향한 無名의 헌신"은 국가정보원의 원훈이었다.

④ "소리 없는 獻身, 오직 대한민국 守護와 榮光을 위하여!"도 국정원의 원훈이다.

정답 ②

풀이 ② "우리는 陰地에서 일하고 陽地를 指向한다."는 중앙정보부부터 국가안전기획부까지의 부훈이었다가 2022년 다시 국가정보원의 원훈이 되었다.

1265

대한민국 중앙정보부에서 국가정보원까지의 주요 연혁에 대한 설명으로 틀린 것은?

① 중앙정보부(KCIA)는 5 · 16 군사정변 직후 설치된 국가재건최고회의의 산하 임시조직이었던 것을 공식 국가조직으로 편입한 것이다.

② 장면 정부 시대의 중앙정보위원회는 중앙정보부의 해외정보 파트로 편입되었다.

③ 중앙정보부는 군사정보기구를 제외한 모든 정보기구의 활동을 지휘 · 감독할 수 있는 권한을 가지고 있어서 CIA와 FBI를 통합한 K－KGB라는 비판이 제기되었다.

④ 1979년 10월 26일 중앙정보부장 김재규가 박정희 대통령을 시해한 사건에 대한 책임으로 중앙정보부는 해체되고 1981년 국가안전기획부가 탄생했다.

정답 ③

풀이 ③ 중앙정보부는 보안감사권을 포함하여 군사정보기구를 포함한 모든 정보기구 활동에 대한 지휘 · 감독 권한이 있었다. 또한 추정에 바탕을 둔 개연성의 정보(presumptive intelligence) 활동을 했고, 비밀경찰 임무를 수행했으며 막후에서 검찰총장과 감사원장의 임무도 함께 행사했다는 평가를 받았다.

1266

다음에서 설명하는 국가기관으로 옳은 것은?

- 금융기관으로부터 자금세탁 관련 의심거래 보고 등 금융정보를 수집 · 분석하여, 이를 법집행기관에 제공하는 단일의 중앙 국가기관이다.
- 금융기관 등으로부터 자금세탁관련 의심거래를 수집 · 분석하여 불법거래, 자금세탁행위 또는 공중협박자금조달행위와 관련된다고 판단되는 금융거래 자료를 법 집행기관에 제공하는 업무를 주 업무로 하고, 금융기관 등의 의심거래 보고업무에 대한 감독 및 검사 등을 담당하고 있다.

① 금융감독원
② 금융위원회
③ 금융정보분석원
④ CTR(Currency Transaction Reporting System)

정답 ③

풀이 ③ 금융정보분석원(Korea Financial Intelligence Unit, KoFIU)은 법무부 · 금융위원회 · 국세청 · 관세청 · 경찰청 · 한국은행 · 금융감독원 등 관계기관의 전문 인력으로 구성되어 있으며, 금융기관 등으로부터 자금세탁관련 의심거래를 수집 · 분석하여 불법거래, 자금세탁행위 또는 공중협박자금조달행위와 관련된다고 판단되는 금융거래 자료를 법 집행기관(검찰청 · 경찰청 · 국세청 · 관세청 · 금융위 · 중앙선관위 등)에 제공하는 업무를 주 업무로 하고, 금융기관 등의 의심거래 보고업무에 대한 감독 및 검사, 외국의 FIU와의 협조 및 정보교류 등을 담당하고 있다.
④ 고액현금거래보고제도(Currency Transaction Reporting System, CTR)는 일정금액 이상의 현금거래를 KoFIU에 보고토록 한 제도이다.

1267

역대 한국 정보기관에 대한 설명으로 틀린 것은? [2016년 기출]

① 국군기무사령부는 군대 내부의 간첩활동과 방위산업 관련 방첩활동을 담당한다.
② 국가안전기획부는 해외 산업정보수집활동을 활발하게 전개했다.
③ 중앙정보부는 군사정부 시절에 정적 숙청과 민주화운동을 탄압했다.
④ 국가정보원은 국내정보보다는 대북정보 수집활동에 주력함으로써 정치적 중립을 추구했다.

정답 ④

풀이 ④ 국정원으로 정치개입 논란에서 자유롭지 못했다.

1268

대한민국의 정보기구에 대한 설명으로 틀린 것은?

① 정보사령부는 대북 군사정보 수집 및 대북공작을 수행한다.

② 국가안전기획부는 김대중 정부 때 국가정보원으로 명칭이 변경되었다.

③ 사이버작전사령부는 국방정보본부 예하의 사이버사령부를 모체로 발전하였다.

④ 정보사령부는 신호 · 영상 · 지리공간 · 인간 · 기술 · 계측 · 기호 등의 정보의 수집 · 지원 및 연구에 관한 업무를 관장한다.

정답 ④

풀이 ④ 각종 신호정보의 수집 · 지원 및 연구에 관한 사항은 777사령부가 관장한다.

1269

현재 한국의 정보기구에 대한 설명으로 틀린 것은? [2021년 기출]

① 사이버작전사령부는 2009년 북한의 디도스(DDoS) 공격을 받은 후 사이버전에 대응하기 위해 설립되었다.

② 국군방첩사령부는 군사보안, 군 방첩 및 군에 관한 정보의 수집, 처리 등에 관한 업무를 수행한다.

③ 국군기무사령부는 민 · 군 통합수사, 군사보안, 군 방첩 업무를 수행한다.

④ 국방정보본부는 군사정보 및 군사보안 및 군사보안에 관한 사항과 군사정보전략의 구축에 관한 사항을 관장한다.

정답 ③

풀이 ③ 국군기무사령부는 2018년 해편되었다.

1270

한국의 중앙정보기관의 변천순서로 옳은 것은? [2012년 기출]

① 국가정보원 – 국가안전기획부 – 중앙정보부
② 중앙정보부 – 국가안전기획부 – 국가정보원
③ 국가안전기획부 – 중앙정보부 – 국가정보원
④ 중앙정보부 – 국가정보원 – 국가안전기획부

정답 ②

풀이 ② 한국의 중앙정보기구는 중앙정보부, 국가안전기획부, 국가정보원 순으로 명칭이 변경되었다.

관련법조항 「정부조직법」 제17조 개정

1. 개정 전 「정부조직법」
   제17조(국가정보원)
   ① 국가안전보장에 관련되는 정보·보안 및 범죄수사에 관한 사무를 담당하기 위하여 대통령 소속으로 국가정보원을 둔다.
   ② 국가정보원의 조직·직무범위 그 밖에 필요한 사항은 따로 법률로 정한다.
2. 개정 「정부조직법」
   제17조(국가정보원)
   ① 국가안전보장에 관련되는 정보 및 보안에 관한 사무를 담당하기 위하여 대통령 소속으로 국가정보원을 둔다.
   ② 국가정보원의 조직·직무범위 그 밖에 필요한 사항은 따로 법률로 정한다.

관련법조항 국가정보원의 직무

제4조(직무)
① 국정원은 다음 각 호의 직무를 수행한다.
1. 다음 각 목에 해당하는 정보의 수집·작성·배포
   가. 국외 및 북한에 관한 정보
   나. 방첩(산업경제정보 유출, 해외연계 경제질서 교란 및 방위산업침해에 대한 방첩을 포함한다), 대테러, 국제범죄조직에 관한 정보
   다. 형법 중 내란의 죄, 외환의 죄, 군형법 중 반란의 죄, 암호 부정사용의 죄, 군사기밀 보호법에 규정된 죄에 관한 정보
   라. 국가보안법에 규정된 죄와 관련되고 반국가단체와 연계되거나 연계가 의심되는 안보침해행위에 관한 정보
   마. 국제 및 국가배후 해킹조직 등 사이버안보 및 위성자산 등 안보 관련 우주 정보
2. 국가 기밀(국가의 안전에 대한 중대한 불이익을 피하기 위하여 한정된 인원만이 알 수 있도록 허용되고 다른 국가 또는 집단에 대하여 비밀로 할 사실·물건 또는 지식으로서 국가 기밀로 분류된 사항만을 말한다. 이하 같다)에 속하는 문서·자재·시설·지역 및 국가안전보장에 한정된 국가 기밀을 취급하는 인원에 대한 보안 업무. 다만, 각급 기관에 대한 보안감사는 제외한다.

3. 제1호 및 제2호의 직무수행에 관련된 조치로서 국가안보와 국익에 반하는 북한, 외국 및 외국인 · 외국단체 · 초국가행위자 또는 이와 연계된 내국인의 활동을 확인 · 견제 · 차단하고, 국민의 안전을 보호하기 위하여 취하는 대응조치
4. 다음 각 목의 기관 대상 사이버공격 및 위협에 대한 예방 및 대응
 가. 중앙행정기관(대통령 소속기관과 국무총리 소속기관을 포함한다) 및 그 소속기관과 국가인권위원회, 고위공직자범죄수사처 및 행정기관 소속 위원회의 설치 · 운영에 관한 법률에 따른 위원회
 나. 지방자치단체와 그 소속기관
 다. 그 밖에 대통령령으로 정하는 공공기관
5. 정보 및 보안 업무의 기획 · 조정
6. 그 밖에 다른 법률에 따라 국정원의 직무로 규정된 사항

② 원장은 제1항의 직무와 관련하여 직무수행의 원칙 · 범위 · 절차 등이 규정된 정보활동기본지침을 정하여 국회 정보위원회에 이를 보고하여야 한다. 정보활동기본지침을 개정한 때에도 또한 같다.

③ 국회 정보위원회는 정보활동기본지침에 위법하거나 부당한 사항이 있다고 인정되면 재적위원 3분의 2 이상의 찬성으로 시정이나 보완을 요구할 수 있으며, 원장은 특별한 사유가 없으면 그 요구에 따라야 한다.

④ 제1항제1호부터 제4호까지의 직무 수행을 위하여 필요한 사항과 같은 항 제5호에 따른 기획 · 조정의 범위와 대상 기관 및 절차 등에 관한 사항은 대통령령으로 정한다.

핵심정리 **국가정보원 직무범위에 대한 학설**

(1) 의의

「국가정보원법」에 의한 임무로 한정하는 경우에도 자체 근거법상의 임무는 '단순히 그것을 예시한 것에 지나지 않는가?' 아니면 아무리 필요하고 근거법 범위 내의 해석이라고 해도 '한정적으로 열거된 것으로 더 이상의 임무가 확대될 수는 없는가?'라는 문제가 있다.

(2) 대표적 예시설

근거법인 「국가정보원법」에 국가정보기구의 임무를 서술한 것은 국가정보기구의 여러 가지 임무 중에서 일부를 특별히 나열한 것에 지나지 않은 것으로서 국가정보기구의 임무가 법에 나열된 것에 한정되는 것은 아니라는 견해이다. 그러므로 「국가정보원법」에 나열되어 있는 것은 대표적인 임무가 일부 예시되어 있는 것이라고 보는 것이다. 이러한 견해는 특히 소위 "기타" 포괄조항이 없는 법 형식의 경우에 그 현실적인 필요성으로 인하여 제기되는 주장이기도 하다.

(3) 한정적 열거설

국가정보기구의 임무는 근거법에 열거(列擧)된 내용으로 명백하게 국한된다는 주장이다. 국가정보기구는 국민들의 세금으로 운영되는 기관이고 또한 국민들의 권리와 의무와 직결되는 일을 하는 이상 근거법에 열거되어 있지 않은 내용은 아무리 그 목적이 타당하고 필요하다고 해도 이미 국가정보기구의 임무는 아니라는 것이다.

(4) 검토

① 과거 여러 나라에서 국가정보기구가 그 임무를 확대하여 법에 근거 없는 일에 업무범위를 넓혀 가는 소위 미션 크립(mission creep)의 남용에 이르렀던 경험에 비추어 보아도 한정적 열거설이 타당하다. 그 이유는 법치행정의 원칙상 국민의 권리 및 의무와 직접 연결된 임무를 수행하는 국가정보기구의 경우 임무는 법에 당연히 근거해야 한다는 법치주의의 가장 기본적인 이념이 국가정보기구의 임무범위에 대한 논의에서도 인식되어야 하기 때문이다. 역사적으로 보면 국가정보기구는 포괄성과 추정성이라는 업무의 성격상 임무를 아무리 한정적으로 열거했다고 해도 의도적 또는 무의식적으로 임무가 확대되어 나가는 권한 남용의 사례를 허다하게 경험하였다. 정보기관 임무의 대전제로서의 국가안보와 국가이익이라는 개념이 시대상황, 국제관계, 경제발전, 그리고 과학 기술문명 발전과도 맞물려 해석되는 가변성을 가진 가치개념이기 때문이다.

② 한정적 열거설의 당연한 귀결로서 국제관계와 제반 시대상황의 변천에 따라 국가정보기구에 대한 새로운 임무가 필요하다면 국민의 대표기관인 국회에서 새롭게 법을 제 · 개정하여 임무가 다시 부여되어야 하며, 그러하지 않은 임무 수행은 결국 법의 근거가 결여된 것으로서 아무리 목적이 긍정적이라고 하더라도 불법적 업무수행이라고 하지 않을 수 없게 된다. 인질로 억류되어 있는 자국민의 구출을 위하여 전개되었던 이란-콘트라 사건이 치명적인 불법성을 간직했던 선례는 정보역사에서 좋은 경험을 보여 준 사례로 평가된다.

1271

국가정보원(National Intelligence Service)에 대한 설명으로 틀린 것은?

① 국가정보원(NIS)은 1961년 창설된 중앙정보부가 국가안전기획부를 거쳐 1998년 국민의 정부 출범과 더불어 재창설된 대통령 직속의 국가 중앙정보기구이다.

② 대통령 직속의 국가 중앙정보기구라 함은 국가 중앙정보기구의 업무상 잘못에 대한 책임은 직접적으로 대통령에게 귀속된다는 책임소재의 명확화이다.

③ 국가정보원은 헌법기관으로 볼 수 없다.

④ 국가정보원은 국외정보 및 국내 보안정보(대공 · 대정부전복 · 방첩 · 대테러 및 국제 범죄조직)의 수집 · 작성 · 배포의 권한을 가진다.

정답 ③

풀이 ③ 국가정보기구는 헌법가치성을 가진 헌법기구이다. 원래 국가정보는 헌법 요청적인 것으로 헌법상의 가치를 가진다.

1272

미션 크립(mission creep)에 대한 설명으로 틀린 것은?

① 정보기구가 임무를 확대하여 법에 근거 없는 일에까지 넓혀 가는 현상을 말한다.

② 처음에는 군사작전(military operations)에서 사용된 용어였다.

③ 미션 크립은 엄청난 실패를 경험한 연후에야 중단하는 목적추구성을 가진다.

④ 미션 크립(mission creep)의 남용에 부정적인 입장으로는 대표적 예시설을 들 수 있다.

정답 ④

풀이 ④ 한정적 열거설이 미션 크립(mission creep)의 남용에 부정적인 입장이다. 참고로 미션 크립이란 정보기구가 임무를 슬금슬금 확대하여 법에 근거 없는 일에까지 넓혀 가는 현상을 일컫는다. 원래 미션 크립은 한 번 임무를 성공하게 된 연유로 최초의 임무가 아닌 과업에 대해서도 권한을 확대하는 관료주의적 현상이다. 용어 자체는 UN평화유지군의 소말리아에서의 활동을 보도한 1999년 4월 15일자의 워싱턴 포스트(Washington Post) 기사에 처음으로 등장했었다.

1273

현행 「국가정보원법」이 규정하고 있는 국가정보원의 임무로 틀린 것은?

① 정보분석(Intelligence Analysis)
② 비밀공작(Covert Operation)
③ 방첩공작(Counterintelligence Operation)
④ 정보수집(Intelligence Collection)

정답 ②

풀이 ② 「국가정보원법」에는 비밀공작에 대한 근거 규정이 없다.

1274

「국가정보원법」이 규정하고 있는 국가정보원의 임무로 틀린 것은?

① 국가정보의 수집 · 작성 및 배포
② 국가보안업무
③ 공안범죄에 대한 수사
④ 국가정보 및 보안업무 기획 · 조정

정답 ③

풀이 ③ 「국가정보원법」에는 국가정보원의 수사권에 대한 근거 규정이 없다.

1275

국가정보원의 국가정보의 수집 · 작성 및 배포업무와 관련된 설명으로 틀린 것은?

① 위성자산 등 안보 관련 우주 정보도 수집 · 작성 · 배포의 대상에 포함된다.
② 법 규정 형식상 정보의 생산과 배포는 재량행위가 아니라 의무적 기속행위이다.
③ 법문에는 국가정보의 수집 · 작성 및 배포라고만 되어있으므로 원칙적으로 정보분석은 국정원의 임무가 아니다.
④ 방첩은 산업경제정보 유출, 해외연계 경제질서 교란 및 방위산업침해에 대한 방첩을 포함한다.

정답 ③

풀이 ③ 법규정상으로는 정보분석 업무가 명시되어 있지는 않다. 그러나 정보의 작성 · 배포는 분석을 하여 정보보고서를 생산하는 것을 전제로 한 활동이다. 그러므로 법문상의 '작성'은 수집한 정보의 정보분석을 바탕으로 한 정보생산 문건의 작성이라고 해석된다.

1276

국가정보원에 대한 설명으로 틀린 것은?

① 국가정보원은 1961년 창설된 중앙정보부가 국가안전기획부를 거쳐 1998년 국민의 정부 출범과 더불어 재창설된 대통령 직속의 국가 중앙정보기구이다.

② 국가정보원은 국외정보 및 국내 보안정보(대공 · 대정부전복 · 방첩 · 대테러 및 국제 범죄조직)의 수집 · 작성 · 배포의 권한을 가진다.

③ 미션 크립(Mission Creep)의 남용에 대한 부정적인 입장에서는 국가정보원의 임무는 「국가정보원법」 제4조에 규정된 내용으로 한정되는 것으로, 다른 법에서 국가정보기구의 임무를 추가하는 방식으로 업무를 확장해서는 안 된다는 임무근거 한정설이 타당하다.

④ 현행국가정보원법상 비밀공작의 근거는 명백하지만 경제정보에 대한 활동근거는 명백하지 않다.

정답 ④

풀이 ④ 「국가정보원법」은 경제정보활동에 대한 근거를 명확히 규정하고 있지만, 비밀공작에 대해서는 근거를 규정하지 않고 있다.

1277

국가정보기구에 대한 설명으로 틀린 것은?

① 헌법이 국가정보기구에 대한 규정을 두고 있지 않는 한 국가정보기구는 헌법기관성을 가질 수 없다.

② 정보기구의 임무는 기본법에 명시된 것에 한정한다는 임무근거 한정설과 다른 법에 의해서도 정보기구의 임무 확장이 가능하다는 임무 확장 가능설이 대립한다.

③ 미션 크립(mission creep)의 위험을 고려하면 정보기구 임무근거 한정설이 타당하다.

④ 대표적 예시설에 따르면 근거법이 아닌 다른 관련법으로 국가정보기구의 임무를 삭제함으로써 정보기구의 개폐를 정할 수도 있게 되는 순환오류에 빠질 수 있다.

정답 ①

풀이 ① 각국을 통틀어서 국가정보기구는 헌법 자체를 수호하는 헌법가치성을 가진 헌법 내재적 헌법기구이다. 원래 국가정보 활동은 국가수호라는 헌법 요청적인 것으로, 국가정보기구는 헌법상의 가치를 수행하기 위한 기관이다. 따라서 헌법에서의 명시적인 규정 여부에 불구하고 국가정보기구는 헌법기관이다.

1278

「국가정보원법」에 규정된 국가정보원의 임무로 틀린 것은?

① 국가정보의 수집 · 작성 · 배포

② 국가보안업무

③ 형법 중 내란의 죄, 외환의 죄, 군형법 중 반란의 죄, 암호부정사용죄, 군사기밀보호법에 규정된 죄에 관한 정보

④ 국가정책정보의 생산과 배포

정답 ④

풀이 ④ 정보와 정치의 관계는 마치 '반투과성막(semipermeable membrane)'과 같다. 즉 정책결정자는 정보분석관에게 의견을 제시할 수 있지만, 반대로 정보분석관은 그들의 정보분석에 기초한 정책 대안을 권고할 수 없다. 따라서 국가정보원은 국가정책정보를 생산하여 배포할 수 없다.

1279

국가정보원과 그 직원에 대한 설명으로 틀린 것은?

① 국가안전보장 업무의 효율적인 수행을 위하여 대통령 소속으로 국가정보원을 두며 대통령의 지시와 감독을 받는다.

② 대통령 직속기구인 국가정보원은 생산한 정보를 대통령에게만 배포한다.

③ 직원은 취임할 때에 원장 앞에서 봉사, 복종, 창의와 성실 등에 대한 선서를 하여야 한다.

④ 「정부조직법」은 국가정보원의 조직과 직무범위에 대해 따로 법률로 정하도록 하고 있다.

정답 ②

풀이 ② 국가정보원은 국가와 국민의 정보기구로서 대통령뿐만 아니라 국회와 행정부처 등 정보수요자에게 해당기관에 필요한 정보를 배포한다.

③ 직원은 취임할 때에 원장 앞에서 다음의 선서를 하여야 한다. "본인은 국가안전보장업무를 수행하는 공무원으로서 투철한 애국심과 사명감을 발휘하여 국가에 봉사할 것을 맹세하고, 법령 및 직무상의 명령을 준수 · 복종하며, 창의와 성실로써 맡은 바 책무를 다할 것을 엄숙히 선서합니다."

1280

국가정보원의 직무로 옳은 것은? [2018년 기출]

ㄱ. 국외정보 및 국내보안정보의 수집
ㄴ. 국가기밀에 속하는 문서 · 자재 · 시설에 대한 보안업무
ㄷ. 군형법상 내란죄에 관한 정보
ㄹ. 정보 및 보안업무의 기획 · 조정

① ㄱ, ㄴ
② ㄱ, ㄴ, ㄷ
③ ㄱ, ㄷ, ㄹ
④ ㄱ, ㄴ, ㄹ

정답 ④

풀이 ④ 「군형법」에는 내란의 죄가 존재하지 않는다.

1281

한국의 정보기관에 대한 설명으로 틀린 것은? [2017년 기출]

① 감사원은 국가정보원 소관 예산에 대한 회계검사와 직원의 직무 수행에 대한 감찰을 하고, 그 결과를 대통령과 국회 정보위원회에 보고하여야 한다.
② 사이버작전사령부는 북한의 사이버전을 대비하기 위해 창설했다.
③ 정보사령부 제3여단(구 국방정보지형단)은 지도에 관련된 정보를 수집하고 관리한다.
④ 3권 분립에도 불구하고 사법부, 입법부 등의 보안업무는 국가정보원이 수행한다.

정답 ①

풀이 ① 국정원장은 그 책임하에 소관 예산에 대한 회계검사와 직원의 직무 수행에 대한 감찰을 하고, 그 결과를 대통령과 국회 정보위원회에 보고하여야 한다.
④ 「국가정보원법」 제4조 제1항 제2호의 국가기밀에는 국회나 법원이 관리하는 기밀이 포함되고, 국가기밀을 취급하는 인원에도 국회나 법원의 공무원이 포함된다.

1282

한국의 정보체계에 대한 설명으로 틀린 것은? [2010년 기출]

① 국가안전보장회의는 대통령 직속 정책 자문기관이다.

② 국가정보기구로는 국정원이 유일하다.

③ 국정원은 통합형 정보기구이다.

④ 국정원은 국가안전보장회의 소속이다.

정답 ④

풀이 ④ 국정원은 대통령 소속기관이다.

관련법조항 국가정보원의 직무

제4조(직무)

① 국정원은 다음 각 호의 직무를 수행한다.

2. 국가 기밀(국가의 안전에 대한 중대한 불이익을 피하기 위하여 한정된 인원만이 알 수 있도록 허용되고 다른 국가 또는 집단에 대하여 비밀로 할 사실·물건 또는 지식으로서 국가 기밀로 분류된 사항만을 말한다. 이하 같다)에 속하는 문서·자재·시설·지역 및 국가안전보장에 한정된 국가 기밀을 취급하는 인원에 대한 보안 업무. 다만, 각급 기관에 대한 보안감사는 제외한다.

관련법조항 「보안업무규정」 보안 감사

제39조(보안감사)

중앙행정기관등의 장은 이 영에서 정한 인원·문서·자재·시설·지역 및 장비 등의 보안관리상태와 그 적정 여부를 조사하기 위하여 보안감사를 한다.

1283

다음 중 국정원의 직무에 대한 설명으로 가장 적절하지 않은 것은? [2024년 기출]

① 중앙행정기관(대통령 소속기관과 국무총리 소속기관을 포함한다) 및 그 소속기관과 국가인권위원회, 고위공직자범죄수사처 및 「행정기관 소속 위원회의 설치·운영에 관한 법률」에 따른 위원회 대상 사이버 공격 및 위협에 대한 예방 및 대응

② 국가안보와 국익에 반하는 북한, 외국 및 외국인·외국단체·초국가 행위자 또는 이와 연계된 내국인의 활동을 확인·견제·차단하고, 국민의 안전을 보호하기 위하여 취하는 대응 조치

③ 국가기밀에 속하는 문서·자재·시설·지역 및 국가안전보장상에 한정된 국가 기밀을 취급하는 인원에 대한 보안업무와 각급 기관에 대한 보안감사

④ 「형법」 중 내란의 죄, 외환의 죄, 「군형법」 중 반란의 죄, 암호부정사용의 죄, 「군사기밀보호법」에 규정된 죄에 관한 정보를 수집·작성·배포

정답 ③

풀이 ③ 국정원의 보안업무에서 각급기관에 대한 보안감사는 제외한다.

1284

다음 중 국가정보원의 직무 범위에 대해 규정하고 있는 「국가정보원법」 제4조에 포함되어 있지 않은 것은? [2024년 기출]

① 국외 및 북한에 관한 정보의 수집
② 방첩, 대테러, 국제범죄조직에 관한 정보의 수집
③ 정보 및 보안 업무의 기획 · 조정
④ 정부 행정 부처에 대한 보안감사 업무

정답 ④

풀이 ④ 「국가정보원법」은 국가정보원의 보안업무에서 각급기관에 대한 보안감사는 제외하고 있다.

1285

「국가정보원법」이 규정하는 국가정보원의 직무로 틀린 것은?

① 정보 및 보안 업무의 기획 · 조정
② 국외 정보 및 국내 보안정보의 수집 · 작성 · 배포
③ 국가기밀에 속하는 문서 · 자재 · 시설 · 인원에 대한 보안 및 감사 업무
④ 암호부정사용의 죄에 관한 정보

정답 ③

풀이 ③ 보안감사는 중앙행정기관 등의 장의 권한이다. 「국가정보원법」은 국정원의 보안 업무에서 보안감사가 제외하고 있다.

관련법조항 검사의 직무

제4조(검사의 직무)
① 검사는 공익의 대표자로서 다음 각 호의 직무와 권한이 있다.
1. 범죄수사, 공소의 제기 및 그 유지에 필요한 사항. 다만, 검사가 수사를 개시할 수 있는 범죄의 범위는 다음 각 목과 같다.
가. 부패범죄, 경제범죄 등 대통령령으로 정하는 중요 범죄
나. 경찰공무원(다른 법률에 따라 사법경찰관리의 직무를 행하는 자를 포함한다) 및 고위공직자범죄수사처 소속 공무원(고위공직자범죄수사처 설치 및 운영에 관한 법률에 따른 파견공무원을 포함한다)이 범한 범죄
다. 가목·나목의 범죄 및 사법경찰관이 송치한 범죄와 관련하여 인지한 각 해당 범죄와 직접 관련성이 있는 범죄
2. 범죄수사에 관한 특별사법경찰관리 지휘·감독
3. 법원에 대한 법령의 정당한 적용 청구
4. 재판 집행 지휘·감독
5. 국가를 당사자 또는 참가인으로 하는 소송과 행정소송 수행 또는 그 수행에 관한 지휘·감독
6. 다른 법령에 따라 그 권한에 속하는 사항
② 검사는 자신이 수사개시한 범죄에 대하여는 공소를 제기할 수 없다. 다만, 사법경찰관이 송치한 범죄에 대하여는 그러하지 아니하다.
③ 검사는 그 직무를 수행할 때 국민 전체에 대한 봉사자로서 헌법과 법률에 따라 국민의 인권을 보호하고 적법절차를 준수하며, 정치적 중립을 지켜야 하고 주어진 권한을 남용하여서는 아니 된다.

1286

국가정보원의 직무로 틀린 것은?

① 국외정보와 국내보안정보의 수집·작성·배포
② 국제 및 국가배후 해킹조직 등 사이버안보 및 위성자산 등 안보 관련 우주 정보
③ 국가기밀 사항인 자재·시설·문서·지역에 대한 보안업무
④ 법원에 대한 법령의 정당한 적용 청구

정답 ④
풀이 ④ 법원에 대한 법령의 정당한 적용 청구는 검사의 직무사항이다(검찰청법 제4조).

관련법조항 국가정보원법

제4조(직무)
① 국정원은 다음 각 호의 직무를 수행한다.
5. 정보 및 보안 업무의 기획·조정

관련법조항 정보 및 보안업무 기획·조정규정

제1조(목적)
이 영은 국가정보원법 제3조 제2항의 규정에 의하여 정보 및 보안업무의 기획·조정에 관하여 필요한 사항을 규정함을 목적으로 한다.

제2조(정의)
이 영에서 사용하는 용어의 정의는 다음과 같다.

1. "국외정보"라 함은 외국의 정치·경제·사회·문화·군사·과학 및 지지 등 각 부문에 관한 정보를 말한다.
2. "국내보안정보"라 함은 간첩 기타 반국가활동세력과 그 추종분자의 국가에 대한 위해 행위로부터 국가의 안전을 보장하기 위하여 취급되는 정보를 말한다.
3. "통신정보"라 함은 전기통신수단에 의하여 발신되는 통신을 수신·분석하여 산출하는 정보를 말한다.
4. "통신보안"이라 함은 통신수단에 의하여 비밀이 직접 또는 간접으로 누설되는 것을 미리 방지하거나 지연시키기 위한 방책을 말한다.
5. "정보사범 등"이라 함은 형법 제2편제1장 및 제2장의 죄, 군형법 제2편제1장 및 제2장의 죄, 동법 제80조 및 제81조의 죄, 군사기밀보호법 및 국가보안법에 규정된 죄를 범한 자와 그 혐의를 받는 자를 말한다.
6. "정보수사기관"이라 함은 제1호 내지 제5호에 규정된 정보 및 보안업무와 정보사범 등의 수사업무를 취급하는 각급 국가기관을 말한다.

제3조(정보 및 보안업무의 기획·조정)
국가정보원장(이하 "국정원장"이라 한다)은 국가정보 및 보안업무에 관한 정책의 수립등 기획업무를 수행하며, 동 정보 및 보안업무의 통합기능수행을 위하여 필요한 합리적 범위내에서 각 정보수사기관의 업무와 행정기관의 정보 및 보안업무를 조정한다.

제4조(기획업무의 범위)
국정원장이 정보 및 보안업무에 관하여 행하는 기획업무의 범위는 다음과 같다.

1. 국가 기본정보정책의 수립
2. 국가 정보의 중·장기 판단
3. 국가 정보목표 우선순위의 작성
4. 국가 보안방책의 수립
5. 정보예산의 편성

제5조(조정업무의 범위)
국정원장이 정보 및 보안업무에 관하여 행하는 조정 대상기관과 업무의 범위는 다음과 같다.

1. 과학기술정보통신부
    가. 우편검열 및 정보자료의 수집에 관한 사항
    나. 북한 및 외국의 과학기술 정보 및 자료의 수집관리와 활용에 관한 사항
    다. 전파감시에 관한 사항
2. 외교부
    가. 국외정보의 수집에 관한 사항
    나. 출입국자의 보안에 관한 사항
    다. 재외국민의 실태에 관한 사항
    라. 통신보안에 관한 사항

3. 통일부
가. 통일에 관한 국내외 정세의 조사 · 분석 및 평가에 관한 사항
나. 남북대화에 관한 사항
다. 이북5도의 실정에 관한 조사 · 분석 및 평가에 관한 사항
라. 통일교육에 관한 사항
4. 법무부
가. 국내 보안정보의 수집 · 작성에 관한 사항
나. 정보사범 등에 대한 검찰정보의 처리에 관한 사항
다. 공소보류된 자의 신병처리에 관한 사항
라. 적성압수금품등의 처리에 관한 사항
마. 정보사범 등의 보도 및 교도에 관한 사항
바. 출입국자의 보안에 관한 사항
사. 통신보안에 관한 사항
5. 국방부
가. 국외정보 · 국내보안정보 · 통신정보 및 통신보안업무에 관한 사항
나. 제4호 나목부터 마목까지에 규정된 사항
다. 군인 및 군무원의 신원조사업무지침에 관한 사항
라. 정보사범 등의 내사 · 수사 및 시찰에 관한 사항
6. 행정안전부
가. 국내 보안정보(외사정보 포함)의 수집 · 작성에 관한 사항
나. 정보사범 등의 내사 · 수사 및 시찰에 관한 사항
다. 신원조사업무에 관한 사항
라. 통신정보 및 통신보안 업무에 관한 사항
7. 문화체육관광부
가. 공연물 및 영화의 검열 · 조사 · 분석 및 평가에 관한 사항
나. 신문 · 통신 그 밖의 정기간행물과 방송 등 대중전달매체의 활동 조사 · 분석 및 평가에 관한 사항
다. 대공심리전에 관한 사항
라. 대공민간활동에 관한 사항
8. 산업통상자원부
국외정보의 수집에 관한 사항
9. 국토교통부
국내 보안정보(외사정보 포함)의 수집 · 작성에 관한 사항
10. 해양수산부
국내 보안정보(외사정보 포함)의 수집 · 작성에 관한 사항
12. 방송통신위원회
가. 전파감시에 관한 사항
나. 그 밖에 통신정보 및 통신보안 업무에 관한 사항
13. 그 밖의 정보 및 보안 업무 관련 기관

제6조(조정의 절차)

국정원장은 제5조의 조정을 행함에 있어 국가안보에 중대한 영향을 미치는 주요사안에 관하여는 직접 조정하고, 기타 사안에 관하여는 일반지침에 의하여 조정한다.

제7조(정보사범 등의 내사등)

① 정보수사기관이 정보사범 등의 내사·수사에 착수하거나 이를 검거한 때와 관할 검찰기관(군검찰기관을 포함한다. 이하 같다)에 송치한 때에는 즉시 이를 국정원장에게 통보하여야 한다.

② 관할 검찰기관의 장은 정보사범 등에 대하여 검사의 처분이 있을 때에는 즉시 이를 국정원장에게 통보하여야 한다.

③ 관할 검찰기관의 장은 정보사범 등의 재판에 대하여 각 심급별로 그 재판결과를 국정원장에게 통보하여야 한다.

제8조(정보사범 등의 신병처리 등)

① 정보수사기관의 장은 주요 정보사범 등의 신병처리에 대하여 국정원장의 조정을 받아야 한다.

② 정보수사기관이 주요 정보사범 등·귀순자·불온문건 투입자·납북귀환자·망명자 및 피난사민에 대하여 신문등을 하고자 할 때에는 국정원장의 조정을 받아야 한다.

제9조(공소보류 등)

① 정보수사기관(검사를 제외한다)의 장이 주요 정보사범 등에 대하여 공소보류 의견을 붙일 필요가 있다고 인정할 때에는 국정원장에게 통보하여 조정을 받아야 한다.

② 검사는 주요 정보사범 등에 대하여 공소보류 또는 불기소 의견으로 송치된 사건을 소추하거나 기소의견으로 송치된 사건을 공소보류 또는 불기소 처분할 때에는 국정원장과 협의하여야 한다.

제10조(적성압수금품 등의 처리)

정보수사기관이 주요 적성장비 또는 불온문건 기타 금품을 압수하거나 취득한 때에는 즉시 이를 국정원장에게 통보하고 정보수집에 필요한 조정을 받아야 한다.

제11조(정보사업·예산 및 보안업무의 감사)

① 국정원장은 제5조에 규정된 각급기관에 대하여 연1회 이상 정보사업 및 그에 따른 예산과 보안업무감사를 실시한다. 다만, 보안업무 감사는 중앙단위 기관에 한한다.

② 국정원장은 제1항의 감사를 실시함에 있어서 정책자료 발굴에 중점을 둔다.

③ 국정원장은 제1항의 규정에 의한 감사 결과를 대통령에게 보고하고 피감사기관에 통보한다.

④ 제3항의 규정에 의하여 감사결과를 통보받은 피감사기관의 장은 감사결과에 대하여 필요한 조치를 강구하여야 한다.

제12조(시행규칙)

이 영 시행에 관하여 필요한 규칙은 정보조정협의회의 의결을 거쳐 국정원장이 정한다.

1287

「정보 및 보안업무 기획·조정규정」에 규정된 정보수사기관으로 틀린 것은?

① 국가정보원 ② 법무부

③ 경찰청 ④ 국군방첩사령부

정답 ②

풀이 「방첩업무규정」은 국가정보원, 법무부, 관세청, 경찰청, 행양경찰청, 국군방첩사령부를 방첩기관으로 정의하고 있다. 반면에 「정보 및 보안업무기획·조정규정」은 국가정보원, 검찰청, 해양경찰청, 국군방첩사령부를 정보·수사기관으로 정의하고 있다. 법무부와 관세청은 방첩기관이지만 정보·수사기관이 아니고, 검찰청은 정보·수사기관이지만 「방첩업무규정」에 규정된 방첩기관이 아니라는 점은 주의해야 한다.

1288

국가정보원장이 정보 및 보안업무에 관하여 행하는 기획업무의 범위로 틀린 것은?

① 정보예산의 편성

② 국가 정보의 중·장기 판단

③ 국가 정보목표 우선순위의 작성

④ 북한 및 외국의 과학기술 정보 및 자료의 수집관리와 활용에 관한 사항

정답 ④

풀이 ④ 북한 및 외국의 과학기술 정보 및 자료의 수집관리와 활용에 관한 사항은 과학기술정보통신부장관의 업무로 조정업무의 범위에 속한다.

1289

대한민국의 국가정보체계에 대한 설명으로 옳은 것은?

① 미국의 국가정보장(DNI) 체계와 유사하다.

② 영국의 합동정보위원회(Joint Intelligence Committee) 체계와 유사하다.

③ 미국의 구(舊) 중앙정보장(DCI) 체계와 유사하다.

④ 복수정보기구의 대등한 평면적 경합체계인 분리조정형에 속한다.

정답 ③

풀이 ③ 대한민국 국가정보체계는 국가중앙정보기구인 국가정보원이 다른 정보기구들의 업무를 기획·조종하는 것으로 2004년 정보개혁 및 테러방지법 제정으로 변모되기까지의 미국정보체계의 모습인 중앙정보장(Director of Central Intelligence) 체계, 즉 중앙정보기구인 CIA 국장이 정보공동체의 수장이 되어 다른 정보기구들도 컨트롤하는 중앙정보장(DCI) 체계와 유사하다.

1290

대한민국 국가정보활동의 특성으로 틀린 것은?

① 미국의 DNI 체계

② 전통적 군사안보 중심의 비밀공작과 방첩공작 활동의 전통

③ 전 국민의 자발적 참여와 우수한 정보 자산

④ 미국 정보기구 영향하의 현대적 정보기구로의 발전과 성장

정답 ①

풀이 ① 한국의 정보운용체계는 국가정보원이라는 단일기관에 의한 중앙집중형 관리방식으로, 그것은 대통령 직속의 국가중앙정보기구가 부문정보기관들의 정보업무를 직접 기획 · 조정하는 것이다. 이러한 체제는 과거 CIA 국장이 중앙정보국장(DCI)을 겸직하며 정보공동체 전체를 기획 · 조종하던 DCI 체제와 유사하다.

1291

국정원장의 권한에 대한 설명으로 옳은 것은? [2012년 기출]

① 국정원장은 국가정보수요에 따라 PNIO를 작성한다.

② 모든 국가정보기관의 임무를 조정하고 통제한다.

③ 국정원 직원의 사생활에 대한 범죄에 관한 정보를 수집한다.

④ 「군형법」 중 내란의 죄에 관한 정보를 수집한다.

정답 ①

풀이 ① 국정원장은 국가정보수요에 따라 국가정보목표우선순위인 PNIO를 작성한다.
② 국가정보 및 보안업무에 관한 정책의 수립 등 기획업무를 수행하며, 동 정보 및 보안업무의 통합기능수행을 위하여 필요한 합리적 범위 내에서 각 정보수사기관의 업무와 행정기관의 정보 및 보안업무를 조정한다.
③ 개정 전 「국가정보원법」 제3조 제1항 제5호에서도 국정원 직원의 직무와 관련된 범죄에 대한 수사만 가능했다. 개정 「국가정보원법」은 국정원 직원의 직무와 관련된 범죄에 대해서는 수사는 물론 정보수집도 국정원의 업무에서 제외하였다.
④ 「군형법」에는 내란의 죄가 규정되어 있지 않다.

1292

국가정보원의 직무로 틀린 것은? [2006년 기출]

① 군형법 중 내란의 죄

② 형법 중 외환의 죄

③ 암호부정사용죄

④ 국정원 직원의 직무와 관련된 범죄

정답 ①

풀이 ① 군형법에는 내란의 죄가 규정되어 있지 않다.

관련법조항 「국가정보자료관리규정」

제1조(목적)

이 영은 국가정보정책의 수립 및 시행의 효율성을 높이기 위한 국가정보자료의 효율적인 관리 및 공동활용체제의 확립에 관하여 필요한 사항을 규정함을 목적으로 한다.

제2조(정의)

이 영에서 사용하는 용어의 정의는 다음과 같다.

1. "국가정보자료"라 함은 국가정보정책의 수립에 기여할 수 있는 국내외 정치 · 경제 · 사회 · 문화 · 군사 · 과학 · 지지 · 통신등 각 분야별 기본정보와 각 분야에 영향을 미칠 수 있는 인적 · 물적 정보등의 내용이 수록된 자료를 말한다.
2. "전담관리기관"이라 함은 국가정보자료 중 특정분야의 자료를 종합관리하는 기관을 말한다.
3. "각급기관"이라 함은 정부조직법 제2조의 규정에 의한 중앙행정기관(대통령 직속기관을 포함한다)을 말한다.

제3조(국가정보자료관리협의회)

① 국가정보자료의 효율적인 관리와 공동활용에 관하여 필요한 사항을 심의하기 위하여 국가정보원(이하 "국정원"이라 한다)에 국가정보자료관리협의회(이하 "협의회"라 한다)를 둔다.

② 협의회는 다음 사항을 심의한다.

1. 국가정보자료 관리체제의 개선
2. 전담관리기관의 선정 또는 변경
3. 전담관리기관의 관리대상 국가정보자료의 범위획정
4. 국가정보자료의 공동활용
5. 기타 각급기관간의 협조사항

③ 협의회는 위원장 1인을 포함한 25인 이내의 위원으로 구성하되, 위원장은 국정원 기획조정실장이 되고, 위원은 국정원직원과 국가정보원장(이하 "국정원장"이라 한다)이 지정하는 각급기관의 국장급이상 공무원 중 당해기관의 장의 추천으로 국정원장이 임명 또는 위촉하는 자 각 1인이 된다. 다만, 국정원장이 필요하다고 인정하는 기관에 대하여는 위원을 2인까지 위촉할 수 있다.

④ 위원장은 협의회의 회의를 소집하고 그 의장이 되며, 회무를 통할한다.

⑤ 협의회의 회의는 위원장이 필요하다고 인정하거나 위원의 요구가 있을 때에 이를 소집한다.

⑥ 협의회의 회의는 재적위원 3분의2 이상의 출석으로 개의하고, 출석위원 과반수의 찬성으로 의결하되, 가부동수인 경우에는 의장이 결정권을 가진다.

⑦ 의회에 간사 1인을 두되, 간사는 국정원 과장 중에서 위원장이 지명한다.

⑧ 간사는 위원장의 명을 받아 다음 사항을 처리한다.

1. 의안의 작성
2. 회의진행에 필요한 준비
3. 회의록의 작성 및 보관
4. 기타 협의회의 서무

1293

아직 제정되지 않은 테러 관련 법률로 옳은 것은? [2023년 기출]

① 사이버테러방지법
② 정보통신기반보호법
③ 정보통신망법
④ 테러방지법

정답 ①

풀이 ① 2005년 국가안보를 위협하는 해킹, 컴퓨터 바이러스 등 사이버 공격으로부터 국가정보 통신망을 보호하기 위하여 사이버 안전에 관한 조직 및 운영에 관한 사항을 체계적으로 정립한 「국가사이버 안전관리규정」이 대통령 훈령으로 발령되었다.

1294

국가정보원의 직무에 대한 근거법령으로 옳은 것은?

ㄱ. 정부조직법	ㄴ. 보안업무규정
ㄷ. 국가사이버안전관리 규정	ㄹ. 국가정보자료관리 규정

① ㄱ, ㄴ
② ㄱ, ㄴ, ㄷ
③ ㄴ, ㄷ, ㄹ
④ ㄱ, ㄴ, ㄷ, ㄹ

정답 ④

풀이 ④ ㄱ~ㄹ 모두 국가정보원의 직무에 대한 근거 법령이다.

관련법조항 「국가정보원법」 정치 관여 금지 관련 규정

제11조(정치 관여 금지)

① 원장 · 차장 및 기획조정실장과 그 밖의 직원은 정당이나 정치단체에 가입하거나 정치활동에 관여하는 행위를 하여서는 아니 된다.

② 제1항에서 정치활동에 관여하는 행위란 다음 각 호의 어느 하나에 해당하는 행위를 말한다.

1. 정당이나 정치단체의 결성 또는 가입을 지원하거나 방해하는 행위
2. 그 직위를 이용하여 특정 정당이나 특정 정치인에 대하여 지지 또는 반대 의견을 유포하거나, 그러한 여론을 조성할 목적으로 특정 정당이나 특정 정치인에 대하여 찬양하거나 비방하는 내용의 의견 또는 사실을 유포하는 행위
3. 특정 정당이나 특정 정치인, 특정 정치단체를 위하여 기부금 모집을 지원하거나 방해하는 행위 또는 기업의 자금, 국가 · 지방자치단체 및 공공기관의 운영에 관한 법률에 따른 공공기관의 자금을 이용하거나 지원하게 하는 행위
4. 특정 정당이나 특정인의 선거운동을 하거나 선거 관련 대책회의에 관여하는 행위
5. 특정 정당 · 정치단체나 특정 정치인을 위하여 집회를 주최 · 참석 · 지원하도록 다른 사람을 사주 · 유도 · 권유 · 회유 또는 협박하는 행위
6. 정보통신망 이용촉진 및 정보보호 등에 관한 법률에 따른 정보통신망을 이용한 제1호부터 제5호까지에 해당하는 행위
7. 소속 직원이나 다른 공무원에 대하여 제1호부터 제6호까지의 행위를 하도록 요구하거나 그 행위와 관련한 보상 또는 보복으로서 이익 또는 불이익을 주거나 이를 약속 또는 고지(告知)하는 행위

③ 직원은 원장, 차장 · 기획조정실장과 그 밖의 다른 직원으로부터 제2항에 해당하는 행위의 집행을 지시 받은 경우 내부 절차에 따라 이의를 제기할 수 있으며, 시정되지 않을 경우 그 직무의 집행을 거부할 수 있다.

④ 직원이 제3항의 규정에 따라 이의제기 절차를 거친 후에도 시정되지 않을 경우, 오로지 공익을 목적으로 제2항에 해당하는 행위의 집행을 지시 받은 사실을 수사기관에 신고하는 경우 국가정보원직원법 제17조의 규정은 적용하지 아니한다.

⑤ 직원이 제4항에 따라 수사기관에 신고하는 경우 원장은 해당 내용을 지체 없이 국회 정보위원회에 보고하여야 한다.

⑥ 누구든지 제4항의 신고자에게는 그 신고를 이유로 불이익조치(「공익신고자 보호법」 제2조제6호에 따른 불이익조치를 말한다)를 하여서는 아니 된다.

1295

국정원 직원들의 정치관여 금지에 대한 설명으로 틀린 것은? [2008년 기출]

① 원장, 차장 및 모든 직원은 정당 및 기타 정치단체에 가입해서는 안 된다.

② 정당이나 정치단체의 결성 또는 가입을 지원하거나 방해하는 행위에 관여해서는 안 된다.

③ 특정 정당이나 특정 정치인, 특정 정치단체의 자금을 이용하거나 지원하게 하는 행위를 하여서는 아니 된다.

④ 특정 정당이나 특정 정치인을 위하여 기부금 모집을 지원하거나 방해하는 행위를 해서는 안 된다.

정답 ③

풀이 ③ 특정 정당이나 특정 정치인, 특정 정치단체에 대해서는 기부금 모집을 지원하거나 방해하는 행위를 금지하고 있다. 자금을 이용하거나 지원하게 하는 행위를 금지하고 있는 것은 기업, 국가 · 지방자치단체 및 「공공기관의 운영에 관한 법률」에 따른 공공기관이다.

관련법조항 「국가정보원법」 원장 · 차장 · 기획조정실장 관련 규정

제9조(원장 · 차장 · 기획조정실장)
① 원장은 국회의 인사청문을 거쳐 대통령이 임명하며, 차장 및 기획조정실장은 원장의 제청으로 대통령이 임명한다.
② 원장은 정무직으로 하며, 국정원의 업무를 총괄하고 소속 직원을 지휘 · 감독한다.
③ 차장과 기획조정실장은 정무직으로 하고 원장을 보좌하며, 원장이 부득이한 사유로 직무를 수행할 수 없을 때에는 그 직무를 대행한다.
④ 원장 · 차장 및 기획조정실장 외의 직원 인사에 관한 사항은 따로 법률로 정한다.

관련법조항 「국가정보원직원법」

제2조(계급 구분 등)
① 국가정보원직원(이하 "직원"이라 한다)은 1급부터 9급까지의 특정직직원과 일반직직원으로 구분한다. 다만, 일반직직원은 국가공무원법 제2조제2항제1호에 따른 일반직공무원으로 본다.
② 특별한 전문지식과 경험이 필요한 분야에 근무하는 직원(이하 "전문관"이라 한다)에 대하여는 제1항에 따른 계급 구분을 적용하지 아니할 수 있다.
③ 제1항의 각 계급의 직무 종류별 명칭과 제2항의 전문관의 직무 분야, 대우 등에 관하여는 대통령령으로 정한다.

제3조(임기제직원)
① 국가정보원의 직무의 내용과 특수성 등을 고려하여 필요한 경우에는 임기제직원을 둘 수 있다.
② 임기제직원은 국가공무원법 제26조의5제1항에 따른 임기제공무원으로 본다. 다만, 임용 요건, 임용 절차, 근무상한연령 및 그 밖에 필요한 사항은 대통령령으로 정한다.

1296

국정원 직원의 분류에 포함되지 않는 것은? [2008년 기출]

① 정무직　　② 별정직
③ 특정직　　④ 일반직

정답 ②

풀이 ② 원장, 차장, 기획조정실장은 정무직 공무원이다. 국정원 직원은 특정직, 일반직, 임기제 공무원으로 구분한다.

관련법조항 국가정보원의 예산회계

제16조(예산회계)

① 국정원은 국가재정법 제40조에 따른 독립기관으로 한다.

② 국정원은 세입, 세출예산을 요구할 때에 국가재정법 제21조의 구분에 따라 총액으로 기획재정부장관에게 제출하며, 그 산출내역과 같은 법 제34조에 따른 예산안의 첨부서류는 제출하지 아니할 수 있다.

③ 국정원의 예산 중 미리 기획하거나 예견할 수 없는 비밀활동비는 총액으로 다른 기관의 예산에 계상할 수 있으며, 그 편성과 집행결산에 대하여는 국회 정보위원회에서 심사한다.

④ 국정원은 제2항 및 제3항에도 불구하고 국회 정보위원회에 국정원의 모든 예산(제3항에 따라 다른 기관에 계상된 예산을 포함한다)에 관하여 실질심사에 필요한 세부 자료를 제출하여야 한다.

⑤ 국정원은 모든 예산을 집행함에 있어 지출의 사실을 증명할 수 있는 증빙서류를 첨부하여야 한다. 다만, 국가안전보장을 위해 기밀이 요구되는 경우에는 예외로 한다.

⑥ 원장은 국정원의 예산집행 현황을 분기별로 국회 정보위원회에 보고하여야 한다.

⑦ 국회 정보위원회는 국정원의 예산심사를 비공개로 하며, 국회 정보위원회의 위원은 국정원의 예산 내역을 공개하거나 누설하여서는 아니 된다.

1297

「국가정보원법」의 주요내용 가운데 틀린 것은?

① 직원의 정보통신망을 이용한 정치적 활동을 금지하고, 직원이 정치관여 행위의 집행을 지시받은 경우의 이의 제기와 직무집행을 거부할 수 있음을 규정하고 있다.

② 직원이 공익을 목적으로 한 수사기관에의 신고 시 비밀엄수의무 적용을 배제하고 불이익을 주는 조치를 금지하도록 하고 있다.

③ 예산 중 미리 기획하거나 예견할 수 없는 비밀활동비는 총액으로 다른 기관의 예산에 계상할 수 있으며, 그 편성과 집행결산에 대하여는 국회 정보위원회의 심사에서 제외한다.

④ 세입, 세출예산을 요구할 때에 총액으로 기획재정부장관에게 제출하며, 그 산출내역과 예산안의 첨부서류는 제출하지 아니할 수 있다.

정답 ③

풀이 ③ 국정원의 예산 중 미리 기획하거나 예견할 수 없는 비밀활동비는 총액으로 다른 기관의 예산에 계상할 수 있으며, 그 편성과 집행결산에 대하여는 국회 정보위원회에서 심사한다.

관련법조항 「국방정보본부령」

제1조(설치)

군사정보 및 군사보안에 관한 사항과 군사정보전력의 구축에 관한 사항을 관장하기 위하여 국방부장관 소속으로 국방정보본부를 둔다.

제1조의2(업무)

국방정보본부(이하 "정보본부"라 한다)는 다음 각 호의 업무를 수행한다.

1. 국방정보정책 및 기획의 통합 · 조정 업무
2. 국제정세 판단 및 해외 군사정보의 수집 · 분석 · 생산 · 전파 업무
3. 군사전략정보의 수집 · 분석 · 생산 · 전파 업무
4. 군사외교 및 방위산업에 필요한 정보지원 업무
5. 재외공관 주재무관의 파견 및 운영 업무
6. 주한 외국무관과의 협조 및 외국과의 정보교류 업무
7. 합동참모본부, 각 군 본부 및 작전사령부급 이하 부대의 특수 군사정보 예산의 편성 및 조정 업무
8. 사이버 보안을 포함한 군사보안 및 방위산업 보안정책에 관한 업무
9. 군사정보전력의 구축에 관한 업무
10. 군사기술정보에 관한 업무
11. 군사 관련 지리공간정보에 관한 업무
12. 그 밖에 군사정보와 관련된 업무

제2조(본부장의 임명)

정보본부에 본부장 1명을 두고, 장성급(將星級) 장교로 보한다.

제3조(본부장의 직무 등)

① 본부장은 국방부장관의 명을 받아 정보본부의 업무를 총괄하고, 정보본부에 예속 또는 배속된 부대를 지휘 · 감독한다.

② 본부장은 군사정보 · 전략정보 업무에 관하여 합동참모의장을 보좌하고, 합동참모본부의 군령 업무 수행을 위한 정보 업무를 지원한다.

③ 본부장이 부득이한 사유로 직무를 수행할 수 없는 경우에는 제4조 제1항에 따라 정보본부에 두는 참모부서의 장 중 선임자가 그 직무를 대행한다.

제4조(부서와 부대의 설치)

① 정보본부에 필요한 참모부서를 두되, 그 조직과 사무분장에 관한 사항은 국방부장관이 정한다.

② 정보본부 예하에 다음 각 호의 부대를 둔다.

1. 군사 관련 영상 · 지리 공간 · 인간 · 기술 · 계측 · 기호 등의 정보(이하 "영상정보 등"이라 한다)의 수집 · 지원 및 연구에 관한 업무와 적의 영상정보등의 수집에 대한 방어 대책으로서의 대정보(對情報)에 관한 업무를 관장하기 위한 정보사령부
2. 각종 신호정보의 수집 · 지원 및 연구에 관한 사항을 관장하기 위한 777사령부

③ 제2항 각 호에 따른 부대의 조직과 사무분장에 관한 사항은 국방부장관이 정한다.

제5조(정원)

정보본부에 군인과 군무원을 두되, 그 정원은 국방부장관이 정한다.

관련법조항 「국군방첩사령부령」

제1조(목적)
이 영은 「국군조직법」 제2조제3항에 따라 군사보안, 군 방첩(防諜) 및 군에 관한 정보의 수집 · 처리 등에 관한 업무를 수행하기 위하여 국군방첩사령부를 설치하고, 그 조직 · 운영 및 직무 범위에 관한 사항을 규정함을 목적으로 한다.

제2조(설치)
국군방첩사령부(이하 "사령부"라 한다)는 국방부장관 소속으로 설치한다.

관련법조항 「사이버작전사령부령」

제1조(설치)
국방 사이버공간에서의 사이버작전 시행 및 그 지원에 관한 업무를 관장하기 위하여 국방부장관 소속으로 사이버작전사령부를 둔다.

제2조(임무)
사이버작전사령부(이하 "사령부"라 한다)는 다음 각 호의 임무를 수행한다.

1. 사이버작전의 계획 및 시행
2. 사이버작전과 관련된 사이버보안 활동
3. 사이버작전에 필요한 체계 개발 및 구축
4. 사이버작전에 필요한 전문인력의 육성 및 교육훈련
5. 사이버작전 유관기관 사이의 정보 공유 및 협조체계 구축
6. 사이버작전과 관련된 위협 정보의 수집 · 분석 및 활용
7. 그 밖에 사이버작전과 관련된 사항

1298

사이버작전사령부에 대한 설명으로 틀린 것은?

① 2010년 1월 국방정보본부 예하의 '사이버사령부'를 모체로 발전하였다.
② 2011년 9월 국방부의 직할부대인 '국군사이버사령부'로 독립하였고, 2019년 2월 사이버작전사령부로 명칭이 변경되었다.
③ 사령관은 국방부장관의 명을 받아 사령부의 업무를 총괄하고, 예하 부대를 지휘 · 감독한다.
④ 사령부에 군인과 군무원을 두되, 그 정원은 국방부장관이 정한다.

정답 ③

풀이 사이버작전사령부는 국방부 직할부대이자 합동참모본부 통제하의 합동부대로 사령관은 합동참모의장의 명을 받아 사령부의 업무를 총괄하고, 예하 부대를 지휘 · 감독한다.

1299

정보사령부의 임무에 대한 설명으로 틀린 것은?

① 미 국방정보국(DIA) 등 미국 군 정보기관과 정보 협조체제를 유지하고 있다.
② 신호정보를 포함한 모든 군사 관련 정보의 수집 · 지원 및 연구를 관장하는 군 정보기관이다.
③ 금강정찰기, 글로벌호크 등 수집자산을 이용하여 영상정보(IMINT)를 수집 · 분석한다.
④ 적의 공격징후 감시, 전략미사일 발사 조기 경보, 핵폭발 실험 감시 등 징후계측정보(MASINT)를 수집 · 분석한다.

정답 ②

풀이 ② 신호정보를 제외한 모든 군사 관련 정보의 수집 · 지원 및 연구를 관장하는 군 정보기관이다. 각종 신호정보의 수집 · 지원 및 연구에 관한 사항을 관장하는 군 정보기관은 777사령부이다.

1300

다음에서 설명하는 정보기구로 옳은 것은?

- 사이버 보안을 포함한 군사보안 및 방위산업 보안정책에 관한 업무
- 군사기술정보와 군사 지리공간정보에 관한 업무

① 국방정보본부
② 국군방첩사령부
③ 사이버작전사령부
④ 777사령부

정답 ①

풀이 ① 국방정보본부의 직무이다. 777사령부는 국방정보본부의 예하 부대로 각종 신호정보의 수집지원 및 연구에 관한 사항을 관장한다(「국방정보본부령」 제4조 제2항 제2호).

1301

대한민국 군 정보기구의 소속에 대한 설명으로 틀린 것은?

① 국방정보본부는 국방부 장관 소속 군정보기구이다.

② 정보사령부와 777사령부는 국방정보본부의 예하 정보부대이다.

③ 국군방첩사령부는 소속이 없는 독립적인 군정보기구이다.

④ 사이버작전사령부는 국방부 장관 직속의 정보부대이다.

정답 ③

풀이 ③ 국군방첩사령부는 「국군방첩사령부령」에 따라 설치된 국방부 장관 직속의 군정보기구이다.

1302

정보사령부가 속하는 정보기관으로 옳은 것은?

① 국방정보본부

② 국군기무사령

③ 제777사령부

④ 국방지형정보단

정답 ①

풀이 ① 군사 관련 영상 · 지리공간 · 인간 · 기술 · 계측 · 기호 등의 정보수집 · 지원 및 연구업무와 적의 영상정보 등의 수집에 대한 방어대책으로서의 대정보(對情報)에 관한 업무를 관장하는 정보사령부는 국방정보본부 예하부대이다(령 제4조 제2항 제1호).

1303

국군방첩사령부의 임무로 적절하지 않은 것은?

① 방산비리 예방

② 핵심 방산기밀을 보호

③ 첨단기술 해외유출 차단

④ 국내 방위산업 육성 및 방산수출 활성화 지원

정답 ③

풀이 첨단기술 해외유출 차단은 국가정보원의 임무이다.

1304

다음 중 국군방첩사령부에 대한 설명으로 가장 적절하지 않은 것은? [2024년 기출]

① 주요 업무내용에 군사보안, 신원보안, 방산보안, 보안감사, 대테러, 경호경비, 방첩정보, 방첩수사, 과학수사가 포함된다.

② 국군방첩사령부는 광복 이후 태동기를 거쳐 1950년 육군특무부대가 창설되었고, 1977년 국군보안사령부, 1991년 기무사령부, 2018년 군사안보지원사령부로 개편되었다가 2022년 11월 현재의 명칭으로 변경되었다.

③ 방첩수사와 관련 「국가보안법」 위반사범은 수사할 수 있으나 군인·군무원에 대해서만 수사할 수 있고 민간인에 대해서는 수사할 수 없다.

④ 국군방첩사령부는 방산보안 활동의 일환으로 방산수출입지원시스템을 관리하고 있는데 방위산업을 육성하고 핵심 방산기술을 보호하기 위하여 마케팅 지원, 수출입 신고·허가 절차, 익명신고센터 등을 운영하고 있다.

정답 ③

풀이 ③ 군사법경찰관은 군사법원 관할 사건을 수사한다. 「형법」 제2편 제1장 및 제2장의 죄, 「군형법」 제2편 제1장 및 제2장의 죄, 「군형법」 제80조 및 제81조의 죄와 「국가보안법」, 「군사기밀보호법」, 「남북교류협력에 관한 법률」 및 「집회 및 시위에 관한 법률」(「국가보안법」에 규정된 죄를 범한 사람이 「집회 및 시위에 관한 법률」에 규정된 죄를 범한 경우만 해당된다)에 규정된 죄에 대해서는 군인·군무원은 물론 민간인에 대해서도 수사할 수 있다.

1305

국군방첩사령부의 신고센터 전화번호로 옳은 것은? [2019년 기출]

① 1327 ② 1337

③ 1347 ④ 1357

정답 ②

풀이 ② 국군방첩사령부의 신고번호는 1337번이다.

1306

국군방첩사령부의 업무에 대한 설명으로 틀린 것은?

① 군사보안에 관련된 인원의 신원조사　② 산업스파이 적발 등 첨단기술 해외유출 차단

③ 국내외의 군사 및 방위산업에 관한 정보　④ 군인 및 군무원에 관한 불법 · 비리 정보

정답 ②

풀이 ② 산업스파이 적발 등 첨단기술 해외유출 차단은 국가정보원의 임무이다. 국군방첩사령부는 방위산업체 등을 대상으로 한 외국 · 북한의 정보활동 대응 및 군사기밀 유출 방지를 임무로 한다.

1307

「군사기밀 보호법」이 적용되는 사례로 옳은 것은?

① 군사상 기밀을 누설한 경우

② 군사상 기밀을 적에게 누설한 경우

③ 업무상 과실 또는 중대한 과실로 인하여 군사상 기밀을 누설한 경우

④ 업무상 군사기밀을 취급하는 사람 또는 취급하였던 사람이 그 업무상 알게 되거나 점유한 군사기밀을 타인에게 누설한 경우

정답 ④

풀이 무엇보다 중요한 것이 군사기밀과 군사상의 기밀은 다른 개념이라는 것이다. 군사상의 기밀을 정의하는 법률은 없다. 대법원은 군사상의 기밀에 대해서 다음과 같이 판시하고 있다. "군사상의 기밀은 반드시 법령에 의하여 기밀사항으로 규정되었거나 기밀로 분류 명시된 사항에 한하지 아니하고, 군사상의 필요에 따라 기밀로 된 사항은 물론이고 객관적 · 일반적으로 보아 외부에 알려지지 아니하는 것에 상당한 이익이 있는 사항도 포함하며, 외부로 알려지지 아니하는 것에 상당한 이익이 있는지 여부는 자료의 작성 경위 및 과정, 누설된 자료의 구체적인 내용, 자료가 외부에 알려질 경우 군사목적상 위해한 결과를 초래할 가능성, 자료가 실무적으로 활용되고 있는 현황, 자료가 외부에 공개된 정도, 국민의 알권리와의 관계 등을 종합적으로 고려하여 판단하여야 한다(92도 230)." 반면에 군사기밀에 관해서는 「군사기밀 보호법」에 정의 규정이 있다. "'군사기밀'이란 일반인에게 알려지지 아니한 것으로서 그 내용이 누설되면 국가안전보장에 명백한 위험을 초래할 우려가 있는 군(軍) 관련 문서, 도화(圖畫), 전자기록 등 특수매체기록 또는 물건으로서 군사기밀이라는 뜻이 표시 또는 고지되거나 보호에 필요한 조치가 이루어진 것과 그 내용을 말한다(군사기밀 보호법 제2조 제1호)." 그리고 「군사기밀 보호법」 제3조 제1항은 다음과 같이 규정하고 있다. "군사기밀은 그 내용이 누설되는 경우 국가안전보장에 미치는 영향의 정도에 따라 Ⅰ급 비밀, Ⅱ급 비밀, Ⅲ급 비밀로 등급을 구분한다." 「군사기밀 보호법」은 군사기밀에 대한 법률이고 다른 법률들은 군사상의 기밀에 대한 법률이기 때문에 ④를 답으로 해도 된다.

① 「군형법」 제80조 제1항은 '군사상 기밀을 누설한 사람은 10년 이하의 징역이나 금고에 처한다.'고 규정하고 있다.

② 「군형법」 제13조 제2항은 '군사상 기밀을 적에게 누설한 사람도 제1항의 형(사형 또는 무기징역)에 처한다.'고 규정하고 있다.

③ 「군형법」 제80조 제2항은 '업무상 과실 또는 중대한 과실로 인하여 제1항의 죄를 범한 경우에는 3년 이하의 징역이나 금고 또는 700만 원 이하의 벌금에 처한다.'고 규정하고 있다.
④ 「군사기밀 보호법」 제13조 제1항은 '업무상 군사기밀을 취급하는 사람 또는 취급하였던 사람이 그 업무상 알게 되거나 점유한 군사기밀을 타인에게 누설한 경우에는 3년 이상의 유기징역에 처한다.'고 규정하고 있다.

1308

사이버작전사령부령의 임무로 틀린 것은?

① 사이버작전의 계획 및 시행
② 사이버작전과 관련된 사이버보안 활동
③ 사이버 방호태세 및 정보전(情報戰) 지원
④ 사이버작전 유관기관 사이의 정보 공유 및 협조체계 구축

정답 ③
풀이 ③ 사이버 방호태세 및 정보전(情報戰) 지원은 국군방첩사령의 임무이다.

1309

국방정보본부의 직무로 옳은 것은? [2011년 기출]

① 군사기밀보호법에 규정된 범죄에 관한 정보
② 군대 내 간첩의 체포와 군 관련 민간인 범죄 수사
③ 7235부대에 대한 통제권 보유
④ 북한 군사정보수집과 배포

정답 ③
풀이 ① 「형법」 중 내란의 죄, 외환의 죄, 「군형법」 중 반란의 죄, 암호 부정사용의 죄, 「군사기밀 보호법」에 규정된 죄에 관한 정보는 국정원의 직무이다.
② 국군방첩사령부는 군인 및 군무원에 대해서는 「형법」상 내란 · 외환의 죄, 「군형법」상 반란 · 이적의 죄, 「군형법」상 군사기밀누설죄 및 암호부정사용죄, 국가보안법위반죄, 「군사기밀 보호법」 위반죄 등을 대상으로 하고, 민간인에 대해서는 대적(對敵) 군사기밀누설죄, 군사지역 내 간첩죄, 「군사기밀 보호법」 위반죄 등에 대한 수사를 관장하고 있다.
③ 7235부대, 9125부대 등은 777사령부의 다른 명칭이다. 777사령부는 국방정보본부의 예하부대이다.
④ 북한 군사정보수집과 배포는 직접적으로는 국방정보본부의 예하부대인 정보사령부의 직무이다.

1310

ㄱ~ㄹ의 정보기관으로 옳은 것은? [2009년 기출]

ㄱ. 1948년 설립된 HID가 기원이며 군사 정보활동을 수행한다.
ㄴ. 민간인 관련 대공 업무와 방첩활동을 담당한다.
ㄷ. 국외정보와 국내 보안정보의 수집 · 작성 · 배포를 담당한다.
ㄹ. 군대 내의 군사보안 및 방첩에 관한 업무를 수행한다.

	ㄱ	ㄴ	ㄷ	ㄹ
①	정보사	경찰청	국정원	방첩사
②	방첩사	경찰청	방첩사	국정원
③	국정원	방첩사	정보사	경찰청
④	경찰청	국정원	방첩사	정보사

정답 ①

풀이 ① 정보사는 군 관련 정보수집을, 방첩사는 군대 내의 군사보안 및 방첩업무를 수행한다.

1311

한국의 군 정보기관으로 틀린 것은? [2009년 기출]

① 국군방첩사령부
② 정보사령부
③ 합참공안본부
④ 국방정보본부

정답 ③

풀이 ③ 군 정보기관은 국군방첩사령부, 정보사령부, 사이버작전사령부, 국방정보본부, 777사령부가 있다. 합참공안본부라는 조직은 존재하지 않는다.

1312

한국의 전시 군사첩보계획을 수립하는 정보기관으로 옳은 것은? [2009년 기출]

① 국방정보본부　② 합동참모본부
③ 정보사령부　④ 육군본부

정답 ①
풀이 ① 국방정보본부는 모든 군 정보기관의 통제권을 보유하고 있다.

1313

국방정보본부의 예하 부대로 틀린 것은? [2008년 기출]

① 정보사령부　② 국군방첩사령부
③ 7235부대　④ 777사령부

정답 ②
풀이 ② 국군방첩사령부는 국방부장관 소속이다.

1314

국군방첩사령부의 임무로 틀린 것은? [2008년 기출]

① 군사 보안 및 군 방첩에 관한 사항
② 군 및 군 관련 첩보의 수집 처리에 관한 사항
③ 군사법원법에 규정된 범죄의 수사
④ 군사보안업무에 대한 전반적인 기획 · 조정

정답 ④
풀이 ④ 군사보안업무에 대한 전반적인 기획 조정은 정보본부의 업무이다.

1315

정보본부의 군인 및 군무원의 정원을 정할 수 있는 권한을 가지는 국가기관으로 옳은 것은?

[2008년 기출]

① 대통령
② 국방부 장관
③ 국방부 차관
④ 국방부 정보본부장

정답 ②

풀이 ② 정보본부에 군인과 군무원을 두되, 그 정원은 국방부장관이 정한다.

핵심정리 **사이버작전사령부**

(1) 의의

사이버작전사령부는 국방부의 직할부대로서 국방 사이버공간에서의 사이버작전 시행 및 그 지원에 관한 업무를 관장하는 군 정보기관이다.

(2) 연혁

① 사이버사령부

사이버작전사령부는 2010년 1월 국방정보본부 예하의 '사이버사령부'를 모체로 발전하였다.

② 국군사이버사령부

2011년 9월 국방부의 직할부대인 '국군사이버사령부'로 독립하였고, 2019년 2월 사이버작전사령부로 명칭이 변경되었다.

③ 사이버작전사령부

사이버작전사령부는 국방부 직할부대이자 합동참모본부 통제하의 합동부대가 되었다.

1316

사이버작전사령부에 대한 설명으로 틀린 것은?

① 사령관은 합동참모의장의 명을 받아 사령부의 업무를 총괄하고, 예하 부대를 지휘 · 감독한다.
② 사령관은 사이버작전상 긴급한 조치가 필요한 경우에는 예하 부대가 아닌 다른 부대를 일시적으로 지휘 · 감독할 수 있다.
③ 참모부서의 설치와 사무분장에 관한 사항은 합동참모의장이 정하고, 부대의 설치 · 임무 및 조직에 관한 사항은 국방부장관이 정한다.
④ 군을 대상으로 군사기밀에 대한 보안지원 업무를 수행함으로써 군사기밀을 보호하고 보안사고 예방대책을 마련하는 데 주력하고 있다.

정답 ④

풀이 ④ 군을 대상으로 군사기밀에 대한 보안지원 업무를 수행함으로써 군사기밀을 보호하고 보안사고 예방 대책을 마련하는 데 주력하는 것은 국군방첩사령부의 임무이다.

1317

사이버작전사령부에 대한 설명으로 틀린 것은? [2018년 기출]

① 2010년 1월 국방정보본부 예하의 사이버사령부가 창설되었다.
② 북한의 사이버공격에 대응하기 위한 목적으로 설립되었다.
③ 2019년 2월 사이버작전사령부로 명칭이 변경되었다.
④ 국방부 직할부대에서 정보본부 산하로 편제가 변경되었다.

정답 ④

풀이 ④ 사이버작전사령부는 2010년 1월 국방정보본부 예하의 '사이버사령부'를 모체로 발전하였다. 2011년 9월 국방부의 직할부대인 '국군사이버사령부'로 독립하였고, 2019년 2월 사이버작전사령부로 명칭이 변경되었다.

핵심정리 국방지형정보단

(1) 의의
① 국방지형정보단은 2011년 7월 1일 국방정보본부 산하 부대로 창설되었다.
② 육군본부 직할부대인 육군지형정보단의 조직과 인원을 바탕으로 해·공군과 해병대 전문 인력을 추가로 충원하여 운영 중이다.
③ 국방지형정보단은 군사 관련 지리공간정보의 수집·생산·지원·연구개발 및 전구(戰區) 작전지원 업무를 관장한다.

(2) 국방개혁 기본계획(2014~2030)
① 국군정보사령부 제3여단의 영상정보업무와 중첩되는 문제가 있었고, 제3여단의 업무를 국군지형정보단으로 이관하여 국군지리공간정보사령부로 재편성하는 계획을 국방개혁 기본계획(2014~2030)에 도입하였다.
② 2017년 6월 18일, 국방부는 조선인민군 지휘부와 유도탄 시설에 대한 타격과 2020년 초반까지 구축될 킬 체인(적의 미사일을 실시간으로 탐지하고 공격으로 잇는 일련의 공격형 방위시스템)을 위해, 국군정보사령부 예하 영상정보단과 국방지형정보단을 통합하여 국군지리공간정보사령부를 창설할 계획을 세웠다고 발표하였다.

(3) 제935정보부대로 대체
① 문재인 정부에 와서 2차례에 걸쳐 보류되다가 결국 정보사령부 제3여단이 지리공간 업무를 맡는 방향으로 결정되어 2018년 12월 4일, 국방지형정보단은 해단하고, 제935정보부대로 대체되었다.

(4) 지리공간정보(Geospatial Intelligence, GEOINT)
국방지형정보단의 핵심 업무 영역인 지리공간정보(Geospatial Intelligence, GEOINT)는 지형과 시설물 그리고 이와 연계된 활동을 영상과 공간정보에 바탕을 두고 시각적으로 통합해 쉽게 활용할 수 있도록 하는 업무로서 정보분야에서 2000년대 이후 가장 주목받고 있는 영역 중의 하나이다.

(5) 임무

① 국방지형정보단은 지형정보와 영상정보가 융합된 GEOINT의 구현과 합동작전에 소요되는 지형정보를 제공하는 것을 주 임무로 한다.

② 또한 국방분야 지형정보와 관련된 국내외 협력 업무와 연구개발임무를 수행해 우리 군의 통합 지리공간정보센터 역할을 수행하고 있다.

(6) 평가

① 첨단 입체디지털 지형정보 관리체계 구축

국방지형정보단의 창설은 우리 군의 지형정보체계가 단순한 군사지도 제작 수준을 넘어 첨단 입체디지털 지형정보 관리체계를 구축하는 단계로 발전하는 모습을 보여주었다는 점에서 큰 의미를 가진다.

② 육 · 해 · 공 전군 동시 지원을 통한 합동성 강화

또한 육군 위주 지원에서 육 · 해 · 공 전군 동시 지원으로 합동성을 강화하는 데 기여하고 있다는 점도 긍정적으로 평가된다.

1318

국방정보본부에 대한 설명으로 틀린 것은? [2016년 기출]

① 국방정보본부의 예하부대인 777사령부는 각종 신호정보의 수집 · 지원 및 연구에 관한 사항을 관장한다.

② 국방정보본부의 예하부대인 정보사령부는 인간정보를 제외한 영상 · 지리 공간 · 기술 · 계측 · 기호 등의 모든 정보를 수집한다.

③ 국방정보지형단은 국방정보본부 예하부대로 창설되었으나 현재는 정보사령부 예하부대로 편입되었다.

④ 정보본부는 재외공관에 주재무관을 파견하고 주한 외국무관과의 협조 및 외국과의 정보교류 업무를 수행한다.

정답 ②

풀이 ② 정보사령부는 군사 관련 영상 · 지리 공간 · 인간 · 기술 · 계측 · 기호 등의 정보(이하 "영상정보 등"이라 한다)의 수집 · 지원 및 연구에 관한 업무와 적의 영상정보 등의 수집에 대한 방어 대책으로서의 대정보(對情報)에 관한 업무를 관장한다.

관련법조항 「국군조직법」

제1조(목적)
이 법은 국방의 의무를 수행하기 위한 국군의 조직과 편성의 대강(大綱)을 규정함을 목적으로 한다.

제2조(국군의 조직)
① 국군은 육군, 해군 및 공군(이하 "각군"이라 한다)으로 조직하며, 해군에 해병대를 둔다.
② 각군의 전투를 주임무로 하는 작전부대에 대한 작전지휘·감독 및 합동작전·연합작전을 수행하기 위하여 국방부에 합동참모본부를 둔다.
③ 군사상 필요할 때에는 대통령령으로 정하는 바에 따라 국방부장관의 지휘·감독하에 합동부대와 그 밖에 필요한 기관을 둘 수 있다.

제3조(각군의 주임무 등)
① 육군은 지상작전을 주임무로 하고 이를 위하여 편성되고 장비를 갖추며 필요한 교육·훈련을 한다.
② 해군은 상륙작전을 포함한 해상작전을, 해병대는 상륙작전을 주임무로 하고 이를 위하여 편성되고 장비를 갖추며 필요한 교육·훈련을 한다.
④ 공군은 항공작전을 주임무로 하고 이를 위하여 편성되고 장비를 갖추며 필요한 교육·훈련을 한다.

제4조(군인의 신분 등)
① "군인"이란 전시와 평시를 막론하고 군에 복무하는 사람을 말한다.
② 군인의 인사, 병역 복무 및 신분에 관한 사항은 따로 법률로 정한다.

제5조(군기)
① 국군은 군기(軍旗)를 사용한다.
② 군기의 종류와 규격 및 그 밖에 필요한 사항은 대통령령으로 정한다.

제6조(대통령의 지위와 권한)
대통령은 헌법, 이 법 및 그 밖의 법률에서 정하는 바에 따라 국군을 통수한다.

제8조(국방부장관의 권한)
국방부장관은 대통령의 명을 받아 군사에 관한 사항을 관장하고 합동참모의장과 각군 참모총장을 지휘·감독한다.

제9조(합동참모의장의 권한)
① 합동참모본부에 합동참모의장을 둔다.
② 합동참모의장은 군령(軍令)에 관하여 국방부장관을 보좌하며, 국방부장관의 명을 받아 전투를 주임무로 하는 각군의 작전부대를 작전지휘·감독하고, 합동작전 수행을 위하여 설치된 합동부대를 지휘·감독한다. 다만, 평시 독립전투여단급(獨立戰鬪旅團級) 이상의 부대이동 등 주요 군사사항은 국방부장관의 사전승인을 받아야 한다.
③ 제2항에 따른 전투를 주임무로 하는 각군의 작전부대 및 합동부대의 범위와 작전지휘·감독권의 범위는 대통령령으로 정한다.

제10조(각군 참모총장의 권한 등)
① 육군에 육군참모총장, 해군에 해군참모총장, 공군에 공군참모총장을 둔다.
② 각군 참모총장은 국방부장관의 명을 받아 각각 해당 군을 지휘·감독한다. 다만, 전투를 주임무로 하는 작전부대에 대한 작전지휘·감독은 제외한다.
③ 해병대에 해병대사령관을 두며, 해병대사령관은 해군참모총장의 명을 받아 해병대를 지휘·감독한다.

제11조(소속 부서의 장의 권한)
각군의 부대 또는 기관의 장은 편제(編制) 또는 작전지휘·감독 계통상의 상급부대 또는 상급기관의 장의 명을 받아 그 소속 부대 또는 소관 기관을 지휘·감독한다.

제12조(합동참모본부)

① 합동참모본부에 합동참모의장 외에 소속 군이 다른 3명 이내의 합동참모차장과 필요한 참모 부서를 둔다.

② 합동참모차장은 합동참모의장을 보좌하며, 합동참모의장이 부득이한 사유로 직무를 수행할 수 없을 때에는 서열 순으로 그 직무를 대행한다.

③ 합동참모본부의 직제는 대통령령으로 정하되, 각군의 균형 발전과 합동작전 수행을 보장할 수 있도록 하여야 한다.

제13조(합동참모회의)

① 군령에 관하여 국방부장관을 보좌하며, 주요 군사사항과 그 밖에 법령에서 정하는 사항을 심의하기 위하여 합동참모본부에 합동참모회의를 둔다.

② 합동참모회의는 합동참모의장과 각군 참모총장으로 구성하며, 합동참모의장이 그 의장이 된다. 다만, 해병대와 관련된 사항을 심의할 때에는 해병대사령관도 구성원으로 한다.

③ 합동참모회의는 특정 작전부대와 관련된 사항을 심의할 때에는 해당 작전사령관을 배석시킬 수 있다.

④ 합동참모회의는 월 1회 이상 정례화하며 합동참모회의의 운영에 필요한 사항은 국방부장관이 정한다.

제14조(각군본부 등의 설치 등)

① 육군에 육군본부, 해군에 해군본부, 공군에 공군본부를 두고, 해병대에 해병대사령부를 둔다.

② 각군본부에 참모총장 외에 참모차장 1명과 필요한 참모 부서를 두고, 해병대사령부에 사령관 외에 부사령관 1명과 필요한 참모 부서를 둔다.

③ 각군 참모차장은 해당 군 참모총장을, 해병대부사령관은 해병대사령관을 각각 보좌하며, 해당 군 참모총장 또는 해병대사령관이 부득이한 사유로 직무를 수행할 수 없을 때에는 그 직무를 대행한다.

⑤ 각군본부 및 해병대사령부의 직제와 그 밖에 필요한 사항은 대통령령으로 정한다.

제15조(각군 부대와 기관의 설치)

① 각군의 소속으로 필요한 부대와 기관을 설치할 수 있다.

② 제1항에 따른 부대와 기관의 설치에 필요한 사항은 법률이나 대통령령으로 정한다. 다만, 대통령령으로 정하는 단위 이하의 부대 또는 기관의 설치에 필요한 사항은 국방부장관이 정하되, 국방부장관은 그 권한의 일부를 대통령령으로 정하는 바에 따라 각군 참모총장에게 위임할 수 있다.

③ 제2항 단서에 따라 해군참모총장에게 위임된 사항 중 해병대에 관하여는 해병대사령관에게 권한을 재위임할 수 있다.

제16조(군무원)

① 국군에 군인 외에 군무원을 둔다.

② 제1항에 따른 군무원의 자격, 임면(任免), 복무, 그 밖에 신분에 관한 사항은 따로 법률로 정한다.

제17조(공표의 보류)

이 법에 따라 제정되는 명령으로서 군 기밀상 필요하다고 인정하는 것은 공표하지 아니할 수 있다.

1319

국군조직에 대한 설명으로 틀린 것은?

① 국방부장관은 대통령의 명을 받아 군정에 관한 사항을 관장한다.

② 합동참모의장은 전투를 주임무로 하는 각군의 작전부대를 작전지휘 · 감독한다.

③ 합동참모회의는 군령에 관하여 주요 군사사항과 그 밖에 법령에서 정하는 사항을 심의한다.

④ 각군 참모총장은 전투를 주 임무로 하는 작전부대에 대한 작전지휘 · 감독은 제외한다.

정답 ①

풀이 ① 국방부장관은 대통령의 명을 받아 군사에 관한 사항을 관장하고 합동참모의장과 각군 참모총장을 지휘 · 감독하고, 합동참모의장은 군령(軍令)에 관하여 국방부장관을 보좌하며, 국방부장관의 명을 받아 전투를 주임무로 하는 각군의 작전부대를 작전지휘 · 감독하고, 합동작전 수행을 위하여 설치된 합동부대를 지휘 · 감독한다. 다만, 평시 독립전투여단급(獨立戰鬪旅團級) 이상의 부대이동 등 주요 군사사항은 국방부장관의 사전승인을 받아야 한다.

핵심정리 통일부 정세분석국

(1) 의의

① 통일부는 통일 및 남북대화 · 교류 · 협력에 관한 정책을 수립하고, 남북대화 및 통일교육 등의 업무를 담당하는 정부 부처이다.

② 이처럼 북한 및 통일 관련 정책을 수립 · 총괄하는 임무를 수행하려면 북한의 정치 · 군사 · 경제 · 사회문화 등 제 요소에 대해 많은 정보를 필요로 하며, 이를 위해 일찍부터 정보분석업무를 담당하는 부서를 설치 · 운용해 왔다.

(2) 조직 개편

① 2008년 초 이명박 정부가 출범하면서 한때 통일부는 존폐위기에 놓였으며, 2008년 2월 정부조직 개편 때 정보분석국이 폐기되었다.

② 이후 2009년 5월 12일 통일부 조직은 기존의 1실(기획조정실) – 3국(통일정책국, 남북교류협력국, 인도협력국) 체제에서 2실(기획조정실, 통일정책실) – 2국(남북교류협력국, 정세분석국)체제로 개편되었다.

③ 새로 개편된 조직에 정세분석국이 신설되었는데 명칭만 바뀌었고 사실상 기존 정보분석국의 기능이 부활된 셈이다.

(3) 임무

① 정세분석국은 정세분석총괄과, 정치군사분석과, 경제사회분석과, 정보관리과 등으로 구성된다.

② 정세분석국은 국내외 방송 · 통신의 청취를 통한 북한의 정세 및 동향 파악, 통일 관련 자료의 조사 · 수집 · 분류 · 정리 및 보존, 북한의 정치 · 외교 · 군사 · 경제 · 사회문화 등 각 분야 및 주변정세에 관한 실태 파악, 북한의 정세와 동향에 관한 종합평가 및 전망, 통일정책의 분석 및 평가 등을 담당하고 있다.

③ 이 밖에도 북한자료센터의 운영, 북한정세분석 관련 국내외 관계 기관과의 협조, 북한 주요인물 DB 관리 등의 업무도 정세분석국에서 수행하고 있다.

1320

한국의 정보기관에 대한 설명으로 틀린 것은? [2017년 기출]

① 정세분석국은 외교부 소속의 정보기관이다.

② 정보사령부는 북한 관련 군사정보를 수집하며 대북공작도 수행한다.

③ 국정원은 중앙집중형 정보체계의 중앙정보기관에 해당한다.

④ 김대중 정부가 출범하면서 국가안전기획부에서 국가정보원으로 명칭이 변경되었다.

정답 ①

풀이 ① 정세분석국은 통일부 소속의 정보기관이다.

관련법조항 「방첩업무규정」 관련 조항

제2조(정의)

이 영에서 사용하는 용어의 뜻은 다음과 같다.

1. "방첩"이란 국가안보와 국익에 반하는 북한, 외국 및 외국인·외국단체·초국가행위자 또는 이와 연계된 내국인(이하 "외국등"이라 한다)의 정보활동을 찾아내고 그 정보활동을 확인·견제·차단하기 위하여 하는 정보의 수집·작성 및 배포 등을 포함한 모든 대응활동을 말한다.
2. "외국등의 정보활동"이란 외국등의 정보 수집활동과 그 밖의 활동으로서 대한민국의 국가안보와 국익에 영향을 미칠 수 있는 모든 활동을 말한다.
3. "방첩기관"이란 방첩에 관한 업무를 수행하는 다음 각 목의 기관을 말한다.
   가. 국가정보원
   나. 법무부
   다. 관세청
   라. 경찰청
   마. 해양경찰청
   바. 국군방첩사령부
4. "관계기관"이란 방첩기관 외의 기관으로서 다음 각 목의 기관을 말한다.
   가. 정부조직법 또는 그 밖의 법령에 따라 설치된 국가기관
   나. 지방자치단체 중 국가정보원장이 제10조에 따른 국가방첩전략회의의 심의를 거쳐 지정하는 지방자치단체
   다. 공공기관의 운영에 관한 법률 제4조에 따른 공공기관 중 국가정보원장이 제10조에 따른 국가방첩전략회의의 심의를 거쳐 지정하는 기관

1321

국가방첩전략회의 위원으로 틀린 것은?

① 방위사업청 차장
② 정보사령부 사령관
③ 국군방첩사령부 사령관
④ 기획재정부 차관급 공무원

정답 ②

풀이 ② 국방정보본부 본부장이 국가방첩전략회의 위원이다.

1322

대한민국의 국가정보 체계에 대한 설명으로 틀린 것은?

① 「방첩업무규정」은 검찰청을 방첩기관으로 규정하고 있다.
② 방첩이란 국가안보와 국익에 반하는 외국의 정보활동을 찾아내고 그 정보활동을 견제 · 차단하기 위하여 하는 정보의 수집 · 작성 및 배포 등을 포함한 모든 대응활동을 말 한다.
③ 군사정보, 군사보안, 군사정보전력의 구축에 관한 사항을 관장하기 위한 군 정보기구로 국방부장관 직속의 국방정보본부이다.
④ 국방정보본부는 국방정보정책 및 기획의 통합 · 조정 업무, 국제정세 판단 그리고 군사정보 예산의 편성 및 조정 업무 등을 수행한다.

정답 ①

풀이 ① 「방첩업무규정」이 규정하는 방첩기관으로는 국가정보원, 법무부, 관세청, 경찰청, 해양경찰청, 국군방첩사령부가 있다.

1323

다음 중 「방첩업무규정」에 규정된 방첩업무의 범위에 속하지 않는 것은? [2024년 기출]

① 외국 등의 정보활동에 대한 정보 수집 · 작성 및 배포
② 외국 등의 정보활동에 대한 확인 · 견제 및 차단
③ 반국가사범 또는 간첩행위자에 대한 내사 및 보안수사
④ 다른 방첩기관 및 관계기관에 대한 방첩 관련 정보 제공

정답 ③

풀이 ③ 「방첩업무규정」 제3조는 방첩업무의 범위로 외국 등의 정보활동에 대한 정보 수집 · 작성 및 배포, 외국 등의 정보활동에 대한 확인 · 견제 및 차단, 외국 등의 정보활동 관련 국민의 안전을 보호하기 위하여 취하는 대응조치, 방첩 관련 기법 개발 및 제도 개선, 다른 방첩기관 및 관계기관에 대한 방첩 관련 정보 제공을 들고 있다.

1324

「방첩업무규정」에서 정한 방첩기관으로 틀린 것은? [2022년 기출]

① 법무부 ② 관세청
③ 해양경찰청 ④ 국방부

정답 ④

풀이 ④ 국방부는 「방첩업무규정」에 규정된 방첩기관이 아니다.

관련법조항 「보안업무규정」 관련 규정

제7조(암호자재 제작 · 공급 및 반납)
① 국가정보원장은 암호자재를 제작하여 필요한 기관에 공급한다. 다만, 국가정보원장이 필요하다고 인정하는 암호자재의 경우 그 암호자재를 사용하는 기관은 국가정보원장이 인가하는 암호체계의 범위에서 암호자재를 제작할 수 있다.
② 암호자재를 사용하는 기관의 장은 사용기간이 끝난 암호자재를 지체 없이 그 제작기관의 장에게 반납하여야 한다.
③ 국가정보원장은 암호자재 제작 등 암호자재와 관련된 기술을 확보하기 위하여 「과학기술분야 정부출연연구기관 등의 설립 · 운영 및 육성에 관한 법률」 제8조제1항에 따라 설립된 정부출연연구기관으로 하여금 관련 연구개발 및 기술지원을 수행하게 할 수 있다.

1325

한국의 방첩업무에 대한 설명으로 틀린 것은? [2017년 기출]

① 「방첩업무규정」은 대통령령으로 개정할 수 있다.

② 국가의 보안체계는 개인보안, 기업보안, 국가보안 등으로 구분할 수 있다.

③ 원칙적으로 암호자재는 국가정보원장이 제작해 보급해야 하지만 인가하는 범위 내에서 예외를 둘 수 있다.

④ 「방첩업무규정」에 적국을 위하여 간첩한 경우만 규정하고 있어서 동맹국이나 제3국을 위한 간첩행위는 처벌할 수 없다.

정답 ④

풀이 ④ 「형법」의 간첩죄에 대한 설명이다. 「방첩업무규정」은 대통령령으로 범죄와 형벌에 대해 규정할 수 없다.

관련법조항 「국가정보원법」 관련 조문

제4조(직무)

① 국정원은 다음 각 호의 직무를 수행한다.

1. 다음 각 목에 해당하는 정보의 수집·작성·배포

라. 국가보안법에 규정된 죄와 관련되고 반국가단체와 연계되거나 연계가 의심되는 안보침해행위에 관한 정보

관련법조항 「국가보안법」 관련 조문

제1조(목적등)

① 이 법은 국가의 안전을 위태롭게 하는 반국가활동을 규제함으로써 국가의 안전과 국민의 생존 및 자유를 확보함을 목적으로 한다.

② 이 법을 해석적용함에 있어서는 제1항의 목적달성을 위하여 필요한 최소한도에 그쳐야 하며, 이를 확대해석하거나 헌법상 보장된 국민의 기본적 인권을 부당하게 제한하는 일이 있어서는 아니 된다.

제2조(정의)

① 이 법에서 "반국가단체"라 함은 정부를 참칭하거나 국가를 변란할 것을 목적으로 하는 국내외의 결사 또는 집단으로서 지휘통솔체제를 갖춘 단체를 말한다.

제3조(반국가단체의 구성등)

① 반국가단체를 구성하거나 이에 가입한 자는 다음의 구별에 따라 처벌한다.

1. 수괴의 임무에 종사한 자는 사형 또는 무기징역에 처한다.
2. 간부 기타 지도적 임무에 종사한 자는 사형·무기 또는 5년 이상의 징역에 처한다.
3. 그 이외의 자는 2년 이상의 유기징역에 처한다.

② 타인에게 반국가단체에 가입할 것을 권유한 자는 2년 이상의 유기징역에 처한다.

③ 제1항 및 제2항의 미수범은 처벌한다.

④ 제1항 제1호 및 제2호의 죄를 범할 목적으로 예비 또는 음모한 자는 2년 이상의 유기징역에 처한다.

⑤ 제1항 제3호의 죄를 범할 목적으로 예비 또는 음모한 자는 10년 이하의 징역에 처한다.

1326

「국가보안법」의 내용으로 틀린 것은?

① 반국가단체의 간부 기타 지도적 임무에 종사한 자는 사형 · 무기 또는 5년 이상의 징역에 처한다.
② 국가의 존립 · 안전이나 자유민주적 기본질서를 위태롭게 한다는 정을 알면서 반국가단체의 지배하에 있는 지역으로부터 잠입하거나 그 지역으로 탈출한 자는 10년 이하의 징역에 처한다.
③ 국가의 존립 · 인진이나 자유민주적 기본질서를 위태롭게 한다는 정을 알면서 반국가단체나 그 구성원 또는 그 지령을 받은 자의 활동을 찬양 · 고무 · 선전 또는 이에 동조하거나 국가변란을 선전 · 선동한 자는 10년 이하의 징역에 처한다.
④ 국가의 존립 · 안전이나 자유민주적 기본질서를 위태롭게 한다는 정을 알면서 반국가단체의 구성원 또는 그 지령을 받은 자와 회합 · 통신 기타의 방법으로 연락을 한 자는 10년 이하의 징역에 처한다.

정답 ③

풀이 국가의 존립 · 안전이나 자유민주적 기본질서를 위태롭게 한다는 정을 알면서 반국가단체나 그 구성원 또는 그 지령을 받은 자의 활동을 찬양 · 고무 · 선전 또는 이에 동조하거나 국가변란을 선전 · 선동한 자는 7년 이하의 징역에 처한다.

1327

「국가보안법」에 대한 설명으로 틀린 것은? [2023년 기출]

① 범죄수사 또는 정보의 직무에 종사하는 공무원이 이 법의 죄를 범한 자라는 정을 알면서 그 직무를 유기한 때에는 10년 이하의 징역에 처한다.
② 국가의 존립 · 안전이나 자유민주적 기본질서를 위태롭게 한다는 정을 알면서 반국가단체의 구성원 또는 그 지령을 받은 자로부터 금품을 수수한 자는 7년 이하의 징역에 처한다.
③ 반국가단체나 그 구성원의 지령을 받거나 받기 위하여 또는 그 목적수행을 협의하거나 협의하기 위하여 잠입하거나 탈출한 자는 사형 · 무기 또는 5년 이상의 징역에 처한다.
④ 국가의 존립 · 안전이나 자유민주적 기본질서를 위태롭게 한다는 정을 알면서 반국가단체의 구성원 또는 그 지령을 받은 자와 회합 · 통신 기타의 방법으로 연락을 한 자는 15년 이하의 징역에 처한다.

정답 ④

풀이 ④ 국가의 존립 · 안전이나 자유민주적 기본질서를 위태롭게 한다는 정을 알면서 반국가단체의 구성원 또는 그 지령을 받은 자와 회합 · 통신 기타의 방법으로 연락을 한 자는 10년 이하의 징역에 처한다.

1328

「국가보안법」에 대한 설명으로 틀린 것은? [2023년 기출]

① 타인에게 반국가단체에 가입할 것을 권유한 자는 2년 이상의 유기징역에 처한다.

② 국가의 존립 · 안전이나 자유민주적 기본질서를 위태롭게 한다는 정을 알면서 반국가단체나 그 구성원 또는 그 지령을 받은 자의 활동을 찬양 · 고무 · 선전 또는 이에 동조하거나 국가변란을 선전 · 선동한 자는 5년 이하의 징역에 처한다.

③ 국가의 존립 · 안전이나 자유민주적 기본질서를 위태롭게 한다는 정을 알면서 반국가단체의 지배하에 있는 지역으로부터 잠입하거나 그 지역으로 탈출한 자는 10년 이하의 징역에 처한다.

④ 지방법원판사는 사법경찰관이 검사에게 신청하여 검사의 청구가 있는 경우에 수사를 계속함에 상당한 이유가 있다고 인정한 때에는 「형사소송법」 제202조의 구속기간의 연장을 1차에 한하여 허가할 수 있다.

정답 ②

풀이 ② 국가의 존립 · 안전이나 자유민주적 기본질서를 위태롭게 한다는 정을 알면서 반국가단체나 그 구성원 또는 그 지령을 받은 자의 활동을 찬양 · 고무 · 선전 또는 이에 동조하거나 국가변란을 선전 · 선동한 자는 7년 이하의 징역에 처한다.

1329

「국가보안법」에 대한 설명으로 틀린 것은? [2018년 기출]

① 반국가단체는 정부를 참칭하거나 국가를 변란할 것을 목적으로 하는 단체이다.

② 반국가단체를 구성하거나 가입한자는 처벌한다.

③ 반국가단체에 가입할 것을 권유한 자도 처벌한다.

④ 반국가단체는 3인 이상의 특정인이 단체를 구성한 경우에 해당된다.

정답 ④

풀이 ④ "반국가단체"라 함은 정부를 참칭하거나 국가를 변란할 것을 목적으로 하는 국내외의 결사 또는 집단으로서 지휘통솔체제를 갖춘 단체로 3인 이상임을 요하지 않는다.

1330

다음 「국가보안법」에 대한 설명 중 괄호 안에 들어가는 기간이 올바르게 연결된 것은? [2015년 기출]

> 반국가단체를 구성하거나 간부 기타 지도적 위치에서 역할을 한 자는 사형 · 무기 또는 [㉠]이상의 징역에 처한다. 반국가 단체의 수괴의 임무에 종사할 것을 예비 또는 음모한 자는 [㉡] 이하의 징역에 처한다.

	㉠	㉡
①	7년	5년
②	7년	3년
③	5년	3년
④	5년	2년

정답 ④

풀이 ④ 간부 기타 지도적 임무에 종사한 자는 사형 · 무기 또는 5년 이상의 징역에 처하고, 수괴의 임무 또는 간부 기타 지도적 임무에 종사할 것을 예비 · 음모한 자는 2년 이상의 유기징역에 처한다.

관련법조항 「국가정보원법」 관련 조문

제4조(직무)
① 국정원은 다음 각 호의 직무를 수행한다.
다. 형법 중 내란의 죄, 외환의 죄, 군형법 중 반란의 죄, 암호 부정사용의 죄, 군사기밀 보호법에 규정된 죄에 관한 정보

관련법조항 「형법」 관련 조문

제98조(간첩)
① 적국을 위하여 간첩하거나 적국의 간첩을 방조한 자는 사형, 무기 또는 7년 이상의 징역에 처한다.
② 군사상의 기밀을 적국에 누설한 자도 전항의 형과 같다.

관련법조항 「군형법」 관련 조문

제80조(군사기밀 누설)
① 군사상 기밀을 누설한 사람은 10년 이하의 징역이나 금고에 처한다.
② 업무상 과실 또는 중대한 과실로 인하여 제1항의 죄를 범한 경우에는 3년 이하의 징역이나 금고 또는 700만원 이하의 벌금에 처한다.

1331

한국의 방첩 관련 법률에 대한 설명으로 틀린 것은? [2018년 기출]

① 외국인은 형법에 의한 간첩죄가 적용되지 않는다.

② 군사상의 기밀을 적국에 누설한 경우에도 간첩죄가 성립한다.

③ 군사기밀을 수집하거나 누설해도 처벌을 받는다.

④ 적국의 간첩을 방조한 자도 처벌을 받는다.

정답 ①

풀이 ① 「형법」 제 98조 제1항은 '적국을 위하여 간첩하거나 적국의 간첩을 방조한 자는 사형, 무기 또는 7년 이상의 징역에 처한다.'고 규정하고 있다. 외국인도 간첩죄의 주체가 될 수 있다.

② 「형법」 제 98조 제2항은 '군사상의 기밀을 적국에 누설한 자도 전항의 형과 같다.'고 규정하고 있다.

③ 「군형법」 제80조 제1항은 '군사상 기밀을 누설한 사람은 10년 이하의 징역이나 금고에 처한다.'고 규정하고 있다. 간첩죄와 다른 점은 반드시 적국에 누설할 필요가 없다는 점이다.

④ 적국의 간첩을 방조해도 간첩죄가 성립한다(「형법」 제98조 제1항).

관련법조항 「군형법」 관련 조문

제81조(암호 부정사용)

다음 각 호의 어느 하나에 해당하는 사람은 2년 이상의 유기징역이나 유기금고에 처한다.

1. 암호를 허가 없이 발신한 사람
2. 암호를 수신(受信)할 자격이 없는 사람에게 수신하게 한 사람
3. 자기가 수신한 암호를 전달하지 아니하거나 거짓으로 전달한 사람

1332

암호 부정사용죄의 구성요건으로 틀린 것은? [2018년 기출]

① 허가를 받지 않고 암호를 수신한 사람

② 허가를 받지 않고 암호를 발신한 사람

③ 허가를 받지 않은 사람에게 암호를 수신하게 한 사람

④ 수신한 암호를 전달하지 아니하거나 거짓으로 전달한 사람

정답 ①

풀이 ① 암호를 허가 없이 수신했다고 해서 「군형법」 제81조의 암호 부정사용의 죄가 성립하지 않는다.

관련법조항 「헌법」

제91조
① 국가안전보장에 관련되는 대외정책·군사정책과 국내정책의 수립에 관하여 국무회의의 심의에 앞서 대통령의 자문에 응하기 위하여 국가안전보장회의를 둔다.
② 국가안전보장회의는 대통령이 주재한다.
③ 국가안전보장회의의 조직·직무범위 기타 필요한 사항은 법률로 정한다.

관련법조항 「국가안전보장회의법」

제1조(목적)
이 법은 대한민국헌법 제91조에 따라 국가안전보장회의의 구성과 직무 범위, 그 밖에 필요한 사항을 규정함을 목적으로 한다.
제2조(구성)
① 국가안전보장회의(이하 "회의"라 한다)는 대통령, 국무총리, 외교부장관, 통일부장관, 국방부장관 및 국가정보원장과 대통령령으로 정하는 위원으로 구성한다.
② 대통령은 회의의 의장이 된다.
제3조(기능)
회의는 국가안전보장에 관련되는 대외정책, 군사정책 및 국내정책의 수립에 관하여 대통령의 자문에 응한다.
제4조(의장의 직무)
① 의장은 회의를 소집하고 주재(主宰)한다.
② 의장은 국무총리로 하여금 그 직무를 대행하게 할 수 있다.
제6조(출석 및 발언)
의장은 필요하다고 인정하는 경우에는 관계 부처의 장, 합동참모회의(合同參謀會議) 의장 또는 그 밖의 관계자를 회의에 출석시켜 발언하게 할 수 있다.
제7조의2(상임위원회)
① 회의에서 위임한 사항을 처리하기 위하여 상임위원회를 둔다.
② 상임위원회는 위원 중에서 대통령령으로 정하는 자로 구성한다.
③ 상임위원회의 구성과 운영, 그 밖에 필요한 사항은 대통령령으로 정한다.
제8조(사무기구)
① 회의의 회의운영지원 등의 사무를 처리하기 위하여 국가안전보장회의사무처(이하 이 조에서 "사무처"라 한다)를 둔다.
② 사무처에 사무처장 1명과 필요한 공무원을 두되, 사무처장은 정무직으로 한다.
③ 사무처의 조직과 직무범위, 사무처에 두는 공무원의 종류와 정원, 그 밖에 필요한 사항은 대통령령으로 정한다.
제9조(관계 부처의 협조)
회의는 관계 부처에 자료의 제출과 그 밖에 필요한 사항에 관하여 협조를 요구할 수 있다.
제10조(국가정보원과의 관계)
국가정보원장은 국가안전보장에 관련된 국내외 정보를 수집·평가하여 회의에 보고함으로써 심의에 협조하여야 한다.

관련법조항 「국가안전보장회의 운영 등에 관한 규정」

제2조(위원)
「국가안전보장회의법」(이하 "법"이라 한다) 제2조제1항에 따라 행정안전부장관, 대통령비서실장, 국가안보실장, 국가안전보장회의사무처장(이하 "사무처장"이라 한다) 및 국가안보실의 제2차장은 국가안전보장회의(이하 "안보회의"라 한다)의 위원이 된다.

제5조(의사정족수 및 의결정족수)
안보회의는 재적위원 3분의 2 이상의 출석으로 개의(開議)하고, 출석위원 과반수의 찬성으로 의결한다.

제8조(상임위원회의 구성 등)
① 법 제7조의2에 따라 상임위원회는 위원장 1명과 7명의 위원으로 구성한다.
② 상임위원회의 위원장은 국가안보실장이 된다.
③ 상임위원회의 위원은 외교부장관, 통일부장관, 국방부장관, 국가정보원장, 대통령비서실장, 사무처장 및 국가안보실의 제2차장이 된다.
④ 국무조정실장은 상임위원회에 출석하여 발언할 수 있다.

제13조(사무처장 · 사무차장)
① 사무처장은 국가안보실 제1차장이 겸임한다.
② 사무처장은 안보회의 의장의 명을 받아 안보회의의 운영과 관련된 사무를 수행하며, 소속 공무원을 지휘 · 감독한다.
③ 사무처장을 보좌하기 위하여 사무차장 1명을 두며, 사무차장은 국가안보실장이 지정하는 국가안보실의 비서관이 겸임한다.

1333

대한민국 국가안전보장회의에 대한 설명으로 틀린 것은?

① 의장은 국무총리로 하여금 그 직무를 대행하게 할 수 있다.
② 의장은 필요하다고 인정하는 경우 합동참모회의 의장을 회의에 출석시켜 발언하게 할 수 있다.
③ 안보회의는 재적위원 3분의 2 이상의 출석으로 개의하고, 출석위원 과반수의 찬성으로 의결한다.
④ 회의의 회의운영지원 등의 사무를 처리하기 위하여 국가안전보장회의사무처를 두고, 사무처장은 국가안보실장이 겸임한다.

정답 ④
풀이 사무처장은 국가안보실 제1차장이 겸임한다.

1334

국가안전보장회의에 대한 설명으로 틀린 것은?

① 국가안전보장회의는 대통령이 주재한다.
② 국가안전보장회의 상임위원회의 위원장은 국가안보실장이 된다.
③ 국가안전보장회의 사무처장은 국가안보실 제1차장이 겸임한다.
④ 국가안전보장회의는 재적위원 과반수 출석으로 개의(開議)하고, 출석위원 과반수의 찬성으로 의결한다.

정답 ④
풀이 국가안전보장회의는 재적위원 3분의 2 이상의 출석으로 개의하고, 출석위원 과반수의 찬성으로 의결한다.

1335

국가안전보장회의에 대한 설명으로 틀린 것은?

① 국가안전보장회의는 대통령이 주재한다.
② 국가안전보장회의 상임위원회의 위원장은 국가정보원장이 된다.
③ 국가안전보장회의 사무처장은 국가안보실 제1차장이 겸임한다.
④ 국가안전보장회의는 재적위원 3분의 2 이상의 출석으로 개의(開議)하고, 출석위원 과반수의 찬성으로 의결한다.

정답 ②
풀이 ② 상임위원회의 위원장은 국가안보실장이 된다.

1336

국가안전보장회의에 관한 내용으로 틀린 것은?

① 국가안전보장에 관련되는 대외정책 · 군사정책과 국내정책의 수립에 관하여 국무회의의 심의 후 대통령의 자문에 응하기 위하여 국가안전보장회의를 둔다.
② 대통령, 국무총리, 외교부장관, 통일부장관, 국방부장관 및 국가정보원장과 대통령령으로 정하는 위원으로 구성한다.
③ 상임위원회의 위원장은 국가안보실장이 되고, 상임위원회의 위원은 외교부장관, 통일부장관, 국방부장관, 국가정보원장, 대통령비서실장, 사무처장 및 국가안보실의 제2차장이 된다.
④ 사무처장은 국가안보실 제1차장이 겸임하고, 사무처장은 안보회의 의장의 명을 받아 안보회의의 운영과 관련된 사무를 수행하며, 소속 공무원을 지휘 · 감독한다.

정답 ①

풀이 ① 국가안전보장에 관련되는 대외정책 · 군사정책과 국내정책의 수립에 관하여 국무회의의 심의에 앞서 대통령의 자문에 응하기 위하여 국가안전보장회의를 둔다.

1337

「국가안전보장회의법」에 규정된 국가안전보장회의의 위원으로 틀린 것은?

① 국방부장관
② 외교부장관
③ 행정안전부장관
④ 통일부장관

정답 ③

풀이 ③ 행정안전부장관은 대통령령으로 정하는 위원이다.

1338

대한민국 국가안전보장회의에 대한 설명으로 틀린 것은? [2022년 기출]

① 대통령 자문기관이다.
② 국무회의 심의에 앞선다.
③ 대통령, 국무총리, 통일부장관, 외교부장관, 국방부장관, 국가정보원장과 대통령이 정하는 약간의 위원으로 구성된다.
④ 국회 정보위원회가 국가안전보장회의의 사무에 관한 소관 상임위원회로서 업무를 관장한다.

정답 ④

풀이 ④ 국가안전보장회의의 상임위원회는 행정부의 위원회로서 상임위원회의 구성과 운영, 그 밖에 필요한 사항은 대통령령으로 정한다. 상임위원회의 위원장은 국가안보실장이 된다. 상임위원회의 위원은 외교부장관, 통일부장관, 국방부장관, 국가정보원장, 대통령비서실장, 사무처장 및 국가안보실의 제2차장이 된다. 국무조정실장은 상임위원회에 출석하여 발언할 수 있다.

1339

한국의 국가안전보장회의에 대한 설명으로 틀린 것은? [2021년 기출]

① 국가안전보장회의는 대통령 직속 정책 자문기관으로 설립 근거는 「정부조직법」에 규정되어 있다.

② 국가안전보장회의의 의장은 대통령이며, 회의 소집 및 주재는 국무총리에게 그 직무를 대행하게 할 수 있다.

③ 국가안전보장회의는 대외정책, 군사정책 및 국내정책의 수립에 관해 대통령에게 자문한다.

④ 국가안전보장회의는 회의에서 위임한 사항을 처리하기 위해 상임위원회를 두며, 회의 운영지원 등의 사무를 처리하기 위해 국가안전보장회의사무처를 둔다.

정답 ①

풀이 ① 국가안전보장회의는 헌법기관이다.

관련법조항 「공공기관의 정보공개에 관한 법률」 중요 조문

제1조(목적)

이 법은 공공기관이 보유·관리하는 정보에 대한 국민의 공개 청구 및 공공기관의 공개 의무에 관하여 필요한 사항을 정함으로써 국민의 알권리를 보장하고 국정(國政)에 대한 국민의 참여와 국정 운영의 투명성을 확보함을 목적으로 한다.

제2조(정의)

이 법에서 사용하는 용어의 뜻은 다음과 같다.

1. "정보"란 공공기관이 직무상 작성 또는 취득하여 관리하고 있는 문서(전자문서를 포함한다. 이하 같다) 및 전자매체를 비롯한 모든 형태의 매체 등에 기록된 사항을 말한다.
2. "공개"란 공공기관이 이 법에 따라 정보를 열람하게 하거나 그 사본·복제물을 제공하는 것 또는 전자정부법 제2조제10호에 따른 정보통신망(이하 "정보통신망"이라 한다)을 통하여 정보를 제공하는 것 등을 말한다.
3. "공공기관"이란 다음 각 목의 기관을 말한다.
   가. 국가기관
      1) 국회, 법원, 헌법재판소, 중앙선거관리위원회
      2) 중앙행정기관(대통령 소속 기관과 국무총리 소속 기관을 포함한다) 및 그 소속 기관
      3) 행정기관 소속 위원회의 설치·운영에 관한 법률에 따른 위원회
   나. 지방자치단체
   다. 공공기관의 운영에 관한 법률 제2조에 따른 공공기관
   라. 지방공기업법에 따른 지방공사 및 지방공단
   마. 그 밖에 대통령령으로 정하는 기관

제3조(정보공개의 원칙)

공공기관이 보유·관리하는 정보는 국민의 알권리 보장 등을 위하여 이 법에서 정하는 바에 따라 적극적으로 공개하여야 한다.

제4조(적용 범위)
① 정보의 공개에 관하여는 다른 법률에 특별한 규정이 있는 경우를 제외하고는 이 법에서 정하는 바에 따른다.
② 지방자치단체는 그 소관 사무에 관하여 법령의 범위에서 정보공개에 관한 조례를 정할 수 있다.
③ 국가안전보장에 관련되는 정보 및 보안 업무를 관장하는 기관에서 국가안전보장과 관련된 정보의 분석을 목적으로 수집하거나 작성한 정보에 대해서는 이 법을 적용하지 아니한다. 다만, 제8조제1항에 따른 정보목록의 작성 · 비치 및 공개에 대해서는 그러하지 아니한다.

제5조(정보공개 청구권자)
① 모든 국민은 정보의 공개를 청구할 권리를 가진다.
② 외국인의 정보공개 청구에 관하여는 대통령령으로 정한다.

제6조(공공기관의 의무)
① 공공기관은 정보의 공개를 청구하는 국민의 권리가 존중될 수 있도록 이 법을 운영하고 소관 관계 법령을 정비하며, 정보를 투명하고 적극적으로 공개하는 조직문화 형성에 노력하여야 한다.
② 공공기관은 정보의 적절한 보존 및 신속한 검색과 국민에게 유용한 정보의 분석 및 공개 등이 이루어지도록 정보관리체계를 정비하고, 정보공개 업무를 주관하는 부서 및 담당하는 인력을 적정하게 두어야 하며, 정보통신망을 활용한 정보공개시스템 등을 구축하도록 노력하여야 한다.
③ 행정안전부장관은 공공기관의 정보공개에 관한 업무를 종합적 · 체계적 · 효율적으로 지원하기 위하여 통합정보공개시스템을 구축 · 운영하여야 한다.
④ 공공기관(국회 · 법원 · 헌법재판소 · 중앙선거관리위원회는 제외한다)이 제2항에 따른 정보공개시스템을 구축하지 아니한 경우에는 제3항에 따라 행정안전부장관이 구축 · 운영하는 통합정보공개시스템을 통하여 정보공개 청구 등을 처리하여야 한다.
⑤ 공공기관은 소속 공무원 또는 임직원 전체를 대상으로 국회규칙 · 대법원규칙 · 헌법재판소규칙 · 중앙선거관리위원회규칙 및 대통령령으로 정하는 바에 따라 이 법 및 정보공개 제도 운영에 관한 교육을 실시하여야 한다.

제9조(비공개 대상 정보)
① 공공기관이 보유 · 관리하는 정보는 공개 대상이 된다. 다만, 다음 각 호의 어느 하나에 해당하는 정보는 공개하지 아니할 수 있다.
  1. 다른 법률 또는 법률에서 위임한 명령(국회규칙 · 대법원규칙 · 헌법재판소규칙 · 중앙선거관리위원회규칙 · 대통령령 및 조례로 한정한다)에 따라 비밀이나 비공개 사항으로 규정된 정보
  2. 국가안전보장 · 국방 · 통일 · 외교관계 등에 관한 사항으로서 공개될 경우 국가의 중대한 이익을 현저히 해칠 우려가 있다고 인정되는 정보
  3. 공개될 경우 국민의 생명 · 신체 및 재산의 보호에 현저한 지장을 초래할 우려가 있다고 인정되는 정보
  4. 진행 중인 재판에 관련된 정보와 범죄의 예방, 수사, 공소의 제기 및 유지, 형의 집행, 교정(矯正), 보안처분에 관한 사항으로서 공개될 경우 그 직무수행을 현저히 곤란하게 하거나 형사피고인의 공정한 재판을 받을 권리를 침해한다고 인정할 만한 상당한 이유가 있는 정보
  5. 감사 · 감독 · 검사 · 시험 · 규제 · 입찰계약 · 기술개발 · 인사관리에 관한 사항이나 의사결정 과정 또는 내부검토 과정에 있는 사항 등으로서 공개될 경우 업무의 공정한 수행이나 연구 · 개발에 현저한 지장을 초래한다고 인정할 만한 상당한 이유가 있는 정보. 다만, 의사결정 과정 또는 내부검토 과정을 이유로 비공개할 경우에는 제13조제5항에 따라 통지를 할 때 의사결정 과정 또는 내부검토 과정의 단계 및 종료 예정일을 함께 안내하여야 하며, 의사결정 과정 및 내부검토 과정이 종료되면 제10조에 따른 청구인에게 이를 통지하여야 한다.

6. 해당 정보에 포함되어 있는 성명 · 주민등록번호 등 개인정보 보호법 제2조제1호에 따른 개인정보로서 공개될 경우 사생활의 비밀 또는 자유를 침해할 우려가 있다고 인정되는 정보. 다만, 다음 각 목에 열거한 사항은 제외한다.

가. 법령에서 정하는 바에 따라 열람할 수 있는 정보

나. 공공기관이 공표를 목적으로 작성하거나 취득한 정보로서 사생활의 비밀 또는 자유를 부당하게 침해하지 아니하는 정보

다. 공공기관이 작성하거나 취득한 정보로서 공개하는 것이 공익이나 개인의 권리 구제를 위하여 필요하다고 인정되는 정보

라. 직무를 수행한 공무원의 성명 · 직위

마. 공개하는 것이 공익을 위하여 필요한 경우로서 법령에 따라 국가 또는 지방자치단체가 업무의 일부를 위탁 또는 위촉한 개인의 성명 · 직업

7. 법인 · 단체 또는 개인(이하 "법인등"이라 한다)의 경영상 · 영업상 비밀에 관한 사항으로서 공개될 경우 법인등의 정당한 이익을 현저히 해칠 우려가 있다고 인정되는 정보. 다만, 다음 각 목에 열거한 정보는 제외한다.

가. 사업활동에 의하여 발생하는 위해(危害)로부터 사람의 생명 · 신체 또는 건강을 보호하기 위하여 공개할 필요가 있는 정보

나. 위법 · 부당한 사업활동으로부터 국민의 재산 또는 생활을 보호하기 위하여 공개할 필요가 있는 정보

8. 공개될 경우 부동산 투기, 매점매석 등으로 특정인에게 이익 또는 불이익을 줄 우려가 있다고 인정되는 정보

② 공공기관은 제1항 각 호의 어느 하나에 해당하는 정보가 기간의 경과 등으로 인하여 비공개의 필요성이 없어진 경우에는 그 정보를 공개 대상으로 하여야 한다.

③ 공공기관은 제1항 각 호의 범위에서 해당 공공기관의 업무 성격을 고려하여 비공개 대상 정보의 범위에 관한 세부 기준(이하 "비공개 세부 기준"이라 한다)을 수립하고 이를 정보통신망을 활용한 정보공개시스템 등을 통하여 공개하여야 한다.

④ 공공기관(국회 · 법원 · 헌법재판소 및 중앙선거관리위원회는 제외한다)은 제3항에 따라 수립된 비공개 세부 기준이 제1항 각 호의 비공개 요건에 부합하는지 3년마다 점검하고 필요한 경우 비공개 세부 기준을 개선하여 그 점검 및 개선 결과를 행정안전부장관에게 제출하여야 한다.

1340

정보 공개의 필요성으로 옳은 것은?

ㄱ. 정보의 공개는 행정통제의 근본적 요소
ㄴ. 국민의 인권보호
ㄷ. 국민의 참여와 정보기관 운영의 투명성 제고
ㄹ. 국민의 알권리 보장

① ㄱ, ㄴ
② ㄱ, ㄴ, ㄷ
③ ㄴ, ㄷ, ㄹ
④ ㄱ, ㄴ, ㄷ, ㄹ

정답 ④

풀이 ④ 모두 정보공개의 필요성이다.

1341

「공공기관의 정보공개에 관한 법률」에 대한 설명으로 틀린 것은?

① 법의 목적은 공공기관이 보유 · 관리하는 정보 공개를 통해 국민의 알권리를 보장하고 국정에 대한 국민의 참여와 국정 운영의 투명성을 확보하려함이다.

② 공개대상이 되는 정보란 공공기관이 직무상 작성 또는 취득하여 관리하고 있는 문서(전자문서 포함) · 도면 · 사진 · 필름 · 테이프 · 슬라이드 및 매체 등에 기록된 사항이다.

③ 공개란 법에 따라 정보를 열람하게 하거나 사본 · 복제물을 제공하는 것 또는, 정보통신망을 통하여 정보를 (전자적으로) 제공하는 것을 말한다.

④ 직접적인 이해관계가 있는 경우에 한하여 정보의 공개를 청구할 권리를 가진다.

정답 ④

풀이 ④ '모든 국민'은 정보의 공개를 청구할 권리를 가진다(법 제5조).

1342

한국의 정보공개제도에 대한 설명으로 틀린 것은? [2019년 기출]

① 정보기관은 비밀에서 해제된 정보를 공개하고 있다.

② 공개할 경우 국가의 이익을 해칠 수 있다면 공개하지 않는다.

③ 공무원의 내부 비위행위에 관한 정보도 공개하지 않을 수 있다.

④ 공개할 경우에 개인의 사생활을 침해하는 정보는 공개할 수 없다.

정답 ③

풀이 ③ 공무원이 수행한 행정상 비밀이 아닌 내부 비위행위는 공개해야 한다.

1343

한국의 정보공개제도에 대한 설명으로 틀린 것은? [2010년 기출]

① 국가의 중대한 이익을 현저히 해할 우려가 있다고 인정되는 정보

② 법률에 의해 비공개 사항으로 규정된 정보.

③ 형사사법절차에 관한 정보

④ 개인의 사생활을 침해할 수 있는 정보

정답 ③

풀이 ③ 형사사법절차에 관한 정보가 아니라 진행 중인 재판에 관련된 정보와 범죄의 예방, 수사, 공소의 제기 및 유지, 형의 집행, 교정(矯正), 보안처분에 관한 사항으로서 공개될 경우 그 직무수행을 현저히 곤란하게 하거나 형사피고인의 공정한 재판을 받을 권리를 침해한다고 인정할 만한 상당한 이유가 있는 정보가 비공개 정보이다.

관련법조항 「국회법」 인사청문회 관련 규정

제46조의3(인사청문특별위원회)

① 국회는 다음 각 호의 임명동의안 또는 의장이 각 교섭단체 대표의원과 협의하여 제출한 선출안 등을 심사하기 위하여 인사청문특별위원회를 둔다. 다만, 대통령직 인수에 관한 법률 제5조제2항에 따라 대통령당선인이 국무총리 후보자에 대한 인사청문의 실시를 요청하는 경우에 의장은 각 교섭단체 대표의원과 협의하여 그 인사청문을 실시하기 위한 인사청문특별위원회를 둔다.

1. 헌법에 따라 그 임명에 국회의 동의가 필요한 대법원장 · 헌법재판소장 · 국무총리 · 감사원장 및 대법관에 대한 임명동의안
2. 헌법에 따라 국회에서 선출하는 헌법재판소 재판관 및 중앙선거관리위원회 위원에 대한 선출안

② 인사청문특별위원회의 구성과 운영에 필요한 사항은 따로 법률로 정한다.

제65조의2(인사청문회)

① 제46조의3에 따른 심사 또는 인사청문을 위하여 인사에 관한 청문회(이하 "인사청문회"라 한다)를 연다.

② 상임위원회는 다른 법률에 따라 다음 각 호의 어느 하나에 해당하는 공직후보자에 대한 인사청문 요청이 있는 경우 인사청문을 실시하기 위하여 각각 인사청문회를 연다.

1. 대통령이 임명하는 헌법재판소 재판관, 중앙선거관리위원회 위원, 국무위원, 방송통신위원회 위원장, 국가정보원장, 공정거래위원회 위원장, 금융위원회 위원장, 국가인권위원회 위원장, 고위공직자범죄수사처장, 국세청장, 검찰총장, 경찰청장, 합동참모의장, 한국은행 총재, 특별감찰관 또는 한국방송공사 사장의 후보자
2. 대통령당선인이 대통령직 인수에 관한 법률 제5조 제1항에 따라 지명하는 국무위원 후보자
3. 대법원장이 지명하는 헌법재판소 재판관 또는 중앙선거관리위원회 위원의 후보자

1344

인사청문을 실시해야 하는 국가기관으로 옳은 것은? [2018년 기출]

① 국정원장
② 국군방첩사령관
③ 정보사령관
④ 국방정보본부장

정답 ①

풀이 ① 대통령이 임명하는 헌법재판소 재판관, 중앙선거관리위원회 위원, 국무위원, 방송통신위원회 위원장, 국가정보원장, 공정거래위원회 위원장, 금융위원회 위원장, 국가인권위원회 위원장, 고위공직자범죄수사처장, 국세청장, 검찰총장, 경찰청장, 합동참모의장, 한국은행 총재, 특별감찰관 또는 한국방송공사 사장의 후보자는 상임위원회는 다른 법률에 따라 인사청문 요청이 있는 경우 인사청문을 실시하기 위하여 각각 인사청문회를 연다.

1345

국가정보체계의 향후 개선 방향으로 적절하지 않은 것은? [2007년 기출]

① 국가정보기관에 복잡 다양한 부문정보를 통합, 조정하는 기능이 부여되어야 한다.
② 정보실패나 정보성공의 요인과 문제점을 연구하여 정보활동의 합리성을 제고해야 한다.
③ 한정된 인원과 예산으로 정보 요구를 충족시키기 위해 국가정보목표우선순위(PNIO)를 재조정해야 한다.
④ 적대국과 우호국의 구분을 명확히 하고, 국가안보에 영향을 줄 수 있는 관련 대상국의 범위를 좁혀 정보활동의 효율성을 높여야 한다.

정답 ④

풀이 ④ 냉전시대 동안에는 적대국과 우호국의 구분이 명확하였으나, 냉전적 이념 대립이 소멸하고 국가 간의 교류 영역이 확대되면서 적과 우군의 구분이 모호해짐으로 인해서 국가안보에 영향을 줄 수 있는 관련 대상국의 범위가 확대되었다.

Theme

49 정보활동의 변화와 국가 간 정보협력

핵심정리 **글로벌 정보기구(Global Intelligence Agencies)**

1. 의의

① 오늘날의 국제정보환경은 개별국가의 국가정보기구가 아무리 막강한 능력을 가졌다고 해도 독자적인 힘만으로는 부족한 부분이 발생하는 상황이 되었다. 이러한 정보의 새로운 환경에 대처하기 위하여 국가 사이의 합의에 의해 탄생한 것이 글로벌 정보기구이다.

② 글로벌 정보기구는 특정국가의 전속 정보기구가 아니라, 가입국가가 협조적으로 운용하는 회원국 공동의 세계 정보기구이다. 글로벌 정보기구로 경제협력개발기구의 자금 세탁에 대한 금융활동 태스크포스와 국제형사경찰기구(인터폴) 그리고 북대서양조약기구(NATO) 산하 정보기구의 3가지가 거론된다. 그 이외에도 EU의 27개 회원국으로 구성된 EU의 유로폴(European Police Office)도 있다.

2. 금융활동태스크포스(Financial Action Task Force)

① 금융활동태스크포스(FATF)는 국제 자금세탁과 국제테러 조직의 자금조달 문제에 대비하기 위하여 1989년 창설된 국제경제협력개발기구(OECD)산하의 국가 간 조직이다. 본부는 OECD 본부가 있는 프랑스 파리에 있다.

② 금융활동태스크포스의 정보수집 방법을 '피닌트(FININT)'라고 한다. 금융정보인 피닌트는 FINancial INTelligence의 철자약어이다.

3. 인터폴(International Criminal Police Organization)

(1) 의의

① 국제형사경찰기구(ICPO)는 국제범죄의 신속한 해결과 각국 경찰의 기술협력을 목적으로 1923년 설립된 국제정보기구이다. 전신약호(電信略號)로 인터폴(INTERPOL)이라고 한다. 세계 최대의 범죄 대응 정보조직이다.

② 그러나 인터폴은 직접수사와 압수·수색이나 체포권 등 강제 수사권을 행사하는 기구는 아니다. 정보자료를 필요한 국가에게 넘겨주어 범죄인 체류국가와의 협조를 유도하는 것으로서 법집행기관이 아닌 정보기구로 평가된다.

③ 인터폴의 데이터베이스에는 수백만 건의 용의자에 대한 이름과 범죄수법을 포함한 범죄 기록 데이터, DNA 프로필, 지문자료, 분실 여권 및 신분증 현황 등이 망라되어 있다. 또한 최신 수사·정보 장비와 수사기법에 대한 정보를 회원국에 제공한다.

④ 인터폴은 연중무휴 가동체제를 갖추고 기술 저개발국가에 대해서는 기능적 활동지원을 한다.

(2) 기능

① 세계 의사소통 서비스 확보

② 데이터 제공 서비스 및 데이터베이스 구축

③ 회원국 경찰지원 서비스

(3) 임무 영역

인터폴은 정치적, 군사적, 종교적 또는 인종적 성격의 문제에 대한 개입을 금지하고 어느 한 국가에 한정된 범죄에도 관여하지 않는다. 주요 대상범죄는 테러범죄와 조직범죄, 전쟁범죄, 마약생산 및 밀거래, 무기밀반입 등 무기거래, 인신매매, 자금세탁, 아동에 대한 성학대, 화이트칼라 범죄, 컴퓨터 범죄, 지적재산권 관련범죄, 부정부패 범죄이다.

(4) 인터폴 지명수배(INTERPOL Notice)

국제 지명수배라고도 하는데 인터폴이 회원국들의 요구사항이나 또는 인터폴의 자체 요구사항, 또는 확보한 정보를 회원국들에 전파하는 것이다. 수배등급 가운데 최고수준인 적색 수배(Red Notice)는 국제 체포, 청색 수배(Blue Notice)는 신원 확인 · 소재 확인, 황색 수배(Yellow Notice)는 실종자 · 신원 미상자 신원 확인이다. UN 안전보장이사회 요청의 제재 대상 특별수배도 있다.

핵심정리 국가 간 정보공유

(1) 무수한 정보가 상상을 불허할 속도로 창출되는 오늘날 아무리 뛰어난 정보수집 능력을 가졌다고 하더라도 어느 한 국가가 그것을 모두 수집하여 유용한 국가정보로 활용하는 데에는 한계가 있다. 즉 개별 국가가 국가안보를 다지기 위해 필요로 하는 모든 정보를 자급자족한다는 것은 정보의 홍수시대, 그리고 급변하는 신 정보환경 속에서 여간 어려운 일이 아니기 때문에 국가 간 정보공유는 서로 간의 부족한 정보부분을 메워 줄 수 있는 좋은 방책이다.

(2) 또한 국가 간의 정보공유는 어느 나라가 자체적으로 생산한 정보 생산물에 대한 공조국가의 시각을 통해 객관적인 평가와 이해를 보완해 주는 역할도 하게 된다. 그러한 연유로 오늘날 질적으로나 양적으로 가장 최첨단으로 무장되었다고 하는 미국 정보공동체의 경우에도 수집하는 정보의 상당한 부분을 다양한 국가와의 정보교류 즉 정보공유에 의해 확보하고 있다.

(3) 일찍이 캐스퍼 와인버거(Caspar Weinberger) 국방장관은 "미국은 우리가 필요로 하는 모든 정보를 자체적으로 조달할 방법이나 기회를 가지고 있지 못하다. 우리는 전 세계의 여러 나라와 다양한 정보공유를 통하여 그것을 보충하고 있다."라고 언급한 것에서도 정보공유의 필요성과 타당성을 잘 알 수 있다. 그것은 또한 범람하는 정보의 양이 방대하다는 이유 때문이기도 하지만 특정국가에 대한 정보는 지정학적으로 그 특정국가에 인접하거나 교류가 활발한 나라를 통할 때에 필요한 가장 좋은 정보를 얻을 수 있다는 지정학적 문제와, 어떤 정보는 특정국가에서 주로 문제되기 때문에 그 나라가 특히 전문성을 가질 수 있다는 정보수집의 특성의 문제에서 비롯되기도 한다.

(4) 예컨대 어느 국가는 첨단과학 기술을 활용한 기술정보 수집방법(TECHINT)에 능하고 다른 나라는 인간정보 수집기법에 능한 경우에 상호간 우수한 내용을 서로 보완하는 방안으로 정보공유가 이루어질 수 있게 된다. 더불어 오늘날은 국제테러나 국제마약, 국제조직범죄들에 대하여는 어느 한 국가의 안보에 대한 위협의 문제가 아니라 세계의 평화와 안전 및 반인륜범죄가 될 수 있다는 관점에서, 먼저 정보를 입수한 나라는 이념을 불문하고 목표 국가 등 위험성에 노출될 나라에 해당 정보를 통보할 필요성이 증대된다.

핵심정리 정보교류의 형태

(1) 정보의 교환

정보의 교환이란 수집한 첩보자료를 바로 교환하거나 첩보자료를 가공하여 분석한 최종 정보생산물에 대한 정보를 교환하는 것으로 첩보교환이라고도 한다. 현재 교환할 정보가 없는 경우에도 상대국은 정보를 제공할 수 있으나 그 경우에는 제공되는 정보가 한정적인 내용에 국한될 수 있고 또한 추후 보상적인 차원에서 제공국이 요구하는 정보를 수집하여 제공함으로써 정보공유를 위한 계속적인 신뢰관계를 구축하게 된다.

(2) 수집활동의 분담

① 의의

미국의 국방 총수가 고백했듯이 세계 최고의 시설과 장비를 구축하고 있는 미국의 정보공동체도 필요한 정보를 모두 수집하지는 못한다. 오늘날 어느 한 국가가 자국이 필요로 하는 정보를 혼자서 모두 충족시킨다는 것은 불가능에 가깝다고 할 수 있다. 이러한 경우에 보완성이 있는 국가들이 수집활동을 역할 분담할 수 있다. 수집활동의 분담에는 지역 분담과 목표 분담의 2가지가 있다.

② 지역 분담

국가 서로 간에 정보활동의 영역을 지정학적인 위치를 고려하여 지역으로 나누어 정보활동을 전개하는 것이다. 오늘날 전 세계적인 감청시스템인 에셜론(ECHELON)이 미국과 영연방 5개 국가가 국가별 위치를 기준으로 정보수집 활동과 분석에 책임을 공유하는 것이 대표적인 예이다.

③ 목표 분담

예컨대 미국과 이스라엘이 정보공유를 약속하고 미국은 중동 해역에서의 이슬람 국가들의 동태를 관찰하고, 이스라엘은 국경접경 지역에서 이슬람 국가의 동정을 파악하기로 역할을 분담하여 정보수집을 하는 경우와 같이, 동일한 지역을 목표로 하는 경우에도 바다에서 또는 육지에서와 같이 정보활동 목표물을 분담하는 것이다.

(3) 지역 수집기지의 활용

지역 수집기지의 활용에는 정보 연락사무소인 리에종(Liaison) 관계를 맺고 정보를 공유하는 방법과, 직접 상대국가에 자국의 정보수집 기지를 임대해 주고 그 시설에서 수집된 정보를 함께 공유하는 방법이 있다. 후자의 대표적인 예가 쿠바에 있는 신호기지로 러시아와 중국의 정보 전초기지로 사용되는 로우르데스 기지이다.

(4) 기타

① 정보공유는 관계 당사국을 기준으로 보면 두 나라 사이의 정보공유가 일반적이라고 할 수 있지만, 다수 국가가 참여하는 복수국가의 정보공유도 있다. 예컨대 미국과 영국, 캐나다, 호주 그리고 뉴질랜드 등 영어사용권 국가들의 전 세계 감시망이라고 할 수 있는 에셜론이 대표적인 예이다.

② 한편 이러한 국가 간 정보공유 사례는 잘 알려지지 않는 부분으로, 더욱이 우리나라의 경우에는 해당 자료를 거의 찾아볼 수 없는 실정이다.

③ 일찍이 토머스 제퍼슨은, "정보란 소유되는 것이 아니라 공유되는 것이다. 정보는 불씨를 무한히 나누어 가질 수 있는 촛불과 같은 것"이라고 말한 바 있다. 정보공유의 효용성을 잘 표현해 주고 있는 말이다. 여하튼 정보공유는 우리나라가 세계 속에서 군사적 · 외교적 · 경제적으로 차지하는 비중이 높아질수록 오히려 그 필요성이 증대된다는 점과, 경우에 따라서는 특정부분에 대한 정보자산을 상당히 절약하고 다른 부분에 절약분을 활용할 수 있다는 점에서도 매우 값어치가 있는 일이라고 할 것이다.

1346

국가 간 정보협력에 대한 설명으로 틀린 것은?

① 정보협력은 국가 간에 포괄적으로 추진되는 것이 일반적이다.

② 다양한 주변국가와 정보협력의 다원화를 추진하는 것이 추세이다.

③ 정보협력은 자국의 정보자산만으로 정보의 수요를 충당하기 어려울 때 추진한다.

④ 정보협력은 자국의 이익을 극대화하기 위한 것이므로 국가 간 협상이 매우 중요하다.

정답 ①

풀이 ① 국가 간 정보협력은 정보종속이나 정보보안에 대한 문제가 발생할 수 있기 때문에 개별 사안에 따라 추진하는 것이 일반적이다.

1347

정보공유에 대한 설명으로 틀린 것은?

① 정보공유는 정보의 교환으로도 이루어진다.

② 정보공유를 위해서라면 수집 기지를 다른 나라와 공동으로 활용하기도 한다.

③ 두 나라 사이의 정보공유가 일반적이지만, 복수국가의 정보공유도 있고 심지어 이념과 체제를 달리하는 국가사이에서도 정보공유가 이루어진다.

④ CIA는 외국 정보기관들과의 정보공유보다는 공작원 포섭에 중점을 두는 방향으로 정보활동을 변화시키고 있다.

정답 ④

풀이 ④ 캐스퍼 와인버거(Caspar Weinberger) 미국 국방부 장관은 "미국은 우리가 필요로 하는 모든 정보를 자체적으로 조달할 방법이나 기회를 가지고 있지 못하다. 우리는 전세계의 여러 나라와 다양한 정보공유를 통하여 그것을 보충하고 있다."라고 말하여 정보공유의 필요성과 중요성을 설파했다. 실제로 CIA는 공작원 포섭보다는 외국 정보기관들과의 협력에 중점을 두는 방향으로 정보활동을 변화시켰다. 이들 외국 정보기관들은 인간정보 수단을 활용하여 정보를 수집하게 된다.

1348

다음 중 정보협력에 대한 설명으로 틀린 것은?

① 정보협력의 수준은 신뢰성에 기반을 둔다.
② 전문적인 분야보다 포괄적인 분야에서 교류가 이루어진다.
③ 개별적인 협력이 중시된다.
④ 다중 구조적인 네트워크가 형성된다.

정답 ②

풀이 ② 정보협력은 신뢰성에 기반하고, 전문분야에서의 교류가 이루어진다. 개별적인 협력을 중시하고, 다중구조적인 네트워크가 형성된다. 물론 보안은 필수적이다.

1349

한미 핵협의 그룹(Nuclear Consultative Group, NCG)에 대한 설명으로 틀린 것은?

① 핵 운용에 특화된 협의체이다.
② 확장 억제의 실효성을 확보하기 위한 협의체이다.
③ 핵무기 사용의 최종 권한은 미국 대통령이 가진다.
④ 상설 사무국을 두고 배치된 핵무기 운용에 대해 한국과 미국이 공동 기획한다.

정답 ④

풀이 ④ NATO의 핵기획그룹(Nuclear Planning Group, NPG)에 대한 설명이다. NCG에서는 미국의 전략 자산을 한국에 배치하지 않고 상설 사무국도 설치하지 않는다. NPG는 상설 사무국에서 핵무기 운용에 대해 공동기획한다는 점에서 협의에 중점을 두는 NCG보다 협력 수준이 높다고 할 수 있다.

1350

국가 간 정보협력에 대한 설명으로 틀린 것은? [2018년 기출]

① 타국이 제공하는 정보는 믿을 수 없다는 불신을 해소할 수 있어야 한다.
② 한국은 2016년 일본과 「한일 군사정보포괄보호협정(General Security of Military Information Agreement)」을 체결했다.
③ 선진국에 정보를 의존할 경우 협상카드로 활용당할 위험이 존재한다.
④ 글로벌 환경이 복잡해지면서 한국의 정보공유는 줄어들고 있다.

정답 ④
풀이 ④ 글로벌 환경이 정치, 군사, 경제 등이 복합적으로 얽혀지면서 각국의 정보협력은 오히려 확대되고 있다.

1351

국가 간 정보협력에 대한 설명으로 틀린 것은? [2015년 기출]

① 정보협력은 자국의 정보자산만으로 정보의 수요를 충당하기 어려울 때 추진한다.
② 타 국가와 정보협력은 포괄적으로 추진한다.
③ 다양한 주변국가와 정보협력의 다원화를 추진하는 것이 추세다.
④ 정보협력은 자국의 이익을 극대화하기 위한 것이므로 국가 간 협상이 매우 중요하다.

정답 ②
풀이 ② 타국가와 정보협력은 포괄적이 아니라 개별 사안에 따라 추진하는 것이 합리적이다. 정보종속이나 정보보안에 대한 문제가 발생할 수 있기 때문이다.

1352

한국의 미래정보 대책에 대한 설명으로 옳은 것은? [2014년 기출]

① 주변 국제환경을 정확하게 파악하기 위해 국제적인 교류를 활발하게 추진해야 한다.
② 자주국방을 위해 독자적인 정보체계를 구축해야 한다.
③ 일본, 중국 등에 대응하기 위해 이들 국가와의 정보협력을 지양해야 한다.
④ 부문 정보기관이 개별적으로 정보역량강화를 추진해야 한다.

정답 ①

풀이 ① 양자간, 다자간 국제적인 정보교류를 활성화해 정보역량을 강화하는 것이 가장 중요하다.

1353

한국의 정보격차에 대한 설명으로 틀린 것은? [2014년 기출]

① 국방비 대비 정보력의 발전은 더딘 편이다.

② 차후 북한과 통일이 되더라도 주변국을 견제하기 위해 미국의 정보력은 필요하다.

③ 제한적이지만 독자적인 영상정보, 신호정보 체계를 보유하고 있다.

④ 최근 정보자산에 대한 투자를 늘려 주변국과 정보격차가 감소하는 추세이다.

정답 ④

풀이 ④ 지난 10여 년 동안 정보자산에 대한 투자를 늘렸지만 러시아, 중국, 일본 등 주변국과 비교해 정보격차는 오히려 더 커지고 있다고 볼 수 있다.

1354

정보협력에 대한 설명으로 틀린 것은? [2013년 기출]

① 정보부족 문제를 해결하기 위한 포괄적 협력이 필요하다.

② 일부 국가의 경우 정보종속을 우려해 개별적 협력을 강화하기도 한다.

③ 모든 국가는 자국의 이익극대화 측면에서 정보협력 범위와 기간을 설정한다.

④ 국가안보 이슈가 다양화되면서 협력도 다극화되고 있는 추세이다.

정답 ①

풀이 ① 대부분의 국가는 포괄적 협력보다는 특정 이슈나 범위에 대해 개별적 협력을 한다. 포괄적 협력을 할 경우 정보선진국에 정보기관의 종속이 심화되고, 자국의 안보역량이 취약해지기 때문이다.

1355

PSI(대량살상무기 확산 방지 구상)에 대한 설명으로 틀린 것은? [2009년 기출]

① 핵과 미사일 등 대량살상무기의 확산을 방지하기 위한 정보공유는 물론 필요한 경우에 가입국의 합동작전도 가능하다.

② 테러 및 대량살상무기의 국제적 확산을 방지할 목적으로 미국의 주도 하에 2003년 6월 에스파냐 마드리드에서 발족하였다.

③ 대량살상무기를 선적한 것으로 의심받는 선박의 정지를 명하고, 운송수단에 탑승하여 운송물을 검색할 수 있지만 불법 운송물을 압수할 수 없다.

④ 국제법상 대량살상무기의 수출을 포괄적으로 금지하는 규정이 없어 실효성이 약하다는 주장이 제기되고 있다.

정답 ③

풀이 ③ 「대량살상무기확산안전조치(Proliferation Security Initiatives)」는 대량살상무기를 선적한 것으로 의심받는 선박의 정지를 명하고, 운송수단에 탑승하여 운송물을 검색하고 불법 운송물을 압수할 수 있는 광범위한 권한을 부여하고 있다.

1356

국가 간 정보협력의 형태로 적절하지 않은 것은? [2007년 기출]

① 수집업무의 분담

② 다양한 정보의 교환

③ 협력국에서 수집기지를 활용

④ 감시활동의 통합

정답 ④

풀이 ④ 미국 같은 강대국도 전 세계 모든 국가와 집단을 감시할 수 있는 인력과 자원을 보유하고 있지 않다. 따라서 협력국과 감시활동을 분담하고, 수집한 정보를 교환하는 정보협력을 하게 되는 것이다.

1357

국가 간 정보협력의 형태로 적절하지 않은 것은? [2006년 기출]

① 정보의 교환

② 감시활동의 분담

③ 수집활동의 통합

④ 지역수집기지의 활용

정답 ③

풀이 ③ 대부분 국가 간 정보협력에서 수집활동을 지역별 혹은 대상별로 분담하여 수집부담을 최소화하고 효율성을 높이게 된다. 당연히 수집한 정보는 쌍방이 동등하게 교환하게 된다.

1358

국가 간 정보협력의 특징으로 적절하지 않은 것은? [2006년 기출]

① 정보협력은 기본적으로 자국의 이익에 바탕을 두고 있다.

② 양자 간, 다국 간 등 다중적인 네트워크를 형성하고 있다.

③ 정보 전반에 걸친 포괄적인 협력을 중시하고 있다.

④ 각 국가 간에는 신뢰성을 기반으로 협력관계가 형성되고 있다.

정답 ③

풀이 ③ 포괄적인 정보협력을 하게 되면 정보종속이 발생하고 보안이 취약해지는 문제점이 있다. 따라서 개별 사안에 따라 협력을 중요시하는 경향이 있다.

핵심정리 주요 국제환경협약

(1) 스톡홀름 선언(Stockholm Declaration)

1972년 UN 인간환경회의는 스웨덴의 제안에 따라서 국제환경 문제에 효과 적으로 대처하기 위한 새로운 국제 환경법 질서를 구축하기 위해, 113개 국가와 13개 국제기구가 참석하여 전 세계적인 협력을 약속하는 "스톡홀름 선언"을 채택했다. 스톡홀름 선언은 환경이 인류의 복지와 기본적 인권 그리고 생존권의 향유를 위해 필요 불가결한 것이며 인간환경의 보호와 개선은 인류의 복지와 경제적 발전에 영향을 미치는 중요한 과제로서 이를 추구하는 것이 인류의 지상목표인 동시에 국가의 의무라는 점을 지적했다. 더불어 현재의 개발이 현 세대와 미래 세대의 필요를 공평하게 충족시켜야 한다는 지속가능개발 개념이 공식적으로, UN 차원의 목표로 천명되었다.

(2) 리우 선언(Rio Declaration)

리우 선언은 1992년 6월 3일부터 14일까지 브라질의 수도 리우데자네이루에서 "지구를 건강하게, 미래를 풍요롭게"라는 슬로건 아래 환경과 개발에 관한 기본원칙을 담아 채택된 국제 선언문이다. 리우 선언은 국제협약으로 추진했던 것이나, 개발도상국의 반대로 헌장으로 채택되지는 못한 채 선언으로 조정된 것이다. 선언으로서 국제법적 구속력은 없으나 환경보전과 관련된 국제적 합의나 협약 그리고 국제 환경 분쟁 해석에 있어서 기본 지침이 된다.

(3) 바젤 협약(Basel Convention)

1989년 스위스 바젤에서 병원성 폐기물을 포함한 유해 폐기물의 국가 간 이동 및 처리에 관한 규제를 다루어 규제대상으로 지정된 폭발성, 인화성, 독성 등 13가지 특성을 가지고 있는 폐기물 47종은 국가 간의 이동을 금지하고, 자국 영토에서 처리하도록 의무화했다. 이것이 "바젤 협약"이다. 국가 간의 폐기물 이동을 제약하는 바젤협약이 체결됨으로써 환경문제는 국제무역과 거래에 있어서도 중요한 직접적인 규제와 장벽으로 작용했다.

(4) 그린라운드(Green Round)

그린라운드(Green Round)는 각국이 환경규제 기준을 제정하고 기준에 위반한 제품은 수입을 금지하며, 국제 환경 협약을 이행하지 않았을 경우에는 무역 제재를 가하는 것을 골자로 하는 국제협약이다. 과거에는 국제무역에서 가장 무서운 장벽은 관세였다. 그러나 향후 더욱 그린라운드가 가장 강력한 비관세 무역장벽이 될 것으로 전망된다. 그린라운드는 제품의 생산, 판매, 소비 그리고 폐기 등 전 과정에서 오염물질의 배출을 금지하고 있어 산업 전반에 미치는 영향이 절대적으로 크기 때문이다.

(5) 기타 주요 감시대상 국제 환경 협약
① 물새서식지로서 국제적으로 중요한 습지에 관한 협약인 람사협약
② 멸종위기에 처한 야생 동식물종의 국제 거래에 관한 협약
③ 사막화방지협약
④ 해양오염 방지조약인 런던 협약(London Dumping Convention)i620
⑤ 1985년의 오존층 보호를 위한 비엔나 협약
⑥ 1992년 5월 9일의 "유엔기후변화 협약"
⑦ 1992년 리우 선언에서 함께 채택된 생물다양성보전협약
⑧ 오존층 보존을 위해 프레온가스 사용을 200년 이후에는 전면 규제하는 내용을 골자로 하는 1997년의 몬트리올 의정서(Montreal Protocol)

1359

주요 국제환경협약에 대한 설명으로 틀린 것은?

① 1971년 람사 협약은 멸종위기에 처한 야생 동식물종의 국제 거래를 금지하였다.
② 1972년 UN 인간환경회의는 스톡홀름 선언을 채택하였다.
③ 1989년 바젤 협약은 병원성 폐기물을 포함한 유해 폐기물의 국가 간 이동을 금지하였다.
④ 1992년 리우 선언에서 생물다양성보전협약을 함께 채택하였다.

정답 ①
풀이 「멸종위기에 처한 야생 동식물종의 국제 거래에 관한 협약」에 대한 설명이다. 람사 협약은 물새서식지로서 국제적으로 중요한 습지에 관한 협약이다.

1360

주요 국제환경협약에 대한 설명으로 틀린 것은?

① 스톡홀름 선언은 현재의 개발이 현 세대와 미래 세대의 필요를 공평하게 충족시켜야 한다는 지속가능개발 개념을 UN 차원의 목표로 천명하였다.
② 리우 선언은 "지구를 건강하게, 미래를 풍요롭게"라는 슬로건 아래 환경과 개발에 관한 기본원칙을 담아 채택된 국제 선언문으로 개발도상국의 반대로 헌장으로 채택되지는 못했다.
③ 바젤 협약은 비관세 무역장벽이 될 것으로 전망되는데, 제품의 생산, 판매, 소비 그리고 폐기 등 전 과정에서 오염물질의 배출을 금지하고 있어 산업 전반에 미치는 영향이 절대적으로 크기 때문이다.
④ 그린라운드(Green Round)는 각국이 환경규제 기준을 제정하고 기준에 위반한 제품은 수입을 금지하며, 국제 환경 협약을 이행하지 않았을 경우에는 무역 제재를 가하는 것을 골자로 하는 국제협약이다.

정답 ③

풀이 ③ 그린라운드에 대한 설명이다. 바젤 협약은 병원성 폐기물을 포함한 유해 폐기물의 국가 간 이동 및 처리에 관한 규제를 다루어 규제대상으로 지정된 폭발성, 인화성, 독성 등 13가지 특성을 가지고 있는 폐기물 47종은 국가 간의 이동을 금지하고, 자국 영토에서 처리하도록 의무화했다.

1361

주요 국제환경협약으로 틀린 것은? [2022년 기출]

① 스톡홀름 선언 ② 리우 선언

③ 바젤 협약 ④ 마라케쉬 협정

정답 ④

풀이 ④ 마라케쉬 협정은 세계무역기구 설립을 위한 협정이다.

핵심정리 신냉전 체제의 국제협의체

(1) 쿼드(QUAD)

4자 안보 대화 또는 4개국 안보 회담(Quadrilateral Security Dialogue), 약칭 쿼드(Quad)는 미국과 미국의 인도－태평양 지역 핵심동맹국인 일본과 호주, 미국의 동맹국은 아니지만 일부 안보 사안에서 협력하는 인도를 합한 4개국이 국제 안보를 주제로 가지는 정기적 정상 회담, 또는 그러한 회담을 통해 구현되는 체제를 말한다. 쿼드는 미국이 주도하는 '자유롭고 열린 인도－태평양(Free and Open Indo－Pacific, FOIP)' 전략의 일환으로, 사실상 '일대일로(一帶一路)'로 대표되는 중국의 국제전략을 견제하기 위한 것이다.

(2) AUKUS

호주, 영국, 미국(Australia, United Kingdom, United States)의 삼각동맹이다. 2021년 9월 15일, 조 바이든 미국 대통령이 백악관에서 미국과 영국이 호주의 핵잠수함 건조를 지원한다면서, 오커스의 창설을 발표했다. 이번 오커스 창설로, 미국은 호주에 고농축 우라늄을 핵잠수함 핵연료로 공급할 것이다. 호주는 핵무기는 탑재하지 않은 핵추진 잠수함 8척을 호주 애들레이드의 호주잠수함공사(ASC) 조선소(ASC Pty Ltd)에서 건조할 계획이다.

(3) 환태평양경제동반자협정(TPP)

환태평양 경제 동반자 협정(Trans-Pacific Strategic Economic Partnership, TPP)은 아시아-태평양 지역 경제의 통합을 목표로 공산품, 농업 제품을 포함 모든 품목의 관세를 철폐하고, 정부 조달, 지적 재산권, 노동 규제, 금융, 의료 서비스 등의 모든 비관세 장벽을 철폐하고 자유화하는 협정으로 2005년 6월에 뉴질랜드, 싱가포르, 칠레, 브루나이 4개국 체제로 출범하였다. TPP는 투자자 국가 분쟁 해결 방법을 만들고, 관세 같은 무역 장벽을 낮추는 역할도 한다. 2015년 10월 7일, 미국, 일본, 오스트레일리아, 캐나다, 페루, 베트남, 말레이시아, 뉴질랜드, 브루나이, 싱가포르, 멕시코, 칠레가 TPP 협정을 타결시켰다. TPP는 창설 초기 그다지 영향력이 크지 않은 다자간 자유무역협정이었으나 미국이 적극적으로 참여를 선언하면서 주목받기 시작하였다. 버락 오바마 대통령은 TPP가 아시아-태평양 지역 경제 통합에 있어 가장 강력한 수단이며, 세계에서 가장 빠르게 성장하는 지역과 미국을 연결해 주는 고리라고 평가한 바 있다. 미국이 적극적으로 협정 가입을 추진하고, 아시아 국가들의 동참을 유도하고 있는 것은 눈부신 성장을 이루고 있는 중국을 견제하려는 의도가 크게 작용한 때문이라고 알려져 있다. 하지만 미국은 2017년 1월 23일 탈퇴하였다.

(4) 역내포괄적경제동반자협정(RCEP)

역내 포괄적 경제 동반자 협정(Regional Comprehensive Economic Partnership, RCEP)은 동남아시아 국가연합 회원국 10개국과 동남아시아 국가 연합과 자유무역협정을 체결한 대한민국, 중화인민공화국, 일본, 오스트레일리아, 뉴질랜드가 참여하는 자유 무역 협정이다. RCEP은 중국과 인도가 제외되었던 환태평양경제동반자협정의 대안으로 중국은 미국 견제를 위해 참여하였다.

(5) 인도-태평양 경제프레임워크(IPEF)

미국 바이든 행정부의 주도로 탄생한 인도-태평양 지역의 경제 안보 플랫폼 및 국제기구다. IPEF는 관세 인하, 부분적인 규제 철폐에 방점을 두었던 다자/양자 FTA보다 더 범위가 넓은 경제협력체를 지향하고 있다. 우선 미국은 현재 IPEF를 통해서 무역 촉진, 디지털 경제와 기술 표준 정립, 공급망 회복력 달성, 탈 탄소화와 청정 에너지 발전, 인프라 구축, 노동 표준화 등 6가지 주요 분야에서 합의안을 만들어내고자 한다. 이는 궁극적으로 인도-태평양 지역 내 파트너 국가들과 미래 산업과 산업 정책의 국제 표준까지 정립하겠다는 것으로, 바이든 행정부는 인도-태평양 지역을 일종의 거대한 경제 플랫폼으로 묶어낸다는 구상을 배경으로 놓고 IPEF를 추진 중에 있는 것으로 알려지고 있다. 또한 IPEF는 공급망 재편, '더 나은 세계 재건' 구상 등 산재돼 있던 바이든 정부의 대중국 견제를 위한 구상들을 구체화하는 결과물이 될 것으로 예측되고 있으며, 결과적으로 인도-태평양 지역에서 경제적 연대를 통해 중국의 역내 영향력 확장을 차단하고 견제하기 위한 목적으로 구상되고 있는 것으로 분석된다.

(6) 반도체 4국 동맹(CHIP4)

CHIP4 동맹은 미국의 주도에 의해 결성을 추진 중인 반도체 동맹을 말한다. 반도체 개발과 생산 분야에서 선도적인 위치에 있는 한국(메모리 분야), 미국(원천 기술), 대만(비메모리 분야), 일본(장비 공급) 등 4개국이 각각 자국의 전문성이 강한 분야를 중심으로 협력 관계를 맺어 동맹 국가 간 안정적으로 반도체의 생산과 공급이 가능하도록 하는 것을 목적으로 한다.

1362

미국과 일본이 주도해 중국을 견제하기 위한 협의체와 중국이 미국을 견제하기 위해 설립한 협의체로 옳은 것은? [2021년 기출]

- APEC(아시아태평양경제협력체)
- ASEAN(동남아시아국가연합)
- TPP(환태평양경제동반자협정)
- RCEP(역내포괄적경제동반자협정)

① RCEP, ASEAN
② TPP, RCEP
③ APEC, RCEP
④ TPP, APEC

정답 ②

풀이 ② TPP는 미국과 일본이 주도하고 있다. RECP는 한중일과 동남아시아 국가들이 참여하고 미국은 참여하고 있지 않다.

1363

쿼드(The Quad)에 대한 설명으로 틀린 것은? [2021년 기출]

① 인도 · 태평양 전략의 당사자인 미국, 인도, 한국, 호주 등 4개국이 참여한다.
② 쿼드의 창설배경은 중국의 팽창정책과 관련해 미국의 아시아 · 태평양 정책을 강화하기 위해 만들어졌다.
③ 2017년 트럼프 행정부에서 시작했으며, 이를 바이든 행정부에서 계승해 수행하고 있다.
④ 미국과 일본은 한국도 쿼드에 동참해 중국의 팽창정책을 저지하는 역할을 수행하라고 촉구하고 있다.

정답 ①

풀이 ① 쿼드는 미국, 일본, 오스트레일리아, 인도 등 4개국이 참여하고 있다.

Theme 50 국가안보와 국가이익

핵심정리 국가안보

(1) 의의

① 안보는 안전보장의 줄임말로 영어로는 "security"이다. 영어 security는 안보 또는 보안이라는 의미를 가진다. 안보 또는 보안은 어떤 위험과 손해로부터 보호되는 상태를 말하며, 안심 또는 안전(safety)과 동일한 개념으로도 사용된다.

② 그러나 안보와 안전 양자 간에는 미묘한 함축적 차이가 있다. 안보 또는 보안이 외부 위험으로부터 보호되는 외부지향성을 가진 반면에 안전은 자족적인 내면지향성이 강조되는 측면이 강하다고 할 수 있다. 이러한 안보개념의 연장선에서 국가안전보장(National Security)이란 어느 한 국가가 외부의 침략이나 위협 또는 그로 인한 공포와 불안 및 근심걱정에서 벗어나 평온한 상태를 유지하는 것이라고 정의할 수 있다.

(2) 전통적 협의의 안보

이러한 개념정의는 민족국가의 출현과 함께 국가존립 우선의 현실주의자들에 의하여 규정된 개념으로, 국가안보 위협이 외부에서 오는 것으로만 전제한 것이라는 비판이 있기도 하다. 그러나 국가안보의 전통적인 개념은 외부의 위협에 대한 국방안보였던 것으로 이것을 전통적 협의의 안보개념이라고 지칭하기도 한다. 따라서 전통적 협의의 안보개념은 한 국가의 힘을 극대화하기 위한 군사력 중심의 안보개념으로 정의되고 있다.

(3) 아놀드 월포스(Arnold Wolfers)

그러나 아놀드 월포스(Arnold Wolfers)가 말한 바와 같이 역사적으로 주권 국가 상호간의 상관관계에서 연유되는 국가안보의 개념은 절대적일 수 없다. 왜냐하면 국가안보는 국가이익을 위한 것으로서 무엇을 최선의 국가이익으로 추구할 것인가는 시대상황과 주변 환경에 따라 변할 수밖에 없고 그만큼 개념정의가 쉽지 않다. 그럼에도 불구하고 국가안보는 주권국가의 존립이유이자 목적이 되는 그 중요성 때문에 국가안보에 대한 개념정의는 현실적인 필요성이 있다. 또한 정보학의 관점에서는 국가안보의 개념정의에 따라 국가 정보의 업무범위가 결정된다고 하는 실천적인 이유도 있다.

이러한 관점에서 오늘날의 국가안보는 통상적으로 "어떤 외부위협으로부터 국가의 안전이 보호되는 상태"라고 정의할 수 있다. 사전적 정의로는 "국가를 방위하기 위한 수단 또는 대외관계"라고 하거나 "영토의 순수성이나 주권 그리고 국가 활동의 국제적인 자유"를 말한다.

(4) 로버트 맨델(Robert Mandel)

로버트 맨델(Robert Mandel)은 탈 냉전시대에 국가안보를 새롭게 정의하여 "국가의 책임으로써 국가 및 시민의 핵심적 가치가 대·내외로부터 위협받는 상황을 방지하여 심리적, 그리고 물리적인 안정을 확보하는 것"이라고 서술했다. 맨델이 말하는 국가와 국민의 핵심적인 가치가 무엇인가에 대해서도 여러 가지 의견이 있을 수 있으나 국가적 차원에서는 국가이익을 구성하는 생존(survival)과 번영(prosperity) 및 국가위신(prestige), 그리고 국민의 생명 과 재산이 대표적인 국가의 핵심 가치라고 할 수 있다. 국가안보에 대한 맨델의 정의의 강점은 시대상황과 환경변화에 무관하게 통용될 수 있다는 점이다.

(5) UN 헌장 제2조 제4호

한편 2007년 현재 192개국이 서명한 대표적인 국제조약으로 국제법의 기둥을 형성하고 있는 UN 헌장 제2조 제4호는, 회원국 모두는 국제관계에서 영토 의 순수성과 정치체제의 독립성으로부터 외국의 협박과 무력사용의 위협을 받지 않을 것임을 천명하고 있다. 그러므로 국제법적으로는 국가안전보장은 주권국가가 다른 국가로부터 어떠한 협박도 받지 않으며, 무력사용으로부터 안전한 것을 의미한다고 할 수 있다. 결론적으로 국가안보란 "국가가 물리적 심리적 공포로부터의 완전한 해방감 또는 안전감을 확보하고 국가이익을 추구 할 수 있는 조건을 확보한 것"이라고 할 수 있다.

1364

맨델이 말하는 국가적 차원의 핵심 가치로 틀린 것은?

① 생존(survival)과 번영(prosperity)
② 안정(stability)
③ 국가위신(prestige)
④ 국민의 생명과 재산

정답 ②

풀이 ② 맨델이 말하는 국가와 국민의 핵심적인 가치가 무엇인가에 대해서도 여러 가지 의견이 있을 수 있으나 국가적 차원에서는 국가이익을 구성하는 생존(survival)과 번영(prosperity) 및 국가위신(prestige), 그리고 국민의 생명과 재산이 대표적인 국가의 핵심 가치라고 할 수 있다.

1365

국가안보(National Security)에 대한 설명으로 틀린 것은?

① 안보 또는 보안은 어떤 위험과 손해로부터 보호되는 상태를 말하는 것으로, 국가안보는 어떤 외부위협으로부터 국가의 안전이 보호되는 상태라고 할 수 있다.
② 로버트 맨델(Robert Mandel)은 탈냉전시대에 국가안보는 국가의 책임으로써 국가 및 시민의 핵심적 가치가 대 · 내외로부터 위협받는 상황을 방지하여 심리적 그리고 물리적인 안정을 확보하는 것이라고 했다.
③ 아놀드 월포스(Arnold Wolfers)는 국가안보 가치와 기준의 불변성을 주장했다.
④ 국가안보는 국가이익을 위한 것으로서 국가이익은 시대상황과 주변 환경에 따라서 변할 수밖에 없기 때문에 국가안보는 상대적이다.

정답 ③

풀이 ③ 아놀드 월포스(Arnold Wolfers)는 국가안보 상대성론을 주장했다.

1366

국가안보와 국가이익을 논함에 있어서 국가의 핵심가치로 틀린 것은?

① 국가의 생존(survival)과 번영(prosperity)
② 국가지도자와 주요 정책결정권자들의 안전
③ 국가의 위신(prestige)
④ 국민의 생명과 재산

정답 ②

풀이 ② 민주주의 국가에서 국가안보와 국가이익과 관련된 국가의 핵심가치로는 국가의 생존(survival), 국가의 번영(prosperity), 국가위신(prestige), 국민의 생명과 재산이다.

핵심정리 국가이익

1. 의의

국가이익(National Interests, NI)은 국가의 보존과 번영 · 발전, 국위선양 및 국민이 소중히 여기는 국가가치(national values), 그리고 국가체제의 순수성 유지와 신장을 추구하여 국제적으로 내세우는, 각국이 지향하는 이념 및 가치를 의미한다. 국가이익은 국가를 유지하고 강화하기 위해 지켜야 할 행동기준이나 국가이성 또는 존재이유를 지칭하는 프랑스 용어 레종 데타(Raison d'etat)에서 유래한 말로 국가목표, 국가야망 또는 약칭하여 국익이라고도 불려진다.

2. 레종 데타

① 레종 데타 즉 국익은 원래 경쟁적 국가이익의 추구의 각축장인 국제무대에서 식민지 확보 경쟁의 정당성을 부여하는 중요성을 가졌었다. 그것은 시원적인 국가이익의 개념이 국제무대에서 현실적인 경쟁가치를 내포한다는 것을 의미한다. 이 같은 국가이익은 주권국가의 대외정책의 중심개념으로 역사, 문화, 전통, 규범 및 시대상황에 따라 변할 수 있다. 국가통치의 요체로서 국가이익은 국가의 최고정책결정 과정을 통해 표명되는 것으로, 민주국가에서는 통상 국민들의 정치, 경제 및 문화적 욕구와 갈망이 충분히 반영된 것으로 이해될 수 있다.

② 이 경우 국가안보는 국가의 핵심가치인 국가이익을 수호하기 위한 것이다. 역으로 국가안보를 지켜내는 것은 가장 중요한 국가이익의 하나이다. 역사적으로 보면 국가이익이 외교정책상의 중심개념으로 사용된 것은 주권국가가 등장한 16세기 이후의 일이며, 체계적인 연구대상에 오르게 된 것은 20세기에 들어와서이다. 인류역사 초기에는 국가이익의 문제는 종교나 도덕 등 정신적 · 이념적 문제에 치중했다. 물질적인 것은 그에 뒤이은 부차적인 것으로 여겨지기도 했었다.

3. 국가이익의 분류

(1) 의의

① 국가이익은 이처럼 국가의 위신, 명예, 자존과 연결된 것으로 포괄적이고 추상적인 개념이지만, 현실적으로 구체적으로 지켜지고 보호되며 확보되어야 할 명제이다. 따라서 국가이익에 대한 이해를 높이고 구체적 실현성을 확보하기 위해 국가이익을 상정할 수 있는 주요 분야별로 설명되어 왔다. 예컨대 정치적 안정, 영토적 독립성, 그리고 안정적 국제관계 유지는 모든 국가들에게 보편적으로 적용되는 국가이익의 핵심요소라고 할 수 있다.

② 또한 경제발전과 안보 확립 및 국위선양이 모든 국가들의 기본적인 국가이익을 보여 주는 징표라는 점에 대해서도 이의가 없다. 경제 · 안보 · 국위선양은 각각 국가이익의 경제적 측면, 정치 · 군사적 측면, 그리고 외교적 측면을 대표하는 것으로서 한 국가가 고려할 수 있는 이익을 망라하는 것이기 때문이다.

(2) 국가이익의 학문적 분류

국가이익을 연구한 도날드 네털레인(Donald Nuechterlein)은 국가이익을 중요도에 따라, 국가의 존립 자체가 걸려 있는 존망의 이익(survival interests), 결정적 이익(vital interests), 중요한 이익(major interests), 그리고 국가가 직접적으로 영향받는 것은 아니지만 외국에 거주하는 국민이나 기업에 나쁜 영향이 미칠 수 있는 지엽적 이익(peripheral interests)으로 분류했다.

(3) 국가이익의 실천적 이해

① 국가이익에 대한 실천적 연구와 적용은 미국의 국익검토위원회(The Commission on America's National Interests)의 분류를 들 수 있다. 국가안보 분야의 저명한 학자들로 구성된 국익검토위원회는 "미국의 국가이익"이라는 국가 보고서에서 국가이익 분류에 대한 체계적인 접근을 하고 있다. 이 보고서는 기존의 학문적 연구와 달리 국가이익의 중요도별로 세부적인 현안을 구체적으로 제시함으로써 국가이익의 당면한 현실성을 인식할 수 있게 했다.

② 국익검토위원회는 국가이익을 중요도에 따라 서열 분류하여 결정적 이익(vital interests), 핵심적 이익(extremely important interests), 중요한 이익(important interests) 그리고 부차적 이익(secondary interests)의 4가지로 구분했다.

③ 결정적 국가이익은 국가의 존립과 관계된 것으로, 자유롭고 안전한 국가로 확보해 주고 자국민들의 생활을 보장하고 증진하는 데 반드시 필요한 것으로 정의하고 있다. 미국은 결정적 이익을 지키기 위해서 국제무대에서의 미국의 외교력과 군사력 및 신뢰성을 증진해야 한다고 강조한다.

④ 핵심적 이익은 양보할 경우 미국을 자유롭고 안전한 국가로 만들어 국민들의 생활을 보장하고 증진하는 미국의 능력을 심각히 손상시키지만 아주 위태롭게 하지는 않는 것들이다. 전 세계적으로 대량파괴무기의 사용 방지와 사용 위협의 억제, 분쟁의 평화적 해결을 위한 국제규범 강화, 그리고 동맹국에 대한 침략방지를 예로 들고 있다. 핵심적 이익을 보존하기 위해서 유럽 및 일본과 강력한 전략적 제휴관계를 구축해야 한다고 강조한다.

⑤ 중요한 이익은 미국의 존립이나 번영과 무관하지는 않으나 핵심적이지는 않은 것을 지칭한다. 그러나 중요한 이익을 양보할 경우 자유롭고 안전한 국가에서 미국 국민의 생활을 보장하고 증진하는 데 부정적인 결과를 초래할 수 있다고 평가했다. 대규모 인권위반 사례의 발생 방지, 전략적으로 중요한 지역에서 자유 민주주의 고양, 그리고 국제테러조직으로부터 미국 국민 보호를 중요한 이익의 예로 들었다. 중요한 이익을 지키기 위해서 미국은 UN과 지역적 혹은 기능적 차원의 협력 장치를 유지해야 한다고 주창한다.

⑥ 마지막으로, 부차적 이익은 본질적으로 바람직하지만 자유롭고 안전한 국가에서 미국민들의 생활을 보장하고 증진하는 국가의 능력에 중요한 영향을 미치지는 않는 것이라고 정의했다. 무역역조의 시정과 범세계적 민주주의 확산을 예로 들고 있다. 미국은 이러한 기본적인 분류 위에서 매년 미국의 국가이익의 우선순위를 설정하고 있다.

핵심정리 한국의 국가이익

사활적 이익이란 국가의 존립을 위협하는 사태와 관련된 것으로서 일반적으로 국가 간 전쟁과 같은 상황이 여기에 해당된다. 사활적 이익과 관련된 상황에서는 대통령의 깊은 주의와 결단 및 신속한 조치가 필요하다. 핵심적 이익은 국가의 안전보장과 안녕질서, 경제적 기반 등에 치명적 손실을 초래할 우려가 있는 상황과 관련된 것으로서, 대통령의 깊은 관심과 주의에 입각하여 행정부가 단시일 내에 강력한 대응방안을 강구하여야 한다. 중요한 국가이익은 적절하게 대응하지 않고 방치할 경우 심각한 손실이 예상되는 것으로서 정부의 지속적이고 광범위한 대책강구가 필요하다. 마지막으로 지엽적 이익은 방치하더라도 비교적 적은 손실만이 예상되는 경우로서 주의 깊게 관망하는 자세가 요구된다.

1367

미국의 경우, 국가이익의 종류는 사활적 이익(survival interests), 핵심적 이익(vital interests), 중요한 이익(important interests), 지엽적 이익(peripheral interests)으로 구분된다. 다음 중 핵심적 이익을 설명한 것으로 가장 적절한 것은? [2024년 기출]

① 방치하더라도 비교적 적은 손실만이 예상되는 사항으로 주의 깊게 관찰하는 자세가 필요하다.

② 적절한 대응을 하지 않고 방치할 경우, 심각한 손실이 예상되는 사항으로 지속적이고 광범위한 대책 강구가 필요하다.

③ 국가의 존립을 위협하는 사태나 국가 간 전쟁과 같은 상황에서 대통령의 깊은 주의와 결단; 신속한 조치가 필요하다.

④ 국가의 안전보장과 질서에 치명적인 손실을 초래할 수 있는 사항으로 가능한 단시일 내에 강력한 대응이 요구되며, 행정부의 긴급한 기획 및 대통령의 깊은 관심이 요망된다.

정답 ④

풀이 ④ 사활적 이익이란 국가의 존립을 위협하는 사태와 관련된 것으로서 일반적으로 국가 간 전쟁과 같은 상황이 여기에 해당된다. 사활적 이익과 관련된 상황에서는 대통령의 깊은 주의와 결단 및 신속한 조치가 필요하다. 핵심적 이익은 국가의 안전보장과 안녕질서, 경제적 기반 등에 치명적 손실을 초래할 우려가 있는 상황과 관련된 것으로서, 대통령의 깊은 관심과 주의에 입각하여 행정부가 단시일 내에 강력한 대응방안을 강구하여야 한다. 중요한 국가이익은 적절하게 대응하지 않고 방치할 경우 심각한 손실이 예상되는 것으로서 정부의 지속적이고 광범위한 대책강구가 필요하다. 마지막으로 지엽적 이익은 방치하더라도 비교적 적은 손실만이 예상되는 경우로서 주의 깊게 관망하는 자세가 요구된다.

1368

국가안보와 사활적 가치에 대한 설명으로 틀린 것은?

① 국가안보란 국가의 사활적 가치(vital values)를 보존하는 것이다.

② 국가안보의 개념은 절대적일 수 없고, 시대와 상황에 따라 변한다.

③ 국가안보는 객관적으로 평가되는 국가의 사활적 가치나 이익과 직결되어 있다.

④ 사활적 가치는 국가의 생존(survival), 번영(prosperity), 위신(prestige), 그리고 안정(stability) 등을 의미한다.

정답 ③

풀이 ③ 안보의 개념은 시대와 상황에 따라 변한다. 왜냐하면 국가안보란 국가의 사활적 가치나 이익과 직결되어 있고 이것은 다분히 주관적 평가를 기본전제로 하고 있기 때문이다.

1369

국가이익(國家利益, National Interests)에 대한 설명으로 틀린 것은?

① 국가이익은 국가이성을 의미하는 프랑스어 레종 데타(Raison d'etat)에서 유래한 것으로 국가가치 또는 국가목표라고도 한다.

② 국가이익은 주권국가의 대외정책의 중심개념으로 역사, 문화, 전통, 규범 및 시대상황에 따라서 변할 수 있다.

③ 역사적으로 국가이익의 개념은 정치지도자들이 전쟁을 일으키거나 전쟁에 개입하기 위한 훌륭한 개념으로 활용되었다.

④ 국제사회에서 국가이익은 정치이상론자들의 중요한 정책수단이다.

정답 ④

풀이 ④ 국가이익은 정치현실론자(Realism)들의 중요한 정책수단이다. 정치 현실론자들은 무력을 사용하는 한이 있더라도 국가이익을 최우선으로 하는 현실적인 국가정책의 추진과 집행을 주창한다.

1370

미국 국익검토위원회(The Commission on America's National Interests)가 분류한 국가이익으로 틀린 것은?

① 국가의 존립 자체가 걸려 있는 존망의 이익(survival interests)

② 국가의 존립과 관계된 것으로 자유롭고 안전한 국가로 확보해 주고 미국 국민들의 생활을 보장하고 증진하는 데 반드시 필요한 결정적 이익(vital interests)

③ 양보할 경우 자유롭고 안전한 국가로 만들어 국민들의 생활을 보장하고 증진하려는 미국의 능력을 심각하게 손상시키는 핵심적 이익(extremely important interests)

④ 본질적으로 바람직하지만 자유롭고 안전한 국가에서 미국 국민들의 생활을 보장하고 증진하는 국가의 능력에 중요한 영향을 미치지는 않는 부차적 이익(secondary interests)

정답 ①

풀이 ① 국가의 존립 자체가 걸려 있는 존망의 이익은 도날드 네털레인(Donald Nuechterlein)의 분류이다. 네털레인은 국가이익을 존망의 이익(survival interests), 결정적 이익(vital interests), 중요한 이익(major interests), 지엽적 이익(peripheral interests)의 4가지로 분류했다.

1371

미국 국익검토위원회(The Commission on America's National Interests)의 분류에 의하는 경우 다음 사례에 해당하는 국가이익으로 옳은 것은?

- 대량살상무기의 사용 방지와 사용위협의 억제
- 전쟁의 평화적 해결을 위한 국제규범 강화
- 동맹국에 대한 침략방지

① 존망의 이익(survival interests)
② 결정적 이익(vital interests)
③ 핵심적 이익(extremely important interests)
④ 중요한 이익(important interests)

정답 ③

풀이 ③ 미국 국익검토위원회는 국가이익을 결정적 이익(vital interests), 핵심적 이익(extremely important interests), 중요한 이익(important interests), 부차적 이익(secondary interests)으로 분류했다. 설문의 사례는 핵심적 국가이익이다.

1372

도날드 네털레인(Donald Nuechterlein) 분류한 국가이익으로 틀린 것은?

① 존망의 이익(survival interests)
② 결정적 이익(vital interests)
③ 중요한 이익(important interests)
④ 지엽적 이익(peripheral interests)

정답 ③

풀이 중요한 이익(important interests)은 미국의 국익검토위원회가 분류한 국가이익이다. 네털레인은 국가이익을 중요도에 따라, 국가의 존립 자체가 걸려 있는 존망의 이익(survival interests), 결정적 이익(vital interests), 중요한 이익(major interests), 그리고 국가가 직접적으로 영향받는 것은 아니지만 외국에 거주하는 국민이나 기업에 나쁜 영향이 미칠 수 있는 지엽적 이익(peripheral interests)으로 분류하였다.

1373

국가안보와 국가이익의 관계에 대한 설명으로 틀린 것은?

① 국가안보와 국가이익은 대부분의 경우에 동전의 양면과 같다.

② 외부세력의 제반 위협으로부터 안전하게 보호하는 것은 가장 중요한 국가이익으로, 이 경우의 국가안보는 결정적 국가이익이 된다.

③ 국토를 방위하고 국민을 보호하는 것, 자국에 대한 주변국들 간의 적대적 관계 형성을 예방하는 것과 같은 경우에는 국가안보가 확보되어 국가이익이 도모된다.

④ 미국 연방대법원은 1953년 레이놀즈 사건에서 국가방위는 그 자체가 완결적 목적이라고 할 수 없고 국가안보는 국민을 보호하기 위한 것이라는 점을 분명히 했다.

정답 ④

풀이 ④ 미국 연방대법원은 1968년 로벨사건에서 국가방위는 그 자체가 완결적 목적이라고 할 수 없고 국가안보는 국민을 보호하기 위한 것이라는 점을 분명히 했다. 참고로 미국 연방 대법원은 1953년 레이놀즈 사건에서 국가비밀특권을 인정했다. 1948년 군인과 일반인을 탑승시키고 소련 영공에서 비밀 정탐활동을 수행하던, '하늘의 요새'로 불리던 B-29기가 추락했다. 이에 조종사의 미망인과 유족 등 민간인 3명은 국가를 상대로 거액의 손해배상 청구소송을 제기했다. 계속된 소송에서 정확한 사고원인 규명을 위해 유족들은 사고 비행기의 운항기록지를 증거로 제출해 줄 것을 요구했다. 그러나 국가는, 사고기록지에는 B-29 폭격기의 최고 기밀 임무가 포함되어 있어서 공개 시 국가안보를 위협하게 된다고 주장하며 공개를 거부하고 소송기각 판결을 구했다. 여기에서의 국가안보를 이유로 한 정보공개 거부가 바로 국가비밀특권인 것이다. 즉 법원의 증거 공개심리주의에 대한 제한을 요청한 것이었다.

핵심정리 **국력방정식**

국력에 관한 분석방법 중에서 대표적인 것으로는 레이 클라인(Ray S. Cline) 박사의 국력 계산 방정식 [P=(C+E+M)×(S+W)]이 유명하다. P는 국력(Power)을 상징하고, C는 임계량(Critical Mass), 즉 국토 면적, 인구규모 등 고정변수로서의 국가의 자연적 조건을 말한다. E는 경제력을 M은 군사력을 의미한다. S는 정치 지도자의 전략, 그리고 W는 국민의 의지를 표시한다. 클라인의 국력방정식에서 알 수 있듯이 국력 도출에 있어서 결정적으로 중요한 부분은 국민의 의지(W)와 정치지도자의 전략(S) 항목이다. 만약 이 부분이 0이 되면 전체 국력이 영(zero)이 될 수 있다. 국력방정식으로 초강대국 미국이 베트남에게 질 수도 있다는 사실이 설명된다. 베트남을 향한 미국의 의지와 전략은 거의 0에 가까웠다. 하지만 독립을 이루겠다는 베트남 사람들의 투지와 전략은 놀랄 만큼 강건했던 것이다. 클라인 박사의 국력방정식에 의하면 아무리 경제력, 군사력이 막강해도 결국 국가 정치 지도자의 전략이나 국민들의 단합된 힘이 없으면 국력은 미약할 수밖에 없음을 잘 설명해 준다.

1374

레이 클라인(Ray S. Cline) 박사의 국력방정식에 대한 설명으로 틀린 것은?

① 국력은 양적으로나 질적으로 끊임없이 변화하고 유동하는 것으로, 정치지도자와 국민들의 일치단결된 노력으로 얼마든지 증대시킬 수 있는 상대적인 것이다.

② 임계량(Critical Mass)은 국토 면적, 인구규모 등 가변변수로서의 국가의 자연적 조건을 말한다.

③ 정치지도자의 전략은 가변변수로서 국력을 변화시킬 수 있는 요소이다.

④ 경제력(E)과 전통적인 군사력(M)도 국력의 중요한 요소가 된다.

정답 ②

풀이 ② 클라인 박사의 국력 계산 방정식 [P=(C+E+M)×(S+W)]에서 P는 국력(Power), C는 임계량(Critical Mass)으로 국토 면적, 인구규모 같은 고정변수로서의 국가의 자연적 조건, E는 경제력, M은 군사력, S는 정치 지도자의 전략, W는 국민의 의지를 뜻한다.

핵심정리 국가비밀특권(state Secrets Privilege)

(1) 의의

① 국가비밀특권은 국가가 국가안보를 위하여 비밀 분류된 민감한 정보를 일반 공중에 대한 공개에서 배제할 수 있는 권한 즉 공개를 거부할 수 있는 권한을 말한다. 국가정보 보안정책(security of information policy, SOI)이라고도 한다. 국가비밀특권은 재판을 통하여 증거법상의 규칙으로 발전한 개념이다.

② 국가안보 문제가 개재된 사안에 대해서는 일반 공개증거심리주의를 제한하는 것이 주된 내용이다. 따라서 국가안보와 관련한 비밀특권에 기하여 국가안보를 위태롭게 할 수 있는 민감한 정보가 포함된 사건에 대하여, 국가는 절차 비공개를 요구하는 진술서(affidavit)를 법원에 제출하여 증거법상의 일반원칙을 배제하여 심리해 줄 것을 요구할 수 있다. 국가비밀특권 주장이 법원에 의해 받아들여지면 판사의 사실에서 증거심리가 이루어지고, 경우에 따라서는 증거조사 없이 전술한 진술서에 기초하여 구두변론만으로 심리는 종결될 수 있다.

(2) 레이놀즈 사건

① 미국 연방 대법원은 1953년 레이놀즈 사건에서 국가비밀특권을 인정했다. 레이놀즈 사건은 대통령에게 국가비밀특권을 인정한 기념비적인 판결로 인정된다. 그러나 국가비밀특권이라는 용어는 헌법상의 용어는 아니고 사법부에 의해 대통령의 권한이 확장되어 인식된 결과이다.

② 1948년 군인과 일반인을 탑승시키고 소련 영공에서 비밀 정탐활동을 수행하던, '하늘의 요새'로 불리던 B-29기가 추락했다. 이에 조종사의 미망인과 유족 등 민간인 3명은 국가를 상대로 거액의 손해배상 청구소송을 제기했다. 계속된 소송에서 정확한 사고원인 규명을 위해 유족들은 사고 비행기의 운항기록지를 증거로 제출해 줄 것을 요구했다. 그러나 국가는, 사고기록지에는 B-29 폭격기의 최고 기밀 임무가 포함되어 있어서 공개 시 국가안보를 위협하게 된다고 주장하며 공개를 거부하고 소송기각 판결을 구했다. 여기에서의 국가안보를 이유로 한 정보공개 거부가 바로 국가비밀특권인 것이다. 즉 법원의 증거 공개심리주의에 대한 제한을 요청한 것이었다.

1375

미국 법원에서 형성된 국가비밀특권(State Secrets Privilege)에 대한 설명으로 틀린 것은?

① 비밀분류된 정보를 일반 공중에 대한 공개에서 배제할 수 있는 권한, 즉 공개를 거부할 수 있는 권한으로 국가정보보안정책(security of information policy)이라고도 한다.

② 재판을 통하여 증거법상의 규칙으로 발전한 개념으로, 국가안보문제가 개재된 사안에 대해서는 일반 공개증거심리주의를 제한하는 것이 주된 내용이다.

③ 국가비밀특권을 주장한 경우 법원의 심리는 비밀특권 주장을 뒷받침할 만한 이유가 있는가의 문제에 집중된다.

④ 미국 연방 대법원은 코레마츠 사건에서 국가비밀특권을 인정했다.

정답 ④

풀이 ④ 미국 연방 대법원은 1953년 레이놀즈 사건에서 국가비밀특권을 인정했다. 코레마츠 사건은 일본이 진주만 폭격을 가한 이후 미국은 당시 태평양 연안에 거주하고 있던 12만여 명의 일본계 미국인들을 네바다주 등의 사막으로 강제수용하였다. 연방대법원은 연방정부의 강제이주 명령이 국가안전의 유지에 절실히 필요한 조치로서 엄격성 기준을 충족하므로 합헌이라 판시하였다.

핵심정리 국가안보와 시민의 자유와 권리

(1) 국가안보와 국가이익은 국가존립의 핵심과제로서 역사적으로 보면 그 현실적인 필요성 때문에 중요성이 자족적으로 형성되기도 했다. 그러나 비록 국가안보가 사회를 방위하고 국가를 외부위협으로부터 보호함으로써 궁극적으로는 국민의 안녕과 평화를 위한 것이지만, 국가안보를 유지하기 위한 제반 조치나 수단은 역설적으로 개인의 자유와 권리를 제한한다.

(2) 국가정보는 국가안보를 확립하고 국가이익을 달성하기 위한 필수요소이다. 그러나 국가안보와 국가이익을 위한 국가 정보기구의 정보활동도 국민을 위한 정부, 법의 지배(rule of law), 권력분립의 원리 등 민주주의의 원리에 기속된다.

(3) 미국 연방대법원은 1968년 로벨사건에서 이 점을 분명히 하였다. "국가방위는 그 자체가 완결적 목적이라고 할 수는 없다. 국가안보는 국민을 보호하기 위한 것이다. 그러므로 만약 국가안보라는 이름으로 국민의 자유를 억압한다면 그것은 아이러니라고 하지 않을 수 없다. 그러한 국가방위는 아무런 가치도 없는 것이다."

1376

민주주의 국가에서 국가안보 문제에 대한 법률적 인식으로 틀린 것은?

① 국가안보를 위해 시민의 자유가 제약될 수 있는가의 문제가 제기된다.

② 시민의 자유가 제약될 수 있다면 국가안보를 위해 어느 정도까지 시민의 자유와 권리가 제한될 수 있는가의 문제가 뒤따른다.

③ 국가안보 확립을 절대적 요소로 하는 국가정보활동은 민주주의의 기본원칙인 적법절차에 기속을 받지 않아도 되는가의 문제가 제기될 수 있다.

④ 미국 연방대법원은 1968년 로벨(Robel) 사건에서 시민의 자유와 권리는 국가안전보장 · 질서유지 또는 공공복리를 위하여 필요한 경우에 한하여 법률로써 제한할 수 있음을 분명히 했다.

정답 ④

풀이 ④ 미국 연방대법원은 로벨 사건에서 "국가방위는 그 자체가 완결적 목적이라고 할 수는 없다. 국민을 보호하기 위한 것이다. 국가안보라는 이름으로 국민의 자유를 억압한다면 그것은 아이러니라고 하지 않을 수 없다. 그러한 국가방위는 아무런 값어치가 없는 것이다."라고 판시하여 민주 법치국가에서 국가안보 문제를 이유로 시민의 자유와 권리를 부당하게 침해할 수 없음을 명백히 했다.

Theme

51 탈냉전기 대외 환경의 변화

핵심정리 탈냉전기 국가안보의 다원적 구조

(1) 군사안보

군사안보는 주권국가의 가장 우선적인 가치라 할 수 있는 생존에 목표를 둔다. 생존은 바로 영토와 주권의 보존에서 가능해진다. 물론 탈냉전시대에 군사안보의 중요성이 많이 약화되긴 했지만 아직도 '약육강식'의 현실주의 논리가 국제질서의 기본을 구성하고 있다고 할 수 있다. 특히 국제체제에 있어 불가침의 원칙에 기초한 베스트팔렌 체제의 주권 개념이 약화되는 반면에 경험적 주권(empirical sovereignty)이라는 강자의 논리가 지배하는 주권 개념이 확산되면서 군사안보의 필요성이 또 다시 크게 대두되고 있다. 군사안보는 기본적으로 주변의 안보환경과 장차전의 양상에 대비하여 전략·전술을 수립하고 전력구조, 무기체계, 군사배치를 효과적으로 기획하는 동시에 이에 필요한 군사력을 확보할 때 가능해진다. 따라서 전통적 의미의 군사안보에 있어서는 국력의 신장, 신축성 있는 안보전략의 구축, 그리고 신뢰할 수 있는 동맹체제의 확보 등이 필수적이며 경제, 외교정책도 군사안보정책의 일부로 파악하는 경향이 있다.

(2) 경제안보

전통적인 국가안보 문헌에서는 경제 안보를 군사안보의 하위개념으로 다루고 있다. 특히 국력을 군사력으로 파악하고, 군사력은 경제력과 과학기술력의 총합으로 이해하는 것이 전통적 국가안보와 국력의 시각이었다. 그러나 탈냉전, 세계화의 국제질서 등장과 더불어 경제안보는 군사안보 못지않게 중요한 국가안보 목표로 등장하고 있다. 왜냐하면 핵전쟁과 같은 명시적 군사위협이 사라지면서 나라마다 번영, 복지, 경제적 안정이란 비군사목표에 더 큰 역점을 두고 있기 때문이다. 사실 1980년대 중반 이후 국제정치의 지형은 심오하게 변해 왔다. 세계화와 자유무역 질서의 공고화는 국가 간의 경쟁을 첨예화시켜 왔고, 무한경쟁의 세계화 추세하에서 자국의 경제적 번영과 복지, 고용, 그리고 안정을 확보하는 것이 새로운 시대적 소명으로 등장했다. 여기에서 핵심적인 것은 바로 국제경쟁력이다. 국제경쟁력이 있는 국가만이 경제적으로 존속할 수 있기 때문에 과학기술력의 확보는 필수적이라 하겠다. 버클리 국제경제라운드 테이블(BRIE)만큼 이를 예리하게 간파한 그룹도 없을 것이다. BRIE는 21세 기 국가안보는 경제변수, 특히 과학기술력에 의해 좌우될 것이라 강조하면서 미래의 국가안보는 군사안보에서 경제안보로 급속히 전이될 것으로 예측한 바 있다. Lester Thurow 역시 Head to Head라는 그의 저서에서 세계경제질서는 미국, 유럽, 일본 3개 영향권으로 재구성되어가고 있으며 이들 간의 대립과 갈등이 새로운 국제분쟁을 야기시킬 것으로 전망하고 있다. 이와 같이 국제경쟁력 확보를 둘러싼 경제안보가 21세기 국가안보의 주요 화두로 자리 잡고 있는 것이다. 사실 1997년 외환위기를 겪은 한국으로서는 경제안보의 중요성을 아무리 강조해도 지나침이 없을 것이다.

(3) 생태안보

생태안보란 국가의 기본 구성단위인 국민(national population)을 하나의 유기체(有機體)로 보고, 주어진 영토와 자원의 제약하에서 국민들이 얼마나 안정된 삶을 영위할 수 있는가를 의미한다. 이 국민의 유기체적 보존과 번성을 목적으로 하는 생태안보는 인구, 자원, 소비라는 세 가지 변수군에 의해 좌우된다. 제한된 자원에 인구와 소비가 증가할 때 생태안보는 심각히 위협받게 된다. 이러한 위협의 정도를 North와 Choucir는 편무적 압력(lateral pressure)이란 용어로 표현하고 있는데 바로 이러한 압력이 18세기 이후 서구라파 식민주의 팽창의 원인이 되었다고 파악하고 있는 것이다. 이러한 편무적 압력을 대외적 적응을 통해 극복하지 못할 때 실패한 국가(failed state)들이 발생한다는 것이다. 사실, 토인비, 슈펭글러, 맥닐 같은 역사가들은 한 국가나 제국의 흥망이 외부 위협이나 경제 관리의 실패보다는 기후 변화, 전염병, 그리고 기근 등 생태적 조건에 의해 크게 좌우되어 왔다고 설파한 바 있다. 최근 지속적 가뭄 등 생태계 변화에 따른 사하라 남부 지역 국가들의 국가해체 및 생태난민의 등장은 이를 단적으로 보여주고 있다. 그러나 생태안보는 자원문제에 국한되지 않는다. 오존층 파괴나 온실효과와 같은 환경위기, 그리고 아프리카를 포함한 제3세계에 창궐하고 있는 AIDS 등 전염병은 생태안보의 중요성을 다시 한번 일깨워주고 있다. 엄격한 의미에서 북한의 식량 및 에너지 위기도 생태안보의 적실성을 단적으로 보여주는 사례라 하겠다.

(4) 사회안보

사회안보란 대내외적 위협으로부터 사회적 안정과 총화를 구축하고 이를 바탕으로 총체적인 국가안보를 강화시키는 것이라 정의 내릴 수 있다. 전통적으로 사회안보는 국내치안의 영역에 속해 왔다. 그러나 세계화의 심화와 더불어 사회안보의 위협요소들이 국내와 해외의 경계를 모호하게 만들면서 국가안보에 대한 치명적 위협으로 등장하기 시작했다. 특히 대부분의 사회안보에 대한 위협들이 초국가적 세력들과 국내세력 간의 교묘한 연계를 통해 가시화되고 있다는 점을 감안할 때 단순한 국내 관리 영역을 벗어나고 있는 것이다. 이미 미국을 중심으로 한 대다수의 국가들은 국제 마약조직과의 전쟁을 선포했고, 국제 마약사범을 국가 정보기관에서 우선적으로 다루고 있는 실정이다. 특히 대부분의 국제 마약조직이 국제테러와 연계되면서 국가안보수준의 주목을 받고 있다. 이미 러시아를 포함하여 동구권 국가들과 일부 아시아 국가들에서 나타나고 있듯이 국제조직범죄 역시 단순한 국내 치안의 영역을 벗어나고 있다. 9/11사태를 계기로 가장 첨예화된 국가안보 사안은 바로 국제테러리즘이다. 미국 같은 경우, 대량 살상무기의 확산과 더불어 국제테러리즘은 가장 사활적인 국가안보 사안으로 등장했다. 한국도 월드컵 및 아시아 게임과 관련하여 국정원 중심으로 테러리즘 방지법을 재정비하는 등 이 분야에 대한 국가안보 차원의 노력을 보이고 있다.

(5) 사이버안보

정보화 혁명은 국제관계뿐만 아니라, 국가안보에도 심오한 변화를 가져왔다. 왜냐하면 정보전(information warfare)이 국가안보에 대한 새로운 위협으로 등장하고 있기 때문이다. 사이버안보는 적의 정보, 정보처리과정, 정보체계, 그리고 컴퓨터 네트워크를 교란시킴으로써 정보의 우위를 확보하는 것을 의미한다. 그러나 정보전의 파괴력은 적의 지휘, 통제, 통신, 정찰, 감시 체계를 교란하고 적의 사이버 공간에 침투하여 컴퓨터 체계를 파괴하는 군사부문에만 국한되지 않는다. 경제, 사회, 문화, 과학기술 등 거의 모든 분야가 디지털화되어 있는 현실에 비추어 컴퓨터 해킹이나 컴퓨터 바이러스 또는 웜의 확산은 한 국가의 운영체계나 생활공간을 일격에 마비시킬 수 있는 것이다. 특히 국가사회의 작동원리를 마비시킴으로써 엄청난 혼란과 불안정을 초래할 수 있다.

1377

전통적인 국가안보의 관점으로 틀린 것은?

① 국력을 군사력으로 파악한다.

② 가장 우선적인 가치는 군사안보이다.

③ 경제안보는 군사안보의 하위개념이다.

④ 과학기술력은 경제력과 군사력의 총합이다.

정답 ④

풀이 ④ 군사력은 경제력과 과학기술력의 총합이다.

1378

글로벌 국제경쟁시대에 초국가적안보위협의 대두에 따른 국가안보 쟁점으로 적절하지 않은 것은?

① 기후변화(climate change) 문제

② 사이버 안보

③ 테러, 마약, 국제조직범죄 문제 등 사회안보

④ 외사문제와 사회치안 확보문제

정답 ④

풀이 ④ 외사문제와 사회치안 확보 문제는 소위 국가 내에서의 국토안보 문제로 원칙적으로 국가정보기구가 아닌 법집행기구의 업무소관인 공공질서와 안녕의 문제이다. 한편 기후변화 쟁점은 미국 국가정보장(DNI)인 데니스 블레어Dennis C. Blair)가 2009년 11월 6일 World Affairs Council of Philadelphia 에서 강연한 바와 같이 그 위험성과 국가안보 쟁점으로서 매우 중요하다.

1379

경제안보에 대한 설명으로 틀린 것은?

① 전통적인 국가안보 문헌에서는 경제 안보를 군사안보의 하위개념으로 다루고 있다.

② 전통적인 국가안보 문헌에서는 국력을 군사력으로 파악하고, 경제력은 군사력과 과학기술력의 총합으로 이해한다.

③ 탈냉전, 세계화의 국제질서 등장과 더불어 경제안보는 군사안보 못지않게 중요한 국가안보 목표로 등장하고 있다

④ Lester Thurow는 세계경제질서가 미국, 유럽, 일본 3개 영향권으로 재구성되어가고 있으며 이들 간의 대립과 갈등이 새로운 국제분쟁을 야기할 것으로 전망하고 있다.

정답 ②

풀이 전통적인 국가안보 문헌에서는 경제 안보를 군사안보의 하위개념으로 다루고 있다. 특히 국력을 군사력으로 파악하고, 군사력은 경제력과 과학기술력의 총합으로 이해하는 것이 전통적 국가안보와 국력의 시각이었다.

1380

생태안보를 좌우하는 세 가지 변수군으로 적절하지 않은 것은?

① 인구　② 자원

③ 생산　④ 소비

정답 ③

풀이 국민의 유기체적 보존과 번성을 목적으로 하는 생태안보는 인구, 자원, 소비라는 세 가지 변수군에 의해 좌우된다. 제한된 자원에 인구와 소비가 증가할 때 생태안보는 심각히 위협받게 된다.

1381

탈냉전기 안보환경의 변화에 대한 설명으로 틀린 것은? [2019년 기출]

① 과학기술의 발전으로 자국의 영토에 대한 통제력 등 국가안보 역량이 강화되었다.

② 테러리즘, 마약, 국제조직범죄 등은 행위자가 국가가 아니고 집단이라는 점에서 기존의 전통적인 안보 개념에서 벗어난다.

③ 교통과 통신의 급속한 발달, 국경을 초월한 다국적기업의 활동, 국제기구의 역할 증대 등으로 국경의 의미가 점차 상실되어가고 있다.

④ '총체적 안보' 혹은 '포괄적 안보'(comprehensive national security) 개념이 더욱 보편화되어 경제안보도 군사안보와 함께 국가안보의 중요한 구성요소가 되었다.

정답 ①

풀이 ① 국제사회가 세계화되면서 자국의 영토에 대한 통제력을 기준으로 국가안보능력은 상대적으로 약화되었다.

1382

국가안보의 종류에 대한 설명으로 틀린 것은? [2016년 기출]

① 국가안보의 범위가 군사적 요소에서 경제, 자원, 환경 · 생태 등을 포함하는 비군사적 요소들로 확대되었다.

② 대부분의 국제마약조직이 국제테러와 연계되면서 사회안보는 국가안보수준의 주목을 받고 있다.

③ 탈냉전, 세계화의 국제질서 등장과 더불어 경제안보는 군사안보 못지않게 중요한 국가안보 목표로 등장하고 있다.

④ 기후 변화, 전염병, 기근 등 보건안보의 위협요인으로부터 국민들이 얼마나 안정된 삶을 영위할 수 있는가도 21세기 국가안보의 주요 화두로 자리 잡고 있다.

정답 ④

풀이 ④ 기후 변화, 환경파괴, 전염병, 기근 등은 생태안보의 위협 요인이다.

1383

국가안보에 대한 설명으로 틀린 것은? [2009년 기출 변형]

① 자국의 안전에 위협을 주거나 줄 가능성이 높은 다양한 형태의 위협을 대비해야 한다.

② 경제성장, 고용, 복지 등 경제안보가 더욱 중요해지고 있다.

③ 환경파괴, 전염병 등 국민이 인간답게 살 권리에 해당하는 생태안보도 중요하다.

④ 전통적 의미의 군사안보에 있어서는 경제, 외교정책을 군사안보정책과 분리하여 파악하였다.

정답 ④

풀이 ④ 군사안보는 기본적으로 주변의 안보환경과 장차전의 양상에 대비하여 전략 · 전술을 수립하고 전력구조, 무기체계, 군사배치를 효과적으로 기획하는 동시에 이에 필요한 군사력을 확보할 때 가능해진다. 따라서 전통적 의미의 군사안보에 있어서는 국력의 신장, 신축성 있는 안보전략의 구축, 그리고 신뢰할 수 있는 동맹체제의 확보 등이 필수적이며 경제, 외교정책도 군사안보정책의 일부로 파악하는 경향이 있다.

1384

인구문제, 환경문제 등에 좌우되는 국가안보로 옳은 것은? [2009년 기출]

① 군사안보 ② 경제안보

③ 사회안보 ④ 생태안보

정답 ④

풀이 ④ 생태안보란 국가의 기본 구성단위인 국민(national population)을 하나의 유기체(有機體)로 보고, 주어진 영토와 자원의 제약하에서 국민들이 얼마나 안정된 삶을 영위할 수 있는가를 의미한다. 이 국민의 유기체적 보존과 번성을 목적으로 하는 생태안보는 인구, 자원, 소비라는 세 가지 변수군에 의해 좌우된다. 제한된 자원에 인구와 소비가 증가할 때 생태안보는 심각히 위협받게 된다.

1385

탈냉전기 안보환경의 변화에 대한 설명으로 틀린 것은? [2007년 기출]

① 정보화 시대에 접어들면서 국경의 의미가 점차 강화되고 있다.
② 국가안보의 대상국이 확대되면서 적대국과 우호국의 구분이 모호해졌다.
③ 국제사회가 세계화되면서 자국의 영토에 대한 통제력을 기준으로 국가안보능력은 상대적으로 약화되었다.
④ 핵전쟁과 같은 명시적 군사위협이 사라지면서 나라마다 번영, 복지, 경제적 안정이란 비군사목표의 중요성이 증대되었다.

정답 ①

풀이 ① 정보화 시대에 접어들면서 교통과 통신의 급속한 발달, 국경을 초월한 다국적기업의 활동, 국제기구의 역할 증대 등으로 국경의 의미가 점차 상실되어가고 있다.

1386

탈냉전기의 대외안보환경의 변화로 틀린 것은? [2006년 기출]

① 번영, 복지, 경제적 안정이란 비군사목표의 중요성이 증가하였다.
② 불가침의 원칙에 기초한 베스트팔렌 체제의 주권 개념이 확산되었다.
③ 국가안보의 대상국이 확대되면서 적대국가와 우호국가의 구분이 모호해졌다.
④ 세계화의 심화와 더불어 사회안보의 위협요소들이 국내와 해외의 경계를 모호하게 만들고 있다.

정답 ②

풀이 ② 군사안보는 주권국가의 가장 우선적인 가치라 할 수 있는 생존에 목표를 둔다. 생존은 바로 영토와 주권의 보존에서 가능해진다. 물론 탈냉전시대에 군사안보의 중요성이 많이 약화되긴 했지만 아직도 '약육강식'의 현실주의 논리가 국제질서의 기본을 구성하고 있다고 할 수 있다. 특히 국제체제에 있어 불가침의 원칙에 기초한 베스트팔렌 체제의 주권(Westphalian sovereignty) 개념이 약화되는 반면에 경험적 주권(empirical sovereignty)이라는 강자의 논리가 지배하는 주권 개념이 확산되면서 군사안보의 필요성이 또 다시 크게 대두되고 있다.

Theme

52 정보실패의 개념

핵심정리 정보실패

1. 의의

① 요즈음 미국 학계의 정치학 분야에서 '정보실패(intelligence failure)'라는 용어는 '정부의 실패(government failure)'나 '시장의 실패(market failure)'라는 용어처럼 일반적으로 많이 사용되고 있다.

② 정보실패는 국가안보와 이익에 치명적인 영향을 미칠 수 있다는 관점에서 현실 정치에서는 물론 학계에서도 많은 연구들이 나와 있다. 그런데 대부분의 연구들이 정보실패의 역사적 사례들을 중심으로 내용을 전개하고 있으며, 아쉽게도 그 개념이나 이론적 논의는 대체로 미흡한 상황이다.

2. 구별개념

(1) 의의

아직까지 정보실패의 개념에 대해 학계에서 일반적으로 인정되는 정의가 제시되지 않고 있는 한편, 개념적인 모호성으로 인해 몇 가지 문제점들이 발생될 수 있다.

(2) 정책실패

① 정보실패의 책임 소재가 정보기관의 실책에서 비롯된 것으로 알려졌지만 사실은 정책결정권자의 편견이나 왜곡된 판단에서 비롯된 경우가 많다.

② 정보기관에서 적시에 제대로 된 정보를 제공했음에도 불구하고 최고정책결정권자가 이를 무시하거나 왜곡되게 해석하여 낭패를 보게 될 수 있다. 엄밀히 말해서 이는 정보실패라기보다는 정책실패(policy failure)로 보는 것이 타당하다.

③ 때로 최고정책결정권자가 자신의 오판이나 실수로 인한 정책실패를 정보실패로 규정하여 그 책임을 정보기관에 전가하는 경우도 있을 수 있다.

(3) 정보의 정치화

또는 최고정책결정권자가 자신의 정치적 목적에 활용하고자 정보기관의 정보판단을 의도적으로 왜곡시킬 수도 있는데 흔히 이를 정보의 정치화라고 한다.

3. 개념 구별의 필요성

(1) 의의

책임 소재가 정보기관에 있든 최고정책결정권자에게 있든지 간에 이를 모두 정보실패로 통칭하는 경향이 있다.

(2) 정보실패

① 부정확한 첩보자료, 잘못된 정보분석 등 정보기관의 잘못이나 실책만을 '정보실패'로 규정하는 것이 타당하다.

② 정보실패의 사례들은 한 가지 요인에서 비롯되기보다는 여러 가지 요인들이 복합적으로 작용하여 발생했던 것으로 나타난다.

③ 그럼에도 불구하고 정보실패에 이르게 된 주요 원인과 책임 소재가 어디에 있는가에 따라서 '정보실패', '정책실패', 또는 '정보의 정치화' 등으로 보다 엄밀한 개념적 구분이 필요하다고 본다.

3. 학설

(1) 의의

흔히 '정보실패'는 "기습(surprise)을 제 때에 정확히 예측하지 못하게 되어 발생하는 것"으로 여겨진다.

(2) 라쿠어(Walter Laqueur)

라쿠어(Walter Laqueur)는 정보실패를 야기하는 기습의 종류로서 적의 '군사적 기습(Strategic Military Surprise)', '정치적 기습(Political Surprise)', '경제 · 과학 기술적 기습(Economic and Scientific-Technological Surprise)' 등으로 구분했다.

(3) 로웬탈(Mark M. Lowenthal)

로웬탈(Mark M. Lowenthal) 역시 정보기관의 가장 중요한 임무는 기습에 대비하는 데 있다고 언급했다.

(4) 슐스키(Abram N. Shulsky)

슐스키(Abram N. Shulsky)는 정보실패란 기본적으로 상황에 대한 오판(misunderstanding)이라고 정의하고, 그 때문에 정부 또는 군대가 그 자신의 이익에 반하 거나 부적절한 행동을 취하게 되는 것이라고 기술했다.

(5) 결론

여러 가지 관점을 종합해 보건대, 정보실패는 기습에 제대로 대비하지 못한 상황을 의미하는 것으로 생각되며, 이를 개략적으로 정의하자면 "국가이익이나 안보에 치명적인 영향을 끼칠 수 있는 현상을 제대로 예측하거나 판단하지 못함으로써 국가적으로 상당한 손실이 발생하게 되는 상황을 의미하는 것"이라고 할 수 있겠다.

1387

다음 사례들을 모두 포괄할 수 있는 개념으로 옳은 것은?

- 1941년 일본의 진주만 기습공격 사건
- 1950년의 한국전쟁과 1951년 중국의 한국전 개입 공격
- 1973년의 욤키푸르 전쟁(Yom Kippur War)
- 인도(1974년)와 파키스탄(1998년)의 핵무기 개발성공
- 2006년 10월의 북한의 핵무기 개발성공

① 정보실패(Intelligence Failure) ② 정책실패(policy failure)

③ 정부실패(government failure) ④ 정보조작(Intelligence manipulation)

정답 ①

풀이 ① 이들은 모두 경고가 발령되지 않은 역사적인 정보실패 사례이다. 정보실패는 통상 정책실패 또는 정부실패라는 결과로 이어진다. 그러나 정보실패와 정책실패는 구별해야 한다. 정책실패는 잘못된 정보에 기초한 경우도 있지만 정책결정권자들의 무리한 정책추진 때문에 이루어지는 경우도 적지 않다. 물론 국민들 입장에서는 정보실패나 정책실패는 모두 정부실패로 귀결되게 된다.

1388

다음 중 정보실패(intelligence failure)에 대한 설명으로 가장 적절한 것은? [2024년 기출]

① 정보의 생산자와 사용자 간의 관계에서 종종 발생하는 일로 정책결정권자의 선호에 맞게 분석보고서를 작성하게 될 경우 정보실패의 위험이 야기된다.

② 정보실패의 가장 결정적인 요인은 정보분석의 오류에서 비롯된다.

③ 과학기술 수단(TECHINT)보다는 인간정보 수단(HUMINT)을 통해 획득한 첩보 자료가 보다 정확하고 신뢰성이 있어 정보실패의 위험을 감소시킬 수 있다.

④ 정보요원의 인지적 오류로서 거울 이미지, 늑대소년 효과, 고정관념과 편견 등은 주로 첩보수집 과정에서 발생하는 문제로서 정보실패를 야기하는 주요 요인이 된다.

정답 ②

풀이 ① 정보의 정치화에 대한 설명이다. 정보의 정치화가 정보실패의 요인이 될 수는 있지만 정보실패 자체에 대한 설명으로는 적절하지 않다.
② 일반적으로 정보실패의 주요 요인은 분석에 있는 것으로 여겨진다.
③ 인간정보가 기술정보보다 정확하고 신뢰성이 있다고 보기 어렵다.
④ 인지적 오류는 분석 과정에서 발생하는 문제이다.

1389

정보실패와 성공은 혼합되어 있다고 보고 유리병에 물이 반쯤 있을 때 보는 관점에 따라 반이나 찼다고 볼 수도 있고, 반밖에 없다고 보기도 하는 것처럼 같은 사례를 두고 보는 관점에 따라 실패로 평가할 수도 있고 성공으로 볼 수도 있다고 본 학자의 이름으로 옳은 것은? [2023년 기출]

① 허만　② 슐스키

③ 로웬탈　④ 베츠

정답 ④

풀이 ④ 베츠에 대한 설명이다.

1390

정보실패에 대한 설명으로 틀린 것은? [2021년 기출]

① 일부 학자는 정보실패를 경고실패와 정보오판으로 구분한다.

② 미국 국방부는 정보실패를 정보순환 전 과정에서 발생하는 부적절한 결과라고 정의한다.

③ 2003년 이라크 전쟁을 촉발한 CIA의 정보보고서는 경보실패에 해당된다.

④ 미국 정보기관은 정보통합관리에 실패해 9/11테러를 예방하지 못했다.

정답 ③

풀이 ③ CIA는 2002년 말 발간된 보고서에서 이라크가 유엔 결의와 기타 규제를 위반하면서 대량살상무기 프로그램을 은밀히 추진하고 있다고 결론지었다. 그러나 이라크에 대량살상무기가 존재하지 않았고, 따라서 이라크 전쟁은 잘못된 정보에 근거해서 시작되었음을 지적하는 연구결과들이 속속 제시되고 있다. 따라서 이라크 전쟁은 경고실패라기보다는 정보오판 또는 정보조작이라고 할 수 있다.

1391

정보사용자의 오류로 틀린 것은? [2021년 기출]

① 정책결정자는 정보기관에서 보고된 정보보다 자신의 비선라인을 통하여 보고된 정보를 더 선호하는 경향이 있다.

② 일반적으로 정책결정자는 요구된 정보가 양적으로 풍부할 때 더 신뢰하는 경향이 있다.

③ 정보사용자는 자신의 견해와 일치하지 않는 정보보고에 대해서는 무시하는 경향이 있다.

④ 정보사용자는 자신이 원하면 현안 정책분야에 필요한 모든 정보를 수집할 수 있을 것으로 기대한다.

정답 ②

풀이 ② 정보는 정보사용자의 요구에 맞는 형식에 부합될 때 형식효용이 높다는 평가를 받게 된다. 예컨대 전략정보는 정책결정자가 다루는 만큼 중요한 요소만을 축약해 놓은 형태가 보편적이고 전술정보는 상대적으로 낮은 수준의 정책결정자나 실무자에게 제공되므로 전략정보에 비해 상세하고 구체적인 형태가 바람직하다.

1392

정보활동의 실패요인에 대한 설명으로 틀린 것은? [2019년 기출]

① 보안기술이 발전하면서 신호정보의 수집이 어려워졌다.

② 미국조차도 인권보호보다는 방첩활동의 효율성을 강조하고 있다.

③ 첩보위성의 발전에도 불구하고 인간정보활동도 중요시되고 있다.

④ 감시활동이 강화되면서 테러리스트의 적발과 체포가 용이해졌다.

정답 ④

풀이 ④ 테러리스트들의 국제화, 사이버 연락수단의 활용, 보안 메신저 활용 등으로 적발이 점점 어려워지고 있다.

1393

냉전기간 동안의 미국 CIA의 정보실패로 틀린 것은? [2016년 기출]

① 이란 팔레비왕조 붕괴
② 피그만 침공
③ 4차 중동전쟁
④ 9/11테러

정답 ④

풀이 ④ 9/11 테러는 냉전 종식 이후에 발생했다.

1394

정보실패 사례로 틀린 것은? [2014년 기출]

① 한국전쟁
② 피그만 침공작전
③ 진주만침공
④ 피닉스작전

정답 ④

풀이 ④ 피닉스작전은 미국의 CIA가 베트남 전쟁 막바지에 베트콩을 섬멸하기 위해 벌인 민간인 사살작전을 말한다.

핵심정리 경고실패와 정보오판

1. 의의

① 정보실패 중에서 가장 많이 알려진 용어로서 기습공격을 제때에 알아차리지 못해서 발생하는 '경고실패(warning failure)'가 있다.

② 그리고 적의 능력을 과대 또는 과소평가하거나 동향을 잘못 파악하는 '정보오판(intelligence misjudgement)'이 있는데 정보오판은 넓은 의미의 정보실패에 포함된다.

2. 경고실패의 사례

① 경고실패의 대표적인 사례들로서는 1941년 제2차 세계대전 당시 일본의 진주만 기습사건, 1941년 독일의 러시아 침공사건, 1950년 6월 북한의 남침도발에 의한 한국전쟁의 발발, 1951년 중국의 한국전쟁 개입, 1962년 중국의 인도 공격, 1968년 8월의 체코슬로바키아 사태, 1973년 욤 키푸르(Yom Kippur) 전쟁, 1979년 중국의 베트남 침공, 1982년 아르헨티나의 포클랜드(Falklands) 침공, 1990년 이라크의 쿠웨이트 침공, 2001년 9월 11일 미국에서 발생한 알 카에다에 의한 테러사건 등이 있다.

② 이 모든 사례들의 경우 전문성을 갖춘 정보기관이 적의 기습에 무방비 상태로 있다가 꼼짝없이 당했던 것으로 평가된다.

3. 정보오판의 사례

(1) 의의

① 역사적으로 정보왜곡 즉 상대방의 능력이나 취약점 또는 동향을 잘못 판단하여 낭패를 보았던 사례들이 무수하게 많이 나타난다.

② 한 예로 1978～1979년 이란에서 샤(Shah) 정권의 몰락 등 정치적인 변화나 쿠데타 발생을 미리 예측하는 데 실패하는 경우를 들 수 있다.

③ 정보실패의 범위를 조금 더 넓힌다면 1973～1974년 동안 OPEC가 석유를 무기화할 것에 대해 예측하지 못한 것도 포함될 수 있다.

(2) '미사일 갭'(missile gap) 논쟁

① 냉전시기 동안 미국 정보공동체는 종종 미 의회의 여야 양쪽으로부터 소련의 의도와 군사적 능력에 대해서 잘못 평가했다는 비난을 받아왔다.

② 미국은 소련의 전략적인 능력에 대해 때로는 과소 또는 과대평가했는데, 그 중에서 1950년대 말 소련의 ICBM 위협을 과대평가함으로써 그 유명한 '미사일 갭'(missile gap) 논쟁을 야기했던 일도 있다.

(3) 소련 경제체제의 붕괴

무엇보다도 미국의 정보기관은 1990년대 초 소련 경제체제의 붕괴와 소련체제가 군소국가로 분할되는 사태를 예측하지 못했던 일로 비난받기도 하였으며, 그로 인해 미 의회에서 CIA를 해체해야 한다는 주장이 제기되기도 하였다.

1395

정보실패의 유형 중 상대의 능력이나 취약점 또는 동향을 잘못 판단하여 발생하는 정보왜곡(오판)에 관한 사례로 가장 적절한 것은? [2024년 기출]

① 1941년 일본의 진주만 기습 사건
② 1978~1979년 이란의 샤(Shah) 정권의 몰락
③ 1979년 중국의 베트남 침공
④ 2001년 9·11 테러 사건

정답 ②

풀이 ② 정보실패 중에서 가장 많이 알려진 용어로서 기습공격을 제때에 알아차리지 못해서 발생하는 '경고실패(warning failure)'가 있다. 그리고 적의 능력을 과대 또는 과소평가하거나 동향을 잘못 파악하는 '정보오판'이 있는데 정보오판은 넓은 의미의 정보실패에 포함된다. 1978~1979년 이란에서 샤(Shah) 정권의 몰락 등 정치적인 변화나 쿠데타 발생을 미리 예측하는 데 실패하는 경우는 정보오판의 사례이고 나머지는 경고실패의 사례들이다.

1396

경고실패 사례로 틀린 것은? [2010년 기출]

① 진주만 기습
② 이란 샤(Shah) 정권의 몰락
③ 중국의 베트남 침공
④ 욤 키푸르 전쟁

정답 ②

풀이 ② 1978~1979년 이란에서 샤(Shah) 정권의 몰락 등 정치적인 변화나 쿠데타 발생을 미리 예측하는 데 실패하는 경우는 정보 오판에 속한다.

핵심정리 정보실패의 요인

(1) 의의

① 정보는 기본적으로 상대국이 비밀로 유지하려고 하는 사항과 상황에 대해 그 의도와 능력을 파악하여 미래의 사태 진전과 상대세력의 미래행동을 예측하는, 일련의 적극적이고 고도의 위험성이 수반되는 행위 결과물이기 때문에 본질적으로 정확한 정보파악에는 어려움이 있을 수밖에 없다.

② 따라서 정보실패 가능성은 정보활동의 내재적 속성이라고 할 수 있다. 그러나 그러한 내재적 속성 이외에도 정보실패에는 여러 가지 이유가 있다.

(2) 정보속성에 기인한 구분

① 정보실패의 요인은 정보속성에 기인한 내적요인과 외적요인으로 구분할 수 있다. 물론 실제 정보실패는 그러한 내·외적 요인의 복합적인 상호작용으로 발생하는 경우가 대부분이다.

② 특히 소신 없는 정보책임자가 정책결정권자에게 지나치게 복종적 관계를 지향하는 경우에 정보실패의 내·외적 요소는 상호 복합적으로 작용되어 나타나기 쉽다.

1397

정보의 실패 요인으로 적절하지 않은 것은? [2009년 기출]

① 정보분석관의 자질 부족
② 정보기관과 관료체제의 알력
③ 정보분석의 정치화 현상
④ 민감한 정보의 정보배포선 제한

정답 ④

풀이 ④ 국가안보와 이익에 민감한 정보는 정보배포선을 제한하는 것이 원칙이다. 배포된 정보를 악용하거나 비밀을 유지할 가능성이 낮을 경우 정보배포선에서 제외해야 한다.

1398

정보의 실패의 요인으로 그 성격이 다른 것은? [2009년 기출]

① 정보분석관의 자질 부족
② 정보기관의 정치적 편향성
③ 정보수집의 실패
④ 정보기관과 관료체제의 알력

정답 ④

풀이 ④ 첩보수집의 실패와 정보분석의 실패는 내적 요인, 정보의 정치화, 관료주의적 경직성, 정보공동체 정보 공유상의 문제, 정보배포상의 문제는 정보외적 요인이다. 정보기관의 정치적 편향성은 일종의 집단사고로 분석관의 인지적 오류에 속한다.

핵심정리 정보의 내적 요인

1. 정보공동체 수집능력상의 한계
정보실패는 먼저 정보자료 즉 첩보수집의 실패에서 연유된다.

2. 정보공동체 분석능력상의 문제

(1) 의의
정보실패는 정보분석의 잘못에 기인하는 바가 가장 크다. 이 경우 정보실패의 요인인 정보분석상의 문제점에는 정보분석관의 분석능력이 원초적으로 불충분하고 미진한 경우와 정보분석관이 비록 유능한 능력은 가졌다 하더라도 나타날 수 있는 정보분석관의 내적 또는 심리적인 문제로 나누어 볼 수 있다.

(2) 정보분석상의 오류

① 정보분석관은 수집된 증거를 바탕으로 상대세력의 의도와 능력을 파악하는 지적활동을 전개하게 된다.

② 그러나 상대세력의 의도와 능력은 자신의 그것과 상호 의존적이면서도, 경우에 따라서는 개별적으로 작용하여 정보환경에 따라 수시로 바뀔 수 있다는 가변적이라는 특성이 있다. 이러한 정보 성질상의 문제가 정보분석상의 오류를 유발할 수 있다.

(3) 정보분석관의 내적 문제

① 정보분석 실패의 내적 문제는 정보분석관의 인지적 오류(cognitive failure)와 분석관의 능력부족(capability failure)의 2가지로 대별해 볼 수 있다.

② 인지적 오류는 출중한 능력과 경험을 갖춘 정보분석관의 경우에도 여러 가지 이유로 지적 · 정신적 분석 활동상의 장애가 초래되어 정상적인 정보분석과 판단을 하지 못하고 정보실패를 초래한 경우를 말한다.

1399

정보의 내적 요인에 의한 정보실패에 대한 설명으로 틀린 것은?

① 정보실패 가능성은 정보활동의 내재적 속성이라고 할 수 있다.

② 정보실패의 내적 요인은 정보공동체의 수집능력상의 한계와 분석능력상의 문제가 있다.

③ 정보분석 실패의 내적 문제는 인지적 오류와 능력부족으로 대별해 볼 수 있다.

④ 상대세력의 의도와 능력은 정보환경에 따라 수시로 바뀔 수 있다는 가변적이라는 특성이 있는데 이는 정보의 내적 요인으로 볼 수 없다.

정답 ④

풀이 ④ 정보의 가변적 특성은 정보 성질상의 문제로 정보의 내적 요인에 해당한다.

1400

정보실패의 요인에 대한 설명으로 틀린 것은?

① 정보배포상의 문제는 정보외적 요인에 의한 정보실패이다.

② 정보공동체의 수집능력상의 한계는 정보의 속성에 기인한 정보실패이다.

③ 정보분석관의 인지적 오류는 분석관의 분석능력이 원초적으로 불충분하고 미진한 경우에 해당한다.

④ 정보의 정치화는 정보가 다양한 경로를 통해 정책결정권자의 선호에 맞게 각색되어 분석 · 생산되는 것을 말한다.

정답 ③

풀이 ② 정보실패의 내적 요인은 정보속성에 기인한다.

③ 인지적 오류는 출중한 능력과 경험을 갖춘 정보분석관의 경우에도 여러 가지 이유로 지적 · 정신적 분석 활동상의 장애가 초래되어 정상적인 정보분석과 판단을 하지 못하고 정보실패를 초래한 경우를 말한다.

1401

분석관의 인지적 오류와 자질 부족으로 틀린 것은? [2021년 기출]

① 정보기관이 임의로 분석대상을 선정하여 정보생산을 하는 경향이 있다.

② 대부분의 정보기관이 개인의 의견이나 판단을 허용하지 않고 집단의 판단을 중요시하는 경향이 있다.

③ 거울이미지 오류는 자신이 처한 현실 인식을 분석 대상국에도 그대로 적용하면서 발생하는 오류이다.

④ 분석과정에서 분석관 개인이나 정보기관의 정치적 신념, 이해 등이 개입되면서 분석결과가 왜곡되는 경향이 있다.

정답 ①

풀이 ① 분석관의 오류와 자질 등 정보실패의 원인이 분석관에게 있는 경우는 거울이미지, 집단사고, 분석상의 편견 등이다. 정보기관이 임의로 분석대상을 선정하여 정보생산을 하는 것은 정보와 사용자 간의 관계에서 발생하는 문제로서 정보실패의 정보 외적 요인으로 분류된다.

1402

정보실패의 내적 요인으로 틀린 것은? [2020년 기출]

① 인지상의 부조화

② 집단사고

③ 분석적 편견

④ 정보분석의 정치화

정답 ④

풀이 ④ 정보실패의 내적 요인은 인지상의 실패와 능력상의 실패가 있다. 인지상의 실패는 거울이미지, 집단사고, 분석적 편견이고, 능력상의 실패는 언어능력과 지적능력 부족으로 인한 실패가 포함된다. 정보분석의 정치화는 정보실패의 정보외적 요인이다.

핵심정리 분석관의 인지적 오류

1. 의의

인지적 오류는 거울이미지(mirror image), 집단사고(group think), 분석상의 편견 등을 들 수 있다.

2. 거울이미지

① 거울이미지란 상대방의 동기나 가치를 자신과 동일한 것으로 착각하는 것을 의미한다.

② 그 대표적인 사례가 냉전 당시 미국의 학계나 정보분석관들이 미국사회의 기준을 그대로 적용하여 소련의 권력 엘리트를 강경파와 온건파로 구분하고 이들 간의 대립과 갈등하는 구조로 파악한 점이다.

3. 거울이미지와 유사한 인지적 오류들

(1) 의의

① 이 밖에도 분석관들이 흔히 범하기 쉬운 인지적 오류들로서 최초 개념으로 정립시킨 것을 고수하기, 자신의 생각과 모순되는 정보를 회피하기, 기대하는 바를 반영하려는 것, 편견과 사고의 경직성, 인식론적 조화를 유지하려는 속성, 결론에 도달하는 과정의 문제점들, 집단 내 개인들의 견해가 무시되는 점 등이 지적된다. 물론 이러한 오류는 분석관에게만 있는 것은 아니다.

② 특히 편견이나 고정관념은 모든 사람들이 일반적으로 가지고 있는 현상이다.

(2) 정보요원들이 편견과 고정관념을 가질 때의 문제점

① 그러나 정보요원들이 그러한 오류에 빠졌을 때 그 결과는 치명적이다. 제2차 세계대전 당시 독일 보안당국은 에니그마(enigma) 암호체계를 적국이 절대로 해독할 수 없을 것이라는 고정관념에 빠졌다.

② 결국 그러한 고정관념을 떨치지 못한 것이 독일이 패전하는 치명적인 요인으로 작용했다고 본다.

③ 독일 보안당국이 그러한 고정관념에서 탈피하여 연합군 측이 에니그마 암호체계를 해독할 수도 있으리라고 생각하고 그에 대한 보안대책을 강구했더라면 아마도 제2차 세계대전의 양상이 다르게 전개되었을지도 모른다.

4. 인식론적 경직성

(1) 의의

① 분석관뿐만 아니라 대체로 사람들은 동일한 자료들에 대해서 각기 자신만의 방식으로 해석하려는 '인식론 적경직성'을 가지고 있다.

② 그런데 이러한 인식론적 경직성은 정보와 사용자 간의 관계 또는 정보공동체 자체의 집단사고(group think)와 결합되어 왜곡된 결과를 더욱 심화시킬 수 있다.

(2) 정보사용자와 분석관과의 관계

① 정보사용자와 분석관과의 관계가 너무 소원할 경우 분석보고서를 제대로 이해하지 못함으로써 분석결과가 더욱 왜곡되게 해석될 수 있다.

② 그래서 미 CIA 국장을 역임했던 게이츠(Gates)는 정보분석관들에게 정책결정권자의 입장에서 분석 · 판단할 것을 요구하면서 정책결정권자와 보다 밀접한 관계를 유지하도록 노력하라고 당부하기도 하였다.

③ 반대로 분석관과 사용자와의 관계가 지나치게 밀착되면 '정보분석의 정치화' 현상을 초래할 수 있다.

5. 집단사고

(1) 의의

집단사고란 해당 정보기관의 조직적 특성 때문에 분석관 개인의 개별적 의견이나 판단이 허용되지 않고 집단적으로 사고하는 경향을 의미한다.

(2) 1961년의 피그만 사건

집단사고의 대표적인 사례로는 1961년의 피그만 사건을 들고 있다. 당시 CIA에서 훈련시킨 쿠바 망명객들을 동원하여 카스트로 정권을 무너뜨리기 위해 감행한 피그만 침공은 무리한 작전이었음에도 불구하고 집단적 분위기에 압도되어 아무도 반대 의견을 개진하지 못했던 것으로 알려 졌다.

(3) 냉전 당시 미국 정보기관의 분석관들의 소련에 대한 입장

냉전 당시 미국 정보기관의 분석관들이 소련에 대해 대체로 강경한 입장을 취했는데 이는 일종의 집단사고로서 온건한 입장을 취할 경우 동료들로부터 따돌림을 당할 수도 있을 정도로 당시 미국의 관료집단이 반공 이데올로기에 압도되어 있었기 때문이다. 이와 관련하여 한 바 있다

6. NIH 증후군(Not invented here syndrome)

NIH 증후군(Not invented here syndrome)은 말 그대로 '여기서 개발한 것이 아니다.'(Not invented here)라는 의미로, 제3자가 개발한 기술이나 연구 성과는 인정하지 않는 배타적 조직 문화 또는 그러한 태도를 말한다. 따라서 주어진 문제에 대한 해법을 자신 또는 조직 내부의 역량만을 고집하여 해결하려는 배타적인 현상이 나타난다. NIH 증후군은 타인이나 다른 조직에서 나온 기술이나 아이디어는 무시하거나 수용하지 않으려 한다는 점에서 소통과 협업을 어렵게 만드는 장애 요인으로 작용한다.

7. 정설이론(Received Opinion)

기왕에 정설로 굳어진 내용에 대해서는 비록 새롭게 의심스러운 상황이 엿보이는 경우에도 기존의 정설을 뒤집고 과감하게 새로운 정보분석과 판단을 시도하지 못하고 기존의 정보분석에 맞추려는 경향이 있는 정보분석관의 심리를 말한다.

1403

정보분석관의 오류에 대한 설명으로 틀린 것은? [2009년 기출]

① 거울 이미지－상대방의 동기나 가치를 자신과 동일한 것으로 착각하는 것

② 집단사고의 경직성－분석집단이 다른 부서의 의견을 반영하지 않는 왜곡 현상

③ 늑대소년 효과－평소 사소한 것을 지나치게 경고하다가 정작 결정적인 순간에 발한 경고가 받아들여지지 않는 현상

④ 주석전쟁－분석관이 두 가지 이상의 견해를 견지한다는 전제하에 책임을 지지 않는 주석을 다는 현상

정답 ②

풀이 ② NIH 증후군(Not invented here syndrome)에 대한 설명이다. 집단사고의 경직성은 조직 내 소수의 의견이 무시되는 현상을 말한다.

핵심정리 **후광 효과(Halo Effect)**

후광 효과란 일반적으로 어떤 사물이나 사람에 대해 평가를 할 때 그 일부의 긍정적, 부정적 특성에 주목해 전체적인 평가에 영향을 주어 대상에 대한 주관적인 판단을 하게 되는 인간의 심리적 특성을 말한다. 후광 효과는 "Halo Effect"라고도 불리며 이는 일종의 사회적 지각의 오류라고 할 수 있는 현상이다.

1404

일반적으로 어떤 사물이나 사람에 대해 평가를 할 때 그 일부의 긍정적, 부정적 특성에 주목해 전체적인 평가에 영향을 주어 대상에 대한 비객관적인 판단을 하게 되는 일종의 사회적 지각 오류로 옳은 것은?

① Clientism
② Halo Effect
③ NIH syndrome
④ Received Opinion

정답 ②

풀이 후광 효과(Halo Effect)에 대한 설명이다.

1405

정보실패에 대한 설명으로 틀린 것은? [2018년 기출]

① 후광 효과로 인한 정보실패는 진주만공격을 예측하지 못한 것이다.
② 2차 중동전쟁은 CIA의 집단사고 인한 정보실패로 명분을 잃었다.
③ 정보공유 실패로 6·25전쟁 당시 중공군의 개입을 예상하지 못했다.
④ 1973년 4차 중동전쟁은 정보기관 내부의 갈등으로 대비하지 못했다.

정답 ③

풀이 ③ 중공군이 만주로 이동하고 있는 것은 분명히 포착할 수 있었고, 중공군 개입이 임박하였다는 첩보를 수집하여 전파했다. 그러나 CIA는 '개입은 가능하지만 세계전쟁에 대한 소련의 결심이 없다면 1950년에는 가능하지 않을 것이다.'라고 평가했다. 또한 CIA는 중국이 북한 국경에 군대를 증강 배치한 것을 알고 있었지만 이를 방어적인 조치로 보았다. CIA 분석관들은 많은 희생과 수십 년간에 걸친 투쟁 끝에 중국 본토를 차지한 공산주의 정부가 새로운 강력한 상대에 도전하지 않을 것으로 믿었다. 6·25전쟁 당시 중공군의 개입을 예상하지 못한 것은 정보공유 실패라기보다는 인지적 오류에 의한 정보실패에 가깝다.

핵심정리 늑대소년효과(crying wolf effect)

(1) 한희원

늑대소년효과(crying wolf effect)에 대해서는 '늑대 소년 효과란, 전문적인 판단지식을 갖춘 정보분석관이 경고적 분석결과를 도출하여 그때마다 경고발령을 했으나 실제로는 경고적 상황이 초래되지 않아 정책담당자나 일반인 모두에게 경고 효과를 저감시키고, 따라서 정작 결정적인 순간의 경고마저 무감각하게 받아들이게 만듦으로써 적절한 대응을 하지 못하게 하여 정보실패에 이르는 것을 말한다.

(2) 전웅

① 늑대소년효과(crying wolf effect)는 지속적인 경고에 무감각해진 것(alert fatigue)으로 인한 정보판단의 실패이다.

② 늑대소년효과(crying wolf effect)는 평소 사소한 것에 지나치게 많이 경고하다가 정작 결정적인 순간에 발한 경고를 무감각하게 받아들임으로써 적절한 대응을 못하게 되는 경우이다. 매일매일 점진적으로 변화하는 상황에 빠져 전반적인 추세를 놓치는 것이다.

③ 대표적인 사례로서 1968년 소련의 체코슬로바키아 침공과 1973년 욤 키푸르(Yom Kippur) 기습의 경우 위협 상황이 너무 오래 지속되는 바람에 정작 기습을 정확히 판단하지 못했던 것이다.

(3) 결론

한희원은 늑대소년효과는 인지적 오류에 포함되지 않는다고 보는 데 반해 전웅은 늑대소년효과도 인지적 오류에 포함된다고 본다.

1406

정보실패의 원인 가운데 인지적 오류(cognitive failure)로 틀린 것은?

① 정설이론(Received Opinion)

② 늑대소년 효과(cry wolf effect)

③ 집단사고 이론(Group-thinking)

④ 아직 여기까지 증후군(not invented here syndrome)

정답 ②

풀이 ② 정보실패에서 "늑대소년 효과"란 정보분석관의 잦은 경고발령의 경고 효과를 저감시키고, 따라서 정작 결정적인 순간의 경고마저 무감각하게 받아들이게 만듦으로써 정보실패에 이르는 것으로 정보분석관의 타성적 능력의 문제이다.

1407

평소 사소한 것에 지나치게 많이 경고하다가 정작 결정적인 순간에 발한 경고를 무감각하게 받아들임으로써 적절한 대응을 못하게 되는 경우에 발생하는 분석관의 인지적 오류로 옳은 것은?

[2023년 기출]

① 거울이미지

② 인식론적 경직성

③ Group think

④ 늑대소년효과

정답 ④

풀이 ④ 늑대소년 효과에 대한 설명이다.

핵심정리 분석관의 3가지 오류

(1) 경상 이미지 오류

① 경상 이미지 오류는 상대방도 내 마음이나 태도와 같을 것이라는 관점에서 소위 거울에 반사되는 것과 같은 당연한 마음가짐(behaviors of mirror imaging)에서 생각함으로 나타나는 분석상의 잘못이다. 즉 전문가들인 정보분 석관들이 상대세력의 지도자들이나 집단도 자신과 같은 사고와 행동 그리고 동기와 목적을 가진 것으로 생각하고 분석업무에 임함으로써 발생하는 정보분석상의 잘못을 말한다. 보통 분석관들은 그러한 상황에서는 상대방도 나와 같은 생각이나 마음일 것이라는 것을 의식적·무의식적으로 당연히 전제하고 분석업무에 임할 수 있는 위험성이 있다. 그러나 이러한 경상 이미지에 기초한 정보분석은 결정적인 정보실패를 초래할 수 있다.

② 전형적인 예로, 미 정보당국의 1941년 일본의 진주만 공격 정보분석 실패가 회자된다. 미국 정보기관들은 당시 일본 공군과 해군 그리고 증가되는 교신회수 등의 사전파악으로 일본군이 분명하게 어딘가를 공격하려 한다는 사실을 사전에 짐작했다. 그러나 정보분석관들은 미국이 일본의 입장이라면 강력한 국가, 즉 미국을 상대로 도발을 한다는 일은 패망을 자초하는 것이라는 안이한 생각에서 일본의 예상 공격대상에서 미국을 제외했다. 하지만 일본은 미국 정보당국의 경상의 마음가짐에서 유래된 안이한 분석과는 정반대로 최강국 미국에 대한 공격을 실행했다.

③ 다른 예로, 냉전시대 미국의 정보·정책당국자들은 소련 고위직 인사들을 온건인물들인 비둘기파와 강경인물들인 매파로 분류하느라 바빴다. 그러나 그것은 미국인 자신들에 의한 분류일 뿐 당시 소련인사들을 강경파와 온건파로 분류할 만한 어떠한 경험적인 근거나 사실도 없었다. 미국의 기대와는 달리 냉 전시대에 소련 크렘린에는 비둘기파는 없고, 오로지 강경파인 매파와 초강경파인 독수리파만 있었다.

④ 또한 1980년대 미국은 이란 고위인사들을 극단주의(extremists)와 온건주의 (moderates)로 분류했다. 그러한 사고의 저변에는 개념적으로 극단주의자가 있으면 온건주의자가 있는 것이 보통이라는 사고의 경상(mirror imaging)에서 기인했다. 그러나 후일 자료에 의하면 팔레비 정권 붕괴 후 호메이니 체제에서는 극단주의자와 초극단주의자(ultra－extremists)만 있었지 미국과의 관계개선 등 국제 협조를 주창하는 온건론자는 존재하지 않았다.

(2) 고객 과신주의(clientism)의 오류

① 정보분석관들이 경계해야 할 또 다른 한 가지 중요한 문제 중의 하나로 고객 과신주의(clientism)가 있다. 클라이언티즘, 즉 고객 과신주의는 믿을 만한 첩보출처에 대한 일종의 안심과 신뢰에 따라 나타나는 맹목적인 순응과 기존에 처리한 경험이 있거나 유사한 분석 주제에 대한 과잉 신뢰이다. 정보분석관들이 출처와 경험에 대한 과신으로 어떤 주제에 대해 비판적인 시각으로 새롭게 접근하는 것을 소홀히 함으로써 나타나는 현상이다.

② 미국 국무부는 고객 과신주의(Clientism)를 정보분석관들의 일종의 순진한 생각이라는 의미에서 사대주의(clientitis)의 일종이라고 설명한다. 첩보출처와 경험이라고 하는 양대 고객에 대한 과신은, 정보분석관들로 하여금 당연히 그들의 분석을 거쳐야 할 내용을, 분석하지 않고 전제사실로 간주하여 정보분석 업무에 임할 위험성이 있을 수 있다.

③ 게다가 지금까지 매우 높은 신뢰도를 보여준 고정적 소스, 즉 원천에 대해서는 당연히 신뢰성을 전제하고 의심 없이 분석업무가 이루어질 수 있다. 예를 들어 청와대 보고서이기 때문에, 국방부 문서이기 때문에 더 나아가 미국 국가 보고서이기 때문에 의심 없이 분석의 전제사실로 삼아 업무에 임하는 것이 좋은 예이다. 그러나 정보의 세계에서 이는 고객 과신주의, 즉 사대주의의 하나라는 비판을 면할 수 없고, 정보의 실패로 귀납될 위험성을 내재하고 있다.

④ 2003년 이라크 전쟁에서 미국 정보당국은 이라크 국가의회(Iraqi National Congress)의 정보를 의심없이 받아들였다. 그러나 추후 상원특별위원회의 2006년 9월 8일 조사보고서에 의하면, 이라크 국가의회(INC)는 당시 수단과 방법을 가리지 않고 이라크 후세인 정권 축출을 위해 어떻게 해서든지 미국의 직접적인 군사 개입을 유도하려고 했다. 그래서 후세인 정권이 대량살상무기를 개발해 다량 보유하고 있다고 거짓 자백하는, 이라크 정보기관 내의 다수의 변절자를 미국 정보당국에 제공하는 등 대량의 허위정보를 제공했던 것으로 판명되었다. 결국 미국 정보기관은 이라크 국가의회라는

고객에 대한 과신주의에 따라서 이라크 정보기관원들이 제공하는 정보와 이라크 국가의회(INC)가 제공하는 정보를 면밀한 분석 없이 의심 없이 받아들였다. 결국 이라크의 대량 살상무기 보유를 당연한 사실로 전제하고, 이라크에서 계속 입수되는 추가 정보들도 그와 같은 전제사실을 뒷받침하게 됨으로써(후술하는 겹층 쌓기의 오류), 이라크의 대량 살상무기 보유는 회피할 수 없는 자명한 사실이 되었다.

(3) 겹층 쌓기의 오류(layering)

① 겹층 쌓기 또는 겹쳐 입기의 오류는 일단 잘못된 정보분석을 진실한 것으로 믿은 후에는, 후속되는 정보분석이 아무리 반대되는 징후를 보여도 전제되는 분석 결과를 뒷받침하는 방향으로만 분석 업무를 하는 잘못을 말한다. 자기 오류를 인정하지 않으려는 인간본성에서 유래된다고 할 수 있다. 최초의 정보분석오류는 경상 이미지나 고객 과신주의 등에서 발단되는 것이 통상적이다.

② 이라크 전쟁준비에 대한 정보실패는 고객 과신주의의 예도 되지만 겹쳐 입기의 실패사례도 된다. 2003년 3월 20일 미국이 이라크 전쟁을 일으킨 정당성의 하나로 이라크 내에 대량살상무기가 존재한다는 사실을 내세웠다. 그 정보는 미국 정보공동체의 정보분석 결과였다. 그 결과 이라크 대량 살상무기의 존재는 당연한 명백한 전제사실로 가정했다. 단지 무기의 양에 대한 판단이 문제라고 생각하였고 계속적인 정보분석은 그러한 전제사실을 확인하고 재확인하는 방향으로 진행되었기 때문에 이라크 내에 대량 살상무기가 존재한다는 것은 움직일 수 없는 진실이 되어 버렸다. 결국 2003년 이라크 전쟁은 후세인뿐만 아니라 전쟁을 반대한 이라크 국민들에게는 고객 과신주의에 겹치기 분석의 오류가 더해진 정보분석의 재앙이었다.

1408

고객 과신주의에 대한 설명으로 틀린 것은?

① 분석관이 특정 이슈에 매몰되어 분석 주제에 대한비판 능력을 상실하는 현상이다.

② 미국 국무부는 정보분석관들의 일종의 순진한 생각이라는 의미에서 사대주의의 일종이라고 설명한다.

③ 첩보출처와 경험이라고 하는 양대 고객에 대한 과신은 분석을 거쳐야 할 내용을 전제된 사실로 간주할 위험성이 있다.

④ 2003년 이라크 전쟁에서 미국 정보당국은 고객 과신주의에 따라 이라크 국가의회의 정보를 의심 없이 받아들였다.

정답 ①

풀이 ① 고객 과신주의는 첩보 출처에 대한 맹목적 순응으로 특정 이슈에 매몰되는 것이 아니다.

1409

냉전시대 미국의 정보분석관들이 소련 고위직 인사들을 비둘기파와 매파로만 분류한 잘못으로 옳은 것은?

① 경상 이미지(behaviors of mirror imaging) 오류
② 고객 과신주의의 오류
③ 사대주의(clientitis)
④ 겹층 쌓기의 오류(layering)

정답 ①

풀이 ① 경상 이미지 오류는 상대방도 내 마음이나 태도와 같을 것이라는 관점에서 소위 거울에 반사되는 것과 같은 당연한 타성적 마음가짐에서 생각함으로 나타나는 분석상의 잘못이다. 미국의 기대와는 달리 냉전시대에 소련 크렘린에는 비둘기파는 없고, 오로지 강경파인 매파와 초강경파인 독수리파만 있었다.

1410

상대방도 나와 같을 것이라는 판단에 의한 오류로 옳은 것은?

① 경상이미지의 오류
② 집단사고의 경직성
③ 각주전쟁
④ 선택적 사고

정답 ①

풀이 ① 경상이미지의 오류는 정보분석관의 대표적인 인지적 오류이다.

1411

정보분석관의 대표적인 3대 오류로 틀린 것은?

① 경상 이미지
② 고객과신주의
③ 집단사고의 경직성
④ 겹층 쌓기의 오류

정답 ③

풀이 ③ 정보분석관의 대표적인 3대 오류는, 상대방도 내 마음이나 태도와 같을 것이라는 타성적 마음가짐에서 생각하는 경상 이미지(behaviors of mirror imaging) 오류, 믿을 만한 첩보출처에 대한 과잉 신뢰인 고객 과신주의(clientism)의 오류, 일단 잘못된 정보분석을 진실한 것으로 믿은 후에는, 후속되는 정보분석이 아무리 반대되는 징후를 보여도 전제되는 분석 결과를 뒷받침하는 방향으로만 분석 업무를 하는 겹층 쌓기의 오류(layering)이다.

1412

다음 글에 나타난 분석관의 오류로 옳은 것은?

> 2003년 이라크 전쟁에서 미국 정보당국은 이라크 국가의회의 정보를 의심 없이 받아들였다. 그러나 추후 조사결과 이라크 국가의회(INC)는 후세인 정권 축출을 위해 어떻게 해서든지 미국의 군사개입을 유도하려고 했다. 그래서 후세인 정권이 대량살상무기를 개발해 다량 보유하고 있다고 거짓 자백하는, 이라크 정보기관 내의 다수의 변절자를 미국에 제공하는 등 대량의 허위정보를 제공했다. 하지만 미국 정보당국은 이라크 국가의회의 정보출처를 과신했다.

① 지적오류(Intelligent Error)

② 경상 이미지 오류(behaviors of mirror imaging)

③ 고객 과신주의의 오류(clientism)

④ 겹층 쌓기의 오류(layering)

정답 ③

풀이 ③ 클라이언티즘은 믿을 만한 첩보출처에 대한 일종의 안심과 신뢰에 따라 나타나는 맹목적인 순응과 기존에 처리한 경험이 있거나 유사한 분석 주제에 대한 과잉 신뢰이다. 미국 국무부는 사대주의(clientitis)라고 설명한다.

1413

정보분석의 오류에 대한 설명으로 틀린 것은? [2019년 기출]

① Mirror Imaging는 자신의 인식을 다른 국가에도 적용하는 것을 말한다.

② Clientism은 특정 집단에 대해 편향적으로 판단하는 것을 말한다.

③ Cry Wolf Effect는 경고를 남발하다가 중요한 경보가 무시되는 현상을 말한다.

④ Layering은 불확실한 분석결과를 활용해 오류가 개선되지 못하는 현상을 말한다.

정답 ②

풀이 ② Stereotyping(고정관념)에 대한 설명이다. Clientism(고객과신주의)는 믿을 만한 첩보출처에 대한 일종의 안심과 신뢰에 따라 나타나는 맹목적인 순응과 기존에 처리한 경험이 있거나 유사한 분석 주제에 대한 과잉 신뢰이다.

핵심정리 **정보분석의 협업과정에서 발생하는 오류**

(1) 집단사고(Group-think)

집단사고란 해당 정보기관의 조직적 특성 때문에 분석관 개인의 개별적 의견이나 판단이 허용되지 않고 집단적으로 사고하는 경향을 의미한다.

(2) 겹층 쌓기의 오류(layering)

겹층 쌓기 또는 겹쳐 입기의 오류는 일단 잘못된 정보분석을 진실한 것으로 믿은 후에는, 후속되는 정보분석이 아무리 반대되는 징후를 보여도 전제되는 분석 결과를 뒷받침하는 방향으로만 분석 업무를 하는 잘못을 말한다. 자기 오류를 인정하지 않으려는 인간본성에서 유래된다고 할 수 있다. 최초의 정보분석 오류는 경상 이미지나 고객 과신주의 등에서 발단되는 것이 통상적이다.

(3) Swarm Ball

여러 정보기관이 본래의 임무와 우선순위를 무시하면서 정책결정자의 주요 관심 분야나 선호하는 정책에 필요한 정보를 제공하기 위하여 경쟁적으로 첩보수집 수단을 집중하는 현상이다.

(4) Footnote wars(주석 달기 경쟁)

정보공동체 구성원들 간에 어떤 이슈를 두고 도저히 이견을 조정할 수 없는 상황에 처하게 될 수도 있다. 이 경우 각각의 정보기관이 주석을 달아 이견을 제시한다. 때로 어떤 이슈에 대해서는 여러 정보기관이 주석을 달아 이견을 표출하기도 한다. 어떤 기관의 견해가 본문에 들어가고 어떤 기관의 주장은 주석을 달아서 이견을 표출하게 될 것인지를 두고도 정보기관들 간에 치열하게 경쟁한다.

(5) 정설이론(Received Opinion)

기왕에 정설로 굳어진 내용에 대해서는 비록 새롭게 의심스러운 상황이 엿보이는 경우에도 기존의 정설을 뒤집고 과감하게 새로운 정보분석과 판단을 시도하지 못하고 기존의 정보분석에 맞추려는 경향이 있는 정보분석관의 심리를 말한다.

1414

정보분석의 협업 과정에서 발생하는 문제에 대한 설명으로 틀린 것은?

① 겹층 쌓기의 오류는 기왕에 정설로 굳어진 내용에 대해서는 비록 새롭게 의심스러운 상황이 엿보이는 경우에도 기존의 정설을 뒤집고 과감하게 새로운 정보분석과 판단을 시도하지 못하고 기존의 정보분석에 맞추려는 경향이 있는 정보분석관의 심리를 말한다.

② Swarm Ball은 여러 정보기관이 본래의 임무와 우선순위를 무시하면서 정책결정자의 주요 관심 분야나 선호하는 정책에 필요한 정보를 제공하기 위하여 경쟁적으로 첩보수집 수단을 집중하는 현상이다.

③ 집단사고(Group-think)는 해당 정보기관의 조직적 특성 때문에 분석관 개인의 개별적 의견이나 판단이 허용되지 않고 집단적으로 사고하는 경향을 의미한다.

④ Footnote wars(주석 달기 경쟁)은 각각의 정보기관이 주석을 달아 이견을 제시하고 어떤 기관의 견해가 본문에 들어가고 어떤 기관의 견해가 주석을 달아서 이견을 표출하게 될 것인지를 두고 경쟁하는 것을 말한다.

정답 ①

풀이 ① 정설이론(Received Opinion)에 대한 설명이다. 겹층쌓기의 오류는 일단 잘못된 정보분석을 진실한 것으로 믿은 후에는, 후속되는 정보분석이 아무리 반대되는 징후를 보여도 전제되는 분석 결과를 뒷받침하는 방향으로만 분석 업무를 하는 잘못을 말한다. 자기 오류를 인정하지 않으려는 인간본성에서 유래된다고 할 수 있다. 최초의 정보분석 오류는 경상 이미지나 고객 과신주의 등에서 발단되는 것이 통상적이다.

1415

정보분석의 협업과정에서 발생하는 오류로 틀린 것은? [2019년 기출]

① Group Think
② Layering
③ Swarm Ball
④ Cry Wolf Effect

정답 ④

풀이 ④ Mirror Image, Clientism, Cry Wolf Effect는 정보분석관 개인의 오류에 속한다.

1416

정보분석관 개인의 오류로 적절한 것은? [2018년 기출]

① Group Think
② Mirror Image
③ Layering
④ Swarm Ball

정답 ②

풀이 ② Mirror image는 '거울효과'로 상대 국가의 국민이나 지도자가 자국의 인물들과 동일한 사고를 할 것이라고 간주하는 것을 말한다.

1417

정보분석관 개인의 오류로 옳은 것은? [2012년 기출]

ㄱ. mirror image
ㄴ. cry wolf effect
ㄷ. clientism
ㄹ. footnote wars
ㅁ. layering

① ㄱ, ㄴ
② ㄱ, ㄴ, ㄷ
③ ㄱ, ㄴ, ㄷ, ㄹ
④ ㄱ, ㄴ, ㄷ, ㄹ, ㅁ

정답 ②

풀이 ② footnote wars, layering은 정보분석관이 동료와 협업관계에서 발생하는 오류에 속한다.

1418

정보분석 과정의 오류로 틀린 것은? [2011년 기출]

① 미러이미지(mirror image) ② 집단사고(Group Think)

③ 늑대소년 효과(Cry Wolf Effect) ④ 역류현상(Blow Back)

정답 ④

풀이 ④ 역류현상(Blow Back)은 외국을 대상으로 한 선전공작의 내용이 자국의 언론에 보도되어 정치적, 사회적 문제를 일으키는 것을 말한다.

1419

정보분석관 개인의 오류로 옳은 것은? [2007년 기출]

① 미러이미지(Mirror Image) ② 집단사고(Group Think)

③ 주석전쟁(Footnote Wars) ④ 정설이론(Received Opinion)

정답 ①

풀이 ① 집단사고, 주석전쟁, 정설이론 등은 정보분석관이 동료와 협업하는 과정에서 발생하는 오류에 속한다.

핵심정리 정보외적 요인

(1) 정보의 정치화

정보의 정치화는 정보가 다양한 경로를 통해 정책결정권자의 선호에 맞게 각색되어 분석 생산되는 것을 말한다.

(2) 관료주의적 경직성

① 관료주의는 비능률 · 보수주의 · 책임전가 · 비밀주의, 그리고 파벌주의로 표현된다. 이러한 관료주의 현상은 공조직이나 민간조직을 불문하고 조직이 대규모화 할수록 확대 심화하는 경향 이 있다.

② 관료주의가 정보기구에 투영되면 상호 경쟁심에 의해 정보공유를 하지 않는 것은 기본이고, 정보를 원래의 목적으로 사용하기보다는 부단한 조직 확대 및 권한강화의 지속적 추구, 또는 최소한 현상유지의 방어책으로 활용하는 정보왜곡 현상이 나타나고, 이것은 곧 정보실패로 연결될 수 있다.

(3) 정보공동체 정보공유상의 문제

① 정보기관들은 정보에 대한 비밀보안을 생명으로 한다. 다른 기관과의 정보 공유는 말할 것도 없고 조직내부에서조차 소위 "차단의 원칙"이라는 이름하에 유관부서 간에도 정보유통이 이루어지지 않는 경우는 허다하다.

② 중요한 정보를 독점함으로써 자신의 존재가치를 부각하고 중요성을 인식시킬 수 있기 때문에 경쟁관계에 있는 다른 정보기관들과 정보를 공유하는 것을 꺼려하는 내재적 속성도 있다.

(4) 정보배포상의 문제

① 적시에 적절한 정보분석과 판단이 이루어졌음에도 불구하고 정보를 필요로 하는 부서에 배포가 지연되어 적절히 대응하지 못함으로 인해 정보실패를 초래한 경우도 역사적으로 적지 않았다.

② 한편 새로운 증거자료를 수집하고 내부적으로 재분배 받고 이를 다시 분석 · 평가하는 데 적지 않은 시간이 소요되며, 특히 결론이 모순되는 상황에서 정확한 정보생산물을 산출하고 이를 다시 사용자에게 설득하는 일련의 정보과정에서 많은 시간과 절차가 소요됨으로써 적시에 경고발령을 하지 못하는 사태가 발생할 수 있음도 물론이다.

1420

정보외적 요인으로 옳은 것은?

① 집단사고　　② 분석관의 능력 부족

③ 수집능력상의 한계　　④ 관료조직의 비능률 · 파벌주의

정답 ④

풀이 관료주의적 경직성에 대한 설명이다. 관료주의적 경직성은 정보외적 요인이다. 참고로 정보외적 요인이란 정보실패의 요인이 정보기관 내에 있는지 아니면 정보기관 밖에 있는지의 문제가 아니라 정보속성에 기인한 문제인지에 관한 것이다. 정보실패의 요인이 정보기관 내에서 발생한 것이라고 해도 불확실성이나 인간의 인지적 한계 등 정보속성에 기인한 것이 아니면 정보외적 요인이다.

1421

정보실패의 외적 요인으로 틀린 것은?

① 집단사고　　② 정보의 정치화

③ 관료주의적 경직성　　④ 정보배포상의 문제

정답 ①

풀이 ① 집단사고는 분석관의 인지적 오류에 속하는 것으로 정보실패의 내적 요인이다.

1422

정보실패의 요인에 대한 설명으로 옳은 것은?

① 정보속성에 기인한 내적요인과 외적요인으로 구분할 수 있다.
② 조직내부에서 유관부서 간에 정보유통이 이루어지지 않는 경우는 내적 요인에 속한다.
③ 새로운 증거자료를 수집하고 이를 다시 분석 · 평가하는 데 시간이 소요됨으로써 적시에 경고발령을 하지 못하는 사태는 내적 요인에 속한다.
④ 정보기구에 의한 의도적 지원이나 방해 목적의 자발적 정치화는 내적 요인에 속한다.

정답 ①

풀이 ① 조직내부에서 유관부서 간에 정보유통이 이루어지지 않는 경우는 정보공동체 정보공유상의 문제, 새로운 증거자료를 수집하고 이를 다시 분석 · 평가하는 데 시간이 소요됨으로써 적시에 경고발령을 하지 못하는 사태는 정보배포상의 문제, 정보기구에 의한 의도적 지원이나 방해 목적의 자발적 정치화는 정보의 정치화로 모두 정보실패의 정보외적 요인이다. 정보실패의 요인은 정보속성에 기인한 내적요인과 외적요인으로 구분하는 것으로 그 원인이 정보기관 내에서 발생한 것인지 밖에서 발생한 것인지로 구분하는 것이 아니다.

1423

정보배포상의 정보실패로 옳은 것은? [2012년 기출]

ㄱ. 일본의 미국 진주만 공습	ㄴ. 미국의 베트남 전쟁
ㄷ. 중국과 베트남의 국경분쟁	ㄹ. 이스라엘의 3차 중동전쟁

① ㄱ
② ㄴ
③ ㄷ
④ ㄹ

정답 ①

풀이 ① 미국의 베트남 전쟁, 중국과 베트남의 국경분쟁, 이스라엘의 3차 중동전쟁은 정보판단의 오류라고 볼 수 있다.

핵심정리 정보의 정치화

1. 의의

① 분석관의 자질이나 인지적 오류에서 비롯된 정보실패 이상으로 심각한 문제는 '정보분석의 정치화' 현상이다.

② '정보분석의 정치화'란 정보의 생산자와 사용자 간의 관계에서 종종 발생하는 일로서 정책결정권자의 선호에 맞게 분석보고서를 작성하는 것을 말한다.

2. 분석보고서의 정치적 편향

(1) 1991년 미 상원 정보위원회 청문회의 게이츠 인준

① 1991년 미 상원 정보위원회 청문회에서 게이츠(Robert M. Gates)를 DCI(미국 정보공동체 의장)로 인준하는 과정에서 이 문제가 큰 쟁점으로 부각되었다.

② 게이츠는 CIA 분석부서를 관장하는 부국장 경력을 가졌었는데, 분석관으로써 게이츠가 레이건 행정부의 반소정책을 지지하는 성향의 보고서를 작성했다는 비판이 제기되었다.

③ 사실 정치적으로 민감한 문제에 대해서 분석관이 정치적인 중립을 유지하는 것이 매우 어렵다. 그래서 어쩔 수 없이 집권 여당에게 기울어진 내용의 분석보고서가 작성되는 일이 많다.

(2) 1981년 미 상원 외교관계 위원회에서 CIA의 중남미 지역 브리핑

① 1981년 미 상원 외교관계 위원회에서 CIA가 중남미 지역에 대한 보고서를 작성하여 브리핑을 실시했는데 민주당 출신 상원의원들은 보고서 내용이 객관적이지 않다면서 불만을 표했고, 한 상원의원은 아예 자리를 박차고 나갔다고 한다.

② 반면에 공화당 출신 상원의원인 헬름스(Jesse Helms)는 최고로 훌륭한 발표라면서 극찬했다고 한다.

3. 미국의 대(對) 이라크 전쟁

(1) 의의

미국이 대(對) 이라크 전쟁의 명분으로 내세웠던 대량살상무기의 존재 여부가 조지 부시 공화당 대통령 후보와 존 케리 민주당 대통령 후보 간에 대결했던 2004년도 미국 대선의 최대 쟁점으로 부각된바 있다.

(2) CIA의 왜곡된 정보판단과 미국의 대(對) 이라크 전쟁

① 문제는 미 CIA가 이라크의 대량살상무기에 관해 왜곡된 정보판단을 내렸고, 그것이 미국이 이라크 전쟁을 단행하게 된 중요한 요인으로 작용하였다는데 있다.

② CIA는 2002년 말 발간된 보고서에서 이라크가 유엔 결의와 기타 규제를 위반하면서 대량살상무기 프로그램을 은밀히 추진하고 있다고 결론지었다.

(3) 영 · 미 안보정보위원회가 발간한 보고서

우선 '영 · 미 안보정보위원회(British American Security Information Council)'가 발간한 보고서는 이라크전쟁 직전 미국과 영국 정보기관이 사담 후세인이 대량살상무기를 보유하고 있다는 결론을 내렸지만 이라크에 대량살상무기가 없다는 사실은 피할 수 없는 결론이라고 단정지었다.

(4) 2004년 카네기 국제평화재단의 보고서

또한 미국의 싱크 탱크인 카네기 국제평화재단(Carnegie Endowment for International Peace)도 2004년 1월 8일 보고서를 통해 "이라크가 대량살상무기(WMD)를 폐기 또는 이동하거나 은닉했을 가능성은 없다."고 주장하면서 "부시행정부가 이라크의 WMD 위협을 조직적으로 왜곡했다."고 평가했다.

(5) 이라크 서베이그룹(ISG)이 미국 의회에 제출한 보고서

① 이라크의 대량살상무기 존재 여부에 관한 가장 결정적인 내용은 2004년 10월 6일 '이라크 서베이그룹(ISG)'이 미국 의회에 제출한 918쪽 분량의 보고서에서 발표되었다.

② 찰스 듀얼퍼(Charles Duelfer)를 단장으로 하여 이라크의 대량살상무기 개발 의혹을 조사해왔던 이라크 서베이그룹(ISG)은 보고서에서 이라크의 대량살상무기 프로그램은 1991년 걸프전 직후 폐기됐다고 밝혔다.

③ 또한 보고서에서는 미국이 공격할 당시 이라크는 생화학무기를 보유하지 않았고, 핵무기 프로그램 재건도 추구하지 않았을 뿐만 아니라 이 같은 능력을 확보하려는 노력도 하지 않고 있었다고 기술했다.

④ 결국 이라크의 대량살상무기에 관한 2002년의 CIA 보고서는 실상을 완전히 오판한 것으로 판단된다.

4. 정보분석의 정치화에 대한 책임 주체

(1) 의의

① '정보분석의 정치화' 사례는 과거로부터 지금까지 무수히 많았으며, 정보가 사용자와 밀접한 관계를 유지하고 있는 한 앞으로도 지속적으로 존재할 것이다.

② 정보기관도 정부조직의 일부로서 정부를 지원한다. 그래서 정보기관이 정부와 밀접한 관계를 유지할수록 의식적이든 무의식적이든지 간에 정보보고서의 내용이 정권의 요구에 맞게 왜곡될 위험성이 증가한다.

(2) 분석관들에게 전가되는 책임

① 문제는 정보의 정치화로 인해 정보의 왜곡이 드러났을 때 그 책임이 상당 부분 정치가들에게 있음에도 불구하고 분석관들에게만 비난의 화살이 집중된다는 점이다.

② 사실 분석관들은 사건이나 추세를 객관적으로 관찰하는 것에 그치는 것이 아니고 더 나아가 정책에 봉사하는 사람들이다.

③ 단순히 정책에 봉사한다는 이유만으로 분석관이 비난받아서는 안 된다. 그런 점에서 정보분석의 정치화로 인한 책임을 전적으로 분석관에게 전가하는 것은 불합리하다고 본다.

1424

2003년 미국 정보기관의 대(對) 이라크 전쟁에 대한 정보실패의 원인으로 적절하지 않은 것은?

[2020년 기출]

ㄱ. 국익을 위한 정보조작	ㄴ. 정보분석관의 일탈 행위
ㄷ. 정보의 분석과정에서 왜곡	ㄹ. 정보소비자의 몰이해

① ㄱ, ㄴ
② ㄱ, ㄷ
③ ㄱ, ㄹ
④ ㄴ, ㄹ

정답 ④

풀이 ④ 미국 정보기관은 이라크가 대량살상무기를 보유하고 있다는 보고서를 작성하여 2003년 이라크전쟁의 정당성을 설명하는 데 활용했다. 하지만 전쟁 이후에도 대량살상무기의 흔적을 찾지 못했고, 의회는 관련 조사를 진행하여 정보기관이 전쟁을 원하는 부시 행정부의 정치적 의도에 따라 정보를 조작하고, 분석과정에서 중요한 정보를 의도적으로 누락한 것을 밝혀냈다.

1425

2003년 미국 정보기관의 대(對) 이라크 전쟁에 대한 정보실패의 원인으로 옳은 것은? [2019년 기출]

① 역정보 ② 허위정보
③ 집단사고 ④ 정보판단의 왜곡

정답 ④

풀이 ④ 미국의 싱크 탱크인 카네기 국제평화재단(Carnegie Endowment for International Peace)은 2004년 1월 8일 보고서를 통해 "이라크가 대량살상무기(WMD)를 폐기 또는 이동하거나 은닉했을 가능성은 없다."고 주장하면서 "부시행정부가 이라크의 WMD 위협을 조직적으로 왜곡했다."고 평가했다.

1426

미국의 대(對) 이라크 전쟁의 정보실패로 옳은 것은? [2014년 기출]

① 정보분석관 능력의 부족 ② 첩보수집의 실패
③ 정보공유의 실패 ④ 정보조작으로 인한 실패

정답 ④

풀이 ④ '영 · 미 안보정보위원회(British American Security Information Council)'가 발간한 보고서는 이라크전쟁 직전 미국과 영국 정보기관이 사담 후세인이 대량살상무기를 보유하고 있다는 결론을 내렸지만 이라크에 대량살상무기가 없다는 사실은 피할 수 없는 결론이라고 단정지었다. 또한 미국의 싱크 탱크인 카네기 국제평화재단(Carnegie Endowment for International Peace)도 2004년 1월 8일 보고서를 통해 "이라크가 대량살상무기(WMD)를 폐기 또는 이동하거나 은닉했을 가능성은 없다."고 주장하면서 "부시행정부가 이라크의 WMD 위협을 조직적으로 왜곡했다."고 평가했다.

1427

정보의 정치화에 대한 설명으로 틀린 것은? [2010년 기출]

① 분석관이 자신의 선호에 부응하기 위해 의도적으로 정보분석 결과를 변경하기도 한다.
② 정보정치화는 정보실패로 나타나고 결국 정책실패로 귀결된다.
③ 정보의 정치화는 정보의 객관성을 상실하고 건전한 정보분석 기능을 마비시킨다.
④ 분석관이 정책결정자의 선호에 맞추기 위해 정보를 왜곡시킨다.

정답 ①

풀이 ① 정보의 정치화는 분석관이 자신의 선호에 부응하기 위해 정보분석 결과를 변경하는 것이 아니라 정책결정자의 선호에 맞추기 위해 정보를 조작하는 것이다.

핵심정리 정보환류에서 정보와 정책의 관계에 대한 참조적 이해

(1) 전통주의(Lowennthal)
① 정보와 정책의 엄격한 분리를 주장
② 정보의 정책 종속성

(2) 행동주의(Hilsman)
① 환류에 따른 요청 강소
② 정보와 정책의 유기적 협조
③ 정보생산자의 정책과정에 대한 연구 강조

1428

정보의 정책의 관계에 대한 설명으로 틀린 것은? [2018년 기출]

① 행동주의는 정보와 정책의 유기적 협조를 강조한다.
② 전통주의는 정보는 정책결정과 거리를 두고 독립적인 판단을 내려야 한다는 입장이다.
③ 정책결정자가 정보정책에 관여하는 것은 바람직하지 않는다는 견해도 많다.
④ 행동주의 학파의 학자로는 정책결정자에게 의미 있는 정보를 제공해야 한다고 주장한 Sherman Kent가 대표적이다.

정답 ④
풀이 ④ Sherman Kent는 전통주의 학파이고, Roger Hilsman이 행동주의 학파에 속한다.

핵심정리 정보실패의 극복방안

1. 의의
① 냉전시대 동안 미국의 정보공동체가 소련의 군사력에 대해 전반 적으로 과대평가함으로써 군비증강을 유도했던 것처럼 왜곡된 정보는 정책결정자로 하여금 그릇된 정책결정을 내리게끔 만든다.
② 9/11 테러 사건에서 보았듯이 적시에 정확한 정보판단 또는 경고가 내려지지 않을 경우 적의 기습에 제대로 대처하지 못함으로써 국가적으로 엄청난 인명과 재산의 손실을 초래한다.
③ 이처럼 정보의 왜곡이나 실패는 국가의 안보와 이익에 치명적인 결과를 초래한다. 그런 점에서 정보실패 또는 왜곡의 가능성을 최소화시키기 위해 분석의 객관성과 정확성을 향상시키려는 노력이 요구된다.

2. 분석관의 자질향상
(1) 의의
① 정보분석의 객관성과 정확성을 향상시키는 가장 결정적인 대안은 무엇보다도 분석관의 자질향상에 있다고 본다.
② 오늘날 위성정찰, 신호정보 등 첩보수집 수단 이 고도로 발전하여 정보분석에 활용되고 있지만, 여전히 최종적인 정보판단은 기계가 아닌 인간이 하는 것이다.

(2) 라쿠어(Walter Laqueur)

① 라쿠어(Walter Laqueur)는 "과거뿐만 아니라 앞으로도 분석관의 자질은 결정적인 요소"라고 결론짓는다.

② 라쿠어는 "천재적인 정보분석관은 태어나는 것이 아니라 만들어지는 것이다."라면서, "분석관의 능력을 향상시킬 수 있는 확실한 방법은 그 분야에 유능한 전문 인력을 채용하고 그들을 잘 훈련시키는 데 있다."라고 주장한다.

③ 또한 라쿠어는 "천재적인 정보요원은 소수로 족하며, 교육을 통해 최소한 일정한 수준까지 분석관의 정치적인 판단이나 이해력을 올릴 수 있다."고 언급했던바, 분석관 교육의 중요성을 강조한 점이 주목된다.

3. 정보의 정치화 현상 개선

(1) 의의

① 정보의 정치화 현상을 개선하는 방안으로서 정보분석관과 사용자 간의 관계를 새롭게 설정 또는 개선해 볼 필요가 있다.

② 정보분석관과 사용자 간의 관계에 대해서는 두 가지 상반된 접근법이 제시된다.

(2) 갓슨(Roy Godson)

갓슨(Roy Godson)은 기회분석기법(opportunity-oriented analysis)에 입각해서 분석관은 정책결정자와 밀접한 관계를 유지함으로써 정책 결정자들의 선호도에 맞는 분석 자료를 제공해 주는 것이 바람직하다고 주장한다.

(3) 베츠(Richard Betts)

① 이와 대조적으로 베츠(Richard Betts)는 소속기관의 입장이나 정보공동체의 합의에 구애 되지 않고 분석관에게 최대한 자율성을 보장해 주는 것이 바람직하다는 입장이다.

② 분석의 영역에서 자율성이 확보되어야만 분석관이 적대국의 능력이나 취약점을 가감 없이 평가하고 그것에 바탕을 두고 보다 객관적인 중장기 정보판단을 제시할 수 있으리라는 것이다.

③ 특히 베츠(Richard Betts)는 분석관들이 보다 포괄적이며 창의적인 특징을 가진 국가정보판단보고서(National Intelligence Estimates, NIE)를 작성함에 있어서 특정 정보기관의 견해와는 다른 독창적인 견해가 제시될 수 있도록 보다 자유로운 분위기를 조성해주는 것이 요구된다고 주장한다.

4. 집단사고 등 인지적 오류를 막을 수 있는 방안

(1) 의의

분석관 또는 정책결정권자의 편견이나 집단사고 등 인간의 취약한 인식과 판단에서 비롯되는 인지적 오류를 막을 수 있는 방안으로서 분석분야 업무에 비전문가의 활용, 정책결정권자와 전문가 간의 빈번한 접촉 등 다양한 방안들이 제시된다.

(2) 베츠 (Richard K. Betts)

베츠(Richard K. Betts)는 일반적인 상식이나 고정관념을 타파하기 위해서 분석 부서에 비전문가 활용을 제안한다. 특히 적국의 상대적인 능력에 대해서 오판할 가능성을 최소화하는 데 이 방법이 매우 효과적일 것으로 생각된다.

(3) 헨델(M.I. Handel)

헨델(M.I. Handel)은 관료조직의 '계층 질서 효과(the effects of hierarchy)'로 인해 정책결정권자가 하위직 정보분석관의 정보판단보고서를 왜곡되게 해석할 가능성을 최소화하기 위해 고위직 정책결정권자와 하위직 전문가와의 접촉이 빈번하게 이루어지는 것이 바람직하다고 주장했다.

핵심정리 정보기관들의 조직 개편

1. 의의
   ① 정보판단의 왜곡이나 실패에 명백히 책임이 있는 정보기관들의 조직을 개편하는 방법도 고려해 볼 수 있다.
   ② 실제로 미국의 경우 정보실패가 명백히 드러날 경우 정보기관의 수장이 사임하거나 부서 개편을 단행하는 일이 종종 있다.

2. 미국의 사례
   (1) 조지 테닛 CIA 국장의 사임
   2004년 6월 조지 테닛 CIA 국장이 이라크 대량살상무기 존재 여부에 관한 정보판단 실수와 9/11 테러 위협에 대한 정보를 제대로 파악하지 못한 것에 대해 책임을 지고 사임하였던 것으로 알려졌다.
   (2) CIA 창설
   1941년 진주만 기습을 계기로 세분화된 정보기관을 통합하고 정보공유를 확대하기 위해 CIA라는 중앙집권적 정보기관이 새로 창설되었다.
   (3) 국토안보부(DHS) 창설
   9/11 테러를 계기로 미국은 국토안보부(DHS)라는 새로운 조직을 창설했다.
   (4) 9/11 진상조사위원회 최종보고서의 제안
   그리고 9/11 진상조사위 원회 최종보고서에서 냉전이 종식되었음에도 불구하고 미국의 국가안보 체제는 여전히 냉전체제의 위협에 대응하는 모델로 조직되어 있다고 지적하고, 국제테러리즘과 같은 새로운 위협에 대응하기 위해 정부조직의 전면적인 개편과 정보활동 방향의 변화를 제안했다.

3. 조직 개편에 대한 상반된 시각
   (1) 의의
   정보실패에 대한 해결책으로서 조직 개편에 대해서는 상반된 시각이 있다.
   (2) 헨델(M.I. Handel)과 베츠(Richard Betts)
   ① 헨델(M.I. Handel)과 베츠(Richard Betts)는 조직 개편에 대해서 비판적인 입장을 취한다.
   ② 헨델은 정보판단의 실패를 교정하는 데 조직을 개혁하는 것은 별로 관련성이 없으며, 어떤 방법도 별로 효과가 없다고 본다고 주장했다.
   ③ 베츠도 미국은 정보실패를 해결하는 방안으로서 조직 개편하는 것을 통해 별로 좋은 결과를 얻지 못했다고 주장했다.
   ④ 베츠에 따르면 장기 예측판단을 위해 조직 개편을 단행할 경우 정보자료의 생산에 있어서 약간의 개선은 가능하지만 혁신적으로 개선되지는 않는다고 주장하면서 정보 조직의 개편에 대해 비관적인 입장을 취했다.
   (3) 코드 빌라(A. Codevilla)
   물론 이와 반대되는 의견도 있다. 코드 빌라(A. Codevilla)는 정보조직 개편의 효과가 미흡할지라도 특정한 시기에 부합되는 특정한 조직이 요구되는 조직 개편이 필요하다고 주장한다.

핵심정리 경고정보 업무만을 전담하는 기구 설치

1. 의의

적시에 경고정보를 발하지 못해서 발생하는 경고실패(warning failure)를 개선하기 위해 경고정보 업무만을 전담하는 기구가 설치되는 것이 제안된다.

2. 미국

미국의 경우 1950년부터 25년 동안 정보공동체 내에서 경고 업무를 전담하여 수행하는 기관으로서 '워치위원회와 국가지수센터(Watch Committee and National Indications Center)'가 있었으며, 1970년대에 들어서서 '국가정보관(National Intelligence Officer, NIO)'이 그 역할을 이어받았다.

3. 영국

영국은 포클랜드 사태 이후 '판단국(Assessment Staff)'의 고위직 요원들에게 경고임무를 부여하고 있다.

4. 경고 업무를 담당하는 특별 기구 설치의 효과

(1) 의의

경고 업무를 담당하는 특별 기구들이 설치된다고 해서 경고실패를 완전히 방지할 수는 없지만 그러한 기구들 나름대로 장점이 있다.

(2) 장점

① 경고기구는 경고 목표에 대한 수집 방향을 제시해 줌으로써 잠재적인 목표에 대한 첩보수집활동을 효율적으로 수행하는데 기여할 수 있다.

② 경고를 전담하는 특별기구가 설치되었을 경우 정보공동체 내 정보기관들의 협력을 얻을 수 있기 때문에 모든 출처로부터 수집된 첩보들을 종합하여 경고정보 보고서를 효과적으로 작성할 수 있다.

③ 이 경우 관련되는 모든 첩보 자료들이 검토되고 서로 모순되는 자료들도 적절하게 평가됨으로써 경고정보 판단에 있어서 정확성이 향상될 수 있을 것이다.

5. 결론

(1) 의의

① 지금까지 정보실패 또는 왜곡을 개선할 수 있는 방안들을 살펴보았다. 앞서 언급했던 모든 방안들이 제대로 실행된다면 아마도 정보분석의 질적 수준이 상당히 높아질 수 있을 것이다.

② 그러나 모든 개선 방안을 그대로 실행한다는 것이 현실적으로 불가능하며, 설사 모든 개선 방안이 실행되었다고 할지라도 정보실패 또는 왜곡 현상을 완벽 하게 해결할 수는 없다.

(2) 저비스(R. Jervis)

① 저비스(R. Jervis)는 "정보조직상의 결함이나 정보의 정치화와 같은 문제가 없을지라도, 세상의 현상을 이해하는 데 장애요소들이 너무 많아서 정보는 종종 부정확하게 결론을 내린다."고 지적했다.

② 분명히, 중장기 예측이나 정보판단은 인간의 능력으로서 한계가 있다. 결론적으로, 정부의 정책결정권자들은 정보실패나 왜곡의 위험부담을 어느 정도 감수(또는 인정)해야 하며, 이러한 점을 충분히 고려하여 신중하게 정책결정을 내려야 할 것이다.

1429

미국의 경고정보 업무만을 전담하는 기구로 틀린 것은?

① Assessment Staff
② Watch Committee
③ National Indications Center
④ National Intelligence Officer

정답 ①

풀이 영국은 포클랜드 사태 이후 '판단국(Assessment Staff)'의 고위직 요원들에게 경고 임무를 부여하였다. 참고로 미국의 경우 1950년부터 25년 동안 정보공동체 내에서 경고 업무를 전담하여 수행하는 기관으로 워치 위원회와 국가지수센터가 있었으며, 1970년대에 들어서서 국가정보관이 그 역할을 이어 받았다.

1430

관료조직의 '계층질서효과(the effects of hierarchy)'로 인해 정책결정권자가 하위직 정보분석관의 정보판단보고서를 왜곡되게 해석할 가능성을 최소화하기 위해 고위직 정책결정권자와 하위직 전문가와의 접촉이 빈번하게 이루어지는 것이 바람직하다고 주장한 연구자의 이름으로 옳은 것은?

① 저비스(R. Jervis)
② 베츠(Richard Betts)
③ 헨델(M.I. Handel)
④ 코드 빌라(A. Codevilla)

정답 ③

풀이 헨델에 대한 설명이다.

1431

집단사고 등 인지적 오류를 막을 수 있는 방안으로 소속 기관의 입장이나 정보공동체의 합의에 구애되지 않고 분석관에게 최대한 자율성을 보장해 주는 것이 바람직하다고 주장한 학자의 이름으로 옳은 것은?

① 갓슨
② 베츠
③ 헨델
④ 저비스

정답 ②

풀이 베츠의 입장이다. 참고로 헨델(M.I. Handel)은 관료조직의 '계층질서효과(the effects of hierarchy)'로 인해 정책결정권자가 하위직 정보분석관의 정보판단보고서를 왜곡되게 해석할 가능성을 최소화하기 위해 고위직 정책결정권자와 하위직 전문가와의 접촉이 빈번하게 이루어지는 것이 바람직하다고 주장했고 갓슨은 기회분석기법에 입각해서 분석관은 정책결정자와 밀접한 관계를 유지함으로써 정책결정자들의 선호도에 맞는 분석 자료를 제공해 주는 것이 바람직하다고 주장한다. 마지막으로 저비스는 "정보조직상의 결함이나 정보의 정치화와 같은 문제가 없을지라도, 세상의 현상을 이해하는 데 장애요소들이 너무 많아서 정보는 종종 부정확하게 결론을 내린다."고 지적하면서 중장기 예측이나 정보판단은 인간의 능력으로서 한계가 있다는 점을 강조했다.

1432

정보실패를 막을 수 있는 방법에 대한 설명으로 틀린 것은? [2023년 기출]

① 인지적 오류를 막는 방법으로 베츠는 비전문가를 활용하는 방안을 제안했고 헨델은 정책결정권자와 접촉이 빈번하게 이루어지는 것이 바람직하다고 주장했다.

② 베츠는 조직개편이 효과가 있다고 주장했지만 헨델은 조직개편은 효과가 없다고 주장했다.

③ 베츠는 정보조직 개편의 효과가 미흡할지라도 특정한 시기에 부합되는 특정한 조직이 요구되는 조직개편이 필요하다고 주장했다.

④ 저비스는 정보조직상의 결함이나 정보의 정치화와 같은 문제가 없을지라도, 세상의 현상을 이해하는 데 장애요소들이 너무 많아서 정보는 종종 부정확하게 결론을 내린다고 본다.

정답 ③

풀이 ③ 코드 빌라의 견해이다.

1433

분석관은 정책결정자와 밀접한 관계를 유지함으로써 정책결정자들의 선호도에 맞는 분석 자료를 제공해 주는 것이 바람직하다고 주장한 연구자의 이름으로 옳은 것은? [2023년 기출]

① 마크 로웬탈 ② 갓슨

③ 베츠 ④ 라쿠어

정답 ②

풀이 ② 갓슨(Roy Godson)은 기회분석기법(opportunity–oriented analysis)에 입각해서 분석관은 정책결정자와 밀접한 관계를 유지함으로써 정책결정자들의 선호도에 맞는 분석 자료를 제공해 주는 것이 바람직하다고 주장한다.

Theme

53 정보통제

핵심정리 'intelligence oversight'와 'intelligence control'

(1) 의의

① 국가정보학을 연구하는 영미 학자들 간에 '정보통제'를 의미하는 용어로 'intelligence oversight' 또는 'intelligence control'이 사용된다.

② 영미 학계에서 매우 드물게 일부 학자들이 'intelligence control'이라는 용어를 사용하고 있지만 'intelligence oversight'라는 용어가 보다 일반적으로 통용되는 듯하다.

③ 엄밀히 구분하자면 'control'과 'oversight' 간에는 다소 다른 의미를 포함하고 있다. 예컨대, 'control'은 '통제' 또는 '관리'라는 의미를 가지는 것으로 생각되는 반면, 'oversight'는 '감독' 또는 '감시'라는 뜻으로 해석된다.

(2) intelligence control

대체로 'intelligence control'은 정보기관에 대한 대통령이나 행정부의 역할에 초점을 둔 용어로 보인다. 즉 대통령이나 행정부가 산하기관인 정보기관이나 그것이 수행하는 정보활동을 관리, 조정, 또는 통제한다는 의미를 가지는 것으로 해석된다.

(3) intelligence overeight

이와 대조하여 'intelligence overeight'는 주로 의회의 역할에 주목하여 의회가 정보기관이나 그들이 수행하는 정보활동을 감시 또는 감독하는 활동을 의미하는 것으로 해석된다.

1434

국가정보기구 업무통제의 효용으로 적절하지 않은 것은?

① 업무의 수월성 도모와 행정의 일사불란함 확보

② 예산남용 방지를 통한 업무의 긴장성과 효율성 도모

③ 행정의 책임성 도모

④ 정보기구에 불필요한 정치적 부담 제거

정답 ①

풀이 ① 정보기구 업무통제의 효용은 행정의 책임성 도모, 예산남용 방지를 통한 업무의 긴장성과 효율성 도모, 정보기구에 불필요한 정치적 부담 제거 등에 있는 것이지, 정보기구를 잘 통제하여 임의대로 활용할 수 있음을 과시하는 것에 있는 것은 아니다.

1435

정보기구 업무통제의 효용으로 틀린 것은?

① 정보기구의 전문성과 책임성 도모

② 정보예산의 남용 방지를 통한 업무의 긴장성과 효율성 도모로 조직의 부패방지

③ 국가안보를 담당하는 정보기구의 위상 확보

④ 정치적 중립성 확보로 정보기구에 불필요한 정치적 부담 제거

정답 ③

풀이 ③ 정보기구를 포함한 행정부처 업무의 통제와 감독은 법치행정을 도모하고 업무의 순수성과 전문성을 고양해 주고자 하는 것이지 결코 부처의 위상을 높여주고자 하는 것이 아니다.

1436

정보기구에 대한 업무통제와 감독의 내용으로 틀린 것은?

① 정보예산의 집행과 결산을 적절히 했는가?

② 정보기구가 정책적 요구에 적시에 적절히 대처하여 정보수요를 충족시켜 주었는가?

③ 정보분석의 질은 부족함이 없었는가?

④ 비밀공작과 방첩공작의 횟수를 충족하였는가?

정답 ④

풀이 ④ 정보기구의 비밀공작과 방첩공작은 일반 행정부처의 업무처럼 그 수요를 예측할 수 있는 것이 아니다.

1437

정보기구에 대한 사전적 통제로 옳은 것은?

ㄱ. 국회 예산결산심사권	ㄴ. 국회의 입법권
ㄷ. 행정심판	ㄹ. 정보공개청구권

① ㄱ, ㄴ　　② ㄴ, ㄷ

③ ㄴ, ㄹ　　④ ㄷ, ㄹ

정답 ③

풀이 ③ 정보기구에 대한 사전적 · 사후적 통제의 유형은 다음과 같다.

사전적 통제	사후적 통제
국회의 입법권, 행정절차법, 정보공개청구권, 예산심의권, 예산편성권	사법부의 사법심사, 행정소송, 행정심판, 예산결산심사권, 국정조사권

1438

정보통제에 대한 각 연구자들의 견해로 적절하지 않은 것은?

① 앤드류: 정보기관을 통제하는 것은 정책결정자의 무관심과 무지를 극복하는 과정이다.

② 코드빌라: 호전적인 적대국들에게 둘러싸여 있는 국제사회의 냉혹한 현실에서 정보기관을 통제하는 것이 반드시 바람직한 것은 아니다.

③ 노트: 정보활동은 비밀성, 시의성, 융통성, 효율성이 보장되어야만 성공할 수 있는 민감한 사안으로서 의회가 개입하면 실패할 위험이 있다.

④ 올스테드: 의회가 정보감독 기능을 제대로 수행하지 못하는 결정적인 요인은 정보기관을 효과적으로 통제하는 데 필요한 전문성이 부족하기 때문에 행정부의 도움 없이 독자적으로 정보기관에 대한 감독 기능을 수행하는 데 한계가 있기 때문이다.

정답 ④

풀이 올스테드는 의회가 정보감독 기능을 제대로 수행하지 못하는 결정적인 요인은 의회 스스로 정보기구에 대한 감독활동 수행을 부담스럽게 여기는 데서 비롯된 것이라고 주장했다.

1439

국내정치 민주화 움직임이 국가안보에 미치는 영향에 대한 설명으로 틀린 것은?

① 민주화된 정권에서는 여론과 이익 집단이 정책결정과정에 개입하기 때문에 정책결정권자의 재량권이 축소되어 정책의 일관성과 효율성이 저하되는 경향이 있다.

② 미국의 경우 적대국인 소련이 소멸되고 냉전이 종식됨에 따라 CIA와 FBI를 비롯한 정보기관에 대한 의회 및 대중의 정보감독이 점차 강화되는 양상을 보였다

③ 미국에서는 1970년대 중반부터 의회 상 · 하 양원에 각각의 정보위원회가 설립되어 정보기관들에 대한 감독 업무를 시행해 왔다.

④ 한국의 경우에는 김대중 국민의 정부가 출범한 이후 국회에 상임위원회로서 정보위원회가 설립되어 국가안전기획부를 비롯한 정보기관의 정보활동 예산에 대한 권한을 통해 의회가 정보기관에 대한 감독권을 행사하게 되었다.

정답 ④

풀이 한국의 경우에는 김영삼 문민정부가 출범한 이후 국회에 상임위원회로서 정보위원회가 설립되어 국가안전기획부를 비롯한 정보기관의 정보활동 예산에 대한 권한을 통해 의회가 정보기관에 대한 감독권을 행사하게 되었다.

1440

민주주의와 국가정보활동의 관계에 대한 설명으로 틀린 것은?

① 민주주의는 정보활동의 투명성을 요구하고, 국가기관의 정보활동은 비밀성을 요구한다.

② 민주주의는 권력을 분산시키려는 경향성을 보이고 정보기구들은 비밀에 대한 권한과 접근 모두를 한 곳으로 집중시킨다.

③ 민주주의에서 시민 간, 그리고 시민과 정부 간에 상호신뢰가 요구되는 것과 마찬가지로 정보활동의 세계에서도 정보기구 간에 신뢰가 요구된다.

④ 민주주의는 방법 또는 수단을 강조하고, 국가정보활동은 국가안보라는 목적을 우선시한다.

정답 ③

풀이 민주주의와 정보활동 간에는 신뢰의 문제로 서로 충돌한다. 민주주의는 근본적으로 시민 간에, 그리고 시민과 정부 간에 어느 정도의 상호 신뢰가 요구된다. 그러나 정보활동의 세계에서는 항상 경계 태세를 유지하는 것이 중요하다. 정보기구에서 같이 종사하고 있는 인사에 대해서도 끊임없이 경계하고 감시하는 것이 요구된다.

1441

다음 중 정보의 민주적 통제에 대한 설명으로 가장 적절하지 않은 것은? [2024년 기출]

① 민주주의 국가에서 정보기관에 대한 통제를 소홀히 할 경우 정보기관이 자칫 정권안보의 수단으로 악용될 수 있다.

② 정보기관에 대한 통제가 제대로 이루어지지 않으면 비효율적인 정보활동을 방치함으로 인해 소중한 국가 예산이 낭비되는 사태가 초래될 수 있다.

③ 정보기관에 대한 통제를 강화하면 정보활동을 보다 효과적으로 활발하게 수행할 수 있다.

④ 정보통제는 정보기관이 내린 정책결정이나 수행한 행위에 대해 책임성을 요구함으로써 정보기관의 잘못된 행위나 정책결정이 반복 또는 지속되는 것을 방지한다.

정답 ③

풀이 ③ 코드빌라(Angelo Codevilla)는 "호전적인 적대국들에게 둘러싸여 있는 국제사회의 냉혹한 현실에서 정보기관을 통제하는 것이 반드시 바람직한 것은 아니다."라고 주장하고, 정보기관이 가진 능력을 십분 발휘할 수 있도록 정보활동에 대한 통제장치를 풀어주는 방안도 고려해 볼 필요가 있다고 제언했다.

1442

제시문의 개념을 수행하기 위한 수단 중 가장 거리가 먼 것을 고른 것은? [2024년 기출]

> 국가정보 등 정보기관의 활동에 대해 업무 범위와 책임의 소재 및 한계를 분명히 함으로써 권한을 자의적으로 오용 또는 악용하지 않도록 법, 제도, 기타 여러 통제방법 통해 견제함을 의미한다. 이는 효율적이고도 안정적으로 목표에 부합하는 업무를 수해할 수 있도록 하는 일련의 조치를 말한다.

① 언론의 감시
② 국회(의회)에 의한 통제
③ 학술 · 연구기관에 의한 감시
④ 최고통치권자에 의한 직접 통제

정답 ③

풀이 ③ 협의의 '정보통제'는 행정부의 정보기관에 대한 관리와 감독을 뜻한다. 그리고 광의의 '정보통제'는 입법부, 행정부, 사법부, 언론 등 모든 기관의 감시감독을 의미한다. 본래 정보통제는 입법부가 주도적인 역할을 수행하는 것으로 인식되지만, 행정부, 사법부 그리고 언론도 정보기관에 대해 실질적인 감시감독 또는 통제활동을 수행한다.

1443

국가안보정책결정의 주체에 대한 설명으로 틀린 것은? [2022년 기출]

① 대통령은 광범위한 정책결정권을 행사하며, 정보공동체는 대통령과 일치된 정책을 추구한다.
② 행정부처는 업무 속성과 문화에 따라 국가안보정책을 결정하려는 속성을 지닌다.
③ 국가안전보장회의는 국가 안보 · 통일 · 외교와 관련된 최고 의결기구로, 대통령 직속 자문기관이다.
④ 의회는 고유의 권한인 국정통제기능을 통해 행정부의 막강한 권력을 견제하고 입법 기능을 통한 국가정책의 주체로서 기능한다.

정답 ①

풀이 ① 정보와 정치의 관계는 마치 '반투과성막(semipermeable membrane)'과 같다. 즉 정책결정자는 정보분석관에게 의견을 제시할 수 있지만, 반대로 정보분석관은 그들의 정보분석에 기초한 정책 대안을 권고할 수 없다. 따라서 정보공동체는 정책을 추구할 수 없다.

1444

정보기구에 대한 대통령 및 의회의 통제에 대한 설명으로 틀린 것은? [2022년 기출]

① 정보의 통제란 정보기구가 활동목표에서 일탈하는 것을 방지하기 위해 행정수반, 국회, 언론, 시민단체 등 통제 주체들이 정보기구를 직간접적으로 통제하는 것을 말한다.

② 행정부의 정보통제에는 인사권, 조직 해체 및 축소 등 개편, 행정명령 등이 있다.

③ 의회의 정보통제에는 예산안 심의와 결산 심사, 입법권, 기관장에 대한 인사청문회 및 공청회, 국정감사와 조사 등이 있다.

④ 행정부의 정보기관 통제는 의회의 통제에 비해 전문성과 다양한 통제수단을 활용하여 정보기관에 대한 보다 공정하고 객관적인 감독이 가능하다.

정답 ④

풀이 ④ 행정부는 정보기관의 관료들과 긴밀한 유대관계를 갖기 때문에 정보기관과의 유착 관계가 형성됨으로써 객관적이고 엄중한 통제가 사실상 어려울 수 있다. 반면에 의회 의원들은 정보기관 관료들과의 유대관계가 그다지 긴밀하지 않기 때문에 의회가 가지는 여러 가지 가용한 수단들을 활용하여 보다 공정하고 객관적으로 감독할 수 있다.

핵심정리 국가정보활동과 민주주의

(1) 의의

대부분의 현대 국가는 국가안보와 국가이익을 위해 활동하는 국가정보기구를 설치하여 운용하고 있다. 오늘날 민주주의 국가에서는 대부분의 시민들이 국가안보와 국가이익을 위해서는 국가정보기구의 정보활동이 필요하다는 것에 동감하고 있다. 그러나 정보활동과 민주주의 사이에는 긴장관계가 존재한다. 정보활동을 규율하는 기본 원리와 민주주의 원칙이 서로 충돌하기 때문이다.

(2) 투명성과 비밀성

민주주의와 정보활동 간에는 투명성과 비밀성이 충돌하는 경우가 있다. 민주주의는 국가의 리더십과 광의의 정책 방향에 대해 합리적 선택을 할 수 있도록 정보에 밝은 유권자의 존재를 상정한다. 이를 위해서는 대중매체의 자유로운 활동, 정부의 활동과 정책결정과정에 있어서의 높은 투명성 그리고 정보와 사상의 자유로운 흐름 등이 필요하다. 그러나 정보활동은 비밀성이 요구될 뿐만 아니라 비밀의 수준에 따라 접근이 제한된다.

(3) 분산과 집중

민주주의와 정보활동은 분산과 집중의 원리로 서로 충돌한다. 민주주의는 전형적으로 권력이 집중되는 것을 의심의 눈초리로 바라보기 때문에 권력을 분산시키려는 경향성을 보인다. 그러나 정보기구들은 비밀에 대한 권한과 접근 모두를 한곳으로 집중시킨다.

(4) 법의 지배

셋째, 민주주의와 정보활동은 법의 지배 원리 문제로 서로 충돌한다. 민주주의는 개인이 아니라 법의 지배에 근거하고 있으며, 근거가 되고 있는 법은 사회 구성원 대다수가 가지고 있는 가치에 기반하고 있다. 반면에 정보활동은 때에 따라 국내법의 적용을 배제시킬 것이 요구되며, 때로 다른 나라의 법률을 위반하는 경우도 발생한다.

(5) 사생활 보호

민주주의와 정보활동은 사생활 보호 문제로 서로 충돌한다. 민주주의는 사생활의 비밀을 인간의 기본권에 속하는 사항으로 간주하고 보호한다. 그러나 정보활동에 종사하는 인사들의 사생활은 상당 부분 보호되지 않는다. 정보기구에 충원될 때에도 개인적 행동이나 태도 등 사생활에 대한 전면적인 조사가 이루어지며, 근무 기간 중에도 조사 대상이 될 경우에서는 수시로 거짓말 탐지기에 의한 조사나 개인 생활에 대한 전방위적 조사가 이루어진다.

(6) 신뢰의 문제

민주주의와 정보활동 간에는 신뢰의 문제로 서로 충돌한다. 민주주의는 근본적으로 시민 간에, 그리고 시민과 정부 간에 어느 정도의 상호 신뢰가 요구된다. 그러나 정보활동의 세계에서는 항상 경계 태세를 유지하는 것이 중요하다. 정보기구에서 같이 종사하고 있는 인사에 대해서도 끊임없이 경계하고 감시하는 것이 요구된다.

(7) 결론

민주주의와 정보활동 간에는 이러한 상충관계가 존재하기 때문에 국가정보기구의 정보활동은 민주주의의 근본규범, 과정 그리고 제도를 제약할 위험성을 내포하고 있는 것이다. 따라서 민주주의 체제 하에서의 정보활동의 근본 과제는 정보활동을 효과적으로 수행하면서도 어떻게 민주주의의 근본규범, 그리고 민주적 과정과 제도를 훼손하지 않고 유지·발전시킬 수 있는가 하는 것이다.

1445

민주주의와 국가정보활동의 관계에 대한 설명으로 틀린 것은? [2021년 기출]

① 민주주의는 정보활동의 투명성을 요구하고, 국가기관의 정보활동은 비밀성을 요구한다.

② 민주주의는 권력을 분산시키려는 경향성을 보이고 정보기구들은 비밀에 대한 권한과 접근 모두를 한 곳으로 집중시킨다.

③ 민주주의에서 시민 간, 그리고 시민과 정부 간에 상호신뢰가 요구되는 것과 마찬가지로 정보활동의 세계에서도 정보기구 간에 신뢰가 요구된다.

④ 민주주의는 방법 또는 수단을 강조하고, 국가정보활동은 국가안보라는 목적을 우선시한다.

정답 ③

풀이 ③ 민주주의와 정보활동 간에는 신뢰의 문제로 서로 충돌한다. 민주주의는 근본적으로 시민 간에, 그리고 시민과 정부 간에 어느 정도의 상호 신뢰가 요구된다. 그러나 정보활동의 세계에서는 항상 경계 태세를 유지하는 것이 중요하다. 정보기구에서 같이 종사하고 있는 인사에 대해서도 끊임없이 경계하고 감시하는 것이 요구된다.

1446

정보기관의 민주적 통제로 적절하지 않은 것은? [2009년 기출]

① 사회적 통제　　② 경제적 통제

③ 사법적 통제　　④ 정치적 통제

정답 ④

풀이 ④ 사회적 통제는 국민여론, 경제적 통제는 예산, 사법적 통제는 사후 법적인 책임을 묻는 것이다. 정치적 통제는 정보의 정치화에 해당하는 것으로 민주적 통제로 볼 수 없다.

핵심정리 행정부의 정보기관 통제

(1) 의의

① 행정부가 막강한 능력을 가진 정보기관을 제대로 통제하지 않으면 정권 유지에 크나큰 부담이 될 수 있으며, 정보기관의 무능력과 비효율성으로 인해 국가체제에 심각한 위협을 야기할 수 있다.

② 그러므로 행정부 차원에서 정보기관을 효과적으로 감독 또는 통제하는 것은 정권유지 차원에서는 물론 국가체제를 안정적으로 운영함에 있어서 매우 중요한 요소로 인식된다.

(2) 행정수반의 행정부 산하 기관들에 대한 통제

① 대통령과 수상 등 행정수반은 행정부 산하 기관들에 대해 통제할 권한과 의무를 가진다. 정보기관도 행정부의 산하기관으로서 마땅히 대통령이나 수상 등 행정수반의 감독 또는 통제를 받게 된다.

② 대통령이나 수상 등 행정수반은 인사권, 조직개편, 행정명령권 등 다양한 제도와 수단을 활용하여 정보기관에 대한 통제력을 행사하고 있다.

핵심정리 최고정책결정자의 통제 수단들

1. 인사권

(1) 의의

① 일반적으로 대통령이나 수상 등 행정부의 수반이 관료조직을 장악할 수 있는 가장 중요한 수단은 인사권이다.

② 대통령이나 수상 등 행정수반은 장·차관을 비롯한 행정부의 주요 보직에 대한 인사권을 행사함으로써 통제력을 유지한다. 대통령이나 수상은 정보기관의 장에 대한 임명 및 해임권을 가지고 있으며, 이를 통해 정보기관의 조직을 통제한다.

(2) 정보기관의 수장에 대한 인사

① 정보기관의 수장에 대한 인사는 일반 행정 부처의 장관들보다 신중하게 고려된다. 정보기관의 경우 막강한 능력과 권한을 가지고 있는 반면, 조직과 활동 내용은 철저히 비밀에 쌓여 있기 때문이다.

② 그래서 일반적으로 정보기관의 수장은 대통령이나 수상 등 행정수반이 가장 신뢰할 수 있는 측근으로 임명하는 경향을 보인다. 예를 들어, 미국의 카터 대통령은 자신의 고향 친구인 터너(Stansfield Turner, 1977~1981) 제독을 CIA 국장으로 임명했으며, 레이건 대통령도 자신의 절친한 친구인 케이시(William J. Casey)를 CIA 국장으로 임명하여 그에게 소련을 와해시키는 비밀공작을 주도하는 임무를 부여했다.

(3) 미국 FBI는 후버 국장

① 때로 정보기관이 수행한 불법적인 활동이나 비윤리적인 행위 사실을 최고정책결정자가 전혀 알지 못하거나 알고 있으면서도 통제하지 못하는 경우도 있다. 예를 들어, 미국의 FBI는 후버 국장 재임시절 후버 국장이 선호하는 대통령 후보를 지원하는 등 선거에 불법적으로 개입했으며, 무고한 시민들을 대상으로 불법 도청이나 미행감시 등 비윤리적인 활동을 저질렀다.

② 트루먼과 케네디 대통령을 비롯한 여러 대통령들이 그의 비리 사실을 알고 그를 해임시키려 시도했던 것으로 알려졌다. 그러나 역대 대통령들은 그가 자신들의 약점을 폭로하거나 정치적으로 보복할 것을 우려하여 아무도 그를 해임시키지 못했다.

③ 후버는 47년간을 FBI 국장으로 군림하면서 온갖 불법을 자행했지만 해임되지 않은 채 사망할 때까지 재임했다. 이처럼 정보기관의 수장은 무소불위의 막강한 권한을 행사할 수 있기 때문에 잘못된 인물을 임명하게 될 경우 정권 유지는 물론 체제 안위에 심각한 위협을 야기할 수 있다. 따라서 일반 부처의 상·차관과는 달리 정보기관의 수장을 임명함에 있어서 보다 신중한 선택이 요구된다.

2. 조직개편

(1) 의의

① 대통령이나 수상은 행정부의 수장으로서 정부조직을 새롭게 만들거나 해체할 수 있는 권한을 가진다. 정보기관에 대해서도 업무의 효율성을 제고하고 통치권자로서 조직에 대한 장악력을 높이기 위해 불필요한 조직을 해체하고 새로운 조직을 신설하는 등 조직 개편을 단행할 수 있다.

② 때로 통치권자가 자신을 대신하여 행정부 내에 정보기관을 통제할 별도의 새로운 기구를 설립하기도 한다. 정보기관들에 대해 견제 또는 감독하는 임무를 효과적으로 수행하기 위해 동 기구는 대체로 통치권자의 직속기구이면서 여타 정보기관들로부터 독립된 조직 형태를 보인다.

(2) 1947년 CIA를 설립

① 미국의 경우 종종 참담한 정보실패를 경험했으며, 그 때마다 정보공동체에 대한 개편을 단행했던 것으로 나타난다.

② 예를 들어, 미국의 CIA는 1941년 '진주만 기습'의 실패를 경험하고 나서 창설되었다. 당시 기습을 사전에 파악하는 데 실패하게 된 경위를 조사하는 가운데 군 정보기관들의 불충분한 정보공유와 지나친 경쟁으로 인해 적시에 적의 기습을 파악하지 못했던 것으로 평가되었다.

③ 이에 따라 국가적 차원에서 종합 적으로 정보를 분석할 새로운 정보기구가 필요하다는 공감대가 확산되었고, 마침내 1947년 CIA를 설립하게 되었다.

(3) 국토안보부(DHS)와 국가정보장(DNI) 신설

미국은 2001년 9/11 테러 사건 이후 테러 업무를 전담할 국토안보부(Department of Homeland Security, DHS)를 신설했고, 16개 정보기관들에 대해 강력한 통제력을 행사하는 권한을 가진 장관급 직위의 국가정보장(Director of National Intelligence, DNI)을 신설했다.

(4) NSC(국가안전 보장회의), 해외정보자문위원회, 정보감독위원회 설립

이 밖에 대통령을 대신하여 정보공동체의 정보활동을 통제 또는 감독하는 기구로서 1947년 국가안보법에 따라 설립된 NSC(국가안전 보장회의), 1956년 아이젠하워 대통령 당시 설립된 해외정보자문위원회(Board of Consultant on Foreign Intelligence Activities) 그리고 1976년 포드 대통령이 설립한 정보감독위원회(Intelligence Oversight Board, IOB) 등이 있다.

(5) 조직구조 개편의 필요성

① 일반적으로 정보기관은 비밀보안을 생명으로 하기 때문에 조직구조에 대해 철저히 비밀을 유지한다.

② 조직구조의 비밀성은 한편으로는 효과적인 정보활동을 수행하는 데 필요한 핵심적인 요소이지만 다른 한편으로는 외부와 차단되어 상대적으로 경쟁이 적기 때문에 조직구조의 비효율성이 심화될 수 있는 위험도 있다. 예를 들어, 정보기관이 관료 조직화되어 행정지원 부서가 지나치게 비대해지면 수집, 분석, 비밀공작, 방첩 등 본연의 정보활동은 상대적으로 위축될 수 있다.

③ 이처럼 비정상적인 조직구조를 보다 효율적인 조직구조로 개편함으로써 정보활동의 효율성과 생산성을 제고할 수 있을 것이다.

(6) 결론

정보기관에 대한 조직 개편은 정보조직의 경쟁력을 향상시키고 나아가 통치권자의 통제력을 강화시킬 수 있는 효과적인 방안으로 활용된다.

3. 행정명령권

(1) 의의

① 대통령이나 수상 등 행정수반이 정보기관을 통제할 수 있는 또 하나의 중요한 수단으로서 행정명령권이 있다.

② 법률을 제정할 수 있는 권한은 의회가 가지고 있지만 대통령은 행정명령을 통해 입법부와 유사한 형태의 입법권을 갖는다. 행정명령은 입법부가 제정한 법률에 비해 영구적이지 못하고 강제력이 떨어지는 단점이 있다. 또한, 행정명령은 법률이 아니기 때문에 강력히 집행되기 어려우며, 입법부의 권한을 약화시킬 수 있다는 문제점이 제기된다.

③ 그러나 행정명령은 통치권자가 의회의 승인을 받지 않고 신속히 자신이 원하는 업무나 활동을 추진할 수 있기 때문에 정보기관을 통제하는 수단으로서 유용하게 활용된다.

(2) 미국 대통령의 행정명령권

① 미국 대통령의 행정명령권은 헌법에 구체적으로 명시되지는 않았지만 미국 헌법 제2조 제1절 제1항의 규정에 근거하여 합법적인 것으로 인정된다.

② 미국의 경우 역사상 4명의 대통령(1976년 포드, 1978년 카터, 1981년 레이건, 2004년 부시 등)이 국가정보와 관련하여 광범위한 문제를 포괄하는 행정명령(executive order)을 내렸던 것으로 나타난다.

③ 대부분의 행정명령은 정보기관이 수행하는 특정한 유형의 정보활동을 억제 또는 촉진할 목적으로 발동시킬 수 있다. 예를 들어, 카터 대통령이 재임 중이던 1978년 1월 24일의 행정명령 12036호는 과거 CIA를 비롯한 정보기관이 수행해왔던 다양한 유형의 국내정보 활동을 대폭 제한 또는 금지하는 내용을 포함하고 있다.

④ 때로 대통령이나 수상이 직접 정보기관을 통제하기가 어렵기 때문에 정보기관을 간접적으로 통제할 기구를 행정부 내에 설립하기 위해 행정명령이 내려지기도 했다. 미국의 아이젠하워 대통령은 1956년 2월 6일의 행정명령 10656호를 통해 대통령해외정보자문위원회(President's Foreign Intelligence Advisory Board, PFIAB)의 전신인 '해외정보 자문위원회(Board of Consultant on Foreign Intelligence Activities)'를 설치했다. 또한, 포드 대통령은 1976년 2월 18일 행정명령 11905호를 통해 정보감독위원회(Intelligence Oversight Board, IOB)를 설치했다.

1447

최고정책결정권자의 통제 수단에 대한 설명으로 틀린 것은?

① 정보기관의 장에 대한 임명 및 해임권을 갖고 있으며, 이를 통해 정보기관의 조직을 통제한다.

② 행정부의 수장으로서 정부조직을 새롭게 만들거나 해체할 수 있는 권한을 가진다.

③ 행정명령을 통해 입법부와 유사한 형태의 입법권을 갖는다.

④ 대체로 정책결정자는 조직을 장악하여 '운영'하는 역할을 맡는 것이 바람직하다.

정답 ④

풀이 행정부의 수반과 정보기관의 수장은 각기 다른 임무와 역할을 수행해야 한다. 즉 정보기관에 대한 '통제' 및 '조직운영'에 있어서 정책결정자와 정보기관 수장의 역할분담이 필요하다는 것이다. 대체로 정책결정자는 정보기관의 활동에 대한 '통제' 기능을 수행하고, 정보기관의 수장은 조직을 장악하여 '운영'하는 역할을 맡는 것이 바람직하다.

1448

정보기관 통제에 대한 설명으로 틀린 것은? [2015년 기출]

① 민주적 통제는 정보기관이 본연의 설립목적에 적합하게 활동하도록 하는 것이다.

② 권위주의 국가에서는 정보기관이 권력자의 사유물로 초법적 권한을 행사하는 경향이 있다.

③ 국회는 예산이나 주요 인사의 청문회를 통해 정보기관을 통제한다.

④ 대통령은 정보기관 내부의 인사에 개입하는 방법으로 조직을 통제한다.

정답 ④

풀이 ④ 대통령이라고 해도 법으로 규정된 정보기관장과 주요 인사에 대한 인사권만 행사할 수 있고 내부의 인사에 개입할 수는 없다.

핵심정리 **행정부의 정보통제기구**

1. NSC(National Security Council)

(1) 의의

NSC(National Security Council)는 1947년 제정된 국가안보법(National Security Act of 1947)에 따라 설치되었다.

(2) 구성

① NSC는 대통령 자문기구로서 국가안보와 외교정책에 관련된 임무를 수행하는 행정부의 최고위급 각료들로 구성된다.

② NSC는 대통령을 의장으로 하고 부통령, 국무부장관, 재무부장관, 국방부장관, 국가안보보좌관 등을 구성원으로 한다. 합참의장은 군사분야 자문위원으로, 국가정보장(Director of National Intelligence, DNI)은 정보분야 자문위원으로 참석한다.

(3) 권한

NSC는 정보공동체의 정보기관들로부터 정보활동이나 정책에 관해 보고를 받고 지휘 · 감독하는 권한 갖는다.

(4) 정보기획실(Office of Intelligence Programs, OIP)

① NSC 산하에 '정보기획실(Office of Intelligence Programs, OIP)'은 오랫동안 행정부 내 정보활동을 감독하는 최고위급 기관으로서 임무를 수행해 왔다.

② 그런데 2004년 정보개혁법에 따라 '합동정보공동체위원회(JICC)'가 설립되어 정보공동체를 감독하는 기능을 수행하게 되었다.

2. 합동정보공동체위원회(Joint Intelligence Community Council, JICC)

(1) 구성

JICC는 DNI를 의장으로 하고, 국무부장관, 재무부장관, 국방부장관, 에너지부장관, 국토안보부장관, 검찰총장 등을 구성원으로 한다.

(2) 역할

JICC는 정보요구, 예산, 정보기관의 활동성과 등에 관해 DNI에게 자문하는 역할을 수행한다.

(3) 권한

JICC 위원 중에 누구든지 DNI가 제공한 정보와 상반되는 내용을 대통령에게 보고할 수 있는 권한을 가진다.

(4) 기대

DNI보다 서열이 높은 장관들이 정보 업무에 관해 대통령에게 직접 보고할 수 있는 권한을 가지고 있기 때문에 DNI에 대한 견제 수단으로서의 역할을 충분히 수행할 수 있을 것으로 기대되었다.

(5) 평가

① 그러나 DNI를 제외하고 대부분의 JICC 위원들이 정보공동체 내 정보기관들을 관리 및 운영하는데 매진할 시간이 거의 없고, 정보 업무에 관한 전문성도 부족하다는 데 문제가 있다.

② 그래서 기대와는 달리 JICC가 정보기관들을 감독하는 실질적인 역할을 수행하기가 사실상 어려울 것으로 지적된다.

3. 대통령 정보자문위원회(PIAB)

(1) 의의

대통령 정보자문위원회(President's Intelligence Advisory Board, PIAB)는 다른 나라에는 찾아보기 어려운 미국 고유의 독특한 기구이다.

(2) 연혁

① 1956년 2월 6일 아이젠하워 대통령이 행정명령 10656호를 통해 '해외정보자문위원회(Board of Consultant of Foreign Intelligence Activities)'를 설치했다.

② 케네디 대통령은 피그만 사건 이후 이를 대통령해외정보자문위원회(President's Foreign Intelligence Advisory Board, PFIAB)로 개칭하고 적극적으로 활용했다.

③ 그러나 닉슨 대통령 재임 중이던 1972년 이후 점차 활동이 위축되었고, 카터 대통령 시기에는 아예 폐기되는 운명에 처했다.

④ 이후 레이건 대통령 시기에는 위원회의 구성원을 확대하면서 부활했다. 그리고 1993년 빌 클린턴 대통령의 행정명령 12863호에 의거 IOB가 PFIAB 소속의 분과위원회로 흡수되었다.

⑤ 이후 부시(George W. Bush) 대통령 당시인 2008년 2월 29일 PFIAB는 PIAB(President's Intelligence Advisory Board)로 개칭되어 현재에 이르고 있다.

(3) NSC 정보기획실과의 비교

① 아이젠하워 행정부(1953~1961) 이래 역대 대통령들은 국외정보활동 자문 관련 NSC 정보기획실(Office of Intelligence Program, OIP)보다는 PFIAB에 더 많이 의존했던 것으로 나타난다.

② NSC 정보기획실과 비교하여 PFIAB는 고위직 관료들로 구성되었고, 보다 객관적인 자문활동을 수행했던 것으로 인정되었다.

(4) 구성

① PIAB 위원들은 대통령이 임명하며, 대부분의 위원들은 전직 정보관들과 정보와 관련된 업무 경험을 가진 민간인들로 구성된다.

② 위원회 구성원의 숫자는 5명에서 24명에 이르기까지 역대 대통령들의 성향에 따라 각기 달랐다.

(5) 임무

① PIAB의 주요 임무는 CIA가 수행하는 정보활동의 성과와 효율성을 평가·감독하고 이를 향상시킬 수 있는 방안에 대해 대통령에게 조언하는 것이다.

② PFIAB는 피그만 침공 실패 이후 케네디 대통령에게 DIA(Defense Intelligence Agency) 창설을 권고했다.

③ 또한 1976년 소련의 전략적인 능력과 의도를 분석할 기법으로서 A팀 대 B팀의 경쟁분석을 제안하기도 했었다.

(6) 권한

① 정보공동체에 대한 공식적인 감독권은 의회가 가지고 있으며, PFIAB는 정보기관을 감독 또는 관리할 법적인 권한은 없다.

② 그럼에도 불구하고, PFIAB는 간혹 비공식적으로 정보기관의 활동에 대해 조사 · 평가 · 감독하는 역할을 수행하기도 했다.

③ PFIAB는 정보기관에 대해서는 독립적인 위치에서 객관적이고 공정한 조사 · 평가를 내릴 수 있지만, 대통령 직속 자문기구로서 대통령이 임명하기 때문에 대통령의 정치적 입장을 배려하는 권고사항을 제시하는 등 정치중립적인 성향을 유지하기가 어렵다.

4. 정보감독위원회(Intelligence Oversight Board, IOB)

(1) 의의

① 1973년 칠레의 아옌데(Salvador Allende) 정권이 붕괴되었다. 그 후 미국 CIA가 비밀공작을 통해 아옌데 정권을 붕괴시키기 위해 불법적으로 개입했던 사실이 드러났다.

② CIA는 비밀공작을 수행하는 과정에서 온갖 불법과 비윤리적인 행위를 자행했던 것으로 의심되었다.

(2) 연혁

① 포드 대통령은 행정부에 정보기관이 수행하는 정보활동의 합법성 여부를 조사 · 평가하는 정보감독 기구를 설립하도록 지시하였다.

② 마침내 포드 대통령 재임 중이던 1976년 2월 18일 행정명령 11905호에 의거 IOB가 설치되었다.

③ IOB는 클린턴 대통령 당시 행정명령 12863호에 따라 PFIAB 소속의 분과위원회로 편입되었고, 부시 대통령(George W. Bush) 당시 행정명령 13462호에 의거 PFIAB가 PIAB로 개칭됨에 따라 PIAB 소속 위원회로 편입되었다.

(3) 조직

① IOB는 현재 PIAB의 부속기관으로서 PIAB의 위원이 된다.

② IOB는 대통령이 임명하는 5명 이하의 위원으로 구성되는데 행정부 부처나 정보기관에 소속되지 않으면서 이 분야 관련 전문성을 갖출 것을 자격조건으로 한다.

(4) 권한

① IOB는 정보기관의 감사관(Inspector General)과 법률고문(General Counsels)으로부터 정기적으로 보고를 받으며, 그들을 지휘 · 감독할 권한을 가지고 있다.

② IOB는 정보활동의 위법성 여부에 대해 조사하는 권한을 가지고 있지만, 사건을 추적하거나 소환할 수 있는 권한은 없다.

③ IOB는 정보기관의 불법적인 정보활동 내용을 발견하게 되는 즉시 대통령과 검찰총장(Attorney General)에게 통지하는 임무를 맡고 있다.

5. 국방부의 '정보감독단(Intelligence Oversight Program, IOP)'

① IOB와 유사한 기능을 수행하는 행정부처 차원의 감독기구로서 국방부의 '정보감독단(Intelligence Oversight Program, IOP)'을 들 수 있다.

② IOP는 국방부에서 자체적으로 설립하여 정보감독임무를 수행하는 기구이다. IOP는 미국 국민의 기본권을 침해하지 않으면서 국방부가 정보 및 방첩 활동을 제대로 수행하고 있는지를 검토 · 평가하는 임무를 수행한다.

6. 감사관실(Office of the Inspector General)

(1) 의의

미국의 경우 행정부의 각 부처와 각 정보기관들의 내부에 '감사관실(Office of the Inspector General)'이 있으며, 동 기구의 최고위직에 감사관(Inspector General)을 두고 있다.

(2) 조직

① 감사관실은 1978년에 제정된 감사관법(Inspector General Act of 1978)에 따라 독립적인 위상을 유지하고 있다.

② 미국 정보공동체에는 정보기관들을 감독하는 12명의 감사관을 두고 있으며, 모두 정보기관에 소속된 것이 아니고 독립성을 가진 기구이다.

③ CIA와 국방부를 담당하는 감사관은 의회에서 제정된 법에 근거하여 설치되었고, 나머지 DIA, NRO 등을 담당하는 감사관은 국방부에서 설치했다. 이들 감사관은 행정부처는 물론 의회에 보고하기도 한다.

(3) 임무

① 일반적으로 감사관은 철저한 비밀보안을 원칙으로 하여 임무를 수행한다.

② 감사관은 주로 행정부에 대해 정보기관의 책임성을 강화시키려는 데 목적을 둔다.

③ 감사관은 정보기관 내부에 대한 감찰임무를 수행하며, 이를 위해 비밀 자료에 무제한 접근할 수 있도록 법으로 규정하고 있다.

④ 감사관은 정보기관의 활동에 대한 평가, 불만 조사, 회계감사 등의 임무를 수행한다.

⑤ 감사관은 IOB에 활동 내용을 보고할 의무가 있으며, 행정부의 고위 담당자에게도 정기적으로 보고하도록 되어 있다.

7. 내부 감찰기구

(1) 의의

대부분의 정보기관은 내부에 자체적으로 감사 또는 감찰 업무를 담당하는 부서를 두고 있다.

(2) 업무

① 감찰부서는 주로 정보활동의 비효율성이나 불합리한 관행을 조사 · 평가하는 업무를 담당한다.

② 이와 더불어 정보기관 내 요원들의 직권남용, 불법 활동, 비윤리적인 행위 등을 감시 · 조사하여 처벌하는 등의 임무도 수행한다.

(3) 장점

정보기관의 내부 감찰기구는 정보기관 내부에서 발생하는 비리와 문제점들을 가장 구체적으로 정확히 파악할 수 있다는 장점이 있다.

(4) 한계

① 그러나 정보기관 내부에 소재하고 있기 때문에 조사 내용의 공정성이나 객관성이 떨어질 수도 있다.

② 특히 정보기관 스스로 조직 보호를 위해 혹은 동료애에 사로잡혀 내부 비리를 외부에 가급적 표출하지 않으려는 경향을 보일 수 있다.

③ 또한 정보기관 내부의 감찰기구는 외부와 차단되어 있기 때문에 내부의 비효율성이나 잘못된 관행을 제대로 적시하지 못할 수도 있다.

핵심정리 CIA의 내부 감독 기관

(1) 의의
① CIA의 경우 내부 감독 업무를 수행하는 기관으로 감사관실과 법률고문실(Office of the General Counsel)을 두고 있다.
② CIA 감사관과 법률고문(General Counsel)은 대통령이 지명하고, 상원 정보위원회의 인준을 받는다.

(2) CIA 감사관의 권한
① CIA 감사관은 의회와 행정부로부터 정보기관에 대한 감독권을 행사하도록 법적인 권한과 책임을 부여받았다.
② CIA 감사관은 CIA 국장에게 직접 보고할 권한과 의무를 가진다. 또한 CIA 감사관은 상원 정보 위원회의 지시에 따라 감찰 및 조사 활동을 수행하고 그 결과를 보고하기도 한다.

(3) CIA 감사관과 법률고문의 임무
① 따라서 CIA의 감사관은 독립적인 위상을 유지하는 가운데 보다 객관적이고 공정하게 조사·평가 임무를 수행한다.
② CIA 법률고문은 CIA 국장에게 CIA의 정보활동 관련 모든 법적인 문제에 대해 자문하는 역할을 담당한다.

1449

합동정보공동체위원회(Joint Intelligence Community Council, JICC)에 대한 설명으로 틀린 것은?

① JICC는 DNI, 국무부장관, 재무부장관, 국방부장관, 에너지부장관, 국토안보부장관 등을 구성원으로 한다.
② 정보요구, 예산, 재정, 정보의 활동성에 대한 감독과 평가에 대해 자문한다.
③ JICC 구성원(의장 포함)은 국가정보장(DNI)이 대통령이나 국가안보위원회(NSC)에 제출한 조언에 더하여 이견을 포함한 조언이나 의견을 제출할 수 있다.
④ JICC의 모든 구성원은 정보공동체와 관하여 의회에 권고할 수 있다.

정답 ③

풀이 ③ JICC는 DNI를 의장으로 하고 국무부장관, 재무부장관, 국방부장관, 법무부장관, 에너지부장관, 국토안보부장관 등을 구성원으로 한다. JICC 구성원(의장 제외)은 국가정보장(DNI)이 대통령이나 국가안보위원회(NSC)에 제출한 조언에 더하여 이견을 포함한 조언이나 의견을 제출할 수 있다.

1450

대통령 정보자문위원회(PIAB)의 연혁에 대한 설명으로 틀린 것은?

① 1956년 아이젠하워 대통령은 '해외정보자문위원회(Board of Consultant of Foreign Intelligence Activities)'를 설치하였다.

② 케네디 대통령은 피그만 사건 이후 이를 대통령 해외정보자문위원회(PFIAB)로 개칭하고 적극적으로 활용하였다.

③ 대통령 해외정보자문위원회는 닉슨 대통령 재임 중이던 1972년 이후 점차 활동이 위축되었고, 카터 대통령 시기에는 아예 폐지되었다.

④ 대통령 해외정보자문위원회는 레이건 대통령 재임 중 정보감독위원회(IOB)를 흡수·통합하여 부활하였다.

정답 ④

풀이 레이건 대통령 시기에는 위원회의 구성원을 확대하면서 부활했다. 그리고 1993년 빌 클린턴 대통령의 「행정명령 제12863호」에 의거 IOB가 PFIAB 소속의 분과위원회로 흡수되었다.

1451

대통령 정보자문위원회(PIAB)에 대한 설명으로 틀린 것은?

① PIAB 위원들은 대통령이 임명한다.

② CIA가 수행하는 정보활동의 성과와 효율성을 평가·감독한다.

③ IOB는 클린턴 대통령 당시 행정명령 12863호에 따라 PIAB 소속의 분과위원회로 편입되었다.

④ 정보공동체에 대한 공식적인 감독권은 의회가 가지고 있으며, PIAB는 정보기관을 감독 또는 관리할 법적인 권한은 없다.

정답 ③

풀이 ③ IOB는 클린턴 대통령 당시 행정명령 12863호에 따라 PFIAB 소속의 분과위원회로 편입되었고, 부시 대통령(George W. Bush) 당시 행정명령 13462호에 의거 PFIAB가 PIAB로 개칭됨에 따라 PIAB 소속 위원회로 편입되었다.

1452

대통령 정보자문위원회(PIAB)에 관한 설명으로 틀린 것은?

① 1956년에 아이젠하워 대통령이 설립한 '해외정보자문위원회'는 케네디 대통령 시기에 대통령해외정보자문위원회(PFIAB)로 개칭되었다.

② 대통령 정보자문위원회는 주로 전직 정보관들과 정보와 관련된 업무 경험을 가진 민간인들로 구성되며, 위원회 구성원의 숫자는 대통령의 성향에 따라 결정된다.

③ PIAB의 주요 임무는 CIA가 수행하는 정보활동의 성과와 효율성을 평가 · 감독하며, 이를 향상시킬 수 있는 방안에 대해 대통령에게 조언하는 것이다.

④ 대통령 정보자문위원회는 정보기관에 대한 공식적인 감독권을 가지며, 이를 통해 정보기관의 활동에 대한 객관적이고 공정한 평가를 내린다.

정답 ④

풀이 ④ PIAB는 정보공동체에 대한 공식적인 감독권을 가지고 있지 않다. 이는 의회가 가지고 있다. 그럼에도 불구하고, PIAB는 비공식적으로 정보기관의 활동에 대해 조사 · 평가 · 감독하는 역할을 수행하기도 한다.

1453

정보감독위원회(IOB)에 대한 설명으로 틀린 것은?

① IOB는 1973년 칠레의 아옌데 정권 붕괴 이후 미국 CIA의 불법적인 개입 사실이 드러나자, 포드 대통령에 의해 1976년 설립되었다.

② IOB는 현재 PIAB의 부속기관으로서, 대통령이 임명하는 5명 이하의 위원으로 구성되며, 이들은 행정부 부처나 정보기관에 소속되지 않으면서 해당 분야의 전문성을 갖추어야 한다.

③ IOB는 정보기관의 감사관과 법률고문으로부터 정기적으로 보고를 받으며, 그들을 지휘 · 감독하는 권한을 가지고 있다.

④ IOB는 정보활동의 위법성 여부에 대해 조사하며, 불법적인 정보활동 내용을 발견하면 사건을 추적하고 관련자를 소환하는 권한을 가지고 있다.

정답 ④

풀이 ④ IOB는 정보활동의 위법성 여부에 대해 조사하는 권한을 가지지만, 사건을 추적하거나 소환하는 권한은 없다. 이를 발견하게 되면 대통령과 검찰총장에게 통지하는 임무를 맡고 있다.

1454

정보공동체에 업무에 대한 미국의 행정부 자체 통제기구로 적절하지 않은 것은?

① 사생활과 시민자유감독위원회(Privacy and Civil Liberties Oversight Board)

② 법제사법위원회(Judiciary Committee)

③ 관리 · 예산실(Office of Management and Budget, OMB)

④ 정보감독위원회(Intelligence Oversight Board, IOB)

정답 ②

풀이 ② 법제사법위원회는 의회의 통제기구이다.

핵심정리 **입법부의 정보기관 통제**

1. 의의

① 삼권분립 원칙에 따라 대부분의 민주주의 국가에서 입법부의 행정부에 대한 통제가 일반화되었지만 정보기관은 예외적인 영역으로 남아 있었다.

② 철저한 비밀보안을 생명으로 하는 정보기관의 특성을 고려하여 한동안 정보기관은 의회의 통제대상에서 예외가 인정되었다.

2. 미국의 정보기관에 대한 의회 통제제도 도입

① 1970년대에 들어서서 미국에서 세계 최초로 정보기관에 대한 의회의 통제제도를 도입하게 되었으며, 그 이전에는 미국을 비롯한 대부분의 국가에서 행정부가 독점적으로 정보기관에 대한 통제력을 행사했다.

② 오랫동안 정보기관에 대한 통제 또는 감독활동은 행정부의 고유권한으로 인식되었으며, 행정부 외에 어떤 기관도 정보기관에 대한 영향력을 행사하지 못했었다.

3. 입법부의 정보기관 통제의 헌법적 근거

(1) 의의

① 오늘날 민주주의 국가에서 삼권분립의 원칙에 따라 의회가 정보기관에 대한 통제 또는 감독활동을 수행하도록 법적인 권한을 부여하고 있으며, 그에 따른 통제력을 행사하고 있다.

② 대부분의 국가에서 의회의 정보기관에 대한 감독 기능이 헌법에 명시되어 있지는 않다. 그러나 헌법의 취지를 광의적으로 해석했을 때 의회가 행정부에 대해 통제 또는 감독 권한을 가지는 것으로 인정되며, 행정부의 산하 조직인 정보기관도 예외가 될 수 없다는 입장이다.

(2) 슐레진저(Arthur M. Schlesinger, Jr.)

슐레진저(Arthur M. Schlesinger, Jr.)는 의회의 감독 기능은 굳이 명시될 필요가 없다고 주장했는데, 그 이유를 "법을 만들 권한은 법이 성실하게 집행되었는지를 감독할 권한까지 포함하기 때문이다."라고 설명했다.

(3) 미국의 사법부

미국의 사법부는 "헌법을 보다 광범위에서 해석했을 때 행정부에 대한 감독 기능은 의회에 부여된 책임"으로 인정해 왔다. 그리고 1946년에 제정된 '입법부 재편법(Legislative Reorganization Act of 1946)'에 따라 미국 의회 스스로 정부 각 기관들의 행정집행에 대한 감독활동을 지속적으로 수행하도록 의회 위원회에 법적인 권한이 위임되었음을 인정했다.

(4) 결론

대부분의 국가에서 의회는 헌법과 법률에 따라 정보기관을 통제 또는 감독할 법적인 권한과 책임을 가지는 것으로 인정된다.

4. 의회의 국민과 정보기관 사이의 가교 역할

(1) 의의

① 정보기관은 비밀보안을 유지해야 하기 때문에 국민들과의 직접적인 접촉이 어려운 입장이다.

② 이러한 상황에서 의회는 국민들과 정보기관들 간 일종의 가교 역할을 수행한다. 즉, 의회는 정보기관에 대한 통제활동을 통해 한편으로는 정보기관에게 정보활동 관련 국민들의 시각을 제시해 주고, 다른 한편으로는 국가안보와 관련된 정보활동의 내용을 국민들에게 알려준다.

(2) 정보기관에 "제2의 견해" 제시

국민을 대표하는 대의기관으로서 의회는 정보기관들에게 국민들이 허용하는 것과 허용하지 않는 것이 무엇인지를 알려주는 역할을 수행한다. 이와 같이 의회가 "제2의 견해"를 제시해 줌으로써 정보기관은 자신들의 정보활동에 대한 외부의 시각을 알 수 있고, 나아가 자신들의 정보활동이 국민들이 허용하는 기준에서 벗어나지 않았음을 확신할 수 있을 것이다. 이로써 정보기관이 보다 책임성 있는 정보활동을 수행하게 될 것이다.

(3) 정보활동의 내용에 대한 국민들의 관심과 이해를 증진

① 또한, 의회 정보위원회는 청문회 또는 토론회 개최, 각종 보고서 발간 등을 통해 국가안보와 관련된 정보활동의 내용에 대한 국민들의 관심과 이해를 증진시키는 역할을 담당한다.

② 이처럼 의회가 국민들과 정보기관들 간의 가교 역할을 효과적으로 수행하게 될 때 궁극적으로 정보기관이나 정보활동에 대한 국민들의 신뢰가 증진될 수 있을 것이다.

1455

입법부의 정보기관 통제에 대한 설명으로 틀린 것은?

① 행정부의 어떤 기관보다도 전문적인 능력을 갖추고 있다.

② 입법부의 정보기관 통제기준으로 적절성, 효율성, 합법성을 들 수 있다.

③ 철저한 비밀보안을 생명으로 하는 정보기관의 특성을 고려하여 한동안 정보기관은 의회의 통제대상에서 예외로 인정되었다.

④ 1970년대에 들어서서 미국에서 세계 최초로 정보기관에 대한 의회의 통제제도를 도입하게 되었으며, 그 이전에는 미국을 비롯한 대부분의 국가에서 행정부가 독점적으로 정보기관에 대한 통제력을 행사했다.

정답 ①

풀이 ① 정보기관에 대해 행정부가 통제력을 행사함에 있어서 정보기관 외부에 설치된 독립적인 감독 기구의 역할이 매우 중요하다. 미국의 경우 대통령 직속 정보감독위원회(IOB)와 감사관실(Office of Inspector Generals)이 그러한 역할을 수행하고 있다. 이들은 정보기관에 대한 통제를 목적으로 설치되었기 때문에 이에 관한 한 의회 또는 행정부의 어떤 기관보다도 전문적인 능력을 갖추고 있다. 또한 정보기관에 소속된 부서가 아니고 독립적인 위상을 갖춘 기구로 설치되었기 때문에 정보기관의 잘못된 행위를 보다 객관적이고 공정하게 조사 · 평가할 수 있다.

1456

입법부의 정보기관 통제와 관련된 쟁점으로 적절하지 않은 것은? [2014년 기출]

① 보안문제
② 의원들의 책임감 부족
③ 예산공개
④ 전문성 부족

정답 ②

풀이 ② 의회의 의원들이 적극적으로 업무파악을 위해 노력하지만 임기가 짧고 전문성이 부족하기 때문에 통제의 실효성이 없는 경우가 많다. 책임감 부족은 입법부의 정보기관 통제에서만 문제되는 쟁점이 아니다.

1457

의회에 정보위원회를 설치하게 된 계기로 옳은 것은? [2014년 기출]

① 이란–콘트라 사건
② 워터게이트 사건
③ 파나마침공 사건
④ 쿠바 피그만 침공사건

정답 ②

풀이 ② 1970년대 들어서서 워터게이트 사건과 함께 남미지역에서 칠레 아옌데(Salvador Allende) 대통령을 암살한 배후로 CIA가 지목되는 등 CIA의 비윤리적이고 불법적인 비밀공작활동 사례들이 잇따라 드러나면서 미국 의회와 여론의 비판이 제기되었고, 이에 따라 CIA 비밀공작의 범위와 내용을 규제하려는 노력이 시도되었다.

핵심정리 입법부의 정보기관 통제 기준

(1) **적절성**
정책의 타당성과 적합성에 따라 정보기관의 목적과 활동이 법률과 윤리적 기준에 부합하고 있는지를 심사한다.

(2) **효율성**
정보기관이 국가의 자원을 적절히 그리고 효율적으로 사용하는지를 감독한다.

(3) **합법성**
정보기관의 정보수집 방법이나 과정에 불법이 개입하여 국민의 기본권이 침해되는 것을 방지하여, 정보활동의 정당성을 확보할 수 있도록 감독한다.

1458

정책의 타당성과 적합성에 따라 정보기관의 목적과 활동이 법률과 윤리적 기준에 부합하고 있는지에 대한 입법부의 통제 기준으로 옳은 것은?

① 정당성
② 적절성
③ 효율성
④ 합법성

정답 ②

풀이 적절성에 대한 설명이다. 일반적으로 입법부의 정보기관 통제 기준으로는 적절성, 효율성, 합법성을 들 수 있다. 효율성은 정보기관이 국가의 자원을 적절히 그리고 효율적으로 사용하는지에 대한 기준이고, 합법성은 정보기관의 정보수집 방법이나 과정에 불법이 개입하여 국민의 기본권이 침해되는 것을 방지하여, 정보활동의 정당성을 확보할 수 있는지에 대한 기준이다.

1459

입법부의 정보기관 통제 기준에 대한 설명으로 틀린 것은?

① 적시성
② 적절성
③ 합법성
④ 효율성

정답 ①

풀이 입법부의 정보기관 통제기준으로는 적절성, 효율성, 합법성을 들 수 있다. 적절성은 정책의 타당성과 적합성에 따라 정보기관의 목적과 활동이 법률과 윤리적 기준에 부합하고 있는지를 심사하고, 효율성은 정보기관이 국가의 자원을 적절히 그리고 효율적으로 사용하는지를 감독한다. 마지막으로 합법성은 정보기관의 정보수집 방법이나 과정에 불법이 개입하여 국민의 기본권이 침해되는 것을 방지하여, 정보활동의 정당성을 확보할 수 있도록 감독한다.

1460

정보기관에 대한 의회의 통제 범위로 틀린 것은?

① 직무 범위
② 예산의 편성과 결산
③ 정보분석 및 배포 방법
④ 정보기관 직원의 정치적 중립성

정답 ③

풀이 정보분석 및 배포 방법은 입법 사항이 아니다.

1461

정보기관에 대한 의회의 통제 범위로 틀린 것은? [2023년 기출]

① 예산의 적절성
② 정보기관 업무 범위의 적절성
③ 정보기관의 정보순환과정의 책임 명확화
④ 정보기관 직원의 정치적 중립성

정답 ③

풀이 ① 예산 통제를 통해 정보활동의 방향이 조정되고 효율성이 향상될 수 있다.
② 의회는 정보기관의 업무 범위를 법률에 한정적으로 명시하여 미션 크립(mission creep)을 방지할 수 있다.
③ 의원들의 전문성 부족으로 인해 정보순환과정에서 발생하는 문제를 파악하기 어렵다. 정보순환과정의 책임을 명확히 밝히는 것은 정보기관에 대한 감독활동을 수행한 경험이 있는 관료, 정보활동을 직접 수행했던 전직 정보관, 정보분야 관련 식견을 가진 학자 등 전문 인력을 충분히 활용할 수 행정부의 통제 범위에 속한다.
④ 의회는 인사청문회나 임명 동의권을 활용하여 정보의 정치화로 인한 정보기관의 정치적 중립성이 침해되는 것을 방지할 수 있고 아예 정보기관의 수장의 임기나 내부 고발 제도를 법률에 명시하여 정치적 중립성을 극대화할 수도 있다.

1462

㉠, ㉡에 들어갈 용어를 바르게 짝지은 것은? [2022년 기출]

정보기구의 민주적 [㉠]란 정보기구의 업무 일탈을 바로잡고, 법에 근거한 업무 수행, 업무의 전문성을 확보하기 위한 제도적 제반 행위를 의미한다. 이는 입법부, 행정부, 언론에 의해서 행해질 수 있다. 기구에 대한 의회 [㉠]와 [㉡]이란 정보기구가 법률과 윤리적 기준에서 목적과 활동에 올바르게 부합하고 있는지를 검토한다.

① 감시, 윤리성
② 통제, 적절성
③ 감시, 합법성
④ 통제, 효율성

정답 ②

풀이 ② 통제와 적절성이 들어가야 한다.

핵심정리 입법권

1. 의의

① 입법권은 의회 본연의 임무로서 행정부를 합법적으로 견제할 수 있는 가장 강력한 수단이다.

② 입법부는 자신에게 필요한 권한을 스스로 법제화할 수 있다. 정보기관에 대해 적절한 통제수단이 필요하다고 판단될 경우 법률을 제정하여 통제 또는 감독 권한을 행사할 수 있다.

③ 입법권을 통해 행정부를 감독할 권한은 삼권분립을 원칙으로 하는 대부분의 민주주의 국가에서 보장되어 있다.

④ 미국의 경우 헌법 제1조 제8절 제18항에서 "의회는 앞서 말한 권한과 이 헌법에 따라 미국 정부와 그 부처 혹은 관료에게 부여된 기타 모든 권한을 실행시키기 위해 필요하고 적절한 모든 법률을 제정할 권한을 가진다."라고 규정되어 있는바 의회의 입법권을 통한 행정부 감독권한이 헌법에 명시되어 있다.

2. 입법권을 통한 정보기관에 대한 감독 제도의 도입

(1) 의의

① 비록 의회의 입법권은 오래 전부터 헌법에 보장된 권한이었지만 그것이 행정부를 감독하는 데 실질적으로 사용된 것은 비교적 최근의 일이다.

② 의회의 입법권을 활용하여 정보기관에 대한 감시 및 통제력을 행사하려는 시도는 1970년대 미국에서 세계 최초로 전개되었다.

(2) 워터게이트 사건과 아옌데 대통령 살해 개입

① 1974년 8월 워터게이트 사건이 폭로되었고, 같은 해 9월 미국 CIA가 불법적이고 비윤리적인 비밀공작을 통해 칠레 아옌데 대통령을 살해하는 데 개입했다는 사실이 알려졌다.

② 이에 따라 미국에서 정보기관에 대한 통제가 필요하다는 여론이 비등했으며, 이에 부응하여 마침내 미 의회에서 「휴즈-라이언(Hughes-Ryan) 법안」을 제정하게 되었다.

(3) 「휴즈-라이언법(Hughes-Ryan Act)」

① 「휴즈-라이언법」은 정보기관이 비밀공작을 수행하기 전에 대통령의 승인을 거치도록 했고, '적절한 시기'에 의회의 관련 위원회들에 보고하도록 규정해 놓았다.

② 「휴즈-라이언법」은 불이행 시 처벌 조항이 구체적으로 제시되지 않는 등 정보기관에 대한 통제력을 행사하는 데 필요한 내용을 완벽히 구비하고 있지는 않지만, 세계 최초로 정보기관에 대한 의회의 감독 및 통제 기능을 법률적으로 공식화하고자 하는 시도였다는 점에서 의미를 가진다.

③ 이후 미국 의회는 정보기관에 대한 감시 및 통제를 강화하는 내용의 법제화 작업을 계속하였다.

핵심정리 미국 의회의 정보통제에 대한 법제화 작업

(1) 해외정보감시법(Foreign Intelligence Surveillance Act, FISA)

미 의회는 1978년 감청 등 기타 감시활동에 대해 영장심사를 의무화함으로써 부적절한 국내 정보활동을 금지하는 「해외정보감시법(Foreign Intelligence Surveillance Act, FISA)」을 통과시켰다.

(2) 정보감독법(Intelligence Oversight Act)

① 1980년 「휴즈-라이언 법률안」을 수정한 「정보감독법(Intelligence Oversight Act)」을 제정하여 정보기관에 대한 감독권한을 보다 강화시켰다.

② 동 법률에 따라 비밀공작을 포함하여 정보기관의 정보활동 전반을 소위 '8인방(Gang of Eight)'이라고 불리는 의회의 주요 인사들에게 보고하도록 규정했다.

③ 동 법률에 따라 비밀공작에 대한 사전 통보가 어려운 비상시에는 대통령이 선 진행 후 반드시 의회에 보고하는 것을 의무화하였다.

(3) 정보신원법(Intelligence Identities Act)

1982년 정보기관에서 활동하는 비밀요원의 신원공개를 금지하는 「정보신원법(Intelligence Identities Act)」을 제정했다.

(4) CIA 감사실장법(CIA Inspector General Act)

① 1989년에는 「CIA 감사실장법(CIA Inspector General Act)」을 제정하여 CIA로부터 독립적인 위상의 CIA 감사실장 직위를 신설하였다.

② CIA 감사실장은 CIA의 정보활동을 감시하고, 감찰활동 내용을 정례적으로 의회에 직접 보고하도록 의무화하였다.

③ CIA 감사실장은 CIA 조직 내부에 있으면서 CIA 조직으로부터 독립적인 지위를 보장받고 있기 때문에 CIA의 정보활동을 보다 면밀히 파악하여 의회에 보고할 수 있다는 장점을 가진다.

(5) 정보수권법(Intelligence Authorization Act of 1991)

① 1991년의 「정보수권법(Intelligence Authorization Act of 1991)」은 그동안 모호하게 규정되었던 비밀공작의 개념을 보다 구체적으로 명료하게 규정하고, 비밀공작 추진 시 의회에 사전 보고하는 것을 의무화하였다.

② 이로써 정보기관이 비밀공작을 은밀히 추진하고도 이에 대해 의회에 보고하는 것을 의도적으로 회피하려는 기도를 봉쇄하고자 하였다.

(6) 미국 애국법(USA Patriot Act)

① 2001년 9/11 테러 이후 발효된 「미국 애국법(USA Patriot Act)」은 의회의 정보기관에 대한 통제활동을 완화시키려는 취지에서 제정되었다.

② 그동안 의회의 지나친 정보 감독과 통제로 인해 국내 전복세력에 대한 감청 등 정상적인 정보활동조차 제대로 수행되지 못했고, 그로 인해 9/11 테러 용의자를 사전에 색출하는 데 실패했다는 지적이 있었다.

③ 이러한 지적에 따라 「미국 애국법」은 국내 전복세력을 대상으로 정보수집활동을 강화시키려는 취지에서 감청 등 기타 감시활동에 대한 FISA 재판부의 영장심사 의무를 한시적으로 완화하는 내용을 포함하고 있다.

[미국 의회에서 법제화되었던 정보감독 관련 주요 법률들]

법안	연도	핵심 내용
국가안보법 (National Security Act)	1947	CIA 창설과 업무, 활동에 관해 규정하고 있으나, 정보기관과 의회 관계가 모호한 상태
휴즈-라이언 수정법 (Hughes-Ryan Act)	1974	비밀공작에 대해 대통령의 승인과 적절한 시점(2일내)에 의회에 보고 의무화 규정
해외정보감시법 (Foreign Intelligence Surveillance Act/RSA)	1978	감청 등 기타 감시활동에 대해 FISA 재판부의 영장심사를 의무화함으로써 부적절 한 국내 정보활동 금지
정보감독법 (Intelligence Oversight Act)	1980	비밀공작을 포함한 모든 정보활동에 대해 의회에 사전보고를 의무화
정보신원법 (Intelligence Identities Act)	1982	정보기관에서 활동하는 비밀요원의 신원공개 금지
CIA 감사실장법 (CIA Inspector General ACT)	1989	CIA로부터 독립적인 위상의 CIA 감찰실장 직위를 신설하여 CIA의 정보활동을 감시하고, 활동 내용을 정례적으로 의회에 보고하도록 의무화

정보수권법 (Intelligence Authorization Act)	1991	비밀공작의 개념을 보다 구체적으로 명료하게 규정하고, 대부분의 경우 대통령이 의회에 구두가 아니고 서면으로 사전 보고하도록 의무화했음. 긴급한 경우에만 대통령의 보고 유보기간(2일) 기회 부여
미국애국법 (USA Patriot Act)	2001	정보공유 증진과 국내 전복세력을 대상으로 정보수집 활동 강화를 위해 감청 등 기타 감시활동에 대한 FISA 재판부의 영장심사 의무를 한시적으로 완화
정보개혁 및 테러방지법 (Intelligence Reform and Terrorism Prevention Act)	2004	16개 정보기관들을 통합 · 관리할 강력한 조직으로서 DNI를 창설하고, 반테러활동으로 인해 사생활 및 인권 침해를 감독하는 임무를 수행하는 '사생활 및 기본권 감시위원회'를 행정부 산하 독립기구로 설립

핵심정리 1999년 개정 「정보수권법(Intelligence Authorization Act)」

정보기구 비리에 대한 내부 고발제도를 활성화하여 정보기관의 일반 직원은 감찰감을 통하여 의회 정보위원회에 정보기구 내부의 문제점에 대해 고발을 하는 절차를 규정하고 내부고발자를 보호하는 법안이다. 이 법안은 의회가 미국 정보공동체 내부에 직접 들어가기 위한 현관문(Front Door)이라고도 불린다.

1463

미국 정보위원회에 대한 설명으로 틀린 것은?

① 1976년과 1977년에 각각 상원과 하원에 정보위원회가 설치되었다.
② 하원 정보위원회는 양당의 의석 분포에 비례하여 위원을 구성한다.
③ 상원 정보위원회는 다수당이 소수당에 비해 1명 더 많은 인원을 배정받는다.
④ 상원과 하원의 양당 원내 대표는 정보위원회의 당연직 위원으로 추가되어 표결권은 가진다.

정답 ④
풀이 ④ 양당 원내 대표는 당연직 위원으로 추가되나 표결권은 갖지 않고 의사정족수에도 산입되지 않는다.

1464

미국 의회에서 법제화되었던 정보감독 관련 주요 법률들에 대한 설명으로 틀린 것은?

① 「휴즈-라이언 수정법」은 비밀공작에 대해 대통령의 승인과 적절한 시점에 의회 보고를 의무화하였다.
② 「해외정보감시법」은 국가 안보 관련 감청 등 기타 감시활동에 대해 FISA 재판부의 영장심사 의무를 완화하였다.
③ 「정보감독법」은 비밀공작을 포함한 모든 정보활동에 대해 의회에 사전보고를 의무화하였다.
④ 「정보수권법」은 의회에 구두가 아닌 서면으로 사전 보고하도록 의무화했다.

정답 ②

풀이 「애국법」에 대한 설명이다. 「해외정보감시법」은 감청 등 기타 감시활동에 대해 FISA 재판부의 영장심사를 의무화함으로써 부적절한 국내 정보 활동을 금지하였다.

1465

정보감독 관련 주요 법률들에 대한 설명으로 틀린 것은?

① 「휴즈-라이언 수정법(Hughes-Ryan Act)」은 비밀공작에 대해 대통령의 승인과 적절한 시점(2일내)에 의회 보고를 의무화했다.

② 「해외정보감시법(Foreign Intelligence Surveillance Act)」은 감청 등 기타 감시활동에 대해 FISA 재판부의 영장심사를 의무화함으로써 부적절한 국내 정보활동을 금지하고 있다.

③ 「정보감독법(Intelligence Oversight Act)」은 비밀공작을 포함한 모든 정보활동에 대해 의회에 사전보고를 의무화했다.

④ 「정보수권법(Intelligence Authorization Act)」은 비밀공작의 개념을 보다 구체적으로 명료하게 규정하고, CIA의 정보활동을 감시하고, 활동 내용을 정례적으로 의회에 보고하도록 의무화했다.

정답 ④

풀이 ④ CIA의 정보활동을 감시하고, 활동 내용을 정례적으로 의회에 보고하도록 의무화한 것은 「CIA 감사실장법(CIA Inspector General ACT)」이다. 「정보수권법(Intelligence Authorization Act)」은 대부분의 경우 대통령이 의회에 구두가 아니고 서면으로 사전 보고하도록 의무화하고 긴급한 경우에만 2일의 대통령의 보고 유보 기간을 부여했다.

1466

미국 의회의 정보통제에 대한 설명으로 틀린 것은?

① 「휴즈-라이언법」은 비밀공작에 대해 대통령의 승인과 적절한 시점에 의회에 보고 의무화했다.

② 「정보감독법」은 비밀공작을 포함한 모든 정보활동에 대해 의회에 사전보고를 의무화했다.

③ 「정보수권법」은 비밀공작의 개념을 보다 구체적으로 명료하게 규정하고, 대부분의 경우 대통령이 의회에 구두가 아니고 서면으로 사전 보고하도록 의무화했다.

④ 「해외정보감시법」은 미국 국내의 테러 집단을 대상으로 하는 경우 FISA 재판부의 영장심사를 조건으로 NSA에게 SIGINT 활동에 대한 권한을 부여하고 있다.

정답 ④

풀이 SIGINT 활동을 수행함에 있어서 법률적 문제도 장애요소로 작용할 수 있다. 만일 SIGINT의 목표가 테러 집단인 경우 그들이 미국 내에서 활동하고 있다면 대응할 책임 소재가 NSA가 아닌 FBI에 있다.

1467

미국 의회의 정보통제에 대한 법제화 작업으로 틀린 것은?

① 1978년 감청 등 기타 감시활동에 대해 영장심사를 의무화함으로써 부적절한 국내 정보활동을 금지하는 「해외정보감시법(FISA)」을 통과시켰다.

② 1980년 「정보감독법(Intelligence Oversight Act)」을 제정하여 비밀공작에 대한 사전 통보가 어려운 비상시에는 대통령이 선 진행 후 반드시 의회에 보고하는 것을 의무화하였다.

③ 1989년 「CIA 감사실장법」은 반테러활동으로 인해 사생활 및 인권 침해를 감독하는 임무를 수행하는 '사생활 및 기본권 감시위원회'를 행정부 산하 독립기구로 설립하였다.

④ 1991년의 「정보수권법(Intelligence Authorization Act of 1991)」은 비밀공작 추진 시 의회에 사전 서면 보고하는 것을 의무화하였다.

정답 ③

풀이 ③ 2004년 「정보개혁 및 테러방지법」 반테러활동으로 인해 사생활 및 인권 침해를 감독하는 임무를 수행하는 '사생활 및 기본권 감시위원회'를 행정부 산하 독립기구로 설립하였다. 1989년 「CIA 감사실장법」은 CIA로부터 독립적인 위상의 CIA 감찰실장 직위를 신설하여 CIA의 정보활동을 감시하고, 활동 내용을 정례적으로 의회에 보고하도록 의무화한 법이다.

1468

「정보수권법」이 규정하고 있는 비밀공작의 범위에 대한 설명으로 틀린 것은?

① 미국의 대외 정책을 지원할 목적으로 수행되는 행위이다.

② 외국의 정부, 사건, 조직 또는 사람들에게 영향을 미치기 위해 계획된 활동이다.

③ 방첩활동이나 군사행동 또는 사법경찰의 활동과는 명백히 구분된다.

④ 대부분의 학자들은 정보기관이 개입하는 비밀협상의 경우에도 적에게 영향력을 행사하려는 목적에서 수행된다는 점에서 비밀공작의 특성을 가진다고 본다.

정답 ④

풀이 대부분의 학자들은 적과 타협하고 협상에 참여한 관리들의 신분이 노출된다는 점에서 비밀공작의 범주에 포함될 수 없다는 입장을 취한다.

1469

정보기구 내부의 문제점을 고발할 수 있는 내부고발자(whistle blowers)제도를 규정한 법으로 옳은 것은?

① 휴즈－라이언 개정법(Hughes-Ryan Amendment)

② 1999년도 개정 정보수권법(Intelligence Authorization Act)

③ 정보감독법(Intelligence Oversight Act of 1980)

④ 해외정보감시법(Foreign Intelligence Surveillance Act)

정답 ②

풀이 ② 1999년 미국 의회는 「정보수권법」을 개정하여 정보위원회에 정보기구 내부의 문제점을 고발할 수 있는 내부고발자 보호 규정을 신설했다. 개정 「정보수권법」은 의회가 정보공동체 내부로 들어가기 위한 현관문(Front Door)이라는 평가를 받았다. 「정보수권법」은 「정보권한법」으로도 불린다.

1470

비밀공작의 '그럴듯한 부인(plausible deniability)'을 사실상 불가능하게 한 법으로 옳은 것은?

① 정보감독법(Intelligence Oversight Act of 1980)

② 정보수권법(Intelligence Authorization Act)

③ 정보자유법(Freedom of Information Act, FOIA)

④ 휴즈－라이언 개정법(Hughes－Ryan Amendment)

정답 ④

풀이 ④ 1974년 「휴즈－라이언 개정법(Hughes－Ryan Amendment)」은 대통령이 비밀공작을 확인(finding)한 후에 서면 승인하는 것을 예산사용의 전제조건으로 함으로써 그럴듯한 부인을 사실상 불가능하게 하였다.

1471

「미국 애국법(USA PATRIOT Act)」에 대한 설명으로 틀린 것은?

① 「미국 애국법」은 2001년 9/11 본토에 대한 테러공격을 당한 후 미국 시민들의 애국심을 고양할 목적으로 제정되었다.

② 4년 한시법이었지만 재연장되었고 일부조항은 영구조항으로 편입되었다.

③ 침입과 정탐(Sneak－and－Peek searches) 조항은 연방형사소송 영장신청 요건을 완화하여 합리적인 근거, 즉 범죄를 뒷받침할 수 있는 상당한 증거가 있는 경우 영장발부를 가능하도록 했다.

④ 사서조항은 양심과 학문의 자유에 대한 기본권을 근본적으로 침입한다는 비판을 받았다.

정답 ①

풀이 ① 「USA PATRIOT Act」의 정식 명칭은 「테러행위에 대하여 요구되는 감청과 수색에 적절한 수단을 부여함으로써 미국을 통합하고 강화하기 위한 2001년의 법(Uniting and Strengthening America by Providing Appropriate Tools Required to Intercept and Obstruct Terrorism Act of 2001)」이다. PATRIOT는 첫 문자의 조합으로 애국과는 관련이 없다. 4년 한시법이었지만 2015년까지 효력을 유지하다 「미국 자유법(USA Freedom Act)」으로 대체되었다.

1472

미국의 정보감독 관련 주요 법률들에 대한 설명으로 틀린 것은?

① 「해외정보감시법(FISA)」은 감청 등 기타 감시활동에 대해 영장심사를 의무화함으로써 부적절한 국내 정보활동을 금지하고 있다.

② 「CIA 감사실장법(CIA Inspector General Act)」은 CIA의 정보활동을 감시하고, 감찰활동 내용을 정례적으로 의회에 직접 보고하도록 의무화하였다.

③ 「정보수권법(Intelligence Authorization Act of 1991)」은 그동안 모호하게 규정되었던 비밀공작의 개념을 보다 구체적으로 명료하게 규정하였다.

④ 「중앙정보법(Central Intelligence Act of 1949)」을 개정한 「정보감독법(Intelligence Oversight Act)」은 비밀공작을 포함하여 정보기관의 정보활동 전반을 소위 '8인방(Gang of Eight)'이라고 불리는 의회의 주요 인사들에게 보고하도록 규정하고 있다.

정답 ④

풀이 ④ 「정보감독법」은 「휴즈－라이언 수정법」을 개정한 법률이다. 참고로 미국 정보기관이 비밀공작을 진행할 경우 사전에 통고하도록 되어 있는 대상은 모두 8명으로서 'Gang of Eight'으로 불린다. 이들은 상하원 정보위원회 위원장과 정보위원회 소속 의원 중 소수당 출신 간사(각 2명씩 4명), 하원 의장 및 하원의 소수당 대표, 상원의 다수당 대표 및 상원의 소수당 대표 등 모두 8명이다.

1473

미국의 정보 관련 법률에 대한 설명으로 틀린 것은? [2023년 기출]

① 「해외정보감시법」은 비밀공작을 포함한 모든 정보활동에 대해 의회에 사전보고를 의무화하였다.

② 「휴즈－라이언 수정법」은 비밀공작에 대해 대통령의 승인과 적절한 시점(2일내)에 의회에 보고 의무화를 규정하였다.

③ 「정보수권법」은 비밀공작의 개념을 보다 구체적으로 명료하게 규정하고, 대부분의 경우 대통령이 의회에 구두가 아니고 서면으로 사전보고하도록 의무화하고, 긴급한 경우에만 대통령의 보고 유보기간(2일) 기회를 부여하였다.

④ 「정보개혁 및 테러방지법」은 16개 정보기관들을 통합·관리할 강력한 조직으로서 DNI를 창설하고, 반테러활동으로 인해 사생활 및 인권 침해를 감독하는 임무를 수행하는 '사생활 및 기본권 감시위원회'를 행정부 산하 독립기구로 설립하였다.

정답 ①

풀이 ① 「정보감독법」에 대한 설명이다. 「해외정보감시법」은 감청 등 기타 감시활동에 대해 FISA 재판부의 영장심사를 의무화함으로써 부적절한 국내 정보 활동을 금지하는 법률이다.

1474

정보기관의 통제에 대한 설명으로 틀린 것은? [2023년 기출]

① 9/11 테러 이후 미국 의회는 「애국법(USA PATRIOT Act)」을 제정하여 정보 통제를 강화하였다.

② 정보기관을 통제하는 공식적·법적인 방법으로는 정보규제법 제정, 엄격한 예산감독, 행정명령, 조직개편 등을 들 수 있다.

③ 민주주의 국가에서 정보통제의 기본 목표는 정보기관이나 그 활동의 비밀성을 유지하면서 동시에 시민의 알 권리와 인권을 보호하는 데 있다.

④ 비밀정보 또는 그것을 수집하는 행위가 때로 특정 정당이나 정치지도자의 사적 이익을 위해 악용될 수도 있다.

정답 ①

풀이 ① 2001년 9/11 테러 이후 발효된 「미국 애국법(USA Patriot Act)」은 의회의 정보기관에 대한 통제활동을 완화시키려는 취지에서 제정되었다.

1475

정보기관에 대한 의회의 통제 법률로 적절하지 않은 것은? [2022년 기출]

① 정보감독법
② 국가안보법
③ 휴즈－라이언 수정법
④ 정보권한법

정답 ②

풀이 ② 1947년 「국가안보법(National Security Act)」은 CIA, NSC 등 미국의 주요 국가안보기관을 창설하고, 그들의 업무 활동의 근거를 마련한 법으로, 의회의 정보기관 통제를 규정하고 있지 않다.

1476

미국 의회가 정보기관의 비밀공작을 규제하기 위해 1974년 제정한 법안으로 옳은 것은?

[2016년 기출]

① Foreign Intelligence Surveillance Act
② Hughes－Ryan Act
③ Intelligence Oversight Act
④ Intelligence Authorization Act

정답 ②

풀이 ② 「휴즈－라이언 수정법(Hughes－Ryan Act)」은 비밀공작에 대해 대통령의 승인과 적절한 시점(2일내)에 의회에 보고를 의무화하였다.

1477

미국 의회의 정보기관 통제에 대한 설명으로 틀린 것은? [2009년 기출]

① 1980년 「휴즈－라이언 수정법(Hughes－Ryan Act)」을 개정한 「정보감독법(Intelligence Oversight Act)」은 정보기관의 정보활동에 대한 보고 범위를 소위 '8인방(Gang of Eight)'이라고 불리는 의회의 주요 인사들로 한정하였다.

② 의회는 「정보기관감독법(Intelligence Services Oversight Act of 1994)」을 제정하여 대통령이 서면재가 방식으로 승인절차를 완료하지 않으면 예산을 사용할 수 없도록 했고, 의회가 승인한 예산이 아닌 제3자에 의한 기금 등을 비밀공작 자금으로 사용하려는 경우에는 의회에 내용을 보고하도록 했다.

③ 닉슨 대통령의 워터게이트 사건 폭로 이후 의회는 「휴즈－라이언 개정법」과 「해외정보감시법」을 제정하였다.

④ 의회는 정보기관을 통제하기 위해 1978년 「해외정보감시법」, 1984년 「중앙정보법」 등을 제정하였다.

정답 ④

풀이 ④ 1984년에 제정된 법은 「중앙정보법(Central Intelligence Act)」이 아니라 「중앙정보국정보법(the Central Intelligence Agency Information Act)」이다. 참고로 「중앙정보법(Central Intelligence Act)」은 1949년에 제정된 법으로 CIA의 비밀공작의 근거를 마련하였다.

핵심정리 **암살에 대한 법적 규제**

(1) 암살에 대한 법적 규제 문제도 주로 미국을 중심으로 전개되었다. 1975년 미국 정보공동체의 정보업무의 총체적인 오 · 남용 사례를 조사하기 위해 구성된 의회 처치 위원회(Church Committee)는 정보공동체가 1960년대부터 1970년대 사이에 피델 카스트로 쿠바 대통령에 대한 암살시도 등 다수의 암살시도에 개입했다는 사실을 확인했다.

(2) 처치 위원회는 1976년부터 미국은 공식적으로 미국 당국이 직접 행하는 것이든, 외국인 등 제3자를 통한 방법이든 평화 시에 암살방법 사용을 공식적으로 금지할 것을 권고했고, 그 결과 미국은 1981년 레이건 대통령이 대통령 명령 제12,333호를 발령하여 암살을 국가정책 실행의 한 방법으로 사용하는 것을 명백히 금지하여 미국정부를 위해 암살 모의나 실행에 가담하는 것은 물론 간접적 암살 참가도 금지하고 있다.

1478

미국 정보기관의 민주적 통제에 대한 설명으로 틀린 것은? [2019년 기출]

① 미국 CIA는 해외에서만 비밀공작을 수행할 수 있다.

② 1974년 「Hughes－Ryan Act」를 제정해 암살공작을 금지했다.

③ 비밀공작을 수행하려면 대통령이 서면으로 재가해야 한다.

④ 비밀공작활동에 제3자가 개입되면 의회에 즉각 보고해야 한다.

정답 ②

풀이 ② 1974년 「Hughes－Ryan Act」에서는 비밀공작을 수행할 경우에 대통령과 의회위원회에 보고하도록 의무화했다.

1479

정보기관의 암살활동을 금지한 법으로 옳은 것은? [2011년 기출]

① 1974년 Hughes－Ryan Act
② 1978년 The Foreign Intelligence Surveillance Act
③ 1981년 대통령 명령 제12,333호
④ 1980년 The Intelligence Oversight

정답 ③

풀이 ③ 미국 의회는 정보기관의 부작용을 막기 위한 다양한 법률을 제정했다. 1978년 암살활동을 금지한 법을 제정한 후 한동안 해외에서 암살공작활동을 금지했지만 법조항의 해석방법을 달리해 1980년대 남미 마약 카르텔, 2000년대 테러와의 전쟁에서 암살을 공식화했다.

핵심정리 이란－콘트라 사건

(1) 의의

① 1986년 11월 3일 레바논의 수도 베이루트의 일간지인 알 쉬이라(Al－Shiraa)는, 레바논에 억류 중이던 미국인 인질 석방을 위해 미국이 이스라엘을 중개자로 내세워 비밀리에 적대관계에 있던 이란에 무기를 판매했다고 보도했다.

② 국가안보 보좌관 맥팔레인(Robert McFarlane), 해군장군 포인덱스터(John Poindexter), 실무 총책임자 올리버 노스 중령(Oliver North) 그리고 CIA가 주축이 되어 적대국으로 지정되어 있던 이란에 무기를 판매해 불법 공작자금을 조성하고, 무기판매대금 등은 니카라과 산디니스타(Sandinista) 정부를 전복하려는 니카라과 반군(Contra)에게 운용자금으로 지원한 이중의 비밀공작이다.

(2) 타워위원회(Tower commission)

이란－콘트라 사건이 언론에 보도된 즉시 법무부에 의한 조사가 진행되어 일부 사실을 바로 밝혀냈지만, 사건의 추가 조사를 위해 레이건 대통령은 행정부 자체적으로 전 상원의원 타워(John Tower)를 위원장으로 한 타워위원회(Tower commission)를 구성해 진상을 조사토록 했고, 1987년 1월 6일 미국 의회는 상·하원 합동으로 조사위원회를 구성했다.

(3) 조사 및 판단

이란－콘트라 사건에 대한 행정부와 의회 양 조사위원회의 판단은 기본적으로 동일했다. 즉 이 사건은 적어도 국가안보체계에 대한 법적·제도적 장치의 문제 때문은 아니라는 것이다. 타워 위원회(Tower Commission)는 대통령의 정보공동체 관리 방식을 비판하면서 비록 국가 정보운용 시스템상의 문제점도 일부 발견되었지만, 이것이 어떤 국가안보위원회(NSC) 시스템 개혁으로 해결될 문제는 아니고 문제의 핵심은 인간실패라고 결론지었다.

(4) CIA 감사실장법(CIA Inspector General ACT) 제정

① 1989년에는 'CIA 감사실장법(CIA Inspector General Act)'을 제정하여 CIA로부터 독립적인 위상의 CIA 감사실장 직위를 신설하였다.

② CIA 감사실장은 CIA의 정보활동을 감시하고, 감찰활동 내용을 정례적으로 의회에 직접 보고하도록 의무화하였다.

③ CIA 감사실장은 CIA 조직 내부에 있으면서 CIA 조직으로부터 독립적인 지위를 보장받고 있기 때문에 CIA의 정보활동을 보다 면밀히 파악하여 의회에 보고할 수 있다는 장점을 가진다.

1480

이란-콘트라 사건에 대한 설명으로 틀린 것은?

① 이란에 무기를 판매해 불법 공작자금을 조성하고, 니카라과 반군에게 운용자금으로 지원한 이중의 비밀공작이다.

② 이란-콘트라 사건이 언론에 보도된 즉시 법무부에 의한 조사가 진행되었고, 사건의 추가 조사를 위해 레이건 대통령은 행정부 자체적으로 타워위원회를 구성하였다.

③ 상·하원 합동조사위원회로서 이노우에-해밀턴 위원회는 국가안전보장회의(NSC) 시스템 개혁으로 해결될 문제는 아니라고 보고 문제의 핵심은 인간실패라고 결론지었다.

④ 1989년에는 「CIA 감사실장법」을 제정하여 CIA로부터 독립적인 위상의 CIA 감사실장 직위를 신설하여 CIA의 정보활동을 감시하고, 감찰활동 내용을 정례적으로 의회에 직접 보고하도록 의무화하였다.

정답 ③

풀이 ③ 타워 위원회는 대통령의 정보공동체 관리 방식을 비판하면서 비록 국가 정보운용 시스템상의 문제점도 일부 발견되었지만, 이것이 어떤 국가안보위원회(NSC) 시스템 개혁으로 해결될 문제는 아니고 문제의 핵심은 인간실패라고 결론지었다.

1481

이란-콘트라 사건과 관련된 내용으로 적절하지 않은 것은?

① 타워 위원회(Tower commission)

② 「CIA 감사실장법(CIA Inspector General Act)」 제정

③ 방첩공작

④ 올리버 노스 중령(Oliver North)

정답 ③

풀이 ③ CIA가 관여한 1987년 발생한 레이건 행정부의 정치적 추문으로 적대국으로 지정되어 있던 이란에 무기를 판매해 불법 공작자금을 조성하고, 무기판매대금 등은 니카라과 산디니스타(Sandinista) 정부를 전복하려는 니카라과 반군(Contra)에게 운용자금으로 지원한 이중의 비밀공작이다.

1482

이란-콘트라 사건에 대한 설명으로 틀린 것은?

① CIA가 주축이 되어 적대국으로 지정되어 있던 이란에 무기를 판매해 불법 공작자금을 조성하고, 무기판매대금 등은 니카라과 산디니스타 정부를 전복하려는 반군(Contra)에게 운용자금으로 지원한 이중의 비밀공작이다.

② 불법성을 조사하기 위해서 행정부 타워 위원회(Tower commission)가 구성되었고, 미국 의회는 상·하원 합동조사위원회를 구성하여 진상을 조사했다.

③ 이란-콘트라 사건에 대한 행정부와 의회 양 조사위원회는 국가안보체계에 대한 법적·제도적 장치의 문제, 정보시스템의 실패라고 판단하였다.

④ 1989년 의회는 CIA의 활동을 보다 엄격하게 감독하기 위해 CIA로부터 독립적인 위상의 CIA 감사실장 직위를 신설하는 「CIA 감사실장법(CIA Inspector General Act)」을 제정하였다.

정답 ③

풀이 ③ 의회 조사위원회의 최종 보고서는 이란-콘트라 사건은 법률의 부재나 통제 시스템의 부재 때문이 아니라 법을 준수해야 할 담당자, 즉 인간실패(failure of individuals)라고 결론지었다.

1483

이란-콘트라 사건의 영향으로 틀린 것은?

① 백악관 내에 해외정보자문위원회(PFIAB)가 창설되었다.

② 1989년 의회는 CIA의 활동을 보다 엄격하게 감독하기 위해 CIA로부터 독립적인 위상의 CIA 감사실장 직위를 신설하는 「CIA 감사실장법(CIA Inspector General Act)」을 제정하였다.

③ 의회는 1991년, 「비밀공작 실행 절차에 관한 법」을 개정하여, 긴급한 상황을 제외하고는 공작계획서를 반드시 문서 형태로 제출하도록 하고, 상황이 긴박하여 구두로 통보하더라도 48시간 이내에 공작평가서를 문서 형태로 제출하도록 의무화하였다.

④ 의회는 「정보기관감독법(Intelligence Services Oversight Act of 1994)」을 제정하여 대통령이 서면재가 방식으로 승인절차를 완료하지 않으면 예산을 사용할 수 없도록 했고, 의회가 승인한 예산이 아닌 제3자에 의한 기금 등을 비밀공작 자금으로 사용하려는 경우에는 의회에 내용을 보고하도록 했다.

정답 ①

풀이 ① 대통령해외정보자문위원회(President's Foreign Intelligence Advisory Board, PFIAB)는 1956년 아이젠하워 대통령이 설치한 '해외정보자문위원회(Board of Consultant of Foreign Intelligence Activities)'를 케네디 대통령이 피그만 사건 이후 명칭을 변경한 것이다.

핵심정리 **예산안 심의권**

1. 의의
   ① 행정부의 예산안에 대한 의회의 심의권은 입법부가 행정부를 견제할 수 있는 매우 유용한 수단이다.
   ② 정부가 편성한 예산안은 반드시 의회의 심의 및 승인을 받아야 한다. 의회는 예산안 심의를 통해 정보기관이 수행하는 정보활동의 합법성을 유도하고 효율성을 향상시키는 데 중요한 역할을 수행할 수 있다.
   ③ 정보기관이 비밀보안을 구실로 예산안 심의를 받지 않는다면 불법적인 정보활동을 수행할 위험성이 커진다.
   ④ 그러나 정보활동에 대한 예산안 심의 절차를 거치도록 의무화하면 정보기관 스스로 불법적이거나 비합법적인 정보활동을 자제하게 될 것이다. 특히 정보기관에 배정된 예산을 어떻게 집행했는지를 의회에 보고해야 하기 때문에 불법적인 활동에 예산을 지출하거나 낭비할 수 없을 것이다.
2. 예산안 심의를 통한 정보활동의 방향의 조정 및 통제
   (1) 의의
      ① 의회는 예산안 심의를 통해 정보활동의 방향을 조정 및 통제하는 역할을 수행할 수 있다.
      ② 의회는 예산 통제를 통해 어떤 종류의 첩보 위성을 얼마나 많이 제작하여 배치하는 것이 바람직한지, 또는 정보기관 내 비밀공작이나 첩보수집 담당 전문 요원의 정원을 몇 명 증원 또는 감축하는 것이 적합한지 등을 결정하는데 중요한 영향을 미치게 된다.
   (2) 정보활동의 방향 조정 및 효율성 향상
      ① 첩보수집 수단으로서 기술정보(TECHINT)보다 인간정보(HUMINT)를 강화시켜야 한다는 여론이 우세한 상황일 경우 의회는 기술정보에 소요되는 예산을 삭감하고 대신 인간정보활동에 소요되는 예산을 증강하도록 요구할 수 있다.
      ② 또는 비밀공작의 불법성과 비윤리성이 부각되는 상황에서는 비밀공작에 소요되는 예산이 의회의 심의과정에서 삭감될 수 있을 것이다.
      ③ 배정된 예산을 어떻게 사용했는지를 의회에 보고해야 하기 때문에 정보기관 스스로 불필요한 활동에 과도한 예산 지출을 자제하고 성과를 극대화하려는 노력을 기울이게 될 것이다.
      ④ 이처럼 예산 통제를 통해 정보활동의 방향이 조정되고, 그로서 효율성이 향상될 수 있을 것으로 기대된다.

1484

정보공동체의 정보예산에 대한 설명으로 틀린 것은?

① 민주화의 진전으로 인해 대부분의 국가들이 정보기구의 정보 예산을 공개하고 있다.

② 미국의 경우에 정보예산 공개의 단초는 일반시민으로 납세자인 리처드슨이 제기한 CIA의 예산지출내역에 대한 자료공개사건(United Stated v. Richardson)이다.

③ 1997년 5월 19일 미국 과학자연맹도 정보자유법(FOIA)을 근거로, CIA를 비롯한 미국 정보공동체의 예산을 공개하라는 소송을 제기했다.

④ 과학자연맹의 계속된 예산공개 청구소송에 대해 CIA는 연속적인 예산 공개로 인해 민감한 정보가 다량으로 공개될 우려가 있다는 이유로 예산 공개를 거부했다.

정답 ①

풀이 ① 오늘날 프랑스를 비롯하여 몇몇 나라에서는 정보예산을 공개하고 있지만, 일반적으로 정보기관의 정보예산은 공개되지 않는다. 미국 법원도 CIA의 주장을 받아들여 과학자 연맹의 예산 공개 청구를 배척하였다.

관련법조항 「국가정보원법」 관련 조항

제16조(예산회계)

① 국정원은 「국가재정법」 제40조에 따른 독립기관으로 한다.

② 국정원은 세입, 세출예산을 요구할 때에 국가재정법 제21조의 구분에 따라 총액으로 기획재정부장관에게 제출하며, 그 산출내역과 같은 법 제34조에 따른 예산안의 첨부서류는 제출하지 아니할 수 있다.

③ 국정원의 예산 중 미리 기획하거나 예견할 수 없는 비밀활동비는 총액으로 다른 기관의 예산에 계상할 수 있으며, 그 편성과 집행결산에 대하여는 국회 정보위원회에서 심사한다.

④ 국정원은 제2항 및 제3항에도 불구하고 국회 정보위원회에 국정원의 모든 예산(제3항에 따라 다른 기관에 계상된 예산을 포함한다)에 관하여 실질심사에 필요한 세부 자료를 제출하여야 한다.

⑤ 국정원은 모든 예산을 집행함에 있어 지출의 사실을 증명할 수 있는 증빙서류를 첨부하여야 한다. 다만, 국가안전보장을 위해 기밀이 요구되는 경우에는 예외로 한다.

⑥ 원장은 국정원의 예산집행 현황을 분기별로 국회 정보위원회에 보고하여야 한다.

⑦ 국회 정보위원회는 국정원의 예산심사를 비공개로 하며, 국회 정보위원회의 위원은 국정원의 예산 내역을 공개하거나 누설하여서는 아니 된다.

1485

정보기구의 통제에 대한 설명으로 옳은 것은?

① 의회는 입법권, 예산안 심의권, 청문회, 임명동의권 등 정보기관에 대해 직접적인 통제 권한을 가진다.

② 행정부는 의회와 비교하여 정보기관을 효과적으로 통제하는 데 필요한 전문성이 미흡하다.

③ CIA는 카니보어(Canivore)라는 프로그램으로 이메일을 검색 또는 감시했다.

④ 국정원은 국회 정보위원회에 국정원의 모든 예산에 관하여 실질심사에 필요한 세부 자료를 제출하여야 한다.

정답 ④

풀이 ① 정보기관에 대한 직접적인 통제 권한은 행정부가 가진다.

② 정보기관을 효과적으로 통제하는 데 필요한 전문성이 미흡한 것은 의회이다.

③ Carnivore는 대상 사용자의 모든 인터넷 트래픽을 모니터링할 수 있는 사용자 지정 패킷 스니퍼이다. Carnivore를 사용하여 이메일 및 전자 통신을 모니터링한 정보기관은 FBI이다.

④ 국정원은 세입, 세출예산을 요구할 때에 총액으로 기획재정부장관에게 제출하며, 그 산출내역과 예산안의 첨부서류는 제출하지 아니할 수 있다. 국정원의 예산 중 미리 기획하거나 예견할 수 없는 비밀활동비는 총액으로 다른 기관의 예산에 계상할 수 있으며, 그 편성과 집행결산에 대하여는 국회 정보위원회에서 심사한다. 국정원은 국회 정보위원회에 다른 기관에 계상된 예산을 포함하여 국정원의 모든 예산에 관하여 실질심사에 필요한 세부 자료를 제출하여야 한다.

핵심정리

정보자산 운용과 관련한 법률문제

(1) 의의

① 어느 나라 정보기구나 넓은 활동 반경과 비밀성 확보, 그리고 기동성과 탄력성을 필요로 하는 국가 정보활동을 위하여 소위 사적 비밀공간을 갖추고 있고, 그 필요성도 있다고 할 수 있다.

② 정식적인 국가예산의 결산과 감사체계에서 벗어난 정보기구 자체의 사적 소유로서의 자산운용은 원활한 정보활동을 위한 그 필요성에도 불구하고 많은 법적 문제점을 야기한다.

(2) 정보기구의 물적 자산

① 예산회계법상 정보기구 자체의 사적 소유를 인정할 근거가 없을 뿐 아니라 국가의 감독을 벗어난 소위 비밀금고로 자의적으로 사용할 수 있어 책임예산의 원칙에 크게 벗어난다.

② 그럼에도 불구하고 CIA는 창설 이후 지속적으로 다양한 정보활동과 특히 비밀공작 수행을 위해 자체적인 비밀기업이나 준 정부기업을 설립해 온 것으로 밝혀졌다. 그들 사업체는 외국에 지부나 지사를 적법하게 설립하여 정보요원들이 직원으로 가장하여 취업함으로써 해당 국가에 의심을 받지 않고 진출하여 활동 거점을 확보한 후에 다양한 정보수집 활동을 전개했다.

③ 또한 해당 국가에 진출한 정보기관 소유의 은행과 보험회사 같은 서비스 기관은 그 자체로 그들과 거래하는 사회 지도층에 대한 제반 기초 정보를 파악할 수 있는 좋은 창구가 된다.

④ 비밀공작 활동 시에는 정보기관 소유의 비행기를 운송수단으로 확보하여 쉽게 비밀성을 확보하고 신속한 작전을 전개할 수 있으며, 정보기관 소유의 방송사 예를 들어 CIA의 대표적인 방송사인 Radio Free Europe과 Radio Liberty 등을 통해서는 선전공작 활동을 지속적으로 전개할 수도 있다.

⑤ 또한 결과적으로 사적 기업은 정보요원들이 퇴직한 후에 취업의 문으로도 활용되어 정보요원들의 능력을 활용할 수도 있고 요원들의 복지문제의 해결 방안도 된다.

⑥ 알려진 바에 의하면 남동아시아에 취항하는 상업 여객기인 에어 아메리카(Air America)가 CIA가 운용하는 항공회사라고 한다. 한편 에어 아메리카는 라오스와 태국으로부터의 마약운송으로 상당한 거금의 운송이득을 남기기도 했다.

(3) 정보기구의 물적 자산에 대한 통제

현재 미국에서의 법적 논의는 일정한 범위의 정보기구 자체의 물적 자산은 인정한다. 다만 그러한 물적 자산에서 취득한 영업이득은 합리적인 조직운영 비용으로 사용하는 이외에는 반드시 의회의 예산통제를 거쳐야 하는 것으로 비밀공작금의 조달창구로 활용할 수 없다. 그것은 의회의 입법권과 예산권을 무력화하고 비밀공작에 대한 의회통제를 정면으로 회피하는 것이기 때문이다. 최소한 대통령 명령 등에 의한 규범 통제는 마련되어야 할 것이다.

1486

미국 정보기구의 정보자산의 운용에 대한 설명으로 틀린 것은?

① 정보기구의 물적 자산은 정식적인 국가예산의 결산과 감사체계에서 벗어난 정보기관 자체의 사적소유로서의 자산운용은 원활한 정보활동을 위해 필요성이 인정된다.

② 정보기구가 사적으로 소유한 자산에서 취득한 모든 영업이득에 대해서는 반드시 의회의 예산 통제를 거쳐야 한다.

③ 정보기구의 물적 자산이 비밀공작금의 조달창구로 활용되는 것을 허용하게 되면 정보기구가 의회의 입법권과 예산심의권을 무력화하고 비밀공작에 대한 의회통제를 회피하게 되는 위험성이 증가한다.

④ 정보기구가 인적 자산인 정보제공자를 사적으로 고용하는 경우 '협조 약속의 비밀성을 잘 유지할 수 있는가?', '협조할 내용을 법률적으로 고용계약의 틀 속에 담을 수 있는가?', '정보제공자의 활동을 적절히 통제할 수 있는가?' 등의 문제가 발생할 수 있다.

정답 ②

풀이 ② 현재 미국에서의 법적 논의는 일정한 범위의 정보기구 자체의 물적 자산은 인정한다. 다만 그러한 물적 자산에서 취득한 영업이득은 합리적인 조직운영 비용으로 사용하는 이외에는 반드시 의회의 예산 통제를 거쳐야 하는 것으로 비밀공작금의 조달창구로 활용할 수 없다.

핵심정리 청문회

1. 의의

청문회는 책임 있는 정부 관료에게 필요한 정보를 요구하고 외부 전문가들부터 대안적인 견해를 청취하는 등 정보기관에 대한 감독 기능을 수행하는 데 필요한 핵심적인 수단으로 활용되고 있다.

2. 정보위원회 청문회의 비공개

청문회는 논의 주제에 따라 대중에 공개될 수도 있고 그렇지 않을 수도 있는데, 정보위원회 청문회는 보안유지의 필요성 때문에 대부분 비공개로 진행된다.

3. 행정부의 청문회 활용

① 청문회는 반대파를 공격하는 입장에서 진행되기 때문에 객관성이 떨어질 수 있다.

② 행정부는 청문회를 행정부의 정책방향을 제시하고 의회와 국민들에게 정책을 선전하는 토론회(forum)로 활용하려는 경향을 보인다.

4. 의회의 청문회 활용

① 반면에 의회는 행정부가 청문회를 그러한 목적으로 활용하려는 의도를 잘 알고 있기 때문에 청문회를 통해서 제공되는 정보에 대해 의심하는 입장을 보인다.

② 따라서 청문회가 행정부의 정책에 대한 객관적인 검증이라는 본래의 취지에 부합되도록 진행되기가 사실상 어려운 상황이다.

5. 정보기관의 조직과 활동에 관한 구체적인 내용 검증

(1) 의의

① 청문회는 의회가 정보기관을 감독 또는 통제하는데 활용될 수 있는 매우 효과적인 수단이다.

② 정보위원회 청문회는 대부분 비공개로 진행되기 때문에 외부에 노출될 우려 없이 정보기관의 조직과 활동에 관한 구체적인 내용을 검증할 수 있다.

(2) 구체적인 내용을 검증

① 즉 청문회를 통해 정보기관이 수행한 정보활동이 어떤 성과를 얻었는지, 정보 공동체 조직과 인원의 비효율적인 배치는 없었는지, 불필요한 예산 낭비는 없었는지 등 다양한 내용들이 밝혀질 수 있다.

② 청문회를 통해 비밀보안을 핑계로 정보기관이 은폐할 수 있는 불법적인 정보활동의 내역이 밝혀질 수 있다.

③ 역으로 정보기관은 청문회에 대비하여 불법이나 비윤리적인 정보활동을 스스로 자제하려는 태도를 취한다. 그래서 청문회는 정보기관의 정보활동을 통제하는 기능을 수행하게 된다.

핵심정리 임명 동의

1. 의의

올바른 정보활동은 국가안보 목표를 달성하는 데 필요한 핵심적인 수단이다. 그러나 때로 정보기관은 집권세력의 정치적인 목적에 영합하는 정권안보활동을 수행하면서도 비밀보안을 구실로 이를 철저히 은폐할 소지가 있다.

2. 정보기관의 수장에 대한 임명 동의

① 정보기관의 수장은 조직으로서 정보기관을 장악하고 국가안보에 중대한 영향을 미칠 수 있는 다양한 유형의 정보활동을 지휘한다.

② 정보기관의 수장은 국가안보에 치명적인 영향을 미칠 수 있는 임무를 수행하는 동시에 막강한 권한을 보유하는 지위로 알려져 있다.

③ 그래서 대부분의 민주주의 국가에서 정보기관의 수장은 행정부의 수반이 임명하되 의회의 임명동의를 필요로 한다.

④ 의회는 정보기관의 수장으로 지명된 후보에 대해 그의 지명(nomination)을 확정 또는 거부할 권한을 가진다.

3. 미국

(1) 의의

미국의 경우 상원에서 정보기관의 수장에 대한 임명동의 권한을 가진다. 그동안 대통령이 지명한 정보기관의 수장에 대한 임명동의는 대부분 승인되었다.

(2) 카터 대통령 당시 소렌슨(Theodore Sorenson)

① 그런데 1977년 카터 대통령 당시 중앙정보장(DCI)으로 지명되었던 소렌슨(Theodore Sorenson)이 상원 정보위원회에 출석하여 그의 자격에 대해 제기된 여러 가지 문제점들에 대해 답변한 후 대통령 스스로 그의 지명을 철회했다.

② 소렌슨의 지명 철회는 이전에는 없었던 최초의 사례로 기록된다. 당시 소렌슨은 제2차 세계대전 당시 양심적 병역거부자로서 병역을 회피했었는데 이러한 경력을 가진 자가 과연 비밀공작을 수행할 의지가 있을지에 대한 의문이 제기되었다.

③ 또한 그는 비밀문서인 펜타곤 보고서(베트남전에 대한 국방부의 연구)를 언론에 누설한 혐의로 기소된 엘스버그(Daniel Elsberg)를 변호했었는데, 이러한 경력을 가진 자가 과연 비밀정보의 출처와 방법을 보호할 능력이나 의지가 있는가에 대해 의문이 제기되었다.

(3) 1977년 이후 상원 인사청문회

① 1977년 이래 상원 인사청문회에서 몇 명의 중앙정보장(Director of Central Intelligence, DCI) 지명자에 대한 임명동의가 거부되었다.

② 1987년 게이츠(Robert M. Gates)는 이란-콘트라 사건과 관련하여 첫 번째 지명이 철회되었었다.

③ 1997년 클린턴 대통령 당시 DCI로 지명되었던 레이크(Anthony Lake)는 청문회가 매우 엄격하게 진행되어 통과가 어려울 것으로 예상되자 자진 사퇴했다.

4. 한국

(1) 의의

한국의 경우 국정원장 지명자에 대해 국회에서 인사청문회가 개최되지만 의회의 승인 여부에 관계없이 대통령이 임명을 강행할 수 있다.

(2) 노무현 대통령 당시 고영구 국정원장

① 노무현 대통령 당시 고영구 국정원장의 임명을 들 수 있다. 2003년 4월 국회 정보위원회는 노무현 대통령이 국정원장으로 임명한 고영구 변호사가 민변 출신으로서 이념적 편향성을 가졌다는 등을 이유로 '부적절하다'는 내용의 청문경과 보고서를 채택했다.

② 그러나 청와대는 인사위원회를 열어 고영구 국정원장 임명을 강행했다.

5. 인사청문회의 기능

(1) 의의

① 인사청문회를 통한 임명동의는 지명자가 해당 직위를 수행하는 데 필요한 경력이나 업무 능력을 갖추었는지를 검증하는데 중점을 두어야 한다.

② 그러나 실제로는 지명자의 전문성이나 직무수행 능력과는 무관한 개인적인 비리 또는 사생활을 들추어내어 그를 낙마시킴으로써 그를 임명한 행정부의 수반 또는 여당에 정치적인 타격을 주려는 목적으로 악용되는 사례가 빈번히 발생한다.

(2) 직무수행에 필요한 능력과 자격 검증

① 의회의 인사청문회는 지명자가 직무수행에 필요한 능력과 자격을 갖춘 적격자인지를 검증할 유일한 수단이라는 점에서 의미가 있다.

② 비록 지나치게 까다로운 절차와 정치적인 목적에 악용되는 문제점이 있지만 그러한 절차는 반드시 필요하다.

③ 적어도 그러한 지명절차가 있음으로 인해 임명권자는 국가적으로 막강한 영향력을 가진 중요한 직위에 부합되는 능력과 자격을 갖춘 자를 신중히 선별하여 임명하게 될 것이다.

1487

미국 의회의 정보기관에 대한 통제 방법으로 적절하지 않은 것은? [2016년 기출]

① 입법권 ② 예산심의권

③ 기관장 임면 ④ 청문회개최

정답 ③

풀이 ③ 임면권은 임명하고 면직시킬 수 있는 권한으로 임명하는 데 동의할 수 있는 데 불과한 임명 동의권과는 다르다. 미국 의회는 물론 그 어떤 나라 의회도 정보기관장이 임면권을 가지고 있지 않다.

핵심정리 정보자료 요구

1. 의의
   ① 행정부는 대체로 자신들의 입장이나 정책을 지지하는 자료만을 선별적으로 제공 또는 보고하려는 태도를 취한다.
   ② 그런데 행정부의 정책이나 활동에 대해 보다 객관적이고 공정한 판단을 내리려면 행정부가 자체적으로 제공하는 정보나 자료만으로는 충분치 않다. 특히 정보기관에 대한 감독임무를 충실히 수행하려면 필요한 정보에의 접근을 무제한적으로 허용해 주어야 할 것이다.
   ③ 이에 따라 대부분의 민주주의 국가에서 의회는 정보기관의 조직과 활동 내용에 관한 정보 또는 자료들을 요구할 수 있도록 법제화하였다.

2. 미국
   (1) 의의
      ① 미국의 경우 대통령은 비밀공작을 포함한 불법적인 정보활동의 내용에 대해 의회 정보위원회에 즉시 보고할 의무를 가진다.
      ② 그리고 의회 정보위원회에서 정책이나 정보활동의 내용에 관련된 정보 및 자료를 요청할 경우 협조해야 할 의무가 있다.
   (2) 의회 정보감독기구의 권한
      의회의 정보감독기구가 증인을 소환하거나 청문회 개최를 요구할 권한을 가질 경우 정보 또는 자료의 공개를 보다 강력히 추진할 수 있을 것이다.
   (3) 민감한 정보 또는 자료의 제공
      정보의 공개성보다도 국가안보를 위해 비밀유지의 필요성을 보다 중요시될 경우 예외적으로 일부 민감한 정보는 제공하지 않을 수도 있다.

3. 호주
   호주의 경우 의회 정보위원회(Parliamentary Committee)는 비밀공작 등 공개될 경우 국가안보에 부정적인 영향을 줄 수 있는 민감한 정보에 대해서는 공개요구를 할 수 없도록 법제화되어 있다.

4. 의회 정보위원회 위원의 정보 공개 금지 의무
   (1) 의의
      ① 의회 정보위원회 위원들이 민감한 정보를 외부에 공개하게 될 경우 국가안보에 부정적인 영향을 미치게 될 수 있다.
      ② 이로 인해 의회와 행정부 간 또는 의회와 정보기관 간의 신뢰가 깨지게 되고, 그로 인해 정보 공개와 관련하여 그들 간에 원만한 협력 관계를 유지하기가 어려워질 수 있다.
   (2) 의회 정보위원회 위원의 정보 유출 또는 공개 금지 의무
      ① 이러한 사태를 방지하기 위해 미국, 노르웨이 등 대부분의 국가에서는 의회 정보위원회 위원이 당국의 허가 없이 무분별하게 비밀정보를 공개하지 못하도록 의무화하고 있다.
      ② 의회 정보위원회는 대통령이나 정보기관에게 정보활동에 관한 정보 및 자료의 공개를 요구할 권한을 가지고 있는 반면, 권한에 따른 의무사항으로서 외부에 무분별한 정보 유출이나 공개를 하지 않을 책임이 수반된다.

핵심정리 조사와 보고

1. 의의

① 대부분의 민주주의 국가에서 의회는 행정부의 정책이나 활동에 대해 조사하고 그 결과를 보고할 권한을 가진다.

② 의회의 정보감독과 관련하여 의회는 종종 특별한 종류의 위원회를 구성하여 정보활동의 효율성, 합법성, 또는 인권 남용 여부 등을 검증하기 위한 조사활동을 수행한다.

③ 의회 위원회는 조사를 통해 정보기관이 수행한 정보활동에 관해 새롭게 발견한 실태와 문제점들을 요약하고 그러한 문제점들을 개선 또는 극복할 방안들을 권고안으로 제시하는 보고서를 내놓곤 한다.

2. CIA의 칠레 아옌데 정권에 대한 불법 개입

(1) 의의

미 CIA가 1960년대부터 1970년대 초까지 칠레 아옌데 정권에 대해 불법적으로 개입한 사건이 1974년 New York Times지에 기사화되어 폭로되면서 미 의회의 상원과 하원에 각각 조사위원회가 설치되었다.

(2) 처치위원회와 파이크위원회

① 1976년 4월 미 상원에서는 처치(Frank Church) 의원을 위원장으로 하는 처치위원회(Church Committee)가 출범하게 되었으며, 이후 하원에는 파이크(Otis Pike) 의원을 위원장으로 하는 파이크위원회(Pike Panel)가 설립되었다.

② 처치위원회는 15개월간의 조사를 진행하였고, 결과보고서에서 정보기관을 상시적으로 감시 감독할 수 있는 기구의 설치를 제안했다. 하원에 설립된 파이크 위원회의 결과보고서에서도 동일한 내용을 제안했다.

(3) 이란－콘트라 사건

1986년 이란－콘트라 사건이 발발하자 의회는 상 · 하원 합동조사위원회로서 이노우에－해밀턴 위원회(the Inouye-Hamilton Committee)를 구성했고, 여기서 NSC 참모와 몇몇 CIA 직원이 불법적인 정보활동을 저지른 사실을 밝혀냈다.

(4) 9/11 테러 사건

2001년 발생한 9/11 테러 사건 이후 2002년 11월 미 의회에서는 공화당과 민주당 양당 동수로 추천한 전문위원 10명으로 '9/11 진상조사위원회(National Commission on Terrorist Attacks upon the United States, 일명 9/11 Commission)'를 구성하여 1년 8개월 동안 조사활동을 전개하여 마침내 '9/11 Report'를 발간했다.

(5) 이라크 전쟁

① 2004년 미국의 대통령 선거 당시 부시 대통령과 행정부 고위관리들이 이라크를 공격하기 위해 이라크의 대량살상 무기(WMD)에 관한 정보를 의도적으로 조작했을 것이라는 여론의 비난이 일었다.

② 부시 대통령은 그러한 비난을 잠재우고자 2004년 2월 6일 이라크 WMD 정보오류를 포함한 미국의 정보능력을 조사할 '특별조사위원회(The Commission on the Intelligence Capabilities of the United States Regarding Weapons of Mass Destruction)'를 구성 했다.

③ 위원회는 2005년 3월 31일 총 692쪽에 달하는 최종보고서를 발표했는데, 여기서 미 정보공동체의 이라크에 대한 WMD 정보판단은 '치명적인 실패'라고 규정했다.

(6) 의회 보고서의 한계

① 이러한 의회의 조사활동은 마땅히 공정하고 객관적으로 수행되어야 하지만 실제로는 그렇지 못한 것으로 지적된다. 행정부에서 생산되는 보고서는 수직적이고 계층적인 관료체계 하에서 대통령이나 수상의 입장을 전폭적으로 지지하는 방향으로 일사불란하게 작성된다.

② 그런데 의회는 기본적으로 대통령을 지지하는 여당과 그에 대해 반대하는 야당으로 구성되어 있다. 따라서 의회에서 보고서가 생산되는 과정에서 동일한 이슈를 두고 여당과 야당 간에 각기 상반된 견해를 제시하면서 충돌하는 경우가 빈번하게 발생한다. 이처럼 의회의 당파성으로 인해 객관적이고 공정한 조사결과를 기대하기가 어려운 현실이다.

관련법조항 「국회법」 정보위원회 관련 규정

제33조(교섭단체)

① 국회에 20명 이상의 소속 의원을 가진 정당은 하나의 교섭단체가 된다. 다만, 다른 교섭단체에 속하지 아니하는 20명 이상의 의원으로 따로 교섭단체를 구성할 수 있다.

② 교섭단체 대표의원은 그 단체의 소속 의원이 연서·날인한 명부를 의장에게 제출하여야 하며, 그 소속 의원에 이동(異動)이 있거나 소속 정당의 변경이 있을 때에는 그 사실을 지체 없이 의장에게 보고하여야 한다. 다만, 특별한 사유가 있을 때에는 해당 의원이 관계 서류를 첨부하여 이를 보고할 수 있다.

③ 어느 교섭단체에도 속하지 아니하는 의원이 당적을 취득하거나 소속 정당을 변경한 때에는 그 사실을 즉시 의장에게 보고하여야 한다.

제37조(상임위원회와 그 소관)

① 상임위원회의 종류와 소관 사항은 다음과 같다.

16. 정보위원회

가. 국가정보원 소관에 속하는 사항

나. 국가정보원법 제4조 제1항 제5호에 따른 정보 및 보안 업무의 기획·조정 대상 부처 소관의 정보 예산안과 결산 심사에 관한 사항

제38조(상임위원회의 위원 정수)

상임위원회의 위원 정수(定數)는 국회규칙으로 정한다. 다만, 정보위원회의 위원 정수는 12명으로 한다.

제40조(상임위원의 임기)

① 상임위원의 임기는 2년으로 한다. 다만, 국회의원 총선거 후 처음 선임된 위원의 임기는 선임된 날부터 개시하여 의원의 임기 개시 후 2년이 되는 날까지로 한다.

② 보임(補任)되거나 개선(改選)된 상임위원의 임기는 전임자 임기의 남은 기간으로 한다.

제48조(위원의 선임 및 개선)

① 상임위원은 교섭단체 소속 의원 수의 비율에 따라 각 교섭단체 대표의원의 요청으로 의장이 선임하거나 개선한다. 이 경우 각 교섭단체 대표의원은 국회의원 총선거 후 첫 임시회의 집회일부터 2일 이내에 의장에게 상임위원 선임을 요청하여야 하고, 처음 선임된 상임위원의 임기가 만료되는 경우에는 그 임기만료일 3일 전까지 의장에게 상임위원 선임을 요청하여야 하며, 이 기한까지 요청이 없을 때에는 의장이 상임위원을 선임할 수 있다.

② 어느 교섭단체에도 속하지 아니하는 의원의 상임위원 선임은 의장이 한다.

③ 정보위원회의 위원은 의장이 각 교섭단체 대표의원으로부터 해당 교섭단체 소속 의원 중에서 후보를 추천받아 부의장 및 각 교섭단체 대표의원과 협의하여 선임하거나 개선한다. 다만, 각 교섭단체 대표의원은 정보위원회의 위원이 된다.

제49조의2(위원회 의사일정의 작성기준)

① 위원장(소위원회의 위원장을 포함한다)은 예측 가능한 국회운영을 위하여 특별한 사정이 없으면 다음 각 호의 기준에 따라 제49조 제2항의 의사일정 및 개회일시를 정한다.

1. 위원회 개회일시: 매주 월요일·화요일 오후 2시
2. 소위원회 개회일시: 매주 수요일·목요일 오전 10시

② 위원회(소위원회는 제외한다)는 매월 2회 이상 개회한다. 다만, 다음 각 호의 어느 하나에 해당하는 경우에는 그러하지 아니하다.

1. 해당 위원회의 국정감사 또는 국정조사 실시기간
2. 그 밖에 회의를 개회하기 어렵다고 의장이 인정하는 기간

③ 제2항에도 불구하고 국회운영위원회, 정보위원회, 여성가족위원회, 특별위원회 및 예산결산특별위원회의 경우에는 위원장이 개회 횟수를 달리 정할 수 있다.

제54조(위원회의 의사정족수·의결정족수)

위원회는 재적위원 5분의 1 이상의 출석으로 개회하고, 재적위원 과반수의 출석과 출석위원 과반수의 찬성으로 의결한다.

제54조의2(정보위원회에 대한 특례)

① 정보위원회의 회의는 공개하지 아니한다. 다만, 공청회 또는 제65조의2에 따른 인사청문회를 실시하는 경우에는 위원회의 의결로 이를 공개할 수 있다.

② 정보위원회의 위원 및 소속 공무원(의원 보좌직원을 포함한다. 이하 이 조에서 같다)은 직무수행상 알게 된 국가기밀에 속하는 사항을 공개하거나 타인에게 누설해서는 아니 된다.

③ 정보위원회의 활동을 보좌하는 소속 공무원에 대해서는 국가정보원장에게 신원조사를 의뢰하여야 한다.

④ 이 법에서 정한 사항 외에 정보위원회의 구성과 운영 등에 필요한 사항은 국회규칙으로 정한다.

제84조(예산안 · 결산의 회부 및 심사)

① 예산안과 결산은 소관 상임위원회에 회부하고, 소관 상임위원회는 예비심사를 하여 그 결과를 의장에게 보고한다. 이 경우 예산안에 대해서는 본회의에서 정부의 시정연설을 듣는다.

② 의장은 예산안과 결산에 제1항의 보고서를 첨부하여 이를 예산결산특별위원회에 회부하고 그 심사가 끝난 후 본회의에 부의한다. 결산의 심사 결과 위법하거나 부당한 사항이 있는 경우에 국회는 본회의 의결 후 정부 또는 해당 기관에 변상 및 징계조치 등 그 시정을 요구하고, 정부 또는 해당 기관은 시정 요구를 받은 사항을 지체 없이 처리하여 그 결과를 국회에 보고하여야 한다.

③ 예산결산특별위원회의 예산안 및 결산 심사는 제안 설명과 전문위원의 검토보고를 듣고 종합정책질의, 부별 심사 또는 분과위원회 심사 및 찬반토론을 거쳐 표결한다. 이 경우 위원장은 종합정책질의를 할 때 간사와 협의하여 각 교섭단체별 대표질의 또는 교섭단체별 질의시간 할당 등의 방법으로 그 기간을 정한다.

④ 정보위원회는 제1항과 제2항에도 불구하고 국가정보원 소관 예산안과 결산, 국가정보원법 제4조 제1항 제5호에 따른 정보 및 보안 업무의 기획 · 조정 대상 부처 소관의 정보 예산안과 결산에 대한 심사를 하여 그 결과를 해당 부처별 총액으로 하여 의장에게 보고하고, 의장은 정보위원회에서 심사한 예산안과 결산에 대하여 총액으로 예산결산특별위원회에 통보한다. 이 경우 정보위원회의 심사는 예산결산특별위원회의 심사로 본다.

관련법조항 「국가정보원법」 정보위원회 관련 규정

제4조(직무)

② 원장은 제1항의 직무와 관련하여 직무수행의 원칙 · 범위 · 절차 등이 규정된 정보활동기본지침을 정하여 국회 정보위원회에 이를 보고하여야 한다. 정보활동기본지침을 개정한 때에도 또한 같다.

③ 국회 정보위원회는 정보활동기본지침에 위법하거나 부당한 사항이 있다고 인정되면 재적위원 3분의 2 이상의 찬성으로 시정이나 보완을 요구할 수 있으며, 원장은 특별한 사유가 없으면 그 요구에 따라야 한다.

제9조(원장 · 차장 · 기획조정실장)

① 원장은 국회의 인사청문을 거쳐 대통령이 임명하며, 차장 및 기획조정실장은 원장의 제청으로 대통령이 임명한다.

② 원장은 정무직으로 하며, 국정원의 업무를 총괄하고 소속 직원을 지휘 · 감독한다.

③ 차장과 기획조정실장은 정무직으로 하고 원장을 보좌하며, 원장이 부득이한 사유로 직무를 수행할 수 없을 때에는 그 직무를 대행한다.

④ 원장 · 차장 및 기획조정실장 외의 직원 인사에 관한 사항은 따로 법률로 정한다.

제15조(국회에의 보고 등)

① 원장은 국가 안전보장에 중대한 영향을 미치는 상황이 발생할 경우 지체 없이 대통령 및 국회 정보위원회에 보고하여야 한다.

② 원장은 국회 정보위원회가 재적위원 3분의 2 이상의 찬성으로 특정사안에 대하여 보고를 요구한 경우 해당 내용을 지체 없이 보고하여야 한다.

제16조(예산회계)
① 국정원은 「국가재정법」 제40조에 따른 독립기관으로 한다.
② 국정원은 세입, 세출예산을 요구할 때에 국가재정법 제21조의 구분에 따라 총액으로 기획재정부장관에게 제출하며, 그 산출내역과 같은 법 제34조에 따른 예산안의 첨부 서류는 제출하지 아니할 수 있다.
③ 국정원의 예산 중 미리 기획하거나 예견할 수 없는 비밀활동비는 총액으로 다른 기관의 예산에 계상할 수 있으며, 그 편성과 집행결산에 대하여는 국회 정보위원회에서 심사한다.
④ 국정원은 제2항 및 제3항에도 불구하고 국회 정보위원회에 국정원의 모든 예산(제3항에 따라 다른 기관에 계상된 예산을 포함한다)에 관하여 실질심사에 필요한 세부 자료를 제출하여야 한다.
⑤ 국정원은 모든 예산을 집행함에 있어 지출의 사실을 증명할 수 있는 증빙서류를 첨부하여야 한다. 다만, 국가안전보장을 위해 기밀이 요구되는 경우에는 예외로 한다.
⑥ 원장은 국정원의 예산집행 현황을 분기별로 국회 정보위원회에 보고하여야 한다.
⑦ 국회 정보위원회는 국정원의 예산심사를 비공개로 하며, 국회 정보위원회의 위원은 국정원의 예산 내역을 공개하거나 누설하여서는 아니 된다.

제17조(국회에서의 증언 등)
① 원장은 국회 예산결산 심사 및 안건 심사와 감사원의 감사가 있을 때에 성실하게 자료를 제출하고 답변하여야 한다. 다만, 국가의 안전보장에 중대한 영향을 미치는 국가 기밀 사항에 대하여는 그 사유를 밝히고 자료의 제출 또는 답변을 거부할 수 있다.
② 원장은 제1항에도 불구하고 국회 정보위원회에서 자료의 제출, 증언 또는 답변을 요구받은 경우와 국회에서의 증언·감정 등에 관한 법률에 따라 자료의 제출 또는 증언을 요구받은 경우에는 군사·외교·대북관계의 국가 기밀에 관한 사항으로서 그 발표로 인하여 국가 안위(安危)에 중대한 영향을 미치는 사항에 대하여는 그 사유를 밝히고 자료의 제출, 증언 또는 답변을 거부할 수 있다. 이 경우 국회 정보위원회 등은 그 의결로써 국무총리의 소명을 요구할 수 있으며, 소명을 요구받은 날부터 7일 이내에 국무총리의 소명이 없는 경우에는 자료의 제출, 증언 또는 답변을 거부할 수 없다.
③ 원장은 국가 기밀에 속하는 사항에 관한 자료와 증언 또는 답변에 대하여 이를 공개하지 아니할 것을 요청할 수 있다.

제18조(회계검사 및 직무감찰의 보고)
원장은 그 책임 하에 소관 예산에 대한 회계검사와 직원의 직무 수행에 대한 감찰을 하고, 그 결과를 대통령과 국회 정보위원회에 보고하여야 한다.

1488

국회 정보위원회에 대한 설명으로 틀린 것은?

① 정보위원회의 위원 정수는 12명으로 한다.
② 공청회 또는 인사청문회를 실시하는 경우에는 위원회의 의결로 이를 공개할 수 있다.
③ 국정원은 국회 정보위원회에 국정원의 모든 예산에 관하여 실질심사에 필요한 세부 자료를 제출하여야 한다.
④ 소관 사항은 국가정보원 및 정보 및 보안 업무의 기획·조정 대상 부처 소관에 속하는 사항이다.

정답 ④

풀이 국회 정보위원회의 소관 사항은 국가정보원 소관에 속하는 사항과 정보 및 보안 업무의 기획·조정 대상 부처 소관의 정보 예산안과 결산 심사에 관한 사항이다.

1489

국회 정보위원회에 대한 설명으로 틀린 것은?

① 정보위원회의 위원 정수는 12명으로 한다.

② 각 교섭단체 대표 의원은 정보위원회의 위원이 된다.

③ 정보 및 보안 업무의 기획·조정 대상 부처 소관의 정보 예산안과 결산 심사에 관한 사항은 정보위원회의 소관 사항이다.

④ 정보위원회는 정보활동기본지침에 위법하거나 부당한 사항이 있다고 인정되면 재적위원 과반수의 찬성으로 시정이나 보완을 요구할 수 있다.

정답 ④

풀이 ④ 국회 정보위원회는 정보활동기본지침에 위법하거나 부당한 사항이 있다고 인정되면 재적위원 3분의 2 이상의 찬성으로 시정이나 보완을 요구할 수 있으며, 원장은 특별한 사유가 없으면 그 요구에 따라야 한다.

1490

국회 정보위원회에 대한 설명으로 틀린 것은? [2022년 기출]

① 여야 의원 12인으로 구성된다.

② 각 교섭단체의 대표의원은 정보위원회에 자동 배정된다.

③ 정보위원회 회의는 인사청문회와 공청회를 제외하고 비공개로 진행된다.

④ 국가안보 관련 정부부처의 소관에 관한 사항은 정보위원회의 소관 사항이다.

정답 ④

풀이 ④ 정보위원회의 소관 사항은 국가정보원 소관에 속하는 사항, 정보 및 보안 업무의 기획·조정 대상 부처 소관의 정보 예산안과 결산 심사에 관한 사항이다.

1491

정보위원회의 국정원에 대한 예산 통제에 대한 설명으로 틀린 것은? [2020년 기출]

① 정보위원회는 국정원의 예산심사를 비공개로 한다.

② 정보위원회는 예산 편성과 집행결산에 대하여 심사한다.

③ 국정원은 정보위원회에 국정원의 모든 예산에 관하여 실질심사에 필요한 세부 자료를 제출하여야 한다.

④ 국정원은 국가안전보장을 위해 기밀이 요구되는 경우에도 지출의 사실을 증명할 수 있는 증빙서류를 첨부하여야 한다.

정답 ④

풀이 ③ 국정원은 세입, 세출예산을 요구할 때에 총액으로 기획재정부장관에게 제출하며, 그 산출내역과 같은 예산안의 첨부서류는 제출하지 아니할 수 있다. 국정원의 예산 중 미리 기획하거나 예견할 수 없는 비밀활동비는 총액으로 다른 기관의 예산에 계상할 수 있으며, 그 편성과 집행결산에 대하여는 국회 정보위원회에서 심사한다. 국정원은 국회 정보위원회에 국정원의 모든 예산에 관하여 실질심사에 필요한 세부 자료를 제출하여야 한다.

④ 국정원은 모든 예산을 집행함에 있어 지출의 사실을 증명할 수 있는 증빙서류를 첨부하여야 한다. 다만, 국가안전보장을 위해 기밀이 요구되는 경우에는 예외로 한다.

1492

국회의 국가정보원 감독 권한으로 틀린 것은? [2018년 기출]

① 국회는 국정원장의 임명을 거부할 수 있다.
② 국정원의 예산을 심의하고 결산을 보고받을 수 있다.
③ 국정원장을 불러 주요 업무에 대한 질의를 할 수 있다.
④ 교섭단체 소속 의원만 정보위원회의 위원으로 선임될 수 있다.

정답 ①

풀이 ① 국회는 국정원장 후보자에 대한 청문회를 개최할 수 있지만 임명동의 권한은 없다.

1493

국정원에 대한 통제의 설명으로 틀린 것은? [2008년 기출]

① 국정원장은 국회의 인사청문을 거쳐 대통령이 임명하며, 차장 및 기획조정실장은 국정원장의 제청으로 대통령이 임명한다.
② 국회정보위원회는 필요 시 국정원장을 출석시켜 국정원의 업무에 관해 질의를 할 수 있다.
③ 대통령은 법률 개정을 통하여 국정원 조직을 개편할 수 있다.
④ 국가안전보장회의는 국정원장에게 국가안전보장에 관련된 정보를 수집하여 회의에 보고하도록 할 수 있다.

정답 ③

풀이 ③ 대통령은 법률을 개정할 수 있는 권한을 가지고 있지 않다.

1494

국회의 국정원에 대한 예산통제의 설명으로 틀린 것은? [2008년 기출]

① 국정원은 세입, 세출예산을 요구할 때에 예산결산특별위원회에 제출한다.

② 국정원은 국회 정보위원회에 국정원의 모든 예산에 관하여 실질심사에 필요한 세부 자료를 제출하여야 한다.

③ 국정원의 예산 편성과 집행결산에 대하여는 국회정보위원에서 심사한다.

④ 국정원의 예산 중 미리 기획하거나 예견할 수 없는 비밀활동비는 총액으로 다른 기관의 예산에 계상할 수 있다.

정답 ①

풀이 ① 국정원은 세입, 세출예산을 요구할 때에 총액으로 기획재정부장관에게 제출하며, 그 산출내역과 같은 법 제34조에 따른 예산안의 첨부서류는 제출하지 아니할 수 있다.

1495

국정원에 대한 민주적 통제절차의 설명으로 틀린 것은? [2008년 기출]

① 원장은 국회의 인사청문을 거쳐 대통령이 임명하며, 차장 및 기획조정실장은 원장의 제청으로 대통령이 임명한다.

② 국가안전보장회의 의장은 국정원 등 국가정보기관의 보고를 받고 업무조정을 할 수 있다.

③ 국회의장은 정보위원회의 최종 심의 · 의결권을 가진다.

④ 언론기관도 정보기관의 부패와 무능에 대해 보도를 함으로써 여론을 주도할 수 있으며 이러한 기능을 통해 권력의 4부로써 역할을 수행하게 된다.

정답 ③

풀이 ③ 위원회는 재적위원 5분의 1 이상의 출석으로 개회하고, 재적위원 과반수의 출석과 출석위원 과반수의 찬성으로 의결한다.

1496

국회 정보위원회의 정보기관 통제 방법에 대한 설명으로 틀린 것은? [2007년 기출 변형]

① 정보예산은 총액으로 제출되므로 구체적으로 통제할 수 없다.

② 국정원의 예산 중 미리 기획하거나 예견할 수 없는 비밀활동비는 총액으로 다른 기관의 예산에 계상할 수 있다.

③ 국정원장은 국회 예산결산 심사 및 안건 심사와 감사원의 감사가 있을 때에 성실하게 자료를 제출하고 답변하여야 한다.

④ 국정원장은 그 책임하에 소관 예산에 대한 회계검사와 직원의 직무 수행에 대한 감찰을 하고, 그 결과를 대통령과 국회 정보위원회에 보고하여야 한다.

정답 ①

풀이 ① 국정원은 국회 정보위원회에 다른 기관에 계상된 예산을 포함하여 국정원의 모든 예산에 관하여 실질 심사에 필요한 세부 자료를 제출하여야 한다.
③ 국정원장은 국회 예산결산 심사 및 안건 심사와 감사원의 감사가 있을 때에 성실하게 자료를 제출하고 답변하여야 한다. 다만, 국가의 안전보장에 중대한 영향을 미치는 국가 기밀 사항에 대하여는 그 사유를 밝히고 자료의 제출 또는 답변을 거부할 수 있다.

1497

국회 정보위원회에 대한 설명으로 틀린 것은? [2007년 기출 변형]

① 정보위원회의 위원 정수는 12명으로 한다.

② 국정원장의 책임하에 진행된 회계검사 내용을 보고받을 수 있다.

③ 국정원의 예산을 심사하여 예결위로 보내지 않고 직접 확정할 수 있다.

④ 정보 및 보안 업무의 기획·조정 대상 부처 소관에 속하는 사항은 정보위원회의 소관 사항이다.

정답 ④

풀이 ④ 정보위원회의 소관 사항은 국가정보원 소관에 속하는 사항, 정보 및 보안 업무의 기획·조정 대상 부처 소관의 정보 예산안과 결산 심사에 관한 사항이다.

핵심정리 **언론의 정보기관에 대한 감시활동**

(1) 의의

① 정보기관에 대한 공식적인 통제 역할은 행정부와 의회가 수행한다. 행정부와 의회는 정보기관에 대해 통제력을 행사할 수 있는 법적인 권한을 가지고 있으며, 다양한 수단들을 활용하여 정보기관에 대한 감독 기능을 수행한다.

② 행정부와 의회의 정보기관에 대한 감독 및 통제 기능은 법률에 따라서 합법적으로 부여된 권한을 행사한다는 차원에서 공식적이고 직접적인 활동이라고 할 수 있다.

③ 반면에 정보기관에 대한 언론의 감시활동은 법률에 구체적으로 명시되어 있지 않다. 따라서 언론의 정보기관에 대한 감시활동은 비공식적이고 간접적인 방식으로 수행된다.

(2) 언론의 비공식적이고 간접적인 정보기관에 대한 감시활동

① 오늘날 정보기관이 여전히 비밀의 영역 속에 싸여 있지만 다양한 출처로부터 정보기관과 그들의 비밀활동에 관한 정보가 유출된다.

② 언론매체들은 여러 가지 채널을 통해 정보기관의 비밀정보활동 내용에 대해 알게 되며, 보도할 가치가 있을 때 이를 공개함으로써 국민들의 여론을 형성하는 데 기여한다. 이러한 활동을 통해 언론은 간접적으로 정보기관을 통제하는 역할을 수행하게 된다.

1498

국가정보기관에 대한 제도적 통제에 포함되지 않는 것은? [2020년 기출]

① 언론의 통제
② 국회의 통제
③ 대통령의 통제
④ 법원의 통제

정답 ①

풀이 ① 정보기관에 대한 공식적인 통제 역할은 행정부, 의회, 법원이 수행한다. 행정부, 의회, 법원 등 국가기관은 정보기관에 대해 통제력을 행사할 수 있는 법적인 권한을 가지고 있으며, 다양한 수단들을 활용하여 정보기관에 대한 감독 기능을 수행한다. 행정부, 의회, 법원 등 국가기관의 정보기관에 대한 감독 및 통제 기능은 법률에 따라서 합법적으로 부여된 권한을 행사한다는 차원에서 공식적이고 직접적인 활동이라고 할 수 있다. 반면에 정보기관에 대한 언론의 감시활동은 법률에 구체적으로 명시되어 있지 않다. 따라서 언론의 정보기관에 대한 감시활동은 비공식적이고 간접적인 방식으로 수행된다. 따라서 언론의 통제는 제도적 통제라고 볼 수 없다.

핵심정리 **정보기관의 비밀주의 속성과 민주주의의 공개성**

(1) 의의

① 정보기관과 그들이 수행하는 정보활동에 대한 감독 기능을 수행함에 있어서 부딪히는 딜레마는 기본적으로 정보기관의 비밀주의 속성과 민주주의의 중요한 가치인 공개성이 충돌하는 데서 비롯된다.

② 정보활동이 효율적으로 수행되려면 비밀유지가 필요하지만 지나친 비밀보안은 결코 바람직하지 않다. 정부가 지나치게 많은 비밀을 갖게 되면 공무원이나 정치인들이 책임 회피 수단으로 악용될 수 있으며, 시민의 기본권이 훼손되는 상황이 은폐될 수도 있다.

③ 민주적 정보통제는 바로 그러한 딜레마를 해결하기 위한 방안으로서 고려된다. 의회와 유사하게 사법부의 정보통제도 정보기관이나 그 활동의 비밀성을 최대한 보장하면서 동시에 시민의 알권리와 인권을 보호해 주는 데 있다.

(2) 정보 감독에 있어서 사법부의 역할

① 정부의 비밀보호와 신속한 행정 조치 필요성으로 인해 개인의 기본권이 침해되는 경우에 정보활동에 대한 사법적인 해석이나 검토가 요구된다.

② 그러한 기본권에 해당되는 사례로서 고소인이 공정하게 형사재판을 받을 권리, 부당하게 체포 및 구금되지 않을 권리, 사생활 보호권, 언론·출판의 자유 등이 있다.

③ 일반적으로 고소인으로서 시민이 비밀정보활동에 대한 사법적인 검토를 요구하게 될 경우에 판사들이 개입하게 된다. 대체로 법원의 판사들은 정부가 지나치게 많은 비밀을 갖지 못하도록 견제하는 역할을 수행한다. 그리고 정부의 비밀보호와 시민의 인권에 관련된 문제가 상충될 경우 법원의 판사들은 중재자의 역할을 수행한다.

(3) 소결

요컨대, 사법부의 정보감독은 헌법을 현명하게 해석하여 외국의 침략으로부터 국가를 방어하고 질서를 유지하는 것과 행정부의 지나친 비밀보호와 정보활동으로 인해 개인의 인권이 침해되는 것을 적절히 조화시키는 데 중점을 둔다.

1499

국가정보기구 업무의 제도적 통제에 대한 설명으로 잘못된 것은?

① 입법부 통제는 입법권과 예산안 심의권이 수단으로 활용된다.

② 사법부 통제에는 개별사건을 통한 형사적·행정적·민사적 통제 등이 있다.

③ NSC는 정보공동체의 정보기관들로부터 정보활동이나 정책에 관해 보고를 받고 지휘· 감독하는 권한을 갖는다.

④ 조지 테닛 전 미국 중앙정보장은 의원들에 의한 비밀 누설이 국가안보에 심각한 위협이 된다고 주장하였다.

정답 ④

풀이 ④ 비밀누설은 오히려 의회보다 행정부에서 이루어질 가능성이 더 높다. 조지 테닛(George Tenet) 전 미국 중앙정보장은 국가안보 관련 비밀은 의회에서가 아니라 행정부 관료들에 의해서 더 많이 누출된다고 시인했다.

핵심정리 미국의 사법부 통제의 사례

(1) 의의

① 오늘날 정보감독은 어느 한 부처의 전유물이 아니고 입법부, 행정부, 사법부에게 공통으로 부여된 기능이다. 민주주의가 고도로 발달한 국가에서조차 오랫동안 정보기관에 대한 통제 또는 감독활동은 행정부의 고유 권한으로 인식되었으며, 행정부 외에 어떤 기관도 정보기관에 대한 영향력을 행사하지 못했었다.

② 1970년대 초까지 의회는 대통령이 필요하다고 제안한 정보활동 내용에 대해 거의 아무런 제약을 가하지 않았다. 대부분의 의원들은 비밀정보활동의 특수성을 인정하여 정보기관에 대해 통제 또는 감독하는 것에 대해 그다지 적극적인 태도를 보이지 않았다. 의회 의원들과 유사하게 당시 법원의 판사들도 1970년대 초반까지 정보분야에 대해서 거의 아무런 관심도 개입도 하지 않았다.

③ 정보활동은 주로 외교 문제와 관련되기 때문에 판사들은 정보활동과 관련하여 정치적으로 문제를 야기할 수 있는 민감한 문제에 대해 개입하기를 꺼렸다. 대부분의 경우 판사들은 사법부의 판단을 유보하고 의회 내 여야가 타협하여 처리하도록 방관하는 등 수동적인 자세를 취했다. 당시 미국의 연방법원은 사법적인 권한이 매우 제한적이었기 때문에 외교정책의 경우처럼 구체 적인 사례나 증거 자료가 없는 추상적인 사안에 대해서는 심리하지 않으려는 입장을 고수했다.

(2) 정보기관과 법집행기관의 차이

① 다소 모호한 부분이 없지 않지만 정보기관과 법집행기관은 수행하는 기능이 각기 다르다.

② 일반적으로 정보기관은 정보활동을 중점적으로 수행하는 반면에 법집행기관은 주로 경찰활동을 수행한다. 경찰활동은 일반시민들에게 직접적이고 즉각적인 영향을 미치지만 정보활동은 그렇지 않기 때문에 법원의 심리를 받을 이유가 없다. 특히 정보활동은 국가안보를 위해 수행되는 활동으로서 국내법의 영역을 벗어나 국가의 생존과 주권이라는 고차원의 법률에서 다룰 수 있는 문제로 인식된다.

③ 그래서 미국의 경우 연방법원 판사들은 비밀정보기관의 활동은 국가안보라는 초법적인 영역의 임무를 수행하고 있다고 인식하여 가급적 사법적인 판단을 회피하려는 태도를 취해 왔다.

(3) 사법부의 태도 변화

① 그런데 1970년대에 들어서서 사법부의 소극적이고 회피적인 태도에 다소 변화가 일기 시작했다.

② 당시 워터게이트 사건과 함께 칠레를 비롯하여 중남미 지역에서 CIA가 수행했던 비윤리적인 정보활동의 내용이 드러나면서 의회에서 관심을 가지고 진상을 조사하기 시작했다. 의회 상 · 하원에 각각 처치위원회와 파이크위원회가 구성되어 CIA의 정보활동에 대한 진상조사 활동을 전개했다.

③ 이 무렵 사법부에서도 정보기관에 대한 통제와 관련하여 상당한 변화가 일어났다. 1960년대 들어서서 일기 시작한 사법적 행동주의가 확산되면서 행정부활동에 대해 사법부가 관여할 여건이 점차 성숙되어가고 있었다.

④ 국제적인 문제를 법적인 테두리에서 통제하려는 움직임도 보다 가시화되기 시작했다. 더욱이, 미국의 정보기관들이 법집행기관의 활동 영역에 속하는 대테러, 마약퇴치, 비확산 등의 문제에 관여하게 되면서 사법부의 개입 여지가 보다 확대되기에 이르렀다

(4) 정보기관 통제 법률 제정과 사법부의 법률 판단

① 한편, 미 의회에서 정보기관의 활동을 통제하는 여러 가지 법률들을 통과시켰다. 그러한 법률이 많아질수록 사법부의 법률적 판단 필요성이 증가하게 된다. 1974년의 「휴즈-라이언법(Hughes-Ryan Act)」, 1978년의 「해외정보감시법(Foreign Intelligence Surveillance Act, FISA)」, 1980년의 「정보감독법(Intelligence Oversight Act)」, 1982년의 「정보신원법(Intelligence Identities Act)」 등을 들 수 있다. 이후 동 법률들에 근거하여 정보기관과 그들이 수행했던 정보활동에 관련하여 여러 가지 소송들이 제기되었으며, 사법부에서는 제기된 소송들을 심의하는 과정에서 비밀정보활동에 관련된 문제에 대한 사법적 판단과 조사활동을 수행했다.

② 이러한 일련의 과정을 거쳐서 오늘날 미국에서 정보활동에 대한 사법적인 감독체계가 구축된 것이다. 1980년 당시 검찰총장이었던 시빌레티(Benjamin Civiletti)는 "비록 개개의 사건을 어떻게 법률적으로 적용하여 판단하는가에 대해서는 이견이 있지만, 정보활동이 법률적인 판단의 영역에 속한다는 데에 대해서는 아무도 의심하지 않는다."고 기술했다.

③ 사법부의 정보감독활동은 헌법과 법률에 의해 제한되기 때문에 의회의 정보감독처럼 포괄적으로 수행될 수는 없다. 비록 사법부의 정보감독 기능이 제한적으로 수행될지라도 이제 정보활동은 분명히 사법적 판단의 영역에 속하는 것으로서 법원의 심리를 피할 수 없게 되었다.

핵심정리 정보기관 통제 법률과 사법부의 역할

1. 의의

① 미국의 경우 민사 또는 형사 소송에서 정보활동과 관련되는 사안이라 할지라도 일반적인 소송절차와 그다지 차이가 없다. 다만, 정보활동의 특성에서 비롯되는바 소송을 진행하는 과정에서 비밀보안이 유지되도록 요구하는 점이 다르다.

② 이처럼 소송에서 비밀성이 문제가 되는 경우에 사법적인 판단이나 개입이 필요하게 된다. 연방법원 판사들은 행정부의 지나친 비밀보호가 문제를 야기하여 민주주의적 가치와 충돌하는 사안에 대해 검토하고 심리하게 된다.

③ 판사들은 정보활동의 속성에 따른 비밀보호의 필요성을 인정하면서도 공정한 재판을 위해 필요하다고 판단될 경우 정보기관에게 비밀 자료를 제출하도록 요구할 수 있다. 판사들은 공정한 재판과 비밀보호 간의 조화를 이루고자 하는 취지에서 비밀 자료의 공개 여부를 신중히 검토하고 그에 따라 재판의 형식을 공개 또는 비공개로 할 것인지 등을 심리하게 된다.

2. 「비밀정보 처리절차법(Classified Information Procedures Act, CIPA)」

① 1980년 「비밀정보 처리절차법(Classified Information Procedures Act, CIPA)」이 통과되어 형사소송 법정에서 비밀정보를 특별한 절차와 규정 없이 임시로 취급했던 종래의 관행을 탈피하여 세부적인 절차가 마련되었다.

② 동 법률에 따라 피의자가 공정한 재판에 필요하다고 인정되는 범위에서 비밀정보를 증거 자료로 제출하는 것이 허용되고 있다. 또한, 정부 측에서 민감한 문건을 대체할 수 있는 자료 또는 비밀해제된 자료의 요약 분을 제공하는 등의 방법을 활용하도록 허용함으로써 비밀정보의 공개에 따른 정부 측의 손실을 최소화할 수 있도록 배려해 주고 있다.

③ 동 법률은 판사들에게 정부 측의 비밀을 보호해 주면서 공정한 재판이 진행될 수 있도록 균형적인 입장을 취하도록 요구하고 있다. 정보를 공개하지 않으면 피의자가 공정한 재판을 받을 수 없다는 점을 호소하게 될 경우 판사들이 동 법률안에 따라 비밀 자료를 검토한 후 구형(prosecution)을 철회하거나 대폭 감소시킬 수 있다.

3. 사법부의 정보감독이 가장 활발하게 수행되는 분야

(1) 의의

① 사법부의 정보감독이 가장 활발하게 수행되는 분야는 국내정보활동에 관한 사안이다. 국내정보활동이 문제가 되는 것은 우선 해외정보활동과 구분이 모호한데서 비롯된다.

② 정보기관이 수행하는 감청이나 인터넷 감시 등은 해외와 국내의 구분 없이 모두 이루어 질 수 있다. 그래서 해외에서만 허용된 정보수집활동을 국내에서 자국민을 대상으로 수행하게 되는 경우가 종종 발생한다.

(2) 국내 정보활동 금지 원칙

① 자국민을 대상으로 감청이나 인터넷 감시 등이 수행될 경우 헌법에서 보장하고 있는 개인의 기본권으로서 사생활 보호권이 침해를 받을 수 있다.

② 미국은 개인의 사생활 보호권을 보장하기 위해 외국이나 테러단체를 위한 정보활동이나 심각한 범죄활동에 관련된 경우를 제외하고 원칙적으로 자국민들 대상으로 하는 정보활동을 금지하고 있다.

(3) 국내 정보활동 금지 원칙 위반 사례

① 그러한 원칙을 벗어난 대표적인 사례로서 1970년대 초 닉슨(Richard Nixon) 대통령과 관련된 워터게이트 스캔들을 들 수 있다.

② 또한, 미국의 FBI가 1956년부터 1971년까지 자국 내 각종 극단주의 단체들을 대상으로 코인텔프로(Counter Intelligence Program, Cointelpro)라고 불리는 정보활동을 수행했던 일도 있다.

③ 그리고 1970년대 중반 CIA의 혼돈작전(Operation Chaos)과 NSA의 샤록작전(Operation Shamlock) 등도 자국민들 대상으로 수행된 불법적인 정보활동이었다.

4. 국내 정보활동 규제 법률

(1) 의의

미국에서 정보수집을 목적으로 수행되는 국내 정보활동을 규제하는 법률로서 「범죄 단속 및 안전한 거리 조성을 위한 포괄적인 법안(the Omnibus Crime Control and Safe Streets Acts of 1968)」 중의 셋째 장(Title Ⅲ)과 「해외정보감시법(Foreign Intelligence Surveillance Act of 1978, FISA)」 등 두 가지가 있다.

(2) Title Ⅲ

Title III는 심각한 범죄활동에 연루된 미국인들을 대상으로 한 정보수집을 허용하되, 이에 대해 반드시 의회에 보고하도록 규정되어 있다.

(3) FISA

① FISA는 미국에서 활동하는 외국 정보요원에 대해 전자감청을 수행하는 데 필요한 영장을 전담하여 발부해 주는 법원을 설립하기 위한 목적으로 제정되었다.

② FISA는 전자감청 승인 명령을 신청할 때 감청 대상자와 감청방법에 관해 상세한 내용을 보고하도록 규정하고 있다.

(4) 해외정보감시법원(Foreign Intelligence Surveillance Court)

FISA에 의해 설립된 「해외정보감시법원(Foreign Intelligence Surveillance Court)」이라고 불리는 특별법원은 대법원장이 임명하는 11명의 연방판사로 구성되어 비공개로 운영되며, FBI, NSA 등의 정보기관들이 테러나 간첩활동이 의심되는 미국인들에 대해 신청한 감청 및 미행감시 활동을 심의하고 허락 여부를 결정한다.

5. 미국의 감청활동

(1) 의의

① 미국에서 전자감청활동은 1968년 당시 연간 200회 수준에서 매년 꾸준히 증가하여 1992년경 1,000회를 넘어섰고, 2006년경에는 거의 1,800회 이상 수준에 도달한 것으로 나타난다.

② FISA법에 따라 감청활동을 수행하려면 영장을 청구해야 한다. 그런데 1995년부터 2006년 사이의 12년 동안 전자 감시활동에 대한 승인이 신청된 32,702건 중 기각된 사례는 단 5건뿐이었던 것으로 알려졌다.

③ 이는 법원이 감청행위 자체에 대해 그다지 부정적인 인식을 가지고 있지 않음을 반증한다. 심지어 미국 의회는 감청활동을 적극 지지하는 입장을 취하는 것으로 나타난다.

(2) 감청 규제 법률

① 1994년 의회에서 통과된 「법 집행을 위한 통신지원법(Communications Assistance for Law Enforcement Act, CALEA)」은 바로 그러한 입장을 반영하고 있다. CALEA는 감청이 보다 용이하게 이루어질 수 있도록 미국의 통신회사들에게 기술적 조치를 취하도록 요구하는 것을 내용으로 하고 있다.

② 한걸음 더 나아가 미국 의회는 2007년 비록 한시적이기는 하지만 해외의 의심되는 대상과 관련된 통신을 사전 영장 없이 감청할 수 있는 법안을 통과시켰다. 동 법안에 따라서 정보기관들은 국가정보장(DNI)이 그리고 FBI의 경우는 검찰총장이 외국과 연결되는 감청활동을 실질적으로 지휘하는 권한을 갖게 되었으며, FISA 법원은 이들에 의해 이루어지는 감청활동의 적합성을 사후 심사하는 역할만 수행하게 되었다.

③ 이로써 미국의 의회와 사법부는 정보기관이 합법적으로 수행하는 감청의 필요성을 인정하고 그것을 용인하거나 또는 적극적으로 지원하는 입장을 취하는 것으로 나타난다.

(3) 소결

① 한 여론조사에 따르면 다수의 미국인들이 영장 없이 감청이 이루어지는 것은 반대하지만 그것이 테러 방지를 목적으로 수행된다면 용인될 수 있다는 입장을 보였다.

② 어쨌든 미국의 의회, 사법부 그리고 다수의 미국인들은 합법적으로 이루어지는 감청에 대해서는 대체로 긍정적인 반응을 보이는 것으로 판단된다.

③ 이로써 사법부는 테러방지 등 국가안보를 위한 감청활동의 필요성을 인정하지만 그로 인해 시민들의 기본권으로 서 사생활이 침해되는 것에 대해서는 통제하는 입장을 취한다.

④ 요컨대, 사법부의 정보 감독은 정보기관들이 합법적으로 수행하는 감청이나 감시활동을 긍정적으로 용인하되 그로 인해 미국 수정헌법 제4조에서 규정하고 있는 시민의 기본권이 침해되는 것을 통제하는데 중점을 두고 수행되고 있다.

1500

「해외정보감시법(Foreign Intelligence Surveillance Act)」에 대한 설명으로 틀린 것은?

① 미국 영토 내에서 해외세력이나 그 대리인을 대상으로 하거나 또는 해외세력과 연관된 세력을 대상으로 실시하는 물리적 수색과 전자감시활동 등 국가정보 활동에 대한 절차를 규정한 연방법이다.

② 그동안 미국 내에서의 전자감시 문제에 대한 복잡했던 법률문제에 대한 법원 판결을 입법에 반영하여 종합한 것이다.

③ 일반 법원은 영장심사에서 '확실성에 대한 개연성(probability of a certain fact)' 즉 '상당한 이유'를 요건으로 하는 반면에 FISA 법원은 '가능성에 대한 개연성(probability of a possibility)' 즉 '합리적 이유'를 기준으로 한다.

④ 해외세력을 대상으로 한 정보 · 수사기구의 정보활동 업무를 감독하는 특별법원으로 단심의 해외정보감시법원(Foreign Intelligence Surveillance Court)이 있다.

정답 ④

풀이 ④ 연방대법원장에 의해 임명되는 7년 임기의 11명의 법관으로 구성되는 1심의 해외정보감시법원(Foreign Intelligence Surveillance Court)에 대한 상급심으로 3인의 재판관으로 구성되는 해외정보감시항소심법원(Foreign Intelligence Surveillance Court of Review)도 존재한다.

핵심정리 카오스 공작활동(Operation Chaos)

(1) 카오스 공작활동은 대통령 존슨(Johnson)이 미국 정부의 베트남 정책을 반대하는 월남전 반대 비판가들을 지원하거나 영향을 주는 외국과 정치단체를 파악하라는 지시에 따라 실행된 CIA의 정보수집 활동이었다. 카오스 공작은 헬름스 국장에 의해 실행되었는데 성격상 필연적으로 국내정보 활동으로 이어졌다. 미국 내에서의 공작정보 수집활동은 다양한 형태로 전개되었다.

(2) 예컨대 미국과 소련 간에 교류되는 우편물에 대한 무작위 개봉과 CIA 요주의 명단에 오른 개인과 단체의 서신 사전검열을 무제한으로 실시했다. 프로젝트 레지스탕스(RESISTANCE)라는 이름으로 전개된 활동으로는 전쟁을 반대하는 시민들의 활동 중심지에 거점 사무실을 확보한 후에 도청과 영상촬영으로 현장 정보수집활동을 전개했다. 더 나아가 프로젝트 II로 명명된 활동으로 동조자나 응원세력인 것처럼 가장한 CIA 요원들이 월남전을 반대하는 시민단체에 조직적으로 침투하여 정보를 수집했다.

(3) 이러한 활동은 정기적으로 FBI로부터 반전 활동에 대한 정보를 전달받거나 합동작전으로 실시하기도 했다. 한편 CIA와 FBI는 고도의 감청장비를 가진 국가안보국(NSA)에게도 신호정보 수집을 의뢰하여 반전단체 요주의 인물들에 대한 국제전화와 전신, 그리고 라디오 전송을 감청하는 등 광범위한 국제통신 전자감시 활동을 병행했다.

1501

카오스 공작활동(Operation Chaos)에 대한 설명으로 틀린 것은?

① CIA의 대표적인 국내정보 수집활동이다.

② CIA는 외국세력과 연계된 국내세력에 대한 활동은 해외정보활동의 연장선으로 적법한 업무 범위로 간주했다.

③ 처치위원회(Church Committee)는 외국세력과 연계된 국내세력에 대한 정보활동은 CIA의 임무범위 내의 것임을 인정했다.

④ 카오스 공작활동은 월남전 반대 비판가들을 지원하거나 영향을 주는 공산주의자들과 단체를 파악하기 위해서 실행된 CIA의 미국 내에서의 비밀정보수집 활동이었다.

정답 ③

풀이 ③ 처치위원회(Church Committee)는 외국세력과 연계된 국내세력의 활동에 따른 정보수집활동이 국내 정보활동이라고 판단하여 국가안보법이 정한 CIA의 임무 범위에 포함되지 않는다는 점을 분명히 하였다.

핵심정리 FBI의 코인텔프로(Counter Intelligence Program)

코인텔프로는 연방수사국(FBI)의 방첩공작 프로그램(Counter Intelligence Program)의 철자 약어이다. 코인텔프로는 미국 국내의 반체제 정치적 단체에 대한 조사와 붕괴를 목적으로 FBI가 1956년부터 1971년 사이에 전개한 적극적 정보활동이었다.

1502

코인텔프로의 설명으로 틀린 것은?

① 국내정보기구의 불법적인 국내정보 수집활동에 대한 대표적인 사례이다.

② FBI의 방첩공작 프로그램(Counter Intelligence Program)의 철자약어로 반체제 단체에 대한 붕괴를 목적으로 1956년부터 1971년 사이에 전개한 적극적 정보활동이었다.

③ 미국 연방 대법원은 적법조직을 분열하고 파괴하려는 의도 또는 조직원들을 이탈시키려는 의도 아래에서 행하여진 공권력 행사는 헌법위반이라고 판시하였다.

④ 미국 연방 대법원은 위장침입, 밀고자와 협조자 활용, 불법 수색공작(black bag jobs), 혐의조작 공작(Bad－jacket, snitch-jacket), 치명적 타격(Lethal force) 등을 수단으로 국내정보활동을 하는 것은 허용될 수 없다고 판시하였다.

정답 ④

풀이 ④ 미국 연방 대법원은 적법한 조직을 분열하고 파괴하려는 의도에서 행하여진 위장침입, 밀고자와 협조자 활용, 불법 수색공작(black bag jobs), 혐의조작 공작(Bad-jacket, snitch-jacket), 치명적 타격(Lethal force) 등은 불법적인 공권력 행사라고 판시하였다. 미국 연방 대법원 판례를 반대 해석하면 국가안보에 위협이 되는 조직을 대상으로 하면 코인텔프로에 사용된 수단들이 허용될 수 있다.

핵심정리 노스콤(NORTHCOM)과 탈론(TALON)

(1) 2001년 9/11 테러 공격은 정보 영역에서의 국 · 내외의 엄격한 임무분리가 정보 공유를 어렵게 하는 등 문제점이 많았음을 인식하게 함으로써 군 정보기관의 국내에서의 역할증대를 요청하는 분위기가 자연스럽게 형성되었다. 미국 국방부는 2002년 북부 사령부(NORTHCOM)를 신설하여 정보와 법집행 기능을 신속히 융합하여 국제조직범죄에 효율적으로 대처하고 있다.

(2) 북부사령부(NORTHCOM)는 다양한 경로로 수집한 총체적 국내정보를 국가안보국(NSA)이 보유하는 슈퍼컴퓨터를 이용하여 또 다른 다양한 경로로 획득한 법집행 데이터베이스와 결합하여 새로운 정보를 신속하게 전자적으로 추출하는 놀라운 데이터 마이닝 기술을 보유하고 있다. 이를 야전방첩활동이라고 부른다. 야전방첩활동 중의 하나가 "탈론(TALON)"이라고 불리는 요주의 인물이나 의심스러운 활동가들에 대한 "위협 · 현장목격 통지활동"이다. 용의자를 자동적으로 추출하여 지목하는 그 생생한 즉시성과 현장성으로 인하여 혹자는 이를 "마치 옆집에서 살펴보는 것 같다."고 묘사했다.

1503

군의 정보활동에 대한 설명으로 틀린 것은?

① 대다수 민주국가에서는 평시에는 군의 시민활동 개입을 금지한다.

② 평시에 군의 민간 영역 투입이 금지되는 것은 미국의 오랜 전통이다.

③ 미국 군 정보기관은 평시에 민간인을 대상으로 신호정보, 영상정보 등 어떤 정보활동도 수행할 수 없다.

④ 미국 국방부는 2002년 북부사령부(NORTHCOM)를 신설하여 정보와 법집행 기능을 효율적으로 통합하여 국제조직범죄에 효과적으로 대응하고 있다.

정답 ③

풀이 ③ 미국 북부사령부(NORTHCOM)는 전 국민을 대상으로 총체적 테러인식프로그램을 시행했다. 이 프로그램의 일환으로 탈론(TLON)이 활용되어 위협 징후를 현장에서 목격하고 탐지한다. 참고로 탈론은 미국 국방부가 개발한 위협 징후의 현장 목격 탐지 시스템이다. 탈론은 카메라, 센서, 인공지능 등을 사용하여 위협 징후를 자동으로 탐지하고, 해당 정보를 관련 당국에 전송한다.

1504

2004년 「정보개혁 및 테러방지법」에 의해 창설된 국가기관으로 틀린 것은?

① 국가정보장(DNI)

② 국가대테러센터(National Counterterrorism Center)

③ 합동정보공동체 위원회(Joint Intelligence Community Council)

④ 노스콤(NORTHCOM)

정답 ④

풀이 ④ 북부사령부(NORTHCOM)가 창설된 해는 2002년이다.

핵심정리 **사법부 통제의 장점과 한계**

1. 의의

① 사법부는 삼권분립의 원칙에 따라 행정부의 산하 기관인 정보기관과 그들의 정보활동에 대해 객관적이고 독립적인 입장에서 감시 및 통제 역할을 수행할 수 있다.

② 행정부의 경우 정보기관이 최고정책결정자와 지나치게 밀착되어 정권적 목적에 악용되거나 정보의 정치화가 발생할 수 있다.

③ 의회의 경우에는 여야 간 당파성을 극복하지 못하여 공정하고 객관적인 정보감독이 이루어지기 어려울 수 있다.

2. 장점

그러나 사법부의 경우 여야 간의 당파성을 초월하여 공정한 재판을 통해 정보활동에 대한 감독 기능을 수행한다. 특히 사법부의 정보감독은 정보기관이 정보활동을 수행하는 과정에서 개인의 인권을 침해하는 사례에 대응할 수 있는 매우 효과적인 수단이다.

3. 의회 감독과의 비교

(1) 의의

정보활동에 대한 사법부의 감독은 의회와 비교해 보았을 때 매우 제한적이다. 의회의 경우 입법권, 예산안 심의권, 청문회, 임명동의 등 다양한 수단을 활용하여 매우 포괄적으로 정보감독 기능을 수행한다.

(2) 정보활동 관련 소송이 제기될 경우에 한해 개입 가능

① 사법부의 경우 정보활동 관련 소송이 제기될 경우에 한해 판사의 사법적 판단을 통해 정보기관이 수행한 행위에 대해 개입할 수 있다. 소송이 제기되지 않는 경우 사법부가 정보기관의 조직이나 정보활동에 대해 감시 또는 통제하는 역할을 수행할 수 없다.

② 의회의 경우 정책성향을 띠고 정보기관의 조직이나 활동 방향에 대한 문제점을 지적하고 개선방향을 제시하는 등 광범위하게 정보감독 기능을 수행한다. 그러한 의회의 정보감독과 비교하여 사법부의 경우 제기된 소송과 관련하여 단순히 법리적 해석을 내리는데 중점을 두기 때문에 그 역할이 매우 제한적이다.

4. 국가안보 관련 소송을 진행하게 될 경우의 문제점

(1) 의의

사법부가 국가안보 관련 소송을 진행하게 될 경우 몇 가지 문제점이 야기된다. 무엇보다도 사법부의 정보감독은 국가안보적으로 주요한 사안에 대한 비밀보호에 있어서 취약점이 있다.

(2) 기밀 공개의 위험성

① 공개재판이 아닌 비공개로 재판이 진행되더라도 최소한 판사, 변호사, 법원 사무원 등에게 국가안보와 관련된 민감한 자료들이 노출될 수 있다.

② 이처럼 소송이 진행되는 과정에서 공개되지 말아야 할 중요한 기밀이 공개됨으로 인해 국가안보적으로 치명적인 손실이 야기될 수 있다.

5. 권력분립의 원칙 약화 및 사법부의 정치화 위험성

(1) 의의

또한 사법부에서 국가안보를 전문영역으로 하는 행정부의 업무에 지나치게 개입하게 될 경우 권력분립의 원칙이 약화될 수도 있다.

(2) 사법부의 정치화 위험성

때로 판사들이 안보영역에 대해 사법적인 판단을 내리게 됨에 따라 그들 스스로 정치화에 빠져들 위험도 있다.

(3) 재판의 공정성 훼손의 위험성

국가안보 관련 소송이 제기되어 불가피하게 판결을 내려야 할 경우 사법부는 행정부의 정책결정에 대해 대체로 존중하는 입장을 취한다. 이로 인해 재판의 공정성이 훼손될 수 있다.

(4) 소결

이러한 문제점들을 고려하여 사법부의 정보감독 권한은 국가안보에 관련한 사안은 가급적 배제하고, 개인의 사적인 권한이 침해되는 경우로 한정하는 것이 바람직할 것으로 판단된다.

1505

여야 간의 당파성을 초월하여 감독 기능을 수행할 뿐 아니라 개인의 인권을 침해하는 사례에 대응할 수 있는 정보기관에 대한 공식적인 통제 수단으로 옳은 것은?

① 정보기구에 대한 행정부 통제
② 정보기구에 대한 입법부 통제
③ 성보기구에 대한 사법부 통제
④ 정보기구에 대한 언론의 통제

정답 ③

풀이 사법부 통제에 대한 설명이다.

Theme 54 정보기관의 혁신과제

1506

국가정보의 개혁 과제로서의 효율성과 통제성에 대한 설명으로 틀린 것은? [2021년 기출]

① 국가정보기관의 효율적 운영을 위한 분석기관의 적절한 임무조절과 분석 역량 강화를 위한 시스템적 개혁이 이루어져야 한다.

② 국가정보원은 국가정보의 효율적 사용을 위해 국가정보목표 우선순위(PNIO)를 수시로 재조정해야 한다.

③ 입법부에서는 예산안 심의, 결산 심사 등 감독을 통하여 정보기관을 실질적으로 통제할 수 있어야 한다.

④ 정보분석 및 생산 시 중앙집중형 분석기구를 통하여 정보에 대한 종합 및 분서과정에 대한 효율성을 제고하여 정보보고 기관 간 상호충돌을 방지할 수 있어야 한다.

정답 ②

풀이 ② 국가정보목표 우선순위(PNIO)는 국가안전보장이나 정책에 관련하여 정부에서 기획된 연간 기본정책을 수행함에 있어 필요로 하는 자료를 목표로 선정하는 국가의 기본정보 운용지침으로 수시 재조정보다는 현재의 1년이 더 효율적이다. 국가정보목표 우선순위(PNIO)를 수시로 재조정하면 정상적인 국가정보 운영 체계에 적지 않은 동요를 초래할 수도 있기 때문이다.

1507

국가정보체계의 발전방향에 대한 설명으로 틀린 것은? [2014년 기출]

① 국가정보체계의 효율성을 제고하는 방안으로 국가정보원과 같은 국가정보기관에 다양한 정보기관을 통합 및 조정하는 기능을 부여해야 한다.

② 한정된 인원과 예산으로 정보소비자의 수요를 충족하기 위해서는 국가정보목표우선순위(PNIO)를 재조정해야 한다.

③ 정보체계의 민주화를 위해서 의회와 국민의 정보기관에 대한 감시기능을 강화해야 한다.

④ 갓슨(Roy Godson)은 오늘날 안보위협의 특성을 '위협의 파편화(fragmentation of threat)'로 표현하고, 정보기관이 변화된 안보위협의 본질을 제대로 파악하고 대응해야 한다고 주장했다.

정답 ④

풀이 ④ 라트멜(Andrew Rathmell)의 주장이다.

1508

국가정보체계의 발전방향에 대한 설명으로 틀린 것은? [2012년 기출]

① 외국의 정보기관과 정보협력을 통해 부족한 정보를 보완한다.
② 정보기관의 효율성을 높이기 위해 민영화한다.
③ 특정 분석업무에 민간인을 참여시켜 정확성을 높인다.
④ 업무교육과 윤리교육을 강화시켜 직원의 전문성을 높인다.

정답 ②
풀이 ② 정보기관을 민영화할 수는 없다.

1509

국가정보활동의 패러다임 변화에 대한 설명으로 틀린 것은?

① 세계화로 인한 관리영역의 확대
② 과학기술의 발전으로 민간도 우수한 정보를 자체적으로 획득가능
③ 민주화로 인한 비밀정보활동 여건 향상
④ 사이버 영역의 발달과 다국적 기업의 증대

정답 ③
풀이 ③ 민주화로 인해 비밀정보활동의 여건은 악화되었다.

1510

국가정보활동의 패러다임 변화에 따른 국가정보기관의 발전 방향으로 틀린 것은? [2014년 기출]

① 정치적 중립성을 확보해 정치적 영향력을 최소화해야 한다.
② 폭발적으로 증가한 공개정보를 바탕으로 비밀활동을 강화해야 한다.
③ 기술정보수집 능력을 강화해 정보역량을 키워야 한다.
④ 정부부처, 민간기관과 업무분장을 통해 효율성을 높여야 한다.

정답 ②
풀이 ② 공개정보가 폭발적으로 늘어나고 있어 비밀활동의 필요성이 감소하고 있는 현실을 반영해야 한다.

Theme 55 북한의 위협

1511
대한민국 정부가 북한의 핵과 미사일 위협에 맞서 2011년 도입한 무인 정찰기로 옳은 것은?

[2015년 기출]

① 스카우트(SCOUT)
② U－2
③ 글로벌호크(Global Hawk)
④ SR－71

정답 ③

풀이 ① 스카우트(SCOUT)는 욤 키푸르 전쟁을 통해 실시간 정보의 필요성을 절감한 이스라엘이 개발한 무인 정찰기이다.
② U－2기는 소련 지대지 미사일과 전투기 공격 범위를 벗어난 2만 2천 미터 고공에서 정찰활동을 수행할 수 있는 CIA 소속 정찰기이다.
③ 고고도 무인정찰기 '글로벌호크'(RQ－4)에 대한 설명이다. 글로벌호크는 2011년 미국에서 구매하기로 공식 결정한 지 8년 만인 2019년에 1호기가 인도되었다.
④ SR－71은 1965년 U－2기의 후속기이면서 RB-36기의 임무를 계승한 전략정찰기로 블랙버드(Black Bird)라고 불린다.

1512
비대칭전력으로 틀린 것은?

[2010년 기출]

① 핵무기
② 이지스함
③ IED
④ RPG－7

정답 ②

풀이 ② 일반적으로 전쟁에 사용되는 무기는 대칭전력과 비대칭전력으로 구분한다. 비대칭 전력이란 핵무기나 생화학무기 · 탄도미사일 등 대량살상과 기습공격이 가능한 무기를 가리킨다. 적의 강점을 회피하면서 취약점을 최대한 공격하여 효과를 극대화하기 위한 전력을 말한다. 이에 반해 대칭전력이란 전통적으로 사용되어온 재래식 무기로, 탱크 · 전차 · 군함 · 전투기 · 포 · 총 등 실제 전투에서 사용할 수 있는 무기를 의미한다. 이지스함은 대칭전력이다.
③ IED(Improvised Explosive Device)는 급조폭발물 또는 사제폭탄을 의미하는 용어이다. 자살폭탄테러에 흔히 이용되는 조끼 · 차량, 기존 폭발물을 개량한 고성능 폭약 등이 모두 IED 범주에 속한다.
④ RPG－7은 1950년대 말에 구 소련에서 개발한 대전차 로켓 발사기이다. 전쟁에서 전통적으로 사용되어 온 무기라는 의미에서 재래식전력 또는 재래식 무기이기 때문에 RPG－7은 대칭전력이라고 볼 수 있지만 상대의 강점을 피하면서 취약점을 최대한 공격할 수 있고, 대칭전력에 비하여 비교적 싼 비용으로 효과를 극대화시킬 수 있다는 점, 그리고 게릴라전이 가능하다는 점에서 비대칭전력이라고도 볼 수 있다.

핵심정리 **북한 대남 도발**

(1) 121 사태

1968년 1월 21일 북한 민족보위성 정찰국 소속 공작원(124부대) 31명이 청와대를 습격하여 박정희 대통령을 암살하기 위하여 청와대로부터 300m 떨어져 있는 종로구 세검정 고개까지 침투하였던 사건이다. 총 침투한 31명 중 사살 29명, 미확인 1명, 투항 1명(김신조 소위)의 전과를 올렸다. 유일한 생존자인 김신조의 이름을 따서 이 사건을 일명 '김신조 시건'이라고도 한다.

(2) 푸에블로호 피랍사건

미 해군의 정보수집함(AGER-2) USS 푸에블로가 1968년 1월 23일 동해상 원산 앞바다에서 조선인민군 해군 근위 제2 해군전대의 공격을 받고 강제 나포당한 사건이다. 승조원 83명 중에서 나포 도중 총격으로 1명이 사망하였으며, 나머지 82명이 북한에 억류되었다가, 훗날 미국으로 송환되었다.

(3) 대한항공 YS-11기 납북 사건

1969년 12월 11일 강릉을 출발해 서울로 향하던 대한항공 NAMC YS-11기 국내선 여객기가 강원도 평창 대관령 일대 상공에서 승객으로 위장해 있던 북한 공작원 조창희에 의해 함경남도 선덕비행장에 강제 착륙된 사건이다. 비행기 납북 후 전체 51명 중 공작원 1명 제외하고 승객/승무원 50명 중 납북 66일 만에 승객 39명은 귀환 조치되었으나, 기장(유병하), 부기장(최석만), 승무원 2명(성경희, 정경숙)과 승객 7명 등 11명은 돌아오지 못하고 북한에 억류됐다.

(4) 육영수 여사 저격 사건

1974년 8월 15일 서울 장충동 국립중앙극장에서 진행된 제29회 광복절 기념식에서 대통령 박정희가 경축사를 하던 도중에 청중석에 있던 재일 한국인 문세광이 쏜 총에 의해 영부인 육영수여사가 맞아 사망한 사건

(5) 휴전선 남침용 땅굴 발견 사건

1974년 11월 5일 대한민국 육군 제25보병사단 담당 구역인 연천군 고랑포에서 동북방 8km 지점 비무장지대 안에서 발견된 이 첫 번째 땅굴은 너비 90cm에 높이 1.2m, 깊이는 잔디가 죽지 않을 정도인 250cm에서 450cm, 길이 약 3.5km에 달하는 콘크리트 구조물로, 이 땅굴의 위치는 서울에서 불과 65km 거리에 위치해, 1시간에 1개 연대 이상의 무장병력이 통과할 수 있고 궤도차를 이용하면 중화기와 포신(砲身)도 운반할 수 있는 규모의 땅굴이다.

(6) 판문점 도끼 만행 사건

1976년 8월 18일 판문점에서 미루나무 벌목 작업을 지도하던 미국인 UN군 장교 2명이 조선인민군 병력에 의해 살해당한 사건이다.

(7) 아웅산 묘소 폭탄 테러 사건

1983년 10월 9일 미얀마 사회주의 연방 공화국을 방문 중이던 당시 대통령이었던 전두환의 암살을 시도한 북한의 폭탄테러이다.

(8) 대한항공 858편 폭파 사건

1987년 11월 29일 이라크 바그다드에서 출항한 대한항공 보잉 707 여객기가 인도양 상공에서 실종된 사건이다. 대한민국 정부는 '북한 지령에 의한 공중폭발'로 결론을 지었으며, 조사 결과 북한 정권의 지령을 받고 일본인으로 위장한 특수공작원 김승일, 김현희 2인조가 액체 시한 폭탄으로 비행기를 폭파했다는 것이 드러났다.

(9) 북한의 1차 핵실험

2006년 10월 9일 오전 10시 35분 함경북도 길주군 풍계리에서 실행된 북한의 첫 번째 핵실험이다.

(10) 천안함 피격 사건

2010년 3월 26일 밤 9시 22분, 대한민국 백령도 남서쪽 약 1km 지점에서 포항급 초계함인 PCC-772 천안함이 초계임무 수행도중 북한 해군 잠수정의 어뢰에 공격당해 선체가 반파되며 침몰한 사건이다.

(11) 연평도 포격전

2010년 11월 23일 오후 2시 34분부터 한반도의 서해 5도 중 하나인 대한민국령 연평도를 북한군이 선전포고 없이 포격한 사건. 또한 정전 협정 이래 최초로 발생한 민간 거주구역에 대한 공격이다.

1513

다음 중 북한이 도발한 위기 사건 중 세 번째로 위기 사건으로 옳은 것은?

ㄱ. 청와대 기습사건	ㄴ. 판문점 도끼만행사건
ㄷ. 아웅산 묘지 폭파사건	ㄹ. 푸에블로호 납치사건

① 청와대 기습사건
② 판문점 도끼 만행사건
③ 아웅산 묘지 폭파사건
④ 푸에블로호 납치사건

정답 ②

풀이 ② 청와대 기습사건과 푸에블로호 납치사건은 1968년, 판문점 도끼만행은 1976년, 아웅산 국립묘지 폭파사건은 1983년에 발생했다.

1514

한국의 국가위기 사태의 순서로 옳은 것은? [2022년 기출]

ㄱ. 3명의 북한 공작원이 미얀마 아웅산 국립묘지에 폭탄을 설치하여 한국의 고위관료 17명이 사망한 사건
ㄴ. 북한 공작원 문세광이 8 · 15 경축식장에서 박정희 대통령의 암살을 시도한 대통령 암살 미수 사건이자 영부인 육영수 여사가 시해당한 사건
ㄷ. 31명의 북한 무장공비가 육로로 휴전선을 넘어 청와대를 기습하기 위해 침투하였으나 청와대 외곽에서 30명이 사살되고, 생포된 124군부대 조선인민군 무장공비 침투사건
ㄹ. 판문점 인근 공동경비구역 내에서 북한 군인 30여명이 도끼를 휘둘러 미루나무 가지작업을 감독하던 주한미군 장교 2명 및 대한민국 국군 병력을 살해하고 주한민군도 다수에게 피해를 입힌 사건

① ㄴ－ㄷ－ㄱ－ㄹ
② ㄴ－ㄷ－ㄹ－ㄱ
③ ㄷ－ㄴ－ㄹ－ㄱ
④ ㄷ－ㄹ－ㄴ－ㄱ

정답 ③

풀이 ③ ㄱ은 1983년 10월 9일 아웅산 묘소 포탄 테러, ㄴ은 1974년 8월 14일 육영수 여사 저격 사건, ㄷ은 1968년 1월 21일 121 사태, ㄹ은 1976년 8월 18일 판문점 도끼 만행 사건이다.

1515

북한이 저지른 테러 사건의 순서로 옳은 것은? [2012년 기출]

ㄱ. 육영수 저격사건	ㄴ. 판문점 도끼 만행사건
ㄷ. 아웅산 국립묘지 폭파사건	ㄹ. 대한항공 폭파사건

① ㄱ－ㄴ－ㄷ－ㄹ
② ㄱ－ㄴ－ㄹ－ㄷ
③ ㄴ－ㄷ－ㄹ－ㄱ
④ ㄷ－ㄹ－ㄱ－ㄴ

정답 ①

풀이 ① 육영수 여사 저격사건은 1974년 8월 14일, 판문점 도끼 만행사건은 1976년 8월 18일, 아웅산 묘소 폭탄 테러 사건은 1983년 10월 9일, 대한항공 858편 폭파 사건은 1987년 11월 29일에 발생하였다